DIZIONARIO
SPAGNOLO

Realizzato da Artemisia progetti editoriali, Genova

Finito di stampare nel mese di giugno 2012
presso L.E.G.O., Lavis (TN)

DIZIONARIO
SPAGNOLO

SPAGNOLO - ITALIANO

ITALIANO - SPAGNOLO

ABBREVIAZIONI

abb.	abbigliamento
abbr.	abbreviazione
aer.	aeronautica
anat.	anatomia
agg.	aggettivo
agr.	agricoltura
amer.	americano
anat.	anatomia
angl.	anglicismo
ant.	antiquato
antr.	antropologia
aral.	araldica
arch.	architettura
art.	articolo
astrol.	astronomia
auto.	automobile
avv.	avverbio
bio.	biologia
bot.	botanica
bur.	burocrazia
card.	cardinale
chim.	chimica
chir.	chirurgia
cine.	cinema
comm.	commercio
comp.	comparativo
compl.	complemento
compl.ogg.	complemento oggetto
conc.	settore della concia
cong.	congiunzione
cuc.	cucina
det.	determinativo
ecol.	ecologia
econ.	economia
edil.	edilizia
edit.	editoria
equit.	equitazione
etn.	etnologia
f.	femminile
fam.	familiare, slang
farm.	farmacologia
ferr.	settore ferroviario
fig.	figurato
fil.	filosofia
fis.	fisica
fisiol.	fisiologia
fort.	fortificazioni
fot.	fotografia
franc.	francesismo
geogr.	geografia
geom.	geometria
geol.	geologia
gerg.	gergo
germ.	germanismo
gioco	gioco
giorn.	giornalismo
giur.	giurisprudenza
gr.	greco
gramm.	grammatica
ind.	industria
indet.	indeterminativo
inform.	informatica
iron.	ironico
inter.	interiezione
inv.	invariato
iron.	ironico
irr.	irregolare
istr.	istruzione
lat.	latinismo
lett.	letteratura
letter.	letterario
ling.	linguistica
loc.avv.	locuzione avverbiale
mar.	marineria
mat.	matematica
mecc.	meccanica
med.	medicina
met.	metallurgia
mil.	militare
min.	mineralogia
mit.	mitologia
mus.	musica
n.pr.	nome proprio
num.	numerale
onom.	onomatopeico
ord.	ordinale
ott.	ottica
pass.	passato
pegg.	peggiorativo
pers.	personale, persona
pitt.	pittura
pl.	plurale
pleon.	pleonastico
poes.	poesia
pol.	politica
pop.	popolare
poss.	possessivo
p.p.	participio passato
pref.	prefisso
prep.	preposizione
pron.	pronome
psic.	psicologia
qlcu.	qualcuno
qlco.	qualcosa
raro.	raro
reciproco.	reciproco
rel.	religione
ret.	retorica
rifl.	riflessivo
s.	sostantivo
scherz.	scherzoso
scient.	scientifico
scult.	scultura
s.f.	sost. femminile
sing.	singolare
s.m.	sost. maschile
socio.	sociologico
sp.	ispanismo
sport	sport
st.	storia
stat.	statistica
suff.	suffisso
superl.	superlativo
teatr.	teatro
tecn.	tecnologia
telecom.	telecomunicazioni
tess.	settore tessile
tip.	tipografia
TV	televisione
v.	verbo
v.aus.	verbo ausiliario
v.impers.	verbo impersonale
v.tr.	verbo transitivo
v.intr.	verbo intransitivo
volg.	volgare
v.rifl.pron.	verbo riflessivo pronominale
zool.	zoologia
zootecn.	zootecnia

SPAGNOLO - ITALIANO

SIMBOLI FONETICI

a	**a**m**a**pol**a**, **ha**lo
b	**b**eso, á**mb**ito, **v**ago, tra**nv**ía
ß	nie**b**la, su**bm**arino, o**bs**táculo, o**bt**ención, clu**b**
k	**c**u**c**lillas, a**cc**ión, do**ct**or, viva**c**, cho**que**, **qui**cio
θ	**ce**cina, **z**on**z**o, ga**zn**ate, novia**zg**o
d	**d**edo, fa**ld**a, ro**nd**a
ð	a**d**ali**d**, a**dj**unto, a**dq**uirir
e	**e**v**e**nto, **he**roína
f	**f**o**f**o, gol**f**
g	**g**al**g**o, **gue**rra, **gui**jarro
ɣ	gua**g**ua
i	**i**b**i**s, **hi**lo, bu**ey**, d**ía**
j	m**ia**ja, p**ie**, v**io**leta, v**iu**da
ǰ	**y**ugo, atala**y**a, **hi**erro
l	**l**i**l**a
ʎ	**ll**uvia, arru**ll**o
m	**m**erengue, e**nm**ienda, i**nf**iernillo
n	**n**enúfar, i**nn**ato
ɳ	ba**n**co, me**ng**ua, á**ng**el
ɲ	**ñ**oquis, u**ñ**a
o	**ó**palo, **ho**ja
p	**p**a**p**á, la**ps**o, a**pt**o, galo**p**
r	ta**r**a**r**eo
rr	**r**abo, a**rr**ullo, a**lr**ededor, e**nr**edo, is**r**aelí
s	**s**al**s**a, mu**s**go, e**sl**abón, abi**sm**o
t	**t**ar**t**a, a**tl**eta, arri**tm**ia, e**tn**ia, comp lo**t**
tʃ	**ch**i**ch**arra
u	**ú**v**u**la, **hu**rón, ganz**úa**
w	h**ua**ta, m**ue**lle, r**ui**do, c**uo**ta
x	**g**itano, a**g**ente, **j**en**j**ibre, relo**j**

A

a [á] *s.f.* lettera a (*inv.*).
a [á] *prep.* a, ad **1** (*quando introduce un compl. diretto di persona non si traduce in italiano*) **2** (*compl. indiretto*) a **3** (*moto a luogo*) a, in **4** (*finale*) a, per **5** (*distanza, tempo*) a **6** (*modo*) a **7** (*prezzo, quantità*) a **8** (*paragone*) a.
abad [aβáð] *s.m.* abate.
abadejo [aβaðéxo] *s.m.* **1** merluzzo **2** (*cuc.*) baccalà (*inv.*), stoccafisso.
abajo [aβáxo] *avv.* sotto, giù, in giù.
abalanzarse [aβalanθárse] *v.pron.* lanciarsi, scagliarsi.
abandonar [aβandonár] **A** *v.tr.* **1** abbandonare, lasciare **2** (*fig.*) rinunciare **3** ritirarsi **B** *v.pron.* (*fig.*) lasciarsi andare, abbandonarsi.
abandono [aβandóno] *s.m.* **1** (anche *giur.*) abbandono **2** (*fig.*) abbandono, trascuratezza **3** (*sport*) ritiro.
abanico [aβaníko] *s.m.* **1** ventaglio **2** (*fig.*) ventaglio, gamma (*f.*).
abastecedor [aβasteθeðór] *agg.* e *s.m.* fornitore.
abatir [aβatír] **A** *v.tr.* **1** abbattere, demolire **2** inclinare, piegare **3** avvilire, umiliare **4** (*mar.*) ammainare **B** *v.pron.* **1** avvilirsi, abbattersi **2** (*sobre*) gettarsi **3** (*aer.*) precipitare.
abdicación [aβðikaθjón] *s.f.* abdicazione.
abdomen [aβðómen] *s.m.* addome.
abdominal [aβðominál] *agg.m.* e *f.* addominale.
abeja [aβéxa] *s.f.* (*zool.*) ape.
abejorro [aβexórro] *s.m.* (*zool.*) calabrone.
abertura [aβertúra] *s.f.* **1** apertura, spaccatura **2** (*ottica, fot.*) apertura.
abeto [aβéto] *s.m.* (*bot.*) abete.
abierto [aβjérto] *agg.* **1** (anche *gramm.*) aperto **2** (*fig.*) aperto, spontaneo **3** (*fig.*) sincero, franco **4** (*radio, TV*) *en ~,* in diretta.
abogado [aβoɣáðo] *s.m.* **1** avvocato **2** (*fig.*) mediatore **3** (*rel.*) patrono.
abolición [aβoliθjón] *s.f.* (*giur.*) abolizione.
abolir [aβolír] *v.tr.* (*giur.*) abolire, annullare.
abonar [aβonár] **A** *v.tr.* **1** (*comm.*) pagare **2** (*comm.*) accreditare **3** abbonare **4** (*agr.*) concimare **B** *v.pron.* **1** abbonarsi **2** (*amer.*) riconciliarsi.
abono [aβóno] *s.m.* **1** abbonamento **2** (*comm.*) garanzia (*f.*) **3** (*econ.*) accredito **4** (*agr.*) concime.
abordaje [aβorðáxe] *s.m.* (*mar.*) abbordaggio.
abordar [aβorðár] *v.tr.* **1** (*fig.*) trattare, affrontare **2** (*mar.*) abbordare **3** (*fig.*) abbordare (una persona).
aborrecer [aβorreθér] *v.tr.* detestare, aborrire.
aborto [aβórto] *s.m.* **1** aborto **2** (*fig.*) (*imprese, progetti ecc.*) fallimento **3** (*fig.*) aborto, mostro.
abrasión [aβrasjón] *s.f.* abrasione.
abrazar [aβraθár] **A** *v.tr.* **1** abbracciare, comprendere **2** (*fig.*) abbracciare, convertirsi **B** *v.pron.* abbracciarsi.

abrazo [aβráθo] *s.m.* abbraccio.
abrelatas [aβrelátas] *s.m.inv.* apriscatole.
abreviación [aβreβjaθjón] *s.f.* abbreviazione.
abridor [aβriðór] *s.m.* **1** apribottiglie (*inv.*) **2** apriscatole (*inv.*).
abrigar [aβriɣár] **A** *v.tr.* **1** (*tessuti, indumenti*) tenere caldo **2** coprire **3** (*fig.*) riparare, proteggere **B** *v.pron.* coprirsi.
abrigo [aβríɣo] *s.m.* **1** cappotto **2** (*mar.*) riparo **3** (*fig.*) protezione (*f.*).
abril [aβríl] *s.m.* aprile.
abrir [aβrír] (*p.p.* abierto) A *v.tr.* **1** (anche *fig.*) aprire **2** (*terreno*) scavare **3** stappare (*una bottiglia*) **4** (*fig.*) (*corsi, lezioni, attività*) aprire, inaugurare **B** *v.intr.* **1** (*meteo.*) schiarire **2** affacciarsi, dare su **C** *v.pron.* (*fig.*) aprirsi, confidarsi.
abrochar [aβrotʃár] **A** *v.tr.* abbottonare, allacciare **B** *v.pron.* abbottonarsi, allacciarsi.
abrupto [aβrúpto] *agg.* **1** (*carattere*) aspro, ruvido **2** (*terreno*) ripido, scosceso.
abscisa [aβsθísa] *s.f.* (*geom.*) ascissa.
absolución [aβsoluθjón] *s.f.* assoluzione.
absoluto [aβsolúto] **A** *agg.* **1** assoluto, universale (*m.* e *f.*) **2** totale, completo **3** (*fis., mat.*) assoluto **B** *s.m.* (*fil.*) assoluto.
absorber [aβsorβér] *v.tr.* **1** (anche *fig.*) assorbire **2** aspirare, risucchiare **3** (*fig.*) assorbire, impegnare.
absorción [aβsorθjón] *s.f.* **1** assorbimento (*m.*) **2** (*econ.*) acquisizione di controllo.
abstemio [aβstémjo] *agg.* e *s.m.* astemio.
abstención [aβstenθjón] *s.f.* astensione.
abstracto [aβstrá*k*to] *agg.* astratto.
absurdo [aβsúrðo] **A** *agg.* assurdo, illogico **B** *s.m.* (*fil.*) assurdo.
abuela [aβwéla] *s.f.* **1** nonna **2** (*fig.*) persona anziana.
abuelo [aβwélo] *s.m.* **1** nonno **2** avo **3** (*fig.*) anziano.
abundancia [aβundánθja] *s.f.* abbondanza.
abundar [aβundár] *v.intr.* **1** abbondare **2** (*en*) essere ricco di.
aburrido [aβurríðo] *agg.* **1** (*preceduto dal verbo ser*) noioso **2** (*preceduto dal verbo estar*) annoiato.
aburrir [aβurrír] **A** *v.tr.* **1** annoiare, seccare, disturbare **B** *v.pron.* annoiarsi.
abusar [aβusár] *v.intr.* (*de*) abusare.
abuso [aβúso] *s.m.* abuso, sopruso.
acá [aká] *avv.* **1** qua, qui **2** (*tempo*) adesso, ora.
acabar [akaβár] **A** *v.tr.* **1** finire, terminare **2** consumare, esaurire **3** rifinire **B** *v.intr.* finire, terminare **C** *v.pron.* non esserci più.
academia [akaðémja] *s.f.* **1** (*mil.*) accademia **2** (*arte, tecnica ecc.*) scuola.
acaecimiento [akaeθimjénto] *s.m.* avvenimento, evento.
acampada [akampáða] *s.f.* campeggio (*m.*).
acampamento [akampaménto] *s.m.* accampamento.
acantilado [akantiláðo] **A** *agg.* scosceso **B** *s.m.* scogliera (*f.*).
acariciar [akariθjár] *v.tr.* **1** (anche *fig.*) accarezzare **2** (*fig.*) lambire, sfiorare.
ácaro [ákaro] *s.m.* (*zool.*) acaro.
acaso [akáso] **A** *avv.* forse, per caso.
acceder [a*k*θeðér] *v.intr.* (*a*) **1** accedere, entrare **2** ottenere **3** acconsentire **4** (*inform.*) accedere.
acceso [a*k*θéso] *s.m.* **1** accesso, entrata (*f.*) **2** (*inform.*) accesso **3** (*med.*) crisi (*f.*).
accesoria [a*k*θesórja] *s.f.* (*arch.*) dépendance.
accesorio [a*k*θesórjo] **A** *agg.* secondario, marginale (*m.* e *f.*) **B** *s.m.* accessorio.
accidente [a*k*θiðénte] *s.m.* **1** incidente, infortunio **2** caso.
acción [a*k*θjón] *s.f.* **1** azione, atto (*m.*) **2** (*fig.*) azione, operato, effetto **3** (*cine., lett., teatr.*) azione, soggetto.

accionar [a*k*θjonár] *v.tr.* azionare.
aceite [aθéite] *s.m.* olio.
acelerar [aθelerár] *v.tr.* **1** accelerare **2** (*auto.*) accelerare.
acelga [aθélɣa] *s.f.* (*bot.*) bietola.
acento [aθénto] *s.m.* **1** (*gramm.*) accento **2** (*gramm.*) tilde (*f.*) **3** (*fig.*) enfasi (*f.*) **4** accento, inflessione (*f.*).
aceptar [aθe*p*tár] *v.tr.* **1** accettare **2** approvare **3** (*fig.*) sopportare.
acera [aθéra] *s.f.* marciapiede (*m.*).
acerbo [aθérβo] *agg.* **1** acerbo **2** aspro **3** (*fig.*) brusco, duro.
acerca [aθérka] *prep.* (*de*) riguardo a, con riferimento a, circa.
acercamiento [aθerkamiénto] *s.m.* avvicinamento.
acercar [aθerkár] **A** *v.tr.* **1** avvicinare, accostare **2** (*fig.*) dare uno strappo **B** *v.pron.* avvicinarsi.
acero [aθéro] *s.m.* **1** acciaio **2** spada (*f.*).
acertar [aθertár] *v.tr.* **1** centrare, azzeccare **2** azzeccare, indovinare.
acertijo [aθertíxo] *s.m.* **1** indovinello **2** rebus.
achatamiento [atʃatamjénto] *s.m.* appiattimento.
acidez [aθidéθ] *s.f.* acidità.
ácido [áθiðo] **A** *agg.* **1** acido, aspro **2** (*fig.*) acido, mordace **B** *s.m.* **1** (*chim.*) acido **2** (*gerg.*) (*droga*) acido, LSD.
acierto [aθjérto] *s.m.* **1** riuscita (*f.*) **2** risultato **3** capacità (*f.*), destrezza (*f.*).
aclarar [aklarár] **A** *v.tr.* **1** schiarire **2** diluire, allungare **3** (*fig.*) spiegare, chiarire **4** sciacquare **B** *v.intr.* (*meteo.*) schiarirsi, rasserenarsi **C** *v.pron.* (*fam.*) chiarirsi, spiegarsi.
aclimatar [aklimatár] **A** *v.tr.* **1** ambientare, acclimatare **B** *v.pron.* acclimatarsi, ambientarsi.
acmé [a*k*mé] *s.m.* (*med.*) (*fig.*) acme (*f.*).
acné [a*k*né] *s.m.* (*med.*) acne (*f.*).
acoger [akoxér] **A** *v.tr.* **1** accogliere, ricevere **2** approvare, accettare **3** dare protezione/rifugio **B** *v.pron.* (*a*) **1** rifugiarsi **2** (*fig.*) prendere come scusa.
acogida [akoxíða] *s.f.* accoglienza.
acojonar [akoxonár] *v.tr.* **1** (*volg.*) spaventare **2** impressionare, fare colpo.
acometer [akometér] *v.tr.* **1** (*a/contra*) aggredire, attaccare **2** (*malattia, sonno*) assalire **3** intraprendere.
acompañar [akompaɲár] **A** *v.tr.* **1** (anche *mus.*) accompagnare **2** tenere compagnia **3** (*fig.*) essere vicino **B** *v.pron.* (*a/de/con*) **1** (*mus.*) accompagnarsi **2** accompagnarsi, essere in compagnia di.
acondicionamiento [akondiθjonamjénto] *s.m.* condizionamento, climatizzazione (*f.*).
acondicionar [akondiθjonár] *v.tr.* **1** climatizzare **2** riordinare, preparare **3** allestire.
aconsejar [akonsexár] **A** *v.tr.* consigliare **B** *v.pron.* (*con/en/sobre*) consigliarsi, chiedere consiglio.
acontecimiento [akonteθimjénto] *s.m.* **1** accaduto, fatto **2** (*fig.*) evento, avvenimento.
acoplar [akoplár] **A** *v.tr.* **1** (*a*) accoppiare **2** (*a*) (*elettr.*) collegare **3** sistemare **B** *v.pron.* **1** (*animali*) accoppiarsi **2** (*a*) (*fig.*) adattarsi **3** (*a*) (*fig.*) unirsi.
acordar [akorðár] **A** *v.tr* **1** accordare, stabilire **2** (*comm.* e *econ.*) deliberare **3** (*mus.*) accordare **B** *v.pron.* (*de*) ricordare.
acoso [akóso] *s.m.* **1** assillo **2** inseguimento.
acostar [akostár] **A** *v.tr.* **1** mettere a letto **2** (*mar.*) accostare **B** *v.intr.* (*mar.*) approdare **C** *v.pron.* **1** coricarsi **2** andare a letto.
acostumbrar [akostumbrár] **A** *v.tr.* abituare **B** *v.intr.* (*a*) essere solito **C** *v.pron.* (*a*) adattarsi, abituarsi.
acreditar [akreðitár] *v.tr.* **1** (*econ.*) accreditare **2** (*bur.*) accreditare **3** (*comm.*) registrare.
acrílico [akríliko] *agg.* e *s.m.* (*chim.*) acrilico.

acrobacia [akroβáθja] *s.f.* (anche *fig.*) acrobazia.
activación [aktiβaθjón] *s.f.* attivazione.
activar [aktiβár] *v.tr.* **1** attivare **2** riattivare, stimolare.
actividad [aktiβiðáð] *s.f.* **1** attività (*inv.*) **2** occupazione, lavoro (*m.*) **3** (*fis., geol., chim.*) attività (*inv.*).
acto [ákto] *s.m.* **1** atto, azione (*f.*) **2** (*teatr., rel.*) atto.
actor [aktór] *s.m.* attore.
actriz [aktríθ] *s.f.* attrice.
actuación [aktwaθión] *s.f.* **1** condotta, comportamento **2** (*cine., teatr., TV*) recitazione **3** (*giur.*) procedimento.
actual [aktwál] *agg.m.* e *f.* attuale.
actuar [aktwár] *v.intr.* **1** agire, comportarsi **2** (*de/como*) esercitare, lavorare **3** agire, produrre effetto **4** (*cine., teatr.*) recitare.
acuarela [akwaréla] *s.f.* (*pitt.*) acquerello (*m.*).
acuario [akwárjo] *s.m.* **1** acquario **2** (*astro., astrol.*) acquario.
acuchillar [akutʃiʎár] *v.tr.* accoltellare.
acuerdo [akwérðo] *s.m.* **1** accordo, patto **2** accordo **3** decisione (*f.*).
acumulación [akumulaθjón] *s.f.* accumulazione.
acumular [akumulár] *v.tr.* **1** accumulare **2** (*giur.*) imputare.
acusación [akusaθjón] *s.f.* (*giur.*) **1** imputazione **2** pubblico ministero (*m.*).
acusar [akusár] **A** *v.tr.* **1** accusare, incolpare **2** (*fig.*) rivelare, manifestare **B** *v.pron.* accusarsi.
acústica [akústika] *s.f.* acustica.
adaptación [aðaptaθjón] *s.f.* adattamento (*m.*).
adaptar [aðaptár] **A** *v.tr.* **1** adattare, adeguare **B** *v.pron.* adattarsi.
adecuado [aðekwáðo] *agg.* adatto, adeguato: *no es ~ para niños,* non è adatto ai bambini.
adelantar [aðelantár] **A** *v.tr.* **1** spostare in avanti **2** (anche *fig.*) sorpassare **3** anticipare **4** affrettare **5** (*orologio*) mettere avanti **B** *v.intr.* **1** avanzare, procedere **2** (*fig.*) migliorare, fare progressi **3** (*orologio*) andare avanti **C** *v.pron.* **1** anticipare, precedere **2** avanzare **3** essere in anticipo.
adelante [aðelánte] **A** *avv.* avanti **B** *inter.* avanti!
adelgazar [aðelɣaθár] *v.intr.* dimagrire.
además [aðemás] *avv.* inoltre, per di più.
adentro [aðéntro] **A** *agg.* dentro **B** *inter.* avanti!
adentros [aðéntros] *s.m.pl.* intimo (*sing.*), coscienza (*f. sing.*).
adepto [aðépto] *agg.* e *s.m.* **1** affiliato, seguace **2** iniziato, adepto.
adición [aðiθjón] *s.f.* **1** somma, addizione **2** aggiunta **3** (*giur.*) adizione.
adicto[1] [aðíkto] *agg.m.* e *f.* fedele.
adicto[2] [aðíkto] *agg.* e *s.m.* **1** seguace **2** tossicodipendente.
adiestramiento [aðjestramjénto] *s.m.* addestramento.
adiós [aðjós] **A** *inter.* **1** ciao, arrivederci **2** (*contrarietà*) accidenti **B** *s.m.* addio.
adiposo [aðipóso] *agg.* adiposo, grasso.
aditivo [aðitíβo] **A** *agg.* aggiuntivo **B** *s.m.* (*chim.*) additivo.
adivino [aðiβíno] *s.m.* indovino.
adjetivo [aðxetíβo] **A** *agg.* **1** (*gramm.*) aggettivale **2** (*fig.*) marginale (*m.* e *f.*) **B** *s.m.* (*gramm.*) aggettivo.
adjunto [aðxúnto] **A** *agg.* accluso, allegato **B** *s.m.* **1** (*lavoro, incarico*) vice, sostituto **2** (*inform.*) allegato.
administración [aðministraθjón] *s.f.* **1** amministrazione **2** (*pol.*) amministrazione, governo (*m.*) **3** somministrazione.
administrar [aðministrár] *v.tr.* **1** governare, amministrare **2** somministrare.
admiración [aðmiraθjón] *s.f.* ammirazione.
admirar [aðmirár] *v.tr.* **1** ammirare **2** stupire.

admisible [aðmisíβle] *agg.m.* e *f.* ammissibile.
admisión [aðmisjón] *s.f.* ammissione.
admitir [aðmitír] *v.tr.* **1** ammettere, accogliere **2** ammettere, tollerare **3** consentire, approvare **4** (*fig.*) ammettere, riconoscere.
adobo [aðóβo] *s.m.* (*cuc.*) marinatura (*f.*).
adolescencia [aðolesθénθja] *s.f.* adolescenza.
adonde [aðónde] *avv.* dove.
adondequiera [aðondekjéra] *avv.* dovunque.
adopción [aðo*p*θjón] *s.f.* adozione.
adoración [aðoraθjón] *s.f.* adorazione.
adorar [aðorár] *v.tr.* (*rel.*) (*fig.*) adorare.
adornar [aðornár] *v.tr.* **1** adornare **2** (*fig.*) abbellire, arricchire.
adosar [aðosár] *v.tr.* addossare.
adquirir [aðkirír] *v.tr.* (anche *fig.*) guadagnare, acquistare.
adrede [aðréðe] *avv.* apposta, di proposito.
adrenalina [aðrenalína] *s.m.* adrenalina.
adriático [aðrjátiko] *agg.* e *s.m.* adriatico.
adsorber [aðsorβér] *v.tr.* (*fis.*) assorbire.
aduana [aðwána] *s.f.* dogana.
adulación [aðulaθjón] *s.f.* adulazione.
adulterio [aðultérjo] *s.m.* adulterio.
adulto [aðúlto] *agg.* e *s.m.* adulto.
advenedizo [aðβeneðíθo] *agg.* e *s.m.* estraneo, intruso.
adverbio [aðβérβio] *s.m.* (*gramm.*) avverbio.
adversario [aðβersárjo] *s.m.* avversario, oppositore, antagonista.
advertir [aðβertír] *v.tr.* **1** avvertire, accorgersi, rendersi conto **2** avvisare, informare **3** avvisare, ammonire **4** raccomandare, consigliare.
aeración [aeraθjón] *s.f.* aerazione.
aéreo [aéreo] *agg.* **1** aereo **2** (*fig.*) leggero.
aerodinámica [aeroðinámika] *s.f.* aerodinamica.
aeroplano [aeropláno] *s.m.* aereo, aeroplano.
aeropuerto [aeropwérto] *s.m.* aeroporto.
aerosol [aerosól] *s.m.* aerosol (*inv.*).
afán [afán] *s.m.* **1** impegno, sforzo **2** (*fig.*) desiderio, ardore (*f.*) **3** (*pl.*) affanni, preoccupazioni.
afectado [afe*k*táðo] *agg.* **1** colpito, afflitto **2** affettato.
afectar [afe*k*tár] *v.tr.* **1** colpire, impressionare **2** simulare **3** riguardare **4** (*malattia, epidemia*) colpire, danneggiare **5** ostentare.
afecto [afé*k*to] **A** *agg.* affezionato **B** *s.m.* affetto, simpatia (*f.*).
afeitar [afeitár] **A** *v.tr.* rasare, fare la barba **B** *v.pron.* rasarsi, farsi la barba.
afeminado [afemináðo] *agg.* effeminato.
afición [afiθjón] *s.f.* **1** affetto (*m.*) **2** inclinazione **3** tifoseria **4** passione, hobby (*m.inv.*).
aficionado [afiθjonáðo] *agg.* e *s.m.* **1** appassionato **2** (*sport*) tifoso.
afinar [afinár] **A** *v.tr.* **1** perfezionare, migliorare **2** (*mus.*) accordare **3** (anche *met.*) affinare **4** (*fig.*) ingentilire **B** *v.pron.* raffinarsi, ingentilirsi.
afincar [afiŋkár] *v.tr.pron.* (*en*) stabilirsi.
afirmación [afirmaθjón] *s.f.* affermazione.
afirmar [afirmár] **A** *v.tr.* affermare, dichiarare **B** *v.pron.* **1** confermare, sostenere **2** reggersi, appoggiarsi.
aflojar [afloxár] **A** *v.tr.* **1** allentare **2** sciogliere (un nodo) **3** svitare **4** (*fig.*) (*fam.*) (*soldi*) sganciare, scucire **B** *v.pron.* allentarsi, sciogliersi.
aflujo [aflúxo] *s.m.* affluenza (*f.*), afflusso.
afortunado [afortunáðo] *agg.* **1** fortunato, felice (*m.* e *f.*) **2** opportuno, appropriato.
afro [áfro] *agg.* afro, africano.

afrodisíaco [afroðisíako] *agg.* afrodisiaco.
afuera [afwéra] *avv.* fuori.
afueras [afwéras] *s.f.pl.* periferia (*sing.*).
agachar [aɣatʃár] **A** *v.tr.* abbassare, piegare **B** *v.pron.* **1** abbassarsi **2** (*fig.*) lasciar correre.
agarrar [aɣarrár] **A** *v.tr.* **1** afferrare, acchiappare **2** (*fam.*) (*malattia, stato d'animo ecc.*) prendere **3** (*fam.*) beccare, cogliere **B** *v.pron.* **1** afferrarsi, aggrapparsi **2** (*fig.*) attaccarsi, aggrapparsi (*ad una scusa o pretesto*) **2** (*de/por*) azzuffarsi **3** (*cuc.*) attaccarsi.
agarre [aɣárre] *s.m.* tenuta (*f.*), aderenza (*f.*).
agencia [axénθja] *s.f.* **1** agenzia **2** filiale.
agenda [axénda] *s.f.* **1** agenda **2** ordine del giorno.
agente [axénte] *agg.* e *s.m.* e *f.* **1** agente, rappresentante.
ágil [áxil] *agg.m.* e *f.* agile.
agitar [axitár] **A** *v.tr.* **1** agitare **2** (*fig.*) agitare, eccitare **B** *v.pron.* agitarsi, scuotersi.
aglomeración [aɣlomeraθjón] *s.f.* agglomerato (*m.*).
agobiar [aɣoβjár] *v.tr.pron.* **1** sfiancare, stancare **2** (*fig.*) assillare.
agobio [aɣóβjo] *s.m.* **1** oppressione (*f.*) **2** (*fig.*) peso.
agosto [aɣósto] *s.m.* agosto.
agotamiento [aɣotamjénto] *s.m.* (anche *med.*) esaurimento.
agotar [aɣotár] **A** *v.tr.pron.* **1** prosciugare, esaurire, finire **2** (*fig.*) sfinire, stancare **B** *v.pron.* esaurirsi.
agradable [aɣraðáβle] *agg.m.* e *f.* gradevole.
agradecer [aɣraðeθér] *v.tr.* **1** gradire **2** ringraziare, essere grato.
agradecido [aɣraðeθíðo] *agg.* e *s.m.* **1** grato (*agg.*), riconoscente (*agg.m.* e *f.*) **2** obbligato (*agg.*).
agradecimiento [aɣraðeθimjénto] *s.m.* gratitudine (*f.*), riconoscenza (*f.*).
agrado [aɣráðo] *s.m.* **1** gusto **2** piacere.
agregación [aɣreɣaθjón] *s.f.* aggregazione.
agregar [aɣreɣár] **A** *v.tr.* aggiungere **B** *v.pron.* (*a*) unirsi, aggregarsi.
agresión [aɣresjón] *s.f.* aggressione.
agresivo [aɣresíβo] *agg.* aggressivo.
agricultura [aɣrikultúra] *s.f.* agricoltura.
agrietar [aɣrjetár] *v.tr.pron.* screpolare.
agrio [áɣrjo] *agg.* **1** acido **2** (*fig.*) aspro, duro: *no me gusta su carácter ~*, non mi piace il suo carattere aspro.
agrupar [aɣrupár] *v.tr.pron.* raggruppare, radunare.
agua [áɣwa] *s.f.* (*al sing. è preceduto dall'art.m.*) **1** acqua **2** falda.
aguacate [aɣwakáte] *s.m.* (*bot.*) avocado (*inv.*).
aguafiestas [aɣwafjéstas] *s.m.* e *f.inv.* guastafeste.
aguantar [aɣwantár] **A** *v.tr.* **1** reggere, sostenere **2** (*fig.*) sopportare **3** trattenere, reprimere **B** *v.intr.* resistere **C** *v.pron.* (*con*) accontentarsi (di).
aguante [aɣwánte] *s.m.* sopportazione (*f.*), resistenza (*f.*).
aguardiente [aɣwarðjénte] *s.m.* acquavite (*f.*).
agudo [aɣúðo] **A** *agg.* **1** acuto **2** (*fig.*) acuto, arguto **3** (*ling.*) tronco **B** *s.m.* (*mus.*) acuto.
águila [áɣila] *s.f.* (*al sing. è preceduto dall'art.m.*) **1** aquila **2** (*fig.*) (*persona*) cima.
aguja [aɣúxa] *s.f.* **1** ago (*m.*) **2** (*maglia*) ferro (*m.*) **3** (*orologio*) lancetta **4** (*bussola*) ago **5** (*ferr.*) scambio (*m.*), **6** (*arch.*) guglia **7** (*giradischi*) puntina.
agujerar [aɣuxerár] *v.tr.pron.* bucare, forare.
agujero [aɣuxéro] *s.m.* **1** buco, foro **2** fabbricante di aghi.
ahí [aí] *avv.* **1** lì, là **2** in ciò.
ahogar [aoɣár] **A** *v.tr.pron.* **1** affogare, annegare **2** soffocare, strangolare **3** (*fig.*) angosciare **4** (*fig.*) soffocare **5**

(*piante*) far marcire **B** *v.tr.* (*scacchi*) dare scacco matto al re.
ahogo [aóɣo] *s.m.* **1** soffocamento **2** (*fig.*) oppressione (*f.*) **3** (*fig.*) ristrettezze (*f.pl.*).
ahora [aóra] **A** *avv.* **1** adesso, ora, subito **2** (*amer.*) oggi **B** *cong.* (*avversativa*) ma, però, basta che.
ahorcamiento [aorkamjénto] *s.m.* impiccaggione.
ahorita [aoríta] *avv.* (*amer.*) ora, adesso.
ahorrar [aorrár] *v.tr.pron.* **1** risparmiare, economizzare **2** evitare, risparmiare.
ahorro [aórro] *s.m.* risparmio.
ahumar [aumár] **A** *v.tr.* **1** affumicare **B** *v.pron.* **1** riempirsi di fumo **2** (*fam.*) ubriacarsi.
aire [áire] *s.m.* **1** aria (*f.*) **2** vento **3** (*fig.*) aria (*f.*) fritta **4** (*fig.*) aria (*f.*), aspetto **5** (*mus.*) aria (*f.*), melodia (*f.*) **6** (*telecom.*) onda (*f.*).
airón [airón] *s.m.* (*zool.*) airone cenerino.
aislar [aislár] **A** *v.tr.pron.* **1** isolare, separare, staccare **2** appartare, isolare **3** (*tecn.*) isolare **B** *v.pron.* (*de*) isolarsi, appartasi.
ajedrez [axeðréθ] *s.m.* scacchi (*pl.*).
ajeno [axéno] *agg.* **1** altrui (*inv.*), di altri **2** (anche *fig.*) estraneo.
ajo [áxo] *s.m.* **1** (*bot.*) aglio **2** (*gerg.*) (*LSD*) trip (*inv.*).
ajustar [axustár] **A** *v.tr.* **1** stringere **2** (*fig.*) accordare, adattare **3** (*comm.*) saldare **4** (*lavoro*) assumere **B** *v.intr.* (*a*) adattarsi **C** *v.pron.* **1** stringersi **2** (*fig.*) adattarsi.
al [al] *prep.art.m.sing.* al, allo.
ala [ála] *s.f.* (*al sing. è preceduto dall'art.m.*) **1** ala (*volatili, aeroplano*) **2** (*cappello*) tesa **3** (*pol.*) ala **4** (*sport*) ala.
alabar [alaβár] **A** *v.tr.* lodare, elogiare **B** *v.pron.* vantarsi.
alambre [alámbre] *s.m.* filo di ferro.
alargar [alarɣár] **A** *v.tr.* **1** allungare, prolungare **2** (*fig.*) passare **3** (*fig.*) aumentare **B** *v.pron.* **1** (*giorno*) allungarsi **2** dilungarsi.
alarma [alárma] *s.f.* **1** allarme (*m.*) **2** (*fig.*) allarme (*m.*), inquietudine.
albañil [alβaɲíl] *s.m.* (*edil.*) muratore.
albaricoque [alβarikóke] *s.m.* (*bot.*) albicocca (*f.*).
albatros [alβátros] *s.m.inv.* (*zool.*) albatros.
albergue [alβérɣe] *s.m.* **1** alloggio **2** rifugio.
albero [alβéro] *s.m.* **1** terreno sabbioso **2** (*tauro.*) arena (*f.*).
albóndiga [alβóndiɣa] *s.f.* (*cuc.*) polpetta.
albornoz [alβornóθ] *s.m.* accappatoio.
alboroto [alβoróto] *s.m.* **1** chiasso, schiamazzo **2** ammutinamento.
álbum [álβum] *s.m.* **1** album (*inv.*) **2** (*mus.*) album (*inv.*).
alcachofa [alkatʃófa] *s.f.* (*bot.*) carciofo (*m.*).
alcahuete [alkawéte] *s.m.* **1** ruffiano **2** pettegolo.
alcalde [alkálde] *s.m.* **1** (*pol.*) sindaco **2** (*ant.*) alcalde.
alcaldesa [alkaldésa] *s.f.* **1** (*pol.*) sindaco (*m.*) donna **2** moglie del sindaco.
alcance [alkánθe] *s.m.* **1** (anche *fig.*) portata (*f.*), capacità (*f.inv.*) **2** ultime notizie (*f.pl.*) **3** (*econ.*) deficit (*inv.*).
alcantarillado [alkantariʎáðo] *s.m.* fognatura (*f.*).
alcanzar [alkanθár] **A** *v.tr.* **1** (anche *fig.*) raggiungere, arrivare: *si te das prisa, los alcanzarás,* se ti sbrighi, li raggiungerai **2** (*bersaglio*) colpire **3** (*fig.*) passare **4** (*fig.*) ottenere **B** *v.intr.* (*fig.*) **1** essere sufficiente, bastare **2** arrivare **C** *v.pron.* (*fig.*) capire.
alcaparra [alkapárra] *s.f.* (*bot.*) cappero (*m.*).
alcázar [alkáθar] *s.m.* alcazar (*inv.*), fortezza (*f.*) **2** palazzo, reggia (*f.*).
alce[1] [álθe] *s.m.* (*zool.*) alce.
alce[2] [álθe] *s.m.* (*carte*) alzata (*f.*).

alcohol [alkoól] *s.m.* **1** alcool **2** alcolico.
alegoría [aleɣoría] *s.f.* allegoria.
alegrar [aleɣrár] **A** *v.tr.* **1** rallegrare, allietare **2** ravvivare **3** (*toro*) incitare **B** *v.pron.* **1** rallegrarsi, essere contento **2** (*fig.*) (*fam.*) diventare brillo.
alegre [aléɣre] *agg.m.* e *f.* **1** allegro (*m.*), vivace **2** (*fig.*) frivolo (*m.*) **3** (*fig.*) (*fam.*) brillo (*m.*).
alegría [aleɣría] *s.f.* **1** allegria, contentezza **2** (*fig.*) leggerezza.
alejamiento [alexamjénto] *s.m.* allontanamento.
alejar [alexár] **A** *v.tr.pron.* **1** allontanare **B** *v.pron.* **1** allontanarsi, andarsene lontano **2** (*fig.*) evitare.
alemán [alemán] *agg.* e *s.m.* tedesco.
alergia [alérxja] *s.f.* (*med.*) allergia.
alerta [alérta] *s.f.* allarme (*m.*).
alfabeto [alfabéto] *s.m.* alfabeto.
alfiler [alfilér] *s.m.* **1** spillo **2** spilla (*f.*).
alfombra [alfómbra] *s.f.* **1** tappeto (*m.*) **2** (*fig.*) manto.
alga [álɣa] *s.f.* (*bot.*) alga.
álgebra [álxeβra] *s.f.* (*mat.*) algebra.
algo [álɣo] **A** *avv.* un poco, un po' **2** poco **B** *pron.inv.* (*indefinito*) qualcosa.
algodón [alɣoðón] *s.m.* cotone.
alguien [álɣjen] **A** *pron.inv.* (*indefinito*) qualcuno **2** uno **B** *s.m.* (*fam.*) qualcuno, un pezzo grosso.
alguno [alɣúno] **A** *agg.* (*indefinito*) (*si tronca davanti ad un sostantivo maschile*) **1** qualche (*m.* e *f.*) **2** (*partitivo al plurale*) dei, degli, alcuni **3** alquanto, piuttosto **4** (*fig.*) un qualche, un certo **5** (*in frasi negative posposto al sostantivo*) alcuno, nessuno **B** *pron.* (*indefinito*) **1** qualcuno, alcuno **2** (*seguito da un partitivo*) qualcuno.
aliado [aliáðo] *agg.* e *s.m.* (*mil.*) (*pol.*) alleato.
alianza [aljánθa] *s.f.* **1** alleanza **2** (*anello*) fede.
alicates [alikátes] *s.m.pl.* (*tecn.*) pinza (*f.sing.*), pinzette (*f.*).
alienación [aljenaθjón] *s.f.* **1** (*giur.*) alienazione **2** (*psic.*) alienazione, estraniazione.
alienígena [aljeníxena] *agg.* e *s.m.* e *f.* **1** alieno (*m.*), extraterrestre **2** (*pol.*) straniero (*m.*).
aliento [aljénto] *s.m.* **1** alito **2** fiato, respiro **4** (*fig.*) stimolo.
alimentación [alimentaθjón] *s.f.* alimentazione.
alimentario [alimentárjo] *agg.* alimentare (*m.* e *f.*).
alimento [aliménto] *s.m.* **1** alimento, cibo **2** (*fig.*) alimento, nutrimento.
alinear [alineár] **A** *v.tr.* **1** allineare **2** (*sport*) schierare **B** *v.pron.* (*con/de/en*) allinearsi.
aliñar [aliɲár] *v.tr.* (*cuc.*) condire.
alioli [aljóli] *s.m.* (*cuc.*) maionese (*f.*) con aglio.
alisar [alisár] *v.tr.* **1** lisciare **2** (*tecn.*) lappare, levigare.
alivio [alíβjo] *s.m.* sollievo, alleggerimento.
allá [aʎá] *avv.* là.
allanamiento [aʎanamjénto] *s.m.* **1** appianamento **2** violazione (*f.*).
allanar [aʎanár] **A** *v.tr.* **1** appianare, spianare **2** (*fig.*) appianare, rimuovere **3** compiere una violazione di domicilio **B** *v.pron.* (*fig.*) adattarsi.
allí [aʎí] *avv.* lì, là.
alma [álma] *s.f.* (*al sing. è preceduto dall'art.m.*) **1** anima, spirito (*m.*), cuore **2** (*fig.*) anima, cervello (*m.*).
almacén [almaθén] *s.m.* **1** magazzino, deposito **2** (*comm.*) negozio all'ingrosso.
almanaque [almanáke] *s.m.* almanacco.
almeja [alméxa] *s.f.* (*zool.*) vongola.
almendra [alméndra] *s.f.* (*bot.*) mandorla.
almirante [almiránte] *s.m.* (*mar.*) (*mil.*) ammiraglio.
almohadilla [almoaðíʎa] *s.f.* cuscinetto (*m.*).

almorzar [almorθár] **A** *v.intr.* fare colazione, pranzare **B** *v.tr.* mangiare per pranzo.
almuecín [almweθín] *s.m.* (*rel.*) muezzin (*inv.*).
almuerzo [almwérθo] *s.m.* **1** pranzo **2** spuntino.
alojamiento [aloxamjénto] *s.m.* alloggio, sistemazione.
alojar [aloxár] **A** *v.tr.* alloggiare, ospitare **B** *v.pron.* alloggiare.
alpinismo [alpinísmo] *s.m.* (*sport*) alpinismo.
alpino [alpíno] *agg.* alpino.
alquería [alkería] *s.f.* casa colonica.
alquilar [alkilár] *v.tr.* **1** affittare **2** noleggiare.
alquiler [alkilér] *s.m.* **1** affitto **2** noleggio.
alquimia [alkímja] *s.f.* alchimia.
alquitrán [alkitrán] *s.m.* (*chim.*) catrame.
alrededor [alrreðeðór] *avv.* intorno, attorno.
alta [álta] *s.f.* (*al sing. è preceduto dall'art.m.*) **1** (*ospedale*) dimissione **2** iscrizione, tesseramento (*m.*).
altanero [altanéro] *agg.* altero, borioso.
altar [altár] *s.m.* (*rel.*) altare.
altavoz [altaβóθ] *s.m.* altoparlante.
alteración [alteraθjón] *s.f.* **1** alterazione, modificazione **2** (*fig.*) nervosismo (*m.*).
alternar [alternár] **A** *v.tr.* alternare **B** *v.intr.* **1** avvicendarsi **2** avere a che fare **C** *v.tr.pron.* alternarsi.
alterne [altérne] *s.m.* (*fam.*) frequentazione (*f.*).
alteza [altéθa] *s.f.* (*fig.*) altezza, nobiltà (*inv.*).
altibajo [altiβáxo] *s.m.* (*fam.*) (*terreno*) gobba (*f.*).
altillo [altíʎo] *s.m.* soppalco.
alto[1] [álto] **A** *agg.* **1** alto **2** alto, elevato **3** (*fig.*) alto, eccellente (*m.* e *f.*), elevato **4** (*suono*) alto, acuto **B** *avv.* **1** alto **2** forte **C** *s.m.* altezza (*f.*).
alto[2] [álto] *s.m.* **1** (*lavoro*) pausa (*f.*) **2** sosta (*f.*).
¡alto![3] [álto] *inter.* alt!, stop!
altruismo [altrwísmo] *s.m.* altruismo.
altruista [altrwísta] *agg.* e *s.m.* e *f.* altruista.
altura [altúra] *s.f.* **1** altezza **2** altitudine, quota **3** profondità (*fig.*), elevatezza, nobiltà (*inv.*).
alubia [alúβja] *s.f.* (*bot.*) fagiolo (*m.*).
alucinación [aluθinaθjón] *s.f.* (*med.*) allucinazione.
alud [alúð] *s.m.* (anche *fig.*) valanga (*f.*).
alumbrado [alumbráðo] **A** *agg.* **1** illuminato **2** (*fig.*) brillo **B** *s.m.* **1** illuminazione (*f.*) **2** (*fig.*) (*rel.*) Illuminato.
alumbrar [alumbrár] **A** *v.tr.* **1** (anche *fig.*) illuminare **2** (*fam.*) dare alla luce **B** *v.pron.* ubriacarsi.
aluminio [alumínjo] *s.m.* alluminio.
alumno [alúmno] *s.m.* allievo, alunno.
aluvión [aluβjón] *s.m.* **1** alluvione (*f.*), inondazione (*f.*) **2** (*fig.*) valanga.
alzada [alθáða] *s.f.* alzata, innalzamento (*m.*), sollevamento (*m.*).
alzamiento [alθamjénto] *s.m.* (*mil.*) sedizione (*f.*), ribellione (*f.*).
alzar [alθár] **A** *v.tr.pron.* **1** alzare, sollevare, tirare su **2** innalzare, costruire **3** (*prezzo*) aumentare **4** tirare via, togliere **B** *v.pron.* **1** alzarsi **2** ergersi, innalzarsi **3** ribellarsi.
ama [áma] *s.f.* (*al sing. è preceduto dall'art.m.*) **1** padrona, proprietaria **2** governante.
amable [amáβle] *agg.m.* e *f.* gentile, cortese.
amamantar [amamantár] *v.tr.* allattare.
amanecer [amaneθér] **A** *s.m.* alba (*f.*) **B** *v.intr.* (amanezco, amanecí, amaneceré) **1** albeggiare **2** (*fig.*) sorgere.
amanerado [amaneráðo] *agg.* **1** affettato, manierato **2** (*pitt.*) manierista (*m.* e *f.*) **3** (*amer.*) effeminato.
amante [amánte] *agg.* e *s.m.* e *f.* amante.
amar [amár] *v.tr.* amare.

amargar [amaɣár] *v.intr.* **1** essere amaro **2** (*fig.*) amareggiare.
amargo [amáɣo] **A** *agg.* (anche *fig.*) amaro **B** *s.m.* (*liquore*) amaro.
amarillo [amaríɣo] **A** *agg.* **1** giallo **2** (*persona*) pallido **B** *s.m.* giallo.
ámbar [ámbar] *s.m.* ambra (*f.*).
ambición [ambiθjón] *s.f.* ambizione.
ambientación [ambjentaθjón] *s.f.* ambientamento (m.); ambientazione.
ambientador [ambientaðór] *s.m.* deodorante per ambienti.
ambiental [ambjentál] *agg.m.* e *f.* ambientale.
ambientar [ambjentár] **A** *v.tr.* **1** ambientare **2** acclimatare **B** *v.pron.* ambientarsi.
ambiente [ambjénte] *s.m.* **1** ambiente, ambito **2** atmosfera (*f.*) **3** (*fig.*) atmosfera (*f.*), clima **4** ambiente, cerchia (*f.*), classe (*f.*).
ambigüedad [ambiɣweðáð] *s.f.* ambiguità (*inv.*).
ambiguo [ambíɣwo] *agg.* ambiguo.
ámbito [ámbito] *s.m.* ambito.
ambos [ámbos] *agg.* e *pron.pl.* entrambi, tutti e due.
ambulancia [ambulánθja] *s.f.* ambulanza.
amenaza [amenáθa] *s.f.* minaccia.
amenazar [amenaθár] *v.tr.* (*con*) minacciare.
americano [amerikáno] *agg.* e *s.m.* americano.
amerindio [ameríndjo] *agg.* e *s.m.* amerindio (*agg.*).
ametralladora [ametraʎaðóra] *s.f.* (*mil.*) mitragliatrice.
amigo [amíɣo] **A** *agg.* **1** amico **2** (*fig.*) amante (*m.* e *f.*), estimatore **B** *s.m.* **1** amico **2** compagno, partner (*m.* e *f.inv.*).
amistad [amistáð] *s.f.* amicizia.
amnesia [amnésja] *s.f.* amnesia.
amnistía [amnistía] *s.f.* (*pol.*) amnistia.
amo [ámo] *s.m.* padrone.
amontonamiento [amontonamjénto] *s.m.* ammucchiamento.
amontonar [amontonár] **A** *v.tr.* **1** ammucchiare **2** accumulare **B** *v.pron.* **1** accalcarsi **2** accumularsi.
amor [amór] *s.m.* **1** amore, passione (*f.*) **2** dedizione (*f.*), impegno **3** (*zool.*) calore.
amortiguar [amortiɣwár] *v.tr.* **1** attenuare **2** (*pitt.*) sfumare.
amortización [amortiθaθjón] *s.f.* (*econ.*) ammortamento.
amotinamiento [amotinamjénto] *s.m.* ammutinamento.
amparado [amparáðo] *agg.* protetto, tutelato.
amparo [ampáro] *s.m.* (anche *fig.*) appoggio, sostegno: *es el ~ de su amigo,* è il sostegno del suo amico.
ampliación [ampljaθjón] *s.f.* **1** ampliamento (*m.*), aumento (*m.*).
ampliar [ampljár] *v.tr.* **1** allargare, ampliare, aumentare **2** (*arch.*) ampliare **3** (*fot.*) ingrandire.
amplificación [amplifikaθjón] *s.f.* amplificazione.
amplio [ámpljo] *agg.* **1** ampio, spazioso **2** (*fig.*) ampio, largo.
amputación [amputaθjón] *s.f.* amputazione.
amueblar [amweβlár] *v.tr.* ammobiliare.
anaconda [anakónda] *s.f.* (*zool.*) anaconda (*m.inv.*).
anagrama [anaɣráma] *s.m.* anagramma.
analfabeto [analfaβéto] *agg.* e *s.m.* analfabeta (*m.* e *f.*).
análisis [análisis] *s.m.inv.* analisi (*f.*).
analista [analísta] *s.m.* e *f.* **1** (*psic.*) analista, psicoanalista **2** (*inform.*) analista.
analizar [analiθár] *v.tr.* analizzare.
analogía [analoxía] *s.f.* analogia.
anarquía [anarkía] *s.f.* **1** (*pol.*) anarchia **2** (*fig.*) caos (*m.*), disordine (*m.*).
anatomía [anatomía] *s.f.* anatomia.

ancho [ántʃo] **A** *agg.* **1** largo, spazioso **2** (*fig.*) fiero **B** *s.m.* larghezza (*f.*).
anchoa [antʃóa] *s.f.* (*zool.*) acciuga, alice.
anchura [antʃúra] *s.f.* larghezza.
anciano [anθjáno] *agg.* e *s.m.* anziano.
ancla [áŋkla] *s.f.* (*al sing. è preceduto dall'art.m.*) (*mar.*) ancora.
andamio [andámjo] *s.m.* impalcatura (*f.*).
andar [andár] **A** *v.intr.* **1** camminare **2** (*en*) spostarsi, girare **3** funzionare, andare **4** passare, trascorrere **5** (*fig.*) andare, procedere **B** *v.tr.* percorrere **C** *v.pron.* (*con/en*) iniziare **D** *s.m.* andare, andatura (*f.*).
andén [andén] *s.m.* **1** (*mar.*) banchina (*f.*) **2** (*ferr.*) banchina (*f.*), marciapiede.
andorrano [andorráno] *agg.* e *s.m.* abitante (*m.* e *f.*) del principato di Andorra.
anécdota [anékðota] *s.f.* aneddoto (*m.*).
anejo [anéxo] **A** *agg.* annesso, allegato **B** *s.m.* (*giur.*) allegato.
anemia [anémja] *s.f.* (*med.*) anemia.
anestesia [anestésja] *s.f.* (*med.*) anestesia.
anexión [aneksjón] *s.f.* annessione.
anexionar [aneksjonár] *v.tr.* annettere.
anexo [anékso] *agg.* e *s.m.* annesso, allegato.
anfibio [amfíβjo] *agg.* e *s.m.* anfibio.
anfiteatro [amfiteátro] *s.m.* anfiteatro.
ánfora [ámfora] *s.f.* (*al sing. è preceduto dall'art.m.*) anfora.
ángel [áŋxel] *s.m.* (*rel.*) (anche *fig.*) angelo.
anglicano [aŋglikáno] *agg.* e *s.m.* (*rel.*) anglicano.
angostura [aŋgostúra] *s.f.* (anche *fig.*) strettezza, angustia.
anguila [aŋgíla] *s.f.* (*zool.*) anguilla.
ángulo [áŋgulo] *s.m.* **1** angolo **2** spigolo **3** (*fig.*) aspetto, punto di vista.
anhelar [anelár] *v.tr.* (*fig.*) anelare, bramare.
anhídrido [aníðriðo] *s.m.* (*chim.*) anidride (*f.*).
anillo [aníʎo] *s.m.* **1** anello **2** (*tauro.*) arena (*f.*) **3** (*strada*) svincolo.
ánima [ánima] *s.f.* (*al sing. è preceduto dall'art.m.*) **1** (*rel.*) anima **2** anima, nucleo (*m.*).
animación [animaθjón] *s.f.* **1** animazione, (*inv.*) **2** (*fig.*) animazione, movimento (*m.*).
animador [animaðór] **A** *agg.* stimolante (*m.* e *f.*) **B** *s.m.* **1** presentatore, animatore.
animal [animál] **A** *agg.* animale (*m.* e *f.*) **B** *s.m.* (anche *fig.*) animale, bestia (*f.*).
animalada [animaláða] *s.f.* bestialità (*inv.*).
animar [animár] **A** *v.tr.* **1** animare **2** vivacizzare **3** incoraggiare, incitare, stimolare **B** *v.pron.* osare.
¡ánimo! [ánimo] *inter.* animo!, coraggio!
ánimo [ánimo] *s.m.* **1** animo **2** (*fig.*) coraggio **3** intenzione (*f.*).
aniquilación [anikilaθjón] *s.f.* annichilazione, annientamento (*m.*).
anís [anís] *s.m.* anice, anisetta (*f.*).
aniversario [aniβersárjo] *s.m.* anniversario.
ano [áno] *s.m.* (*anat.*) ano.
anoche [anótʃe] *avv.* ieri sera, ieri notte.
anochecer [anotʃeθér] **A** *s.m.* tramonto **B** (anochezco, anochecí, anocheceré) *v.impers.* calare la sera, imbrunire.
anónimo [anónimo] **A** *agg.* anonimo **B** *s.m.* anonimo.
anorexia [anoréksja] *s.f.* anoressia.
anormal [anormál] *agg.* e *s.m.* e *f.* anormale.
anotación [anotaθjón] *s.f.* **1** annotazione, nota **2** (*bur.*) (*giur.*) registrazione.
anotar [anotár] *v.tr.* **1** annotare, prendere nota **2** (*bur.*) (*giur.*) registrare.
ansia [ánsja] *s.f.* (*al sing. è preceduto dall'art.m.*) **1** ansia **2** ansia bramosia.
antagonismo [antaɣonísmo] *s.m.* antagonismo, rivalità (*f.inv.*).

antaño [antáɲo] *avv.* una volta, un tempo.
antártico [antártiko] *agg.* (*geog.*) antartico.
ante[1] [ánte] *prep.* **1** davanti a **2** di fronte.
ante[2] [ánte] *s.m.* **1** alce **2** camoscio.
ante-[3] [ánte] *pref.* anti.
anteanoche [anteanótʃe] *avv.* l'altro ieri notte.
anteayer [anteaǰér] *avv.* avant'ieri.
antecedente [anteθeðénte] **A** *agg.m.* e *f.* antecedente, anteriore **B** *s.m.* antecedente.
antemano (de) [antemáno] loc.*avv.* in anticipo, prima.
antena [anténa] *s.f.* **1** antenna **2** (*mar.*) albero.
antepasados [antepasáðos] *s.m.pl.* antenati.
anteproyecto [anteproǰékto] *s.m.* **1** (*arch.*) progetto di massima **2** (*giur.*) disegno.
anterior [anterjór] *agg.m.* e *f.* anteriore.
antes [ántes] **A** *agg.inv.* precedente (*sing.*) **B** *avv.* **1** prima **2** una volta **C** *cong.* piuttosto che.
antibiótico [antiβiótiko] *s.m.* antibiotico.
anticipar [antiθipár] **A** *v.tr.* anticipare **B** *v.pron.* **1** prevenire **2** essere in anticipo.
anticipo [antiθípo] *s.m.* acconto, anticipo.
anticuado [antikwáðo] *agg.* e *s.m.* antiquato (*agg.*).
anticuerpo [antikwérpo] *s.m.* anticorpo.
antídoto [antíðoto] *s.m.* (anche *fig.*) antidoto.
antifascismo [antifasθísmo] *s.m.* (*pol.*) antifascismo.
antiguo [antíɣwo] *agg.* **1** antico **2** annoso, vecchio **3** (*fam.*) ex (*inv.*), precedente (*m.* e *f.*).
antipático [antipátiko] *agg.* antipatico.
antípodas [antípoðas] *s.m.* e *f.pl.* (anche *fig.*) antipodi (*m.*).
antisemita [antisemíta] *agg.* e *s.m.* e *f.* antisemita.
antojo [antóxo] *s.m.* **1** capriccio **2** (*fam.*) voglia (*f.*).
antología [antoloxía] *s.f.* antologia.
antorcha [antórtʃa] *s.f.* **1** torcia, fiaccola **2** (*fig.*) guida.
antropología [antropoloxía] *s.f.* antropologia.
anudar [anuðár] *v.tr.pron.* **1** annodare, allacciare **2** (*fig.*) stringere, annodare, **3** (*fig.*) riprendere.
anulación [anulaθjón] *s.f.* annullamento (*m.*), abrogazione.
anular [anulár] **A** *agg.* anulare **B** *s.m.* (*dito*) anulare **C** *v.tr.* annullare.
anunciación [anunθjaθjón] *s.f.* (*rel.*) annunciazione.
anunciar [anunθjár] *v.tr.* **1** annunciare, avvisare **2** pubblicizzare.
anuncio [anúnθjo] *s.m.* **1** annuncio, notizia (*f.*), avviso **2** pubblicità (*f.inv.*) **3** (*fig.*) presagio.
añadir [aɲaðír] *v.tr.* **1** aggiungere **2** apporre.
añejo [aɲéxo] *agg.* stagionato **2** (*vino*) invecchiato **3** (*fig.*) di vecchia data.
año [áɲo] *s.m.* **1** anno **2** età (*f.inv.*), anno.
añorar [aɲorár] *v.tr.* avere nostalgia.
apacible [apaθíβle] *agg.m.* e *f.* **1** affabile, tranquillo (*m.*) **2** (*temperatura, clima*) mite.
apaciguar [apaɣigwár] *v.tr.pron.* **1** pacificare, placare **2** calmarsi, attenuarsi.
apadrinar [apaðrinár] *v.tr.* fare da padrino.
apagar [apaɣár] *v.tr.pron.* **1** spegnere **2** (*fig.*) smorzare, placare.
apalear [apaleár] *v.tr.* **1** bastonare, picchiare **2** scuotere.
apañado [apaɲáðo] *agg.* (*fam.*) adatto, adeguato **2** esperto, pratico.
apañar [apaɲár] **A** *v.tr.* **1** (*fam.*) aggiustare, rammendare **2** (*fam.*) fregare, arraffare, intrallazare **B** *v.pron.* (*fam.*) arrangiarsi.

aparato [aparáto] *s.m.* **1** apparecchio **2** congegno, strumento **3** (*anat.*) apparato **4** (*fam.*) aggeggio, coso.
aparcamiento [aparkamjénto] *s.m.* parcheggio.
aparcar [aparkár] *v.tr.* **1** parcheggiare, posteggiare **2** (*fig.*) bloccare.
aparecer [apareθér] *v.intr.* **1** apparire, comparire **2** sbucare, saltare fuori **3** manifestarsi **4** arrivare inaspettatamente.
aparentar [aparentár] *v.tr.* **1** dimostrare, sembrare **2** fingere.
aparente [aparénte] *agg.m.* e *f.* **1** apparente **2** (*fam.*) appariscente.
aparición [apariθjón] *s.f.* **1** apparizione **2** visione.
apariencia [aparjénθja] *s.f.* **1** apparenza, aspetto (*m.*) facciata **2** (*fig.*) aria, segno (*m.*).
apartamento [apartaménto] *s.m.* appartamento.
aparte [apárte] **A** *agg.inv.* **1** separato (*m.sing.*), a sé **2** (*fig.*) insolito (*m.sing.*) **B** *avv.* **1** a parte, separatamente **2** da parte **3** inoltre **C** *s.m.*1 (*teatr.*) a parte **2** in disparte.
apasionado [apasjonáðo] *s.m.* amante (*m.* e *f.*), appassionato.
apatía [apatía] *s.f.* apatia.
apear [apeár] **A** *v.tr.* **1** far scendere **2** rimuovere (*da un incarico*) **B** *v.pron.* **1** scendere **2** abbandonare, distogliersi.
apego [apéɣo] *s.m.* amore, attaccamento.
apellido [apeʎíðo] *s.m.* cognome.
apenas [apénas] *avv.* **1** appena **2** (*in frasi negative*) quasi **3** (*in frasi positive*) a stento, appena **4** (*temporale*) appena, non appena, subito dopo.
apéndice [apéndiθe] *s.m.* **1** appendice (*f.*), complemento **2** (*anat.*) appendice (*f.*)
apendicitis [apendiθítis] *s.f.inv.* appendicite.
apercibir [aperθiβír] **A** *v.tr.* **1** avvisare, avvertire **2** rimproverare **B** *v.pron.* **1** prepararsi **2** (*de*) accorgersi.

apertura [apertúra] *s.f.* **1** (anche *fig.*) apertura **2** apertura, inaugurazione.
apestar [apestár] *v.intr.* **1** (*a/de*) puzzare **2** (*fig.*) (*fam.*) scocciare.
apetecer [apeteθér] *v.intr.* avere voglia, gradire.
apetito [apetíto] *s.m.* **1** appetito, fame (*f.*) **2** (*fig.*) appetito, desiderio.
apio [ápjo] *s.m.* (*bot.*) sedano.
apisonar [apisonár] *v.tr.* spianare.
aplastamiento [aplastamjénto] *s.m.* schiacciamento.
aplastar [aplastár] *v.tr.* **1** schiacciare **2** (*fig.*) annientare, schiacciare.
aplauso [apláuso] *s.m.* **1** applauso **2** (*fig.*) plauso, approvazione (*f.*).
aplazamiento [aplaθamjénto] *s.m.* rinvio, aggiornamento, differimento.
aplazar [aplaθár] *v.tr.* **1** aggiornare, differire, rimandare **2** (*amer.*) (*istr.*) bocciare.
aplicación [aplikaθjón] *s.f.* **1** applicazione **2** impegno (*m.*).
aplicar [aplikár] **A** *v.tr.* **1** applicare **2** destinare **B** *v.pron.* applicarsi, darsi da fare.
aplomo [aplómo] *s.m.* disinvoltura (*f.*).
apocado [apokáðo] *agg.* impacciato, timido.
apocalipsis [apokalípsis] *s.f.inv.* apocalisse (*sing.*).
apodar [apoðár] *v.tr.* soprannominare.
apodo [apóðo] *s.m.* soprannome.
aportación [aportaθjón] *s.f.* **1** apporto (*m.*), contributo (*m.*) **2** (*econ.*) apporto (*m.*).
aportar [aportár] *v.tr.* **1** contribuire con **2** apportare, produrre.
apostar [apostár] **A** *v.tr.* **1** (*mil.*) appostare **2** scommettere **B** *v.pron.* (*en*) appostarsi.
apóstol [apóstol] *s.m.* apostolo.
apóstrofo [apóstrofo] *s.m.* apostrofo.
apoyar [apoǰár] **A** *v.tr.* **1** (*en*) appoggiare **2** (*en*) (*fig.*) basare **3** (*fig.*) appoggiare, assecondare, favorire **B** *v.pron.* (*contra/en*) appoggiarsi.

apoyo [apóǰo] *s.m.* (anche *fig.*) appoggio, sostegno.
apreciar [apreθjár] *v.tr.* **1** rilevare, notare **2** apprezzare, stimare.
aprender [aprendér] *v.tr.* apprendere, imparare.
aprendizaje [aprendiθáxe] *s.m.* apprendistato.
apretado [apretádo] *agg.* **1** attillato, stretto **2** (*fig.*) difficile (*m.* e *f.*) **3** (*fig.*) intenso, pieno.
apretar [apretár] **A** *v.tr.* **1** stringere **2** premere **3** (*fig.*) pressare, sollecitare **4** (*fig.*) opprimere **B** *v.intr.* **1** intensificarsi **2** (*fig.*) costringere, forzare **C** *v.pron.* stringersi.
aprobación [aproβaθjón] *s.f.* approvazione.
aprobar [aproβár] *v.tr.* **1** approvare, condividere **2** (*istr.*) essere promosso.
aprovechamiento [aproβetʃamjénto] *s.m.* **1** utilizzo **2** sfruttamento **3** (*fig.*) profitto.
aprovechar [aproβetʃár] **A** *v.tr.* **1** approfittare, utilizzare **B** *v.intr.* **1** servire, valere **2** fare progressi **C** *v.pron.* (*de*) abusare, approfittare.
aproximación [apro*k*simaθjón] *s.f.* **1** approssimazione **2** (*fig.*) approccio (*m.*).
aproximar [apro*k*simár] **A** *v.tr.* avvicinare **B** *v.pron.* (*a*) **1** avvicinarsi **2** essere simili.
apuesta [apwésta] *s.f.* scommessa.
apuntar [apuntár] **A** *v.tr.* **1** (*a/con*) puntare, mirare **2** indicare (*con il dito*) **3** (*en*) annotare, appuntare **4** (*fig.*) mirare, aspirare **5** suggerire **B** *v.intr.* **1** spuntare **2** sbocciare **C** *v.pron.* iscriversi.
apuro [apúro] *s.m.* **1** difficoltà (*f.inv.*) **2** imbarazzo **3** (*amer.*) fretta.
aquel [akél] **A** *agg.m.* (*dimostrativo*) quello, quel **B** *s.m.* (*fam.*) attrattiva (*f.*), fascino, non so che.
aquél [akél] *pron.m.* (*dimostrativo*) quello.
aquella [akéʎa] *agg.f.* (*dimostrativo*) quella.
aquélla [akéʎa] *pron.f.* (*dimostrativo*) quella.
aquello [akéʎo] *pron.* (*dimostrativo; neutro*) ciò, quella cosa.
aquí [akí] *avv.* **1** (*luogo*) qui, qua **2** qui, da questa parte **3** (*tempo*) adesso, ora, allora, a quel punto **4** (*fam.*) ecco che.
árabe [áraβe] *agg.* e *s.m.* e *f.* arabo (*m.*).
aragonés [araɣonés] *agg.* e *s.m.* aragonese (*m.* e *f.*).
arándano [arándano] *s.m.* (*bot.*) mirtillo.
araña [aráɲa] *s.f.* **1** (*zool.*) ragno (*m.*) **2** lampadario a gocce di cristallo.
árbitro [árβitro] *s.m.* arbitro.
árbol [árβol] *s.m.* **1** albero **2** (*arch.*) montante.
archipiélago [artʃipjélaɣo] *s.m.* arcipelago.
archivador [artʃiβaðór] *s.m.* **1** archivio **2** raccoglitore.
archivar [artʃiβár] *v.tr.* (anche *fig.*). archiviare.
archivo [artʃíβo] *s.m.* **1** archivio **2** (*inform.*) archivio, file (*inv.*).
arcilla [arθíʎa] *s.f.* (*min.*) argilla, creta.
arco [árko] *s.m.* arco.
ardiente [arðjénte] *agg.m.* e *f.* **1** ardente **2** (*fig.*) fervido (*m.*), ardente, appassionato (*m.*).
área [área] *s.f.* (*al sing. è preceduto dall'art.m.*) **1** (anche *geom.*) area **2** (*fig.*) area, sfera, settore.
arena [aréna] *s.f.* **1** sabbia, arena **2** (*archeol.*) arena, anfiteatro (*m.*) **3** (tauro.) arena.
argentino [arxentíno] *agg.* e *s.m.* argentino.
argumentación [arɣumentaθjón] *s.f.* argomentazione.
argumento [arɣuménto] *s.m.* **1** argomento **2** argomento, soggetto **3** (*cine.* e *teatr.*) trama.
aria [árja] *s.f.* (*al sing. è preceduto dall'art.m.*) (*mus.*) aria.
árido [áriðo] *agg.* **1** arido, secco **2** (*fig.*) arido, sterile (*m.* e *f.*).

aries [árjes] *s.m.* (*astro.* e *astrol.*) ariete.

aristocracia [aristokráθja] *s.f.* aristocrazia.

aritmética [ari*t*métika] *s.f.* aritmetica.

arlequín [arlekín] *s.m.* **1** arlecchino **2** (*fig.*) pagliaccio, buffone.

arma [árma] *s.f.* (*al sing. è preceduto dall'art.m.*) **1** (anche *fig.*) arma **2** (*mil.*) arma, corpo.

armadillo [armaðíʎo] *s.m.* (*zool.*) armadillo.

armar [armár] **A** *v.tr.* **1** armare **2** montare, assemblare **3** (*edil.*) armare **4** (*mar.*) armare, attrezzare **5** (*fig.*) (*fam.*) montare, scatenare **6** munire, dotare **B** *v.pron.* **1** armarsi, munirsi **2** (*fig.*) scatenarsi **3** (*fig.*) prepararsi.

armario [armárjo] *s.m.* armadio.

armonía [armonía] *s.f.* **1** armonia, equilibrio (*m.*) **2** (*fig.*) armonia, intesa.

aroma [aróma] *s.m.* aroma, profumo.

arpa [árpa] *s.f.* (*al sing. è preceduto dall'art.m.*) arpa.

arqueología [arkeoloxía] *s.f.* archeologia.

arquetipo [arketípo] *s.m.* archetipo.

arquitecto [arkité*k*to] *s.m.* architetto.

arquitectura [arkite*k*túra] *s.f.* architettura.

arrabal [arraβál] *s.m.* borgo, sobborgo.

arraigar [arraiɣár] **A** *v.intr.pron.* **1** radicare **2** (*fig.*) attecchire, prendere piede **B** *v.pron.* mettere radici.

arrancar [arraŋkár] **A** *v.tr.* **1** sradicare **2** strappare, estirpare **3** (*fig.*) strappare, riuscire a ottenere **4** (*mecc.*) avviare, mettere in moto **B** *v.intr.* **1** mettersi in moto **4** (*fam.*) mettersi (*a fare qlco.*) **5** (*fig.*) nascere, avere origine.

arranque [arráŋke] *s.m.* **1** avviamento, messa in moto **2** forza (*f.*), energia (*f.*) **3** (*fig.*) impeto.

arrastrar [arrastrár] **A** *v.tr.* **1** tirare, trascinare **2** strisciare, strascicare **3** trascinare, portare via **4** (*fig.*) spingere **5** (*fig.*) implicare **6** (*fig.*) trascinare, coinvolgere **7** (*fig.*) condurre a stento, trascinare **B** *v.intr.pron.* **1** strisciare **2** (*fig.*) strisciare, abbassarsi.

arrastre [arrástre] *s.m.* **1** trascinamento **2** (*tauro.*) trasporto fuori dall'arena del toro morto.

arrebatar [arreβatár] **A** *v.tr.* **1** strappare **2** (*fig.*) trascinare, attirare, accattivare **3** (*fig.*) incantare, rapire **B** *v.pron.* **1** (*fig.*) infiammarsi **2** estasiarsi, incantarsi **3** (*alimento*) bruciarsi.

arrebato [arreβáto] *s.m.* (*fig.*) **1** accesso, impulso **2** estasi (*f.inv.*).

arreglado [arreɣláðo] *agg.* **1** sistemato, ordinato **2** conforme (*m.* e *f.*), adeguato **3** (*fig.*) moderato, regolato **4** ragionevole (*m.* e *f.*), giusto.

arreglar [arreɣlár] **A** *v.tr.* **1** sistemare, ordinare **2** riparare, aggiustare **3** abbellire **4** preparare, vestire **B** *v.pron.* **1** arrangiarsi, cavarsela **2** prepararsi (*per uscire*) **3** aggiustarsi, mettersi d'accordo **4** andare d'accordo.

arreglo [arréɣlo] *s.m.* **1** riparazione (*f.*), sistemazione (*f.*) **2** accordo **3** (*mus.*) arrangiamento.

arremeter [arremetér] *v.intr.* (anche *fig.*) avventarsi, scagliarsi.

arrepentimiento [arrepentimjénto] *s.m.* **1** pentimento **2** ripensamento.

arrepentirse [arrepentírse] *v.pron.* **1** pentirsi **2** ripensarci.

arresto [arrésto] *s.m.* (*giur.*) arresto.

arriba [arríβa] **A** *avv.* sopra, di sopra **B** *prep.* (*de*) sopra, in cima **C** *inter.* **1** coraggio, forza **2** evviva.

arriesgado [arrje*s*ɣáðo] *agg.* **1** rischioso **2** coraggioso.

arriesgar [arrje*s*ɣár] *v.tr.pron.* **1** rischiare **2** mettere in gioco, mettere a repentaglio.

arrimar [arrimár] **A** *v.tr.* **1** accostare, avvicinare **2** (*fig.*) (*fam.*) mollare, appioppare **B** *v.pron.* **1** appoggiarsi, reggersi **2** (*fig.*) aderire **3** (*fig.*) avvicinarsi.

arrimo [arrímo] *s.m.* **1** accostamento **2** (*fig.*) rifugio, protezione (*f.*) **3** (*edil.*) muro divisorio.

arroba [arróβa] *s.f.* (*inform.*) (*indirizzi e-mail*) chiocciola (@).
arrogancia [arroɣánθja] *s.f.* arroganza.
arrojar [arroxár] **A** *v.tr.* **1** scagliare **2** buttare via **3** cacciare via **B** *v.pron.* **1** lanciarsi, buttarsi **2** scagliarsi.
arrollar [arroʎár] *v.tr.* **1** avvolgere **2** investire, travolgere **3** (*fig.*) schiacciare, sconfiggere.
arroyo [arróǰo] *s.m.* **1** ruscello **2** rigagnolo **3** (*fig.*) (*pegg.*) strada (*f.*).
arroz [arróθ] *s.m.* riso.
arruga [arrúɣa] *s.f.* ruga, grinza.
arrugar [arruɣár] **A** *v.tr.pron.* **1** raggrinzare, corrugare **2** sgualcire **B** *vpron.* impaurirsi.
arruinado [arrwináðo] *agg.* rovinato.
arruinamiento [arrwinamjénto] *s.m.* rovina (*f.*).
arruinar [arrwinár] **A** *v.tr.pron.* **1** rovinare, danneggiare **2** (*fig.*) rovinare **B** *v.pron.* rovinarsi, fallire.
arsénico [arséniko] *s.m.* (*chim.*) arsenico.
arte [árte] *s.m.* (anche *f.*) (*al sing. è preceduto dall'art.m.*) **1** arte (*f.*) **2** arte, mestiere (*m.*) **3** arte (*f.*), abilità (*f.inv.*) **4** (*fig.*) arte, astuzia.
arteria [artérja] *s.f.* (*anat.*) (anche *fig.*) arteria.
arteriosclerosis [arterjosklerósis] *s.f.inv.* (*med.*) arteriosclerosi.
artesano [artesáno] **A** *agg.* artigiano, artigianale (*m.* e *f.*) **B** *s.m.* artigiano.
ártico [ártiko] *agg.* artico.
articulación [artikulaθjón] *s.f.* **1** (anche *anat.* e *ling.*) articolazione **2** articolazione, snodo (*m.*).
articulado [artikuláðo] **A** *agg.* **1** articolato **2** strutturato **B** *s.m.* (*giur.*) **1** testo di legge **2** capi (*pl.*) d'accusa.
articular [artikulár] **A** *agg.m.* e *f.* articolare **B** *v.tr.* **1** articolare, snodare **2** (*ling.*) articolare **3** (*giur.*) articolare, stendere, redigere **C** *v.tr./intr.* articolare, pronunciare.
artículo [artíkulo] *s.m.* **1** (*gramm.*) articolo **2** (*giornale*) articolo, pezzo **3** (*comm.*) genere, articolo **4** (*giur.*) punto, articolo.
artífice [artífiθe] *s.m.* e *f.* **1** artefice, artista **2** artigiano (*m.*) **3** (*fig.*) artefice.
artificial [artifiθjál] *agg.m.* e *f.* **1** artificiale, finto (*m.*) **2** (*fig.*) artificiale, innaturale.
artificio [artifíθjo] *s.m.* **1** artificio, abilità (*f.inv.*) **2** artificio, affettazione (*f.*) **3** congegno **4** (*fig.*) artificio, espediente.
artista [artísta] *s.m.* e *f.* (anche *fig.*) artista.
artritis [artrítis] *s.f.inv.* artrite (*sing.*).
artrosis [artrósis] *s.f.inv.* (*med.*) artrosi.
arzobispo [arθoβíspo] *s.m.* (*rel.*) arcivescovo.
as [ás] *s.m.* **1** (*carte*) asso **2** (*fig.*) asso, campione.
asa [ása] *s.f.* (*al sing. è preceduto dall'art.m.*) **1** ansa, manico (*m.*) **2** maniglia.
asado [asáðo] *agg.* e *s.m.* arrostito (*agg.*), arrosto.
asalto [asálto] *s.m.* **1** assalto **2** rapina (*f.*).
asamblea [asambléa] *s.f.* **1** assemblea **2** (*pol.*) camera, assemblea, consiglio (*m.*).
asar [asár] *v.tr.* **1** arrostire **2** (*fig.*) soffocare.
ascendencia [asθendénθja] *s.f.* ascendenza.
ascender [asθenðér] *v.intr.* **1** ascendere **2** salire, aumentare **3** essere promosso, passare.
ascensión [asθensjón] *s.f.* ascensione.
ascensor [asθensór] *s.m.* ascensore.
asceta [asθéta] *s.m.* e *f.* asceta.
asco [ásko] *s.m.* (anche *fig.*) schifo, disgusto, ripugnanza (*f.*).
aseado [aseáðo] *agg.* pulito, lindo.
asear [aseár] **A** *v.tr.* **1** pulire **2** mettere in ordine **B** *v.pron.* rassettarsi, lavarsi.

asecho [asétʃo] *s.m.* agguato, insidia (*f.*).
asedio [aséðjo] *s.m.* assedio.
asegurar [aseɣurár] **A** *v.tr.* **1** assicurare **2** consolidare **3** assicurare, garantire **4** fissare **B** *v.pron.* assicurarsi.
asenso [asénso] *s.m.* consenso, assenso.
asentamiento [asentamjénto] *s.m.* **1** assestamento **2** (*fig.*) assennatezza (*f.*), saggezza (*f.*).
asentar [asentár] **A** *v.tr.* **1** consolidare, rinforzare **2** (*lavoro*) collocare, sistemare **3** (*fam.*) assestare, mollare **4** spianare **5** calmare **6** (*comm.*) registrare **B** *v.pron.* **1** insediarsi, stabilirsi **2** depositarsi sul fondo **3** rimanere sullo stomaco.
aseo [aséo] *s.m.* pulizia (*f.*), igiene (*f.*).
asequible [asekíβle] *agg.m.* e *f.* **1** accessibile, raggiungibile **2** accessibile, comprensibile.
asesinar [asesinár] *v.tr.* **1** assassinare, uccidere **2** (*fig.*) tradire, ingannare **3** (*fig.*) assassinare, rovinare.
asesinato [asesináto] *s.m.* assassinio.
asesino [asesíno] **A** *agg.***1** assassino **2** (*fig.*) tremendo, minaccioso **B** *s.m.* assassino.
asesor [asesór] *s.m.* consulente (*m.* e *f.*).
asexual [ase*k*swál] *agg.m.* e *f.* asessuale.
asfalto [asfálto] *s.m.* asfalto.
asfixia [asfí*k*sja] *s.f.* (anche *fig.*) asfissia.
así [así] **A** *avv.* **1** così, in questo modo **2** (*seguito dal congiuntivo*) magari **B** *cong.* **1** così, perció, pertanto **2** (*comparativo*) così **3** (*concessivo*) se anche, seppure.
asiático [asiátiko] *agg.* e *s.m.* asiatico.
asiduo [asíðwo] *agg.* **1** assiduo, accanito **2** abituale (*m.* e *f.*).
asiento [asiénto] *s.m.* **1** posto, sedile **2** saldezza (*f.*), stabilità (*f.inv.*) **3** base (*f.*) **4** (*comm.*) voce (*f.*), registrazione (*f.*).
asignación [asiɣnaθjón] *s.f.* **1** assegnazione **2** stanziamento (*m.*).
asignar [asiɣnár] *v.tr.* **1** assegnare **2** assegnare, destinare.
asignatura [asiɣnatúra] *s.f.* materia, disciplina.
asimilación [asimilaθjón] *s.f.* (anche *ling.*) assimilazione.
asimilar [asimilár] *v.tr.* **1** rendere simile **2** equiparare **3** (*fig.*) assimilare, fare proprio.
asimismo [asimí*s*mo] *avv.* ugualmente, comunque, ad ogni modo.
asistencia [asisténθja] *s.f.* **1** assistenza **2** presenza, frequenza.
asistente [asisténte] **A** *agg.m.* e *f.* assistente **B** *s.m.* e *f.* **1** (*mil.*) attendente (*m.*) **2** assistente, presente.
asistir [asistír] **A** *v.tr.* **1** servire, essere alle dipendenze di qlcu. **2** assistere, curare **3** (*fig.*) assistere **B** *v.intr.* **1** frequentare **2** assistere, essere presente.
asno [ásno] *s.m.* **1** (*zool.*) asino **2** (*fig.*) asino, ignorante (*m.* e *f.*).
asociación [asoθjaθjón] *s.f.* **1** associazione **2** associazione, organizzazione.
asociar [asoθiár] **A** *v.tr.* **1** associare **2** (*econ.*) associare, fondere, riunire **3** (*fig.*) associare, mettere in relazione **B** *v.pron.* associarsi, farsi socio.
asomar [asomár] **A** *v.intr.* spuntare, nascere **B** *v.tr.* affacciare **C** *v.pron.* **1** affacciarsi.
asombrar [asombrár] **A** *v.tr.* **1** (*fig.*) meravigliare, stupire **2** (*fig.*) spaventare **3** (*pitt.*) sfumare **B** *v.pron.* **1** (*fig.*) meravigliarsi **2** spaventarsi.
asombro [asómbro] *s.m.* **1** stupore **2** meraviglia (*f.*), ammirazione (*f.*).
asombroso [asombróso] *agg.* meraviglioso, incredibile.
asordar [asorðár] *v.tr.* assordare.
aspecto [aspé*k*to] *s.m.* **1** aspetto, sembianza (*f.*) **2** (*fig.*) punto di vista, lato.
áspero [áspero] *agg.* **1** ruvido **2** aspro, scosceso (*di terreno*) **3** aspro, acido **4** (*fig.*) aspro, sgradevole (*m.* e *f.*), scontroso **5** (*clima*) rigido, aspro, inclemente (*m.* e *f.*).

aspiración [aspiraθjón] *s.f.* **1** aspirazione, inspirazione **2** (*fig.*) aspirazione, desiderio (*m.*).
aspiradora [aspiraðóra] *s.f.* aspirapolvere (*m.inv.*).
aspirar [aspirár] *v.tr.* **1** inspirare, aspirare **2** (*fig.*) aspirare, ambire.
aspirina [aspirína] *s.f.* aspirina.
asqueroso [askeróso] *agg.* e *s.m.* schifoso (*agg.*).
asta [ásta] *s.f.* (*al sing. è preceduto dall'art.m.*) **1** asta **2** (*zool.*) corno (*m.*) **3** (*pennello*) manico (*m.*).
astigmático [astiɣmátiko] *agg.* e *s.m.* astigmatico.
astro [ástro] *s.m.* **1** astro **2** (*fig.*) stella (*f.*), astro.
astrología [astroloxía] *s.f.* astrologia.
astronauta [astronáuta] *s.m.* e *f.* astronauta.
astronave [astronáβe] *s.f.* astronave.
astronomía [astronomía] *s.f.* astronomia.
astucia [astúθja] *s.f.* **1** (anche *fig.*) astuzia **2** stratagemma (*m.*).
asturiano [asturjáno] *agg.* e *s.m.* abitante (*m.* e *f.*) delle Asturie (Spagna).
asumir [asumír] *v.tr.* assumere, addossarsi.
asunción [asunθjón] *s.f.* **1** assunzione, ascesa **2** (*giur.*) accollo (*m.*) **3** (*rel.*) Assunzione.
asunto [asúnto] *s.m.* **1** argomento, materia (*f.*) **2** (*cine.*) (*lett.*) (*teatr.*) trama (*f.*), intreccio **3** soggetto, tema **4** affare, faccenda (*f.*).
asustar [asustár] **A** *v.tr.* spaventare **B** *v.pron.* (*con/de/por*) **1** spaventarsi **2** allarmarsi.
atacar [atakár] *v.tr.* **1** attaccare, assalire **2** (*fig.*) attaccare, aggredire **3** (*fig.*) combattere, attaccare **4** (*sport*) attaccare.
atadura [ataðúra] *s.f.* **1** legatura, legamento (*m.*) **2** allacciatura **3** (*fig.*) legame (*m.*), vincolo (*m.*).
atajo [atáxo] *s.m.* **1** scorciatoia (*f.*) **2** (*fig.*) scorciatoia (*f.*), scappatoia (*f.*) **3** (*fam.*) mucchio.
ataque [atáke] *s.m.* **1** attacco **2** (*med.*) (anche *fig.*) attacco, crisi (*f.inv.*).
atar [atár] **A** *v.tr.* **1** legare, allacciare **2** (*fig.*) legare, vincolare **4** (*fig.*) associare, collegare **B** *v.pron.* (*fig.*) impigliarsi.
atardecer [atarðeθér] **A** *s.m.* imbrunire, tramonto **B** *v.impers.* imbrunire, farsi sera.
atareado [atareáðo] *agg.* indaffarato.
atascado [ataskáðo] *agg.* **1** impantanato **2** intasato.
atascar [ataskár] **A** *v.tr.* **1** intasare, otturare **2** (*fig.*) boicottare, ostacolare **B** *v.pron.* **1** intasarsi, otturarsi **2** (anche *fig.*) impantanarsi **3** (*tecn.*) incepparsi, bloccarsi.
atasco [atásko] *s.m.* **1** intasamento, ingorgo **2** imbottigliamento, ingorgo **3** (*tecn.*) inceppamento **4** (*fig.*) intralcio, ostacolo, impedimento.
ataúd [ataúð] *s.m.* bara (*f.*), feretro.
ateísmo [ateísmo] *s.m.* ateismo.
atemorizar [atemoriθár] *v.tr.pron.* intimorire.
atención [atenθjón] *s.f.* **1** attenzione **2** (*fig.*) attenzione, premura.
atender [atendér] **A** *v.tr.* **1** soddisfare, esaudire **2** servire (*un cliente*) **3** (*fig.*) ascoltare, dare retta **4** accudire **B** *v.intr.* (*fig.*) stare attento, prestare attenzione.
ateneo [atenéo] *s.m.* associazione (*f.*), circolo culturale.
atentado [atentáðo] *s.m.***1** attentato **2** (*fig.*) offesa (*f.*), oltraggio.
atento [aténto] *agg.* **1** attento **2** gentile (*m.* e *f.*), cortese (*m.* e *f.*).
atenuación [atenwaθjón] *s.f.* attenuazione.
ateo [atéo] *agg.* e *s.m.* ateo.
aterraje [aterráxe] *s.m.* **1** approdo **2** atterraggio.
aterrizaje [aterriθáxe] *s.m.* (*aer.*) atterraggio.
aterrizar [aterriθár] *v.intr.* **1** (*aer.*) atterrare **2** (*fam.*) ambientarsi.

atiborrar [atiβorrár] **A** *v.tr.* **1** (*fig.*) inzeppare, riempire **2** (*fig.*) riempire, inculcare **3** (*fig.*) (*fam.*) rimpinzare **B** *v.pron.* riempirsi, rimpinzarsi.
ático [átiko] *s.m.* attico.
atípico [atípiko] *agg.* atipico.
atisbar [ati*s*βár] *v.tr.pron.* **1** guardare, spiare **2** scorgere **3** (*fig.*) intravvedere.
atisbo [atí*s*βo] *s.m.* **1** sguardo, osservazione (*f.*) **2** (*fig.*) barlume **3** (*fig.*) indizio, segno.
atlántico [a*t*lántiko] *agg.* (*geog.*) atlantico.
atlas [á*t*las] *s.m.inv.* atlante (*sing.*).
atleta [a*t*léta] *s.m.* e *f.* atleta.
atmósfera [a*t*mósfera] *s.f.* **1** atmosfera **2** (*fig.*) atmosfera, clima (*m.*).
atómico [atómiko] *agg.* atomico.
átomo [átomo] **1** *s.m.* (*fis.* e *chim.*) atomo **2** atomo, frammento.
atónito [atónito] *agg.* attonito, stupefatto.
átono [átono] *agg.* atono.
atontado [atontáðo] *agg.* intontito.
atormentar [atormentár] **A** *v.tr.* **1** tormentare **2** torturare, mettere alla tortura **3** (*fig.*) tormentare, infastidire **B** *v.pron.* (*fig.*) tormentarsi, struggersi.
atornillar [atorniʎár] *v.tr.* **1** avvitare **2** (*fig.*) fare pressione.
atracar [atrakár] *v.tr.* **1** (*mar.*) attraccare **2** rapinare a mano armata.
atracción [atra*k*θjón] *s.f.* **1** attrazione **2** (*fig.*) attrazione, fascino (*m.*).
atraco [atráko] *s.m.* rapina (*f.*) a mano armata.
atractivo [atra*k*tíβo] **A** *agg.* (*fig.*) attraente (*m.* e *f.*), affascinante (*m.* e *f.*) **B** *s.m.* attrattiva (*f.*), fascino.
atraer [atraér] **A** *v.tr.* (anche *fig.*) attrarre, attirare **B** *v.pron.* **1** (*fig.*) accattivarsi, conquistarsi **2** attrarsi, attirarsi.
atrancar [atraŋkár] **A** *v.tr.* **1** sprangare **2** intasare **B** *v.pron.* **1** barricarsi in casa **2** intasarsi.
atrapar [atrapár] *v.tr.* acciuffare, acchiappare.
atrás [atrás] *avv.* **1** indietro, dietro, alle spalle **3** indietro, in ritardo **4** (*temporale*) fa.
atrasado [atrasáðo] *agg.* **1** in ritardo **2** (anche *fig.*) indietro **3** arretrato, sottosviluppato.
atrasar [atrasár] **A** *v.tr.* **1** ritardare, rimandare **2** (*orologio*) mettere indietro **B** *v.intr.pron.* ritardare **C** *v.pron.* **1** (anche *fig.*) restare indietro **2** essere in ritardo.
atravesar [atraβesár] **A** *v.tr.* **1** mettere di traverso **2** (anche *fig.*) attraversare **3** (anche *fig.*) trafiggere **B** *v.pron.* **1** andare di traverso **2** (*fig.*) ostacolare **3** (*fig.*) non poter soffrire.
atrevido [atreβíðo] *agg.* e *s.m.* **1** audace (*m.* e *f.*), coraggioso (*agg.*) **2** (*fig.*) insolente (*m.* e *f.*) **3** osè (*agg.inv.*), audace (*agg.m.* e *f.*).
atrevimiento [atreβimjénto] *s.m.* **1** audacia (*f.*), coraggio **2** (*fig.*) sfacciataggine (*f.*).
atribuir [atriβwír] **A** *v.tr.* attribuire, imputare **B** *v.pron.* attribuirsi.
atributo [atriβúto] *s.m.* attributo.
atrio [átrjo] *s.m.* **1** (*arch.*) chiostro **2** ingresso, atrio.
atrocidad [atroθiðáð] *s.f.* **1** atrocità (*inv.*) **2** (*fig.*) (*fam.*) proposito (*m.*).
atropellar [atropeʎár] **A** *v.tr.* **1** investire **2** spingere **3** sopraffare **4** (*fig.*) assalire **B** *v.pron.* (*fig.*) imbrogliarsi.
atropello [atropéʎo] *s.m.* **1** investimento **2** sopruso **3** violazione.
atroz [atróθ] *agg.m.* e *f.* **1** atroce, terribile **2** intenso (*m.*).
atún [atún] *s.m.* **1** tonno **2** (*fig.*) (*fam.*) asino.
audaz [auðáθ] *agg.m.* e *f.* **1** audace, coraggioso (*m.*) **2** (*fig.*) innovativo (*m.*).
audición [auðiθjón] *s.f.* **1** audizione, ascolto (*m.*) **2** (*mus.*) concerto (*m.*), recital (*m.inv.*).
audiencia [audjénθja] *s.f.* **1** (anche *giur.*) udienza **2** (*radio, TV*) audience (*inv.*).

audio [áuðjo] *s.m.* audio (*inv.*).
audiovisual [auðjoβiswál] *agg.m.* e *f.* audiovisivo (*m.*).
auditorio [auðitórjo] **A** *agg.* uditivo **B** *s.m.* **1** uditorio **2** auditorium (*inv.*), auditorio.
aula [áula] *s.f.* (*al sing. è preceduto dall'art.m.*) aula.
aullar [auʎár] *v.intr.* (anche *fig.*) ululare.
aumentar [aumentár] **A** *v.tr.* **1** aumentare **2** ampliare **3** (*lavoro a maglia*) aumentare, aggiungere punti **B** *v.intr.* **1** ingrandirsi **2** avanzare.
aumento [auménto] *s.m.* **1** aumento, crescita (*f.*), rincaro **2** avanzamento, promozione (*f.*) **3** (*stipendio*) aumento.
aún [aún] *avv.* **1** ancora **2** ancora, di più.
aun [aún] *cong.* (*concessiva*) anche se, sebbene.
aunque [áuŋke] *cong.* **1** (*concessiva con indicativo*) anche se, sebbene, quantunque **2** (*avversativa con congiun.*) anche se.
auricular [aurikulár] *agg.* e *s.m.* **1** auricolare **2** ricevitore.
ausencia [ausénθja] *s.f.* (anche *giur.*) assenza.
ausente [auséente] *agg.* e *s.m.* e *f.* **1** (anche *giur.*) assente **2** (*fig.*) assente, distratto (*agg.m.*).
austral [austrál] *agg.m.* e *f.* australe.
australiano [australjáno] *agg.* e *s.m.* australiano.
austríaco [austríako] *agg.* e *s.m.* austriaco.
autarquía [autarkía] *s.f.* (*giur*) (*econ.*) autarchia.
autárquico [autárkiko] *agg.* (*giur*) (*econ.*) autarchico.
autenticación [autentikaθjón] *s.f.* autenticazione.
auténtico [auténtiko] *agg.* **1** autentico **2** autentico, originale (*m.* e *f.*).
autismo [autísmo] *s.m.* autismo.
auto- *pref.* auto-.
autobiografía [autoβjoɣrafía] *s.f.* autobiografia.
autobús [autoβús] *s.m.* autobus (*inv.*).
autóctono [autóktono] *agg.* e *s.m.* autoctono.
autodefensa [autoðefénsa] *s.f.* autodifesa.
autodestrucción [autoðestrukθjón] *s.f.* autodistruzione.
autodidacto [autoðiðákto] *agg.* e *s.m.* autodidatta (*s.m.* e *f.*).
autoeroticismo [autoerotiθísmo] *s.m.* autoerotismo.
autoescuela [autoeskwéla] *s.f.* autoscuola.
autoestima [autoestíma] *s.f.* (*psic.*) autostima.
autogol [autoɣól] *s.m.* (*sport*) autogol (*inv.*), autorete (*f.*).
autógrafo [autóɣrafo] **A** *agg.* autografo **B** *s.m.* autografo, firma (*f.*).
automático [automátiko] **A** *agg.* **1** automatico **2** automatico, conseguente (*m.* e *f.*) **3** (*fig.*) automatico, meccanico **B** *s.m.* **1** (*bottone*) automatico **2** interruttore automatico.
automatizar [automatiθár] *v.tr.* automatizzare, meccanizzare.
automóvil [automóβil] **A** *agg.m.* e *f.* automobile **B** *s.m.* automobile (*f.*).
autonomía [autonomía] *s.f.* **1** autonomia, indipendenza **2** (*mecc.*) autonomia **3** (*pol.*) (*Spagna*) regione autonoma.
autónomo [autónomo] *agg.* autonomo, libero, indipendente (*m.* e *f.*).
autopista [autopísta] *s.f.* autostrada.
autopsia [autópsja] *s.f.* autopsia.
autor [autór] *s.m.* **1** autore, responsabile (*m.* e *f.*) **2** (*libri, quadri, romanzi ecc.*) autore, creatore **3** (*giur.*) autore.
autoridad [autoriðáð] *s.f.* **1** autorità (*inv.*), potere (*m.*) **2** (*fig.*) autorità (*inv.*), influenza, prestigio (*m.*) **3** esperto (*m.*), luminare (*m.*).
autorización [autoriθaθjón] *s.f.* autorizzazione, permesso (*m.*).

autorizar [autoriθár] *v.tr.* **1** (anche *giur.*) autorizzare **2** consentire, permettere.
autoservicio [autoserβíθjo] *s.m.* self-service (*inv.*).
autosuficiente [autosufiθjénte] *agg. m.* e *f.* **1** autosufficiente **2** (*fig.*) presuntuoso (*m.*), borioso (*m.*).
autosugestión [autosuxestjón] *s.f.* autosuggestione.
autovía [autoβía] *s.f.* **1** (*ferr.*) automotrice **2** superstrada.
aval [aβál] *s.m.* avallo.
avalancha [aβalántʃa] *s.f.* (anche *fig.*) valanga.
avalar [aβalár] *v.tr.* **1** (*comm.*) avallare, garantire con avallo **2** (*fig.*) avallare, confermare, sostenere.
avance [aβánθe] *s.m.* **1** avanzamento **2** anticipo (*di denaro*) **3** anteprima (*f.*) **4** (*fig.*) progresso, avanzamento **5** (*cine., TV*) trailer (*inv.*), promo (*inv.*).
avanzar [aβanθár] **A** *v.tr.* avanzare, portare in avanti **B** *v.intr.* **1** (anche *fig.*) avanzare, andare avanti **2** (*mil.*) avanzare, conquistare terreno **3** (*fig.*) fare progressi.
avaricia [aβaríθja] *s.f.* avarizia, tirchieria.
ave [áβe] *s.f.* (*al sing. è preceduto dall'art.m.*) uccello (*m.*).
avecindar [aβeθindár] **A** *v.tr.* domiciliare **B** *v.pron.* stabilirsi.
avellana [aβeʎána] *s.f.* nocciola.
avenida [aβeníða] *s.f.* **1** (*fiume*) piena **2** viale (*m.*), corso (*m.*) **3** (*fig.*) piena, fiumana.
aventajar [aβentaxár] **A** *v.tr.* **1** sorpassare, superare **2** (*fig.*) superare, essere superiore **B** *v.pron.* procurarsi vantaggio.
aventura [aβentúra] *s.f.* **1** avventura **2** avventura, impresa rischiosa **3** avventura, relazione amorosa **4** caso (*m.*).
avergonzado [aβerɣonθáðo] *agg.* mortificato, umiliato.
avergonzar [aβerɣonθár] **A** *v.tr.* far vergognare, svergognare **B** *v.pron.* vergognarsi, provare vergogna.
avería [aβería] *s.f.* **1** (*mecc.*) avaria, guasto **2** (*mar.*) avaria.
averiguar [aβeriɣwár] *v.tr.* **1** indagare, ricercare **2** informarsi, cercare di scoprire.
avestruz [aβestrúθ] *s.m.* (*zool.*) struzzo.
aviación [aβiaθión] *s.f.* **1** aviazione **2** (*mil.*) arma aeronautica, aviazione.
ávido [áβiðo] *agg.* avido, bramoso.
avieso [aβjéso] *agg.* (*fig.*) **1** obliquo, torvo **2** perfido, maligno.
avión [aβjón] *s.m.* aeroplano, aereo.
avisar [aβisár] *v.tr.* **1** avvisare, avvertire **2** consigliare **3** chiamare.
aviso [aβíso] *s.m.* **1** avviso, comunicazione (*f.*) **2** avviso, cartello **3** consiglio, avvertimento **4** prudenza **5** (*mar.*) (*mil.*) avviso **6** (*amer.*) avviso, inserzione (*f.*) pubblicitaria.
avispa [aβíspa] *s.f.* **1** (*zool.*) vespa **2** (*fig.*) (*fam.*) furbo (*m.*), dritto (*m.*).
avivar [aβiβár] **A** *v.tr.* **1** ravvivare, animare **2** ravvivare (*il fuoco*) **3** (*fig.*) aguzzare, acuire **4** (*fig.*) riaccendere **B** *v.pron.* ravvivarsi, rianimarsi.
axila [aksíla] *s.f.* (*anat.*) (*bot.*) ascella.
¡ay! [ái] **A** *inter.* ahi!, ah! **B** *s.m.* lamento, sospiro.
ayer [aǰér] **A** *avv.* **1** ieri **2** (*fig.*) ieri, poco tempo fa **3** (*fig.*) ieri, una volta, un tempo **B** *s.m.* ieri.
ayuda [aǰúða] *s.f.* **1** aiuto (*m.*) **2** (*stipendio*) gratifica, compenso (*m.*) straordinario.
ayudar [aǰuðár] **A** *v.tr.* **1** aiutare **2** aiutare, soccorrere, assistere **B** *v.pron.* **1** aiutarsi **2** (*con/de*) servirsi (*di*), aiutarsi (*con*).
ayunar [ajunár] *v.intr.* digiunare.
ayuno [aǰúno] **A** *agg.* **1** (anche *fig.*) digiuno **2** (*fig.*) digiuno, privo **B** *s.m.* digiuno.
ayuntamiento [aǰuntamjénto] *s.m.* **1** municipio, comune **2** giunta (*f.*) comunale **3** rapporto sessuale.

azafata [aθafáta] *s.f.* **1** (*aer.*) hostess (*inv.*), assistente (*m.* e *f.*) di volo **2** (*congressi, riunioni ecc.*) hostess (*inv.*) **3** (*TV*) valletta.
azafrán [aθafrán] *s.m.* **1** zafferano **2** (*colore*) giallo zafferano.
azar [aθár] *s.m.* **1** caso, combinazione (*f.*) **2** (*biliardo*) sponda (*f.*).
azotar [aθotár] **A** *v.tr.* **1** frustare **2** (anche *fig.*) colpire, sferzare **3** (*fig.*) abbattersi, frangersi **4** (*fig.*) abbattersi, piombare **B** *v.pron.* fiagellarsi.
azotea [aθotéa] *s.f.* **1** (*arch.*) terrazza, tetto (*m.*) **2** pannello (*m.*) solare **3** (*fig.*) (*fam.*) capoccia.
azúcar [aθúkar] *s.m.* **1** zucchero **2** (*gerg.*) (*droga*) acido (*m.*), LSD (*m.inv.*).
azucena [aθuθéna] *s.f.* (*bot.*) (anche *fig.*) giglio (*m.*).
azufre [aθúfre] *s.m.* (*chim.*) zolfo.
azul [aθúl] **A** *agg.m.* e *f.* (*colore*) blu (*inv.*), azzurro (*m.*) **B** *s.m.* (*colore*) blu (*inv.*), azzurro.
azulejo [aθuléxo] *agg.* **1** bluette (*inv.*) **2** (*amer.*) azzurrino.

B

b [bé] *s.f.inv.* lettera b.
baba [báβa] *s.f.* saliva, bava.
babor [baβór] *s.m.* (*mar.*) babordo.
babuino [babwíno] *s.m.* (*zool.*) babbuino.
bacalao [bakaláo] *s.m.* baccalà (*inv.*).
bacán [bakán] **A** *agg.* (*amer.*) ricco, agiato **B** *s.m.* (*amer.*) bullo, vitaiolo.
bachillerato [batʃiʎeráto] *s.m.* (*istr.*) **1** liceo **2** (*diploma*) maturità (*f.inv.*).
bacilo [baθílo] *s.m.* (*med.*) bacillo.
bacteria [ba*k*térja] *s.f.* (*bio.*) batterio (*m.*).
bahía [baía] *s.f.* (*geog.*) baia, insenatura.
bailar [bailár] *v.intr./tr.* **1** ballare, danzare **2** muoversi, ballare **3** (*fig.*) ballare, essere largo.
baile [báile] *s.m.* **1** ballo **2** festa (*f.*) danzante, ballo **3** (*tip.*) refuso **4** (*fig.*) balletto, cambio continuo, alternanza (*f.*).
baja [báxa] *s.f.* **1** diminuzione, caduta, calo (*m.*) **2** (*econ.*) ribasso (*m.*) **3** ritiro (*m.*), dimissioni (*pl.*) **4** (*comm.*) (*lavoro*) ritiro (*m.*), vacanza **5** (*bur.*) congedo (*m.*) **6** (*mil.*) perdita, disperso (*m.*).
bajada [baxáða] *s.f.* discesa.
bajar [baxár] **A** *v.tr.* **1** abbassare **2** tirar giù **3** chinare **B** *v.intr.pron.* **1** scendere **2** calare, diminuire **C** *v.pron.* abbassarsi, inchinarsi.
bajo [báxo] **A** *agg.* **1** basso, inferiore (*m.* e *f.*) **2** chino, basso **3** basso, umile (*m.* e *f.*) **4** spregevole (*m.* e *f.*), volgare (*m.* e *f.*) **B** *avv.* **1** a bassa voce, sottovoce **2** basso **C** *prep.* sotto **D** *s.m.* **1** (*mar.*) secca (*f.*), banco **2** orlo **4** (*mus.*) (anche *strumento*) basso.
bajón[1] [baxón] *s.m.* (*mus.*) **1** (*strumento*) fagotto **2** (*persona*) fagottista (*m.* e *f.*).
bajón[2] [baxón] *s.m.* (*fig.*) **1** caduta (*f.*), calo, abbassamento **2** (anche *econ.*) crollo.
bala [bála] *s.f.* proiettile (*m.*), pallottola.
balada [baláða] *s.f.* ballata.
balance [balánθe] *s.m.* **1** oscillazione (*f.*) **2** (*econ.*) (anche *fig.*) bilancio.
balbucear [balβuθeár] *v.intr.* balbettare.
balcón [balkón] *s.m.* **1** balcone **2** belvedere.
balde [bálde] *s.m.* secchio.
baldosa [baldósa] *s.f.* (*edil.*) mattonella, piastrella.
ballena [baʎéna] *s.f.* **1** (*zool.*) balena **2** (*fig.*) (*fam.*) cicciona.
balneario [balneárjo] **A** *agg.* balneare (*m.* e *f.*) **B** *s.m.* terme (*f.pl.*).
balón [balón] *s.m.* pallone.
baloncesto [balonθésto] *s.m.* (*sport*) pallacanestro (*f.*).
balsa [bálsa] *s.f.* **1** zattera, chiatta **2** (*tecn.*) balsa, compensato (*m.*).
bálsamo [bálsamo] *s.m.* **1** balsamo **2** (*fig.*) balsamo, conforto, sollievo.
baluarte [balwárte] *s.m.* **1** baluardo **2** (*fig.*) difesa (*f.*), sostegno.
bambú [bambú] *s.m.* (*bot.*) bambù (*inv.*).

banal [banál] *agg.m.* e *f.* banale.
bancal [baŋkál] *s.m.* **1** (*agr.*) terrazzamento coltivabile **2** aiuola (*f.*) **3** banco di sabbia.
banco [báŋko] *s.m.* **1** panca (*f.*), panchina (*f.*) **2** (*falegnameria*) bancale, banco **3** (*econ.*) (*med.*) banca (*f.*) **4** (*pesci*) banco **5** (*geol.*) banco, bancata (*f.*).
banda[1] [bánda] *s.f.* **1** (*bur.*) banda, fascia a tracolla **2** (*tess.*) striscia, nastro (*m.*), fascia.
banda[2] [bánda] *s.f.* **1** banda, branco (*m.*) **2** (*mus.*) banda **3** sponda **4** (*bur.*) (*sport*) fascia **5** (*mar.*) fiancata, banda.
bandeja [bandéxa] *s.f.* vassoio (*m.*).
bandera [bandéra] *s.f.* **1** bandiera **2** (*mil.*) stendardo (*m.*), insegna.
bandido [bandíðo] *s.m.* **1** bandito, delinquente (*m.* e *f.*), malvivente (*m.*) **2** (*fig.*) (*fam.*) birbone.
bando[1] [bándo] *s.m.* bando, editto.
bando[2] [bándo] *s.m.* **1** partito, fazione (*f.*) **2** (*zool.*) stormo.
banquete [baŋkéte] *s.m.* banchetto.
bañador [baɲaðór] *s.m.* costume da bagno.
bañar [baɲár] **A** *v.tr.* **1** bagnare **2** (*con/de/en*) immergere, inzuppare **3** (*con/de/en*) ricoprire **4** bagnare, lambire **B** *v.pron.* **1** farsi un bagno **2** lavarsi.
bañera [baɲéra] *s.f.* vasca da bagno.
baño [báɲo] *s.m.* **1** (anche *chim.*) bagno **2** stanza (*f.*) da bagno, gabinetto.
bar[1] [bár] *s.m.* (*locale*) bar (*inv.*).
bar[2] [bár] *s.m.* (*fis.*) bar (*inv.*).
baraja [baráxa] *s.f.* mazzo (*m.*) di carte.
barandilla [barandíʎa] *s.f.* **1** ringhiera **2** (*scale*) corrimano (*m.*).
barato [baráto] **A** *agg.* **1** economico, a buon mercato **2** di poco valore, dozzinale (*m.*) **B** *avv.* a poco prezzo
barba [bárβa] *s.f.* barba.
barbacoa [barβakóa] *s.f.* **1** griglia, barbecue (*m.inv.*) **2** (*cuc.*) grigliata, barbecue (*m.inv.*).
barbaridad [barβariðáð] *s.f.* **1** atrocità (*inv.*) **2** (*fig.*) assurdità (*inv.*), sproposito (*m.*) **3** (*fig.*) grande quantità, mare (*m.*), marea.
bárbaro [bárβaro] *agg.* **1** barbaro, crudele (*m.* e *f.*) **2** (*amer.*) ignorante (*m.* e *f.*) **3** (*fig.*) sensazionale (*m.* e *f.*), stupendo.
barbero [barβéro] *s.m.* barbiere, parrucchiere da uomo.
barbilla [barβíʎa] *s.f.* (*anat.*) mento (*m.*)
barca [bárka] *s.f.* (*mar.*) barca.
barcelonés [barθelonés] *agg.* e *s.m.* barcellonese (*m.* e *f.*).
barco [bárko] *s.m.* (*mar.*) nave (*f.*).
baricentro [bariθéntro] *s.m.* baricentro.
barniz [barníθ] *s.m.* vernice (*f.*), smalto.
barón [barón] *s.m.* (anche *fig.*) barone.
barra [bárra] *s.f.* **1** barra **2** (*mecc.*) sbarra, barra, leva **3** (*bar*) banco (*m.*), bancone (*m.*) **4** (*pane*) filone (*m.*).
barraca [barráka] *s.f.* baracca, capanno (*m.*).
barranco [barráŋko] *s.m.* **1** burrone, precipizio, dirupo **2** (*fig.*) difficoltà (*f.inv.*).
barrer [barrér] *v.tr.* **1** spazzare, scopare **2** (*fig.*) fare piazza pulita, spazzare via **3** (*cine.*) fare una carrellata **4** (*fig.*) (*fam.*) distruggere **5** (*sport*) stravincere, schiacciare.
barrera [barréra] *s.f.* **1** barriera, sbarramento (*m.*), steccato (*m.*) **2** (*comm.*) barriera, dazio (*m.*) **3** (*sport*) (*calcio*) barriera, muro (*m.*) **4** (*fig.*) barriera, ostacolo (*m.*).
barricada [barrikáða] *s.f.* (*mil.*) barricata.
barriga [barríɣa] *s.f.* **1** ventre (*m.*), pancia **2** (*fig.*) pancia, parte tondeggiante.
barril [barríl] *s.m.* **1** barile **2** (*unità di misura*) barile di petrolio.
barrio [bárrjo] *s.m.* **1** quartiere, rione **2** borgata (*f.*), hinterland (*inv.*).
barro [bárro] *s.m.* **1** fango **2** creta (*f.*).
barroco [barróko] *s.m.* barocco.
basamento [basaménto] *s.m.* (*arch.*) basamento.

basar [basár] **A** *v.tr.* basare, collocare **B** *v.pron.* (*en*) basarsi su.
bascular [baskulár] *v.intr.* oscillare.
base [báse] *s.f.* **1** base **2** (*fig.*) principio (*m.*), fondamento (*m.*) **3** (*sport*) (*baseball*) base **4** (*geom.*) (*mat.*) (*mil.*) (*pol.*) (*chim.*) base.
básico [básiko] *agg.* **1** basilare (*m.* e *f.*), essenziale (*m.* e *f.*), fondamentale (*m.* e *f.*) **2** (*chim.*) basico.
basílica [basílika] *s.f.* (*arch.*) basilica.
bastante [bastánte] **A** *agg.m.* e *f.* sufficiente, considerevole **B** *avv.* **1** abbastanza, sufficientemente **2** parecchio.
bastar [bastár] **A** *v.intr.* bastare, essere sufficiente **B** *v.impers.* (*con*) essere sufficiente, bastare.
bastardo [bastárðo] *agg.* e *s.m.* **1** bastardo, illegittimo (*agg.*) **2** (*fig.*) miserabile (*m.* e *f.*).
basto [básto] *agg.* rozzo, volgare (*m.* e *f.*).
bastón [bastón] *s.m.* **1** bastone **2** (*sport*) (*sci*) racchetta (*f.*).
basura [basúra] *s.f.* immondizia, spazzatura, rifiuti (*m.pl.*).
basurero [basuréro] *s.m.* **1** (*persona*) spazzino **2** (*luogo*) immondezzaio, discarica (*f.*).
bata [báta] *s.f.* **1** vestaglia **2** camice (*m.*) **3** (*scuola*) grembiule (*m.*).
batalla [batáʎa] *s.f.* (*mil.*) battaglia.
batallador [bataʎaðór] *agg.* battagliero.
batería [batería] *s.f.* **1** (*mar.*) (*mil.*) batteria **2** (*auto.*) (*elettr.*) batteria **3** (*mus.*) (*strumento*) batteria **4** (*mus.*) (*persona*) batterista (*m.* e *f.*) **5** (*teatr.*) luci di proscenio.
batido [batíðo] **A** *agg.* **1** battuto **2** (*terreno*) battuto, frequentato **B** *s.m.* frullato, frappé (*inv.*).
batidora [batiðóra] *s.f.* frullino (*m.*) elettrico, frullatore (*m.*).
batir [batír] **A** *v.tr.* **1** battere, colpire **2** (*cuc.*) sbattere, mescolare **3** (*ali*) sbattere **4** (*sport*) battere, sconfiggere **5** perlustrare **B** *v.pron.* lottare.
baúl [baúl] *s.m.* baule.
bautizar [bautiθár] *v.tr.* **1** (*rel.*) battezzare **2** battezzare, chiamare.
bayeta [baǰéta] *s.m.* **1** (*tess.*) flanella **2** (*pulizia*) straccio (*m.*).
bazofia [baθófja] *s.f.* **1** spazzatura, immondizia **2** (*fig.*) (*cibo*) schifezza.
beato [beáto] *agg.* e *s.m.* **1** (*rel.*) beato **2** (*fam.*) bigotto.
bebé [beβé] *s.m.* (*amer.*) bebè (*inv.*), neonato.
beber [beβér] *v.tr./intr.* **1** bere **2** (*a/por*) brindare **3** bere alcolici **4** (*de/en*) (*fig.*) assorbire, prendere.
bebida [beβíða] *s.f.* bibita.
beca [béka] *s.f.* borsa di studio.
becario [bekárjo] *agg.* e *s.m.* (*istr.*) borsista (*s.m.* e *f.*).
bedel [beðél] *s.m.* bidello.
beicon [béikon] *s.m.* (*cuc.*) bacon (*inv.*).
béisbol [béisβol] *s.m.* (*sport*) baseball (*inv.*).
belén [belén] *s.m.* **1** presepio **2** (*fig.*) confusione (*f.*), caos **3** (*fig.*) guaio: *meterse en belenes,* cacciarsi nei guai.
belga [bélɣa] *agg.* e *s.m.* e *f.* belga.
belleza [beʎéθa] *s.f.* (anche *fig.*) bellezza.
bello [béʎo] *agg.* **1** bello **2** (*fig.*) nobile (*m.* e *f.*), eccellente (*m.* e *f.*).
bellota [beʎóta] *s.f.* (*bot.*) ghianda.
bemol [bemól] *s.m.* (*mus.*) bemolle (*inv.*).
bendición [bendiθjón] *s.f.* benedizione.
beneficencia [benefiθénθja] *s.f.* beneficenza.
beneficio [benefíθjo] *s.m.* **1** beneficio, vantaggio **2** (*econ.*) utile, profitto **3** spettacolo benefico.
benigno [beníɣno] *agg.* **1** benevolo, affabile (*m.* e *f.*) **2** benigno, mite (*m.* e *f.*).
berberecho [berβerétʃo] *s.m.* (*zool.*) cuore di mare.
berenjena [bereŋxéna] *s.f.* (*bot.*) melanzana.
berlinés [berlinés] *agg.* e *s.m.* e *f.* berlinese (*m.* e *f.*).

berza [bérθa] *s.f.* **1** (*bot.*) cavolo (*m.*) verza **2** (*fam.*) sbronza.
besamel [besamél] *s.f.* (*cuc.*) besciamella.
besar [besár] *v.tr.pron.* **1** baciare **2** (*fig.*) sfiorare, toccare, lambire.
beso [béso] *s.m.* bacio.
bestia [béstja] *agg.m.* e *f.* e *s.f.* (anche *fig.*) bestia (*s.*).
besuquear [besukeár] *v.tr.* sbaciucchiare.
betún [betún] *s.m.* **1** bitume **2** (*scarpe*) lucido.
bí- [bí] *pref.* bi-.
biblia [bíβlja] *s.f.* (*rel.*) bibbia.
bibliografía [biβljoɣrafía] *s.f.* bibliografia.
biblioteca [biβljotéka] *s.f.* **1** biblioteca **2** (*mobile*) libreria **3** (*inform.*) libreria, biblioteca.
bíceps [bíθeps] *s.m.inv.* bicipite (*sing.*).
bicho [bitʃo] *s.m.* **1** insetto, animaletto **2** (*fig.*) persona ridicola.
bici [bíθi] *s.f.* (*abbr.*) (*fam.*) bici (*inv.*).
bicicleta [biθikléta] *s.f.* bicicletta.
bien [bjén] **A** *agg.inv.* bene **B** *avv.* **1** bene, in modo giusto/soddisfacente **2** volentieri **3** molto, bene **C** *cong.* sia **D** *s.m.* **1** bene, felicità (*f.inv.*) **2** (*econ.*) bene **3** bene, utilità (*f.inv.*).
bienal [bjenál] *agg.m.* e *f.* e *s.f.* biennale.
bienvenido [bjembeníðo] *agg.* benvenuto.
bigamía [biɣamía] *s.f.* bigamia.
bigote [biɣóte] *s.m.* baffo, baffi (*pl.*).
bilingüe [bilíŋgwe] *agg.* bilingue.
bilis [bílis] *s.f.inv.* **1** (*bio.*) bile (*sing.*) **2** (*fig.*) collera (*sing.*), stizza (*sing.*).
billar [biʎár] *s.m.* **1** (*gioco*) biliardo **2** (*luogo*) sala da biliardo.
billete [biʎéte] *s.m.* **1** biglietto, posto **2** (*soldi*) banconota (*f.*) **3** (*lotteria*) biglietto **4** biglietto, scritto.
bimestre [biméstre] *s.m.* bimestre.
bingo [bíŋgo] *s.m.* **1** (*gioco*) bingo (*inv.*) **2** cinquina (*f.*).
bio- [bío] *pref.* e *suff.* bio-, -bio.
biodegradable [bjoðeɣraðáβle] *agg. m.* e *f.* (*chim.*) biodegradabile.
biodegradación [bjoðeɣraðaθjón] *s.f.* biodegradabilità (*inv.*).
biografía [bioɣrafía] *s.f.* (*lett.*) biografia.
biología [bjoloxía] *s.f.* biologia.
bípedo [bípeðo] *agg.* e *s.m.* bipede (*m.*).
biquini [bikíni] *s.m.* bikini (*inv.*).
bisabuelo [bisaβwélo] *s.m.* bisnonno.
bisagra [bisáɣra] *s.f.* cardine (*m.*), cerniera.
bisbisar [bisβisár] *v.tr.* (*fam.*) sussurrare, bisbigliare.
bisexual [bise*k*swál] *agg.* e *s.m.* e *f.* bisessuale.
bisnieto [bi*s*njéto] *s.m.* pronipote (*m.* e *f.*), bisnipote (*m.* e *f.*).
bisonte [bisónte] *s.m.* (*zool.*) bisonte.
bisturí [bisturí] *s.m.* bisturi.
bisutería [bisutería] *s.f.* bigiotteria.
bizco [bíθko] *agg.* e *s.m.* guercio, strabico.
bizcocho [biθkótʃo] *s.m.* (*cuc.*) pandispagna (*inv.*).
blanco [bláŋko] **A** *agg.* **1** bianco **2** (*fig.*) pusillanime (*m.* e *f.*) **B** *s.m.* **1** (*colore*) bianco **2** (anche *fig.*) bersaglio, centro, obiettivo **3** vuoto.
blando [blándo] *agg.* **1** soffice (*m.* e *f.*), morbido **2** tenero **3** (*fig.*) dolce (*m.* e *f.*), mite (*m.* e *f.*), delicato **4** (*fig.*) pigro, indolente (*m.* e *f.*) **5** pusillanime (*m.* e *f.*), codardo.
blasfemia [blasfémja] *s.f.* **1** bestemmia **2** (*fig.*) imprecazione.
bledo [bléðo] *s.m.* (*fig.*) bazzecola (*f.*), quisquilia (*f.*).
bloquear [blokeár] *v.tr.* **1** (*mil.*) bloccare, assediare **2** bloccare, interrompere, impedire **3** (*comm.*) bloccare **4** (*sport*) intercettare.
boa [bóa] *s.f.* (*zool.*) boa (*m.inv.*).
bobina [boβína] *s.f.* **1** (*tess.*) bobina, rocchetto (*m.*) **2** (*cine.*) (*elettr.*) bobi-

na **3** (*tip.*) bobina, rullo di carta per rotative.
bobo [bóβo] *agg.* sciocco, sempliciotto, ingenuo.
boca [bóka] *s.f.* **1** (*anat.*) (anche *fig.*) bocca **2** (*tecn.*) bocca, apertura.
bocadillo [bokaðíʎo] *s.m.* **1** (*cuc.*) panino imbottito **2** (*fumetti*) nuvoletta (*f.*).
bocado [bokáðo] *s.m.* **1** boccone **2** morso **3** (*equit.*) morso.
bocata [bokáta] *s.f.* (*fam.*) panino (*m.*).
boceto [boθéto] *s.m.* (*pitt.*) bozzetto, schizzo.
bochorno [botʃórno] *s.m.* **1** afa (*f.*) **2** canicola (*f.*) **3** (*fig.*) umiliazione (*f.*).
boda [bóða] *s.m.* **1** nozze (*pl.*) **2** sposalizio (*m.*).
bodega [boðéɣa] *s.f.* **1** (*vino*) cantina **2** (*negozio*) enoteca **3** (*mar.*) (*porto*) magazzino (*m.*) **4** (*mar.*) (*nave*) stiva.
bofetada [bofetáða] *s.f.* **1** schiaffo (*m.*), sberla **2** (*fig.*) affronto (*m.*).
boicotear [boikoteár] *v.tr.* boicottare.
bola [bóla] *s.f.* **1** palla **2** boccia **3** (*fig.*) (*fam.*) balla, frottola **4** sfera.
bolas [bólas] *s.f.pl.* **1** (*volg.*) palle **2** (*amer.*) boleadoras.
bolígrafo [bolíɣrafo] *s.m.* biro (*f.inv.*), penna (*f.*) a sfera.
bollería [boʎería] *s.f.* forno (*m.*), panetteria, pasticceria.
bollo [bóʎo] *s.m.* **1** (*cuc.*) brioche (*f.inv.*) **2** (*fam.*) bernoccolo **3** (*fig.*) caos (*inv.*), confusione (*f.*).
bolsa[1] [bólsa] *s.f.* **1** sacco (*m.*), sacchetto (*m.*) **2** borsa, sacca **3** (*vestito, occhi*) borsa **4** (*anat.*) borsa, sacca **5** (*fig.*) borsa, soldi (*m.pl.*).
bolsa[2] [bólsa] *s.m.* (*econ.*) borsa valori.
bolsillo [bolsíʎo] *s.m.* **1** tasca (*f.*) **2** (*fig.*) borsa (*f.*), denaro.
bolso [bólso] *s.m.* borsa (*f.*).
bomba [bómba] **A** *agg.inv.* bomba, sensazionale (*m.* e *f.sing.*) **B** *s.f.* **1** (*mil.*) bomba **2** (*mecc.*) pompa **3** (*fig.*) bomba, notizia esplosiva, scandalo (*m.*).
bombero [bombéro] *s.m.* pompiere.
bombilla [bombíʎa] *s.f.* **1** (*elettr.*) lampadina **2** (*amer.*) cannuccia per il mate.
bonificar [bonifikár] (bonifico, bonifiqué, bonificaré) *v.tr.* **1** (*comm.*) bonificare, scontare, abbonare **2** (*sport*) abbuonare.
bonito [boníto] *agg.* grazioso, gradevole (*m.* e *f.*).
bono [bóno] *s.m.* **1** buono **2** (*econ.*) titolo, buono.
bonsai [bonsái] *s.m.* (*bot.*) bonsai (*inv.*).
boquerón [bokerón] *s.m.* (*zool.*) acciuga (*f.*).
boquilla [bokíʎa] *s.f.* **1** (*mus.*) bocchino (*m.*), bocchetta **2** bocchino (*m.*) **3** (*sigaretta*) filtro (*m.*).
borde [bórðe] *s.m.* **1** orlo, margine **2** bordo **3** (*volg.*) bastardo, stronzo.
borracho [borrátʃo] *agg.* **1** sbronzo, ubriaco **2** (*fig.*) pazzo, ubriaco **3** (*cuc.*) imbevuto, inzuppato.
borrador [borraðór] *s.m.* **1** (*tip.*) bozza (*f.*) **2** brutta copia (*f.*) **3** (*lavagna*) cancellino **4** gomma (*f.*) per cancellare.
borrar [borrár] **A** *v.tr.* **1** cancellare **2** (*fig.*) togliere, cancellare **B** *v.pron.* **1** cancellarsi **2** dimettersi.
borrasca [borráska] *s.f.* **1** (*mar.*) burrasca, tempesta marina **2** (*meteo.*) temporale (*m.*) **3** (*fam.*) scompiglio (*m.*).
borrego [borréɣo] *s.m.* (*zool.*) (anche *fig.*) agnello.
borroso [borróso] *agg.* confuso, vago, sfumato.
bosque [bóske] *s.m.* **1** bosco **2** (*fig.*) groviglio.
bostezo [bostéθo] *s.m.* sbadiglio.
bota [bóta] *s.f.* **1** stivale (*m.*) **2** scarpone (*m*).
bote[1] [bóte] *s.m.* vaso, barattolo.
bote[2] [bóte] *s.m.* (*mar.*) **1** scialuppa (*f.*), canotto **2** gommone.
botella [botéʎa] *s.f.* bottiglia.
botellón [boteʎón] *s.m.* **1** bottiglione **2** (*amer.*) damigiana (*f.*) **3** (*gerg.*) riunione in strada per bere alcolici.

botín[1] [botín] *s.m.* **1** (*scarpe*) stivaletto **2** ghetta (*f.*).
botín[2] [botín] *s.m.* bottino.
botón [botón] *s.m.* **1** (*bot.*) bocciolo **2** bottone **3** (*elettr.*) pulsante **4** pomello **5** (*mecc.*) comando, interruttore.
bóveda [bóβeðа] *s.f.* **1** (*arch.*) volta **2** (*rel.*) cripta.
bovino [boβíno] *agg.* e *s.m.* bovino.
boxeo [bokséo] *s.m.* (*sport*) pugilato.
boya [bóǰa] *s.m.* **1** (*mar.*) boa **2** (*pesca*) galleggiante (*m.*).
bradipo [braðípo] *s.m.* (*zool.*) bradipo.
bragas [bráɣas] *s.f.pl.* (*abb.*) mutandine, mutande da donna.
brasa [brása] *s.f.* brace.
brasileño [brasiléɲo] *agg.* e *s.m.* brasiliano.
bravo [bráβo] *agg.* **1** audace (*m.* e *f.*), valoroso **2** feroce (*m.* e *f.*) **3** indomito, fiero **4** (*mar.*) grosso, mosso **5** (*fig.*) pesante (*m.* e *f.*), grosso.
brazalete [braθaléte] *s.m.* braccialetto, bracciale.
brazo [bráθo] *s.m.* **1** braccio **2** (*poltrona, divano*) bracciolo **3** (*fig.*) braccio.
brecha [brétʃa] *s.f.* **1** breccia, fenditura **2** (*fig.*) apertura.
brécol [brékol] *s.m.* (*bot.*) broccolo.
breve [bréβe] *agg.m.* e *f.* breve, conciso (*m.*).
bricolaje [brikoláxe] *s.m.* bricolage (*inv.*), fai da te.
brigada [briɣáða] *s.f.* **1** (*mil.*) brigata **2** gruppo (*m.*), squadra **3** (*mil.*) sergente (*m.*) di brigata.
brillar [briʎár] *v.intr.* **1** brillare, splendere **2** (*fig.*) spiccare, brillare.
brindis [bríndis] *s.m.inv.* brindisi.
brisa [brísa] *s.f.* **1** (*mar.*) brezza **2** venticello (*m.*).
broche [brótʃe] *s.m.* **1** bottone automatico, bottone a pressione **2** spilla (*f.*) **3** fibbia (*f.*).
broma [bróma] *s.f.* scherzo (*m.*), battuta.
bromear [bromeár] *v.intr.* scherzare, divertirsi.
bronca [bróŋka] *s.f.* **1** zuffa, rissa **2** rimprovero (*m.*) pesante, sgridata **3** proteste (*pl.*), rimostranze (*pl.*).
bronceado [bronθeáðo] *s.m.* abbronzatura (*f.*).
bronco [bróŋko] *agg.* **1** rauco **2** selvaggio **3** (*fig.*) (*persona*) brusco, duro.
broqueta [brokéta] *s.f.* spiedo (*m.*).
brotar [brotár] *v.intr.* **1** (*bot.*) germogliare **2** sgorgare **3** venire fuori.
bruja [brúxa] *s.f.* **1** strega **2** (*fig.*) arpia **3** (*zool.*) civetta.
brújula [brúxula] *s.f.* bussola.
brutal [brutál] *agg.m.* e *f.* **1** brutale **2** brutale, feroce, spietato (*m.*).
bruto [brúto] *agg.* e *s.m.* **1** bruto, privo di ragione **2** rozzo **3** grezzo **4** (*comm.*) lordo.
buceo [buθéo] *s.m.* immersione (*f.*).
buda [búða] *s.m.* (*rel.*) budda, buddha.
bueno [bwéno] **A** *agg.* (*tronca davanti a s.m.*) **1** buono, bravo **2** buono, vantaggioso **3** gradevole (*m.* e *f.*), piacevole (*m.* e *f.*) **4** grande (*m.* e *f.*), abbondante (*m.* e *f.*) **B** *s.m.* (*voto*) buono, promosso.
buey [bwéi] *s.m.* (*zool.*) bue.
bufanda [bufánda] *s.f.* **1** sciarpa **2** (*comm.*) gratifica, premio (*m.*).
buhardilla [bwarðíʎa] *s.f.* **1** mansarda, abbaino (*m.*) **2** solaio (*m.*), soffitta.
búho [búo] *s.m.* **1** (*zool.*) gufo **2** (*fig.*) orso, scorbutico.
buido [bwíðo] *agg.* **1** affilato, aguzzo **2** striato, scanalato.
buitre [bwítre] *s.m.* (*zool.*) (anche *fig.*) avvoltoio.
bulevar [buleβár] *s.m.* boulevard (*inv.*) viale.
buñuelo [buɲwélo] *s.m.* **1** (*cuc.*) frittella (*f.*) **2** (*fig.*) pasticcio, pastrocchio.
buque [búke] *s.m.* nave (*f.*).
burbuja [burβúxa] *s.f.* bolla, bollicina.
burdel [burðél] *s.m.* bordello.
burgués [burɣés] *agg.* e *s.m.* borghese (*m.* e *f.*).
burguesía [burɣesía] *s.f.* borghesia.

burocracia [burokráθja] *s.f.* (*bur.*) burocrazia.
burro [búrro] **A** *agg.* ignorante (*m.* e *f.*), grossolano **B** *s.m.* **1** (*zool.*) asino, somaro **2** (*fig.*) asino, zotico.
buscar [buskár] *v.tr.* **1** cercare **2** (*fig.*) cercare, tentare.
búsqueda [búskeda] *s.f.* ricerca.
butaca [butáka] *s.f.* poltrona.
butano [butáno] *s.m.* (*chim.*) butano.
butifarra [butifárra] *s.f.* (*cuc.*) tipo di salsiccia.
buzón [buθón] *s.m.* **1** (*lettere*) buca (*f.*) **2** (*fam.*) (*iron.*) forno.

C

c [θé] *s.f.inv.* **1** lettera c **2** (*numero romano che corrisponde a 100*) C.
cabalgar [kaβalɣár] **A** *v.intr.* cavalcare, montare a cavallo **B** *v.tr.* **1** (*equini*) montare, coprire **2** (*fig.*) accavallare.
caballo [kaβáʎo] *s.m.* **1** (*zool.*) cavallo **2** (*gerg.*) (*droga*) eroina (*f.*) **3** (*sport*) (*ginnastica*) cavallo **4** (*gioco*) (*scacchi, carte*) cavallo.
cabaña [kaβáɲa] *s.f.* **1** (*arch.*) capanna **2** (*agr.*) mandria.
cabecera [kaβeθéra] *s.f.* **1** testiera, testata **2** capotavola (*m.* e *f.*) **3** (*giorn.*) testata.
cabello [kaβéʎo] *s.m.* (*anat.*) capelli (*pl.*).
caber [kaβér] **A** *v.intr.pron.* **1** (*en*) entrare, entrarci, starci **2** toccare, spettare, stare **B** *v.impers.* essere possibile.
cabeza [kaβéθa] *s.f.* **1** (*anat.*) testa, capo (*m.*) **2** (*cosa*) estremità (*inv.*), testa **3** (*mecc.*) testa **4** (*ago, chiodo*) capocchia **5** (*tecn.*) testina **6** (*geog.*) cima.
cabezudo **1** [kaβeθúðo] *agg.* testardo, ostinato **2** [kaβeθúðo] *s.m.* (*fam.*) nano.
cabida [kaβíða] *s.f.* **1** capacità (*inv.*), capienza **2** (*terreno*) superficie, estensione.
cabina [kaβína] *s.f.* cabina.
cable [káβle] *s.m.* **1** (*elettr.*) cavo, filo **2** fune (*f.*), corda (*f.*).
cabo [káβo] *s.m.* **1** capo, estremità (*f.inv.*) **2** (*mil.*) caporale **3** (*geog.*) capo, punta (*f.*), promontorio **4** (*mar.*) corda (*f.*), cavo.
cabra [káβra] *s.f.* (*zool.*) capra.
cabrearse [kaβreárse] *v.intr.pron.* (*volg.*) incazzarsi.
cabreo [kaβréo] *s.m.* (*volg.*) incazzatura (*f.*).
cabrón [kaβrón] *s.m.* **1** (*zool.*) caprone **2** (*fig.*) cornuto, becco **3** (*volg.*) (*insulto*) bastardo, stronzo.
caca [káka] *s.f.* **1** (*fam.*) cacca **2** (*fig.*) immondizia, schifezza.
cacahuete [kakawéte] *s.m.* arachide (*f.*).
cacao[1] [kakáo] *s.m.* (*bot.*) cacao.
cacao[2] [kakáo] *s.m.* (*fig.*) chiasso, caos.
cacerola [kaθeróla] *s.f.* (*cuc.*) pentola.
cacerolada [kaθeroláða] *s.f.* manifestazione di protesta fatta percuotendo le pentole.
cacharro [katʃárro] *s.m.* **1** vaso **2** (*fig.*) (*fam.*) catorcio **3** cianfrusaglia (*f.*) **4** (*cuc.*) terraglia (*f.*), coccio.
cachondeo [katʃondéo] *s.m.* (*fam.*) **1** presa in giro, scherzo **2** baldoria (*f.*), divertimento.
cachondo [katʃóndo] *agg.* e *s.m.* **1** (*fam.*) burlone, buontempone **2** (*fam.*) (*sesso*) eccitato (*agg.*), arrapato (*agg.*) **3** (*zool.*) in calore.
cachorro [katʃórro] *s.m.* (*zool.*) cucciolo.
cacto [kákto] *s.m.* (*bot.*) cactus.
cada [káða] *agg.inv.* **1** (*distributivo*) ogni, ciascuno (*m.*) **2** (*iron.*) certo (*m.sing.*), tale (*sing.*).
cadáver [kaðáβer] *s.m.* cadavere, salma (*f.*).

cadena [kaðéna] *s.f.* **1** (anche *comm.* e *mecc.*) catena **2** (*inform.*) stringa **3** (*radio, TV*) network (*m.inv.*), rete **4** (*radio, TV*) canale (*m.*).
cadera [kaðéra] *s.f.* (*anat.*) anca, fianco (*m.*).
cadete [kaðéte] *s.m.* (anche *mil.*) cadetto.
caducar [kaðukár] *v.intr.* **1** (*bur.* e *giur.*) scadere, decadere **2** (*persona*) rimbambire **3** scadere.
caducidad [kaðuθiðáð] *s.f.* **1** caducità (*inv.*) **2** (*bur.* e *giur.*) caducità (*inv.*), estinzione.
caer [kaér] **A** *v.intr.* **1** cadere, cascare, precipitare **2** pendere, scendere **3** (*fig.*) morire **4** (*fig.*) capitare, succedere, toccare **5** diminuire, calare **6** (*lotteria*) uscire **7** (*fam.*) capire **B** *v.pron.* **1** accasciarsi, cadere, cascare **2** (*capelli, denti*) cadere, perdere.
café [kafé] *s.m.* (*bot.*) (anche *bevanda*) caffè (*inv.*).
cafetera [kafetéra] *s.f.* **1** caffettiera **2** (*elettr.*) macchina da caffè.
cafetería [kafetería] *s.f.* **1** bar (*m.inv.*), caffetteria **2** paninoteca, tavola fredda.
cagar [kaɣár] **A** *v.intr.* (*volg.*) cacare, cagare **B** *v.tr.* mandare in malora, sciupare, rovinare **C** *v.pron.* (*de*) (*volg.*) farsela/cacarsi sotto.
caída [kaíða] *s.f.* **1** (anche *fig.*) caduta **2** (*terreno*) pendio (*m.*) **3** cascata **4** (*comm.*) calo (*m.*), ribasso (*m.*) **5** (*med.*) abbassamento (*m.*), calo (*m.*).
caimán [kaimán] *s.m.* **1** (*zool.*) caimano, alligatore **2** (*fig.*) dritto, furbo.
caja [káxa] *s.f.* **1** (anche *comm.*) cassa **2** (anche *elettr.* e *mecc.*) scatola **3** (*mus.*) tamburo (*m.*).
cajero [kaxéro] *s.m.* (*comm.*) cassiere.
cajón [kaxón] *s.m.* **1** (*frutta*) cassetta (*f.*) **2** (*mobile*) cassetto **3** (*mus.*) (*strumento a percussione usato nel flamenco*) cajón.
cal [kál] *s.f.* (*edil.*) calce.
calabacín [kalaβaθín] *s.m.* **1** (*bot.*) zucchina (*f.*) **2** (*fig.*) imbranato.
calabaza [kalaβáθa] *s.f.* **1** (*bot.*) (*frutto*) zucca **2** (*fig.*) (*fam.*) zuccone (*m.*).
calabozo [kalaβóθo] *s.m.* (*carcere*) cella (*f.*).
calada [kaláða] *s.f.* **1** (*fumo*) boccata **2** (*motore*) ingolfamento (*m.*).
calambre [kalámbre] *s.m.* **1** crampo **2** (*corrente elettr.*) scossa (*f.*).
calamidad [kalamiðáð] *s.f.* **1** calamità (*inv.*), catastrofe **2** (*fig.*) (*persona*) pasticcione (*m.*), impiastro (*m.*) **3** (*fig.*) disastro (*m.*).
calaña [kaláɲa] *s.f.* (*pegg.*) indole, risma.
calar [kalár] **A** *v.tr.* **1** (*liquido*) intridere, inzuppare **2** perforare, trapassare **3** (*frutta*) assaggiare **4** (*tecn.*) traforare **5** (*reti*) calare **B** *v.intr.* **1** (*mar.*) immergersi **2** (*en*) (*fig.*) capire, penetrare **3** bagnarsi, non essere impermeabile **C** *v.pron.* **1** inzupparsi **2** (*auto.*) ingolfarsi.
calavera [kalaβéra] *s.f.* teschio (*m.*).
calcáneo [kalkáneo] *s.m.* (*anat.*) calcagno.
calcetín [kalθetín] *s.m.* (*abb.*) calzino.
calcio [kálθjo] *s.m.* (*chim.*) calcio.
calculadora [kalkulaðóra] *s.f.* calcolatrice.
calcular [kalkulár] *v.tr.* **1** calcolare **2** stimare, valutare **3** (*fig.*) immaginare, supporre.
cálculo [kálkulo] *s.m.* **1** calcolo **2** stima (*f.*), valutazione (*f.*) **3** (*fig.*) congettura (*f.*), supposizione (*f.*) **4** (*med.*) calcolo.
caldo [káldo] *s.m.* **1** (*cuc.*) brodo **2** (*cuc.*) (*insalata, gazpacho*) condimento.
calé [kalé] *s.m.* zingaro.
calefacción [kalefa*k*θjón] *s.f.* **1** (*tecn.*) riscaldamento (*m.*) **2** (*fis.*) calefazione.
calendario [kalendárjo] *s.m.* calendario.
calentador [kalentaðór] *s.m.* **1** scaldino **2** (*elettr.*) scaldabagno.

calentamiento [kalentamjénto] *s.m.* (*sport*) riscaldamento.
calentar [kalentár] **A** *v.tr.* **1** (anche *sport*) riscaldare, scaldare **2** (*fig.*) accendere, infiammare, riscaldare **3** (*sesso*) eccitare **B** *v.pron.* **1** (anche *sport*) riscaldarsi, scaldarsi **2** (*fig.*) animarsi, infervorarsi **3** (*fig.*) (*sesso*) eccitarsi **4** (*amer.*) (*fig.*) arrabbiarsi.
calibre [kalíβre] *s.m.* **1** (*arma, pallottola*) calibro **2** (*tubo*) diametro **3** (*lastra*) spessore **4** (*fig.*) calibro, importanza (*f.*).
calidad [kaliðáð] *s.f.* **1** qualità (*inv.*) **2** varietà (*inv.*), tipo (*m.*) **3** (*fig.*) prestigio (*m.*) **4** importanza, rilievo (*m.*).
cálido [káliðo] *agg.* **1** (*meteo.*) caldo, torrido **2** (*fig.*) affettuoso, caloroso.
caliente [kaljénte] *agg.m.* e *f.* **1** (*liquidi*) caldo (*m.*), bollente **2** (*cosa*) caldo (*m.*), rovente **3** (*aria*) caldo (*m.*), torrido (*m.*) **4** (*fig.*) focoso (*m.*), passionale.
calificar [kalifikár] **A** *v.tr.* **1** (*de*) qualificare, giudicare **2** (*istr.*) dare un voto **B** *v.pron.* qualificarsi.
caligrafía [kaliɣrafía] *s.f.* calligrafia.
cáliz [káliθ] *s.m.* (anche *bot.*) calice.
callado [kaʎáðo] *agg.* **1** silenzioso, taciturno **2** (*ling.*) sottinteso.
callar [kaʎár] **A** *v.intr.pron.* **1** tacere **2** (*fig.*) sopportare, subire **B** *v.tr.pron.* (*fig.*) tacere, nascondere.
calle [káʎe] *s.f.* via, strada.
callejero [kaʎexéro] **A** *agg.* di strada **B** *s.m.* stradario, guida (*f.*) stradale.
callejón [kaʎexón] *s.m.* vicolo.
callo [káʎo] *s.m.* **1** (anche *med.*) (*zool.*) callo **2** (*fig.*) (*fam.*) orrore.
calma [kálma] *s.f.* **1** calma, tranquillità (*inv.*) **2** (*mar.*) calma, bonaccia.
calmar [kalmár] **A** *v.tr.pron.* **1** calmare, placare, tranquillizzare **2** (*dolore*) calmare, lenire **B** *v.intr.* essere in calma.
calmo [kálmo] *agg.* calmo, tranquillo.
caló [kaló] *s.m.* lingua degli zingari spagnoli.
calor [kalór] *s.m.* **1** (*fis.*) calore **2** (*meteo.*) caldo **3** (*fig.*) calore, entusiasmo.
caloría [kaloría] *s.f.* caloria.
calumnia [kalúmnja] *s.f.* (*giur.*) calunnia, diffamazione.
calvo [kálβo] *agg.* **1** calvo, pelato **2** (*terreno*) brullo, nudo, spoglio **3** (*panno*) logoro, liso.
calzada [kalθáða] *s.f.* **1** carreggiata **2** (*ant.*) strada selciata.
calzar [kalθár] **A** *v.tr.* **1** (*piedi*) calzare, portare **2** (*guanti*) calzare **B** *v.pron.* (*fam.*) mettere le mani su, impadronirsi.
calzoncillos [kalθonθíʎos] *s.m.pl.* (*abb.*) (*uomo*) mutande (*f.*).
cama [káma] *s.m.* **1** letto (*m.*) **2** (*ospedale, hotel*) posto (*m.*) letto.
camaleón [kamaleón] *s.m.* **1** (*zool.*) camaleonte **2** (*fig.*) opportunista (*m.* e *f.*), camaleonte.
cámara [kámara] *s.f.* **1** (*fam.*) macchina fotografica **2** (*cine.*) macchina da presa **3** (*TV*) telecamera **4** (*persona*) cameraman (*m.inv.*), operatore (*m.*) cinematografico **5** (*econ.* e *pol.*) camera **6** (*bicicletta*) camera d'aria.
camarada [kamaráða] *s.m.* e *f.* **1** (*scuola, lavoro*) collega, compagno (*m.*) **2** (*pol.*) compagno (*m.*) **3** (*mil.*) commilitone (*m.*).
camarero [kamaréro] *s.m.* cameriere.
camarón [kamarón] *s.m.* (*zool.*) gamberetto.
camarote [kamaróte] *s.m.* (*mar.*) cabina (*f.*).
cambiar [kambjár] **A** *v.tr.* **1** cambiare, permutare, scambiare **2** cambiare, sostituire **3** modificare **4** trasformare **B** *v.intr.* **1** cambiare, mutare **2** (*auto.*) (*marcia*) cambiare **C** *v.pron.* **1** cambiarsi **2** trasferirsi, traslocare.
cambio [kámbjo] *s.m.* **1** cambiamento, cambio **2** (*auto.*) (*econ.*) cambio **3** (*fam.*) spiccioli (*pl.*) **4** (*ferr.*) scambio.
camello [kaméʎo] *s.m.* **1** (*zool.*) cammello **2** (*gerg.*) (*droga*) spacciatore.

camerino [kameríno] *s.m.* (*teatr.*) camerino.
camilla [kamíʎa] *s.f.* barella, lettiga.
caminar [kaminár] **A** *v.intr.* **1** camminare, andare **2** (*stelle, fiumi*) muoversi **3** (*fig.*) funzionare **B** *v.tr.* percorrere.
camino [kamíno] *s.m.* **1** cammino **2** (anche *fig.*) strada (*f.*) **3** (*fig.*) direzione (*f.*), via (*f.*) **4** (*astro.*) cammino, moto.
camión [kamjón] *s.m.* camion (*inv.*), autocarro.
camisa [kamísa] *s.f.* **1** (*abb.*) camicia **2** (*bot.*) guaina, involucro (*m.*) **3** (*elettr.*) (*mecc.*) (*tecn.*) camicia, guaina **4** (*zool.*) (*serpente*) muta, spoglia **5** (*edil.*) mano di tinteggiatura.
campamento [kampaménto] *s.m.* **1** (anche *mil.*) accampamento **2** campeggio, camping (*inv.*).
campana [kampána] *s.f.* **1** campana **2** (*camino*) cappa.
campanario [kampanárjo] *s.m.* (*arch.*) campanile.
campaña [kampáɲa] *s.f.* **1** campagna **2** campagna, promozione.
campeón [kampeón] *s.m.* campione.
campesino [kampesíno] **A** *agg.* campagnolo **B** *s.m.* campesino, contadino.
campo [kámpo] *s.m.* **1** campagna (*f.*) **2** (*agr.*) campo, fondo, podere **3** (*sport*) (*fis.*) (*mil.*) campo **4** (*scient.*) branca (*f.*), campo **5** (*comm.*) campo, settore.
camuflaje [kamufláxe] *s.m.* (*mil.*) (anche *fig.*) mimetizzazione (*f.*).
camuflar [kamuflár] *v.tr.* **1** (*mil.*) camuffare, mimetizzare **2** (*fig.*) camuffare, nascondere.
canadiense [kanaðjénse] *agg.* e *s.m.* e *f.* canadese.
canal [kanál] *s.m.* **1** canale **2** (*arch.*) scanalatura (*f.*) **3** (*anat.*) canale, dotto **4** (*radio, TV*) rete (*f.*), canale.
canalización [kanaliθaθjón] *s.f.* (*tecn.*) canalizzazione.
canapé [kanapé] *s.m.* **1** canapè (*inv.*), divano **2** (*cuc.*) canapè (*inv.*), tartina (*f.*).
canario[1] [kanárjo] *agg.* e *s.m.* abitante (*m.* e *f.*) delle Canarie (Spagna).
canario[2] [kanárjo] *s.m.* (*zool.*) canarino.
canasta [kanásta] *s.f.* **1** cesta, canestro (*m.*) **2** (*pallacanestro*) canestro (*m.*) **3** (*gioco*) (*carte*) canasta.
cancela [kanθéla] *s.f.* (*arch.*) cancello (*m.*).
cancelar [kanθelár] *v.tr.* **1** (*giur.*) annullare **2** cancellare **3** (*debito*) saldare, liquidare **4** (*fig.*) dimenticare.
cáncer [kánθer] *s.m.* **1** (*med.*) cancro, tumore maligno **2** (*astro.* e *astrol.*) cancro **3** (*fig.*) piaga (*f.*), flagello.
canciller [kanθiʎér] *s.m.* cancelliere.
canción [kanθjón] *s.f.* canzone.
candado [kandáðo] *s.m.* lucchetto.
candidato [kandiðáto] *s.m.* **1** (*pol.*) candidato **2** aspirante (*m.* e *f.*), candidato.
candil [kandíl] *s.m.* **1** lucerna (*f.*) **2** (*bot.*) aro.
canela [kanéla] *s.f.* (*bot.*) (anche *condimento*) cannella.
cangrejo [kaŋgréxo] *s.m.* (*zool.*) granchio.
canguro [kaŋgúro] *s.m.* **1** (*zool.*) canguro **2** (*fam.*) baby-sitter (*m.* e *f.inv.*) **3** (*abb.*) k-way (*inv.*).
caníbal [kaníβal] *agg.* e *s.m.* e *f.* cannibale.
canino [kaníno] **A** *agg.* (*anat.*) (*zool.*) canino **B** *s.m.* (*dente*) canino.
canjear [kaŋxeár] *v.tr.* (*por*) barattare, scambiare.
canon [kánon] *s.m.* **1** canone, norma (*f.*) **2** (*rel.*) canone, precetto **3** (*econ.*) (*giur.*) (*mus.*) canone.
cántaro [kántaro] *s.m.* **1** orcio, anfora (*f.*) **2** (*sorteggio*) bossolo, urna (*f.*).
cante [kánte] *s.m.* **1** (*mus.*) canzone popolare andalusa **2** canto.
canto [kánto] *s.m.* (anche *lett.*) canto.
cansado [kansáðo] *agg.* **1** stanco, affaticato **2** esaurito, spento **3** noioso, pesante (*m.* e *f.*).

cansancio [kansánθjo] *s.m.* **1** stanchezza (*f.*), fatica (*f.*) **2** noia (*f.*).
cansar [kansár] **A** *v.tr.pron.* affaticare, stancare **B** *v.tr.* **1** importunare, infastidire, seccare **2** annoiare.
cantante [kantánte] **A** *agg.m.* e *f.* che canta, canterino (*m.*) **B** *s.m.* e *f.* (*mus.*) cantante.
cantar [kantár] **A** *s.m.* **1** (*poes.*) cantare, poema **2** (*lett.*) canzone (*f.*) **B** *v.intr./tr.* **1** cantare **2** (*fig.*) (*fam.*) cantare, confessare **C** *v.tr.* (*lotteria*) chiamare i numeri.
caña [káɲa] *s.f.* **1** (*bot.*) canna **2** birra alla spina.
cáñamo [káɲamo] *s.m.* (*bot.*) (*tess.*) canapa (*f.*).
cañón [kaɲón] *s.m.* **1** (*armi da fuoco*) canna (*f.*) **2** (*mil.*) cannone **3** (*geog.*) canyon (*inv.*), gola (*f.*).
caos [káos] *s.m.* caos, confusione (*f.*).
capa [kápa] *s.f.* **1** (*abb.*) mantello (*m.*), cappa **2** (*tecn.*) mano, strato (*m.*) **3** coltre, manto (*m.*) **4** (*zool.*) mantello (*m.*) **5** (*fig.*) velo (*m.*).
capacidad [kapaθiðáð] *s.f.* **1** capacità (*inv.*), capienza **2** (*fig.*) capacità (*inv.*), attitudine, talento (*m.*) **3** (*elettr.*) (*fis.*) (*giur.*) capacità (*inv.*).
capaz [kapáθ] *agg.m.* e *f.* **1** (*spazio*) capiente **2** ampio (*m.*), capace, spazioso (*m.*) **3** idoneo (*m.*), in grado **4** abile, bravo (*m.*).
capcioso [ka*p*θjóso] *agg.* capzioso, insidioso, subdolo.
caperuza [kaperúθa] *s.f.* (anche *abb.*) cappuccio (*m.*).
capilla [kapíʎa] *s.f.* (*arch.*) (*mus.*) cappella
capital [kapitál] **A** *agg.m.* e *f.* capitale, mortale.
capitalismo [kapitalísmo] *s.m.* capitalismo.
capitán [kapitán] *s.m.* **1** (*mil.* e *mar.*) capitano **2** (*sport*) capitano.
capitel [kapitél] *s.m.* (*arch.*) capitello.
capítulo [kapítulo] *s.m.* capitolo.
caporal [kaporál] *s.m.* **1** (*mil.*) caporale **2** caposquadra.
capricho [kaprítʃo] *s.m.* **1** capriccio, bizzarria (*f.*) **2** (*mus.*) capriccio.
capricornio [kaprikórnjo] *s.m.* (*astro.* e *astrol.*) capricorno.
cápsula [cá*p*sula] *s.f.* capsula.
captar [ka*p*tár] **A** *v.tr.* **1** (*fig.*) percepire, sentire, captare **2** (*fig.*) accorgersi, capire **3** (*telecom.*) captare, ricevere **B** *v.tr.pron.* **1** accattivarsi, conquistare **2** (*fig.*) catturare.
captura [ka*p*túra] *s.f.* (*giur.*) (*mil.*) arresto (*m.*), cattura.
capucha [kapútʃa] *s.f.* **1** (*abb.*) cappuccio (*m.*) **2** (*tip.*) accento circonflesso.
capuchino [kaputʃino] *agg.* e *s.m.* (*rel.*) cappuccino.
capullo [kapúʎo] *s.m.* **1** (*zool.*) bozzolo **2** (*bot.*) bocciolo **3** (*anat.*) prepuzio **4** (*volg.*) stronzo, viscido.
cara [kára] *s.f.* **1** faccia, viso (*m.*), volto (*m.*) **2** (*fig.*) aspetto (*m.*), cera **3** (*fig.*) faccia, espressione **4** (*carta*) faccia, facciata **5** (*moneta*) diritto (*m.*), testa **6** (*geom.*) faccia **7** (*cassetta, lp*) lato (*m.*).
caracol [karakól] *s.m.* (*zool.*) chiocciola (*f.*).
carácter [kará*k*ter] *s.m.* **1** (*grafia*) carattere, segno **2** (*tip.*) carattere **3** (*persona*) carattere, temperamento, personalità (*f.inv.*) **4** carattere, caratteristica (*f.*), natura (*f.*).
característica [kara*k*terístika] *s.f.* caratteristica, peculiarità (*inv.*).
caracterizar [kara*k*teriθár] **A** *v.tr.pron.* **1** caratterizzare, contraddistinguere **2** (*cine.* e *teatr.*) immedesimarsi, rappresentare **B** *v.pron.* **1** caratterizzarsi, contraddistinguersi **2** (*cine.* e *teatr.*) truccarsi, travestirsi.
caradura [karaðúra] *agg.* e *s.m.* e *f.* (*fam.*) sfacciato (*m.*), faccia tosta.
carajillo [karaxíʎo] *s.m.* (*cuc.*) caffè corretto.

carajo [karáxo] *s.m.* (*volg.*) cazzo.
¡caramba! [karámba] *inter.* caspita!
caramelo [karamélo] *s.m.* **1** caramella (*f.*) **2** (*cuc.*) caramello.
carátula [karátula] *s.f.* **1** maschera, trucco (*m.*) **2** etichetta **3** (*libro, disco*) copertina.
caravana [karaβána] *s.f.* **1** carovana **2** (*fig.*) coda, incolonnamento (*m.*) **3** (*auto.*) camper (*m.inv.*), roulotte (*inv.*) **4** (*fig.*) (*persone*) comitiva.
¡caray! [karái] *inter.* accidenti!
carbón [karβón] *s.m.* **1** (*min.*) carbone **2** (*pitt.*) carboncino.
carbono [karβóno] *s.m.* (*chim.*) carbonio.
carburante [karβuránte] *s.m.* carburante.
cárcel [kárθel] *s.f.* carcere (*m.*), prigione.
carcoma [karkóma] *s.f.* **1** (*zool.*) tarlo (*m.*) **2** (*polvere*) tarlatura **3** (*fig.*) tarlo (*m.*), assillo (*m.*), tormento (*m.*).
cardenal[1] [karðenál] *s.m.* (*rel.*) cardinale.
cardenal[2] [karðenál] *s.m.* (*med.*) ecchimosi (*f.inv.*), livido.
cardinal [karðinál] *agg.m.* e *f.* cardinale.
cardiología [karðjoloxía] *s.f.* (*med.*) cardiologia.
carecer [kareθér] *v.intr.* (*de*) difettare, mancare, non avere.
carencia [karénθja] *s.m.* carenza.
carestía [karestía] *s.f.* carestia.
carga [kárɣa] *s.f.* **1** caricamento (*m.*), carico (*m.*) **2** carico (*m.*), peso (*m.*) **3** (*arch.*) carico (*m.*) **4** (*batteria, penna*) ricarica **5** (*arma*) carica **6** (*motore*) carico (*m.*) **7** (*mil.*) assalto (*m.*), attacco (*m.*) **8** (*fig.*) onere (*m.*), peso (*m.*).
cargar [karɣár] **A** *v.tr.* **1** caricare, sistemare, riempire **2** (*mar.*) stivare **3** (*arma*) caricare **4** (*tecn.*) caricare, ricaricare **5** (*elettr.*) ricaricare **6** riempire **7** caricare, stipare **8** (*comm.*) addebitare **9** (*comm.*) aggiungere, aumentare **B** *v.intr.* **1** caricare, attaccare **2** (*arch.*) poggiare **3** accollarsi **4** gravare, essere oberato **C** *v.pron.* **1** accollarsi, assumersi **2** (*meteo.*) scurirsi, rannuvolarsi **3** (*fam.*) rompere, rovinare.
cargo [kárɣo] *s.m.* **1** posto **2** lavoro, incarico **3** carica (*f.*) **4** (*fig.*) competenza (*f.*), responsabilità (*f.inv.*) **5** (*comm.*) addebito **6** carico, peso.
caridad [kariðáð] *s.f.* **1** (*rel.*) carità (*inv.*) **2** carità (*inv.*), elemosina **3** (*fam.*) favore (*m.*), piacere (*m.*).
caries [kárjes] *s.f.inv.* (*med.*) carie.
cariño [karíɲo] *s.m.* **1** affetto, tenerezza (*f.*), amore **2** affezione (*f.*), attaccamento **3** carezza (*f.*), coccola (*f.*) **4** delicatezza (*f.*), cura (*f.*), accuretezza (*f.*).
carisma [karísma] *s.m.* carisma, ascendente.
carnaval [karnaβál] *s.m.* carnevale.
carne [kárne] *s.f.* **1** carne **2** (*frutta*) polpa **3** (*rel.*) carne, carnalità (*inv.*).
carné [karné] *s.m.* **1** carnè (*inv.*), taccuino **2** tessera (*f.*).
carnicería [karniθería] *s.f.* **1** (*comm.*) macelleria **2** (*fig.*) carneficina, strage.
caro [káro] **A** *agg.* **1** (*comm.*) caro, costoso, dispendioso **2** (*lett.*) caro, amato **B** *avv.* caro.
carpeta [karpéta] *s.f.* **1** (*tavolo*) centrino (*m.*) **2** (*bur.*) cartella, raccoglitore (*m.*) **3** (*comm.*) distinta.
carpintería [karpintería] *s.f.* **1** (*edil.*) carpenteria, serramenti (*m.pl.*) **2** falegnameria.
carpintero [karpintéro] *s.m.* **1** (*edil.*) carpentiere **2** falegname.
carrasca [karráska] *s.f.* (*bot.*) leccio (*m.*).
carrera [karréra] *s.f.* **1** corsa **2** (*istr.*) studi (*m.pl.*) **3** (*sport*) corsa, gara **4** (*astro.*) corso (*m.*), orbita **5** (*tess.*) smagliatura **6** strada, via **7** percorso (*m.*).
carretera [karretéra] *s.f.* strada.
carril [karríl] *s.m.* **1** (*ferr.*) rotaia (*f.*) **2** corsia (*f.*) **3** (*mecc.*) guida (*f.*) **4** (*agr.*) solco.

carro [kárro] *s.m.* **1** carro **2** (*tecn.*) carrello **3** (*mil.*) carro armato **4** (*amer.*) automobile (*f.*).
carroza [karróθa] *s.f.* **1** carrozza **2** (*amer.*) carro (*m.*) funebre.
carta [kárta] *s.f.* **1** lettera **2** (*bur.*) certificato (*m.*), documento (*m.*) **3** (*gioco*) carta **4** (*pol.*) carta costituzionale, costituzione **5** (*geog.*) carta, mappa **6** (*ristorante*) menu (*m.inv.*).
cartel [kartél] *s.m.* cartello, manifesto, locandina (*f.*).
cartela [kartéla] *s.f.* **1** cartellino (*m.*), etichetta **2** (*arch.*) mensola.
cartera [kartéra] *s.f.* **1** borsellino (*m.*), portafoglio (*m.*) **2** (*scuola*) cartella **3** portadocumenti (*m.inv.*) **4** (*abb.*) patta **5** (*comm.* e *pol.*) portafoglio (*m.*) **6** (*amer.*) borsetta.
cartero [kartéro] *s.m.* postino.
cartílago [kartílaɣo] *s.m.* (*anat.*) cartilagine (*f.*).
cartomancia o **cartomancía** [kartománθja/kartomanθía] *s.f.* cartomanzia.
cartón [kartón] *s.m.* **1** (*materiale*) cartone **2** (*sigarette*) stecca (*f.*) **3** (*comm.*) confezione (*f.*) **4** (*pitt.*) cartone.
casa [kása] *s.f.* **1** (*arch.*) casa, edificio (*m.*) **2** abitazione, casa, dimora **3** (*fig.*) casa, famiglia **4** (*fig.*) casa, casato (*m.*) **5** (*comm.*) azienda, casa, ditta **6** (*scacchi*) casella.
casar [kasár] **A** *v.tr.* **1** sposare, unire in matrimonio **2** (*fig.*) abbinare, combinare **3** sistemare, sposare **B** *v.intr.pron.* (*con*) **1** sposarsi **2** (*fig.*) combaciare, combinare, corrispondere.
cascabel [kaskaβél] *s.m.* sonaglio.
cascada [kaskáða] *s.f.* **1** (*geog.*) cascata **2** (*artificiale*) chiusa.
cáscara [káskara] *s.f.* **1** guscio (*m.*) **2** buccia, scorza **3** crosta **4** (*albero*) corteccia.
casco [kásko] *s.m.* **1** casco **2** (*edil.*, *mil.* e *min.*) elmetto **3** (*mar.*) *scafo* **4** (*frutta*) spicchio **5** (*zool.*) zoccolo **6** coccio, frammento **7** cuffia (*f.*), auricolare.
casero [kaséro] **A** *agg.* **1** casalingo, casereccio, fatto in casa **2** domestico, allevato in casa **3** domestico, familiare, in famiglia **4** (*fig.*) pantofolaio **5** (*abb.*) da casa **B** *s.m.* **1** padrone di casa **2** amministratore **3** custode **4** (*agr.*) colono, mezzadro.
casi [kási] *avv.* **1** pressappoco, pressoché, quasi **2** (*quantità*) circa, quasi, suppergiù **3** per poco non, per un pelo **4** (*fig.*) forse.
casino [kasíno] *s.m.* (*gioco*) casinò (*inv.*).
caso [káso] *s.m.* **1** caso, evento, fatto **2** occasione (*f.*), volta (*f.*) **3** caso, faccenda (*f.*), vicenda (*f.*) **4** (*ling.* e *med.*) caso.
caspa [káspa] *s.f.* forfora.
castaña [kastáɲa] *s.f.* **1** (*bot.*) castagna **2** (*cuc.*) caraffa **3** (*capelli*) chignon (*m.inv.*) **4** (*fig.*) (*fam.*) castagna, cazzotto (*m.*) **5** (*fig.* e *fam.*) sbornia.
castaño [kastáɲo] **A** *agg.* castano, marrone (*m.* e *f.*) **B** *s.m.* (*bot.*) castagno.
castañuela [kastaɲwéla] *s.f.* (*mus.*) nacchera.
castellano [kasteʎáno] *agg.* e *s.m.* **1** castigliano **2** (*ling.*) castigliano, spagnolo **3** (*sto.*) castellano.
castidad [kastiðáð] *s.f.* castità (*inv.*), purezza.
castigo [kastíɣo] *s.m.* **1** castigo, punizione (*f.*) **2** (*fig.*) (*fam.*) calamità (*f.inv.*), castigo.
castillo [kastíʎo] *s.m.* **1** (*fort.* e *mil.*) castello **2** (*mar.*) castello, cassero di prora **3** cella dell'ape regina.
castor [kastór] *s.m.* (*zool.*) castoro.
castración [kastraθjón] *s.f.* castrazione.
casual [kaswál] *agg.m.* e *f.* **1** casuale, fortuito (*m.*) **2** (*ling.*) del caso.
catalogación [kataloɣaθjón] *s.f.* catalogazione.

catálogo [katáloɣo] *s.m.* catalogo.
catar [katár] *v.tr.* **1** assaggiare, degustare **2** (*fig.*) provare **3** (*alveare*) smielare.
catarata [kataráta] *s.f.* **1** (*geog.*) cascata **2** (*med.*) cateratta.
catarro [katárro] *s.m.* (*med.*) catarro.
catastro [katástro] *s.m.* (*bur.*) catasto.
catástrofe [katástrofe] *s.f.* **1** catastrofe, disastro (*m.*) **2** (*fil.*) catastrofe **3** (*fig.*) disastro (*m.*), porcheria.
cátedra [káteðra] *s.f.* **1** (*arch.*) cattedra, sedile (*m.*) **2** (*istr.*) (anche *fig.*) (*rel.*) cattedra.
catedral [kateðrál] *s.f.* cattedrale, duomo (*m.*).
categoría [kateɣoría] *s.f.* categoria.
catequismo [katekísmo] *s.m.* (*rel.*) catechismo.
catolicismo [katoliθísmo] *s.m.* (*rel.*) cattolicesimo.
católico [katóliko] *agg.* e *s.m.* (*rel.*) cattolico.
catorce [katórθe] *agg.num.inv.* e *s.m.inv.* **1** (*cardinale*) quattordici **2** (*ordinale*) quattordicesimo (*sing.*).
cauce [káuθe] *s.m.* **1** (*fiume*) alveo, letto **2** canale **3** (*fig.*) corso, procedura (*f.*).
caucho [káutʃo] *s.m.* **1** (*bot.*) (*chim.*) caucciù (*inv.*) **2** (*amer.*) gomma (*f.*), pneumatico.
caución [kauθón] *s.f.* **1** (*giur.*) cauzione **2** garanzia.
caudal [kauðál] *s.m.* **1** (*geog.*) corso d'acqua **2** (*fiume, macchinario*) portata (*f.*) **3** (*econ.*) beni (*pl.*), patrimonio **4** (*fig.*) tesoro **5** (*fig.*) quantità (*f.inv.*), mucchio, sacco.
causa [káusa] *s.f.* **1** causa **2** motivo (*m.*), causa, ragione **3** (*fig.*) causa, partito (*m.*) **4** (*giur.*) causa, processo (*m.*).
causar [kausár] *v.tr.* causare, determinare, provocare.
cauto [káuto] *agg.* avveduto, avvisato, cauto.
cava [káβa] *s.m.* (*vino*) spumante catalano trattato con metodo classico.
caverna [kaβérna] *s.f.* **1** caverna, grotta **2** (*med.*) caverna.
cavernícola [kaβerníkola] *agg.* e *s.m.* e *f.* **1** cavernicolo (*m.*) **2** (*pegg.*) reazionario (*m.*).
cavidad [kaβiðáð] *s.f.* cavità (*inv.*).
caza [káθa] *s.m.* **1** caccia **2** (*cuc.*) cacciagione **3** (*fig.*) caccia, inseguimento (*m.*).
cazuela [kaθwéla] *s.f.* **1** tegame (*m.*), casseruola **2** (*cuc.*) stufato (*m.*) **3** (*teatr.*) loggione (*m.*).
cebada [θeβáða] *s.f.* (*bot.*) orzo (*m.*).
cebo [θéβo] *s.m.* **1** mangime **2** (*pesca*) esca (*f.*) **3** (*mil.*) innesco **4** (*forno*) combustibile **5** (*fig.*) incentivo, stimolo.
cebolla [θeβóʎa] *s.f.* (*bot.*) **1** cipolla **2** bulbo (*m.*).
cebra [θéβra] *s.f.* (*zool.*) zebra.
cebrado [θeβráðo] *agg.* zebrato, striato.
ceca [θéka] *s.f.* zecca.
ceceo [θeθéo] *s.m.* pronuncia della 's' con il suono della 'c'.
ceder [θeðér] **A** *v.tr.* (*giur.*) cedere **B** *v.intr.* **1** arrendersi, cedere, piegarsi **2** cessare, smettere **3** allentarsi **4** cedere, rompersi.
cegar [θeɣár] **A** *v.tr.* **1** accecare, abbagliare **2** (*fig.*) accecare, offuscare la ragione **3** (*tecn.*) chiudere, riempire **4** (*arch.*) accecare **B** *v.intr.* diventare cieco **C** *v.pron.* (*de*) **1** accecare **2** (*canale, tubo*) otturarsi, intasarsi.
ceguera [θeɣéra] *s.f.* cecità (*inv.*).
ceja [θéxa] *s.f.* **1** sopracciglio (*m.*) **2** ciglio (*m.*) **3** (*mus.*) (*chitarra*) capotasto (*m.*).
celda [θélda] *s.f.* **1** (*carcere, convento*) cella **2** (*comm., fis., met.,* e *tecn.*) cella.
celebración [θeleβraθjón] *s.f.* **1** approvazione, lode **2** (*rel.*) celebrazione **3** commemorazione, festeggiamento (*m.*) **4** (*bur.* e *giur.*) celebrazione, stipula.
celebrar [θeleβrár] **A** *v.tr.* **1** celebrare, esaltare, elogiare **2** complimentarsi, congratularsi, rallegrarsi **3** (*rel.*) celebrare, officiare **4** (*data, appuntamento*)

festeggiare **5** (*fam.*) apprezzare **B** *v.tr.pron.* avere luogo, svolgersi, tenersi.
célibe [θéliβe] *agg.* celibe.
celo [θélo] *s.m.* nastro adesivo.
celofán [θelofán] *s.m.* cellofan (*inv.*).
celos [θélos] *s.m.pl.* gelosia (*f.sing.*).
celosía [θelosía] *s.f.* (*finestra*) persiana.
celoso [θelóso] *agg.* **1** diligente (*m.* e *f.*), zelante (*m.* e *f.*) **2** geloso.
célula [θélula] *s.f.* **1** (*bio.*) (anche *pol.*) cellula **2** (*elettr.*) cella, cellula, pila.
celulitis [θelulítis] *s.f.inv.* (*med.*) cellulite.
cementerio [θementérjo] *s.m.* cimitero.
cena [θéna] *s.f.* cena.
cenar [θenár] *v.tr.* cenare.
cenicero [θeniθéro] *s.m.* portacenere.
cenit [θenít] *s.m.* (*astro.*) (anche *fig.*) zenit.
ceniza [θeníθa] *s.f.* cenere.
censo [θénso] *s.m.* **1** censimento **2** (*giur.*) patrimonio, rendita (*f.*) **3** (*bur.*) anagrafe (*f.*).
censura [θensúra] *s.f.* **1** censura **2** (*fig.*) censura, critica.
centavo [θentáβo] *s.m.* (*amer.*) (*moneta*) centavo.
centella [θentéʎa] *s.f.* **1** (*elettr.*) scintilla **2** (*fuoco*) favilla.
céntimo [θéntimo] *s.m.* (*moneta* e *euro*) cent (*inv.*), centesimo.
centinela [θentinéla] *s.m.* (*mil.*) sentinella (*f.*).
central [θentrál] **A** *agg.m.* e *f.* **1** centrale **2** centralizzato (*m.*) **B** *s.f.* **1** centrale **2** (*comm.*) sede centrale **3** (*pol.*) sindacato (*m.*) **C** *s.m.* (*sport*) centrale (*m.* e *f.*).
centralizar [θentraliθár] *v.tr.* (*bur.*) (*pol.*) accentrare, centralizzare.
centrar [θentrár] **A** *v.tr.* **1** (*tecn.*) centrare **2** (*en*) (*fig.*) imperniare, incentrare, basare **3** (anche *fig.*) centrare, inquadrare, mettere a fuoco **4** centrare, colpire **5** (*fig.*) accentrare **6** (*fig.*) equilibrare **B** *v.intr./tr.* (*sport*) (*calcio*) centrare, crossare **C** *v.pron.* (*fig.*) ambientarsi, adattarsi.
centrífuga [θentrífuga] *s.f.* (*tecn.*) centrifuga.
centro [θéntro] *s.m.* **1** centro **2** centro, metà (*f.inv.*), mezzo **3** (*fig.*) centro, nocciolo **4** (*sport*) (*calcio*) traversone, cross (*inv.*).
cepa [θépa] *s.f.* **1** (*bot.*) ceppo (*m.*) **2** (*vite*) vitigno (*m.*) **3** (*fig.*) stirpe, ceppo (*m.*) **4** (*arch.*) piedritto (*m.*), spalla.
cepillar [θepiʎár] **A** *v.tr.* **1** (*falegnameria*) piallare **2** spazzolare **3** (*met.*) lappare **4** (*fig.*) adulare **B** *v.pron.* (*fam.*) **1** (*sesso*) farsi **2** far fuori, fare la pelle **3** lasciare al verde, ripulire **4** sbrigare.
cepillo [θepíʎo] *s.m.* **1** (*tecn.*) pialla (*f.*) **2** spazzola (*f.*) **3** spazzolino **4** cassetta per le elemosine **5** (*amer.*) (*persona*) adulatore.
cera [θéra] *s.f.* **1** cera **2** (*chiesa*) ceri (*m.pl.*), candele (*pl.*).
cerámica [θerámika] *s.f.* (*arte*) ceramica.
cerca[1] [θérka] *avv.* **1** (*luogo*) presso, vicino **2** (*tempo*) imminente, prossimo, vicino.
cerca[2] [θérka] *s.f.* recinzione (*m.*).
cercanía [θerkanía] *s.f.* vicinanza.
cercanías [θerkanías] *s.f.pl.* dintorni (*m.*).
cercano [θerkáno] *agg.* vicino, prossimo.
cercar [θerkár] *v.tr.* **1** recingere, recintare **2** (*mil.*) assediare **3** (*fig.*) accerchiare, circondare, attorniare.
cerdo [θérðo] *s.m.* **1** (*zool.*) maiale, suino **2** (*fig.*) (*pegg.*) maiale, schifoso **3** (*fig.*) (*pegg.*) porco, canaglia (*f.*).
cereal [θereál] *s.m.* (*bot.*) cereale.
cerebro [θeréβro] *s.m.* **1** (*anat.*) cervello **2** (*fig.*) intelligenza (*f.*), cervello **3** (*fig.*) mente (*f.*), cervello.
ceremonia [θeremónja] *s.f.* **1** cerimonia, cerimoniale (*m.*) **2** cerimonia, cortesia.

cereza [θeréθa] *s.f.* (*bot.*) ciliegia.
cerilla [θeríʎa] *s.f.* **1** cerino (*m.*), fiammifero (*m.*) **2** (*cosmesi*) ceretta **3** cerume (*m.*).
cero [θéro] *s.m.* zero.
cerrado [θerráðo] *agg.* **1** chiuso **2** (*ling.*) chiuso, stretto **3** (*giorno, cielo*) coperto, nuvoloso **4** (*fig.*) chiuso, introverso **5** (*fig.*) ottuso.
cerradura [θerraðúra] *s.f.* serratura.
cerrar [θerrár] **A** *v.tr.* **1** chiudere, sbarrare **2** (*edil.*) chiudere, murare **3** (*pugni*) serrare, stringere **4** (*strada*) chiudere, sbarrare **5** (*buco*) otturare, tappare **6** (*fig.*) (*discorso*) concludere, porre fine **7** (*termine*) scadere **8** (*comm.*) concludere **9** rinchiudere **10** (*conto corrente*) estinguere, chiudere **B** *v.intr.* **1** chiudere **C** *v.pron.* **1** (anche *bot.*) chiudersi **2** (*a/en*) rifiutarsi **3** (*buco*) otturarsi, tapparsi **4** (*fig.*) stringersi.
cerrazón [θerraθón] *s.m.* **1** oscurità (*f.inv.*), buio **2** (*fig.*) chiusura (*f.*), ristrettezza (*f.*) **3** (*fig.*) ostinazione (*f.*), cocciutaggine (*f.*).
certamen [θertámen] *s.m.* (*lat.*) concorso.
certidumbre [θertiðúmbre] *s.f.* certezza.
certificado [θertifikáðo] **A** *agg.* (*bur.*) attestato, certificato **B** *s.m.* **1** (*bur.*) attestato, certificato **2** (*istr.*) attestato, diploma **3** (*comm.*) certificato, ricevuta (*f.*).
cerveza [θerβéθa] *s.f.* birra.
cesar [θesár] *v.intr.* cessare, finire, smettere.
cese [θése] *s.m.* **1** (*bur.*) (*paga*) sospensione **2** cessazione (*f.*).
cesión [θesjón] *s.f.* (*giur.*) cessione.
césped [θéspeð] *s.m.* **1** prato **2** (*sport*) (*calcio*) campo.
cesta [θésta] *s.f.* **1** cesta **2** (*sport*) (*pallacanestro*) canestro (*m.*).
cetáceo [θetáθeo] *agg.* e *s.m.* (*zool.*) cetaceo (*s.*).
chabola [tʃaβóla] *s.f.* baracca, tugurio (*m.*).
chabolismo [tʃaβolísmo] *s.m.* **1** baraccopoli (*f.inv.*), bidonville (*f.inv.*) **2** degrado urbano.
chacal [tʃakál] *s.m.* (*zool.*) (anche *fig.*) sciacallo.
chafar [tʃafár] *v.tr.pl.* **1** appiattire, schiacciare **2** sgualcire, spiegazzare **3** (*fig.*) buttare a terra, demoralizzare **4** (*fig.*) rovinare **5** (*fig.*) zittire.
chal [tʃál] *s.m.* (*abb.*) scialle.
chalé [tʃalé] *s.m.* chalet (*inv.*), villino.
chalupa [tʃalúpa] *s.f.* scialuppa, lancia.
champán [tʃampán] *s.m.* champagne (*inv.*).
champiñón [tʃampiɲón] *s.m.* (*bot.*) champignon (*inv.*).
champú [tʃampú] *s.m.* shampoo (*inv.*).
chanchullo [tʃantʃúʎo] *s.m.* **1** (*fam.*) imbroglio, intrallazzo **2** (*gerg.*) lavoretto sporco.
chancla [tʃáŋkla] *s.f.* **1** ciabatta, pantofola, pianella **2** (*sandalo*) infradito (*m.* e *f.inv.*).
chantaje [tʃantáxe] *s.m.* ricatto.
¡chao! [tʃáo] *inter.* (*fam.*) ciao!
chapa [tʃápa] *s.f.* **1** (*tecn.*) lamiera, lastra **2** (*bottiglia*) tappo (*m.*) a corona **3** (*polizia*) piastrina.
chapado [tʃapáðo] *agg.* **1** laminato, placcato **2** (*fam.*) chiuso.
chapuza [tʃapúθa] *s.f.* **1** pastrocchio (*m.*) **2** lavoretto (*m.*).
chaqueta [tʃakéta] *s.f.* (*abb.*) giacca.
charco [tʃárko] *s.m.* pozza (*f.*).
charla [tʃárla] *s.f.* **1** chiacchierata **2** conferenza.
charlar [tʃarlár] *v.intr.* (*fam.*) chiacchierare.
charme [tʃárme] *s.m.inv.* charme.
chatarra [tʃatárra] *s.f.* rottame (*m.*), ferraglia.
chato [tʃáto] *s.m.* **1** bicchiere di vino **2** (*fam.*) tesoro, carino.

chaval [tʃaβál] *s.m.* ragazzo.
cheque [tʃéke] *s.m.* assegno.
chica [tʃíka] *s.f.* ragazza.
chicharra [tʃitʃárra] *s.f.* **1** (*zool.*) cicala **2** (*elettr.*) cicalino (*m.*) **3** (*fig.* e *fam.*) chiacchierone (*m.*).
chichón [tʃitʃón] *s.m.* (anche *fig.*) bernoccolo.
chicle [tʃíkle] *s.m.* gomma (*f.*) americana.
chico [tʃíko] **A** *agg.* **1** piccolo **2** giovane (*m.* e *f.*) **B** *s.m.* bambino, ragazzo.
chiflado [tʃifláðo] *agg.* e *s.m.* (*fam.*) **1** fanatico **2** suonato.
chiflar [tʃiflár] **A** *v.intr.* fischiare **B** *v.tr.* (*fam.*) **1** prendere in giro **2** bere, sbevazzare **C** *v.pron.* (*fam.*) **1** perdere la testa, andare matto per **2** burlarsi **3** andare fuori di testa.
chileno [tʃiléno] *agg.* e *s.m.* cileno.
chillar [tʃiʎár] *v.intr.* **1** strillare **2** (*caccia*) chiamare le prede **3** (*colori*) stridere.
chillón [tʃiʎón] *agg.* **1** urlante (*m.* e *f.*) **2** (*colori*) vistoso.
chimenea [tʃimenéa] *s.f.* **1** comignolo (*m.*), camino (*m.*) **2** caminetto (*m.*) **3** (*fabbrica*) ciminiera.
chimpancé [tʃimpanθé] *s.m.* (*zool.*) scimpanzé (*inv.*).
chincheta [tʃintʃéta] *s.f.* puntina da disegno.
chino [tʃíno] *agg.* e *s.m.* cinese (*m.* e *f.*).
chipirón [tʃipirón] *s.m.* (*zool.*) calamaretto.
chiquillo [tʃikíʎo] *s.m.* bambino.
chirla [tʃírla] *s.f.* (*zool.*) tellina, vongola.
chirlo [tʃírlo] *s.m.* **1** sfregio **2** cicatrice (*f.*).
chirrido [tʃirríðo] *s.m.* cigolio, stridio.
chisme [tʃísme] *s.m.* **1** pettegolezzo, chiacchiera (*f.*) **2** aggeggio.
chispa [tʃíspa] *s.f.* **1** favilla, scintilla **2** (*fig.*) allegria, vivacità (*inv.*) **3** (*pioggia*) goccia **4** (*fig.*) briciolo (*m.*), pizzico (*m.*) **5** ingegno (*m.*) **6** (*fam.*) sbornia.
chiste [tʃíste] *s.m.* battuta (*f.*), barzelletta (*f.*).
chivato [tʃiβáto] *s.m.* **1** informatore **2** (*zool.*) capretto **3** (*tecn.*) spia (*f.*) **4** (*fam.*) spione.
chocar [tʃokár] **A** *v.intr.* **1** sbattere **2** (*fig.*) divergere **3** (*fig.*) litigare **4** stupire, scioccare **B** *v.tr.* brindare.
chocho[1] [tʃótʃo] *agg.* **1** rimbambito, imbambolato **2** (*fig.*) fuori di sé dalla gioia.
chocho[2] [tʃótʃo] *s.m.* **1** (*bot.*) lupino **2** (*volg.*) fica (*f.*).
chocolate [tʃokoláte] *s.m.* **1** cioccolato, cioccolata (*f.*) **2** (*gerg.*) (*droga*) hascish (*inv.*).
chófer o **chofer** [tʃófer/tʃofér] *s.m.* autista (*m.* e *f.*).
choque[1] [tʃóke] *s.m.* **1** scontro **2** (*fig.*) lite (*f.*) **3** scaramuccia (*f.*).
choque[2] [tʃóke] *s.m.* (*med.*) shock (*inv.*).
chorizo [tʃoríθo] *s.m.* **1** (*cuc.*) salsiccia (*f.*) **2** (*fam.*) ladruncolo, borseggiatore.
chorrada [tʃorráða] *s.f.* **1** (*liquido*) aggiunta **2** (*volg.*) cazzata, stronzata **3** (*fam.*) (*oggetto*) stupidata.
chorro [tʃórro] *s.m.* **1** getto, fiotto **2** fascio.
chuleta [tʃuléta] *s.f.* **1** (*cuc.*) costoletta, braciola **2** (*fig.* e *fam.*) schiaffo (*m.*) **3** (*falegnameria*) tassello (*m.*) **4** (*esami*) appunti per copiare, bigliettini (*m.pl.*).
chulo [tʃúlo] **A** *agg.* **1** disinvolto **2** divertente (*m.* e *f.*) **3** grazioso, carino **4** presuntuoso **B** *s.m.* (*volg.*) magnaccia, ruffiano.
chungo [tʃúŋgo] *agg.* (*fam.*) **1** difficile (*m.* e *f.*) **2** malridotto.
chupa [tʃúpa] *s.f.* (*abb.*) **1** (*mil.*) giubba **2** giubbotto (*m.*) di pelle.
chupar [tʃupár] **A** *v.tr.* **1** succhiare, ciucciare **2** (*fig.*) rubare, mangiare **3** assorbire **4** (*de*) (*fig.* e *fam.*) spillare soldi **5** (*amer.*) (*fam.*) sbevazzare **B**

v.intr. sopportare, sorbirsi **C** *v.pron.* **1** dimagrire **2** ciucciarsi, succhiarsi.
chupete [tʃupéte] *s.m.* **1** ciuccio, succhiotto **2** (*biberon*) tettarella (*f.*).
churro [tʃúrro] *s.m.* **1** (*cuc.*) frittella (*f.*) **2** pastrocchio **3** (*amer.*) fusto, bell'uomo.
cianuro [θjanúro] *s.m.* (*chim.*) cianuro.
ciática [θjátika] *s.f.* (*med.*) sciatica.
cicatriz [θikatríθ] *s.f.* (*med.*) (anche *fig.*) cicatrice.
ciclismo [θiklísmo] *s.m.* (*sport*) ciclismo.
ciclo [θíklo] *s.m.* ciclo, periodo.
ciclomotor [θiklomotór] *s.m.* (*mecc.*) ciclomotore.
ciclón [θiklón] *s.m.* (*meteo.*) (anche *fig.*) ciclone, uragano.
cid [θíð] *s.m.* condottiero.
cidra [θíðra] *s.f.* (*bot.*) (*frutto*) cedro (*m.*).
ciego [θjéɣo] **A** *agg.* **1** (anche *fig.*) cieco **2** (*fig.*) accecato, sconvolto **3** (*condotto*) intasato, ostruito **4** (*arch.*) cieco, murato **B** *s.m.* cieco.
cielo [θjélo] *s.m.* **1** cielo **2** firmamento, cielo **3** (*rel.*) cielo **4** (*arch.*) soffitto, volta (*f.*) **5** (*fam.*) amore, tesoro.
ciencia [θjénθja] *s.f.* **1** scienza **2** (*fig.*) sapere (*m.*), erudizione **3** (*fig.*) abilità (*inv.*), mestiere (*m.*).
ciento [θjénto] *agg.num.inv.* e *s.m.inv.* (*si tronca davanti a s.*) **1** (*ordinale*) cento **2** (*cardinale*) centesimo (*sing.*).
cierre [θjérre] *s.m.* **1** chiusura (*f.*) **2** (*giorn.*) finestra (*f.*) **3** cancellata (*f.*), recinzione (*f.*) **4** (*amer.*) chiusura (*f.*) lampo, zip (*f.inv.*).
cierto [θjérto] **A** *agg.* **1** certo, sicuro, vero **2** un certo/dato **3** qualche (*m.* e *f.*) **4** un po' di **B** *avv.* certamente, indubbiamente.
ciervo [θjérβo] *s.m.* (*zool.*) cervo.
cifra [θífra] *s.f.* **1** cifra, numero (*m.*) **2** cifra, codice (*m.*) **3** cifra, somma.
cigala [θiɣála] *s.f.* (*zool.*) scampo (*m.*).
cigarra [θiɣárra] *s.f.* (*zool.*) cicala.
cigarrillo [θiɣaríʎo] *s.m.* sigaretta (*f.*).
cigarro [θiɣárro] *s.m.* sigaro.
cigüeña [θiɣwéɲa] *s.f.* **1** (*zool.*) cicogna **2** (*tecn.*) manovella.
cilindro [θilíndro] *s.m.* **1** (*geom.*) cilindro **2** (*mecc.*) cilindro, rullo.
cima [θíma] *s.f.* **1** (*geog.*) cima, vetta **2** (*albero*) cima **3** (*fig.*) culmine (*m.*), sommità (*inv.*).
cincel [θinθél] *s.m.* **1** (*pietra*) scalpello **2** (*met.*) cesello.
cinco [θíŋko] *agg.num.inv.* e *s.m.* e *f.inv.* **1** (*cardinale*) cinque **2** (*ordinale*) quinto (*m.sing.*).
cincuenta [θiŋkwénta] *agg.num.inv.* e *s.m.inv.* **1** (*cardinale*) cinquanta **2** (*ordinale*) cinquantesimo (*sing.*).
cine [θíne] *s.m.* (*abbr.*) (*fam.*) cinema (*inv.*).
cinema [θinéma] *s.m.* **1** cinema (*inv.*) **2** (*fis.*) cinematica (*f.*).
cínico [θíniko] *agg.* **1** cinico **2** (*pegg.*) sfacciato.
cinta [θínta] *s.f.* **1** (anche *tecn.*) nastro (*m.*) **2** (*cine.*) film (*m.inv.*), pellicola **3** (*arch.*) fascia.
cintura [θintúra] *s.f.* vita, cintola.
circo [θírko] *s.m.* **1** circo **2** (*amer.*) (*fam.*) assurdità (*f.inv.*), buffonata (*f.*).
circuito [θirkwíto] *s.m.* **1** (*elettr.* e *inform.*) (*tecn.*) circuito **2** giro, percorso.
circulación [θirkulaθjón] *s.f.* **1** (*auto.*) circolazione **2** (*econ.*) circolazione, flusso (*m.*) **3** (*fisiol.*) circolazione, circolo (*m.*).
círculo [θírkulo] *s.m.* **1** (*geom.*) circolo, cerchio **2** circonferenza (*f.*) **3** (*geog.*) circolo **4** cerchia (*f.*) **5** associazione (*f.*).
circunferencia [θirkumferénθja] *s.f.* **1** (*geom.*) circonferenza **2** contorno (*m.*).
circunstancia [θirkunstánθja] *s.f.* **1** circostanza, occasione **2** condizione, fattore (*m.*) **3** (*giur.*) circostanza **4** situazione.
ciruela [θirwéla] *s.f.* (*bot.*) prugna.
cirugía [θiruxía] *s.f.* chirurgia.

cirujano [θiruxáno] *s.m.* chirurgo.
cisma [θísma] *s.m.* (*rel.*) (anche *fig.*) scisma.
cisne [θísne] *s.m.* (*zool.*) cigno.
cisterna [θistérna] *s.f.* **1** cisterna, pozzo (*m.*) **2** (*auto.* e *mar.*) cisterna.
cita [θíta] *s.f.* **1** appuntamento (*m.*) **2** citazione.
citación [θitaθjón] *s.f.* (*giur.*) citazione, mandato (*m.*) di comparizione.
citar [θitár] **A** *v.tr.* **1** fissare un appuntamento **2** citare, menzionare **3** (*tauro.*) provocare **4** (*giur.*) citare, convocare **B** *v.pron.* darsi appuntamento.
ciudad [θjuðáð] *s.f.* città (*inv.*).
ciudadanía [θjuðaðanía] *s.f.* **1** cittadinanza **2** civismo (*m.*).
ciudadano [θjuðaðáno] *agg.* e *s.m.* cittadino.
civil [θiβíl] **A** *agg.m.* e *f.* **1** civico (*m.*), civile **2** (*giur.*) civile **3** corretto (*m.*), educato (*m.*) **B** *s.m.* e *f.* civile.
civilizazión [θiβiliθaθjón] *s.f.* civiltà (*inv.*).
clamor [klamór] *s.m.* **1** clamore, strepito **2** protesta (*f.*) **3** (*campana*) rintocco a morto.
clan [klán] *s.m.* (*etn.*) clan (*inv.*), gruppo.
clandestino [klandestíno] *agg.* **1** clandestino, segreto **2** (*pol.*) clandestino, illegale (*m.* e *f.*).
claqué [klaké] *s.m.* (*danza*) tip tap.
clara [klára] *s.f.* **1** (*uovo*) albume (*m.*) **2** (*fam.*) (*meteo.*) schiarita **3** (*fam.*) (*testa*) pelata **4** birra con gazzosa.
claraboya [klaraβója] *s.f.* (*arch.*) abbaino (*m.*), lucernario (*m.*).
claridad [klariðáð] *s.f.* **1** chiarezza, luminosità (*inv.*) **2** (*fig.*) chiarezza, nitidezza **3** chiarore (*m.*).
claro [kláro] **A** *agg.* **1** chiaro, terso **2** (*percezione*) chiaro, distinto, nitido **3** (*fig.*) chiaro, comprensibile (*m.* e *f.*) **4** (*acqua, vetro*) chiaro, cristallino, puro **5** (*cuc.*) diluito **6** (*capelli*) diradato, rado **7** (*colore*) chiaro, tenue (*m.*) **8** (*suono*) argentino, limpido **9** (*fig.*) evidente (*m.* e *f.*), manifesto, palese (*m.* e *f.*) **10** (*fig.*) (*attitudine, persona*) esplicito, schietto, sincero **11** (*giorno, cielo*) chiaro, sereno **B** *avv.* chiaramente, con chiarezza **C** *s.m.* **1** (*bosco*) radura (*f.*), spiazzo **2** (*scritto*) spazio **3** (*discorso*) intervallo, pausa (*f.*).
clase [kláse] *s.f.* **1** classe, ceto (*m.*) **2** classe, categoria **3** (*istr.*) classe, corso (*m.*) **4** (*luogo*) aula, classe **5** (*istr.*) lezione **6** (*bot.* e *zool.*) classe **7** (*fam.*) genere (*m.*) , razza.
clásico [klásiko] *agg.* e *s.m.* **1** classico **2** (*concetto*) principale (*agg.m.* e *f.*).
clasificación [klasifikaθjón] *s.f.* **1** (*scient.*) classificazione **2** classifica, graduatoria.
clasificar [klasifikár] **A** *v.tr.* classificare, ordinare **B** *v.pron.* classificarsi.
claustrofobia [klaustrofóβja] *s.f.* claustrofobia.
clavar [klaβár] **A** *v.tr.* **1** inchiodare, piantare **2** (*spina*) conficcare **3** (*gioielli*) incastonare **4** (*fig.*) fissare **5** (*fam.*) bidonare, fregare **B** *v.pron.* conficcarsi.
clave [kláβe] **A** *agg.m.* e *f.* chiave (*inv.*), decisivo (*m.*) **B** *s.f.* **1** chiave, codice (*m.*) **2** (*fig.*) chiave, interpretazione **3** (*arch.*) (*mus.*) chiave.
clavicémbalo [klaβiθémbalo] *s.m.* (*mus.*) clavicembalo.
clavija [klaβíxa] *s.f.* **1** (*elettr.*) spina, spinotto (*m.*) **2** (*telefono*) jack (*m.inv.*), spina **3** (*mecc.*) caviglia, perno (*m.*).
clavo [kláβo] *s.m.* **1** chiodo **2** (*fam.*) (*piedi*) callo **3** (*bot.*) (anche *spezia*) chiodo di garofano **4** (*fig.* e *fam.*) problema, fastidio **5** (*fig.*) (*persona*) pittima (*f.*), scocciatore.
clemencia [kleménθja] *s.f.* clemenza, indulgenza.
clepsidra [klepsíðra] *s.f.* clessidra.
cleptomanía [kleptomanía] *s.f.* cleptomania.
clero [kléro] *s.m.* (*rel.*) clero.

cliente [kljénte] *s.m.* cliente (*m.* e *f.*).
clima [klíma] *s.m.* **1** clima **2** (*fig.*) ambiente, clima.
climático [klimátiko] *agg.* climatico.
climatizar [klimatiθár] *v.tr.* (*tecn.*) climatizzare.
clímax [klímaks] *s.m.inv.* (*lett.*) climax.
clínica [klínika] *s.f.* (*med.*) clinica.
clítoris [klítoris] *s.m.inv.* (*anat.*) clitoride (*m.* e *f.sing.*).
clon [klón] *s.m.* (*bio.*) clone.
clonación [klonaθjón] *s.f.* (*bio.*) clonazione.
cloro [klóro] *s.m.* (*chim.*) cloro.
clorofila [klorofíla] *s.f.* (*bot.*) clorofilla.
club [klúβ] *s.m.* (*angl.*) **1** associazione (*f.*), club (*inv.*) **2** (*sport*) società (*f.inv.*).
coágulo [koáɣulo] *s.m.* **1** coagulo **2** (*latte*) cagliata (*f.*).
coalición [koaliθjón] *s.f.* (*pol.*) coalizione.
coartada [koartáða] *s.f.* **1** (*giur.*) alibi (*m.*) **2** (*fig.*) alibi (*m.*), pretesto (*m.*).
coartar [koartár] *v.tr.* frenare, limitare.
cobarde [koβárðe] *agg.m.* e *f.* codardo (*m.*), vigliacco (*m.*).
cobertizo [koβertíθo] *s.m.* (*arch.*) tettoia (*f.*).
cobíjo [koβíxo] *s.m.* **1** rifugio, riparo **2** (*fig.*) protezione (*f.*).
cobrar [koβrár] **A** *v.tr.* **1** incassare, guadagnare **2** (*fam.*) chiedere, prendere **3** (*fig.* e *fam.*) buscarle, prenderle **4** (*caccia*) riportare **5** (*cavo, corda*) recuperare **B** *v.pron.* **1** (*comm.*) tenersi, prendersi **2** riprendersi, tornare in sé.
cobre [kóβre] *s.m.* (*min.*) rame.
cobro [kóβro] *s.m.* incasso, riscossione (*f.*).
cocaína [kokaína] *s.f.* (*farm.*) cocaina.
cocer [koθér] **A** *v.tr.pron.* **1** (*alimenti*) cuocere, cucinare **2** (*tecn.*) cuocere **3** (*med.*) suppurare **B** *v.intr.* **1** bollire **2** (*vino*) fermentare **C** *v.pron.* **1** cuocersi **2** (*fam.*) macchinare, tramare.
coche [kótʃe] *s.m.* **1** carrozza (*f.*) **2** automobile (*f.*), macchina (*f.*) **3** (*ferr.*) vagone.
cocina [koθína] *s.m.* **1** (*arch.*) cucina **2** cucina, fornelli (*m.pl.*) **3** (*fig.*) cucina, gastronomia.
cocinar [koθinár] **A** *v.tr.* **1** cucinare **2** (*fig.*) preparare, cucinare **B** *v.intr.* (*fig.*) immischiarsi, ficcare il naso.
cocinero [koθinéro] *s.m.* (*cuc.*) cuoco.
coco[1] [kóko] *s.m.* **1** (*bot.*) cocco **2** (*fam.*) testa (*f.*), zucca (*f.*).
coco[2] [kóko] *s.m.* (*rosario*) grano.
coco[3] [kóko] *s.m.* (*fam.*) **1** babau, uomo nero **2** smorfia (*f.*).
cocodrilo [kokoðrílo] *s.m.* (*zool.*) coccodrillo.
cóctel o **coctel** [kóktel/koktél] *s.m.* cocktail (*inv.*).
codicia [koðíθja] *s.f.* **1** avidità (*inv.*), cupidigia, ingordigia **2** (*tauro.*) combattività (*inv.*).
código [kóðiɣo] *s.m.* **1** codice **2** (*mil.*) chiave (*f.*), codice **3** (*fig.*) codice, regole (*f.pl.*).
codo [kóðo] *s.m.* (*anat.*) (*zool.*) (anche *tecn.*) gomito.
coeficiente [koefiθjénte] *s.m.* coefficiente.
cofia [kófja] *s.f.* (*abb.*) cuffia.
cofradía [kofraðía] *s.f.* **1** (*rel.*) confraternita **2** (*gerg.*) banda, cricca.
cofre [kófre] *s.m.* **1** cofano, scrigno **2** forziere.
coger [koxér] **A** *v.tr.* **1** (*con/de/por*) afferrare, prendere **2** reggere, tenere **3** assorbire, prendere **4** (anche *agr.*) cogliere, raccogliere **5** avere una capienza di **6** (*fam.*) prendere, ingombrare, occupare **7** (*fig.*) (*fam.*) beccare, cogliere **8** (*fig.* e *fam.*) (*radio* e *TV*) captare, ricevere **9** (*mil.*) espugnare, impadronirsi **10** acchiappare, catturare **11** acquistare, comprare **12** (*lavoro*) assumere **13** (*fig.*) capire, cogliere **14** beccarsi, prendere **15** (*tauro.*) infilzare **16** (*amer.*) (*volg.*) scopare **B** *v.intr.* **1** es-

sere, trovarsi **2** (*fam.*) starci **3** (*agr.*) attecchire, prendere **C** *v.pron.* impigliarsi, prendersi, chiudersi.
cognición [koɣniθjón] *s.f.* cognizione.
cogollo [koɣóʎo] *s.m.* **1** (*bot.*) (*ortaggi*) grumolo, cuore **2** (*bot.*) germoglio **3** (*fig.*) crema (*f.*), fior fiore.
coherencia [koeréṇθja] *s.f.* **1** coerenza, concordanza **2** (*fis.*) coerenza, coesione.
coherente [koerénte] *agg.m.* e *f.* coerente, logico (*m.*).
cohesión [koesjón] *s.f.* (*fis.*) coesione.
cohete [koéte] *s.m.* **1** (*fuochi artificiali*) razzo **2** (*mil.*) missile.
cohibido [koiβíðo] *agg.* inibito, impacciato.
coincidencia [koinθiðénθja] *s.f.* **1** coincidenza, conformità (*inv.*) **2** combinazione, caso (*m.*).
coincidir [koinθiðír] *v.intr.* **1** coincidere, corrispondere **2** collimare, combaciare **3** (*persona*) trovarsi, incontrarsi **4** (*fig.*) essere d'accordo.
coito [kóito] *s.m.* coito, copula (*f.*).
cojín [koxín] *s.m.* **1** cuscino **2** (*mar.*) parabordo (*inv.*).
cojo [kóxo] *agg.* e *s.m.* zoppo.
cojonudo [koxonúðo] *agg.* (*volg.*) **1** forte (*m.* e *f.*), figo, da sballo **2** (*fig.*) in gamba, con le palle.
col [kól] *s.m.* (*bot.*) cavolo.
cola[1] [kóla] *s.f.* **1** (*zool.*) coda **2** (*capelli*) coda, codino (*m.*) **3** (*moda*) coda, strascico (*m.*) **4** coda, estremità (*inv.*) **5** (*astro.*) (*cometa*) coda **6** coda, fila.
cola[2] [kóla] *s.f.* colla.
colaboración [kolaβoraθjón] *s.f.* collaborazione.
colaborar [kolaβorár] *v.intr.* (*con/en*) **1** collaborare, cooperare **2** (*fig.*) fare un donativo, contribuire.
colado [koláðo] *agg.* **1** (anche *met.*) colato **2** (*fam.*) cotto, innamorato.
colador [kolaðór] *s.m.* **1** (*tè*) colino **2** (*liquidi*) colabrodo (*inv.*) **3** (*riso, pasta*) colapasta (*inv.*).
colapso [kolápso] *s.m.* **1** (*med.*) collasso cardiocircolatorio **2** (*med.*) collasso **3** (*fig.*) (*traffico*) tilt (*inv.*) **4** (*fig.*) crollo, collasso.
colar [kolár] **A** *v.tr.* **1** (*cuc.*) (*tecn.*) colare, filtrare **2** (*fam.*) rifilare, sbolognare **3** (*fam.*) infilare **B** *v.pron.* **1** (*fam.*) fare il portoghese, imbucarsi **2** (*fam.*) (*fila*) passare davanti **3** (*fig.* e *fam.*) sbagliarsi, fare un errore **4** (*fig.* e *fam.*) prendersi una cotta **5** filtrare, passare.
colcha [kóltʃa] *s.f.* trapunta, copriletto (*m.inv.*).
colchoneta [koltʃonéta] *s.f.* materassino (*m.*).
colección [kolekθjón] *s.f.* **1** collezione, raccolta **2** (*edit.*) collana, collezione.
colectivo [kolektíβo] **A** *agg.* **1** collettivo, comune (*m.* e *f.*) **2** (*ling.*) collettivo **B** *s.m.* **1** (*pol.*) associazione (*f.*), collettivo **2** (*amer.*) autobus (*inv.*).
colega [koléɣa] *s.m.* e *f.* **1** (*lavoro*) collega **2** (*fam.*) amico (*m.*), compagno.
colegio [koléxjo] *s.m.* **1** (*istr.*) scuola (*f.*) **2** (*bur.*) collegio, ordine, albo **3** (*pol.*) collegio.
cólera[1] [kólera] *s.m.* (*med.* e *vet.*) colera (*inv.*).
cólera[2] [kólera] *s.f.* **1** (*fisiol.*) bile **2** (*fig.*) collera, furia.
coleta [koléta] *s.f.* **1** (*torero*) codino (*m.*) **2** (*fam.*) postilla, post scriptum (*m.inv.*).
colgado [kolɣáðo] *agg.* **1** appeso, sospeso **2** (*gerg.*) (*droga*) fatto.
colgante[1] [kolɣánte] *agg.m.* e *f.* pensile, sospeso (*m.*).
colgante[2] [kolɣánte] *s.m.* **1** (*arch.*) festone **2** ciondolo.
colgar [kolɣár] **A** *v.tr.pron.* **1** (*de/en*) appendere, attaccare **2** (*telefono*) riattaccare, riagganciare **3** (*fam.*) impiccare **4** (*fig.* e *fam.*) affibbiare, appioppare **B** *v.intr.* **1** essere appeso, pendere **2** pendere **C** *v.pron.* **1** impiccarsi **2** (*droga*) diventare dipendente, assuefarsi.

colibrí [koliβrí] *s.m.* (*zool.*) colibri (*inv.*).
coliflor [koliflór] *s.f.* (*bot.*) cavolfiore (*m.*).
colilla [koliʎa] *s.f.* mozzicone (*m.*), cicca.
colina [kolína] *s.f.* (*geog.*) collina.
colirio [kolírjo] *s.m.* collirio.
colitis [kolítis] *s.f.inv.* (*med.*) colite (*sing.*).
collar [koʎár] *s.m.* **1** collana (*f.*) **2** (*cane*) collare **3** (*mecc.*) collare, manicotto metallico.
colmena [kolména] *s.f.* arnia, alveare (*m.*).
colmo [kólmo] *s.m.* (anche *fig.*) colmo, culmine.
colocación [kolokaθjón] *s.f.* **1** collocazione, ubicazione **2** (*lavoro*) impiego (*m.*), sistemazione **3** (*edil.*) posa.
colocar [kolokár] **A** *v.tr.* **1** collocare, disporre, sistemare **2** (*tecn.*) posizionare **B** *v.pron.* **1** (*de*) sistemarsi, impiegarsi **2** (*gerg.*) (*droga*) sballare, farsi **3** (*fam.*) diventare brillo/alticcio.
colombiano [kolombjáno] *agg.* e *s.m.* colombiano.
colon [kólon] *s.m.* (*anat.*) colon.
colonia[1] [kolónja] *s.f.* **1** (*pol.*) colonia, possedimento (*m.*) **2** comunità (*inv.*) **3** (*bio.* e *zool.*) colonia.
colonia[2] [kolónja] *s.f.* acqua di colonia.
colonialismo [kolonjalísmo] *s.m.* (*pol.*) colonialismo.
coloquio [kolókjo] *s.m.* colloquio, conversazione (*f.*).
color [kolór] *s.m.* **1** colore, tinta (*f.*) **2** (*persona*) carnagione (*f.*), colorito **3** colore, pittura (*f.*) **4** (*fig.*) aspetto **5** (*fig.*) animazione (*f.*), vivacità (*f.inv.*), colore.
colorante [koloránte] *agg.m.* e *f.* e *s.m.* (*chim.*) colorante.
colorar [kolorár] *v.tr.pron.* colorare.
coloso [kolóso] *s.m.* **1** (*scult.*) colosso **2** (*fig.*) colosso, titano.
columna [kolúmna] *s.f.* **1** (*arch.*) (*tip.*) (anche *fig.*) colonna **2** (*fig.*) pilastro (*m.*), sostegno (*m.*) **3** (anche *mil.*) colonna, fila.
columpio [kolúmpjo] *s.m.* altalena (*f.*).
colusión [kolusjón] *s.f.* (*giur.*) collusione.
coma[1] [kóma] *s.f.* (*gramm.*) virgola.
coma[2] [kóma] *s.m.* (*med.*) coma.
comandante [komandánte] *s.m.* (*mil.*) comandante.
comandar [komandár] *v.intr.* (*mil.*) comandare.
comando [komándo] *s.m.* **1** (*mil.*) comando **2** (*mil.*) (anche *terroristi*) commando (*inv.*) **3** (*inform.*) comando, istruzione (*f.*).
comarca [komárka] *s.f.* **1** (*geog.*) regione, territorio (*m.*) **2** (*pol.*) comprensorio (*m.*).
combate [kombáte] *s.m.* **1** (anche *fig.*) combattimento, lotta (*f.*) **2** (*mil.*) combattimento **3** (*sport*) (*boxe*) incontro.
combatir [kombatír] **A** *v.intr.* (*con/contra/por*) combattere, lottare **B** *v.tr.* (*fig.*) combattere, opporsi **C** *v.pron.* (*fig.*) scontrarsi.
combinación [kombinaθjón] *s.f.* **1** combinazione, unione **2** (*chim.*) reazione, sintesi (*inv.*) **3** (*moda*) sottoveste **4** cocktail (*m.inv.*) **5** (*bancomat*) codice (*m.*) **6** (*cassaforte*) combinazione.
combinar [kombinár] **A** *v.tr.* **1** combinare, unire, armonizzare **2** (*con*) coordinare, far coincidere **3** (*chim.*) combinare **B** *v.pron.* accordarsi, mettersi d'accordo.
combustible[1] [kombustíβle] *agg.m.* e *f.* combustibile, infiammabile.
combustible[2] [kombustíβle] *s.m.* combustibile, carburante.
combustión [kombustjón] *s.f.* combustione.
comedia [koméðja] *s.f.* (*cine.* e *teatr.*) (anche *fig.*) commedia.
comedor [komeðór] *agg.* di bocca buona, mangione.

comedor [komeðór] *s.m.* **1** sala (*f.*) da pranzo **2** mensa (*f.*).
comentar [komentár] *v.tr.* **1** (*lett.*) commentare, interpretare **2** commentare, esprimere giudizi.
comentario [komentárjo] *s.m.* **1** (*lett.*) commento, esegesi (*f.*) **2** allusione (*f.*), commento, giudizio.
comenzar [komenθár] *v.intr./tr.* cominciare.
comer [komér] **A** *v.intr./tr.* mangiare **B** *v.tr.pron.* (*fig.*) **1** dilapidare, sperperare **2** rodere, torturare **3** corrodere, smangiare **4** mangiare, pronunciare male.
comercio [komérθjo] *s.m.* **1** commercio **2** negozio, punto vendita **3** (*lett.*) commercio, rapporto, relazione (*f.*).
cometa[1] [kométa] *s.f.* aquilone (*m.*).
cometa[2] [kométa] *s.m.* (*astro.*) cometa (*f.*).
cometer [kometér] *v.tr.* **1** commettere, compiere **2** (*comm.*) commissionare.
cómico [kómiko] *agg.* e *s.m.* comico.
comida [komíða] *s.f.* **1** cibo (*m.*), mangiare (*m.*) **2** pasto (*m.*).
comienzo [komjénθo] *s.m.* **1** inizi (*pl.*), principio **2** origine (*f.*), causa (*f.*).
comillas [komíʎas] *s.f.pl.* (*gramm.*) virgolette.
comilona [komilóna] *s.m.* (*fam.*) abbuffata.
comisaría [komisaría] *s.f.* (*mil.*) commissariato (*m.*).
comisario [komisárjo] *s.m.* **1** (*bur.*) commissario, sovrintendente (*m.* e *f.*) **2** (*mil.*) commissario.
comisión [komisjón] *s.f.* **1** (*giur.*) commissione **2** (*comm.*) commissione, provvigione **3** (*bur.*) commissione, comitato (*m.*).
comitiva [komitíβa] *s.f.* comitiva.
como [kómo] **A** *avv.* **1** come, nel modo che **2** (*comparativo*) come, quanto **3** circa, pressapoco, quasi **4** come, stando a **5** come, come ad/per esempio **6** (*con accento quando è interrogativo o esclamativo*) come; come mai **B** *cong.* se, siccome, poiché **C** *prep.* da, come, in qualità.
cómo [kómo] *s.m.* come.
cómoda [kómoða] *s.f.* comò (*m.inv.*).
cómodo [kómoðo] *agg.* agevole (*m.* e *f.*), comodo, confortevole (*m.* e *f.*).
compacto[1] [kompákto] *agg.* **1** compatto **2** denso, fitto **3** (*tip.*) fitto.
compacto[2] [kompákto] *s.m.* **1** (*mus.*) compact disc (*inv.*) **2** (*elettr.*) lettore di compact disc **3** (*elettr.*) (*stereo*) compatto.
compadecer [kompaðeθér] *v.tr.pron.* **1** (*de*) compatire, commiserare **2** essere compatibile.
compadre [kompáðre] *s.m.* **1** padrino **2** (*fam.*) amico, amicone, compare.
compañero [kompaɲéro] *s.m.* **1** compagno **2** (*lavoro*) collega (*m.* e *f.*) **3** (*mil.*) commilitone **4** (*coppia*) compagno, convivente (*m.* e *f.*).
compañía [kompaɲía] *s.f.* **1** compagnia **2** compagnia, gruppo (*m.*) **3** (*teatr.*) compagnia **4** (*comm.*) compagnia, ditta, società (*inv.*) **5** (*mil.*) compagnia, reparto (*m.*).
comparación [komparaθjón] *s.f.* confronto (*m.*), paragone (*m.*).
comparar [komparár] *v.tr.pron.* (*con*) confrontare, paragonare.
comparecer [kompareθér] *v.intr.* **1** (*giur.*) comparire **2** apparire, comparire, presentarsi.
compartimento [kompartiménto] *s.m.* **1** (*ferr.*) compartimento, scompartimento **2** (*tecn.*) compartimento.
compartir [kompartír] *v.tr.* **1** (*con*) dividere, spartire **2** (*fig.*) condividere.
compás [kompás] *s.m.* **1** compasso **2** (*mar.*) compasso, bussola (*f.*) **3** (*mus.*) battuta (*f.*) **4** (*mus.*) ritmo, tempo **5** (*fig.*) cadenza (*f.*), ritmo.
compasión [kompasjón] *s.f.* commiserazione, compassione.
compatible [kompatíβle] *agg.m.* e *f.* (anche *inform.*) compatibile.

compensación [kompensaθjón] *s.f.* **1** (anche *giur.*) compensazione **2** (*giur.*) indennizzo (*m.*), risarcimento (*m.*) **3** (*comm.* e *econ.*) compensazione **4** (*med.*) compenso (*m.*).
competencia [kompeténθja] *s.f.* **1** competizione, rivalità (*inv.*) **2** (*comm.*) concorrenza **3** competenza, pertinenza **4** competenza, cognizione.
competente [kompeténte] *agg.* e *s.m.* e *f.* **1** competente, esperto (*m.*) **2** (*giur.*) competente.
competición [kompetiθjón] *s.f.* **1** competizione, rivalità (*inv.*) **2** (*sport*) competizione, gara.
competir [kompetír] *v.intr.* **1** (*sport*) (anche *fig.*) competere, gareggiare **2** (*con*) competere, tenere testa.
compinche [kompíntʃe] *s.m.* e *f.* (*fam.*) complice.
complacer [komplaθér] **A** *v.tr.* compiacere, far piacere, soddisfare **B** *v.pron.* (*en*) **1** compiacersi, rallegrarsi **2** (*cortesia*) pregiarsi.
complejo[1] [kompléxo] *agg.* **1** complesso **2** complicato, difflicile (*m.* e *f.*).
complejo[2] [kompléxo] *s.m.* (anche *arch.* e *psic.*) complesso.
complementario [komplementárjo] *agg.* complementare (*m.* e *f.*).
complemento [kompleménto] *s.m.* complemento.
complementos [kompleméntos] *s.m.pl.* (*moda*) accessori.
completar [kompletár] *v.tr.* completare.
completo [kompléto] *agg.* **1** completo, intero **2** perfetto.
complicación [komplikaθjón] *s.f.* **1** complicazione, difficoltà (*inv.*) **2** complessità (*inv.*).
complicado [komplikáðo] *agg.* **1** complicato, difficile (*m.* e *f.*) **2** (*tecn.*) complesso, composito **3** (*fig.*) complicato, contorto.
complicar [komplikár] *v.tr.pron.* **1** complicare, imbrogliare, rendere difficile **2** compromettere, coinvolgere.
cómplice [kómpliθe] *s.m.* e *f.* complice.
complot [komplót] *s.m.* (*franc.*) complotto, congiura (*f.*).
componer [komponér] **A** *v.tr.* **1** comporre, formare, mettere insieme **2** costituire, formare **3** (*cuc.*) (*insalata*) condire **4** aggiustare, riparare **5** (*tip.*) comporre **6** (*fam.*) mettere a posto, sistemare **7** sistemare **B** *v.intr.* (*lett.* e *mus.*) comporre **C** *v.pron.* **1** (*de*) comporsi, essere formato **2** (*fam.*) (*capelli, vestiti*) aggiustarsi, sistemarsi.
comportamiento [komportamjénto] *s.m.* comportamento, condotta (*f.*).
composición [komposiθjón] *s.f.* **1** composizione, formazione, struttura **2** (*lett.* e *mus.*) composizione, opera **3** (*istr.*) componimento (*m.*), tema (*m.*).
compostura [kompostúra] *s.f.* **1** composizione, disposizione **2** riparazione **3** (*cuc.*) condimento (*m.*) **4** compostezza, contegno (*m.*).
compra [kómpra] *s.f.* **1** acquisto (*m.*), spesa **2** (*fam.*) spesa.
comprar [komprár] *v.tr.pron.* **1** acquistare, comprare **2** (*fig.*) comprare, corrompere.
compraventa [kompraβénta] *s.f.* compravendita.
comprensión [komprensjón] *s.f.* (*fig.*) **1** comprensione, intendimento (*m.*) **2** comprensione, condiscendenza.
compresa [komprésa] *s.f.* (*med.*) compressa.
compresión [kompresjón] *s.f.* compressione.
comprimir [komprimír] *v.tr.pron.* comprimere, pressare, schiacciare.
comprobar [komproβár] *v.tr.* accertare, controllare.
comprometer [comprometér] **A** *v.tr.* **1** compromettere, mettere a repentaglio **2** (*giur.*) compromettere **B** *v.pron.* **1** (*a/en*) impegnarsi **2** (*fig.*) impegnarsi, fidanzarsi.
compromiso [kompromíso] *s.m.* **1** impegno, obbligo **2** difficoltà (*f.inv.*),

guaio **3** (*giur.*) compromesso **4** fidanzamento.

común[1] [komún] *agg.m.* e *f.* **1** comune, pubblico (*m.*) **2** normale, comune **3** (*pegg.*) comune, dozzinale **4** (*qualità*) comune, ordinario (*m.*).

común[2] [komún] *s.m.* **1** (*bur.*) comune **2** maggioranza (*f.*), maggior parte (*f.*).

comunicación [komunikaθjón] *s.f.* **1** comunicazione **2** (*bur.*) avviso (*m.*), comunicazione **3** (*congresso*) relazione.

comunicar [komunikár] **A** *v.tr.* **1** comunicare, annunciare, rendere noto **2** collegare, mettere in comunicazione **3** (anche *fig.*) comunicare, trasmettere **B** *v.intr.* (*telefono*) dare/essere occupato **C** *v.pron.* **1** (*con*) comunicare, essere in contatto **2** estendersi, trasmettersi.

comunidad [komuniðáð] *s.f.* **1** (*giur.*) comunione **2** (*rel.*) comunità (*inv.*), congregazione **3** (*fig.*) comunità (*inv.*), comunanza **4** comunità (*inv.*), collettivo (*m.*) **5** (*fam.*) spese (*pl.*) condominiali.

comunión [komunjón] *s.f.* **1** affinità (*inv.*), comunanza, comunione **2** (*rel.*) comunione, eucaristia.

comunismo [komunísmo] *s.m.* comunismo.

comunitario [komunitárjo] *agg.* della comunità, comunitario.

con [kón] *prep.* **1** (*compl. di mezzo*) con, per mezzo di, tramite **2** (*compl. di modo*) con **3** (*compl. di compagnia*) con, insieme a, in compagnia di **4** (*reciproco*) con.

concebir [konθeβír] **A** *v.intr./tr.* (*bio.*) concepire, generare, procreare **B** *v.tr.* **1** (*fig.*) concepire, immaginare **2** capire, comprendere **3** (*fig.*) sentire, provare.

conceder [konθeðér] *v.tr.* **1** concedere, dare, dispensare **2** (*fig.*) ammettere, concedere **3** dare, prestare.

concejal [konθexál] *s.m.* **1** assessore comunale **2** consigliere comunale.

concejo [konθéxo] *s.m.* **1** municipio, comune **2** consiglio comunale, giunta (*f.*) comunale.

concentración [konθentraθjón] *s.f.* **1** concentrazione, raccolta **2** (*chim.*) concentrazione **3** attenzione, concentrazione **4** (*sport*) ritiro (*m.*), ritiro (*m.*) collegiale.

concepción [konθepθjón] *s.f.* (*bio.*) concepimento (*m.*), concezione.

concepto [konθépto] *s.m.* **1** concetto, idea (*f.*), pensiero **2** concetto, opinione (*f.*).

concha [kóntʃa] *s.f.* **1** (*mollusco*) conchiglia **2** (*tartaruga*) carapace (*m.*), corazza **3** (*teatr.*) buca del suggeritore **4** (*geog.*) baia **5** (*amer.*) (*volg.*) fica.

conciencia [konθjénθja] *s.f.* **1** coscienza **2** conoscenza, consapevolezza **3** (*fig.*) coscienziosità (*inv.*), scrupolo (*m.*).

concierto [konθjérto] *s.m.* **1** (*mus.*) concerto **2** accordo, concerto **3** ordine.

concluir [koŋklwír] **A** *v.tr.* **1** concludere, finire, terminare **2** (*fig.*) concludere, dedurre **3** (*en/por*) finire **B** *v.pron.* finire, concludersi.

conclusión [koŋklusjón] *s.f.* **1** compimento (*m.*), conclusione, fine **2** decisione.

concordar [koŋkorðár] **A** *v.tr.* accordare, concordare, mettere d'accordo **B** *v.intr.* **1** (*con*) (*gramm.*) concordare **2** (*en*) concordare, essere d'accordo.

concorde [koŋkórðe] *agg.m.* e *f.* (*con/en*) concorde, conforme.

concretar [koŋkretár] **A** *v.tr.* **1** concretizzare, realizzare **2** limitare, ridurre **B** *v.pron.* (*a*) ridursi, limitarsi.

concreto [koŋkréto] *agg.* **1** concreto, tangibile (*m.* e *f.*) **2** (*fam.*) determinato, preciso **3** (*gramm.*) concreto **4** esatto, preciso.

concubina [koŋkuβína] *s.f.* concubina.

concurso [koŋkúrso] *s.m.* **1** (*persone*) affluenza (*f.*), afflusso **2** concomitanza (*f.*), concorso **3** collaborazione (*f.*), partecipazione (*f.*) **4** (*bur.*) concorso, gara (*f.*) d'appalto **5** (anche *sport*) competizione (*f.*), concorso, gara (*f.*).

condena [kondéna] *s.f.* (*giur.*) condanna, pena.
condenar [kondenár] **A** *v.tr.* **1** (*a/con/en*) (*giur.*) condannare **2** (*a*) (*fig.*) costringere, obbligare **3** biasimare, condannare **B** *v.pron.* (anche *rel.*) dannarsi.
condesa [kondésa] *s.f.* contessa.
condición [kondiθjón] *s.f.* **1** indole, natura **2** condizione, stato (*m.*) **3** ceto (*m.*), classe **4** condizione, clausola **5** requisito (*m.*), qualità (*inv.*), condizione **6** circostanza, situazione, frangente (*m.*) **7** (*comm.*) condizione, modalità (*inv.*).
condicionamiento [kondiθjonamjénto] *s.m.* **1** condizionamento **2** subordinazione (*f.*).
condicionar [kondiθjonár] *v.tr.* condizionare, limitare.
condón [kondón] *s.m.* preservativo.
conducción [kondu*k*θjón] *s.f.* **1** conduzione, trasporto (*m.*) **2** (*tecn.*) conduttura, tubatura, condotta **3** (*auto.*) guida **4** (*fis.*) conduzione.
conducir [konduθír] **A** *v.tr./intr.* **1** (*a*) condurre, convogliare **2** (*a*) condurre, guidare, portare **3** (*auto.*) guidare **4** (*sport*) pilotare **5** (*impresa*) amministrare, dirigere **6** (*radio* e *TV*) condurre, presentare **B** *v.pron.* comportarsi, condursi.
conectar [kone*k*tár] *v.tr.pron.* **1** (*elettr.*) (*inform.*) (*telecom.*) collegare, allacciare **2** (*mecc.*) accoppiare, collegare, raccordare.
conejo [konéxo] *s.m.* **1** (*zool.*) coniglio **2** (*volg.*) fica (*f.*).
conexión [kone*k*sjón] *s.f.* **1** (*fig.*) connessione, nesso (*m.*) **2** (*elettr.*) allacciamento (*m.*), collegamento (*m.*) **3** (*tecn.*) accoppiamento (*m.*), collegamento (*m.*) **4** (*trasporti*) coincidenza.
confección [komfe*k*θjón] *s.f.* **1** confezione, involucro (*m.*) **2** (*abb.*) confezione **3** elaborazione, preparazione, realizzazione.
confederación [komfeðeraθjón] *s.f.* confederazione, federazione.
conferencia [komferénθja] *s.f.* **1** colloquio (*m.*), riunione **2** conferenza **3** (*pol.*) conferenza, vertice (*m.*).
confesión [komfesjón] *s.f.* **1** ammissione, confessione **2** (*giur.* e *rel.*) confessione.
confianza [komfjánθa] *s.f.* **1** fiducia, fede **2** fiducia, sicurezza **3** confidenza, familiarità (*inv.*) **4** franchezza, schiettezza, sincerità (*inv.*).
confiar [komfjár] **A** *v.intr.pron.* (*en*) confidare, sperare, avere fiducia **B** *v.tr.pron.* **1** affidare **2** confidare, rivelare, svelare **C** *v.pron.* fidarsi troppo.
confidencia [komfiðénθja] *s.f.* confidenza, segreto (*m.*).
configuración [komfiɣuraθjón] *s.f.* **1** configurazione, forma **2** (*elettr.* e *inform.*) configurazione.
confín [komfín] *s.m.* **1** confine, frontiera (*f.*) **2** (*fig.*) limite.
confirmar [komfirmár] **A** *v.tr.* **1** confermare, ribadire **2** (*en*) (*bur.*) confermare, convalidare **3** (*giur.*) convalidare, confermare **4** (*rel.*) cresimare, confermare **B** *v.pron.* (*en*) confermarsi, rafforzarsi.
confitado [komfitáðo] *agg.* **1** (*cuc.*) candito, sciroppato **2** (*fig.*) (*fam.*) speranzoso.
conflicto [komflí*k*to] *s.m.* **1** (anche *fig.*) conflitto, contesa (*f.*) **2** battaglia (*f.*), scontro **3** (*fig.*) difficoltà (*f.inv.*), problema **4** (*pol.*) vertenza (*f.*), contrasto.
confluencia [komflwénθja] *s.f.* **1** confluenza, convergenza **2** (*geog.*) confluenza.
confluente [komflwénte] **A** *agg.m.* e *f* **1** confluente, convergente **2** (*geog.*) affluente, immissario (*m.*), confluente **B** *s.m.* (*geog.*) affluente, immissario, confluente.
conformación [komformaθjón] *s.f.* conformazione, configurazione.

conformismo [komformiˢmo] *s.m.* conformismo.
confort [komfórt] *s.m.* comfort (*inv.*), comodità (*f.inv.*).
confortable [komfortáβle] *agg.m.* e *f.* **1** confortevole, comodo (*m.*) **2** (*fig.*) confortante, consolante.
confrontar [komfrontár] **A** *v.tr.* **1** (*con*) confrontare, paragonare **2** (*giur.*) mettere a confronto **3** affrontare **B** *v.pron.* confrontarsi.
confucianismo [komfuθjaniˢmo] *s.m.* confucianesimo.
confundir [komfundír] (*p.p.irr.* confuso) **A** *v.tr.* **1** (*con*) confondere, scambiare **2** scombinare, disordinare **3** (*fig.*) disorientare, mettere in imbarazzo **4** (*immagini, luce*) sfumare, far svanire **B** *v.pron.* **1** (*fig.*) confondersi, turbarsi **2** confondersi, sbagliarsi **3** svanire, sparire.
confusión [komfusjón] *s.f.* **1** confusione, mescolanza, guazzabuglio (*m.*) **2** equivoco (*m.*), errore (*m.*) **3** confusione, imbarazzo (*m.*), perplessità (*inv.*).
confuso [konfúso] *agg.* **1** confuso, disordinato **2** (*fig.*) confuso, oscuro, vago **3** (*fig.*) perplesso, turbato.
congelar [koŋxelár] **A** *v.tr.pron.* **1** congelare **2** (*tecn.*) congelare, surgelare **B** *v.pron.* (*med.*) assiderarsi, subire il congelamento.
congestión [koŋxestjón] *s.f.* **1** (*med.*) congestione **2** (*fig.*) congestione, blocco (*m.*).
conglomerado [koŋglomeráðo] *s.m.* (*edil.* e *geol.*) conglomerato.
congosto [koŋgósto] *s.m.* (*montagna*) gola (*f.*), passo, strettoia (*f.*).
congratulación [koŋgratulaθjón] *s.f.* congratulazione, felicitazione.
congreso [koŋgréso] *s.m.* (*pol.* e *scient.*) congresso.
conjetura [koŋxetúra] *s.f.* congettura, supposizione.
conjugación [koŋxuɣaθjón] *s.f.* (*gramm.*) (anche *bio.*) coniugazione.
conjunción [koŋxunθjón] *s.f.* **1** (*astrol.*) (*gramm.*) congiunzione **2** (*fig.*) concomitanza.
conjuntivo [koŋxuntíβo] *agg.* **1** (anche *anat.*) connettivo **2** (*gramm.*) congiuntivo.
conjunto [koŋxúnto] **A** *agg.* congiunto, unito **B** *s.m.* **1** gruppo, insieme **2** (*moda*) completo **3** (*mat.*) insieme **4** (*mus.*) complesso, band (*f.inv.*).
conjuración [koŋxuraθjón] *s.f.* congiura, cospirazione.
conllevar [konʎeβár] *v.tr.* **1** sopportare, tollerare **2** comportare, implicare.
conmemoración [kommemoraθjón] *s.f.* commemorazione, rievocazione.
conmigo [kommíɣo] *pron.pers.* (*composto dalla prep. "con" + pron. "mí"*) con me.
conmoción [kommoθjón] *s.f.* **1** commozione, turbamento (*m.*) **2** (*corpo*) sobbalzo (*m.*), sussulto (*m.*) **3** (*terremoto*) scossa **4** (*med.*) commozione.
conmovedor [kommoβeðór] *agg.* commovente (*m.* e *f.*), toccante (*m.* e *f.*).
conmover [kommoβér] *v.tr.pron.* **1** commuovere, impietosire **2** scuotere.
cono [kóno] *s.m.* (anche *geom.*) cono.
conocer [konoθér] **A** *v.tr.* **1** apprendere, conoscere, venire a conoscenza **2** conoscere, sapere **3** (*de*) conoscere, intendersi **4** (*de*) distinguere, riconoscere **5** (*persona*) conoscere, frequentare **6** (*en*) riconoscere **B** *v.pron.* conoscersi, fare conoscenza.
conocimiento [konoθimjénto] *s.m.* **1** cognizione (*f.*), conoscenza (*f.*) **2** conoscenza (*f.*), sensi (*pl.*).
conocimientos [konoθimjéntos] *s.m.pl.* **1** cognizioni (*f.*), nozioni (*f.*) **2** conoscenze (*f.*).
conque [kóŋke] *cong.* perciò, quindi.
conquista [koŋkísta] *s.f.* **1** (*mil.*) conquista, sottomissione **2** (*fig.*) flirt (*m.inv.*), avventura.

consagrar [konsaɣrár] **A** *v.tr.pron.* **1** consacrare, confermare **2** (*fig.*) consacrare, dedicare, offrire **B** *v.tr.* **1** (*rel.*) consacrare **2** (*monumento*) dedicare, intitolare.
consciente [konsθjénte] *agg.m.* e *f.* **1** cosciente **2** consapevole, conscio (*m.*) **3** coscienzioso (*m.*).
consecuencia [konsekwénθja] *s.f.* **1** conseguenza, effetto (*m.*) **2** (*condotta*) coerenza.
conseguir [konseɣír] *v.tr.* **1** conseguire, ottenere **2** riuscire a.
consejo [konséxo] *s.m.* **1** consiglio, suggerimento **2** (*organismo*) consiglio, organo collegiale **3** assemblea (*f.*), consiglio.
consenso [konsénso] *s.m.* (*giur.*) consenso.
consentir [konsentír] **A** *v.intr./tr.* autorizzare, consentire, permettere **B** *v.tr.* **1** viziare, essere accondiscendente **2** sopportare **C** *v.pron.* cedere, rompersi.
conservación [konserβaθjón] *s.f.* **1** conservazione **2** (*tecn.*) mantenimento (*m.*).
conservar [konserβár] **A** *v.tr.* **1** conservare, preservare **2** conservare, mettere da parte **3** custodire, conservare **4** (*costumi, abitudini*) mantenere, conservare **B** *v.pron.* conservarsi, mantenersi, preservarsi.
consideración [konsiðeraθjón] *s.f.* **1** considerazione, valutazione **2** considerazione, rispetto (*m.*).
considerar [konsiðerár] **A** *v.tr.* **1** considerare, esaminare **2** considerare, ritenere, sembrare **3** rispettare, tenere in considerazione **B** *v.pron.* considerarsi, ritenersi.
consigna [konsíɣna] *s.f.* **1** parola d'ordine **2** (*mil.* e *pol.*) ordine (*m.*), consegna **3** (*aer.* e *ferr.*) deposito (*m.*) bagagli.
consigo [konsíɣo] *pron.pers. composto* **1** (*sing.*) con sé, con lui **2** (*pl.*) con loro.
consistencia [konsisténθja] *s.f.* **1** consistenza **2** (*fig.*) fondatezza, validità (*inv.*).
consistir [konsistír] *v.intr.* (*en*) **1** (*fig.*) consistere, derivare **2** comporsi, essere costituito.
consolidación [konsoliðaθjón] *s.f.* **1** (*edil.* e *tecn.*) consolidamento (*m.*), rafforzamento (*m.*) **2** (*comm.* e *econ.*) consolidamento (*m.*).
consolidar [konsoliðár] *v.tr.pron.* **1** (*edil.* e *tecn.*) consolidare, rafforzare **2** (*comm.* e *econ.*) consolidare **3** (*fig.*) rinsaldare, rafforzare.
consorcio [konsórθjo] *s.m.* consorzio.
conspiración [konspiraθjón] *s.f.* (anche *fig.*) complotto (*m.*), congiura, cospirazione.
constancia[1] [konstánθja] *s.f.* costanza, perseveranza, tenacia.
constancia[2] [konstánθja] *s.f.* **1** (*bur.*) attestazione, testimonianza **2** certezza, conferma.
constante[1] [konstánte] *agg.m.* e *f.* **1** (*persona*) costante, perseverante, tenace **2** (*cosa*) costante, persistente.
constante[2] [konstánte] *s.f.* (*fis., mat.* e anche *fig.*) costante.
constipado [konstipáðo] **A** *agg.* costipato, raffreddato **B** *s.m.* raffeddore.
constiparse [konstipárse] *v.pron.* raffreddarsi.
constitución [konstituθjón] *s.f.* **1** (*bur.* e *giur.*) costituzione, fondazione **2** (*scient.*) costituzione, struttura **3** (*fisiol.*) costituzione.
constituir [konstitwír] **A** *v.tr.* **1** costituire, comporre, formare **2** costituire, rappresentare **3** costituire, fondare **4** (*giur.*) dichiarare, eleggere **B** *v.pron.* (*en*) costituirsi, nominarsi.
construcción [konstrukθjón] *s.f.* **1** costruzione, edificazione **2** (*tecn.*) costruzione, realizzazione **3** muratura **4** edilizia **5** (*arch.*) edificio (*m.*), opera **6** (*ling.*) costruzione.
construir [konstrwír] *v.tr.* **1** costruire,

edificare, fabbricare **2** (*ind.* e *tecn.*) costruire, realizzare **3** (*ling.*) costruire.
consuelo [konswélo] *s.m.* consolazione (*f.*), conforto, sollievo.
cónsul [kónsul] *s.m.* (*sto.* e *pol.*) console.
consulta [konsúlta] *s.f.* **1** consultazione **2** consiglio (*m.*), parere (*m.*) **3** (*med.*) consulto (*m.*) **4** (*med.*) visita **5** (*med.*) ambulatorio (*m.*).
consumar [konsumár] *v.tr.pron.* **1** consumare, portare a termine **2** (*giur.*) consumare, compiere, realizzare.
consumición [konsumiθjón] *s.f.* **1** consumazione, fine **2** (*bar, locali pubblici*) consumazione.
consumir [konsumír] **A** *v.tr.pron.* **1** (*materiale*) consumare, esaurire, logorare **2** consumare, utilizzare **3** (*fig.*) indebolire, consumare **B** *v.pron.* (*de/en*) (*fig.*) consumarsi, rodersi, struggersi **C** *v.tr.* (*bar, locali pubblici*) consumare.
consumismo [konsumísmo] *s.m.* consumismo.
consumo [konsúmo] *s.m.* consumo.
consunción [konsunθjón] *s.f.* deperimento (*m.*).
contacto [kontákto] *s.m.* **1** contatto **2** (*elettr.* e *telecom.*) collegamento, contatto **3** (*fig.*) contatto, relazione (*f.*).
contagio [kontáxjo] *s.m.* **1** (*med.*) contagio, trasmissione (*f.*) **2** (*med.*) contagio, epidemia (*f.*) **3** (*fig.*) contagio, trasmissione (*f.*).
contaminación [kontaminaθjón] *s.f.* **1** inquinamento (*m.*) **2** (*fig.*) contaminazione, corruzione **3** (*ling.* e *lett.*) contaminazione.
contaminar [kontaminár] *v.tr.pron.* **1** inquinare **2** (*con/de*) contagiare, trasmettere **3** (*ling* e *lett.*) contaminare **4** (*fig.*) contaminare, corrompere.
contar [kontár] **A** *v.tr.* **1** contare **2** (anche *fig.*) contare, mettere in conto **3** narrare, raccontare **4** considerare, tenere conto **5** annoverare, includere **B** *v.intr.* **1** (*mat.*) contare **2** importare, interessare **C** *v.pron.* contarsi.
contemplación [kontemplaθjón] *s.f.* **1** contemplazione, osservazione **2** (*rel.*) contemplazione.
contemporáneo [kontemporáneo] *agg.* e *s.m.* coetaneo, contemporaneo.
contencioso [kontenθjóso] *agg.* e *s.m.* **1** litigioso (*agg.*) **2** (*giur.*) contenzioso.
contenedor [konteneðór] *agg.* contenitore.
contener [kontenér] **A** *v.tr.* **1** contenere, accogliere **2** frenare, trattenere **B** *v.pron.* contenersi, trattenersi.
contenido [konteníðo] *agg.* e *s.m.* contenuto.
contento [konténto] **A** *agg.* **1** contento, felice (*m.* e *f.*) **2** contento, soddisfatto **B** *s.m.* allegria (*f.*), gioia (*f.*), contentezza (*f.*).
contestar [kontestár] **A** *v.tr.* replicare, rispondere **B** *v.intr.* **1** (*fam.*) rispondere male, ribattere **2** contestare.
contigo [kontíɣo] *pron.pers.* (*composto dalla prep. "con" + pron. "ti"*) con te.
continente [kontinénte] **A** *s.m.* (*geogr.*) continente **B** *agg.m.* e *f.* continente, moderato (*m.*), sobrio (*m.*).
continuar [kontinwár] **A** *v.tr.* continuare, proseguire **B** *v.intr.* **1** continuare, persistere **2** continuare, prolungarsi **C** *v.pron.* continuare, prolungarsi.
continuo [kontínwo] **A** *agg.* continuo, incessante (*m.* e *f.*), ininterrotto **B** *s.m.* continuo, insieme.
contra [kóntra] **A** *prep.* **1** contro, addosso **2** (*comm.*) a fronte di, contro **3** (*apoggio*) contro **B** *s.f.* contro (*m.inv.*), svantaggio (*m.*) **C** *s.m.* contro (*inv.*).
contrabajo [kontraβáxo] *s.m.* (*mus.*) contrabbasso.
contrabando [kontraβándo] *s.m.* contrabbando.
contracción [kontrakθjón] *s.f.* **1** (anche *ling.*) contrazione **2** (*parto*) doglia, contrazione.

contrachapado [kontratʃapáðo] *agg.* e *s.m.* (*legno*) compensato.
contracto [kontrá*k*to] *agg.* contratto.
contradicción [kontraði*k*θjón] *s.f.* contraddizione.
contraer [kontraér] **A** *v.tr.* **1** contrarre, prendere **2** (*fig.*) limitare, ridurre **B** *v.pron.* **1** (anche *ling.*) contrarsi **2** restringersi.
contraposición [kontraposiθjón] *s.f.* contrapposizione.
contrario [kontrárjo] **A** *agg.* **1** contrario, opposto **2** contrario, avverso, sfavorevole (*m.* e *f.*) **3** (*direzione*) contrario, inverso **4** contrario, restio **B** *s.m.* **1** contrario, inverso **2** avversario, rivale (*m.* e *f.*).
contraseña [kontraséɲa] *s.f.* **1** contrassegno (*m.*) **2** (*mil.*) parola d'ordine.
contraste [kontráste] *s.m.* **1** contrasto, differenza (*f.*) **2** (*persona*) verificatore, saggiatore **3** (*fot.* e *TV*) contrasto **4** (*fig.*) contrasto, litigio.
contratiempo [kontratjémpo] *s.m.* **1** contrattempo, inconveniente **2** (*mus.*) controtempo.
contribución [kontriβuθjón] *s.f.* **1** apporto (*m.*), contributo (*m.*) **2** (*econ.*) imposta, tassazione.
contribuir [kontriβwír] **A** *v.tr.* **1** (*econ.*) pagare le tasse **B** *v.intr.* **1** (*con*) concorrere, contribuire **2** (*a*) (*fig.*) aiutare, collaborare, cooperare.
control [kontról] *s.m.* **1** controllo, ispezione (*f.*), verifica (*f.*) **2** (*elettr.*) (*tecn.*) comando, controllo, regolazione (*f.*) **3** (*inform.*) controllo.
controlar [kontrolár] **A** *v.intr./tr.* controllare, ispezionare, verificare **B** *v.pron.* (*fig.*) controllarsi, dominarsi.
convalidar [kombaliðár] *v.tr.* convalidare.
convencer [kombenθér] *v.tr.pron.* **1** convincere, indurre **2** (*con/de*) convincere, persuadere **3** (*fig.*) convincere, soddisfare.
convencional [kombenθjonál] *agg.m.* e *f.* convenzionale.
conveniencia [kombenjénθja] *s.f.* **1** adeguatezza, convenienza, opportunità (*inv.*) **2** (*affari*) convenienza, interesse (*m.*).
convenio [kombénjo] *s.m.* accordo, patto.
convento [kombénto] *s.m.* (*rel.*) convento.
conversación [kombersaθjón] *s.f.* conversazione.
conversión [kombersjón] *s.f.* **1** conversione, trasformazione **2** (*inform.*) (*rel.*) conversione.
convicción [kombi*k*θjón] *s.f.* certezza, convinzione.
convocatoria [kombokatórja] *s.f.* **1** convocazione **2** avviso di convocazione **3** (*istr.*) (*esami*) appello (*m.*).
coñazo [koɲáθo] *s.m.* (*volg.*) **1** (*persona*) rompipalle (*m.* e *f.inv.*) **2** rottura (*f.*) di palle.
coño [kóɲo] *s.m.* (*volg.*) **1** fica (*f.*) **2** cazzo.
cooperación [kooperaθjón] *s.f.* **1** cooperazione, collaborazione **2** (*econ.* e *giur.*) cooperazione.
coordinación [koorðinaθjón] *s.f.* **1** coordinamento (*m.*), coordinazione **2** (*ling.*) coordinazione.
copa [kópa] *s.f.* **1** calice (*m.*), coppa **2** bicchiere (*m.*) **3** drink (*m.inv.*) **4** (*bot.*) chioma **5** (*sport*) coppa, trofeo (*m.*).
copia [kópja] *s.f.* **1** (*scritto*) copia, duplicato (*m.*) **2** (*arte*) copia, riproduzione.
copiar [kopjár] **A** *v.tr.* **1** (*scritto*) copiare, tracrivere, ricopiare **2** (*arte*) copiare, riprodurre **3** (*fig.*) imitare **4** (*persona*) imitare, scimmiottare **B** *v.pron.* (*esami*) copiare.
coraje [koráxe] *s.m.* **1** coraggio, valore **2** rabbia (*f.*), stizza (*f.*).
coraza [koráθa] *s.f.* **1** (*mil.*) corazza, armatura **2** (*fig.*) guscio (*m.*) **3** (*zool.*) corazza, guscio (*m.*).

corazón [koraθón] *s.m.* **1** (*anat.*) cuore **2** (*fig.*) fegato, coraggio **3** (*fig.*) cuore, sensibilità (*f.inv.*) **4** (*fig.*) centro, cuore, nucleo **5** (*frutta*) torsolo **6** (*verdura*) torsolo, cuore **7** (*fig.*) (*fam.*) caro, tesoro.

corbata [korβáta] *s.f.* cravatta.

corcho [kórtʃo] *s.m.* **1** (*bot.* e *tecn.*) sughero **2** (*bottiglia*) turacciolo.

cordero [korðéro] *s.m.* **1** (*zool.*) agnello **2** pelle d'agnello **3** (*fig.*) (*persona*) agnellino.

cordura [korðúra] *s.f.* buon senso (*m.*), giudizio (*m.*), saggezza.

coreografía [koreoɣrafía] *s.f.* coreografia.

coro [kóro] *s.m.* **1** (*lett.*, *mus.* e *rel.*) coro **2** (*mus.*) voce (*f.*) **3** (*arch.*) coro, cantoria (*f.*).

corona [koróna] *s.f.* **1** (anche *fig.*) corona **2** (*rel.*) aureola, corona **3** (*moneta*) corona **4** (*rel.*) chierica **5** (*arch.*) corona, sottocornice **6** (*mecc.*) rondella.

coronel [koronél] *s.m.* (*mil.*) colonnello.

corral [korrál] *s.m.* **1** (*bestiame*) recinto **2** (*fig.* e *fam.*) porcile.

corrección [korre*k*θjón] *s.f.* **1** correzione **2** correttezza, irreprensibilità (*inv.*) **3** castigo (*m.*), punizione.

correcto [korré*k*to] *agg.* **1** corretto, esatto **2** corretto, irreprensibile (*m.* e *f.*).

corredizo [korreðíθo] *agg.* scorrevole (*m.* e *f.*).

correo [korréo] *s.m.* **1** (*luogo*) posta (*f.*), ufficio postale **2** (*servizio*) posta (*f.*), poste (*f.pl.*) **3** corrispondenza (*f.*), posta (*f.*) **4** (*persona*) corriere.

correoso [korreóso] *agg.* **1** pieghevole (*m.* e *f.*) **2** elastico, flessibile (*m.* e *f.*) **3** (*pane, cibo*) gommoso **4** (*persona*) resistente (*m.* e *f.*).

correr [korrér] **A** *v.intr.* **1** correre, precipitarsi **2** correre, fare di corsa **3** affrettarsi, andare in fretta **4** fluire, scorrere **5** (*strada, montagna*) snodarsi, estendersi **6** (*tempo*) passare, trascorrere **7** (*fig.*) (*notizia*) diffondersi, propagarsi **8** (*econ.*) maturare, decorrere **9** (*giur.*) essere in corso **B** *v.tr.* **1** spostare **2** (*chiave, serratura*) chiudere, dare una mandata **3** (*tenda*) far scorrere, chiudere o aprire **4** (*pericolo*) correre, affrontare **5** (*avventura, destino*) sperimentare, vivere **6** (*tauro.*) combattere **C** *v.pron.* **1** spostarsi **2** (*cosmesi, tinta*) sbavare, lasciare colore **3** (*fig.*) (*volg.*) venire, godere.

correspondencia [korrespondénθja] *s.f.* **1** conformità (*inv.*), corrispondenza **2** corrispondenza, carteggio (*m.*) **3** posta **4** (*ling.*) corrispondenza **5** (*scient.*) corrispondenza.

corresponsal [korresponsál] *s.m.* e *f.* (*giorn.* e *TV*) corrispondente, inviato (*m.*).

corriente[1] [korrjénte] *agg.m.* e *f.* **1** corrente, in corso **2** corrente, usuale **3** (*moneta*) circolante, corrente, in corso **4** (*pubblicazione*) ultimo (*m.*) **5** (*cosa*) corrente, comune.

corriente[2] [korrjénte] *s.f.* **1** corrente, fiumana, flusso (*m.*) **2** (*elettr.*) corrente **3** (*aria*) corrente, spiffero (*m.*) **4** (*fig.*) corrente, movimento (*m.*).

corrosión [korrosjón] *s.f.* corrosione.

corrupción [korru*p*θjón] *s.f.* **1** corruzione, decomposizione **2** (*fig.*) corruzione, degenerazione **3** (*giur.*) corruzione.

cortado[1] [kortáðo] *agg.* **1** tagliato **2** (*latte*) cagliato **3** (*stile*) conciso, stringato **4** (*fam.*) (*persona*) imbarazzato.

cortado[2] [kortáðo] *s.m.* caffè macchiato.

cortar [kortár] **A** *v.tr.* **1** (anche *tecn.*) tagliare **2** fendere, recidere **3** (*forbici*) ritagliare, tagliare **4** (*erba*) falciare, tagliare, tosare **5** (*barba*) radere **6** (*fig.*) (*acqua, aria*) solcare, tagliare **7** dividere, separare **8** (*gioco*) (*carte*) tagliare **9** (*comunicazione*) interrompere, tagliare **10** (*conversazione*)

troncare, porre fine **11** (*testo*) accorciare, tagliare **12** (*caffè*) macchiare **13** (*geom.*) intersecare **14** (*elettr.*) staccare **B** *v.pron.* **1** tagliarsi **2** (*fig.*) imbarazzarsi, turbarsi **3** (*latte*) cagliarsi **4** (*maionese*) impazzire.
corte[1] [kórte] *s.f.* (*sto.*) corte.
corte[2] [kórte] *s.m.* **1** taglio **2** ferita (*f.*), taglio **3** (*coltello*) filo, taglio **4** (*arch.*) sezione (*f.*) **5** (*libro*) taglio **6** (*fig.* e *fam.*) situazione imbarazzante, vergognosa.
cortesía [kortesía] *s.f.* **1** cortesia, gentilezza **2** (*fig.*) piacere (*m.*), favore (*m.*).
corteza [kortéθa] *s.f.* **1** (*anat.* e *bot.*) corteccia **2** (*frutta*) buccia, corteccia **3** (*pane, formaggio*) crosta **4** (*fig.*) apparenza, esteriorità (*inv.*).
cortijo [kortíxo] *s.m.* (*agr.*) fattoria (*f.*), tenuta (*f.*).
cortina [kortína] *s.f.* **1** (*finestra*) tenda **2** (*fig.*) cortina, velo (*m.*).
cortisona [kortisóna] *s.f.* cortisone (*m.*).
corto[1] [kórto] *agg.* **1** corto, piccolo **2** (*tempo*) breve (*m.* e *f.*) **3** (*testo*) corto, conciso **4** (*quantità*) esiguo, scarso **5** (*fig.*) ottuso, tardo.
corto[2] [kórto] *s.m.* **1** (*abbr.*) (*cine.*) cortometraggio **2** caffè ristretto.
cosa [kósa] *s.f.* **1** cosa **2** (*negativo*) cosa, niente (*m.*), nulla (*m.*).
cosecha [kosétʃa] *s.f.* **1** (*agr.*) raccolto (*m.*) **2** (*fig.*) frutto (*m.*).
coser [kosér] **A** *v.tr.* **1** cucire **2** (*carta*) pinzare **B** *v.intr.* cucire, dedicarsi al cucito **C** *v.pron.* appiccicarsi, attaccarsi.
cosmología [kosmoloxía] *s.f.* (*astro.*) cosmologia.
cosquillas [koskíʎas] *s.f.pl.* solletico (*m.sing.*).
costa[1] [kósta] *s.f.* costo (*m.*).
costa[2] [kósta] *s.f.* (*geog.*) costa, litorale (*m.*).
costar [kostár] *v.intr./tr.* (anche *fig.*) costare.
coste [kóste] *s.m.* (*comm.* e *econ.*) costo.
costilla [kostíʎa] *s.m.* **1** (*anat.*) costola, costa **2** (*cuc.*) costina, costoletta **3** (*arch.*) (*mecc.*) nervatura, costola.
costo [kósto] *s.m.* (*gerg.*) (*droga*) hascish (*inv.*).
costumbre [kostúmbre] *s.f.* **1** abitudine, consuetudine **2** (*giur.*) consuetudine.
costura [kostúra] *s.f.* **1** cucitura **2** cucito (*m.*).
cotilla [kotíʎa] *s.m.* e *f.* (*fam.*) pettegolo (*m.*).
coto [kóto] *s.m.* **1** (*ecol.*) riserva (*f.*), oasi (*f.inv.*) **2** (*fig.*) limite.
coyote [koǰóte] *s.m.* (*zool.*) coyote (*inv.*).
coyuntura [koǰuntúra] *s.f.* **1** (*econ.*) congiuntura **2** (*fig.*) circostanza, occasione **3** (*anat.*) articolazione, congiuntura.
cráneo [kráneo] *s.m.* (*anat.*) cranio.
cráter [kráter] *s.m.* (*geog.*) cratere.
creación [kreaθjón] *s.f.* **1** (*rel.*) creazione, creato (*m.*) **2** (*fig.*) creazione, invenzione.
crear [kreár] **A** *v.tr.* **1** (anche *rel.*) creare **2** costituire, creare **3** (*fondazione*) creare, fondare, istituire **B** *v.pron.* crearsi, inventarsi.
crecer [kreθér] **A** *v.intr.* **1** crescere, svilupparsi **2** (*correnti d'acqua*) aumentare, crescere **3** accentuarsi, aumentare **B** *v.pron.* (*fig.*) diventare coraggioso, prendere in pugno la situazione.
crédito [kréðito] *s.m.* **1** (*comm.*) credito **2** (*comm.*) credito, solvibilità (*f.inv.*) **3** (*fig.*) prestigio, buona reputazione (*f.*) **4** fiducia (*f.*), credito.
creer [kreér] **A** *v.tr.* **1** credere, ritenere vero **2** credere, ritenere, supporre **B** *v.intr.* (*en*) **1** (anche *rel.*) credere **2** credere, fidarsi **C** *v.pron.* **1** bere, credere **2** credersi, ritenersi.
crema [kréma] **A** *agg.inv.* e *s.f.inv.* (*colore*) crema **B** *s.f.* **1** (*cuc.*) panna **2** (anche *cuc.*) crema.

cremación [kiemaθjón] *s.f.* cremazione.
cremallera [kremaʎéra] *s.f.* **1** (*mecc.*) cremagliera **2** (*cucitura*) zip (*m.inv.*), cerniera, lampo (*inv.*).
crespo [kréspo] *agg.* **1** (*capelli*) crespo, riccioluto **2** (*bot.*) accartocciato **3** (*fig.*) (*persona*) seccato, irritato **4** (*fig.*) (*stile*) ampolloso, artificioso.
cría [kría] *s.f.* **1** (*bestiame*) allevamento (*m.*) **2** (*zool.*) cucciolo (*m.*) **3** (*zool.*) cucciolata.
criado [krjáðo] *s.m.* domestico, servitore.
crimen [krímen] *s.m.* **1** (*giur.*) crimine **2** (*fig.*) delitto, crimine.
cristal [kristál] *s.m.* **1** (*min.*) cristallo **2** (*finestre, vetrine*) vetro.
cristianismo [kristjanísmo] *s.m.* (*rel.*) cristianesimo.
cristiano [kristjáno] *agg.* e *s.m.* (*rel.*) cristiano.
crítica [krítika] *s.f.* **1** (*arti*) critica **2** critica, disamina, giudizio (*m.*) **3** critica, biasimo (*m.*).
criticar [kritikár] *v.tr.* **1** criticare **2** criticare, biasimare, giudicare.
cromosoma [kromosóma] *s.m.* (*bio.*) cromosoma.
crónica [krónika] *s.f.* cronaca.
croqueta [krokéta] *s.f.* **1** (*cuc.*) polpetta, crocchetta **2** (*amer.* e *fam.*) testa, zucca.
croquis [krókis] *s.m.inv.* (*disegno*) bozzetto (*sing.*), schizzo (*sing.*).
cruce [krúθe] *s.m.* **1** incrocio, intersezione (*f.*), intersecazione (*f.*) **2** (*strada*) crocevia (*inv.*), incrocio, crocicchio **3** attraversamento, passaggio pedonale **4** (*telecom.*) interferenza (*f.*) **5** (*bio.*) (*ling.*) incrocio.
crucero [kruθéro] *s.m.* **1** (*viaggio*) crociera (*f.*) **2** (*arch.*) (*chiesa*) crociera (*f.*) **3** (*mar.*) (*mil.*) incrociatore **4** (*mecc.*) traversa (*f.*).
crudo [krúðo] *agg.* **1** (*alimento*) crudo **2** (*tess.*) crudo, grezzo **3** (*colore*) écru (*inv.*), grezzo **4** (*min.*) greggio, grezzo **5** (*stagione*) crudo, inclemente (*m.* e *f.*) **6** (*fam.*) difficile (*m.* e *f.*), rognoso **7** (*fig.*) crudo, violento, duro.
cruel [krwél] *agg.m.* e *f.* **1** (anche *fig.*) crudele **2** (*dolore*) insopportabile, intollerabile **3** (*tempo*) tremendo (*m.*), inclemente.
crujido [kruxíðo] *s.m.* **1** scricchiolio, cricchio **2** (*foglia, seta*) fruscio.
cruz [krúθ] *s.f.* **1** croce **2** (*rel.*) croce, crocifisso (*m.*) **3** (*moneta*) croce, rovescio (*m.*) **4** (*zool.*) garrese (*m.*) **5** (*mar.*) (*ancora*) croce **6** (*fig.*) croce, patimento (*m.*).
cruzar [kruθár] **A** *v.tr.* **1** attraversare **2** (*geom.*) intersecare **3** (*carta, assegno*) sbarrare **4** (*fig.*) scambiare, incrociare **5** (*fig.*) solcare **6** (*bio.*) incrociare **7** (*mar.*) incrociare **B** *v.pron.* **1** mettersi/porsi di traverso **2** (anche *geom.*) incrociarsi, intersecarsi **3** (*con*) incontrarsi, incontrare.
cuaderno [kwaðérno] *s.m.* **1** quaderno **2** (*tip.*) fascicolo.
cuadrado [kwaðráðo] *s.m.* **1** (*geom.* e *mat.*) quadrato **2** (*disegno*) righello **3** (*guanti*) quadrello **4** (*tip.*) quadratone.
cuadro [kwáðro] *s.m.* **1** quadretto **2** (*giardino*) aiuola (*f.*) **3** (*pitt.*) dipinto, quadro, tela (*f.*) **4** (*fig.*) quadro, scena (*f.*), spettacolo **5** (*fig.*) quadro, scena (*f.*), spaccato **6** (*teatr.*) quadro **7** schema, tabella (*f.*) **8** (*scuola*) equipe (*f.inv.*) **9** (*elettr.*) quadro.
cuadrúpedo [kwaðrúpeðo] *agg.* e *s.m.* (*zool.*) quadrupede (*m.* e *f.*).
cuajada [kwaxáða] *s.f.* **1** (*cuc.*) ricotta **2** cagliata.
cual [kwál] **A** *avv.* (*lett.*) (*comparativo*) come, quale **B** *pron.m.* e *f.* (*relativo*) **1** quale **2** (*con accento quando è interrogativo ed esclamativo*) quale.
cualidad [kwaliðáð] *s.f.* **1** caratteristica, proprietà (*inv.*), qualità (*inv.*) **2** (*fig.*) pregio (*m.*), qualità (*inv.*), virtù (*inv.*).

cualquiera [kwalkjéra] **A** *agg.inv.* (*indefinito, si tronca davanti a s.m.* e *f.*) qualsiasi, qualunque **B** *pron.m.* e *f.* (*indefinito*) chicchessia, chiunque.
cuando [kwándo] **A** *avv.* **1** quando **2** (*con accento quando è interrogativo ed esclamativo*) in quale momento, quando **B** *cong.* **1** mentre, nel momento in cui, quando **2** quando, ogni volta che **3** all'epoca in cui, nel tempo in cui **4** (*ipotetico*) qualora, quando, se **5** (*conclusivo*) dal momento che, dato che **6** (*avversativo*) laddove, mentre, quando **7** il giorno in cui, il momento in cui.
cuanto [kwánto] **A** *agg.* (*relativo*) **1** quanto **2** tutto, tanti **3** (*con accento quando è interrogativo*) quanto **B** *avv.* **1** quanto **2** (*con accento quando è interrogativo ed esclamativo*) quanto **C** *pron.* (*relativo*) **1** quanto, tutto ciò che, tutto quello che **2** (*al pl.*) quanti, tutti quelli che.
cuarenta [kwarénta] *agg.num.inv.* e *s.m.inv.* **1** (*cardinale*) quaranta **2** (*ordinale*) quarantesimo (*sing.*).
cuartel [kwartél] *s.m.* (*mil.*) caserma (*f.*), quartiere.
cuarto[1] [kwárto] *agg.num.ord.* e *s.m.* quarto.
cuarto[2] [kwárto] *s.m.* **1** quarto **2** (*arch.*) camera (*f.*), stanza (*f.*) **3** (*sport*) (*mus.*) quarto.
cuarzo [kwárθo] *s.m.* (*min.*) quarzo.
cuatro [kwátro] *agg.num.inv.* e *s.m.* e *f.inv.* **1** (*cardinale*) quattro **2** (*ordinale*) quarto (*m.sing.*).
cubierta [kuβjérta] *s.f.* **1** copertura **2** (*edit.*) copertina **3** (*auto.*) copertone (*m.*) **4** (*arch.*) copertura, tetto (*m.*) **5** (*mar.*) coperta **6** (*fig.*) pretesto (*m.*), copertura.
cubo[1] [kúβo] *s.m.* **1** secchio **2** (*mecc.*) mozzo **3** (*mulino*) serbatoio.
cubo[2] [kúβo] *s.m.* (*geom.* e *mat.*) cubo.
cubrir [kuβrír] (*p.p.irr.* cubierto) **A** *v.tr.* **1** coprire, ricoprire **2** (anche *fig.*) coprire, occultare, velare **3** (*vegetazione, neve*) ammantare, avvolgere, coprire **4** (*edil.*) colmare, riempire **5** (*zool.*) coprire, montare **6** (*arch.*) fare la copertura **7** (*mil.*) (anche *fig.*) coprire, difendere, proteggere **8** (*incarico, lavoro*) coprire, ricoprire **9** (*giorn.*) seguire **10** (*debito, spesa*) coprire, onorare, soddisfare **11** (*distanza*) coprire, percorrere **12** (*sport*) controllare, marcare **B** *v.pron.* **1** (*vestiti*) coprirsi, vestirsi **2** (*testa*) coprirsi, mettersi il cappello **3** (*meteo.*) oscurarsi **4** (*fig.*) ripararsi, coprirsi.
cucaracha [kukarátʃa] *s.f.* (*zool.*) scarafaggio (*m.*).
cuchara [kutʃára] *s.f.* cucchiaio (*m.*).
cuchillo [kutʃíʎo] *s.m.* **1** coltello **2** (*ponte*) montante **3** (*arch.*) capriata (*f.*).
cucurucho [kukurútʃo] *s.m.* **1** cartoccio **2** (*gelato*) cono.
cuello [kwéʎo] *s.m.* **1** (*anat.*) (anche *fig.*) collo **2** (*moda*) colletto, collo **3** (*camicia*) collare, collarina (*f.*).
cuenca [kwéŋka] *s.f.* **1** (*anat.*) orbita **2** (*geog.*) bacino (*m.*), conca.
cuenta [kwénta] *s.f.* **1** conteggio (*m.*), conto (*m.*) **2** (*mat.*) calcolo (*m.*), conto (*m.*) **3** (*comm.* e *econ.*) conto (*m.*) **4** (*comm.*) conto (*m.*), fattura.
cuento [kwénto] *s.m.* **1** racconto, storia (*f.*) **2** (*lett.*) novella (*f.*), fiaba (*f.*) **3** (*comico*) barzelletta (*f.*), storiella (*f.*) **4** (*fig.*) diceria (*f.*), pettegolezzo **5** (*fig.*) balla (*f.*), frottola (*f.*).
cuerda [kwérða] *s.f.* **1** corda, fune **2** (*anat.*, *geom.* e *mus.*) corda.
cuerno [kwérno] *s.m.* **1** (*zool.*) corno **2** (*cinghiale*) zanna (*f.*) **3** (*zool.*) (*insetto*) antenna (*f.*) **4** (*mus.*) corno.
cuero [kwéro] *s.m.* **1** (*zool.*) pelle (*f.*) **2** cuoio, pelle (*f.*) **3** (*anat.*) cuoio **4** otre **5** (*amer.*) frusta (*f.*).
cuerpo [kwérpo] *s.m.* **1** (anche *arch.*, *tip.* e *mil.*) corpo **2** (*anat.*) busto **3** (*mo-*

da) corpetto, corpino **4** (*edit.*) volume **5** (*giur.*) corpo, raccolta (*f.*) **6** (*liquido*) corposità (*f.inv.*), densità (*f.inv.*) **7** corpo, salma (*f.*).
cuervo [kwérβo] *s.m.* **1** (*zool.*) corvo **2** (*fam.*) prete.
cuestión [kwestjón] *s.f.* **1** quesito (*m.*), questione **2** affare (*m.*), problema (*m.*) **3** questione, discussione **4** (*mat.*) problema (*m.*).
cuestionario [kwestjonárjo] *s.m.* questionario.
cueva [kwéβa] *s.f.* **1** (*geog.*) grotta, caverna **2** (*zool.*) tana **3** (*arch.*) sotterraneo (*m.*).
cuidado [kwiðáðo] **A** *agg.* accurato, curato **B** *s.m.* **1** accuratezza (*f.*), diligenza (*f.*), impegno **2** (*casa, famiglia*) cura (*f.*) **3** (*malato*) cure (*f.pl.*), assistenza (*f.*) **4** accortezza (*f.*), cautela (*f.*).
cuidar [kwiðár] **A** *v.tr.* **1** badare, fare attenzione **2** (*fig.*) curare, stare attento **3** (*casa, famiglia*) badare, occuparsi, accudire **4** (*malato*) assistere, curare **B** *v.intr.* (*de*) avere/prendersi cura di, badare/stare attento **C** *v.pron.* **1** (*salute*) curarsi, tenersi da conto **2** (*fig.*) badare, curarsi.
culebra [kuléβra] *s.f.* **1** (*zool.*) biscia, serpe **2** serpentina.
culo [kúlo] *s.m.* **1** (*volg.*) culo **2** (*volg.*) buco del culo **3** (*fig.*) culo, fondo.
culpa [kúlpa] *s.f.* **1** colpa, errore (*m.*) **2** colpa, responsabilità (*inv.*) **3** (*giur.*) colpa.
culpable [kulpáβle] *agg.* e *s.m.* e *f.* **1** colpevole, responsabile **2** (*giur.*) colpevole.
culpar [kulpár] *v.tr.pron.* (*de/en/por*) accusare, incolpare.
cultura [kultúra] *s.f.* **1** cultura **2** civiltà (*inv.*), cultura.
cumbre [kúmbre] *s.f.* **1** (*geog.*) cima, picco (*m.*), vertice (*m.*) **2** (*fig.*) apice (*m.*), culmine (*m.*) **3** (*pol.*) vertice (*m.*), summit (*m.inv.*).
cumplido [kumplíðo] **A** *agg.* **1** compiuto, completo **2** compito, perfetto **3** (*vestito*) abbondante (*m.* e *f.*), largo **4** (*fig.*) cortese (*m.* e *f.*), gentile (*m.* e *f.*) **B** *s.m.* **1** complimento **2** cortesia (*f.*), attenzione (*f.*).
cumplir [kumplír] **A** *v.tr.* **1** (*ordine, dovere*) compiere, eseguire, fare **2** (*ambizione, desiderio*) avverare, realizzare **3** (*promessa*) mantenere **4** (*giur.*) ubbidire, rispettare **5** (*anni*) compiere, fare **B** *v.intr.* **1** (*con*) compiere **2** (*mil.*) congedarsi **3** (*data, termine*) scadere **4** (*fig.*) convenire **C** *v.pron.* **1** celebrarsi, compiersi **2** realizzarsi, avverarsi.
cuna [kúna] *s.f.* **1** culla **2** (*fig.*) natali (*m.pl.*), stirpe **3** (*fig.*) culla, infanzia, nascita **4** (*fig.*) culla, patria, terra **5** (*tecn.*) basamento (*m.*).
cundir [kundír] *v.intr.* **1** diffondersi, divulgarsi, propagarsi **2** progredire, andare avanti.
cuñado [kuɲáðo] *s.m.* cognato.
cupón [kupón] *s.m.* **1** (*comm.*) cedola (*f.*), tagliando **2** (*lotteria*) biglietto **3** bollino.
cura[1] [kúra] *s.f.* (*med.*) **1** guarigione **2** cura, terapia.
cura[2] [kúra] *s.m.* (*rel.*) curato, parroco.
curiosidad [kurjosiðáð] *s.f.* **1** curiosità (*inv.*) **2** (*cosa*) curiosità (*inv.*), rarità (*inv.*).
curioso [kurjóso] *agg.* **1** curioso, indiscreto **2** curioso, strano.
currar [kurrár] *v.intr.* (*fam.*) lavorare.
curro [kúrro] *s.m.* (*fam.*) lavoro.
cursi [kúrsi] *agg.m.* e *f.* (*pegg.*) **1** pacchiano (*m.*), volgare **2** (*stile*) kitsch (*inv.*).
curso [kúrso] *s.m.* **1** corso, direzione (*f.*), movimento **2** (*istr.*) corso **3** (*bur.*) espletamento **4** (*tempo, avvenimento*) corso, evoluzione (*f.*), svolgimento **5** (*malattia*) corso, decorso **6** (*fiume*) corso.

curva [kúrβa] *s.m.* curva.
custodiar [kustoðjár] *v.tr.* custodire, sorvegliare, vigilare.
cutis [kútis] *s.m.inv.* (*anat.*) **1** (*viso*) pelle (*f.sing.*) **2** derma.
cutre [kútre] *agg.* e *s.m.* e *f.* **1** (*fam.*) taccagno (*m.*), avaro (*m.*) **2** (*gerg.*) misero (*agg.*), squallido (*agg*).
cuyo [kúǰo] agg. (*relativo*) il/di cui, il quale.

D

d [dé] *s.f.inv.* **1** lettera d **2** (*numero romano che corrisponde a 500*) D.
dadaísmo [daðaísmo] *s.m.* (*lett.* e *pitt.*) dadaismo.
dado[1] [dáðo] *agg.* **1** dato, visto **2** (*a*) (*fig.*) portato, incline (*m.* e *f.*) **3** possibile (*m.* e *f.*).
dado[2] [dáðo] *s.m.* **1** dado **2** (*mecc.*) dado **3** (*arch.*) dado, piedistallo.
daltonismo [daltonísmo] *s.m.* daltonismo.
dama[1] [dáma] *s.f.* **1** dama, signora **2** donna amata **3** dama, nobildonna **4** (*cine.* e *teatr.*) primadonna, protagonista **5** (*gioco*) (*dama*) dama, pedina doppia **6** (*gioco*) (*scacchi*) regina.
dama[2] [dáma] *s.f.* (*zool.*) daino (*m.*).
damas [dámas] *s.f.pl.* (*gioco*) dama (*sing.*).
danés [danés] *agg.* e *s.m.* danese (*m.* e *f.*).
danza [dánθa] *s.f.* **1** danza, ballo (*m.*) **2** (*fig.* e *fam.*) pasticcio (*m.*), imbroglio **3** (*fig.* e *fam.*) viavai (*m.inv.*).
danzar [danθár] **A** *v.tr.* danzare, ballare **B** *v.intr.* (*fig.*) **1** danzare, muoversi, agitarsi **2** intromettersi, ficcare il naso.
dañar [daɲár] **A** *v.tr.* **1** danneggiare, nuocere **2** danneggiare, ledere **3** danneggiare, guastare, rovinare **B** *v.pron.* **1** guastarsi, andare a male **2** farsi male.
daño [dáɲo] *s.m.* **1** danno **2** male **3** (*giur.*) danno.
dar [dár] **A** *v.tr.* **1** dare, donare, regalare **2** dare, consegnare **3** dare, proporre **4** dare, conferire **5** dare, somministrare **6** (*fig.*) dare, considerare **7** (*econ.*) fruttare, rendere **8** dare, augurare **9** (*fam.*) (*spettacoli*) proiettare, avere in cartellone, dare **10** dare, impartire **11** (*ore*) suonare, battere **B** *v.intr.* **1** importare, interessare, fare **2** percuotere, picchiare, suonare **3** (*en*) dare, urtare, inciampare **4** (*a*) (*tecn.*) avviare, mettere in moto **C** *v.pron.* **1** darsi, consegnarsi, arrendersi **2** (*fig.*) darsi, abbandonarsi **3** darsi, dedicarsi, applicarsi **4** (*fig.*) essere portati.
dardo [dárðo] *s.m.* **1** dardo, giavellotto **2** (*fig.*) frecciata (*f.*), allusione (*f.*) pungente.
dátil [dátil] *s.m.* (*bot.*) dattero.
dato [dáto] *s.m.* **1** dato, elemento **2** documento **3** (*inform.*) dato.
de [dé] *prep.* **1** (*possesso*) di **2** (*modo*) in **3** (*procedenza*) da **4** (*materia*) di **5** (*contenuto*) di **6** (*argomento*) di: *un programa ~ deportes,* un programma di sport **7** (*tempo*) di **8** (*partitivo*) di **9** (*condizione, qualità*) di **10** (*maniera*) con **11** (*finale*) da **12** (*percorso*) da.
debajo [deβáxo] *avv.* (anche *fig.*) sotto.
debate [deβáte] *s.m.* dibattito, discussione (*f.*).
deber [deβér] **A** *s.m.* dovere, obbligo **B** *v.tr.* **1** dovere, avere l'obbligo **2** dovere, essere debitore **C** *v.pron.* essere dovuto a, essere causato da.

deberes [deβéres] *s.m.pl.* (*scuola*) compiti.
débil [déβil] *agg.* e *s.m.* e *f.* **1** debole, delicato (*agg.m.*), fragile (*agg.*) **2** (*fig.*) debole, molle (*agg.*) **3** (*psic.*) debole (*agg.*), labile (*agg.*) **4** debole, tenue (*agg.*).
debut [deβú*t*] *s.m.* **1** debutto **2** esordio.
década [dékaða] *s.f.* **1** decade, decina **2** (*giorno*) decade **3** (*anno*) decennio (*m.*) **4** (*lett.*) decade.
decadencia [dekaðénθja] *s.f.* decadenza, declino (*m.*).
decaer [dekaér] *v.intr.* **1** decadere, declinare **2** (*mar.*) scadere, spostarsi per effetto del vento o della corrente.
decaimiento [dekaimjénto] *s.m.* **1** decadenza (*f.*) **2** (*fig.*) abbattimento, scoraggiamento.
decapitación [dekapitaθjón] *s.f.* decapitazione.
decena [deθéna] *s.f.* decina.
decencia [deθénθja] *s.f.* **1** decenza, decoro (*m.*) **2** modestia, pudore (*m.*) **3** (*fig.*) dignità (*inv.*).
decepción [deθe*p*θjón] *s.f.* delusione.
decepcionar [deθe*p*θjonár] *v.tr.* deludere.
deceso [deθéso] *s.m.* decesso, morte (*f.*).
decibelio [deθiβéljo] *s.m.* decibel (*inv.*).
decidir [deθiðír] **A** *v.tr.* **1** decidere **2** determinare **B** *v.pron.* decidersi, prendere una risoluzione.
decímetro [deθímetro] *s.m.* decimetro.
décimo [déθimo] **A** *agg.num.ord.* decimo **B** *s.m.* **1** decimo, decima parte **2** (*lotteria*) decimo di un biglietto.
decir [deθír] **A** *s.m.* **1** detto, parola (*f.*) **2** motto, sentenza (*f.*) **B** (digo, dije, diré, dicho) *v.tr.* **1** dire **2** chiamare, soprannominare **3** (*fig.*) rivelare, far trasparire **4** (*fig.*) dire, affermare **C** *v.pron.* dirsi, parlare con sé stesso.
decisión [deθisjón] *s.f.* **1** decisione, scelta **2** risolutezza, fermezza **3** (*giur.*) sentenza.
declaración [deklaraθjón] *s.f.* **1** dichiarazione **2** (*sentimento*) dichiarazione, confessione **3** (*giur.*) deposizione.
declive [deklíβe] *s.m.* **1** declivio, pendio, pendenza (*f.*) **2** (*fig.*) decadenza (*f.*), tramonto.
decoloración [dekoloraθjón] *s.f.* decolorazione.
decoración [dekoraθjón] *s.f.* **1** decorazione **2** (*arch.*) arredamento (*m.*) **3** (*teatr.*) scenografia.
decorado [dekoráðo] *s.m.* **1** (*arch.*) arredamento **2** (*teatr.*) scenografia (*f.*).
decremento [dekreménto] *s.m.* decremento, diminuzione (*f.*).
decreto [dekréto] *s.m.* (*giur.*) decreto, provvedimento.
dedicar [deðikár] **A** *v.tr.* **1** dedicare, consacrare **2** (*fig.*) dedicare **3** destinare, devolvere **B** *v.pron.* dedicarsi, consacrarsi.
dedicatoria [deðikatórja] *s.f.* dedica.
dedo [déðo] *s.m.* **1** (*anat.*) dito **2** dito, quantità minima.
deducción [deðu*k*θjón] *s.f.* **1** (anche *fil.*) deduzione, argomentazione **2** (*econ.*) deduzione, detrazione.
defecto [defé*k*to] *s.m.* **1** difetto, mancanza (*f.*) **2** difetto, imperfezione (*f.*) **3** (*tecn.*) difetto, imperfezione (*f.*).
defender [defendér] **A** *v.tr.* **1** difendere, proteggere **2** difendere, sostenere **3** salvaguardare **4** (*giur.*) difendere **5** (*sport*) contrastare gli attacchi avversari **B** *v.pron.* difendersi, proteggersi **2** (*fig.*) difendersi, cavarsela.
defensa [defénsa] *s.f.* **1** (anche *bio.* e *sport*) difesa **2** difesa, protezione **3** (*giur.*) difesa, avvocato (*m.*) difensore **4** (*giur.*) difesa, argomentazione.
déficit [défiθit] *s.m.inv.* (*lat.*) **1** (*econ.*) deficit, disavanzo (*sing.*) **2** insufficienza (*f.sing.*), carenza (*f.sing.*).
definición [definiθjón] *s.f.* **1** definizione **2** decisione, determinazione **3** (*vocablo*) definizione, significazione

4 (*fot.*) definizione, nitidezza, precisione.
definir [definír] **A** *v.tr.* **1** definire, precisare, fissare i limiti **2** definire, determinare **3** spiegare, definire **4** (*pitt.*) rifinire, dare gli ultimi tocchi **B** *v.pron.* decidersi.
definitivo [definitíβo] *agg.* **1** definitivo, conclusivo, decisivo **2** (*giur.*) definitivo.
deformación [deformaθjón] *s.f.* (anche *fig.*) deformazione.
deformidad [deformiðáð] *s.f.* (anche *fig.*) anomalia, deformazione.
degeneración [dexeneraθjón] *s.f.* **1** degenerazione **2** (*med.* e *psic.*) degenerazione, alterazione.
degenerar [dexenerár] *v.intr.* **1** degenerare **2** (*fig.*) degenerare, tralignare **3** (*med.*) degenerare, essere colpito da degenerazione.
degradación [deɣraðaθjón] *s.f.* **1** degradazione **2** (*fig.*) degradazione, avvilimento (*m.*) **3** (*pitt.*) sfumatura.
dejadez [dexaðéθ] *s.f.* indolenza, trascuratezza.
dejar [dexár] **A** *v.tr.* **1** lasciare, posare **2** lasciare, separarsi **3** omettere, tralasciare **4** permettere, consentire **5** fruttare, rendere **6** lasciare, abbandonare **7** affidare, raccomandare **8** lasciare, assentarsi **9** prestare **10** cessare, smettere **B** *v.pron.* **1** trascurarsi, lasciarsi **2** (*fig.*) abbattersi, scoraggiarsi **3** (*fig.* e *fam.*) smetterla, piantarla.
del [dél] *prep.art.m.sing.* **1** (*appartenenza*) del, dello, dell' **2** (*origine*) dal, dallo, dall'.
delante [delánte] *avv.* **1** davanti, di fronte **2** dinanzi, nella parte anteriore **3** davanti a, dirimpetto **4** davanti a, al cospetto di, alla presenza di.
delantero [delantéro] **A** *agg.* anteriore (*m.* e *f.*) **B** *s.m.* **1** (*zool.*) quarto anteriore **2** (*carrozza*) postiglione **3** davanti, parte (*f.*) anteriore **4** (*sport*) attaccante, avanti.
delator [delatór] *s.m.* delatore, spia (*f.*).
delco [délko] *s.m.* (*elettr.*) spinterogeno.
delegación [deleɣaθjón] *s.f.* **1** delega **2** (*bur.*) delegazione, ufficio (*m.*) **3** delegazione, rappresentanza **4** (*bur.*) intendenza.
deleitar [deleitár] **A** *v.tr.* dilettare, procurare piacere/diletto **B** *v.pron.* (*en/con*) dilettarsi, provare diletto.
deletrear [deletreár] **A** *v.intr.* compitare, sillabare **B** *v.tr.* **1** compitare, fare lo spelling **2** (*fig.*) decifrare.
delfín [delfín] *s.m.* (*zool.*) delfino.
delgadez [delɣaðéθ] *s.f.* magrezza.
delgado [delɣáðo] *agg.* **1** magro, scarno **2** sottile (*m.* e *f.*), esile (*m.* e *f.*) **3** (*anat.*) tenue (*m.* e *f.*).
delicado [delikáðo] *agg.* **1** delicato **2** (*fig.*) delicato, cagionevole (*m.* e *f.*) **3** fragile (*m.* e *f.*), delicato, facile a rompersi/guastarsi **4** (*fig.*) delicato, scabroso **5** (*cuc.*) delicato, squisito, gustoso **6** delicato, fine (*m.* e *f.*) **7** permaloso, suscettibile (*m.* e *f.*).
delicia [delíθja] *s.f.* delizia, intenso piacere (*m.*).
delincuencia [deliŋkwénθja] *s.f.* delinquenza, criminalità (*inv.*).
delincuente [deliŋkwénte] *agg.* e *s.m.* e *f.* delinquente.
delirio [delírio] *s.m.* **1** delirio **2** (*psic.*) delirio, turba (*f.*) mentale **3** (*fig.*) sproposito, esaltazione (*f.*).
delito [delíto] *s.m.* **1** delitto, colpa (*f.*) **2** (*giur.*) delitto, reato.
demanda [demánda] *s.f.* **1** domanda, petizione, supplica **2** tentativo (*m.*), impresa **3** (*econ.*) domanda, richiesta **4** (*giur.*) domanda, istanza.
demarcación [demarkaθjón] *s.f.* **1** demarcazione **2** (*geog.*) confine (*m.*) **3** (*bur.*) circoscrizione.
demás [demás] **A** *agg.inv.* altro (*m.sing.*) **B** *avv.* inoltre, oltre **C** *pron.m.* e *f.inv.* **1** altro (*m.sing.*) **2** (*neutro*) resto (*s.*).

demasiado [demasjáðo] **A** *agg.* troppo **B** *avv.* troppo, molto.
democracia [demokráθja] *s.f.* democrazia.
demografía [demoɣrafía] *s.f.* demografia.
demolición [demoliθjón] *s.f.* **1** (*edil.*) demolizione, abbattimento (*m.*) **2** (*fig.*) demolizione, distruzione.
demonio [demónjo] *s.m.* **1** (*rel.*) demonio, diavolo **2** (*fig.*) demone, genio soprannaturale **3** (*fig.*) demonio, persona malvagia.
demostración [demostraθjón] *s.f.* **1** dimostrazione, attestazione **2** dimostrazione, manifestazione **3** (*fil.*) dimostrazione **4** (*fig.*) dimostrazione, manifestazione, prova.
demostrar [demostrár] *v.tr.* **1** dimostrare, manifestare **2** dimostrare, insegnare, spiegare **3** (*fil.* e *mat.*) dimostrare, provare con esperimenti/ragionamenti.
densidad [densiðáð] *s.f.* (anche *fis.*) densità (*inv.*).
denso [dénso] *agg.* **1** denso, spesso, consistente (*m.* e *f.*) **2** denso, compatto, fitto **3** (*fig.*) denso, folto **4** (*fig.*) oscuro, difficile da capire.
denuncia [denúnθja] *s.f.* **1** denuncia **2** (*giur.*) esposto (*m.*).
denunciar [denunθjár] *v.tr.* **1** (*giur.*) denunciare, notificare **2** denunciare, rendere noto all'opinione pubblica **3** manifestare, rendere palese.
departamento [departaménto] *s.m.* **1** compartimento, scompartimento **2** (*bur.*) dipartimento, circoscrizione (*f.*) **3** (*istr.*) dipartimento universitario, istituto **4** (*bur.*) dicastero, ministero **5** (*mar.*) capitaneria (*f.*) **6** sezione (*f.*), ripartizione (*f.*).
dependencia [dependénθja] *s.f.* **1** dipendenza **2** correlazione, dipendenza **3** (*droga*) dipendenza, tossicodipendenza **4** (*comm.*) dipendenza, filiale, succursale **5** (*comm.*) dipendenti (*m.pl.*), organico (*m.*), personale (*m.*).
depender [dependér] *v.intr.* (*de*) **1** dipendere, essere soggetto **2** dipendere, derivare **3** (*fig.*) dipendere, essere condizionato **4** dipendere, essere economicamente dipendente.
dependiente [dependjénte] **A** *agg.m.* e *f.* dipendente **B** *s.m.* (*comm.*) dipendente.
depilación [depilaθjón] *s.f.* depilazione.
deponer [deponér] **A** *v.tr.* **1** deporre, lasciare, abbandonare **2** deporre, destituire **3** mettere giù, depositare **B** *v.intr.* **1** defecare **2** (*giur.*) deporre, testimoniare, dichiarare.
deportación [deportaθjón] *s.f.* deportazione, esilio (*m.*).
deportar [deportár] *v.tr.* deportare, esiliare.
deporte [depórte] *s.m.* sport (*inv.*).
depositar [depositár] **A** *v.tr.* **1** depositare, affidare, dare in deposito **2** riporre, mettere **3** (*giur.*) affidare la tutela di una giovane a qlcu. **4** deporre, collocare, posare **B** *v.intr. pron.* depositarsi, sedimentare.
depósito [depósito] *s.m.* **1** deposito **2** (*aer.* e *mil.*) deposito, rimessa (*f.*), arsenale **3** (*idr.*) serbatoio, cisterna (*f.*) **4** (*penna stilografica*) serbatoio **5** (*econ.*) deposito, versamento **6** (*geol.*) deposito, sedimento.
depreciar [depreθjár] *v.tr.pron.* (*econ.*) deprezzare, svalutare.
depresión [depresjón] *s.f.* **1** (*econ.*) depressione **2** (*geog.*) depressione, avvallamento (*m.*) **3** (*med.*) depressione, prostrazione **4** (*meteo.*) depressione, bassa pressione atmosferica.
deprisa [deprísa] *avv.* in fretta, di corsa.
depuración [depuraθjón] *s.f.* **1** depurazione, decontaminazione **2** (*fisiol.*) depurazione, purificazione.
derecha [derétʃa] *s.f.* **1** destra, mano destra **2** (*pol.*) destra.
derecho [derétʃo] **A** *agg.* **1** diritto **2** di-

ritto, eretto **3** destro **4** (*fig.*) retto, giusto **B** *avv.* direttamente, per via retta **C** *s.m.* **1** diritto **2** (*tess.*) drittofilo (*inv.*), verso **3** diritto, privilegio **4** (*istr.*) giurisprudenza (*f.*).

derivación [deriβaθjón] *s.f.* **1** derivazione **2** origine, provenienza.

dermatología [dermatoloxía] *s.f.* (*med.*) dermatologia.

derrame [derráme] *s.m.* **1** spargimento **2** fuoriuscita (*f.*), fuga (*f.*) **3** (*arch.*) strombatura (*f.*) **4** (*valle*) diramazione (*f.*), braccio **5** (*med.*) emorragia (*f.*), versamento.

derretir [derretír] **A** *v.tr.* **1** sciogliere, liquefare, struggere **2** (*fig.*) dilapidare, scialacquare **3** (*fam.*) (*gioco*) cambiare, far moneta **B** *v.pron.* **1** arrovellarsi, struggersi, disfarsi **2** (*fig.*) prendersi una cotta, innamorarsi.

derribo [derríβo] *s.m.* (*edil.*) **1** abbattimento, demolizione (*f.*) **2** macerie (*f.pl.*).

derroche [derrótʃe] *s.m.* spreco, sperpero.

derrota[1] [derróta] *s.f.* **1** sentiero (*m.*), viottolo (*m.*) **2** (*mar.*) rotta.

derrota[2] [derróta] *s.f.* **1** (*mil.*) sconfitta, disfatta totale **2** (*fig.*) sconfitta, insuccesso (*m.*), fallimento (*m.*).

derrumbe [derrúmbe] *s.m.* (anche *fig.*) crollo, caduta (*f.*).

desactivar [desaktiβár] *v.tr.* **1** (*chim.*) neutralizzare **2** disattivare, disinnescare **3** (*fig.*) sventare, impedire.

desacuerdo [desakwérðo] *s.m.* disaccordo, dissenso.

desafío [desafío] *s.m.* **1** sfida (*f.*), duello **2** (*fig.*) sfida (*f.*).

desagradable [desaɣraðáβle] *agg.m.* e *f.* sgradevole, spiacevole.

desagradecido [desaɣraðeθíðo] *agg.* **1** ingrato, irriconoscente (*m.* e *f.*) **2** (*lavoro*) ingrato, pesante (*m.* e *f.*).

desagrado [desaɣráðo] *s.m.* **1** disgusto, fastidio, dispiacere **2** malavoglia (*f.*), svogliatezza (*f.*).

desagregación [desaɣreɣaθjón] *s.f.* disgregazione.

desagüe [desáɣwe] *s.m.* **1** prosciugamento **2** scolo, tubo di scarico, fognatura (*f.*).

desahogar [desaoɣár] **A** *v.tr.* **1** sollevare, dare sollievo **2** sfogare, scaricare **B** *v.pron.* **1** sfogarsi, scaricarsi **2** (*dubbio*) sdebitarsi, saldare i debiti.

desahogo [desaóɣo] *s.m.* **1** sfogo **2** sollievo **3** spaziosità (*f.inv.*) ampiezza (*f.*) **4** disinvoltura (*f.*), scioltezza (*f.*) **5** sfacciataggine (*f.*), sfrontatezza (*f.*).

desahucio [desáuθjo] *s.m.* sfratto.

desaire [desáire] *s.m.* **1** sgarbo, affronto **2** disprezzo.

desaliento [desaljénto] *s.m.* (*fig.*) scoraggiamento, abbattimento, avvilimento.

desalojar [desaloxár] **A** *v.tr.* **1** sloggiare, cacciare **2** sgomberare, evacuare **B** *v.pron.* sloggiare, andarsene.

desamparo [desampáro] *s.m.* abbandono.

desamueblado [desamweβláðo] *agg.* non ammobiliato.

desanimar [desanimár] **A** *v.tr.* scoraggiare, demoralizzare **B** *v.pron.* scoraggiarsi, avvilirsi.

desánimo [desánimo] *s.m.* scoraggiamento, demoralizzazione (*f.*), sconforto.

desanudar [desanuðár] *v.tr.* **1** slacciare, slegare, snodare **2** (*fig.*) sbrogliare, risolvere.

desapacible [desapaθíβle] *agg.m.* e *f.* **1** sgradevole, spiacevole **2** (*meteo.*) uggioso (*m.*) **3** brusco (*m.*), aspro (*m.*).

desaparecer [desapareθér] **A** *v.intr.* scomparire, morire **B** *v.tr.* **1** sparire, svanire, scomparire **2** scomparire, dileguarsi.

desaparecido [desapareθíðo] *agg.* e *s.m.* (*amer.*) desaparecido, scomparso per motivi politici.

desaparición [desapariθjón] *s.f.* scomparsa, sparizione.

desapego [desapéɣo] *s.m.* (*fig.*) distacco, disamore, disinteresse.
desapercibido [desaperθiβíðo] *agg.* **1** inavvertito, inosservato **2** impreparato.
desaprobar [desaproβár] *v.tr.* disapprovare, biasimare, riprovare.
desaprovechamiento [desaproβetʃamjénto] *s.m.* sperpero.
desaprovechar [desaproβetʃár] **A** *v.tr.* **1** sprecare, usare malamente **2** (*fig.*) sprecare, sciupare **B** *v.intr.* retrocedere, perdere il vantaggio.
desarmar [desarmár] **A** *v.tr.* **1** disarmare **2** (*tecn.*) smontare, scomporre **3** (*mil.*) smobilitare **4** (*fig.*) disarmare, convincere **5** (*fig.*) confondere, lasciare senza parole **B** *v.intr.* (*pol.*) ridurre gli armamenti.
desarme [desárme] *s.m.* **1** (anche *pol.*) disarmo **2** (*tecn.*) smontaggio.
desarraigar [desarraiɣár] *v.tr.* **1** sradicare **2** (*fig.*) sradicare, estirpare, distruggere **3** sradicare, esiliare **B** *v.pron.* abbandonare il proprio ambiente.
desarraigo [desarráiɣo] *s.m.* (anche *fig.*) sradicamento.
desarrancarse [desarraŋkárse] *v.pron.* disertare, abbandonare.
desarreglo [desarréɣlo] *s.m.* disordine, scompiglio.
desarrollar [desarroʎár] **A** *v.tr.* **1** srotolare, stendere, distendere **2** (*fig.*) sviluppare, far progredire **3** (*fig.*) sviluppare, trattare **4** realizzare, attuare **5** (*mat.*) sviluppare **B** *v.pron.* **1** (*fig.*) svolgersi, avvenire, accadere **2** svilupparsi, crescere **3** (*persona*) svilupparsi, crescere.
desarrollismo [desarroʎísmo] *s.m.* (*econ.*) liberismo.
desarrollo [desarróʎo] *s.m.* **1** sviluppo, crescita (*f.*) **2** (*bio.*) sviluppo, crescita (*f.*).
desasosiego [desasosiéɣo] *s.m.* inquietudine (*f.*), agitazione (*f.*), ansia (*f.*).
desastre [desástre] *s.m.* **1** disastro, sciagura (*f.*) **2** (*mil.*) sconfitta (*f.*), disfatta (*f.*) **3** (*fig.*) fallimento, fiasco **4** (*fig.*) (*persona*) disastro, incapace (*m.* e *f.*).
desatadura [desataðúra] *s.f.* slegamento (*m.*).
desatar [desatár] **A** *v.tr.* **1** sciogliere, slegare **2** scatenare **3** (*fig.*) allungare, annacquare **B** *v.pron.* **1** slegarsi, sciogliersi **2** (*fig.*) straparlare, parlare a sproposito **3** (*fig.*) scatenarsi, sfrenarsi **4** (*fig.*) scatenarsi.
desatascar [desataskár] **A** *v.tr.* **1** togliere/liberare dal fango, spantanare **2** sturare, disintasare **3** (*fig.*) liberare da un imbroglio/pasticcio **B** *v.pron.* togliersi/liberarsi dal fango.
desatención [desatenθjón] *s.f.* **1** disattenzione, distrazione **2** scortesia, mancanza di gentilezza.
desatender [desatendér] *v.tr.* **1** non prestare attenzione **2** trascurare **3** non ascoltare, non seguire.
desaventajado [desaβentaxáðo] *agg.* **1** svantaggiato, in condizione d'inferiorità **2** svantaggioso, sfavorevole (*m.* e *f.*).
desavío [desaβío] *s.m.* **1** disturbo, scomodità (*f.inv.*) **2** sviamento.
desayunar [desaǰunár] **A** *v.intr./tr.pron.* fare la prima colazione **B** *v.pron.* (*fig.* e *fam.*) venire a conoscenza di qlco. per ultimo.
desayuno [desaǰúno] *s.m.* colazione (*f.*), prima colazione (*f.*).
desbaratado [desβaratáðo] *agg.* e *s.m.* scapestrato, sregolato.
desbarro [desβárro] *s.m.* sproposito.
desbloquear [desβlokeár] *v.tr.* **1** (*comm.*) sbloccare **2** (*econ.* e *giur.*) togliere l'embargo, sbloccare.
desbloqueo [desβlokéo] *s.m.* sblocco.
desbordamiento [desβorðamjénto] *s.m.* straripamento, tracimazione (*f.*).
descabal [deskaβál] *agg.m.* e *f.* incompleto (*m.*), imperfetto (*m.*).
descafeinado [deskafeináðo] *agg.* e *s.m.* decaffeinato.

descalificación [deskalifikaθjón] *s.f.* squalifica.
descalificar [deskalifikár] *v.tr.* **1** squalificare, screditare **2** (*sport*) squalificare.
descalzo [deskálθo] *agg.* (anche *rel.*) scalzo.
descamisado [deskamisáðo] **A** *agg.* senza camicia **B** *s.m.* (*Argentina*) peronista (*m.* e *f.*).
descansar [deskansár] **A** *v.intr.* **1** riposare, tirare il fiato **2** (*fig.*) sfogarsi, scaricarsi **3** riposare, dormire **4** riposare, non produrre **5** (*fig.*) riposare, essere morto **B** *v.tr.* dare sollievo.
descansillo [deskansíʎo] *s.m.* pianerottolo.
descanso [deskánso] *s.m.* **1** riposo, quiete (*f.*) **2** riposo, sosta (*f.*) **3** sollievo, conforto **4** pianerottolo **5** (*arch.*) base (*f.*), piedistallo **6** (*cine.* e *teatr.*) intervallo.
descapotable [deskapotáβle] *agg.m.* e *f.* (*auto.*) decappottabile.
descargar [deskarɣár] **A** *v.tr.* **1** scaricare, discaricare **2** (*cuc.*) disossare **3** (*mil.*) scaricare, sparare **4** (*arma*) scaricare, svuotare **5** (*elettr.*) scaricare, privare della carica **6** (*fig.*) sfogare, riversare **7** (*fig.*) assolvere, scagionare **B** *v.intr.* **1** (*fiume*) scaricare, immettere **2** (*meteo.*) scaricarsi, sciogliersi **C** *v.intr.pron.* **1** scaricare/far ricadere su altri **2** (*giur.*) scagionarsi, scolparsi.
descargo [deskárɣo] *s.m.* **1** scarico **2** (*comm.*) scarico, uscita (*f.*) **3** (*giur.*) discarico, difesa (*f.*), discolpa (*f.*).
descaro [deskáro] *s.m.* **1** sfacciataggine (*f.*), insolenza (*f.*) **2** cinismo.
descartar [deskartár] **A** *v.tr.* (*fig.*) scartare, rifiutare, eliminare **B** *v.pron.* (*gioco*) (*carte*) scartare.
descarte [deskárte] *s.m.* **1** (*gioco*) (*carte*) scarto **2** (*sport*) scarto, esclusione (*f.*).
descatalogado [deskataloɣáðo] *agg.* fuori catalogo.
descender [desθendér] **A** *v.intr.* **1** scendere, discendere **2** scendere, scorrere verso il basso **3** diminuire, scemare **4** (*fig.*) discendere, trarre origine **5** (*fig.*) derivare, conseguire **6** abbassarsi, calare **B** *v.tr.* scendere, discendere.
descendiente [desθendjénte] *s.m.* e *f.* discendente.
descenso [desθénso] *s.m.* **1** discesa (*f.*) **2** (*fig.*) calo, abbassamento **3** (*sport*) retrocessione (*f.*).
descentrado [desθentráðo] *agg.* **1** scentrato **2** (*fig.*) spaesato.
descentrar [desθentrár] *v.tr.pron.* **1** scentrare **2** (*persona*) togliere dal proprio ambiente.
descifrar [desθifrár] *v.tr.* decifrare.
descojonante [deskoxonánte] *agg.m.* e *f.* (*fam.* e *fig.*) **1** divertentissimo (*m.*), esilarante **2** eccezionale, da sballo.
descojonarse [deskoxonárse] *v.pron.* sbellicarsi dalle risa, crepare dal ridere.
descolgar [deskolɣár] **A** *v.tr.* **1** staccare **2** calare, far scendere **3** levare, togliere **4** (*telefono*) sganciare, alzare il ricevitore **B** *v.intr.pron.* **1** (*sport*) staccare, sorpassare gli avversari **2** calarsi, scendere **3** (*fam.*) (*droga*) disintossicarsi **4** perdere i contatti, rimanere fuori dal giro.
descolocar [deskolokár] *v.tr.pron.* spostare, muovere.
descomponer [deskomponér] **A** *v.tr.pron.* **1** scomporre, disordinare, scompigliare **2** rompere, guastare **3** scomporre, smontare **4** (*fig.*) alterare, turbare, scomporre **5** guastare, decomporre **6** (*fig.*) irritare, infuriare **B** *v.tr.* rovinare, danneggiare.
descompresión [deskompresjón] *s.f.* (*fis.*) decompressione.
descomunión [deskomunjón] *s.f.* (*rel.*) scomunica.
desconcierto [deskonθjérto] *s.m.* **1** smontaggio, scomposizione (*f.*) **2** sconcerto, turbamento, disorientamento **3** (*med.*) slogatura (*f.*), lussazione

(*f.*) **4** (*fig.*) disorganizzazione (*f.*), malgoverno.
desconectado [deskone*k*táðo] *agg.* **1** (*elettr.*) disinserito **2** (*fig.*) isolato, fuori dal giro.
desconectar [deskone*k*tár] *v.tr.* **1** sconnettere, disgiungere **2** (*elettr.*) disinserire, togliere il collegamento **3** (*tecn.*) disinnestare, scollegare **4** (*fig.*) isolarsi, allontanarsi.
desconexión [deskone*k*sjón] *s.f.* **1** sconnessione **2** (*elettr.*) disinserimento (*m.*), spegnimento (*m.*).
desconfianza [deskomfjánθa] *s.f.* diffidenza, sfiducia, sospetto (*m.*).
desconfiar [deskomfjár] *v.intr.* diffidare, dubitare, sospettare.
descongelar [deskoŋxelár] *v.tr.* **1** scongelare, sgelare **2** (*fig.*) scongelare, sbloccare.
desconocido [deskoŋθiðo] *agg.* **1** ingrato **2** sconosciuto, ignoto **3** irriconoscibile (*m.* e *f.*).
desconsolado [deskonsoláðo] *agg.* **1** sconsolato, inconsolabile (*m.* e *f.*) **2** (*fig.*) languido.
descontado [deskontáðo] *agg.* scontato, previsto.
descontar [deskontár] *v.tr.* **1** (*comm.*) scontare **2** (*fig.*) sminuire i meriti o le virtù di una persona.
descontento [deskonténto] **A** *agg.* scontento, insoddisfatto **B** *s.m.* disappunto, insoddisfazione (*f.*).
descontinuo [deskontínwo] *agg.* discontinuo, interrotto.
descontrol [deskontról] *s.m.* mancanza di controllo.
desconveniencia [deskomβenjénθja] *s.f.* sconvenienza, mancanza di convenienza.
descortesía [deskortesía] *s.f.* scortesia, maleducazione.
descoser [deskosér] *v.tr.pron.* (*cucitura*) scucire, disfare le cuciture.
descrédito [deskréðito] *s.m.* discredito, disistima (*f.*).
describir [descriβír] (*p.p.irr.* descrito) *v.tr.* **1** descrivere **2** delineare, descrivere per sommi capi **3** (*movimento*) descrivere, tracciare.
descripción [deskri*p*θjón] *s.f.* **1** descrizione **2** (*giur.*) inventario (*m.*).
descuartizar [deskwartiθár] *v.tr.* **1** squartare, smembrare **2** (*fam.*) fare a pezzi.
descubierta [deskuβjérta] *s.f.* **1** (*mar.*) ricognizione **2** (*mil.*) avanscoperta, esplorazione.
descubierto [deskuβjérto] *agg.* **1** scoperto **2** aperto, spazioso.
descubridor [deskuβriðór] *agg.* e *s.m.* **1** scopritore **2** inventore **3** (*mar.* e *mil.*) esploratore.
descubrimiento [deskuβrimjénto] *s.m.* **1** scoperta (*f.*) **2** scoperta (*f.*), invenzione (*f.*).
descubrir [deskuβrír] (*p.p.irr.* descubierto) **A** *v.tr.* **1** scoprire, rivelare, mostrare **2** scoprire, scoperchiare **3** scoprire, trovare **4** scoprire, riuscire a vedere/distinguere **5** arrivare a conoscere **6** identificare, individuare **B** *v.pron.* **1** scoprirsi il capo, togliersi il cappello **2** (*fig.*) provare ammirazione **3** (*sport*) (*boxe*) scoprirsi.
descuello [deskwéʎo] *s.m.* **1** elevatezza (*f.*) **2** (*fig.*) superiorità (*f.inv.*), eccellenza (*f.*) **3** (*fig.*) arroganza (*f.*), alterigia (*f.*).
descuento [deskwénto] *s.m.* **1** (*comm.*) sconto, ribasso **2** (*banca*) sconto.
descuido [deskwíðo] *s.m.* **1** distrazione (*f.*), disattenzione (*f.*) **2** negligenza (*f.*), trascuratezza (*f.*) **3** dimenticanza (*f.*) **4** errore, scivolone.
desde [dé*s*ðe] *prep.* da.
desdén [de*s*ðén] *s.m.* **1** disprezzo, disdegno **2** noncuranza (*f.*), indifferenza (*f.*).
desdeñar [de*s*ðeɲár] **A** *v.tr.* disprezzare, sdegnare **B** *v.pron.* non degnarsi, rifiutare.

desdicha [desðítʃa] *s.f.* **1** disgrazia, sfortuna, avversità (*inv.*) **2** miseria, povertà (*inv.*) **3** (*fig.* e *fam.*) (*persona*) disastro (*m.*), buono a nulla.
desdichado [desðitʃáðo] *agg.* **1** disgraziato, sventurato, sciagurato **2** (*fig.* e *fam.*) poveraccio, povero diavolo **3** (*pegg.*) disgraziato, dannato, sfortunato.
desear [deseár] *v.tr.* **1** desiderare, ambire, aspirare **2** augurare, esprimere un augurio **3** desiderare, essere attratto fisicamente.
desechar [desetʃár] *v.tr.* **1** buttare via, scartare, eliminare **2** (*fig.*) allontanare, scacciare **3** rifiutare, disdegnare.
desecho [desétʃo] *s.m.* **1** rifiuto, scarto **2** scoria (*f.*), residuo **3** (*fig.*) rifiuto, scarto.
deseducar [deseðukár] *v.tr.* diseducare.
desembalar [desembalár] *v.tr.* disimballare, togliere dall'imballaggio.
desembalse [desembálse] *s.m.* (*idr.*) smaltimento delle acque di un bacino.
desembarazo [desembaráθo] *s.m.* disinvoltura (*f.*), spigliatezza (*f.*).
desembarco [desembárko] *s.m.* **1** sbarco **2** (*mil.*) sbarco **3** (*edificio*) pianerottolo.
desemboque [desembóke] *s.m.* sbocco, uscita (*f.*).
desembrollar [desembroʎár] *v.tr.* (*fam.*) sbrogliare, districare.
desempacho [desempátʃo] *s.m.* (*fig.*) disinvoltura (*f.*), spigliatezza (*f.*).
desempatar [desempatár] *v.tr./intr.* **1** (*pol.*) fare il ballottaggio **2** (*sport*) fare/giocare lo spareggio.
desempate [desempáte] *s.m.* (*sport*) spareggio.
desempeñar [desempeɲár] **A** *v.tr.* disimpegnare, riscattare **B** *v.pron.* **1** sdebitarsi, liberarsi da un debito **2** (*en*) (*amer.*) svolgere, disimpegnare, esercitare **3** (*como*) (*fig.*) disimpegnarsi, cavarsela **4** (*en*) (*teatr.*) recitare/sostenere il ruolo.
desempeño [desempéɲo] *s.m.* **1** riscatto **2** disimpegno, adempimento **3** (*teatr.*) recitazione (*f.*).
desempleo [desempléo] *s.m.* disoccupazione (*f.*).
desencantar [deseŋkantár] *v.tr.pron.* **1** disincantare, sciogliere da un incantesimo **2** (*fig.*) deludere, disilludere, disingannare.
desencanto [deseŋkánto] *s.m.* delusione (*f.*).
desencerrar [desenθerrár] *v.tr.* **1** liberare, far uscire **2** aprire, dischiudere, disserrare **3** (*fig.*) svelare, scoprire, palesare.
desenchufar [desentʃufár] *v.tr.* disinserire, staccare.
desenfocar [desemfokár] *v.tr./intr.pron.* (*fot.*) sfuocare, sfocare.
desenfrenado [desemfrenáðo] *agg.* e *s.m.* scapestrato, sfrenato.
desenfreno [desemfréno] *s.m.* sregolatezza (*f.*), sfrenatezza (*f.*).
desengañar [deseŋgaɲár] *v.tr.pron.* **1** disingannare, togliere dall'inganno **2** disingannare, deludere, disilludere.
desengaño [deseŋgáɲo] *s.m.* **1** disillusione (*f.*) **2** delusione (*f.*).
desengaños [deseŋgáɲos] *s.m.pl.* delusioni (*f.*), bocconi amari.
desenlace [desenláθe] *s.m.* **1** scioglimento **2** epilogo, conclusione (*f.*).
desenojo [desenóxo] *s.m.* ammansimento.
desenredar [desenrreðár] **A** *v.tr.* **1** districare, sbrogliare **2** (*fig.*) ordinare, mettere a posto **B** *v.pron.* districarsi, cavarsela.
desenredo [desenrréðo] *s.m.* **1** scioglimento, districamento **2** (*lett.* e *teatr.*) epilogo, conclusione (*f.*).
desenrollar [desenrroʎár] *v.tr.* srotolare, stendere, svolgere.
desenroscar [desenrroskár] *v.tr.pron.* **1** srotolare, svolgere, distendere **2** svitare.

desensamblaje [desensambláxe] *s.m.* scomposizione (*f.*), smontaggio.
desentenderse [desentendérse] *v.pron.* **1** fingere di non capire, fare il finto tonto **2** disinteressarsi, lasciare, abbandonare.
desentendido [desentendíðo] *agg.* disinteressato.
desenterramiento [desenterramjénto] *s.m.* disseppellimento, esumazione (*f.*).
desenterrar [desenterrár] *v.tr.* **1** dissotterrare, riesumare, esumare **2** (*fig.*) riesumare, trarre dall'oblio.
desentono [desentóno] *s.m.* stonatura (*f.*).
desentrañar [desentraɲár] **A** *v.tr.* **1** sviscerare, sventrare **2** (*fig.*) decifrare, penetrare **B** *v.pron.* (*fig.*) spogliarsi, privarsi.
desentrenar [desentrenár] *v.tr.pron.* far perdere l'allenamento.
desenvoltura [desemboltúra] *s.f.* **1** disinvoltura, scioltezza **2** (*fig.*) leggerezza.
desenvolver [desembolβér] **A** *v.tr.* **1** svolgere, distendere, spiegare **2** scartare **3** districare, chiarire **4** (*fig.*) svolgere, trattare, sviluppare **5** (*econ.*) sviluppare, incrementare **B** *v.pron.* (*fig.*) **1** districarsi, cavarsela, trarsi d'impaccio **2** svolgersi, avvenire.
deseo [deséo] *s.m.* **1** desiderio, aspirazione (*f.*), ambizione (*f.*) **2** voglia (*f.*), desiderio.
desequilibrado [desekiliβráðo] **A** *agg.* squilibrato **B** *agg.* e *s.m.* (*psic.*) squilibrato.
desequilibrar [desekiliβrár] *v.tr.pron.* squilibrare, destabilizzare, sbilanciare.
desequilibrio [desekilíβrjo] *s.m.* **1** (*econ.*) squilibrio, sbilancio **2** (*psic.*) squilibrio.
desertor [desertór] *agg.* e *s.m.* **1** (*mil.*) disertore **2** (*fig.*) disertore, rinnegato.
desesperación [desesperaθjón] *s.f.* **1** disperazione, perdita di ogni speranza **2** (*fig.*) esasperazione, irritazione, collera **3** (*persona*) disperazione.
desesperar [desesperár] *v.tr./intr.pron.* **1** disperare, perdere la speranza **2** (*fig.* e *fam.*) esasperare, far disperare, far perdere la pazienza.
desfachatez [desfatʃatéθ] *s.f.* (*fam.*) sfacciataggine, sfrontatezza.
desfasar [desfasár] **A** *v.tr.* (*elettr.*) sfasare **B** *v.pron.* (*fig.*) sfasarsi, essere disorientato.
desfase [desfáse] *s.m.* **1** (*elettr.*) sfasamento **2** (*fig.*) sfasamento, disorientamento.
desfavor [desfaβór] *s.m.* sfavore, danno, svantaggio.
desfavorable [desfaβoráβle] *agg.m.* e *f.* sfavorevole, contrario (*m.*), avverso (*m.*).
desfavorecer [desfaβoreθér] *v.tr.* **1** sfavorire, non favorire, danneggiare **2** (*fig.*) stare male, non addirsi.
desfile [desfíle] *s.m.* **1** (*mil.*) parata (*f.*) **2** sfilata (*f.*).
desgana [desɣána] *s.f.* **1** inappetenza **2** (*fig.*) malavoglia, svogliatezza, pigrizia.
desgarrar [desɣarrár] **A** *v.tr.* **1** strappare, rompere, lacerare **2** (*fig.*) schiantare, straziare, spezzare **B** *v.pron.* (*fig.*) appartarsi, isolarsi.
desgarro [desɣárro] *s.m.* **1** (anche *med.*) strappo **2** (*fig.*) sfacciataggine (*f.*) **3** (*fig.* e *fam.*) fanfaronata (*f.*), millanteria (*f.*).
desgastar [desɣastár] **A** *v.tr.* **1** logorare, consumare **2** (*fig.*) corrompere, pervertire, guastare **B** *v.pron.* esaurirsi, logorarsi.
desgaste [desɣáste] *s.m.* **1** (*fig.*) logorio **2** usura (*f.*), logoramento.
desgracia [desɣráθja] *s.f.* **1** disgrazia, sorte avversa, sventura **2** disgrazia, sciagura, disastro (*m.*) **3** disdetta, scalogna.
desgraciado [desɣraθjáðo] **A** *agg.* **1** disgraziato, sciagurato **2** sventurato, sfortunato **3** sgraziato, goffo, malfatto **B** *s.m.* **1** disgraziato, infelice (*m.* e *f.*) **2** (*insulto*) disgraziato.

deshacer [desaθér] **A** *v.tr.* **1** disfare, scomporre **2** (*mil.*) sbaragliare, sgominare, mettere in rotta **3** sciogliere, liquefare, disfare **4** distruggere, fare a pezzi **5** dissolvere, sciogliere **6** (*fig.*) mandare a monte **7** squartare, fare a pezzi **B** *v.pron.* **1** disfarsi, ridursi in pezzi **2** disfarsi, sciogliersi **3** (*fig.*) disfarsi, struggersi, consumarsi **4** dissiparsi, disperdersi, dissolversi **5** (*fig.*) sgobbare **6** (*fig.*) farsi in quattro, adoperarsi, darsi da fare.
deshecho [desétʃo] *agg.* **1** disfatto **2** rotto, spaccato **3** (*fig.*) distrutto, abbattuto **4** (*fig.*) sfinito, esausto **5** (*meteo.*) impetuoso, violento.
desheredado [desereðáðo] *agg.* **1** diseredato **2** (*fig.*) indigente (*m.* e *f.*), povero.
desheredar [desereðár] **A** *v.tr.* diseredare, privare dell'eredità **B** *v.pron.* (*fig.*) tralignare, degenerare.
deshidratación [desiðrataθjón] *s.f.* (*med.*) disidratazione.
deshielo [de*s*ǰélo] *s.m.* **1** disgelo **2** (*fig.* e *pol.*) disgelo, distensione (*f.*).
deshonesto [desonésto] *agg.* **1** disonesto, che manca di onestà **2** disonesto, impudico, turpe (*m.* e *f.*).
deshonor [desonór] *s.m.* disonore, vergogna (*f.*).
deshonrar [desonrrár] **A** *v.tr.* **1** disonorare, privare dell'onore **2** offendere, insultare, oltraggiare **3** stuprare, violentare **B** *v.pron.* disonorarsi, infamarsi.
deshuesado [deswesáðo] *agg.* **1** snocciolato **2** (*cuc.*) disossato.
deshumano [desumáno] *s.m.* disumano, inumano, crudele (*m.* e *f.*).
deshumidificar [desumiðifikár] *v.tr.* deumidificare.
desierto [desjérto] **A** *agg.* **1** deserto, spopolato, disabitato **2** (*comm.*) deserto, senza offerenti **B** *s.m.* (*geog.*) (anche *fig.*) deserto.
designación [desiɣnaθjón] *s.f.* designazione.
designar [desiɣnár] *v.tr.* **1** designare, nominare **2** designare, fissare, stabilire **3** denominare, designare, denotare **4** chiamare, denominare.
desigual [desiɣwál] *agg.m.* e *f.* **1** disuguale, diverso (*m.*), differente **2** irregolare, accidentato (*m.*), aspro (*m.*) **3** (*meteo.*) instabile, variabile **4** (*fig.*) arduo (*m.*), impari (*inv.*) **5** (*fig.*) incostante, volubile.
desigualdad [desiɣwaldáð] *s.f.* **1** disuguaglianza, disparità (*inv.*), differenza **2** irregolarità (*inv.*), asperità (*inv.*) **3** (*mat.*) disuguaglianza.
desilusión [desilusión] *s.f.* **1** scetticismo (*m.*) **2** delusione.
desinencia [desinénθja] *s.f.* (*gramm.*) desinenza.
desinfectante [desimfe*k*tánte] *agg.m.* e *f.* e *s.m.* disinfettante.
desinfectar [desimfe*k*tár] *v.tr.pron.* disinfettare.
desinfestación [desimfestaθjón] *s.f.* disinfestazione.
desinflamación [desimflamaθjón] *s.f.* (*med.*) sgonfiamento (*m.*).
desinflar [desimflár] **A** *v.tr.* **1** sgonfiare **2** (*fig.*) scoraggiare, demoralizzare, abbattere **B** *v.pron.* (anche *fig.*) sgonfiarsi.
desinformación [desimformaθjón] *s.f.* disinformazione.
desinhibirse [desiniβírse] *v.pron.* disinibirsi.
desintegración [desinteɣraθjón] *s.f.* disintegrazione, frantumazione.
desinterés [desinterés] *s.m.* **1** disinteresse, generosità (*f.inv.*) **2** disinteresse, indifferenza (*f.*).
desinteresado [desinteresáðo] *agg.* disinteressato, generoso.
desintoxicación [desinto*k*sikaθjón] *s.f.* disintossicazione.
desleal [de*s*leál] *agg.* e *s.m.* e *f.* sleale (*agg.*), subdolo (*agg.m.*).
deslealtad [de*s*lealtáð] *s.f.* slealtà (*inv.*), tradimento (*m.*).

desliz [de*s*líθ] *s.m.* **1** scivolone, scivolata (*f.*) **2** indiscrezione (*f.*), indelicatezza (*f.*).
deslizamiento [de*s*liθamjénto] *s.m.* **1** scivolamento **2** (*geol.*) bradisismo.
deslizar [de*s*liθár] **A** *v.tr.* **1** (*fig.*) lasciar cadere, lasciarsi sfuggire **2** far scivolare di nascosto **3** far scorrere/scivolare **B** *v.pron.* **1** scivolare, sdrucciolare **2** (*fig.*) svignarsela, andarsene alla chetichella **3** trascorrere, passare **4** (*fig.*) sbagliarsi.
deslumbramiento [de*s*lumbramjénto] *s.m.* **1** abbagliamento, accecamento **2** (*fig.*) offuscamento.
deslumbrante [de*s*lumbránte] *agg.m.* e *f.* **1** accecante, abbagliante **2** smagliante, splendente.
deslumbrar [de*s*lumbrár] *v.tr.pron.* **1** abbagliare, accecare, abbacinare **2** (*fig.*) illudere, ingannare **3** (*fig.*) stupire, meravigliare.
desmadrar [de*s*maðrár] **A** *v.tr.* (*agnello*) svezzare **B** *v.pron.* **1** straripare **2** (*fam.*) sfrenarsi, scatenarsi.
desmán [de*s*mán] *s.m.* **1** vandalismo, violenza (*f.*) **2** abuso, eccesso **3** disgrazia (*f.*), sciagura (*f.*), sventura (*f.*).
desmantelar [de*s*mantelár] *v.tr.* **1** smantellare, abbattere, demolire **2** (*mar.*) disalberare **3** (*edil.*) disarmare, smontare, smantellare **4** smantellare, abolire, sopprimere **5** (*mar.*) disarmare.
desmaño [de*s*máɲo] *s.m.* trascuratezza (*f.*).
desmayar [de*s*maǰár] **A** *v.tr.* causare svenimento **B** *v.intr.* (*fig.*) scoraggiarsi, demoralizzarsi **C** *v.pron.* svenire, perdere i sensi.
desmayo [de*s*máǰo] *s.m.* **1** svenimento **2** scoraggiamento, demoralizzazione (*f.*) **3** (*bot.*) salice piangente.
desmedido [de*s*meðíðo] *agg.* smisurato, sproporzionato.
desmelenar [de*s*melenár] *v.tr.pron.* **1** arruffare, spettinare **2** (*fig.*) agitarsi, scatenarsi, perdere il controllo.
desmentida [de*s*mentíða] *s.f.* smentita.
desmentir [de*s*mentír] **A** *v.tr.* **1** smentire, sbugiardare **2** smentire, negare **3** ritrattare **4** (*fig.*) dissimulare, celare **B** *v.intr.* (*fig.*) storcersi, curvarsi.
desmerecer [de*s*mereθér] **A** *v.tr.* demeritare **B** *v.intr.* **1** rovinarsi, deteriorarsi **2** (*de*) essere inferiore.
desmesura [de*s*mesúra] *s.f.* eccesso (*m.*), dismisura, sproporzione.
desmitificación [de*s*mitifikaθjón] *s.f.* demistificazione.
desmontaje [de*s*montáxe] *s.m.* smontaggio.
desmontar[1] [de*s*montár] *v.tr.* **1** diboscare **2** (*agr.*) dissodare **3** spianare, appianare.
desmontar[2] [de*s*montár] **A** *v.tr.* **1** smontare, scomporre **2** (*edil.*) (*edificio*) demolire **3** (*equit.*) scavalcare, disarcionare **4** (*mil.*) disarmare **B** *v.intr.pron.* smontare/scendere da cavallo.
desmotivar [de*s*motiβár] *v.tr.* demotivare.
desnivel [de*s*niβél] *s.m.* **1** dislivello **2** (*fig.*) dislivello, disparità (*f.inv.*).
desnuclearización [de*s*nukleariθaθjón] *s.f.* denuclearizzazione.
desnudar [de*s*nuðár] **A** *v.tr.* **1** denudare, svestire **2** (*fig.*) denudare, spogliare **3** (*fig.*) spogliare, rubare, depredare **B** *v.pron.* **1** denudarsi, svestirsi, spogliarsi **2** (*fig.*) spogliarsi, lasciare, abbandonare.
desnudo [desnúðo] **A** *agg.* **1** nudo **2** (*fig.*) nudo, spoglio **3** (*fig.*) carente (*m.* e *f.*), privo **4** (*fig.*) nudo, palese (*m.* e *f.*) **B** *s.m.* nudo.
desnutrición [de*s*nutriθjón] *s.f.* denutrizione.
desobediencia [desoβeðénθja] *s.f.* disubbidienza.
desocupado [desokupáðo] *agg.* e *s.m.* **1** indolente (*m.* e *f.*), sfaticato **2** libero (*agg.*), sgombro (*agg.*).
desodorante [desoðoránte] *agg.m.* e *f.* e *s.m.* deodorante.

desodorizar [desoðoriθár] *v.tr.* deodorare.
desoír [desoír] *v.tr.* disattendere, eludere, ignorare.
desolación [desolaθjón] *s.f.* **1** desolazione, afflizione **2** desolazione, rovina, devastazione.
desolador [desolaðór] *agg.* **1** devastatore **2** desolante (*m.* e *f.*).
desolar [desolár] **A** *v.tr.* desolare, devastare **B** *v.pron.* (*fig.*) desolare, affliggere.
desoldar [desoldár] *v.tr.pron.* dissaldare.
desolladura [desoʎaðúra] *s.f.* scorticatura.
desollar [desoʎár] *v.tr.* **1** scorticare, scuoiare **2** (*fig.*) sparlare.
desoprimir [desoprimír] *v.tr.* sgravare, liberare.
desorbitado [desorβitáðo] *agg.* **1** fuori dall'orbita **2** (*fig.*) esorbitante (*m.* e *f.*), eccessivo.
desorden [desórðen] *s.m.* **1** disordine, confusione (*f.*) **2** (*fig.*) sregolatezza (*f.*).
desordenado [desorðenáðo] *agg.* **1** disordinato **2** (*fig.*) sregolato, sfrenato.
desordenar [desorðenár] **A** *v.tr.* disordinare, scompigliare **B** *v.pron.* disordinarsi, scompigliarsi.
desórdenes [desórðenes] *s.m.pl.* **1** disordini **2** (*fig.*) errori, peccati.
desorganización [desorɣaniθaθjón] *s.f.* disorganizzazione.
desorganizar [desorɣaniθár] *v.tr.pron.* disorganizzare, disgregare.
desorientación [desorjentaθjón] *s.f.* disorientamento (*m.*), confusione.
desorientar [desorjentár] *v.tr.* **1** disorientare, far perdere l'orientamento **2** (*fig.*) disorientare, sconcertare.
desovillar [desoβiʎár] *v.tr.* **1** sgomitolare **2** (*fig.*) sbrogliare, risolvere.
desoxidable [deso*k*siðáβle] *agg.m.* e *f.* (*chim.*) che si può disossidare.
desoxidación [deso*k*siðaθjón] *s.f.* disossidazione.
desoxidar [deso*k*siðár] **A** *v.tr.* **1** (*chim.*) disossidare **2** (*tecn.*) disossidare, eliminare l'ossido **B** *v.pron.* perdere l'ossido.
desoxigenación [deso*k*sixenaθjón] *s.f.* (*chim.* e *tecn.*) disossidazione.
despabilado [despaβiláðo] *agg.* (*fig.*) sveglio, furbo.
despabilador [despaβilaðór] *agg.* e *s.m.* **1** (*persona*) smoccolatore **2** (*utensile*) smoccolatoio (*s.*).
despabilar [despaβilár] **A** *v.tr.* **1** smoccolare **2** (*fig.*) scaltrire, sveltire, svegliare **B** *v.pron.* **1** (*fig.*) svegliarsi, scaltrirsi **2** (*all'imperativo*) (*fig.*) sbrigarsi, spicciarsi.
despachado [despatʃáðo] *agg.* **1** (*fam.*) sfacciato, impudente (*m.* e *f.*) **2** sbrigativo, deciso, risoluto.
despachar [despatʃár] **A** *v.tr.* **1** sbrigare, disbrigare, risolvere **2** spedire, inviare **3** (*comm.*) vendere **4** licenziare **5** (*fam.*) servire **6** (*fig.* e *fam.*) far fuori, togliere di mezzo **B** *v.intr.* sbrigarsi, affrettarsi **C** *v.pron.* (*fam.*) sfogarsi.
despacho [despátʃo] *s.m.* **1** studio, ufficio **2** (*comm.*) bottega (*f.*), spaccio **3** spedizione (*f.*) **4** disbrigo, realizzazione (*f.*) **5** (*bur.*) dispaccio **6** dispaccio, comunicazione (*f.*).
despachurramiento [despatʃurramjénto] *s.m.* spappolamento.
despachurrar [despatʃurrár] **A** *v.tr.* (*fam.*) **1** spiaccicare, schiacciare **2** ingarbugliare, confondere **3** stroncare, lasciare senza replica **B** *v.pron.* spiaccicarsi, schiacciarsi.
despacio [despáθjo] *avv.* **1** piano, adagio **2** (*amer.*) piano, a bassa voce **3** a lungo, per molto tempo.
despacito [despaθíto] *avv.* **1** pian pianino **2** adagino, con delicatezza.
despampanante [despampanánte] *agg.m.* e *f.* **1** (*fam.*) sensazionale, sorprendente **2** conturbante, affascinante.
desparejado [desparexáðo] *agg.* scompagnato, spaiato.

desparejar [desparexár] *v.tr.pron.* spaiare, disaccoppiare.
desparejo [desparéxo] *agg.* **1** spaiato, scompagnato **2** impari (*m.* e *f.inv.*).
desparpajado [desparpaxáðo] *agg.* disinvolto, sveglio.
desparpajar [desparpaxár] **A** *v.tr.* sparpagliare, spargere **B** *v.pron.* (*fam.*) parlare a vanvera.
desparpajo [desparpáxo] *s.m.* **1** disinvoltura (*f.*), scioltezza (*f.*) **2** (*amer.*) (*fam.*) caos, scompiglio.
desparramado [desparramáðo] *agg.* sparso.
desparramador [desparramaðór] *agg.* e *s.m.* spargitore.
desparramamiento [desparramamjénto] *s.m.* spargimento.
desparramar [desparramár] **A** *v.tr.* **1** spargere, disseminare **2** versare, rovesciare **3** (*fig.*) dissipare, scialacquare **B** *v.pron.* spassarsela, divertirsi.
despatarrar [despatarrár] *v.tr.pron.* (*fam.*) sprofondare, lasciarsi cadere.
despavorido [despaβoríðo] *agg.* impaurito, spaventato, terrorizzato.
despechado [despetʃáðo] *agg.* risentito, pieno di risentimento.
despecho [despétʃo] *s.m.* risentimento, sdegno, dispetto.
despechugar [despetʃuɣár] **A** *v.tr.* (*cuc.*) (*uccello*) togliere il petto **B** *v.pron.* (*fig.* e *fam.*) scollacciarsi, scollarsi.
despectivo [despe*k*tíβo] *agg.* spregiativo, dispregiativo.
despedida [despeðíða] *s.f.* **1** addio (*m.*), congedo (*m.*), commiato (*m.*) **2** festa di addio.
despedido [despeðíðo] *agg.* e *s.m.* licenziato.
despedir [despeðír] **A** *v.tr.* **1** lanciare, gettare, scagliare **2** (*geog.*) estendersi, inoltrarsi **3** licenziare **4** accomiatarsi **5** (*fig.*) scacciare, far passare **6** emanare, effondere, esalare **B** *v.pron.* **1** congedarsi, salutare **2** (*lavoro*) licenziarsi, dimettersi **3** (*fig.* e *fam.*) dire addio, rinunciare.
despegable [despeɣáβle] *agg.m.* e *f.* staccabile.
despegado [despeɣáðo] *agg.* **1** staccato, scollato **2** (*fig.*) burbero, brusco **3** (*fig.* e *fam.*) distaccato.
despegadura [despeɣaðúra] *s.f.* staccamento (*m.*), scollatura.
despegar [despeɣár] **A** *v.tr.* **1** staccare, scollare, spiccicare **B** *v.intr.* (*aer.* e *econ.*) decollare **C** *v.pron.* **1** staccarsi, venire via **2** (*fig.*) distaccarsi, disaffezionarsi, staccarsi **3** (*fig.*) stare male, non adattarsi.
despegue [despéɣe] *s.m.* (*aer.* e *econ.*) decollo.
despeinar [despeinár] *v.tr.pron.* spettinare.
despejado [despexáðo] *agg.* **1** disinvolto, spigliato **2** sveglio, intelligente (*m.* e *f.*) **3** (*meteo.*) sereno, chiaro, limpido **4** spazioso, ampio, vasto.
despejar [despexár] **A** *v.tr.* **1** sgombrare, sbarazzare, liberare **2** (*fig.*) chiarire, mettere in chiaro **3** (*mat.*) risolvere, trovare l'incognita **B** *v.intr.pron.* **1** (*fig.*) svegliarsi **2** (*sport*) (*calcio*) liberare **3** (*fig.*) divertirsi, svagarsi **4** (*meteo.*) rasserenarsi, diventare sereno **5** (*med.*) sfebbrare **6** scuotersi dal torpore.
despeje [despéxe] *s.m.* (*sport*) rinvio.
despejo [despéxo] *s.m.* **1** sgombero, evacuazione (*f.*) **2** (*tauro.*) sfollamento dell'arena prima della corrida **3** disinvoltura (*f.*), scioltezza (*f.*) **4** intelligenza (*f.*), prontezza (*f.*).
despellejadura [despeʎexaðúra] *s.f.* spellatura, scorticatura.
despeñar [despeɲár] *v.tr.pron.* **1** precipitare/gettare da una rupe **2** (*fig.*) abbandonarsi, darsi.
desperdicio [desperðíθjo] *s.m.* **1** spreco, sciupio, sperpero **2** avanzo, residuo.
despertador [despertaðór] **A** *agg.* che sveglia **B** *s.m.* sveglia (*f.*).

despertar [despertár] **A** *v.tr.* **1** svegliare, destare **2** (*fig.*) risvegliare, richiamare **3** (*fig.*) svegliare, stimolare, eccitare **B** *v.intr.* **1** svegliarsi **2** (*fig.*) svegliarsi, scaltrirsi.
despiadado [despjaðáðo] *agg.* spietato, crudele (*m.* e *f.*).
despido [despíðo] *s.m.* **1** congedo, commiato **2** (*lavoro*) licenziamento.
despilfarrar [despilfarrár] *v.tr.* sperperare, scialacquare, dilapidare.
despilfarro [despilfárro] *s.m.* sperpero, spreco, dispendio.
despistado [despistáðo] *agg.* e *s.m.* **1** distratto, sbadato **2** disorientato, confuso.
despistar [despistár] **A** *v.tr.* depistare **B** *v.pron.* **1** smarrirsi, perdersi **2** (*fig.*) disorientarsi, confondersi.
despiste [despíste] *s.m.* **1** distrazione (*f.*) **2** disorientamento, errore.
desplazamiento [desplaθamjénto] *s.m.* **1** spostamento **2** (*mar.*) dislocamento.
desplazar [desplaθár] **A** *v.tr.* **1** spostare, rimuovere **2** trasferire **3** sostituire, prendere il posto, rimpiazzare **B** *v.pron.* spostarsi, muoversi.
despliegue [despljéɣe] *s.m.* **1** spiegatura (*f.*) **2** (*mil.*) spiegamento **3** (*fig.*) esibizione (*f.*), ostentazione (*f.*).
desplome [desplóme] *s.m.* **1** crollo, caduta (*f.*), rovina (*f.*) **2** (*edil.*) strapiombo.
despoblación [despoβlaθjón] *s.f.* spopolamento (*m.*).
despoblar [despoβlár] **A** *v.tr.* **1** spopolare **2** (*fig.*) spogliare, denudare **B** *v.pron.* spopolarsi.
despojo [despóxo] *s.m.* **1** spoliazione (*f.*), privazione (*f.*) **2** bottino, preda (*f.*) **3** (*fig.*) vittima (*f.*), preda (*f.*).
déspota [déspota] *s.m.* (anche *fig.*) despota, tiranno.
despreciar [despreθjár] *v.tr.* **1** disprezzare, disistimare **2** spregiare, disdegnare.
desprecio [despréθjo] *s.m.* **1** disprezzo, spregio **2** sgarbo, scortesia (*f.*).
desprender [desprendér] **A** *v.tr.* **1** staccare, separare, distaccare **2** emanare, effondere, esalare **3** sprizzare **B** *v.pron.* (*de*) **1** staccarsi, cadere **2** sprigionarsi, uscire fuori **3** spogliarsi, privarsi **4** (*fig.*) dedurre, inferire, desumere **5** privarsi, rinunciare.
desprendimiento [desprendimjénto] *s.m.* **1** frana (*f.*), smottamento **2** (*fig.*) distacco, disinteresse **3** (*fig.*) generosità (*f.inv.*), liberalità (*f.inv.*) **4** (*med.*) distacco.
despreocuparse [despreokupárse] *v.pron.* **1** togliersi/levarsi una preoccupazione **2** (*fig.*) disinteressarsi, non curarsi.
desprestigio [desprestíxjo] *s.m.* discredito.
despresurizar [despresuriθár] *v.tr.pron.* depressurizzare.
desproporción [desproporθjón] *s.f.* sproporzione.
despropósito [despropósito] *s.m.* sproposito, grosso errore.
después [despwés] **A** *agg.inv.* (*tempo*), seguente (*m.* e *f.sing.*), successivo (*m.sing.*) **B** *avv.* **1** dopo, poi, in seguito, più tardi **2** dopo, oltre **C** *cong.* (*avversativo*) nonostante.
desquicio [deskíθjo] *s.m.* (*amer.*) disordine, caos, anarchia (*f.*).
desquite [deskíte] *s.m.* **1** rivincita (*f.*) **2** vendetta (*f.*).
destacamento [destakaménto] *s.m.* (*mil.*) distaccamento.
destacar [destakár] **A** *v.tr.* (*fig.*) sottolineare, mettere in evidenza **2** (*pitt.*) risaltare, spiccare **3** (*mil.*) distaccare **B** *v.intr.pron.* distinguersi, emergere.
destape [destápe] *s.m.* **1** (*tappo*) stappatura (*f.*) **2** scoperchiatura (*f.*) **3** (*cine.*, *teatr.* e *TV*) spogliarello.
destello [destéʎo] *s.m.* **1** scintillio, luccichio **2** lampeggiamento, bagliore **3** (*fig.*) sprazzo, lampo.

destierro [destjérro] *s.m.* **1** esilio **2** (*giur.*) confino, relegazione (*f.*) **3** (*fig.*) luogo sperduto, in capo al mondo.
destinar [destinár] *v.tr.* **1** destinare, stabilire **2** destinare, adibire **3** (*bur.*) destinare, assegnare.
destino [destíno] *s.m.* **1** destino, fato **2** fortuna (*f.*), sorte (*f.*) **3** uso, fine **4** destinazione (*f.*), recapito.
destitución [destituθjón] *s.f.* destituzione.
destituir [destitwír] *v.tr.* **1** destituire, rimuovere **2** destituire, privare.
destreza [destréθa] *s.f.* destrezza, abilità (*inv.*).
destripar [destripár] *v.tr.* **1** sventrare, sbudellare **2** (*fig.*) squarciare, lacerare, strappare **3** (*fig.*) spiaccicare, schiacciare.
destrozar [destroθár] **A** *v.tr.* **1** spezzare, fare a pezzi **2** (*fig.*) rompere, guastare, deteriorare **3** (*fig.*) abbattere, avvilire, mortificare **4** (*mil.*) sbaragliare, mettere in rotta **B** *v.pron.* rompersi, spezzarsi.
destrozo [destróθo] *s.m.* danno.
destrucción [destru*k*θjón] *s.f.* **1** distruzione **2** distruzione, rovina.
destruir [destrwír] **A** *v.tr.* **1** distruggere, rovinare **2** (*fig.*) demolire, annientare, distruggere **3** sciupare, rovinare **B** *v.pron.* **1** distruggersi, rovinarsi **2** (*mat.*) annullarsi.
desunión [desunjón] *s.f.* **1** disunione, separazione **2** (*fig.*) disunione, discordia.
desusado [desusáðo] *agg.* **1** disusato, caduto in disuso **2** inusuale (*m.* e *f.*), insolito, straordinario.
desuso [desúso] *s.m.* disuso.
desvaído [de*s*βaíðo] *agg.* **1** (*persona*) alto e sgraziato **2** scialbo, scolorito, pallido **3** indefinibile (*m.* e *f.*), indeterminato.
desvalijar [de*s*βalixár] *v.tr.* **1** svaligiare, rapinare **2** (*fig.* e *fam.*) spennare, pelare.
desvalorización [de*s*βaloriθaθjón] *s.f.* **1** svalutazione, deprezzamento (*m.*) **2** (*econ.*) svalutazione.
desván [de*s*βán] *s.m.* soffitta (*f.*), solaio, sottotetto.
desvanecer [de*s*βaneθér] **A** *v.tr.* **1** dileguare, disperdere **2** (*colore*) sfumare, digradare **3** (*fig.*) dissipare, disperdere **4** (*fig.*) cancellare, eliminare **B** *v.pron.* **1** svanire, dileguarsi **2** evaporare, svaporare **3** svenire, perdere i sensi.
desvelar [de*s*βelár] *v.tr.* svelare, scoprire.
desventaja [de*s*βentáxa] *s.f.* svantaggio (*m.*).
desvergonzado [de*s*βerɣonθáðo] *agg.* e *s.m.* svergognato, spudorato.
desvestir [de*s*βestír] *v.tr.pron.* svestire, spogliare.
desviación [de*s*βjaθjón] *s.f.* **1** deviazione, cambio di direzione **2** (*strada*) bivio (*m.*), svincolo (*m.*) **3** (*med.*) deviazione, spostamento (*m.*) **4** (*fig.*) aberrazione, anomalia.
desviar [de*s*βjár] **A** *v.tr.* **1** deviare **2** (*fig.*) deviare, deflettere **B** *v.pron.* **1** deviare, allontanarsi **2** (*fig.*) deviare, divagare.
desvinculación [de*s*βiŋkulaθjón] *s.f.* svincolamento (*m.*).
desvío [de*s*βío] *s.m.* **1** deviazione (*f.*), deviamento **2** (*fig.*) distacco, indifferenza (*f.*) **3** (*strada*) diramazione (*f.*), svincolo.
detallar [detaʎár] *v.tr.* **1** dettagliare, descrivere **2** (*comm.*) vendere al minuto/dettaglio.
detalle [detáʎe] *s.m.* **1** dettaglio, particolare **2** (*fig.*) finezza (*f.*), delicatezza (*f.*) **3** (*comm.*) rapporto.
detectar [dete*k*tár] *v.tr.* scoprire.
detective [dete*k*tíβe] *s.m.* e *f.* (*angl.*) detective (*inv.*), investigatore (*m.*).
detener [detenér] **A** *v.tr.* **1** (*movimento*) fermare, arrestare **2** fermare, trattenere **B** *v.pron.* **1** fermarsi, trattenersi, indugiare **2** soffermarsi.

detentar [detentár] *v.tr.* **1** (*giur.*) detenere illegalmente, usurpare **2** detenere.
detergente [deterxénte] **A** *agg.m.* e *f.* **1** (*med.*) disinfettante **2** detergente **B** *s.m.* **1** (*med.*) disinfettante **2** detersivo, detergente.
deterioro [deterjóro] *s.m.* deterioramento, degrado.
determinación [determinaθjón] *s.f.* **1** determinazione, decisione **2** (*fig.*) determinazione, risolutezza **3** definizione, precisazione.
determinar [determinár] **A** *v.tr.* **1** determinare, fissare **2** distinguere, discernere **3** deliberare, decidere **4** produrre, causare **5** (*giur.*) sentenziare, emanare una sentenza **B** *v.pron.* risolversi, decidersi.
detestar [detestár] *v.tr.* detestare, odiare.
detracción [detra*k*θjón] *s.f.* detrazione.
detraer [detraér] *v.tr.* **1** detrarre, sottrarre **2** (*fig.*) denigrare, infamare, calunniare.
detrás [detrás] *avv.* **1** (*luogo*) dietro **2** dietro, alle spalle **3** (*tempo*) dietro, dopo.
deuda [déuða] *s.f.* **1** debito (*m.*) **2** (*fig.*) debito (*m.*), dovere (*m.*), obbligo (*m.*) morale **3** (*rel.*) debito (*m.*), peccato (*m.*).
devaluación [deβalwaθjón] *s.f.* (*econ.*) svalutazione, deprezzamento (*m.*).
devaluar [deβalwár] *v.tr.* (*econ.*) svalutare, deprezzare.
devastación [deβastaθjón] *s.f.* devastazione, rovina, distruzione.
devastar [deβastár] *v.tr.* devastare, rovinare.
devenir [deβenír] *v.intr.* avvenire, accadere.
devoción [deβoθjón] *s.f.* **1** devozione, fervore (*m.*), religiosità (*inv.*) **2** devozione, venerazione **3** (*fig.*) dedizione, abnegazione **4** devozione, affetto (*m.*) reverente **5** (*rel.*) devozione, voto (*m.*).
devolución [deβoluθjón] *s.f.* **1** devoluzione, restituzione **2** (*giur.*) devoluzione, trapasso (*m.*), trasferimento (*m.*).
devolver [deβolβér] **A** *v.tr.* **1** (*stato originale*) restituire, riportare, ridare **2** restituire, rendere, ridare **3** rendere, contraccambiare **4** (*fam.*) vomitare, rimettere **5** (*comm.*) dare il resto **B** *v.pron.* (*amer.*) ritornare.
devorar [deβorár] *v.tr.* **1** (*zool.*) (anche *fig.*) divorare **2** divorare, mangiare con avidità.
día [día] *s.m.* **1** giorno **2** giorno, giornata (*f.*).
diabetes [djaβétes] *s.f.inv.* (*med.*) diabete (*m.sing.*).
diablo [djáβlo] *s.m.* **1** diavolo **2** (*fig.*) diavolo, scatenato **3** (*fig.*) demonio, bruto.
diácono [djákono] *s.m.* (*rel.*) diacono.
diáfano [djáfano] *agg.* **1** diafano, trasparente (*m.* e *f.*) **2** (*fig.*) limpido, chiaro, nitido.
diafragma [djafráɣma] *s.m.* **1** (*anat.* e *fot.*) diaframma **2** (*anticoncezionale*) diaframma.
diagnosis [djaɣnósis] *s.f.inv.* diagnosi.
diagonal [djaɣonál] **A** *agg.m.* e *f.* diagonale **B** *s.f.* **1** (*geom.*) diagonale, trasversale **2** (*strada*) diagonale, via trasversale.
diagrama [djaɣráma] *s.m.* diagramma.
dialecto [djalé*k*to] *s.m.* **1** lingua (*f.*) **2** dialetto.
diálogo [djáloɣo] *s.m.* **1** dialogo, colloquio, conversazione (*f.*) **2** (*lett.*) dialogo **3** dialogo, comunicazione costante.
diamante [djamánte] *s.m.* diamante.
diana [djána] *s.f.* (*mil.*) **1** diana **2** centro del bersaglio.
diapositiva [djapositíβa] *s.f.* (*fot.*) diapositiva.
diario[1] [djárjo] *agg.* giornaliero.
diario[2] [djárjo] *s.m.* **1** diario **2** (*giorn.*) giornale, quotidiano.

diarrea [djarréa] *s.f.* diarrea.
dibujar [diβuxár] **A** *v.tr.* **1** disegnare **2** (*fig.*) descrivere, disegnare **B** *v.pron.* **1** (*fig.*) abbozzare, accennare **2** intravvedere, scorgere.
dibujo [diβúxo] *s.m.* disegno.
dicción [di*k*θjón] *s.f.* **1** dizione, parola **2** dizione, modo di parlare **3** dizione, pronuncia.
diccionario [di*k*θjonárjo] *s.m.* **1** dizionario, vocabolario **2** dizionario, trattazione (*f.*).
dicho [dítʃo] **A** *agg.* detto, tale (*m.* e *f.*) **B** *s.m.* **1** detto, motto, sentenza (*f.*), massima (*f.*) **2** battuta (*f.*), uscita (*f.*), spiritosaggine (*f.*).
dichoso [ditʃóso] *agg.* **1** felice (*m.* e *f.*), gioioso **2** felice (*m.* e *f.*), che apporta felicità **3** (*fam.* e *iron.*) maledetto, insopportabile (*m.* e *f.*).
diciembre [diθjémbre] *s.m.* dicembre.
dictador [di*k*taðór] *s.m.* (anche *fig.*) dittatore.
dictadura [di*k*taðúra] *s.f.* dittatura, tirannia.
dictamen [di*k*támen] *s.m.* (*lat.*) **1** giudizio, opinione (*f.*) **2** (*giur.*) verdetto, sentenza (*f.*).
didáctica [diðá*k*tika] *s.f.* didattica.
diego [djéɣo] *s.m.* (*bot.*) bella (*f.*) di giorno.
diente [djénte] *s.m.* **1** (*anat.*) dente **2** (*arch.*) dentello **3** (*francobollo*) dentello **4** (*ingranaggio, utensile*) dente.
diéresis [djéresis] *s.f.inv.* dieresi.
diesel [djésel] *agg.* e *s.m.inv.* diesel.
diesis [djésis] *s.f.inv.* (*mus.*) diesis (*m.*).
dieta[1] [djéta] *s.f.* **1** (*med.*) dieta **2** (*fam.*) dieta, regime (*m.*).
dieta[2] [djéta] *s.f.* **1** dieta, assemblea politica **2** (*bur.*) diaria **3** (*pol.*) diaria parlamentare.
diez [djéθ] *agg.num.inv.* e *s.m.* e *f.inv.* **1** (*cardinale*) dieci **2** (*ordinale*) decimo (*m.sing.*).
diferencia [diferénθja] *s.f.* **1** differenza, diversità (*inv.*) **2** (*fig.*) discordia, controversia **3** (*mat.*) differenza, risultato (*m.*) **4** (*fis.*) differenza.
diferenciar [diferenθjár] **A** *v.tr.* **1** differenziare, distinguere **2** differenziare, diversificare, variare **3** (*mat.*) differenziare, calcolare il differenziale **B** *v.intr.* discordare, dissentire **C** *v.pron.* **1** differenziarsi, essere diverso **2** distinguersi, differenziarsi.
diferente [diferénte] *agg.m.* e *f.* differente, diverso (*m.*).
difícil [difíθil] *agg.m.* e *f.* **1** difficile, complicato (*m.*) **2** difficile, intrattabile, scontroso (*m.*) **3** difficile, esigente, incontentabile.
dificultad [difikultáð] *s.f.* **1** difficoltà (*inv.*), complessità (*inv.*) **2** complicazione, ostacolo (*m.*), impedimento (*m.*).
difidencia [difiðénθja] *s.f.* **1** diffidenza, sfiducia, dubbio (*m.*) **2** (*rel.*) mancanza di fede.
difundir [difundír] *v.tr.pron.* **1** diffondere, spargere, spandere **2** diffondere, propagare.
difunto [difúnto] *agg.* e *s.m.* **1** defunto, morto **2** cadavere (*s.*).
difusión [difusjón] *s.f.* **1** diffusione **2** (*fig.*) diffusione, prolissità (*inv.*), verbosità (*inv.*).
difusor [difusór] *agg.* e *s.m.* diffusore.
digerir [dixerír] *v.tr.* **1** digerire **2** (*fig.*) digerire, tollerare, sopportare **3** (*fig.*) assimilare, comprendere perfettamente.
digestión [dixestjón] *s.f.* digestione.
digital [dixitál] *agg.m.* e *f.* digitale.
dignidad [diɣniðáð] *s.f.* **1** dignità (*inv.*) **2** dignità (*inv.*), grado (*m.*), carica.
digno [díɣno] *agg.* **1** degno, meritevole (*m.* e *f.*) **2** adatto, conveniente (*m.* e *f.*) **3** onesto, perbene (*m.* e *f.*) **4** decente (*m.* e *f.*), decoroso.
digresión [diɣresjón] *s.f.* digressione, divagazione.

dilación [dilaθjón] *s.f.* dilazione, ritardo (*m.*).
dilatación [dilataθjón] *s.f.* **1** dilatazione, dilatamento (*m.*) **2** (*fig.*) sollievo (*m.*), alleviamento (*m.*).
dilema [diléma] *s.m.* dilemma.
diletante [diletánte] *agg.* e *s.m.* e *f.* dilettante.
diligencia [dilixénθja] *s.f.* **1** diligenza, attenzione **2** (*con verbi di movimento*) premura, fretta, prontezza **3** (*bur.*) pratica **4** (*carrozza*) diligenza **5** (*fam.*) fretta, velocità (*inv.*).
diligente [dilixénte] *agg.m.* e *f.* **1** diligente **2** frettoloso (*m.*), affrettato (*m.*).
diluir [dilwír] **A** *v.tr.* **1** diluire, stemperare **B** *v.pron.* stemperarsi, sciogliersi.
diluvio [dilúβjo] *s.m.* **1** diluvio, inondazione (*f.*) **2** (*rel.*) diluvio universale **3** (*fig.* e *fam.*) diluvio, pioggia (*f.*) torrenziale **4** (*fig.*) diluvio, grande quantità (*f.inv.*), fiume.
dimensión [dimensjón] *s.f.* **1** (*fis.* e *geom.*) dimensione **2** (*fig.*) dimensione, aspetto (*m.*).
dimisión [dimisjón] *s.f.* dimissioni (*pl.*).
dimitir [dimitír] *v.intr.* dimettersi.
dinámica [dinámika] *s.f.* (*fis.*) (anche *fig.*) dinamica.
dinamita [dinamíta] *s.f.* dinamite.
dinastía [dinastía] *s.f.* **1** dinastia, casata **2** dinastia, famiglia.
dinero [dinéro] *s.m.* **1** denaro, soldi (*pl.*) **2** (*fig.*) ricchezza (*f.*), soldi (*pl.*).
dinosaurio [dinosáurjo] *s.m.* dinosauro.
dios [djós] *s.m.* **1** (*rel.*) dio, creatore **2** (*mit.*) dio, divinità (*f.inv.*).
diosa [djósa] *s.f.* (*mit.*) dea.
diploma [diplóma] *s.m.* diploma, titolo.
diplomacia [diplomáθja] *s.f.* diplomazia.
diputado [diputáðo] *s.m.* (anche *pol.*) deputato, delegato.
dirección [direkθjón] *s.f.* **1** (anche *mat.*) direzione **2** direzione, rotta **3** (*fig.*) linea di condotta, orientamento (*m.*) **4** (*bur.*) direzione, organo (*m.*) direttivo **5** indirizzo (*m.*), domicilio (*m.*).
directo[1] [dirékto] *agg.* **1** diritto, retto **2** diretto, senza fermate intermedie **3** diretto, senza intermediari **4** (*ling.*) oggetto, diretto.
directo[2] [dirékto] *s.m.* (*sport*) (*boxe*) diretto.
director [direktór] *agg.* e *s.m.* direttore.
directorio [direktórjo] **A** *agg.* direttorio **B** *s.m.* **1** direttiva (*f.*), norma (*f.*) **2** direttivo, direttorio **3** (*comm.*) indirizzario.
dirigible [dirixíβle] **A** *agg.m.* e *f.* dirigibile **B** *s.m.* (*aer.*) dirigibile, aerostato.
dirigir [dirixír] **A** *v.tr.* **1** dirigere, indirizzare, volgere **2** dirigere, indirizzare, inviare **3** (*fig.*) dirigere, volgere, concentrare **4** dirigere, guidare **5** (*fig.*) guidare, indirizzare, instradare **6** (*cine.* e *mus.*) dirigere **6** rivolgere, dirigere **B** *v.pron.* **1** dirigersi, volgersi **2** rivolgersi.
disciplina [disθiplína] *s.f.* disciplina.
discípulo [disθípulo] *s.m.* **1** discepolo, allievo, alunno **2** discepolo, seguace (*m.* e *f.*).
disco [dísko] *s.f.* (*abbr.*) (*fam.*) discoteca.
disco [dísko] *s.m.* **1** disco **2** (*segnale*) divieto **3** (*auto.* e *ferr.*) semaforo **4** (*fig.* e *fam.*) menata (*f.*), tiritera (*f.*).
discontinuo [diskontínwo] *agg.* discontinuo, intermittente (*m.* e *f.*).
discordancia [diskorðánθja] *s.f.* **1** (*mus.*) discordanza, mancanza di accordo **2** divergenza, discrepanza.
discorde [diskórðe] *agg.m.* e *f.* **1** discorde, dissimile, diverso (*m.*) **2** (*mus.*) dissonante.
discordia [diskórðja] *s.f.* **1** discordia, disaccordo (*m.*) **2** divergenza, dissenso (*m.*) **3** (*giur.*) mancanza di maggioranza per votare una sentenza.

discoteca [diskotéka] *s.f.* (anche *locale*) discoteca.
discreción [diskreθjón] *s.f.* **1** discrezione, discernimento (*m.*) **2** (*fig.*) discrezione, tatto (*m.*), riservatezza **3** arbitrio (*m.*), volontà (*inv.*).
discreto [diskréto] *agg.* **1** discreto, sensato, prudente (*m.* e *f.*) **2** discreto, riservato, fidato **3** discreto, sufficiente (*m.* e *f.*) **4** separato, distinto.
discriminación [diskriminaθjón] *s.f.* discriminazione, differenziazione.
disculpa [diskúlpa] *s.f.* **1** discolpa, scusa **2** scusa, pretesto (*m.*).
disculpar [diskulpár] **A** *v.tr.* **1** discolpare, giustificare, scagionare **2** (*fam.*) scusare, perdonare **B** *v.pron.* **1** discolparsi, giustificarsi **2** scusarsi, chiedere perdono.
discurso [diskúrso] *s.m.* **1** discorso, conversazione (*f.*), colloquio **2** discorso, ragionamento, indirizzo **3** (*ling.*) discorso, enunciato **4** dissertazione (*f.*) **5** (*tempo*) corso, andamento.
discusión [diskusjón] *s.f.* discussione, dibattito (*m.*).
discutir [diskutír] **A** *v.tr.* **1** discutere, esaminare **2** discutere, contestare, contrastare **B** *v.intr.* **1** discutere, contrattare **2** discutere, obiettare.
diseñar [diseɲár] *v.tr.* progettare.
diseño [diséɲo] *s.m.* **1** design (*inv.*) **2** schizzo, descrizione (*f.*) **3** progetto.
disfraz [disfráθ] *s.m.* **1** maschera (*f.*), travestimento **2** (*fig.*) maschera (*f.*), finzione (*f.*), apparenza (*f.*).
disfrazar [disfraθár] **A** *v.tr.* **1** mascherare, travestire **2** mascherare, camuffare **3** (*fig.*) mascherare, dissimulare **B** *v.pron.* mascherarsi, travestirsi, camuffarsi.
disfrutar [disfrutár] **A** *v.tr.* godere, assaporare, gustare **B** *v.intr.* **1** (*de*) godere, possedere **2** (*de*) (*fig.*) godere, beneficiare **3** (*con*) (*fig.*) godere, divertirsi, spassarsela.
disfrute [disfrúte] *s.m.* piacere.
disfunción [disfunθjón] *s.f.* disfunzione, alterazione.
disgregación [disɣreɣaθjón] *s.f.* disgregazione, frantumazione.
disgregar [disɣreɣár] **A** *v.tr.* disgregare, separare, disperdere **B** *v.pron.* disgregarsi, sgretolarsi.
disgustar [disɣustár] **A** *v.tr.* **1** disgustare, stomacare **2** (*fig.*) disgustare, infastidire **B** *v.pron.* **1** (*fig.*) infastidirsi, irritarsi, seccarsi **2** inimicarsi, guastare l'amicizia.
disgusto [disɣústo] *s.m.* **1** disgusto, ripugnanza (*f.*), nausea (*f.*) **2** (*fig.*) dispiacere, pena (*f.*), rammarico **3** (*fig.*) fastidio, seccatura (*f.*) **4** (*fig.*) contrasto, discordia (*f.*), alterco.
disimulación [disimulaθjón] *s.f.* dissimulazione, mascheramento (*m.*).
disimular [disimulár] *v.tr.* **1** dissimulare, nascondere, mascherare **2** dissimulare, fingere.
dislocación [dislokaθjón] *s.f.* **1** (*med.*) dislocazione, slogatura **2** (*geol.*) dislocazione.
dislocar [dislokár] **A** *v.tr.* **1** slogare, lussare **2** (*fig.*) travisare, alterare, svisare **B** *v.pron.* **1** slogarsi, lussarsi **2** (*fig.*) eccitarsi, perdere la testa.
disminución [disminuθjón] *s.f.* **1** diminuzione, riduzione, calo (*m.*) **2** (*mus.*) diminuzione.
disminuido [disminwíðo] *s.m.* handicappato.
disminuir [disminwír] *v.tr./intr.pron.* diminuire, ridurre, scemare.
disociación [disoθjaθjón] *s.f.* **1** dissociazione, disgiunzione, separazione **2** (*chim.*) dissociazione, scomposizione.
disolución [disoluθjón] *s.f.* **1** dissoluzione, scioglimento (*m.*) **2** (*fig.*) dissoluzione, decadenza, degrado (*m.*) **3** (*fig.*) dissoluzione, corruzione, dissolutezza **4** (*chim.*) soluzione.
disolver [disolβér] **A** *v.tr.* **1** dissolvere, sciogliere **2** dissolvere, disfare, sciogliere **B** *v.pron.* **1** dissolversi, scio-

gliersi **2** (*fig.*) dissolversi, disgregarsi **3** risolversi, sciogliersi, chiarirsi.

disparar [disparár] **A** *v.tr.* **1** tirare, scagliare **2** (*arma da fuoco*) sparare **B** *v.pron.* **1** spararsi **2** (*amer.*) fuggire all'impazzata **3** (*fig.*) precipitarsi, lanciarsi, gettarsi **4** (*fig.* e *fam.*) sbottare, uscire dai gangheri, perdere la pazienza **5** (*fig.* e *fam.*) andare alle stelle **C** *v.intr.* (*sport*) (*calcio*) sparare, tirare in porta/a rete.

disparate [disparáte] *s.m.* **1** sproposito, enormità (*f.inv.*) **2** (*fam.*) sproposito, esagerazione (*f.*).

disparo [dispáro] *s.m.* **1** sparo **2** (*fig.*) sproposito, corbelleria (*f.*).

dispendio [dispéndjo] *s.m.* **1** dispendio, spesa (*f.*) eccessiva **2** (*fig.*) dispendio, spreco, consumo.

dispensar [dispensár] *v.tr.* **1** dispensare, dare, elargire **2** (*de*) dispensare, esonerare, esimere **3** (*farmacia*) vendere un farmaco **4** (*de*) (*fig.*) scusare, scagionare.

dispersión [dispersjón] *s.f.* (anche *fis.* e *chim.*) dispersione.

disponer [disponér] **A** *v.tr.* **1** disporre, collocare, sistemare **2** disporre, stabilire, comandare **3** disporre, apprestare, preparare **B** *v.intr.* **1** disporre, possedere, avere **2** (*giur.*) testare, fare testamento **3** disporre, contare su, fare affidamento **C** *v.pron.* **1** disporsi, sistemarsi, collocarsi **2** disporsi, prepararsi, accingersi.

disponibilidad [disponiβiliðáð] *s.f.* **1** disponibilità (*inv.*) **2** (*bur.*) disponibilità (*inv.*), temporanea sospensione di un funzionario.

disposición [disposiθjón] *s.f.* **1** disposizione, ordine (*m.*), collocazione **2** (*fig.*) disposizione, attitudine, capacità (*inv.*) **3** (*fig.*) stato (*m.*)/condizione di salute **4** presenza, aspetto (*m.*) **5** disinvoltura, decisione, risolutezza **6** (*bur.* e *giur.*) disposizione, ordine (*m.*), comando (*m.*).

dispositivo [dispositíβo] *agg.* e *s.m.* dispositivo.

dispuesto [dispwésto] *agg.* **1** disposto, collocato **2** preparato, pronto **3** (*fig.*) capace (*m.* e *f.*), predisposto.

disputa [dispúta] *s.f.* **1** disputa, dibattito (*m.*) **2** discussione, alterco (*m.*), lite.

disquete [diskéte] *s.m.* (*inform.*) dischetto, floppy disk (*inv.*).

disquetera [disketéra] *s.f.* (*inform.*) drive (*m.inv.*).

distancia [distánθja] *s.f.* **1** (*luogo*) distanza **2** (*tempo*) intervallo (*m.*) **3** (*fig.*) differenza, divario (*m.*) **4** (*fig.*) distacco (*m.*), disamore (*m.*), indifferenza.

distante [distánte] *agg.m.* e *f.* **1** distante, lontano (*m.*) **2** (*fig.*) distante, scostante, distaccato (*m.*).

distensión [distensjón] *s.f.* **1** distensione, rilassamento (*m.*) **2** (*med.*) stiramento (*m.*), distrazione **3** (*pol.*) distensione.

distinción [distinθjón] *s.f.* **1** distinzione **2** distinzione, discriminazione **3** privilegio (*m.*), onore (*m.*) **4** (*fig.*) distinzione, garbo (*m.*), raffinatezza **5** deferenza, cortesia.

distinguido [distiŋgíðo] *agg.* **1** distinto, signorile (*m.* e *f.*), raffinato **2** insigne (*m.* e *f.*).

distinguir [distiŋgír] **A** *v.tr.* **1** distinguere, differenziare **2** distinguere, individuare **3** (*fig.*) caratterizzare, rendere diverso **4** scorgere, intravvedere **5** prediligere, preferire **6** insignire **B** *v.intr.* dare prestigio **C** *v.pron.* **1** distinguersi, distaccarsi **2** scorgersi, intravvedersi.

distintivo [distintíβo] **A** *agg.* distintivo, caratteristico **B** *s.m.* **1** distintivo, contrassegno **2** (*fig.*) distintivo, elemento caratterizzante.

distinto [distínto] *agg.* **1** distinto, diverso **2** distinto, chiaro.

distorsión [distorsjón] *s.f.* **1** distorsione, deformazione, alterazione **2** (*fis.*) distorsione **3** (*med.*) distorsione.

distorsionar [distorsjonár] *v.tr.* **1** (*fis.*) distorcere **2** (*fig.*) distorcere, travisare, falsare.
distracción [distra*k*θjón] *s.f.* **1** distrazione **2** svago (*m.*), distrazione, divertimento (*m.*).
distraer [distraér] **A** *v.tr.* **1** distogliere, distrarre, sviare **2** distrarre, divertire, svagare **3** distrarre, distogliere **4** distrarre, sottrarre, malversare **B** *v.pron.* **1** distrarsi, svagarsi, divertirsi **2** distrarsi, sviare la propria attenzione.
distribución [distriβuθjón] *s.f.* distribuzione, ripartizione.
distribuir [distriβwír] **A** *v.tr.* **1** distribuire **2** distribuire, disporre, collocare **3** erogare, fornire **B** *v.pron.* disporsi, collocarsi, sistemarsi.
distrito [distríto] *s.m.* (*bur.*) distretto, circoscrizione (*f.*).
disuadir [diswaðír] *v.tr.pron.* (*de*) dissuadere, distogliere.
disuasión [diswasjón] *s.f.* dissuasione.
divagación [diβaɣaθjón] *s.f.* divagazione.
divergencia [diβerxénθja] *s.f.* **1** divergenza **2** (*fig.*) divergenza, discrepanza.
divergir [diβerxír] *v.intr.* **1** divergere, allontanarsi, discostarsi **2** (*fig.*) divergere, discordare.
diversidad [diβersiðáð] *s.f.* **1** diversità (*inv.*), differenza **2** diversità (*inv.*), varietà (*inv.*), molteplicità (*inv.*).
diversificar [diβersifikár] *v.tr.pron.* diversificare, differenziare.
divertido [diβertíðo] *agg.* **1** divertente (*m.* e *f.*), allegro **2** divertito.
divertir [diβertír] **A** *v.tr.* **1** divertire, allontanare, sviare **2** divertire, dilettare, svagare **B** *v.pron.* divertirsi, dilettarsi, ricrearsi.
dividir [diβiðír] **A** *v.tr.* **1** dividere, separare **2** (*fig.*) dividere, distribuire, spartire **3** (*fig.*) allontanare, dividere **4** dividere, delimitare **B** *v.pron.* **1** dividersi, separarsi **2** dividersi, distribuirsi.
divinidad [diβiniðáð] *s.f.* **1** divinità (*inv.*), essenza divina **2** divinità (*inv.*), dio (*m.*) **3** (*fig.*) meraviglia.
divino [diβíno] *agg.* **1** divino **2** (*fig.*) divino, straordinario, eccellente (*m.* e *f.*) **3** (*fig.* e *fam.*) divino, bellissimo.
divisa [diβísa] *s.f.* **1** divisa, distintivo (*m.*) **2** (*econ.*) divisa, valuta **3** (*tauro.*) nastro che distingue i tori dei diversi allevamenti.
división [diβisjón] *s.f.* **1** divisione, separazione **2** (*fig.*) discordia, disunione, divisione.
divo [díβo] *s.m.* divo, artista (*m.* e *f.*) famoso.
divorcio [diβórθjo] *s.m.* divorzio.
divulgable [diβulɣáβle] *agg.m.* e *f.* divulgabile.
divulgación [diβulɣaθjón] *s.f.* divulgazione.
divulgar [diβulɣár] *v.tr.pron.* divulgare, diffondere.
do [dó] *s.m.* (*mus.*) do (*inv.*).
doblaje [doβláxe] *s.m.* (*cine.*) doppiaggio.
doblar [doβlár] **A** *v.tr.* **1** raddoppiare, duplicare **2** piegare, ripiegare **3** girare, voltare **4** piegare, curvare **5** (*fig.*) piegare, indurre, sottomettere **6** (*comm.*) (*scadenza*) prorogare, rimandare **7** (*mar.*) doppiare, oltrepassare **B** *v.intr.* **1** suonare/rintoccare a morto **2** (*tauro.*) (*toro*) cadere agonizzante alla fine del combattimento **3** (*cine.*) fare la controfigura **4** girare, voltare **C** *v.intr.pron.* piegarsi, cedere, arrendersi **D** *v.pron.* **1** piegarsi, inclinarsi, incurvarsi **2** (*terreno*) diventare impervio/accidentato.
doble [dóβle] **A** *agg.m.* e *f.* **1** doppio (*m.*), duplice **2** doppio, (*m.*), formato da due pezzi **3** doppio (*m.*), grosso (*m.*), spesso (*m.*) **B** *s.m.* **1** piega (*f.*), piegatura (*f.*) **2** (*campana*) rintocco funebre **3** (*persona*) sosia (*m.* e *f.inv.*) **4** (*cine.*) controfigura (*f.*).
doce [dóθe] *agg.num.inv.* e *s.m.* e *f.inv.* **1** (*cardinale*) dodici **2** (*ordinale*) dodicesimo (*m.sing.*).

docena [doθéna] *s.f.* dozzina.
docencia [doθénθja] *s.f.* docenza, insegnamento (*m.*).
dócil [dóθil] *agg.m.* e *f.* **1** docile, versatile **2** docile, ubbidiente **3** (*materiale*) duttile, malleabile.
doctor [do*k*tór] *s.m.* **1** dottore **2** (*med.*) medico.
doctorado [do*k*toráðo] *s.m.* (*istr.*) dottorato.
doctrina [do*k*trína] *s.f.* **1** insegnamento (*m.*) **2** dottrina **3** (*rel.*) dottrina, catechismo (*m.*).
documentación [dokumentaθjón] *s.f.* **1** documentazione **2** (*bur.*) documenti (*m.pl.*) personali.
documental [dokumentál] **A** *agg.m.* e *f.* documentale **B** *agg.* e *s.m.* (*cine.* e *TV*) documentario.
documentario [dokumentárjo] *agg.* documentario, documentale (*m.* e *f.*).
dogma [dóɣma] *s.m.* (anche *rel.*) dogma.
doler [dolér] *v.intr.* dolere, far male.
dolor [dolór] *s.m.* dolore, male.
domar [domár] *v.tr.* **1** domare **2** addomesticare.
doméstico [doméstiko] *agg.* e *s.m.* domestico, casalingo, servitore.
domicilio [domiθíljo] *s.m.* domicilio.
dominación [dominaθjón] *s.f.* **1** dominazione **2** dominio (*m.*).
domingo [domíŋgo] *s.m.* domenica (*f.*).
dominio [domínjo] *s.m.* dominio, potere, autorità (*f.*).
don[1] [dón] *s.m.* **1** dono, elargizione (*f.*) **2** (*fig.*) dono, grazia **3** (*fig.*) dono, virtù (*f.*).
don[2] [dón] *s.m.* **1** (*davanti al nome proprio*) signor, don **2** (*iron.*) grande (*agg.*).
donación [donaθjón] *s.f.* donazione.
donde [dónde] *avv.* **1** (*relativo*) dove, in cui, nel quale, nella quale **2** (*interrogativo con accento*) dove, in quale luogo.
dondequiera [dondekjéra] *avv.* dovunque, in qualunque luogo.
doña [dóɲa] *s.f.* (*donna sposata*) signora.
dopaje [dopáxe] *s.m.* (*sport*) doping (*inv.*).
dorada [doráða] *s.f.* (*zool.*) orata.
dorado [doráðo] *agg.* **1** dorato **2** (*fig.*) aureo, di massimo splendore.
dorado [doráðo] *s.m.* **1** (*zool.*) orata (*f.*) **2** doratura (*f.*), indoratura (*f.*).
dormir [dormír] **A** *v.intr.* **1** dormire, riposare **2** pernottare, passare la notte **3** (*fig.*) dormire, essere quieto/silenzioso **B** *v.intr.pron.* **1** addormentarsi **2** (*fig.*) addormentarsi, intorpidirsi **C** *v.tr.* **1** addormentare, far dormire **2** anestetizzare.
dorso [dórso] *s.m.* **1** dorso, rovescio **2** (*anat.*) dorso, schiena (*f.*).
dos [dós] *agg.num.inv.* e *s.m.* e *f.inv.* **1** (*cardinale*) due **2** (*ordinale*) secondo (*m.sing.*).
doscientos [dosθjéntos] *agg.num.* e *s.m.inv.* **1** (*cardinale*) duecento (*inv.*) **2** (*ordinale*) duecentesimo (*sing.*).
dosis [dósis] *s.f.inv.* **1** (*farm.*) dose (*sing.*) **2** (*fig.*) quantità, razione (*sing.*).
dotación [dotaθjón] *s.f.* **1** (anche *mil.*) dotazione **2** equipaggiamento (*m.*) **3** equipaggio (*m.*) **4** personale (*m.*), organico (*m.*).
dote [dóte] *s.f.* **1** dote **2** (*fig.*) dote, virtù (*inv.*), pregio (*m.*) **3** (*fig.*) attitudine, disposizione.
drama [dráma] *s.m.* **1** dramma **2** (*genere letterario*) drammatica (*f.*) **3** (*fig.*) dramma, tragedia (*f.*), disgrazia (*f.*).
droga [dróɣa] *s.f.* **1** farmaco (*m.*) **2** droga, stupefacente (*m.*) **3** (*fig.*) droga.
drogadicción [droɣaði*k*θjón] *s.f.* tossicodipendenza.
drogadicto [droɣaðí*k*to] *agg.* e *s.m.* drogato, tossicomane (*m.* e *f.*).
drogar [droɣár] *v.tr.pron.* (anche *fis.*) drogare.

dromedario [dromedárjo] *s.m.* (*zool.*) dromedario.
dual [dwál] *agg.m.* e *f.* e *s.m.* (*ling.* e *mat.*) duale.
ducha [dútʃa] *s.f.* doccia.
duda [dúða] *s.f.* **1** dubbio (*m.*), incertezza, perplessità (*inv.*) **2** (*rel.*) dubbio (*m.*), dilemma (*m.*), questione **3** (*fil.*) dubbio (*m.*).
dudar [duðár] *v.intr.* **1** dubitare, essere in dubbio **2** (*de*) dubitare, diffidare.
duende [dwénde] *s.m.* folletto, gnomo.
dueño [dwéɲo] *s.m.* padrone, proprietario.
dulce[1] [dúlθe] *agg.m.* e *f.* **1** dolce, zuccherato (*m.*) **2** dolce, che ha sapore delicato **3** dolce, privo di sale **4** (*fig.*) dolce, gradevole, melodioso (*m.*) **5** (*fig.*) dolce, affabile, affettuoso (*m.*) **6** (*pitt.*) armonioso (*m.*).
dulce[2] [dúlθe] *s.m.* (*cuc.*) **1** dolce **2** dessert (*inv.*).
dulzura [dulθúra] *s.f.* **1** dolcezza **2** (*fig.*) dolcezza, mitezza **3** (*fig.*) gentilezza, affabilità (*inv.*).
duplicar [duplikár] **A** *v.tr.* **1** raddoppiare **2** (*mat.*) moltiplicare per due **B** *v.pron.* raddoppiarsi.
duque [dúke] *s.m.* duca.
duración [duraθjón] *s.f.* durata.
duradero [duraðéro] *agg.* duraturo, durevole (*m.* e *f.*)
durante [duránte] *prep.* durante, nel corso di, mentre.
durar [durár] *v.intr.* **1** durare, continuare, protrarsi **2** resistere, mantenersi.
dureza [duréθa] *s.f.* **1** durezza, resistenza **2** callosità (*inv.*), durone (*m.*) **3** (*min.*) durezza **4** (*fig.*) durezza, severità (*inv.*).
duro[1] [dúro] *agg.* **1** duro, sodo **2** duro, privo di elasticità **3** (*fig.*) forte (*m.* e *f.*), resistente (*m.* e *f.*) **4** (*fig.*) duro, aspro **5** (*fig.*) spiacevole (*m.* e *f.*), doloroso **6** (*meteo.*) duro, inclemente (*m.* e *f.*) **7** (*fig.*) crudele (*m.* e *f.*), insensibile (*m.* e *f.*) **8** (*fig.*) privo di grazia/delicatezza.
duro[2] [dúro] *s.m.* (*fam.*) moneta da cinque pesetas.
dux [dúks] *s.m. inv.* doge (*sing.*).

E

e [é] **A** *s.f.* **1** lettera e (*inv.*) **2** (*geog.*) (*abbr. di est*) E **B** *cong.* (*davanti a hi/i*) e.
echada [etʃáða] *s.f.* **1** lancio (*m.*), tiro (*m.*) **2** (*sport*) lunghezza.
echar [etʃár] **A** *v.tr.* **1** (anche *fig.*) lanciare **2** (*de*) (*fam.*) cacciare, sbattere fuori **3** (*a*) (*fam.*) buttare, gettare **4** (*fam.*) (anche *bot.*) mettere **5** (*fam.*) mandare, buttare **6** (*fam.*) mettere, aggiungere **7** (*fam.*) (anche *sport*) giocare **8** (*cine, TV*) (*teatr.*) dare, fare **9** pubblicare, divulgare **B** *v.pron.* buttarsi, gettarsi.
ecléctico [eklé*k*tiko] *agg.* e *s.m.* eclettico.
eclesiástico [eklesjástiko] **A** *agg.* (*rel.*) ecclesiastico **B** *s.m.* (*rel.*) sacerdote, prete.
eclipse [eklí*p*se] *s.m.* **1** (*astro.*) (anche *fig.*) eclissi (*f.*) **2** (*fig.*) declino.
eco [éko] *s.m.* **1** eco (*m.* e *f.*), rimbombo **2** (*fig.*) diffusione (*f.*), risonanza (*f.*) **3** (*fig.*) eco (*m.* e *f.*), voce (*f.*).
ecografía [ekoɣrafía] *s.f.* (*med.*) ecografia.
ecología [ekoloxía] *s.f.* ecologia.
economía [ekonomía] *s.f.* economia.
económico [ekonómiko] *agg.* economico, a buon mercato.
ecuador [ekwaðór] *s.m.* (*geog.*) equatore.
edad [eðáð] *s.f.* età (*inv.*).
edición [eðiθjón] *s.f.* **1** edizione **2** (*mus.*) registrazione.
edificación [eðifikaθjón] *s.f.* edificazione.
edificio [eðifiθjo] *s.m.* **1** (*arch.*) edificio, stabile **2** (*fig*) corpus (*inv.*), struttura (*f.*).
educación [eðukaθjón] *s.f.* **1** educazione, creanza **2** educazione, formazione.
edulcorar [eðulkorár] *v.tr.* **1** edulcorare **2** (*fig.*) addolcire.
efectivo [efe*k*tíβo] *agg.* **1** efficace (*m.* e *f.*) **2** effettivo, reale (*m.* e *f.*) **3** operativo,valido.
efecto [efé*k*to] *s.m.* **1** effetto, conseguenza (*f.*) **2** (*fig.*) effetto, impressione (*f.*) **3** (*sport*) (*fis.*) effetto.
efectos [efé*k*tos] *s.m.pl.* effetti, beni.
efélide [eféliðe] *s.f.* (*med.*) lentiggine.
efervescente [eferβesθénte] *agg.m.* e *f.* **1** effervescente **2** (*fig.*) vivace.
eficaz [efikáθ] *agg.m.* e *f.* efficace.
egocéntrico [eɣoθéntriko] *agg.* e *s.m.* egocentrico.
egoísta [eɣoísta] *agg.* e *s.m.* e *f.* egoista.
eje [éxe] *s.m.* **1** (*mecc.*) e (*geom.*) asse **2** (*fig.*) nucleo, fulcro.
ejecución [exekuθjón] *s.f.* **1** (anche *giur.*) esecuzione **2** realizzazione **3** (*mus.*) esecuzione, interpretazione.
ejecutiva [exekutíβa] *s.f.* esecutivo (*m.*).
ejecutivo [exekutíβo] **A** *agg.* esecutivo **B** *s.m.* dirigente (*m.* e *f.*).
ejemplo [exémplo] *s.m.* esempio.
ejercer [exerθér] (ejerzo, ejercí, ejerceré) *v.tr./intr.* **1** (*como/de*) (*professione*) esercitare, praticare **2** (*giur.*) esercitare, far valere **3** esercitare, avere.

ejercicio [exerθíθjo] *s.m.* **1** esercizio, professione (*f.*) **2** (*istr.*) prova (*f.*), esercizio **3** esercizio, pratica (*f.*).
ejército [exérθito] *s.m.* **1** (*mil.*) esercito **2** (*fig.*) esercito, massa (*f.*).
el [él] *art.det.m.sing.* **1** il, lo **2** (*sostituisce l'art. 'la' davanti a s.f. con a/ha tonica*) l', la.
él [él] *pron.m.sing.* (*personale*) **1** egli **2** (*con prep.*) lui.
elaboración [elaβoraθjón] *s.f.* elaborazione.
elástico [elástiko] *agg.* e *s.m.* (anche *fig.*) elastico.
elección [ele*k*θjón] *s.f.* **1** (*giur.*) e (*pol.*) elezione **2** selezione, scelta **3** alternativa.
elector [ele*k*tór] *agg.* e *s.m.* elettore.
electricidad [ele*k*triθiðáð] *s.f.* **1** elettricità (*inv.*) **2** corrente elettrica.
electrocardiograma [ele*k*trokarðjoɣráma] *s.m.* (*med.*) elettrocardiogramma.
electrodoméstico [ele*k*troðoméstiko] *agg.* e *s.m.* elettrodomestico.
elefante [elefánte] *s.m.* (*zool.*) elefante.
elegante [eleɣánte] *agg.m.* e *f.* **1** elegante **2** (*fig.*) signorile.
elegir [elexír] (elijo, elegí, elegiré) **A** *v.tr.* (*entre/por*) **1** scegliere **2** (*bur.*) e (*pol.*) nominare, eleggere.
elemental [elementál] *agg.m.* e *f.* **1** elementare, semplice **2** fondamentale, basilare **3** (*fam.*) evidente, ovvio (*m.*).
elemento [eleménto] *s.m.* **1** (anche *fig.*) elemento **2** modulo, componente **3** (*fig.*) fattore, dato.
elenco [eléŋko] *s.m.* **1** (*lista*) elenco **2** (*bur.*) (*econ.*) organico **3** (*teatr.*) cast (*inv.*).
elepé [elepé] *s.m.* (*mus.*) ellepì (*inv.*).
elevación [eleβaθjón] *s.f.* **1** aumento (*m.*), rialzo (*m.*) **2** elevazione, altura.
eliminar [eliminár] *v.tr.* **1** (anche *mat.*) eliminare **2** (*med.*) eliminare, espellere **3** uccidere.
elipse [elí*p*se] *s.f.* (*geom.*) (anche *astro.*) ellisse.
élite [élite] *s.f.* élite (*inv.*).
ella [éʎa] *pron.f.sing.* (*personale*) **1** ella, lei **2** (*con prep.*) lei.
ello [éʎo] *pron.* (*personale, neutro*) questa cosa, ciò.
ellos [éʎos] *pron.m.pl.* (*personale*) essi, loro (*m.* e *f.*).
elogio [elóxjo] *s.m.* elogio, lode (*f.*).
emancipación [emanθipaθjón] *s.f.* emancipazione.
embajada [embaxáða] *s.f.* **1** (*pol.*) ambasciata **2** ambasciata, messaggio (*m.*).
embarazada [embaraθáða] *agg.* e *s.f.* incinta (*agg.*).
embarazo [embaráθo] *s.m.* **1** gravidanza (*f.*), gestazione (*f.*) **2** intralcio, impedimento **3** (*fig.*) imbarazzo, disagio.
embarazoso [embaraθóso] *agg.* imbarazzante (*m.* e *f.*).
embarco [embárko] *s.m.* (*mar.*) imbarco.
embargo [embárɣo] *s.m.* **1** (*giur.*) sequestro **2** (*pol.*) embargo.
embellecer [embeʎeθér] (embellezco, embellecí, embelleceré) *v.tr.pron.* abbellire.
emblema [embléma] *s.m.* emblema, simbolo.
embocadura [embokaðúra] *s.f.* **1** (*mus.*) imboccatura, bocchino (*m.*) **2** (*vino*) aroma (*m.*) **3** (*strada, canale*) imboccatura **4** (*teatr.*) boccascena (*m.inv.*).
emborrachar [emborratʃár] **A** *v.tr.* **1** ubriacare **2** (*odore*) inebriare, dare alla testa **3** (*fig.*) intontire **B** *v.pron.* (*con/de*) ubriacarsi, sbronzarsi.
embrión [embrjón] *s.m.* (*bio.*) embrione.
embrutecer [embruteθér] (embrutezco, embrutecí, embruteceré) *v.tr.pron.* abbrutire.
embudo [embúðo] *s.m.* **1** imbuto **2** buco, cavità (*f.inv.*) **3** (*fig.*) imbroglio.
embutido [embutíðo] *s.m.* **1** (*cuc.*) insaccato **2** (*falegnameria*) intarsio.

embutidor [embutiðór] *s.m.* (*mecc.*) sbalzatore, stampatore.
emergencia [emerxénθja] *s.f.* **1** emergenza **2** imprevisto (*m.*).
emerger [emerxér] *v.intr.* (*de*) **1** emergere, affiorare **2** saltare fuori, sbucare **3** (*astro.*) apparire, spuntare.
emigración [emiɣraθjón] *s.f.* emigrazione.
emisión [emisión] *s.f.* **1** (anche *econ.*) emissione **2** (*radio, TV*) trasmissione, programma (*m.*).
emisora [emisóra] *s.f.* (*radio, TV*) emittente.
emitir [emitír] *v.tr./intr.* **1** (anche *econ.*) emettere **2** (*radio, TV*) trasmettere, mandare in onda **3** (*fig.*) emettere, esprimere.
emoción [emoθjón] *s.f.* emozione.
emocionar [emoθjonár] *v.tr.pron.* (*con/de*) emozionare, impressionare.
empachado [empatʃáðo] *agg.* impacciato, goffo.
empadronamiento [empaðronamjénto] *s.m.* (*bur.*) censimento.
empalmar [empalmár] **A** *v.tr.* (*con*) **1** congiungere, collegare **2** (*tecn.*) assemblare **B** *v.intr.* **1** (*con/en*) (*ferr.*) fare coincidenza **2** succedersi, seguire **C** *v.pron.* (*volg.*) arraparsi.
empalme [empálme] *s.m.* **1** innesto, giuntura (*f.*) **2** (*tecn.*) assemblaggio, collegamento **3** (*ferr.*) coincidenza (*f.*) **4** (*auto.*) (*ferr.*) raccordo.
empanada [empanáða] *s.f.* **1** (*cuc.*) panzerotto (*m.*) con ripieno di carne, pesce o formaggio **2** (*fig.*) (*fam.*) imbroglio (*m.*), inghippo (*m.*).
empanadilla [empanaðíʎa] *s.f.* (*cuc.*) panzerotto (*m.*).
empaquetar [empaketár] **A** *v.tr.* **1** impacchettare, confezionare **2** (*fig.*) stipare, ammassare **B** *v.pron.* (*fam.*) mettersi in ghingheri.
empate [empáte] *s.m.* pareggio.
empedrado[1] [empeðráðo] *agg.* **1** (*edil.*) lastricato **2** (*meteo.*) nuvoloso.
empedrado[2] [empeðráðo] *s.m.* pavé (*inv.*).
empeñar [empeɲár] **A** *v.tr.* **1** impegnare, dare in pegno **2** (*fig.*) consacrare, dedicare **B** *v.pron.* **1** (*en*) ostinarsi, incaponirsi **2** (*en*) indebitarsi **3** (*con*) (*fig.*) dare la propria parola.
empeño [empéɲo] *s.m.* **1** pignoramento, pegno **2** (*fig.*) volontà (*f.inv.*), desiderio **3** (*fig.*) impegno, costanza (*f.*) **4** tentativo, impresa (*f.*) **5** (*fam.*) raccomandazione (*f.*).
empeorar [empeorár] *v.tr./intr.pron.* peggiorare, aggravarsi.
emperador [emperaðór] *s.m.* **1** imperatore **2** (*zool.*) pescespada.
empezar [empeθár] (empiezo, empecé, empezaré) **A** *v.tr.* iniziare, cominciare **B** *v.intr.* **1** (*a*) avere inizio **2** (*con/por*) iniziare, cominciare.
empirismo [empirísmo] *s.m.* empirismo.
empleado [empleáðo] **A** *agg.* impiegato, utilizzato **B** *s.m.* impiegato.
emplear [empleár] **A** *v.tr.* **1** (*lavoro*) impiegare, assumere **2** usare, adoperare **B** *v.pron.* (*como/de*) impiegarsi, essere assunto.
empleo [empléo] *s.m.* **1** uso, utilizzo **2** impiego, lavoro.
empobrecimiento [empoβreθimjénto] *s.m.* impoverimento, decadenza (*f.*).
empolladura [empoʎaðúra] *s.f.* covata.
empollón [empoʎón] *agg.* e *s.m.* (*fig.*) (*fam.*) (*studente*) secchione (*s.*).
empresa [emprésa] *s.f.* **1** azienda, società (*inv.*) **2** industria.
empujar [empuxár] **A** *v.tr.* (anche *fig.*) spingere **B** *v.intr.* **1** fare il possibile, darsi da fare **2** andare avanti, salire.
empuje [empúxe] *s.m.* **1** spinta (*f.*), slancio **2** (*fig.*) entusiasmo **3** (*fig.*) grinta (*f.*).
enamorado [enamoráðo] *agg.* e *s.m.* innamorato.
enamorar [enamorár] **A** *v.tr.* (anche *fig.*) innamorare, conquistare **B** *v.pron.* (*de*) (anche *fig.*) innamorarsi.

enano [enáno] *agg.* e *s.m.* **1** nano **2** (*fig.*) (*fam.*) birbantello.
encajar [eŋkaxár] **A** *v.tr.* **1** incastrare **2** (*fig.*) (*colpo*) sferrare, mollare **3** (*fig.*) (*fam.*) buttare là **4** (*fig.*) (*fam.*) affibbiare, appioppare **5** (*fig.*) (*fam.*) incassare **B** *v.intr.* accostare **C** *v.pron.* **1** incastrarsi **2** (*fig.*) (*fam.*) infilarsi, mettersi.
encaje [eŋkáxe] *s.m.* **1** incastro, incasso **2** (*cucitura*) merletto, pizzo **3** (*falegnameria*) intarsio **4** (*banca*) incasso.
encantado [eŋkantáðo] *agg.* **1** (*con*) (*fam.*) contentissimo **2** (*fig.*) incantato, distratto **3** (*fig.*) incantato, stregato.
encantador [eŋkantaðór] *agg.* **1** incantevole (*m.* e *f.*), affascinante (*m.* e *f.*) **2** cordiale (*m.* e *f.*), affabile (*m.* e *f.*).
encantar [eŋkantár] *v.tr.* **1** incantare, stregare **2** (*fig.*) (*fam.*) affascinare, piacere.
encanto [eŋkánto] *s.m.* **1** incantesimo, incanto **2** (*fig.*) incanto **3** (*fam.*) tesoro.
encargado [eŋkarɣáðo] *agg.* e *s.m.* incaricato, addetto.
encargar [eŋkarɣár] (encargo, encargué, encargaré) **A** *v.tr.* **1** incaricare, affidare **2** raccomandare, consigliare **3** (*comm.*) ordinare **B** *v.pron.* (*de*) preoccuparsi di, farsi carico di.
encargo [eŋkárɣo] *s.m.* **1** (*comm.*) commissione (*f.*), ordinazione (*f.*) **2** (*lavoro*) incarico, carica (*f.*).
encarnación [eŋkarnaθjón] *s.f.* (*rel.*) (anche *fig.*) incarnazione.
encender [enθendér] (enciendo, encendí, encenderé) *v.tr.pron.* **1** accendere **2** (*fig.*) infiammare, eccitare.
encerrar [enθerrár] (encierro, encerré, encerraré) **A** *v.tr.* **1** rinchiudere, imprigionare **2** chiudere, mettere **3** (*fig.*) racchiudere, contenere **B** *v.pron.* (*en/entre*) chiudersi, isolarsi.
enchufar [entʃufár] **A** *v.tr./intr.* **1** (*elettr.*) (*tecn.*) collegare, allacciare **2** (*fig.*) (*fam.*) raccomandare **B** *v.pron.* (*fig.*) (*fam.*) ammanicarsi, farsi raccomandare.
enchufe [entʃúfe] *s.m.* **1** (*elettr.*) presa (*f.*) **2** (*edil.*) (*tecn.*) allacciamento, collegamento (*fig.*) **3** (*fam.*) raccomandazione (*f.*).
encía [enθía] *s.f.* (*anat.*) gengiva.
enciclopedia [enθiklopéðja] *s.f.* enciclopedia.
encima [enθíma] *avv.* **1** sopra **2** (anche *fig.*) addosso **3** per di più, inoltre.
encina [enθína] *s.f.* (*bot.*) quercia.
encoger [eŋkoxér] **A** *v.tr.pron.* **1** contrarre **2** (*fig.*) inibire, imbarazzare **B** *v.intr.* restringersi **C** *v.pron.* perdersi d'animo, scoraggiarsi.
encontrar [eŋkontrár] **A** *v.tr.* **1** trovare, incontrare **2** (*fig.*) giudicare, ritenere **B** *v.intr.pron.* (*con*) imbattersi **C** *v.pron.* **1** incontrarsi, vedersi **2** trovarsi, essere sito **3** (*fig.*) sentirsi, essere.
encorvar [eŋkorβár] **A** *v.tr.* curvare, piegare **B** *v.pron.* incurvarsi per l'età.
encuadernación [eŋkwaðernaθjón] *s.f.* **1** (*edit.*) legatura, rilegatura **2** copertina **3** (*officina*) legatoria.
encuadre [eŋkwáðre] *s.m.* (*cine*, *TV*) (*fot.*) inquadratura (*f.*).
encuentro [eŋkwéntro] *s.m.* **1** incontro **2** (anche *fig.*) scontro, urto **3** (*sport*) incontro, partita (*f.*) **4** (*fig.*) intervista (*f.*).
encuesta [eŋkwésta] *s.f.* **1** inchiesta, indagine **2** sondaggio (*m.*).
endeudarse [endeuðárse] *v.pron.* indebitarsi.
endibia [endíβja] *s.f.* (*bot.*) indivia.
endurecer [endureθér] (endurezco, endurecí, endureceré) *v.tr.pron.* **1** (*a*) indurire **2** (*fig.*) inasprire **3** (*con*) (*fig.*) irrobustire.
enemigo [enemíɣo] *agg.* e *s.m.* (anche *fig.*) nemico.
energía [enerxía] *s.f.* **1** energia, vigore (*m.*) **2** (*fis.*) energia **3** volontà (*inv.*), carattere (*m.*).
energúmeno [enerɣúmeno] *s.m.* **1** indemoniato, posseduto **2** (*fig.*) energumeno, bruto.
enero [enéro] *s.m.* gennaio.

enervar [enerβár] *v.tr.pron.* **1** snervare **2** (*fam.*) innervosire.
enfadar [emfaðár] *v.tr.pron.* (*con/por*) irritare, arrabbiare.
enfado [emfáðo] *s.m.* **1** rabbia (*f.*), collera (*f.*) **2** fastidio, noia (*f.*).
énfasis [émfasis] *s.m.inv.* enfasi (*f.*).
enfermedad [emfermeðáð] *s.f.* **1** malattia **2** (*fig.*) ossessione **3** (*fig.*) piaga.
enfermero [emferméro] *s.m.* infermiere.
enfermo [emférmo] *agg.* e *s.m.* ammalato, malato.
enfocar [emfokár] (enfoco, enfoqué, enfocaré) *v.tr.* **1** (*cine.*) (*fot.*) (anche *fig.*) focalizzare, mettere a fuoco **2** illuminare.
enfrentar [emfrentár] **A** *v.tr.pron.* (*a/con*) **1** mettere a confronto, confrontare **2** (*fig.*) affrontare, tenere testa **B** *v.pron.* (anche *sport*) affrontarsi, battersi.
enfrente [emfrénte] *avv.* (*de*) **1** di fronte **2** (*fig.*) contro.
enfriar [emfrjár] **A** *v.tr.pron.* (anche *fig.*) raffreddare **B** *v.pron.* prendere il raffreddore.
enfurecerse [emfureθérse] (me enfurezco, enfurecí, enfureceré) *v.pron.* (*con/contra/de/por*) **1** infuriarsi, adirarsi **2** (*meteo.*) infuriare.
enganchar [eŋgantʃár] **A** *v.tr.* **1** agganciare **2** (*fig.*) acciuffare, pescare **3** (*mil.*) reclutare, arruolare **4** (*fig.*) adescare, irretire **B** *v.pron.* **1** (*con/en*) agganciarsi, impigliarsi **2** (*mil.*) arruolarsi **3** (*gerg.*) (*droga*) diventare un tossico.
engañar [eŋgaɲár] **A** *v.tr./intr.* **1** ingannare **2** imbrogliare, abbindolare **3** (*fam.*) tradire **B** *v.pron.* **1** mentire **2** sbagliarsi, prendere un abbaglio.
engaño [eŋgáɲo] *s.m.* **1** inganno, imbroglio **2** illusione (*f.*) **3** (*pesca*) esca (*f.*) artificiale.
engordar [eŋgorðár] **A** *v.tr.* ingrassare **B** *v.intr.* **1** ingrassare **2** (*fig.*) arricchirsi.
engrase [eŋgráse] *s.m.* (*mecc.*) (*tecn.*) **1** (*azione*) lubrificazione (*f.*) **2** lubrificante.
engullir [eŋguʎír] *v.tr./intr.* ingurgitare, ingoiare.
enhorabuena [enoraβwéna] *s.f.* felicitazioni (*pl.*), congratulazioni (*pl.*).
enigma [eníɣma] *s.m.* enigma, mistero.
enjambre [eŋxámbre] *s.m.* **1** (*api*) sciame **2** (*fig.*) sciame, moltitudine (*f.*).
enjuagar [eŋxwaɣár] (enjuago, enjuagué, enjuagaré) **A** *v.tr.* risciacquare, sciacquare **B** *v.pron.* sciacquarsi.
enlace [enláθe] *s.m.* **1** unione (*f.*), collegamento **2** (*fig.*) unione (*f.*), matrimonio **3** (*aer.*) e (*ferr.*) coincidenza (*f.*) **4** (*persona*) intermediario **5** (*chim.*) legame **6** (*inform.*) link (*inv.*).
enlazar [enlaθár] (enlazo, enlacé, enlazaré) **A** *v.tr.* **1** legare, allacciare **2** (*trasporti*) raccordare **3** (*a/con*) (*fig.*) collegare **B** *v.intr.* (*con*) (*ferr.*) fare coincidenza **C** *v.pron.* **1** sposarsi **2** imparentarsi.
enloquecer [enlokeθér] (enloquezco, enloquecí, enloqueceré) **A** *v.tr.* (anche *fig.*) fare impazzire **B** *v.intr.* (*de*) (*fig.*) diventare matto, impazzire.
enojar [enoxár] **A** *v.tr.* irritare, molestare **B** *v.pron.* (*con/contra*) irritarsi, arrabbiarsi.
enojo [enóxo] *s.m.* **1** collera (*f.*), rabbia (*f.*) **2** noia (*f.*), fastidio.
enología [enoloxía] *s.f.* enologia.
enorgullecer [enorɣuʎeθér] (enorgullezco, enorgullecí, enorgulleceré) *v.tr.pron.* (*de*) inorgoglire, insuperbire.
enorme [enórme] *agg.m.* e *f.* enorme.
enredo [enrréðo] *s.m.* **1** (anche *fig.*) groviglio **2** (*fig.*) guaio, complicazione (*f.*) **3** (*fig.*) imbroglio **4** (*lett.*) intreccio **5** (*fam.*) tresca (*f.*).
enriquecer [enrikeθér] (enriquezco, enriquecí, enriqueceré) **A** *v.tr.pron.* **1** (*de*) arricchire **2** ornare, abbellire **B** *v.intr.* (*en*) prosperare, migliorare.

enrollado [enroʎáðo] *agg.* **1** arrotolato **2** (*fig.*) (*fam.*) preso, interessato.
enrollar [enroʎár] **A** *v.tr.* **1** arrotolare, avvolgere **2** (*fig.*) (*fam.*) coinvolgere **B** *v.intr.pron.* (*fig*) e (*fam.*) piacere **C** *v.pron.* (*fig.*) (*fam.*) **1** entusiasmarsi **2** essere preso **3** farla lunga **4** (*fam.*) farsela.
enroscar [enroskár] (enrosco, enrosqué, enroscaré) *v.tr.pron.* **1** attorcigliare **2** (*tecn.*) avvitare.
ensalada [ensaláða] *s.f.* **1** insalata **2** (*fig.*) miscuglio (*m.*), accozzaglia.
ensaladilla [ensalaðíʎa] *s.f.* (*cuc.*) insalata russa.
ensanche [ensántʃe] *s.m.* **1** ampiezza (*f.*), estensione (*f.*) **2** (*urbanistica*) ampliamento.
ensayar [ensaǰár] **A** *v.tr.* **1** sperimentare, provare **2** (*teatr.*) provare, fare le prove **3** (*met.*) saggiare **4** (*tecn.*) collaudare **B** *v.pron.* esercitarsi.
ensayo [ensáǰo] *s.m.* **1** prova (*f.*) **2** (*chim.*) esperimento **3** (*lett.*) saggio, trattato.
enseguida [enseɣíða] *avv.* immediatamente.
enseñar [enseɲár] *v.tr./intr.* **1** (*a*) insegnare **2** indicare, segnalare **3** mostrare, far vedere **4** esibire.
ensimismamiento [ensimismamjénto] *s.f.* **1** astrazione (*f.*) **2** (*fil.*) raccoglimento.
ensordecer [ensorðeθér] (ensordezco, ensordecí, ensordeceré) **A** *v.tr.* **1** assordare, stordire **2** (*ling.*) rendere sordo, convertire in consonante sorda **B** *v.intr.pron.* diventare sordo.
ensuciar [ensuθjár] **A** *v.tr.* (anche *fig.*) sporcare, insudiciare, macchiare **B** *v.pron.* **1** (anche *fig.*) sporcarsi, imbrattarsi **2** (*fam.*) farsela addosso.
ensueño [enswéɲo] *s.m.* (anche *fig.*) sogno.
entablar [entaβlár] *v.tr.* **1** coprire di tavole **2** (*med.*) steccare **3** (*scacchi*) intavolare **4** (*fig.*) intavolare, avviare.
ente [énte] *s.m.* **1** (*bur.*) ente **2** (*fam.*) tipo, macchietta (*m.* e *f.*).
entender [entendér] **A** *s.m.* opinione (*f.*), giudizio **B** (entiendo, entendí, entenderé) *v.tr.* **1** capire, comprendere **2** (*fig.*) dedurre **3** avere intenzione di, volere **4** credere, ritenere **C** *v.intr.* intendersi **D** *v.pron.* **1** (*con*) intendersi, trovarsi d'accordo **2** (*con*) (*fam.*) intendersela, avere una relazione **3** (*fam.*) arrangiarsi.
enterar [enterár] **A** *v.tr.* **1** informare, mettere al corrente **2** (*amer.*) saldare un conto **B** *v.pron.* (*de*) **1** venire a conoscenza, sapere **2** (*fam.*) rendersi conto, accorgersi.
entero [entéro] *agg.* **1** intero, integro, intatto **2** (*fig.*) integro **3** forte (*m.* e *f.*), coraggioso.
entidad [entiðáð] *s.f.* **1** entità (*inv.*) **2** (*fig.*) entità (*inv.*), valore (*m.*) **3** impresa, ente (*m.*).
entierro [entiérro] *s.m.* **1** sepoltura (*f.*), inumazione (*f.*) **2** (*cerimonia*) funerale.
entomología [entomoloxía] *s.f.* entomologia.
entonces [entónθes] *avv.* **1** allora, in tal caso **2** (*tempo*) allora, in quel momento.
entorno [entórno] *s.m.* ambiente, contesto.
entorpecimiento [entorpeθimjénto] *s.m.* intorpidimento.
entrada [entráða] *s.f.* **1** (anche *fig.*) entrata, accesso (*m.*) **2** (*edificio*) entrata, ingresso (*m.*) **3** (*comm.*) entrata, introito (*m.*) **4** biglietto (*m.*) **5** (*cuc.*) entrée (*inv.*) **6** (*dizionario, enciclopedia*) voce, lemma (*m.*) **7** (*comm.*) caparra, anticipo (*m.*).
entraña [entráɲa] *s.f.* **1** viscere (*m.*) **2** (*fig.*) nocciolo (*m.*), succo (*m.*).
entrar [entrár] **A** *v.intr.* **1** entrare **2** penetrare, entrare **3** (*fam.*) stare, entrare **4** (*fig.*) essere ammesso **5** (*fig.*) (*tempo*) cominciare, iniziare **6** rientrare, essere compreso **7** (*fig.*) essere coinvolto, en-

trarci **B** *v.tr.* **1** introdurre, mettere **2** (*cucitura*) accorciare, restringere **C** *v.pron.* cacciarsi.
entre [éntre] *prep.* tra, fra.
entrega [entréɣa] *s.f.* **1** consegna **2** (*giorn.*) fascicolo (*m.*) **3** (*fig.*) devozione, dedizione **4** (*mil.*) resa.
entregar [entreɣár] (entrego, entregué, entregaré) **A** *v.tr.* **1** consegnare, dare **2** (*fig.*) lasciare nelle mani, affidare **B** *v.pron.* (*a*) **1** arrendersi, capitolare **2** (*fig.*) dedicarsi, darsi **3** (*fig.*) abbandonarsi, lasciarsi andare.
entremedias [entreméðjas] *avv.* **1** (*tempo*) frattanto, nel frattempo **2** (*spazio*) nel mezzo.
entremés [entremés] *s.m.* **1** (*cuc.*) antipasto **2** (*teatr.*) intermezzo.
entresueño [entreswéɲo] *s.m.* dormiveglia (*inv.*).
entretanto [entretánto] *avv.* nel frattempo.
entretenido [entreteníðo] *agg.* divertente (*m.* e *f.*), piacevole (*m.* e *f.*).
entrevista [entreβísta] *s.f.* **1** colloquio (*m.*) **2** (*giorn.*) intervista.
entrometerse [entrometérse] *v.pron.* (*en/entre*) intromettersi, immischiarsi.
entusiasmo [entusjásmo] *s.m.* entusiasmo, passione (*f.*).
enumeración [enumeraθjón] *s.f.* **1** enumerazione **2** (*comm.*) inventario (*m.*).
enunciado [enunθjáðo] *s.m.* **1** (*ling.*) enunciato **2** dichiarazione (*f.*).
envase [embáse] *s.m.* **1** travaso, imbottigliamento **2** contenitore.
envejecer [embexeθér] (envejezco, envejecí, envejeceré) **A** *v.tr.* (anche *vino*) invecchiare **B** *v.intr.* (anche *fig.*) invecchiare.
envenenar [embenenár] **A** *v.tr.pron.* **1** (anche *fig.*) avvelenare **2** (*fig.*) mettere zizzania **B** *v.intr.* avvelenare, intossicare.
envergadura [emberɣaðúra] *s.f.* **1** (*uccello, aereo*) apertura alare **2** (*fig.*) importanza, entità (*inv.*).
enviar [embjár] *v.tr.* (*a*) **1** inviare, mandare **2** (*posta*) spedire.
envidia [embíðja] *s.f.* invidia, gelosia.
envío [embío] *s.m.* **1** invio, spedizione (*f.*) **2** (*lett.*) dedica (*f.*).
envolver [embolβér] (envuelvo, envolví, envolveré, envuelto) **A** *v.tr.* (*con/en*) **1** avvolgere **2** (*fig.*) avvolgere, circondare **3** (*bebè*) fasciare **4** (*mil.*) aggirare, circondare **5** (*fig.*) coinvolgere, implicare **6** (*fig.*) confondere **B** *v.pron.* (*con/en*) **1** (*filo*) arrotolarsi, avvolgersi **2** (*fig.*) invischiarsi.
enyesar [enjesár] *v.tr.* ingessare.
epicentro [epiθéntro] *s.m.* (*geol.*) epicentro.
épico [épiko] *agg.* (*lett.*) epico.
epidermis [epiðérmis] *s.f.* (*anat.*) e (*bot.*) epidermide.
epígrafe [epíɣrafe] *s.m.* **1** epigrafe (*f.*) **2** intestazione (*f.*).
epilepsia [epilépsja] *s.f.* (*med.*) epilessia.
epílogo [epíloɣo] *s.m.* (*lett.*) (anche *fig.*) epilogo, conclusione (*f.*).
episodio [episóðjo] *s.m.* **1** episodio **2** (*TV*) puntata (*f.*) **3** evento, impresa (*f.*).
época [époka] *s.f.* epoca, periodo (*m.*), era.
equidad [ekiðáð] *s.f.* equità (*inv.*), imparzialità (*inv.*).
equilibrar [ekiliβrár] *v.tr.* (anche *fig.*) equilibrare, bilanciare.
equilibrio [ekilíβrjo] *s.m.* **1** equilibrio **2** (*fig.*) equilibrio, armonia (*f.*) **3** (*fig.*) equilibrio, buon senso.
equinoccio [ekinókθjo] *s.m.* equinozio.
equipaje [ekipáxe] *s.m.* bagaglio.
equipamiento [ekipamjénto] *s.m.* **1** equipaggiamento, attrezzatura (*f.*) **2** (anche *auto.*) dotazione (*f.*).
equipar [ekipár] **A** *v.tr.* (*con/de*) **1** equipaggiare, fornire, attrezzare **2** (*fam.*) (*auto.*) accessoriare **3** (*mil.*) equipaggiare **4** (*mar.*) armare **B** *v.pron.* (*con/de*) equipaggiarsi, attrezzarsi.

equipo [ekípo] *s.m.* **1** equipaggiamento **2** equipe (*f.inv.*), gruppo **3** (*sport*) squadra (*f.*) **4** impianto.
equitación [ekitaθjón] *s.f.* equitazione.
equivalente [ekiβalénte] *agg.m.* e *f.* e *s.f.* equivalente.
equivocar [ekiβokár] (equivoco, equivoqué, equivocaré) **A** *v.tr.* **1** equivocare **2** sbagliare **3** confondere **B** *v.pron.* (*con/de/en*) sbagliarsi, commettere un errore.
equívoco [ekíβoko] **A** *agg.* equivoco, ambiguo **B** *s.m.* **1** ambiguità (*f.inv.*) **2** equivoco, malinteso.
era[1] [éra] *s.f.* era, epoca.
era[2] [éra] *s.f.* **1** (*agr.*) aia **2** aiuola.
erección [ere*k*θjón] *s.f.* **1** (anche *fisiol.*) erezione **2** (*fig.*) fondazione, istituzione.
ergonomía [erɣonomía] *s.f.* ergonomia.
erguir [erɣír] (yergo, erguí, erguiré) **A** *v.tr.* alzare, rizzare **B** *v.pron.* **1** ergersi, innalzarsi **2** (*fig.*) insuperbirsi.
erizo [eríθo] *s.m.* **1** (*zool.*) riccio, porcospino **2** (*bot.*) (*zool.*) riccio.
ermita [ermíta] *s.f.* eremo (*m.*).
erogación [eroɣaθjón] *s.f.* erogazione.
erosión [erosjón] *s.f.* (anche *fig.*) erosione.
erosionar [erosjonár] **A** *v.tr.* **1** erodere **2** (*fig.*) screditare **B** *v.pron.* (*fig.*) screditarsi.
erótico [erótiko] *agg.* erotico.
erre [érre] *s.f.* (*alfabeto*) erre (*inv.*).
eructo [erú*k*to] *s.m.* rutto.
erupción [eru*p*θjón] *s.f.* (*med.*) (anche *geol.*) eruzione.
esa [ésa] *agg.f.* (*dimostrativo*) codesta.
ésa [ésa] *pron.f.* (*dimostrativo*) codesta.
esbelto [e*s*βélto] *agg.* snello, longilineo.
esbirro [e*s*βírro] *s.m.* **1** sbirro, poliziotto **2** (*pegg.*) scagnozzo.
esbozo [e*s*βóθo] *s.m.* **1** bozzetto **2** (*tecn.*) schema **3** (*bio.*) abbozzo.
escabeche [eskaβétʃe] *s.m.* **1** (*cuc.*) marinata (*f.*) **2** (*cuc.*) (*piatto*) pesce o carne marinati **3** (*fig.*) (*fam.*) (*capelli bianchi*) tintura (*f.*).
escala [eskála] *s.f.* **1** scala **2** (*viaggio*) scalo (*m.*).
escalar [eskalár] *v.tr.* **1** (*sport*) (anche *ciclismo*) scalare, arrampicarsi **2** penetrare, introdursi **3** (*fig.*) dare la scalata.
escalofrío [eskalofrío] *s.m.* brivido.
escalón [eskalón] *s.m.* **1** scalino, gradino **2** (*fig.*) grado, livello **3** (*econ.*) e (*mil.*) scaglione.
escama [eskáma] *s.f.* **1**(*zool.*) squama, scaglia **2** scaglia, scheggia **3** (*fig.*) diffidenza.
escamoteo [eskamotéo] *s.m.* **1** (*illusionista*) sparizione (*f.*) **2** (*fig.*) trafugamento.
escandalizar [eskandaliθár] (escandalizo, escandalicé, escandalizaré) **A** *v.tr.* scandalizzare, indignare **B** *v.pron.* (*de/por*) scandalizzarsi, indignarsi.
escándalo [eskándalo] *s.m.* **1** scandalo **2** confusione (*f.*), baraonda (*f.*).
escáner [eskáner] *s.m.* **1** (*tecn.*) scanner (*inv.*) **2** (*med.*) scanner (*inv.*).
escaño [eskáɲo] *s.m.* **1** scanno **2** (*pol.*) seggio.
escapada [eskapáða] *s.f.* **1** (anche *sport*) fuga **2** scappata.
escapar [eskapár] **A** *v.intr.* **1** (*a/de*) scappare, fuggire **2** (*fam.*) svignarsela, sgusciare via **3** scampare, sfuggire **4** (*a*) (*fig.*) esulare **B** *v.pron.* (*a/de*) **1** (*liquidi, gas*) fuoriuscire **2** (*carcere*) evadere, fuggire **3** (*fig.*) sfuggire **4** scappare **5** (*sport*) (*ciclismo*) andare in fuga.
escaparate [eskaparáte] *s.m.* (anche *fig.*) vetrina (*f.*).
escape [eskápe] *s.m.* **1** (*liquidi, gas*) fuga (*f.*) **2** (*auto.*) scappamento **3** scampo, salvezza (*f.*).
escarabajo [eskaraβáxo] *s.m.* **1** (*zool.*) scarabeo **2** (*fig.*) (*fam.*) sgorbio, mostro.
escarola [eskaróla] *s.f.* (*bot.*) scarola.

escasez [eskaséθ] *s.f.* **1** scarsità (*inv.*), carenza, penuria **2** povertà (*inv.*), ristrettezze (*pl.*).
escaso[1] [eskáso] *agg.* scarso.
escaso[2] [eskáso] *agg.* e *s.m.* taccagno, avaro.
escatología [eskatoloxía] *s.f.* escatologia.
escayola [eskaǰóla] *s.f.* **1** (*med.*) gesso (*m.*) **2** (*edil.*) stucco (*m.*).
escena [esθéna] *s.f.* **1** (anche *fig.*) scena **2** (*teatr.*) (anche *fig.*) scenario (*m.*) **3** (*fig.*) (*fam.*) scenata.
escenografía [esθenoɣrafía] *s.f.* (*cine.*, *TV*) (*teatr.*) (anche *fig.*) scenografia.
escéptico [eθéptiko] *agg.* e *s.m.* **1** scettico, incredulo **2** (*fil.*) scettico.
esclavitud [esklaβitúð] *s.f.* schiavitù (*inv.*).
esclavo [eskláβo] *agg.* e *s.m.* (anche *fig.*) schiavo.
esclerosis [esklerósis] *s.f.inv.* sclerosi.
escoba [eskóβa] *s.f.* **1** (anche *bot.*) scopa **2** (*gioco*) (*carte*) scopa.
escocés [eskoθés] *agg.* e *s.m.* scozzese (*m.* e *f.*).
escolar [eskolár] *agg.m.* e *f.* scolastico (*m.*), scolare.
escombro[1] [eskómbro] *s.m.* (*zool.*) sgombro.
escombro[2] [eskómbro] *s.m.* maceria (*f.*).
esconder [eskondér] *v.tr.pron.* (anche *fig.*) nascondere, occultare, celare.
escondidas (**a**) [eskondíðas] *loc.avv.* di nascosto.
escondite [eskondíte] *s.m.* **1** nascondiglio **2** (*gioco*) nascondino, rimpiattino.
escoria [eskórja] *s.f.* **1** scoria, residuo (*m.*) **2** (*fig.*) rifiuto (*m.*) **3** (*met.*) loppa.
escorpio [eskórpjo] *s.m.* (*astrol.*) scorpione.
escorpión [eskorpjón] *s.m.* **1** (*zool.*) (*astro.*) (*astrol.*) (*mil.*) scorpione **2** (*zool.*) scorfano.
escote[1] [eskóte] *s.m.* (*abb.*) scollatura (*f.*), scollo.
escote[2] [eskóte] *s.m.* quota (*f.*), parte (*f.*).
escribir [eskriβír] (*p.p.irr.* escrito) **A** *v.tr.* **1** scrivere **2** (*mus.*) comporre **B** *v.pron.* **1** iscriversi **2** (*mil.*) arruolarsi **3** scriversi.
escriño [eskríɲo] *s.m.* scrigno.
escrito [eskríto] **A** *agg.* **1** scritto **2** rigato **B** *s.m.* **1** scritto, testo **2** (*giur.*) petizione (*f.*), allegato.
escritor [eskritór] *s.m.* scrittore.
escritorio [eskritórjo] *s.m.* **1** (*mobile*) scrittoio, scrivania (*f.*) **2** (*luogo*) ufficio, studio.
escritura [eskritúra] *s.f.* **1** scrittura, calligrafia **2** (*bur.*) scrittura, atto (*m.*).
escroto [eskróto] *s.m.* (*anat.*) scroto.
escrúpulo [eskrúpulo] *s.m.* **1** scrupolo, dubbio **2** schifo **3** scrupolo, diligenza (*f.*).
escuchar [eskutʃár] **A** *v.intr.* ascoltare, sentire **B** *v.tr./intr.* **1** ascoltare attentamente **2** (*fig.*) prestare attenzione, dare ascolto/retta **C** *v.pron.* ascoltarsi.
escudo [eskúðo] *s.m.* **1** scudo **2** (*fig.*) protezione (*f.*).
escuela [eskwéla] *s.f.* **1** (anche *fig.*) scuola **2** (*fig.*) scuola, corrente.
escueto [eskwéto] *agg.* **1** spoglio, disadorno **2** (*fig.*) schietto, diretto.
esculpir [eskulpír] *v.tr.* **1** scolpire **2** incidere.
escultor [eskultór] *s.m.* scultore.
escultura [eskultúra] *s.f.* scultura.
escupir [eskupír] **A** *v.tr.* **1** sputare **2** (*fig.*) sputare, rigurgitare **3** (*fig.*) spiattellare, spifferare **B** *v.intr.* sputare.
escupitajo [eskupitáxo] *s.m.* (*fam.*) sputacchio.
escusa [eskúsa] *s.f.* **1** profitto (*m.*) **2** (*giur.*) usufrutto (*m.*) **3** occultamento (*m.*).
ese [ése] *agg.m.* (*dimostrativo*) codesto (*pl.* esos).
ése [ése] *pron.m.* (*dimostrativo*) codesto (*pl.* ésos).
esencia [esénθja] *s.f.* (anche *fig.*) essenza.

esfera [esféra] *s.f.* **1** (anche *geom.*) sfera **2** (*orologio*) quadrante (*m.*) **3** (*fig.*) sfera, ambiente (*m.*) **4** (*fig.*) ambito (*m.*), campo (*m.*).
esforzar [esforθár] (esfuerzo, esforcé, esforzaré) **A** *v.tr.* **1** sforzare **2** animare, incoraggiare **B** *v.intr.* animarsi, rinvigorire **C** *v.pron.* (*en/para/por*) sforzarsi.
esfuerzo [esfwérθo] *s.m.* **1** sforzo **2** (*fig.*) sforzo, sacrificio.
eslabón [eslaβón] *s.m.* **1** (anche *fig.*) anello (*di una catena*) **2** (*pietra focaia*) acciarino.
eslogan [eslóɣan] *s.m.* slogan (*inv.*).
esmalte [esmálte] *s.m.* **1** (anche *fig.*) smalto **2** (*pitt.*) smalto azzurro cobalto.
esmerado [esmeráðo] *agg.* **1** attento, accurato **2** diligente (*m.* e *f.*), scrupoloso.
esnifar [esnifár] *v.tr.* (*gerg.*) (*droga*) sniffare.
esnob [esnóβ] *agg.* e *s.m.* e *f.* snob (*inv.*).
eso [éso] *pron.* (*dimostrativo; neutro*) ciò, codesta cosa.
esófago [esófaɣo] *s.m.* (*anat.*) esofago.
esotérico [esotériko] *agg.* **1** esoterico, occulto **2** (*fig.*) esoterico, misterioso, enigmatico.
espabilar [espaβilár] **A** *v.tr.* **1** (*candela*) smoccolare **2** (anche *fig.*) svegliare **B** *v.intr.pron.* **1** (anche *fig.*) svegliarsi **2** preparare **3** (*fam.*) rubare.
espacio [espáθjo] *s.m.* **1** (anche *radio, TV*) spazio **2** (*tempo*) spazio, arco.
espada [espáða] *s.f.* spada.
espagueti [espaɣéti] *s.m.* (*cuc.*) spaghetti (*pl.*).
espalda [espálda] *s.f.* **1** (*anat.*) schiena **2** (*abb.*) dietro (*m.*) **3** (*arch.*) retro (*m.*) **4** (*sport*) (*nuoto*) dorso (*m.*).
espanto [espánto] *s.m.* **1** spavento **2** (*fig.*) spavento, orrore.
espantoso [espantóso] *agg.* **1** (anche *fig.* e *fam.*) spaventoso, terribile (*m.* e *f.*) **2** sbalorditivo, sorprendente (*m.* e *f.*).
español [espaɲól] *agg.* e *s.m.* spagnolo.
esparcimiento [esparθimjénto] *s.m.* **1** spargimento **2** svago, passatempo **3** franchezza (*f.*), disinvoltura (*f.*).
esparcir [esparθír] *v.tr.pron.* **1** spargere, disseminare, sparpagliare **2** (*fig.*) diffondere, divulgare, diramare **3** divertire, distrarre.
espárrago [espárraɣo] *s.m.* **1** (*bot.*) asparago **2** scala (*f.*) a pioli.
espasmo [espásmo] *s.m.* (*med.*) spasmo, contrazione (*f.*).
espátula [espátula] *s.f.* spatola.
especia [espéθja] *s.f.* spezia.
especial [espeθjál] *agg.m.* e *f.* **1** speciale, particolare **2** (*fam.*) strano (*m.*).
especialidad [espeθjaliðáð] *s.f.* specialità (*inv.*).
especie [espéθje] *s.f.* **1** (*bio.*) (*zool.*) specie (*inv.*) **2** caso (*m.*), evento (*m.*) **3** notizia, voce **4** (anche *pegg.*) sorta, specie (*inv.*).
especificar [espeθifikár] *v.tr.* **1** specificare, chiarire **2** precisare, determinare.
espectáculo [espektákulo] *s.m.* **1** spettacolo **2** scena (*f.*).
espectador [espektaðór] *s.m.* **1** spettatore **2** testimone (*m.* e *f.*).
espectro [espéktro] *s.m.* **1** (anche *fig.*) spettro, fantasma **2** (*fis.*) e (*med.*) spettro.
especulación [espekulaθjón] *s.f.* (anche *comm.* e *econ.*) speculazione.
especular [espekulár] **A** *agg.m.* e *f.* (anche *ott.*) speculare **B** *v.tr.* **1** osservare, esaminare **2** (*fig.*) meditare, riflettere **C** *v.intr.* **1** (anche *comm.* e *econ.*) speculare **2** (*fig.*) congetturare, fare congetture.
espejo [espéxo] *s.m.* **1** (anche *fig.*) specchio **2** (*fig.*) specchio, modello.
espeleología [espeleoloxía] *s.f.* speleologia.
espeleológico [espeleolóxiko] *agg.* speleologico.
espera [espéra] *s.f.* **1** attesa **2** (*giur.*) scadenza **3** calma, pazienza **4** (*caccia*) posta.

esperanza [esperánθa] *s.f.* speranza.
esperar [esperár] **A** *v.tr.* **1** (anche *fig.*) aspettare, attendere **2** (*fig.*) sperare, augurarsi **B** *v.intr.* aspettare un bambino.
esperma [espérma] *s.m.* (*bio.*) sperma.
espeso [espéso] *agg.* **1** spesso **2** fitto, folto **3** (*fig.*) (*fam.*) sporco, sudicio **4** (*fig.*) complesso, complicato.
espesor [espesór] *s.m.* **1** spessore, grossezza (*f.*) **2** (*gas, fluido*) densità (*f.inv.*).
espía [espía] *s.m.* e *f.* **1** spia (*f.*) **2** (*fam.*) palo (*m.*).
espín [espín] *s.m.* (*zool.*) porcospino.
espina [espína] *s.f.* **1** spina **2** scheggia **3** (*zool.*) spina, aculeo (*m.*) **4** (*pesce*) lisca, spina **5** (*fig.*) tribolazione, cruccio (*m.*).
espinaca [espináka] *s.f.* (*bot.*) spinacio (*m.*).
espionaje [espionáxe] *s.m.* spionaggio.
espiración [espiraθjón] *s.f.* espirazione.
espiral [espirál] **A** *agg.m.* e *f.* spirale **B** *s.f.* **1** (*geom.*) (anche *fig.*) spirale **2** (*orologio*) molla.
espiritismo [espiritísmo] *s.m.* spiritismo.
espíritu [espíritu] *s.m.* **1** (anche *chim.*) spirito **2** dono,virtù (*f.inv.*) **3** (*fig.*) spirito, tempra (*f.*) **4** (*fig.*) energia (*f.*), vigore **5** (*fig.*) ingegno, estro.
esplendor [esplendór] *s.m.* **1** splendore **2** splendore, fasto, ricchezza (*f.*) **3** (*fig.*) fulgore.
esponja [espóŋxa] *s.f.* **1** (*zool.*) spongia **2** (anche *tess.*) spugna.
espónsor [espónsor] *s.m.* sponsor (*m.inv.*).
espontáneo [espontáneo] *agg.* spontaneo.
espora [espóra] *s.f.* (*bio.*) (*bot.*) spora.
esporádico [esporáðiko] *agg.* (anche *fig.*) sporadico.
esposa [espósa] *s.f.* moglie, sposa.
esposas [espósas] *s.f.pl.* manette.
esposo [espóso] *s.m.* marito, sposo.
espuma [espúma] *s.f.* **1** schiuma, spuma **2** (*fig.*) fior fiore (*m.*), crema.
esquela [eskéla] *s.f.* **1** partecipazione, annuncio (*m.*) **2** missiva, biglietto (*m.*) **3** necrologio.
esqueleto [eskeléto] *s.m.* **1** (*anat.*) (*zool.*) (anche *fig.*) scheletro **2** scheletro, struttura (*f.*) **3** (*animali*) carcassa (*f.*) **4** (*fig.*) (*scritto*) schema, trama (*f.*).
esquema [eskéma] *s.m.* **1** schema, abbozzo, progetto **2** disegno.
esquí [eskí] *s.m.* (*sport*) sci (*inv.*).
esquiar [eskjár] *v.intr.* (*sport*) sciare.
esquimal [eskimál] *agg.* e *s.m.* e *f.* eschimese.
esquina [eskína] *s.f.* **1** angolo (*m.*) **2** spigolo (*m.*), angolo (*m.*).
esquizofrenia [eskiθofrénia] *s.f.* schizofrenia.
esta [ésta] *agg.f.* (*dimostrativo*) questa.
ésta [ésta] *pron.f.* (*dimostrativo*) questa.
estable [estáβle] *agg.m.* e *f.* stabile, duraturo (*m.*).
establecer [estáβleθér] **A** *v.tr.* **1** stabilire, istituire **2** decretare, sancire **B** *v.pron.* **1** (*de/en*) stabilirsi, prendere dimora **2** (*ind.*) aprire uno stabilimento.
establecimiento [estáβleθimjénto] *s.m.* **1** stabilimento, consolidamento **2** (*comm.*) negozio **3** istituzione (*f.*), ente **4** (*ind.*) stabilimento, fabbrica (*f.*).
estación [estaθjón] *s.f.* **1** stagione **2** (anche *radio* e *telecom.*) stazione **3** (*taxi*) posteggio (*m.*), fermata **4** (*rel.*) stazione.
estadio [estáðjo] *s.m.* **1** (*sport*) stadio **2** (*fig.*) fase (*f.*), stadio.
estadística [estaðístika] *s.f.* (*mat.*) statistica.
estado [estáðo] *s.m.* **1** (anche *giur.*) stato, condizione (*f.*) **2** (*fis.*) (anche *sto.*) stato **3** (*pol.*) stato, nazione (*f.*) **4** (*econ.*) prospetto, rendiconto.
estadounidense [estaðouniðénse] *agg.* e *s.m.* e *f.* statunitense.
estafa [estáfa] *s.f.* **1** truffa, inganno (*m.*) **2** abuso (*m.*).

estalactíta [estalaktíta] *s.f.* (*geol.*) stalattite.
estalagmita [estalaɣmíta] *s.f.* (*geol.*) stalagmite.
estallar [estaʎár] *v.intr.* **1** scoppiare, esplodere **2** schioccare **3** (*fig.*) scoppiare **4** (*fig.*) prorompere, scoppiare.
estancia [estánθja] *s.f.* **1** permanenza, soggiorno (*m.*) **2** stanza **3** (*ospedale*) degenza **4** (*amer.*) tenuta agricola.
estanco [estáŋko] *s.m.* **1** (*econ.*) monopolio **2** (*comm.*) tabaccheria (*f.*).
estándar [estándar] **A** *agg.inv.* standard **B** *s.m.* standard (*inv.*), livello.
estante [estánte] *s.m.* scaffale, ripiano.
estantería [estantería] *s.f.* scaffalatura.
estaño [estáɲo] *s.m.* stagno.
estar [estár] *v.intr.* **1** (*stato in luogo*) (*en*) stare, essere, trovarsi **2** (*en*) spettare, toccare **3** (*temporale, occasionale*) essere **4** essere pronto **5** (*con*) stare insieme **6** (*en*) consistere **7** (*por*) parteggiare per.
estática [estátika] *s.f.* (*fis.*) statica.
estatua [estátwa] *s.f.* statua.
este [éste] **A** *agg.m.* (*dimostrativo*) questo (*pl.* estos) **B** *s.m.* (*geog.*) est.
éste [éste] *pron.m.* (*dimostrativo*) questo (*pl.* éstos).
estela [estéla] *s.f.* scia.
estéreo [estéreo] *s.m.* (*mus.*) stereo.
estereotipo [estereotípo] *s.m.* stereotipo.
estéril [estéril] *agg.m.* e *f.* **1** sterile **2** (*fig.*) sterile, vano (*m.*) **3** sterile, sterilizzato (*m.*).
estero [estéro] *s.m.* estuario.
estética [estétika] *s.f.* estetica.
esteticista [estetiθísta] *s.m.* e *f.* (*cosmesi*) estetista.
estiba [estíβa] *s.f.* **1** (*mar.*) zavorra **2** (*mar.*) (*azione*) stivamento (*m.*).
estilista [estilísta] *s.m.* e *f.* stilista.
estilo [estílo] *s.m.* **1** stile **2** (*orologio solare*) gnomone.
estima [estíma] *s.f.* **1** stima, considerazione **2** (*comm.*) (*mar.*) stima, calcolo (*m.*).
estimular [estimulár] **A** *v.tr.* **1** stimolare **2** (*fig.*) spronare, incitare **C** *v.pron.* assumere droghe o stimolanti.
estímulo [estímulo] *s.m.* (anche *fig.*) stimolo.
estirpe [estírpe] *s.f.* **1** stirpe, casata **2** (*giur.*) stirpe **3** (*bio.*) famiglia.
esto [ésto] *pron.* (*dimostrativo; neutro*) ciò, questa cosa.
estoicismo [estoiθísmo] *s.m.* stoicismo.
estómago [estómaɣo] *s.m.* (*anat.*) stomaco.
estop [estóp] *s.m.* stop (*inv.*).
estornudo [estornúðo] *s.m.* starnuto.
estrangular [estraŋgulár] **A** *v.tr.pron.* **1** strangolare, strozzare **2** (*fig.*) strozzare **3** (*fig.*) sventare, mandare a monte **B** *v.tr.* bloccare la circolazione.
estrategia [estratéxja] *s.f.* (*mil.*) (anche *fig.*) strategia, tattica.
estrato [estráto] *s.m.* **1** strato **2** (*fig.*) strato, ceto, classe (*f.*).
estratosfera [estratosféra] *s.f.* stratosfera.
estrechar [estretʃár] **A** *v.tr.* **1** restringere, stringere **2** stringere **3** (*fig.*) obbligare, costringere **B** *v.pron.* **1** stringersi **2** (*fig.*) limitare le spese.
estrecho [estrétʃo] **A** *agg.* **1** (anche *fig.*) stretto **2** stretto, angusto **3** (*fig.*) rigoroso, severo **4** (*fig.*) tirato, avaro **B** *s.m.* (*geog.*) stretto.
estrella [estréʎa] *s.f.* **1** (anche *astro.*) stella **2** (*mil.*) stelletta **3** (*fig.*) destino (*m.*), sorte **4** (*cine.*, *TV*) stella, star (*inv.*).
estremecimiento [estremeθimjénto] *s.m.* **1** scossa (*f.*), sussulto **2** (*fig.*) commozione (*f.*).
estrenar [estrenár] **A** *v.tr.* **1** inaugurare, sfoggiare **2** (*cine.*) (*teatr.*) dare la prima **B** *v.pron.* esordire.
estreno [estréno] *s.m.* debutto, esordio.
estrés [estrés] *s.m.* stress (*inv.*).
estresar [estresár] *v.tr.pron.* stressare.

estría [estría] *s.f.* **1** (*arch.*) stria, scanalatura **2** (*pelle*) smagliatura.
estribillo [estriβíʎo] *s.m.* (*mus.*) (anche *fig.*) ritornello.
estropajo [estropáxo] *s.m.* strofinaccio.
estropear [estropeár] *v.tr.* **1** storpiare, deturpare **2** rovinare, mandare a monte **3** rompersi, guastarsi **4** (*fig.*) rovinarsi, guastarsi.
estructura [estru*k*túra] *s.f.* **1** struttura, composizione **2** struttura, organizzazione **3** (*edil.*) struttura.
estructurar [estru*k*turár] *v.tr.pron.* strutturare, organizzare.
estuche [estútʃe] *s.m.* **1** astuccio **2** guaina (*f.*).
estuco [estúko] *s.m.* stucco.
estudiante [estuðjánte] *s.m.* e *f.* (*istr.*) studente, alunno (*m.*).
estudiar [estuðjárl *v.tr.* **1** studiare **2** esaminare, valutare **3** ponderare, soppesare.
estudio [estúðjo] *s.m.* **1** (anche *mus.* e *pitt.*) studio **2** monolocale **3** studio, lavoro, ricerca (*f.*) **4** (anche *cine.*, *mus.* e *TV*) studio **5** studio, progetto, disegno **6** ingegno, abilità (*inv.*).
estufa [estúfa] *s.f.* stufa.
estupendo [estupéndo] **A** *agg.* stupendo, meraviglioso **B** *avv.* stupendamente.
estúpido [estúpiðo] *agg.* stupido.
estupor [estupór] *s.m.* stupore, meraviglia (*f.*).
etarra [etárra] *agg.* e *s.m.* e *f.* (*pol.*) militante dell'ETA.
etcétera [e*t*θétera] *s.m.* eccetera (*inv.*).
éter [éter] *s.m.* (*chim.*) etere.
etéreo [etéreo] *agg.* **1** (*chim.*) eterico **2** (*lett.*) etereo, puro.
eterno [etérno] *agg.* (anche *fig.*) eterno.
ética [étika] *s.f.* **1** etica, morale **2** etica, deontologia.
etimología [etimoloxía] *s.f.* (*ling.*) etimologia.
etiqueta [etikéta] *s.f.* **1** etichetta, cerimoniale (*m.*), galateo (*m.*) **2** etichetta, cartellino (*m.*) **3** (*fig.*) etichetta.
etnia [é*t*nja] *s.f.* etnia.
etnología [e*t*noloxía] *s.f.* etnologia.
etología [etoloxía] *s.f.* (*scient.*) etologia.
euforia [eufórja] *s.f.* euforia, entusiasmo (*m.*).
euro [éuro] *s.m.* (*moneta*) euro (*pl.* euros).
europeo [européo] *agg.* e *s.m.* europeo.
euskera [euskéra] *agg.* e *s.m.* e *f.* basco (*m.*).
eutanasia [eutanásja] *s.f.* (*med.*) eutanasia.
evacuación [eβakwaθjón] *s.f.* evacuazione.
evaluación [eβalwaθjón] *s.f.* valutazione.
evaluar [eβalwár] *v.tr.* **1** valutare, stimare **2** (*istr.*) valutare, dare una valutazione.
evangelio [eβaŋxéljo] *s.m.* (*rel.*) (anche *fig.*) vangelo.
evaporación [eβaporaθjón] *s.f.* evaporazione.
evasión [eβasjón] *s.f.* **1** evasione, fuga **2** (*fig.*) evasione, distrazione **3** (*econ.*) evasione.
evento [eβénto] *s.m.* **1** evento, avvenimento **2** eventualità (*f.inv.*), evenienza (*f.*).
eventualidad [eβentwaliðáð] *s.f.* eventualità (*inv.*), casualità (*inv.*).
evidencia [eβiðénθja] *s.f.* evidenza, certezza, chiarezza.
evitar [eβitár] *v.tr.* (anche *fig.*) evitare, schivare.
evolución [eβoluθjón] *s.f.* **1** (anche *bio.*) evoluzione **2** (*fig.*) cambiamento (*m.*), trasformazione.
exacto [e*k*sá*k*to] *agg.* **1** esatto, fedele (*m.* e *f.*) **2** esatto, giusto.
exagerar [e*k*saxerár] *v.tr.* **1** esagerare **2** eccedere.

exaltación [e*k*saltaθjón] *s.f.* (anche *fig.*) esaltazione.
examen [e*k*sámen] *s.m.* **1** esame, analisi (*f.inv.*) **2** (anche *istr.*) esame.
excarcelación [eskarθelaθjón] *s.f.* scarcerazione.
excavar [eskaβár] *v.tr.* scavare.
exceder [esθeðér] **A** *v.tr.* **1** eccedere, oltrepassare **2** eccedere, andare oltre **B** *v.pron.* abusare, esagerare.
excelencia [esθelénθja] *s.f.* **1** eccellenza, grandezza **2** eccellenza, eminenza.
excéntrico [esθéntriko] *agg.* eccentrico, stravagante (*m.* e *f.*).
excepción [esθe*p*θjón] *s.f.* eccezione.
excepcional [esθe*p*θjonál] *agg.m.* e *f.* eccezionale, straordinario (*m.*).
excepto [esθé*p*to] *avv.* eccetto, tranne, fuorché, salvo.
exceptuar [esθe*p*twár] **A** *v.tr.pron.* eccettuare, escludere **B** *v.impers.* essere/rimanere escluso, fare eccezione.
excesivo [esθesíβo] *agg.* eccessivo, esagerato.
exceso [esθéso] *s.m.* **1** eccesso **2** eccedenza (*f.*).
excitar [esθitár] **A** *v.tr.* **1** eccitare, stimolare **2** (*fig.*) eccitare **B** *v.pron.* eccitarsi, agitarsi.
exclamación [esklamaθjón] *s.f.* **1** esclamazione **2** (*ret.*) interiezione.
excluir [esklwír] **A** *v.tr.* **1** escludere, allontanare **2** scartare, respingere **B** *v.pron.* escludersi.
excomunión [eskomunjón] *s.f.* (*rel.*) scomunica.
excremento [eskreménto] *s.m.* escremento.
excursión [eskursjón] *s.f.* escursione.
excusa [eskúsa] *s.f.* **1** scusa **2** scusa, pretesto (*m.*).
excusar [eskusár] **A** *v.tr.* **1** scusare, giustificare **2** evitare **3** esentare, esonerare **B** *v.pron.* **1** scusarsi **2** astenersi, evitare, esimersi.
exención [e*k*senθjón] *s.f.* esenzione.
exhalación [e*k*salaθjón] *s.f.* esalazione.
exhibición [e*k*siβiθjón] *s.f.* **1** esibizione **2** (*arte*) mostra, esposizione.
exhibir [e*k*siβír] **A** *v.tr.pron.* esibire, mostrare **B** *v.pron.* (*spettacolo*) esibirsi.
exhortación [e*k*sortaθjón] *s.f.* **1** esortazione, consiglio (*m.*) **2** avvertimento (*m.*).
exigencia [e*k*sixénθja] *s.f.* **1** esigenza, bisogno (*m.*) **2** esigenza, pretesa.
exigir [e*k*sixír] (exijo, exigí, exigiré) *v.tr.* **1** esigere **2** (*fig.*) pretendere, reclamare **3** necessitare, richiedere.
exilio [e*k*síljo] *s.m.* esilio.
existencia [e*k*sisténθja] *s.f.* esistenza, vita.
existencias [e*k*sisténθjas] *s.f.pl.* (*comm.*) scorte, giacenze.
existir [e*k*sistír] *v.intr.* **1** esistere, esserci **2** esistere, vivere.
éxito [é*k*sito] *s.m.* successo.
éxodo [é*k*soðo] *s.m.* esodo.
exorcismo [e*k*sorθí*s*mo] *s.m.* (*rel.*) esorcismo.
exótico [e*k*sótiko] *agg.* **1** esotico **2** esotico, strano.
expansión [espansjón] *s.f.* **1** (*fis.*) espansione **2** (*fig.*) manifestazione, dimostrazione **3** (*fig.*) divertimento (*m.*), svago (*m.*).
expatriar [espatrjár] **A** *v.tr.* esiliare **B** *v.pron.* espatriare, emigrare.
expedición [espeðiθjón] *s.f.* **1** spedizione, invio (*m.*) **2** escursione.
expediente [espeðjénte] *s.m.* **1** espediente, trovata (*f.*), mezzo **2** (*giur.*) causa (*f.*), processo **3** (*bur.*) (*giur.*) documentazione (*f.*) **4** (*bur.*) provvedimento disciplinare **5** dossier (*inv.*), rapporto.
expedir [espeðír] (expido, expedí, expediré) *v.tr.* **1** spedire, inviare **2** rilasciare, concedere **3** (*giur.*) sbrigare, evadere.
experiencia [esperjénθja] *s.f.* esperienza.
experimento [esperiménto] *s.m.* (*scient.*) esperimento, sperimentazione (*f.*).

experto [espérto] **A** *agg.* esperto, competente (*m.* e *f.*) **B** *s.m.* esperto.
expiar [espjár] *v.tr.* **1** espiare, scontare **2** (*rel.*) espiare, purificare.
explicación [esplikaθjón] *s.f.* **1** spiegazione **3** giustificazione.
explicar [esplikár] (explico, expliqué, explicaré) **A** *v.tr.* **1** spiegare, illustrare **2** (*istr.*) insegnare **B** *v.pron.* **1** spiegarsi, parlare **2** capire, intendere **3** esprimersi, spiegarsi.
explícito [esplíθito] *agg.* esplicito.
exploración [esploraθjón] *s.f.* esplorazione.
explorar [esplorár] *v.tr.* **1** esplorare **2** (*fig.*) indagare, sondare.
explosión [esplosjón] *s.f.* **1** (anche *mecc.*) esplosione, scoppio (*m.*) **2** (*fig.*) esplosione, manifestazione improvvisa.
explotación [esplotaθjón] *s.f.* **1** sfruttamento (*m.*) **2** installazione, impianto (*m.*) **3** (*agr.*) coltivazione.
explotar [esplotár] *v.tr.* **1** sfruttare **2** (*agr.*) coltivare **3** vivere della rendita.
exponente [esponénte] *s.m.* **1** esponente, rappresentante **2** (*mat.*) esponente **3** (*fig.*) indice, segno.
exponer [esponér] (expongo, expuse, expondré, expuesto) **A** *v.tr./intr.* **1** esporre, mostrare **2** spiegare, enunciare **3** (*fot.*) esporre **B** *v.pron.* esporsi.
exportación [esportaθjón] *s.f.* esportazione.
exportar [esportár] *v.tr.* esportare.
exposición [esposiθjón] *s.f.* **1** esposizione, mostra **2** fiera **3** (*fig.*) esposizione, narrazione.
expresar [espresár] **A** *v.tr.* esprimere, manifestare **B** *v.pron.* esprimersi, spiegarsi.
expresión [espresjón] *s.f.* espressione.
expropiación [espropjaθjón] *s.f.* (*giur.*) espropriazione, esproprio (*m.*).
exquisito [eskisíto] *agg.* **1** squisito, prelibato **2** (*fig.*) raffinato, squisito.
éxtasis [éstasis] *s.m.inv.* **1** (*rel.*) estasi (*f.*) **2** (*droga*) ecstasy (*f.*).
extender [estendér] (extiendo, extendí, extenderé) **A** *v.tr.pron.* **1** stendere **2** (*fig.*) ampliare, allargare **3** (*scrittura*) stendere, redigere **B** *v.pron.* **1** (*spazio*) estendersi, distendersi **2** (*tempo*) durare **3** (*fig.*) propagarsi, diffondersi.
extensión [estensjón] *s.f.* **1** estensione **2** (*geom.*) superficie, spazio (*m.*) **3** (*telefono*) interno (*m.*).
extenuar [estenwár] *v.tr.pron.* estenuare, indebolire.
exterior [esterjór] **A** *agg.m.* e *f.* **1** esteriore, esterno (*m.*) **2** estero **B** *s.m.* **1** esterno, facciata (*f.*) **2** aspetto.
externo [estérno] *agg.* esterno, esteriore (*m.* e *f.*).
extinción [estinθjón] *s.f.* estinzione.
extinguir [estiŋgír] **A** *v.tr.pron.* **1** estinguere, spegnere **2** (*fig.*) estinguere **B** *v.pron.* (*giur.*) scadere.
extintor [estintór] *s.m.* estintore.
extirpar [estirpár] *v.tr.* **1** (*agr.*) (anche *fig.*) estirpare, sradicare **2** (*med.*) asportare.
extorsión [estorsjón] *s.f.* estorsione.
extra[1] [éstra] **A** *agg.inv.* extra, straordinario (*m.sing.*) **B** *s.m.* **1** extra (*inv.*) **2** (*cine.*) comparsa (*f.*).
extra-[2] [éstra] *pref.* extra-, stra-.
extracción [estra*k*θjón] *s.f.* **1** estrazione **2** estrazione, sorteggio (*m.*) **3** (*fig.*) estrazione, classe, ceto (*m.*).
extracto [estrá*k*to] *s.m.* **1** riassunto **2** (*chim.*) estratto, essenza (*f.*) **3** (*giur.*) estratto.
extraer [estraér] (extraigo, extraje, extraeré) *v.tr.* estrarre.
extranjero[1] [estraŋxéro] *agg.* e *s.m.* straniero.
extranjero[2] [estraŋxéro] *s.m.* estero.
extrañar [estraɲár] **A** *v.tr.* **1** rimpiangere, sentire nostalgia **2** sentire la mancanza, avere la nostalgia **B** *v.pron.* **1** estraniarsi, allontanarsi **2** sorprendersi, stupirsi.

extraño [estráɲo] **A** *agg.* **1** estraneo **2** strano **B** *avv.* estraneo a, al di fuori di **C** *s.m.* estraneo, intruso.
extraordinario [estraorðinárjo] **A** *agg.* **1** straordinario, insolito **2** straordinario, eccezionale (*m.* e *f.*) **B** *s.m.* **1** (*lettera*) espresso **2** (*lavoro*) straordinario **3** (*giorn.*) numero straordinario.
extraterrestre [estraterréstre] *agg.* e *s.m.* e *f.* extraterrestre.
extravagancia [estraβaɣánθja] *s.f.* stravaganza.
extravertido [estraβertíðo] *agg.* estroverso.
extremar [estremár] **A** *v.tr.* estremizzare, esagerare **B** *v.pron.* impegnarsi, farsi in quattro.
extremeño [estreméɲo] *agg.* e *s.m.* abitante (*m.* e *f.*) dell'Estremadura (*Spagna*).
extremidad [estremiðáð] *s.f.* **1** estremità (*inv.*) **2** (*fig.*) culmine (*m.*).
extremismo [estremísmo] *s.m.* (*pol.*) estremismo.
extremo [estrémo] **A** *agg.* **1** estremo **2** estremo, grave (*m.* e *f.*) **B** *s.m.* **1** estremità (*f.inv.*) **2** punto limite, estremo.
exuberancia [eksuβeránθja] *s.f.* esuberanza.
exultar [eksultár] *v.intr.* esultare.
eyaculación [eǰakulaθjón] *s.f.* eiaculazione.
eyacular [eǰakulár] *v.tr.* eiaculare.

F

f [éfe] *s.f.inv.* lettera f.
fa [fá] *s.m.inv.* (*mus.*) fa.
fábrica [fáβrika] *s.f.* **1** fabbrica, stabilimento (*m.*) **2** fabbricazione.
fabricación [faβrikaθjón] *s.f.* fabbricazione.
fabricar [faβrikár] (fabrico, fabriqué, fabricaré) *v.tr.* **1** fabbricare, produrre **2** costruire **3** (*fig.*) forgiare, inventare.
fábula [fáβula] *s.f.* **1** diceria, storia **2** (*lett.*) favola, fabula **3** (*mit.*) mito (*m.*).
fabuloso [fabulóso] *agg.* **1** favoloso, mitico **2** (*fig.*) esagerato, eccessivo **3** (*fig.*) straordinario.
facha [fátʃa] *agg.* e *s.m.* e *f.* (*fam.*) fascista.
fachada [fatʃáða] *s.f.* **1** (*arch.*) facciata **2** (*fig.*) aspetto (*m.*), apparenza **3** (*libro*) frontespizio (*m.*).
fácil [fáθil] **A** *agg.m.* e *f.* **1** (*de*) facile **2** docile, mite **3** (*fig.*) di facili costumi **B** *avv.* agevolmente, facilmente.
facilidad [faθiliðáð] *s.f.* **1** facilità (*inv.*) **2** attitudine, predisposizione **3** facilitazione, possibilità (*inv.*).
factor [faktór] *s.m.* **1** fattore **2** (*mat.*) fattore **3** (*mat.*) sottomultiplo.
factura [faktúra] *s.f.* **1** esecuzione, fattura: *una obra de buena ~,* un'opera di buona fattura **2** (*comm.*) fattura.
facultad [fakultáð] *s.f.* **1** capacità (*inv.*), facoltà (*inv.*) **2** autorizzazione, permesso (*m.*) **3** (*potere, diritto*) facoltà (*inv.*), autorità (*inv.*) **4** (*istr.*) (*università*) facoltà (*inv.*).
faena [faéna] *s.f.* **1** lavoro (*m.*) manuale **2** (*fig.*) tiro (*m.*), brutto scherzo (*m.*) **3** (*tauro.*) gioco di muleta del torero col toro **4** (*iron.*) lavoretto (*m.*), lavoro (*m.*).
faja [fáxa] *s.f.* **1** fascia, cintura **2** (*abb.*) guaina, busto (*m.*) **3** (*insegna*) banda, fascia a tracolla.
fajar [faxár] *v.tr.pron.* **1** fasciare, avvolgere **2** (*bebè*) fasciare.
falange [faláŋxe] *s.f.* (anche *mil.*) falange.
falda [fálda] *s.f.* **1** (*abb.*) gonna **2** (*geog.*) falda **3** (*cappello*) falda, tesa.
fallar [faʎár] **A** *v.tr.* **1** (*giur.*) pronunciare un verdetto **2** (*competizione*) assegnare **B** *v.intr.* **1** cedere **2** fallire, sbagliare, mancare **3** (*fig.*) deludere.
fallecer [faʎeθér] (fallezco, fallecí, falleceré) *v.intr.* morire.
fallo[1] [fáʎo] *s.m.* **1** (*giur.*) sentenza (*f.*), verdetto **2** (*competizione*) risultato.
fallo[2] [fáʎo] *s.m.* **1** errore, sbaglio **2** difetto, falla (*f.*).
falso [fálso] **A** *agg.* **1** falso **2** contraffatto **3** sbagliato, falso **4** falso, posticcio **B** *s.m.* **1** (*cucitura*) rinforzo **2** orlo finto.
falta [fálta] *s.f.* **1** mancanza, carenza, difetto (*m.*): *la ~ de sinceridad,* la mancanza di sincerità **2** imperfezione, errore (*m.*): *este ejercicio está lleno de faltas,* questo esercizio è pieno di errori **3** assenza, mancanza: *durante el curso no he echo ninguna ~,* durante il corso non ho fatto nessuna assenza **4**

(*sport*) fallo (*m.*) **6** (*fig.*) difetto (*m.*): *es un tío majo, tiene pocas faltas,* è un ragazzo valido, ha pochi difetti.
faltar [faltár] *v.intr.* **1** (anche *fig.*) mancare **2** (*morire*) mancare **3** mancare, essere assente.
fama [fáma] *s.f.* **1** fama, prestigio (*m.*) **2** (*fig.*) reputazione, nomea.
familia [famílja] *s.f.* **1** (anche *bio.*) famiglia **2** figli (*m.pl.*).
familiar [familjár] **A** *agg.m.* e *f.* familiare, di famiglia **B** *s.m.* e *f.* parente.
famoso [famóso] *agg.* **1** famoso, rinomato **2** (*fam.*) eccellente (*m.* e *f.*).
fanático [fanátiko] *agg.* e *s.m.* **1** fanatico **2** patito.
fanfarrón [famfarrón] *agg.* e *s.m.* (*fam.*) fanfarone (*s.*), spaccone (*s.*).
fantasía [fantasía] *s.f.* fantasia, fantasticheria.
fantasma [fantásma] **A** *agg.inv.* fantasma **B** *s.m.* **1** (anche *fig.*) fantasma, spettro **2** (*fig.*) borioso, presuntuoso.
faraón [faraón] *s.m.* faraone.
farmacia [farmáθja] *s.f.* farmacia.
farol [faról] *s.m.* **1** fanale, lampione **2** lanterna (*f.*) **3** (*gioco*) bluff (*inv.*).
farola [faróla] *s.f.* lampione (*m.*) a bracci.
farolear [faroleár] *v.intr.* (*fam.*) dire spacconate.
fascinar [fasθinár] *v.tr.* affascinare, sedurre, ammaliare.
fascismo [fasθísmo] *s.m.* (*pol.*) fascismo.
fase [fáse] *s.f.* **1** fase **2** stadio (*m.*) **3** (*sport*) round (*m.inv.*).
fastidio [fastíðjo] *s.m.* **1** noia (*f.*), fastidio **2** mal di stomaco.
fatal [fatál] **A** *agg.m.* e *f.* **1** fatale, inevitabile **2** funesto (*m.*), nefasto (*m.*) **3** mortale **4** (*fam.*) cattivo (*m.*), pessimo (*m.*): *la comida era ~,* il cibo era pessimo **B** *avv.* pessimamente, molto male: *la grabación se oye ~,* la registrazione si sente molto male.
fatiga [fatíɣa] *s.f.* **1** fatica **2** affanno (*m.*) **3** (*mecc.*) logoramento (*m.*) **4** sofferenza.
fauna [fáuna] *s.f.* (*zool.*) fauna.
favor [faβór] *s.m.* **1** favore, piacere **2** favore, simpatia (*f.*) **3** prestigio, ascendente, influenza (*f.*) **4** (*fig.*) favori (*pl.*), grazie (*f.pl.*).
favorable [faβoráβle] *agg.m.* e *f.* **1** favorevole, propizio (*m.*) **2** ottimista, positivo (*m.*) **3** incline, disposto (*m.*), favorevole.
favorecer [faβoreθér] (favorezco, favorecí, favoreceré) *v.tr.* **1** aiutare, soccorrere **2** fare un favore **3** (*fig.*) giovare, donare: *la falda roja te favorece mucho,* la gonna rossa ti dona molto.
fe [fé] *s.f.* **1** (*rel.*) fede, credo (*m.*) **2** fiducia **3** (*bur.*) fede, certificato (*m.*), documento (*m.*).
fecundación [fekundaθjón] *s.f.* (*bio.*) fecondazione.
federación [feðeraθjón] *s.f.* federazione.
feliz [felíθ] *agg.m.* e *f.* **1** felice **2** opportuno (*m.*) **3** fortunato (*m.*).
femenino [femeníno] *agg.* femminile (*m.* e *f.*).
fenomenal [fenomenál] **A** *agg.m.* e *f.* **1** fenomenico (*m.*) **2** (*fam.*) straordinario (*m.*), fenomenale **3** (*fam.*) enorme, tremendo (*m.*) **B** *avv.* fantasticamente, straordinariamente.
fenómeno [fenómeno] **A** *agg.* magnifico, stupendo, fantastico **B** *s.m.* **1** fenomeno, evento, fatto **2** (*fam.*) fenomeno, mostro **3** (*fam.*) fenomeno, persona (*f.*) straordinaria.
feo [féo] **A** *agg.* **1** brutto **2** spiacevole (*m.* e *f.*), antipatico **3** (*etica*) sporco, brutto: *me parece muy ~ hacerle esto,* mi sembra molto brutto farle ciò **B** *s.m.* **1** (*fam.*) sgarbo, torto **2** bruttezza (*f.*).
feria [férja] *s.f.* **1** fiera, mercato (*m.*) **2** sagra, festa popolare **3** (*comm.*) fiera, esposizione.

fermentación [fermentaθjón] *s.f.* fermentazione.
fermento [ferménto] *s.m.* (anche *fig.*) fermento.
feroz [feróθ] *agg.m.* e *f.* **1** feroce **2** (*fig.*) smisurato (*m.*), atroce: *tengo una sed ~,* ho una sete atroce.
ferrocarril [ferrokarríl] *s.m.* **1** ferrovia (*f.*) **2** treno.
fertilidad [fertiliðáð] *s.f.* fertilità (*inv.*).
festival [festiβál] *s.m.* (*angl.*) festival (*inv.*).
fetiche [fetítʃe] *s.m.* feticcio.
feto [féto] *s.m.* **1** (*bio.*) feto **2** (*fig.*) mostro, aborto.
fianza [fjánθa] *s.f.* **1** (*econ.*) garanzia, pegno (*m.*) **2** (*giur.*) cauzione: *tuvo que dejar 150 euros de ~ para el alquiler del piso,* dovette lasciare 150 euro di cauzione per l'affitto dell'appartamento.
fiar [fjár] **A** *v.tr.* **1** (*comm.*) fare credito, vendere a credito **2** (*por*) garantire: *fío por él,* garantisco per lui **B** *v.intr.pron.* fidarsi, avere fiducia.
fibra [fíβra] *s.f.* **1** fibra **2** (*fig.*) tempra.
ficción [fikθjón] *s.f.* **1** finzione **2** invenzione.
ficha [fítʃa] *s.f.* **1** scheda **2** (*gioco*) tessera: *~ del dominó,* tessera del domino **3** (*gioco*) fiche (*inv.*) **4** gettone (*m.*).
fichar [fitʃár] **A** *v.tr.* **1** schedare **2** (*fig.*) adocchiare: *te tengo fichado*, ti ho adocchiato **3** (*sport*) ingaggiare **B** *v.intr.* **1** (*lavoro*) timbrare il cartellino **2** (*sport*) essere sotto ingaggio.
fichero [fitʃéro] *s.m.* **1** schedario **2** archivio **3** (*inform.*) file (*inv.*).
fidelidad [fiðeliðáð] *s.f.* fedeltà (*inv.*), lealtà (*inv.*).
fideo [fiðéo] *s.m.* (*cuc.*) fedelini (*pl.*).
fiebre [fjéβre] *s.f.* (*med.*) (anche *fig.*) febbre.
fiel [fjél] **A** *agg.m.* e *f.* **1** fedele **2** esatto (*m.*), preciso (*m.*) **B** *s.m.* **1** (*rel.*) fedele (*m.* e *f.*), credente (*m.* e *f.*) **2** ago: *el ~ de la balanza,* l'ago della bilancia **3** (*forbici*) perno **4** (*balestra*) noce (*f.*).
fiera [fjéra] *s.f.* **1** belva, fiera **2** (anche *fig.*) bruto (*m.*).
fiesta [fiésta] *s.f.* **1** festa **2** festività (*inv.*) **3** (*fam.*) presa in giro.
figura [figúra] *s.f.* **1** figura **2** (*corpo*) figura, corpo (*m.*) **3** (*fig.*) aspetto (*m.*), sembianze (*pl.*) **4** (*ginnastica, danza*) figura, esercizio (*m.*) **5** (*fig.*) personaggio (*m.*), figura, stella **6** illustrazione.
figurar [fiɣurár] **A** *v.tr.* **1** raffigurare, figurare **2** far finta, simulare, fingere **B** *v.intr.* **1** figurare, esserci, apparire **2** far figura, avere un ruolo di primo piano **C** *v.pron.* immaginare, supporre.
fijar [fixár] **A** *v.tr.* **1** fissare, tenere fermo, attaccare **2** incollare, attaccare **3** (*fig.*) fermare, fissare **4** determinare, stabilire: *fijamos la hora de la salida,* stabiliamo l'ora della partenza **5** (*fot.*) fissare **B** *v.pron.* **1** rendersi conto: *no te fijas nunca en lo que te dicen,* non ti rendi mai conto di quel che ti dicono **2** notare, fare attenzione: *fíjate bien en lo que pasa ahora,* fai molta attenzione a ciò che succede adesso **3** fissarsi.
fijo [fíxo] *agg.* **1** fisso, sicuro **2** fisso, stabile (*m.* e *f.*).
fila [fíla] *s.f.* **1** fila **2** (*fig.* e *fam.*) antipatia.
filantropía [filantropía] *s.f.* filantropia.
filarmónica [filarmónika] *s.f.* (*mus.*) filarmonica.
filial [filjál] **A** *agg.m.* e *f.* filiale **B** *s.f.* (*comm.*) filiale.
filipino [filipíno] *agg.* e *s.m.* filippino.
filmoteca [filmotéka] *s.f.* (*cine.*) cineteca.
filo [fílo] *s.m.* (*lama*) filo.
filo- [fílo] *pref.* e *suff.* filo-, -filo.
filología [filoloxía] *s.f.* filologia.
filosofía [filosofía] *s.f.* (anche *fig.*) filosofia.
filtro [fíltro] *s.m.* (anche *elettr.* e *ott.*) filtro.

fin [fín] *s.m.* **1** fine (*f.*) **2** finalità (*f.inv.*), scopo.
final[1] [finál] *agg.m.* e *f.* finale.
final[2] [finál] *s.f.* (*sport*) finale.
final[3] [finál] *s.m.* fine (*f.*), finale.
finalidad [finaliðáð] *s.f.* finalità (*inv.*), scopo (*m.*).
finalizar [finaliθár] (finalizo, finalicé, finalizaré) **A** *v.tr.* finire, terminare, portare a termine **B** *v.intr.* esaurire, consumare, finire.
financiación [finanθjaθjón] *s.f.* (*econ.*) finanziamento (*m.*).
finca [fíŋka] *s.f.* proprietà, fondo (*m.*).
fingir [fiŋxír] (finjo, fingí, fingiré) *v.tr.pron.* **1** fingere, far finta **2** riprodurre, simulare.
fino [fíno] *agg.* **1** fine (*m.* e *f.*), raffinato, di qualità **2** fine (*m.* e *f.*), sottile (*m.* e *f.*) **3** (*fig.*) distinto, educato **4** acuto, fine (*m.* e *f.*) **5** (*met.*) fino, purissimo.
firma [fírma] *s.f.* **1** firma **2** (*econ.*) ditta, società (*inv.*) **3** (*moda*) griffe (*inv.*), marca.
firmar [firmár] **A** *v.tr./intr.* firmare, sottoscrivere **B** *v.pron.* firmare con un soprannome.
firme [fírme] *agg.m.* e *f.* **1** fisso (*m.*), stabile **2** (*fig.*) saldo (*m.*), deciso (*m.*).
firmeza [firméθa] *s.f.* **1** fermezza, solidità (*inv.*) **2** (*fig.*) fermezza, risolutezza.
fiscal [fiskál] **A** *agg.m.* e *f.* fiscale **B** *s.m.* (*giur.*) procuratore della repubblica, pubblico ministero.
fisgar [fisɣár] (fisgo, fisgué, fisgaré) **A** *v.tr.* **1** curiosare, ficcare il naso **2** fiutare, annusare **3** (*pesca*) fiocinare **B** *v.intr.* prendere in giro.
física [físika] *s.f.* fisica.
físico [físiko] **A** *agg.* fisico **B** *s.m.* **1** (*professione*) fisico **2** corpo, fisico.
fisioterapia [fisjoterápja] *s.f.* fisioterapia.
flaco [fláko] *agg.* magro.
flama [fláma] *s.f.* (anche *fig.*) fiamma.
flamenco[1] [flaméŋko] *agg.* (*mus.*) del flamenco.
flamenco[2] [flaméŋko] *agg.* e *s.m.* fiammingo.
flamenco[3] [flaméŋko] *s.m.* **1** (*zool.*) fenicottero **2** (*danza* e *mus.*) flamenco.
flan [flán] *s.m.* (*cuc.*) budino.
flauta [fláuta] *s.f.* (*mus.*) flauto (*m.*).
flecha [flétʃa] *s.f.* (anche *indicazione*) freccia.
flexible[1] [fleksíβle] *agg.m.* e *f.* **1** flessibile **2** (*fig.*) arrendevole, accondiscendente.
flexible[2] [fleksíβle] *s.m.* (*elettr.*) flessibile.
flexión [fleksjón] *s.f.* **1** (*geol.*) (*gramm.*) flessione **2** (*ginnastica*) flessione, piegamento (*m.*).
flipar [flipár] *v.tr.pron.* (*fam.*) piacere, attrarre.
flirtear [flirteár] *v.intr.* flirtare, amoreggiare.
flirteo [flirtéo] *s.m.* flirt (*inv.*).
flojo [flóxo] *agg.* **1** floscio, lento, allentato **2** leggero **3** debole (*m.* e *f.*), scarso **4** (*fig.*) pigro, svogliato.
flor [flór] *s.f.* **1** (*bot.*) fiore (*m.*) **2** (*fig.*) crema, fior fiore (*m.*) **3** (*fig.*) verginità (*inv.*).
flora [flóra] *s.f.* flora.
florecer [floreθér] (florezco, florecí, floreceré) **A** *v.intr.* **1** (*bot.*) (anche *fig.*) fiorire **2** (*fig.*) prosperare, progredire **B** *v.pron.* ammuffire, fare la muffa.
flota [flóta] *s.f.* flotta.
flotador [flotaðór] **A** *agg.* galleggiante (*m.* e *f.*) **B** *s.m.* **1** salvagente **2** (*pesca*) galleggiante.
flotar [flotár] *v.intr.* **1** galleggiare **2** (*chim.*) flottare **3** (*fig.*) serpeggiare, insinuarsi.
fluencia [flwénθja] *s.f.* sorgente.
fluido [flwíðo] **A** *agg.* **1** fluido **2** (*lett.*) fluente (*m.* e *f.*) **3** (*econ.*) fluttuante (*m.* e *f.*) **B** *s.m.* fluido.
fluir [flwír] (fluyo, fluí, fluiré) *v.intr.* **1** fluire, scorrere **2** (*fig.*) sgorgare.

flujo [flúxo] *s.m.* **1** flusso **2** (*fig.*) abbondanza (*f.*), flusso.
fluorescente [flworesθénte] **A** *agg.m.* e *f.* fluorescente **B** *s.m.* tubo al neon.
foca [fóka] *s.f.* **1** (*zool.*) foca **2** (*fam.*) cicciona, balena.
folclor [folklór] *s.m.* folclore.
follar [foʎár] *v.tr./intr.* (*volg.*) scopare.
folleto [foʎéto] *s.m.* opuscolo.
follón [foʎón] *s.m.* (*fam.*) **1** confusione (*f.*), baccano, casino **2** (*fig.*) guaio, problema.
fondo [fóndo] *s.m.* **1** (anche *sport*) fondo **2** profondità (*f.inv.*) **3** (*pitt.*) sfondo, fondo **4** (*mar.*) fondale **5** (*diamante*) spessore **6** (*libri*) raccolta (*f.*).
fónico [fóniko] *agg.* fonico.
fono- [fóno] *pref.* fono-.
fontanero [fontanéro] *s.m.* idraulico.
forjado [forxáðo] *s.m.* (*edil.*) soletta (*f.*).
forma [fórma] *s.f.* **1** (anche *fil.*) forma **2** modo (*m.*) **3** (*tecn.*) stampo (*m.*) **4** formato (*m.*): *la ~ de una fotografía,* il formato di una fotografia.
formación [formaθjón] *s.f.* formazione.
formal [formál] *agg.m.* e *f.* **1** formale **2** responsabile, serio (*m.*) **3** preciso (*m.*), esplicito (*m.*).
formar [formár] *v.tr.* **1** formare, dare forma **2** creare, costituire, formare **3** (*fig.*) educare, formare **B** *v.pron.* essere educato, formarsi.
formato [formáto] *s.m.* formato.
fórmula [fórmula] *s.f.* **1** (*mat.* e *chim.*) formula **2** (*fig.*) modello (*m.*), formula.
forofo [forófo] *agg.* e *s.m.* (*fam.*) tifoso.
forraje [forráxe] *s.m.* **1** (*agr.*) foraggio **2** (*fig.* e *fam.*) abbondanza (*f.*).
forrar [forár] **A** *v.tr.* foderare, ricoprire (con una fodera) **B** *v.pron.* (*fig.* e *fam.*) **1** arricchirsi, accumulare una fortuna **2** rimpinzarsi.
forro [fórro] *s.m.* **1** fodera (*f.*) **2** (*libro*) copertina (*f.*) **3** (*mar.*) fasciame.
fortaleza [fortaléθa] *s.f.* **1** forza **2** (*fort.*) fortezza, fortino (*m.*).
fortuna [fortúna] *s.f.* **1** fortuna **2** (*ricchezza*) fortuna, ricchezza **3** (*fig.*) successo (*m.*) **4** (*meteo.*) fortunale (*m.*).
forzar [forθár] (fuerzo, forcé, forzaré) *v.tr.* **1** forzare, far forza **2** (*fig.*) costringere **3** violentare **4** (*mil.*) conquistare con la forza delle armi.
fósforo [fósforo] *s.m.* **1** (*chim.*) fosforo **2** fiammifero.
fósil [fósil] **A** *agg.m.* e *f.* **1** fossile **2** (*fig.*) vecchio (*m.*), antiquato (*m.*) **B** *s.m.* (anche *fig.*) fossile.
foto [fóto] **A** *s.f.* (*abbr.*) foto (*inv.*) **B** *pref.* e *suff.* foto-, -foto.
fotografía [fotoɣrafía] *s.f.* fotografia.
fotosíntesis [fotosíntesis] *s.f.inv.* (*bot.*) fotosintesi.
fracaso [frakáso] *s.m.* fallimento, insuccesso.
fracción [frakθjón] *s.f.* **1** (anche *mat.*) frazione **2** frazionamento (*m.*), divisione **3** (*pol.*) corrente.
fractura [fraktúra] *s.f.* (anche *med.*) frattura, rottura.
frágil [fráxil] *agg.m.* e *f.* **1** fragile **2** debole, cagionevole **3** (*fig.*) caduco (*m.*).
fragmento [fraɣménto] *s.m.* **1** (anche *lett.*) frammento **2** (*archeol.*) resto.
fraile [fráile] *s.m.* **1** (*rel.*) frate **2** piega (*f.*), spiegazzatura (*f.*).
frambuesa [frambwésa] *s.f.* (*bot.*) (*frutto*) lampone (*m.*).
francés [franθés] *agg.* e *s.m.* francese (*m.* e *f.*).
franja [fráŋxa] *s.f.* **1** (*ornamento*) frangia **2** striscia **3** (*fig.*) fascia: *~ horaria,* fascia oraria.
franqueo [fraŋkéo] *s.m.* affrancatura (*f.*).
franquicia [fraŋkíθja] *s.f.* **1** (*econ.*) franchigia **2** (*comm.*) franchising (*m.inv.*).

franquismo [fraŋkísmo] *s.m.* (*pol.*) franchismo.
frase [fráse] *s.f.* (anche *mus.*) frase.
frecuentar [frekwentár] *v.tr.* frequentare.
fregar [freɣár] (friego, fregué, fregaré) *v.tr.* fregare, strofinare, lavare.
freír [freír] (frío, freí, freiré, frito) *v.tr.* **1** (*cuc.*) friggere **2** (*con*) (*fam.*) seccare, disturbare, dare fastidio.
frenesí [frenesí] *s.m.* **1** frenesia (*f.*) **2** follia (*f.*).
freno [fréno] *s.m.* **1** (*cavallo*) freno **2** (*mecc.*) freno **3** (*fig.*) moderazione (*f.*), freno.
frente [frénte] **A** *avv.* di fronte a, davanti a **B** *s.f.* (*anat.*) fronte **C** *s.m.* **1** facciata (*f.*): *el ~ de la casa,* la facciata della casa **2** (*mil.* e *pol.*) fronte **3** (*meteo.*) corrente (*f.*), fronte d'aria.
fresa [frésa] *s.f.* (*bot.*) fragola.
fresco [frésko] **A** *agg.* **1** fresco **2** (*alimento*) fresco, appena fatto **3** (*fig.*) sfacciato **4** riposato, fresco **B** *s.m.* **1** fresco **2** (*pitt.*) affresco.
frigidez [frixiðéθ] *s.f.* **1** freddezza **2** (*sesso*) frigidità (*inv.*).
frío [frío] **A** *agg.* **1** freddo **2** (*fig.*) freddo, indifferente (*m.* e *f.*) **B** *s.m.* freddo.
frontera [frontéra] *s.f.* **1** frontiera **2** (*arch.*) facciata **3** (*fig.*) limite (*m.*).
frotar [frotár] *v.tr.pron.* sfregare, strofinare.
frote [fróte] *s.m.* sfregamento, strofinamento.
fruición [frwiθjón] *s.f.* fruizione, godimento (*m.*).
frustración [frustraθjón] *s.f.* frustrazione.
fruta [frúta] *s.f.* (*bot.*) frutta, frutto (*m.*).
fruto [frúto] *s.m.* **1** (*bot.*) frutto **2** (*fig.*) frutto, prodotto, risultato.
fucilar [fuθilár] *v.intr.* fucilare.
fuego [fwéɣo] *s.m.* **1** fuoco **2** focolare, fuoco **3** incendio **4** fornello.
fuelle [fwéʎe] *s.m.* **1** soffietto **2** (*mus.*) mantice **3** (*abb.*) piega (*f.*), grinza (*f.*) **4** (*auto.*) capote (*f.inv.*).
fuente [fwénte] *s.f.* **1** (anche *fig.*) fonte **2** fontana **3** piatto (*m.*) di portata, vassoio (*m.*).
fuera [fwéra] *avv.* **1** fuori **2** (*esclamativo*) via.
fuerte [fwérte] **A** *agg.m.* e *f.* **1** forte, robusto (*m.*) **2** (*fort.*) fortificato (*m.*), difeso (*m.*) **3** (*fig.*) terribile, tremendo (*m.*) **4** (*fig.*) (*carattere*) duro (*m.*), forte **5** (*colore, sapore*) vivace, forte **B** *avv.* **1** forte **2** molto, duramente **C** *s.m.* **1** fortezza (*f.*) **2** (*fig.*) (anche *mus.*) forte: *su ~ es el cine,* il suo forte è il cinema.
fuerza [fwérθa] *s.f.* **1** (anche *fis.*) forza **2** resistenza **3** insistenza, pressione **4** violenza, forza **5** vigore (*m.*), vitalità (*inv.*).
fuga [fúɣa] *s.f.* **1** (anche *mus.*) fuga **2** culmine (*m.*), apice (*m.*).
fulano [fuláno] *s.m.* tale, tizio.
fulcro [fúlkro] *s.m.* fulcro.
fumar [fumár] **A** *v.intr.* **1** fumare **2** fumare, emettere fumo **3** (*fig.* e *fam.*) fumare droga **B** *v.pron.* (*fam.*) dilapidare, sperperare.
función [funθjón] *s.f.* **1** funzione, attività (*inv.*) **2** (*ling.* e *mat.*) (*rel.*) funzione **3** (*cine.* e *teatr.*) spettacolo (*m.*) **4** cerimonia, commemorazione.
funcionar [funθjonár] *v.intr.* funzionare, andare.
funcionario [funθjonárjo] *s.m.* funzionario.
fundación [fundaθjón] *s.f.* **1** fondazione, costituzione **2** (*istituzione*) fondazione.
fundamental [fundamentál] *agg.m.* e *f.* fondamentale, essenziale.
fundamento [fundaménto] *s.m.* **1** (anche *edil.*) base (*f.*), fondamenta (*f.pl.*) **2** (*fig.*) ragione (*f.*) **3** fondatezza (*f.*), fondamento **4** (*persona*) credibilità (*f.inv.*).

funeral [funerál] *s.m.* funzione (*f.*) funebre.
furgoneta [furɣonéta] *s.f.* furgoncino (*m.*).
furia [fúrja] *s.f.* **1** (anche *mit.*) furia **2** (*fig.*) furia, violenza, forza **3** (*fig.*) furia, velocità (*inv.*).
furor [furór] *s.m.* **1** furore, ira (*f.*), pazzia (*f.*) **2** (*fig.*) ispirazione (*f.*), estro **3** (*fig.*) furore, impeto, violenza (*f.*).
fusil [fusíl] *s.m.* fucile.
fusión [fusjón] *s.f.* **1** (anche *fis.*) fusione **2** (*fig.*) unione, fusione.
fútbol o **futbol** [fútβol/futβól] *s.m.* (*sport*) calcio.
futbolista [futβolísta] *s.m.* e *f.* (*sport*) calciatore.
futurismo [futurísmo] *s.m.* futurismo.
futuro [futúro] **A** *agg.* futuro, venturo **B** *s.m.* (*gramm.*) futuro.

G

g [xé] *s.f.inv.* lettera g.
gabinete [gabinéte] *s.m.* **1** gabinetto, salottino riservato **2** (*pol.*) gabinetto, ministero **3** (*dentista*) studio medico.
gacela [gaθéla] *s.f.* (*zool.*) gazzella femmina.
gaceta [gaθéta] *s.f.* **1** (*giorn.*) gazzetta **2** (*fig.*) (*fam.*) pettegolo (*m.*), gazzettino (*m.*).
gafa [gáfa] *s.f.* graffa.
gafas [gáfas] *s.f.pl.* occhiali (*m.*).
gafe [gáfe] *agg.* e *s.m.* e *f.* **1** (*fam.*) iettatore (*s.*) **2** sfortunato (*agg.m.*), scalognato (*agg.m.*).
gala [gála] *s.f.* **1** gala, sfarzo (*m.*) **2** galà (*m.inv.*), serata.
galáctico [galáktiko] *agg.* (*astro.*) galattico.
galán [galán] *s.m.* **1** pretendente, corteggiatore **2** (*cine.*) (*teatr.*) attore giovane.
galápago [galápaɣo] *s.m.* **1** (*zool.*) testuggine (*f.*) **2** (*falegnameria*) morsa (*f.*).
galardón [galarðón] *s.m.* premio, ricompensa (*f.*).
galaxia [galáksja] *s.f.* (*astro.*) galassia.
galería [galería] *s.f.* **1** (anche *mil.* e *min.*) galleria **2** traforo (*m.*), galleria **3** (*arch.*) veranda **4** (*teatr.*) loggione (*m.*).
galiciano [galiθjáno] *agg.* galiziano.
gallego [gaʎéɣo] *agg.* e *s.m.* **1** galiziano, gallego **2** (*amer.*) (*pegg.*) spagnolo.
galleta [gaʎéta] *s.f.* **1** (*cuc.*) biscotto (*m.*) **2** (*fam.*) schiaffo (*m.*), sberla.
gallina [gaʎína] *s.f.* (*zool.*) gallina.
gallo [gáʎo] *s.m.* **1** (*zool.*) gallo **2** (*fig.*) (*fam.*) (*persona*) galletto **3** (*fig.*) (*fam.*) (*nota falsa*) stecca (*f.*) **4** (*fig.*) (*fam.*) (*sputo*) scaracchio.
galope [galópe] *s.m.* **1** (*equitazione*) galoppo **2** (*med.*) aritmia (*f.*) cardiaca.
galopillo [galopíʎo] *s.m.* sguattero.
gama[1] [gáma] *s.f.* (*zool.*) daino (*m.*) femmina.
gama[2] [gáma] *s.f.* **1** (*fig.*) gamma, varietà (*inv.*) **2** (*mus.*) scala.
gamba [gámba] *s.f.* (*zool.*) gambero (*m.*).
gamberro [gambérro] *s.m.* **1** teppista (*m.* e *f.*), vandalo **2** debosciato, degenerato.
gameto [gaméto] *s.m.* (*bio.*) gamete.
-gamia [gámja] *suff.* -gamia.
gamo[1] [gámo] *s.m.* (*zool.*) daino.
gamo-[2] [gámo] *pref.* gamo-.
gana [gána] *s.f.* (*de*) voglia.
ganancia [ganánθja] *s.f.* **1** guadagno (*m.*), profitto (*m.*) **2** (*amer.*) contentino (*m.*), mancia.
ganar [ganár] **A** *v.tr.* **1** guadagnare **2** vincere, conquistare **3** (*fig.*) ottenere **4** (*fig.*) battere, superare **B** *v.intr.* **1** (*gioco*) vincere **2** migliorare, prosperare **C** *v.pron.* guadagnarsi, accattivarsi.
gancho [gántʃo] *s.m.* **1** gancio **2** (*fig.*) (*fam.*) fascino, charme (*inv.*) **3** (*fig.*) (*persona*) compare, complice (*m.* e *f.*) **4** (*sport*) (*boxe, pallacanestro*) gancio.
gandul [gandúl] *agg.* e *s.m.* (*fam.*) bighellone (*s.*), fannullone (*s.*).

gángster [gánster] *s.m.* gangster (*inv.*).
ganso[1] [gánso] *agg.* e *s.m.* **1** (*fig.*) (*fam.*) scemo, sciocco **2** pigro, scansafatiche (*s.m.* e *f.*).
ganso[2] [gánso] *s.m.* (*zool.*) oca (*f.*).
garaje [garáxe] *s.m.* garage (*inv.*).
garantía [garantía] *s.f.* garanzia.
garantizar [garantiθár] (garantizo, garanticé, garantizaré) *v.tr.* garantire.
garbanzo [garβánθo] *s.m.* (*bot.*) cece.
garbullo [garβúʎo] *s.m.* (*fam.*) garbuglio, confusione (*f.*).
gardenia [garðénja] *s.f.* (*bot.*) gardenia.
garganta [garɣánta] *s.f.* **1** (*anat.*) gola **2** (*geog.*) gola, passo (*m.*) **3** (*fig.*) collo (*m.*) **4** (*mus.*) voce, cantante (*m.* e *f.*).
garra [gárra] *s.f.* **1** (*zool.*) artiglio (*m.*) **2** (*fig.*) grinfia **3** (*mar.*) (*arpione*) uncino (*m.*).
garrafa [garráfa] *s.f.* **1** caraffa **2** fiasco (*m.*).
garrafón [garrafón] *s.m.* damigiana (*f.*).
garrapata [garrapáta] *s.f.* (*zool.*) zecca.
garrido [garríðo] *agg.* **1** prestante (*m.* e *f.*) **2** elegante (*m.* e *f.*), garbato.
garza [gárθa] *s.f.* (*zool.*) airone (*m.*).
garzón [garθón] *s.m.* giovanotto.
gas [gás] *s.m.* **1** gas (*inv.*) **2** flatulenza (*f.*).
gaseosa [gaseósa] *s.f.* (*bibita*) gazzosa.
gasóleo [gasóleo] *s.m.* gasolio.
gasolina [gasolína] *s.f.* benzina.
gasolinera [gasolinéra] *s.f.* distributore (*m.*) di benzina.
gastar [gastár] **A** *v.tr.* **1** spendere **2** sprecare **3** (anche *fig.*) consumare **4** (*fig.*) (*carattere*) avere **5** consumare, logorare **B** *v.pron.* (anche *fig.*) consumarsi, logorarsi.
gasto [gásto] *s.m.* **1** spesa (*f.*), costo **2** consumo.
gástrico [gástriko] *agg.* (*anat.*) gastrico.
gastronomía [gastronomía] *s.f.* gastronomia.
gatillo [gatíʎo] *s.m.* **1** (*arma da fuoco*) percussore **2** (*arma da fuoco*) grilletto.
gato [gáto] *s.m.* **1** (*zool.*) gatto **2** (*falegnameria*) morsa (*f.*) **3** (*zool.*) felino.
gaviota [gaβjóta] *s.f.* (*zool.*) gabbiano (*m.*).
gaza [gáθa] *s.f.* (*zool.*) gazza.
gazapo [gaθápo] *s.m.* **1** (*fig.*) (*fam.*) frottola (*f.*), panzana (*f.*) **2** (*fig.*) (*fam.*) strafalcione, svarione.
gazpacho [gaθpátʃo] *s.m.* (*cuc.*) gazpacho (*inv.*).
geco [xéko] *s.m.* (*zool.*) geco.
géiser [xéiser] *s.m.* (*geol.*) geyser (*inv.*).
gema [xéma] *s.f.* gemma.
gemelo [xemélo] **A** *agg.* gemello **B** *s.m.* **1** (*fratello*) gemello **2** (*moda*) gemello.
géminis [xéminis] *s.m.inv.* (*astro.* e *astrol.*) gemelli (*pl.*).
gemir [xemír] (gimo, gemí, gemiré) *v.intr.* **1** gemere **2** (*cane*) mugolare, guaire **3** (*fig.*) gemere, ululare.
gen [xén] *s.m.* (*bio.*) gene.
gendarme [xendárme] *s.m.* gendarme.
genealogía [xenealoxía] *s.f.* **1** genealogia **2** (*animale*) pedigree (*m.inv.*).
generación [xeneraθjón] *s.f.* generazione.
general[1] [xenerál] *agg.m.* e *f.* generale, universale.
general[2] [xenerál] *s.m.* (*mil.*) generale.
generalizar [xeneraliθár] (generalizo, generalicé, generalizaré) **A** *v.tr.* generalizzare **B** *v.pron.* diffondersi, estendersi, generalizzarsi.
generar [xenerár] *v.tr.* **1** (*bio.*) generare, procreare **2** causare, provocare.
género [xénero] *s.m.* (*bio.*) (*comm.*) (*gramm.*) genere.
generosidad [xenerosiðáð] *s.f.* generosità (*inv.*), prodigalità (*inv.*).
generoso [xeneróso] *agg.* e *s.m.* generoso.
génesis [xénesis] *s.m.inv.* (*rel.*) genesi (*f.*).
genética [xenétika] *s.f.* (*bio.*) genetica.
genial [xenjál] *agg.m.* e *f.* **1** geniale **2** stupendo (*m.*), fantastico (*m.*).

genio [xénjo] *s.m.* **1** genio, talento **2** carattere, temperamento, indole (*f.*) **3** umore.

genitales [xenitáles] *s.m.pl.* (*anat.*) genitali.

-geno [xeno] *suff.* -geno.

genocidio [xenoθíðjo] *s.m.* genocidio.

genovés [xenoβés] *agg.* e *s.m.* genovese (*m.* e *f.*).

gente [xénte] *s.f.* **1** gente **2** persone (*pl.*).

gentuza [xentúθa] *s.f.* (*pegg.*) gentaccia.

geo- [xéo] *pref.* geo-.

geobiología [xeoβjoloxía] *s.f.* (*bio.*) geobiologia.

geografía [xeoɣrafía] *s.f.* geografia.

geometría [xeometría] *s.f.* geometria.

geranio [xeránjo] *s.m.* (*bot.*) geranio.

gerencia [xerénθja] *s.f.* (*econ.*) **1** direzione, gerenza **2** (*luogo*) ufficio del gerente/direttore.

geriatria [xerjatría] *s.f.* (*med.*) geriatria.

germen [xérmen] *s.m.* (*bio.*) germe, embrione.

gerontología [xerontoloxía] *s.f.* (*med.*) gerontologia.

gerundio [xerúndjo] *s.m.* (*gramm.*) gerundio.

gestión [xestjón] *s.f.* **1** (*econ.*) direzione, gestione **2** (*comm.*) pratica.

gestionar [xestionár] *v.tr.* (*comm.*) gestire, trattare.

gesto [xésto] *s.m.* **1** gesto **2** aspetto, espressione (*f.*).

gestoría [xestoría] *s.f.* agenzia di pratiche amministrative.

giga- [xíɣa] *pref.* giga-.

gigante[1] [xiɣánte] *agg.m.* e *f.* gigantesco (*m.*).

gigante[2] [xiɣánte] *s.m.* (*mit.*) (anche *fig.*) gigante.

gilipollas [xilipóʎas] *agg.inv.* e *s.m.* e *f.inv.* (*volg.*) stronzo (*m.sing.*), coglione (*m.sing.*).

gilipollez [xilipoʎéθ] *s.f.* (*volg.*) stronzaggine.

gimnasia [ximnásja] *s.f.* ginnastica.

gimnasio [ximnásjo] *s.m.* palestra (*f.*).

ginebra [xinéβra] *s.f.* (*liquore*) gin (*m.inv.*).

ginebríno [xineβríno] *agg.* e *s.m.* ginevrino.

ginecólogo [xinekóloɣo] *s.m.* (*med.*) ginecologo, ostetrico.

gira [xíra] *s.f.* **1** giro (*m.*), gita, escursione **2** (*spettacolo*) tournée (*inv.*).

giralda [xirálda] *s.f.* banderuola, girandola.

girar [xirár] **A** *v.intr.* **1** (anche *fig.*) girare, ruotare **2** (*a/hacia*) girare, voltare, svoltare **B** *v.tr./intr.* **1** (*comm.*) emettere, spiccare **2** fare un vaglia postale.

girasol [xirasól] *s.m.* (*bot.*) girasole.

giro [xíro] *s.m.* **1** giro **2** (*comm.*) (*valori*) emissione (*f.*) **3** (*fig.*) piega (*f.*), andamento **4** (*comm.*) fatturato.

gitano [xitáno] *agg.* e *s.m.* gitano, zingaro.

glacial [glaθjál] *agg.m.* e *f.* **1** glaciale, gelido (*m.*) **2** (*fig.*) insensibile, freddo (*m.*).

glande [glánde] *s.m.* (*anat.*) glande.

glándula [glándula] *s.f.* (*anat.*) ghiandola.

global [gloβál] *agg.m.* e *f.* globale.

globalización [gloβaliθaθjón] *s.f.* globalizzazione.

globo [glóβo] *s.m.* **1** globo, terra (*f.*) **2** (*geom.*) sfera (*f.*) **3** mongolfiera (*f.*) **4** palloncino.

glóbulo [glóβulo] *s.m.* (anche *bio.*) globulo.

gloria [glórja] *s.f.* gloria, celebrità (*inv.*), fama.

glorieta [glorjéta] *s.f.* **1** pergolato (*m.*) **2** piazzetta, largo (*m.*).

glotón [glotón] *agg. e s.m.* ghiotto, goloso.

glúteo [glúteo] *agg.* e *s.m.* (*anat.*) gluteo.

gnomo [nómo] *s.m.* **1** gnomo **2** folletto.

gobernar [goβernár] (gobierno, goberné, gobernaré) **A** *v.tr./intr.* **1** (anche

mar.) governare, guidare **2** (*fam.*) comandare **B** *v.pron.* (*fam.*) arrangiarsi, cavarsela.
gobierno [goβjérno] *s.m.* **1** (*pol.*) governo **2** (*bur.*) (*pol.*) prefettura (*f.*).
goce [góθe] *s.m.* piacere, diletto.
gol [gól] *s.m.* (*sport*) goal (*inv.*), gol (*inv.*).
golfo[1] [gólfo] **A** *agg.* spinto, osé (*m.* e *f.inv.*) **B** *s.m.* **1** mascalzone **2** (*fam.*) vizioso, nottambulo, viveur (*inv.*).
golfo[2] [gólfo] *s.m.* (*geog.*) golfo.
golosina [golosína] *s.f.* **1** ghiottoneria, leccornia **2** (*fig.*) esca, allettamento (*m.*).
goloso [golóso] *agg.* e *s.m.* **1** goloso, ghiottone (*s.*) **2** appetibile (*agg.m.* e *f.*), desiderabile (*agg.m.* e *f.*).
golpe [gólpe] *s.m.* **1** colpo, urto, botta (*f.*) **2** (*fig.*) colpo, disgrazia (*f.*) **3** rapina (*f.*), colpo **4** (*fig.*) sorpresa (*f.*), colpo.
golpear [golpeár] *v.tr./intr.pron.* battere, colpire, picchiare.
goma [góma] *s.f.* **1** gomma **2** elastico (*m.*) **3** (*fam.*) preservativo (*m.*).
goniometría [gonjometría] *s.f.* goniometria.
gordo [górðo] **A** *agg.* **1** grasso **2** (*fig.*) grosso **B** *s.m.* **1** grasso **2** (*persona*) uomo grasso **3** (*lotteria*) primo premio.
gorila [goríla] *s.m.* **1** (*zool.*) gorilla (*inv.*) **2** (*fig.*) guardia (*f.*) del corpo, gorilla (*inv.*).
gorra [górra] *s.f.* **1** berretto (*m.*) a visiera **2** (*bebè*) cuffia.
gorro [górro] *s.m.* berretto.
gorrón [gorrón] *agg.* e *s.m.* scroccone (*s.*).
gota [góta] *s.f.* **1** goccia **2** (*fig.*) goccio (*m.*) **3** (*med.*) gotta.
gotera [gotéra] *s.f.* perdita d'acqua, infiltrazione.
gozar [goθár] (gozo, gocé, gozaré) **A** *v.intr./tr.* (*de*) **1** godere, provare piacere **2** godere, beneficiare, fruire **3** godere **B** *v.pron.* ricrearsi, divertirsi.
grabación [graβaθjón] *s.f.* registrazione.
grabadora [graβaðóra] *s.f.* registratore (*m.*).
grabadura [graβaðúra] *s.f.* intagliatura.
grabar [graβár] **A** *v.tr.* **1** (*mus.*) registrare **2** incidere **B** *v.pron.* (*fig.*) fissarsi, imprimersi.
gracia [gráθja] *s.f.* **1** (*rel.*) grazia **2** grazia, leggiadria **3** garbo (*m.*), cortesia **4** arguzia, facezia **5** (*giur.*) indulto (*m.*), grazia **6** favore (*m.*) **7** (*iron.*) bello scherzo (*m.*).
gracioso [graθjóso] *agg.* **1** grazioso **2** spiritoso, arguto.
grada [gráða] *s.f.* gradino (*m.*).
gradación [graðaθjón] *s.f.* **1** gradazione **2** gradualità (*inv.*).
grado[1] [gráðo] *s.m.* **1** (*fis., geom., gramm., mat.*) grado **2** grado, livello **3** (*istr.*) diploma, titolo.
grado[2] [gráðo] *s.m.* (*fig.*) grado, piacere, compiacenza (*f.*).
gráfica [gráfika] *s.f.* grafica.
gráfico [gráfiko] *agg.* e *s.m.* grafico.
gramática [gramátika] *s.f.* grammatica.
grana [grána] *s.f.* **1** (*bot.*) granitura **2** granello (*m.*).
granada [granáða] *s.f.* **1** (*bot.*) granata **2** (*mil.*) granata.
grande [gránde] **A** *agg.m.* e *f.* (*si tronca davanti a s.m. e f.*) grande **B** *s.m.* e *f.* (*persona*) grande.
granito[1] [graníto] *s.m.* granello.
granito[2] [graníto] *s.m.* (*roccia*) granito.
granizado [graniθáðo] *s.m.* granita (*f.*).
granja [gráŋxa] *s.f.* **1** (*agr.*) tenuta, fattoria **2** allevamento di animali da cortile.
grano [gráno] *s.m.* **1** (*bot.*) grano **2** (*bot.*) chicco **3** granello **4** brufolo, foruncolo **5** (*fot.*) grana (*f.*).
granuja [granúxa] *s.f.* **1** uva sgranata **2** (*seme*) vinacciolo (*m.*) **3** (*fig.*) (*pegg.*) mascalzone (*m.*).

grapa [grápa] *s.f.* **1** (*tecn.*) graffa **2** graffetta **3** (*uva*) racimolo (*m.*).
grasa [grása] *s.f.* **1** (anche *chim.*) grasso (*m.*) **2** unto (*m.*), sudiciume (*m.*) **3** (*tecn.*) lubrificante (*m.*), grasso (*m.*).
graso [gráso] *agg.* grasso.
gratis [grátis] *avv.* gratuitamente.
grave [gráβe] *agg.m.* e *f.* **1** grave **2** difficile, serio (*m.*) **3** grave, solenne.
gravedad [graβeðáð] *s.f.* **1** (anche *fis.*) gravità (*inv.*) **2** solennità (*inv.*) **3** serietà (*inv.*).
gravitación [graβitaθjón] *s.f.* (*fis.*) gravitazione.
griego [grjéɣo] *agg.* e *s.m.* greco.
grieta [grjéta] *s.f.* fessura, crepa.
grifo [grífo] *s.m.* **1** (*lett.*) grifone **2** rubinetto.
grillo [gríʎo] *s.m.* (*zool.*) grillo.
gripe [grípe] *s.f.* (*med.*) influenza.
gris [grís] **A** *agg.m.* e *f.* **1** (*colore*) grigio (*m.*) **2** (*fig.*) (*persona*) scialbo (*m.*) **3** (*fig.*) grigio (*m.*), triste **B** *s.m.* (*colore*) grigio.
grito [gríto] *s.m.* grido, urlo.
grosero [groséro] *agg.* **1** maleducato, villano **2** ordinario, grossolano.
grúa [grúa] *s.f.* **1** (*cine., mecc., TV*) gru (*inv.*) **2** autocarro (*m.*) attrezzi.
grueso [grwéso] **A** *agg.* grosso, grande (*m.* e *f.*) **B** *s.m.* grossezza (*f.*), spessore.
grumo [grúmo] *s.m.* **1** grumo, coagulo **2** (*bot.*) grumolo.
grupo [grúpo] *s.m.* **1** gruppo **2** (*mus.*) complesso, gruppo.
guante [gwánte] *s.m.* guanto.
guarda [gwárða] *s.m.* custode (*m.* e *f.*), guardiano.
guardar [gwarðár] **A** *v.tr.* **1** conservare **2** riporre, mettere via **3** fare la guardia, vigilare **4** (*leggi*) rispettare, osservare **5** mettere al sicuro **B** *v.pron.* (*de*) guardarsi, difendersi, ripararsi.
guardería [gwarðería] *s.f.* **1** guardia, vigilanza **2** (*istr.*) asilo (*m.*).
guardia[1] [gwárðja] *s.f.* **1** guardia, vigilanza **2** (*med.*) (*mil.*) guardia **3** (*sport*) guardia, difesa.
guardia[2] [gwárðja] *s.m.* guardia (*f.*).
guay [gwái] **A** *agg.m.* e *f.* (*gerg.*) stupendo (*m.*), divertente **B** *avv.* (*gerg.*) molto, moltissimo, un casino.
guepardo [gepárðo] *s.m.* (*zool.*) ghepardo.
guerra [gérra] *s.f.* guerra.
gueto [géto] *s.m.* (anche *fig.*) ghetto.
guía [gía] **A** *s.f.* **1** (anche *fig.*) guida (*f.*) **2** guida, elenco (*m.*) **3** (*mecc.*) guida, scanalatura **B** *s.m.* e *f.* guida (*f.*).
guindilla [gindíʎa] *s.f.* (*bot.*) (*cuc.*) peperoncino (*m.*) rosso.
guión [gjón] *s.m.* **1** (*fig.*) scaletta (*f.*) **2** (*cine.*) (*teatr.*) trama (*f.*), copione, sceneggiatura (*f.*) **3** (*gramm.*) trattino.
güisqui [gwíski] *s.m.inv.* (*liquore*) whisky.
guitarra [gitárra] **A** *s.f.* (*mus.*) chitarra **B** *s.m.* e *f.* (*mus.*) chitarrista.
gusano [gusáno] *s.m.* **1** (*zool.*) verme, lombrico **2** (*zool.*) larva (*f.*) **3** (*fig.*) meschino, verme.
gustar [gustár] **A** *v.intr.* piacere **B** *v.tr.* provare, assaggiare.
gusto [gústo] *s.m.* **1** gusto, sapore **2** (*fig.*) piacere, soddisfazione (*f.*) **3** eleganza (*f.*), stile.

H

h [átʃe] *s.f.inv.* lettera h.
haba [áβa] *s.f.* (*al sing. è preceduto dall'art.m.*) (*bot.*) fava.
haber [aβér] **A** *s.m.* avere, ricchezza (*f.*) **B** (he, hube, habré) *v.aus.* **1** (*tr.*) avere **2** (*intr.*) essere **C** *v.impers.* (*solo al sing.*) **1** esserci **2** avere luogo, verificarsi, succedere.
hábil [áβil] *agg.m.* e *f.* **1** abile, capace **2** (*giur.*) idoneo (*m.*) **3** (*econ.*) (*giur.*) feriale, utile.
habilidad [aβiliðáð] *s.f.* **1** abilità (*inv.*), capacità (*inv.*) **2** disinvoltura.
habitación [aβitaθjón] *s.f.* **1** stanza **2** stanza/camera da letto.
habitante [aβitánte] *s.m.* e *f.* abitante.
habitar [aβitár] *v.intr./tr.* abitare.
hábito [áβito] *s.m.* **1** abitudine (*f.*) **2** esperienza (*f.*), pratica (*f.*) **3** (*med.*) assuefazione (*f.*) **4** (*rel.*) tonaca (*f.*).
habla [áβla] *s.f.* (*al sing. è preceduto dall'art.m.*) **1** facoltà di parola **2** parlata, linguaggio (*m.*) **3** (*ling.*) lingua.
hablar [aβlár] **A** *v.intr.* **1** parlare **2** esprimersi, comunicare **3** trattare, discutere **4** sparlare, criticare **5** confessare **B** *v.tr.* **1** parlare **2** dire **C** *v.pron.* parlarsi, rivolgersi la parola.
hacer [aθér] (hago, hice, haré, hecho) **A** *v.tr.* **1** fare **2** produrre, fabbricare **3** preparare, fare **4** (*fig.*) credere, pensare **B** *v.impers.* **1** essere **2** fare **C** *v.intr.* (*de*) fare da, fare la parte di **D** *v.pron.* **1** abituare **2** diventare, farsi **3** sembrare, riuscire **4** (*com.*) riuscire ad avere **5** (*com.*) impadronirsi/impossessarsi.
hacha [átʃa] *s.f.* (*al sing. è preceduto dall'art.m.*) ascia.
hache [átʃe] *s.f.* (*alfabeto*) acca (*inv.*).
hachís [atʃís] *s.m.* hascisc (*inv.*).
hacia [áθja] *prep.* **1** (*luogo*) verso **2** (*approssimazione*) verso, intorno.
hacienda [aθjénda] *s.f.* **1** tenuta, proprietá (*inv.*), fondo (*m.*) **2** (*econ.*) fisco (*m.*), finanza pubblica **3** beni (*m.pl.*), ricchezza.
hada [áða] *s.f.* (*al sing. è preceduto dall'art.m.*) fata.
¡hala! [ála] *inter.* **1** forza! **2** dai!, su!
halagar [alaɣár] (halago, halagué, halagaré) *v.tr.* **1** lusingare, allettare **2** adulare.
halcón [alkón] *s.m.* (*zool.*) **1** falco **2** (*caccia*) falcone.
hálito [álito] *s.m.* **1** alito **2** esalazione (*f.*), vapore.
hall [xól] *s.m.* (*angl.*) hall (*f.inv.*), sala (*f.*), soggiorno.
hallar [aʎár] **A** *v.tr.* **1** trovare **2** rendersi conto **3** scoprire **4** capire **B** *v.pron.* trovarsi, essere.
hallazgo [aʎáθɣo] *s.m.* **1** (*giur.*) ritrovamento **2** invenzione (*f.*), scoperta.
hamaca [amáka] *s.f.* **1** amaca **2** sdraio (*m.*).
hambre [ámbre] *s.f.* (*al sing. è preceduto dall'art.m.*) **1** fame **2** (*fig.*) desiderio (*m.*), brama.
hamburguesa [amburɣésa] *s.f.* (*cuc.*) hamburger (*m.inv.*).
harén [arén] *s.m.* harem (*inv.*).
harina [arína] *s.f.* farina.

hartar [artár] *v.tr.pron.* **1** saziare, rimpinzare **2** soddisfare **3** (*fig.*) annoiare, tediare.
harto [árto] **A** *agg.* **1** sazio, satollo, pieno **2** parecchio, sufficiente (*m.* e *f.*) **3** stufo, annoiato **B** *avv.* anche troppo.
hasta [ásta] *prep.* **1** (*tempo, spazio*) fino a **2** (*enfatico*) perfino, persino.
hastío [astío] *s.m.* **1** disgusto, ripugnanza (*f.*) **2** (*fig.*) fastidio, noia (*f.*).
haya [áǰa] *s.f.* (*bot.*) faggio (*m.*).
hebra [éβra] *s.f.* **1** gugliata **2** (*tecn.*) fibra **3** (*tess.*) filamento (*m.*) **4** (*min.*) filone (*m.*), vena **5** (*fig.*) filo (*m.*) del discorso.
hebreo [eβréo] **A** *agg.* ebraico **B** *s.m.* ebreo.
hechizo [etʃíθo] **A** *agg.* **1** fittizio, artefatto **2** posticcio **3** fatto a regola d'arte **B** *s.m.* **1** malia (*f.*), fattura (*f.*), incantesimo **2** filtro magico, pozione (*f.*) **3** (*fig.*) fascino, seduzione (*f.*).
hecho [étʃo] **A** *agg.* **1** fatto **2** finito, compiuto **3** maturo, invecchiato **B** *s.m.* **1** opera (*f.*), impresa (*f.*) **2** fatto, avvenimento.
heder [eðér] (hiedo, hedí, hederé) *v.intr.* **1** puzzare **2** (*fig.*) annoiare, essere molesto.
hegemonía [exemonía] *s.f.* egemonia, supremazia.
helado [eláðo] **A** *agg.* gelato, gelido **B** *s.m.* gelato.
helar [elár] (hielo, helé, helaré) **A** *v.tr.* **1** gelare **2** (*fig.*) lasciare di stucco, sbigottire, raggelare **B** *v.pron.* **1** congelarsi **2** (*pianta*) gelare **C** *v.impers.* gelare.
hélice [éliθe] *s.f.* **1** elica **2** (*arch.*) elice, voluta.
helicóptero [elikóptero] *s.m.* (*aer.*) elicottero.
hembra [émbra] *s.f.* **1** (anche *mecc.*) femmina **2** stampo (*m.*).
hemiciclo [emiθíklo] *s.m.* emiciclo.
hemicránea [emikránea] *s.f.* (*med.*) emicrania.
hemisferio [emisférjo] *s.m.* emisfero.
hemo- [émo] *pref.* emo-.
hemoglobina [emoɣloβína] *s.f.* (*bio.*) emoglobina.
hemorragia [emorráxja] *s.f.* (*med.*) emorragia.
hemorroide [emorróiðe] *s.f.* (*med.*) emorroide.
hendidura [endiðúra] *s.f.* **1** fenditura, spaccatura **2** fessura.
heno [éno] *s.m.* fieno.
hepatitis [epatítis] *s.f.inv.* (*med.*) epatite (*sing.*).
herbívoro [erβíβoro] *agg.* e *s.m.* erbivoro.
herboristería [erβoristería] *s.f.* erboristeria.
heredad [ereðáð] *s.f.* **1** podere (*m.*) **2** tenuta.
heredar [ereðár] *v.tr.* **1** ereditare **2** (*fig.*) nominare erede **3** (*bio.*) ricevere i caratteri genetici.
hereditario [ereðitárjo] *agg.* ereditario.
herida [eríða] *s.f.* (anche *fig.*) ferita.
hermafrodita [ermafroðíta] *agg.* e *s.m.* e *f.* ermafrodito (*m.*).
hermano [ermáno] *s.m.* **1** fratello **2** (*rel.*) frate.
hermoso [ermóso] *agg.* **1** bello **2** splendido **3** (bebè) sano, vigoroso.
héroe [éroe] *s.m.* eroe.
heroína[1] [eroína] *s.f.* eroina.
heroína[2] [eroína] *s.f.* (*farm.*) eroina.
herramienta [erramjénta] *s.f.* arnese (*m.*), attrezzo (*m.*), utensile (*m.*).
hervir [erβír] (hiervo, herví, herviré) **A** *v.intr.* **1** bollire **2** (*de/en*) (*fig.*) ribollire, fremere **B** *v.tr.* far bollire.
heterogéneo [eteroxéneo] *agg.* eterogeneo.
heterosexual [eteroseksswál] *agg.* e *s.m.* e *f.* eterosessuale.
hexágono [eksáɣono] *s.m.* (*geom.*) esagono.
híbrido [íβríðo] *agg.* e *s.m.* **1** (anche *fig.*) ibrido **2** (*fig.*) mescolanza (*s.f.*), commistione (*s.f.*).

hidratar [iðratár] *v.tr.* idratare.
hidroeléctrico [iðroeléktriko] *agg.* idroelettrico.
hidrógeno [iðróxeno] *s.m.* (*chim.*) idrogeno.
hiedra [ǰéðra] *s.f.* (*bot.*) edera.
hielo [ǰélo] *s.m.* **1** ghiaccio **2** (*fig.*) gelo.
hiena [ǰéna] *s.f.* (*zool.*) (anche *fig.*) iena.
hierba [ǰérβa] *s.f.* **1** erba **2** prato (*m.*) **3** (*bestiame*) anno (*m.*) **4** (*fam.*) marijuana, erba.
hierbabuena [ǰérβaβwéna] *s.f.* (*bot.*) **1** mentuccia **2** sandalo (*m.*).
hierro [ǰérro] *s.m.* **1** ferro **2** (*bestiame*) marchiatura (*f.*) **3** marca (*f.*), marchio **4** (*fig.*) ferro, arma (*f.*) da taglio **5** ringhiera (*f.*).
hígado [íɣaðo] *s.m.* (*anat.*) fegato.
higiene [ixjéne] *s.f.* **1** igiene **2** (*fig.*) pulizia.
higo [íɣo] *s.m.* **1** (*bot.*) fico **2** (*fig.*) nulla, niente, fico secco **3** (*volg.*) fica (*f.*).
hijo [íxo] *s.m.* **1** figlio **2** (*fig.*) cittadino **3** (*fam.*) su!, dai!
hijoputa [ixopúta] *s.m.* (*gerg.*) figlio di puttana.
hilera [iléra] *s.f.* **1** fila **2** (*tecn.*) filiera, trafila **3** (*tess.*) filo (*m.*).
hilo [ílo] *s.m.* **1** (*tess.*) filo, filato **2** (*tess.*) lino **3** (*fig.*) filo **4** (*elettr.*) filo.
hincha [íntʃa] *s.m.* e *f.* **1** tifoso (*m.*) **2** (*fig.*) fan (*inv.*), ammiratore (*m.*).
hinchar [intʃár] **A** *v.tr.pron.* **1** gonfiare **2** (*fig.*) esagerare, gonfiare **B** *v.pron.* **1** rimpinzarsi, abbuffarsi **2** insuperbirsi **3** (*fig.*) (*gerg.*) stufarsi, rompersi.
hinduismo [indwísmo] *s.m.* induismo.
híper[1] [íper] *s.m.* (*abbr.*) ipermercato.
hiper-[2] [íper] *pref.* iper-.
hipérbola [ipérβola] *s.f.* (*geom.*) iperbole.
hipertensión [ipertensjón] *s.f.* (*med.*) ipertensione.
hipnosis [ipnósis] *s.f.inv.* (*med.*) ipnosi.
hipo [ípo] *s.m.* **1** singhiozzo **2** (*fig.*) desiderio, voglia (*f.*) **3** astio, antipatia (*f.*).
hipo-[1] [ípo] *pref.* ipo-.
hipo-[2] [ípo] *pref.* ippo-.
hipócrita [ipókrita] *agg.* e *s.m.* e *f.* ipocrita.
hipopótamo [ipopótamo] *s.m.* (*zool.*) ippopotamo.
hipoteca [ipotéka] *s.f.* **1** ipoteca **2** (*fig.*) noia.
hipótesis [ipótesis] *s.f.inv.* ipotesi.
hispano [ispáno] *agg.* e *s.m.* ispano, spagnolo.
histérico [istériko] *agg.* e *s.m.* (*med.*) isterico.
historia [istórja] *s.f.* **1** storia **2** racconto (*m.*), narrazione **3** cronaca, resoconto (*m.*) **4** (*fam.*) storia, pasticcio (*m.*).
hodierno [oðjérno] *agg.* odierno, attuale (*m.* e *f.*).
hogaño [oɣáɲo] *avv.* attualmente, nell'anno in corso.
hogar [oɣár] *s.m.* **1** camino, focolare **2** (*fig.*) casa (*f.*) **3** (*fig.*) famiglia (*f.*).
hogareño [oɣaréɲo] *agg.* **1** casalingo, domestico **2** familiare (*m.* e *f.*).
hoguera [oɣéra] *s.f.* falò (*m.*), rogo (*m.*).
hoja [óxa] *s.f.* **1** (*bot.*) foglia **2** foglio (*m.*) **3** (*met.*) lamina, foglia **4** (anche *fig.*) lama **5** (*cuc.*) sfoglia.
hojaldre [oxáldre] *s.m.* (*cuc.*) pasta (*f.*) sfoglia.
hojear [oxeár] **A** *v.tr.* **1** dare un'occhiata **2** sfogliare **B** *v.intr.* **1** (*amer.*) (*bot.*) produrre foglie **2** (*fronde*) muoversi.
¡hola! [óla] *inter.* ciao!, salve!
holandés [olandés] *agg.* e *s.m.* olandese (*m.* e *f.*).
holocausto [olokáusto] *s.m.* olocausto.
hombre [ómbre] *s.m.* **1** uomo **2** adulto **3** (*fam.*) marito.
¡hombre! [ómbre] *inter.* **1** ehi!, salve! **2** dai!, ma va!, su.
hombro [ómbro] *s.m.* **1** (*anat.*) spalla (*f.*), omero **2** (*tip.*) (*abb.*) spalla (*f.*).

homenaje [omenáxe] *s.m.* **1** omaggio, tributo **2** (*fig.*) segno **3** onore.
homeopatía [omeopatía] *s.f.* (*med.*) omeopatia.
homicidio [omiθíðjo] *s.m.* omicidio.
homo- [ómo] *pref.* omo-.
homogéneo [omoxéneo] *agg.* omogeneo.
homologación [omoloɣaθjón] *s.f.* **1** omologazione **2** (*bur.*) inserimento (*m.*) in organico.
homosexual [omosekswál] *agg.* e *s.m.* e *f.* omosessuale.
hondo [óndo] **A** *agg.* (anche *fig.*) fondo, profondo **B** *s.m.* profondità (*f.inv.*).
honesto [onésto] *agg.* **1** onesto **2** decoroso **3** ragionevole (*m.* e *f.*), equo.
hongo [óŋgo] *s.m.* **1** (*bot.*) (*med.*) fungo **2** (*mar.*) tubo di ventilazione a fungo **3** (*cappello*) tubino, bombetta (*f.*).
honor [onór] *s.m.* **1** onore **2** fama (*f.*), orgoglio, gloria (*f.*) **3** dignità (*f.inv.*), decoro **4** reputazione (*f.*), buon nome.
honrado [onrráðo] *agg.* **1** onesto **2** onorevole (*m.* e *f.*) **3** onorato.
honrar [onrrár] **A** *v.tr.* **1** onorare **2** rispettare, onorare **3** fare onore, onorare **B** *v.pron.* essere onorato/fiero.
hora [óra] *s.f.* ora.
horario [orárjo] *agg.* e *s.m.* orario.
horchata [ortʃáta] *s.f.* orzata.
horizontal [oriθontál] *agg.m.* e *f.* orizzontale.
hormiga [ormíɣa] *s.f.* (*zool.*) formica.
hormigón [ormiɣón] *s.m.* (*edil.*) calcestruzzo, cemento.
horno [órno] *s.m.* **1** (anche *fig.*) forno **2** (*tecn.*) fornace (*f.*) **3** (*api*) cella (*f.*) **4** forno, panetteria (*f.*).
horóscopo [oróskopo] *s.m.* (*astrol.*) oroscopo.
horrible [orríβle] *agg.m.* e *f.* **1** orribile, atroce **2** (*fig.*) orrendo (*m.*), pessimo (*m.*).
horror [orrór] *s.m.* **1** orrore **2** avversione (*f.*) **3** (*fig.*) atrocità (*f.inv.*), barbarie (*f.inv.*) **4** (*fam.*) grande quantità (*f.inv.*).
horroroso [orroróso] *agg.* **1** orribile (*m.* e *f.*), orrendo **2** (*fam.*) bruttissimo **3** (*fig.*) spaventoso, impressionante (*m.* e *f.*), terribile (*m.*).
horterada [orteráða] *s.f.* **1** volgarità (*inv.*) **2** (*fam.*) pacchianata.
hospital [ospitál] *s.m.* ospedale.
hostal [ostál] *s.m.* locanda (*f.*), ostello.
hosteleria [ostelería] *s.f.* industria alberghiera.
hostia [óstja] *s.f.* **1** (*rel.*) ostia **2** (*cuc.*) cialda **3** (*volg.*) sberla, ceffone (*m.*).
hostil [ostíl] *agg.m.* e *f.* ostile, nemico (*m.*).
hoy [ói] *avv.* oggi.
hoya [óǰa] *s.f.* **1** fossa **2** (*fig.*) sepoltura **3** (*geog.*) vallata.
hoyo [óǰo] *s.m.* **1** buco **2** tomba (*f.*), fossa (*f.*) **3** (*sport*) (*golf*) buca (*f.*).
hueco [wéko] **A** *agg.* **1** vuoto, cavo **2** (*voce*) grave (*m.* e *f.*), profondo **3** soffice (*m.* e *f.*), morbido **4** (*fig.*) futile (*m.* e *f.*) **B** *s.m.* **1** vuoto **2** (*tempo*) momento, buco **3** (*arch.*) vano **4** (*fam.*) posto libero, buco.
huelga [wélɣa] *s.f.* sciopero (*m.*).
huella [wéʎa] *s.f.* **1** (anche *fig.*) orma, impronta **2** (*fig.*) indizio (*m.*), pista, traccia.
huérfano [wérfano] *agg.* e *s.m.* orfano.
huerta [wérta] *s.f.* (*agr.*) **1** orto (*m.*) **2** campo (*m.*), terreno (*m.*) irrigato.
huerto [wérto] *s.m.* (*agr.*) orto.
hueso [wéso] *s.m.* **1** (*anat.*) osso **2** (*bot.*) nocciolo **3** (*fig.*) osso duro **4** (*fig.*) rogna (*f.*), fastidio.
huésped [wéspeð] *s.m.* ospite (*m.* e *f.*).
huevo [weβo] *s.m.* **1** uovo **2** (*bio.*) ovulo.
huida [wíða] *s.f.* fuga.
huir [wír] (huyo, huí, huiré) **A** *v.intr.* **1** fuggire, scappare **2** (*fig.*) trascorrere/passare velocemente **B** *v.intr./tr.* (*de*) **1** allontanarsi, fuggire **2** evitare, schivare.
humanidad [umaniðáð] *s.f.* **1** (anche *fig.*) umanità (*inv.*) **2** genere (*m.*) umano **3** benignità (*inv.*), affabilità (*inv.*).

humanismo [umanísmo] *s.m.* umanesimo.
humano [umáno] *agg.* **1** umano **2** benevolo, comprensivo.
humedad [umeðáð] *s.f.* umidità (*inv.*).
húmedo [úmeðo] *agg.* umido.
humildad [umildáð] *s.f.* umiltà (*inv.*).
humilde [umílde] *agg.m.* e *f.* **1** umile, povero (*m.*) **2** modesto (*m.*).
humillación [umiʎaθjón] *s.f.* umiliazione.
humillar [umiʎár] *v.tr.pron.* umiliare, piegare.
humo [úmo] *s.m.* **1** fumo **2** vapore.
humor [umór] *s.m.* **1** umore **2** (*fig.*) umore, stato d'animo **3** (*fig.*) humour (*inv.*), umorismo.
humorismo [umorísmo] *s.m.* umorismo.
hundir [undír] **A** *v.tr.* **1** (*mar.*) affondare **2** (*fig.*) far sprofondare/crollare **3** (*fig.*) distruggere, rovinare **B** *v.pron.* **1** crollare **2** affondare **3** (*fig.*) sprofondare, sparire **4** (*comm.*) fallire.
huracán [urakán] *s.m.* **1** (*meteo.*) uragano, ciclone, tornado **2** (*fig.*) (*persona*) ciclone.

I

i [i] *s.f.* **1** lettera i (*inv.*) **2** (*numero romano che corrisponde a 1*) I.
ibérico [iβériko] *agg.* e *s.m.* iberico (*agg.*).
icono o **ícono** [ikóno/íkono] *s.m.* (*pitt.*) icona (*f.*).
ida [íða] *s.f.* **1** andata **2** (*fig.*) scatto (*m.*), impeto (*m.*).
idea [iðéa] *s.f.* idea.
ideal [iðeál] **A** *agg.* **1** ideale **2** (*fig.*) perfetto (*m.*), ideale **B** *s.m.* **1** ideale **2** aspirazione (*f.*), ideale **3** modello, ideale, esempio.
idealizar [iðealiθár] *v.tr.* idealizzare, abbellire.
idear [iðeár] *v.tr.* ideare, inventare.
idéntico [iðéntiko] *agg.* identico, uguale (*m.* e *f.*).
identidad [iðentiðáð] *s.f.* **1** (*fil.*) (*mat.*) (*psic.*) identità (*inv.*) **2** (*giur.*) identità (*inv.*), generalità (*pl.*).
identificar [iðentifikár] **A** *v.tr.* **1** identificare, associare **2** riconoscere, identificare **3** distinguere, vedere **B** *v.pron.* (*con*) **1** identificarsi, immedesimarsi **2** essere solidale/tutt'uno.
ideología [iðeoloxía] *s.f.* ideologia.
idilio [iðíljo] *s.m.* (*anche fig.*) idillio.
idioma [iðjóma] *s.m.* lingua (*f.*).
idóneo [iðóneo] *agg.* **1** (*persona*) idoneo, adatto **2** opportuno, adeguato.
iglesia [iɣlésja] *s.f.* **1** (*rel.*) chiesa, clero (*m.*) **2** (*arch.*) chiesa.
ignorancia [iɣnoránθja] *s.f.* ignoranza.
ignorante [iɣnoránte] *agg.* e *s.m.* e *f.* ignorante.
igual [iɣwál] **A** *agg.m.* e *f.* **1** (anche *geom.* e *mat.*) uguale **2** liscio (*m.*), piano (*m.*) **B** *avv.* **1** uguale **2** ugualmente, lo stesso **3** (*fam.*) anche, addirittura **4** magari **C** *s.m.* uguale (*m.* e *f.*).
igualar [iɣwalár] **A** *v.tr.* **1** uguagliare, uniformare **2** equiparare **3** (*fig.*) raggiungere **4** (*edil.*) spianare **5** (*sport*) pareggiare **B** *v.intr.pron.* (*a/con/en*) uguagliarsi, essere uguale.
igualdad [iɣwaldáð] *s.f.* uguaglianza, parità (*inv.*).
iguana [iɣwána] *s.f.* (*zool.*) iguana.
ilegal [ileɣál] *agg.m.* e *f.* **1** illegale **2** (*terrorista*) schedato (*m.*).
iluminación [iluminaθjón] *s.f.* (anche *fig.*) illuminazione.
ilusión [ilusjón] *s.f.* **1** (anche *fig.*) illusione **2** gioia, piacere (*m.*) **3** entusiasmo (*m.*).
ilusionado [ilusjonáðo] *agg.* **1** illuso **2** entusiasta (*m.* e *f.*).
ilustración [ilustraθjón] *s.f.* **1** illustrazione, figura, disegno (*m.*) **2** istruzione, cultura **3** Illuminismo (*m.*).
imaginar [imaxinár] *v.tr.* **1** immaginare **2** creare, inventare.
imán [imán] *s.m.* **1** (*min.*) magnetite (*f.*) **2** (*fig.*) fascino **3** calamita (*f.*).
imbécil [imbéθil] *agg.m.* e *f.* imbecille, stupido (*m.*).
imitación [imitaθjón] *s.f.* **1** imitazione **2** copia.
impaciente [impaθjénte] *agg.* e *s.m.* e *f.* **1** impaziente (*agg.*) **2** desideroso (*agg.m.*).

impacto [impá*k*to] *s.m.* **1** impatto, urto **2** (anche *fig.*) colpo, segno **3** (*fig.*) risonanza (*f.*), eco (*m.* e *f.*).
impar [impár] *agg.* e *s.m.* dispari (*inv.*).
imparcial [imparθjál] *agg.m.* e *f.* **1** imparziale, giusto (*m.*) **2** neutrale.
impartir [impartír] *v.tr.* impartire, dare, concedere.
impedir [impeðír] (impido, impedí, impediré) *v.tr.* impedire, ostacolare.
imperfección [imperfe*k*θjón] *s.f.* **1** imperfezione **2** difetto (*m.*).
imperialismo [imperjalí*s*mo] *s.m.* (*pol.*) imperialismo.
imperio [impérjo] *s.m.* **1** (anche *fig.*) impero, dominio **2** stile impero.
impermeable [impermeáβle] *agg.m.* e *f.* e *s.m.* impermeabile.
impersonal [impersonál] *agg.m.* e *f.* impersonale.
imperturbable [imperturβáβle] *agg.m.* e *f.* imperturbabile.
ímpetu [ímpetu] *s.m.* **1** impeto, veemenza (*f.*) **2** (*fig.*) forza (*f.*), energia (*f.*).
implacable [implakáβle] *agg.m.* e *f.* **1** implacabile **2** inesorabile.
implicación [implikaθjón] *s.f.* **1** implicazione **2** partecipazione.
implicar [implikár] **A** *v.tr.pron.* (*en*) **1** implicare, coinvolgere **2** (*fig.*) comportare, implicare **B** *v.intr.* vietare.
implícito [implíθito] *agg.* implicito.
imponer [imponér] **A** *v.tr.* **1** imporre **2** attribuire, dare **3** (*comm.*) versare, depositare **B** *v.tr./intr.* incutere rispetto/timore **C** *v.pron.* **1** imporsi, affermarsi **2** (*sobre*) farsi valere **D** *v.impers.* essere necessario, imporsi.
importancia [importánθja] *s.f.* importanza.
importante [importánte] *agg.m.* e *f.* importante.
importar [importár] **A** *v.tr.* **1** costare, ammontare **2** (*econ.*) importare **B** *v.intr.* **1** interessare, importare **2** (*fam.*) spiacere **3** riguardare, implicare, coinvolgere.
importe [impórte] *s.m.* (*comm.*) importo.
importunar [importunár] *v.tr.* importunare, disturbare, infastidire.
imposible [imposíβle] *agg.m.* e *f.* **1** impossibile **2** (*fig.*) (*fam.*) (*persona*) insopportabile.
imposición [imposiθjón] *s.f.* **1** imposizione, comando (*m.*) **2** (*comm.*) versamento (*m.*) **3** (*econ.*) tassa, imposta **4** (*rel.*) imposizione.
impostar [impostár] *v.tr.* (*mus.*) (*voce*) impostare.
impostor [impostór] *agg.* e *s.m.* **1** imbroglione (*s.*) **2** calunniatore.
impotencia [impoténθja] *s.f.* impotenza.
imprecación [imprekaθjón] *s.f.* imprecazione.
imprecisión [impreθisjón] *s.f.* imprecisione.
imprenta [imprénta] *s.f.* **1** stampa **2** tipografia, stamperia.
imprescindible [impresθindíβle] *agg.m.* e *f.* imprescindibile, indispensabile.
impresión [impresión] *s.f.* **1** stampa **2** (*fig.*) impressione, colpo (*m.*) **3** (*fig.*) opinione, parere (*m.*).
impresionante [impresjonánte] *agg.m.* e *f.* impressionante, grandioso (*m.*).
impresionar [impresjonár] **A** *v.tr.* **1** fare impressione/colpo **2** (*tecn.*) impressionare, registrare, incidere **B** *v.pron.* (*con*) impressionarsi, commuoversi.
impresora [impresóra] *s.f.* (*inform.*) stampante.
imprevisto [impreβísto] **A** *agg.* imprevisto, inatteso, inaspettato **B** *s.m.* imprevisto.
imprimir [imprimír] *v.tr.* (*p.p.irr.* impreso) **1** imprimere **2** (*en/sobre*) (*tip.*) pubblicare, stampare **3** (*fig.*) fissare, imprimere.
improbable [improβáβle] *agg.m.* e *f.* improbabile, incerto (*m.*).

improvisación [improβisaθjón] *s.f.* improvvisazione.
improviso [improβíso] *agg.* improvviso, repentino, inaspettato.
imprudencia [impruðénθja] *s.f.* imprudenza, leggerezza.
impuesto [impwésto] *s.m.* (*econ.*) imposta (*f.*), tassa (*f.*), tributo.
impulso [impúlso] *s.m.* **1** spinta (*f.*), slancio **2** (*fig.*) stimolo, incitamento **3** (*fig.*) impulso, forza (*f.*).
inaccesible [ina*k*θesíβle] *agg.m.* e *f.* **1** inaccessibile, oscuro (*m.*) **2** (*fig.*) incomprensibile.
inactividad [ina*k*tiβiðáð] *s.f.* inattività (*inv.*).
inalterable [inalteráβle] *agg.m.* e *f.* **1** inalterabile **2** (*fig.*) imperturbabile, impassibile.
inaugurar [inauɣurár] *v.tr.* inaugurare.
incapaz [iŋkapáθ] *agg.m.* e *f.* **1** (*de*) incapace **2** (*para*) inutile, negato (*m.*) **3** (*giur.*) incapace, inidoneo (*m.*) **4** (*fig.*) tonto (*m.*), scemo (*m.*).
incendio [inθéndjo] *s.m.* **1** incendio **2** (*fig.*) passione (*f.*), ardore.
incentivo [inθentíβo] *s.m.* **1** incentivo, stimolo, sprone **2** (*econ.*) incentivo.
incesante [inθesánte] *agg.m.* e *f.* incessante.
incesto [inθésto] *s.m.* incesto.
incidencia [inθiðénθja] *s.f.* **1** incidenza **2** contrattempo (*m.*), incidente (*m.*) **3** (*giur.*) incidente (*m.*) **4** (*errore*) persistenza.
incierto [inθjérto] *agg.* **1** incerto, dubbioso **2** ignoto, sconosciuto **3** incostante (*m.* e *f.*).
incisión [inθisjón] *s.f.* **1** (*med.*) incisione **2** (*lett.*) cesura **3** (*tecn.*) intaglio (*m.*), incisione.
incitar [inθitár] *v.tr.* (*a/contra*) incitare, istigare.
incivil [inθiβíl] *agg.m.* e *f.* **1** incivile, selvaggio (*m.*) **2** maleducato (*m.*), cafone (*m.*).
inclemencia [iŋkleménθja] *s.f.* inclemenza, severità (*inv.*), rigore (*m.*).
inclinación [iŋklinaθjón] *s.f.* **1** inclinazione, pendenza **2** (*geom.*) inclinazione, obliquità (*inv.*) **3** inchino (*m.*), riverenza **4** (*fig.*) propensione, predilezione **5** (*fig.*) inclinazione, attitudine.
inclinar [iŋklinár] **A** *v.tr.* **1** inclinare, chinare **2** (*fig.*) indurre **B** *v.pron.* (*a/por*) (*fig.*) essere incline.
incluir [iŋklwír] (incluyo, incluí, incluiré) *v.tr.* **1** (*en*) includere, allegare **2** includere, aggiungere **3** comprendere.
incógnita [iŋkóɣnita] *s.f.* **1** incognita, mistero (*m.*) **2** (*mat.*) incognita.
incoherencia [iŋkoerénθja] *s.f.* **1** incoerenza, incongruenza, illogicità (*inv.*) **2** (*edil.*) (*fis.*) incoerenza, mancanza di coesione.
incómodo [iŋkómoðo] *agg.* **1** incomodo, scomodo, disagevole (*m.* e *f.*) **2** a disagio, imbarazzato.
incomparable [iŋkomparáβle] *agg.m.* e *f.* incomparabile.
incompatible [iŋkompatíβle] *agg.m.* e *f.* (*con*) incompatibile
incompetencia [iŋkompeténθja] *s.f.* incompetenza.
incompleto [iŋkompléto] *agg.* incompleto.
incomprensible [iŋkomprensíβle] *agg.m.* e *f.* incomprensibile.
inconexo [iŋkoné*k*so] *agg.* **1** (*cosa*) sconnesso **2** (*fig.*) incongruente (*m.* e *f.*).
inconsciencia [iŋkonsθjénθja] *s.f.* **1** incoscienza **2** svenimento (*m.*), perdita dei sensi.
inconsistencia [iŋkonsisténθja] *s.f.* inconsistenza.
incontaminado [iŋkontamináðo] *agg.* incontaminato.
incontrolable [iŋkontroláβle] *agg.m.* e *f.* incontrollabile.
inconveniente [iŋkombenjénte] **A** *agg.m.* e *f.* **1** inopportuno (*m.*) **2** sconveniente **B** *s.m.* **1** inconveniente, difficoltà (*f.inv.*) **2** danno.

incorporar [iŋkorporár] **A** *v.tr.* (*a/en*) **1** incorporare, annettere **2** (*bur.*) e (*mil.*) destinare, assegnare, incorporare **3** alzare, sollevare, levare **B** *v.pron.* **1** alzarsi, levarsi **2** (*a/en*) aderire, aggregarsi **3** (*a*) (*bur.*) prendere servizio.
incorrecto [iŋkorré*k*to] *agg.* **1** scorretto **2** scortese (*m.* e *f.*).
incorruptible [iŋkorru*p*tíβle] *agg.m.* e *f.* **1** (*cosa*) incorruttibile **2** (*fig.*) (*persona*) incorrompibile.
increíble [iŋkreíβle] *agg.m.* e *f.* **1** incredibile, inattendibile **2** (*fig.*) assurdo (*m.*).
incremento [iŋkreménto] *s.m.* (*econ.*) incremento, aumento.
incubadora [iŋkuβaðóra] *s.f.* incubatrice.
inculpar [iŋkulpár] *v.tr.* (*de*) (*giur.*) accusare, imputare.
incumplir [iŋkumplír] *v.tr.* **1** disubbidire **2** (*comm.*) non adempiere.
incurrir [iŋkurrír] *v.intr.* (*en*) **1** incorrere, incappare **2** meritarsi, procurarsi.
incursión [iŋkursjón] *s.f.* (*mil.*) incursione, scorreria, raid (*m.inv.*).
indagar [indaɣár] *v.tr.* **1** indagare **2** (*giur.*) inquisire.
indecencia [indeθénθja] *s.f.* indecenza.
indeciso [indeθíso] *agg.* **1** indeciso, titubante (*m.* e *f.*) **2** dubbioso, incerto.
indefenso [indefénso] *agg.* indifeso.
indefinido [indefiníðo] *agg.* **1** indefinito, imprecisato **2** illimitato **3** (*gramm.*) indefinito.
indemne [indénme] *agg.m.* e *f.* (*de*) indenne.
indemnización [indemniθaθjón] *s.f.* indennità (*inv.*), indennizzo (*m.*), risarcimento (*m.*).
independencia [independénθja] *s.f.* indipendenza.
independiente [independjénte] *agg.m.* e *f.* (*de*) indipendente, libero (*m.*).
indeterminación [indeterminaθjón] *s.f.* indeterminazione, indeterminatezza.
indiano [indjáno] *agg.* e *s.m.* indiano.
indicación [indikaθjón] *s.f.* **1** indicazione **2** cenno (*m.*), segnale (*m.*).
indicar [indikár] (indico, indiqué, indicaré) *v.tr.* **1** (*cosa*) indicare, denotare **2** (*persona*) mostrare, indicare **3** (*med.*) prescrivere.
índice [índiθe] **A** *agg.m.* e *f.* indice (*s.*) **B** *s.m.* **1** (*anche fig.*) indice **2** (*biblioteca*) catalogo **3** (*mat.*) esponente.
indiferencia [indiferénθja] *s.f.* indifferenza.
indígena [indíxena] *agg.* e *s.m.* e *f.* indigeno (*m.*).
indignación [indiɣnaθjón] *s.f.* indignazione.
indio [índjo] *agg.* e *s.m.* **1** (*India*) indiano **2** (*America*) indio.
indirecto [indiré*k*to] *agg.* indiretto.
indiscreto [indiskréto] *agg.* indiscreto.
indispensable [indispensáβle] *agg.m.* e *f.* indispensabile.
indistinto [indistínto] *agg.* **1** indistinto, confuso **2** indifferente (*m.* e *f.*).
individual [indiβiðwál] *agg.m.* e *f.* individuale.
individuo [indiβíðwo] *s.m.* (anche *pegg.*) individuo.
indolente [indolénte] *agg.m.* e *f.* **1** indolente, pigro (*m.*) **2** apatico (*m.*) **3** insensibile.
inducción [indu*k*θjón] *s.f.* **1** istigazione **2** (*fis.*) induzione.
indudable [induðáβle] *agg.m.* e *f.* indubbio, (*m.*) evidente.
indulgencia [indulxénθja] *s.f.* **1** indulgenza, tolleranza **2** (*rel.*) indulgenza.
industria [indústrja] *s.f.* **1** operosità (*inv.*), abilità (*inv.*), destrezza **2** industria **3** fabbrica.
ineducado [ineðukáðo] *agg.* maleducato, cafone.
ineficaz [inefikáθ] *agg.m.* e *f.* inefficace.
inercia [inérθja] *s.f.* (anche *fis.*) inerzia.

inesperado [inesperáðo] *agg.* inaspettato, inatteso, imprevisto.
inestable [inestáβle] *agg.m.* e *f.* **1** instabile, insicuro (*m.*) **2** labile **3** (*econ.*) (*fis.*) (*chim.*) instabile.
inevitable [ineβitáβle] *agg.m.* e *f.* inevitabile.
inexistente [ine*k*sisténte] *agg.m.* e *f.* **1** inesistente **2** trascurabile.
inexplicable [inesplikáβle] *agg.m.* e *f.* inesplicabile, inspiegabile.
inexpresivo [inespresíβo] *agg.* **1** inespressivo **2** (*carattere*) freddo, indifferente (*m.* e *f.*).
infalible [imfalíβle] *agg.m.* e *f.* infallibile.
infancia [imfánθja] *s.f.* infanzia.
infantil [imfantíl] *agg.m.* e *f.* **1** infantile **2** (*fig.*) infantile, puerile.
infarto [imfárto] *s.m.* (*med.*) infarto.
infección [imfe*k*θjón] *s.f.* (*med.*) infezione.
infeliz [imfelíθ] *agg.m.* e *f.* **1** infelice, nefasto (*m.*) **2** (*fam.*) stupidotto (*m.*), ingenuo (*m.*).
inferior [imferjór] **A** *agg.* **1** (*locativo*) inferiore, più basso (*m.*) **2** (*comparativo*) inferiore a, da meno di **B** *s.m.* e *f.* inferiore, subordinato (*m.*).
infiel [imfjél] *agg.m.* e *f.* **1** (*anche rel.*) infedele **2** (*racconto, film*) non fedele.
infierno [imfjérno] *s.m.* **1** (*anche fig.*) inferno **2** baccano.
infiltración [imfiltraθjón] *s.f.* **1** infiltrazione **2** (*med.*) contagio (*m.*).
infinito [imfiníto] **A** *agg.* **1** infinito **2** (*fig.*) innumerevole (*m.* e *f.*) **B** *s.m.* (anche *fot.* e *mat.*) infinito.
inflación [imflaθjón] *s.f.* **1** gonfiatura **2** (*fig.*) alterigia, arroganza **3** (*econ.*) inflazione.
inflamar [imflamár] **A** *v.tr.* **1** incendiare **2** (*fig.*) infiammare **B** *v.pron.* **1** (*med.*) infiammarsi **2** (*fig.*) infiammarsi, eccitarsi.
inflar [imflár] **A** *v.tr.* **1** (*anche fig.*) gonfiare **B** *v.pron.* (*de*) darsi delle arie.
inflexión [imfle*k*sjón] *s.f.* **1** (*geom.*) curvatura **2** (*voce*) inflessione, cadenza **3** (*gramm.*) flessione.
influencia [imflwénθja] *s.f.* **1** influenza **2** autoritá (*inv.*).
influir [imflwír] *v.tr./intr.* (*con/en*) **1** influire **2** (*fig.*) influire su, influenzare.
información [imformaθjón] *s.f.* informazione.
informal [imformál] **A** *agg.m.* e *f.* informale **B** *s.m.* e *f.* inattendibile.
informar [imformár] **A** *v.tr.* informare, avvisare **B** *v.intr.* (*giur.*) pronunciare l'arringa/la requisitoria **C** *v.pron.* (*de/en/sobre*) informarsi.
informática [imformátika] *s.f.* informatica.
informe [imfórme] *s.m.* **1** relazione (*f.*), rapporto **2** (*bur.*) (*mil.*) (*pol.*) comunicato **3** (*med.*) referto **4** (*giur.*) arringa (*f.*), requisitoria (*f.*).
infortunio [imfortúnjo] *s.m.* avversità (*f.inv.*), calamità (*f.inv.*), sventura (*f.*).
infracción [imfra*k*θjón] *s.f.* infrazione, contravvenzione.
infraestructura [imfraestru*k*túra] *s.f.* **1** (*arch.*) (*bur.*) infrastruttura **2** (*fig.*) fondamento (*m.*).
infrarrojo [imfrarróxo] *agg.* (*fis.*) infrarosso.
infravaloración [imfraβaloraθjón] *s.f.* sottovalutazione.
infringir [imfriŋxír] *v.tr.* (*giur.*) infrangere, contravvenire, trasgredire.
infructuoso [imfru*k*twóso] *agg.* infruttuoso, inadeguato, vano.
infundado [imfundáðo] *agg.* infondato.
infundir [imfundír] *v.tr.* **1** sciogliere **2** (*paura, terrore*) incutere, suscitare.
infusión [imfusjón] *s.f.* **1** (*erbe*) infusione **2** infuso (*m.*), tisana.
ingeniero [iŋxenjéro] *s.m.* ingegnere (*m.* e *f.*).
ingenio [iŋxénjo] *s.m.* **1** ingegno, acume **2** ingegno, talento **3** (*tecn.*) macchina (*f.*) **4** (*mil.*) congegno bellico, ordigno.

ingenioso [iŋxenjóso] *agg.* **1** ingegnoso **2** (*fig.*) arguto, spiritoso.
ingenuo [iŋxénwo] *agg.* **1** ingenuo, sprovveduto **2** candido.
ingerir [iŋxerír] *v.tr.* ingerire, ingoiare.
ingle [íŋgle] *s.f.* (*anat.*) inguine (*m.*).
inglés [iŋglés] *agg.* e *s.m.* inglese (*m.* e *f.*).
ingobernable [iŋgoβernáβle] *agg.m.* e *f.* ingovernabile.
ingrato [iŋgráto] *agg.* **1** ingrato **2** ingrato, sgradevole (*m.* e *f.*).
ingrediente [iŋgreðjénte] *s.m.* ingrediente.
ingresar [iŋgresár] **A** *v.intr.* (*en*) **1** entrare, accedere **2** (*med.*) ricoverarsi **B** *v.tr.* **1** (*stipendio*) percepire **2** (*banca*) versare.
ingreso [iŋgréso] *s.m.* **1** (*anche fig.*) ingresso, entrata (*f.*) **2** (*comm.*) incasso, introito **3** (*banca*) versamento.
inhalación [inalaθjón] *s.f.* (*med.*) inalazione.
inhibición [iniβiθjón] *s.f.* inibizione.
inhumano [inumáno] *agg.* inumano, crudele (*m.* e *f.*).
iniciar [iniθjár] **A** *v.tr.* **1** iniziare **2** (anche *rel.*) iniziare, introdurre **B** *v.pron.* (*rel.*) prendere gli ordini.
iniciativa [iniθjatíβa] *s.f.* **1** iniziativa **2** intraprendenza, iniziativa.
inicio [iníθjo] *s.m.* inizio, origine (*f.*).
inigualdad [iniɣwaldáð] *s.f.* ineguaglianza.
inimaginable [inimaxináβle] *agg.m.* e *f.* inimmaginabile, impensabile.
injusticia [iŋxustíθja] *s.f.* ingiustizia.
injustificable [iŋxustifikáβle] *agg.m.* e *f.* ingiustificabile.
injusto [iŋxústo] *agg.* ingiusto.
inmaduro [immaðúro] *agg.* **1** immaturo, acerbo **2** (*fig.*) immaturo, inesperto.
inmediato [immeðjáto] *agg.* **1** immediato, pronto **2** contiguo, attiguo, confinante (*m.* e *f.*).
inmenso [imménso] *agg.* **1** immenso **2** (*fig.*) smisurato, enorme (*m.* e *f.*).
inmersión [immersión] *s.f.* immersione.
inmigración [immiɣraθjón] *s.f.* immigrazione.
inmisión [immisjón] *s.f.* **1** immissione, introduzione **2** inspirazione.
inmobiliaria [immoβiljárja] *s.f.* agenzia immobiliare.
inmoral [immorál] *agg.m.* e *f.* immorale, corrotto (*m.*).
inmortal [immortál] *agg.m.* e *f.* **1** immortale, eterno (*m.*) **2** perenne, perpetuo (*m.*) **3** (*fig.*) immortale.
inmóvil [immóβil] *agg.m.* e *f.* immobile, fermo (*m.*), fisso (*m.*).
inmueble [immwéβle] **A** *agg.m.* e *f.* immobile **B** *s.m.* immobile, palazzo.
inmunidad [immuniðáð] *s.f.* **1** immunità (*inv.*), esenzione **2** (*giur.*) (*med.*) immunità (*inv.*).
inmutable [immutáβle] *agg.m.* e *f.* immutabile, inalterabile.
innatural [innaturál] *agg.m.* e *f.* innaturale.
innecesario [inneθesárjo] *agg.* superfluo.
innovación [innoβaθjón] *s.f.* innovazione, novità (*inv.*).
innovador [innoβaðór] *agg.* e *s.m.* innovatore.
inocencia [inoθénθja] *s.f.* **1** innocenza, purezza **2** ingenuità (*inv.*), semplicità (*inv.*).
inocente [inoθénte] **A** *agg.m.* e *f.* **1** innocente, puro (*m.*) **2** candido (*m.*), ingenuo (*m.*) **3** innocuo (*m.*), inoffensivo (*m.*) **B** *s.m.* e *f.* innocente.
inodoro[1] [inoðóro] *agg.* inodore (*m.* e *f.*).
inodoro[2] [inoðóro] *s.m.* (*water*) tazza (*f.*).
inolvidable [inolβiðáβle] *agg.m.* e *f.* indimenticabile, incancellabile.
inoportuno [inoportúno] *agg.* inopportuno.
inquietante [iŋkjetánte] *agg.m.* e *f.* inquietante, preoccupante.
inquietud [iŋkjetúð] *s.f.* **1** inquietudine, agitazione, ansia **2** confusione, disordine (*m.*).

inquilino [iŋkilíno] *s.m.* inquilino, affittuario.
inquisición [iŋkisiθjón] *s.f.* **1** inquisizione **2** (*rel.*) (*sec. XV-XVI*) tribunale e carcere dell'Inquisizione.
insanable [insanáβle] *agg.m.* e *f.* insanabile, inguaribile.
insatisfacción [insatisfa*k*θjón] *s.f.* insoddisfazione, scontentezza.
inscripción [inskri*p*θjón] *s.f.* **1** iscrizione **2** (*econ.*) titolo di stato.
insecticida [inse*k*tiθíða] *agg.m.* e *f.* e *s.m.* insetticida.
insecto [insé*k*to] *agg.* e *s.m.* (*zool.*) insetto (*s.*).
inseguridad [inseɣuriðáð] *s.f.* insicurezza, incertezza.
inseguro [inseɣúro] *agg.* insicuro, incerto.
insensato [insensáto] *agg.* e *s.m.* insensato, scriteriato, stolto.
insensible [insensíβle] *agg.m.* e *f.* **1** insensibile, incosciente **2** (*fig.*) insensibile, indifferente **3** impercettibile.
inserción [inserθjón] *s.f.* **1** (anche *med.*) inserzione **2** (*tecn.*) inserimento (*m.*), innesto (*m.*).
insertar [insertár] *v.tr.* (*en*) **1** inserire, includere, introdurre **2** inserire, far pubblicare.
inserto [insérto] *s.m.* (*cine.*) inserto.
insípido [insípiðo] *agg.* **1** insipido **2** (*fig.*) scialbo, insulso.
insistir [insistír] *v.intr.* (*en*) **1** insistere, premere **2** persistere, perseverare.
insolación [insolaθjón] *s.f.* insolazione.
insolencia [insolénθja] *s.f.* **1** insolenza, arroganza **2** insolenza, villania.
insólito [insólito] *agg.* **1** insolito, straordinario, inconsueto **2** inconcepibile (*m.*), assurdo.
insoluble [insolúβle] *agg.m.* e *f.* **1** insolubile **2** (*fig.*) insolubile, irresolubile.
insoportable [insoportáβle] *agg.m.* e *f.* **1** insopportabile, intollerabile, insostenibile **2** insoffribile, insopportabile.
insostenible [insosteníβle] *agg.m.* e *f.* insostenibile, indifendibile.
inspección [inspe*k*θjón] *s.f.* **1** ispezione, indagine, controllo (*m.*) **2** (*bur.*) ispettorato (*m.*) **3** (*mil.*) ispezione.
inspector [inspe*k*tór] *agg.* e *s.m.* ispettore (*s.*).
inspiración [inspiraθjón] *s.f.* **1** (anche *rel.*) ispirazione **2** (*fig.*) ispirazione, fervore (*m.*), estro (*m.*) **3** tendenza, gusto (*m.*) **4** (*fisiol.*) inspirazione.
instalación [instalaθjón] *s.f.* **1** installazione, insediamento (*m.*) **2** (*tecn.*) installazione, impianto (*m.*).
instalar [instalár] **A** *v.tr.* **1** installare, insediare, sistemare **2** (*tecn.*) installare, attrezzare **B** *v.pron.* installarsi, sistemarsi, stabilirsi.
instante [instánte] *s.m.* istante, momento, attimo.
instinto [instínto] *s.m.* **1** istinto, stimolo **2** (*fig.*) istinto, intuito **3** istinto, attitudine (*f.*), inclinazione (*f.*).
institución [instituθjón] *s.f.* **1** istituzione, creazione, fondazione **2** istituzione, ente (*m.*) **3** (*giur.*) istituzione, ordinamento (*m.*).
instituto [institúto] *s.m.* **1** istituto, norma (*f.*) **2** (*istr.*) scuola media inferiore/superiore **3** centro, istituto: ~ *de investigación,* centro di ricerca.
instrucción [instru*k*θjón] *s.f.* **1** (*istr.*) istruzione, educazione **2** istruzione, cultura **3** (*inform.*) (*giur.*) istruzione **4** (*mil.*) addestramento (*m.*).
instruir [instrwír] **A** *v.tr.* **1** istruire, addottrinare **2** (*en/sobre*) suggerire, istruire, consigliare **3** (*mil.*) istruire, addestrare **4** (*giur.*) istruire **B** *v.pron.* istruirsi.
instrumento [instruménto] *s.m.* **1** strumento, arnese, attrezzo **2** strumento, dispositivo, apparato **3** (*fig.*) strumento, mezzo **4** (*mus.*) strumento.
insubordinado [insuβorðináðo] *agg.* e *s.m.* insubordinato, indisciplinato (*agg.*).

insuficiencia [insufiθjénθja] *s.f.* **1** insufficienza, mancanza **2** (*med.*) insufficienza.
insuficiente [insufiθjénte] *agg.m.* e *f.* insufficiente.
insulina [insulína] *s.f.* (*bio.*) insulina.
insulto [insúlto] *s.m.* insulto.
insuperable [insuperáβle] *agg.m.* e *f.* **1** insuperabile, insormontabile **2** (*fig.*) insuperabile, eccezionale, impareggiabile.
insurrección [insurre*k*θjón] *s.f.* insurrezione, sollevazione.
insustituible [insustitwíβle] *agg.m.* e *f.* insostituibile.
intacto [intá*k*to] *agg.* **1** intatto, integro **2** (*libro*) intenso **3** (*fig.*) puro, incontaminato **4** (*fig.*) indiscusso.
integración [inteɣraθjón] *s.f.* **1** integrazione, fusione **2** (*mat.*) integrazione.
integral [inteɣrál] **A** *agg.m.* e *f.* **1** integrale, intero (*m.*), totale **2** (*mat.*) integrale **B** *s.f.* (*mat.*) integrale (*m.*).
íntegro [ínteɣro] *agg.* **1** integro, intatto **2** (*fig.*) integro, incorruttibile (*m.* e *f.*).
intelecto [intelé*k*to] *s.m.* intelletto, intelligenza (*f.*).
intelectual [intele*k*twál] **A** *agg.m.* e *f.* intellettuale **B** *s.m.* e *f.* intellettuale, studioso (*m.*).
inteligencia [intelixénθja] *s.f.* **1** intelligenza **2** accordo (*m.*), intesa.
inteligente [intelixénte] *agg.m.* e *f.* intelligente.
intención [intenθjón] *s.f.* **1** intenzione, proposito (*m.*) **2** calcolo (*m.*), deliberazione **3** (*rel.*) suffragio (*m.*).
intensidad [intensiðáð] *s.f.* **1** intensità (*inv.*), forza **2** (*fig.*) veemenza, ardore (*m.*) **3** (*fis.*) (*mus.*) intensità (*inv.*).
intentar [intentár] *v.tr.* **1** tentare, provare, cercare **2** (*fig.*) avere l'intenzione **3** sforzarsi, impegnarsi.
intento [inténto] *s.m.* **1** intento, proposito, intenzione (*f.*) **2** tentativo.
interactivo [intera*k*tíβo] *agg.* interattivo.
intercambio [interkámbjo] *s.m.* **1** scambio **2** (*econ.*) interscambio, scambio.
interceptación [interθe*p*taθjón] *s.f.* intercettazione.
interés [interés] *s.m.* **1** interesse, utilità (*f.inv.*), tornaconto **2** rilevanza (*f.*), importanza (*f.*) **3** (*econ.*) interesse **4** (*fig.*) interesse, inclinazione (*f.*), attitudine (*f.*).
interesar [interesár] **A** *v.tr.* **1** rendere partecipe, coinvolgere **2** destare interesse, interessare **3** interessare, riguardare, concernere **B** *v.intr.pron.* **1** (*en*) interessarsi, mostrare interesse **2** (*por*) chiedere, informarsi.
interferencia [interferénθja] *s.f.* interferenza, intromissione, ingerenza.
interior [interjór] **A** *agg.m.* e *f.* **1** interno (*m.*) **2** (*fig.*) interiore, spirituale **3** interno (*m.*), nazionale **B** *s.m.* **1** (anche *geog.*) interno **2** (*fig.*) interiorità (*f.inv.*), intimo.
interiorismo [interjorísmo] *s.m.* arredamento d'interni.
intermedio [interméðjo] **A** *agg.* intermedio **B** *s.m.* **1** pausa (*f.*), intervallo **2** intermezzo.
interminable [intermináβle] *agg.m.* e *f.* interminabile, infinito (*m.*).
intermitente [intermiténte] *s.m.* (*auto*) lampeggiatore.
internacional [internaθjonál] *agg.m.* e *f.* internazionale.
interno [intérno] *agg.* interno.
interpretación [interpretaθjón] *s.f.* **1** interpretazione, esecuzione **2** interpretazione, analisi (*inv.*).
intérprete [intérprete] *s.m.* e *f.* **1** interprete, commentatore (*m.*) **2** (anche *fig.*) interprete.
interrogar [interroɣár] *v.tr.* **1** interrogare, domandare **2** (*giur.*) interrogare, sottoporre a interrogatorio.
interrumpir [interrumpír] *v.tr.* **1** (anche *fig.*) interrompere **2** interrompere, ostacolare **3** (*elettr.*) (*corrente*) togliere, staccare.

interrupción [interru*p*θjón] *s.f.* **1** interruzione, sospensione **2** (*inform.*) interruzione.
interruptor [interru*p*tór] *s.m.* (*elettr.*) interruttore.
intersección [interse*k*θjón] *s.f.* (*geom.*) intersezione.
interurbano [interurβáno] *agg.* interurbano.
intervalo [interβálo] *s.m.* **1** intervallo **2** (*tempo*) periodo, lasso **3** (*mus.*) intervallo.
intervención [interβenθjón] *s.f.* **1** intervento (*m.*), intromissione **2** (*mil.*) corpo (*m.*) di ufficiali d'ispezione **3** (*med.*) intervento (*m.*), operazione **4** (*giur.*) commissariamento (*m.*).
intervenir [interβenír] **A** *v.intr.* **1** (*en*) intervenire, partecipare **2** influire **3** intercedere **4** entrare in azione **B** *v.tr.* **1** (*econ.*) controllare, supervisionare **2** sospendere **3** (*giur.*) mettere sotto sequestro/controllo **4** (*giur.*) commissariare **5** (*med.*) operare.
intimidad [intimiðáð] *s.f.* intimità (*inv.*).
íntimo [íntimo] *agg.* **1** intimo, interno, profondo **2** intimo, stretto, saldo.
intolerancia [intoleránθja] *s.f.* **1** (*med.*) intolleranza **2** intolleranza, intransigenza.
intoxicación [into*k*sikaθjón] *s.f.* (*med.*) intossicazione.
intriga [intríɣa] *s.f.* **1** intrigo (*m.*), macchinazione **2** suspense (*inv.*).
introducción [introðu*k*θjón] *s.f.* **1** introduzione, immissione **2** avviamento (*m.*) **3** (*lett.*) prefazione **4** (*fig.*) introduzione, presentazione **5** (*mus.*) introduzione.
introducir [introðuθír] **A** *v.tr.* **1** introdurre, far entrare **2** mettere, inserire **3** (*fig.*) adottare, mettere in uso **B** *v.pron.* (*en/entre*) **1** (*fig.*) introdursi, entrare, penetrare **2** (*fig.*) intromettersi.
introvertido [introβertíðo] *agg.* e *s.m.* introverso.
intruso [intrúso] *agg.* e *s.m.* **1** intruso, estraneo **2** arrivista (*s.m.* e *f.*) arrampicatore (*s.*) sociale.
intuición [intwiθjón] *s.f.* intuizione.
intuito [intwíto] *s.m.* intuito, perspicacia (*f.*).
inundación [inundaθjón] *s.f.* **1** inondazione, allagamento (*m.*) **2** (*fig.*) inondazione, invasione, abbondanza.
inútil [inútil] **A** *agg.m.* e *f.* inutile, vano (*m.*) **B** *s.m.* e *f.* incapace, inetto (*m.*).
invariado [imbarjáðo] *agg.* invariato.
invasión [imbasión] *s.f.* invasione.
invento [imbénto] *s.m.* **1** invenzione (*f.*) **2** trovata (*f.*).
invernadero [imbernaðéro] *s.m.* **1** serra (*f.*) **2** (*bestiame*) pascolo invernale.
inversión [imbersjón] *s.f.* **1** inversione, cambiamento (*m.*) **2** (*econ.*) investimento (*m.*).
invertir [imbertír] *v.tr.pron.* **1** invertire, modificare **2** (*en*) (*econ.*) investire **3** impiegare, trascorrere **4** (*mat.*) invertire.
investigación [imbestiɣaθjón] *s.f.* investigazione, ricerca, indagine.
investigar [imbestiɣár] *v.tr.* **1** investigare, indagare **2** ricercare, studiare.
invitación [imbitaθjón] *s.f.* invito (*m.*).
invitado [imbitáðo] *agg.* e *s.m.* invitato.
invitar [imbitár] *v.tr.* (*a*) **1** invitare **2** invitare, indurre **3** (*fig.*) invogliare, invitare.
inyección [inǰe*k*θjón] *s.f.* iniezione.
ir [ír] (voy, fui, iré, ido) **A** *v.intr.pron.* **1** andare **2** andare, calzare, stare **3** condurre, portare, arrivare fino **4** estendersi **5** (*fig.*) procedere, andare **B** *v.pron.* **1** andarsene, allontanarsi **2** andarsene, morire **3** traboccare **4** scivolare, sdrucciolare **5** andarsene, dileguarsi, scomparire **6** scomparire **7** (*fig.*) sciogliersi la lingua **8** (*fam.*) venire, eiaculare.
iraní [iraní] *agg.* e *s.m.* e *f.* iraniano (*m.*).
iraquí [irakí] *agg.* e *s.m.* e *f.* iracheno (*m.*).

iris [íris] *s.m.* **1** arcobaleno, iride (*f.*) **2** (*anat.*) iride (*f.*) **3** (*min.*) opale (*m.* e *f.*).
irlandés [irlandés] *agg.* e *s.m.* irlandese (*m.* e *f.*).
ironía [ironía] *s.f.* ironia.
irracional [irraθjonál] *agg.m.* e *f.* **1** irrazionale, irragionevole **2** irrazionale, illogico (*m.*) **3** (*mat.*) irrazionale.
irrecuperable [irrekuperáβle] *agg.m.* e *f.* irrecuperabile.
irregular [irreɣulár] *agg.m.* e *f.* **1** irregolare, anomalo (*m.*) **2** variabile.
irresponsable [irresponsáβle] *agg.* e *s.m.* e *f.* irresponsabile.
irreversible [irreβersíβle] *agg.m.* e *f.* irreversibile.
irrigación [irriɣaθjón] *s.f.* **1** (*med.*) irrigazione, lavanda **2** (*agr.*) irrigazione.
irrumpir [irrumpír] *v.intr.* (*en*) irrompere, entrare con violenza.
isla [ísla] *s.f.* **1** (*geog.*) isola **2** isolato (*m.*).
islámico [islámiko] *agg.* islamico.
islandés [islandés] *agg.* e *s.m.* islandese (*m.*).
israelí [isrraelí] *agg.* e *s.m.* e *f.* israeliano (*m.* e *f.*).
istmo [ístmo] *s.m.* (*geog.*) istmo.
italiano [italiáno] *agg.* e *s.m.* italiano.
itinerario [itinerárjo] *s.m.* itinerario, percorso.
izquierda [iθkjérða] *s.f.* (anche *pol.*) sinistra.
izquierdo [iθkjérðo] **A** *agg.* **1** sinistro **2** (*fig.*) storto, bieco **B** *s.m.* mancino.

J

j [xóta] *s.f.inv.* lettera j, i lunga.
jabalí [xaβalí] *s.m.* (*zool.*) cinghiale.
jabalina [xaβalína] *s.f.* (*sport*) giavellotto (*m.*).
jabón [xaβón] *s.m.* **1** sapone **2** (*fig.*) (*fam.*) botte (*f.pl.*) **3** (*amer.*) spavento, sussulto.
jacinto [xaθínto] *s.m.* (*bot.*) giacinto.
jade [xáðe] *s.m.* (*min.*) giada (*f.*).
jadear [xaðeár] *v.intr.* ansimare, respirare con affanno.
jadeo [xaðéo] *s.m.* affanno.
jaguar [xaɣwár] *s.m.* (*zool.*) giaguaro.
jaleo [xaléo] *s.m.* **1** (*fam.*) baldoria (*f.*), festa (*f.*) **2** (*fam.*) putiferio, pandemonio **3** (*danza*) jaleo (*inv.*).
jamón [xamón] *s.m.* (*cuc.*) prosciutto.
japonés [xaponés] *agg.* e *s.m.* giapponese (*m.* e *f.*).
jaque [xáke] *s.m.* **1** (*scacchi*) scacco **2** (*fig.*) smacco, insuccesso, sconfitta (*f.*).
jaqueca [xakéka] *s.f.* (*med.*) emicrania.
jarabe [xaráβe] *s.m.* **1** sciroppo **2** (*fig.*) bevanda (*f.*) dolciastra.
jardín [xarðín] *s.m.* giardino.
jarra [xárra] *s.f.* brocca, anfora.
jarro [xárro] *s.m.* brocca (*f.*).
jarrón [xarrón] *s.m.* vaso.
jaula [xáula] *s.f.* **1** gabbia **2** (*tecn.*) intelaiatura, gabbia **3** (*min.*) gabbia montacarichi **4** (*fig.*) (*fam.*) prigione, galera.
jazmín [xaθmín] *s.m.* (*bot.*) gelsomino.
jefe [xéfe] *s.m.* capo, superiore, comandante.
jengibre [xeŋxíβre] *s.m.* (*bot.*) zenzero.
jeque [xéke] *s.m.* sceicco.
jerarca [xerárka] *s.m.* gerarca.
jerarquía [xerarkía] *s.f.* gerarchia.
jerez [xeréθ] *s.m.* (*vino*) sherry (*inv.*).
jeringa [xeríŋga] *s.f.* **1** siringa **2** (*fig.*) disturbo (*m.*), seccatura.
jeroglífico [xeroɣlífiko] *s.m.* **1** geroglifico **2** (*fig.*) rebus (*inv.*), enigma.
jersey [xerséi] *s.m.* (*angl.*) (*abb.*) maglia (*f.*), maglione, golf (*inv.*).
¡Jesús! [xesús] *inter.* (*starnuto*) salute!
jinete [xinéte] *s.m.* **1** (*equit.*) cavallerizzo, fantino **2** (*cavallo*) purosangue (*inv.*).
jirafa [xiráfa] *s.f.* (*zool.*) (anche *tecn.*) giraffa.
joder [xoðér] **A** *v.tr./intr.* (*volg.*) fottere, scopare **B** *v.intr.pron.* (*volg.*) **1** rompere le palle **2** prenderla in quel posto.
¡joder! [xoðér] *inter.* (*volg.*) cazzo!
jodido [xoðíðo] *agg.* e *s.m.* (*volg.*) **1** fottuto, maledetto **2** rovinato (*agg.*), fottuto **3** carogna (*f.*) **4** scassacazzi (*s.m.* e *f.inv.*).
jornada [xornáða] *s.f.* **1** (*distanza percorsa*) giornata, giorno **2** (*mil.*) spedizione **3** (*lavoro*) giornata, orario (*m.*).
jornadas [xornáðas] *s.f.pl.* convegno (*m.sing.*), seminario (*m.sing.*).

joroba [xoróβa] *s.f.* (anche *fig.*) gobba.
jota[1] [xóta] *s.f.* (*alfabeto*) i lunga.
jota[2] [xóta] *s.f.* (*danza*) jota.
jote [xóte] *s.m.* (*amer.*) (*zool.*) avvoltoio.
joven [xóβen] **A** *agg.m.* e *f.* giovane **B** *s.m.* e *f.* giovane, ragazzo (*m.*).
joya [xóǰa] *s.f.* **1** gioiello (*m.*) **2** (*fig.*) gioia, perla **3** (*arch.*) astragalo (*m.*), tondino (*m.*).
jubilación [xuβilaθjón] *s.f.* pensione.
jubilado [xuβiláðo] *agg.* e *s.m.* pensionato.
jubileo [xuβiléo] *s.m.* giubileo.
judía [xuðía] *s.f.* (*bot.*) fagiolo (*m.*).
judío [xuðío] *agg.* e *s.m.* **1** giudeo, ebreo **2** (*fig.*) (*pegg.*) spilorcio, taccagno.
juego [xwéɣo] *s.m.* **1** gioco **2** (*mecc.*) gioco, movimento **3** set (*inv.*), serie (*f.*) completa **4** servizio **5** (*vestiti*) completo, coordinato **6** (*gioielli*) parure (*f.inv.*).
juerga [xwérɣa] *s.f.* baldoria, divertimento (*m.*).
jueves [xwéβes] *s.m.inv.* giovedì.
juez [xwéθ] *s.m.* **1** (*giur.* e *mil.*) giudice **2** arbitro, giurato **3** (*sport*) arbitro.
jugada [xuɣáða] *s.f.* **1** giocata, mossa **2** (*fig.*) tiro (*m.*), carognata.
jugador [xuɣaðór] *agg.* e *s.m.* giocatore (*s.*).
jugar [xuɣár] (juego, jugué, jugaré) **A** *v.intr.* **1** giocare, divertirsi **2** giocare, scommettere, puntare **3** (*econ.*) (*borsa*) giocare **4** (*mecc.*) avere gioco **5** combaciare **6** (*con*) prendersi gioco di, giocare **B** *v.tr.* **1** giocare **2** giocarsi, perdere **3** (*armi*) tirare **C** *v.pron.* **1** giocarsi, rischiare **2** giocarsi, scommettere.
juglar [xuɣlár] *s.m.* **1** buffone, saltimbanco **2** (*ant.*) (*mus.*) giullare, menestrello **3** (*ant.*) (*lett.*) trovatore, poeta.
jugo [xúɣo] *s.m.* **1** succo **2** sugo, salsa (*f.*) **3** (*fig.*) nocciolo, essenza (*f.*).
juicio [xwíθjo] *s.m.* **1** giudizio, senno **2** (*virtù*) prudenza (*f.*) **3** opinione (*f.*), parere **4** (*giur.*) giudizio, processo.
julio [xúljo] *s.m.* luglio.
jungla [xúŋgla] *s.f.* giungla.
junio [xúnjo] *s.m.* giugno.
junta [xúnta] *s.f.* **1** (*bur.*) giunta, organo (*m.*) collegiale **2** (*tecn.*) giunto (*m.*), giuntura **3** consiglio (*m.*), assemblea **4** (*arch.*) giuntura.
juntar [xuntár] **A** *v.tr.* **1** unire, congiungere **2** accumulare, ammassare **3** accostare, socchiudere **B** *v.pron.* **1** riunirsi, congregarsi **2** accostarsi, avvicinarsi **3** (*sesso*) avere rapporti sessuali.
junto [xúnto] **A** *agg.* **1** unito **2** adiacente (*m.* e *f.*), contiguo **B** *avv.* **1** insieme **2** vicino.
jurado [xuráðo] **A** *agg.* giurato **B** *s.m.* **1** (anche *giur.*) giuria **2** (*persona*) giurato.
jurar [xurár] **A** *v.tr.* **1** giurare, assicurare **2** giurare, prestare giuramento **B** *v.intr.* bestemmiare, imprecare.
justicia [xustíθja] *s.f.* **1** (anche *rel.*) giustizia **2** giustizia, imparzialità (*inv.*), equità (*inv.*) **3** (*giur.*) giustizia, potere (*m.*) giudiziario, magistratura.
justificación [xustifikaθjón] *s.f.* **1** giustificazione, pretesto (*m.*) **2** prova, documento (*m.*).
justificar [xustifikár] (justifico, justifiqué, justificaré) **A** *v.tr.* **1** giustificare, scusare **2** rettificare, correggere **B** *v.pron.* giustificarsi, scusarsi.
justo [xústo] **A** *agg.* giusto, equo, imparziale (*m.* e *f.*) **B** *avv.* giustamente, esattamente, proprio **C** *s.m.* giusto, retto.
juventud [xuβentúð] *s.f.* **1** gioventù (*inv.*) **2** energia, vigore (*m.*).
juzgado [xuθɣáðo] *s.m.* **1** (*giur.*) tribunale **2** giuria (*f.*).
juzgar [xuθɣár] (juzgo, juzgué, juzgaré) *v.tr.* **1** (*giur.*) giudicare, sentenziare **2** valutare, ritenere.

K

k [ká] *s.f.inv.* lettera k.
ka [ká] *s.f.* (*alfabeto*) cappa (*inv.*).
kafkiano [kafkjáno] *agg.* **1** (*lett.*) kafkiano **2** (*fig.*) angoscioso, allucinante (*m.* e *f.*), assurdo.
kalaschnikov [kalásnikof] *s.m.inv.* (*arma da fuoco*) kalashnikov.
kamikaze [kamikáθe] *agg.inv.* e *s.m.inv.* **1** kamikaze **2** (*fig.*) temerario (*sing.*).
kantiano [kantjáno] *agg.* e *s.m.* (*fil.*) kantiano.
karaoke [karaóke] *s.m.inv.* karaoke.
karate o **kárate** [karáte/kárate] *s.m.inv.* (*sport*) karatè.
karateca [karatéka] *s.m.* e *f.* (*sport*) karateka (*inv.*).
karma [kárma] *s.m.* karma (*inv.*).
karst [kárst] *s.m.inv.* (*geol.*) carsismo.
kasbah [kásβa] *s.f.* casba.
kayak [kaǰák] *s.m.inv.* (*sport*) kayak.
kéfir [kéfir] *s.m.inv.* chefir.
kelvinio [kelβínjo] *s.m.* (*fis.*) kelvin (*inv.*).
keniano [kenjáno] *agg.* e *s.m.* keniano.
keniata [kenjáta] *agg.* e *s.m.* e *f.* keniota.
kermés [kérmes] *s.f.* kermesse (*inv.*), sagra, festa popolare.
kili- [kíli] *pref.* chilo-.
kiliárea [kiljárea] *s.f.* (*unità di misura di superficie*) mille are.
kilo [kílo] **A** *s.m.* kilo, chilo **B** *pref.* kilo-, chilo-.
kilobyte [kilobáit] *s.m.inv.* (*inform.*) kilobyte.
kilocaloría [kilokaloría] *s.f.* (*fis.*) kilocaloria, chilocaloria.
kilociclo [kiloθíklo] *s.m.* (*elettr.*) kilociclo, chilociclo.
kilográmetro [kiloɣrámetro] *s.m.* (*mecc.*) kilogrammetro, chilogrammetro.
kilogramo [kiloɣrámo] *s.m.* kilogrammo, chilogrammo.
kilohercio [kiloérθjo] *s.m.* (*fis.*) kilohertz (*inv.*), chilohertz (*inv.*).
kilolitro [kilolítro] *s.m.* kilolitro, chilolitro.
kilometraje [kilometráxe] *s.m.* kilometraggio, chilometraggio.
kilómetro [kilómetro] *s.m.* kilometro, chilometro.
kilopondio [kilopóndjo] *s.m.* (*fis.*) kilogrammo forza.
kilotón [kilotón] *s.m.* kiloton (*inv.*), chiloton (*inv.*).
kilovatio [kiloβátjo] *s.m.* (*elettr.*) kilowatt (*inv.*), chilowatt (*inv.*).
kirsch [kírs] *s.m.inv.* (*germ.*) (*liquore*) kirsch.
kitsch [kítʃ] *agg.inv.* e *s.m.inv.* (*germ.*) kitsch.
kivi [kíwi] *s.m.* (*zool.*) kiwi, kivi.
koala [koála] *s.m.* (*zool.*) koala (*inv.*).
kremlin [krémlin] *s.m.* (*pol.*) cremlino.
kung fu [kumfú] *s.m.inv.* (*sport*) kung fu.

L

l [ɨle] *s.f.inv.* **1** lettera l **2** (*numero romano che corrisponde a 50*) L.

la [lá] **A** *art.det.f.sing.* la (*cambia in "el" davanti a a/ha tonica*) l', la **B** *pron.f.sing.* (*personale*; *compl.ogg.*) la **C** *s.m.inv.* (*mus.*) la.

laberinto [laβerínto] *s.m.* **1** labirinto **2** intrico.

labio [láβjo] *s.m.* **1** (*anat.*) labbro **2** (*fig.*) bocca (*f.*), labbra (*f.pl.*).

laborable [laβoráβle] *agg.m.* e *f.* **1** lavorativo (*m.*) **2** lavorabile.

laboratorio [laβoratórjo] *s.m.* laboratorio.

labores [laβóres] *s.f.pl.* **1** faccende domestiche **2** (*agr.*) lavori (*m.*) dei campi **3** (*min.*) lavori (*m.*) di scavo.

laceración [laθeraθján] *s.f.* lacerazione.

lacha[1] [látʃa] *s.f.* (*zool.*) acciuga.

lacha[2] [látʃa] *s.f.* (*fam.*) vergogna, imbarazzo (*m.*).

lactante [laktánte] *agg.* e *s.m.* e *f.* **1** lattante **2** che/chi allatta.

lácteo [lákteo] *agg.* (anche *med.*) latteo.

ladera [laðéra] *s.f.* pendio (*m.*).

ladilla [laðíʎa] *s.f.* (*zool.*) piattola.

lado [laðo] *s.m.* **1** (*anat.*) (*zool.*) fianco **2** (anche *geom.*) lato **3** verso, faccia (*f.*) **4** posto.

ladrillo [laðríʎo] *s.m.* **1** (*edil.*) mattone, laterizio **2** (*fig.*) peso, mattone **3** (*arch.*) mattonella (*f.*), piastrella (*f.*).

ladrón [laðrón] *agg.* e *s.m.* ladro.

lagartija [laɣartíxa] *s.f.* (*zool.*) lucertola.

lago [láɣo] *s.m.* (*geog.*) lago.

lágrima [láɣrima] *s.f.* **1** lacrima **2** (*fig.*) goccia.

laguna [laɣúna] *s.f.* **1** (*geog.*) laguna **2** (*fig.*) lacuna, vuoto (*m.*).

laico [láiko] *agg.* e *s.m.* laico.

lamentable [lamentáβle] *agg.m.* e *f.* **1** lamentevole, deplorevole **2** (*aspetto, stato*) penoso (*m.*), malconcio (*m.*).

lamentar [lamentár] **A** *v.tr.* **1** lamentare, deplorare **2** dispiacere **B** *v.pron.* (*de/por*) lamentarsi, rammaricarsi.

lamento [laménto] *s.m.* lamento.

lamer [lamér] *v.tr.* **1** leccare **2** (*fig.*) lambire.

lámina [lámina] *s.f.* **1** (*bot.*) (*met.*) lamina **2** incisione **3** (*pitt.*) stampa.

laminado [lamináðo] *agg.* e *s.m.* **1** (*tecn.*) (*acciaio*) laminatura **2** (*prodotto*) laminato.

lámpara [lámpara] *s.f.* **1** lampada **2** (*elettr.*) lampadina **3** (*fig.*) macchia d'unto.

lana [lána] *s.f.* **1** lana **2** (*volg.*) grana, soldi (*m.pl.*).

lance [lánθe] *s.m.* **1** evento, episodio **2** frangente, situazione (*f.*) **3** combattimento **4** (*carte*) giocata (*f.*) **5** lancio.

langosta [laŋgósta] *s.f.* **1** (*zool.*) aragosta **2** (*zool.*) cavalletta.

langostino [laŋɣgostíno] *s.m.* (*zool.*) gamberetto.

lanza [lánθa] *s.f.* **1** (*arma*) lancia **2** (*mil.*) lanciere (*m.*).

lanzamiento [lanθamjénto] *s.m.* **1** (anche *comm.*) lancio **2** (*sport*) (*calcio*) rigore **3** (*giur.*) sfratto esecutivo **4** (*gioco*) (*carte*) mano, giocata.

lanzar [lanθár] **A** *v.tr.* **1** lanciare, gettare, scagliare **2** (*fig.*) lanciare, proferire **3** (*comm.*) promuovere, lanciare **B** *v.pron.* **1** buttarsi, precipitarsi, gettarsi **2** (*fig.*) buttarsi, lanciarsi.

lápida [lápiðа] *s.f.* lapide.

lápiz [lápiθ] *s.m.* matita (*f.*).

lardo [lárðo] *s.m.* lardo.

largar [larɣár] **A** *v.tr.* **1** (*fam.*) allungare, dare, mollare **2** (*fam.*) spifferare, spiattellare **3** (*fam.*) snocciolare, raccontare **4** allentare, sciogliere **5** (*mar.*) mollare, sciogliere **6** gettare, buttare via **B** *v.intr.* (*fam.*) cianciare, blaterare **C** *v.pron.* **1** andarsene via, squagliarsi **2** (*mar.*) prendere il largo.

largo [lárɣo] **A** *agg.* **1** (anche *ling.*) lungo **2** aperto, liberale (*m.* e *f.*) **3** (*fam.*) lungo, alto **B** *avv.* molto, a lungo **C** *s.m.* **1** lunghezza (*f.*) **2** (*piscina*) vasca (*f.*).

laringe [laríŋxe] *s.f.* (*anat.*) laringe.

larva [lárβa] *s.f.* (*zool.*) larva.

las [lás] **A** *art.det.f.pl.* le **B** *pron.f.pl.* (*personale, compl.ogg.*) le.

lasaña [lasáɲa] *s.f.* (*cuc.*) lasagna.

lástima [lástima] *s.f.* **1** compassione, pena **2** lamento (*m.*), lamentela **3** (*fig.*) dispiacere (*m.*), peccato (*m.*).

lastimoso [lastimóso] *agg.* pietoso, penoso.

lata [láta] *s.f.* **1** latta **2** (*fig.*) (*fam.*) (*persona*) piaga **3** (*fig.*) (*fam.*) menata, barba.

latido [latíðo] *s.m.* (*cuore*) battito, pulsazione (*f.*).

latifundio [latifúndjo] *s.m.* latifondo.

látigo [látiyo] *s.m.* frusta (*f.*).

latín [latín] *s.m.* (*ling.*) latino.

latino [latíno] *agg.* e *s.m.* latino.

latinoamericano [latinoamerikáno] *agg.* e *s.m.* latinoamericano.

latir [latír] *v.intr.* **1** battere, pulsare **2** (*fig.*) essere latente.

latón [latón] *s.m.* (*met.*) ottone.

laúd [laúð] *s.m.* (*mus.*) liuto.

laurel [laurél] *s.m.* **1** (*bot.*) alloro, lauro **2** (*fig.*) trionfo, gloria (*f.*).

lauro [láuro] *s.m.* (*bot.*) (anche *fig.*) alloro.

lava [láβa] *s.f.* (*geol.*) lava.

lavabo [laβáβo] *s.m.* **1** lavabo, lavandino **2** (*stanza*) bagno.

lavadora [laβaðóra] *s.f.* lavatrice, lavabiancheria (*inv.*).

lavanda [laβánda] *s.f.* (*bot.*) lavanda.

lavar [laβár] **A** *v.tr.* **1** lavare **2** (*pitt.*) dipingere a guazzo **B** *v.pron.* lavarsi.

lavavajillas [laβaβaxíʎas] *s.m.inv.* lavastoviglie (*f.*).

lazo [láθo] *s.m.* **1** fiocco **2** nodo **3** laccio **4** (*fig.*) vincolo, legame **5** (*arch.*) fregio, decorazione (*f.*).

le [lé] *pron.* (*personale, compl. di termine*) gli (*m.*), le (*f.*) (*cambia in "se" quando unito ad un pron.pers.compl.ogg.*).

leal[1] [leál] *agg.m.* e *f.* **1** leale, fedele **2** leale, schietto (*m.*).

leal[2] [leál] *s.m.* e *f.* simpatizzante, seguace.

lealtad [leáltáð] *s.f.* lealtà (*inv.*).

lección [lekθjón] *s.f.* **1** (*istr.*) (*rel.*) lezione **2** (*fig.*) lezione, insegnamento (*m.*) **3** (*fig.*) punizione, rimprovero (*m.*), lezione.

leche [létʃe] *s.f.* **1** latte (*m.*) **2** (*fam.*) botta.

lechuga [letʃúɣa] *s.f.* (*bot.*) lattuga.

lectura [lektúra] *s.f.* lettura.

leer [leér] *v.tr.* leggere.

legal [leɣál] *agg.m.* e *f.* **1** legale **2** (*fam.*) puntuale, affidabile.

legalización [leɣaliθaθjón] *s.f.* **1** legalizzazione **2** autenticazione, vidimazione.

legar [leɣár] *v.tr.* **1** (*giur.*) legare **2** (*fig.*) trasmettere.

legión [lexjón] *s.f.* **1** legione **2** (*fig.*) legione, fiumana.

legislación [lexislaθjón] *s.f.* (*giur.*) legislazione.
legítimo [lexítimo] *agg.* **1** legittimo **2** lecito, giusto **3** autentico, vero.
legumbre [leɣúmbre] *s.f.* (*bot.*) legume (*m.*).
lejano [lexáno] *agg.* lontano, distante (*m.* e *f.*).
lejía [lexía] *s.f.* candeggina.
lejos [léxos] *avv.* lontano.
lema [léma] *s.m.* **1** (*mat.*) lemma **2** (*lett.*) motto.
lencería [lenθería] *s.f.* **1** biancheria **2** (*comm.*) merceria **3** (*comm.*) teleria.
lengua [léŋgwa] *s.f.* **1** (*anat.*) (*ling.*) (anche *fig.*) lingua **2** linguaggio (*m.*).
lenguaje [leŋgwáxe] *s.m.* linguaggio.
lente [lénte] *s.f.* (*ott.*) lente.
lenteja [lentéxa] *s.f.* (*bot.*) lenticchia.
lentilla [lentíʎa] *s.f.* (*ott.*) lente a contatto.
lento [lénto] *agg.* **1** lento **2** (*med.*) glutinoso.
leña [léɲa] *s.f.* **1** legna **2** (*fig.*) (*fam.*) bastonata.
leo [léo] *s.m.* (*astro.* e *astrol.*) leone.
león [león] *s.m.* (*zool.*) (anche *fig.*) leone.
leopardo [leopárðo] *s.m.* (*zool.*) leopardo.
lepra [lépra] *s.f.* (*med.*) lebbra.
les [lés] *pron.m.* e *f.pl.* (*personale, compl. di termine*) loro, a loro (*cambia in "se" quando è unito ad un pron.pers.compl.ogg.*).
lesbiana [lesβiána] *agg.* e *s.f.* lesbica.
lesión [lesjón] *s.f.* **1** (*med.*) lesione **2** (*giur.*) danno (*m.*), lesione **3** (*fig.*) danno (*m.*)
letanía [letanía] *s.f.* **1** (*rel.*) litania **2** (*fig.*) sequela, litania.
letargo [letárɣo] *s.m.* **1** (*med.*) (anche *zool.*) letargo **2** (*fig.*) sopore, torpore.
letra [létra] *s.f.* **1** (*alfabeto*) lettera **2** calligrafia, scrittura **3** (*tip.*) lettera, carattere tipografico **4** (*canzone*) parole (*pl.*), testo (*m.*).
letrado [letráðo] **A** *agg.* **1** colto, istruito **2** (*iron.*) sputasentenze (*s.m.* e *f.inv.*), saccente (*m.* e *f.*) **B** *s.m.* avvocato.
letrero [letréro] s.m. insegna (*f.*), cartello.
leucemia [leuθémja] *s.f.* (*med.*) leucemia.
levantamiento [leβantamjénto] *s.m.* **1** sollevamento **2** insurrezione (*f.*), rivolta (*f.*).
levantar [leβantár] **A** *v.tr.pron.* **1** alzare **2** (anche *fig.*) sollevare **3** togliere **4** (*fig.*) rinfrancare, animare, sollevare **B** *v.tr.* **1** revocare, rimuovere **2** (*fig.*) (*mil.*) arruolare, reclutare **3** (*edil.*) costruire, erigere, alzare **4** (*fam.*) sgraffignare, alleggerire **5** (*agr.*) fare il raccolto **6** (*carte*) alzare **C** *v.pron.* **1** alzarsi, tirarsi su **2** (*meteo.*) alzarsi **3** innalzarsi, ergersi.
leve [léβe] *agg.m.* e *f.* **1** (anche *fig.*) lieve **2** leggero (*m.*), sottile.
léxico [léksiko] **A** *agg.* (*ling.*) lessicale (*m.* e *f.*) **B** *s.m.* lessico.
ley [léi] *s.f.* **1** legge **2** norma, precetto (*m.*).
leyenda [leǰénda] *s.f.* **1** leggenda **2** (*illustrazione, disegno*) didascalia, leggenda, legenda (*inv.*).
liado [ljáðo] *agg.* **1** confuso, intricato, poco chiaro **2** (*persona*) occupato, indaffarato.
liana [ljána] *s.f.* (*bot.*) **1** liana **2** pianta rampicante.
liar [ljár] **A** *v.tr.* **1** avvolgere **2** arrotolare **3** (*fam.*) convincere **B** *v.pron.* **1** (*fam.*) farsela con, avere una relazione con **2** confondersi, impappinarsi **3** (*fam.*) cacciarsi **4** (*fam.*) imbrogliare.
libélula [liβélula] *s.f.* (*zool.*) libellula.
liberación [liβeraθjón] *s.f.* **1** liberazione **2** (*ipoteca*) cancellazione **3** (*comm.*) quietanza.
liberar [liβerár] **A** *v.tr.pron.* **1** liberare **2** esimere, liberare **3** emanare **B** *v.pron.* liberarsi, disinibirsi.

libertad [liβertáð] *s.f.* **1** (anche *fig.*) libertà (*inv.*) **2** indipendenza **3** (*fig.*) disinvoltura.
libra [libra] *s.f.* **1** (*peso*) libbra **2** (*moneta*) lira **3** (*astro.* e *astrol.*) bilancia.
librar [liβrár] **A** *v.tr.pron.* **1** liberare **2** ingaggiare, sostenere **3** (*comm.* e *giur.*) emettere **B** *v.intr.* **1** avere il giorno libero/di riposo **2** (*donna*) partorire **C** *v.pron.* (*de*) (*fam.*) **1** evitare, schivare **2** liberarsi, sbarazzarsi.
libre [líβre] *agg.m.* e *f.* **1** (anche *fig.*) libero (*m.*) **2** scapolo (*m.*), libero (*m.*) **3** esente.
librería [liβrería] *s.f.* **1** (*comm.*) libreria **2** (*mobile*) biblioteca, libreria.
libro [líβro] *s.m.* libro.
licencia [liθénθja] *s.f.* **1** licenza, permesso (*m.*) **2** (*mil.*) congedo (*m.*) **3** (*comm.*) autorizzazione **4** (*amer.*) (*auto.*) patente **5** (*fig.*) sfrenatezza.
líder [líðer] **A** *agg.inv.* leader **B** *s.m.* **1** leader (*m.* e *f.inv.*), capo **2** (*sport*) capolista (*f.inv.*).
lienzo [ljénθo] *s.m.* **1** (*tess.*) tela (*f.*) di lino/cotone/canapa **2** (*pitt.*) tela (*f.*) **3** muraglione.
liga [líɣa] *s.f.* **1** giarrettiera **2** (*sport*) (*pol.*) (*chim.*) lega **3** (*sport*) campionato (*m.*).
ligar [liɣár] **A** *v.tr.* **1** (anche *fig.*) legare **2** legare, unire **3** (*gioco*) (*carte*) combinare **B** *v.intr./tr.pron.* **1** (*fam.*) rimorchiare, cuccare **2** (*cuc.*) amalgamare **C** *v.pron.* legarsi, allearsi.
ligero [lixéro] *agg.* **1** (anche *fig.*) leggero **2** rapido, veloce (*m.* e *f.*) **3** volubile (*m.* e *f.*), frivolo.
ligue [líɣe] *s.m.* **1** (*fam.*) flirt (*inv.*), avventura (*f.*), conquista (*f.*) **2** (*fam.*) fiamma (*f.*), conquista (*f.*).
lima [líma] *s.f.* **1** (*tecn.*) lima **2** (*fig.*) (*scritto*) revisione, limatura **3** (*fig.*) (*fam.*) (*persona*) mangione (*m.*).
limitación [limitaθjón] *s.f.* **1** limitazione **2** impedimento (*m.*), limitazione, limite (*m.*)
límite [límite] **A** *agg.inv.* limite **B** *s.m.* **1** limite, confine **2** (*fig.*) limite, stremo **3** (*mat.*) limite.
limón [limón] *s.m.* (*bot.*) (*frutto*) limone.
limosna [limósna] *s.f.* elemosina.
limpiar [limpjár] *v.tr.* **1** pulire **2** (*fig.*) (*scritto*) correggere, rivedere **3** (*bot.*) potare **4** (*fig.* e *fam.*) alleggerire, sgraffignare **5** (*fam.*) (*gioco*) ripulire.
límpido [límpiðo] *agg.* limpido, puro, terso.
limpio [límpjo] *agg.* **1** (anche *fig.*) pulito **2** netto **3** (*fig.*) retto, onesto **4** (*fig.*) puro.
lince [línθe] *s.m.* **1** (*zool.*) lince (*f.*) **2** (*fig.*) (*persona*) lince (*f.*), aquila (*f.*).
lindo [líndo] *agg.* carino, grazioso.
línea [línea] *s.f.* **1** (anche *fig.*) linea **2** (*scritto*) riga **3** fila, filare (*m.*) **4** (*mil.*) linea, fronte (*m.*).
lino [líno] *s.m.* (*bot.*) (*tess.*) lino.
linterna [lintérna] *s.f.* **1** torcia elettrica **2** (*arch.*) lanterna **3** (*mar.*) faro (*m.*).
lío [lío] *s.m.* **1** fagotto, involto **2** (*fig.*) confusione (*f.*), disordine **3** (*fig.*) imbroglio, pasticcio **4** (*fig.*) tresca, relazione.
liquidación [likiðaθjón] *s.f.* (*comm.*) **1** liquidazione **2** saldo (*m.*), liquidazione.
líquido [líkiðo] **A** *agg.* **1** liquido **2** (*comm.*) netto **B** *s.m.* **1** liquido **2** (*econ.*) liquidità (*f.inv.*), liquido.
lírica [lírika] *s.f.* lirica.
lista [lísta] *s.f.* **1** lista, striscia **2** lista, elenco (*m.*) **3** (*comm.*) listino (*m.*) **4** riga.
listo [lísto] *agg.* **1** sveglio, svelto, intelligente (*m.* e *f.*) **2** furbo, scaltro **3** pronto, preparato.
litera [litéra] *s.f.* **1** (*treno, nave*) cuccetta **2** letto (*m.*) a castello.
literatura [literatúra] *s.f.* **1** letteratura **2** bibliografia.
litoral [litorál] **A** *agg.m.* e *f.* litoraneo (*m.*), litorale **B** *s.m.* litorale.

litro [lítro] *s.m.* litro.
llaga [ʎáɣa] *s.f.* **1** (*med.*) piaga, ulcera **2** (*fig.*) piaga, afflizione **3** (*edil.*) (*mattoni*) giuntura.
llama[1] [ʎáma] *s.f.* **1** fiamma **2** (*fig.*) passione, ardore (*m.*).
llama[2] [ʎáma] *s.f.* (*amer.*) (*zool.*) lama (*m.inv.*).
llamada [ʎamáða] *s.f.* **1** (anche *inform.*) chiamata **2** (*mil.*) adunata.
llamar [ʎamár] **A** *v.tr.* **1** chiamare **2** telefonare **3** attirare, chiamare, attrarre **B** *v.intr.* **1** (*fam.*) chiamare **2** (*fig.*) attirare **C** *v.pron.* chiamarsi, avere nome.
llano [ʎáno] **A** *agg.* **1** piano, liscio, piatto **2** (*fig.*) (*persona*) alla mano, affabile (*m.* e *f.*) **3** (*fig.*) schietto, sincero **4** semplice (*m.* e *f.*) **B** *s.m.* (*geog.*) pianura (*f.*).
llanto [ʎánto] *s.m.* pianto.
llave [ʎáβe] *s.f.* **1** (anche *fig.*) chiave **2** (*tecn.*) chiave, rubinetto (*m.*) **3** (*mecc.*) chiavetta.
llegada [ʎeɣáða] *s.f.* **1** arrivo (*m.*) **2** (*sport*) arrivo (*m.*), traguardo (*m.*), meta.
llegar [ʎeɣár] **A** *v.intr.* **1** arrivare **2** (*a*) arrivare, giungere, raggiungere **3** ammontare, raggiungere **4** (*a/hasta*) (*fig.*) arrivare, toccare **B** *v.tr.* avvicinare, accostare **C** *v.pron.* avvicinarsi, accostarsi.
llenar [ʎenár] **A** *v.tr.* **1** (anche *fig.*) riempire, colmare **2** compilare, riempire **3** (*fig.*) soddisfare **B** *v.pron.* **1** saziarsi, rimpinzarsi, riempirsi **2** (*fig.*) (*fam.*) seccarsi, infastidirsi.
lleno [ʎéno] *agg.* **1** pieno, colmo **2** pienotto, grassoccio **3** pieno, sazio.
llevar [ʎeβár] **A** *v.tr.* **1** portare **2** portare via, strappare **3** (*fig.*) sopportare **4** portare, condurre **5** portare, avere **6** portare, indossare **7** (*agr.*) produrre, rendere **8** dirigere, amministrare **9** accompagnare, portare **10** impiegare, metterci **B** *v.pron.* **1** portarsi via, rubare **2** essere di moda, portarsi **3** (*fig.*) portarsi via, conquistare.
llorar [ʎorár] **A** *v.intr./tr.* piangere **B** *v.tr.* **1** (*fig.*) rimpiangere **2** piangere, dolersi.
llover [ʎoβér] **A** *v.impers.* (*meteo.*) piovere **B** *v.intr./tr.* (*fig.*) piovere, fioccare **C** *v.pron.* fare acqua, gocciolare.
lluvia [ʎúβja] *s.f.* (*meteo.*) (anche *fig.*) pioggia.
lo [ló] **A** *art.det.* (*neutro*) il; ~ + *agg./p.p./avv.* (valore di sost.): *lo peor*, il peggiore **B** *pron.m.sing.* (*personale, anche neutro*) lo: *lo acogieron con cariño*, lo hanno accolto con affetto.
lobo [lóβo] *s.m.* (*zool.*) lupo.
local [lokál] **A** *agg.m.* e *f.* locale **B** *s.m.* locale.
loción [loθjón] *s.f.* (*cosmesi*) lozione.
loco [lóko] *agg.* e *s.m.* **1** folle (*m.* e *f.*), matto, pazzo **2** (*fig.*) esagerato (*agg.*), pazzesco (*agg.*).
locomotora [lokomotóra] *s.f.* (*ferr.*) locomotiva.
locura [lokúra] *s.f.* pazzia, follia.
lógica [lóxika] *s.f.* logica
lograr [loɣrár] *v.tr.* farcela, riuscire.
logro [lóɣro] *s.m.* **1** risultato **2** (*econ.*) lucro.
lomo [lómo] *s.m.* **1** (*anat.*) lombo **2** (*cuc.*) lombata (*f.*) **3** (*libro*) dorso.
longaniza [loŋganíθa] *s.f.* (*cuc.*) salsiccia.
longitud [loŋxitúð] *s.f.* **1** (*astro.*) (*geog.*) longitudine **2** lunghezza.
loro [lóro] *s.m.* **1** (*zool.*) pappagallo **2** (*fam.*) strega (*f.*).
los [lós] **A** *art.det.m.pl.* gli, i **B** *pron.m.pl.* (*personale, compl.ogg.*) li.
lotería [lotería] *s.f.* **1** lotteria **2** (*gioco*) tombola.
lubricante [luβrikánte] *agg.m.* e *f.* e *s.m.* lubrificante.
lucha [lútʃa] *s.f.* **1** lotta **2** combattimento (*m.*), scontro (*m.*) **3** (*fig.*) conflitto (*m.*), contesa.

luchar [lutʃár] *v.intr.* **1** (anche *fig.*) lottare, combattere **2** (*por*) contendersi, disputarsi.
luego [lwéɣo] **A** *avv.* dopo **B** *cong.* dunque, quindi.
lugar [luɣár] *s.m.* **1** posto **2** luogo **3** (*fig.*) momento.
lujo [lúxo] *s.m.* lusso.
luna [lúna] *s.f.* **1** (*astro.*) luna **2** luce, specchio (*m.*).
lunes [lúnes] *s.m.inv.* lunedì.
luto [lúto] *s.m.* cordoglio, lutto.
luz [lúθ] *s.f.* (anche *fig.*) luce.

M

m [éme] *s.f.inv.* **1** lettera m **2** (*numero romano che corrisponde a 1000*) M.
maceración [maθeraθjón] *s.f.* macerazione.
machete [matʃéte] *s.m.* machete (*inv.*).
macho [mátʃo] **A** *agg.* virile (*m.* e *f.*), forte (*m.* e *f.*) **B** *s.m.* (*zool.*) (anche *tecn.*) maschio.
macizo[1] [maθíθo] *agg.* **1** massiccio **2** (*fig.*) solido, fondato **3** (*fam.*) forte (*m.* e *f.*), robusto.
macizo[2] [maθíθo] *s.m.* **1** (*geog.*) massiccio **2** blocco **3** (*arch.*) tramezzo **4** (*parco, giardino*) aiuola (*f.*), quadro **5** (*pesca*) esca (*f.*).
mácula [mákula] *s.f.* (anche *fig.*) macchia.
madera [maðéra] *s.f.* **1** legno (*m.*) **2** (*sport*) (*golf*) mazza, legno (*m.*) **3** (*fig.*) (*fam.*) stoffa.
madre [máðre] *s.f.* **1** madre **2** (*bollettario*) matrice **3** (*fig.*) madre, origine, causa.
madrugada [maðruɣáða] *s.f.* **1** alba **2** (*fig.*) levataccia, alzataccia.
madrugar [maðruɣár] *v.intr.* alzarsi di buon'ora.
maduración [maðuraθjón] *s.f.* (anche *fig.*) maturazione.
madurar [maðurár] *v.tr./intr.* (anche *fig.*) maturare.
madurez [maðuréθ] *s.f.* **1** (anche *fig.*) maturazione, maturità (*inv.*) **2** (*fig.*) (*età*) maturità (*inv.*).
maduro [maðúro] *agg.* **1** (anche *fig.*) maturo **2** (*fig.*) (*età*) maturo, adulto.
maestra [maéstra] *s.f.* **1** maestra, insegnante **2** (*pesca*) maestra.
maestría [maestría] *s.f.* **1** maestria, abilità (*inv.*), perizia **2** (*istr.*) titolo di maestro.
maestro [maéstro] *s.m.* (anche *mus.*) maestro.
magia [máxja] *s.f.* (anche *fig.*) magia.
mágico [máxiko] *agg.* (anche *fig.*) magico.
magistrado [maxistráðo] *s.m.* (*giur.*) **1** (*persona*) magistrato, giudice (*m.* e *f.*) **2** (*dignità*) magistratura (*f.*).
magistratura [maxistratúra] *s.f.* (*giur.*) magistratura.
magnético [maɣnétiko] *agg.* (*fis.*) (anche *fig.*) magnetico.
magnificar [maɣnifikár] *v.tr.pron.* magnificare, elogiare.
magnificencia [maɣnifiθénθja] *s.f.* **1** magnificenza, munificenza **2** magnificenza, pompa, sfarzo (*m.*).
magnífico [maɣnífiko] *agg.* **1** magnifico, ottimo **2** (*titolo accademico*) magnifico.
magnitud [maɣnitúð] *s.f.* **1** (anche *fis.*) grandezza **2** (*geol.*) magnitudo (*inv.*) **3** (*fig.*) gravità (*inv.*), importanza.
mago [máɣo] *agg.* e *s.m.* (anche *fig.*) mago (*s.*).
magro [máɣro] *agg.* **1** magro **2** (*terreno*) magro, povero, arido.
mahonesa [maonésa] *s.f.* (*cuc.*) maionese.
maíz [maíθ] *s.m.* (*bot.*) mais (*inv.*), granturco.

majestad [maxestáð] *s.f.* maestà (*inv.*).
majo [máxo] *agg.* **1** leggiadro **2** gentile (*m.* e *f.*) **3** (*fam.*) (*cosa*) carino.
mal [mál] **A** *avv.* male **B** *s.m.* **1** male **2** male, danno **3** male, malattia (*f.*).
malasombra [malasómbra] **A** *agg.* antipatico (*m.*) **B** *s.f.* antipatia.
malaventura [malaβentúra] *s.f.* sfortuna, disgrazia.
malcriado [malkrjábo] *agg.* **1** maleducato **2** viziato.
maldad [maldáð] *s.f.* malvagità (*inv.*), cattiveria, perversità (*inv.*).
maldecir [maldeθír] **A** *v.tr.* maledire **B** *v.intr.* (*de*) sparlare.
maldiciente [maldiθjénte] *agg.* e *s.m.* e *f.* maldicente.
maldición [maldiθjón] *s.f.* maledizione.
maldito [maldíto] *agg.* e *s.m.* maledetto.
maleable [maleáβle] *agg.m.* e *f.* malleabile.
malear [maleár] *v.tr.pron.* **1** guastare, rovinare **2** (*fig.*) corrompere.
malecón [malekón] *s.m.* molo.
maledicencia [maleðiθénθja] *s.f.* maldicenza, pettegolezzo (*m.*).
malentendido [malentendíðo] *s.m.* malinteso, equivoco.
malestar [malestár] *s.m.* malessere.
maleta [maléta] *s.f.* valigia.
maletero [maletéro] *s.m.* **1** (*auto*) baule, bagagliaio **2** facchino.
malevolencia [maleβolénθja] *s.f.* malevolenza, malanimo (*m.*).
malformación [malformaθjón] *s.f.* (*med.*) malformazione.
malhecho [malétʃo] *agg.* malfatto.
malicia [malíθja] *s.f.* **1** malizia, malignità (*inv.*) **2** malizia, astuzia.
maliciar [maliθjár] *v.tr.pron.* sospettare.
malignidad [maliɣniðáð] *s.f.* malignità (*inv.*).
malla [máʎa] *s.f.* **1** (*rete*) maglia **2** (*tess.*) maglia.
mallas [máʎas] *s.f.pl.* (*abb.*) **1** pantacollant (*m.inv.*), fuseaux (*m.inv.*) **2** (*danza*) body (*m.inv.*).
malmandado [malmandáðo] *agg.* (*fam.*) disubbidiente (*m.* e *f.*).
malo [málo] **A** *agg.* (*tronca davanti a s.m.*) **1** brutto, cattivo **2** brutto, sgradevole (*m.* e *f.*) **3** (*de*) difficile (*m.* e *f.*), difficoltoso **4** nocivo, dannoso.
malograr [maloɣrár] **A** *v.tr.* perdere, sprecare **B** *v.pron.* fallire.
malparir [malparír] *v.intr.* abortire.
malquerido [malkeríðo] *agg.* detestato.
maltratar [maltratár] *v.tr.* strapazzare, maltrattare.
malvado [malβáðo] *agg.* malvagio, cattivo.
mama [máma] *s.f.* **1** (*anat.*) mammella **2** (*fam.*) mamma.
mamado [mamáðo] *agg.* sbronzo.
mamarón [mamarón] *agg.* e *s.m.* scroccone.
mamífero [mamífero] *agg.* e *s.m.* (*zool.*) mammifero.
mamografía [mamoɣrafía] *s.f.* (*med.*) mammografia.
manada [manáða] *s.f.* **1** (*animali*) branco (*m.*) **2** (*persone*) frotta.
manadero [manaðéro] *agg.* sorgivo.
manar [manár] *v.tr./intr.* (*de*) **1** scaturire, sgorgare **2** buttare, gettare, perdere **3** (*fig.*) sgorgare, fluire.
mancha [mántʃa] *s.f.* **1** macchia, chiazza **2** (*fig.*) macchia, disonore (*m.*) **3** (*pitt.*) macchia di colore.
mancillar [manθiʎár] *v.tr.* disonorare, macchiare.
manco [máŋko] *agg.* e *s.m.* **1** (*mano*) monco **2** (*fig.*) difettoso (*agg.*).
mandado [mandáðo] *s.m.* **1** commissione (*f.*) **2** ordine **3** incaricato.
mandamiento [mandamjénto] *s.m.* **1** comando, ordine **2** (*rel.*) comandamento **3** (*giur.*) mandato del giudice.
mandar [mandár] **A** *v.tr.* **1** ordinare

2 incaricare **3** mandare, inviare **B** *v.intr.* avere il comando, comandare **C** *v.pron.* destreggiarsi.
mandarina [mandarína] *s.f.* (*bot.*) mandarino (*m.*).
mandato [mandáto] *s.m.* **1** (*giur.*) ordine, decreto **2** (*pol.*) mandato.
mandil [mandíl] *s.m.* grembiule.
mando [mándo] *s.m.* **1** comando **2** (*mecc.* e *tecn.*) comando, pulsante.
mandolina [mandolína] *s.f.* (*mus.*) mandolino (*m.*).
manejable [manexáβle] *agg.m.* e *f.* maneggevole.
manejar [manexár] **A** *v.tr.* **1** (anche *fig.*) maneggiare **2** (*fig.*) amministrare **3** (*fig.*) maneggiare, manovrare **B** *v.pron.* destreggiarsi.
manera [manéra] *s.f.* maniera, modo (*m.*).
maneras [manéras] *s.f.pl.* maniere.
manga [máŋga] *s.f.* **1** manica **2** (*liquidi*) colino (*m.*) di tela.
mangueta [maŋgéta] *s.f.* **1** (*tecn,*) manicotto (*m.*) **2** (*porta, finestra*) stipite (*m.*).
manía [manía] *s.f.* mania, fissazione.
manicomio [manikómjo] *s.m.* (anche *fig.*) manicomio.
manicorto [manikórto] *agg.* e *s.m.* tirchio, taccagno.
manicura [manikúra] *s.f.* manicure (*inv.*).
manido [maníðo] *agg.* **1** consunto, logoro, liso **2** banale (*m.* e *f.*), trito.
manifestación [manifestaθjón] *s.f.* **1** manifestazione **2** dimostrazione.
manifestante [manifestánte] *s.m.* e *f.* dimostrante, manifestante.
manifiesto [manifiésto] **A** *agg.* manifesto, evidente (*m.* e *f.*), chiaro **B** *s.m.* manifesto.
maniobra [manjóβra] *s.f.* manovra.
maniobrar [manjoβrár] *v.intr.* (anche *fig.*) manovrare.
manipulación [manipulaθjón] *s.f.* (anche *fig.*) manipolazione.
mano [máno] *s.f.* (*anat.*) (anche *fig.*) mano.
manojo [manóxo] *s.m.* mazzo.
manos [mános] *s.f.pl.* (*edil.*) manodopera (*sing.*).
mansedumbre [manseðúmbre] *s.f.* mansuetudine, docilità (*inv.*), mitezza.
manso [mánso] *agg.* **1** mite (*m.* e *f.*), tranquillo **2** (*animale*) docile (*m.* e *f.*).
manta [mánta] *s.f.* **1** coperta **2** (*abb.*) scialle (*m.*) **3** (*zool.*) manta.
manteca [mantéka] *s.f.* **1** (*latte*) crema, panna **2** (*maiale*) strutto (*m.*) **3** (*fam.*) (*persona*) ciccia, grasso (*m.*).
mantel [mantél] *s.m.* tovaglia (*f.*).
mantener [mantenér] **A** *v.tr.* **1** conservare, mantenere **2** sostenere **3** continuare **B** *v.pron.* **1** (*fig.*) perseverare, rimanere **2** mantenersi, conservarsi.
mantenido [manteníðo] **A** *agg.* mantenuto **B** *s.m.* mantenuto, amante (*m.* e *f.*).
mantenimiento [mantenimjénto] *s.m.* **1** mantenimento, sostentamento **2** (*tecn.*) manutenzione (*f.*).
mantequilla [mantekíʎa] *s.f.* burro (*m.*).
manto [mánto] *s.m.* **1** (*abb.*) manto, mantella (*f.*) **2** (*lutto*) velo nero **3** (*fig.*) manto.
manual [manwál] **A** *agg.m.* e *f.* manuale **B** *s.m.* (*libro*) manuale.
manufactura [manufaktúra] *s.f.* **1** manufatto (*m.*) **2** (*ind.*) manifattura.
manutención [manutenθjón] *s.f.* **1** mantenimento (*m.*) **2** (*tecn.*) manutenzione, conservazione.
manzana [manθána] *s.f.* **1** (*bot.*) mela **2** (*quartiere*) isolato (*m.*).
manzanilla [manθaníʎa] *s.f.* (*bot.*) (anche *infusione*) camomilla.
maña [máɲa] *s.f.* abilità (*inv.*), destrezza.
mañana [maɲána] **A** *avv.* domani **B** *s.f.* mattino (*m.*), mattina **C** *s.m.* futuro, domani.

mañería [maɲería] *s.f.* inganno (*m.*).
mañero[1] [maɲéro] *agg.* **1** sagace (*m.* e *f.*), astuto **2** maneggevole (*m.* e *f.*).
mañero[2] [maɲéro] *agg.* sterile (*m.* e *f.*).
mañoso [maɲóso] *agg.* **1** abile (*m.* e *f.*), capace (*m.* e *f.*) **2** (*amer.*) viziato.
mapa [mápa] *s.m.* mappa (*f.*)
maqueta [makéta] *s.f.* **1** plastico (*m.*) **2** modellino (*m.*).
maquillador [makiʎaðór] *agg.* e *s.m.* truccatore (*s.*).
maquillar [makiʎár] *v.tr.pron.* truccare.
máquina [mákina] *s.f.* macchina, apparecchio (*m.*).
maquinista [makinísta] *s.m.* e *f.* macchinista.
maquinización [makiniθaθjón] *s.f.* meccanizzazione.
mar [már] **A** *s.f.* **1** (*pop.*) mare (*m.*) **2** (*fig.*) grande quantità (*inv.*), marea **B** *s.m.* **1** mare **2** oceano.
maraña [maráɲa] *s.f.* **1** sterpaia **2** (*fili, capelli*) viluppo (*m.*), groviglio (*m.*) **3** (*fig.*) intrico (*m.*), pasticcio (*m.*).
maravilla [maraβíʎa] *s.f.* **1** meraviglia **2** stupore (*m.*), sorpresa.
maravillar [maraβiʎár] **A** *v.tr.* meravigliare **B** *v.pron.* (*con/de*) meravigliarsi, stupirsi.
maravilloso [maraβiʎóso] *agg.* meraviglioso.
marbete [marβéte] *s.m.* **1** etichetta (*f.*), cartellino **2** bordo, profilo.
marca [márka] *s.f.* **1** marca, marchio (*m.*) **2** (*geog.*) territorio di frontiera **3** segno (*m.*), tacca **4** (anche *fig.*) impronta, traccia, segno (*m.*) **5** (*sport*) record (*m.inv.*), primato (*m.*).
marcado [markáðo] *agg.* **1** marcato, forte (*m.* e *f.*) **2** evidente (*m.* e *f.*).
marcalibros [markalíβros] *s.m.inv.* segnalibro (*sing*).
marcapasos [markapásos] *s.m.inv.* pace maker, stimolatore cardiaco.
marcar [markár] **A** *v.tr.* **1** marcare, marchiare **2** cifrare **3** (anche *fig.*) segnare **4** (*sport*) battere un record **5** (*sport*) marcare **6** evidenziare, accentuare **7** (*numero telefonico*) comporre, fare **B** *v.pron.* (*sport*) segnare.
marcha [mártʃa] *s.f.* **1** (anche *auto.* e *mus.*) marcia **2** (*fig.*) piega, andamento (*m.*) **3** (*fam.*) animazione, vita.
marchar [martʃár] *v.intr.pron.* **1** camminare, andare **2** (*a/de*) partire, andarsene **3** funzionare **4** (*fig.*) svolgersi, andare **5** (*mil.*) marciare.
marchoso [martʃóso] *agg.* **1** (*fam.*) simpatico, festaiolo, divertente (*m.* e *f.*) **2** grintoso **3** (*mus.*) orecchiabile (*m.* e *f.*), vivace (*m.* e *f.*).
marcial [marθjál] *agg.m.* e *f.* marziale.
marco [márko] *s.m.* **1** cornice (*f.*) **2** (*porta, finestra*) telaio **3** (*fig.*) ambito.
marea [maréa] *s.f.* **1** (*geog.*) marea **2** (*mar.*) (*vento*) brezza **3** (*fig.*) marea, mare (*m.*).
marear [mareár] **A** *v.tr./intr.* **1** (*mar.*) (*imbarcazione*) governare, timonare, pilotare **2** nauseare **3** (*fig.*) (*fam.*) dare fastidio, scocciare **B** *v.pron.* **1** (*navigazione*) soffrire il mal di mare **2** venire un capogiro, venire la nausea **3** (*fig.*) (*fam.*) preoccuparsi.
marfil [marfíl] *s.m.* avorio.
margarina [marɣarína] *s.f.* (*cuc.*) margarina.
margarita [marɣaríta] *s.f.* (*bot.*) margherita.
margen [márxen] **A** *s.m.* **1** margine, bordo **2** annotazione (*f.*), postilla (*f.*) **3** (*fig.*) margine **B** *s.f.* sponda.
maridar [mariðár] **A** *v.tr.* (*fig.*) congiungere, unire **B** *v.intr.* **1** (*matrimonio*) sposarsi **2** convivere.
marido [maríðo] *s.m.* marito.
marihuana [mariwána] *s.f.* marijuana (*inv.*).
marina [marína] *s.f.* **1** (*geog.*) (*mil.*) marina **2** (*pitt.*) marina, paesaggio (*m.*) marino.
marinero [marinéro] **A** *agg.* marinaro **B** *s.m.* marinaio.

mariposa [maripósa] *s.f.* (*zool.*) farfalla.
marisco [marísko] *s.m.* (*zool.*) frutto di mare.
mármol [mármol] *s.m.* (*min.*) (anche *scult.*) marmo.
marmoleño [marmoléɲo] *agg.* marmoreo.
marmota [marmóta] *s.f.* **1** (*zool.*) marmotta **2** (*fig.*) ghiro (*m.*), dormiglione (*m.*).
marón [marón] *s.m.* (*zool.*) montone.
marquesina [markesína] *s.f.* pensilina.
marquista [markísta] *s.m.* e *f.* corniciaio (*m.*).
marra [márra] *s.f.* vuoto (*m.*), buco (*m.*).
marrajo [marráxo] *s.m.* (*zool.*) pescecane.
marranear [marraneár] **A** *v.tr.* (*fam.*) **1** sporcare **2** (*fig.*) fregare **B** *v.intr.* essere un traditore.
marro [márro] *s.m.* errore, mancanza (*f.*).
marsupio [marsúpjo] *s.m.* (*zool.*) marsupio.
martes [mártes] *s.m.inv.* martedì.
martillar [martiʎár] *v.tr.* **1** martellare **2** (*fig.*) martellare, tormentare.
martillo [martíʎo] *s.m.* martello.
mártir [mártir] *s.m.* e *f.* (anche *fig.*) martire.
maruja [marúxa] *s.f.* (*fam.*) massaia, casalinga.
marzo [márθo] *s.m.* marzo.
más [más] *avv.* **1** in/di più, ancora **2** (*negativo*) più, oltre **3** piuttosto **B** *s.m.* (anche *mat.*) più.
masa [mása] *s.f.* **1** pasta **2** (*cuc.*) pasta sfoglia **3** (*fis.*) massa **4** (*fig.*) massa, moltitudine.
masaje [masáxe] *s.m.* massaggio.
masajista [masaxísta] *s.m.* e *f.* massaggiatore.
máscara [máskara] *s.f.* **1** (anche *fig.*) maschera **2** (*cosmesi*) mascara (*m.inv.*), rimmel (*m.inv.*).
mascullar [maskuʎár] *v.tr.* **1** (*fig.*) masticare, borbottare, biascicare **2** masticare.
masilla [masíʎa] *s.f.* mastice (*m.*), stucco (*m.*).
mástil [mástil] *s.m.* **1** (*mar.*) albero **2** palo, asta (*f.*) **3** (*bot.*) fusto legnoso, tronco **4** (*mus.*) (*strumento a corde*) tastiera (*f.*).
mata [máta] *s.f.* **1** (*bot.*) cespuglio (*m.*) **2** (*ramo*) ciuffo (*m.*) **3** (*agr.*) piantagione.
matadero [mataðéro] *s.m.* (anche *fig.*) macello, mattatoio.
matador [mataðór] *agg.* **1** che uccide **2** (*fig.*) pesante (*m.* e *f.*), micidiale (*m.* e *f.*) **3** (*fig.*) (*fam.*) di pessimo gusto, orrendo.
matanza [matánθa] *s.f.* **1** uccisione **2** massacro (*m.*), carneficina, strage **3** (*maiale*) macellazione, macello (*m.*).
matar [matár] **A** *v.tr.* **1** (anche *fig.*) uccidere, ammazzare **2** (*fig.*) sfinire, distruggere, stroncare **B** *v.pron.* **1** suicidarsi, togliersi la vita **2** morire, perdere la vita **3** (*por*) (*fig.*) ammazzarsi, farsi in quattro **4** (*colori*) stonare.
mate [máte] **A** *agg.* **1** opaco (*m.*) **2** sbiadito (*m.*) **B** *s.m.* (*bibita*) mate (*inv.*).
matemáticas [matemátikas] *s.f.pl.* matematica (*sing.*).
materia [matérja] *s.f.* **1** (anche *fig.*) materia **2** materia, argomento (*m.*), disciplina **3** (*fig.*) affare (*m.*), questione.
material [materjál] **A** *agg.m.* e *f.* **1** materiale **2** grosso (*m.*), evidente **3** (*fig.*) grossolano (*m.*), sgraziato (*m.*) **B** *s.m.* materiale.
materialismo [materjalísmo] *s.m.* materialismo.
materialmente [materjálménte] *avv.* **1** materialmente **2** materialmente, veramente.
maternidad [materniðáð] *s.f.* maternità (*inv.*).
materno [matérno] *agg.* materno.

matidez [matiðéθ] *s.f.* **1** opacità (*inv.*) **2** (*suono*) cupezza.
matinal [matinál] *agg.m.* e *f.* mattinale, mattutino (*m.*).
matiz [matíθ] *s.m.* **1** (anche *fig.*) sfumatura (*f.*) **2** (*colore*) sfumatura (*f.*), tono.
matón [matón] *s.m.* **1** (*fig.*) (*fam.*) bullo **2** guardia del corpo, gorilla (*inv.*).
matrero [matréro] *agg.* **1** sagace (*m.* e *f.*), astuto, scaltro **2** diffidente (*m.* e *f.*), sospettoso.
matrícula [matríkula] *s.f.* **1** (*istr.*) matricola **2** (*bur.* e *istr.*) immatricolazione **3** numero di immatricolati **4** (*auto.*) targa.
matricular [matrikulár] **A** *v.tr.* immatricolare, iscrivere **B** *v.pron.* (*en*) (*istr.*) immatricolarsi, iscriversi.
matrimonial [matrimoniál] *agg. m.* e *f.* matrimoniale.
matrimonio [matrimónio] *s.m.* **1** matrimonio **2** coppia (*f.*).
matriz [matríθ] *s.f.* **1** (*anat.*) utero (*m.*) **2** matrice **3** (*tecn.*) matrice, maschera.
matute [matúte] *s.m.* **1** contrabbando **2** merce di contrabbando.
máxima [máksima] *s.f.* **1** massima, principio (*m.*) **2** (*giur.*) sentenza **3** aforisma (*m.*), massima.
maximalismo [maksimalísmo] *s.m.* (*fil.*) massimalismo.
máxime [máksime] *avv.* (*lat.*) soprattutto, specialmente.
máximo [máksimo] *agg.superl.* **1** massimo **2** maggiore (*m.* e *f.*).
mayo [máǰo] *s.m.* maggio.
mayólica [maǰólika] *s.f.* maiolica.
mayonesa [maǰonésa] *s.f.* (*cuc.*) maionese.
mayor [majór] **A** *agg.m.* e *f.* **1** maggiore, più grande **2** (*mus.*) maggiore **3** importante **4** anziano (*m.*) **B** *s.m.* (anche *mil.*) maggiore.
mayoría [maǰoría] *s.f.* **1** maggioranza **2** (*mar.*) (*mil.*) maggiorità (*inv.*).
mayúsculo [maǰúskulo] *agg.* **1** maiuscolo **2** colossale (*m.*).
mazo [máθo] *s.m.* **1** maglio **2** (*carte*) mazzo **3** (*fig.*) (*fam.*) (*persona*) mattone **4** pestello.
mazonería [maθonería] *s.f.* (*edil.*) muratura.
me [mé] *pron.* (*personale*, (*compl.ogg.* e *di termine*) me, mi.
meandro [meándro] *s.m.* **1** meandro **2** (*arch.*) voluta (*f.*).
¡mecachis! [mekátʃis] *inter.* porca miseria!
mecánica [mekánika] *s.f.* **1** (*fis.*) meccanica **2** meccanica, meccanismo (*m.*), funzionamento (*m.*) **3** (*fig.*) meccanica, dinamica.
mecánico [mekániko] **A** *agg.* **1** meccanico **2** (*fig.*) meccanico, automatico **B** *s.m.* meccanico.
mecanismo [mekanísmo] *s.m.* **1** meccanismo **2** (*fig.*) meccanismo, funzionamento.
mecanografía [mekanoɣrafía] *s.f.* dattilografia.
mecedora [meθeðóra] *s.f.* sedia a dondolo.
mecer [meθér] **A** *v.tr.* sbattere, rimestare **B** *v.tr.pron.* cullare, dondolare.
mecha [métʃa] *s.f.* **1** lucignolo (*m.*), stoppino (*m.*) **2** (*mina*) miccia **3** ciocca.
mechas [métʃas] *s.f.pl.* (*capelli*) méche (*inv.*), colpi (*m.*) di sole.
mechero [metʃéro] *s.m.* accendino.
medalla [meðáʎa] *s.f.* **1** medaglia **2** medaglietta.
medallón [meðaʎón] *s.m.* (anche *arch.*) medaglione.
médano [méðano] *s.m.* **1** duna (*f.*) **2** (*mar.*) secca (*f.*).
media [méðja] *s.f.* **1** metà (*inv.*) **2** (*mat.*) media **3** (*abb.*) calza.
mediación [meðjaθjón] *s.f.* **1** mediazione **2** (*giur.*) intercessione.
mediado [meðjáðo] *agg.* **1** trascorso, passato **2** dimezzato.

medialuna [meðjalúna] *s.f.* (anche *fort.*) mezzaluna.
medianía [meðjanía] *s.f.* **1** mediocrità (*inv.*) **2** (*fig.*) (*fam.*) (*persona*) mezzacartuccia.
mediano [meðjáno] *agg.* **1** medio **2** mediocre (*m.* e *f.*).
medianoche [meðianótʃe] *s.f.* mezzanotte.
mediar [meðjár] *v.intr.* **1** (anche *fig.*) essere a metà **2** (*en*) mediare, fare da paciere **3** (*con/por*) intercedere.
medicación [meðikaθjón] *s.f.* medicazione.
medicamento [meðikaménto] *s.m.* medicina (*f.*), medicinale, farmaco.
medicina [meðiθína] *s.f.* **1** (*istr.*) (*università*) medicina **2** farmaco (*m.*), medicinale (*m.*).
médico [méðiko] **A** *agg.* medico **B** *s.m.* medico, dottore.
medida [meðíða] *s.f.* **1** (anche *fig.*) misura **2** (*fig.*) misura, proporzione **3** (*poes.*) metro (*m.*) **4** (*fig.*) misura, moderazione.
medieval [meðjeβál] *agg.m.* e *f.* medievale.
medio [méðjo] *agg.* **1** mezzo **2** medio **3** intermedio.
medio [méðjo] **A** *avv.* mezzo, a metà **B** *s.m.* **1** mezzo **2** metà (*f.inv.*), mezzo **3** mezzo **4** mezzo, modo **5** ambiente **6** (*ecol.*) habitat (*inv.*)
mediodía [meðjoðía] *s.m.* **1** mezzogiorno **2** (*geog.*) mezzogiorno, sud.
medios [méðjos] *s.m.pl.* **1** mezzi **2** possibilità (*f.inv.*), mezzi **3** circoli.
medir [meðír] **A** *v.tr.* **1** misurare **2** (*fig.*) valutare, misurare, soppesare **B** *v.intr.* essere alto, misurare **C** *v.pron.* (*fig.*) moderarsi, contenersi.
meditación [meðitaθjón] *s.f.* meditazione.
medra [méðra] *s.f.* sviluppo (*m.*).
medrar [meðrár] *v.intr.* **1** (*animali, piante*) svilupparsi, crescere **2** (*fig.*) fare fortuna, farsi una posizione.
médula o **medula** [méðula/meðúla] *s.f.* **1** (*anat.*) (*bot.*) midollo (*m.*) **2** (*fig.*) sostanza, nocciolo (*m.*).
megabyte [méɣaβáit] *s.m.* (*inform.*) megabyte (*inv.*) (pl. *megabits, megabytes*).
mejer [mexér] *v.tr.* (*liquido*) agitare, rimestare.
mejicano [mexikáno] *agg.* e *s.m.* messicano.
mejilla [mexíʎa] *s.f.* guancia, gota.
mejillón [mexiʎón] *s.m.* (*zool.*) cozza (*f.*).
mejor [mexór] **A** *agg.m.* e *f.* migliore **B** *avv.* **1** meglio **2** piuttosto.
mejora [mexóra] *s.f.* miglioramento (*m.*), progresso (*m.*).
mejorable [mexoráble] *agg.m.* e *f.* che si può migliorare.
mejorar [mexorár] **A** *v.tr.* **1** migliorare **2** superare **3** (*asta*) rilanciare, aumentare **B** *v.intr.* **1** migliorare **2** progredire.
mejoría [mexoría] *s.f.* miglioramento (*m.*).
melado [meláðo] *agg.* color miele.
melancolía [melaŋkolía] *s.f.* malinconia.
melena [meléna] *s.f.* **1** capigliatura, chioma **2** (*pettinatura*) capelli alla paggio **3** (*leone*) criniera.
melenudo [melenúðo] *agg.* e *s.m.* capellone.
mella [méʎa] *s.f.* **1** tacca, sbeccatura **2** vuoto (*m.*), buco (*m.*) **3** (*fig.*) incrinatura.
mellar [meʎár] *v.tr.pron.* **1** intaccare, sbeccare **2** (*fig.*) intaccare, macchiare, infangare.
mellizo [meʎíθo] *agg.* e *s.m.* gemello.
melocotón [melokotón] *s.m.* (*bot.*) pesca (*f.*).
melón [melón] *s.m.* **1** (*bot.*) melone **2** (*fig.*) (*fam.*) zuccone, testa (*f.*) vuota.
membrana [membrána] *s.f.* membrana, pellicola.
membrete [membréte] *s.m.* intestazione (*f.*).

memorable [memoráβle] *agg.m. e f.* memorabile.
memoria [memórja] *s.f.* **1** (anche *inform.*) memoria **2** relazione, rapporto (*m.*) **3** memoria, documento (*m.*), testimonianza **4** inventario (*m.*).
memorial [memorjál] *s.m.* **1** (*documento*) memoriale **2** (*atto commemorativo*) memorial (*inv.*).
memorizar [memoriθár] (memorizo, memoricé, memorizaré) *v.tr.* memorizzare.
menaje [menáxe] *s.m.* **1** (*mobili*) mobilia (*f.*) **2** (*utensili*) accessori (*pl.*) per la casa **3** mestieri (*pl.*), faccende (*f.pl.*) domestiche.
mención [menθjón] *s.f.* menzione, citazione.
menear [meneár] **A** *v.tr.* **1** agitare, menare, dimenare **2** (*fig.*) (*fam.*) sol-lecitare **B** *v.pron.* **1** dimenarsi, agitarsi **2** (*fig.*) (*fam.*) sbrigarsi, spicciarsi.
menestras [menéstras] *s.f.pl.* **1** legumi (*m.*) secchi **2** (*cuc.*) minestrone di legumi.
menguar [meŋgwár] **A** *v.intr.* **1** consumarsi **2** diminuire, ridursi **B** *v.tr.* menomare, sminuire.
menor [menór] **A** *agg.m.* e *f.* **1** minore, più giovane **2** minore, meno grande **3** minore, secondario (*m.*) **B** *s.m.* e *f.* minorenne, minore.
menos [ménos] **A** *avv.* **1** meno **2** (*fam.*) meno importante, di minore importanza **3** piuttosto **B** *cong.* eccetto, salvo, tranne **C** *s.m.* (anche *mat.*) meno.
menospreciable [menospreθjáβle] *agg.m.* e *f.* spregevole, disprezzabile.
menosprecio [menospréθjo] *s.m.* disprezzo, disinteresse, distacco.
mensaje [mensáxe] *s.m.* **1** (anche *fig.*) messaggio **2** messaggio, discorso.
mensajero [mensaxéro] **A** *agg.* messaggero **B** *s.m.* **1** messaggero, messo **2** (*comm.*) fattorino, pony express (*inv.*).
mensual [menswál] *agg.m.* e *f.* mensile.
mensualidad [menswaliðáð] *s.f.* mensilità (*inv.*).
mensuración [mensuraθjón] *s.f.* misurazione.
mentado [mentáðo] *agg.* **1** citato, menzionato **2** noto, famoso.
mentalidad [mentaliðáð] *s.f.* mentalità (*inv.*).
mente [ménte] *s.f.* **1** mente **2** mentalità (*inv.*).
mentido [mentíðo] *agg.* ingannevole (*m.* e *f.*), fallace (*m.*).
mentir [mentír] (miento, mentí, mentiré) *v.intr.* **1** mentire **2** ingannare, indurre in errore.
mentira [mentíra] *s.f.* bugia, menzogna.
mentiroso [mentiróso] *agg.* e *s.m.* bugiardo.
menudo [menúðo] *agg.* **1** minuto, piccolo **2** (*fig.*) insignificante (*m.* e *f.*), marginale (*m.* e *f.*) **3** dettagliato, minuzioso, particolareggiato.
menuza [menúθa] *s.f.* briciola, scaglia.
mercadear [merkaðeár] *v.intr.* commerciare.
mercadeo [merkaðéo] *s.m.* (*econ.*) marketing (*inv.*).
mercado [merkáðo] *s.m.* (anche *econ.*) mercato.
mercantil [merkantíl] *agg.m.* e *f.* mercantile.
merced [merθéð] *s.f.* **1** ricompensa **2** grazia.
mercurio [merkúrjo] *s.m.* (*astro.* e *astrol.*) (*chim.*) mercurio.
merecer [mereθér] **A** *v.tr.pron.* **1** meritare **2** valere **B** *v.intr.* farsi merito.
merecimiento [mereθimjénto] *s.m.* merito.
meridiano [meriðjáno] **A** *agg.* meridiano **B** *s.m.* (*geog.*) (anche *geom.*) meridiano.
meridional [meriðjonál] *agg.* e *s.m.* e *f.* meridionale.

mérito [mérito] *s.m.* **1** merito **2** valore, pregio.
meritorio [meritório] **A** *agg.* meritorio **B** *s.m.* apprendista (*m.* e *f.*).
mermelada [mermeláða] *s.f.* (*cuc.*) marmellata.
mero [méro] **A** *agg.* mero, puro, semplice (*m.*) **B** *s.m.* (*zool.*) cernia.
mes [més] *s.m.* **1** mese **2** (*paga*) mensilità (*f.inv.*).
mesa [mésa] *s.f.* **1** tavolo (*m.*) **2** (*econ.*) (*pol.*) direttivo (*m.*) **3** (*fig.*) tavola, cucina **4** (*arch.*) pianerottolo (*m.*) **5** (*geog.*) tavolato (*m.*), altopiano (*m.*)
mesilla [mesíʎa] *s.f.* tavolino (*m.*), cornicione; ~ *de noche,* comodino.
mesón [mesón] *s.m.* locanda (*f.*).
mestizo [mestíθo] *agg.* e *s.m.* **1** meticcio **2** (*bot.*) (*zool.*) ibrido.
mesura [mesúra] *s.f.* **1** discrezione, riservatezza **2** misura, moderazione.
mesurado [mesuráðo] *agg.* **1** discreto, riservato **2** giudizioso, misurato, equilibrato.
mesurar [mesurár] **A** *v.tr.* misurare, moderare **B** *v.pron.* trattenersi, moderarsi.
meta [méta] *s.f.* **1** (*sport*) (anche *fig.*) meta, traguardo (*m.*) **2** (*sport*) (*calcio*) porta.
metáfora [metáfora] *s.f.* metafora.
metal [metál] *s.m.* metallo.
metalero [metaléro] *s.m.* fabbro.
metalúrgico [metalúrxiko] *agg.* (*ind.*) metallurgico.
metanoducto [metanoðúkto] *s.m.* metanodotto.
meter [metér] **A** *v.tr.* (*en*) mettere, infilare **B** *v.pron.* **1** finire, andare a finire **2** (*en*) intromettersi, mettere il naso **3** (*geog.*) (*corrente*) sboccare, sfociare **4** (*fam.*) ficcarsi in testa **5** (*en*) (*fig.*) cacciarsi.
metido [metíðo] *agg.* **1** coinvolto **2** preso, impegnato.
metraje [metráxe] *s.m.* (*cine.*) metraggio.
metralla [metráʎa] *s.f.* **1** (*mil.*) mitraglia **2** (*met.*) rottami (*m.pl.*) **3** (*fig.*) (*fam.*) ciarpame (*m.*) **4** (*fam.*) (*soldi*) spiccioli (*m.pl.*).
metralleta [metraʎéta] *s.f.* (*mil.*) mitragliatrice.
metro[1] [métro] *s.m.* **1** (*unità di misura*) metro **2** (*poes.*) metro.
metro[2] [métro] *s.m.* (*abbr.*) metropolitana (*f.*).
mezcal [meθkál] *s.m.* **1** (*bot.*) varietà d'agave **2** (*liquore*) mescal (*inv*).
mezclar [meθklár] *v.tr.pron.* **1** mescolare, miscelare, mischiare **2** mettere in disordine, scompigliare **3** (*en*) immischiare.
mezquita [meθkíta] *s.f.* moschea.
mi [mí] **A** *agg.* (*possessivo*) (*si utilizza solo anteposto al s.*) mio (*m.*) **B** *s.m.* (*mus.*) mi (*inv.*).
mí [mí] *pron.m.* e *f.sing.* (*personale; compl.*) me.
miedo [mjéðo] *s.m.* **1** paura (*f.*) **2** paura (*f.*), preoccupazione (*f.*), timore.
miedoso [mjeðóso] *agg.* e *s.m.* pauroso (*agg.*), fifone.
miel [mjél] *s.f.* miele (*m.*).
miembro [mjémbro] *s.m.* **1** membro, componente (*m.* e *f.*) **2** (*ling.*) (*mat.*) membro **3** membro, arto **4** membro, socio.
mientras [miéntras] **A** *avv.* intanto, nel frattempo **B** *cong.* finché, mentre.
miércoles [mjérkoles] *s.m.inv.* mercoledì.
miga [míɣa] *s.f.* **1** mollica **2** briciola.
migraña [miɣrájia] *s.f.* emicrania.
mil [míl] *agg.num.inv.* e *s.m.* **1** (*cardinale*) mille (*inv.*) **2** (*ordinale*) millesimo (*sing.*).
milagro [miláɣro] *s.m.* **1** (anche *fig.*) miracolo **2** portento, prodigio.
militante [militánte] *agg.* e *s.m.* e *f.* militante.
militar [militár] **A** *agg.m.* e *f.* e *s.m.* militare **B** *v.intr.* (*en*) (anche *pol.*) militare.

milla [míʎa] *s.f.* (*mar.*) miglio (*m.*).
millardo [miʎárðo] *s.m.* miliardo.
millón [miʎón] *s.m.* (anche *fig.*) milione.
milocha [milótʃa] *s.f.* aquilone (*m.*).
mimado [mimáðo] *agg.* e *s.m.* viziato (*agg.*).
mimar [mimár] *v.tr.* **1** coccolare **2** viziare.
mimo[1] [mímo] *s.m.* **1** (*teatr.*) (*persona*) mimo **2** (*spettacolo*) pantomima (*f.*).
mimo[2] [mímo] *s.m.* **1** coccola (*f.*), carezza (*f.*) **2** vizio **3** (*fam.*) delicatezza (*f.*), attenzione (*f.*).
mimosa [mimósa] *s.f.* (*bot.*) mimosa.
mina [mína] *s.f.* **1** (*min.*) miniera, giacimento (*m.*) **2** (*fig.*) miniera, pozzo (*m.*) **3** (*mil.*) mina, carica esplosiva **4** (*matita*) mina, grafite.
minarete [minaréte] *s.m.* (*rel.*) minareto.
minero [minéro] *s.m.* minatore.
minifalda [minifálda] *s.f.* (*abb.*) minigonna.
minimizar [minimiθár] *v.tr.* **1** minimizzare **2** (*mat.*) (*funzione*) ridurre al minimo.
mínimo [mínimo] **A** *agg.superl.* minimo **B** *s.m.* (anche *mat.*) minimo.
ministerio [ministérjo] *s.m.* **1** (*bur.*) ministero **2** (*pol.*) ministero, gabinetto, governo.
ministro [minístro] *s.m.* (*pol.*) ministro.
minoría [minoría] *s.f.* minoranza.
minúsculo [minúskulo] *agg.* minuscolo, molto piccolo.
minuta [minúta] *s.f.* **1** minuta, bozza **2** parcella.
minuto [minúto] *s.m.* minuto.
mío [mío] *agg.* e *pron.* (*possessivo*) mio.
miope [mjópe] *agg.* e *s.m.* e *f.* (*med.*) (anche *fig.*) miope.
mira [míra] *s.f.* **1** mira **2** (*fig.*) intenzione, scopo (*m.*)
mirada [miráða] *s.f.* **1** occhiata **2** sguardo (*m.*).
miramiento [miramjénto] *s.m.* **1** considerazione (*f.*), osservazione (*f.*) **2** remora (*f.*), scrupolo, riguardo.
mirar [mirár] **A** *v.tr.pron.* **1** guardare **2** guardare, cercare **3** guardare, osservare **B** *v.intr.* **1** (*a/hacia*) guardare, dare **2** (*por*) badare, curare, avere cura
mirilla [miríʎa] *s.f.* **1** (*porta*) spioncino (*m.*) **2** mirino (*m.*).
miserable [miseráβle] *agg.m.* e *f.* **1** miserabile, misero (*m.*), infelice **2** esiguo (*m.*), misero (*m.*) **3** meschino (*m.*), tirchio (*m.*) **4** infame, spregevole.
miserias [misérjas] *s.f.pl.* disgrazie.
misión [misión] *s.f.* **1** (anche *rel.*) missione **2** missione, compito (*m.*), incarico (*m.*) **3** missione, spedizione.
mismo [mísmo] *agg.* **1** stesso, medesimo **2** stesso, uguale (*m.* e *f.*), identico.
misterio [mistérjo] *s.m.* (anche *rel.* e *teatr.*) mistero.
misterioso [misterióso] *agg.* misterioso.
mitad [mitáð] *s.f.* metà (*inv.*).
mitin [mítin] *s.m.* meeting (*inv.*), riunione (*f.*).
mobiliario [moβiliárjo] *s.m.* mobilia (*f.*), arredamento.
mocedad [moθeðáð] *s.f.* gioventù (*inv.*), giovinezza.
moción [moθjón] *s.f.* **1** mozione, proposta **2** movimento (*m.*).
moco [móko] *s.m.* **1** (*fisiol.*) muco **2** (*fam.*) moccolo, moccio.
modelismo [moðelísmo] *s.m.* modellismo.
modelo [modélo] **A** *agg.inv.* modello **B** *s.m.* **1** (anche *moda*) modello **2** modello, esempio **3** modellino, riproduzione (*f.*) **4** (*tecn.*) stampo **C** *s.m.* e *f.* **1** (*moda*) indossatore (*m.*) **2** (*pitt.*) modello.
moderación [moðeraθjón] *s.f.* **1** moderazione, misura **2** prudenza, cautela.
modernidad [moðerniðáð] *s.f.* modernità (*inv.*).

modisto [moðísto] *s.m.* **1** sarto **2** (*moda*) stilista (*m.* e *f.*).
modo [móðo] *s.m.* modo, maniera (*f.*).
módulo [móðulo] *s.m.* **1** (anche *arch.*) (*mat.*) modulo **2** modulo, formulario.
mohín [moín] *s.m.* smorfia (*f.*).
moho [móo] *s.m.* **1** muffa (*f.*) **2** ruggine (*f.*).
mohoso [moóso] *agg.* **1** ammuffito, pieno di muffa **2** arrugginito.
mojado [moxádo] *agg.* bagnato.
mojar [moxár] **A** *v.tr.* **1** bagnare **2** (*fam.*) inzuppare **B** *v.pron.* (*fig.*) (*fam.*) esporsi, compromettersi.
mojito [moxíto] *s.m.* (*bibita*) aperitivo cubano a base di rum, zucchero, mentuccia e limone.
molde [mólde] *s.m.* **1** stampo, forma (*f.*) **2** (*tip.*) matrice (*f.*) **3** (*fig.*) norma (*f.*), schema.
moldeo [moldéo] *s.m.* **1** (*edil.*) getto, colata (*f.*) **2** (*met.*) fusione (*f.*).
molécula [molékula] *s.f.* (*fis.*) (*chim.*) molecola.
moler [molér] *v.tr.* **1** macinare **2** (*olive*) spremere **3** (*fig.*) esaurire, logorare, stancare.
molestar [molestár] **A** *v.tr.* **1** disturbare, infastidire **2** offendersi **B** *v.pron.* (*en/por*) prendersi il disturbo.
molino [molíno] *s.m.* mulino.
momentáneo [momentáneo] *agg.* momentaneo, passeggero.
momento [moménto] *s.m.* **1** (anche *fig.*) momento, attimo **2** momento, occasione (*f.*).
monada [monáða] *s.f.* **1** (*fig.*) gioiellino (*m.*), bellezza **2** (*fig.*) ragazzata.
monda [mónda] *s.f.* **1** (*agr.*) mondatura, monda **2** (*agr.*) (*alberi*) potatura.
monedero [moneðéro] *s.m.* portamonete (*inv.*), borsellino.
monición [moniθjón] *s.f.* ammonizione, ammonimento (*m.*), monito (*m.*).
monja [móŋxa] *s.f.* (*rel.*) suora, monaca.
monje [móŋxe] *s.m.* (*rel.*) monaco, frate.
mono [móno] *s.m.* **1** (*zool.*) scimmia (*f.*) **2** (*abb.*) tuta (*f.*) **3** (*gioco*) (*carte*) jolly (*inv.*) *agg.* grazioso.
montaje [montáxe] *s.m.* **1** (*tecn.*) (anche *cine.*) montaggio **2** (*fam.*) montatura (*f.*) **3** incastonatura (*f.*).
montañero [montaɲéro] *s.m.* (*sport*) alpinista (*m.* e *f.*).
montar [montár] **A** *v.intr.* **1** (*a/en/sobre*) montare, salire **2** (*equit.*) cavalcare **3** (*comm.*) ammontare **B** *v.tr.* **1** (*zool.*) coprire, montare **2** (*tecn.*) (*cine.*) montare **3** montare, incastonare **4** (*cuc.*) montare **5** (*arma da fuoco*) caricare.
montón [montón] *s.m.* **1** mucchio, cumulo **2** (*fig.*) mucchio, sacco.
monumento [monuménto] *s.m.* (anche *fig.*) monumento.
moño [móɲo] *s.m.* **1** (*pettinatura*) chignon (*inv.*) **2** (*addobbo*) fiocco di nastri **3** (*uccelli*) pennacchio, ciuffo.
moral [morál] **A** *agg.m.* e *f.* morale **B** *s.f.* **1** (*fil.*) morale, etica **2** morale (*m.*), spirito (*m.*).
moraleja [moraléxa] *s.f.* morale della favola.
moralina [moralína] *s.f.* ipocrisia.
moralismo [moralísmo] *s.m.* moralismo.
morar [morár] *v.intr.* (*en*) abitare, risiedere.
mordaga [morðáɣa] *s.f.* (*fam.*) sbornia, sbronza.
morrito [morríto] *s.m.* smorfia (*f.*).
morro [mórro] *s.m.* **1** (anche *fig.*) muso **2** (*fam.*) labbra (*f.pl.*), bocca (*f.*) **3** (*fam.*) sfacciataggine (*f.*).
mortalidad [mortaliðáð] *s.f.* mortalità (*inv.*).
mosca [móska] *s.f.* **1** (*zool.*) mosca **2** (*barba*) mosca, pizzetto (*m.*).

mosquear [moskeár] **A** *v.tr.* (*fig.*) insospettire **B** *v.pron.* (*fam.*) risentirsi, scocciarsi.
mosquito [moskíto] *s.m.* (*zool.*) zanzara (*f.*).
mostacho [mostátʃo] *s.m.* **1** baffo **2** (*fig.*) (*macchia*) baffo.
mostaza [mostáθa] *s.f.* **1** (*bot.*) senape **2** (*cuc.*) senape, mostarda.
mostrar [mostrár] **A** *v.tr.* **1** mostrare **2** mostrare, spiegare **3** (*fig.*) mostrare, dimostrare **4** indicare **B** *v.pron.* mostrarsi, dimostrarsi.
motín [motín] *s.m.* ammutinamento, insurrezione (*f.*).
motivación [motiβaθjón] *s.f.* motivazione.
motivo [motíβo] *s.m.* **1** motivo, causa (*f.*) **2** (*mus.*) motivo **3** (*decorazione*) motivo.
motocicleta [motoθikléta] *s.f.* motocicletta.
motriz [motríθ] *agg.f.* motrice.
movedizo [moβeðíθo] *agg.* **1** mobile (*m.* e *f.*), movibile (*m.* e *f.*) **2** instabile (*m.* e *f.*), traballante (*m.* e *f.*).
mover [moβér] **A** *v.tr.* **1** muovere **2** (*fig.*) incitare, sollevare **3** mescolare, rimestare **4** muovere, agitare, dimenare **5** spostare **B** *v.pron.* **1** muoversi **2** darsi da fare **3** muoversi, sbrigarsi.
movido [moβíðo] *agg.* **1** attivo, animato, movimentato **2** (*fot.*) sfuocato.
movida [moβíða] *s.f.* **1** (*bot.*) germogliazione **2** (*fam.*) animazione, traffico (*m.*) **3** (*fig.*) vita notturna.
móvil [móβil] *s.m.* **1** (*giur.*) movente **2** (*telecom.*) cellulare.
movimiento [moβimjénto] *s.m.* **1** movimento, moto **2** movimento, mossa (*f.*), gesto **3** (*comm.*) (*banca*) movimento, operazione (*f.*) **4** (*fig.*) movimento, traffico **5** (*arte, politica, cultura*) movimento, corrente (*f.*).
mozo [móθo] *s.m.* **1** ragazzo, garzone, apprendista **2** cameriere **3** (*mil.*) recluta (*f.*).
muchacha [mutʃátʃa] *s.f.* **1** ragazza **2** (*fam.*) cameriera, domestica.
muchacho [mutʃátʃo] *s.m.* ragazzo.
muchedumbre [mutʃeðúmbre] *s.f.* moltitudine, folla.
mucho [mútʃo] **A** *agg.* molto, tanto, numeroso **B** *avv.* **1** assai, parecchio, molto **2** (*enfatico*) molto.
mudadizo [muðaðíθo] *agg.* incostante (*m.* e *f.*), volubile (*m.* e *f.*), variabile (*m.* e *f.*).
mudanza [muðánθa] *s.f.* **1** cambiamento (*m.*), mutamento (*m.*) **2** trasloco (*m.*) **3** (*danza*) cambio (*f.*) di movimento **4** (*fig.*) volubilità (*inv.*), instabilità (*inv.*).
mudar [muðár] **A** *v.tr.* **1** (anche *zool.*) cambiare, mutare **2** spostare **B** *v.intr./tr.* **1** (*en*) trasformare **2** (*fig.*) modificare, cambiare, mutare **C** *v.pron.* **1** (*de*) cambiarsi **2** cambiare casa, traslocare **3** (*fam.*) trasferirsi.
mudo [múdo] *agg.* e *s.m.* **1** (anche *ling.*) muto **2** (*fig.*) silenzioso (*agg.*), zitto (*agg.*).
mueble [mwéβle] *agg.* e *s.m.* mobile.
mueca [mwéka] *s.f.* smorfia.
muela [mwéla] *s.f.* **1** (anche *mulino*) mola **2** (*dente*) molare (*m.*) **3** girotondo (*m.*).
muerte [mwérte] *s.f.* **1** morte **2** omicidio (*m.*) **3** decesso (*m.*), trapasso (*m.*) **4** (*fig.*) morte, distruzione, rovina.
muerto [mwérto] **A** *agg.* **1** morto, defunto **2** smorto, spento **B** *s.m.* morto, defunto.
muestra [mwéstra] *s.f.* **1** campione (*m.*) **2** (*fig.*) segno (*m.*), dimostrazione **3** (*negozio*) insegna.
muestrario [mwestrário] *s.m.* **1** campionario, catalogo **2** (*fig.*) campionario, gamma (*f.*).
mujer [muxér] *s.f.* **1** donna **2** moglie, consorte.
muleta [muléta] *s.f.* **1** stampella **2** (*fig.*) appoggio (*m.*), sostegno (*m.*) **3** (*tauro.*) muleta (*inv.*).

mullido [muʎíðo] **A** *agg.* soffice (*m.* e *f.*), morbido **B** *s.m.* imbottitura (*f.*).
multitud [multitúð] *s.f.* moltitudine, folla.
mundo [múndo] *s.m.* (anche *fig.*) mondo.
munición [muniθjón] *s.f.* munizione.
municipal [muniθipál] **A** *agg.m.* e *f.* municipale, comunale **B** *s.m.* vigile urbano.
municipio [muniθípjo] *s.m.* municipio, comune.
muñeca [muɲéka] *s.f.* **1** (*anat.*) polso (*m.*) **2** (*gioco*) bambola **3** (*sarta*) manichino (*m.*).
mural [murál] **A** *agg.m.* e *f.* murale **B** *s.m.* affresco, murale.
muralla [muráʎa] *s.f.* muro (*m.*).
murciélago [murθjélaɣo] *s.m.* (*zool.*) pipistrello.
musgo [músɣo] *s.m.* (*bot.*) muschio.
música [músika] *s.f.* **1** (anche *fig.*) musica **2** (*fig.*) (*pegg.*) baccano (*m.*), chiasso (*m.*).
musitar [musitár] *v.intr.* bisbigliare, mormorare.
muslo [múslo] *s.m.* (*anat.*) (anche *zool.*) coscia (*f.*).
mutua [mútwa] *s.f.* mutua privata, assicurazione.
mutuo [mútwo] **A** *agg.* mutuo, reciproco **B** *s.m.* (*giur.*) mutuo.
muy [múi] *avv.* molto.

N

n [éne] *s.f.inv.* **1** lettera n **2** (*geog.*) (*abbr. di nord*) N.
nabo [náβo] *s.m.* **1** (*bot.*) rapa (*f.*) **2** (*bot.*) radice (*f.*) di rapa **3** (*fig.*) (*animale*) coda (*f.*).
nácar [nákar] *s.m.* madreperla (*f.*).
nacer [naθér] **A** *v.intr.* **1** nascere, venire alla luce **2** (*bot.*) germogliare, sbocciare **3** crescere, spuntare **4** (*fig.*) sorgere **5** (*fig.*) derivare, avere origine **6** (*fig.*) dedursi, desumersi **B** *v.pron.* **1** (*bot.*) tallire, accestire **2** scucirsi.
nacimiento [naθimjénto] *s.m.* **1** nascita (*f.*) **2** sorgente (*f.*), fonte (*f.*) **3** (*fig.*) origine (*f.*), principio **4** presepio.
nación [naθjón] *s.f.* **1** nazione, stato (*m.*) **2** stirpe, popolo (*m.*).
nacionalidad [naθjonaliðáð] *s.f.* **1** nazionalità (*inv.*) **2** cittadinanza.
nacionalización [naθjonaliθaθjón] *s.f.* nazionalizzazione.
nacionalizar [naθjonaliθár] **A** *v.tr.* nazionalizzare **B** *v.pron.* (*en*) ottenere la cittadinanza, naturalizzarsi.
nada [náða] **A** *avv.* niente affatto, assolutamente **B** *pron.inv.* (*indefinito*) **1** niente, nulla **2** qualcosa **C** *s.f.inv.* **1** nulla (*m.*), niente (*m.*) **2** nonnulla (*m.*), inezia (*sing.*).
nadar [naðár] *v.intr.* **1** (*en*) (anche *fig.*) nuotare **2** galleggiare.
nadie [náðje] *pron.inv.* (*indefinito*) nessuno (*m.*)
naipe [náipe] *s.m.* (*gioco*) carta (*f.*).
nalga [nálɣa] *s.f.* (*anat.*) natica.
nalgada [nalɣáða] *s.f.* sculacciata.
nana [nána] *s.f.* **1** (*fam.*) nonna **2** ninna nanna.
naranja [naráŋxa] *s.f.* **1** (*bot.*) arancia **2** (*colore*) arancione (*m.*).
naranjada [naraŋxáða] *s.f.* aranciata.
narcótico [narkótiko] *agg.* e *s.m.* (*farm.*) narcotico.
nariz [naríθ] *s.f.* **1** (*anat.*) (anche *mecc.*) naso (*m.*) **2** (*cane*) tartufo (*m.*) **3** (*fig.*) olfatto (*m.*).
narración [narraθjón] *s.f.* **1** narrazione, relazione **2** (*lett.*) racconto (*m.*).
narrar [narrár] *v.tr.* narrare, raccontare.
nata [náta] *s.f.* **1** panna, crema di latte **2** (*fig.*) crema, élite (*inv.*)
natación [nataθjón] *s.f.* nuoto (*m.*).
natal [natál] *agg.m.* e *f.* natale.
natátil [natátil] *agg.m.* e *f.* galleggiante.
natural [naturál] **A** *agg.m.* e *f.* **1** naturale **2** spontaneo (*m.*), semplice **3** naturale, non alterato (*m.*) **4** normale, consueto (*m.*) **5** originario (*m.*) **B** *s.m.* **1** nativo, indigeno **2** indole (*f.*), temperamento **3** (*pitt.*) vero.
naturaleza [naturaléθa] *s.f.* **1** (anche *rel.*) natura **2** natura, energia **3** natura, disposizione **4** indole, carattere (*m.*) **5** specie (*inv.*), qualità (*inv.*), genere (*m.*).

naturalizar [naturaliθár] **A** *v.tr.* **1** (*giur.*) naturalizzare **2** (*bio.*) naturalizzare, acclimatare **3** adottare **B** *v.pron.* **1** (*giur.*) naturalizzarsi, prendere la cittadinanza **2** integrarsi.
naturalmente [naturálménte] *avv.* **1** naturalmente, con naturalezza **2** certamente, sicuramente.
naufragar [naufraɣár] *v.intr.* **1** naufragare, affondare **2** (*fig.*) naufragare, fallire.
náuseas [náuseas] *s.f.pl.* **1** (*med.*) nausea (*sing.*) **2** (*fig.*) nausea (*sing.*), voltastomaco (*m.sing.*), avversione (*sing.*).
navaja [naβáxa] *s.f.* **1** navaja (*inv.*), coltello (*m.*) a serra manico **2** rasoio (*m.*) **3** (*zool.*) (*mollusco*) cannello (*m.*). **nave** [náβe] *s.f.* **1** nave, imbarcazione **2** (*arch.*) navata **3** capannone (*m.*), magazzino (*m.*).
navegación [naβeɣaθjón] *s.f.* **1** navigazione **2** nautica.
navegar [naβeɣár] *v.intr.* **1** (*a/en/hacia/por*) navigare **2** viaggiare **3** essere trasportato.
Navidad [naβiðáð] *s.f.* Natale (*m.*).
navío [naβío] *s.m.* (*mar.*) **1** (*mil.*) vascello **2** bastimento, nave (*f.*).
neblina [neβlína] *s.f.* foschia, nebbia.
necedad [neθeðáð] *s.f.* sciocchezza, stupidaggine.
necesario [neθesárjo] *agg.* necessario, indispensabile (*m.* e *f.*).
necesidad [neθesiðáð] *s.f.* **1** necessità (*inv.*), bisogno (*m.*) **2** necessitá (*inv.*), povertà (*inv.*), difficoltà (*inv.*) **3** (*fisiol.*) necessità (*inv.*) corporale.
necesitado [neθesitáðo] *agg.* e *s.m.* **1** necessitato (*agg.*) **2** bisognoso, indigente (*m.* e *f.*).
necesitar [neθesitár] **A** *v.tr.* necessitare, dovere **B** *v.intr./tr.* (*de*) avere bisogno, essere necessario **C** *v.impers.* **1** (*fam.*) bisognare, necessitare **2** servire, cercare.
néctar [néktar] *s.m.* **1** (*bot.*) (anche *fig.*) nettare **2** (*mit.*) nettare, ambrosia (*f.*).
negable [neɣáβle] *agg.m.* e *f.* negabile.
negación [neɣaθjón] *s.f.* (anche *gramm.*) negazione.
negado [neɣáðo] *agg.* e *s.m.* negato (*agg.*), incapace (*m.* e *f.*).
negar [neɣár] **A** *v.tr.* **1** negare **2** negare, non riconoscere **3** rinnegare, ricusare **4** rifiutare, non concedere **5** vietare, impedire **B** *v.pron.* (*a*) rifiutarsi.
negativo [neɣatíβo] *agg.* **1** negativo **2** dannoso.
negligencia [neɣlixénθja] *s.f.* negligenza, svogliatezza, trascurataggine.
negligente [neɣlixénte] *agg.m.* e *f.* negligente, trascurato (*m.*), svogliato (*m.*).
negociable [neɣoθjáβle] *agg.m.* e *f.* negoziabile.
negociación [neɣoθjaθjón] *s.f.* (*comm.*) (*econ.*) (*pol.*) trattativa, negoziato (*m.*).
negociado [neɣoθjáðo] *s.m.* **1** (*bur.*) ripartizione (*f.*), settore, ufficio **2** (*comm.*) (*econ.*) (*pol.*) negoziato.
negociante [neɣoθjánte] *s.m.* e *f.* **1** negoziante, commerciante **2** affarista.
negociar [neɣoθjár] **A** *v.intr.* (*con/en*) (*comm.*) negoziare, trattare, commerciare **B** *v.tr.* **1** (*econ.*) negoziare, contrattare **2** (*pol.*) negoziare, intavolare trattative, trattare **3** (*comm.*) trattare, negoziare.
negocio [neɣóθjo] *s.m.* **1** commercio, attività commerciale **2** (*fig.*) affare **3** (*locale*) negozio, bottega (*f.*).
negrero [neɣréro] *agg.* e *s.m.* **1** negriero **2** (*fig.*) sfruttatore.
negro [néɣro] **A** *agg.* **1** nero **2** nero, bruno, scuro **3** nero, buio, cupo **4** (*fig.*) nero, brutto **B** *agg.* e *s.m.* (*persona*) nero, negro **C** *s.m.* (*colore*) nero.
nene [néne] *s.m.* (*fam.*) pupo, bimbo.
nervadura [nerβaðúra] *s.f.* nervatura, venatura.

nervio [nérβjo] *s.m.* **1** (*anat.*) nervo **2** (*anat.*) tendine **3** (*bot.*) nervatura (*f.*), filo, nervo **4** (*fig.*) grinta (*f.*).
nervioso [nerβióso] *agg.* **1** (*anat.*) (*bot.*) (*med.*) nervoso **2** nervoso, eccitabile (*m.* e *f.*), irritabile (*m.* e *f.*) **3** (*fig.*) nerboruto, forte (*m.* e *f.*), vigoroso **4** agitato, irrequieto.
neto [néto] *agg.* **1** netto, pulito, nitido **2** (*fig.*) netto, esatto, preciso.
neumonía [neumonía] *s.f.* (*med.*) pneumonia, polmonite.
neura [néura] **A** *agg.m.* e *f.* (*fig.*) (*fam.*) nevrastenico (*m.*), isterico (*m.*) **B** *s.f.* **1** (*med.*) nevrastenia, depressione **2** (*fam.*) mania, ossessione.
neurosis [neurósis] *s.f.inv.* (*med.*) nevrosi.
neutral [neutrál] *agg.m.* e *f.* neutrale.
neutro [néutro] *agg.* **1** neutro **2** (*bot.*) (*zool.*) neutro, non sessuato, sterile (*m.* e *f.*) **3** (*pol.*) neutro, neutrale (*m.* e *f.*).
nevada [neβáða] *s.f.* (*meteo.*) nevicata.
nevera [neβéra] *s.f.* **1** frigorifero (*m.*) **2** (*fig.*) ghiacciaia.
ni [ní] *cong.* **1** né **2** neppure, neanche.
nidal [niðál] *s.m.* **1** (anche *fig.*) nido **2** (*fig.*) causa (*f.*), origine (*f.*).
niebla [njéβla] *s.f.* (*meteo.*) nebbia.
nieto [niéto] *s.m.* nipote (*m.* e *f.*) di nonno.
nieve [njéβe] *s.f.* **1** (*meteo.*) neve **2** (*fig.*) candore (*m.*), bianchezza.
nimiedad [nimjeðáð] *s.f.* inezia, banalità (*inv.*), sciocchezza.
ninguno [niŋgúno] **A** *agg.* (*indefinito*) nessuno, nessun **B** *pron.* (*indefinito*) nessuno, neanche uno.
niña [níɲa] *s.f.* **1** (*anat.*) pupilla **2** bambina.
niñez [niɲéθ] *s.f.* fanciullezza, infanzia.
niño [níɲo] **A** *agg.* **1** bambino **2** (*fig.*) inesperto **B** *s.m.* **1** bambino, bimbo.
níspola [níspola] *s.f.* (*bot.*) nespola.
nitidez [nitiðéθ] *s.f.* nitidezza, trasparenza.
nivel [niβél] *s.m.* **1** (*tecn.*) (*strumento*) livella (*f.*) **2** livello **3** (*fig.*) livello, categoria (*f.*), condizione (*f.*).
no [nó] *avv.* **1** (*risposta*) no **2** (anche *interrogativo*) non.
noche [nóθtʃe] *s.f.* **1** notte **2** (*fig.*) notte, tenebre (*pl.*), oscurità (*inv.*).
noción [noθjón] *s.f.* nozione, idea, concetto (*m.*).
nocividad [noθiβiðáð] *s.f.* nocività (*inv.*).
nodriza [noðríθa] *s.f.* nutrice, balia.
nogal [noɣál] *s.m.* **1** (*bot.*) noce **2** (*legno*) noce, legno di noce.
nombramiento [nombramjénto] *s.m.* nomina (*f.*).
nombrar [nombrár] *v.tr.* **1** nominare, chiamare per nome **2** nominare, designare **3** (*para*) proporre.
nombre [nómbre] *s.m.* **1** nome **2** (*fig.*) nomea (*f.*), fama (*f.*), reputazione (*f.*) **3** (*gramm.*) nome, sostantivo.
nomeolvides [nomeolβíðes] *s.m.inv.* (*bot.*) nontiscordardimé.
nómina [nómina] *s.f.* **1** elenco (*m.*) **2** (*bur.*) organico (*m.*) **3** stipendio (*m.*), busta paga.
nominación [nominaθjón] *s.f.* nomina, candidatura.
non [nón] *agg.* dispari (*inv.*).
nonada [nonáða] *s.f.* minuzia, nonnulla (*m.inv.*).
nopal [nopál] *s.m.* (*bot.*) fico d'India.
nortada [nortáða] *s.f.* (*vento*) tramontana.
norte [nórte] *s.m.* **1** (*geog.*) nord, settentrione **2** (*fig.*) leader (*inv.*), guida (*f.*).
nos [nós] *pron.m.* e *f.pl.* (*personale, compl.ogg. e di termine*) ci, ce.
nosotros [nosótros] *pron.m.pl.* (*personale*) noi (*m.* e *f.*), noialtri.
nostalgia [nostálxja] *s.f.* nostalgia.

nota [nóta] *s.f.* **1** nota, segno (*m.*) **2** citazione, postilla **3** nota, rilievo (*m.*), considerazione **4** (*fig.*) fama, prestigio (*m.*) **5** (*istr.*) voto (*m.*) **6** nota, appunto (*m.*), annotazione **7** comunicazione, messaggio (*m.*) **8** (*mus.*) nota.
notar [notár] *v.tr.* **1** notare, segnare **2** notare, osservare, accorgersi **3** annotare, prendere appunti.
noticiar [notiθjár] *v.tr.* informare.
notificación [notifikaθjón] *s.f.* (*giur.*) **1** notificazione, notifica **2** (*documento*) atto (*m.*) di notifica.
novato [noβáto] *agg.m.* e *f.* principiante.
novedad [noβeðáð] *s.f.* **1** novità (*inv.*), innovazione **2** notizia fresca, novità **3** (*fig.*) cosa strana/straordinaria.
novela [noβéla] *s.f.* **1** romanzo (*m.*), racconto (*m.*) **2** (*fig.*) romanzo (*m.*) **3** (*fig.*) bugia, frottola, invenzione.
novelería [noβelería] *s.f.* (*fam.*) pettegolezzi (*m.pl.*), ciance (*pl.*).
noviazgo [noβjáθɣo] *s.m.* fidanzamento.
noviembre [noβjémbre] *s.m.* novembre.
novio [nóβjo] *s.m.* **1** sposo **2** promesso sposo, fidanzato.
nube [núβe] *s.f.* **1** (*meteo.*) (anche *fig.*) nube, nuvola, nembo (*m.*) **2** sciame (*m.*) **3** (*fig.*) gran quantità (*inv.*), moltitudine.
nudillo [nuðíʎo] *s.m.* **1** (*anat.*) nocca (*f.*) **2** (*cucitura*) punto annodato **3** (*arch.*) tassello.
nudo [núðo] *s.m.* **1** nodo, legatura (*f.*) **2** (*med.*) nodulo **3** (*fig.*) legame, vincolo **4** (*velocità marina*) nodo.
nuestro [nwéstro] *agg.* e *pron.* (*possessivo*) nostro.
nuevo [nwéβo] **A** *agg.* **1** nuovo, appena fatto **2** successo da poco **3** nuovo, sconosciuto **4** nuovo, appena arrivato **5** nuovo, poco usato **B** *s.m.* nuovo, novità (*f.inv.*).
nuez [nwéθ] *s.f.* (*frutto*) noce.
número [número] *s.m.* numero.
nunca [núŋka] *avv.* mai.
nutrir [nutrír] **A** *v.tr.* **1** nutrire, alimentare **2** (*fig.*) nutrire, arricchire **3** (*fig.*) colmare, riempire **4** (*de*) fornire **B** *v.pron.* (*con/de*) nutrirsi.

Ñ

ñ [éñe] *s.f.inv.* lettera ñ (*suono gn*).
ñacanina [ɲakanína] *s.f.* (*amer.*) (*zool.*) serpente velenoso del Chaco (Argentina).
ñanco [ɲáŋko] *s.m.* (*amer.*) (*zool.*) aquilotto del Cile.
ñandubay [ɲanduβái] *s.m.* (*amer.*) (*bot.*) albero della famiglia delle mimosacee.
ñandutí [ɲandutí] *s.m.* (*amer.*) (*tess.*) pizzo finissimo del Paraguay (pl. *ñandutíes, fiandutís*).
ñangado [ɲaŋgáðo] *agg.* (*amer.*) (*gambe*) sbilenco.
ñaña [ɲáɲa] *s.f.* **1** (*amer.*) (*fam.*) tata **2** (*amer.*) sorella maggiore.
ñaño [ɲáɲo] **A** *agg.* (*amer.*) viziato **B** *s.m.* (*amer.*) amico del cuore.
ñapa [ɲápa] *s.f.* (*amer.*) (*fam.*) aggiunta.
ñapango [ɲapáŋgo] *agg.* (*amer.*) **1** meticcio **2** mulatto.
ñapindá [ɲapindá] *s.m.* (*amer.*) (*bot.*) acacia (*f.*).
ñaque [ɲáke] *s.m.* **1** ciarpame **2** (*teatr.*) coppia di comici ambulanti.
ñeque[1] [ɲéke] *agg.m.* e *f.* (*amer.*) forte, vigoroso (*m.*).
ñeque[2] [ɲéke] *s.m.* (*amer.*) sberla (*f.*).
ñeques [ɲékes] *s.m.pl.* (*amer.*) pugni.
ñiquiñaque [ɲikiɲáke] *s.m.* (*fam.*) **1** (*persona*) mascalzone **2** (*cosa*) robaccia (*f.*).
ñizca [ɲìθka] *s.f.* (*amer.*) pezzetto (*m.*).
ñoña [ɲóɲa] *s.f.* (*amer.*) sterco (*m.*).
ñoñería [ɲoɲería] *s.f.* **1** (*fig.*) lagna **2** (*amer.*) rimbambimento (*m.*).
ñoño [ɲóɲo] *agg.* **1** (*fig.*) lagnoso **2** lezioso **3** (*fig.*) insipido, scialbo.
ñoqui [ɲóki] *s.m.* (*amer.*) (*cuc.*) gnocco.
ñorbo [ɲórβo] *s.m.* (*amer.*) (*bot.*) passiflora (*f.*).
ñorda [ɲórða] *s.f.* (*volg.*) merda.
ñoro [ɲóro] *s.m.* peperoncino rosso piccante.
ñu [ɲú] *s.m.* (*zool.*) gnu.
ñuto [ɲúto] *agg.* (*amer.*) (*carne*) macinato, tritato.

O

o [o] *s.f.* **1** lettera o (*inv.*) **2** (*geog.* e *abbr.* di oeste) O.
o [ó] *cong.* (anche *disgiuntiva*) o.
oasis [oásis] *s.m.inv.* (*geog.* e *fig.*) oasi (*f.*).
obedecer [oβeðeθér] **A** *v.tr.* ubbidire, sottostare **B** *v.intr.* **1** obbedire, rispondere.
objetivo [oβxetíβo] **A** *agg.* **1** obiettivo, oggettivo, imparziale (*m.* e *f.*) **2** disinteressato, spassionato **B** *s.m.* **1** obiettivo, scopo **2** (*ott.*) (anche *mil.*) obiettivo.
objeto [oβxéto] *s.m.* **1** oggetto **2** (*fig.*) obiettivo, scopo **3** materia (*f.*), argomento.
obra [óβra] *s.f.* **1** opera **2** opera, lavoro (*m.*) **3** (*edil.*) cantiere (*m.*) **4** (*libro*) volume (*m.*)
obrero [oβréro] *agg.* e *s.m.* operaio.
obsequio [oβsékjo] *s.m.* **1** regalo, dono **2** ossequio, deferenza (*f.*).
observar [oβserβár] **A** *v.tr.* **1** osservare **2** rispettare, adempiere **3** notare, rilevare.
obstáculo [oβstákulo] *s.m.* **1** (anche *fig.*) ostacolo, impedimento **2** (*sport*) ostacolo.
obstetricia [oβstetríθja] *s.f.* ostetricia.
obstrucción [oβstrukθjón] *s.f.* **1** (anche *pol.*) ostruzione **2** (*med.*) occlusione.
obstruir [oβstrwír] *v.tr.* **1** ostruire, sbarrare **2** (*fig.*) impedire.
obtener [oβtenér] *v.tr.* **1** ottenere, conseguire **2** ricavare, trarre.
obvio [óββjo] *agg.* ovvio, logico.
oca [óka] *s.f.* (*zool.*) oca.
ocasión [okasjón] *s.f.* **1** (*tempo*) situazione, circostanza **2** occasione.
ocasionado [okasjonáðo] *agg.* provocatore.
ocios [óθjos] *s.m.pl.* passatempi, hobby (*inv.*).
octubre [oktúβre] *s.m.* ottobre.
ocultamente [okúltaménte] *avv.* **1** segretamente **2** di nascosto.
ocurrencia [okurrénθja] *s.f.* **1** trovata, idea **2** evento (*m.*), fatto (*m.*).
ocurrir [okurrír] *v.intr.* (*impers.*) succedere, accadere.
oeste [oéste] *s.m.* (*geog.*) ovest.
ofensa [ofénsa] *s.f.* **1** offesa, insulto (*m.*), oltraggio (*m.*) **2** (*giur.*) offesa, delitto (*m.*).
ofertar [ofertár] *v.tr.* **1** (*comm.*) promuovere, lanciare **2** (*amer.*) offrire, regalare **3** (*econ.*) fare un'offerta pubblica di acquisto.
oficina [ofiθína] *s.f.* **1** ufficio (*m.*), studio (*m.*) **2** laboratorio (*m.*) farmaceutico.
oficio [ofíθio] *s.m.* **1** professione (*f.*) **2** lavoro, mestiere **3** comunicazione (*f.*) scritta, circolare (*f.*) **4** abilità (*f.inv.*), esperienza (*f.*) **6** (*rel.*) ufficio
ofrecer [ofreθér] **A** *v.tr.* **1** offrire, donare **2** offrire, dare **3** dedicare, consacrare **4** presentare.

oído [oíðo] *s.m.* **1** udito **2** (*anat.*) (anche *fig.*) orecchio.
oír [oír] (oigo, oí, oiré) *v.tr.* **1** udire, sentire **2** ascoltare **3** venire a sapere.
ojeada [oxeáða] *s.f.* occhiata, sbirciata.
ojo [óxo] *s.m.* **1** (*anat.*) (anche *zool.*) occhio **2** occhio, foro, buco **3** (*ago*) cruna (*f.*) **4** (*rete*) maglia (*f.*) **5** (*fig.*) intuito, perspicacia (*f.*).
ola [óla] *s.f.* **1** onda **2** (*fig.*) ondata, afflusso (*m.*) **3** (*fig.*) ondata, marea.
óleo [óleo] *s.m.* **1** olio d'oliva **2** (*rel.*) olio santo **3** (*pitt.*) olio.
oler [olér] *v.tr.* **1** odorare **2** fiutare, annusare **3** (*fig.*) curiosare, ficcare il naso.
olimpiada o **olimpíada** [olimpjáða/olimpíaða] *s.f.* olimpiade.
oliva [olíβa] *s.f.* **1** (*bot.*) (*pianta*) olivo (*m.*) **2** (*bot.*) (*frutto*) oliva **3** (*zool.*) civetta.
olla [óʎa] *s.f.* pentola.
olor [olór] *s.m.* **1** odore **2** (*senso*) olfatto **3** (*fig.*) indizio, sentore.
olvidar [olβiðár] **A** *v.tr.* **1** dimenticare, scordare **2** dimenticare, abbandonare **3** dimenticare, perdonare **B** *v.pron.* dimenticarsi.
onda [ónda] *s.f.* **1** (anche *fis.*) onda **2** (*vestito*) volant (*m.inv.*).
opacidad [opaθiðáð] *s.f.* opacità (*inv.*).
opción [opθjón] *s.f.* **1** opzione, scelta **2** opzione, preferenza **3** (*giur.*) opzione.
ópera [ópera] *s.f.* (*mus.*) opera.
operación [operaθjón] *s.f.* **1** operazione, procedimento (*m.*) **2** (*econ.*) (*mat.*) (*mil.*) operazione **3** (*med.*) intervento (*m.*).
operador [operaðór] *s.m.* **1** operatore **2** (*med.*) chirurgo.
operar [operár] **A** *v.tr.* **1** operare, realizzare, fare **2** (*med.*) operare, eseguire un intervento **B** *v.intr.* **1** produrre effetto, agire **2** (*con*) (*comm.*) negoziare **3** (*mat.*) eseguire operazioni.
opinar [opinár] **A** *v.intr.* (*de/en/sobre*) pensare **B** *v.intr./tr.* opinare, esprimere la propria opinione.
opinión [opinjón] *s.f.* **1** opinione, idea, giudizio (*m.*) **2** stima, considerazione.
oponer [oponér] **A** *v.tr.* **1** opporre **2** eccepire, obiettare **3** contrapporre **B** *v.pron.* (*a/contra*) opporsi, porsi contro.
oportunidad [oportuniðáð] *s.f.* opportunità (*inv.*), occasione.
oportunismo [oportunísmo] *s.m.* opportunismo.
oportunista [oportunísta] *agg.* e *s.m.* e *f.* opportunista.
oportuno [oportúno] *agg.* **1** opportuno, adatto **2** (*fig.*) spiritoso, brillante (*m.* e *f.*).
oposición [oposiθjón] *s.f.* **1** opposizione, resistenza **2** opposizione, contrasto (*m.*) **3** (*astro.*) (*pol.*) opposizione.
oposiciones [oposiθjónes] *s.f.pl.* concorso (*m.sing.*) pubblico.
opositar [opositár] *v.intr.* partecipare a un concorso pubblico.
opositor [opositór] *s.m.* **1** oppositore **2** (*concorso pubblico*) concorrente (*m.* e *f.*).
opresión [opresjón] *s.f.* **1** oppressione, dominio (*m.*) **2** (*fig.*) oppressione, angoscia.
opresor [opresór] *agg.* e *s.m.* oppressore.
oprimir [oprimír] *v.tr.* **1** schiacciare, premere **2** (*fig.*) opprimere, vessare **3** (*fig.*) angosciare.
optar [optár] *v.tr./intr.* **1** optare, scegliere **2** aspirare.
optativo [optatíβo] *agg.* **1** (*ling.*) ottativo **2** facoltativo.
óptica [óptika] *s.f.* **1** (*fis.*) ottica **2** (*fig.*) punto di vista **3** (*comm.*) negozio di ottica.
óptico [óptiko] **A** *agg.* ottico **B** *s.m.* ottico, optometrista (*m.* e *f.*).

optimismo [optimísmo] *s.m.* ottimismo.
optimista [optimísta] *agg.* e *s.m.* e *f.* ottimista.
óptimo [óptimo] *agg.superl.* ottimo, buonissimo, eccellente (*m.* e *f.*).
opuesto [opwésto] *agg.* opposto, contrario.
opugnación [opuɣnaθjón] *s.f.* **1** attacco (*m.*) **2** (*fig.*) confutazione.
opulencia [opulénθja] *s.f.* opulenza.
opúsculo [opúskulo] *s.m.* opuscolo.
oración [oraθjón] *s.f.* **1** orazione, discorso (*m.*) **2** (*rel.*) preghiera **3** (*ling.*) proposizione.
oraciones [oraθjónes] *s.f.pl.* (*rel.*) catechesi (*sing.*).
oráculo [orákulo] *s.m.* (anche *fig.*) oracolo.
orador[1] [oraðór] *s.m.* oratore.
orador[2] [oraðór] *s.m.* (*rel.*) predicatore.
oraje [oráxe] *s.m.* situazione (*f.*) meteorologica burrascosa.
oral [orál] *agg.m.* e *f.* verbale, orale.
orangután [oraŋgután] *s.m.* (*zool.*) orango.
oratoria [oratórja] *s.f.* eloquenza.
oratorio[1] [oratórjo] *agg.* oratorio.
oratorio[2] [oratórjo] *s.m.* oratorio, cappella (*f.*).
orbe [órβe] *s.m.* **1** globo, sfera (*f.*) **2** (*fig.*) mondo, universo.
órbita [órβita] *s.f.* **1** (*astro.*) (*fis.*) orbita, traiettoria **2** (*anat.*) orbita.
orbitar [orβitár] *v.intr.* orbitare.
orca [órka] *s.f.* (*zool.*) orca.
orden[1] [órðen] *s.f.* **1** ordine (*m.*), comando (*m.*) **2** (*comm.*) ordine (*m.*), richiesta **3** (*rel.*) ordine (*m.*), congregazione **4** (*fig.*) carattere (*m.*), natura **5** (*istituzione*) ordine (*m.*).
orden[2] [órðen] *s.m.* **1** ordine, disposizione (*f.*), successione (*f.*) **2** ordine **3** (*bot.* e *zool.*) ordine, gruppo.
ordenación [orðenaθjón] *s.f.* **1** (*rel.*) ordinazione **2** assetto (*m.*), disposizione, sistemazione **3** (*arch.*) distribuzione degli interni **4** (*pitt.*) (*quadro*) composizione, schema (*m.*).
ordenada [orðenáða] *s.f.* (*geom.*) ordinata.
ordenador [orðenaðór] *s.m.* computer (*inv.*).
ordenamiento [orðenamjénto] *s.m.* **1** ordinamento, disposizione (*f.*) **2** (*giur.*) ordinamento, complesso di norme.
ordenanza[1] [orðenánθa] *s.f.* **1** (*mil.*) ordinamento (*m.*), prescrizione **2** (*giur.*) ordinanza.
ordenanza[2] [orðenánθa] *s.m.* **1** (*mil.*) soldato d'ordinanza, attendente **2** (*comm.*) fattorino.
ordenanzas [orðenánθas] *s.f.pl.* (*giur.*) ordinamento (*m.sing.*), norme.
ordenar [orðenár] **A** *v.tr.* (*en/por*) **1** ordinare, mettere in ordine **2** ordinare, comandare **3** disporre, predisporre **4** (*rel.*) ordinare, conferire ordini religiosi **B** *v.pron.* (*de*) (*rel.*) prendere gli ordini.
ordeño [orðéɲo] *s.m.* **1** mungitura (*f.*) **2** (*olive*) brucatura (*f.*).
ordinal [orðinál] *agg.* e *s.m.* e *f.* (*ling.* e *mat.*) ordinale.
ordinario[1] [orðinário] *agg.* **1** ordinario, consueto **2** volgare (*m.* e *f.*), rozzo **3** scadente (*m.* e *f.*), dozzinale (*m.* e *f.*).
ordinario[2] [orðinário] *s.m.* **1** (*istr.*) ordinario, professore di ruolo **2** (*rel.*) ordinario, vescovo diocesano.
orégano [oréɣano] *s.m.* (*bot.*) origano.
oreja [oréxa] *s.f.* **1** (*anat.*) orecchio (*m.*) **2** (*fig.*) udito (*m.*), orecchio (*m.*) **3** (*fig.*) orecchia **4** (*fig.*) manico (*m.*), ansa.
orejera [orexéra] *s.f.* paraorecchie (*m.inv.*).
orejón [orexón] *s.m.* **1** pesca (*f.*) o albicocca (*f.*) secca **2** tirata (*f.*) d'orecchie.
orejuela [orexwéla] *s.f.* ansa, manico (*m.*).

oreo [oréo] *s.m.* essiccazione (*f.*).
orfanato [orfanáto] *s.m.* orfanotrofio.
orgánico [orɣániko] *agg.* **1** organico, armonico, omogeneo **2** (*med.*) (*chim.*) organico.
organillo [orɣaníʎo] *s.m.* organetto.
organismo [orɣanísmo] *s.m.* **1** (*bio.*) organismo, essere vivente **2** organismo, fisico **3** (*fig.*) organismo, associazione (*f.*).
organista [orɣanísta] *s.m.* e *f.* (*mus.*) organista.
organización [orɣaniθaθjón] *s.f.* **1** organizzazione **2** organizzazione, associazione, organismo (*m.*) **3** (*fig.*) ordinamento (*m.*), sistema (*m.*).
organizar [orɣaniθár] **A** *v.tr.* **1** organizzare, pianificare **2** organizzare, preparare **B** *v.pron.* organizzarsi, unirsi.
órgano [órɣano] *s.m.* **1** (*anat.*) (*mus.*) (*fig.*) organo **2** (*mec.*) organo condotto.
orgasmo [orɣásmo] *s.m.* orgasmo.
orgía [orxía] *s.f.* **1** orgia **2** (*fig.*) sfrenatezza.
orgullo [orɣúʎo] *s.m.* orgoglio.
orgulloso [orɣuʎóso] *agg.* e *s.m.* orgoglioso.
orientación [orjentaθjón] *s.f.* orientamento (*m.*).
oriental [orjentál] **A** *agg.m.* e *f.* **1** (anche *pol.*) orientale **2** (*rel.*) ortodosso (*m.*), orientale **B** *s.m.* e *f.* orientale, asiatico (*m.*).
orientar [orjentár] **A** *v.tr.* **1** orientare **2** (*mar.*) spiegare le vele **3** (*fig.*) orientare, dirigere, indirizzare **B** *v.pron.* **1** (*a/hacia/por*) orientarsi **2** (*fig.*) informarsi **3** (*fig.*) indirizzarsi, avviarsi.
oriente [orjénte] *s.m.* **1** (*geog.*) oriente, est, levante **2** (*pol.*) oriente.
orificio [orifíθjo] *s.m.* orifizio.
origen [oríxen] *s.m.* **1** origine (*f.*), principio **2** origine (*f.*), provenienza (*f.*), discendenza (*f.*) **3** (*fig.*) origine (*f.*), causa (*f.*).
original [orixinál] **A** *agg.m.* e *f.* **1** originale **2** originario (*m.*), nativo (*m.*) **3** originale, nuovo (*m.*) **4** originale, stravagante **B** *s.m.* **1** (*pitt.*) originale, esemplare autografo **2** (*manoscritto*) originale.
originar [orixinár] **A** *v.tr.* originare, produrre, provocare **B** *v.pron.* originarsi, nascere.
originario [orixinárjo] *agg.* **1** originario, che dà origine **2** originario, proveniente (*m.* e *f.*).
orilla [oríʎa] *s.f.* **1** riva, sponda **2** orlo (*m.*), bordo (*m.*), estremità (*inv.*).
orillero [oriʎéro] *agg.* (*amer.*) dei sobborghi.
orín [orín] *s.m.* **1** ruggine (*f.*) **2** orina (*f.*).
orina [orína] *s.f.* orina.
orla [órla] *s.f.* **1** frangia, festone (*m.*) **2** fregio (*m.*) **3** (*università*) foto ricordo di laurea.
orlar [orlár] *v.tr.* orlare.
ornamental [ornamentál] *agg.m.* e *f.* ornamentale.
ornamento [ornaménto] *s.m.* ornamento, decorazione (*f.*).
ornar [ornár] *v.tr.pron.* ornare, abbellire.
ornitología [ornitoloxía] *s.f.* ornitologia.
ornitorrinco [ornitorríŋko] *s.m.* (*zool.*) ornitorinco.
oro [óro] **A** *agg.inv.* (*colore*) oro **B** *s.m.* **1** oro **2** oro, moneta (*f.*) aurea **3** (*gioielli*) ori (*pl.*) **4** (*fig.*) denaro, ricchezze (*f.pl.*) **5** (*sport*) medaglia (*f.*) d'oro **C** *pref.* oro.
orografía [oroɣrafía] *s.f.* (*geog.*) orografia.
oropel [oropél] *s.m.* **1** orpello, similoro (*inv.*) **2** (*fig.*) orpello, falsa apparenza (*f.*).
orquesta [orkésta] *s.f.* (*mus.*) orchestra.
orquídea [orkíðea] *s.f.* (*bot.*) orchidea.

ortiga [ortíɣa] *s.f.* (*bot.*) ortica.
ortocentro [ortoθéntro] *s.m.* (*geom.*) ortocentro.
ortodoncia [ortoðónθja] *s.f.* (*med.*) ortodonzia.
ortodoxia [ortoðóksja] *s.f.* (anche *rel.*) ortodossia.
ortogonal [ortoɣonál] *agg.m.* e *f.* (*geom.*) ortogonale.
ortografía [ortoɣrafía] *s.f.* **1** (*geom.*) prospetto (*m.*) **2** (*gramm.*) ortografia.
ortopedia [ortopéðja] *s.f.* (*med.*) ortopedia.
orzuelo[1] [orθwélo] *s.m.* (*med.*) orzaiolo.
orzuelo[2] [orθwélo] *s.m.* **1** trappola (*f.*) per pernici **2** tagliola (*f.*).
os [ós] *pron.m.* e *f.pl.* (*personale*) **1** (*compl.ogg.*) vi, voi **2** (*compl. di termine*) vi, ve.
osadía [osaðía] *s.f.* **1** audacia, coraggio (*m.*) **2** (*fig.*) sfacciataggine, insolenza.
osar [osár] *v.intr./tr.* osare, avere l'audacia.
oscilación [osθilaθjón] *s.f.* **1** oscillazione, variazione **2** (*elettr.*) (*fis.*) oscillazione.
oscurecer [oskureθér] **A** *v.tr.* **1** oscurare, rendere scuro **2** (*fig.*) offuscare, far impallidire **3** (*fig.*) confondere, offuscare **4** (*pitt.*) ombreggiare **B** *v.impers.* imbrunire, scurire, oscurare **C** *v.pron.impers.* rannuvolarsi, coprirsi.
oscuridad [oskuriðáð] *s.f.* **1** oscurità (*inv.*), buio (*m.*) **2** (*fig.*) anonimato (*m.*), oscurità (*inv.*) **3** (*fig.*) ottenebramento (*m.*), offuscamento (*m.*) **4** (*fig.*) mancanza di chiarezza.
oscuro [oskúro] **A** *agg.* **1** oscuro, buio **2** scuro, cupo **3** (*fig.*) incomprensibile (*m.* e *f.*), oscuro **4** (*fig.*) difficile (*m.* e *f.*), duro **B** *s.m.* **1** (*pitt.*) ombra (*f.*), scuro **2** (*cine.* e *teatr.*) buio in sala.
ósmosis o **osmosis** [ósmosis/osmósis] *s.f.inv.* (*fis.*) osmosi.
oso [óso] *s.m.* (*zool.*) orso.
osteoporosis [osteoporósis] *s.f.inv.* (*med.*) osteoporosi.
ostra [óstra] *s.f.* **1** (*zool.*) ostrica **2** (*madreperla*) conchiglia.
ostugo [ostúɣo] *s.m.* **1** angolo **2** briciola (*f.*).
otitis [otítis] *s.f.inv.* (*med.*) otite (*sing.*).
otoño [otóɲo] *s.m.* **1** autunno **2** erba (*f.*) o fieno d'autunno **3** (*fig.*) autunno, maturità (*f.inv.*).
otorgar [otorɣár] *v.tr.* **1** concedere, dare **2** (*pol.*) promulgare **3** (*giur.*) rogare.
otro [ótro] **A** *agg.* **1** altro, differente (*m.* e *f.*), diverso **2** altro, nuovo **B** *pron.* (*indefinito*) altro.
oval [oβál] *agg.m.* e *f.* ovale.
ovalado [oβaláðo] *agg.* ovale (*m.* e *f.*).
ovario [oβárjo] *s.m.* **1** (*anat.*) ovaia (*f.*) **2** (*bot.*) ovario.
oveja [oβéxa] *s.f.* (*zool.*) (anche *fig.*) pecora.
ovino [oβíno] *agg.* e *s.m.* (*zool.*) ovino.
ovni [óβni] *s.m.inv.* ufo.
ovulación [oβulaθjón] *s.f.* ovulazione.
óvulo [óβulo] *s.m.* ovulo.
oxidación [oksiðaθjón] *s.f.* (*chim.*) ossidazione.
oxígeno [oksíxeno] *s.m.* ossigeno.
¡oye! [óǰe] *inter.* (*fam.*) hei!, senti!
oyente [oǰénte] *s.m.* e *f.* uditore (*m.*).

P

p [pé] *s.f.inv.* lettera p.
pabellón [paβeʎón] *s.m.* **1** bandiera (*f.*) nazionale **2** (*mar.*) bandiera (*f.*), nazionalità (*f.inv.*) **3** baldacchino **4** (*arch.*) padiglione.
paciencia [paθjénθja] *s.f.* **1** pazienza, sopportazione **2** (*virtù*) mitezza.
pacífico [paθífiko] *agg.* **1** pacato, pacifico **2** tranquillo, in pace **3** evidente (*m.* e *f.*), ovvio.
pacifismo [paθifismo] *s.m.* (*pol.*) pacifismo.
pacto [pákto] *s.m.* **1** (*comm.*) patto, intesa (*f.*) **2** (*pol.*) alleanza (*f.*) **3** (*comm.* e *econ.*) trattato, accordo.
padre [páðre] *s.m.* **1** padre **2** (*rel.*) don, padre.
padres [páðres] *s.m.pl.* genitori.
pagano [paɣáno] *s.m.* **1** (*fam.*) pagatore **2** capro espiatorio.
pagar [paɣár] **A** *v.tr.* **1** pagare **2** (*fig.*) ripagare, ricambiare **3** (*fig.*) pagare, scontare **B** *v.pron.* **1** affezionarsi **2** (*con/de*) vantarsi.
página [páxina] *s.f.* **1** pagina **2** (*fig.*) pagina, brano (*m.*), passo (*m.*) **3** (*inform.*) faccia.
pago [páɣo] *s.m.* **1** (*comm.*) pagamento **2** ricompensa (*f.*), rimunerazione (*f.*) **3** frazione (*f.*), borgata (*f.*).
país [país] *s.m.* paese, nazione (*f.*).
paja [páxa] *s.f.* **1** paglia **2** pagliuzza **3** (*bevande*) cannuccia.
palabra [paláβra] *s.f.* **1** parola **2** (*ling.*) vocabolo (*m.*), termine (*m.*).
palacio [paláθjo] *s.m.* **1** (*arch.*) palazzo **2** (*fig.*) palazzo, corte (*f.*).
paladar [palaðár] *s.m.* **1** (*anat.*) palato **2** (*fig.*) sensibilità (*f.inv.*).
palanca [paláŋka] *s.f.* **1** (*fis.* e *mecc.*) palanca, leva **2** (*piscina*) trampolino (*m.*) **3** (*mar.*) paranco (*m.*).
palma [pálma] *s.f.* **1** (*bot.*) palma **2** (*fig.*) vittoria, trionfo (*m.*) **3** (*mano*) palmo (*m.*).
palo [pálo] *s.m.* **1** palo, pertica (*f.*), bastone **2** legno **3** (*bot.*) albero.
paloma [palóma] *s.f.* **1** colomba, tortora **2** bibita di anice e acqua
pan [pán] *s.m.* **1** pane **2** (*fig.*) alimento, nutrimento **3** pasta (*f.*) sfoglia.
panceta [panθéta] *s.f.* (*cuc.*) pancetta.
panda [pánda] **A** *s.f.* (*chiostro*) corridoio (*m.*) **B** *s.m.* (*zool.*) panda (*inv.*).
pandilla [pandíʎa] *s.f.* **1** gruppo (*m.*), combriccola, compagnia **2** (*pegg.*) banda, cosca, cricca.
panel [panél] *s.m.* **1** (*arch.* e *edil.*) pannello **2** (*statistica*) campione **3** (*annuncio*) spazio pubblicitario.
pánico [pániko] *s.m.* panico, terrore.
panocha [panótʃa] *s.f.* (*bot.*) **1** pannocchia **2** (*uva*) grappolo (*m.*).
pantalla [pantáʎa] *s.f.* **1** (*cine.* e *fot.*) schermo (*m.*) **2** (*lampada*) paralume (*m.*) **3** (*camino*) paraffraso (*m.*).
pantalón [pantalón] *s.m.* (*abb.*) pantaloni (*pl.*).
pantys [pántis] *s.m.inv.* (*abb.*) collant.

pañal [paɲál] *s.m.* pannolino.
paño [páɲo] *s.m.* **1** (*tess.*) panno **2** panno, cencio, straccio.
pañuelo [paɲwélo] *s.m.* **1** fazzoletto **2** (*moda*) foulard (*inv.*).
papá [papá] *s.m.* babbo, papà (*inv.*).
papel [papél] *s.m.* **1** carta (*f.*) **2** (*documento*) carta (*f.*) **3** (*comm.*) pagherò (*inv.*), cambiale (*f.*) **4** (*teatr.* e *cine.*) ruolo, parte (*f.*).
papelera [papeléra] *s.f.* **1** cestino (*m.*) della carta straccia, gettacarte (*m.inv.*) **2** (*ind.*) cartiera.
papeleta [papeléta] *s.f.* **1** pagella **2** cedola, bolletta **3** biglietto (*m.*).
paquete [pakéte] *s.m.* **1** pacco, pacchetto **2** confezione (*f.*) **3** (*sport*) (*ciclismo*) gruppo.
par [pár] **A** *agg.m.* e *f.* pari (*inv.*) **B** *s.m.* **1** paio **2** coppia (*f.*).
para [pára] *prep.* per, a, allo scopo di, al fine di.
parada [paráða] *s.f.* **1** fermata, sosta **2** (*mus.*) pausa.
paraguas [paráɣwas] *s.m.inv.* ombrello (*sing.*).
paraíso [paraíso] *s.m.* **1** (*rel.*) (*fig.*) paradiso **2** (*arch.*) (*teatr.*) loggione.
parálisis [parálisis] *s.f.inv.* **1** (*med.*) paralisi **2** (*fig.*) paralisi, arresto.
parar [parár] **A** *v.intr.pron.* **1** fermare **2** arrestare, bloccare **B** *v.intr.* **1** smettere **2** (*fig.*) finire **3** diventare.
parcial [parθjál] *agg.m.* e *f.* **1** parziale, ridotto (*m.*) **2** parziale, incompleto (*m.*) **3** (*fig.*) parziale, fazioso (*m.*), partigiano (*m.*).
parecer [pareθér] **A** *s.m.* parere, opinione (*f.*), giudizio **B** *v.intr.* sembrare, parere **C** *v.impers.* sembrare, ritenere **D** *v.pron.* (*a/en*) somigliare, assomigliarsi.
parecido [pareθíðo] **A** *agg.* **1** somigliante (*m.* e *f.*), rassomigliante (*m.* e *f.*) **2** simile (*m.* e *f.*) **B** *s.m.* somiglianza (*f.*), rassomiglianza (*f.*).
pared [paréð] *s.f.* **1** (*arch.*) parete, muro (*m.*) **2** (*fis.* e *geom.*) faccia **3** (*alpinismo*) parete **4** (*fig.*) (*sport*) muro (*m.*), schieramento (*m.*).
pareja [paréxa] *s.f.* **1** coppia **2** compagno (*m.*) **3** partner (*m.* e *f.inv.*).
paréntesis [paréntesis] *s.m.inv.* **1** (*gramm.* e *mat.*) parentesi (*f.*) **2** (*fig.*) pausa (*f.sing.*), interruzione (*f.sing.*).
parir [parír] *v.intr./tr.* **1** partorire **2** (*zool.*) figliare.
parlamento [parlaménto] *s.m.* **1** parlamento **2** (*fig.*) discorso, relazione (*f.*) **3** (*teatr.*) monologo, tirata (*f.*).
paro [páro] *s.m.* **1** disoccupazione (*f.*) **2** sciopero **3** interruzione (*f.*).
párpado [párpaðo] *s.m.* (*anat.*) palpebra (*f.*).
parque [párke] *s.m.* **1** parco, giardino pubblico **2** (*comm.* e *mil.*) deposito, magazzino, parco.
parrilla [parríʎa] *s.f.* **1** graticola, griglia **2** (*ristorante*) griglieria.
parroquia [parrókja] *s.f.* **1** (*rel.*) parrocchia **2** (*rel.*) fedeli (*m.* e *f.pl.*) **3** (*fig.*) (*comm.*) clientela.
parte[1] [párte] *s.f.* **1** parte, porzione **2** (*cine.* e *teatr.*) parte, ruolo (*m.*).
parte[2] [párte] *s.m.* **1** (*meteo.*) bollettino, servizio **2** (*med.*) referto, certificato **3** (*mil.* e *pol.*) comunicato.
participación [partiθipaθjón] *s.f.* partecipazione, intervento (*m.*).
particular [partikulár] **A** *agg.m.* e *f.* **1** proprio (*m.*), personale, privato (*m.*) **B** *s.m.* **1** (*persona*) privato **2** argomento, questione (*f.*).
partida [partíða] *s.f.* **1** partenza **2** (*bur.*) atto (*m.*), certificato (*m.*) **3** (*comm.*) (*sport*) e (*gioco*) partita.
partido [partíðo] *s.m.* (*pol.*) partito.
partir [partír] **A** *v.tr.* **1** (anche *mat.*) dividere **2** spaccare, **3** (*carte*) tagliare **B** *v.intr.* **1** (*de/para*) partire **2** (*fig.*) partire, iniziare.
partisano [partisáno] *agg.* e *s.m.* partigiano.
parto [párto] *s.m.* **1** (*fisiol.*) parto **2** (*fig.*) parto, creazione (*f.*).

pasada [pasáða] *s.f.* **1** passata **2** ripassata, ritocco (*m.*).
pasaje [pasáxe] *s.m.* **1** passaggio **2** pedaggio **3** (*aereo, nave*) passaggio, biglietto **4** (*lett.* e *mus.*) passaggio, brano **5** (*geog.*) stretto, canale.
pasajero [pasaxéro] **A** *agg.* **1** passeggero, momentaneo **2** (*uccelli*) migratorio, di passaggio **B** *s.m.* passeggero, viaggiatore.
pasar [pasár] **A** *v.tr.* **1** passare, attraversare, oltrepassare **2** guadare **3** (*auto.*) sorpassare.
pascua [páskwa] *s.f.* (*rel.*) Pasqua.
pase[1] [páse] *s.m.* **1** (*sport*) passaggio, finta (*f.*) **2** (*tauro.*) mossa (*f.*).
pase[2] [páse] *s.m.* permesso, lasciapassare (*inv.*), pass (*inv.*).
pasear [paseár] **A** *v.tr.* **1** (*en*) portare a spasso **2** (*fig.*) esibire **B** *v.intr.* passeggiare.
paseo [paséo] *s.m.* **1** passeggiata (*f.*), giro **2** (*tauro.*) giro **3** corso.
pasillo [pasíʎo] *s.m.* **1** corridoio **2** (*cucitura*) punto lungo **3** (*teatr.*) atto unico.
pasión [pasjón] *s.f.* (anche *rel.*) passione.
pasmo [pásmo] *s.m.* **1** (*fam.*) (*influenza*) indolenzimento **2** (*med.*) crampo, spasmo, tetano.
paso [páso] *s.m.* **1** passaggio **2** transito, attraversamento.
pasta [pásta] *s.f.* **1** (*cuc.*) pasta, impasto (*m.*) **2** (*it.*) pastasciutta.
pastelería [pastelería] *s.f.* pasticceria.
pastilla [pastíʎa] *s.f.* **1** (*farm.*) pastiglia, pillola **2** caramella.
pata [páta] *s.f.* **1** (*zool.*) zampa **2** (*mobile*) gamba, piede (*m.*).
patata [patáta] *s.f.* **1** (*bot.*) patata **2** (*fig.*) (*fam.*) schifezza.
patilla [patíʎa] *s.f.* **1** basetta **2** (*occhiali*) stanghetta.
patín [patín] *s.m.* **1** (anche *tecn.*) pattino **2** (*disegno*) pantografo.
patio [pátjo] *s.m.* **1** patio, cortile **2** (*agr.*) aia (*f.*), corte (*f.*).
patrón[1] [patrón] *s.m.* **1** (*rel.*) patrono **2** proprietario **3** (*mar.*) armatore **4** datore di lavoro, titolare (*m.* e *f.*).
patrón[2] [patrón] *s.m.* **1** (*tecn.*) modello, stampo **2** campione di misura.
patrulla [patrúʎa] *s.f.* **1** (*mil.*) pattuglia **2** (*fig.*) banda.
pausa [páusa] *s.f.* **1** pausa, intervallo (*m.*) **2** calma **3** (*ling.* e *mus.*) pausa.
pauta [páuta] *s.f.* **1** norma, regola, modello (*m.*) **2** (*righello*) riga **3** (*fig.*) modello (*m.*).
payo [páǰo] *agg.* e *s.m.* **1** paesano **2** rozzo (*agg.*), villano.
paz [páθ] *s.f.* **1** pace **2** (*fig.*) pace, serenità (*inv.*).
peaje [peáxe] *s.m.* pedaggio.
peatón [peatón] *s.m.* pedone.
peca [péka] *s.f.* lentiggine.
pecar [pekár] *v.intr.* **1** (*rel.*) (*anche fig.*) peccare **2** (*fig.*) mancare, sbagliare.
pecho [pétʃo] *s.m.* **1** petto, torace **2** (*donna*) seno, mammella (*f.*) **3** (*fig.*) petto, cuore **4** (*fig.*) coraggio.
pedal [peðál] *s.m.* **1** pedale **2** (*fam.*) sbornia (*f.*).
pedazo [peðáθo] *s.m.* pezzo, frammento.
pedido [peðíðo] *s.m.* **1** domanda (*f.*), richiesta (*f.*) **2** (*comm.*) ordine, ordinazione (*f.*).
pedir [peðír] *v.tr.* **1** chiedere, domandare **2** (*fig.*) elemosinare, mendicare **3** esigere, richiedere.
pegamento [peɣaménto] *s.m.* colla (*f.*), adesivo.
pegar [peɣár] **A** *v.tr.pron.* **1** attaccare **2** (*malattia*) trasmettere **B** *v.intr.* **1** (*contra*) battere, urtare **2** (*bot.*) attecchire **C** *v.pron.* **1** (*alimento*) attaccarsi, bruciare **2** (*fig.*) immischiarsi **3** picchiarsi **4** (*fig.*) prendere, rimanere attaccato.
pegatina [peɣatína] *s.f.* adesivo (*m.*), autoadesivo (*m.*).
peinado [peináðo] *s.m.* **1** pettinatura (*f.*), acconciatura (*f.*) **2** (*tess.*) impettinatura (*f.*), pettinatura (*f.*).

peinar [peinár] *v.tr.pron.* **1** pettinare, acconciare **2** (*tess.*) pettinare.
peine [péine] *s.m.* **1** pettine **2** (*tess.*) cardatrice (*f.*).
pelea [peléa] *s.f.* **1** lite, litigio (*m.*) **2** (*fig.*) lotta, battaglia.
pelear [peleár] **A** *v.intr.* **1** lottare, combattere **2** (*fig.*) affannarsi, darsi da fare **B** *v.pron.* (*con*) litigare.
película [pelíkula] *s.f.* **1** (*cine.* e *fot.*) film (*m.inv.*), pellicola **2** (*per alimenti*) pellicola.
peligro [pelíɣro] *s.m.* pericolo, rischio.
pellizco [peʎíθko] *s.m.* **1** pizzicotto **2** (*fam.*) pizzico, presa (*f.*) **3** (*gerg.*) pizzo, tangente (*f.*).
pelo [pélo] *s.m.* **1** (*anat.*) (*bot.*) (*zool.*) pelo **2** capelli (*pl.*), capigliatura (*f.*).
pelota [pelóta] *s.f.* **1** (*sport*) palla, pallone (*m.*) **2** (*fig.*) debito (*m.*).
peluca [pelúka] *s.f.* parrucca.
peluquero [pelukéro] *s.m.* **1** barbiere **2** parrucchiere.
pena [péna] *s.f.* **1** (*giur.*) pena, condanna **2** rammarico (*m.*), tristezza **3** (*fig.*) angoscia **4** (*fig.*) sforzo (*m.*).
penal [penál] **A** *agg.m.* e *f.* (*giur.*) penale **B** *s.m.* penitenziario, carcere, prigione (*f.*).
pendiente [pendjénte] *s.m.* **1** orecchino **2** ciondolo **3** pendenza (*f.*).
penetración [penetraθjón] *s.f.* **1** penetrazione **2** (*fig.*) acume (*m.*), perspicacia.
penitencia [peniténθja] *s.f.* **1** (*rel.*) penitenza **2** (*fig.*) castigo (*m.*), punizione.
pensamiento [pensamjénto] *s.m.* **1** pensiero **2** idea (*f.*), concetto **3** mente (*f.*) **4** intenzione (*f.*), proposito, progetto **5** massima (*f.*), sentenza (*f.*).
pensar [pensár] **A** *v.tr.* **1** pensare, riflettere **2** pensare, intendere, volere **3** ritenere, credere **4** escogitare, architettare **B** *v.intr.* **1** (*en*) pensare **2** (*sobre*) esaminare, vagliare, riflettere **3** (*en*) venire in mente **4** (*en*) immaginare, figurarsi.
pensión [pensjón] *s.f.* **1** (*bur.*) pensione **2** (*hotel*) pensione.
peña [péɲa] *s.f.* **1** (*geog.*) roccia, masso (*m.*), scoglio (*m.*) **2** (*geog.*) monte (*m.*), rupe **3** circolo (*m.*), club (*m.inv.*) **4** gruppo (*m.*), banda.
peón [peón] *s.m.* **1** lavoratore giornaliero **2** pedina (*f.*) **3** (*api*) favo.
peor [peór] *agg.m.* e *f.* peggio (*m.*), peggiore.
pepino [pepíno] *s.m.* **1** (*bot.*) cetriolo **2** (*bot.*) melone acerbo **3** (*fam.*) bazzecola (*f.*), inezia (*f.*).
pequeño [pekéɲo] **A** *agg.* **1** piccolo **2** (*fig.*) (*persona*) meschino, gretto **B** *s.m.* bambino, piccolo.
pera [péra] *s.f.* **1** (*bot.*) pera **2** (*farm.*) peretta **3** (*elettr.*) interruttore (*m.*).
per cápita [perkápita] *loc.avv.* (*econ.*) pro capite.
percepción [perθe*p*θjón] *s.f.* **1** (anche *fig.*) percezione **2** intuizione.
percha [pértʃa] *s.f.* **1** pertica **2** gruccia **3** attaccapanni (*m.inv.*).
percibir [perθiβír] *v.tr.* **1** (*comm.*) percepire, riscuotere **2** (anche *fig.*) percepire, avvertire, sentire.
perder [perðér] **A** *v.tr.* **1** (anche *fig.*) perdere **2** (*fig.*) sciupare, sprecare **3** (*lingua*) dimenticare **B** *v.intr.* sbiadire, stingere **C** *v.pron.* **1** (*en*) perdersi, smarrirsi **2** (*fig.*) distrarsi **3** (*fig.*) invaghirsi, innamorarsi.
pérdida [pérðiða] *s.f.* **1** (anche *comm.*) perdita **2** (*tecn.*) perdita, fuga.
perdón [perðón] *s.m.* perdono.
pereza [peréθa] *s.f.* pigrizia, indolenza.
perezoso [pereθóso] *agg.* **1** pigro, indolente (*m.* e *f.*) **2** lento.
perfección [perfe*k*θjón] *s.f.* **1** perfezione, eccellenza **2** compiutezza.
perfecto [perfé*k*to] *agg.* **1** perfetto, ottimo, eccellente (*m.* e *f.*) **2** finito.
perfil [perfíl] *s.m.* **1** profilo, silhouette (*f.inv.*) **2** (*mecc.* e *tecn.*) profilo, contorno, sagoma (*f.*) **3** (*fig.*) caratteristica (*f.*), impronta (*f.*).

perfume [perfúme] *s.m.* **1** (anche *fig.*) profumo **2** (*iron.*) olezzo.
periferia [perifÉrja] *s.f.* (*geom.*) perimetro (*m.*), circonferenza.
periódico [perjóðiko] *s.m.* giornale, quotidiano.
periodista [perjoðísta] *s.m.* e *f.* giornalista.
perjudicar [perxuðikár] *v.tr.pron.* pregiudicare, compromettere.
perla [pérla] *s.f.* **1** (anche *fig.*) perla **2** (*farm.*) capsula, perla.
permiso [permíso] *s.m.* **1** permesso **2** (*mil.*) permesso, licenza (*f.*).
permitir [permitír] **A** *v.tr.* **1** permettere, concedere **2** consentire, accettare, tollerare.
perro [pérro] *s.m.* (*zool.*) cane.
persecución [persekuθjón] *s.f.* **1** (*pol.* e *rel.*) persecuzione **2** (*sport*) (*ciclismo*) inseguimento (*m.*).
perseguir [perseɣír] *v.tr.* **1** inseguire **2** (anche *fig.*) perseguitare.
persona [persóna] *s.f.* **1** persona, individuo (*m.*) **2** (*gramm.* e *giur.*) persona.
personaje [personáxe] *s.m.* personaggio.
personal [personál] *agg.m.* e *f.* **1** personale, individuale, privato (*m.*) **2** personale, soggettivo (*m.*).
perspectiva [perspe*k*tíβa] *s.f.* **1** (anche *geom.*) prospettiva **2** (*fig.*) prospettiva, possibilità (*inv.*).
persuasión [perswasjón] *s.f.* **1** persuasione **2** convinzione.
pertenecer [perteneθér] *v.intr.* (*a*) **1** appartenere, essere di proprietà **2** appartenere, fare parte.
pértiga [pértiɣa] *s.f.* **1** pertica, palo (*m.*) **2** (*sport*) asta.
pertinente [pertinénte] *agg.m.* e *f.* **1** pertinente, attinente **2** opportuno (*m.*), adatto (*m.*).
perversión [perβersjón] *s.f.* perversione, depravazione.
pesadilla [pesaðíʎa] *s.f.* **1** incubo (*m.*) **2** (*fig.*) tormento (*m.*).
pésame [pésame] *s.m.* condoglianze (*f.pl.*).
pesar[1] [pesár] *s.m.* **1** dispiacere, afflizione (*f.*) **2** rimorso.
pesar[2] [pesár] **A** *v.intr.* **1** pesare, essere pesante **2** (*fig.*) pesare, dare fastidio **3** (*fig.*) gravare, ricadere **4** (*impersonale*) dispiacere, rincrescere.
pescado [peskáðo] *s.m.* (*cuc.*) pesce.
pescar [peskár] *v.tr.* **1** pescare **2** (*fig.*) (*malattia*) prendere, buscarsi.
pese [pése] *loc.avv.* a dispetto di.
pésimo [pésimo] *agg.superl.* pessimo.
peso [péso] *s.m.* **1** (anche *sport*) peso **2** (*tecn.*) portata (*f.*), carico.
pestaña [pestáɲa] *s.f.* **1** (*palpebre*) ciglio (*m.*) **2** (*fig.*) orlo (*m.*).
peste [péste] *s.f.* **1** (*med.*) peste **2** (*fig.*) pestilenza, epidemia.
petición [petiθjón] *s.f.* **1** richiesta, domanda **2** (*bur.*) petizione.
petróleo [petróleo] *s.m.* petrolio.
picante [pikánte] **A** *agg.m.* e *f.* **1** piccante **2** (*fig.*) mordace, pungente.
picar [pikár] *v.tr.* **1** (*uccelli*) beccare **2** (*insetto*) pungere **3** abboccare **4** (*cuc.*) tritare **5** (*equit.*) spronare **6** (*tecn.*) traforare.
pícaro [píkaro] **A** *agg.* (*fig.*) **1** astuto, scaltro **2** malizioso **B** *s.m.* **1** (*lett.*) picaro **2** manigoldo, furfante (*m.* e *f.*).
pico [píko] *s.m.* **1** (*uccelli*) becco **2** punta (*f.*) **3** (*geog.*) picco **4** (*agr.* e *min.*) piccone **5** (*gerg.*) (*droga*) buco **6** (*crostacei*) pinza (*f.*), chela (*f.*).
pie [pjé] *s.m.* **1** (*anat.*) (anche *tip.* e *poes.*) piede **2** (*zool.*) zampa (*f.*).
piedad [pjeðáð] *s.f.* **1** pietà (*inv.*) **2** devozione.
piel [pjél] *s.f.* **1** (*anat.*) pelle **2** cuoio (*m.*), pelle **3** (*bot.*) pelle, buccia.
pierna [pjérna] *s.f.* **1** (*anat.*) gamba **2** (*zool.*) coscia **3** (*compasso*) asta.
pieza [pjéθa] *s.f.* **1** (anche *mecc.*) pezzo (*m.*), parte **2** (*tess.*) pezza.
pijama [pixáma] *s.m.* (*abb.*) pigiama.

pila [píla] *s.f.* **1** (*edil.*) pilone (*m.*) **2** mucchio (*m.*), **3** (*elettr.* e *fis.*) pila.
píldora [píldora] *s.f.* (*farm.*) pillola.
pillar [piʎár] *v.tr.* rubare, rapinare.
piloto [pilóto] *s.m.* (*aer.* e *auto.*) pilota.
pimienta [pimjénta] *s.f.* pepe (*m.*).
pimiento [pimjénto] *s.m.* (*bot.*) peperone.
pincel [pinθél] *s.m.* **1** pennello **2** (*fig.*) tocco, stile, mano (*f.*).
pinchar [pintʃár] **A** *v.tr.* **1** pungere **2** fare un'iniezione, fare una puntura.
pincho [píntʃo] *s.m.* **1** spiedo, spiedino **2** aculeo, spina (*f.*) **3** (*fam.*) (*cuc.*) stuzzichino.
pino[1] [píno] *agg.* **1** ripido, erto **2** eretto, diritto.
pino[2] [píno] *s.m.* (*bot.*) pino.
pinta [pínta] *s.f.* **1** macchia, chiazza **2** pois (*m.inv.*), pallino (*m.*), pinta.
pintor [pintór] *s.m.* **1** (*pitt.*) pittore **2** (*edil.*) imbianchino.
pintura [pintúra] *s.f.* **1** pittura **2** (*opera*) dipinto (*m.*) **3** (*edil.*) verniciatura **4** tinta, vernice **5** (*fig.*) quadro (*m.*), descrizione.
pinza [pínθa] *s.f.* **1** (*tecn.*) pinza **2** (*zool.*) pinza, chela.
piña [píɲa] *s.f.* **1** (*bot.*) (*pino*) pigna **2** (*bot.*) (*frutto*) ananas (*m.inv.*).
pisada [pisáðа] *s.f.* **1** impronta, traccia, orma **2** passo (*m.*).
pisar [pisár] **A** *v.tr.* **1** pestare **2** calpestare **3** (*tecn.*) pigiare.
piscina [pisθína] *s.f.* **1** piscina **2** (*pesci*) vasca, stagno (*m.*).
piso [píso] *s.m.* **1** suolo **2** pavimento **3** (*arch.*) piano, strato.
pista [písta] *s.f.* **1** (anche *sport* e *tecn.*) pista **2** (*circo*) arena, pista **3** (anche *fig.*) pista, traccia.
pistacho [pistátʃo] *s.m.* (*bot.*) pistacchio.
pistola [pistóla] *s.f.* (*arma*) rivoltella, pistola.
pitar [pitár] *v.intr.* **1** fischiare **2** ronzare **3** (*fam.*) filare, rendere.
pitillo [pitíʎo] *s.m.* sigaretta (*f.*).
pito [píto] *s.m.* **1** fischietto **2** (*auto.*) clacson (*inv.*) **3** (*treno*) fischio.
pizarra [piθárra] *s.f.* **1** (*min.*) ardesia **2** lavagna.
pizca [píθka] *s.f.* (*fam.*) pizzico (*m.*).
pizcar [piθkár] *v.tr.* (*fam.*) pizzicare.
pizco [píθko] *s.m.* (*fam.*) **1** pizzicotto **2** (*fig.*) briciolo.
placa [pláka] *s.f.* **1** piastra, lastra **2** targa commemorativa **3** (*fot.*) lastra **4** (*auto.*) targa.
placentero [plaθentéro] *agg.* piacevole (*m.* e *f.*), gradevole (*m.* e *f.*).
placer [plaθér] **A** *s.m.* **1** piacere, diletto, godimento **2** divertimento **3** soddisfazione (*f.*) **B** *v.tr./intr.* piacere.
plaga[1] [pláɣa] *s.f.* **1** piaga, calamità (*inv.*) **2** (*fig.*) afflizione, disastro (*m.*).
plaga[2] [pláɣa] *s.f.* **1** (*geog.*) plaga, zona climatica **2** (*mar.*) rotta.
plan [plán] *s.m.* **1** (*geog.*) altitudine (*f.*), livello **2** piano, progetto.
plancha [plántʃa] *s.f.* **1** (anche *fot.* e *tip.*) lastra **2** ferro (*m.*) da stiro **3** (*mar.*) passerella **4** (*cuc.*) piastra **5** (*sport*) tavola, surf (*m.inv.*).
planchar [plantʃár] *v.tr.* stirare.
planeta [planéta] *s.m.* pianeta.
planificar [planifikár] *v.tr.* **1** pianificare, programmare **2** progettare.
plano [pláno] **A** *agg.* **1** piano, piatto **2** (*fig.*) piano, agevole (*m.* e *f.*), semplice (*m.* e *f.*) **B** *s.m.* **1** (*geom.*) piano **2** (*arch.*) pianta (*f.*), (*top.*) pianta (*f.*), mappa (*f.*), carta (*f.*) **3** (*cine.*) fotogramma **4** (*fig.*) ceto, livello.
planta [plánta] *s.f.* **1** (*bot.* e anche *anat.*) pianta **2** (*arch.*) (*edificio*) piano (*m.*) **3** (*tecn.*) impianto (*m.*), centrale **4** (*bur.*) ruolo (*m.*), organico (*m.*).
plantilla [plantíʎa] *s.f.* **1** suola **2** soletta, plantare (*m.*) **3** (*bur.*) organico (*m.*), ruolo (*m.*) **4** (*tecn.*) sagoma.
plástica [plástika] *s.f.* plastica, arte di modellare.
plata [pláta] *s.f.* argento (*m.*).

plato [pláto] *s.m.* **1** piatto **2** (*cuc.*) piatto, portata (*f.*) **3** (*mecc.*) piatto, disco **4** (*gioco*) piattello.
playa [pláǰa] *s.f.* **1** (*geog.*) spiaggia, lido (*m.*) **2** (*amer.*) area, piazzale (*m.*).
plaza [pláθa] *s.f.* **1** (anche *comm.*) piazza **2** (*comm.*) (*luogo*) mercato (*m.*), centro (*m.*) commerciale **3** (*mil.*) piazzaforte **4** (*fig.*) posto (*m.*) **5** posto (*m.*), impiego (*m.*) **6** spiazzo (*m.*).
plazo [pláθo] *s.m.* **1** (*giur.*) termine, scadenza (*f.*) **2** (*comm.*) rata (*f.*).
plebiscito [pleβisθíto] *s.m.* (*pol.*) plebiscito, referendum (*inv.*).
plegar [pleɣár] **A** *v.tr.* **1** piegare, ripiegare **2** (*tip.*) piegare **3** (*tess.*) avvolgere **B** *v.pron.* (*fig.*) piegarsi, cedere.
pleno [pléno] *s.m.* (anche *pol.*) riunione (*f.*) plenaria, plenum (*inv.*).
plexiglás [ple*k*siɣlás] *s.m.* (*chim.*) plexiglas.
pliegue [pljéɣe] *s.m.* **1** piega (*f.*), grinza (*f.*) **2** (*anat.*) plica (*f.*) **3** (*geol.*) piega (*f.*).
plomo [plómo] *s.m.* **1** piombo **2** piombino **3** (*edil.*) filo a piombo **4** (*elettr.*) fusibile **5** (*arma da fuoco*) pallottola (*f.*) **6** (*fig.*) (*fam.*) peso.
pluma [plúma] *s.f.* **1** (*uccelli*) (*scrittura*) penna **2** (*uccelli*) piuma **3** (*fig.*) (*lett.*) stile (*m.*) **4** (*fam.*) (*omosessuale*) finocchio (*m.*).
plural [plurál] **A** *agg.m.* e *f.* molteplice, plurale **B** *s.m.* (*gramm.*) plurale.
pluscuamperfecto [pluskwamperfé*k*to] *agg.* e *s.m.* (*gramm.*) trapassato prossimo.
pluvial [pluβjál] *agg.m.* e *f.* pluviale, piovano (*m.*).
población [poβlaθjón] *s.f.* **1** (*geog.* e *pol.*) popolazione **2** insediamento (*m.*) urbano, centro (*m.*) abitato.
poblar [poβlár] **A** *v.tr.* **1** popolare **2** popolare, abitare **3** (*piante*) alberare **B** *v.intr./pron.* popolarsi, riempirsi.
pobre [póβre] **A** *agg.m.* e *f.* **1** (*posposto*) povero (*m.*), indigente, disagiato (*m.*) **2** (*anteposto*) povero (*m.*), sventurato (*m.*), infelice **3** (*fig.*) povero (*m.*), insufficiente **4** (*fig.*) infruttuoso (*m.*) **B** *s.m.* e *f.* **1** povero (*m.*), indigente **2** (*fig.*) disgraziato (*m.*), poverino (*m.*) **3** (*giur.*) povero (*m.*), nullatenente **4** mendicante.
pobreza [poβréθa] *s.f.* **1** povertà (*inv.*), indigenza, miseria **2** (*fig.*) piccineria, pochezza.
poco [póko] **A** *agg.* poco **B** *avv.* (*quantità, tempo*) poco **C** *s.m.* poco.
poder [poðér] **A** *s.m.* **1** potere, facoltà (*f.inv.*) **2** (*giur.* e *pol.*) (anche *fig.*) potere, dominio **3** forza (*f.*), potenza (*f.*), efficacia (*f.*) **B** (puedo, pude, podré) *v.tr.* **1** potere, riuscire, essere in grado **2** potere, avere l'autorizzazione/il permesso **C** *v.intr.* essere più forte, superare **D** *v.impers.* potere, essere probabile/possibile.
podología [poðoloxía] *s.f.* (*med.*) podologia.
podrido [poðríðo] *agg.* **1** putrido, marcio **2** (*fig.*) corrotto, immorale (*m.* e *f.*) **3** (*amer.*) farabutto (*s.*), furfante (*s.m.* e *f.*).
poema [poéma] *s.m.* **1** (*lett.*) poema, poesia (*f.*) **2** (*fig.*) (anche *iron.*) poema, meraviglia (*f.*).
poesía [poesía] *s.f.* **1** poesia **2** (*fig.*) poeticità (*inv.*), lirismo (*m.*).
poeta [poéta] *s.m.* poeta.
polaco [poláko] *agg.* e *s.m.* polacco.
polar [polár] *agg.m.* e *f.* **1** (*geog.*) polare **2** (*fig.*) glaciale, gelido (*m.*).
polea [poléa] *s.f.* **1** (*fis.* e *mecc.*) puleggia **2** (*mar.*) bozzello (*m.*) doppio.
polémica [polémika] *s.f.* **1** polemica, controversia **2** (*rel.*) teologia dogmatica.
polen [pólen] *s.m.* (*bot.*) polline.
policía [poliθía] **A** *s.f.* (*mil.*) (*corpo*) polizia **B** *s.m.* e *f.* (*mil.*) (*persona*) poliziotto (*m.*), agente.
polideportivo [poliðeportíβo] *agg.* e *s.m.* polisportivo (*agg.*).

poliestireno [poljestiréno] *s.m.* (*chim.*) polistirolo.
polifonía [polifonía] *s.f.* (*mus.*) polifonia.
políglota [políɣlota] *s.m.* e *f.* poliglotta.
polígono [políɣono] **A** *agg.* (*geom.*) poligonale (*m.* e *f.*) **B** *s.m.* **1** (*geom.*) poligono **2** poligono, zona (*f.*), area (*f.*).
polilla [políʎa] *s.f.* **1** (*zool.*) tarma **2** (*fig.*) (*fam.*) tarlo (*m.*).
poliomielitis [poljomjelítis] *s.f.inv.* (*med.*) poliomielite (*sing.*).
pólipo [pólipo] *s.m.* (*zool.*) (anche *med.*) polipo.
politécnico [politékniko] *agg.* politecnico.
política [polítika] *s.f.* **1** politica **2** (*fig.*) diplomazia, accortezza **3** (*fig.*) comportamento (*m.*), atteggiamento (*m.*).
póliza [póliθa] *s.f.* **1** (*bur.*) marca da bollo **2** (*assicurazione*) polizza **3** contrassegno (*m.*).
polla [póʎa] *s.f.* (*volg.*) cazzo (*m.*).
pollo [póʎo] *s.m.* **1** pollo **2** (*ape*) larva (*f.*) **3** (*fig.*) (*fam.*) ragazzotto **4** (*fig.*) (*fam.*) furbastro.
polo [pólo] *s.m.* **1** (*elettr.*) (*fis.*) (*geog.*) (*geom.*) polo **2** ghiacciolo **3** zona (*f.*), polo.
polvo [pólβo] *s.m.* **1** polvere (*f.*) **2** pulviscolo **3** (*volg.*) scopata (*f.*) **4** (*gerg.*) (*droga*) cocaina (*f.*).
pomada [pomáða] *s.f.* (*farm.*) pomata, unguento (*m.*).
pomelo [pomélo] *s.m.* (*bot.*) pompelmo.
poncho [póntʃo] *s.m.* (*abb.*) poncho.
ponencia [ponénθja] *s.f.* **1** relazione, conferenza **2** funzione del relatore.
poner [ponér] **A** *v.tr.* **1** mettere, porre, collocare **2** riporre, sistemare, riordinare **3** indossare, infilare **4** (*tempo*) metterci, impiegare **5** (*fam.*) mettere su, ingrassare **6** mettere a disposizione, dare **7** (*ipotesi*) fare conto, supporre **B** *v.intr.* deporre le uova **C** *v.pron.* **1** mettersi, collocarsi, porsi **2** mettersi, infilarsi **3** (*astro.*) tramontare.
poniente [ponjénte] *s.m.* (*geog.*) ponente, ovest, occidente.
pontífice [pontífiθe] *s.m.* (*rel.*) pontefice, papa.
popa [pópa] *s.f.* (*mar.*) poppa.
popular [populár] *agg.m.* e *f.* **1** popolare, popolano (*m.*) **2** popolare, celebre.
póquer [póker] *s.m.* (*gioco*) (*carte*) poker (*inv.*).
poquito [pokíto] *agg.* pochino.
por [pór] *prep.* **1** (*hacia*) verso, per **2** (*agente*) da **3** (*causa*) per a causa di **4** (*distribuzione*) a, per, ogni **5** (*elezione, preferenza*) per **6** (*sostituzione*) al posto di **7** (*favore*) per, a favore di, per amore di **8** (*finalità*) per, allo scopo di **9** (*intermediazione*) tramite, attraverso **10** (*fam.*) (*interrogativo*) perché?, per quale motivo? **11** (*luogo*) per, lungo, su e giù per **12** (*luogo indeterminado*) per, da qualche parte **13** (*mezzo, transito*) per, via **14** (*merito, colpa*) perché **15** (*modo*) per, in **16** (*mat.*) per **17** (*prezzo*) a, per **18** (*tempo indeterminado*) verso, intorno a.
porcelana [porθelána] *s.f.* **1** porcellana **2** (*colore*) bianco (*m.*) azzurrino **3** (*argenteria*) smalto (*m.*) bianco.
porcentaje [porθentáxe] *s.m.* **1** percentuale (*f.*) **2** (*comm., econ.* e *meteo.*) tasso.
porche [pórtʃe] *s.m.* (*arch.*) **1** sottoportico **2** atrio.
porción [porθjón] *s.f.* **1** porzione, parte **2** (*cibo*) porzione **3** (*comm.*) parte, quota **4** (*rel.*) prebenda.
pormenor [pormenór] *s.m.* particolare, dettaglio.
porno [pórno] *agg.inv.* (*abbr.*) porno.
pornografía [pornoɣrafía] *s.f.* **1** pornografia **2** oscenità (*inv.*).
porque [pórke] *cong.* **1** (*causale*) perché, poiché, dato che **2** (*finale*) perché, affinché, in modo che.

porqué [porké] *s.m.inv.* perché, causa (*f.sing.*), motivo (*m.sing.*).
porquería [porkería] *s.f.* **1** porcheria, sudiciume (*m.*), schifezza **2** (*fig.*) (*fam.*) oscenità (*inv.*), sconcezza **3** (*fig.*) porcata, carognata **4** (*fig.*) (*fam.*) porcheria, robaccia.
porra [pórra] *s.f.* **1** manganello (*m.*) **2** (*tecn.*) mazza **3** (*cuc.*) frittella **4** (*fig.*) (*fam.*) rompiscatole (*m.f.inv.*) **5** (*fig.*) (*fam.*) presunzione.
portada [portáða] *s.f.* **1** (*arch.*) facciata **2** (*libro*) prima pagina, frontespizio (*m.*) **3** (*giorn.*) copertina.
portal [portál] *s.m.* **1** (*arch.*) androne, atrio **2** (*arch.*) portone, portale **3** (*arch.*) portico, porticato, loggia (*f.*).
portar [portár] **A** *v.tr.* **1** (*ant.*) trasportare, portare **2** (*cane da caccia*) riportare **B** *v.intr.* (*mar.*) (*vela*) prendere il vento **C** *v.pron.* **1** agire, comportarsi **2** distinguersi, fare bella figura.
portátil [portátil] *agg.m.* e *f.* portatile.
portavoz [portaβóθ] *s.m.* e *f.* (*persona*) portavoce (*inv.*).
porte [pórte] *s.m.* **1** (*comm.*) trasporto **2** (*comm.*) porto **3** (*barca, veicolo*) capienza (*f.*) **4** (*fig.*) modo di fare **5** portamento, aspetto.
portero [portéro] *s.m.* **1** portinaio, custode (*m.* e *f.*) **2** (*sport*) portiere.
portilla [portíʎa] *s.f.* **1** (*mar.*) oblò (*m.inv.*), occhio (*m.*) di bue **2** (*agr.*) porta carraia.
portillo [portíʎo] *s.m.* **1** (*edil.*) (*muraglia, parete*) passaggio, apertura (*f.*) **2** portello **3** (*geog.*) gola (*f.*) **4** chiusa (*f.*) **5** (*fig.*) falla (*f.*), punto debole.
portorriqueño [portorrikéɲo] *agg.* e *s.m.* portoricano.
portugués [portuɣés] *agg.* e *s.m.* portoghese (*m.* e *f.*).
posada [posáða] *s.f.* **1** locanda, pensione **2** casa **3** (*mil.*) accampamento (*m.*) **4** alloggio (*m.*).
posar[1] [posár] **A** *v.intr.* **1** prendere alloggio **2** riposare **B** *v.tr.* **1** (*carica, peso*) posare, deporre **2** poggiare **C** *v.pron.* **1** posarsi **2** (*fis.*) decantare, sedimentare, precipitare.
posar[2] [posár] *v.intr.* (*modello/a*) posare.
posdata [posðáta] *s.f.* poscritto (*m.*).
pose [póse] *s.f.* **1** (anche *fot.*) posa **2** (*fig.*) posa, atteggiamento (*m.*).
poseer [poséer] **A** *v.tr.* **1** avere, possedere, disporre **2** (*fig.*) dominare, avere padronanza **3** (*carnalmente*) possedere **4** (*giur.* e *pol.*) possedere, avere un possedimento **B** *v.pron.* dominarsi, trattenersi.
posesión [posesjón] *s.f.* **1** possesso (*m.*) **2** (*econ.*) proprietà (*inv.*), bene (*m.*), ricchezza **3** (*pol.*) possedimento (*m.*), colonia.
poseso [poséso] *agg.* e *s.m.* posseduto, indemoniato, invasato.
posguerra [posɣérra] *s.f.* (*pol.*) dopoguerra (*m.inv.*).
posibilidad [posiβiliðáð] *s.f.* **1** possibilità (*inv.*), probabilità (*inv.*) **2** facoltà (*inv.*) **3** (*fig.*) possibilità (*inv.*), mezzi (*m.pl.*) economici.
posible [posíβle] *agg.m.* e *f.* **1** possibile, eventuale **2** (*probabilità*) probabile, possibile.
posición [posiθjón] *s.f.* **1** posizione, luogo (*m.*) **2** (*corpo*) posizione, atteggiamento (*m.*), posa **3** (*fig.*) posizione, status (*m.inv.*), condizione sociale **4** (*fig.*) atteggiamento (*m.*), presa di posizione **5** (*mil.*) postazione, posizione.
posicionar [posiθjonár] *v.intr./pron.* prendere posizione.
positivismo [positiβísmo] *s.m.* **1** positivismo **2** (*fig.*) materialismo **3** (*fil.* e *lett.*) positivismo.
positivo [positíβo] *agg.* **1** positivo, effettivo, concreto **2** (*fig.*) valido, efficace (*m.* e *f.*) **3** (*comm., elettr.* e *mat.*) positivo **4** positivo, affermativo.
posmoderno [posmoðérno] *agg.* e *s.m.* **1** postmoderno **2** (*persona*) postmodernista (*m.* e *f.*).

posponer [pospóner] *v.tr.* **1** posporre **2** posticipare, rimandare, differire **3** sminuire, svalutare.
póster [póster] *s.m.* (*angl.*) poster (*inv.*), manifesto.
posterior [posterjór] *agg.m.* e *f.* **1** (*tempo*) posteriore, successivo (*m.*), seguente **2** (*spazio*) posteriore, dietro, a tergo.
postizo [postíθo] *agg.* **1** posticcio, finto **2** artefatto, falso.
postre [póstre] *s.m.* (*cuc.*) dolce, dessert (*inv.*).
postulado [postuláðo] *s.m.* postulato.
postura [postúra] *s.f.* **1** posizione, postura **2** portamento (*m.*) **3** (*agr.*) piantatura **4** (*generi alimentari*) prezzo calmierato **5** (*comm.*) offerta **6** patto (*m.*), accordo (*m.*) **7** (*fig.*) atteggiamento (*m.*).
potable [potáβle] *agg.m.* e *f.* **1** potabile **2** (*fig.*) ammissibile, accettabile.
potaje [potáxe] *s.m.* **1** (*cuc.*) minestrone **2** (*cuc.*) verdure in umido **3** (*fig.*) guazzabuglio.
potasio [potásjo] *s.m.* (*chim.*) potassio.
potencia [poténθja] *s.f.* **1** potenza, energia, forza **2** (*fig.*) (*pol.*) potenza, potere (*m.*) **3** (*pol.*) potenza, nazione **4** (*mat.* e *fis.*) potenza **5** (*fil.*) potenzialità (*inv.*).
potencial [potenθjál] **A** *agg.m.* e *f.* potenziale, possibile, virtuale **B** *s.m.* **1** potenziale, potenzialità (*f.inv.*), forza (*f.*) **2** (*gramm.*) condizionale.
potenciar [potenθjár] *v.tr.* potenziare, incrementare, rafforzare.
potente [poténte] *agg.m.* e *f.* **1** potente, vigoroso (*m.*) **2** potente, efficace, forte **3** (*uomo*) fecondo (*m.*), fertile **4** (*fam.*) enorme, smisurato (*m.*).
potestad [potestáð] *s.f.* **1** (*giur.*) potestà (*inv.*), autorità (*inv.*) **2** (*pol.*) podestà (*inv.*).
pozo [póθo] *s.m.* **1** pozzo, cisterna (*f.*) **2** pozzo, buca (*f.*), fossa (*f.*) **3** (*geog.*) fossa (*f.*) **4** (*mar.*) pozzetto.
práctica [práktika] *s.f.* **1** pratica, concretezza **2** pratica, esperienza, capacità (*inv.*) **3** esercizio (*m.*) **4** lezione pratica.
practicar [praktikár] **A** *v.tr.* **1** praticare **2** fare il tirocinio **3** (*rel.*) professare **B** *v.intr./tr.* esercitarsi.
prácticas [práktikas] *s.f.pl.* **1** tirocinio (*m.sing.*), pratica (*sing.*) **2** pratiche, usanze.
pradera [praðéra] *s.f.* **1** prateria **2** grande prato (*m.*) **3** pascolo (*m.*).
pragmático [praɣmátiko] *agg.* pragmatico, realistico, concreto.
praxis [práksis] *s.f.inv.* (*fil.*) prassi.
precario [prekárjo] *agg.* **1** precario, incerto, instabile (*m.* e *f.*) **2** scarso **3** (*giur.*) precario.
precaución [prekauθjón] *s.f.* precauzione, cautela, prudenza.
precedencia [preθeðénθja] *s.f.* **1** precedenza, antecedenza **2** preminenza **3** supremazia, superiorità (*inv.*).
precedente [preθeðénte] **A** *agg.m.* e *f.* precedente, anteriore, antecedente **B** *s.m.* **1** precedente, antefatto **2** (*giur.*) precedente.
preceder [preθeðér] *v.tr./intr.* **1** (*a/en*) precedere, essere anteriore **2** precedere, stare davanti **3** (*fig.*) anteporre, preferire.
precepto [preθépto] *s.m.* **1** (*giur.* e *rel.*) precetto, comando, prescrizione (*f.*) **2** norma (*f.*), regola (*f.*).
precinto [preθínto] *s.m.* **1** impiombatura (*f.*), piombo **2** sigillo.
precio [préθjo] *s.m.* **1** (*comm.*) prezzo, costo, importo **2** (*fig.*) fatica (*f.*), prezzo, sacrificio.
preciosidad [preθjosiðáð] *s.f.* **1** bellezza, beltà (*inv.*), splendore (*m.*) **2** rarità (*inv.*), preziosità (*inv.*).
precioso [preθjóso] *agg.* **1** prezioso, pregiato **2** (*fig.*) prezioso, inestimabile (*m.* e *f.*) **3** (*fig.*) bellissimo, incantevole (*m.* e *f.*), meraviglioso.
precipitar [preθipitár] **A** *v.tr.* **1** precipitare, scagliare, scaraventare **2** preci-

pitare, accelerare, affrettare **3** (*chim.*) precipitare **B** *v.pron.* **1** (*desde/por*) cadere giù, precipitare **2** affrettarsi, precipitarsi, accorrere **3** (*fig.*) agire avventatamente.

precisamente [preθísaménte] *avv.* **1** proprio, appunto, precisamente **2** apposta, espressamente **3** esattamente, con precisione.

precisión [preθisjón] *s.f.* **1** precisione, esattezza, diligenza, scrupolosità (*inv.*) **2** precisione, proprietà (*inv.*) **3** (*fig.*) necessità (*inv.*), bisogno (*m.*), occorrenza.

preciso [preθíso] *agg.* **1** preciso, categorico **2** preciso, esatto **3** (*linguaggio*) preciso, rigoroso, proprio.

preconcebir [prekonθeβír] *v.tr.* **1** prestabilire, prefiggere, predisporre **2** (*giur.*) premeditare.

precoz [prekóθ] *agg.m.* e *f.* **1** (*agr.* e *bot.*) precoce, primaticcio (*m.*) **2** (*meteo.*) precoce, prematuro (*m.*) **3** (*med.*) precoce **4** (*bambino*) precoce, dotato (*m.*).

precursor [prekursór] *agg.* e *s.m.* **1** precursore, antesignano (*s.*) **2** foriero, anticipatore.

predador [preðaðór] *agg.* **1** predatore, saccheggiatore **2** (*zool.*) predatore, rapace (*m.* e *f.*).

predecir [preðeθír] *v.tr.* predire, pronosticare.

prédica [préðika] *s.f.* **1** (*rel.*) predica, sermone (*m.*) **2** (*fig.*) predica, ramanzina, paternale **3** arringa.

predicar [preðikár] *v.tr.* **1** manifestare, evidenziare **2** predicare, insegnare **3** (*rel.*) predicare **4** (*fig.*) (*fam.*) riprendere, fare il predicozzo.

predisposición [preðisposiθjón] *s.f.* **1** predisposizione, inclinazione, attitudine **2** (*med.*) predisposizione.

predominio [preðomínjo] *s.m.* predominio, supremazia (*f.*), egemonia (*f.*).

preeminencia [preeminénθja] *s.f.* prerogativa, privilegio (*m.*).

preestreno [preestréno] *s.m.* anteprima (*f.*).

preexistente [pree*k*sisténte] *agg.m.* e *f.* precedente, preesistente.

prefabricado [prefaβrikáðo] *agg.* e *s.m.* (*edil.*) prefabbricato.

prefacio [prefáθjo] *s.m.* **1** (*lett.*) prefazione (*f.*), prologo **2** (*rel.*) prefazio.

prefecto [prefé*k*to] *s.m.* **1** (*ant.*) prefetto **2** (*pol.*) prefetto, governatore.

prefectura [prefe*k*túra] *s.f.* prefettura.

preferencia [preferénθja] *s.f.* **1** preferenza, predilezione **2** preferenza, priorità (*inv.*).

preferir [preferír] **A** *v.tr.* **1** preferire, prediligere **2** anteporre, privilegiare **B** *v.pron.* vantarsi.

prefijo [prefíxo] **A** *agg.* e *s.m.* (*ling.*) prefisso (*s.*) **B** *s.m.* (*telecom.*) prefisso.

pregunta [preɣúnta] *s.f.* domanda, quesito (*m.*).

preguntar [preɣuntár] *v.tr.pron.* **1** domandare, chiedere **2** (*giur.*) interrogare.

prehistoria [preistórja] *s.f.* preistoria.

prejuicio [prexwíθjo] *s.m.* **1** pregiudizio, preconcetto, prevenzione (*f.*) **2** tabù (*inv.*).

prejuzgar [prexuθɣár] *v.tr.* giudicare prematuramente.

preliminar [preliminár] *agg.m.* e *f.* **1** preliminare, preparatorio (*m.*) **2** (*fig.*) precedente, antecedente.

premeditación [premeðitaθjón] *s.f.* **1** premeditazione, intenzione, proposito (*m.*) **2** (*giur.*) premeditazione.

premier [premjér] *s.m.inv.* (*pol.*) premier.

premio [prémjo] *s.m.* **1** premio, riconoscimento **2** (*lavoro*) gratifica (*f.*), straordinario **3** (*lotteria*) premio.

premisa [premísa] *s.f.* **1** (*fil.*) premessa **2** (*fig.*) premessa, presupposto (*m.*).

premonición [premoniθjón] *s.f.* **1** premonizione, presagio (*m.*) **2** ammonimento (*m.*).

prenda [prénda] *s.f.* **1** (*comm.*) pegno (*m.*), caparra, cauzione **2** regalo (*m.*), presente (*m.*) **3** (*abb.*) capo (*m.*) **4** (*fig.*) (*fam.*) tesoro (*m.*), amore (*m.*) **5** (*persona*) virtù (*inv.*), qualità (*inv.*) **6** (*gioco*) penitenza.

prender [prendér] **A** *v.tr.pron.* **1** prendere, afferrare **2** attaccare, applicare **3** prendere, catturare **4** fermare **5** (*zool.*) montare, coprire **6** (*fuoco, luce*) accendere **B** *v.intr.* (*a/en*) **1** (*bot.*) attecchire, mettere radici **2** (*fuoco, luce*) prendere, propagarsi **C** *v.pron.* **1** mettersi in ghingheri **2** agganciarsi, impigliarsi.

prensa [prénsa] *s.f.* **1** (*mecc.*) pressa **2** (*tip.*) stamperia, tipografia **3** (*fig.*) stampa, giornali (*m.pl.*).

preñar [preɲár] *v.tr.* **1** (*bio.*) fecondare, ingravidare **2** (*fig.*) riempire, gonfiare.

preocupación [preokupaθjón] *s.f.* **1** preoccupazione, pensiero (*m.*), problema (*m.*) **2** apprensione, inquietudine, ansia.

preocupar [preokupár] **A** *v.tr.* preoccupare, angustiare, inquietare **B** *v.pron.* (*con/de/por*) **1** preoccuparsi, impensierirsi, angosciarsi **2** curarsi, darsi da fare, badare.

preparación [preparaθjón] *s.f.* **1** preparazione **2** preparazione, bagaglio (*m.*) **3** (*farm.*) preparato (*m.*) **4** (*auto.*) assetto (*m.*).

preparar [preparár] **A** *v.tr.* **1** preparare, allestire, organizzare **2** preparare, studiare per **3** (*fig.*) preparare, predisporre **4** preparare, elaborare **5** (*sport*) preparare, allenare **6** (*farm.*) elaborare un preparato **B** *v.pron.* (*a/con/para*) **1** prepararsi, accingersi **2** (*fig.*) predisporsi, prepararsi **3** (*meteo.*) prepararsi, annunciarsi.

prepotencia [prepoténθja] *s.f.* prepotenza.

prepucio [prepúθjo] *s.m.* (*anat.*) prepuzio.

presa [présa] *s.f.* **1** (anche *sport*) presa **2** (*mil.*) bottino (*m.*) **3** (anche *fig.*) preda **4** (*agr.*) canale (*m.*) d'irrigazione **5** (*idr.*) diga **6** (*tecn.*) presa, condotto (*m.*) **7** (*alimento*) pezzo (*m.*), boccone (*m.*) **8** (*zool.*) zanna **9** (*zool.*) artiglio (*m.*).

presagio [presáxjo] *s.m.* **1** presagio, presentimento, intuizione (*f.*) **2** presagio, predizione (*f.*), auspicio.

prescripción [preskripθjón] *s.f.* **1** prescrizione, norma, regola **2** (*giur.*) prescrizione, estinzione.

presencia [presénθja] *s.f.* **1** presenza **2** (*fig.*) aspetto (*m.*), figura, presenza **3** (*fig.*) fasto (*m.*), ostentazione.

presentación [presentaθjón] *s.f.* **1** (*persona*) presentazione, introduzione **2** (*cosa*) presentazione, immagine **3** (*teatr.*) messa in scena **4** (*med.*) (*feto*) presentazione.

presentar [presentár] **A** *v.tr.* **1** presentare, mostrare, esibire **2** presentare, offrire, porgere **3** presentare, inoltrare **4** (*candidatura*) presentare, proporre **5** (anche *spettacolo*) presentare **B** *v.pron.* **1** presentarsi **2** (*giur.*) comparire **3** apparire.

presente [presénte] **A** *agg.m.* e *f.* presente **B** *s.m.* **1** (anche *gramm.*) presente **2** presente, dono, pensiero.

presentimiento [presentimjénto] *s.m.* presentimento, intuizione (*f.*).

presentir [presentír] *v.tr.* presentire, prevedere, intuire.

preservar [preserβár] *v.tr.pron.* preservare, salvaguardare, difendere.

preservativo [preserβatíβo] **A** *agg.* preservativo **B** *s.m.* profilattico.

presidente [presiðénte] *s.m.* **1** presidente **2** (*pol.*) capo di stato, presidente.

presión [presjón] *s.f.* (anche *fig.*) pressione.

preso [préso] *agg.* e *s.m.* **1** carcerato, detenuto **2** (*fig.*) preso (*agg.*), prigioniero.

préstamo [préstamo] *s.m.* **1** (anche *ling.*) prestito **2** prestito, mutuo.

prestar [prestár] **A** *v.tr.* **1** prestare, dare in prestito **2** (*fig.*) prestare, offrire **3**

(*fig.*) dare **B** *v.intr.* **1** allargarsi, dilatarsi, cedere **2** (*para*) essere sufficiente, bastare **C** *v.pron.* **1** accondiscendere, accettare **2** dare luogo **3** (*fig.*) prestarsi, adoperarsi, prodigarsi.

prestigio [prestíxjo] *s.m.* **1** prestigio, rinomanza (*f.*) **2** ascendente, autorità (*f.inv.*).

presumido [presumíðo] *agg.* e *s.m.* presuntuoso, supponente (*m.* e *f.*).

presumir [presumír] **A** *v.tr.* presumere, ritenere, supporre **B** *v.intr.* **1** (*de*) vantarsi, darsi arie **2** agghindarsi.

presuponer [presuponér] *v.tr.* **1** presupporre, supporre **2** richiedere.

presupuesto [presupwésto] **A** *agg.* presupposto, previsto **B** *s.m.* **1** presupposto, condizione (*f.*) **2** preventivo, budget (*inv.*).

pretender [pretendér] *v.tr.* **1** pretendere, volere **2** pretendere, esigere **3** pretendere, sostenere **4** fare la corte.

pretensión [pretensjón] *s.f.* pretesa, ambizione, aspirazione.

pretérito [pretérito] *s.m.* (*gramm.*) passato.

pretexto [pretésto] *s.m.* pretesto, scusa (*f.*).

prevaler [preβalér] **A** *v.intr.* prevalere, predominare **B** *v.pron.* avvalersi.

prevención [preβenθjón] *s.f.* **1** prevenzione, precauzione **2** (*med.*) prevenzione, profilassi (*inv.*) **3** sospetto (*m.*), diffidenza.

prevenir [preβenír] **A** *v.tr.* **1** (*de/sobre*) prevenire, avvisare, avvertire **2** prevenire, cautelare **3** (*para*) disporre, preparare **4** (*de*) prestare, dare, fornire **B** *v.pron.* (*contra/de*) premunirsi, proteggersi.

prever [preβér] *v.tr.* **1** prevedere, indovinare, predire **2** prevenire, cautelarsi contro.

previdencia [preβiðénθja] *s.f.* **1** previdenza **2** preveggenza.

previo [préβjo] *agg.* previo, precedente (*m.*).

previsión [preβisjón] *s.f.* **1** previsione, congettura, pronostico (*m.*) **2** misura, provvedimento (*m.*).

primacía [primaθía] *s.f.* **1** priorità (*inv.*), supremazia, predominio (*m.*) **2** superiorità, primato (*m.*) **3** (*rel.*) primate (*m.*).

primavera [primaβéra] *s.f.* **1** (anche *fig.* e *fam.*) primavera **2** (*fig.*) fioritura **3** (*tess.*) imprimé di seta **4** (*fig.*) primavera, giovinezza **5** (*bot.*) primula.

primero [priméro] **A** *agg.num.ord.* e *s.m.* (*tronca davanti al s.m.*) **1** primo **2** primo, migliore (*m.* e *f.*) **B** *avv.* **1** prima, in primo luogo, innanzitutto, per prima cosa **2** piuttosto, più facilmente.

primitivo [primitíβo] *agg.* **1** primitivo, originario, primigenio **2** primitivo **3** (*fig.*) grezzo, rozzo, primitivo.

primo [prímo] *s.m.* **1** cugino, **2** scemo, tonto.

princesa [prinθésa] *s.f.* **1** (*pol.*) principessa **2** (*Spagna*) erede al trono.

principal [prinθipál] **A** *agg.m.* e *f.* **1** principale, primario (*m.*) **2** fondamentale, essenziale **B** *s.m.* **1** (*lavoro*) capo, principale (*m.* e *f.*) **2** (*mil.*) capo guarnigione **3** (*giur.*) mandante (*m.* e *f.*) **4** (*comm.*) capitale.

príncipe [prínθipe] *s.m.* **1** (*pol.*) principe **2** (*Spagna*) erede al trono.

principio [prinθípjo] *s.m.* **1** inizio, principio, origine (*f.*) **2** (*morale*) principio, norma (*f.*), regola (*f.*) **3** (*fig.*) fondamento, presupposto.

pringado [priŋgáðo] *s.m.* **1** (*fam.*) pollastro, vittima (*f.*) **2** (*gerg.*) drogato, tossico.

prior [prjór] *s.m.* (*rel.*) priore.

prioridad [prjoriðáð] *s.f.* priorità (*inv.*), precedenza, superiorità (*inv.*).

prisa [prísa] *s.f.* **1** fretta, urgenza, premura **2** litigio (*m.*) **3** (*gente*) ressa.

prisión [prisjón] *s.f.* **1** prigionia **2** (*giur.*) detenzione **3** (*edificio*) prigione, carcere (*m.*) **4** (*fig.*) oppressione, schiavitù (*inv.*).

prisionero [prisjonéro] *s.m.* **1** prigioniero **2** (*fig.*) prigioniero, schiavo, succube (*m.* e *f.*).
prisma [prísma] *s.m.* (*geom.*) prisma.
privacidad [priβaθiðáð] *s.f.* intimità (*inv.*), privato (*m.*), privacy (*inv.*).
privación [priβaθjón] *s.f.* **1** privazione, mancanza, difetto (*m.*) **2** (*fig.*) ristrettezza, privazione, rinuncia **3** (*carica, lavoro*) destituzione.
privado[1] [priβáðo] *agg.* privato, personale (*m.* e *f.*), riservato.
privado[2] [priβáðo] *s.m.* (anche *sto.*) favorito.
privativo [priβatíβo] *agg.* esclusivo, specifico.
privilegio [priβiléxjo] *s.m.* privilegio, prerogativa (*f.*).
pro [pró] **A** *prep.* pro, in favore di **B** *s.m.* pro (*inv.*), vantaggio.
proa [próa] *s.f.* (*mar.*) prua, prora.
probabilidad [proβaβiliðáð] *s.f.* **1** probabilità (*inv.*), possibilità (*inv.*) **2** verosimiglianza.
probable [proβáβle] *agg.m.* e *f.* **1** probabile, possibile **2** dimostrabile, comprovabile **3** verosimile.
probador [proβaðór] *s.m.* (*negozio*) camerino di prova.
probar [proβár] **A** *v.tr.* **1** provare, dimostrare **2** provare, misurare **3** (*alimento*) assaggiare **4** (*tecn.*) provare, collaudare **B** *v.intr.* fare bene, giovare **C** *v.pron.* provarsi, misurarsi.
probeta [proβéta] *s.f.* **1** provetta **2** (*fot.*) vasca **3** campione (*m.*), saggio (*m.*).
problema [proβléma] *s.m.* **1** problema **2** (*fig.*) problema, difficoltà (*f.inv.*), questione (*f.*).
procedencia [proθeðénθja] *s.f.* **1** origine, provenienza **2** (*luogo*) provenienza **3** (*giur.*) fondatezza (*inv.*).
proceder [proθeðér] *v.intr.* **1** derivare, scaturire, avere origine **2** (*luogo*) provenire, venire, arrivare **3** (*fig.*) procedere, comportarsi **4** essere giusto/conforme/in accordo.
procesión [proθesjón] *s.f.* **1** (*rel.*) processione **2** (*fig.*) processione, colonna, fila.
proceso [proθéso] *s.m.* **1** processo, sviluppo, svolgimento **2** (*med.*) decorso **3** (*tecn.*) processo, procedimento, metodo **4** (*giur.*) processo (*f.*) **5** (*giur.*) istruttoria (*f.*), processo verbale **6** (*inform.*) elaborazione (*f.*) **7** (*tempo*) corso.
proclamación [proklamaθjón] *s.f.* **1** proclamazione **2** (*re*) proclamazione, incoronazione **3** acclamazione.
procurar [prokurár] **A** *v.tr.* **1** procurare, cercare, adoperarsi **2** (*giur.*) ricoprire la carica di procuratore **B** *v.tr.pron.* procurare, fornire, procacciare.
prodigio [proðíxjo] *s.m.* **1** prodigio, portento **2** (*persona*) prodigio, genio **3** meraviglia (*f.*), miracolo.
producción [proðukθjón] *s.f.* (anche *cine., lett., mus.* e *TV*) produzione.
producir [proðuθír] **A** *v.tr.* **1** (*agr., bot., comm., econ.*) produrre, rendere **2** (*tecn.*) produrre, fabbricare, realizzare **3** (*fig.*) produrre, causare, arrecare **4** (*giur.*) (*prova*) produrre, esibire **5** (*cine., lett., mus.* e *TV*) produrre **B** *v.pron.* accadere, avvenire, avere luogo.
producto [proðúkto] *s.m.* **1** (anche *mat.*) prodotto **2** (*agr.*) prodotto, frutto **3** (*comm.* e *econ.*) utile, provento, profitto **4** prodotto, risultato, frutto.
productora [proðuktóra] *s.f.* (*cine., mus.* e *TV*) casa di produzione.
proeza [proéθa] *s.f.* **1** prodezza **2** (*iron.*) bravata, spacconata.
profanación [profanaθjón] *s.f.* profanazione.
profano [profáno] **A** *agg.* (*rel.*) profano **B** *agg.* e *s.m.* **1** profano, ignorante (*m.* e *f.*), incompetente (*m.* e *f.*) **2** libertino.
profecía [profeθía] *s.f.* **1** profezia **2** divinazione, vaticinio (*m.*), predizione.

profesión [profesión] *s.f.* **1** manifestazione **2** professione, attività (*inv.*), mestiere (*m.*) **3** (*rel.*) professione.
profesional [profesionál] **A** *agg.m.* e *f.* professionale **B** *s.m.* e *f.* (anche *sport*) professionista.
profesor [profesór] *s.m.* (*istr.*) professore.
profeta [proféta] *s.m.* **1** (*rel.*) profeta **2** veggente (*m.* e *f.*), indovino.
prófugo [prófuɣo] *agg.* e *s.m.* (*giur.*) **1** latitante (*m.* e *f.*), contumace (*m.* e *f.*) **2** (*mil.*) renitente alla leva, disertore.
profundidad [profundiðáð] *s.f.* **1** profondità (*inv.*) **2** (*fig.*) profondità (*inv.*), intensità (*inv.*).
profundo [profúndo] **A** *agg.* **1** profondo, fondo **2** (*fig.*) profondo, intenso **3** (*fig.*) profondo, vasto **4** (*fig.*) penetrante (*m.* e *f.*), acuto **5** (*fig.*) cupo, fitto **6** (*fig.*) (*teoria, pensiero*) profondo **B** *s.m.* **1** profonditá (*f.inv.*) **2** (*fig.*) profondo, intimità (*f.inv.*).
programa [proɣráma] *s.m.* **1** programma, piano, progetto **2** (*cine.* e *teatr.*) programmazione (*f.*), cartellone **3** (*radio* e *TV*) programma, spettacolo **4** (*inform.*) programma **5** (*pol.*) programma, manifesto.
programación [proɣramaθjón] *s.f.* **1** programmazione, pianificazione **2** (*inform.*) programmazione.
progre [próɣre] *s.m.* e *f.* (*abbr.*) (*fam.*) (*pol.*) progressista.
progreso [proɣréso] *s.m.* **1** (anche *fig.*) progresso (*f.*) **2** (*econ.*) progresso, sviluppo.
prohibición [proiβiθjón] *s.f.* proibizione, divieto (*m.*), interdizione.
prohibir [proiβír] *v.tr.* proibire, vietare, interdire.
prójimo [próximo] *s.m.* **1** prossimo, simili (*pl.*), altri (*pl.*) **2** (*fam.*) tizio, tipo.
proletario [proletárjo] *agg.* e *s.m.* proletario.
prólogo [próloɣo] *s.m.* (*lett.*) prologo, prefazione (*f.*), introduzione (*f.*).
prolongación [proloŋgaθjón] *s.f.* **1** prolungamento (*m.*), allungamento (*m.*) **2** prolunga.
prolongar [proloŋgár] (prolongo, prolongué, prolongaré) *v.tr.pron.* **1** prolungare, allungare, estendere **2** (*durata*) dilungare.
promedio [proméðjo] *s.m.* (*comm.* e *mat.*) media (*f.*).
prometer [prometér] **A** *v.tr.* **1** promettere, impegnarsi **2** assicurare, garantire **3** (*fig.*) promettere **B** *v.pron.* **1** fidanzarsi **2** augurarsi, sperare **3** (*rel.*) promettersi.
prominencia [prominénθja] *s.f.* **1** prominenza, sporgenza, protuberanza **2** (*terreno*) altura.
promoción [promoθjón] *s.f.* **1** (*comm.* e *econ.*) promozione, incremento (*m.*) **2** miglioramento (*m.*) **3** (*fig.*) classe, generazione.
promover [promoβér] (promuevo, promoví, promoveré) *v.tr.* **1** promuovere, potenziare, dare impulso **2** (*carica, lavoro*) promuovere **3** provocare, fare scoppiare **4** (*giur.*) promuovere, avviare.
pronombre [pronómbre] *s.m.* (*gramm.*) pronome.
pronóstico [pronóstiko] *s.m.* **1** pronostico, predizione (*f.*), vaticinio **2** (*meteo.*) previsione (*f.*) **3** (*med.*) prognosi (*f.inv.*).
pronto [prónto] **A** *agg.* **1** pronto, preparato, predisposto **2** (*a/en/para*) pronto, svelto **3** (*para*) pronto, propenso, disposto **4** tempestivo, immediato **B** *avv.* **1** presto, subito, in fretta **2** presto, di buon'ora **C** *s.m.* scatto, raptus (*inv.*).
prontuario [prontwárjo] *s.m.* **1** prontuario, manuale, vademecum (*inv.*) **2** (*amer.*) fedina (*f.*) penale.
pronunciamiento [pronunθjamjénto] *s.m.* **1** (*mil.* e *pol.*) pronunciamento **2** (*giur.*) pronuncia (*f.*), decisione (*f.*).

pronunciar [pronunθjár] **A** *v.tr.* **1** pronunciare, articolare **2** (*giur.*) emettere, pronunciare **3** mettere in rilievo, accentuare, esaltare **B** *v.pron.* **1** pronunciarsi, pronunziarsi **2** (*fig.*) scegliere, decidersi **3** (*fig.*) ribellarsi, sollevarsi, insorgere.

propagación [propaɣaθjón] *s.f.* **1** (*fis.*) propagazione **2** (*fig.*) diffusione, propagazione.

propaganda [propaɣánda] *s.f.* **1** propaganda, diffusione, divulgazione **2** (*comm.*) propaganda, pubblicità (*inv.*), réclame (*inv.*).

propicio [propíθjo] *agg.* **1** propizio, favorevole (*m.* e *f.*), benigno **2** (*occasione*) propizio, opportuno, adatto.

propiedad [propjeðáð] *s.f.* **1** (*econ.* e *giur.*) proprietà (*inv.*) **2** (*comm.*) proprietà (*inv.*), possedimento (*m.*), bene (*m.*) **3** podere (*m.*), terreno (*m.*), proprietà (*inv.*) **4** (*farm., fis.* e *chim.*) proprietà (*inv.*), caratteristica **5** (*fil.* e *mat.*) proprietà (*inv.*) **6** proprietà (*inv.*), correttezza, precisione.

propietario [propjetárjo] *s.m.* **1** (*giur.*) proprietario, proprietà (*f.inv.*), possidente (*m.* e *f.*) **2** (*econ.*) titolare (*m.* e *f.*), proprietario.

propina [propína] *s.f.* mancia.

propio [própjo] *agg.* **1** (*possessivo*) proprio, suo **2** (*enfatico*) stesso, medesimo, in persona **3** proprio, caratteristico, peculiare (*m.* e *f.*) **4** adeguato, adatto, conveniente (*m.* e *f.*) **5** somigliante (*m.* e *f.*), simile (*m.* e *f.*).

proponer [proponér] (propongo, propuse, propondré, propuesto) **A** *v.tr.* **1** proporre, suggerire **2** (*para*) proporre, indicare, segnalare **B** *v.pron.* **1** proporsi, prefiggersi, avere l'intenzione **2** volere, decidere, mettersi in testa.

proporción [proporθjón] *s.f.* **1** proporzione, rapporto (*m.*) **2** (*mat.*) proporzione **3** (*econ.*) congiuntura.

proposición [proposiθjón] *s.f.* **1** proposta, offerta, invito (*m.*), suggerimento (*m.*) **2** (*assemblea*) proposta, mozione, progetto (*m.*) **3** (*fil.*) (*ling.*) (*mat.*) proposizione.

propósito [propósito] *s.m.* **1** proposito, intenzione (*f.*) **2** obiettivo, mira (*f.*), scopo.

propuesta [propwésta] *s.f.* **1** proposta, suggerimento (*m.*) **2** (*econ.*) piattaforma **3** (*candidato*) segnalazione.

prosa [prósa] *s.f.* **1** (*lett.*) prosa **2** (*fig.*) (*pegg.*) prosaicità (*inv.*), banalità (*inv.*) **3** (*fig.*) (*fam.*) verbosità (*inv.*), prolissità (*inv.*).

proseguir [proseɣír] (prosigo, proseguí, proseguiré) **A** *v.tr.* **1** proseguire, continuare **2** (*lavoro, affari*) riprendere, ricominciare **B** *v.intr.* (*con/en*) insistere, andare avanti.

prospecto [prospékto] *s.m.* **1** (*lett.*) esposizione (*f.*) **2** prospetto, opuscolo.

próstata [próstata] *s.f.* (*anat.*) prostata.

prostíbulo [prostíbulo] *s.m.* casa (*f.*) chiusa/di tolleranza.

prostitución [prostituθjón] *s.f.* prostituzione.

prostituta [prostitúta] *s.f.* prostituta.

protagonista [protaɣonísta] *s.m.* e *f.* protagonista.

protección [protekθjón] *s.f.* **1** protezione, aiuto (*m.*) **2** pizzo (*m.*), tangente **3** (*giur.*) protezione, tutela **4** (*mil.*) difesa **5** (*elettr.*) salvavita (*m.inv.*).

proteger [protexér] (protejo, protegí, protegeré) *v.tr.* **1** proteggere, appoggiare **2** difendere, riparare.

proteína [proteína] *s.f.* proteina.

prótesis [prótesis] *s.f.inv.* (*med.* e *ling.*) protesi.

protesta [prótesta] *s.f.* **1** protesta, contestazione **2** reclamo (*m.*) **3** (*fig.*) dimostrazione, attestazione.

protestante [protestánte] *agg.* e *s.m.* e *f.* (*rel.*) protestante.

protestar [protestár] **A** *v.tr.* **1** dichiarare **2** attestare **3** (*giur.*) protestare **B** *v.intr.* **1** (*contra/por*) protestare, contestare **2** (*de*) ribadire.

protocolo [protokólo] *s.m.* **1** protocollo, registro **2** (*fig.*) protocollo, cerimoniale **3** (*inform.*) protocollo.
prototipo [prototípo] *s.m.* **1** prototipo **2** (*fig.*) modello, archetipo.
provecho [proβétʃo] *s.m.* **1** profitto, beneficio, vantaggio, giovamento **2** (*comm.*) utile, tornaconto.
proveedor [proβeeðór] *s.m.* fornitore.
proveer [proβeér] (proveo, proveí, proveeré, provisto) **A** *v.intr.* (*de*) **1** provvedere, fornire **2** dotare, munire **3** (*comm.*) occupare, coprire **4** (*giur.*) emanare/dettare una sentenza **5** (*affari, questioni*) condurre, portare a termine **B** *v.pron.* (*de*) munirsi, attrezzarsi.
providencia [proβiðénθja] *s.f.* **1** (*rel.*) provvidenza **2** (*giur.*) provvedimento (*m.*) **3** provvedimento (*m.*), misura.
provincia [proβínθja] *s.f.* provincia.
provisión [proβisjón] *s.f.* provvista.
provocación [proβokaθjón] *s.f.* provocazione, sfida.
provocar [proβokár] (provoco, provoqué, provocaré), *v.tr.* **1** provocare, stuzzicare **2** causare, produrre **3** (*sesso*) provocare, eccitare **4** incitare, aizzare.
próximo [pró*k*simo] *agg.* **1** (*luogo*) vicino, poco distante **2** (*tempo*) prossimo, venturo.
proyección [projeʼ*k*θjón] *s.f.* **1** lancio (*m.*), getto (*m.*) **2** (anche *statistica* e *geom.*) proiezione **3** (*econ.*) proiezione, previsione.
proyectar [projeʼ*k*tár] **A** *v.tr.* **1** proiettare, scagliare, lanciare **2** (*fot.* e *geom.*) proiettare **3** progettare, programmare **4** (*arch.* e *ing.*) progettare **B** *v.tr.pron.* (*corpo, ombra*) proiettarsi.
proyecto [projé*k*to] *s.m.* **1** progetto, programma **2** (*arch.* e *ing.*) progetto, progettazione (*f.*).
prudencia [pruðénθja] *s.f.* **1** prudenza, cautela **2** (*rel.*) prudenza **3** assennatezza.
prueba [prwéβa] *s.f.* **1** (anche *giur.* e *mat.*) prova **2** prova, dimostrazione **3** (*alimento*) assaggio (*m.*), degustazione **4** prova, controllo (*m.*) **5** (*scient.* e *tecn.*) esperimento (*m.*), test (*m.inv.*), prova **6** (*med.*) analisi (*inv.*) **7** (*sport*) prova, gara **8** (*comm.*) campione (*m.*).
psicoanálisis [sikoanálisis] *s.m.inv.* psicanalisi (*f.*).
psicología [sikoloxía] *s.f.* psicologia.
psicosis [sikósis] *s.f.inv.* **1** (*med.*) psicosi **2** (*fam.*) mania (*sing.*), fissazione (*sing.*).
psicoterapia [sikoterápja] *s.f.* psicoterapia.
psique [síke] *s.f.* psiche, intelletto (*m.*).
psiquiatría [sikjatría] *s.f.* (*med.*) psichiatria.
pubertad [puβertáð] *s.f.* pubertà (*inv.*).
pubis [púβis] *s.m.inv.* (*anat.*) pube (*sing.*).
publicación [puβlikaθjón] *s.f.* pubblicazione.
publicar [puβlikár] (publico, publiqué, publicaré) *v.tr.* **1** pubblicare, stampare **2** rendere noto, diffondere **3** (*matrimonio*) fare le pubblicazioni **4** (*fam.*) (*pegg.*) spiattellare.
publicidad [puβliθiðáð] *s.f.* **1** pubblicità (*inv.*), diffusione **2** (*comm.*) pubblicità (*inv.*), propaganda.
público [púβliko] **A** *agg.* pubblico **B** *s.m.* pubblico.
pudor [puðór] *s.m.* pudore, costumatezza (*f.*).
pudrir [puðrír] **A** *v.tr.pron.* **1** marcire, imputridire, putrefare **2** (*fam.*) seccare, scocciare **3** (*fig.*) corrompere **B** *v.intr.* essere sepolto.
pueblo [pwéβlo] *s.m.* **1** paese, villaggio **2** popolo, popolazione (*f.*).
puente [pwénte] *s.m.* **1** (*edil.* e anche *fig.*) ponte **2** (*mus.*) (*chitarra*) ponticello **3** (*mus.*) (*strumento ad arco*) cordiera (*f.*).
puerco [pwérko] *s.m.* **1** (*zool.*) porco, maiale, suino **2** (*fig.*) (*pegg.*) sudicio (*agg.*), lurido (*agg.*), sozzone **3** (*fig.*) (*pegg.*) porco, porcaccione.

puerco espín [pwérkoespín] *s.m.* (*zool.*) istrice, porcospino.
puerro [pwérro] *s.m.* (*bot.*) porro.
puerta [pwérta] *s.f.* **1** (*arch.*) porta, uscio (*m.*) **2** (*mobile*) anta **3** (*auto.*) portiera, sportello (*m.*) **4** (*sport* e *inform.*) porta.
puerto [pwérto] *s.m.* **1** (*mar.*) porto **2** (*geog.*) valico, passo **3** (*inform.*) porta (*f.*), entrata (*f.*) **4** (*fig.*) rifugio **5** (*inform.*) canale di rete.
pues [pwés] *cong.* **1** (*causale*) perché, poiché, dato che **2** (*consecutiva*) dunque, allora, ebbene **3** dunque, e allora, allora **4** (*continuativa*) quindi, dunque **5** (*enfatica*) ma.
puesta [pwésta] *s.f.* **1** tramonto (*m.*) **2** (*uccelli*) cova **3** (*gioco*) posta, puntata **4** (*cuc.*) fettina **5** (*asta*) offerta, rilancio (*m.*).
puesto [pwésto] *s.m.* **1** (anche *bur.*) posto **2** (*mil.*) appostamento **3** (*mil.*) (*guardia civile*) stazione (*f.*), commissariato **4** (*mil.*) caserma (*f.*) **5** (*comm.*) bancarella (*f.*) **6** (*feria*) stand (*inv.*) **7** (*caccia*) appostamento.
puesto que [pwéstoke] *cong.* (*causale*) perché, poiché, dato che, visto che.
púgil [púxil] *s.m.* (*sport*) pugile.
pugilato [puxiláto] *s.m.* (*sport*) pugilato.
puja[1] [púxa] *s.f.* sforzo (*m.*), impegno (*m.*).
puja[2] [púxa] *s.f.* (*asta*) offerta, rilancio (*m.*).
pujar[1] [puxár] **A** *v.tr.* (*por*) sforzarsi, impegnarsi, darsi da fare **B** *v.intr.* **1** impappinarsi **2** (*pianto*) essere sul punto di piangere.
pujar[2] [puxár] *v.tr.* (*asta*) rilanciare.
pulga [púlɣa] *s.f.* (*zool.*) pulce.
pulgada [pulɣáða] *s.f.* (*unità di misura*) pollice (*m.*).
pulgar [pulɣár] *s.m.* (*dito*) pollice.
pulmón [pulmón] *s.m.* (*anat.*) polmone.
pulmonía [pulmonía] *s.f.* (*med.*) polmonite.
pulpa [púlpa] *s.f.* **1** (*bot.*) polpa, midollo (*m.*) **2** polpa.
pulpo [púlpo] *s.m.* (*zool.*) polipo.
pulsera [pulséra] *s.f.* **1** braccialetto (*m.*) **2** (*med.*) benda da polso **3** (*capelli*) ciocca.
pulsión [pulsjón] *s.f.* pulsione.
pulso [púlso] *s.m.* **1** (*fisiol.*) pulsazione (*f.*) **2** (*anat.*) polso **3** (*fig.*) naso, fiuto **4** (*fig.*) polso, fermezza (*f.*).
puma [púma] *s.m.* (*amer.*) (*zool.*) puma (*inv.*).
punición [puniθjón] *s.f.* punizione, castigo (*m.*).
punta [púnta] *s.f.* **1** punta **2** (*ornamento*) dentello (*m.*) **3** (*tecn.*) (*incisione*) punta, bulino (*m.*) **4** (anche *fig.*) punta, pizzico (*m.*).
puntero [puntéro] *s.m.* **1** bacchetta (*f.*) **2** (*tecn.*) punteruolo **3** (*tecn.*) lancetta (*f.*) **4** (*min.*) scalpello **5** (*amer.*) (*sport*) punta (*f.*).
puntiagudo [puntjaɣúðo] *agg.* appuntito, aguzzo, acuto.
punto [púnto] *s.m.* **1** punto **2** (*arma da fuoco*) mirino **3** (*tess.*) punto, maglia (*f.*) **4** (*cintura*) buco, foro **5** (*istr.*) programa, unità (*f.inv.*) **6** (*luogo*) punto, posto **7** punto, passo, passaggio **8** (*colore*) tono, gradazione (*f.*).
puntuación [puntwaθjón] *s.f.* **1** (*gramm.*) punteggiatura, interpunzione **2** punteggio (*m.*).
puntual [puntwál] *agg.m.* e *f.* **1** puntuale **2** diligente, preciso (*m.*) **3** (*lett.*) esatto (*m.*) **4** (*fis.* e *mat.*) puntuale.
puntura [puntúra] *s.f.* puntura.
punzón [punθón] *s.m.* (*tecn.*) punzone.
puñado puɲáðo] *s.m.* (anche *fig.*) manciata (*f.*), pugno.
puñal [puɲál] *s.m.* pugnale.
puñalada [puɲaláða] *s.f.* **1** pugnalata **2** (*fig.*) pugnalata, colpo (*m.*) basso.
puñetazo [puɲetáθo] *s.m.* pugno, cazzotto.
puñetero [puɲetéro] *agg.* e *s.m.* **1** (*volg.*) dannato, maledetto **2** (*fam.*)

rompiscatole (*s.m.* e *f.inv.*), scocciatore (*s.*).

puño [púɲo] *s.m.* **1** (*mano*) pugno **2** polsino **3** (*fig.*) pugno, manciata (*f.*) **4** (*arma bianca*) impugnatura (*f.*) **5** (*bastone, ombrello*) manico.

puré [puré] *s.m.* (*cuc.*) **1** (*patate*) purè (*inv.*) **2** passato.

pureza [puréθa] *s.f.* **1** purezza, limpidezza **2** (*fig.*) purezza, candore (*m.*).

purga [púrɣa] *s.f.* **1** (*farm.*) purga, purgante (*m.*), lassativo (*m.*) **2** (*ind.*) spurgo (*m.*), scoria **3** (*pol.*) purga, epurazione.

purgatorio [purɣatórjo] *s.m.* (*rel.*) purgatorio.

purificación [purifikaθjón] *s.f.* (anche *rel.*) purificazione.

purificar [purifikár] (purifico, purifiqué, purificaré) *v.tr.pron.* **1** (anche *rel.*) purificare **2** (*giur.*) cadere in prescrizione.

purismo [purísmo] *s.m.* (*ling.*) purismo.

puritano [puritáno] *agg.* e *s.m.* **1** (*rel.*) puritano **2** (*fig.*) moralista (*m.* e *f.*).

puro[1] [púro] *agg.* **1** puro **2** (*vino*) puro, genuino **3** (*linguaggio, stile*) puro, depurato **4** (*fig.*) casto, verginale (*m.* e *f.*) **5** (*fig.*) onesto, integro.

puro[2] [púro] *s.m.* **1** sigaro **2** (*fam.*) castigo, pena (*f.*).

puta [púta] *s.f.* (*volg.*) puttana, troia.

putrefacción [putrefa*k*θjón] *s.f.* putrefazione, decomposizione.

pútrido [pútriðo] *agg.* putrefatto, imputridito.

Q

q [kú] *s.f.inv.* lettera q.
que [ké] **A** *cong.* **1** che **2** (*comparativo*) di **3** (*copulativa avversativa*) e **4** (*causale*) perché, poiché **5** (*finale*) perché, affinché **6** (*disgiuntiva*) sia... sia, o... o **B** *pron.m.* e *f.inv.* (*relativo*) **1** chi, colui (*m.sing.*) che, colei (*f.sing.*) **2** che **3** (*interrogativo, con accento*) (*cosa*) che, che cosa, cosa **4** che, quale (*m.sing.*) **5** (*esclamativo, con accento*) che **C** *avv.pron.* quanto, come, che.
quebrar [keβrár] (quiebro, quebré, quebraré) **A** *v.tr.* **1** rompere, spezzare **2** (*fig.*) infrangere, violare **3** (*fig.*) interrompere **4** (*fig.*) moderare, attenuare **5** (*fig.*) superare **6** (*fig.*) spossare, fiaccare **B** *v.intr.* **1** rompere, troncare **2** (*comm.*) fallire, fare fallimento **3** (*voce*) tremare, incrinarsi **C** *v.pron.* **1** (*fig.*) sciuparsi, rovinarsi **2** (*fig.* e *fam.*) farsi venire l'ernia **3** fratturarsi, rompersi **4** frastagliarsi.
quedar [keðár] **A** *v.intr.pron.* **1** rimanere, fermarsi, restare **2** rimanere, avanzare **3** cessare, finire **4** (*en*) accordarsi, concordare **5** rimanere, stare **6** (*con*) dare appuntamento **B** *v.pron.* **1** (*con*) tenersi, trattenere **2** (*mar.*) (*vento*) calmarsi, placarsi **3** (*gioco*) toccare.
queja [kéxa] *s.f.* **1** lamento (*m.*) **2** (*fam.*) lagna **3** (*giur.*) querela **4** lamentela.
quejarse [kexárse] *v.pron.* **1** lamentarsi, gemere **2** lamentarsi, rammaricarsi **3** (*de*) (*giur.*) querelare, denunciare.
quejica [kexíka] *agg.* (*fam.*) lagnoso (*m.*).
quemadura [kemaðúra] *s.f.* **1** (*med.*) bruciatura, scottatura, ustione **2** (*med.*) piaga.
quemar [kemár] **A** *v.tr.* **1** bruciare **2** seccare, inaridire **3** far bruciare, produrre bruciore **4** (*fig.*) bruciare, sprecare **B** *v.intr.* essere molto caldo, scottare **C** *v.pron.* **1** bruciarsi, scottarsi, ustionarsi **2** (*fam.*) ardere, infiammarsi, struggersi **3** (*fig.*) bruciarsi.
querer [kerér] **A** *s.m.* amore **B** (quiero, quise, querré) *v.tr.* **1** volere, desiderare **2** volere bene, amare **3** disporre, determinare **4** esigere, pretendere **5** volere, gradire **6** intendere, avere l'intenzione **C** *v.impers.* volere, essere lì per.
querido [keríðo] **A** *agg.* caro **B** *s.m.* amante (*m.* e *f.*).
queso [késo] *s.m.* formaggio.
quicio [kíθjo] *s.m.* (*porta, finestra*) cardine.
quiebra [kjéβra] *s.f.* **1** rottura, spaccatura **2** fenditura, crepa **3** perdita **4** (*comm.* e *giur.*) fallimento (*m.*), bancarotta.
quien [kjen] *pron.m.* e *f.sing.* **1** (*indefinito*) chi (*inv.*) **3** (*relativo negativo*) nessuno (*m.*) che **4** (*relativo interrogativo*) chi.

quienquiera [kjenkjéra] *pron.m.* e *f.sing.* (*indefinito*) chiunque (*pl. quienesquiera*).
quieto [kjéto] *agg.* **1** quieto, calmo, fermo **2** (*fig.*) pacifico, placido **3** (*fig.*) tranquillo.
quilo [kílo] *s.m.* chilo.
quimera [kiméra] *s.f.* **1** (*mit.*) chimera **2** (*fig.*) chimera, fantasticheria, utopia **3** (*fig.*) lite, contesa, litigio (*m.*) **4** (*fig.*) fisima.
química [kímika] *s.f.* chimica.
quince [kínθe] *agg.num.inv.* e *s.m.inv.* **1** (*cardinale*) quindici **2** (*ordinale*) quindicesimo (*sing.*).
quiniela [kinjéla] *s.f.* **1** totocalcio (*m.*) **2** schedina **3** (*amer.*) lotteria.
quinientos [kinjéntos] *agg.num.* e *s.m.inv.* **1** (*cardinale*) cinquecento (*inv.*) **2** (*ordinale*) cinquecentesimo (*sing.*).
quinto [kínto] *agg.num.ord.* quinto.
quiosco [kjósko] *s.m.* **1** chiosco, gazebo **2** edicola di giornali (*f.*).
quirófano [kirófano] *s.m.* sala (*f.*) operatoria.
quirurgo [kirúrɣo] *s.m.* chirurgo.
quitar [kitár] **A** *v.tr.* **1** togliere, levare **2** spostare **3** sottrarre, rubare **4** (*giur.*) derogare, abrogare **5** togliere, far scomparire **6** togliere, privare **7** liberare, togliere **B** *v.pron.* **1** togliersi, levarsi **2** (*de*) allontanarsi, sottrarsi **3** (*de*) (*vizio, abitudine*) smettere.
quivi [kíβi] *s.m.* (*bot.*) kiwi.
quizá o **quizás** [kiθá/kiθás] *avv.* chissà, forse.

R

r [érre] *s.f.inv.* lettera r.
rábano [rráβano] *s.m.* (*bot.*) **1** rapa (*f.*) **2** radice (*f.*) di rapa.
rabí [rraβí] *s.m.* (*rel.*) rabbino.
rabia [rráβja] *s.f.* **1** (*med.*) (*vet.*) rabbia, idrofobia **2** (*fig.*) rabbia, ira, collera.
rabo [rráβo] *s.m.* **1** (*zool.*) (anche *fig.*) coda (*f.*) **2** (*bot.*) peduncolo, picciolo **3** (*agr.*) (*grano*) pula (*f.*), loppa (*f.*).
racimo [rraθímo] *s.m.* (*bot.*) (anche *fig.*) grappolo.
raciocinio [rraθjoθínio] *s.m.* **1** raziocinio, buon senso, criterio **2** argomentazione (*f.*), ragionamento.
ración [rraθjón] *s.f.* **1** porzione, razione **2** (*mil.*) razione.
racional [rraθjonál] *agg.m.* e *f.* **1** razionale, pensante **2** razionale, logico (*m.*) **3** (*mat.*) razionale.
racionalizar [rraθjonaliθár] *v.tr.* **1** razionalizzare, rendere razionale **2** (*mat.*) razionalizzare.
racismo [rraθísmo] *s.m.* razzismo.
racista [rraθísta] *agg.* e *s.m.* e *f.* razzista.
radar [rraðár] *s.m.* (*tecn.*) radar (*inv.*).
radiación [rraðjaθión] *s.f.* (*fis.*) radiazione.
radiactivo [rraðiaktíβo] *agg.* radioattivo.
radicación [rraðikaθjón] *s.f.* **1** (*bot.*) radicazione **2** (*fig.*) radicamento (*m.*).
radical [rraðikál] *agg.m.* e *f.* **1** (*bot.*) radicale **2** (*fig.*) radicale, drastico (*m.*).
radio[1] [rráðjo] *s.f.* (*abbr.*) radio (*inv.*).
radio[2] [rráðjo] *s.m.* **1** (*geom.*) raggio **2** (*ruota*) raggio **3** (*anat.*) radio **4** (*zool.*) raggio.
radio[3] [rráðjo] *s.m.* (*chim.*) radio.
radiografía [rraðjoɣrafía] *s.f.* radiografia.
radiología [rraðjoloxía] *s.f.* (*med.*) radiologia.
raedura [rraeðúra] *s.f.* rasatura.
raer [rraér] *v.tr.* **1** raschiare, raspare, grattare **2** pareggiare **3** (*fig.*) estirpare, sradicare.
ráfaga [rráfaɣa] *s.f.* **1** raffica **2** lampo (*m.*), bagliore (*m.*).
rafia [rráfia] *s.f.* (*bot.*) (*tess.*) rafia.
raíz [rraíθ] *s.f.* **1** (*anat.*) (*bot.*) (*mat.*) radice **2** (*fig.*) origine, fonte **3** (*fig.*) radice, parte inferiore **4** (*ling.*) radice, radicale (*m.*).
raja [rráxa] *s.f.* **1** (*legna*) pezzo (*m.*), scheggia **2** crepa, fenditura **3** fetta, spicchio (*m.*).
rajá [rraxá] *s.m.* ragià (*inv.*) (pl.irr. *rajás* / pl.reg. *rajáes*).
rajar [rraxár] **A** *v.tr.* **1** affettare, tagliare a fette **2** spaccare, spezzare **3** (*gerg.*) accoltellare **B** *v.pron.* **1** spaccarsi, aprirsi **2** (*fig.*) (*fam.*) tirarsi indietro.
ralea [rraléa] *s.f.* **1** qualità (*inv.*), specie (*inv.*), genere (*m.*) **2** (*pegg.*) risma, razza, genere (*m.*).

ralentí [rralentí] *s.m.* (*cine.*) (*TV*) ralenti (*inv.*), rallentatore.
rallador [rraʎaðór] *s.m.* grattugia (*f.*).
ralladura [rraʎaðúra] *s.f.* grattatura.
rallar [rraʎár] *v.tr.* **1** grattugiare, grattare **2** (*fig.*) (*fam.*) scocciare, seccare, infastidire.
ralo [rrálo] *agg.* **1** rado, privo di spessore **2** rado, diradato.
rama[1] [rráma] *s.f.* **1** (*bot.*) ramo (*m.*) **2** (*fig.*) (*parentela*) ramo (*m.*), discendenza **3** (*fig.*) branca, ramo (*m.*).
rama[2] [rráma] *s.f.* (*tipografia*) telaio (*m.*)
rama[3] **(en)** [rráma] *loc.avv.* **1** greggio **2** (*tip.*) da rilegare.
rambla [rrámbla] *s.f.* **1** (*fiume*) alveo (*m.*), letto (*m.*) **2** viale (*m.*), corso (*m.*).
ramo [rrámo] *s.m.* **1** (*bot.*) ramo di secondo ordine **2** (*ramo tagliato*) ramo **3** mazzo **4** filza (*f.*), resta (*f.*) **5** (*fig.*) settore, ramo.
rampa [rrámpa] *s.f.* rampa.
ramplón [rramplón] *agg.* (*fig.*) pacchiano.
rana [rrána] *s.f.* **1** (*zool.*) rana **2** (*abb.*) (*bebè*) tutina.
rancho [rrántʃo] *s.m.* **1** (*mar.*) (*mil.*) rancio, pasto **2** (*fig.*) (*pegg.*) (*cibo*) schifezza (*f.*), sbobba (*f.*) **3** accampamento **4** baracca (*f.*), capanna (*f.*) **5** (*agr.*) rancho, fattoria (*f.*) **6** (*mar.*) provvista (*m.*) di viveri.
rancio [rránθjo] **A** *agg.* **1** rancido, guasto **2** (*fig.*) nobile (*m.* e *f.*), antico **3** (*fig.*) antiquato, sorpassato **B** *s.m.* **1** rancido, rancidità (*f.inv.*) **2** pancetta (*f.*) rancida **3** (*tess.*) (*lana*) untume.
rapaces [rrapáθes] *s.m.pl.* rapaci, predatori.
rapar [rrapár] **A** *v.tr.* **1** (*barba*) radere, rasare **2** (*capelli*) rapare, radere a zero **3** (*fig.*) (*fam.*) sgraffignare, scippare **B** *v.pron.* radersi, rasarsi.
rapaz [rrapáθ] **A** *agg.m.* e *f.* **1** (*zool.*) rapace **2** (*fig.*) (*persona*) rapace, avido (*m.*) **B** *s.f.* (*zool.*) rapace (*m.*).
rapidez [rrapiðéθ] *s.f.* rapidità (*inv.*).
rápido [rrápiðo] **A** *agg.* **1** rapido, impetuoso **2** rapido, veloce (*m.* e *f.*) **B** *s.m.* **1** (*fiume*) rapida (*f.*) **2** (*ferr.*) rapido, treno rapido.
rapiña [rrapíɲa] *s.f.* rapina.
rapiñar [rrapiɲár] *v.tr.* (*fam.*) rubacchiare.
raptar [rraptár] *v.tr.* (anche *giur.*) rapire, sequestrare.
rapto [rrápto] *s.m.* **1** (anche *psic.*) raptus (*inv.*) **2** (anche *giur.*) rapimento, sequestro **3** (*fig.*) rapimento, estasi (*f.inv.*).
raqueta [rrakéta] *s.f.* **1** (anche *sport*) racchetta **2** (*strada*) svincolo (*m.*).
raquitismo [rrakitísmo] *s.m.* (*med.*) rachitismo.
rareza [rraréθa] *s.f.* **1** rarità (*inv.*), singolarità (*inv.*) **2** rarità (*inv.*), cosa rara **3** stravaganza, eccentricità (*inv.*) **4** sporadicità (*inv.*).
raro [rráro] **A** *agg.* **1** (*tempo*) raro **2** strano **3** raro, prezioso **4** stravagante (*m.* e *f.*), bizzarro **5** (*fig.*) straordinario, singolare (*m.* e *f.*) **B** *s.m.* **1** eccentrico, stravagante (*m.* e *f.*) **2** (*fam.*) omosessuale (*m.* e *f.*).
rascacielos [rraskaθjélos] *s.m.inv.* (*arch.*) grattacielo (*sing.*).
rascamiento [rraskamjénto] *s.m.* grattata (*f.*), grattatura (*f.*).
rascar [rraskár] **A** *v.tr.* **1** grattare **2** (*pelle*) graffiare, lacerare **3** raschiare, sfregare **4** (*fig.*) strimpellare **B** *v.pron.* grattarsi.
rasgadura [rrasɣaðúra] *s.f.* strappo (*m.*), squarcio (*m.*).
rasgar[1] [rrasɣár] *v.tr.pron.* strappare, stracciare.
rasgar[2] [rrasɣár] *v.tr.* (*mus.*) arpeggiare.
rasgos [rrásɣos] *s.m.pl.* **1** (*viso*) tratti, lineamenti **2** (*fig.*) caratteristiche (*f.*), elementi distintivi.
raspadura [rraspaðúra] *s.f.* **1** raschiatura, grattatura **2** (*met.*) raschiatura, limatura **3** graffio (*m.*), intaccatura.

raspón [rraspón] *s.m.* (*fam.*) **1** graffiatura (*f.*), graffio **2** scorticatura (*f.*), abrasione (*f.*).
rastra [rrástra] *s.f.* **1** (*agr.*) rastrello (*m.*) **2** (anche *fig.*) traccia **3** erpice (*m.*) **4** traino (*m.*) **5** strascico (*m.*) **6** resta, filza **7** (*edil.*) tirante (*m.*) **8** (*mar.*) rampino (*m.*).
rastreo [rrastréo] *s.m.* **1** (anche *mar.*) rastrellamento **2** (*fig.*) indagine (*f.*).
rastro [rrástro] *s.m.* **1** (*fam.*) mercato delle pulci **2** (*agr.*) zappa (*f.*) a tre denti **3** (anche *fig.*) traccia (*f.*).
rata[1] [rráta] *s.f.* **1** (*zool.*) ratto (*m.*), topo (*m.*) **2** (*fig.*) (*fam.*) ladruncolo (*m.*) **3** (*fig.*) (*fam.*) spilorcio (*m.*), taccagno (*m.*).
rata[2] [rráta] *s.f.* (*comm.*) rata, quota.
ratero [rratéro] *agg.* spregevole (*m.* e *f.*).
rato [rráto] *s.m.* **1** momento, lasso, istante **2** tratto, distanza (*f.*).
ratón [rratón] *s.m.* **1** (*zool.*) topo, ratto **2** (*inform.*) mouse (*inv.*).
raya [rrája] *s.f.* **1** riga **2** tratto (*m.*), linea **3** graffio (*m.*), riga **4** (*capelli*) riga **5** (*pantaloni*) riga, piega **6** (*gramm.*) lineetta **7** (*gerg.*) (*cocaina*) pista, riga **8** (*mano*) linea.
rayar [rraǰár] **A** *v.tr.* **1** rigare, tracciare righe **2** depennare **3** sottolineare, segnare **4** graffiare, rigare **B** *v.intr.* **1** (*con/en*) sconfinare, essere prossimo **2** (*alba, giorno, sole*) spuntare, sorgere **3** (*fig.*) distinguersi, spiccare.
rayo [rráǰo] *s.m.* **1** (anche *fis.*) raggio **2** (*ruota*) raggio **3** (*meteo.*) (anche *fig.*) fulmine.
rayuela [rraǰwéla] *s.f.* (*gioco*) campana.
raza [rráθa] *s.f.* **1** razza, stirpe **2** (*bot.*) (*zool.*) razza, specie (*f.*).
razón [rraθón] *s.f.* **1** ragione, giudizio (*m.*) **2** ragione, argomentazione **3** ragione, causa, motivo (*m.*) **4** ragione.
razonamiento [rraθonamjénto] *s.m.* ragionamento.
razonar [rraθonár] **A** *v.intr.* **1** ragionare, usare la ragione **2** discorrere, conversare **B** *v.tr.* esporre, rendere conto.
re[1] [rré] *s.m.* (*mus.*) re (*inv.*).
re-[2] [rré] *pref.* **1** (*ripetizione*) re-, ri- **2** (*aumento*) sopra-, sovra- **3** (*insistenza*) molto, stra-.
reacción [rreakθjón] *s.f.* (anche *fig.*) reazione.
reaccionar [rreakθjonár] *v.intr.* **1** (anche *fig.*) reagire **2** rianimarsi, rinvenire **3** recuperare, rimettersi **4** rispondere, replicare **5** reagire, opporsi, ribellarsi.
real[1] [rreál] *agg.m.* e *f.* reale, autentico (*m.*).
real[2] [rreál] *agg.m.* e *f.* **1** reale, regale **2** regio (*m.*) **3** (*fig.*) fastoso (*m.*), sontuoso (*m.*).
realidad [rrealiðáð] *s.f.* realtà (*inv.*).
realismo [rrealísmo] *s.m.* **1** (*fil.*) (*lett.*) (*pitt.*) realismo **2** realismo, concretezza (*f.*).
realización [rrealiθaθjón] *s.f.* **1** realizzazione, concretizzazione **2** opera.
realizar [rrealiθár] **A** *v.tr.* **1** realizzare, concretizzare **2** compiere, fare **3** (*cine.*, *TV*) dirigere **B** *v.pron.* realizzarsi, riuscire.
realojar [rrealoxár] *v.tr.* rialloggiare.
reanimación [rreanimaθjón] *s.f.* (anche *med.*) rianimazione.
rearme [rreárme] *s.m.* (*mil.*) riarmo.
rebaja [rreβáxa] *s.f.* ribasso (*m.*), diminuzione, calo (*m.*).
rebajar [rreβaxár] **A** *v.tr.* **1** abbassare **2** ribassare, ridurre, diminuire **3** (*fig.*) umiliare, calpestare **4** (*arch.*) diminuire l'altezza di un arco **5** (*pitt.*) sfumare **6** (*fot.*) virare **7** (*mil.*) esonerare **B** *v.pron.* (*a/ante*) (*fig.*) abbassarsi, umiliarsi.
rebajas [reβáxas] *s.f.pl.* saldi (*m.*).
rebelarse [rreβelárse] *v.pron.* (*contra*) ribellarsi, insorgere.

rebelde [rreβélde] **A** *agg.m.* e *f.* (anche *fig.*) ribelle **B** *s.m.* e *f.* **1** ribelle **2** (*giur.*) contumace.
rebelión [rreβeljón] *s.f.* **1** ribellione, insurrezione, rivolta **2** (*giur.*) insurrezione.
rebozado [rreβoθáðo] *s.m.* (*cuc.*) impanatura (*f.*).
rebuscado [rreβuskáðo] *agg.* ricercato, manierato.
rebuscar [rreβuskár] *v.tr.* **1** ricercare, cercare con cura **2** (*agr.*) raspollare, racimolare.
recadero [rrekaðéro] *s.m.* fattorino.
recado [rrekáðo] *s.m.* **1** messaggio, avviso **2** commissione (*f.*), incombenza (*f.*) **3** pacchetto **4** occorrente **5** spesa (*f.*) giornaliera **6** (*amer.*) finimenti (*pl.*).
recaer [rrekaér] *v.intr.* **1** (anche *fig.*) ricadere, ricascare **2** (*malattia*) riammalarsi, avere una ricaduta **3** (*sobre*) spettare, toccare **4** ricadere, gravare, riversarsi.
recaída [rrekaíða] *s.f.* ricaduta.
recalentamiento [rrekalentamjénto] *s.m.* surriscaldamento.
recalentar [rrekalentár] **A** *v.tr.* scaldare, riscaldare **B** *v.tr.pron.* **1** surriscaldare **2** (*fam.*) (*sesso*) eccitare **C** *v.pron.* **1** (*olive*) guastarsi, marcire **2** (*legno*) alterarsi, rovinarsi **3** (*zool.*) andare in calore.
recalificar [rrekalifikár] *v.tr.* riqualificare.
recambio [rrekámbjo] *s.m.* ricambio.
recarga [rrekárɣa] *s.f.* ricarica.
recargar [rrekarɣár] **A** *v.tr.* **1** ricaricare **2** (anche *fig.*) appesantire, sovraccaricare **3** (*fig.*) caricare, sovraccaricare **4** (*econ.*) maggiorare, aggravare **B** *v.intr.* (*tauro.*) (*toro*) tornare alla carica **C** *v.pron.* (*febbre*) aumentare, salire.
recatado [rrekatáðo] *agg.* **1** cauto, prudente (*m.* e *f.*) **2** (*donna*) onesto, casto, puro.
recaudación [rrekauðaθjón] *s.f.* **1** (*bur.*) (*econ.*) riscossione, esazione **2** incasso (*m.*).
recaudamiento [rrekauðamjénto] *s.m.* **1** (*bur.*) (*econ.*) riscossione (*f.*), esazione (*f.*) **2** (*bur.*) (*carica*) esattoria (*f.*).
recaudar [rrekauðár] *v.tr.* **1** (*bur.*) (*econ.*) riscuotere **2** raccogliere **3** custodire, mettere al sicuro.
recaudo [rrekáuðo] *s.m.* **1** (*bur.*) (*econ.*) riscossione (*f.*) **2** (*giur.*) cauzione (*f.*).
recelo [rreθélo] *s.m.* diffidenza (*f.*), sospetto.
recepción [rreθepθión] *s.f.* **1** (*telecom.*) ricezione **2** (*hotel*) reception (*inv.*) **3** ricevimento (*m.*), accoglienza.
recesión [rreθesión] *s.f.* recessione.
receta [rreθéta] *s.f.* **1** (*med.*) ricetta, prescrizione **2** (anche *fig.*) ricetta **3** (*fig.*) (*fam.*) nota delle commissioni.
rechazar [rretʃaθár] *v.tr.* **1** (anche *fig.*) respingere, rifiutare **2** (*fig.*) resistere, contrastare.
rechazo [rretʃáθo] *s.m.* **1** rifiuto, diniego, ricusa (*f.*) **2** (*bio.*) rigetto.
recibir [rreθiβír] **A** *v.tr.* **1** ricevere **2** ricevere, accogliere **3** (*telecom.*) ricevere, prendere **4** (*edil.*) fissare **B** *v.pron.* laurearsi.
recibo [rreθíβo] *s.m.* **1** ricevimento **2** (*comm.*) ricevuta (*f.*), scontrino **3** (*arch.*) anticamera (*f.*).
reciclar [rreθiklár] **A** *v.tr.* **1** riciclare, riutilizzare **2** (*professione*) aggiornare, riqualificare **B** *v.pron.* aggiornarsi.
recién [rreθjén] *avv.* **1** appena **2** (*amer.*) adesso, or ora.
reciente [rreθiénte] *agg.m.* e *f.* recente.
recinto [rreθínto] *s.m.* recinto.
recíproco [rreθíproko] *agg.* **1** reciproco, vicendevole (*m.* e *f.*) **2** (*gramm.*) (*mat.*) reciproco.
recital [rreθitál] *s.m.* (*mus.*) recital (*inv.*).

reclamo [rreklámo] *s.m.* **1** (*caccia*) richiamo **2** verso, richiamo **3** (*fig.*) richiamo, attrazione (*f.*) **4** reclamo, protesta (*f.*).
recluir [rreklwír] *v.tr.pron.* rinchiudere, imprigionare.
reclusión [rreklusjón] *s.f.* reclusione, prigionia.
recluta [rreklúta] **A** *s.f.* (*mil.*) reclutamento (*m.*), leva **B** *s.m.* e *f.* (*mil.*) (*persona*) recluta.
recobrar [rrekoβrár] **A** *v.tr.* recuperare, riottenere **B** *v.pron.* (*de*) **1** riprendersi **2** rifarsi, rivalersi **3** riaversi, rinvenire.
recobro [rrekóβro] *s.m.* recupero.
recoger [rrekoxér] **A** *v.tr.* **1** raccogliere, raccattare **2** radunare, mettere insieme **3** (*agr.*) (*fig.*) raccogliere, cogliere **4** ritirare, raccogliere **5** fare la raccolta, collezionare **6** mettere in ordine, assettare, sistemare **7** passare a prendere **B** *v.pron.* **1** ritirarsi, appartarsi, isolarsi **2** (*spese*) ridurre, moderare **3** rincasare, rientrare a casa **4** rimboccarsi **5** (*capelli*) raccogliersi, legarsi **6** (*en*) raccogliersi, concentrarsi.
recogida [rrekoxíða] *s.f.* **1** raccolta **2** levata **3** (*agr.*) raccolto (*m.*).
recolocación [rrekolokaθjón] *s.f.* (*bur.*) reimpiego (*m.*).
recolocar [rrekolokár] *v.tr.* **1** ricollocare, rimettere **2** (*bur.*) reimpiegare.
recomendación [rrekomendaθjón] *s.f.* **1** raccomandazione, consiglio (*m.*) **2** raccomandazione, appoggio (*m.*), buona parola.
recomendar [rrekomendár] **A** *v.tr.* **1** raccomandare, affidare **2** raccomandare, appoggiare, favorire **3** raccomandare, consigliare **B** *v.pron.* raccomandarsi, affidarsi.
recompensa [rrekompénsa] *s.f.* ricompensa.
recompensar [rrekompensár] *v.tr.* **1** ricompensare, risarcire, riparare **2** ripagare, dare una ricompensa **3** (*fig.*) ricompensare, premiare.
recomponer [rrekomponér] *v.tr.* risistemare, riparare.
reconciliación [rrekonθiljaθjón] *s.f.* riconciliazione.
reconocer [rrekonoθér] **A** *v.tr.* **1** riconoscere, ravvisare, identificare **2** riconoscere, distinguere, individuare **3** (*med.*) visitare, esaminare **4** (*mil.*) riconoscere, perlustrare **5** (*dogana*) perquisire **6** riconoscere, ammettere **B** *v.pron.* **1** riconoscersi, dichiararsi **2** reputarsi, credersi.
reconocimiento [rrekonoθimjénto] *s.m.* **1** riconoscimento, identificazione (*f.*) **2** riconoscenza (*f.*), gratitudine (*f.*) **3** (*mil.*) ricognizione (*f.*).
reconstrucción [rrekonstrukθjón] *s.f.* ricostruzione, riedificazione.
reconversión [rrekombersjón] *s.f.* (*econ.*) riconversione, riorganizzazione.
recopilación [rrekopilaθjón] *s.f.* **1** riassunto (*m.*), riepilogo (*m.*) **2** raccolta, compendio (*m.*).
recordar [rrekorðár] **A** *v.tr.* **1** ricordare, rievocare **2** ricordare, rammentare **3** ricordare, fare presente **B** *v.intr.pron.* (*amer.*) svegliarsi.
recorrer [rrekorrér] *v.tr.* **1** percorrere **2** girare, visitare **3** perlustrare, percorrere **4** (*sguardo*) scorrere.
recorrido [rrekorríðo] *s.m.* **1** percorso, tragitto **2** itinerario, rotta (*f.*) **3** giro.
recortar [rrekortár] **A** *v.tr.* **1** ritagliare **2** (*disegno*) delineare, schizzare, abbozzare **3** tagliare, diminuire **B** *v.pron.* stagliarsi, profilarsi.
recorte [rrekórte] *s.m.* **1** ritaglio **2** (*econ.*) taglio **3** (*tauro.*) (*torero*) schivata (*f.*).
recreo [rrekréo] *s.m.* **1** ricreazione (*f.*), svago **2** (*scuola*) ricreazione (*f.*), intervallo.
recriminación [rrekriminaθjón] *s.f.* recriminazione, lagnanza.

rectángulo [rrektáŋgulo] *agg.* e *s.m.* (*geom.*) rettangolo.
recto[1] [rrékto] *agg.* **1** retto **2** (*fig.*) corretto, giusto **3** (*fig.*) onesto, integro.
recto[2] [rrékto] *agg.* e *s.m.* (*anat.*) retto.
recuadro [rrekwáðro] *s.m.* riquadro.
recuerdo [rrekwérðo] *s.m.* **1** ricordo **2** dono, regalo, pensiero.
recuperación [rrekuperaθjón] *s.f.* **1** recupero (*m.*) **2** (*econ.*) ripresa **3** (*istr.*) esame (*m.*) di riparazione.
recuperar [rrekuperár] **A** *v.tr.* **1** recuperare **2** recuperare, riacquistare **3** riutilizzare, riciclare **4** (*istr.*) (*materia*) rimediare **B** *v.pron.* **1** riaversi, recuperare i sensi **2** ristabilirsi, rimettersi.
recurso [rrekúrso] *s.m.* **1** ricorso **2** mezzo, risorsa (*f.*) **3** (*giur.*) ricorso.
recursos [rrekúrsos] *s.m.pl.* **1** risorse (*f.*), mezzi **2** (*fig.*) risorse (*f.*), espedienti.
recusación [rrekusaθjón] *s.f.* ricusazione, ricusa, rifiuto (*m.*).
red [rréð] *s.f.* **1** (anche *fig.*) rete **2** recinzione, recinto (*m.*) **3** rete, collegamento (*m.*) **4** (*comm.*) (*ind.*) rete, organizzazione, catena.
redacción [rreðakθjón] *s.f.* **1** redazione, stesura **2** (*edit.*) (*giorn.*) redazione.
redactar [rreðaktár] *v.tr.* redigere, stendere.
redistribución [rreðistriβuθjón] *s.f.* ridistribuzione.
redoble [rreðóβle] *s.m.* **1** raddoppio, raddoppiamento **2** rullo.
redondo [rreðóndo] **A** *agg.* **1** rotondo, tondo **2** (*fig.*) chiaro e tondo, netto **3** (*fig.*) perfetto, riuscito **B** *s.m.* tondo, circolo, cerchio.
reducción [rreðukθjón] *s.f.* **1** riduzione, diminuzione **2** (*mat.*) (*chim.*) riduzione.
reducir [rreðuθír] **A** *v.tr.* **1** ricondurre **2** ridurre, diminuire **3** (*a/en*) ridurre **4** (*a/en*) convertire, trasformare **5** riassumere **6** (*mat.*) (*chim.*) ridurre **7** (*cuc.*) restringere, far addensare **8** ridurre, rimpicciolire **B** *v.intr.* (*auto.*) (*marcia*) scalare **C** *v.pron.* **1** convertirsi, trasformarsi **2** diminuire, ridursi **3** ridursi.
reembolso [rreembólso] *s.m.* (*soldi*) rimborso, restituzione (*f.*).
reenviar [rreembjár] *v.tr.* rinviare, rimandare.
reenvío [rreembío] *s.m.* rimando, rinvio.
reestreno [rreestréno] *s.m.* (*cine.*) (*teatr.*) replica (*f.*).
referencia [rreferénθja] *s.f.* **1** riferimento (*m.*), allusione, accenno (*m.*) **2** indicazioni (*pl.*), informazioni (*pl.*) **3** racconto (*m.*), narrazione **4** rimando (*m.*), rinvio (*m.*).
referir [rreferír] **A** *v.tr.* **1** riferire, dire, raccontare **2** attribuire, riferire, ascrivere **3** riferire, mettere in relazione, collegare **B** *v.pron.* **1** riguardare, riferirsi, concernere **2** riferirsi, alludere, accennare.
refinar [rrefinár] **A** *v.tr.* **1** (*ind.*) raffinare, purificare **2** (*fig.*) raffinare, perfezionare, migliorare **B** *v.pron.* (*fig.*) raffinarsi, ingentilirsi, affinarsi.
reflectar [rreflektár] *v.tr.* (*fis.*) riflettere.
reflejar [rreflexár] **A** *v.tr.* (*fis.*) riflettere **B** *v.tr.pron.* (*en/sobre*) (anche *fig.*) riflettere, rispecchiare.
reflejo [rrefléxo] **A** *agg.* riflesso **B** *s.m.* **1** riflesso, riverbero **2** (*fig.*) riflesso, manifestazione (*f.*) **3** riflesso, immagine (*f.*) riflessa.
reflexión [rrefleksjón] *s.f.* **1** (*fis.*) riflessione **2** (*fig.*) riflessione, meditazione **3** (*fig.*) riflessione, considerazione **4** (*gramm.*) funzione riflessiva.
reflexionar [rrefleksjonár] *v.intr./tr.* riflettere, pensare, meditare.
reflujo [rreflúxo] *s.m.* **1** (*mar.*) riflusso, bassa marea (*f.*) **2** (anche *fig.*) riflusso.
reforma [rrefórma] *s.f.* riforma, rinnovamento (*m.*), cambiamento (*m.*).
reformar [rreformár] **A** *v.tr.* **1** riformare, ricostituire **2** restaurare, ristrut-

turare **3** riformare, modificare **4** riformare, correggere **B** *v.pron.* **1** correggersi, emendarsi **2** frenarsi, contenersi, trattenersi.
reforzado [rreforθáðo] **A** *agg.* rinforzato, rafforzato **B** *s.m.* rinforzo.
reforzar [rreforθár] *v.tr.* **1** rinforzare, rafforzare **2** intensificare.
refrán [rrefrán] *s.m.* proverbio, sentenza (*f.*).
refregar [rrefreɣár] **A** *v.tr.* **1** strofinare, sfregare **2** (*fig.*) (*fam.*) rinfacciare, gettare in faccia **B** *v.pron.* sfregarsi, stropicciarsi.
refrescar [rrefreskár] **A** *v.tr.* **1** rinfrescare, raffreddare **2** (*fig.*) rinfrescare, rispolverare **3** (*fig.*) risvegliare, ravvivare **B** *v.intr.* **1** (*fig.*) rianimarsi, riprendere vigore **2** (*meteo.*) rinfrescare **3** (*mar.*) (*vento*) rinfrescare, aumentare d'intensità **C** *v.pron.* rinfrescarsi, ristorarsi.
refresco [rrefrésko] *s.m.* **1** bibita/bevanda (*f.*) fresca **2** rinfresco, ricevimento.
refrigerador [rrefrixeraðór] **A** *agg.* refrigeratore **B** *s.m.* frigorifero.
refrigerio [rrefrixérjo] *s.m.* **1** refrigerio, ristoro **2** (*fig.*) refrigerio, sollievo, conforto **3** (*fig.*) spuntino.
refugiar [rrefuxjár] **A** *v.tr.* dare rifugio, accogliere, ospitare **B** *v.pron.* rifugiarsi.
refugio [rrefúxjo] *s.m.* **1** rifugio, asilo **2** rifugio, riparo **3** (*montagna*) rifugio **4** (*strada*) salvagente, isola (*f.*) spartitraffico.
refunfuño [rrefumfúɲo] *s.m.* (*fam.*) borbottio, brontolio.
regalar [rreɣalár] **A** *v.tr.* **1** regalare, donare **2** coccolare, vezzeggiare **3** (*con*) dilettare, deliziare **B** *v.pron.* (*con/en*) trattarsi bene, coccolarsi.
regaliz [rreɣalíθ] *s.m.* (*bot.*) liquirizia (*f.*).
regalo [rreɣálo] *s.m.* **1** regalo, dono, omaggio **2** (*fig.*) regalo, diletto, piacere **3** (*fig.*) squisitezza (*f.*), prelibatezza (*f.*) **4** (*fig.*) agio, agiatezza (*f.*).
regañar [rreɣaɲár] **A** *v.intr.* **1** arrabbiarsi, irritarsi **2** (*fam.*) litigare, bisticciare **3** (*frutta, pane*) spaccarsi, aprirsi **4** (*zool.*) ringhiare, digrignare **B** *v.tr.* (*fam.*) sgridare, rimproverare.
regar [rreɣár] *v.tr.* (*con/de*) **1** (*agr.*) irrigare, annaffiare **2** bagnare **3** (*fiume, canale*) irrigare, attraversare **4** (*apicoltura*) nutrire le larve **5** (*fig.*) disseminare, spargere.
regata [rreɣáta] *s.f.* (*mar.*) regata.
regate [rreɣáte] *s.m.* **1** schivata (*f.*) **2** (*sport*) dribbling (*inv.*), finta (*f.*) **3** (*fig.*) (*fam.*) scappatoia (*f.*).
regatear [rreɣateár] **A** *v.tr.* **1** mercanteggiare, contrattare **2** (*comm.*) vendere al minuto **3** (*fig.*) (*fam.*) risparmiare, lesinare **4** (*sport*) dribblare **B** *v.intr.* schivare, evitare.
regateo [rreɣatéo] *s.m.* **1** mercanteggiamento, contrattazione (*f.*) **2** (*comm.*) vendita al minuto **3** (*fig.*) (*fam.*) scappatoia (*f.*), pretesto.
regeneración [rrexeneraθjón] *s.f.* (anche *bio.*) rigenerazione.
régimen [rréximen] *s.m.* **1** (*giur.*) (*pol.*) regime **2** dieta (*f.*) **3** (*gramm.*) reggenza (*f.*).
regio [rréxjo] *agg.* **1** regio **2** (*fig.*) sontuoso, lussuoso.
región [rrexjón] *s.f.* **1** (*geog.*) regione, zona **2** (*pol.*) regione, ente (*m.*) territoriale.
regional [rrexjonál] *agg.m.* e *f.* regionale.
regionalismo [rrexjonalísmo] *s.m.* (anche *ling.*) regionalismo.
regir [rrexír] **A** *v.tr.* **1** reggere, governare **2** dirigere, guidare **3** determinare, stabilire **4** (*gramm.*) reggere **B** *v.intr.* vigere, essere in vigore.
registro [rrexístro] *s.m.* **1** perquisizione (*f.*) **2** (anche *inform., ling.*) registro **3** (*bur.*) (*giur.*) ruolo **4** (*libro*) segnalibro.

regla [rréɣla] *s.f.* **1** regolo (*m.*), righello (*m.*) **2** (anche *ling.*, *mat.* e *rel.*) regola **3** (*giur.*) regola, norma **4** regola, misura, moderazione **5** (*fam.*) mestruazioni (*pl.*).
regresar [rreɣresár] *v.intr.* ritornare, tornare.
regresión [rreɣresjón] *s.f.* (*econ.*) (*med.*) regressione.
regulación [rreɣulaθjón] *s.f.* regolazione.
regular[1] [rreɣulár] *agg.m.* e *f.* **1** (anche *geom.*, *gramm.*) regolare **2** regolato (*m.*), ordinato (*m.*).
regular[2] [rreɣulár] *avv.* discretamente, così così: *"¿Qué tal estás?" "~"*, "come stai?" "così così".
regular[3] [rreɣulár] *v.tr.* **1** regolare, disciplinare **2** governare, guidare **3** (*econ.*) adeguare, riassestare, conformare.
regularidad [rreɣulariðáð] *s.f.* **1** regolarità (*inv.*), periodicità (*inv.*) **2** (*rel.*) osservanza.
rehabilitación [rreaβilitaθjón] *s.f.* **1** riabilitazione **2** (*med.*) rieducazione, recupero (*m.*) **3** restauro (*m.*), ristrutturazione.
rehabilitar [rreaβilitár] **A** *v.tr.* **1** riabilitare **2** restaurare, ristrutturare, recuperare **B** *v.pron.* riabilitarsi.
rehacer [rreaθér] **A** *v.tr.* **1** rifare, fare di nuovo **2** rifondere, rimaneggiare, ricomporre **3** (*fig.*) aggiustare, riparare **B** *v.pron.* (*fig.*) riprendersi, rimettersi.
rehacimiento [rreaθimjénto] *s.m.* rifacimento.
rehén [rreén] *s.m.* ostaggio.
reina [rréina] *s.f.* **1** (anche *fig.*) regina **2** (*fig.*) (*fam.*) gioia, tesoro (*m.*).
reinar [rreinár] *v.intr.* (*en/sobre*) **1** regnare, essere re **2** regnare, dominare **3** (*fig.*) regnare, prevalere, predominare.
reino [rréino] *s.m.* **1** (anche *bio.*) regno **2** (*fig.*) regno, mondo.
reintegro [rreintéɣro] *s.m.* **1** reintegro, reintegrazione (*f.*) **2** (*debito*) pagamento **3** (*lotteria*) premio equivalente alla somma giocata **4** marca (*f.*) da bollo.
reír [rreír] **A** *v.intr.pron.* **1** ridere **2** (*de*) ridere, beffarsi **B** *v.tr.* deridere, schernire **C** *v.pron.* (*fig.*) (*fam.*) sdrucirsi, scucirsi.
reiteración [rreiteraθjón] *s.f.* **1** reiterazione, ripetizione **2** (*giur.*) recidiva semplice.
reiterar [rreiterár] *v.tr.pron.* reiterare, ripetere.
reivindicación [rreiβindikaθjón] *s.f.* rivendicazione.
reja[1] [rréxa] *s.f.* (*agr.*) **1** vomere (*m.*) **2** aratura.
reja[2] [rréxa] *s.f.* inferriata, grata, griglia.
rejilla [rrexíʎa] *s.f.* **1** rete metallica **2** (*confessionario*) grata **3** (*sedia*) impagliatura **4** scaldino (*m.*) **5** (*edil.*) (*tecn.*) griglia **6** (*ferr.*) rete portabagagli.
rejo [rréxo] *s.m.* **1** punta (*f.*) di ferro **2** (*zool.*) (*ape*) pungiglione **3** sbarra (*f.*), spranga (*f.*) **4** (*amer.*) frusta (*f.*).
relación [rrelaθjón] *s.f.* **1** relazione, rapporto (*m.*) **2** relazione, rapporto (*m.*), legame (*m.*) **3** racconto (*m.*), relazione **4** lista, elenco (*m.*) **5** (*bur.*) (*comm.*) rapporto (*m.*), relazione **6** (*mat.*) relazione **7** (*ling.*) rapporto (*m.*).
relajamiento [rrelaxamjénto] *s.m.* **1** rilassamento, distensione (*f.*) **2** (*med.*) lassità (*f.inv.*).
relajar [rrelaxár] **A** *v.tr.* **1** rilassare, distendere **2** (*fig.*) rilassare, allentare **3** (*giur.*) esimere da un obbligo **B** *v.pron.* **1** rilassarsi, distendersi **2** (*fig.*) corrompersi.
relámpago [rrelámpaɣo] *s.m.* **1** (anche *fig.*) lampo **2** (*fig.*) frizzo, battuta (*f.*).
relanzar [rrelanθár] *v.tr.* (*fig.*) rilanciare, riproporre.
relativo [rrelatíβo] *agg.* **1** relativo, proporzionato **2** relativo, attinente (*m.* e *f.*) **3** relativo, non assoluto **4**

(*gramm.*) relativo.
relato [rreláto] *s.m.* **1** narrazione (*f.*), racconto, esposizione (*f.*) **2** (*lett.*) racconto.
releer [rreleér] *v.tr.* rileggere.
relevante [rreleβánte] *agg.m.* e *f.* (anche *ling.*) rilevante.
relevar [rreleβár] *v.tr.* **1** (*de*) esonerare **2** (*carica, lavoro*) sollevare, destituire **3** (anche *sport*) (*mil.*) rilevare, sostituire.
relieve [rreljéβe] *s.m.* **1** (anche *arte*) rilievo **2** (*geog.*) rilievo, altura (*f.*) **3** (*fig.*) rilievo, importanza (*f.*).
religión [rrelixjón] *s.f.* religione.
religioso [rrelixióso] **A** *agg.* **1** religioso **2** (*fig.*) rispettoso, riverente (*m.* e *f.*) **B** *s.m.* religioso.
relincho [rrelíntʃo] *s.m.* (*zool.*) nitrito.
reliquia [rrelíkja] *s.f.* **1** (*rel.*) reliquia **2** (*fig.*) vestigio (*m.*).
rellano [rreʎáno] *s.m.* **1** pianerottolo, ripiano **2** (*montagna*) spiazzo su rocce ripide.
rellenar [rreʎenár] **A** *v.tr.* **1** ricolmare **2** riempire, imbottire **3** (*cuc.*) farcire **4** (*bur.*) riempire, compilare **B** *v.pron.* (*fig.*) (*fam.*) riempirsi, rimpinzarsi.
relleno [rreʎéno] **A** *agg.* **1** ripieno, pieno, colmo **2** (*cuc.*) farcito, ripieno **B** *s.m.* **1** (*cuc.*) ripieno **2** imbottitura (*f.*).
reloj [rrelóx] *s.m.* orologio.
relucir [rreluθír] *v.intr.* **1** rilucere, splendere, brillare **2** (*fig.*) brillare, distinguersi, spiccare.
remar [rremár] *v.intr.* **1** remare, vogare **2** (*fig.*) sgobbare.
rematar [rrematár] **A** *v.tr.* **1** finire, terminare **2** finire, dare il colpo di grazia **3** (*cucitura*) fermare un punto **4** (*asta*) aggiudicare, assegnare **5** (*comm.*) svendere, liquidare **6** (*sport*) (*calcio*) lanciare, tirare **B** *v.intr.* (*con/en*) finire.
remate [rremáte] *s.m.* **1** fine (*f.*), termine, conclusione (*f.*) **2** (*arch.*) coronamento **3** (*asta*) offerta (*f.*) accettata **4** (*sport*) (*calcio*) lancio, tiro **5** (*comm.*) liquidazione (*f.*) **6** (*amer.*) asta (*f.*) pubblica **7** (*tauro.*) carica finale del toro.
remediar [rremeðjár] *v.tr.* **1** rimediare, riparare **2** provvedere **3** (*pericolo*) soccorrere, salvare **4** (*fig.*) evitare, scongiurare.
remedio [rreméðjo] *s.m.* **1** (anche *med.*) rimedio **2** rifugio, riparo, protezione (*f.*) **3** correzione (*f.*).
remisión [rremisjón] *s.f.* **1** remissione **2** (*edit.*) rinvio, (*m.*), rimando (*m.*).
remitente [rremiténte] *s.m.* e *f.* mittente.
remitir [rremitír] **A** *v.tr.* **1** spedire, inviare, mandare **2** perdonare, condonare **3** rimettere, trasferire **4** (*edit.*) rinviare, rimandare **5** rimandare, rinviare **B** *v.intr.pron.* scemare, diminuire, affievolirsi **C** *v.pron.* (*a*) rimettersi, attenersi.
remo [rrémo] *s.m.* **1** remo **2** (*sport*) canottaggio.
remoción [rremoθjón] *s.f.* **1** rimozione **2** rimozione, destituzione.
remodelación [rremoðelaθjón] *s.f.* **1** (*arch.*) ristrutturazione **2** (*pol.*) rimpasto (*m.*).
remodelar [rremoðelár] *v.tr.* **1** (*arch.*) ristrutturare **2** (*pol.*) modificare, ricomporre.
remojo [rremóxo] *s.m.* **1** ammollo **2** a bagno **3** (*cuc.*) (*biscotti*) inzuppamento.
remolacha [rremolátʃa] *s.f.* (*bot.*) barbabietola.
remolcar [rremolkár] *v.tr.* **1** (anche *mar.*) rimorchiare, trainare **2** (*fig.*) rimorchiare, trascinare.
remoto [rremóto] *agg.* (anche *fig.*) lontano, remoto.
remover [rremoβér] **A** *v.tr.* **1** rimuovere, smuovere **2** eliminare, togliere **3** mescolare, agitare **4** (*de*) rimuovere, destituire **B** *v.intr.* (*en*) frugare, rovistare **C** *v.pron.* muoversi, agitarsi.

remuneración [rremuneraθjón] *s.f.* **1** rimunerazione, ricompensa **2** retribuzione, compenso (*m.*).
renacer [rrenaθér] *v.intr.* (anche *fig.*) rinascere.
renacimiento [rrenaθimjénto] *s.m.* **1** (anche *fig.*) rinascita (*f.*) **2** (*movimento culturale*) rinascimento.
rendimiento [rrendimiénto] *s.m.* **1** rendimento, profitto **2** devozione (*f.*), ossequio (*f.*) **3** sottomissione **4** (*mecc.*) rendimento **5** stanchezza (*f.*), spossatezza (*f.*).
rendir [rrendír] **A** *v.tr.* **1** consegnare, cedere, abbandonare **2** (*a/ante*) sottomettere, subordinare **3** rendere, restituire **4** (*comm.*) rendere, fruttare **5** rendere, dare buoni risultati **6** dare, consegnare **7** (*mar.*) arrivare/giungere a destinazione **B** *v.intr.* rendere, produrre, fruttare **C** *v.pron.* **1** arrendersi **2** (*de*) stancarsi, affaticarsi.
renegar [rreneɣár] **A** *v.tr.* rinnegare **B** *v.intr.* **1** (*de*) rinnegare **2** (*de*) rinnegare, ripudiare **3** (*fig.*) (*fam.*) brontolare, borbottare.
renombrado [rrenombráðo] *agg.* rinomato, celebre (*m.* e *f.*).
renovación [rrenoβaθjón] *s.f.* rinnovamento (*m.*).
renovar [rrenoβár] **A** *v.tr.* **1** rinnovare **2** riprendere, riannodare, ricominciare **3** modernizzare, rimodernare **B** *v.pron.* **1** rinnovarsi, diventare nuovo **2** ravvivarsi, riaccendersi.
renta [rrénta] *s.f.* **1** reddito (*m.*), rendita **2** affitto (*m.*) **3** (*econ.*) debito (*m.*) pubblico.
renuncia [rrenúnθja] *s.f.* (anche *giur.*) rinuncia.
renunciar [rrenunθjár] *v.tr.* (*a*) **1** rinuciare, cedere **2** abbandonare, rinunciare, desistere **3** rifiutare, ricusare.
reñir [rreɲír] **A** *v.intr.* litigare, bisticciare **B** *v.tr.* sgridare, rimproverare.
reojo [rreóxo] *s.m.* (*solo nella locuzione*) *mirar de ~,* guardare di sbieco, guardare con la coda dell'occhio.
reordenación [rreorðenaθjón] *s.f.* (anche *bur.*) riordinamento (*m.*), riassetto (*m.*).
reorganización [rreorɣaniθaθjón] *s.f.* riorganizzazione.
repartible [rrepartíβle] *agg.m.* e *f.* ripartibile, divisibile.
repartición [rrepartiθjón] *s.f.* ripartizione, distribuzione, divisione.
repartir [rrepartír] **A** *v.tr.* **1** ripartire, dividere **2** distribuire, consegnare **3** smistare, ripartire **4** ripartire, assegnare **5** (*fig.*) affibbiare, appioppare **6** (*teatr.*) assegnare le parti **B** *v.pron.* **1** spartirsi, ripartirsi, dividersi **2** disporsi, sistemarsi.
reparto [rrepárto] *s.m.* **1** ripartizione (*f.*), distribuzione (*f.*) **2** consegna (*f.*) **3** (*cine.*) (*teatr.*) cast (*inv.*).
repasar [rrepasár] **A** *v.tr.* **1** ripassare, passare di nuovo **2** (*tess.*) ripassare, cardare **3** rivedere, riesaminare, controllare **4** (*studente*) ripassare **5** (*professore*) ripetere, rispiegare **6** ritoccare, ripassare **B** *v.intr.* ripassare, ritornare.
repaso [rrepáso] *s.m.* **1** ripasso **2** ripetizione (*f.*) **3** ripassata (*f.*).
repelente [rrepelénte] **A** *agg.m.* e *f.* **1** repellente **2** (*fig.*) repellente, ripugnante, ripulsivo (*m.*) **3** (*fig.*) petulante, impertinente **B** *s.m.* repellente.
repelús [rrepelús] *s.m.* (*fam.*) **1** fifa (*f.*), strizza (*f.*) **2** (*ripugnanza*) senso, schifo.
repetición [rrepetiθjón] *s.f.* ripetizione.
repetir [rrepetír] **A** *v.tr.* **1** ripetere, rifare **2** ripetere, ridire **B** *v.tr./intr.* (*istr.*) (*studente*) ripetere l'anno, essere ripetente **C** *v.intr.* **1** (*fam.*) (*cibo, bibite*) tornare su **2** fare il bis **D** *v.pron.* **1** (*artista*) ripetersi **2** ripetersi, susseguirsi.
repleto [rrepléto] *agg.* stipato, strapieno.
réplica [rréplika] *s.f.* **1** replica, risposta **2** copia, riproduzione.

reponer [rreponér] **A** *v.tr.* **1** riporre, rimettere **2** (*en*) restituire, ridare **3** (*cine., teatr., TV*) ridare, replicare **4** rinnovare, sostituire **B** *v.pron.* (*de*) **1** ristabilirsi, rimettersi **2** riaversi, riprendersi.
reportaje [rreportáxe] *s.m.* (*giorn.*) reportage (*inv.*), inchiesta (*f.*).
reportar[1] [rreportár] **A** *v.tr.* **1** reprimere, contenere **2** fruttare, procurare **3** comportare, causare **B** *v.pron.* contenersi, reprimersi, trattenersi.
reportar[2] [rreportár] **A** *v.tr.* (*amer.*) informare, riportare informazioni **B** *v.pron.* (*amer.*) presentarsi, comparire.
reportero [rreportéro] *agg.* e *s.m.* reporter (*s.m.* e *f.inv.*), inviato (*s.*) speciale.
reposar [rreposár] **A** *v.intr.* **1** (anche *cuc.*) riposare **2** (*fig.*) giacere, essere sepolto **B** *v.pron.* appisolarsi, fare un sonnellino **C** *v.intr.pron.* (*liquido*) riposare.
reposo [rrepóso] *s.m.* riposo.
repostaje [rrepostáxe] *s.m.* rifornimento.
repostar [rrepostár] *v.tr./intr.* rifornire.
represalia [rrepresálja] *s.f.* rappresaglia.
representación [rrepresentaθjón] *s.f.* **1** rappresentazione, raffigurazione **2** (*teatr.*) rappresentazione, spettacolo (*m.*) **3** (*comm.*) (anche *fig.*) rappresentanza **4** rappresentanza, delegazione **5** autorità (*inv.*), importanza.
representar [rrepresentár] *v.tr.* **1** rappresentare **2** (*teatr.*) (*opera*) rappresentare, portare in scena **3** (*teatr.*) (*ruolo*) interpretare **4** (*fig.*) dimostrare, mostrare **5** (*fig.*) rappresentare, significare.
represión [rrepresjón] *s.f.* repressione.
reprochar [rreprotʃár] *v.tr.pron.* rimproverare, rinfacciare, recriminare.
reproche [rreprótʃe] *s.m.* **1** rinfacciamento **2** rimprovero, recriminazione (*f.*).
reproducción [rreproðu*k*θjón] *s.f.* **1** riproduzione **2** (*edit.*) ristampa **3** riproduzione, stampa.
reproducir [rreproðuθír] **A** *v.tr.* **1** riprodurre **2** rappresentare **3** eseguire una copia **B** *v.pron.* **1** riprodursi, moltiplicarsi **2** riprodursi, ripetersi.
reptil o **réptil** [rre*p*tíl/ré*p*til] *agg.* e *s.m.* (*zool.*) (anche *fig.*) rettile (*s.*).
república [rrepúβlika] *s.f.* repubblica.
repudiar [rrepuðjár] *v.tr.* **1** ripudiare, rifiutare, respingere **2** ripudiare.
repugnancia [rrepuɣnánθja] *s.f.* **1** ripugnanza, avversione **2** nausea, schifo (*m.*) **3** ripugnanza, odio (*m.*).
repugnante [rrepuɣnánte] *agg.m.* e *f.* ripugnante, disgustoso (*m.*), repellente.
repulsar [rrepulsár] *v.tr.* **1** respingere, rigettare **2** negare.
repulsión [rrepulsjón] *s.f.* **1** repulsione, rigetto (*m.*) **2** repulsione, ripugnanza, ribrezzo (*m.*).
reputación [rreputaθjón] *s.f.* **1** reputazione, fama **2** prestigio (*m.*), stima.
requemar [rrekemár] **A** *v.tr.* **1** abbrustolire, tostare **2** (*pianta*) bruciare, seccare **3** pizzicare, bruciare **4** (*fig.*) far ribollire **B** *v.pron.* (*fig.*) rodersi, consumarsi.
requerir [rrekerír] *v.tr.* **1** intimare, ingiungere **2** richiedere, esigere.
requesón [rrekesón] *s.m.* **1** cagliata (*f.*) **2** (*cuc.*) ricotta (*f.*).
requisito [rrekisíto] *s.m.* requisito, qualità (*f.inv.*), condizione (*f.*).
resaca [rresáka] *s.f.* **1** (*mar.*) risacca, riflusso (*m.*) **2** postumi (*m.pl.*) dell'ubriacatura.
resaltar [rresaltár] *v.intr.* **1** (*fig.*) risaltare, distinguersi **2** (*arch.*) risaltare, aggettare, sporgere **3** staccarsi, venire via.
resalto [rresálto] *s.m.* **1** risalto, spicco **2** (*arch.*) risalto, aggetto.
resbalar [rre*s*βalár] **A** *v.intr.pron.* **1** (*en*) scivolare **2** scorrere, colare **B** *v.intr.* (*fig.*) sbagliare, fare uno scivolone.
resbalón [rre*s*βalón] *s.m.* **1** scivolone, caduta (*f.*) **2** (*serratura*) scatto **3** (*fig.*) scivolone, gaffe (*f.inv.*).

rescatar [rreskatár] **A** *v.tr.* **1** riscattare, riacquistare **2** riscattare, liberare **3** (*fig.*) recuperare, riguadagnare **4** (*de*) (*fig.*) riscattare, recuperare **B** *v.pron.* riscattarsi.

rescate [rreskáte] *s.m.* **1** riscatto, liberazione (*f.*) **2** riscatto **3** (*gioco*) guardie (*f.pl.*) e ladri.

resentimiento [rresentimjénto] *s.m.* risentimento.

reseña [rreséɲa] *s.f.* **1** rassegna, cronaca **2** recensione **3** descrizione **4** (*mil.*) rassegna, rivista.

reserva [rresérβa] *s.f.* **1** prenotazione **2** riserva, provvista **3** riserbo (*m.*), riservatezza **4** perplessità (*inv.*), dubbio (*m.*) **5** (*vino*) riserva **6** prudenza **7** (*sport*) (*mil.*) riserva **8** risorsa.

reservar [rreserβár] **A** *v.tr.* **1** prenotare **2** (*para*) riservare, risparmiare **3** riservare, assegnare **B** *v.pron.* **1** (*para*) risparmiarsi **2** riservarsi.

resfriado [rresfrjáðo] **A** *agg.* raffreddato **B** *s.m.* **1** (*med.*) raffreddore **2** (*agr.*) irrigazione (*f.*) del terreno secco prima dell'aratura.

resfriar [rresfrjár] **A** *v.tr.* **1** raffreddare, refrigerare **2** (*fig.*) raffreddare, affievolire **B** *v.impers.* (*meteo.*) rinfrescare **C** *v.pron.* **1** (*med.*) raffreddarsi, prendere un raffreddore **2** (*fig.*) raffreddarsi, intiepidirsi.

resguardo [rre*s*ɣwárðo] *s.m.* **1** protezione (*f.*), riparo **2** (*bur.*) (*comm.*) ricevuta (*f.*) **3** tagliando.

residencia [rresiðénθja] *s.f.* **1** residenza, domicilio (*m.*) **2** residenza **3** (*rel.*) casa di comunità religiosa **4** pensionato (*m.*), collegio (*m.*) **5** pensione, albergo (*m.*).

residuo [rresíðwo] *s.m.* **1** residuo, rimanente **2** residuo, residuato **3** (*mat.*) residuo, resto.

resignación [rresiɣnaθjón] *s.f.* **1** rassegnazione, pazienza, sopportazione **2** (*rel.*) rinuncia a un beneficio ecclesiastico.

resina [rresína] *s.f.* (*bot.*) resina.

resistencia [rresisténθja] *s.f.* **1** (anche *fis., mecc., pol.*) resistenza **2** opposizione, riluttanza **3** resistenza, robustezza, solidità (*inv.*) **4** (*elettr.*) resistenza.

resistir [rresistír] **A** *v.intr.pron.* **1** resistere, opporsi, contrastare **2** resistere, durare, perdurare **3** (*a*) rifiutarsi **B** *v.tr./intr.pron.* resistere, tollerare, sopportare **C** *v.pron.* (*fam.*) essere ostico.

resollar [rresoʎár] *v.intr.* **1** sbuffare, ansimare **2** (anche *fig.*) respirare, prendere fiato **3** (*negativo*) fiatare, proferire parola **4** (*fig.*) (*fam.*) farsi vivo, dare notizie di sé.

resolución [rresoluθjón] *s.f.* **1** risoluzione, scioglimento (*m.*), soluzione **2** deliberazione **3** coraggio (*m.*), risolutezza **4** risoluzione, decisione, determinazione **5** (*giur.*) sentenza, decreto (*m.*).

resolver [rresolβér] **A** *v.tr.* **1** dissolvere, sciogliere, risolvere **2** decidere, determinare **3** risolvere, trovare la soluzione **4** sbrigare, risolvere **5** (*giur.*) decidere, deliberare **6** (*fis.*) (*chim.*) risolvere, scomporre **B** *v.pron.* **1** risolversi, sciogliersi, trasformarsi **2** (*a*) risolversi, decidersi **3** (*en*) ridursi, andare a finire **4** (*med.*) risolversi, guarire.

resonancia [rresonánθja] *s.f.* **1** risonanza, eco (*m.* e *f.*) **2** (*fig.*) risonanza, interesse (*m.*), eco (*m.* e *f.*) **3** (*fis.*) risonanza.

resoplar [rresoplár] *v.intr.* sbuffare, soffiare.

respaldo [rrespáldo] *s.m.* **1** schienale, spalliera (*f.*) **2** (*fig.*) appoggio, protezione (*f.*) **3** (*agr.*) spalliera (*f.*).

respectivo [rrespe*k*tíβo] *agg.* rispettivo, relativo.

respecto [rrespé*k*to] *s.m.* (*solo nelle locuzioni*) *al ~,* riguardo a, in relazione a; *(con) ~ a/de,* rispetto a.

respetar [rrespetár] *v.tr.* **1** rispettare, onorare, stimare **2** rispettare, osservare.

respeto [rrespéto] *s.m.* **1** rispetto **2** riguardo, considerazione (*f.*) **3** timore, paura (*f.*).
respetuoso [rrespetwóso] *agg.* rispettoso, riverente (*m.* e *f.*).
respiración [rrespiraθjón] *s.f.* respirazione, respiro (*m.*).
respirar [rrespirár] **A** *v.intr.* **1** (anche *fig.*) respirare **2** (*fig.*) (*negativo*) fiatare, proferire parola **B** *v.tr.* respirare.
respiro [rrespíro] *s.m.* **1** respiro, respirazione (*f.*) **2** (*fig.*) respiro, riposo.
resplandecer [rresplandeθér] *v.intr.* **1** risplendere, brillare **2** (*en/por*) (*fig.*) risplendere, distinguersi, brillare **3** (*de*) (*fig.*) irradiare, splendere.
resplandor [rresplandór] *s.m.* **1** splendore, fulgore, bagliore **2** (*fig.*) splendore, brillio **3** (*fig.*) splendore, fasto.
responder [rrespondér] **A** *v.tr./intr.* **1** (*a*) rispondere **2** rispondere, corrispondere **3** (*a*) replicare, ribattere **B** *v.intr.* (*fig.*) **1** (*fam.*) protestare, rispondere male **2** reagire, rispondere **3** rispondere, corrispondere, convenire **4** (*de*) rispondere, rendere conto.
responsabilidad [rresponsaβiliðáð] *s.f.* **1** responsabilità (*inv.*) **2** (*giur.*) responsabilità (*inv.*), colpevolezza.
responsable [rresponsáβle] **A** *agg.m.* e *f.* **1** responsabile **2** responsabile, colpevole **3** responsabile, coscienzioso (*m.*), scrupoloso (*m.*) **B** *s.m.* e *f.* **1** responsabile **2** responsabile, colpevole.
respuesta [rrespwésta] *s.f.* risposta.
resquicio [rreskíθjo] *s.m.* **1** (anche *fig.*) spiraglio **2** fessura (*f.*), interstizio **3** (*fig.*) occasione (*f.*), pretesto.
restablecer [rrestaβleθér] **A** *v.tr.* ristabilire, ricostituire **B** *v.pron.* ristabilirsi, rimettersi.
restablecimiento [rrestaβleθimjénto] *s.m.* ristabilimento.
restante [rrestánte] *agg.* rimanente (*m.* e *f.*), restante (*m.* e *f.*).
restaño [rrestáɲo] *s.m.* **1** (*liquidi*) ristagno **2** stagno, acquitrino.
restar [rrestár] **A** *v.tr.* **1** (*mat.*) detrarre, sottrarre **2** (*fig.*) sminuire, diminuire **3** (*sport*) (*giochi con racchette*) rinviare **B** *v.intr.* **1** restare, rimanere, mancare **2** restare, avanzare.
restauración [rrestauraθjón] *s.f.* **1** (*pol.*) restaurazione, ristabilimento (*m.*) **2** (*arte*) restauro (*m.*) **3** ristorazione.
restaurante [rrestauránte] *s.m.* ristorante.
restaurar [rrestaurár] *v.tr.* **1** (*pol.*) restaurare, ristabilire, ripristinare **2** (*arte*) restaurare **3** (*fig.*) riprendere, recuperare.
restitución [rrestituθjón] *s.f.* **1** restituzione, resa **2** (*bio.*) rigenerazione **3** (*giur.*) restituzione, reintegrazione.
restituir [rrestitwír] **A** *v.tr.* **1** restituire, ridare **2** riportare, ripristinare **B** *v.pron.* ritornare, tornare.
resto [rrésto] *s.m.* resto, rimanenza (*f.*).
restos [rréstos] *s.m.pl.* **1** resti, avanzi **2** (*archeol.*) resti, vestigia (*f.*) **3** tracce (*f.*), segni.
restregar [rrestreɣár] **A** *v.tr.* **1** fregare, strofinare **2** sfregare **B** *v.pron.* sfregarsi, stropicciarsi.
restricción [rrestri*k*θjón] *s.f.* restrizione, limitazione.
restringir [rrestriŋxír] *v.tr.* **1** restringere, ridurre **2** comprimere, schiacciare.
resucitar [rresuθitár] **A** *v.tr.* **1** risuscitare, richiamare in vita **2** (*fig.*) (*fam.*) risuscitare, riconfortare, rianimare **B** *v.intr.* risuscitare, risorgere.
resuelto [rreswélto] *agg.* **1** audace (*m.* e *f.*), ardito, temerario **2** deciso, pronto, disposto **3** risoluto, energico, deciso.
resultado [rresultáðo] *s.m.* **1** risultato, esito **2** (*mat.*) risultato.
resultar [rresultár] **A** *v.intr.* **1** (*de*) risultare, derivare **2** apparire, rivelarsi **3** riuscire **4** riuscire, risultare, essere **5** stare, combinarsi, adattarsi **B** *v.impers.* (*fam.*) finire, andare a finire.

resumen [rresúmen] *s.m.* riassunto, sintesi (*f.inv.*).
resumir [rresumír] **A** *v.tr.* (*en*) riassumere, riepilogare **B** *v.pron.* (*en*) **1** riassumersi **2** ridursi, risolversi, andare a finire.
resurrección [rresurre*k*θjón] *s.f.* (*rel.*) **1** risurrezione **2** Pasqua di risurrezione.
retablo [rretáβlo] *s.m.* (*rel.*) retablo (*inv.*).
retahíla [rretaía] *s.f.* filza, sfilza.
retardar [rretarðár] **A** *v.tr.* ritardare, rimandare **B** *v.pron.* ritardare, essere in ritardo.
retención [rretenθjón] *s.f.* **1** (anche *med.*) ritenzione **2** (*bur.*) trattenuta, ritenuta **3** (*traffico*) intasamento (*m.*), ingorgo (*m.*).
retículo [rretíkulo] *s.m.* **1** reticolo, reticolato **2** (*ott.*) reticolo.
retina [rretína] *s.f.* (*anat.*) retina.
retirada [rretiráða] *s.f.* **1** (*mil.*) ritirata **2** (*mil.*) ritirata, ripiegamento (*m.*) **3** ritiro (*m.*).
retirar [rretirár] **A** *v.tr.* **1** ritirare, allontanare, tirare indietro **2** ritirare **3** (*mil.*) ritirare, richiamare **4** (*fig.*) ritirare, ritrattare **5** prelevare **B** *v.pron.* **1** (*a/en*) ritirarsi, rifugiarsi **2** coricarsi, andarsene a letto **3** rincasare, rientrare a casa **4** andare in pensione.
retiro [rretíro] *s.m.* **1** (anche *rel.*) ritiro **2** ritiro, rifugio **3** raccoglimento **4** pensione (*f.*).
reto [rréto] *s.m.* **1** sfida (*f.*) **2** minaccia (*f.*) **3** rimprovero, sgridata (*f.*).
retomar [rretomár] *v.tr.* riprendere, ricominciare.
retoque [rretóke] *s.m.* **1** ritocco, rifinitura (*f.*) **2** (*campana*) rintocco.
retórica [rretórika] *s.f.* **1** retorica **2** (*pegg.*) ampollosità (*inv.*), ridondanza.
retorsión [rretorsjón] *s.f.* **1** ritorcimento (*m.*) **2** (*fig.*) ritorsione **3** (*giur.*) ritorsione, rappresaglia.
retractar [rretra*k*tár] *v.tr.pron.* **1** ritrattare, ritirare **2** (*giur.*) ritrattare.
retrasado[1] [rretrasáðo] *agg.* **1** arretrato, sottosviluppato **2** in ritardo **3** (*orologio*) indietro.
retrasado[2] [rretrasáðo] *agg.* e *s.m.* (*persona*) ritardato, subnormale (*m.* e *f.*).
retrasar [rretrasár] **A** *v.tr.* **1** ritardare, rimandare, differire **2** (*orologio*) mettere/spostare indietro **B** *v.pron.* **1** ritardare, essere in ritardo **2** (*orologio*) essere indietro, ritardare.
retraso [rretráso] *s.m.* ritardo.
retrato [rretráto] *s.m.* (anche *fig.*) ritratto.
retribución [rretriβuθjón] *s.f.* retribuzione.
retrocesión [rretroθesjón] *s.f.* (anche *econ.*) retrocessione.
retroceso [rretroθéso] *s.m.* **1** retrocessione (*f.*) **2** (*biliardo*) effetto **3** (*econ.*) regresso **4** (*med.*) recrudescenza (*f.*), aggravamento.
reumatismo [rreumatí*s*mo] *s.m.* (*med.*) reumatismo.
reunificación [rreunifikaθjón] *s.f.* riunificazione.
reunión [rreunjón] *s.f.* **1** riunione, ricongiungimento (*m.*) **2** riunione, adunanza, assemblea **3** (*mat.*) insieme (*m.*).
revaluación [rreβalwaθjón] *s.f.* rivalutazione.
revelación [rreβelaθjón] *s.f.* (anche *rel.*) rivelazione.
revelar [rreβelár] **A** *v.tr.* **1** rivelare, svelare **2** rivelare, mostrare **3** (*fot.*) sviluppare **B** *v.pron.* **1** rivelarsi, dimostrarsi **2** (*rel.*) manifestarsi.
reventar [rreβentár] **A** *v.intr.* **1** (anche *fig.*) scoppiare **2** infrangersi, frangersi, rompersi **3** (*por*) (*fig.*) (*fam.*) morire dalla voglia di **4** (*volg.*) crepare, schiattare **5** (*de*) (*fig.*) essere stracarico/strapieno **B** *v.tr.* **1** far scoppiare **2** spiaccicare, schiacciare **3** stremare, sfiancare, sfinire **C** *v.pron.* **1** esplodere, scoppiare **2** sfinirsi, stremarsi **3** scoppiare, bucarsi.

reversible [rreβersíβle] *agg.m.* e *f.* **1** reversibile **2** (*abb.*) doubleface (*inv.*), reversibile.

revisar [rreβisár] *v.tr.* **1** revisionare, rivedere, riesaminare **2** revisionare, sottoporre a revisione.

revista [rreβísta] *s.f.* **1** (*giorn.*) rivista **2** (anche *radio, TV*) rassegna, rubrica **3** (*teatr.*) rivista, varietà (*m.inv.*) **4** (*mil.*) rivista, rassegna **5** rivista, ispezione, controllo (*m.*).

revolución [rreβoluθjón] *s.f.* **1** (anche *fig.*) rivoluzione **2** (*fig.*) confusione, caos (*m.inv.*) **3** (*astro.*) (*geom.*) rivoluzione **4** (*mecc.*) giro (*m.*).

revólver [rreβólβer] *s.m.* rivoltella (*f.*).

revolver [rreβolβér] **A** *v.tr.* **1** rimestare, rimescolare **2** mettere sottosopra/a soqquadro **3** provocare/suscitare scontento **4** (*nemico*) affrontare, assalire **5** (*fig.*) ripugnare, indignare **6** (*fig.*) ripensare, rimuginare **B** *v.intr.* **1** (*fam.*) cacciare il naso **2** (*fig.*) dare fastidio/noia **C** *v.pron.* **1** rigirarsi, agitarsi, muoversi **2** rivoltarsi, ribellarsi **3** rivoltarsi, scombussolarsi **4** (*cielo*) scurirsi, incupirsi **5** (*liquido*) intorbidirsi, diventare torbido.

revuelto [rreβwélto] *agg.* **1** vivace (*m.* e *f.*), irrequieto **2** imbrogliato, intricato **3** torbido **4** burrascoso, turbolento **5** (*fig.*) in disordine, sottosopra.

rey [rréi] *s.m.* **1** (anche *fig.*) re (*inv.*) **2** (*gioco*) (*scacchi, carte*) re (*inv.*).

rezar [rreθár] **A** *v.tr.* **1** (*por*) pregare **2** recitare **B** *v.tr./intr.* recitare, affermare **C** *v.intr.* **1** (*fig.*) (*fam.*) borbottare, brontolare **2** (*rel.*) pregare.

riachuelo [rriatʃwélo] *s.m.* ruscello, fiumiciattolo.

riada [rrjáða] *s.f.* piena, inondazione.

ribera [rriβéra] *s.f.* (*geog.*) riva, sponda, costa.

rico [rríko] *agg.* **1** ricco, facoltoso **2** ricco, abbondante (*m.* e *f.*) **3** squisito, prelibato, delizioso **4** ottimo, eccellente (*m.* e *f.*) **5** (*fig.*) (*fam.*) carino, grazioso.

ridículo [rriðíkulo] **A** *agg.* **1** ridicolo, buffo **2** (*fig.*) esiguo **3** (*pegg.*) ridicolo, assurdo **B** *s.m.* ridicolo.

riesgo [rrjésɣo] *s.m.* rischio, pericolo.

rígido [rríxiðo] *agg.* **1** rigido, duro **2** (*fig.*) rigido, severo, rigoroso **3** (*fig.*) impassibile (*m.* e *f.*).

riguroso [rriɣuróso] *agg.* **1** rigoroso, severo **2** rigido, inflessibile (*m.* e *f.*) **3** (*meteo.*) rigido, inclemente (*m.* e *f.*) **4** preciso, esatto **5** crudele (*m.* e *f.*), atroce (*m.* e *f.*).

rima[1] [rríma] *s.f.* **1** rima **2** (*poes.*) rima, componimento (*m.*) poetico **3** (*libro*) rimario (*m.*).

rima[2] [rríma] *s.f.* pila, mucchio (*m.*).

rincón [rriŋkón] *s.m.* **1** angolo, canto **2** (*fig.*) angolo, cantuccio **3** (*sport*) (*boxe*) angolo.

rinoceronte [rrinoθerónte] *s.m.* (*zool.*) rinoceronte.

riñón [rriɲón] *s.m.* **1** (*anat.*) rene **2** (*al pl.*) reni (*f.*), regione (*f.*) lombare.

río [rrío] *s.m.* **1** fiume **2** (*fig.*) fiume, abbondanza (*f.*) **3** (*fig.*) marea (*f.*), moltitudine (*f.*).

riqueza [rrikéθa] *s.f.* **1** ricchezza, agiatezza **2** (*fig.*) ricchezza, abbondanza **3** (*fig.*) ricchezza, grandezza **4** ricchezza, patrimonio (*m.*), risorsa **5** (*econ.*) ricchezza, bene (*m.*).

risa [rrísa] *s.f.* riso (*m.*), risata.

risueño [rriswéɲo] *agg.* **1** sorridente (*m.* e *f.*), ridente (*m.* e *f.*) **2** (*fig.*) ridente (*m.* e *f.*), piacevole (*m.* e *f.*) **3** (*fig.*) prospero, promettente (*m.* e *f.*).

ritmo [rrítmo] *s.m.* **1** ritmo **2** (*mus.*) ritmo, tempo, cadenza (*f.*) **3** (*fig.*) successione (*f.*), alternanza (*f.*).

rito [rríto] *s.m.* **1** (*rel.*) rito, cerimonia (*f.*) **2** rito, usanza (*f.*), consuetudine (*f.*).

rizo [rríθo] *s.m.* **1** riccio, ricciolo **2** (*tess.*) velluto riccio.

robar [rroβár] *v.tr.* **1** rubare **2** (*fig.*) sottrarre, togliere **3** (*gioco*) (*carte*) pescare.

roble [rróβle] *s.m.* (*bot.*) quercia (*f.*), rovere.
robusto [rroβústo] *agg.* **1** robusto, solido **2** robusto, forte (*m.* e *f.*).
roca [rróka] *s.f.* **1** (*geol.*) roccia **2** roccia, masso (*m.*), macigno (*m.*) **3** (*mar.*) scoglio (*m.*) **4** (*fig.*) (*persona*) roccia, duro (*m.*).
rocío [rroθío] *s.m.* **1** rugiada (*f.*) **2** (*pioggia*) pioggerella (*f.*) **3** (*fig.*) spruzzata (*f.*).
rodaje [rroðáxe] *s.m.* **1** (*auto.*) rodaggio **2** (*cine.*) ripresa (*f.*) **3** (*fig.*) (*fam.*) rodaggio, esperienza (*f.*).
rodar [rroðár] **A** *v.intr.* **1** ruotare, girare **2** rotolare, ruzzolare **3** (*fig.*) girare, essere in giro **4** (*fig.*) circolare, girare **B** *v.tr.* **1** far avanzare, mandare avanti **2** (*auto.*) rodare, sottoporre a rodaggio **3** (*cine.*) girare, riprendere **4** girare, percorrere, viaggiare.
rodear [rroðeár] **A** *v.intr.* **1** allungare la strada **2** (*fig.*) fare un giro di parole, usare perifrasi **B** *v.tr.* **1** cingere, circondare **2** fare il giro di **C** *v.pron.* **1** rigirarsi, rivoltarsi **2** (*de*) circondarsi.
rodilla [rroðíʎa] *s.f.* (*anat.*) (*zool.*) ginocchio (*m.*).
roer [rroér] *v.tr.* **1** rodere, rosicchiare **2** (*fig.*) intaccare, consumare a poco a poco **3** (*fig.*) rodere, consumare, tormentare.
rojo [rróxo] *agg.* e *s.m.* (*colore*) rosso.
rol [rról] *s.m.* ruolo.
rollo [rróʎo] *s.m.* **1** rotolo **2** matterello **3** papiro, pergamena (*f.*), manoscritto **4** (*fot.*) rullino, rollo, bobina (*f.*) **5** (*fig.*) (*fam.*) palla (*f.*), menata (*f.*) **6** (*fam.*) (*persona*) peso, mattone **7** (*fig.*) storia (*f.*), flirt (*inv.*) **8** (*fig.*) (*fam.*) faccenda (*f.*), cosa (*f.*).
romance [rrománθe] *s.m.* (*fig.*) relazione (*f.*) amorosa.
romántico [rromántiko] **A** *agg.* **1** romantico **2** (*fig.*) romantico, sentimentale (*m.* e *f.*) **B** *s.m.* romantico, seguace (*m.* e *f.*) del romanticismo.
rombo [rrómbo] *s.m.* (*geom.*) (anche *zool.*) rombo.
romper [rrompér] (*p.p.irr.* roto) **A** *v.tr.* **1** rompere, frantumare **2** consumare, logorare **3** (*mil.*) rompere, sciogliere **4** (*fig.*) interrompere, spezzare **5** (*fig.*) rompere, squarciare **6** (*con*) (*fig.*) troncare, rompere, interrompere **B** *v.intr.* **1** infrangersi, frangersi **2** (*bot.*) sbocciare, schiudersi **3** (*con*) rompere, troncare **C** *v.pron.* rompersi, spaccarsi.
ron [rrón] *s.m.* (*liquore*) rum (*inv.*).
roncar [rroŋkár] *v.intr.* **1** russare, ronfare **2** (*fig.*) mugghiare, rumoreggiare.
ropero[1] [rropéro] *s.m.* **1** (*comm.*) negoziante (*m.* e *f.*) di abbigliamento **2** (*persona*) guardarobiere.
ropero[2] [rropéro] *s.m.* **1** (*mobile*) guardaroba (*inv.*), armadio **2** guardaroba (*inv.*), vestiario.
roquero[1] [rrokéro] *agg.* rupestre (*m.* e *f.*).
roquero[2] [rrokéro] *agg.* e *s.m.* (*mus.*) rockettaro (*s.*), rocker (*s.m.* e *f.inv.*).
rosa [rrósa] **A** *agg.* e *s.m.* (*colore*) rosa (*inv.*) **B** *s.f.* (*bot.*) rosa.
rosca [rróska] *s.f.* **1** (*mecc.*) vite **2** (*mecc.*) filetto (*m.*) **3** ciambella.
rostro [rróstro] *s.m.* **1** viso, faccia (*f.*), volto **2** (*fig.*) faccia (*f.*) tosta, sfacciataggine (*f.*) **3** (*zool.*) rostro, becco **4** (*mar.*) rostro, sprone.
rotación [rrotaθjón] *s.f.* rotazione.
roto [rróto] *agg.* **1** rotto **2** (*fig.*) (*persona*) stanco, a pezzi.
rotulador [rrotulaðór] *s.m.* pennarello.
rozar [rroθár] **A** *v.tr.* **1** (*agr.*) debbiare **2** grattare, raspare **3** (*edil.*) fare le incassature **B** *v.tr./intr.* **1** sfiorare **2** (*fig.*) approssimarsi, sfiorare, rasentare **C** *v.pron.* **1** inciampare, incespicare **2** (*fig.*) frequentare **3** (*fig.*) impappinarsi, impaperarsi.
rueda [rrwéða] *s.f.* **1** ruota **2** crocchio (*m.*), capannello (*m.*).
ruido [rrwíðo] *s.m.* **1** rumore, chiasso **2** (*fig.*) scandalo, chiasso, scalpore.

ruina [rrwína] *s.f.* **1** rovina, crollo (*m.*), caduta **2** (*fig.*) bancarotta, fallimento (*m.*) **3** (*fig.*) distruzione, disfacimento (*m.*) **4** (*fig.*) disgrazia.
rumbo [rrúmbo] *s.m.* **1** rotta (*f.*) **2** (*fig.*) rotta (*f.*), condotta (*f.*) **3** (*fig.*) (*fam.*) ostentazione (*f.*), pompa (*f.*).
rumiar [rrumjár] *v.tr./intr.* **1** (*zool.*) ruminare **2** (*fig.*) (*fam.*) rimuginare, riconsiderare **3** (*fig.*) (*fam.*) brontolare, borbottare.
ruptura [rru*p*túra] *s.f.* **1** (*fig.*) rottura, interruzione **2** (*med.*) rottura, frattura.
ruso [rrúso] *agg.* e *s.m.* russo.
rústico [rrústiko] **A** *agg.* **1** rustico, campagnolo **2** (*fig.*) rustico, rozzo, ruvido **3** (*edil.*) rustico (*s.*) **B** *s.m.* contadino, rustico.

S

s [ése] *s.f.inv.* **1** lettera s **2** (*geog.*) (*abbr. di sud*) S.
sábado [sáβaðo] *s.m.* sabato.
sábana [sáβana] *s.f.* **1** lenzuolo (*m.*) **2** (*fam.*) bigliettone (*m.*) **3** (*rel.*) tovaglia dell'altare.
sabana [saβána] *s.f.* (*geog.*) savana.
sabático [saβátiko] *agg.* sabbatico.
sabelotodo [saβelotóðo] *s.m.* e *f.* (*fam.*) saputello (*m.*), sapientone (*m.*).
saber [saβér] **A** *s.m.* sapere **B** (sé, supe, sabré) *v.tr./intr.* sapere **C** *v.tr.* **1** sapere, conoscere **2** sapere, essere capace/in grado **D** *v.intr.* **1** (*de*) avere notizie **2** (*de*) sapere, conoscere **3** saperne **E** *v.pron.* (*studente*) sapere.
sabiduría [saβiðuría] *s.f.* **1** saggezza, senno (*m.*) **2** sapienza, sapere (*m.*).
sabio [sáβjo] *agg.* e *s.m.* **1** saggio, savio **2** assennato (*agg.*), giudizioso (*agg.*) **3** (*animali*) ammaestrato (*agg.*).
sabor [saβór] *s.m.* **1** (anche *fig.*) sapore, gusto **2** (*fig.*) impressione (*f.*), sensazione (*f.*).
saborear [saβoreár] **A** *v.tr.* **1** insaporire **2** (anche *fig.*) assaporare, gustare **B** *v.pron.* **1** gustarsi, assaporare **2** (*fig.*) godersi, gustarsi.
sabotaje [saβotáxe] *s.m.* (anche *fig.*) sabotaggio.
saca [sáka] *s.f.* **1** estrazione, prelievo (*m.*) **2** (*bur.*) (*documento*) copia autenticata.
sacacorchos [sakakórtʃos] *s.m.inv.* cavatappi.
sacar [sakár] (saco, saqué, sacaré) *v.tr.* **1** tirare fuori **2** portare fuori **3** prelevare, ritirare **4** (*fig.*) trarre, dedurre **5** estorcere **6** (*de*) estrarre, ricavare **7** (*pol.*) eleggere **8** vincere **9** ottenere, trarre **10** estrarre, cavare **11** (*fot.*) scattare **12** togliere, levare **13** (*sport*) (*partita*) dare inizio **14** (*sport*) rimettere **15** comperare.
saciedad [saθjeðáð] *s.f.* sazietà (*inv.*).
saco [sáko] *s.m.* **1** sacco **2** (*anat.*) sacca (*f.*) **3** sacco, saccheggio **4** (*fig.*) sacco, mucchio **5** (*amer.*) (*abb.*) (*uomo*) giacca (*f.*).
sacramento [sakraménto] *s.m.* (*rel.*) **1** sacramento **2** eucaristia (*f.*).
sacrificar [sakrifikár] (sacrifico, sacrifiqué, sacrificaré) **A** *v.tr.* **1** sacrificare, immolare **2** (*rel.*) (*ostia*) consacrare **3** macellare **4** (*fig.*) mortificare, sacrificare **5** (*fig.*) sacrificare, rinunciare a **B** *v.pron.* (*a/por*) **1** sacrificarsi **2** (*fig.*) fare dei sacrifici.
sacrificio [sakrifiθjo] *s.m.* **1** (*rel.*) sacrificio, offerta (*f.*) **2** (*fig.*) sacrificio, rinuncia (*f.*).
sacrilegio [sakriléxjo] *s.m.* **1** (*rel.*) sacrilegio, profanazione (*f.*) **2** (*fig.*) sacrilegio, mancanza di rispetto.
sacro [sákro] *agg.* **1** (*rel.*) sacro, divino **2** (*anat.*) sacro.
sacudida [sakuðíða] *s.f.* **1** scossa, scuotimento (*m.*) **2** (*fig.*) colpo (*m.*).
sacudir [sakuðír] **A** *v.tr.* **1** scuotere, scrollare **2** sbattere, scuotere **3** percuo-

tere, colpire **4** scacciare, allontanare **5** (*fig.*) scuotere, turbare **B** *v.pron.* **1** scuotersi, agitarsi **2** (*fig.*) scrollarsi di dosso **3** scacciare, allontanare.
sadismo [saðísmo] *s.m.* sadismo.
sadomasoquismo [saðomasokísmo] *s.m.* sadomasochismo.
saeta [saéta] *s.f.* **1** (*arma*) saetta, freccia **2** (*orologio*) lancetta **3** (*bussola*) ago (*m.*) magnetico **4** (*rel.*) breve composizione cantata durante la processione del venerdì santo.
safari [safári] *s.m.* safari (*inv.*).
sagitario [saxitárjo] *s.m.* (*astro.*) (*astrol.*) sagittario.
sagrado [saɣráðo] *agg.* **1** (*rel.*) sacro **2** (*fig.*) sacro, venerabile (*m.* e *f.*) **3** (*fig.*) inviolabile (*m.* e *f.*), intoccabile (*m.* e *f.*).
saja [sáxa] *s.f.* taglio (*m.*), incisione.
sal [sál] *s.f.* **1** sale (*m.*) **2** (*fig.*) spirito (*m.*), arguzia **3** (*fig.*) garbo (*m.*), grazia **4** (*fig.*) sale (*m.*).
sala [sála] *s.f.* **1** salotto (*m.*), sala **2** salone (*m.*), sala **3** (*mobili*) salotto (*m.*) **4** (*fig.*) sala, pubblico (*m.*) **5** (*giur.*) aula.
salamandra [salamándra] *s.f.* **1** (*zool.*) salamandra **2** stufa a combustione lenta.
salami [salámi] *s.m.* (*cuc.*) salame.
salario [salárjo] *s.m.* salario, paga (*f.*).
salce [sálθe] *s.m.* (*bot.*) salice.
salchicha [saltʃítʃa] *s.f.* **1** (*cuc.*) salsiccia **2** (*fig.*) (*fam.*) (*cane*) bassotto (*m.*).
salchichón [saltʃitʃón] *s.m.* (*cuc.*) salame.
saldo [sáldo] *s.m.* **1** saldo, estinzione (*f.*) **2** (*econ.*) saldo **3** (*fig.*) risultato, esito **4** (*comm.*) (*negozio*) saldo, svendita (*f.*).
salida [salíða] *s.f.* **1** uscita **2** gita, viaggio (*m.*) **3** (*fig.*) via d'uscita, soluzione **4** (*fig.*) pretesto (*m.*), scusa **5** (*fig.*) (*fam.*) battuta, uscita **6** (anche *comm.*) sbocchi (*m.pl.*) **7** (anche *sport*) partenza.
salir [salír] (salgo, salí, saldré) **A** *v.intr.* **1** (*a/de*) uscire **2** (*hacia/para*) partire, mettersi in viaggio **3** uscire, sporgere **4** (*con*) (*fam.*) uscire, stare con, avere una relazione **5** sorgere, spuntare **6** uscire, essere distribuito **7** scomparire, cancellarsi **8** (*fig.*) venire, riuscire **9** (*de*) venire, provenire, derivare **10** (*con*) (*fig.*) venire/saltare fuori, uscirsene **11** (*a/en*) uscire, presentarsi **12** presentarsi, prospettarsi **13** venire a costare **14** quadrare, tornare **B** *v.pron.* **1** uscire, andarsene **2** uscire, andare fuori **3** uscire, traboccare.
saliva [salíβa] *s.f.* (*fisiol.*) saliva.
salmo [sálmo] *s.m.* (*rel.*) salmo, cantico.
salmón [salmón] *s.m.* (*zool.*) salmone.
salmonelosis [salmonelósis] *s.f.inv.* (*med.*) salmonellosi.
salpicar [salpikár] (salpico, salpiqué, salpicaré) *v.tr.* **1** spruzzare **2** schizzare, insudiciare.
salsa [sálsa] *s.f.* **1** (*cuc.*) salsa **2** (*fig.*) condimento **3** (*mus.*) salsa (*inv.*).
saltar [saltár] **A** *v.intr.* **1** (anche *sport*) saltare **2** (*trampolino*) saltare, tuffarsi **3** (*paracadute*) lanciarsi **4** (anche *fig.*) saltare, schizzare **5** (*con*) scoppiare, rompersi **6** (*fig.*) saltare, scattare **7** (*con*) saltare fuori, sbottare **8** (*sport*) (*calcio*) entrare in campo **B** *v.tr.* **1** saltare, superare **2** (*mar.*) (*fune*) saltare, allentarsi **C** *v.pron.* **1** rompersi, spaccarsi **2** staccarsi, venire via **3** tralasciare, omettere **4** (*fig.*) violare, infrangere.
salto [sálto] *s.m.* **1** (anche *sport*) salto **2** (*gioco*) cavallina (*f.*) **3** salto, dislivello **4** burrone, dirupo **5** cascata (*f.*), salto **6** (*fig.*) tuffo **7** (*meteo.*) sbalzo, salto.
salud [salúð] *s.f.* **1** salute **2** (*fig.*) stato (*m.*), condizioni (*pl.*).
saludar [saluðár] **A** *v.tr.* salutare **B** *v.pron.* salutarsi.
saludo [salúðo] *s.m.* saluto.
salvaguarda [salβaɣwárða] *s.f.* salvaguardia, custodia.
salvaje [salβáxe] **A** *agg.m.* e *f.* **1** (*pianta, animale*) selvatico (*m.*), selvaggio (*m.*) **2** selvaggio (*m.*), primitivo (*m.*) **3**

(*luogo*) incolto (*m.*), selvaggio (*m.*) **4** (*fig.*) (*fam.*) selvaggio (*m.*), disumano (*m.*) **5** (*fig.*) rozzo (*m.*), barbaro (*m.*) **B** *s.m.* e *f.* selvaggio (*m.*).
salvar [salβár] **A** *v.tr.* **1** (anche *rel.*) salvare **2** salvare, preservare **3** schivare, scansare **4** escludere, lasciare fuori **B** *v.pron.* (*de*) salvarsi, mettersi in salvo.
sanción [sanθjón] *s.f.* **1** (*giur.*) sanzione, pena **2** (*fig.*) approvazione, consenso (*m.*).
sandalia [sandálja] *s.f.* (*scarpe*) sandalo (*m.*).
sandía [sandía] *s.f.* (*bot.*) cocomero (*m.*).
sangre [sáŋgre] *s.f.* **1** (*fisiol.*) sangue (*m.*) **2** (*fig.*) sangue (*m.*), discendenza.
sangría [saŋgría] *s.f.* **1** (*med.*) salasso (*m.*), salassatura **2** (*articolazione*) piega interna del gomito **3** (*bibita*) sangria (*inv.*).
sangüesa [saŋgwésa] *s.f.* (*frutto*) lampone (*m.*).
sanguijuela [saŋgixwéla] *s.m.* **1** (*zool.*) sanguisuga **2** (*fig.*) (*fam.*) (*persona*) sanguisuga, scroccone (*m.*).
sanidad [saniðáð] *s.f.* **1** sanità (*inv.*), salubrità (*inv.*) **2** (*bur.*) sanità (*inv.*).
sano [sáno] *agg.* **1** (anche *fig.*) sano **2** (*fig.*) sano, salutare (*m.* e *f.*), salubre (*m.* e *f.*) **3** (*fig.*) onesto, retto **4** (*fig.*) (*fam.*) intero, intatto.
sanseacabó [sanseakaβó] *inter.* (*fam.*) basta.
santiamén [santjamén] *s.m.* (*solo nella locuzione*) *en un ~,* in un batter d'occhio.
santo [sánto] **A** *agg.* **1** (*rel.*) santo, san **2** (*fig.*) buono, pio **3** (*rel.*) (anche *fig.*) (*fam.*) santo **4** (*fig.*) sacro, inviolabile (*m.* e *f.*) **B** *s.m.* **1** (anche *fig.*) santo **2** (*fam.*) santino **3** onomastico.
santón [santón] *s.m.* **1** santone **2** (*fig.*) (*fam.*) bigotto **3** (*fig.*) (*fam.*) santone, guru (*inv.*).
santuario [santwárjo] *s.m.* **1** (*rel.*) (anche *fig.*) santuario **2** (*fig.*) rifugio.
sapiencia [sapjénθja] *s.f.* sapienza.
sapo [sápo] *s.m.* **1** (*zool.*) rospo **2** (*fig.*) (*persona*) scorfano.
saque [sáke] *s.m.* **1** (*sport*) (*calcio*) rinvio, rimessa (*f.*) **2** (*tennis*) servizio.
saqueo [sakéo] *s.m.* **1** saccheggio, razzia (*f.*) **2** astio (*m.*).
sarcasmo [sarkásmo] *s.m.* sarcasmo.
sardina [sarðína] *s.f.* (*zool.*) sardina, sarda.
sargento [sarxénto] *s.m.* **1** (*mil.*) sergente **2** (*fig.*) (*pegg.*) sergente, caporale.
sarta [sárta] *s.f.* **1** filza, filo (*m.*) **2** fila **3** (*fig.*) sfilza.
sartén [sartén] *s.f.* padella, tegame (*m.*).
sastre [sástre] *s.m.* sarto.
satanás [satanás] *s.m.* (anche *fig.*) demonio.
satélite [satélite] *agg.m.* e *f.* e *s.m.* satellite.
sátira [sátira] *s.f.* (anche *lett.*) satira.
satisfacción [satisfakθjón] *s.f.* **1** soddisfazione, gioia **2** gusto (*m.*).
satisfacer [satisfaθér] (satisfago, satisfice, satisfaceré, satisfecho) **A** *v.tr.* **1** soddisfare, appagare **2** chiarire, risolvere **3** rispondere, possedere **4** ripagare, dare soddisfazione **B** *v.intr.* **1** convincere **2** piacere, soddisfare **C** *v.pron.* accontentarsi.
saturación [saturaθjón] *s.f.* (*fis.*) (anche *econ.*) saturazione.
saturno [satúrno] *s.m.* (*astro.*) (*astrol.*) saturno.
sauce [sáuθe] *s.m.* (*bot.*) salice.
sauna [sáuna] *s.m.* sauna.
saxo [sákso] *s.m.* (*abbr.*) (*mus.*) sax (*inv.*).
se [sé] *pron.* **A** (*personale, diretto, indiretto*) si **B** (*impers.*) si **C** (*passivo*) si **D** (*personale, compl. di termine*) gli.
seca [séka] *s.f.* **1** siccità (*inv.*) **2** (*mar.*) secca **3** (*amer.*) (*inguine, ascella*) infiammazione.

secador [sekaðór] **A** *agg.* che asciuga **B** *s.m.* asciugatore.
secar [sekár] **A** *v.tr.* **1** asciugare **2** seccare, inaridire **3** prosciugare **4** (*fig.*) infastidire, scocciare **B** *v.pron.* **1** asciugarsi **2** prosciugarsi **3** (*pianta*) seccarsi, appassire **4** (*fig.*) rinsecchirsi **5** (*fig.*) inaridirsi **6** (*ferita*) cicatrizzarsi.
secesión [seθesjón] *s.f.* **1** (*pol.*) secessione **2** ritiro (*m.*), abbandono (*m.*).
seco [séko] *agg.* **1** secco, asciutto **2** (*cuc.*) asciutto **3** appassito, secco **4** (*agr.*) secco, arido **5** (*fig.*) magro, asciutto **6** (*fig.*) secco, brusco **7** (*bibita*) secco **8** (*fig.*) secco, improvviso.
secreción [sekreθjón] *s.f.* secrezione.
secretaría [sekretaría] *s.f.* **1** (anche *pol.*) segreteria **2** (*carica*) segretariato (*m.*) **3** (*amer.*) ministero (*m.*).
secretario [sekretárjo] *s.m.* (anche *pol.*) segretario **2** (*amer.*) ministro.
secreto [sekréto] **A** *agg.* **1** segreto, nascosto **2** riservato **B** *s.m.* **1** segreto **2** riserbo, riservatezza (*f.*) **3** segreto, chiave (*f.*) **4** segreta (*f.*).
secta [sé*k*ta] *s.f.* setta.
sector [se*k*tór] *s.m.* **1** settore, zona (*f.*) **2** settore, campo **3** (*econ.*) (*geom.*) settore **4** (*elettr.*) compartimento, area (*f.*) **5** (*pol.*) settore.
secuencia [sekwénθja] *s.m.* **1** sequenza, successione **2** (*ling.*) (*mat.*) (*cine.*) sequenza **3** (*mus.*) progressione.
secuestro [sekwéstro] *s.m.* **1** sequestro, rapimento **2** dirottamento **3** (*giur.*) beni posti sotto sequestro.
secundario [sekundárjo] *agg.* **1** (anche *geol., istr.* e *chim.*) secondario **2** (*fig.*) secondario.
sed [séð] *s.f.* **1** sete **2** (*fig.*) sete, avidità (*inv.*).
seda [séða] *s.m.* (*tess.*) seta.
sede [séðe] *s.f.* sede.
sedentario [seðentárjo] *agg.* sedentario.
sedimento [seðiménto] *s.m.* (anche *geol.*) sedimento.
seducción [seðu*k*θjón] *s.f.* seduzione.
segmento [seɣménto] *s.m.* segmento.
segregación [seɣreɣaθjón] *s.f.* segregazione.
seguida [seɣíða] *s.f.* seguito (*m.*), continuazione.
seguido [seɣíðo] **A** *agg.* **1** continuo, ininterrotto **2** di fila/seguito **3** diritto, rettilineo **B** *avv.* **1** dritto **2** dietro.
seguir [seɣír] (sigo, seguí, seguiré) **A** *v.tr.* **1** (anche *fig.*) seguire **2** rincorrere, inseguire **3** proseguire, continuare **4** (*studio*) frequentare **B** *v.intr.* **1** (*fig.*) proseguire, procedere, rimanere **2** (*con/en/por)* proseguire, continuare **C** *v.pron.* (*impers.*) **1** (*de*) (*fig.*) dedurre **2** seguire.
según [seɣún] *prep.* **1** secondo, stando a **2** in base a, a seconda di **3** in rapporto/proporzione a **4** come, nel modo in cui **5** man mano **6** in base alle circostanze.
segundo [seɣúndo] *agg.num.ord.* e *s.m.* secondo.
seguridad [seɣuriðáð] *s.f.* **1** sicurezza **2** certezza, garanzia.
seguro [seɣúro] **A** *agg.* **1** sicuro **2** certo **3** (*fig.*) (*carattere*) sicuro, determinato **4** saldo, resistente (*m.* e *f.*) **5** (*fig.*) fidato **B** *s.m.* **1** assicurazione (*f.*) **2** (*tecn.*) sicura (*f.*) **3** garanzia (*f.*) **4** permesso, salvacondotto.
seis [séis] *agg.num.inv.* e *s.m.* e *f.inv.* **1** (*cardinale*) sei **2** (*ordinale*) sesto (*m.sing.*).
seiscientos [seisθjéntos] *agg.num.* e *s.m.inv.* **1** (*cardinale*) seicento (*inv.*) **2** (*ordinale*) seicentesimo (*sing.*).
selección [sele*k*θjón] *s.f.* **1** selezione, scelta **2** (*bio.*) selezione **3** (*sport*) selezione, squadra.
sello [séʎo] *s.m.* **1** (*bur.*) timbro **2** sigillo **3** marca (*f.*) da bollo **4** francobollo **5** (*anello*) sigillo **6** (*fig.*) impronta (*f.*), marchio.
selva [sélβa] *s.f.* **1** (*geog.*) foresta **2** (*fig.*) giungla.

semáforo [semáforo] *s.m.* **1** (anche *ferr.* e *mar.*) semaforo **2** (*mar.*) segnale.
semana [semána] *s.f.* (anche *fig.*) settimana.
sembrar [sembrár] (siembro, sembré, sembraré) *v.tr.* **1** (*agr.*) seminare **2** (*fig.*) disseminare, spargere **3** (*fig.*) seminare, diffondere.
semejanza [semexánθa] *s.f.* **1** somiglianza **2** (*ret.*) similitudine.
semen [sémen] *s.m.* (*bio.*) seme, sperma.
semestre [seméstre] *s.m.* **1** semestre **2** (*paga*) semestralità (*f.inv.*).
semi- [sémi] *pref.* semi-.
semilla [semíʎa] *s.f.* **1** (*bot.*) seme (*m.*) **2** (*fig.*) fonte, causa.
seminario [seminárjo] *s.m.* **1** (*agr.*) semenzaio **2** (*rel.*) seminario.
senado [senáðo] *s.m* (anche *fig.*) senato.
sencillo [senθíʎo] **A** *agg.* **1** (anche *fig.*) semplice (*m.* e *f.*) **2** facile (*m.* e *f.*) **3** (*fig.*) sincero, schietto **B** *s.m.* **1** (*CD, disco*) singolo **2** (*amer.*) spicciolo.
senda [sénda] *s.f.* **1** sentiero (*m.*), viottolo (*m.*) **2** (*fig.*) via, strada.
senderismo [senderísmo] *s.m.* (*sport*) trekking (*inv.*).
sendero [sendéro] *s.m.* **1** sentiero **2** (*fig.*) via (*f.*), strada (*f.*).
sendos [séndos] *agg.pl.* (*distributivo*) proprio (*sing.*), rispettivo (*sing.*), relativo (*sing.*).
senil [seníl] *agg.m.* e *f.* senile.
seno [séno] *s.m.* **1** (anche *fig.*) seno **2** (*fig.*) grembo, ventre **3** (*geog.*) insenatura (*f.*) **4** (*anat.*) cavità (*f.inv.*) **5** (*mat.*) seno.
sensación [sensaθjón] *s.f.* **1** sensazione **2** scalpore (*m.*) **3** impressione, presentimento (*m.*).
sensato [sensáto] *agg.* sensato.
sensibilidad [sensiβiliðáð] *s.f.* (anche *fot.* e *tecn.*) sensibilità (*inv.*).
sensible [sensíβle] *agg.m.*e *f.* **1** (anche *fot.* e *tecn.*) sensibile **2** percepibile **3** (*fig.*) notevole, rilevante **4** (*fig.*) doloroso (*m.*), penoso (*m.*) **5** (*persona*) sensibile.
sensor [sensór] *s.m.* (*fis.*) sensore.
sentar [sentár] (siento, senté, sentaré) **A** *v.tr.* **1** (*en*) far sedere, mettere a sedere **2** (*fig.*) basare, fondare **B** *v.intr.pron.* **1** (*en*) sedersi **2** (*liquido*) sedimentare, posarsi **3** (*edil.*) asse-starsi **4** stabilizzarsi.
sentencia [senténθja] *s.m.* **1** sentenza **2** (*giur.*) sentenza **3** (*fam.*) decisione, verdetto (*m.*) **4** (*ling.*) proposizione.
sentido [sentíðo] **A** *agg.* **1** sentito, vivo, sincero **2** permaloso **B** *s.m.* **1** (*fisiol.*) senso **2** sensi (*pl.*), coscienza (*f.*) **3** senso, criterio **4** senso, istinto **5** senso, scopo **6** (*amer.*) tempia (*f.*) **7** (anche *fig.*) significato **8** senso, direzione (*f.*): *una calle de un ~,* una strada a senso unico.
sentimiento [sentimjénto] *s.m.* sentimento, senso, coscienza (*f.*).
sentir [sentír] **A** *s.m.* **1** parere, avviso, opinione (*f.*) **2** sentimenti (*pl.*), sensibilità (*f.inv.*) **B** (siento, sentí, sentiré) *v.tr.* **1** (anche *fig.*) sentire, provare **2** sentire, udire **3** dispiacere **4** sentire, presentire **C** *v.pron.* **1** sentirsi **2** considerarsi, credersi **3** (*de*) risentire **4** (*de*) avere male **5** (*por*) (*fig.*) offendersi.
seña [séɲa] *s.f.* **1** segno (*m.*), gesto (*m.*) **2** segnale (*m.*).
señal [seɲál] *s.f.* **1** (anche *fig.*) segno (*m.*) **2** indizio (*m.*) **3** traccia, impronta **4** cicatrice **5** (*fig.*) simbolo (*m.*) **6** (anche *mil.*) segnale (*m.*) **7** segnalazione.
señor [seɲór] *s.m.* **1** signore, uomo **2** padrone, proprietario **3** gentiluomo **4** (*cortesia*) signore.
señora [seɲóra] *s.f.* **1** signora, donna **2** signora, gentildonna **3** (*cortesia*) signora **4** moglie, signora.
separación [separaθjón] *s.f.* **1** (anche *giur.*) separazione **2** distanza.
separar [separár] **A** *v.tr.* **1** (*de*) allontanare **2** dividere, ripartire **3** separare,

distinguere **4** (*de*) (*bur.*) sospendere **5** dividere, separare **B** *v.pron.* **1** scostarsi, allontanarsi **2** (*de*) separarsi, allontanarsi **3** (*giur.*) separarsi, dividersi.
separatismo [separatísmo] *s.m.* (*pol.*) separatismo.
septentrional [septentrjonál] *agg.m.* e *f.* (*geog.*) settentrionale.
septiembre [septjémbre] *s.m.* settembre.
séptimo [séptimo] *agg.num.ord.* e *s.m.* settimo.
sepultura [sepultúra] *s.f.* **1** seppellimento (*m.*) **2** sepoltura, tomba.
sequía [sekía] *s.f.* siccità (*inv.*).
ser [sér] **A** *s.m.* **1** essere **2** essere, esistere **3** modo d'essere, natura (*f.*) **B** (soy, fui, seré, sido) *v.intr.* **1** (*copulativo*) essere **2** (*de*) (*origine*) essere **3** (*de*) (*materia*) essere **4** (*professione*) essere, fare **5** (*ubicazione*) essere **6** essere, appartenere **7** (*de*) fare parte **8** (*mat.*) fare, essere **C** *v.aus.* (*forma passiva*) essere **D** *v.impers.* essere.
serenidad [sereniðáð] *s.f.* serenità (*inv.*).
serial [serjál] **A** *agg.m.* e *f.* (anche *inform.*) seriale **B** *s.m.* **1** (*radio, TV*) serial (*inv.*), sceneggiato **2** (*cine.*) (*teatr.*) drammone.
serie [sérje] *s.f.* **1** serie (*inv.*), successione **2** serie (*inv.*), raccolta **3** (*radio, TV*) serial (*m.inv.*), serie (*inv.*).
seriedad [serjeðáð] *s.f.* **1** serietà (*inv.*) **2** (*fig.*) serietà (*inv.*), gravità (*inv.*).
serio [sérjo] *agg.* **1** serio **2** severo, accigliato **3** profondo, sincero **4** grave (*m.* e *f.*) **5** serio, importante (*m.* e *f.*).
seropositivo [seropositíβo] *agg.* (*med.*) sieropositivo.
serpiente [serpjénte] *s.f.* (*zool.*) serpente (*m.*).
serrano [serráno] *agg.* di montagna.
servicio [serβíθjo] *s.m.* **1** servizio **2** servitù (*f.inv.*), domestici (*pl.*) **3** servizio, attività (*f.inv.*) **4** favore, cortesia (*f.*) **5** utilità (*f.inv.*) **6** servizio, set (*inv.*) **7** (*tavola*) coperto **8** servizi (*pl.*), gabinetto **9** (*sport*) (*tennis*) servizio, battuta (*f.*).
servilleta [serβiʎéta] *s.f.* tovagliolo (*m.*).
servir [serβír] **A** *v.tr. intr.* **1** servire, essere a servizio **2** lavorare, prestare servizio **3** (*sport*) (*tennis*) servire **4** (*para*) servire, usarsi **B** *v.tr.* **1** servire, essere utile **2** servire, portare in tavola **C** *v.tr.pron.* servirsi, prendere.
sesenta [sesénta] *agg.num.inv.* e *s.m.inv.* **1** (*cardinale*) sessanta **2** (*ordinale*) sessantesimo (*sing.*).
sesgo [sésɣo] **A** *agg.* **1** sbieco, obliquo **2** (*fig.*) torvo, di traverso **B** *s.m.* (*fig.*) andamento, piega (*f.*).
sesión [sesjón] *s.f.* **1** riunione, sessione **2** (*cine.*) spettacolo (*m.*), proiezione **3** seduta, appuntamento (*m.*) **4** seduta.
seta [séta] *s.f.* (*bot.*) fungo (*m.*).
setecientos [seteθjéntos] *agg.num.* e *s.m.inv.* **1** (*cardinale*) settecento (*inv.*) **2** (*ordinale*) settecentesimo (*sing.*).
setenta [seténta] *agg.num.inv.* e *s.m.inv.* **1** (*cardinale*) settanta **2** (*ordinale*) settantesimo (*sing.*).
seudo- [séuðo] *pref.* pseudo-.
seudónimo [seuðónimo] *s.m.* pseudonimo.
severo [seβéro] *agg.* **1** severo, duro **2** austero **3** serio, grave (*m.* e *f.*) **4** (*clima*) inclemente (*m.* e *f.*).
sevillano [seβiʎáno] *agg.* e *s.m.* sivigliano.
sexo [sékso] *s.m.* **1** sesso **2** genitali (*pl.*).
sexto [séksto] *agg.num.ord.* e *s.m.* sesto.
si [si] **A** *cong.* **1** (*condizione*) se, nel caso **2** (*interrogativa indiretta*) se **3** (*enfatico*) se **B** *s.m.inv.* (*mus.*) si.
sí [sí] **A** *avv.* **1** (*affermativo*) sì **2** (*enfatico*) sì, certo **B** *s.m.* sì (*inv.*) **C** *pron.m.* e *f.inv.* (*pers., compl.*) sé.
siderurgia [siðerúrxja] *s.f.* (*tecn.*) siderurgia.

siempre [sjémpre] *avv.* **1** sempre **2** sempre, nondimeno, pur tuttavia **3** (*amer.*) sempre, ancora **4** ogni volta.
sierra [sjérra] *s.f.* **1** sega **2** (*geog.*) sierra **3** (*fig.*) montagna.
siesta [sjésta] *s.f.* pisolino (*m.*), siesta.
siete [sjéte] *agg.num.inv.* e *s.m.* e *f.inv.* **1** (*cardinale*) sette **2** (*ordinale*) settimo (*m.sing.*).
sífilis [sífilis] *s.f.inv.* (*med.*) sifilide (*sing.*).
sigla [síɣla] *s.f.* sigla, acronimo (*m.*).
siglo [síɣlo] *s.m.* **1** secolo **2** secolo, età (*f.inv.*) **3** (*fig.*) (*iperbolico*) secolo, eternità.
signatura [siɣnatúra] *s.f.* firma.
significado [siɣnifikáðo] **A** *agg.* rinomato, famoso **B** *s.m.* (anche *ling.*) significato.
significar [siɣnifikár] (significo, signifiqué, significaré) **A** *v.tr.* **1** significare, simboleggiare **2** significare, voler dire **3** manifestare, dimostrare **B** *v.intr.* significare, valere **C** *v.pron.* distinguersi, distaccarsi.
signo [síɣno] *s.m.* **1** simbolo, segno **2** (anche *astrol.* e *mat.*) segno **3** segno, indizio **4** (*med.*) manifestazione (*f.*), sintomo.
siguiente [siɣjénte] *agg.m.* e *f.* **1** seguente **2** seguente, successivo (*m.*).
sílaba [sílaβa] *s.f.* (*ling.*) sillaba.
silbar [silβár] **A** *v.tr./intr.* fischiare **B** *v.intr.* fischiare, sibilare.
silencio [silénθjo] *s.m.* **1** silenzio **2** quiete (*f.*), tranquillità (*f.inv.*) **3** (*fig.*) silenzio, riserbo **4** (*mus.*) pausa (*f.*).
silicona [silikóna] *s.f.* (*chim.*) silicone (*m.*).
silla [síʎa] *s.f.* sedia, seggiola.
sillín [siʎín] *s.m.* sellino.
sillón [siʎón] *s.m.* poltrona (*f.*).
silueta [silwéta] *s.f.* silhouette (*inv.*), sagoma.
símbolo [símbolo] *s.m.* simbolo.
simetría [simetría] *s.f.* simmetria.
similar [similár] *agg.m.* e *f.* simile.
simpatía [simpatía] *s.f.* (anche *fis.*) simpatia.
simpático [simpátiko] *agg.* simpatico.
simple [símple] **A** *agg.m.* e *f.* **1** semplice, elementare **2** facile **3** genuino (*m.*), schietto (*m.*) **4** ingenuo (*m.*), sprovveduto (*m.*) **5** sobrio (*m.*) **B** *s.m.* sempliciotto, babbeo.
simplemente [símpleménte] *avv.* **1** semplicemente **2** semplicemente, soltanto.
simular [simulár] *v.tr.* **1** simulare, fingere **2** (*cine.*) (*teatr.*) riprodurre.
simultáneo [simultáneo] *agg.* simultaneo, contemporaneo.
sin [sín] *prep.* senza.
sinagoga [sinaɣóɣa] *s.f.* (*rel.*) sinagoga.
sincero [sinθéro] *agg.* sincero, leale (*m.* e *f.*).
sindicado [sindikáðo] *agg.* e *s.m.* **1** aderente a un sindacato **2** (*amer.*) (*giur.*) imputato.
sinfonía [simfonía] *s.f.* sinfonia.
singular [siŋgulár] *agg.m.* e *f.* **1** singolare, individuale **2** (*fig.*) particolare, peculiare **3** (*gramm.*) singolare.
sino [síno] **A** *cong.* **1** (*avversativa*) ma, bensì **2** (*eccezione*) tranne, se non, eccetto **B** *s.m.* destino, fato.
sinónimo [sinónimo] *agg.* e *s.m.* (*ling.*) sinonimo.
síntesis [síntesis] *s.f.inv.* **1** (anche *bio.*) (*fil.*) (*chim.*) sintesi **2** sintesi, compendio (*m.sing.*).
síntoma [síntoma] *s.m.* **1** (*med.*) sintomo **2** (*fig.*) indizio.
sintonía [sintonía] *s.f.* **1** (*radio, TV*) sigla musicale **2** (*fis.*) sintonia, sintonizzazione **3** (*fig.*) sintonia, armonia.
sinvergüenza [simberɣwénθa] *s.m.* e *f.* **1** (*pegg.*) mascalzone (*m.*), canaglia (*f.*) **2** (*fam.*) faccia (*f.*) tosta **3** sfacciato (*m.*), insolente.
siquiera [sikjéra] *cong.* **1** (*avversativa*) anche se/solo **2** almeno.
sirena [siréna] *s.f.* **1** (*mit.*) sirena **2** sirena.

sistema [sistéma] *s.m.* **1** sistema **2** (*anat.*) (*bio.*) sistema, apparato **3** (*tecn.*) metodo, procedimento **4** (*fam.*) sistema, modo.

sitio [sítjo] *s.m.* **1** posto, spazio **2** (*fig.*) posto, posizione (*f.*) **3** posto, luogo **4** assedio.

sito [síto] *agg.* sito, posto, collocato.

situación [sitwaθjón] *s.f.* **1** situazione, circostanza, momento (*m.*) **2** (*luogo*) posizione, ubicazione **3** condizione.

so [só] **A** *prep.* (*solo nelle locuzioni*) ~ *capa de*: con la scusa di; ~ *pena de*: a meno che **B** *s.m.* (*contrazione di señor*) razza di.

sobar [soβár] **A** *v.tr.* **1** manipolare, maneggiare **2** sgualcire **3** (*fig.*) (*fam.*) picchiare, menare **4** (*amer.*) (*fam.*) massaggiare, frizionare **B** *v.intr.* (*fam.*) dormire.

soberano [soβeráno] *agg.* **1** sovrano **2** (*fig.*) eccellente (*m.* e *f.*), superbo.

soberbia [soβérβja] *s.f.* **1** superbia, presunzione **2** grandiosità (*inv.*), magnificenza.

soborno [soβórno] *s.m.* **1** corruzione (*f.*) **2** bustarella (*f.*).

sobra [sóβra] *s.f.* **1** eccesso (*m.*) **2** (*mil.*) (*soldato*) paga settimanale.

sobrar [soβrár] *v.intr.* **1** avanzare, rimanere **2** sovrabbondare **3** essere di troppo **4** esserci in più.

sobre [sóβre] **A** *prep.* **1** (*luogo*) sopra, su **2** (*fig.*) (*argomento*) su, di **3** oltre, in aggiunta **4** (*tempo*) verso, intorno, circa **5** (*altezza*) sopra, al di sopra, su **6** (*direzione*) su, sopra, verso **B** *s.m.* busta (*f.*), bustina (*f.*) **C** *pref.* sopra-, sovra-.

sobrecargar [soβrekarɣár] (sobrecargo, sobrecargué, sobrecargaré) *v.tr.* **1** (anche *elettr.* e *telecom.*) sovraccaricare **2** (*cucitura*) sovrapporre.

sobredosis [soβreðósis] *s.f.inv.* **1** dose (*sing.*) eccessiva **2** (*droga*) overdose.

sobrehumano [soβreumáno] *agg.* **1** sovramano, soprannaturale (*m.* e *f.*) **2** (*fig.*) sovrumano, straordinario.

sobrenatural [soβrenaturál] *agg.m.* e *f.* soprannaturale.

sobrepasar [soβrepasár] **A** *v.intr.* **1** eccedere, superare **2** superare **B** *v.pron.* esagerare.

sobrepeso [soβrepéso] *s.m.* sovrappeso.

sobreponer [soβreponér] (sobrepongo, sobrepuse, sobrepondré, sobrepuesto) **A** *v.tr.* **1** sovrapporre **2** (*fig.*) far prevalere, anteporre **B** *v.pron.* (*fig.*) **1** superare, vincere **2** riprendersi.

sobresaliente [soβresaljénte] **A** *agg.m.* e *f.* **1** sporgente **2** (*fig.*) emergente **3** (*fam.*) ottimo (*m.*), eccellente **B** *s.m.* **1** (*istr.*) (*università*) trenta **2** (*tauro.*) (*teatr.*) sostituto.

sobresalto [soβresálto] *s.m.* **1** soprassalto, sussulto **2** (*fig.*) agitazione (*f.*).

sobrevivir [soβreβiβír] *v.intr.* sopravvivere.

sobrino [soβríno] *s.m.* nipote di zio/a (*m.* e *f.*).

sobrio [sóβrjo] *agg.* **1** sobrio **2** sobrio, semplice (*m.* e *f.*).

socarra [sokárra] *s.f.* **1** strinatura, bruciacchiatura **2** (*fig.*) furbizia, scaltrezza.

social [soθjál] *agg.m.* e *f.* sociale.

socializar [soθjaliθár] (socializo, socialicé, socializaré) *v.tr* socializzare.

sociedad [soθjeðáð] *s.f.* **1** (anche *comm.* e *giur.*) società (*inv.*) **2** associazione.

socio [sóθjo] *s.m.* **1** socio **2** (*fig.*) (*fam.*) amico.

sociología [soθjoloxía] *s.f.* sociologia.

socorro [sokórro] *s.m.* soccorso, aiuto.

sodomía [soðomía] *s.f.* sodomia.

sofá [sofá] *s.m.* divano, sofà (*inv.*).

sofisticado [sofistikáðo] *agg.* **1** sofisticato, ricercato, raffinato **2** sofisticato, perfezionato **3** (*fig.*) artefatto.

sofocar [sofokár] (sofoco, sofoqué, sofocaré) **A** *v.tr.pron.* **1** (anche *fig.*) soffocare **2** spegnere, estinguere **3** (*fig.*) far arrossire **4** (*fig.*) assillare **B** *v.pron.* **1** (*fig.*) adirarsi, irritarsi **2** (*fam.*) di-

spiacersi, rammaricarsi **3** (*fam.*) affannarsi **4** arrossire.
sofrito [sofríto] *s.m.* (*cuc.*) soffritto, battuto.
soja [sóxa] *s.f.* (*bot.*) soia.
sojuzgar [soxuθɣár] (sojuzgo, sojuzgué, sojuzgaré) *v.tr.* soggiogare, sottomettere.
sol[1] [sól] *s.m.* sole.
sol[2] [sól] *s.m.inv.* (*mus.*) sol.
solamente [sólaménte] *avv.* **1** solamente, soltanto **2** apposta, espressamente.
solapado [solapáðo] *agg.* subdolo.
solapo[1] [solápo] *s.m.* (*abb.*) risvolto.
solapo[2] [solápo] *s.m.* schiaffo.
solar[1] [solár] *agg.m.* e *f.* solare.
solar[2] [solár] (suelo, solé, solaré) *v.tr.* risuolare.
solar[3] [solár] (suelo, solé, solaré) *v.tr.* (*edil.*) pavimentare, lastricare.
soldado [soldáðo] *s.m.* **1** soldato **2** (*fig.*) soldato, difensore.
soldar [soldár] (sueldo, soldé, soldaré) **A** *v.tr.* **1** saldare **2** (*fig.*) rettificare, correggere **B** *v.pron.* saldarsi, ricongiungersi.
soledad [soleðáð] *s.f.* (anche *fig.*) solitudine.
solemne [solémne] *agg.m.* e *f.* **1** solenne **2** (*fig.*) solenne, grandioso (*m.*) **3** (*iron.*) madornale, spropositato (*m.*).
soler [solér] (suelo, solí, soleré) **A** *v.intr.* solere, essere solito **B** *v.impers.* solere, essere solito.
solicitar [soliθitár] *v.tr.* **1** chiedere, domandare **2** (*bur.*) richiedere, fare/presentare richiesta **3** (*fig.*) richiedere, corteggiare **4** (*fig.*) corteggiare, fare la corte.
solidaridad [soliðariðáð] *s.f.* **1** solidarietà (*inv.*) **2** adesione.
solidario [soliðárjo] *agg.* (anche *giur.*) solidale (*m.* e *f.*).
sólido [sóliðo] **A** *agg.* **1** solido, stabile (*m.* e *f.*), resistente (*m.* e *f.*) **2** (*fis.*) solido **B** *s.m.* (anche *geom.*) solido.
solitario [solitárjo] **A** *agg.* **1** solitario, isolato **2** solo, in solitudine **B** *s.m.* **1** (*zool.*) paguro bernardo **2** (*diamante*) solitario **3** (*carte*) solitario.
solo [sólo] **A** *agg.* **1** solo, unico, singolo **2** solitario, isolato **3** (*bibita*) liscio **5** (*alimento*) scondito **B** *s.m.* (*mus.*) assolo (*inv.*).
sólo o **solo** [sólo] *avv.* solo, solamente.
solomillo [solomíʎo] *s.m.* (*cuc.*) filetto, lombo, lombata (*f.*).
solsticio [solstíθjo] *s.m.* solstizio.
soltar [soltár] (suelto, solté, soltaré) **A** *v.tr.* **1** slacciare, slegare, sciogliere **2** liberare **3** (*fig.*) (*fam.*) mollare, sganciare **4** far scorrere, aprire **5** svolgere, srotolare **6** (*fig.*) sfogare, dare sfogo **7** (*fig.*) lasciarsi sfuggire **B** *v.pron.* **1** sciogliersi, slegarsi **2** (*fig.*) mettersi, incominciare **3** (*con*) (*fig.*) districarsi, cavarsela **4** (*con*) far la mano, abituarsi.
soltero [soltéro] *agg.* e *s.m.* celibe, scapolo.
soluble [solúβle] *agg.m.* e *f.* **1** (anche *chim.*) solubile **2** (*fig.*) risolvibile.
solución [soluθjón] *s.f.* **1** (anche *mat.*) soluzione, risoluzione **2** conclusione, esito (*m.*) **3** (anche *chim.*) soluzione **4** (*cine., lett., teatr.*) conclusione, epilogo (*m.*) **5** chiarimento (*m.*), spiegazione.
solucionar [soluθjonár] *v.tr.* risolvere.
sombra [sómbra] *s.f.* **1** (anche *fig.*) ombra, oscurità (*inv.*) **2** (*pitt.*) ombreggio (*m.*), ombreggiatura **3** (*tauro.*) parte dell'arena che si trova in ombra all'inizio della corrida **4** (*cosmesi*) ombretto (*m.*) **5** (*fig.*) fantasma (*m.*), ricordo (*m.*) **6** (*fig.*) spirito (*m.*), ombra.
sombrero [sombréro] *s.m.* cappello, copricapo.
sombrilla [sombríʎa] *s.f.* parasole (*m.inv.*).
someter [sometér] **A** *v.tr.* **1** sottoporre **2** sottomettere, assoggettare **3** presentare **B** *v.pron.* **1** sottoporsi, affrontare **2** sottomettersi, piegarsi.

son [són] *s.m.* **1** suono **2** (*fig.*) modo, tenore.
sonar [sonár] (sueno, soné, sonaré) **A** *v.intr.* **1** suonare **2** (*ling.*) pronunciarsi **3** essere menzionato/citato, comparire **4** (*fig.*) (*fam.*), suonare, essere familiare **5** (*fig.*) (*fam.*) suonare, sembrare, parere **B** *v.impers.* (*fig.*) correre voce **C** *v.tr.* suonare **D** *v.pron.* soffiarsi.
sonda [sónda] *s.f.* **1** sondaggio (*m.*) **2** (*mar.*) scandaglio (*m.*) **3** (*fis.*) (*tecn.*) (*med.*) sonda.
sondeo [sondéo] *s.m.* **1** sondaggio, indagine (*f.*) **2** (*tecn.*) sondaggio, trivellazione (*f.*) **3** (*min.*) carotaggio.
sonido [soníðo] *s.m.* **1** (anche *fis.*) suono **2** (*ling.*) pronuncia (*f.*), suono.
sonoro [sonóro] *agg.* (anche *ling.*) sonoro.
sonreír [sonrreír] (sonrío, sonreí, sonreiré) *v.intr.* (anche *fig.*) sorridere.
sonrisa [sonrrísa] *s.f.* sorriso (*m.*).
sonsacar [sonsakár] (sonsaco, sonsaqué, sonsacaré) *v.tr.* (anche *fig.*) carpire, sottrarre.
soñar [soɲár] (sueño, soñé, soñaré) **A** *v.tr.* (anche *fig.*) sognare **B** *v.intr.* (*con*) **1** sognare **2** (*fig.*) bramare, desiderare ardentemente.
sopa [sópa] *s.f.* (*cuc.*) zuppa, minestra.
sopetón [sopetón] *s.m.* (*fam.*) schiaffo, ceffone.
soplar [soplár] **A** *v.intr.* **1** soffiare **2** (*meteo.*) soffiare, spirare **3** (*fig.*) (*fam.*) alzare il gomito **B** *v.tr.* **1** soffiare **2** gonfiare **3** (*arte*) lavorare con il soffio **4** (*fig.*) fregare, portare via **5** (*fig.*) suggerire **6** (*fig.*) (*fam.*) spifferare **C** *v.pron.* (*fig.*) (*fam.*) far fuori.
soplo [sóplo] *s.m.* **1** (anche *med.*) soffio **2** (*fig.*) (*fam.*) attimo, soffio **3** (*fig.*) (*fam.*) soffiata (*f.*), spiata (*f.*).
soplón [soplón] *s.m.* (*fig.*) (*fam.*) spia (*f.*).
soportar [soportár] *v.tr.* **1** reggere, sostenere **2** (*fig.*) sopportare, soffrire **3** (*fig.*) sopportare, tollerare.
soporte [sopórte] *s.m.* (anche *fig.*) supporto, sostegno.
soprano [sopráno] *agg.* e *s.m.* e *f.* soprano.
sorbete [sorβéte] *s.m.* (*cuc.*) sorbetto.
sorbo [sórβo] *s.m.* **1** sorso, sorsata (*f.*) **2** (*fig.*) sorso, goccio.
sordo [sórðo] **A** *agg.* **1** (anche *ling.*) sordo **2** cupo, smorzato **3** (*fig.*) insensibile (*m.* e *f.*), indifferente (*m.* e *f.*) **B** *s.m.* sordo.
sorprender [sorprendér] **A** *v.tr.* sorprendere, stupire **2** sorprendere, cogliere **B** *v.pron.* (*de*) meravigliarsi, stupirsi.
sorpresa [sorprésa] *s.f.* **1** sorpresa, stupore (*m.*) **2** (*cosa*) sorpresa.
sorteo [sortéo] *s.m.* sorteggio, estrazione (*f.*).
sosia [sósja] *s.m.* e *f.* sosia (*inv.*).
sosiego [sosjéɣo] *s.m.* quieto, calma (*f.*).
soslayo [soslǎjo] *agg.* sbieco, obliquo.
soso [sóso] **A** *agg.* **1** insipido, scipito **2** (*fig.*) insulso, sciocco **3** (*fig.*) noioso, scialbo **B** *s.m.* (*fig.*) persona (*f.*) insulsa.
sospecha [sospétʃa] *s.f.* sospetto (*m.*), dubbio (*m.*).
sospechar [sospetʃár] **A** *v.tr.* sospettare, supporre **B** *v.intr.* (*de*) sospettare, diffidare.
sostén [sostén] *s.m.* **1** (anche *fig.*) sostegno, appoggio **2** (*abb.*) reggiseno.
sostener [sostenér] (sostengo, sostuve, sostendré) **A** *v.tr.* **1** sostenere, reggere **2** (*fig.*) sostenere, affermare **3** avere intenzione di mantenere/rispettare **4** (*fig.*) ribadire, confermare **5** (*fig.*) aiutare, proteggere **6** mantenere **7** difendere, patrocinare **8** intrattenere, avere **B** *v.pron.* **1** reggersi in piedi **2** mantenersi.
sótano [sótano] *s.m.* cantina (*f.*).
su [sú] *agg.m.* e *f.* (*possessivo*) **1** (*terza persona singolare*) suo (*m.*) **2** (*terza persona plurale*) loro (*inv.*).

suave [swáβe] *agg.m.* e *f.* **1** morbido (*m.*), liscio (*m.*) **2** soave, melodioso (*m.*) **3** delicato (*m.*), gradevole **4** (*fig.*) docile, mansueto (*m.*) **5** (*fig.*) tenero (*m.*), affabile **6** (*fig.*) mite, tiepido (*m.*) **7** (*fig.*) dolce, leggero (*m.*).
sub- [súβ] *pref.* sub-.
subacuático [suβakwátiko] *agg.* subacqueo.
subasta [suβásta] *s.f.* **1** asta **2** (*giur.*) aggiudicazione di appalto.
subconsciente [suβkonsθjénte] **A** *agg.m.* e *f.* subcosciente **B** *s.m.* subconscio, subcoscienza (*f.*).
subdesarrollo [suβðesarróʎo] *s.m.* sottosviluppo.
subestimar [suβestimár] *v.tr.pron.* sottostimare, sottovalutare.
subida [suβíða] *s.f.* **1** salita **3** (*econ.*) rialzo (*m.*), aumento (*m.*).
subir [suβír] **A** *v.intr.* **1** (*a/por*) salire **2** salire, montare **3** aumentare, crescere **4** (*bur.*) salire, avanzare **5** (*de*) (*fig.*) aumentare, salire **6** (*mus.*) alzare **B** *v.tr.* **1** salire **2** (*en*) far salire **3** alzare, tirare su **4** (*fig.*) alzare, aumentare **5** issare, mettere su **6** portare su **C** *v.pron.* **1** salire, montare **2** (*fig.*) dare alla testa.
sublimación [suβlimaθjón] *s.f.* (anche *fis.*) (*chim.*) sublimazione.
submarino [suβmaríno] **A** *agg.* sottomarino, subacqueo **B** *s.m.* **1** (*mar.*) sommergibile **2** (*fig.*) (*persona*) infiltrato.
subnormal [suβnormál] *agg.* e *s.m.* e *f.* (*med.*) subnormale.
subordinado [suβorðináðo] *agg.* e *s.m.* **1** subordinato, subalterno **2** (*ling.*) subordinato.
subrayar [suβrraǰár] *v.tr.* **1** sottolineare **2** (*fig.*) mettere in rilievo.
subsidio [suβsíðjo] *s.m.* **1** (*bur.*) sussidio **2** (*econ.*) sovvenzione (*f.*), stanziamento.
subterráneo [suβterráneo] **A** *agg.* sotterraneo **B** *s.m.* **1** sottopasso, sottopassaggio **2** (*amer.*) metropolitana (*f.*).
subtítulo [suβtítulo] *s.m.* sottotitolo.
suburbano [suβurβáno] *agg.* suburbano, periferico.
subvención [suββenθjón] *s.f.* (anche *econ.*) sovvenzione, finanziamento (*m.*), sovvenzionamento (*m.*).
subyugar [suβǰuɣár] (subyugo, subyugué, subyugaré) *v.tr.* **1** soggiogare, assoggettare, sottomettere **2** (*fig.*) soggiogare, ammaliare.
sucedáneo [suθeðáneo] *agg.* e *s.m.* succedaneo, surrogato.
suceder [suθeðér] **A** *v.intr.* succedere, seguire **B** *v.tr.* **1** (anche *pol.*) succedere, subentrare **2** (*giur.*) ereditare **C** *v.intr.impers.* succedere, accadere, capitare.
sucesión [suθesjón] *s.f.* **1** successione **2** successione, serie (*inv.*) **3** discendenza **4** (*giur.*) eredità (*inv.*).
suceso [suθéso] *s.m.* **1** fatto, avvenimento **2** (*tempo*) corso **3** (*comm.*) esito, risultato.
suciedad [suθjeðáð] *s.f.* **1** sporcizia, sudiciume (*m.*) **2** (*fig.*) volgarità (*inv.*), porcheria.
sucio [súθjo] **A** *agg.* **1** sporco **2** (*fig.*) osceno **3** (*fig.*) sleale (*m.* e *f.*), scorretto **B** *avv.* (*fig.*) sporco, slealmente.
sucursal [sukursál] *agg.* e *s.f.* succursale (*s.*), filiale (*s.*).
sud [súð] *s.m.* (*geog.*) sud.
sudadera [suðaðéra] *s.f.* (*fam.*) **1** sudata **2** (*abb.*) felpa.
sudor [suðór] *s.m.* **1** sudore **2** (*bot.*) traspirazione (*f.*) **3** (*fig.*) fatica (*f.*), sforzo **4** (*fig.*) sudore freddo.
sueco [swéko] *agg.* e *s.m.* svedese (*m.* e *f.*).
suegro [swéɣro] *s.m.* suocero.
sueldo [swéldo] *s.m.* **1** stipendio, salario, retribuzione (*f.*).
suelo [swélo] *s.m.* **1** suolo, terreno, terra (*f.*) **2** (*arch.*) (*edil.*) pavimento, impiantito **3** (*agr.*) campo.
suelto [swélto] *agg.* **1** sciolto, slegato **2** spedito, agile (*m.* e *f.*) **3** (*fig.*) sciolto,

pronto **4** (*fig.*) scorrevole (*m.* e *f.*), fluido **5** scompagnato, spaiato **6** staccato, separato **7** spicciolo.

sueño [swéɲo] *s.m.* **1** sonno **2** sogno **3** (*fig.*) sogno, aspirazione (*f.*) **4** (*fig.*) (*fam.*) meraviglia (*f.*).

suerte [swérte] *s.f.* **1** (*fig.*) sorte, caso (*m.*) **2** fortuna, sorte **3** destino (*m.*), fato (*m.*).

suéter [swéter] *s.m.* (*amer.*) maglione.

suficiente [sufiθjénte] *agg.m.* e *f.* **1** sufficiente **2** capace, competente **3** (*pegg.*) sufficiente, sussiegoso (*m.*).

sufijo [sufíxo] *agg.* e *s.m.* (*ling.*) suffisso (*s.*).

sufragio [sufráxjo] *s.m.* **1** suffragio, voto **2** aiuto, soccorso **3** (*rel.*) suffragio.

sufrir [sufrír] **A** *v.tr.* **1** (*de*) soffrire, patire **2** subire, sopportare **3** subire, essere soggetto **4** scontare **5** sottoporsi, affrontare, subire **B** *v.intr.* soffrire, patire.

sugerencia [suxerénθja] *s.f.* suggerimento (*m.*), consiglio (*m.*).

sugestión [suxestjón] *s.f.* **1** suggerimento (*m.*), consiglio (*m.*) **2** (*fig.*) suggestione, fascino (*m.*).

suicidio [swiθíðjo] *s.m.* (anche *fig.*) suicidio.

suizo [swíθo] *agg.* e *s.m.* svizzero.

sujetador [suxetaðór] *s.m.* reggiseno.

sujetar [suxetár] *v.tr.pron.* **1** afferrare, prendere **2** fermare, fissare **3** (*fig.*) tenere, badare **4** dominare, soggiogare: ~ *una nación,* soggiogare una nazione.

sujeto [suxéto] **A** *agg.* soggetto **B** *s.m.* **1** soggetto, individuo **2** (*giur.*) (*ling.*) soggetto.

suma [súma] *s.f.* **1** (*mat.*) somma **2** somma, cifra **3** sostanza, essenzialità (*inv.*).

sumergir [sumerxír] (sumerjo, sumergí, sumergiré) **A** *v.tr.* (*en*) **1** immergere, tuffare **2** sommergere, affondare **B** *v.pron.* (*en*) **1** (*fig.*) immergersi, calarsi **2** immergersi.

suministro [suminístro] *s.m.* **1** somministrazione (*f.*), distribuzione (*f.*) **2** (*comm.*) fornitura (*f.*), rifornimento.

sumisión [sumisjón] *s.f.* sottomissione.

sumo [súmo] *agg.* **1** sommo, supremo **2** (*fig.*) massimo, estremo.

súper [súper] **A** *agg.inv.* super **B** *s.m.inv.* (*abbr.*) **1** (*fam.*) supermercato (*sing.*) **2** (*benzina*) super (*f.*) **C** *pref.* super-.

superar [superár] **A** *v.tr.* **1** superare, battere **2** superare, oltrepassare **3** passare **B** *v.pron.* superare se stesso.

superficial [superfiθjál] *agg.m.* e *f.* **1** superficiale **2** superficiale, sommario (*m.*), sbrigativo (*m.*) **3** (*fig.*) banale, frivolo (*m.*).

superficie [superfiθje] *s.f.* **1** superficie **2** estensione **3** (*fig.*) superficie, apparenza.

superior [superjór] **A** *agg.m.* e *f.* **1** superiore **2** (*fig.*) superiore, migliore **B** *s.m.* e *f.* (*bur.*) capo (*m.*), superiore (*m.*).

superponer [superponér] (superpongo, superpuse, superpondré, superpuesto) *v.tr.pron.* **1** sovrapporre **2** far prevalere.

superposición [superposiθjón] *s.f.* sovrapposizione.

supervalorar [superβalorár] *v.tr.* sopravvalutare.

supervivencia [superβiβénθja] *s.f.* **1** sopravvivenza **2** (*bur.*) pensione di reversibilità.

suplemento [supleménto] *s.m.* **1** supplemento, aggiunta (*f.*) **2** (*giorn.*) supplemento.

suplente [suplénte] *agg.* e *s.m.* e *f.* supplente.

súplica [súplika] *s.f.* **1** supplica **2** istanza.

suplicio [suplíθjo] *s.m.* (anche *fig.*) supplizio, tormento.

suponer [suponér] (supongo, supuse, supondré, supuesto) **A** *v.tr.* **1** supporre, credere, pensare **2** comportare, impli-

care **3** (*fig.*) contare **B** *s.m.* supposizione (*f.*), ipotesi (*f.inv.*).
suposición [suposiθjón] *s.f.* supposizione.
supremo [suprémo] *agg.* **1** supremo, straordinario **2** supremo, massimo **3** estremo, ultimo **4** cruciale (*m.* e *f.*), decisivo.
suprimir [suprimír] *v.tr.* **1** sopprimere, eliminare **2** omettere, tralasciare.
supuesto [supwésto] **A** *agg.* presunto, supposto **B** *s.m.* caso, ipotesi (*f.inv.*).
sur [súr] *s.m.* (*geog.*) sud.
surco [súrko] *s.m.* **1** (*agr.*) solco **2** solco, scia (*f.*) **3** (*fig.*) solco, ruga (*f.*).
surgir [surxír] (surjo, surgí, surgiré) *v.intr.* **1** (*de*) sorgere, scaturire **2** sorgere, innalzarsi **3** (*fig.*) sorgere, nascere **4** (*mar.*) ancorarsi.
susceptible [susθeptíβle] *agg.m.* e *f.* **1** suscettibile **2** (*fig.*) suscettibile, permaloso (*m.*).
suscitar [susθitár] *v.tr.* suscitare, provocare.
suscripción [suskri*p*θjón] *s.m.* abbonamento (*m.*).
suspensión [suspensjón] *s.f.* **1** sospensione, interruzione **2** (*mec.*) sospensione.
suspiro [suspíro] *s.m.* sospiro.
sustancia [sustánθja] *s.f.* **1** sostanza, materia **2** (*fil.*) sostanza, essenza **3** nutrimento (*m.*), sostanza **4** sostanza, succo (*m.*) nocciolo (*m.*) **5** entità (*inv.*), valore (*m.*).
sustantivo [sustantíβo] *agg.* e *s.m.* (*ling.*) sostantivo.
sustentamiento [sustentamjénto] *s.m.* sostentamento.
sustentar [sustentár] **A** *v.tr.* **1** reggere, sostenere **2** mantenere, conservare **3** (*sobre*) (*fig.*) basare, fondare **4** (*fig.*) sostenere, difendere **B** *v.pron.* (*con/de*) sostentarsi, mantenersi, nutrirsi.
sustitución [sustituθjón] *s.f.* sostituzione.
sustituir [sustitwír] (sustituyo, sustituí, sustituiré) v.tr. (*con/por*) sostituire, cambiare.
susto [sústo] *s.m.* **1** spavento **2** (*fig.*) preoccupazione (*f.*), apprensione (*f.*) **3** (*fam.*) paura (*f.*).
sustracción [sustra*k*θjón] *s.f.* (anche *mat.*) sottrazione.
sustrato [sustráto] *s.m.* **1** sostrato **2** (*bio.*) (*chim.*) substrato.
sutil [sutíl] *agg.m.* e *f.* **1** sottile, fine **2** (*fig.*) sottile, acuto (*m.*) **3** sofisticato (*m.*).
suyo [sújo] *agg.* e *pron.* (*possessivo*) **1** (*terza pers.sing.*) suo **2** (*terza pers.pl.*) loro (*m.* e *f.inv.*).
swástica [sβástika] *s.f.* svastica.
swing [swíŋ] *s.m.inv.* (*mus.*) swing.

T

t [té] *s.f.inv.* lettera t.
tabaco [taβáko] *s.m.* **1** (*bot.*) tabacco **2** (*polvere*) tabacco da fiuto.
taberna [taβérna] *s.f.* taverna, osteria.
tabique [taβíke] *s.m.* **1** (*arch.*) tramezzo **2** (*anat.*) setto.
tabla [táβla] *s.f.* **1** (*legno*) (*pitt.*) asse, tavola **2** lastra **3** (*comm.*) tabella, listino (*m.*) **4** (*scient.* e *mat.*) tavola, tabella **5** (*libro*) indice (*m.*) **6** (*abb.*) piega **7** (*agr.*) aiuola, appezzamento.
tablero [taβléro] *s.m.* **1** tavola (*f.*), ripiano **2** tavola (*f.*), lastra (*f.*) **3** (*dama, scacchi*) scacchiera (*f.*) **4** (anche *sport* e *gioco*) tabellone **5** lavagna (*f.*) **6** (*elettr.* e *mec.*) quadro, pannello **7** (*auto.*) cruscotto.
tabú [taβú] *s.m.* (*antr.*) (anche *fig.*) tabù (*inv.*).
tacaño [takáɲo] *agg.* e *s.m.* taccagno, tirchio.
taco [táko] *s.m.* **1** tassello, tacco **2** (*gioco*) (*biliardo*) stecca (*f.*) **3** (*calendario, bollettario*) blocco, blocchetto **4** parolaccia (*f.*) **5** (*cuc.*) boccone, bocconcino **6** (*fig.*) (*fam.*) mucchio, pigna (*f.*) **7** (*sport*) (*scarpe*) tacchetto **8** (*amer.*) (*scarpe*) tacco.
tacón [takón] *s.m.* (*scarpe*) tacco.
táctica [tá*k*tika] *s.m.* **1** tattica **2** (*fig.*) tattica, prudenza.
tacto [tá*k*to] *s.m.* **1** tatto **2** (*fig.*) tatto, diplomazia **3** (*med.*) palpazione (*f.*).
tal [tál] **A** *agg.m.* e *f.* **1** tale, siffatto (*m.*) **2** (*dimostrativo*) tale, suddetto (*m.*) **3** (*indefinito, indeterminato*), certo (*m.*) tale **4** (*consecutivo*) tale, tanto (*m.*) **B** *avv.* (*correlativo*) **1** (*non si traduce*): *actúa ~ como si fuera un niño*, si comporta come se fosse un bambino **2** (*enfatico*) tale, così, proprio **C** *pron.m.* e *f.* (*correlativo*) **1** (*consecutivo*) tale a **2** (*neutro*) ciò, così.
taladro [taláðro] *s.m.* **1** (*tecn.*) trapano **2** (*legno*) foro **3** (*azione*) trapanazione (*f.*).
talco [tálko] *s.m.* (*min.*) talco.
talento [talénto] *s.m.* **1** talento, ingegno **2** capacità (*f.inv.*).
talismán [tali*s*mán] *s.m.* talismano.
talla [táʎa] *s.f.* **1** scultura lignea **2** (*abb.*) taglia **3** (*fig.*) (*persona*) tempra **4** (*sto.*) taglia, tributo (*m.*).
tallarines [taʎarínes] *s.m.pl.* taglierini.
taller [taʎér] *s.m.* **1** (*arte*) bottega (*f.*), laboratorio **2** (*scult., pitt., teatr.*) scuola (*f.*), laboratorio **3** (*ind.*) (*mecc.*) officina (*f.*) **4** (*amer.*) (*gerg.*) galera (*f.*).
talón [talón] *s.m.* **1** (*anat.*) tallone, calcagno **2** (*oggetto*) tallone **3** tagliando, talloncino **4** (*arch.*) gola (*f.*) rovescia **5** (*bancario*) assegno.
tamaño [tamáɲo] **A** *agg.* tale (*m.* e *f.*), simile (*m.* e *f.*) **B** *s.m.* dimensioni (*f.pl.*), volume.
también [tambjén] *avv.* anche, pure.
tambor [tambór] *s.m.* **1** (*mus.*) (*strumento*) tamburo **2** (*mus.*) (*persona*) tamburino **3** (*arch.*) (*tecn.*) tamburo **4**

(*fort.*) tamburo, barbacane **5** (*anat.*) cassa (*f.*) timpanica **6** (*tecn.*) rullo, bobina (*f.*) **7** (*amer.*) (*recipiente*) fusto, fustino.

tampoco [tampóko] *avv.* neanche, nemmeno, neppure.

tampón [tampón] *s.m.* **1** tampone, assorbente interno **2** (*timbro*) tampone, cuscinetto.

tan [tán] *agg.m.* e *f.* (*troncamento di tanto*) **1** (*dimostrativo*) tanto, così **2** (*comparativo*) come, tanto **3** (*consecutivo*) così, tanto **4** (*enfatico*) tanto, talmente.

tango [táŋgo] *s.m.* (*mus.*) tango.

tanque [táŋke] *s.m.* **1** (*mil.*) carro armato **2** (*auto.*) camion cisterna **3** (*auto.*) serbatoio **4** cisterna (*f.*) **5** (*fam.*) boccale di birra.

tanteo [tantéo] *s.m.* **1** prova (*f.*), controllo, verifica (*f.*) **2** (*sport*) punteggio, risultato **3** (*giur.*) prelazione (*f.*).

tanto [tánto] **A** *agg.* **1** tanto **2** (*indet.*) tanto, tot (*inv.*) **3** (*fam.*) (*significato pl.*) tanti (*pl.*) **4** (*comparativo*) tanto **5** (*consecutivo*) tanto, così tanto **B** *avv.* **1** tanto, così **2** (*sospensivo*) tanto **3** (*comparativo*) tanto **4** (*correlativo*) tanto, così tanto, talmente **5** (*rafforzativo*) tantino **6** (*consecutivo*) tanto, così tanto **7** (*correlativo*) tanto, sia **C** *pron.* (*dimostrativo; neutro*) **1** questo, tanto, ciò **2** (*correlativo*) tutto **D** *s.m.* (*sport*) (*gioco*) punto, gol.

tapar [tapár] **A** *v.tr.* **1** tappare, chiudere, richiudere **2** (anche *fig.*) coprire, nascondere **3** sigillare, turare **4** (*con*) coprire, imbacuccare, infagottare **B** *v.pron.* **1** (*con*) coprirsi, imbacuccarsi, infagottarsi **2** coprirsi, nascondersi.

tapia [tápja] *s.f.* (*edil.*) **1** muro (*m.*) di cinta **2** muro (*m.*) a secco.

tapir [tapír] *s.m.* (*zool.*) tapiro.

tapizar [tapiθár] (tapizo, tapicé, tapizaré) *v.tr.* (*arch.*) **1** (anche *fig.*) tappezzare **2** (*suolo*) rivestire, ricoprire.

tapón [tapón] *s.m.* **1** (*bottiglia*) tappo, turacciolo **2** (*med.*) tampone **3** (*fig.*) (*traffico*) ingorgo **4** (*fig.*) (*persona*) tappo, barilotto **5** (*sport*) (*pallacanestro*) schiacciata (*f.*).

taquilla [takíʎa] *s.m.* **1** (*cine.* e *teatr.*) botteghino (*m.*), biglietteria **2** (*ferr.*) biglietteria **3** (*costumi*) armadietto (*m.*).

tara [tára] *s.f.* **1** tara **2** (*med.*) tara, menomazione **3** (*fig.*) tara, difetto (*m.*).

tarántula [tarántula] *s.m.* (*zool.*) tarantola.

tardar [tarðár] *v.intr.* **1** (*en*) tardare **2** (*tempo*) impiegare, metterci.

tarde [tárðe] **A** *avv.* **1** tardi, in ritardo **2** tardi, a ora avanzata **B** *s.m.* pomeriggio (*m.*).

tarea [taréa] *s.m.* **1** lavoro (*m.*) **2** daffare (*m.inv.*) **3** (*scuola*) compiti (*m.pl.*).

tarifa [tarífa] *s.m.* (*comm.*) tariffa.

tarjeta [tarxéta] *s.f.* **1** biglietto (*m.*), cartoncino (*m.*) **2** (*arch.*) targa **3** (*sport*) (*calcio*) cartellino (*m.*).

tarot [tarót] *s.m.* tarocco.

tarrina [tarrína] *s.m.* vasetto (*m.*).

tarro [tárro] *s.m.* **1** barattolo, vasetto **2** (*fig.*) (*fam.*) zucca (*f.*), crapa (*f.*) **3** (*amer.*) (*cappello*) tuba (*f.*).

tarta [tárta] *s.f.* torta.

tartalear [tartaleár] *v.intr.* (*fam.*) **1** (*fig.*) incespicare, impappinarsi **2** balbettare.

tasa [tása] *s.f.* **1** stima, valutazione **2** tassa **3** tasso (*m.*).

tasca [táska] *s.f.* osteria, taverna.

tatuaje [tatwáxe] *s.m.* tatuaggio.

tauro [táuro] *s.m.* (*astro.* e *astrol.*) toro.

taxi [táksi] *s.m.* taxi (*inv.*).

taza [táθa] *s.f.* **1** tazza **2** (*arch.*) vasca.

te [té] *pron.pers.compl.* ti.

té [té] *s.m.* (*bot.*) tè (*inv.*), the (*inv.*).

teatro [teátro] *s.m.* **1** teatro **2** (*fig.*) teatro, pubblico **3** (*fig.*) teatro, scenario.

tebeo [teβéo] *s.m.* fumetto.

techo [tétʃo] *s.m.* **1** (*edil.*) (anche *fig.*) tetto **2** (*arch.*) soffitto **3** (*aer.*) tangenza (*f.*).

tecla [tékla] *s.f.* **1** (*mus.*) (*tecn.*) tasto (*m.*) **2** (*inform.*) comando (*m.*), tasto (*m.*).
teclado [tekláðo] *s.m.* tastiera (*f.*).
técnica [téknika] *s.f.* **1** tecnica **2** metodo (*m.*), tecnica **3** (*fig.*) tecnica, tattica.
tejado [texáðo] *s.m.* (*edil.*) tetto/copertura in tegole.
tejido [texíðo] *s.m.* **1** tessitura (*f.*) **2** (*tess.*) tessuto, stoffa (*f.*) **3** (*bio.*) tessuto.
tela [téla] *s.f.* **1** (*tess.*) tessuto (*m.*), tela **2** (*pitt.*) quadro (*m.*), dipinto (*m.*) **3** telo (*m.*), pezza **4** (*gerg.*) grana (*inv.*), quattrini (*m.pl.*).
tele [téle] *s.f.* (*abbr.*) tele (*inv.*), televisione.
telecámara [telekámara] *s.f.* telecamera.
telecomunicación [telekomunikaθjón] *s.m.* telecomunicazione.
telediario [teleðjárjo] *s.m.* telegiornale.
teléfono [teléfono] *s.m.* **1** telefono **2** (*fig.*) telefono, numero di telefono.
telégrafo [teléɣrafo] *s.m.* telegrafo.
televisión [teleβisjón] *s.f.* televisione.
telón [telón] *s.m.* (*teatr.*) sipario, telone.
tema [téma] *s.m.* **1** (anche *lett.*) tema **2** (*mus.*) tema, motivo **3** (*ling.*) tema, radice (*f.*) **4** (*fam.*) discorso, questione (*f.*).
temática [temátika] *s.f.* tematica.
temblar [temblár] (tiemblo, temblé, temblaré) *v.intr.* **1** tremare, rabbrividire **2** (*de/por*) (*fig.*) tremare, trepidare **3** (*de*) (*fig.*) tremare, fremere **4** oscillare, tremare.
temperatura [temperatúra] *s.f.* **1** (*fis.*) temperatura **2** (*fam.*) febbre, temperatura.
tempestad [tempestáð] *s.f.* **1** (*meteo.*) tempesta, bufera **2** (*mar.*) uragano (*m.*) **3** (*fig.*) uragano (*m.*), valanga: *una ~ de aplausos,* un uragano di applausi.
templado [templáðo] *agg.* **1** (*tecn.*) (*vetro, metallo*) temprato **2** (*meteo.*) temperato, mite (*m.* e *f.*) **3** tiepido **4** (*fig.*) moderato, misurato **5** (*fig.*) (*fam.*) (*carattere*) fermo, risoluto **6** (*mus.*) accordato **7** (*amer.*) innamorato.
templo [témplo] *s.m.* (*arch.*) (*rel.*) (anche *fig.*) tempio.
temporal [temporál] **A** *agg.m.* e *f.* **1** temporaneo (*m.*), provvisorio (*m.*) **2** (*gramm.*) (*rel.*) temporale **B** *s.m.* (*meteo.*) temporale.
temprano [tempráno] *agg.* e *avv.* **1** (*agr.*) precoce (*m.* e *f.*), primaticcio **2** presto, di buon'ora.
tenaz [tenáθ] *agg.m.* e *f.* **1** (*fig.*) tenace **2** ostinato (*m.*), persistente.
tendencia [tendénθja] *s.f.* **1** tendenza **2** corrente, orientamento (*m.*): *la ~ musical de hoy en día,* la tendenza musicale di oggi.
tender [tendér] (tiendo, tendí, tenderé) **A** *v.tr.* **1** tendere, stendere **2** sdraiare, distendere **3** (*tecn.*) (*corda, cavo*) tesare **4** (*edil.*) intonacare **B** *v.intr.* **1** tendere, propendere, essere incline **2** (anche *econ.*) tendere **C** *v.pron.* **1** sdraiarsi, coricarsi, distendersi **2** (*fig.* e *fam.*) prendersela comoda, adagiarsi **3** (*carte*) mostrare le carte.
tenderete [tenderéte] *s.m.* bancarella (*f.*).
tendero [tendéro] *s.m.* bottegaio, negoziante (*m.* e *f.*).
tenebroso [teneβróso] *agg.* **1** tenebroso, cupo **2** tetro, lugubre (*m.* e *f.*).
tenedor [teneðór] *s.m.* **1** (*bur., comm., giur.*) detentore, titolare (*m.*) **2** forchetta (*f.*).
tener [tenér] (tengo, tuve, tendré) **A** *v.tr.* **1** avere **2** avere, sentire, provare **3** (*proprietà*) avere, possedere **4** tenere, avere **5** avere, misurare **6** tenere, prendere **7** subire, ricevere **B** *v.pron.* **1** reggersi, tenersi **2** trattenersi, controllarsi.
tenis [ténis] *s.m.* (*sport*) tennis.
tenor [tenór] *s.m.* **1** tenore, contenuto **2** (*mus.*) tenore.
tensión [tensjón] *s.f.* **1** (*elettr.*) (*fis.*) tensione **2** (*med.*) pressione, tensione **3** (*fig.*) tensione, contrasto (*m.*) **4** (*fig.*) eccitazione, nervosismo (*m.*).

tentación [tentaθjón] *s.f.* **1** (anche *rel.*) tentazione **2** (*pl.*) (*fig.*) voglia.
tentempié [tentempjé] *s.m.* (*fam.*) spuntino.
teñir [teɲír] (tiño, teñí, teñiré) *v.tr.pron.* (*de*) **1** (anche *tess.*) tingere **2** (*fig.*) tingere, colorare **3** (*fig.*) permeare, impregnare.
teorema [teoréma] *s.m.* (*geom.*) teorema.
terapia [terápja] *s.f.* terapia.
tercermundista [terθermundísta] *agg.m.* e *f.* **1** (*pol.*) terzomondista **2** (*fam.*) (*pegg.*) da terzo mondo.
tercio [térθjo] *s.m.* **1** terzo **2** (*guardia civil*) corpo **4** (*plaza de toros*) settore **5** (*corrida*) fase.
terciopelo [terθiopélo] *s.m.* (*tess.*) velluto.
termas [térmas] *s.f.pl.* terme.
terminar [terminár] **A** *v.tr.* **1** finire, terminare **2** (*tecn.*) rifinire **B** *v.intr.* **1** finire, terminare **2** (*con*) sterminare, eliminare **3** (*en*) finire **C** *v.pron.* terminare.
termo [térmo] *pref.* e *suff.* termo.
termómetro [termómetro] *s.m.* termometro.
ternura [ternúra] *s.f.* **1** tenerezza **2** complimento (*m.*), galanteria.
terraza [terráθa] *s.f.* **1** (*arch.* e *edil.*) terrazza, terrazzo (*m.*) **2** (*agr.*) terrazza, terrazzamento (*m.*) **3** (*bar*) tavolini all'aperto **4** (*geog.*) terrazzo (*m.*) **5** (*fam.*) capoccia, zucca, testa **6** (*geol.*) (*fiume*) deposito alluvionale.
terremoto [terremóto] *s.m.* terremoto.
terreno [terréno] *agg.* e *s.m.* **1** terreno **2** terrestre (*m.* e *f.*) **3** (*agr.*) terreno, appezzamento, campo **4** terreno edificabile, lotto **5** (*fig.*) settore, campo **6** (*sport*) campo di gioco.
terrible [terríβle] *agg.m.* e *f.* **1** terribile, terrificante **2** (*fig.*) spietato (*m.*), feroce **3** (*enfatico*) terribile, tremendo (*m.*).
territorio [territórjo] *s.m.* **1** (*bur.* e *pol.*) (anche *zool.*) territorio **2** (*giur.*) giurisdizione (*f.*) **3** (*geog.*) territorio, regione (*f.*), area (*f.*).
terror [terrór] *s.m.* terrore, panico.
terrorista [terrorísta] **A** *agg.m.* e *f.* terroristico (*m.*) **B** *s.m.* e *f.* terrorista.
tertulia [tertúlja] *s.f.* **1** incontri (*m.pl.*) **2** (*caffè*) ritrovo (*m.*), circolo (*m.*) **3** (*teatr.*) loggione (*m.*), galleria.
tesis [tésis] *s.f.inv.* **1** (*fil.*) (anche *fig.*) tesi **2** tesi dottorale.
tesoro [tesóro] *s.m.* **1** (anche *fig.*) tesoro **2** (*econ.*) tesoro, erario **3** (*fig.*) (*fam.*) tesoro, amore.
testamento [testaménto] *s.m.* testamento.
testículo [testíkulo] *s.m.* (*anat.*) testicolo.
testigo [testíɣo] *s.m.* e *f.* **1** (*giur.*) teste, testimone **2** (anche *fig.*) testimone **3** (*fig.*) sintomo (*m.*), indizio (*m.*) **4** (*sport*) (*staffetta*) testimone (*m.*).
testimonio [testimónjo] *s.m.* **1** (*giur.*) testimonianza (*f.*), deposizione (*f.*) **2** (*giur.*) certificato, attestazione (*f.*): *expedir un ~*, rilasciare un certificato **3** (*fig.*) prova (*f.*), conferma (*f.*).
teta [téta] **A** *agg.m.* e *f.* (*volg.*) figo (*m.*), da sballo **B** *s.f.* **1** (*pop.*) tetta, mammella **2** capezzolo (*m.*).
texto [téksto] *s.m.* **1** (anche *lett.*) testo **2** brano, stralcio **3** testo, libro.
textura [tekstúra] *s.f.* **1** (*tess.*) ordito (*m.*) **2** (*tess.*) tessitura **3** (*lett.*) intreccio (*m.*), trama **4** (*bio.*) struttura.
ti [tí] *pron.m.* e *f.s.* (*pers.; compl.*) te.
tía [tía] *s.f.* **1** zia **2** (*fam.*) tipa **3** (*gerg.*) (*appellativo*) tu, amica.
tibio [tíβjo] *agg.* **1** tiepido **2** (*meteo.*) tiepido, mite (*m.* e *f.*) **3** (*fig.*) tiepido, fiacco.
tiburón [tiβurón] *s.m.* **1** squalo **2** (*fig.*) squalo, pescecane.
tiempo [tjémpo] *s.m.* **1** (anche *sport*, *gramm.* e *mus.*) tempo **2** (*età*) tempo, età (*f.inv.*) **3** (*epoca*) tempo, epoca (*f.*).
tienda [tjénda] *s.f.* **1** (*comm.*) negozio (*m.*), bottega **2** (*carro, barca*) telo (*m.*) **3** (*mar.*) tendale (*m.*), tendalino (*m.*).

tierno [tjérno] *agg.* **1** (*cosa*) tenero, molle (*m.* e *f.*) **2** (anche *fig.*) tenero, giovane (*m.* e *f.*) **3** (*fig.*) dolce (*m.* e *f.*), affettuoso.

tierra [tjérra] *s.f.* **1** terra, terreno (*m.*) **2** terra, pavimento (*m.*) **3** (*agr.*) terra, campagna **4** (*pl.*) terreno (*m.*), tenuta, fondo (*m.*) **5** (*fig.*) terra, paese (*m.*).

tifo [tífo] *s.m.* (*med.*) tifo.

tifón [tifón] *s.m.* (*meteo.*) tifone.

tifus [tífus] *s.m.inv.* (*med.*) tifo (*s.*).

tigre [tiɣre] *s.m.* **1** (*zool.*) tigre (*f.*) **2** (*fig.*) tigre (*f.*), belva (*f.*) **3** (*amer.*) (*zool.*) giaguaro.

tijera [tixéra] *s.f.* **1** forbici (*pl.*) **2** (*agr.*) cesoie (*pl.*) **3** (*mecc.*) (*met.*) tranciatrice **4** (*sport*) sforbiciata.

tilde [tílde] *s.m.* e *f.* **1** (*gramm.*) tilde (*f.*) **2** (*gramm.*) accento (*m.*) **3** (*fig.*) macchia (*f.*), pecca (*f.*).

timar [timár] **A** *v.tr.* **1** rubare, fregare **2** truffare, raggirare **B** *v.pron.* (*fam.*) (*innamorati*) guardarsi teneramente.

timbre [tímbre] *s.m.* **1** campanello **2** (*mus.*) timbro **3** (*bur.*) marca (*f.*) da bollo, bollo.

tímido [tímiðo] *agg.* **1** timido, schivo **2** impacciato **3** (*fig.*) timido, debole (*m.* e *f.*).

timo [tímo] *s.m.* truffa (*f.*), fregatura (*f.*).

timón [timón] *s.m.* **1** timone **2** (*fig.*) timone, governo.

tímpano [tímpano] *s.m.* (*anat.*) (anche *arch.*) (*mus.*) timpano.

tiniebla [tinjéβla] *s.f.* **1** tenebra, oscurità (*inv.*) **2** (*fig.*) tenebra.

tinta [tínta] *s.f.* inchiostro (*m.*).

tinto [tínto] *agg.* e *s.m.* (*vino*) rosso.

tintorería [tintorería] *s.f.* (*comm.*) tintoria.

tío [tío] *s.m.* **1** zio **2** (*fam.*) tipo, individuo **3** (*gerg.*) (*appellativo*) tu, amico.

tiovivo [tjoβíβo] *s.m.* giostra (*f.*).

típico [típiko] *agg.* tipico, caratteristico.

tipo [típo] *s.m.* **1** (anche *bio.* e *lett.*) tipo **2** tipo, modello **3** tipo, sorta (*f.*), genere **4** (*comm.*) (*econ.*) tasso **5** (*tip.*) tipo, carattere **6** (*pegg.*) tizio, individuo **7** (*fam.*) tipo, persona (*f.*) **8** (*fam.*) figura (*f.*), corpo **9** (*med.*) biotipo.

tipología [tipoloxía] *s.f.* tipologia.

tirabuzón [tiraβuθón] *s.m.* **1** cavatappi (*inv.*) **2** (*capelli*) tirabaci (*inv.*).

tiranía [tiranía] *s.f.* (anche *fig.*) tirannia.

tirantes [tirántes] *s.m.pl.* (*abb.*) bretelle (*f.*).

tirar [tirár] **A** *v.tr.* **1** (*a/hacia*) tirare, lanciare, scagliare **2** gettare, buttare **3** buttare via, sperperare **4** far cadere, buttare giù **5** sparare **6** tirare, dare **7** (*fot.*) scattare **8** (*linea*) tirare, tracciare **B** *v.intr.* **1** (*de*) trainare, trascinare **2** (*de*) attrarre, attirare **3** (*de*) tirare, stringere **4** (*fam.*) reggere, tirare avanti **5** (*fam.*) tendere **6** avere preso da, assomigliare **C** *v.pron.* **1** lanciarsi, buttarsi **2** (*fam.*) passare **3** (*fam.*) beccarsi, cuccarsi **4** (*volg.*) farsi, scoparsi.

tiro [tíro] *s.m.* **1** (anche *sport* e *mil.*) tiro **2** (*arma da fuoco*) sparo, colpo **3** (*camino*) tiraggio **4** (*abb.*) (*pantaloni*) cavallo **5** (*agr.*) tiro, traino.

tirón [tirón] *s.m.* **1** strappo **2** tirata (*f.*) **3** sobbalzo **4** (*sport*) (*ciclismo*) strappo, allungo **5** (*fam.*) scippo **6** (*muscolo*) strappo, stiramento.

títere [títere] *s.m.* **1** (teatr.) burattino, marionetta (*f.*) **2** (*fig.*) burattino, fantoccio.

titubeo [tituβéo] *s.m.* vacillazione (*f.*).

titulación [titulaθjón] *s.f.* **1** (*lett.*) titolazione, titolatura **2** (*istr.*) titolo (*m.*) di studio, diploma (*m.*) **4** (*giur.*) titoli (*m.pl.*) di proprietà.

título [título] *s.m.* **1** (anche *sport, econ.* e *istr.*) titolo **2** (*giur.*) titolo, voce (*f.*) **3** (*econ.*) titolo, certificato azionario **4** (*fig.*) titolo, merito, qualifica (*f.*), diritto.

tiza [tíθa] *s.f.* (*lavagna, biliardo*) gessetto (*m.*), gesso (*m.*).
toalla [toáʎa] *s.f.* **1** (*tess.*) spugna **2** asciugamano (*m.*).
tobillo [toβíʎo] *s.m.* (*anat.*) caviglia (*f.*).
tobogán [toβoɣán] *s.m.* **1** scivolo **2** (*arch.*) scivolo, rampa (*f.*).
tocadiscos [tokaðískos] *s.m.inv.* giradischi.
tocar [tokár] (toco, toqué, tocaré) **A** *v.tr.* **1** (anche *fig.*) toccare **2** poggiare, urtare **3** (anche *mus.*) suonare **4** (*fig.*) toccare, alludere **B** *v.intr.* (*fig.*) **1** toccare, spettare **2** commuovere, colpire **3** rasentare **C** *v.pron.* toccarsi, tastarsi.
tocho [tótʃo] *s.m.* **1** (*edil.*) mattone **2** (*fig.*) (*fam.*) (*libro, discorso*) mattone, pizza (*f.*) **3** (*met.*) (*ferro*) barra (*f.*), lingotto.
todavía [toðaβía] *avv.* **1** (*temporale, concessivo*) ancora **2** molto, proprio **3** (*avversativo*) nonostante ciò.
todo [tóðo] **A** *agg.* **1** (anche *iperbolico*) tutto **2** vero **3** (*significato pl.*) ogni (*m.* e *f.*), tutti (*pl.*) **4** (*pl., distributivo*) tutti, ogni (*m.* e *f.*) **5** (*posposto*) tutto, intero: *me dijo ~ lo que sabía*, mi ha detto tutto quello che sapeva **B** *avv.* **1** tutto, completamente, interamente **2** (*enfatico*) proprio, molto **C** *pron.* (*indefinito*) tutto, tutto quanto: **D** *s.m.* tutto.
toldo [tóldo] *s.m.* **1** tenda (*f.*), tendone **2** (*carro*) telone **3** (*amer.*) tenda (*f.*) indigena.
tolerancia [toleránθja] *s.f.* **1** (anche *med.*) tolleranza **2** tolleranza, rispetto (*m.*) **3** margine (*m.*), scarto (*m.*).
toma [tóma] *s.f.* **1** (anche *tecn.*) presa **2** (*mil.*) conquista, presa **3** pizzico (*m.*) **4** (*cine.*) (*fot.*) ripresa.
tomar [tomár] **A** *v.tr.* **1** (anche *fig.*) prendere **2** prendere, accettare **3** (*mezzi di trasporto*) prendere, andare in (*mil.*) conquistare, espugnare **4** assumere **5** prendere, adottare **6** (*cine.*) (*fot.*) riprendere **7** (*zool.*) (*maschio*) coprire, accoppiarsi con **8** (*fig.*) impadronirsi, pervadere **B** *v.tr./intr.* **1** (*amer.*) (*alcool*) bere **2** (*strada*) prendere, imboccare **C** *v.intr.* (*bot.*) attecchire, prendere, mettere radice **D** *v.pron.* **1** (*voce*) diventare rauco **2** (*cielo*) annuvolarsi, coprirsi.
tomate [tomáte] *s.m.* **1** (*bot.*) pomodoro **2** (*fam.*) buco **3** (*fam.*) chiasso, baccano.
tonelada [toneláða] *s.f.* (*peso*) tonnellata.
tónico [tóniko] *agg.* e *s.m.* (anche *ling.*) **1** tonico **2** tonico, ricostituente.
tono [tóno] *s.m.* **1** (*mus.*) tono, grado **2** (*voce*) tono, modulazione (*f.*), inflessione (*f.*) **3** tono, modo **4** (*fig.*) carattere, stile **5** (*fig.*) piega (*f.*) **6** (*mus.*) (*scala*) tonalità (*inv.*) **7** (*pitt.*) tono, tonalità (*f.inv.*).
tonsila [tonsíla] *s.f.* (*anat.*) tonsilla.
tontería [tontería] *s.f.* **1** stupidità (*inv.*) **2** sciocchezza, stupidata.
tonto [tónto] **A** *agg.* **1** (*psic.*) deficiente (*m.* e *f.*) **2** sciocco, stupido **3** pesante (*m.* e *f.*), noioso **4** presuntuoso, vanitoso **B** *s.m.* **1** (*teatr.*) buffone **2** imbecille (*m.* e *f.*).
tope [tópe] *s.m.* **1** cima (*f.*) **2** (*fig.*) culmine, apice **3** (*fig.*) intoppo, ostacolo.
topografía [topoɣrafía] *s.f.* topografia.
toque [tóke] *s.m.* **1** tocco **2** (*campana*) rintocco **3** ritocco **4** (*fig.*) fulcro, nocciolo **5** (*pitt.*) tocco, pennellata (*f.*) leggera.
tórax [tóra*ks*] *s.m.inv.* torace (*sing.*).
torcer [torθér] (tuerzo, torcí, torceré) **A** *v.tr.pron.* **1** torcere **2** torcere, piegare **3** volgere, girare **4** storcere **5** (*med.*) slogare **6** (*fig.*) distorcere, alterare **7** (*fig.*) fuorviare, traviare **8** (*fig.*) corrompere **B** *v.intr.pron.* voltare, girare **C** *v.pron.* **1** attorcigliarsi **2** piegarsi, curvarsi **3** (*med.*) slogarsi **4** (*vino*) inacetire, intorbidare **5** (*latte*) cagliarsi **6** (*fig.*) (*piano*) fallire, andare a monte.

tormenta [torménta] *s.f.* **1** (*meteo.*) tempesta, tormenta **2** (*mar.*) fortunale (*m.*), burrasca **3** (*fig.*) disgrazia, calamità (*inv.*) **4** (*fig.*) scatto (*m.*).
tormento [torménto] *s.m.* **1** tormento, patimento **2** (*pena*) tortura (*f.*) **3** (*fig.*) tormento, afflizione (*f.*), strazio.
tornado [tornáðo] *s.m.* (*meteo.*) tornado.
torneo [tornéo] *s.m.* (*sport*) torneo, gara (*f.*).
tornillo [torníʎo] *s.m.* **1** vite (*f.*) **2** morsa (*f.*).
toro [tóro] *s.m.* (*zool.*) (*fig.*) toro.
torpe [tórpe] *agg.m.* e *f.* **1** goffo (*m.*), impacciato (*m.*) **2** maldestro (*m.*), imbranato (*m.*) **3** ottuso (*m.*), tardo (*m.*) **4** (*fig.*) inopportuno (*m.*), fuori luogo.
torpedo [torpéðo] *s.m.* **1** (*mar.*) (*mil.*) siluro **2** (*zool.*) torpedine (*f.*) **3** (*auto.*) torpedo (*f.inv.*).
torre [tórre] *s.f.* **1** (anche *scacchi*) torre **2** (*arch.*) villa, villetta **3** (*elettr.*) traliccio (*m.*) **4** (*chiesa*) campanile (*m.*), torre **5** (*mar.*) torre, torrione (*m.*).
torrente [torrénte] *s.m.* **1** torrente **2** (*fig.*) fiumana (*f.*), marea (*f.*), valanga (*f.*).
torsión [torsjón] *s.f.* torsione.
tortilla [tortíʎa] *s.f.* **1** frittata **2** (*amer.*) piadina.
tortuga [tortúɣa] *s.f.* **1** (*zool.*) tartaruga, testuggine **2** (*ant.*) (*mil.*) testuggine.
tortura [tortúra] *s.f.* tortura.
tos [tós] *s.f.* (*med.*) tosse.
tostada [tostáða] *s.f.* **1** (*cuc.*) fetta di pane tostato **2** (*fig.*) patata bollente, rogna **4** (*fig.*) confusione, baraonda.
total [totál] **A** *agg.m.* e *f.* totale, intero (*m.*), completo (*m.*) **B** *avv.* **1** tutto sommato, in fin dei conti **2** tanto **C** *s.m.* (*mat.*) totale.
tóxico [tó*k*siko] **A** *agg.* tossico, velenoso **B** *s.m.* tossico, veleno.
toxicómano [to*k*sikómano] *agg.* e *s.m.* tossicomane (*m.* e *f.*).
toxina [to*k*sína] *s.f.* (*bio.*) tossina.
trabajar [traβaxár] **A** *v.intr.* **1** lavorare **2** (*como/de*) lavorare come, fare **3** (*mec.*) lavorare, funzionare **4** (*fig.*) agire, operare **5** (*cine.* e *teatr.*) recitare, lavorare **B** *v.tr.* **1** lavorare **2** (*fig.*) esercitarsi **3** lavorare, coltivare **4** (*equit.*) addestrare **5** trattare, vendere **C** *v.pron.* (*fig.*) **1** sudarsi, guadagnarsi **2** lavorarsi, accattivarsi.
trabajo [traβáxo] *s.m.* **1** (anche *fis.* e *mec.*) lavoro **2** (*arte*) lavoro, opera (*f.*).
traca [tráka] *s.f.* **1** filza di petardi **2** (*fuochi artificiali*) botto (*m.*) finale.
tracción [tra*k*θjón] *s.f.* (anche *med.*) trazione.
tractor [tra*k*tór] **A** *agg.* motore **B** *s.m.* trattore.
tradición [traðiθjón] *s.f.* **1** (anche *giur.*) tradizione **2** tradizione, consuetudine.
traducción [traðu*k*θjón] *s.f.* traduzione.
traducir [traðuθír] (traduzco, traduje, traduciré) **A** *v.tr.* (*a/de*) tradurre **B** *v.pron.* **1** (*en*) mutarsi, trasformarsi **2** (*fig.*) interpretare, leggere.
traer [traér] (traigo, traje, traeré) **A** *v.tr.* **1** portare **2** causare, arrecare **3** (*fig.*) (*fam.*) far diventare, rendere **4** portare, indossare **5** (*fig.*) avere **6** (*pubblicazioni*) avere **B** *v.tr.pron.* combinare.
tráfico [tráfiko] *s.m.* **1** (*pegg.*) traffico, smercio **2** traffico, circolazione (*f.*).
tragaluz [traɣalúθ] *s.m.* lucernario.
tragaperras [traɣapérras] *s.f.inv.* slot-machine.
tragar [traɣár] (trago, tragué, tragaré) **A** *v.tr.pron.* **1** inghiottire, ingerire **2** (*fam.*) trangugiare, divorare **B** *v.pron.* **1** (anche *fig.*) inghiottire **2** (*fig.*) bere, credere **3** (*fig.*) consumare, mangiarsi **C** *v.intr.* **1** accondiscendere, cedere **2** (*fig.*) crederci, berla.
tragedia [traxéðja] *s.f.* (*teatr.*) (anche *fig.*) tragedia.
trágico [tráxiko] *agg.* **1** (*teatr.*) tragico **2** (*fig.*) tragico, drammatico.

trago [tráɣo] *s.m.* **1** sorso, sorsata (*f.*) **2** (*fam.*) momentaccio **3** sorso, goccetto.
traición [traiθjón] *s.f.* tradimento (*m.*).
traicionar [traiθjonár] *v.tr.* **1** (anche *giur.*) tradire **2** (*fig.*) deludere, disattendere **3** (*fig.*) rivelare, tradire.
traidor [traiðór] *agg.* e *s.m.* **1** traditore **2** (*fig.*) rivelatore, eloquente (*m.* e *f.*).
traje [tráxe] *s.m.* **1** vestito, abito **2** (*folklore*) costume.
trajín [traxín] *s.m.* **1** trasporto **2** viavai (*inv.*), andirivieni (*inv.*), confusione (*f.*).
trama [tráma] *s.f.* **1** (*tess.*) (anche *bio.*) trama **2** (*fig.*) trama, macchinazione, intrigo (*m.*) **3** (*lett.*, *teatr.*, *cine* e *TV*) trama, intreccio (*m.*) **4** (*fot.*) (anche *grafica*) retino (*m.*) **5** (*grafica*) trasferibile (*m.*).
tramo [trámo] *s.m.* tratto, parte (*f.*), pezzo.
trampa [trámpa] *s.f.* **1** trappola **2** (*arch.*) botola **3** (*fig.*) tranello (*m.*), trappola **4** (*sport*) (*gioco*) imbroglio (*m.*), inganno (*m.*) **5** (*fig.*) (*fam.*) debito (*m.*).
trampolín [trampolín] *s.m.* (anche *fig.*) trampolino.
tranquilidad [traŋkiliðáð] *s.f.* tranquillità (*inv.*), calma, serenità (*inv.*).
tranquilo [traŋkílo] *agg.* tranquillo, calmo.
transcribir [transkriβír] (*p.p.irr.* transcrito) *v.tr.* **1** trascrivere, ricopiare **2** trascrivere, traslitterare **3** (*mus.*) trascrivere **4** (*giur.*) trascrivere, registrare.
transexual [transe*k*swál] *agg.* e *s.m.* e *f.* transessuale.
transferir [transferír] (transfiero, transferí, transferiré) *v.tr.* **1** trasferire, spostare **2** rimandare **3** (*giur.*) trasferire, trasmettere **4** (*de*) (*econ.*) trasferire.
transformación [transformaθjón] *s.f.* **1** trasformazione, mutamento (*m.*) **2** (*bio.*) (*fis.*) (*ling.*) trasformazione.
transformar [transformár] *v.tr.pron.* **1** trasformare, cambiare **2** (*en*) convertire.
tránsfuga [tránsfuɣa] *s.m.* e *f.* (anche *fig.*) transfuga.
transfusión [transfusjón] *s.f.* trasfusione.
transgresión [tran*s*ɣresjón] *s.f.* trasgressione.
transición [transiθjón] *s.f.* transizione.
transitar [transitár] *v.intr.* **1** transitare, passare **2** (*veicolo*) transitare, circolare.
transitivo [transitíβo] *agg.* (*gramm.*) transitivo.
tránsito [tránsito] *s.m.* **1** (anche *astro.* e *fis.*) transito **2** transito, traffico **3** (*convento*) corridoio.
translúcido [tran*s*lúθiðo] *agg.* traslucido, semitrasparente (*m.* e *f.*).
transmisión [tran*s*misjón] *s.f.* **1** (anche *giur.*) trasmissione, passaggio (*m.*) **2** (*fis.*, *inform.* e *mec.*) trasmissione **3** (*telecom.*) trasmissione, emissione.
transmitir [tran*s*mitír] **A** *v.tr.* **1** trasmettere, far pervenire **2** (*fig.*) tramandare, passare **3** (anche *radio* e *TV*) trasmettere, diffondere **4** (*med.*) trasmettere, contagiare **5** (*giur.*) trasferire, trasmettere **6** (*mec.*) trasmettere, imprimere **B** *v.pron.* trasmettersi.
transparencia [transparénθja] *s.f.* **1** (anche *pol.*) trasparenza **2** (*fot.*) diapositiva **3** (*cine.*) trasparente (*m.* e *f.*).
transpiración [transpiraθjón] *s.f.* **1** traspirazione, sudore (*m.*) **2** (*bot.*) traspirazione.
transportar [transportár] *v.tr.* **1** trasportare, portare **2** (*mus.*) trasportare, trasporre **3** (*geom.*) ingrandire in scala **4** (*fig.*) inebriare, rapire.
transporte [transpórte] *s.m.* **1** (anche *comm.*) trasporto **2** (*geol.*) ablazione (*f.*), deflazione (*f.*) **3** (*fig.*) trasporto, entusiasmo.
transvase [tran*s*βáse] *s.m.* **1** (*liquido*) travaso **2** (*idr.*) opera di derivazione.
tranvía [trambía] *s.m.* tram (*inv.*).
trapecio [trapéθjo] *s.m.* trapezio.
trapo [trápo] *s.m.* **1** straccio, cencio **2** strofinaccio, panno **3** (*mar.*) velame **4** (*tauro.*) muleta (*f.*) **5** (*teatr.*) telone.

tras [trás] *prep.* **1** (*tempo*) dopo **2** (*luogo*) dietro **3** in cerca, alla ricerca **4** (*fig.*) dietro **5** (*de*) oltre, oltreché: ~ *de ser guapa, es simpática*, oltre a essere bella, è anche simpatica.
trasero [traséro] **A** *agg.* posteriore (*m.* e *f.*) **B** *s.m.* (*fam.*) sedere, posteriore.
trasladar [trasladár] **A** *v.tr.pron.* **1** trasportare, spostare **2** (*persona*) trasferire, spostare **3** posticipare, rinviare **4** tradurre **B** *v. pron.* traslocare, trasferirsi.
traslado [trasláðo] *s.m.* **1** trasloco **2** trasferimento, spostamento **3** (*giur.*) notificazione (*f.*).
traslucir [trasluθír] (trasluzco, traslucí, trasluciré) **A** *v.tr.* (*fig.*) mostrare, rivelare **B** *v.pron.* **1** (anche *fig.*) trasparire **2** (*fig.*) indovinarsi.
trasnochador [trasnotʃaðór] *agg.* e *s.m.* nottambulo.
traspaso [traspáso] *s.m.* **1** trasferimento **2** (*giur.*) trapasso, cessione (*f.*).
trasplante [trasplánte] *s.m.* trapianto.
trastero [trastéro] *s.m.* ripostiglio, stanzino.
trastienda [trastjénda] *s.f.* (*arch.*) retrobottega (*m.*).
trasto [trásto] *s.m.* **1** cianfrusaglia (*f.*) **2** (*teatr.*) quinta (*f.*) **3** (*fig.*) (*persona*) buono a nulla, perdigiorno (*m.* e *f.inv.*).
trastorno [trastórno] *s.m.* **1** disordine, scompiglio **2** (*med.*) disturbo, turba (*f.*).
trastos [trástos] *s.m.pl.* (*fam.*) arnesi, attrezzi.
tratado [tratáðo] *s.m.* **1** trattato **2** (*giur.*) trattato, accordo, negoziato.
tratamiento [tratamjénto] *s.m.* **1** trattamento **2** (*med.*) cura (*f.*), terapia (*f.*) **3** trattamento, lavorazione (*f.*) **4** (*cine.*) (*inform.*) trattamento, elaborazione (*f.*).
tratar [tratár] **A** *v.tr.* **1** trattare **2** trattare, lavorare **3** (*med.*) trattare, curare **4** (anche *comm.*) trattare, discutere **5** (*inform.*) trattare, elaborare **B** *v.intr.* **1** (*acerca de/de/sobre*) trattare, vertere, essere incentrato **2** (*con*) maneggiare, manipolare **3** (*de*) cercare, tentare **4** (*en*) (*comm.*) trattare, commerciare **C** *v.pron.* **1** frequentarsi **2** trattarsi, curarsi **3** (*de*) trattarsi.
trato [tráto] *s.m.* **1** maniere (*f.pl.*), modi (*pl.*) **2** (*pol.*) trattato, accordo **3** trattamento **4** (*fam.*) accordo, affare **5** rapporto, relazione (*f.*).
trauma [tráuma] *s.m.* trauma.
traumatizar [traumatiθár] (traumatizo, traumaticé, traumatizaré) *v.tr.pron.* **1** traumatizzare **2** (*fig.*) traumatizzare, sconvolgere.
través [traβés] *s.m.* **1** inclinazione (*f.*), stortezza (*f.*) **2** (*fig.*) traversia (*f.*), avversità (*f.inv.*) **3** (*mar.*) traverso.
travesía [traβesía] *s.m.* **1** (*strada*) traversa, via trasversale **2** (*aer.*) (*mar.*) traversata.
travesti o **travestí** [traβésti/traβestí] *s.m.* travestito.
travieso [traβjéso] *agg.* e *s.m.* **1** monello, dispettoso **2** (*fig.*) vivace (*m.* e *f.*), esuberante (*m.* e *f.*) **3** (*fig.*) malizioso (*agg.*).
trayecto [traǰékto] *s.m.* tragitto, percorso.
trayectoria [traǰektórja] *s.f.* **1** traiettoria **2** (*geom.*) traiettoria, parabola **3** (*fig.*) evoluzione.
trazado [traθáðo] *s.m.* (*tecn.*) (anche *med.*) tracciato.
trazar [traθár] (trazo, tracé, trazaré) *v.tr.* **1** tracciare, delineare **2** (*arch.* e *edil.*) (*piano, progetto*) tracciare **3** (*fig.*) tracciare, abbozzare, formulare **4** (*fig.*) tratteggiare, descrivere.
trazo [tráθo] *s.m.* **1** tratto, segno **2** tratto, lineamento **3** (*pitt.*) drappeggio.
trébol [tréβol] *s.m.* (*bot.*) trifoglio.
trece [tréθe] *agg.num.inv.* e *s.m.inv.* **1** (*cardinale*) tredici **2** (*ordinale*) tredicesimo (*sing.*).
tregua [tréɣwa] *s.f.* **1** (*mil.*) tregua, sospensione **2** (*fig.*) interruzione, sosta.
treinta [tréinta] *agg.num.inv.* e *s.m.inv.* **1** (*cardinale*) trenta **2** (*ordinale*) trentesimo (*sing.*).

tremendo [treméndo] *agg.* **1** tremendo, terribile (*m.* e *f.*) **2** (*fig.*) (*fam.*) enorme (*m.* e *f.*).
tren [trén] *s.m.* **1** (*ferr.*) (anche *tecn.*) treno **2** (*tecn.*) catena (*f.*) **3** (*fig.*) tenore, treno.
trepa[1] [trépa] *s.m.* **1** arrampicata, scalata **2** capriola **3** (*abb.*) balza **4** (*fig.*) astuzia, stratagemma (*m.*), espediente (*m.*)
trepa[2] [trépa] *s.m.* e *f.* (*fam.*) arrivista, arrampicatore (*m.*) sociale.
tres [trés] *agg.num.inv.* e *s.m.* e *f.inv.* **1** (*cardinale*) tre **2** (*ordinale*) terzo (*m.sing.*).
trescientos [tresθjéntos] *agg.num.* e *s.m.* **1** (*cardinale*) trecento (*inv.*) **2** (*ordinale*) trecentesimo (*sing.*).
triángulo [trjáŋgulo] *s.m.* (*geom.*) (*mus.*) (anche *fig.*) (*fam.*) triangolo.
tribu [tríβu] *s.f.* (anche *fig.*) tribù (*inv.*).
tribunal [triβunál] *s.m.* **1** tribunale, corte (*f.*) **2** (*istr.*) commissione (*f.*).
trigo [triɣo] *s.m.* (*bot.*) grano, frumento.
trigonometría [triɣonometría] *s.f.* (*mat.*) trigonometria.
trimestre [triméstre] *s.m.* trimestre.
trinidad [triniðáð] *s.f.* (*rel.*) trinità (*inv.*).
trío [trío] *s.m.* (anche *mus.*) trio.
tripa [trípa] *s.f.* **1** budello (*m.*), intestino (*m.*) **2** (*fam.*) trippa, pancia **3** (*al pl.*) (*zool.*) interiora **4** (*fig.*) pancia.
triple [tríple] *agg.m.* e *f.* e *s.m.* triplo (*m*).
triste [tríste] *agg.m.* e *f.* **1** triste, afflitto (*m.*), affranto (*m.*) **2** mesto (*m.*), malinconico (*m.*) **3** spiacevole, doloroso (*m.*) **4** (*fig.*) magro (*m.*), misero (*m.*) **5** squallido (*m.*), desolato (*m.*).
tristeza [tristéθa] *s.f.* **1** tristezza, infelicità (*inv.*) **2** malinconia **3** pena, sofferenza.
triunfo [trjúmfo] *s.m.* **1** trionfo, vittoria (*f.*) **2** (*fig.*) trionfo, successo **3** trofeo.
trocear [troθeár] *v.tr.* **1** spezzettare, tagliare a pezzi **2** (*esplosivo*) far brillare.
trofeo [troféo] *s.m.* trofeo, coppa (*f.*).
trompa [trómpa] *s.f.* **1** (*zool.*) (anche *fig.*) proboscide **2** (*mus.*) corno (*m.*) a pistoni **3** (*fam.*) sbornia, sbronza **4** (*gioco*) trottola **5** (*arch.*) tromba.
trompeta [trompéta] *s.f.* (*mus.*) tromba.
tronco [tróŋko] *s.m.* **1** (*bot.*) (anche *arch.*) tronco, fusto **2** (anche *anat.*) tronco **3** (*fig.*) tronco, ceppo **4** (*gerg.*) amico, fratello.
trono [tróno] *s.m.* **1** (anche *fig.*) trono **2** (*rel.*) tabernacolo.
tropa [trópa] *s.f.* **1** (*mil.*) truppa **2** (*amer.*) mandria.
tropel [tropél] *s.m.* **1** frotta (*f.*), folla (*f.*), ressa (*f.*) **2** guazzabuglio, accozzaglia (*f.*) **3** (*ant.*) (*mil.*) drappello.
tropezar [tropeθár] (tropiezo, tropecé, tropezaré) **A** *v.intr.* **1** inciampare, incespicare **2** (*fig.*) imbattersi, intoppare **3** (*fig.*) sbagliare **4** (*con*) (*fig.*) scontrarsi **B** *v.pron.* (*con*) (*fig.*) imbattersi.
tropezón [tropeθón] *s.m.* **1** inciampata (*f.*) **2** (*fig.*) scivolone, errore.
tropical [tropikál] *agg.m.* e *f.* tropicale.
tropiezo [tropjéθo] *s.m.* **1** ostacolo, intoppo **2** (*fig.*) sbaglio, scivolone **3** (*fig.*) difficoltà (*f.inv.*), contrattempo **4** (*fig.*) scontro, discussione (*f.*).
trotamundos [trotamúndos] *s.m.* e *f.inv.* giramondo.
trozo [tróθo] *s.m.* **1** pezzo **2** frammento, brano **3** (*mar.*) corpo marittimo **4** (*mil.*) reparto di truppa.
trucha [trútʃa] *s.f.* **1** trota **2** (*amer.*) bancarella.
trueno [trwéno] *s.m.* **1** (*meteo.*) tuono **2** detonazione (*f.*), colpo.
trueque [trwéke] *s.m.* baratto, scambio.
trufa [trúfa] *s.f.* **1** (*bot.*) (anche *cuc.*) tartufo (*m.*) **2** (*cane*) tartufo (*m.*), punta del naso.
tu [tú] *agg.m.* e *f.* (*possessivo*) tuo (*m.*).
tú [tú] *pron.m* e *f.sing.* (*personale*) tu.
tubería [tuβería] *s.f.* **1** tubatura, conduttura **2** (*ind.*) fabbrica di tubi.

tubo [túβo] *s.m.* **1** tubo, tubetto **2** (*tecn.*) (anche *anat.*) tubo **3** (*gerg.*) metrò (*inv.*), metropolitana (*f.*) **4** (*fam.*) noia (*f.*), pizza (*f.*).
tucán [tukán] *s.m.* (*zool.*) tucano.
tuerca [twérka] *s.f.* (*mecc.*) dado (*m.*).
tuerto [twérto] **A** *agg.* storto **B** *agg.* e *s.m.* (*persona*) guercio **C** *s.m.* torto.
tulipán [tulipán] *s.m.* (*bot.*) tulipano.
tumbar [tumbár] **A** *v.tr.* **1** abbattere, far cadere **2** (*fig.* e *fam.*) stendere **3** (*fig.*) (*fam.*) bocciare **B** *v.tr.pron.* **1** (*a/en*) sdraiarsi, stendersi **2** (*fig.*) lasciarsi andare, mollare.
tumor [tumór] *s.m.* (*med.*) tumore, blastoma.
túnel [túnel] *s.m.* tunnel (*inv.*), galleria (*f.*).
túnica [túnika] *s.f.* tunica.
turbar [turβár] *v.tr.pron.* **1** (anche *fig.*) turbare, sconvolgere **2** intorbidare, intorbidire.
turbulencia [turβulénθja] *s.f.* **1** (anche *fis.*) (*meteo.*) turbolenza **2** (*fig.*) disordine (*m.*), tumulto (*m.*).
turco [túrko] *agg.* e *s.m.* **1** turco **2** (*amer.*) immigrante arabo o palestinese.
turista [turísta] *s.m.* e *f.* turista.
turón [turón] *s.m.* (*zool.*) puzzola (*f.*).
turrón [turrón] *s.m.* **1** (*cuc.*) torrone **2** (*fig.* e *fam.*) impiego statale.
tutela [tutéla] *s.f.* **1** (*giur.*) tutela **2** (*fig.*) tutela, protezione.
tutelar [tutelár] **A** *agg.m.* e *f.* tutelare **B** *v.tr.* tutelare.
tuteo [tutéo] *s.m.* il dare del tu.
tutor [tutór] *s.m.* **1** (*giur.*) tutore **2** (*fig.*) protettore, difensore **3** (*istr.*) (*scuola, università*) tutor (*m.* e *f.inv.*).
tutoría [tutoría] *s.f.* **1** (*giur.*) tutela **2** (*istr.*) tutorato (*m.*), ora di ricevimento.
tuyo [túǰo] *agg.* e *pron.* (*possessivo*) tuo.

U

u [u] *s.f.* lettera u (*inv.*).
u [ú] *cong.* (*davanti a o/ho*) od, oppure.
úlcera [úlθera] *s.f.* (*med.*) ulcera.
ulterior [ulterjór] *agg.m.* e *f.* ulteriore.
ultimátum [ultimátu*m*] *s.m.* (*lat.*) ultimatum (*inv.*) (*pl.irr.: ultimatums, ultimatos*).
último [último] *agg.* **1** ultimo **2** finale (*m.* e *f.*) definitivo **3** più remoto/sperduto.
ultra [últra] *agg.* e *s.m.* e *f.* ultrà (*inv.*), estremista.
ultraje [ultráxe] *s.m.* **1** oltraggio, offesa (*f.*), **2** umiliazione, mortificazione.
ultrasonido [ultrasoníðo] *s.m.* (*fis.*) ultrasuono.
ultratumba [ultratúmba] *s.f.* oltretomba (*m.inv.*).
ulular [ululár] *v.intr.* (anche *fig.*) ululare.
umbral [umbrál] *s.m.* **1** soglia (*f.*), uscio **2** principio, inizio **3** (*arch.*) trave (*f.*) **4** (*psic.*) soglia (*f.*).
un [ún] *art.indet.m.sing.* un, uno.
una [úna] **A** *art.indet.f.sing.* una **B** *s.f.* (*ora*) una.
unanimidad [unanimiðáð*]* *s.f.* unanimità (*inv.*).
undécimo [undéθimo] *agg.num.ord.* e *s.m.* undicesimo.
único [úniko] *agg.* **1** unico, solo **2** unico, straordinario, singolare (*m.* e *f.*).
unicornio [unikórnjo] *s.m.* **1** (*mit.*) unicorno **2** (*zool.*) rinoceronte.
unidad [uniðáð] *s.f.* **1** (anche *mat.* e *mil.*) unità (*inv.*) **2** convergenza, identità (*inv.*) **3** (*lett.*) unità (*inv.*), organicità (*inv.*).
unifamiliar [unifamiljár] *agg.m.* e *f.* unifamiliare.
unificación [unifikaθjón] *s.f.* unificazione.
uniformar [uniformár] *v.tr.* **1** rendere uniforme, livellare **2** far indossare una divisa/uniforme.
unión [unjón] *s.f.* **1** unione **2** matrimonio (*m.*), unione **3** (*fig.*) intesa, accordo (*m.*) **4** associazione, unione.
unir [unír] **A** *v.tr.* **1** unire **2** (anche *elettr.*) allacciare, collegare **3** sposare **B** *v.pron.* **1** unirsi **2** associarsi.
universal [uniβersál] *agg.m.* e *f.* **1** universale **2** comune, generale.
universidad [uniβersiðáð] *s.f.* università (*inv.*).
universo [uniβérso] *s.m.* universo, cosmo.
uno [úno] **A** *agg.* **1** (*num.ord., si tronca davanti a s.m.*) uno, un **2** identico, lo stesso **3** unico **B** *pron. indefinito* uno **C** *s.m.* uno.
unos [únos] *art.indet.m.pl.* (*partitivo*) alcuni, qualche.
untar [untár] **A** *v.tr.* **1** ungere **2** inzuppare **3** (*fig.* e *fam.*) corrompere **B** *v.pron.* **1** macchiarsi, sporcarsi **2** (*fig.*) appropriarsi indebitamente.
unto [únto] *s.m.* **1** unto **2** (*animale*) grasso.

uña [úɲa] *s.f.* **1** (anche *bot., mar.* e *mecc.*) unghia **2** (*zool.*) zoccolo (*m.*) **3** (*zool.*) artiglio (*m.*).
urano [uráno] *s.m.* (*astro.* e *astrol.*) urano.
urbanística [urβanístika] *s.f.* (*arch.*) urbanistica.
urbano [urβáno] *agg.* urbano, cittadino.
urgencia [urxénθja] *s.f.* **1** fretta, premura **2** urgenza, necessità urgente.
urgencias [urxénθjas] *s.f.pl.* pronto soccorso (*m.sing.*).
urgente [urxénte] *agg.* e *s.m.* e *f.* urgente.
urología [uroloxía] *s.f.* (*med.*) urologia.
urraca [urráka] *s.f.* **1** (*zool.*) gazza **2** (*fig.*) chiacchierone (*m.*).
usar [usár] **A** *v.tr.* **1** utilizzare, usare **2** (*vestiti*) usare, portare **B** *v.intr.* essere solito **C** *v.pron.* essere di moda, usarsi.
uso [úso] *s.m.* **1** uso, utilizzo **2** costume, usanza (*f.*), uso.
usted [ustéð] *pron.m.* e *f.sing.* (*personale; cortesia*) Lei.
ustedes [ustéðes] *pron.m.* e *f.pl.* (*personale; cortesia*) loro, voi.
ustión [ustjón] *s.f.* ustione, bruciatura.
usuario [uswárjo] *agg.* e *s.m.* **1** beneficiario **2** utente (*m.* e *f.*) **3** (*giur.*) usuario.
usurero [usuréro] *agg.* e *s.m.* **1** usuraio, usurario (*agg.*) **2** (*persona*) usuraio.
usurpación [usurpaθjón] *s.f.* usurpazione, appropriazione indebita.
utensilio [utensíljo] *s.m.* utensile, attrezzo.
útero [útero] *s.m.* (*anat.*) utero.
útil [útil] *agg.m.* e *f.* utile, conveniente.
utilizar [utiliθár] (utilizo, utilicé, utilizaré) *v.tr.* utilizzare, usare, servirsi.
utopía o **utopia** [utopía o utópja] *s.f.* utopía.
uva [úβa] *s.f.* **1** (*bot.*) uva **2** (*med.*) verruca della palpebra.
uve [úβe] *s.f.* (*alfabeto*) vi (*inv.*).

V

v [úβe] *s.f.inv.* **1** lettera v **2** (*numero romano che corrisponde a 5*) V.
vaca [báka] *s.f.* **1** (*zool.*) mucca, vacca **2** (*carne*) manzo (*m.*).
vacaciones [bakaθjónes] *s.f.pl.* vacanze, ferie.
vaciar [baθjár] **A** *v.tr.* **1** vuotare **2** (*met.*) colare, fondere **3** versare, gettare **4** (*legno, pietra*) scavare, svuotare **5** affilare **B** *v.intr.* **1** (*fiume*) sfociare **2** (*fiume*) prosciugarsi **C** *v.pron.* **1** vuotarsi **2** versarsi **3** dedicarsi.
vacío [baθío] **A** *agg.* **1** vuoto, libero **2** (*fig.*) frivolo, superficiale (*m.* e *f.*) **3** (*fig.*) vacuo, vano **B** *s.m.* **1** (*fis.*) vuoto **2** cavità (*f.inv.*), buco **3** (*geog.*) abisso, precipizio **4** (*fig.*) assenza (*f.*), mancanza (*f.*).
vacuna [bakúna] *s.f.* **1** vaccino (*m.*) **2** (*fig.*) antidoto (*m.*) **3** (*inform.*) programma (*m.*) antivirus.
vagabundo [baɣaβúndo] *agg.* e *s.m.* vagabondo, girovago.
vagar [baɣár] (vago, vagué, vagaré) *v.intr.* **1** vagare, bighellonare **2** girare, camminare.
vaina [báina] *s.f.* **1** guaina, fodero (*m.*) **2** (*bot.*) baccello (*m.*) **3** (*amer.*) (*fam.*) seccatura **4** (*fig.*) lazzarone (*m.*).
vainilla [bainíʎa] *s.f.* (*bot.*) vaniglia.
vajilla [baxíʎa] *s.f.* stoviglie (*pl.*).
vale [bále] **A** *inter.* bene, d'accordo **B** *s.m.* **1** buono **2** ricevuta (*f.*) **3** biglietto omaggio.
valenciano [balenθjáno] *agg.* e *s.m.* abitante (*m.* e *f.*) di Valencia (Spagna).
valer [balér] (valgo, valí, valdré) **A** *v.tr.* **1** valere, costare, significare **2** proteggere, difendere **3** valere, equivalere **4** valere, costare **B** *v.intr.* **1** valere, essere di valore **2** servire, giovare **3** essere valido **4** essere utile **C** *v.pron.* **1** (*de*) avvalersi di, servirsi di **2** arrangiarsi **3** (*fam.*) essere in gamba.
valla [báʎa] *s.f.* **1** steccato (*m.*), palizzata **2** cartellone (*m.*), affisso (*m.*) **3** (*fig.*) ostacolo (*m.*), impedimento (*m.*) **4** (*sport*) ostacolo (*m.*) **5** (*amer.*) arena per il combattimento dei galli.
valor [balór] *s.m.* **1** (*fig.*) (*fil.*) valore **2** (*econ.*) prezzo, costo **3** (*fig.*) bravura (*f.*), coraggio **4** faccia (*f.*) tosta **5** (*mus.*) valore, durata (*f.*) **6** pregio.
valoración [baloraθjón] *s.f.* **1** valutazione **2** valorizzazione.
valorar [balorár] *v.tr.* **1** (*econ.*) valutare, stimare **2** (*fig.*) apprezzare **3** (*fig.*) tenere in conto, valutare **4** valorizzare.
vals [báls] *s.m.* (*mus.*) valzer (*inv.*).
valuación [balwaθión] *s.f.* valutazione.
válvula [bálβula] *s.f.* valvola.
vanagloriarse [banaɣlorjárse] *v.pron.* (*de/por*) vantarsi, pavoneggiarsi.
vandalismo [bandalísmo] *s.m.* vandalismo.
vanguardia [baŋgwárðja] *s.f.* avanguardia.
vapor [bapór] *s.m.* **1** vapore **2** (*mar.*) piroscafo, vaporetto.

vara [bára] *s.f.* **1** ramoscello (*m.*) **2** (*autorità*) bastone (*m.*) **3** palo (*m.)*, pertica **4** (*misura*) braccio **5** (*auto.*) stanga.
variable [barjáβle] **A** *agg.m.* e *f.* **1** (anche *meteo.*) variabile **2** (*fig.*) mutevole, incostante **B** *s.f.* (*mat.*) variabile.
variación [bariaθjón] *s.f.* **1** variazione, modifica **2** (*mus.*) variazione.
variar [barjár] **A** *v.intr.* (*de/en*) **1** cambiare, modificarsi **2** essere diverso, differire **B** *v.tr.* **1** variare, cambiare **2** diversificare.
varicela [bariθéla] *s.f.* (*med.*) varicella.
variedad [barjeðáð] *s.f.* **1** varietà (*inv.*) **2** differenza **3** (*fig.*) mutabilità (*inv.*).
varilla [baríʎa] *s.f.* **1** bacchetta, bastoncino (*m.*) **2** (*ventaglio, ombrello*) stecca.
vario [bárjo] *agg.* **1** vario, variegato **2** diverso, differente (*m.* e *f.*) **3** mutevole (*m.* e *f.*) **4** vario, numeroso.
varita [baríta] *s.f.* bacchetta.
varón [barón] *s.m.* **1** maschio **2** uomo, adulto.
vasco [básko] *agg.* e *s.m.* basco.
vaselina [baselína] *s.f.* **1** vaselina **2** (*sport*) (*calcio*) spiovente (*m.*), tiro (*m.*) spiovente.
vaso [báso] *s.m.* **1** bicchiere **2** vaso da notte, pitale **3** anfora (*f.*) **4** (*anat.*) vaso.
vástago [bástaɣo] *s.m.* **1** (*bot.*) germoglio, getto **2** (*fig.*) rampollo, figlio **3** (*mecc.*) stelo **4** (*amer.*) fusto del banano.
vasto [básto] *agg.* vasto, esteso, spazioso.
vater [báter] *s.m.* water (*inv.*), bagno.
¡vaya! [báǰa] (*inter.*) caspita!, però!
vecino [beθíno] **A** *agg.* **1** contiguo **2** vicino **B** *s.m.* (*bur.*) **1** cittadino, residente (*m.* e *f.*) **2** vicino.
vegetación [bexetaθión] *s.f.* vegetazione.
vegetal [bexetál] *agg.m.* e *f.* e *s.m.* vegetale.
vegetariano [bexetarjáno] *agg.* e *s.m.* vegetariano.
vehículo [beíkulo] *s.m.* (anche *fig.*) veicolo.
veinte [béinte] *agg.num.inv.* e *s.m.inv.* **1** (*cardinale*) venti **2** (*ordinale*) ventesimo (*sing.*).
vejiga [bexíɣa] *s.f.* **1** (*anat.*) vescica **2** (*med.*) bolla, vescica.
vela [béla] *s.f.* **1** veglia **2** (*mar.*) (*mil.*) sentinella, guardia notturna **3** candela, cero (*m.*) **4** (*mar.*) (*sport*) vela **5** barca a vela.
velada [beláða] *s.f.* **1** veglia **2** veglione (*m.*), festa notturna **3** serata.
velero [beléro] *s.m.* **1** fabbricante di vele **2** (*mar.*) veliero **3** (*aer.*) aliante.
velo [bélo] *s.m.* **1** (anche *fig.*) velo **2** (*tess.*) tulle (*inv.*) **3** veletta (*f.*) **4** (*pesca*) retino.
velocidad [beloθiðáð] *s.f.* **1** velocità (*inv.*) **2** (*auto.*) marcia.
veloz [belóθ] *agg.m.* e *f.* **1** veloce, rapido (*m.*) **2** (*fig.*) agile, pronto (*m.*).
vena [béna] *s.f.* **1** (*anat.*) vena **2** (*min.*) vena, filone (*m.*) **3** (*bot.*) nervatura **4** venatura **5** (*fig.*) ispirazione **6** umore (*m.*).
vencer [benθér] (venzo, vencí, venceré) **A** *v.tr.* **1** vincere, sconfiggere **2** superare **3** (*en*) vincere, battere **4** dominare, reprimere **5** prevalere, essere sopraffatto **6** sottomettere **B** *v.intr.* **1** (*comm.*) scadere **2** vincere, trionfare **C** *v.pron.* deformarsi, inclinarsi.
venda [bénda] *s.f.* benda, fascia.
vender [bendér] **A** *v.tr.* **1** (anche *fig.*) vendere **2** tradire **B** *v.pron.* **1** vendersi, lasciarsi corrompere **2** (*por*) spacciarsi.
vendimia [bendímja] *s.f.* **1** (*agr.*) vendemmia **2** (*fig.*) profitto (*m.*).
veneno [benéno] *s.m.* (anche *fig.*) veleno.
veneración [beneraθjón] *s.f.* venerazione.
venganza [beŋgánθa] *s.f.* vendetta.
vengar [beŋgár] (vengo, vengué, vengaré) *v.tr.pron.* vendicare.

venir [benír] (vengo, vine, vendré) **A** *v.intr.* **1** venire, arrivare **2** giungere, addivenire **3** ritornare **4** (*de*) venire, derivare **5** esserci **B** *v.pron.* adattarsi, conformarsi.
venta [bénta] *s.f.* **1** vendita **2** locanda.
ventaja [bentáxa] *s.f.* **1** vantaggio (*m.*) **2** (*sport*) handicap (*m.inv.*) **3** (*amer.*) profitto (*m.*).
ventana [bentána] *s.f.* finestra.
ventanilla [bentaníʎa] *s.f.* **1** (*auto.*) finestrino (*m.*) **2** (*biglietteria*) sportello (*m.*).
ventilador [bentilaðór] *s.m.* ventilatore.
venus [bénus] **A** *s.f.* (anche *fig.*) venere **B** *s.m.* (*astro.*) (*astrol.*) Venere (*f.*).
ver [bér] **A** *s.m.* **1** vista (*f.*) **2** aspetto, apparenza (*f.*) **B** (veo, vi, veré, visto) *v.tr.* **1** vedere **2** (*fig.*) capire **3** avere idea, prevedere **4** trattare **C** *v.pron.* **1** vedersi, incontrarsi **2** (*fig.*) trovarsi, essere **3** vedersi, guardarsi.
veranear [beraneár] *v.intr.* andare in villeggiatura, soggiornare.
verano [beráno] *s.m.* estate (*f.*).
verbena [berβéna] *s.f.* **1** (*bot.*) verbena **2** sagra, festa popolare.
verbo [bérβo] *s.m.* **1** (*gramm.*) verbo **2** verbo, parola (*f.*) **3** (*rel.*) Verbo.
verdad [berðáð] *s.f.* **1** verità (*inv.*) **2** (*fig.*) sincerità (*inv.*).
verdadero [berðaðéro] *agg.* **1** vero, veritiero **2** reale (*m.* e *f.*), certo **3** sincero, verace (*m.* e *f.*).
verde [bérðe] **A** *agg.m.* e *f.* **1** (*colore*) verde **2** (*frutta*) acerbo (*m.*), verde **3** (*fig.*) immaturo (*m.*) **4** (*fig.*) indecente, osceno (*m.*), spinto (*m.*) **B** *s.m.* **1** (*colore*) verde **2** (*erba*) fieno fresco **3** (*pol.*) ecologista (*m.* e *f.*) **4** (*bot.*) fogliame.
verdugo [berðúɣo] *s.m.* **1** (*f.*) (*bot.*) germoglio, virgulto **2** frusta, scudiscio **3** boia (*inv.*) **4** passamontagna (*inv.*) **5** (*fig.*) criminale (*m.* e *f.*) **6** (*fig.*) tormento.
verdulería [berðulería] *s.f.* negozio di frutta e verdura.
verdura [berðúra] *s.f.* **1** verde (*m.*) **2** verdura.
vergüenza [berɣwénθa] *s.f.* **1** vergogna, disonore (*m.*) **2** amor (*m.*) proprio, dignità (*inv.*) **3** vergogna, timidezza **4** pudore (*m*).
verificar [berifikár] (verifico, verifiqué, verificaré) **A** *v.tr.* verificare, comprovare **B** *v.pron.* **1** verificarsi, aver luogo **2** avverarsi.
versión [bersión] *s.f.* **1** versione, traduzione **2** interpretazione **3** (*cine.*) (*mus.*) versione.
verso [bérso] **A** *agg.* (*foglio*) retro, verso **B** *s.m.* **1** verso **2** (*fam.*) poesia (*f.*), poema **3** (*rel.*) versetto.
vértebra [bérteβra] *s.f.* (*anat.*) vertebra.
verter [bertér] (vierto, vertí, verteré) **A** *v.tr.* **1** tradurre **2** (*fig.*) sputare sentenze **B** *v.pron.* (*de/en/sobre*) **1** versarsi, spargersi, spandersi **2** (*recipiente*) rovesciarsi, capovolgersi **C** *v.intr.* sfociare.
vertical [bertikál] *agg.m.* e *f.* e *s.f.* verticale.
vértice [bértiθe] *s.m.* **1** (*geom.*) vertice **2** (*anat.*) cocuzzolo.
vértigo [bértiɣo] *s.m.* **1** (*med.*) vertigine (*f.*), capogiro **2** (*fig.*) fretta (*f.*).
vestido [bestíðo] *s.m.* **1** vestito, indumento **2** (*da donna*) abito.
vestir [bestír] (visto, vestí, vestiré) **A** *v.tr.* **1** vestire **2** rivestire, coprire **3** (*lett.*) ornare, infiorare **4** (*fig.*) mascherare **B** *v.intr.* **1** *vestire* **2** essere elegante **C** *v.pron.* **1** vestirsi **2** (anche *bot.*) coprirsi, ricoprirsi.
vez [béθ] *s.f.* **1** volta **2** turno (*m.*).
vía [bía] *s.f.* **1** via, strada **2** (*ferr.*) binario (*m.*), rotaia **3** (*ferr.*) scartamento (*m.*) **4** (*anat.*) via, condotto (*m.*) **5** (*giur.*) procedimento (*m.*), procedura **6** (anche *fig.*) via, rotta **7** (*fig.*) iter (*m.inv.*).

viajar [bjaxár] *v.tr.* viaggiare.
viaje [bjáxe] *s.m.* **1** viaggio **2** tragitto, percorso **3** (*gerg.*) (*droga*) viaggio, sballo.
viario [bjárjo] *agg.* stradale (*m.* e *f.*), viario.
víbora [bíβora] *s.f.* (*zool.*) (*fig.*) vipera.
vibración [biβraθjón] *s.f.* vibrazione.
vicio [bíθjo] *s.m.* **1** vizio (*f.*) **2** difetto, imperfezione (*f.*) **3** (*arch.*) deformazione (*f.*) **4** (*giur.*) vizio.
víctima [bí*k*tima] *s.f.* (anche *fig.*) vittima.
victoria [bi*k*tórja] *s.f.* (anche *fig.*) vittoria, trionfo (*m.*).
vídeo [bíðeo] *s.m.* video (*inv.*).
vidrio [bíðrjo] *s.m.* **1** vetro **2** vetrata (*f.*) **3** (*fig.*) oggetto fragile.
viejo [bjéxo] *agg.* e *s.m.* **1** vecchio, anziano **2** antico **3** rovinato, consunto **4** (*amer.*) padre.
viento [bjénto] *s.m.* **1** vento **2** (*fig.*) agitazione (*f.*) **3** (*fig.*) vanità (*f.inv.*), presunzione (*f.*) **4** (*mus.*) fiato **5** (*fam.*) peto.
vientre [bjéntre] *s.m.* **1** (*anat.*) ventre, addome **2** (*vasellame*) pancia (*f.*).
viernes [bjérnes] *s.m.inv.* venerdì.
viga [bíɣa] *s.f.* **1** trave **2** torchio (*m.*), frantoio (*m.*).
vigilar [bixilár] *v.tr./intr.* (*por/sobre*) vigilare, sorvegliare.
vil [bíl] *agg.* e *s.m.* e *f.* vile, infame.
vinagre [bináɣre] *s.m.* **1** aceto **2** (*fig.*) acido (*agg.*).
vínculo [bíŋkulo] *s.m.* **1** (anche *fig.*) vincolo, legame **2** (*giur.*) vincolo.
vindicar [bindikár] *v.tr.pron.* **1** vendicare **2** difendere, riabilitare **3** (*giur.*) rivendicare.
vinilo [binílo] *s.m.* **1** (*chim.*) vinile **2** (*mus.*) lp.
vino [bíno] *s.m.* vino.
viña [bíɲa] *s.f.* (*agr.*) vigneto (*m.*).
viola [bjóla] *s.f.* (*mus.*) **1** (*strumento*) viola **2** (*persona*) violista (*m.* e *f.*) **3** (*bot.*) viola.
violación [bjolaθjón] *s.f.* **1** violazione **2** violenza carnale, stupro (*m.*).
violencia [bjolénθja] *s.f.* **1** violenza **2** (*fig.*) imbarazzo (*m.*), fatica.
violento [bjolénto] *agg.* **1** violento, brutale (*m.* e *f.*), aggressivo **2** brusco, inaspettato **3** imbarazzante (*m.* e *f.*), penoso **4** (*fig.*) (*lett.*) distorto.
violeta [bjoléta] *s.f.* e *s.m.* **1** (*bot.*) violetta **2** (*colore*) viola (*inv.*), violetto.
violín [bjolín] *s.m.* (*mus.*) **1** (*strumento*) violino **2** (*persona*) violinista (*m.* e *f.*).
violoncelo [bjolonθélo] *s.m.* (*mus.*) **1** (*strumento*) violoncello **2** (*persona*) violoncellista (*m.* e *f.*).
viraje [biráxe] *s.m.* **1** (*fot.*) viraggio **2** (*auto.*) sterzata (*f.*), cambio di direzione **3** (*aer.*) (*mar.*) virata (*f.*) **4** (*fig.*) cambiamento di opinione.
virgen [bírxen] *agg.* e *s.f.* **1** (anche *fig.*) vergine, casto (*m.*) **2** (*naturale*) vergine.
virgo [bírɣo] *s.m.* (*astro.* e *astrol.*) vergine (*f.*).
virtual [birtwál] *agg.m.* e *f.* **1** virtuale **2** implicito (*m.*), tacito (*m.*) **3** (*fis.*) virtuale, apparente.
visa [bísa] *s.f.* (*amer.*) visto (*m.*).
visión [bisjón] *s.f.* **1** visione, percezione **2** vista **3** (*fig.*) opinione, punto (*m.*) di vista **4** allucinazione, traveggola **5** (*fam.*) spaventapasseri (*m.*).
visita [bisíta] *s.f.* **1** visita **2** (*persona*) visitatore **3** (*abb.*) mantellina.
visitar [bisitár] **A** *v.tr.* **1** fare visita, visitare **2** (*med.*) visitare **3** ispezionare, controllare **B** *v.pron.* (*amer.*) (*medico*) farsi visitare.
vislumbrar [bi*s*lumbrár] *v.tr.* **1** intravvedere, scorgere **2** (*fig.*) dedurre, congetturare.
víspera [bíspera] *s.f.* vigilia.
vista [bísta] *s.f.* **1** vista **2** vista, panorama (*m.*) **3** (*fig.*) aspetto (*m.*), apparenza **4** (*fig.*) intenzione, proposito (*m.*) **5** (*fot.*) veduta **6** (*giur.*) udienza **6** (*fig.*) perspicacia, acume (*m.*).

vitamina [bitamína] *s.f.* vitamina.
viudo [bjúðo] *agg.* e *s.m.* vedovo.
vivaz [biβáθ] *agg.m.* e *f.* **1** vivace, sveglio (*m.*) **2** vigoroso (*m.*), energico (*m.*) **3** (*bot.*) vivace.
vivero [biβéro] *s.m.* **1** (anche *fig.*) vivaio **2** (*animali*) allevamento.
vivir [biβír] **A** *s.m.* vita (*f.*), esistenza (*f.*) **B** *v.intr.* **1** vivere, esistere **2** abitare **3** (*fig.*) vivere, durare, permanere **C** *v.tr.* vivere, passare, provare.
vocabulario [bokaβulárjo] *s.m.* **1** vocabolario **2** dizionario **3** glossario.
vocación [bokaθjón] *s.f.* **1** (*rel.*) vocazione **2** inclinazione, attitudine.
vocal [bokál] **A** *agg.m.* e *f.* **1** (*anat.*) vocale **B** *s.f.* vocale.
voladizo [bolaðíθo] **A** *agg.* sporgente (*m.* e *f.*) **B** *s.m.* (*arch.*) aggetto, sporgenza (*f.*).
volar [bolár] (vuelo, volé, volaré) **A** *v.intr.* (anche *fig.*) volare **1** (*fig.*) correre, affrettarsi **2** (*fig.*) sparire, volatilizzarsi **3** (*arch.*) sporgere **4** (*fig.*) (*notizia*) spargersi **5** (*fam.*) squagliarsela, fuggire **B** *v.tr.* **1** far saltare in aria, far esplodere **2** (*fig.*) irritare, punzecchiare **3** (*caccia*) far alzare in volo il falcone **C** *v.pron.* **1** volare in aria **2** (*amer.*) arrabbiarsi, infuriarsi.
volcar [bolkár] (vuelco, volqué, volcaré) **A** *v.tr.* **1** rovesciare **2** (*odore forte*) inebriare, far girare la testa **3** (*fig.*) dissuadere **B** *v.intr.* rovesciarsi, ribaltarsi **C** *v.pron.* (*con*) farsi in quattro.
voleibol [boleiβól] *s.m.* (*sport*) pallavolo (*f.*).
volumen [bolúmen] *s.m.* **1** (*fis.* e *geom.*) volume **2** (*suono*) volume **3** volume, libro **4** (*fig.*) volume, quantità (*f.inv.*) **5** (*moneta*) spessore.
voluntad [boluntáð] *s.f.* **1** volontà (*inv.*), perseveranza **2** proposito (*m.*), intenzione **3** desiderio (*m.*) **4** consenso (*m.*) **5** (*fam.*) affetto (*m.*).
voluntariado [boluntarjáðo] *s.m.* volontariato.
voluntario [boluntárjo] **A** *agg.* **1** volontario **2** spontaneo **B** *s.m.* volontario.
volver [bolβér] (vuelvo, volví, volveré, vuelto) **A** *v.tr.* **1** voltare **2** trasformare, cambiare **3** (*fig.*) far diventare, rendere **4** (*lett.*) tradurre **5** rivoltare, rigirare **B** *v.intr.* **1** ritornare, tornare **2** girare, voltare a **C** *v.pron.* **1** (*vino*) inacidirsi **2** diventare **3** voltarsi, girarsi.
vomitar [bomitár] *v.tr.* **1** (anche *fig.*) vomitare **2** (*fig.*) (*gerg.*) cantare, vuotare il sacco.
vórtice [bórtiθe] *s.m.* **1** vortice, gorgo **2** (*meteo.*) occhio del ciclone.
vos [bós] *pron.m.* e *f.* (*personale*) **1** (*ant.*) *voi* **2** (*amer.*) tu.
vosotros [bosótros] *pron.m.pl.* (*personale*) voi (*m.* e *f.*), voialtri.
votar [botár] *v.tr./intr.* **1** votare **2** (*rel.*) fare un voto.
voto [bóto] *s.m.* **1** (*giur.*) (*pol.*) voto **2** (*rel.*) *voto* **3** (*rel.*) ex voto.
voz [bóθ] *s.f.* **1** voce **2** suono (*m.*) **3** (*mus.*) voce **4** grido (*m.*), voce, urlo (*m.*) **5** (*ling.*) parola, vocabolo (*m.*), lemma (*m.*) **6** (*fig.*) voce, diceria **7** (*gramm.*) forma.
vuelta [bwélta] *s.f.* **1** (anche *sport*) giro (*m.*) **2** svolta, curva **3** ritorno (*m.*) **4** (*denaro*) resto (*m.*) **5** (*manica*) risvolto (*m.*) **6** (*tela, carta*) rovescio (*m.*) **7** (*mus.*) ritornello (*m.*) **8** volta, turno (*m.*) **9** (*arch.*) curva di volta.
vuestro [bwéstro] *agg.* e *pron.* (*possessivo*) vostro.
vulgar [bulɣár] *agg.m.* e *f.* **1** ordinario (*m.*), popolare **2** comune **3** volgare, sguaiato (*m.*) **4** (*ling.*) volgare (*m.*).
vulnerable [bulneráβle] *agg.* e *s.m.* e *f.* vulnerabile, sensibile.

W

w [úβe doble] *s.f.inv.* lettera w.
wagneriano [baɣnerjáno] *agg.* (*mus.*) wagneriano.
wagonlit [baɣonlí*t*] *s.m.inv.* (*ferr.*) vagone letto.
walkie-talkie [wó(l)kito(l)ki] *s.m.inv.* walkie-talkie.
walkman [wál*k*man] *s.m.inv.* (*angl.*) walkman.
washingtoniano [wasintonjáno] *agg.* e *s.m.* washingtoniano.
waterpolista [baterpolísta] *s.m.* e *f.* (*sport*) waterpolista.
waterpolo [baterpólo] *s.m.* (*angl.*) (*sport*) water-polo (*inv.*), pallanuoto (*f.*).
watio-hora [batjoóra] *s.m.* (*fis.*) wattora (*inv.*).
watusi [batúsi] *agg.* e *s.m.* e *f.* watusso (*m.*).
way of life [weǰo*f*lái*f*] *s.f.inv.* (*angl.*) way of life, stile di vita.
weberio [weβérjo] *s.m.* (*fis.*) weber (*inv.*).
weekend [wikén] *s.m.inv.* (*angl.*) week-end, fine settimana.
weimarés [weimarés] *agg.* e *s.m.* abitante (*m.* e *f.*) di Weimar (Germania).
wélter [bélter] *agg.inv.* e *s.m.inv.* (*angl.*) (*sport*) welter, peso medioleggero.
western [wéstern] *agg.inv.* e *s.m.inv.* (*angl.*) (*cine.*) western.
westfaliano [besfaliáno] *agg.* e *s.m.* abitante (*m.* e *f.*) della Vestfalia (Germania).
whig [wíɣ] *agg.* e *s.m.inv.* (*angl.*) (*pol.*) whig, liberale.
whisky [(g)wíski] *s.m.inv.* (*angl.*) (*liquore*) whisky.
winchester [wintʃéster] *s.m.inv.* (*angl.*) (*arma da fuoco*) winchester.
windsurf [winsúr*f*] *s.m.inv.* (*angl.*) (*sport*) windsurf, tavola a vela.
windsurfing [winsúrfiŋ] *s.m.inv.* (*angl.*) (*sport*) windsurfing.
windsurfista [winsurfísta] *s.m.* e *f.* (*sport*) windsurfista.

X

x [ékis] *s.f.inv.* **1** lettera x **2** (*numero romano che corrisponde a 10*) X **3** (*mat.*) (*incognita*) x **4** (*bio.*) (*cromosoma*) x **5** (*di persona*) X: *el señor ~*, il signor X // *rayos ~*, raggi X.
xantelasma [santelásma] *s.m.* (*med.*) xantelasma.
xantocromía [santokromía] *s.f.* (*med.*) xantocromia.
xantofíceas [santofíθeas] *s.f.pl.* (*bot.*) xantoficee.
xantofila [santofíla] *s.f.* (*bot.*) xantofilla.
xantoma [santóma] *s.m.* (*med.*) xantoma.
xantopsia [santópsja] *s.f.* (*med.*) xantopsia.
xeno- [séno] (*pref.*) xeno-, seno-.
xenofilia [senofílja] *s.f.* xenofilia.
xenófilo [senófilo] *agg.* xenofilo.
xenofobia [senofóβja] *s.f.* xenofobia.
xenófobo [senófoβo] *agg.* xenofobo.
xenogamia [senoɣámja] *s.f.* (*bot.*) xenogamia.
xenón [senón] *s.m.* (*chim.*) xeno.
xenoparásito [senoparásito] *s.m.* (*bio.*) xenoparassita.
xerocopia [serokópja] *s.f.* xerocopia.
xerocopiar [serokopjár] *v.tr.* xerocopiare.
xeroderma [seroðérma] *s.m.* (*med.*) xeroderma.
xerodermia [seroðérmja] *s.f.* (*med.*) xerodermia.
xerófilo [serófilo] *agg.* (*bot.*) xerofilo.
xerófitas [serófitas] *s.f.pl.* (*bot.*) xerofite.
xerófito [serófito] *agg.* (*bot.*) xerofito.
xeroftalmia o **xeroftalmía** [seroftálmja/seroftalmía] *s.f.* (*med.*) xeroftalmia.
xeroftálmico [seroftálmiko] *agg.* (*med.*) xeroftalmico.
xerografía [seroɣrafía] *s.f.* xerografia.
xerográfico [seroɣráfiko] *agg.* xerografico.
xerostomía [serostomía] *s.f.* (*med.*) xerostomia.
xerotérmico [serotérmiko] *agg.* (*bot.*) xerotermo.
xifoides [sifóides] *s.m.inv.* (*anat.*) xifoide (*m.* e *f. inv.*).
xilema [siléma] *s.m.* (*bot.*) xilema, adroma.
xileno [siléno] *s.m.* (*chim.*) xilene.
xilófago [silófaɣo] *agg.* e *s.m.* (*zool.*) xilofago (*agg.*), silofago (*agg.*).
xilofonista [silofonísta] *s.m.* e *f.* (*mus.*) xilofonista.
xilófono [silófono] *s.m.* (*mus.*) xilofono.
xilografía [siloɣrafía] *s.f.* (*tecn.*) xilografia.
xilográfico [siloɣráfiko] *agg.* (*tecn.*) xilografico.
xilología [siloloxía] *s.f.* silologia, xilologia.

Y

y [i] **A** *s.f.inv.* **1** lettera y **2** (*mat.*) (*incognita*) y **3** (*bio.*) (*cromosoma*) **B** *cong.* **1** e: *habla italiano ~ español,* parla italiano e spagnolo **2** (*davanti a i/hi cambia in e*) e, ed: *español e inglés,* spagnolo e inglese; *paja e hierba,* paglia ed erba.
ya [ǰá] **A** *avv.* **1** già **2** ora, adesso, subito **3** più **4** finalmente **B** *cong.* (*distributiva*) ora.
yacente [ǰaθénte] *agg.m.* e *f.* giacente.
yacer [ǰaθér] (yazgo/yazco/yago, yací, yaceré) *v.intr.* (anche *lett.*) giacere // *aquí yace:* qui giace.
yacija [ǰaθíxa] *s.f.* **1** giaciglio (*m.*) **2** (*sepoltura*) fossa.
yacimiento [ǰaθimjénto] *s.m.* **1** (*min.*) giacimento **2** zona (*f.*) archeologica.
yactura [ǰa*k*túra] *s.f.* iattura, disgrazia.
yagua [ǰáɣwa] *s.f.* (*amer.*) (*bot.*) **1** tessuto fibroso di alcune palme **2** palma dell'America centrale.
yagual [ǰaɣwál] *s.m.* (*amer.*) cercine.
yaguar [ǰaɣwár] *s.m.* (*zool.*) giaguaro.
yaguré [ǰaɣuré] *s.m.* (*amer.*) (*zool.*) moffetta (*f.*).
yámbico [ǰámbiko] *agg.* (*poes.*) giambico.
yambo [ǰámbo] *s.m.* (*poes.*) giambo.
yanqui [ǰáŋki] *agg.* e *s.m.* e *f.* yankee (*inv.*).
yapa [ǰápa] *s.f.* (*amer.*) aggiunta.
yarará [ǰarará] *s.f.* (*amer.*) (*zool.*) vipera velenosa.
yarda [ǰárða] *s.f.* (*unità di misura*) yarda.
yate [ǰáte] *s.m.* (*mar.*) yacht (*inv.*), panfilo.
yatrofísica [ǰatrofísika] *s.f.* fisioterapia.
yegua [ǰéɣwa] *s.f.* **1** (*zool.*) giumenta, cavalla **2** (*fam.*) (*di donna*) gnocca **3** (*amer.*) (*sigaretta*) mozzicone (*m.*), cicca.
yeguada [ǰeɣwáða] *s.f.* **1** (*zool.*) mandria equina **2** (*amer.*) (*fig.*) scemenza, stupidata.
yegüerizo [ǰeɣweríθo] *s.m.* mandriano.
yegüero [ǰeɣwéro] *s.m.* mandriano.
yeísmo [ǰeí*s*mo] *s.m.* pronuncia della "*ll*" con il suono della "*y*".
yelmo [ǰélmo] *s.m.* elmo.
yema [ǰéma] *s.f.* **1** (*bot.*) gemma **2** (*uovo*) tuorlo (*m.*)
yerba [ǰérβa] *s.f.* **1** (*amer.*) erba **2** (*gerg.*) marijuana, fumo (*m.*).
yerbear [ǰerβeár] *v.tr.* (*amer.*) bere il mate.
yermar [ǰermár] *v.tr.* spopolare.
yermo [ǰérmo] **A** *agg.* deserto, disabitato **B** *s.m.* luogo deserto/disabitato.
yerno [ǰérno] *s.m.* genero.
yerro [ǰérro] *s.m.* **1** errore, svista (*f.*) **2** peccato, colpa (*f.*).
yérsey [ǰérs(e)i] *s.m.* (*amer.*) (*tess.*) jersey (*inv.*), tessuto a maglia.

yerto [ǰérto] *agg.* rígido, stecchito, irrigidito.
yesar [ǰesár] *s.m.* cava (*f.*) di gesso.
yesca [ǰéska] *s.f.* (anche *fig.*) esca.
yesería [ǰesería] *s.f.* fabbrica di gesso.
yeso [ǰéso] *s.m.* (anche *scult.*) gesso.
yesoso [ǰesóso] *agg.* gessoso.
yeti [ǰéti] *s.m.* yeti (*inv.*), uomo delle nevi.
yo [ǰó] *pron.m.* e *f.sing.* (*personale*) io.
yodo [jóðo] *s.m* (*chim.*) iodio.
yoduro [joðúro] *s.m.* (*chim.*) ioduro.
yogur [joɣúr] *s.m.* yogurt (*inv.*).
yol [ǰól] *s.m.* (*amer.*) borsa (*f.*) di cuoio.
yonqui [ǰóŋki] *s.m.* e *f.* (*gerg.*) tossico (*m.*).
yóquey [ǰók(e)i] *s.m.* (*equit.*) fantino.
yoyó [ǰoǰó] *s.m.* yoyo (*inv.*).
yuca [ǰúka] *s.f.* (*bot.*) yucca.
yucal [ǰukál] *s.m.* (*agr.*) piantagione (*f.*) di yucche.
yugada [ǰuɣáda] *s.f.* **1** (*ant.*) (*unità di misura*) iugero (*m.*) **2** coppia di buoi.
yugo [ǰúɣo] *s.m.* **1** giogo **2** (*fig.*) giogo, dominio.
yugoslavo [ǰuɣosláβo] *agg.* e *s.m.* iugoslavo.
yugular [ǰuɣulár] *agg.m.* e *f.* e *s.f.* (*anat.*) giugulare.
yunque [ǰúŋke] *s.m.* **1** (anche *anat.*) incudine (*f.*) **2** (*fig.*) (*persona*) roccia (*f.*).
yunta [ǰúnta] *s.f.* coppia di buoi o muli.
yuta [ǰúta] *s.f.* (*amer.*) **1** (*zool.*) mollusco (*m.*) **2** (*gerg.*) polizia.
yute [ǰúte] *s.m.* (anche *tess.*) iuta (*f.*).
yuxtaponer [ǰustaponér] (yuxtapongo, yuxtapuse, yuxtapondré, yuxtapuesto) *v.tr.pron.* giustapporre, accostare.
yuxtaposición [ǰustaposiθjón] *s.f.* (anche *ling.*) giustapposizione.
yuyo [ǰúǰo] *s.m.* (*amer.*) erba (*f.*) selvatica // *yuyos,* erbe medicinali.

Z

z [θéta] *s.f.inv.* lettera z.
zafar [θafár] **A** *v.tr.* **1** (*mar.*) sgomberare, sbarazzare **B** *v.pron.* **1** sgattaiolare, svignarsela, defilarsi **2** (*mec.*) sfilarsi, scivolare via **3** evitare, sottrarsi **4** (*amer.*) (*med.*) slogarsi.
zafiro [θafíro] *s.m.* zaffiro.
zafrán [θafrán] *s.m.* (*bot.*) zafferano.
zambullir [θambuʎír] **A** *v.tr.* e *pron.* tuffarsi **B** *v.pron.* (*en*) (*fig.*) (*fam.*) buttarsi.
zamina [θamína] *s.f.* battuta, legnata.
zampón [θampón] *agg.* e *s.m.* **1** ingordo **2** mangione.
zampoña [θampóɲa] *s.f.* (*mus.*) zampogna.
zanahoria [θanaórja] *s.f.* (*bot.*) carota.
zanca [θáŋka] *s.f.* **1** (*animale*) zampa **2** (*fig.*) (*fam.*) (*persona*) gamba lunga.
zanja [θáŋxa] *s.f.* cunetta, fosso (*m.*).
zanjar [θaŋxár] *v.tr.* **1** scavare **2** (*fig.*) risolvere, concludere.
zapatería [θapatería] *s.f.* **1** (*negozio*) calzoleria **2** (*fabbrica*) calzaturificio (*m.*).
zapatilla [θapatíʎa] *s.f.* **1** (*danza*) scarpetta **2** pantofola **3** guarnizione.
zapato [θapáto] *s.m.* scarpa (*f.*).
zar [θár] *s.m.* (*stor.*) zar (*inv.*).
zaragozano [θaraɣoθáno] *agg.* e *s.m.* abitante (*m.* e *f.*) di Zaragoza (Spagna).
zarandar [θarandár] *v.tr.* **1** (anche *fig.*) setacciare **2** (*liquidi*) colare.
zarza [θárθa] *s.f.* (*bot.*) rovo (*m.*).
zelandés [θelandés] *agg.* e *s.m.* zelandese (*m.* e *f.*).
zepelín [θepelín] *s.m.* (*aer.*) dirigibile.
zigoto [θiɣóto] *s.m.* (*bio.*) zigote.
zigzag [θiɣθáɣ] *s.m.inv.* zigzag.
zócalo [θókalo] *s.m.* **1** (*arch.*) zoccolo **2** zoccolo, battiscopa (*inv.*) **3** (*amer.*) piazza (*f.*) principale.
zodíaco o **zodiaco** [θoðíako/θoðjáko] *s.m.* (*astro.*) (*astrol.*) zodiaco.
zombi [θómbi] *s.m.* **1** zombi (*inv.*) **2** (*amer.*) (*fam.*) uomo nero, babau.
zona [θóna] *s.f.* **1** (anche *geog.*) (*sport*) zona **2** (*fig.*) aspetto (*m.*), lato (*m.*).
zoo [θóo] *s.m.* zoo (*inv.*), giardino zoologico.
zoom [θúm] *s.m.* (*fot.*) zoom (*inv.*).
zorra [θórra] *s.f.* **1** (*zool.*) volpe femmina **2** (*volg.*) puttana **3** (*fig.*) (*fam.*) (*donna*) drittona **4** (*fig.*) (*fam.*) sbornia.
zorrería [θorrería] *s.f.* astuzia, furbizia.
zorro [θórro] *s.m.* **1** (*zool.*) volpe (*f.*) maschio **2** (*fig.*) (*fam.*) volpone.
zumbido [θumbíðo] *s.m.* **1** ronzio **2** (*fam.*) sberla (*f.*), schiaffo.
zumo [θúmo] *s.m.* succo.

ITALIANO - SPAGNOLO

A

a[1] *s.f.inv.* letra a (*sing.*).
a[2] *prep.* **1** (*termine*) a **2** (*stato in luogo*) en **3** (*moto a luogo*) a **4** (*moto a luogo*) hacia **5** (*tempo*) a, por, de, en, para **6** (*fine, scopo*) de **7** (*vantaggio, svantaggio*) a, para.
abate *s.m.* (*rel.*) abad, superior.
abbagliare A *v.tr.* deslumbrar, encandilar, ofuscar **B** *v.intr.* cegar, quedar deslumbrado **C** *v.pron.* encandilarse, cegarse.
abbaglio *s.m.* error, equivocación (*f.*).
abbaiare *v.tr.* ladrar, dar ladridos.
abbandonare A *v.tr.* **1** abandonar, dejar **2** desamparar **3** (*sport*) abandonar, desistir, renunciar **B** *v.pron.* **1** (*a/su*) abandonarse, dejarse caer/llevar a **2** (*a*) (*fig.*) entregarse, dejarse llevar.
abbandono *s.m.* abandono, desamparo.
abbassare A *v.tr.* bajar, disminuir **B** *v.pron.* descender, disminuir, bajar.
abbasso (*inter.*) ¡abajo!
abbastanza *avv.* **1** bastante, suficiente **2** bastante, muy.
abbattere A *v.tr.* **1** derribar, abatir **2** (*fig.*) derrocar, derribar **3** matar **B** *v.pron.* **1** caer, precipitarse a **2** (*fig.*) (*lett.*) tropezarse, hallar casualmente.
abbazia *s.f.* abadía, monasterio (*m.*)
abbellire *v.tr.* embellecer, adornar.
abbigliamento *s.m.* **1** vestuario **2** ropa (*f.*), vestido, indumentaria (*f.*).
abbinamento *s.m.* combinación (*f.*).
abbonamento *s.m.* abono, subscripción (*f.*).
abbondanza *s.f.* abundancia.
abbondare *v.intr.* abundar.
abbracciare A *v.tr.* **1** abrazar **2** (*fig.*) abarcar, comprender **B** *v.intr.pron.* abrazarse, estrecharse **C** *v.pron.* abrazarse.
abbraccio *s.m.* abrazo.
abbreviazione *s.f.* abreviación.
abbronzatura *s.f.* bronceado (*m.*).
abbruttire A *v.tr.* afear, hacer/poner feo **B** *v.intr.pron.* ponerse feo.
abbuffata *s.f.* comilona, atracón (*m.*), hartazgo (*m.*).
abdicare *v.tr.* (*a*) abdicar, renunciar.
abete *s.m.* abeto.
abile *agg.m.* e *f.* hábil, apto (*m.*), idóneo (*m.*).
abilità *s.f.inv.* **1** habilidad (*sing.*), capacidad (*sing.*), destreza (*sing.*) **2** maña (*sing.*), astucia (*sing.*).
abisso *s.m.* **1** abismo, precipicio **2** (*fig.*) abismo, gran diferencia (*f.*) **3** (*fig*) infinidad (*f.*), inmensidad (*f.*).
abitante *agg.* e *s.m.f.* habitante.
abitare A *v.tr.* habitar, ocupar **B** *v.intr.* **1** vivir, residir **2** (*fig.*) (*lett.*) anidarse, morar.
abitazione *s.f.* vivienda, habitación.
abito *s.m.* **1** vestido, traje **2** (*rel.*) hábito **3** (*fig.*) costumbre (*f.*), hábito **4** (*lett.*) aspecto, apariencia (*f.*).

abituare A *v.tr.* acostumbrar, habituar **B** *v.pron.* acostumbrarse, habituarse.
abitudine *s.f.* costumbre, hábito (*m.*), rutina.
abolire *v.tr.* **1** abolir, derogar **2** eliminar, suprimir.
aborigeno A *agg.* aborigen (*m.* e *f.*), indígena (*m.* e *f.*) **B** *s.m.* aborigen (*m.* e *f.*).
abortire *v.intr.* (*med.*) abortar.
abruzzese *agg.* e *s.m.* e *f.* abruzo (*m.*).
abside *s.f.* (*arch.*) ábside (*m.*), ábsida.
abuso *s.m.* **1** abuso, uso ilícito **2** (*giur.*) abuso.
acca *s.f.inv.* (*alfabeto*) hache (*sing.*).
accademia *s.f.* **1** (*fil.*) academia, escuela filosófica fundada por Platón **2** (*società scientifica/letteraria/artistica*) academia **3** academia, instituto (*m.*) **4** (*mil.*) academia, escuela.
accadere A *v.intr.* suceder, acaecer, ocurrir **B** *v.impers.* ocurrir, acaecer, suceder.
accampamento *s.m.* **1** (*mil.*) campamento, cantón **2** campamento, acampada (*f.*).
accanto *avv.* cerca, al lado, a corta distancia.
accappatoio *s.m.* albornoz.
accarezzare A *v.tr.* **1** acariciar, arrullar, (*amer.*) manosear **2** (*fig.*) acariciar, rozar, tocar suavemente **3** (*fig*) (*lett.*) halagar, adular **B** *v.pron.* acariciarse.
accattone *s.m.* mendigo, pordiosero, limosnero.
accavallare *v.tr.* cruzar,
accedere *v.intr.* acceder, entrar.
accelerare A *v.tr.* **1** (*fis.*) acelerar **2** acelerar, apresurar **B** *v.intr.* acelerar, accionar el acelerador **C** *v.intr.pron.* acelerarse, apresurarse, darse prisa.
accendere A *v.tr.* **1** encender **2** (*fig.*) encender, suscitar, inflamar **3** encender, prender **4** (*mecc.*) poner en marcha, hacer funcionar **B** *v.intr.pron.* **1** encenderse, incendiarse **2** (*fig.*) encenderse, ruborizarse **3** iluminar, alumbrar **4** (*fig.*) encenderse, inflamarse.
accendino *s.m.* mechero.
accenno *s.m.* **1** seña (*f.*) gesto **2** esbozo **3** alusión (*f.*), referencia (*f.*) **4** señal (*f.*), indicio, signo.
accento *s.m.* **1** acento **2** (*ling.*) acento, tilde (*m.* e *f.*) **3** acento, deje, pronunciación (*f.*) **4** (*fig.*) velo, matiz **5** (*mus.*) acento, aumento de intensidad **6** (*poes.*) acento, palabra (*f.*).
accessibile *agg.m.* e *f.* **1** accesible, franqueable **2** (*fig.*) accesible, disponible, amable **3** (*fig.*) accesible, comprensible **4** asequible, al alcance de la mano.
accesso *s.m.* **1** (anche *fig.*) acceso, ingreso **2** acceso, entrada (*f.*), paso **3** (*med.*) acceso, ataque **4** (*fig.*) acceso, arrebato, arranque **5** (*inform.*) acceso.
accessorio A *agg.* **1** accesorio, accidental (*m.* e *f.*) **2** (*giur.*) accesorio **B** *s.m.* **1** accesorio **2** (*moda*) complemento **3** (*anat.*) accesorio del nervio vago.
accetta *s.f.* hacha.
accettare *v.tr.* **1** (anche *giur.*) aceptar **2** aceptar, admitir **3** aceptar, aprobar, dar por bueno **4** aceptar, soportar, conformarse con.
acciaio *s.m.* **1** (*met.*) acero **2** (*fig.*) acero, brío, resolución (*f.*).
acciuga *s.f.* **1** (*zool.*) anchoa, boquerón (*m.*) **2** (*fig.*) fideo (*m.*), mujer muy delgada.
acclamazione *s.f.* aclamación, ovación, aplauso.
accogliere A *v.tr.* **1** acoger, recibir **2** (*fig.*) aceptar, acoger, admitir **3** tener capacidad, contener, tener cabida **B** *v.pron.* (*lett.*) reunirse, juntarse.
accomodarsi *v.pron.* sentarse.
accompagnare A *v.tr.* **1** acompañar, ir en compañía de, llevar **2** acompañar, seguir, escoltar **3** (*fig.*) seguir,

acompañar **4** (*mus.*) acompañar **5** combinar, juntar **6** ir a despedir **B** *v.intr.pron.* **1** combinarse, armonizarse **2** (*cibo, bevande*) acompañar **C** *v.pron.* **1** (*a/con*) juntarse, liarse **2** (*mus.*) acompanarse.

acconciatura *s.f.* **1** peinado (*m.*) **2** (*ornamento*) tocado (*m.*).

acconsentire A *v.intr.* **1** consentir, acceder, autorizar **2** (*fig.*) ceder **B** *v.tr.* (*lett.*) conceder, otorgar.

accontentare A *v.tr.* contentar, satisfacer **B** *v.pron.* contentarse con.

acconto *s.m.* anticipo, adelanto, señal (*f.*).

accoppiamento *s.m.* **1** (anche *fig.*) emparejamiento, apareamiento **2** (*elett.*) acoplamiento, acoplo **3** (*mecc.*) acoplamiento, conexión (*f.*) **4** (*bio.*) acoplamiento, apareamiento.

accorciare A *v.tr.* **1** acortar, achicar, reducir **2** acortar, abreviar **B** *v.intr.pron.* acortarse.

accordare A *v.tr.* **1** conciliar, acordar **2** armonizar, combinar **3** (*mus.*) acordar, afinar, templar **4** (*gramm.*) concordar, concertar **5** conceder, otorgar **B** *v.pron.* acordarse, ponerse de acuerdo **C** *v.intr.pron.* **1** conciliarse, ser compatible **2** combinarse, armonizar.

accordo *s.m.* **1** acuerdo, avenencia (*f.*), concordia (*f.*) **2** (*giur.*) pacto, acuerdo, convenio **3** (*comm.*) acuerdo **4** (*mus.*) acorde **5** (*gramm.*) concordancia.

accorgersi *v.intr.pron.* percatarse, darse cuenta, advertir.

accostare A *v.tr.* **1** acercar, arrimar, allegar **2** entornar, juntar **B** *v.intr.pron.* (*mar.*) virar, cambiar de rumbo **C** *v.pron.* acercarse, aproximarse.

accrescere *v.tr.* acrecentar, incrementar, aumentar.

accudire A *v.intr.* ocuparse, preocuparse, dedicarse **B** *v.tr.* atender, cuidar, asistir.

accumulare A *v.tr.* **1** acumular, amontonar, juntar **2** ahorrar, economizar **3** apilar, amontonar **B** *v.intr.pron.* acumularse, amontonarse, juntarse.

accusa *s.f.* **1** acusación **2** (*giur.*) acusación, inculpación, cargo (*m.*) **3** (*rel.*) acto (*m.*) de contrición.

accusare A *v.tr.* **1** acusar, inculpar, imputar **2** culpar, acusar **3** (*giur.*) acusar **4** acusar, manifestar, revelar **5** sentir, experimentar **6** (*sport*) (*scherma*) acusar el golpe recibido **B** *v.pron.* **1** acusarse, confesar, reconocerse culpable **2** acusarse recíprocamente.

acerbo *agg.* **1** verde (*m.* e *f.*), inmaduro **2** (*fig.*) joven inmaduro **3** acerbo, áspero **4** (*fig.*) duro, acerbo, cruel (*m.* e *f.*).

acero *s.m.* **1** (*bot.*) arce, ácere **2** (*legno*) madera de arce.

acetato *s.m.* **1** (*chim.*) acetato **2** (*tess.*) fibra de acetato.

aceto *s.m.* **1** vinagre **2** (*fig.*) (*lett.*) mordacidad (*f.*).

acetone *s.m.* **1** (*chim.*) acetona (*f.*) **2** (*med.*) acetonemia (*f.*), acetonuria (*f.*).

acido A *agg.* **1** (*chim.*) ácido **2** ácido, agrio **3** (*fig.*) ácido, áspero, mordaz (*m.* e *f.*) **B** *s.m.* **1** (*chim.*) ácido **2** (*sapore*) rancio (*agg.*) **3** (*gerg.*) (*droga*) ácido, LSD.

acme *s.f.* **1** (*med.*) acmé **2** (*fig.*) apogeo (*m.*), ápice (*m.*), cúspide.

acne *s.f.* (*med.*) acné, acne.

acqua *s.f.* **1** agua **2** agua, extensión, masa de agua **3** agua, lluvia **4** agua, disolución, emulsión **5** (*chim.*) agua, solución química **6** (*fam.*) agua, orina **7** (*fig.*) agua, viso (*m.*), destello (*m.*) de las piedras preciosas **8** (*astrol.*) agua **9** (*sport*) (*canottaggio*) calle.

acquazzone *s.m.* aguacero, chaparrón.

acquerello *s.m.* (*pitt.*) **1** (*tecnica*) acuarela (*f.*), aguada (*f.*) **2** acuarela (*f.*).

acquistare A *v.tr.* **1** adquirir, comprar **2** (*sport*) fichar, contratar **3** (*fig.*) adquirir, ganar, conseguir **4** (*lett.*) conquistar **B** *v.intr.* **1** ganar, mejorar, prosperar **2** (*lett.*) avanzar.
acquisto *s.m.* **1** adquisición (*f.*) **2** (*sport*) fichaje **3** adquisición (*f.*), compra (*f.*) **4** adquisición (*f.*), persona (*f.*) contratada **5** (*lett.*) conquista (*f.*).
acrobazia *s.f.* acrobacia.
acustico *agg.* (anche *fis.*) acústico.
acuto A *agg.* **1** agudo, aguzado **2** (*arch.*) ojival (*m.* e *f.*) **3** (*geom.*) (*med.*) agudo **4** (*fig.*) agudo, subido, penetrante (*m.* e *f.*) **5** (*fig.*) agudo, vivo **6** (*fig.*) vehemente (*m.* e *f.*), intenso **7** (*fig.*) agudo, perspicaz (*m.* e *f.*), sutil (*m.* e *f.*) **8** (*fig.*) grave (*m.* e *f.*), difícil (*m.* e *f.*), delicado **B** *s.m.* **1** (*mus.*) agudo **2** (*sport*) actuación (*f.*) brillante.
adagio A *avv.* **1** despacio, poco a poco, lentamente **2** en voz baja, (*amer.*) despacio **3** con cautela, con circunspección **4** con cuidado, delicadamente **B** *s.m.* **1** (*mus.*) adagio **2** refrán, adagio.
adatto 1 *agg.* adecuado, apto, idóneo.
addebito *s.m.* **1** (*comm.*) adeudo, carga (*f.*) **2** (*fig.*) cargo, inculpación (*f.*), imputación (*f.*).
addestramento *s.m.* **1** formación (*f.*) **2** (*equit.*) adiestramiento, dressage (*inv.*) **3** (*mil.*) instrucción (*f.*).
addetto A *agg.* **1** encargado **2** destinado **B** *s.m.* **1** encargado **2** (*bur.*) agregado.
addio A *inter.* adiós **B** *s.m.* adiós (*inv.*), despedida (*f.*).
addire *v.tr.* **1** (*lett.*) dedicar, consagrar **2** destinar, designar.
addirittura 1 *avv.* totalmente, del todo, absolutamente **2** (*fig.*) nada menos, nada menos que **3** incluso, hasta mejor.
addizione *s.f.* **1** (*mat.*) suma, adición **2** (*chim.*) adición.
addobbo *s.m.* **1** adobo, adorno, ornamento **2** (*stoffa*) colgadura (*f.*), tapiz.
addome *s.m.* (*anat.*) abdomen.
addomesticare *v.tr* **1** domesticar, amansar **2** (*bot.*) aclimatar, naturalizar **3** acostumbrar, habituar **4** (*fig.*) falsificar, falsear.
addominale *agg.m.* e *f.* (*anat.*) abdominal.
addormentare A *v.tr.* **1** dormir, hacer dormir **2** (*med.*) anestesiar, adormecer **3** (*fig.*) adormecer, acallar **4** (*fig.*) aburrir **B** *v.intr.pron.* **1** dormirse **2** entumecerse.
addosso A *avv.* **1** encima, sobre sí **2** en el cuerpo **B** *prep.* **1** encima, sobre **2** al lado de, junto a.
adeguato *agg.* adecuado, apropiado, conveniente (*m.* e *f.*).
aderente A *agg.m.* e *f.* **1** adherente, pegado, ceñido (*m.*) **2** (*fig.*) inherente, pertinente **B** *s.m.* e *f.* afidario (*m.*), miembro (*m.*).
adesione *s.f.* **1** (*fis.*) adherencia **2** (*fig.*) adhesión, apoyo (*m.*), aprobación.
adesivo A *agg.* adhesivo, adherente (*m.* e *f.*) **B** *s.m.* **1** adhesivo, pegamento, pega (*f.*) **2** pegatina (*f.*).
adesso A *avv.* **1** ahora, en este momento **2** ahora, hace unos minutos, hace poco **3** ahora, ya.
adiacente *agg.m.* e *f.* **1** adyacente, contiguo (*m.*) **2** (*mat.*) adyacente.
adolescente *agg.* e *s.m.* e *f.* adolescente.
adoperare A *v.tr.* usar, emplear, utilizar **B** *v.intr.* (*ant.*) actuar, obrar **C** *v.pron.* trabajar, consagrarse, dedicarse, aplicarse con desvelo.
adorare A *v.tr.* **1** adorar, reverenciar, honrar **2** adorar, idolatrar, amar excesivamente **3** (*fig.*) adorar, enloquecer, chiflarse **B** *v.intr.* (*ant.*) rezar, rogar.
adottare *v.tr.* **1** (*giur.*) adoptar, prohijar **2** (*fig.*) adoptar, tomar, abrazar **3** (*fig.*) adoptar, tomar, introducir.
adozione *s.f.* **1** (*giur.*) adopción **2** (*fig.*) adopción, elección **3** (*fig.*) toma.

adriatico *agg.* e *s.m.* adriático.
adulterio *s.m.* **1** adulterio **2** (*lett.*) amor ilícito **3** (*atto*) fornicación (*f.*).
adulto A *agg.* **1** adulto, maduro **2** (*bot.*) (*zool.*) adulto **3** (*fig.*) adulto, desarrollado, maduro **B** *s.m.* adulto.
aereo *agg.* **1** aéreo **2** (*bot.*) (*zool.*) aerícola (*m.* e *f.*), aéreo **3** (*fig.*) aéreo, ligero, liviano **4** (*fig.*) aéreo, insubstancial (*m.* e *f.*) **5** (*aer.*) aéreo **6** (*lett.*) alto, elevado.
aereo *s.m.* avión, aeronave (*f.*).
aeroplano *s.m.* aeroplano.
aerosol *s.m.inv.* **1** (*fis.*) (*med.*) aerosol, dispersión coloidal **2** aerosol, envase spray.
afa *s.f.* bochorno (*m.*), calor (*m.*) canicular.
affaccio *s.m.* (*fam.*) panorama, vista (*f.*).
affanno *s.m.* **1** jadeo, anhélito, sobrealiento **2** (*fig.*) ansiedad (*f.*), angustia (*f.*), preocupación (*f.*), congoja (*f.*) **3** (*lett.*) afán, trabajo excesivo.
affare *s.m.* **1** asunto, incumbencia (*f.*), (*amer.*) diligencia (*f.*) **2** (*comm.*) negocio **3** (*giur.*) pleito, proceso **4** caso, suceso **5** (*comm.*) ganga (*f.*), chollo, negocio redondo **6** asunto, cuestión (*f.*), materia (*f.*) **7** (*fam.*) chisme, artefacto **8** clase (*f.*), nivel, condición (*f.*) social.
affascinante *agg.m.* e *f.* fascinante, atrayente, interesante, seductor (*m.*).
affatto *avv.* **1** del todo, enteramente, completamente **2** (*rafforzativo di negazione*) en absoluto, de ninguna manera.
affermazione *s.f.* **1** afirmación, aserción **2** triunfo (*m.*), éxito (*m.*).
afferrare A *v.tr.* **1** aferrar, agarrar, coger **2** (*fig.*) coger, aprovechar **3** (*fig.*) entender, comprender, captar **4** (*ant.*) (*lett.*) herir con el acero **B** *v.pron.* **1** aferrarse, agarrarse, asirse **2** (*fig.*) acogerse, valerse.
affetto *s.m.* **1** afecto, cariño, apego **2** amor.
affidare A *v.tr.* **1** confiar, encargar, dejar en manos de **2** (*econ.*) otorgar un crédito **B** *v.pron.* confiarse, encomendarse, entregarse, abandonarse.
affinché *cong.* para que, a fin de que, con objeto de que.
affinità *s.f.inv.* **1** afinidad (*sing.*), semejanza (*sing.*), analogía (*sing.*) **2** (*simpatia*) afinidad (*sing.*), simpatía (*sing.*), atracción (*sing.*) **3** (*bio.*) (*chim.*) afinidad (*sing.*).
affitto *s.m.* **1** alquiler, arrendamiento, (*amer.*) canon **2** alquiler, precio que se paga.
affluente A *agg.m.* e *f.* afluente **B** *s.m.* (*geog.*) afluente.
affogare A *v.tr.* **1** ahogar **2** (*fig.*) hundir, arruinar, abrumar **3** (*cuc.*) (*uova*) escalfar **B** *v.intr.* morir ahogado **C** *v.intr.pron.* ahogarse **D** *v.pron.* ahogarse, quitarse la vida.
affollamento *s.m.* muchedumbre (*f.*), gentío, concurrencia (*f.*).
affondare A *v.tr.* **1** hundir, echar a pique **2** (*fig.*) hundir, hacer fracasar, echar a pique **3** hundir, ahondar, meter **B** *v.intr.pron.* **1** hundirse, irse a pique **2** hundirse.
affresco *s.m.* **1** (*pitt.*) fresco, pintura (*f.*) al fresco **2** (*fig.*) retrato, pintura (*f.*), descripción (*f.*).
affrontare A *v.tr.* **1** enfrentar, afrontar, encarar **2** afrontar, hacer frente, arrostrar **3** discutir, examinar, ventilar **4** (*tecn.*) enchufar, ajustar **B** *v.pron.* enfrentarse, arrostrarse.
africano *agg.* e *s.m.* **1** africano **2** (*cuc.*) dulce cubierto con una capa de chocolate.
agenda *s.f.* agenda.
agente *s.m.* e *f.* agente.
agenzia *s.f.* **1** agencia **2** sucursal, filial **3** organismo (*m.*), institución.
agevolare *v.tr.* **1** facilitar, agilizar **2** favorecer, ayudar.
agevole *agg.m.* e *f.* fácil, expedito (*m.*), libre de obstáculos.

agganciare *v.tr.* **1** enganchar **2** (*sport*) (*calcio*) apoderarse del balón **3** (*fig.*) (*fam.*) abordar, dirigirse a alguien.
aggettivo *s.m.* **1** (*gramm.*) adjetivo **2** (*epiteto*) epíteto, apodo.
aggiornamento *s.m.* **1** (*comm.*) (*ind.*) puesta al día, actualización (*f.*), modernización (*f.*) **2** (*istr.*) perfeccionamiento, reciclaje **3** aplazamiento, postergación (*f.*) **4** (*edit.*) actualización (*f.*), revisión.
aggiungere A *v.tr.* **1** añadir, agregar, incorporar **2** acrecentar, aumentar **3** (*lett.*) agregar, añadir **B** *v.intr.pron.* **1** sumarse, agregarse, unirse, juntarse **2** (*fig.*) sumarse, agregarse.
aggiustare A *v.tr.* (anche *fig.*) reparar, arreglar, componer **B** *v.pron.* **1** amoldarse, adaptarse, acomodarse **2** (*fam.*) arreglarse, ponerse de acuerdo **3** (*fam.*) componerse, arreglarse.
aggredire *v.tr.* **1** agredir, acometer, atacar **2** (*fig.*) enfrentar, encarar **3** (*fig.*) afrentar, injuriar, insultar.
aggregazione *s.f.* **1** agregación, conjunto (*m.*) **2** (*fis.*) agregación.
aggressione *s.f.* **1** agresión, acometida, ataque (*m.*) **2** (*mil.*) agresión, invasión, ataque de sorpresa.
aggressività *s.f.inv.* **1** agresividad (*sing.*), acometividad (*sing.*) **2** (*psic.*) agresividad (*sing.*) **3** ímpetu (*m.sing.*), violencia (*sing.*).
aggressivo *agg.* **1** (anche *fig.*) agresivo, violento, combativo **2** agresivo, decidido, batallador.
agguato *s.m.* **1** emboscada (*f.*), asechanza (*f.*), celada (*f.*) **2** (*luogo*) emboscadura (*f.*).
agibile *agg.m.* e *f.* **1** (*lett.*) factible, realizable **2** habitable.
agile *agg.m.* e *f.* **1** ágil, rápido (*m.*), suelto (*m.*) **2** ágil, dinámico (*m.*) **3** (*fig.*) ágil, desenvuelto (*m.*), listo (*m.*) **4** (*fig.*) ágil, fácil, claro (*m.*).
agio *s.m.* **1** comodidad (*f.*) **2** holgura (*f.*), espacio, tiempo, oportunidad (*f.*) **3** (*mecc.*) juego.
agire *v.tr.* **1** actuar, obrar, portarse **2** (*tecn.*) funcionar, trabajar **3** (*chim.*) actuar, ejercer, surtir efecto **3** (*giur.*) actuar, obrar, proceder.
agitare A *v.tr.* **1** agitar, mover **2** (*fig.*) agitar, inquietar, excitar, alterar **3** agitar, provocar inquietud política o social **4** (*fig.*) plantear, tratar, exponer **B** *v.intr.pron.* **1** agitarse, moverse, revolverse, bullir **2** (*fig.*) alterarse, excitarse **3** (*fig.*) bullir, agitarse **4** agitarse, movilizarse.
agitazione *s.f.* **1** agitación, inquietud, desasosiego (*m.*) **2** huelga, paro (*m.*).
aglio *s.m.* (*bot.*) ajo.
agnello *s.m.* **1** (*zool.*) (anche *fig.*) cordero **2** (*concia*) corderina (*f.*), corderillo.
ago *s.m.* **1** aguja **2** (*zool.*) (*ape, vespa*) aguijón (*m.*) **3** (*bot.*) (*conifere*) aguja (*f.*), pinaza (*f.*).
agonia *s.f.* **1** (*med.*) agonía **2** (*fig.*) agonía, tormento (*m.*), congoja.
agonismo *s.m.* (*sport*) combatividad (*f.*), espíritu deportivo.
agopuntura *s.f.* (*med.*) acupuntura.
agosto *s.m.* agosto.
agricoltura *s.f.* agricultura.
agrume *s.m.* (*bot.*) agrio, cítrico.
aids *s.m.* (*med.*) sida.
airone *s.m.* (*zool.*) garza real.
aiuola *s.f.* bancal (*m.*), cuadro (*m.*), parterre (*m.*), (*amer.*) cantero (*m.*).
aiutante *agg.m.* e *f.* ayudante, asistente.
aiutare *v.tr.* **1** ayudar, cooperar, prestar cooperación **2** ayudar, socorrer, auxiliar **3** favorecer, beneficiar **4** (*lett.*) avivar, dar viveza **B** *v.pron.* **1** servirse, ayudarse, valerse **2** ayudarse, socorrerse mutuamente.
aiuto *s.m.* **1** ayuda (*f.*), auxilio, socorro **2** (*bur.*) ayudante (*m.* e *f.*), ayuda (*f.*), auxiliar (*m.* e *f.*) **3** (*aer.*) ayuda (*f.*) **4** (*med.*) médico adjunto.

al *prep.art.m.* al.
ala *s.f.* **1** *s.f.* ala **2** (*fig.*) (*lett.*) ala, impulso (*m.*) **3** (*fig.*) ala, protección **4** (*aer.*) ala **5** (*arch.*) ala **6** ala, aspa **7** (*mil.*) (*pol.*) ala **8** (*sport*) ala (*m.*), interior (*m.*), alero (*m.*).
alba *s.f.* **1** alba, amanecer (*m.*), clarear (*m.*) del día **2** (*fig.*) albor (*m.*), comienzo (*m.*), principio (*m.*) **3** (*lett.*) albada, alborada.
albanese *agg.* e *s.m.* e *f.* albanés, albano (*m.*).
albergo *s.m.* **1** hotel **2** (*lett.*) hospitalidad (*f.*), refugio.
albero *s.m.* **1** (*bot.*) (*chim.*) árbol **2** (*anat.*) árbol, ramificación (*f.*) **3** (*mecc.*) árbol, eje.
albicocca *s.f.* (*bot.*) albaricoque (*m.*), (*amer.*) damasco (*m.*).
albo *s.m.* **1** (*ant.*) álbum (*inv.*) **2** tablón de anuncios **3** colegio, registro **4** tebeo, revista de historietas.
album *s.m.inv.* **1** álbum **2** (*disco*) álbum musical, elepé (*sing.*).
albume *s.m.* **1** albúmina (*f.*), clara de huevo **2** (*bot.*) albumen.
alce *s.m.* (*zool.*) alce.
alcool *s.m.* **1** (*chim.*) alcohol **2** (*bevanda*) alcohol, bebida (*f.*) alcohólica.
alcuno A *agg.* alguno **B** *pron.* alguno.
aldilà *s.m.* el más allá.
alfabeto *s.m.* **1** alfabeto, abecedario **2** (*fig.*) abecé, nociones (*f.pl.*), rudimentos (*pl.*).
alga *s.f.* (*bot.*) alga.
algebra *s.f.* **1** álgebra **2** (*fig.*) (*fam.*) enigma (*m.*), misterio (*m.*).
alibi *s.m.inv.* **1** (*giur.*) coartada (*f.sing.*) **2** (*fig.*) excusa (*f.sing.*), disculpa (*f.sing.*).
alienazione *s.f.* **1** (*giur.*) traspaso (*m.*), enajenación, compraventa **2** (*psic.*) alienación, enajenación, incomunicación.
alieno A *agg.* **1** (*lett.*) ajeno, perteneciente (*m.* e *f.*) a otro **2** contrario, adverso, enemigo **B** *s.m.* alienígena (*m.*), extraterrestre (*m.* e *f.*).
alimentare *agg.m.* e *f.* alimenticio (*m.*), alimentario (*m.*).
alimentare A *v.tr.* **1** alimentar, nutrir **2** (*fig.*) nutrir, alimentar, mantener **B** *v.pron.* (anche *fig.*) alimentarse, sustentarse, nutrirse.
alimentazione *s.f.* **1** alimentación **2** alimentos (*m.pl.*) **3** (*mecc.*) alimentación **4** (*elett.*) cebado (*m.*) **5** (*met.*) (*forno*) ceba.
alito *s.m.* **1** aliento, hálito **2** (*respirazione*) respiración (*f.*), respiro **3** (*fig.*) soplo, hálito.
alla *prep.art.f.* a la, al.
allacciare A *v.tr.* **1** atar, anudar **1** abrochar **3** (*tecn.*) empalmar, enlazar, conectar **4** (*fig.*) entablar, trabar, hacer **5** (*fig.*) (*lett.*) seducir **B** *v.tr.pron.* **1** atarse, anudarse **2** abrocharse.
allagamento *s.m.* inundación (*f.*).
allargare A *v.tr.* **1** ensanchar, ampliar, agrandar **2** abrir, extender, estirar **3** (*fig.*) extender, ampliar **4** (*fig.*) suavizar, mitigar **5** (*mus.*) moderar el tiempo **B** *v.pron.* **1** ampliarse, extenderse, crecer **2** (*fam.*) mudarse a una casa más grande **C** *v.intr.pron.* ensancharse, extenderse, dilatarse.
allarme *s.m.* **1** (*mil.*) alarma (*f.*), alerta (*f.*) **2** (anche *fig.*) alarma (*f.*) **3** situación (*f.*) de alarma **4** (*apparecchio*) alarma (*f.*), revelador, avisador de alarma **5** (*fig.*) alarma (*f.*), inquietud (*f.*), sobresalto.
allattamento *s.m.* lactancia (*f.*), amamantamiento.
alleanza *s.f.* **1** (*giur.*) alianza, acuerdo (*m.*) **2** (*pol.*) alianza, liga, confederación **3** (*rel.*) alianza, pacto (*m.*).
alleggerire A *v.tr.* **1** aligerar, aliviar, disminuir el peso **2** (*fig.*) aliviar, mitigar **3** (*scherz.*) robar, hurtar **B** *v.pron.* **1** aliviarse, quitarse de encima **2** desarroparse, aligerarse.
allegoria *s.f.* alegoría.

allegria *s.f.* alegría, gozo (*m.*), regocijo (*m.*).
allenamento *s.m.* **1** entrenamiento, instrucción (*f.*), adiestramiento **2** (*sport*) entrenamiento.
allergia *s.f.* **1** (*med.*) alergia **2** (*fig.*) alergia, rechazo (*m.*), desagrado (*m.*).
allestimento *s.m.* **1** instalación (*f.*), acondicionamiento, decorado, montaje **2** (*aer.*) ajuste **3** (*mar.*) armadura (*f.*).
allevamento *s.m.* **1** (*persona*) crianza (*f.*) **2** (*zootec.*) cría (*f.*) **3** (*zootec.*) criadero **4** (*agr.*) cultivo, cultura (*f.*).
allevare *v.tr.* **1** (*far crescere*) criar **2** (*educare*) criar, educar, instruir **3** (*zootec.*) criar, cuidar, cebar **4** (*agr.*) cultivar.
allievo *s.m.* **1** (*istr.*) alumno, estudiante (*m.* e *f.*) **2** discípulo **3** (*mil.*) cadete **4** (*sport*) juvenil **5** (*bot.*) serpollo, mamón.
allineare A *v.tr.* **1** alinear, poner en línea **2** (*mil.*) formar, alinear **3** (*tip.*) alinear **B** *v.pron.* alinearse, ponerse en fila **2** (*fig.*) alinearse, adscribirse.
alloggio *s.m.* **1** alojamiento, hospedaje **2** vivienda (*f.*), apartamento, casa (*f.*) **3** (*mil.*) cuartel **4** (*mar.*) alojamiento.
allontanare A *v.tr.* **1** alejar, apartar, poner lejos **2** echar, hacer salir **3** despedir, quitar el empleo **4** (*fig.*) ahuyentar, alejar, apartar **B** *v.intr.pron.* **1** alejarse, irse lejos **2** ausentarse **3** (*fig.*) alejarse, apartarse.
allora A *avv.* **1** entonces, en aquel tiempo, a la sazón **2** (*futuro*) entonces **B** *cong.* **1** entonces, en tal caso **2** (*interrogativo, esclamativo*) pues entonces, y qué.
alloro *s.m.* (*bot.*) laurel.
alluce *s.m.* (*anat.*) pulgar, dedo gordo del pie.
allucinante *agg.m.* e *f.* **1** alucinante **2** (*fig.*) espantoso (*m.*), terrible **3** (*gerg.*) extraordinario (*m.*), asombroso (*m.*), de alucine.
allucinazione *s.f.* **1** (*psic.*) alucinación **2** (*fig.*) alucinación, ilusión, espejismo (*m.*).
allungare A *v.tr.* **1** alargar, elongar, dar más longitud **2** alargar, prolongar, demorar **3** (*fam.*) alcanzar, pasar **4** (*fig.*) (*fam.*) largar, dar, propinar **5** alargar, estirar **B** *v.intr.pron.* **1** alargarse, hacerse más largo, dilatarse **2** (*ant.*) alejarse **C** *v.tr.* (*sport*) (*ciclismo, podismo*) esprintar **C** *v.pron.* tenderse, echarse, recostarse.
allusione *s.f.* **1** alusión, insinuación **2** referencia.
alluvione *s.f.* **1** aluvión, inundación **2** (*fig.*) (*pegg.*) aluvión, afluencia (*f.*), abundancia (*f.*) **3** (*geol.*) (*giur.*) aluvión.
almeno *avv.* **1** al menos, por lo menos, cuando menos **2** (*valore ottativo*) por lo menos, al menos.
alpinismo *s.m.* alpinismo, montañismo, (*amer.*) andinismo.
alt A *inter.* **1** ¡alto! **2** (*telegraramma*) stop, alt **B** *s.m.* **2** alto **2** alto, parada (*f.*), detención (*f.*).
alta *s.f.* (*meteo.*) zona de alta presión.
altalena *s.f.* **1** columpio (*m.*), (*amer.*) hamaca **2** (*fig.*) altibajo (*m.*).
altare *s.m.* (*rel.*) **1** ara (*f.*), altar **2** altar.
alterare A *v.tr.* **1** alterar, cambiar, modificar **2** alterar, falsificar, contrahacer **3** (*fig.*) alterar, perturbar, inquietar **B** *v.intr.pron.* **1** alterarse, estropearse, dañarse **2** (*fig.*) inmutarse, demudarse, alterarse **3** (*fig.*) alterarse, irritarse, enfadarse.
alternare A *v.tr.* alternar, variar **B** *v.pron.* alternarse, sucederse.
altezza *s.f.* **1** altura, alto (*m.*), altitud **2** altura, estatura **3** (*fig.*) sublimidad, alteza, elevación **4** (*fig.*) altura, alteza, excelencia **5** (*fig.*) altura, cercanía, proximidad **6** (*geog.*) altura, latitud **7** (*astro.*) (*mat.*) (*mus.*) altura, alto (*m.*) **8** alteza.

alto A *agg.* **1** alto, elevado, encumbrado **2** alto, crecido **3** alto, fuerte (*m.*) **4** (anche *fig.*) hondo, profundo **5** ancho **6** grueso, alto, gordo **7** alto, antiguo, remoto **8** alto, pleno **9** septentrional (*m.* e *f.*), del norte **10** (*geog.*) (*meteo.*) alto **11** (*fig.*) alto, elevado, superior (*m.* e *f.*), excelente (*m.* e *f.*) **12** alto, costoso, caro **B** *avv.* alto **C** *s.m.* **1** alto, altura (*f.*) **2** (*lett.*) alturas (*f.pl.*), cielo **3** (*mus.*) contralto.

altrimenti *avv.* **1** de otra manera, de otro modo **2** si no, de lo contrario.

altro A *agg.* (*indefinito*) **1** (anche *correlativo*) otro **2** otro, segundo, nuevo **3** alternativo, diferente (*m.* e *f.*) **4** (*restante*) otro, demás (*inv.*) **5** otro, pasado, anterior (*m.* e *f.*) **6** próximo, que viene **7** (*correlativo indicante coppia*) ambos, dos **B** *pron.* (*indefinito*) **1** (*con art.indet.*) otro, otra persona o cosa **2** (*correlativo*) demás (*inv.*) **3** (*correlativo*) otro **4** (*partitivo*) más **5** los demás, los otros **C** *s.m.* **1** más (*avv.*), otra cosa (*f.*) **2** otra cosa **3** (*rafforzativo*) más.

altrove *avv.* **1** en otra parte **2** a algún otro lugar.

altrui A *agg.inv.* (*possessivo*) de los demás, de los otros, del prójimo **B** *pron.inv.* (*indefinito*) (*lett.*) los demás, los otros, el prójimo **C** *s.m.* lo ajeno.

altruismo *s.m.* altruismo.

alunno *s.m.* alumno, estudiante (*m.* e *f.*).

alveare *s.m.* (anche *fig.*) colmena (*f.*).

alzare *v.tr.* **1** alzar, levantar **2** alzar, levantar, dirigir **3** (*caccia*) levantar **4** (*fig.* e *lett.*) exaltar, elevar **5** levantar, elevar, alzar **6** levantar, alzar, erigir **B** *v.intr.pron.* **1** crecer, aumentar **2** levantarse, declararse **3** salir, surgir **4** alzarse, elevarse, aumentar **C** *v.pron.* **1** levantarse, ponerse de pie, incorporarse, (*amer.*) pararse **2** levantarse **3** levantar el vuelo, echar a volar.

amante A *agg.m.* e *f.* amante **B** *s.m.* e *s.f.* **1** (*lett.*) enamorado (*m.*) **2** amante, querido (*m.*) **3** amante, aficionado (*m.*).

amare A *v.tr.* **1** amar, querer, adorar **2** amar, aspirar **3** amar, gustar, agradar **4** (*animali, vegetali*) necesitar, agradecer **5** desear **6** amar, desear, aspirar, ambicionar **B** *v.pron.* **1** amarse, quererse **2** (*sesso*) amarse, tener relaciones sexuales.

amarena *s.f.* **1** (*bot.*) guinda **2** (*sciroppo*) jarabe (*m.*) de guindas.

amaro A *agg.* **1** amargo **2** (*fig.*) amargo, doloroso **B** *s.m.* **1** amargor, sabor amargo **2** (*aperitivo, digestivo*) amargo **3** (*fig.*) amargura (*f.*), hiel (*f.*), disgusto **4** (*fig.*) rencor.

ambasciata *s.f.* **1** (*giur.*) embajada, delegación, legación **2** (*bur.*) embajada **3** embajada, mensaje (*m.*).

ambedue *agg.num.inv.* (*lett.*) ambos (*m.pl.*), el uno y el otro (*m.sing.*).

ambiente *s.m.* **1** ambiente, habitat (*inv.*) **2** (*fig.*) ambiente, atmósfera (*f.*) **3** (*fig.*) ambiente, medio **4** (*fig.*) círculo, ambiente, medio, entorno **5** habitación (*f.*), cuarto, (*amer.*) ambiente.

ambiguo *agg.* **1** ambiguo, equívoco, vago **2** equívoco, sospechoso **3** (*lett.*) ambiguo, dudoso, incierto.

ambito *s.m.* **1** ámbito, límite **2** (*fig.*) ámbito, ambiente, círculo **3** ámbito, sector, campo **4** (*mus.*) (*voce, strumento*) extensión (*f.*).

ambizione *s.f.* **1** ambición, ansia, afán (*m.*) **2** ambición, deseo (*m.*), aspiración.

ambo A *agg.num.* (*lett.*) ambos (*pl.*), entrambos (*pl.*) **B** *s.m.* (*gioco*) (*lotto, tombola*) ambo.

ambulanza *s.f.* ambulancia.

americano A *agg.* **1** americano **2** norteamericano, estadounidense (*m.* e *f.*) **B** *s.m.* **1** americano **2** norteamericano, estadounidense (*m.* e *f.*) **3** (*ling.*) norteamericano **4** (*aperitivo*)

americano **5** (*fam.*) emigrado que regresa de los Estados Unidos.
amicizia *s.f.* **1** amistad **2** (*eufemistico*) ligue (*m.*) **3** amistad, amigo (*m.*) **4** buenas relaciones.
amico A *agg.* **1** amigo, grato **2** amigo, amistoso **3** (*lett.*) favorable (*m.* e *f.*), propicio **4** aliado **B** *s.m.* **1** amigo **2** (*iron.*) tío, tipo, (*amer.*) cuate (*m.* e *f.*) **3** (*eufemistico*) amigo, amante (*m.* e *f.*) **4** amigo, aficionado.
amido *s.m.* almidón.
ammalare A *v.tr.* (*fig.*) corromper, pudrir **B** *v.intr.pron.* enfermar, enfermarse.
ammassare A *v.tr.* **1** amontonar, apiñar **2** acumular, juntar, atesorar **3** (*mil.*) concentrar **4** (*agr.*) llevar al pósito **B** *v.intr.pron.* **1** amontonarse, apiñarse **2** acumularse, acoplarse.
ammazza *inter.* (*pop.*) ¡hostia!
ammazzare A *v.tr.* **1** matar, liquidar, suprimir **2** (*fig.*) matar, cansar, moler **3** (*fig.*) deprimir, abatir, aburrir, fastidiar **4** (*gioco*) (*carte*) matar, ganar **5** (*fig.*) matar, pasar **B** *v.pron.* **1** matarse, suicidarse **2** (*fig.*) matarse, reventar **C** *v.intr.pron.* matarse, morir, fallecer.
ammettere *v.tr.* **1** admitir, recibir, dar entrada **2** acoger, admitir **3** admitir, aceptar **4** admitir, consentir, permitir, tolerar **5** admitir, reconocer, aceptar **6** suponer, dar por sentado.
amministrare A *v.tr.* **1** administrar, gobernar, dirigir **2** administrar, dosificar, graduar **3** oficiar, celebrar misa **B** *v.pron.* organizarse, manejarse.
amministrazione *s.f.* **1** (anche *bur.*) administración **2** (*econ.*) gerencia, dirección.
ammirare *v.tr.* **1** admirar, ver, contemplar **2** admirar, sobrevalorar, ensalzar.
ammissione *s.f.* **1** admisión, aceptación **2** admisión, reconocimiento (*m.*) **3** (*mecc.*) admisión.
ammonizione *s.f.* **1** admonición, enseñanza, ejemplo (*m.*) **2** reprimenda, reprensión **3** (*giur.*) reprensión **4** (*sport*) amonestación.
ammorbidente *s.m.* **1** (*chim.*) reblandecedor **2** (*bucato*) suavizante.
amnesia *s.f.* amnesia.
amnistia *s.f.* (*giur.*) amnistía.
amore *s.m.* **1** amor, afecto, cariño **2** amor, pasión (*f.*), deseo **3** (*bio.*) celo, amor **4** amor, adhesión (*f.*), solidariedad (*f.*) **5** amor, inclinación (*f.*), deseo **6** amor, esmero, dedicación (*f.*) **7** amor, afición (*f.*) **8** (*rel.*) amor, caridad (*f.*) **9** (*fig.*) (*fam.*) monada (*f.*), primor **10** (*mit.*) cupido, amorcillo.
ampio *agg.* **1** amplio, extenso, dilatado **2** holgado, amplio **3** (*fig.*) abundante (*m.* e *f.*), copioso **4** (*fig.*) amplio, abierto de miras **5** (*fig.*) ampuloso, pomposo.
amplificare *v.tr.* **1** (*ret.*) amplificar, emplear la amplificación **2** (*fig.*) exagerar, ponderar, encarecer **3** (*fis.*) amplificar.
amputazione *s.f.* **1** (*chir.*) amputación, resección **2** (*fig.*) mutilación, eliminación, supresión.
amuleto *s.m.* amuleto, talismán.
anaconda *s.m.inv.* (*zool.*) anaconda (*f.sing.*).
anagrafe *s.f.* **1** (*bur.*) registro (*m.*) civil, vecindario (*m.*), padrón (*m.*) **2** (*econ.*) (*archivio*) registro (*m.*).
anagramma *s.m.* revoltigrama.
analcolico *agg.* sin alcohol.
anale *agg.m.* e *f.* anal.
analfabetismo *s.m.* analfabetismo.
analgesico *agg.* e *s.m.* (*farm.*) analgésico.
analisi *s.f.inv.* **1** análisis (*m.*), estudio (*m.sing.*) **2** análisis (*m.*), examen (*m.sing.*) **3** (*gramm.*, *inform.* e *mat.*) análisis (*m.*).
analizzare *v.tr.* **1** analizar **2** analizar, examinar, estudiar.
analogia *s.f.* **1** analogía, similitud **2** (*fil.* e *ling.*) analogía.

ananas *s.m.inv.* **1** (*bot.*) piña (*f.*), ananás **2** (*bomba*) granada de mano.
anarchia *s.f.* **1** anarquía **2** (*fig.*) anarquía, desorden (*m.*), confusión **3** (*pol.*) anarquismo (*m.*).
anatomia *s.f.* **1** anatomía **2** anatomía, disección **3** (*fig.*) análisis (*m.inv.*), examen (*m.*) minucioso **4** (*fig.* e *scherz.*) esqueleto (*m.*), fideo (*m.*) **5** (*fig.*) figura, cuerpo (*m.*), tipo (*m.*).
anatra *s.f.* (*zool.*) pato (*m.*), parro (*m.*).
anca *s.f.* **1** (*anat.*) anca, cadera **2** (*zool.*) anca **3** (*mar.*) espejo (*m.*) de popa.
anche *cong.* **1** (*aggiuntivo, rafforzativo*) también **2** al menos, por lo menos **3** hasta, incluso, aun, (*amer.*) inclusive **4** además, también **5** (*concessivo*) aunque, aun cuando **6** a pesar de, no obstante, pese a **7** (*in frasi negative*) tampoco.
ancora[1] **A** *avv.* **1** (anche *rafforzativo*) todavía, aún **2** entonces, por aquel entonces **3** de nuevo, otra vez, una vez más **4** más **B** *cong.* **1** aún, todavía **2** (*ant.*) aunque, si bien.
ancora[2] *s.f.* **1** (*mar.*) ancla, áncora **2** (*lett.*) armadura **3** (*orologio*) áncora **4** (*sport*) (*sci*) silla del telesquí.
andamento *s.m.* **1** curso, marcha (*f.*), evolución (*f.*) **2** (*mus.*) movimiento.
andare A *s.m.* **1** ir **2** (*andatura*) andar, paso **B** *v.intr.* **1** ir, transitar **2** ir **3** ir, poner, colocar **4** (*fig.*) estar, andar, encontrarse **5** (*fam.*) correr, circular, ser de curso legal **6** reducirse, transformarse, hacerse **7** (*fig.*) andar, estar, sentirse **8** suceder, ocurrir, pasar **9** irse, parar, desaparecer **10** irse, pasar, correr, transcurrir **11** ir, marchar **12** andar, funcionar **13** (*fig.*) gustar, apetecer, ser grato **14** sentar, caer bien, ir **15** agotarse, venderse **16** estar de moda, pegar.
andino *agg.* andino.
aneddoto *s.m.* anécdota (*f.*).
anello *s.m.* **1** (*dito*) anillo, sortija (*f.*) **2** (*cerchio*) anilla (*f.*) **3** (*mar.*), argolla (*f.*) **4** (*bot.*) anillo, anual **5** (*zool.*) anillo, segmento **6** eslabón **7** (*anat., astro., bot., chim.* e *mat.*) anillo **8** (*tecn.*) casquillo, anillo, abrazadera (*f.*).
anemia *s.f.* **1** (*med.*) anemia **2** (*fig.*) debilitamiento (*m.*).
anestesia *s.f.* (*med.*) anestesia.
anfibio A *agg.* **1** (anche *mil.*) anfibio **2** (*fig.*) ambiguo, contradictorio **B** *s.m.* **1** (*zool.*) anfibio **2** (*auto.*) autovehículo anfibio **3** (*aer.*) hidroavión **4** (*calzature*) zapato impermeable.
anfiteatro *s.m.* **1** (*archeol.*) anfiteatro **2** (*cine.* e *teatr.*) anfiteatro (*f.*) parte alta.
angelo *s.m.* **1** ángel **2** (*fig.*) ángel, persona dulce **3** (*sport*) (*pattinaggio*) giro del camello **4** (*ant.* e *mil.*) ángel, palanqueta (*f.*).
anglicano *agg.* e *s.m.* (*rel.*) anglicano.
angolare A *agg.m.* e *f.* **1** anguloso (*m.*), angulado (*m.*) **2** angular **B** *s.m.* perfil metálico en forma de L **C** *v.tr.* **1** angular, dar forma de ángulo **2** (*sport*) (*tennis, calcio*) angular **3** (*cine., ott., TV*) captar las imágenes según cierto ángulo.
angolo *s.m.* **1** (*geom.*) ángulo, vértice **2** esquina (*f.*), cantón **3** esquina (*f.*), vértice **4** rincón, lugar apartado **5** (*sport*) (*calcio*) corner, esquina (*f.*) **6** (*sport*) (*pugilato*) rincón.
angoscia *s.f.* **1** angustia, congoja, comezón **2** (*psic.*) ansiedad **3** (*fil.*) angustia existencial.
anguilla *s.f.* **1** (*zool.* e *mar.*) anguila **2** (*fig.*) anguila, persona escurridiza.
anguria *s.f.* sandía, melón de agua.
anidride *s.f.* (*chim.*) anhídrido (*m.*).
anima *s.f.* **1** (anche *fig, fil.* e *rel.*) alma **2** alma, núcleo (*m.*), substancia **3** (*arma da fuoco*) ánima.
animale A *agg.m.* e *f.* **1** (*lett.*) del alma **2** animal **3** (*animalesco*) animal,

corpóreo (*m.*) **B** *s.m.* **1** animal, bestia (*f.*) **2** (*fig.*) animal, bruto, ignorante (*m.* e *f.*).

animare A *v.tr.* **1** animar, dar/infundir vida **2** animar **3** animar, estimular, empujar **4** fomentar, promover **B** *v.intr.pron.* **1** animarse, cobrar vida **2** animarse, acalorarse, excitarse.

animatore *s.m.* **1** animador **2** (*disegnatore*) diseñador de dibujos animados.

animo *s.m.* **1** ánimo, alma (*f.*) **2** (*fig.*) ánimo, intención (*f.*), propósito **3** (*fig.*) ánimo, valor, coraje.

annaffiatolo *s.m.* regadera (*f.*).

annegare *v.tr.* **A** ahogar **B** *v.intr.pron.* **1** ahogarse **2** (*fig.*) hundirse, sumirse **C** *v.pron.* ahogarse, quitarse la vida ahogándose.

annesso *agg.* anexo, anejo, unido.

annientamento *s.m.* aniquilamiento.

annientare A *v.tr.* **1** aniquilar, asolar, destruir **2** (*fig.*) abatir, aniquilar **B** *v.pron.* rebajarse.

anniversario A *agg.* anual (*m.* e *f.*) **B** *s.m.* **1** aniversario **2** cumpleaños (*inv.*).

anno *s.m.* año.

annoiare A *v.tr.* aburrir, hartar, cansar **B** *v.intr.pron.* aburrirse, hartarse, cansarse.

annotazione *s.f.* **1** anotación, apunte (*m.*), nota **2** (*lett.*) nota, apostilla, acotación **3** (*giur.*) registro (*m.*).

annullamento *s.m.* **1** (*giur.*) anulación (*f.*) **2** (*posta*) timbre, matasellos (*inv*).

annunciare *v.tr.* **1** anunciar, informar, comunicar **2** anunciar, predecir, prever **3** (*fig.*) anunciar, presagiar, pronosticar.

annuncio *s.m.* **1** anuncio, noticia (*f.*) **2** comunicado, anuncio, aviso **3** (*fig.*) anuncio, signo, indicio, presagio **4** (*cine.*) (*TV*) cartelera (*f.*).

annusare *v.tr.* **1** oler, olisquear, oliscar **2** aspirar **3** (*fig.*) oler, barruntar.

anomalo *agg.* anómalo, irregular (*m.* e *f.*), extraño.

anonimo A *agg.* **1** (anche *giur.*) anónimo **2** (*fig.*) impersonal (*m.* e *f.*) **B** *s.m.* **1** anónimo, autor anónimo **2** escrito anónimo.

anoressia *s.f.* (*med.*) anorexia.

anormale A *agg.m.* e *f.* **1** anormal, anómalo (*m.*), irregular, impropio (*m.*) **2** (*psic.*) anormal, deficiente **B** *s.m.* e *s.f.* **1** (anche *psic.*) anormal **2** (*eufemismo*) homosexual.

ansia *s.f.* **1** (*psic.*) ansia, ansiedad **2** ansia, inquietud, angustia.

antagonismo *s.m.* antagonismo, oposición (*f.*).

antecedente[1] *agg.m.* e *f.* antecedente.

antecedente[2] *s.m.* **1** antecedente, circunstancia (*f.*) anterior **2** (*fil.*, *gramm.* e *mat.*) antecedente.

antenato *s.m.* antepasado, antecesor, ascendiente.

antenna *s.f.* **1** (*mar.*) antena, entena **2** (*poes.*) nave, vela **3** (*lancia*) púa, punta **4** (*fig.* e *poes.*) lanza, asta **5** (*telecom.* e *zool.*) antena.

anteprima *s.f.* **1** (*cine.*) preestreno (*m.*), (*amer.*) première (*inv.*) **2** (*radio*) avance (*m.*), adelanto (*m.*).

anteriore *agg.m.* e *f.* **1** anterior, precedente **2** delantero (*m.*) **3** (*lett.*) primero (*m.*) **4** (*ling.*) anterior, palatal.

antibiotico *agg.* e *s.m.* (*farm.*) antibiótico.

antichità A *s.f.inv.* (anche *lett.*) antigüedad (*sing.*) **B** (*pl.*) antigüedades, monumentos (*m.*).

anticipare *v.tr.* **1** anticipar, adelantar **2** anticipar, pagar antes de tiempo **3** anticiparse, adelantarse **4** anticipar, prevenir **5** (*sport*) tomar, coger la delantera.

anticipo *s.m.* **1** antelación (*f.*), anticipación (*f.*) **2** (*econ.*) adelanto, anticipo **3** (*sport*) (*tennis*) anticipada (*f.*) **4** (*mecc.*) avance.

antico *agg.* **1** antiguo, pretérito, remo-

to **2** viejo, antiguo, acostumbrado **3** antiguo, de estilo antiguo **4** (*lett.*) viejo, anciano.
anticoncezionale *agg.m.* e *f.* e *s.m.* anticonceptivo (*m.*).
anticonformismo *s.m.* antinconformismo, inconformismo.
anticorpo *s.m.* (*bio.*) anticuerpo.
antidoto *s.m.* **1** antídoto, contraveneno **2** (*fig.*) antídoto, remedio.
antifascismo *s.m.* (*pol.*) antifascismo.
antifurto *agg.inv.* (*tecn.*) antirrobo.
antilope *s.f.* **1** (*zool.*) antílope (*m.*) **2** (*conc.*) gamuza, piel de antílope.
antincendio *agg.inv.* e *s.m.* antiincendios.
antipasto *s.m.* (*cuc.*) entremés.
antipatico A *agg.* **1** antipático, hosco **2** (*increscioso*) desagradable (*m.* e *f.*), molesto, ingrato **B** *s.m.* antipático, malasombra (*m.* e *f.*).
antiquariato *s.m.* comercio de antigüedades, colección de antigüedades.
antisemita *agg.* e *s.m.* e *f.* (*pol.*) antisemita.
antologia *s.f.* **1** (*lett.*) antología, florilegio (*m.*), parnaso (*m.*), crestomatía **2** antología, selección.
antropologia *s.f.* antropología.
anulare A *agg.m.* e *f.* **1** anular **2** (*arch.*) de/en cañón **B** *s.m.* (*anat.*) dedo anular.
anzi A *avv.* (*lett.*) antes **B** *cong.* **1** (*avversativo*) más bien, más aún, mejor dicho **2** (*o meglio*) es más, mejor, más bien.
anziano A *agg.* **1** anciano, viejo **2** antiguo **B** *s.m.* **1** anciano, persona (*f.*) anciana **2** antiguo **3** (*gerg.*) alumno universitario de los cursos superiores **4** (*stor.*) magistrado.
aorta *s.f.* (*anat.*) aorta.
apatia *s.f.* apatía, abulia.
aperitivo *s.m.* aperitivo.
aperto *agg.* **1** abierto, amplio, espacioso **2** abierto, accesible (*m.* e *f.*) **3** (*ling.* e *mat.*) abierto **4** (*fig.*) abierto, pendiente (*m.* e *f.*) **5** (*fig.*) abierto, franco, espontáneo **6** (*fig.*) abierto, declarado, patente (*m.* e *f.*) **7** (*fig.*) abierto, tolerante (*m.* e *f.*), liberal (*m.* e *f.*).
apice *s.m.* **1** ápice, cumbre (*f.*), punta (*f.*) **2** (*fig.*) ápice, cúspide (*f.*), apogeo **3** (*anat.*, *astro.* e *bot.*) ápex **4** (*ling.*) ápice, acento.
apnea *s.f.* (*med.*) apnea.
apocalisse *s.f.* **1** (*rel.*) Apocalipsis (*m.inv.*) **2** (*fig.*) apocalipsis (*m.inv.*), fin del mundo, catástrofe.
apostolo *s.m.* **1** apóstol **2** (*sostenitore, propugnatore*) apóstol, sostenedor, promotor.
apostrofo *s.m.* (*gramm.*) apóstrofo.
appalto *s.m.* (*giur.*) contrata (*f.*).
appannato *agg.* empañado.
apparato *s.m.* **1** aparato, artefacto, máquina (*f.*) **2** (*anat.*) aparato, sistema **3** (*bio.*) aparato, complejo **4** bagaje, conjunto de nociones **5** (*fig.*) aparato, boato, ostentación (*f.*) **6** (*dispiego*) despliegue **7** (*bur.*) aparato.
apparecchiare A *v.tr.* **1** poner, preparar **2** (*allestire*) aparejar, preparar, disponer **3** (*tess.*) aderezar, aprestar **B** *v.pron.* (*lett.*) prepararse, aprestarse, disponerse.
apparecchio *s.m.* **1** aparato, artefacto **2** (*aer.*) avión, helicóptero **3** (*tess.*) apresto, aderezo.
apparente *agg.m.* e *f.* **1** aparente, manifiesto (*m.*), evidente **2** (*lett.*) (*appariscente*) vistoso (*m.*), llamativo (*m.*) **3** aparente, ficticio (*m.*), ilusorio (*m.*).
apparire *v.tr.* **1** aparecer, asomar, mostrarse **2** aparecer, presentarse **3** surgir, salir **4** resultar, ser **5** parecer, hallarse **6** salir a la luz, manifestarse, aparecer **7** lucirse, sobresalir.
apparizione *s.f.* **1** aparición, visión **2** (*spettro*) aparecido (*m.*), fantasma (*m.*).
appartamento *s.m.* **1** apartamento, piso, (*amer.*) departamento **2** (*mar.*) desviación (*f.*).

appartenere *v.intr.* **1** pertenecer, ser de propiedad **2** pertenecer, formar parte **3** corresponder, atañer, incumbir, tocar.
appassionare A *v.tr.* **1** apasionar, atraer **2** (*addolorare*) conmover, mover a compasión **B** *v.pron.* apasionarse, aficionarse.
appello *s.m.* **1** lista (*f.*), convocación (*f.*) **2** (*istr.*) (*esami*) convocatoria (*f.*) **3** (*fig.*) llamamiento, apelación (*f.*), exhortación (*f.*) **4** (*giur.*) apelación (*f.*).
appena A *avv.* **1** apenas, casi no **2** solamente, sólo **3** (anche *correlativo*) recién **B** *cong.* apenas, en cuanto, tan pronto como.
appendere A *v.tr.* **1** colgar **2** (*lett.*) ahorcar, colgar **3** (*fig.*) colgar, retirarse, abandonar **B** *v.pron.* colgarse.
appetito *s.m.* **1** (*fil.*) apetito, impulso instintivo **2** apetito, hambre (*f.*), gana (*f.*) de comer **3** (*fig.*) hambre (*f.*), afán, anhelo.
appiattire A *v.tr.* **1** aplastar, achatar, comprimir **2** (*fig.*) equiparar, nivelar **B** *v.pron* aplastarse, achatarse **C** *v.intr.pron.* aplastarse.
appiccicare A *v.tr.* **1** pegar, encolar **2** (*fig.*) pegar, dar, propinar **3** (*fig.*) pegar, aplicar **4** ser pegajoso **B** *v.pron.* **1** pegarse, adherirse, conglutinarse **2** (*fig.*) pegarse, coserse, seguir a sol y a sombra.
applauso *s.m.* **1** aplauso, ovación (*f.*), aclamación (*f.*) **2** (*fig.*) elogio, aplauso, encomio.
applicare A *v.tr.* **1** aplicar, poner, colocar **2** (*fig.*) aplicar, poner, atribuir **3** (*fig.*) aplicar, emplear **4** (*giur.*) poner en vigor/en práctica **B** *v.pron.* **1** aplicarse, dedicarse **2** empeñarse, insistir con tesón.
appoggiare A *v.tr.* **1** apoyar, arrimar **2** posar, poner delicadamente **3** (*sport*) (*calcio*) pasar la pelota a un compañero **4** (*fig.*) apoyar, respaldar, basar **5** (*fig.*) apoyar, sostener, patrocinar **B** *v.tr.* **1** apoyarse, estribar, cargar **2** (*fig.*) basarse, apoyarse **C** *v.pron.* **1** apoyarse, sostenerse **2** (*fig.*) recurrir, acudir **3** (*fig.*) (*basarsi*) estribar, fundarse, apoyarse.
appoggio *s.m.* **1** apoyo, sostén **2** (*fig.*) apoyo, protección (*f.*), influencias (*f.pl.*) **3** (*mil.*) apoyo, cobertura (*f.*) **4** (*edil.*) soporte, fiador **5** (*sport*) (*alpinismo*) presa (*f.*).
apposito *agg.* adecuado, apropiado, pertinente (*m.* e *f.*).
apposta *avv.* **1** a/de propósito, adrede, con mala baba **2** exclusivamente, solamente, únicamente.
apprendista *s.m.* e *s.f.* **1** (*giur.*) aprendiz **2** novicio (*m.*), principiante.
appresso A *avv.* **1** cerca, al lado **2** a continuación, en seguida **3** tras, detrás **B** *prep.* **1** cerca, al lado de **2** detrás, tras, en pos de.
apprezzare *v.tr.* **1** (*fig.*) apreciar, estimar, reconocer **2** agradecer, apreciar.
approccio *s.m.* **1** (anche *sport*) acercamiento, aproximación (*f.*) **2** propuesta (*f.*), proposición (*f.*), oferta (*f.*) **3** orientación (*f.*), criterio, punto de vista **4** encuentro, contacto **5** (*ant.* e *mil.*) aproches (*pl.*).
approdo *s.m.* **1** (*mar.*) arribada (*f.*), atraque **2** (*mar.*) puerto de arribada **3** (*fig.*) meta (*f.*), llegada (*f.*), fin.
approffittare A *v.tr.* aprovechar, sacar provecho **B** *v.intr.pron.* aprovecharse, abusar, servirse.
approfondire A *v.tr.* **1** ahondar, profundizar **2** (*fig.* e *lett.*) exacerbarse, avivarse **3** (*fig.*) ahondar, profundizar, examinar, bucear **B** *v.intr.pron.* (anche *fig.*) ahondarse.
appropriato *agg.* adecuado, apropiado, idóneo.
approssimativo *agg.* **1** aproximado, aproximativo **2** aproximativo, superficial (*m.* e *f.*).

approvare *v.tr.* **1** aprobar, dar por bueno, declarar hábil y competente **2** (*lodare*) alabar, elogiar **3** (*giur.*) aprobar, autorizar **4** aprobar, asentir, consentir.
approvazione *s.f.* **1** aprobación, consenso (*m.*), conformidad **2** (*giur.*) aprobación, autorización.
appuntamento *s.m.* **1** cita (*f.*), entrevista (*f.*) **2** hora.
appunto[1] *avv.* **1** (*rafforzativo*) justamente, justo, precisamente **2** (*affermativo*) pues sí, cierto, claro.
appunto[2] *s.m.* **1** apunte, nota (*f.*) **2** (*fig.*) observación (*f.*), reproche **3** (*comm.*) (*banca*) efecto, documento.
aprile *s.m.* abril.
aprire A *v.tr.* **1** abrir, descubrir **2** abrir, hacer, cavar, dar paso **3** abrir, hender, cortar **4** extender, desdoblar **5** abrirse, confiar, descubrir **6** (*fig.*) abrir, fundar **7** abrir, extender, desplegar **8** abrir, iniciar, comenzar **9** abrir, ir a la cabeza **10** inaugurar, abrir **B** *v.intr.* **1** abrirse, partirse, rasgarse **2** abrirse **3** ensancharse, abrirse **4** (*fig.*) abrirse, extenderse **5** abrirse, florecer **6** abrir, iniciar la actividad **7** (*fig.*) abrirse, establecer un acuerdo **C** *v.pron.* (*fig.*) abrirse, franquearse.
aquila *s.f.* **1** (*zool.*) (anche *fig.*) águila **1** (*stor.*) águila, enseña de la legión romana.
aquilone *s.m.* **1** (*vento*) cometa **2** (*geog.* e *lett.*) aquilón, norte.
arabo *agg.* e *s.m.* árabe (*m.* e *f.*).
arachide *s.f.* (*bot.*) cacahuete (*m.*), maní (*m.*).
aragosta *s.f.* (*zool.*) langosta // *color ~,* color rojo langosta.
arancia *s.f.* (*bot.*) naranja.
arancione *agg.m.* e *f.* e *s.m.* anaranjado (*agg.m.*), color naranja.
aratro *s.m.* (*agr.*) arado.
arazzo *s.m.* tapiz, paño.
arbitrio *s.m.* **1** (*rel.*) albedrío **2** (*fig.*) arbitrio, voluntad (*f.*) **3** arbitrariedad (*f.*), abuso, ilegalidad (*f.*).
arbitro *s.m.* **1** árbitro, dueño **2** (*giur.* e *sport*) árbitro.
arcaico *agg.* arcaico, muy antiguo.
archeologia *s.f.* arqueología.
architetto *s.m.* **1** arquitecto **2** (*fig.*) artífice (*m.* e *f.*), autor.
architettura *s.f.* **1** arquitectura **2** (*fig.*) estructura.
archivio *s.m.* **1** (*raccolta*) archivo **2** (*luogo*) archivo, fondo **3** (*inform.*) archivo **4** (*periodico*) boletín, revista (*f.*).
arcipelago *s.m.* **1** (*geog.*) archipiélago **2** (*fig.* e *lett.*) multitud (*f.*).
arcivescovo *s.m.* (*rel.*) arzobispo.
arco *s.m.* **1** (anche *arch., fis., mat.* e *mus.*) arco **2** (*anat.*) arco, curva (*f.*) **3** (*mil.*) movimiento de traslación de un proyectil **4** (*fig.*) curso, transcurso, lapso **5** (*astro.*) arco de progresión.
arcobaleno *s.m.* arco iris, vara de luz, arco del cielo.
ardesia *s.f.* **1** (*min.*) pizarra **2** (*colore*) pizarra.
ardire A *v.intr.* atreverse, aventurarse **B** *v.tr.* osar, tener la osadía **C** *s.m.* **1** valor, trepidez (*f.*) **2** (*fig.*) osadía (*f.*), descaro, desvergüenza (*f.*).
arduo *agg.* **1** escarpado, abrupto **2** (*fig.*) arduo, difícil (*m.* e *f.*).
area *s.f.* **1** área, terreno (*m.*), solar (*m.*) **2** (*mat.*) área **3** (*meteo.*) área, región, zona **4** (*fig.*) esfera, sector (*m.*), campo (*m.*) **5** (*pol.*) sector (*m.*), bloque (*m.*).
arena[1] *s.f.* **1** arena **2** (*lett.*) playa **3** (*poes.*) suelo (*m.*) **4** (*med.*) arenilla.
arena[2] *s.f.* **1** (*archeol.*) arena, palestra **2** anfiteatro (*m.*) **3** (*cinema all'aperto*) cine de verano **4** (*sport*) pista, estadio (*m.*) **5** (*tauro.*) arena, coso (*m.*).
argento *s.m.* **1** (*min.*) plata (*f.*) **2** (*fig.*) color plateado.
argilla *s.f.* arcilla, argilla.

argine *s.m.* **1** dique, malecón, muro de contención **2** (*fig.*) freno, atajo **3** (*mil.*) terraplén **4** terraplén, malecón **5** (*equit.*) obstáculo.
argomento *s.m.* **1** (anche *fil.*) argumento, razonamiento **2** motivo, ocasión (*f.*), pretexto **3** tema, argumento, asunto **4** sumario, resumen.
aria *s.f.* **1** (anche *astrol.*) aire (*m.*) **2** clima (*m.*) **3** (*carcere*) recreo al aire libre **4** (*teatr.*) ciclorama (*m.*) **5** (*mus.*) aria **6** aire (*m.*), viento (*m.*) **7** (*mus.*) aire (*m.*), melodía, tema (*m.*) **8** (anche *fig.*) *aire* (*m.*).
aridità *s.f.inv.* **1** aridez (*sing.*), esterilidad (*sing.*) **2** (*fig.*) pobreza (*sing.*), escasez (*sing.*), carencia (*sing.*).
ariete *s.m.* **1** (*zool.*) carnero, aries **2** (*mil.*) ariete **3** (*mar.*) ariete, buque blindado con espolón **4** (*astro.*) aries.
aringa *s.f.* (*zool.*) arenque (*m.*).
aristocrazia *s.f.* **1** aristocracia, clase noble **2** (*fig.*) aristocracia, elite **3** (*fig.*) finura, urbanidad, cortesía.
aritmetica *s.f.* aritmética.
arlecchino A *agg.inv.* a rombos, a cuadros, arlequinado **B** *s.m.* (anche *teatr.*) arlequín **2** (*fig.*) arlequín, bufón.
arma *s.f.* **1** arma **2** (*fig.*) arma, medio (*m.*) **3** (*mil.*) arma, ejército (*m.*), fuerza **4** escudo de armas.
armadillo *s.m.* (*zool.*) armadillo.
armadio *s.m.* armario, ropero.
armatura *s.f.* **1** (anche *lett.*) armadura **2** (*ant.* e *mil.*) antigua máquina de guerra **3** (*fort.*) encofrado (*m.*) **4** (*min.*) entibación **5** (*edil.*) estructura, armazón (*m.*) **6** (*fig.*) coraza, protección **7** (*tess.*) textura **8** armadura, armazón (*m.*) **9** (*zool.*) coraza, caparazón (*m.*).
armistizio *s.m.* armisticio.
armonia *s.f.* **1** (anche *mus.*) armonía **2** (*fig.*) armonía, proporción, correspondencia **3** (*fig.*) armonía, amistad, buena relación.
armonica *s.f.* **1** (*mus.*) armónica **2** (*fis.* e *mat.*) armónico (*m.*).
arnese *s.m.* **1** herramienta (*f.*), instrumento, instrumental **2** utensilio **3** (*fam.*) chisme, trasto **4** (*fam.*) facha (*f.*), aspecto **5** (*fig.*) (*fam.*) tipejo.
aroma *s.m.* **1** aroma, perfume, olor **2** especia (*f.*) **3** (*vino*) buqué.
arpa *s.f.* (*mus.*) arpa.
arrabbiare A *v.tr.* (*vet.*) rabiar, padecer el mal de rabia **B** *v.intr.pron.***1** enfadarse, impacientarse, enojarse **2** (*fam.*) empeñarse, insistir **3** (*agr.*) desmedrarse, no crecer el trigo.
arrabbiata *s.f.* (*fam.*) enfado (*m.*) pasajero, enojo (*m.*).
arrampicata *s.f.* **1** trepa **2** (*sport*) (*alpinismo*) escalada, ascensión.
arrangiare A *v.tr.* **1** arreglar, ajustar **2** (*fig.*) improvisar **3** (*mus.*) adaptar, hacer un arreglo **B** *v.intr.pron.* arreglarse, apañarse.
arrapato *agg.* (*volg.*) cachondo, arrecho.
arredamento *s.m.* **1** (anche *cine.* e *teatr.*) decoración (*f.*) **2** mobiliario, muebles (*pl.*).
arredare *v.tr.* **1** amueblar **2** decorar una casa, montar.
arrendersi *v.intr.pron.* **1** rendirse, entregarse **2** (*fig.*) rendirse, ceder, claudicar.
arrestare A *v.tr.* **1** detener, parar **2** (*giur.*) arrestar, detener, apresar **B** *v.pron.* detenerse, pararse.
arretrato *agg.* atrasado.
arricchire A *v.tr.* **1** enriquecer, hacer rico **2** (*fig.*) enriquecer, engrandecer, aumentar **3** (*fig.*) enriquecer, adornar **B** *v.intr.pron.* enriquecerse, hacerse rico.
arrivare *v.intr.* **1** llegar, venir **2** llegar, alcanzar **3** llegar, tocar, alcanzar **4** (*fig.*) lograr, ser capaz **5** (*fig.*) llegar, terminar **6** llegar, concluir.
arrivederci *inter.* ¡hasta la vista!, ¡hasta luego!, ¡adiós!

arrivo *s.m.* **1** llegada (*f.*) **2** (*sport*) meta (*f.*).
arrogante *agg.* e *s.m.* e *f.* arrogante (*agg.*), soberbio (*agg.m.*), insolente.
arrossire *v.tr.* ruborizarse, enrojecerse, sonrojarse.
arrostire A *v.tr.* **1** (*cuc.*) asar **2** (*cuc.*) tostar **B** *v.intr.pron.* (*fig.*) tostarse, broncearse.
arrosto *agg.inv.* e *avv.* e *s.m.* (*cuc.*) asado.
arrotolare A *v.tr.* **1** arrollar, enrollar, envolver **2** liar **B** *v.pron.* arrollarse, enrollarse.
arrotondare A *v.tr.* **1** redondear **2** (*fig.*) afinar, embellecer **3** (*mat.*) redondear, arredondear **B** *v.intr.pron.* **1** redondearse, ponerse redondo **2** (*fam.*) engordar, echar carnes.
arsenale *s.m.* **1** (*mar.*) astillero, arsenal **2** (*mil.*) arsenal, maestranza (*f.*) **3** (*fig.*) arsenal, mina (*f.*) **4** (*fig.* e *scherz.*) montón, cúmulo.
arsenico *agg.* (*chim.*) arsénico.
arte *s.f.* **1** arte (*m.*) **2** arte (*m.*), obra **3** (*fig.*) habilidad, maña **4** (*mestiere*) arte (*m.*), técnica.
arteria *s.f.* **1** (*anat.*) arteria **2** (*fig.*) arteria, calle principal.
artico *agg.* e *s.m.* ártico.
articolazione *s.f.* **1** (*anat., bot.* e *ling.*) articulación.
articolo *s.m.* **1** (*gramm.*) artículo **2** artículo, párrafo **3** (*giorn.*) artículo, escrito **4** (*dizionario*) artículo, entrada (*f.*) **5** (*comm.*) asiento, partida (*f.*) **6** artículo, mercancía (*f.*).
artificiale *agg.m.* e *f.* **1** artificial **2** (*fig.*) artificial, falso (*m.*), ficticio (*m.*).
artigiano *agg.* artesano, artesanal (*m.* e *f.*).
arto *s.m.* (*anat.*) miembro, extremidades (*f.pl.*).
artrite *s.f.* (*med.*) artritis (*inv.*).
ascella *s.f.* axila, sobaco (*m.*).
ascensore *s.m.* ascensor.
ascia *s.f.* **1** (*oggetto*) hacha, segur **2** (*persona*) carpintero (*m.*).
asciugamano *s.m.* toalla (*f.*).
asciugare A *v.tr.* **1** secar **2** desaguar, desecar **3** enjugar, secar **4** (*fig.*) vaciar, agotar **B** *v.pron.* secarse **C** *v.intr.pron.* **1** secarse **2** (*fig.*) adelgazar, enflaquecer.
ascoltare *v.tr.* **1** escuchar, oír **2** escuchar, seguir, dar **3** acceder, consentir **4** obedecer **5** oír, atender.
asiatico *agg.* e *s.m.* asiático.
asilo *s.m.* **1** asilo, refugio, amparo **2** asilo, hospicio.
asino *s.m.* **1** (*zool.*) asno, burro **2** (*fig.*) asno, burro.
asmatico *agg.* e *s.m.* (*med.*) asmático.
asociale *agg.* e *s.m.* e *f.* asocial (*agg.*), antisocial (*agg.*).
asparago *s.m.* (*bot.*) espárrago.
aspettare *v.tr.* **1** esperar **2** esperar, detenerse en el obrar **3** aguardar, estar esperando **4** (*fig.*) esperar, contar con **5** detenerse, pararse.
aspetto *s.m.* **1** (anche *astrol.* e *ling.*) aspecto **2** aspecto, apariencia (*f.*), parecer **3** (*fig.*) aspecto, punto de vista.
aspirina *s.f.* (*farm.*) aspirina.
aspro *agg.* **1** (*sapore*) áspero, agrio **2** (*odore*) acre (*m.* e *f.*), áspero, picante (*m.* e *f.*) **3** (*suono, voce*) áspero, estridente (*m.* e *f.*), desapacible (*m.* e *f.*) **4** (*tatto*) áspero, poco suave (*m.* e *f.*) **5** escabroso, áspero, desigual (*m.* e *f.*) **6** (*fig.*) áspero, rudo, hosco **7** (*clima, stagione*) duro, inclemente (*m.* e *f.*) **8** (*terreno*) árido, yermo **9** (*fig.*) difícil (*m.* e *f.*), penoso, arduo.
assassino A *agg.* **1** asesino, criminal (*m.* e *f.*) **2** (*fig.*) castigador, seductor **B** *s.m.* (anche *fig.*) asesino, homicida (*m.* e *f.*).
asse *s.m.* **1** (anche *mat.*) eje **2** (*fig.*) eje, alianza (*f.*), pacto.
assegno *s.m.* **1** asignación (*f.*) **2** renta (*f.*), subsidio **3** (*comm.*) cheque, talón **4** reembolso.

assemblea *s.f.* **1** asamblea, reunión **2** (*giur.*) asamblea, sesión, conferencia **3** (*econ.*) asamblea, junta **4** (*mar.*) llamamiento (*m.*), revista.
assente A *agg.m.* e *f.* **1** (anche *giur.*) ausente **2** (*lontano*) lejano (*m.*), ausente **3** (*fig.*) ausente, distraído (*m.*), no atento (*m.*) **B** *s.m.* e *f.* **1** ausente **2** (*fig.*) difunto, muerto.
assenzio *s.m.* **1** (*bot.*) ajenjo **2** (*liquore*) ajenjo, licor de ajenjo **3** (*fig.* e *lett.*) ajenjo, amargura (*f.*), pesadumbre (*f.*).
assetato A *agg.* **1** (anche *fig.*) sediento **2** (*fig.*) seco.
assicurare A *v.tr.* **1** asegurar, garantizar **2** asegurar, proteger, preservar **3** asegurar, afianzar, fijar **4** asegurar, concertar un seguro **5** (*fig.*) asegurar, tranquilizar, infundir confianza **B** *v.pron.* **1** asegurarse, cerciorarse **2** tranquilizarse **3** (*mettersi al sicuro*) repararse, protegerse **4** asegurarse.
assicurazione *s.f.* **1** seguro (*m.*), aseguración **2** aseguramiento (*m.*) **3** (*sport*) (*alpinismo*) amarre (*m.*) de seguridad.
assistente *agg.* e *s.m.* e *f.* **1** (*comm.* e *med.*) asistente, auxiliar **2** (*rel.*) asistente.
assistenza *s.f.* **1** asistencia, presencia **2** (*giur.*) asistencia **3** asistencia, ayuda, socorro (*m.*) **4** (*med.*) asistencia, cuidados (*m.pl.*).
assistere[1] *v.tr.* asistir, estar presente, hallarse presente.
assistere[2] *v.tr.* **1** asistir, cuidar, socorrer **2** asistir, ayudar, coadyuvar **3** asistir, preocuparse, encargarse.
asso *s.m.* **1** (*gioco*) (*carte, dadi*) as **2** (*fig.*) as, campeón.
associazione *s.f.* **1** (anche *bio.* e *psic.*) asociación **2** asociación, agrupación, sociedad.
assoluto A *agg.* **1** absoluto, exclusivo **2** (*fig.*) absoluto, autoritario, despótico **3** absoluto, universal (*m.* e *f.*) **4** absoluto, completo, total (*m.* e *f.*) **5** (*fis.*, *ling.* e *mat.*) absoluto **B** *s.m.* (*fil.*) el absoluto.
assorbente A *agg.m.* e *f.* absorbente, secante **B** *s.m.* **1** (*sostanza*) absorbente **2** compresa (*f.*) higiénica, absorbente.
assumere *v.tr.* **1** asumir, endosar, cargar con **2** adoptar, tomar **3** adquirir, cobrar, tomar **4** ingerir, tomar **5** (*comm.*) contratar **6** (*giur.*) acoger, admitir, aceptar.
assurdo A *agg.* **1** absurdo, desatinado, disparatado **2** absurdo, insensato **3** sorprendente (*m.* e *f.*) **B** *s.m.* absurdo, absurdidad (*f.*).
asta *s.f.* **1** asta, palo (*m.*) **2** (*mar.*) asta, bauprés **3** (*sport*) (*atletica leggera*) pértiga **4** lanza **5** (*alfabeto*) palo (*m.*) **6** (*giur.*) subasta, remate (*m.*).
astice *s.m.* (*zool.*) bogavante.
astratto *agg.* abstracto.
astro *s.m.* **1** (*astro.* e *astrol.*) astro, cuerpo celeste **2** (*fig.*) astro, estrella (*f.*), divo.
astuccio *s.m.* **1** estuche **2** (*arma*) funda (*f.*), vaina (*f.*).
astuzia *s.f.* astucia, ardid (*m.*), treta.
ateneo *s.m.* universidad (*f.*).
ateo *agg.* e *s.m.* ateo.
atlante *s.m.* **1** (*geog.*) atlas (*inv.*), colección de mapas geográficos **2** atlas (*inv.*).
atlantico *agg.* atlántico.
atleta *s.m.* e *s.f.* **1** (anche *fig.*) atleta **2** (*fig.* e *lett.*) atleta, defensor.
atmosfera *s.f.* **1** (*geog.*) atmósfera **2** (*fig.*) atmósfera, ambiente (*m.*) **3** (*fis.*) atmósfera, unidad de medida de la presión.
atomico *agg.* **1** atómico **2** atómico, nuclear (*m.* e *f.*) **3** (*fig.*) espectacular (*m.* e *f.*), extraordinario.
atomo *s.m.* **1** átomo **2** (*fig.*) átomo, partícula (*f.*).

atrio *s.m.* **1** (*archeol.*) atrio, peristilo **2** atrio, vestíbulo, entrada (*f.*) **3** (*anat.*) atrio.
atroce *agg.m.* e *f.* **1** atroz, fiero (*m.*), inhumano (*m.*) **2** atroz, cruel, terrible **3** atroz, intenso (*m.*) **4** (*iperbolico*) atroz, bárbaro (*m.*).
attaccare A *v.tr.* **1** pegar, coser **2** pegar, adherir, aglutinar **3** (*fig.*) pegar, contagiar **4** atar, enlazar **5** atacar, acometer **6** (*sport*) atacar **7** (*fig.*) entablar, trabar, comenzar **8** colgar **9** aplicar, poner **10** enchufar, conectar **11** (*fig.*) atacar, criticar **12** (*ruggine*) atacar, corroer **13** enganchar **B** *v.intr.* pegar, adherir **C** *v.intr.pron.* **1** pegarse, adherir **2** pegarse, contagiarse **3** asirse, agarrarse **4** (*cuc.*) pegarse, quemarse, agarrarse **5** apegarse, encariñarse **D** *v.pron.* (*reciproco*) atacarse, acometerse.
attacco *s.m.* **1** juntura (*f.*), unión (*f.*) **2** (*tecn.*) enganche **3** (*elett.*) enchufe, toma (*f.*) **4** (*cavalli*) tiro **5** (*mil.*) ataque, acometida (*f.*) **6** (*sport*) delantera (*f.*), ataque **7** (*med.*) ataque, acceso **8** (*fig.*) ataque, crítica (*f.*), censura (*f.*) **9** (*chim.*) corrosión (*f.*), ataque, mordido **10** (*mus.*) inicio.
atteggiamento *s.m.* **1** (*movenza*) actitud (*f.*), postura (*f.*), porte **2** (*fig.*) actitud (*f.*), talante, disposición (*f.*).
attentato *s.m.* **1** (*giur.*) atentado, agresión (*f.*) **2** (*fig.*) atentado, atropello.
attenzione A *inter.* ¡atención!, ¡cuidado! **B** *s.f.* **1** atención **2** cuidado (*m.*), esmero (*m.*).
atterraggio *s.m.* **1** (*aer.*) aterrizaje **2** (*mar.*) aterraje.
attesa *s.f.* espera.
attico A *agg.* **1** ático **2** (*lett.*) ático **3** (*fig.*) ático, elegante (*m.* e *f.*), depurado **B** *s.m.* (*arch.*) ático.
attimo *s.m.* instante, rato, momento.
attirare A *v.tr.* **1** atraer **2** (*fig.*) llamar, atraer **B** *v.pron.* (*reciproco*) (*fig.*) atraerse.
attitudine[1] *s.f.* aptitud, capacidad.
attitudine[2] *s.f.* (*raro*) **1** actitud, postura, posición **2** actitud, conducta **3** (*fig.*) actitud, punto de vista.
attivare *v.tr.* **1** activar, poner en funcionamiento/marcha **2** (*chim.*) activar **3** (*bur.*) apurar, apresurar, dar prisa.
attività *s.f.inv.* **1** (anche *geol.* e *scient.*) actividad (*sing.*) **2** actividad (*sing.*), profesión (*sing.*) **3** (*comm.*) sector (*m.sing.*) **4** (*econ.*) (*bilancio*) activo (*m.sing*) **5** (*fis.*) radiactividad (*sing.*).
atto A *agg.* **1** apto, idóneo, adecuado **2** apropiado, apto **B** *s.m.* **1** (*teatr.*) acto **2** (*fig.*) actitud (*f.*), conducta (*f.*) **3** acto, actitud (*f.*), postura (*f.*) **4** (*fig.*) acto, demostración (*f.*), gesto **5** momento, instante **6** (*giur.*) (*documento*) acta (*f.*) **7** (*bur.*) acta (*f.*), partida (*f.*), fe (*f.*) **8** (*giur.*) (*atto notarile*) escritura (*f.*).
attore *s.m.* **1** actor **2** (*fig.*) protagonista (*m.* e *f.*) **3** (*giur.*) actor civil, demandante (*m.* e *f.*).
attorno *avv.* alrededor, en torno.
attraente *agg.m.* e *f.* atrayente, atractivo (*m.*).
attraversare A *v.tr.* **1** (anche *fig.*) atravesar, pasar **2** atravesar, cruzar **3** (*fig.* e *lett.*) estorbar, obstaculizar, impedir **B** *v.pron.* (*fig.*) oponerse, estorbar.
attraverso *prep.* **1** a través de, de un lado a otro, por entre **2** a través, por medio de **3** de través, oblicuamente.
attrazione *s.f.* **1** (*fis.*) atracción **2** (*fig.*) atracción, seducción, atractivo (*m.*) **3** (*spettacolo*) atracción, variedad.
attrezzo *s.m.* **1** (*mecc.* e *tecn.*) herramienta (*f.*), utillaje **2** (*utensile*) utensilio, enser **3** (*sport*) aparato de gimnasia **4** (*mar.*) armadura (*f.*), equipo.
attrito *s.m.* **1** (anche *fis.*) roce, fricción (*f.*) **2** (*fig.*) roce, desavenencia (*f.*), fricción (*f.*).

attuale *agg.m.* e *f.* **1** actual, presente, contemporáneo (*m.*) **2** actual, vigente **3** (*fil.*) actual, real.
attualità *s.f.inv.* **1** actualidad (*sing.*) **2** actualidad (*sing.*), acontecimiento (*m.sing.*).
attuare A *v.tr.* realizar, llevar a cabo **B** *v.intr.pron.* realizarse, concretarse, cumplirse.
audace *agg.m.* e *f.* **1** audaz, valiente, osado (*m.*) **2** audaz, arriesgado (*m.*) **3** provocativo (*m.*), atrevido (*m.*) **4** audaz, insolente, atrevido (*m.*) **5** (*fig.*) audaz, innovador.
audio *s.m.inv.* **1** (*radio* e *TV*) audios **2** sonidos.
augurio *s.m* (*stor.*) auguración (*f.*).
auguri *s.m.pl.* enhorabuena (*f.*), felicidades (*f.*).
aula *s.f.* **1** clase, aula **2** sala, aula **3** (*lett.*) sala del palacio.
aumentare A *v.tr.* **1** aumentar, crecer, acrecentar **2** (*lavoro a maglia*) crecer **3** (*fam.*) subir, aumentar, encarecer **B** *v.intr.* **1** aumentar, crecer **2** (*fam.*) subir, encarecerse.
aumento *s.m.* **1** aumento, crecimiento **2** (*fam.*) alza (*f.*), subida (*f.*), encarecimiento.
australe *agg.m.* e *f.* austral.
australiano *agg. e s.m.* australiano.
austriaco *agg.* e *s.m.* austríaco.
autentico *agg.* **1** auténtico, verdadero, legítimo **2** (*fig.*) auténtico, original (*m.* e *f.*) **3** (*giur.* e *mus.*) auténtico **4** (*fig.*) genuino, propio, natural (*m.* e *f.*) **5** (*iron.*) verdadero.
autismo *s.m.* (*psic.*) autismo.
autobus *s.m.inv.* autobús (*sing.*), ómnibus (*sing.*), (*amer.*) colectivo (*sing.*).
autografo *s.m.* autógrafo, firma (*f.*).
automatico A *agg.* **1** (*tecn.*) automático **2** (*fig.*) automático, maquinal (*m.* e *f.*), indeliberado **3** (*fig.*) automático, indefectible (*m.* e *f.*) **B** *s.m.* **1** automático, botón a presión **2** (*fusil.*) automático.
automobile *s.f.* automóvil (*m.*), coche (*m.*).
autonomia *s.f.* **1** autonomía, soberanía **2** autonomía, independencia **3** autonomía, libertad **4** (*aer. e tecn.*) autonomía.
autopsia *s.f.* (anche *fig,*) autopsia.
autore *s.m.* **1** autor **2** (*giur.*) autor, causante (*m.* e *f.*) **3** autor, creador, inventor **4** (*per antonomasia*) autor, escritor.
autorità *s.f.inv.* **1** autoridad (*sing.*), potestad (*sing.*), facultad (*sing.*) **2** autoridad (*sing.*), poder (*m.sing*) público **3** autoridad (*sing.*) **4** autoridad (*sing.*), influencia (*sing.*) **5** autoridad (*sing.*), prestigio (*m.sing*), crédito (*m.sing*) **6** autoridad (*sing.*), experto (*m.sing*).
autorizzazione *s.f.* **1** autorización, permiso (*m.*), licencia **2** (*giur.*) autorización.
autostrada *s.f.* autopista, carretera // ~ *a pedaggio,* autopista de peaje, (*amer.*) carretera de cuota.
autunno *s.m.* (anche *fig.*) otoño.
avanti A *agg.inv.* anterior (*m.* e *f.sing.*), antecedente (*m.* e *f.sing.*) **B** *avv.* **1** adelante, delante **2** antes **3** adelante **C** *inter.* ¡adelante! **D** *s.m.inv.* (*sport*) delantero (*sing.*).
avanzare[1] *v.intr.* **1** avanzar, ir hacia adelante **2** (*fig.*) avanzar, progresar, adelantar **3** (*mil.*) avanzar **4** (*fam.*) asomar, ver **B** *v.tr.* **1** (*fig.*) superar, vencer **2** (*fig.*) avanzar, ascender **3** avanzar, mover hacia adelante **4** (*fig.*) plantear, exponer, enunciar **5** presentar, hacer, dar **C** *v.intr.pron.* **1** avanzar, aproximarse **2** (*fig.*) aproximarse, acercarse.
avanzare[2] **A** *v.tr.* deber, ser acreedor **B** *v.intr.* sobrar, quedar, restar.
avaro *agg.* e *s.m.* **1** avaro, tacaño, avariento **2** (*fig.*) avaro **3** (*fig.*) parco, moderado.
avere A *v.tr.* **1** tener, poseer **2** tener **3**

obtener, conseguir, lograr **4** comprar, adquirir **5** recibir, tener **6** tener, sentir, padecer **7** tener, abarcar, contar **8** llevar **9** parecerse, asemejarse, tirar **B** *v.aus.* (*verbi transitivi/intransitivi/servili*) haber **C** *s.m.* (*comm.*) haber.

avido *agg.* ávido, codicioso.

avocado *s.m.inv.* (*bot.*) aguacate (*sing.*), ahucate (*sing.*), (*amer.*) palta (*f.sing.*).

avorio *s.m.* **1** marfil **2** color marfil **3** (*fig.* e *lett.*) candor, blancura (*f.*).

avvelenare A *v.tr.* **1** envenenar, emponzoñar, intoxicar **2** contaminar, inquinar **3** (*fig.*) envenenar, amargar **4** (*fig.*) corromper, pervertir, echar a perder **B** *v.pron.* **1** envenenarse, intoxicarse con veneno **2** envenenarse, suicidarse con veneno.

avvenimento *s.m.* acontecimiento, suceso, evento.

avvenire A *agg.inv.* futuro (*m.sing.*) **B** *s.m.inv.* porvenir, futuro (*sing.*) **C** *v.tr.* ocurrir, acontecer, suceder.

avverbio *s.m.* (*ling.*) adverbio.

avversario *agg.* e *s.m.* **1** adversario, enemigo, contrincante (*m.* e *f.*) **2** (*giur.*) contrario.

avvertire A *v.tr.* **1** advertir, sentir, percibir **2** advertir, observar, notar **3** advertir, avisar, señalar **4** advertir, aconsejar, recomendar **5** (*minaccia*) advertir, avisar **B** *v.tr.intr.* (*lett.*) fijarse, advertir.

avvicinare A *v.tr.* **1** acercar, arrimar, aproximar **2** abordar, acercarse **B** *v.intr.pron.* **1** acercarse, aproximarse **2** parecerse, asemejarse, tirar.

avviso *s.m.* **1** aviso **2** aviso, noticia (*f.*) **3** advertencia (*f.*), consejo, aviso **4** (*comm.*) anuncio, (*amer.*) aviso: *avvisi commerciali,* anuncios comerciales **5** (*giur.*) aviso, anuncio, notificación (*f.*) **6** parecer, opinión (*f.*).

avvocato *s.m.* **1** (*giur.*) abogado **2** (*fig.*) abogado, patrono, defensor.

avvolgere A *v.tr.* **1** (anche *fig.*) envolver, rodear **2** arrollar, envolver, devanar **3** envolver, cubrir, enrollar **B** *v.intr.pron.* **1** dar vueltas **2** enredarse, embrollarse **C** *v.pron.* envolverse, cubrirse.

avvoltoio *s.m.* (anche *fig.*) buitre.

azienda *s.f.* **1** (*comm.*) empresa, sociedad **2** (*econ.*) sector (*m.*), categoría.

azione *s.f.* **1** acción, acto (*m.*) **2** (*tecn.*) acción, funcionamiento (*m.*), marcha **3** acción, gesto (*m.*) **4** acción, efecto (*m.*) **5** (*lett.*) acción, argumento (*m.*) **6** (*giur.*) acción, demanda **7** (*mil.*) acción, batalla **8** (*fis.* e *sport*) acción **9** (*econ.*) acción.

azzardo *s.m.* **1** riesgo, peligro, aventura (*f.*) **2** azar (*f.*) **3** (*raro*) suerte (*f.*), fortuna (*f.*).

azzeccare *v.tr.* **1** acertar, dar el blanco **2** propinar, largar, dar **3** (*fig.*) acertar.

azzerare *v.tr.* **1** (*tecn.*) ajustar/poner a cero **2** (*fig.*) cancelar, anular.

azzuffarsi *v.pron.* pelear, venir a las manos.

azzurro *agg.* **1** azul (*m.* e *f.*) **2** celeste (*m.*) **3** (*sport*) de la selección italiana **B** *s.m.* **1** azul **2** (*sport*) atleta/deportista de la selección italiana **3** (*sport*) italiano **4** (*chim.*) azul.

B

b *s.f.inv.* letra b.
babà *s.m.* (*cuc.*) bizcocho borracho.
babbo *s.m.* (*fam.*) papà.
babbuino *s.m.* **1** (*zool.*) babuino, papión **2** (*fig.*) patoso, memo.
babordo *s.m.* (*mar.*) babor.
babysitter *s.m.* e *f.inv.* (*angl.*) babysitter, canguro (*sing.*).
bacato *agg.* **1** podrido, picado **2** (*fig.*) perdido, dañado.
bacca *s.f.* (*bot.*) baya.
baccalà *s.m.inv.* **1** bacalao (*sing.*) **2** (*fig.*) (*persona stupida*) tonto de capirote.
baccano *s.m.* ruido, algazara (*f.*), vocerío.
bacchetta *s.f.* **1** (*verga*) baqueta, varilla, palillo (*m.*) **2** (*bastone di comando*) vara, puntero (*m.*) **3** (*mus.*) batuta.
bacheca *s.f.* **1** cartelera, tablero (*m.*) de anuncios **2** urna.
baciare A *v.tr.* **1** besar **2** (*fig.*) besar, acariciar, rozar **B** *v.pron.* (*reciproco*) besarse.
bacillo *s.m.* (*bio.*) bacilo.
bacinella *s.f.* **1** (*chim.*) cubeta **2** (*recipiente*) barreño (*m.*), (*amer.*) palangana.
bacino *s.m.* **1** jofaina (*f.*), barreño, (*amer.*) palangana **2** (*anat.*) pelvis (*f.inv.*) **3** (*idr.*) dique, presa (*f.*), represa (*f.*) **4** (*geog.* e *min.*) cuenca (*f.*) **5** (*geog.*) embalse, pantano.
bacio *s.m.* beso.
badare A *v.intr.* **1** (*a*) cuidar, dedicarse, ocuparse **2** (*di*) poner atención, tener cuidado, estar atento **3** ocuparse, preocuparse **B** *v.tr.* vigilar, guardar.
baffi *s.m.pl.* **1** (*persona, animale*) bigotes **2** (*fig.*) (*onde*) olas.
bagaglio *s.m.* **1** equipaje, equipo **2** (*mil.*) (*anche fig.*) bagaje, acervo, patrimonio.
bagarino *s.m.* reventa (*m.* e *f.*).
bagascia *s.f.* (*pegg.*) fulana, bagasa.
bagliore *s.m.* **1** resplandor, esplendor, fulgor **2** (*fig.*) muestra (*f.*), manifestación (*f.*), aparición (*f.*) **3** (*fig.*) aparición (*f.*), asomo.
bagnare A *v.tr.* **1** mojar, rociar, regar **2** bañar, regar **B** *v.pron.* bañarse **C** *v.intr.pron.* mojarse, calarse, empaparse.
bagnino *s.m.* (*mar.*) bañista (*m.* e *f.*), socorrista (*m.* e *f.*).
bagno *s.m.* **1** baño **2** (*abitazione*) baño, cuarto de baño **3** (*locale pubblico*) lavabo, aseo, servicio.
bagnomaria *s.m.* (*cuc.*) a baño (de) María.
bagordi *s.m.pl.* cachondeo (*sing.*), follón (*sing.*), marcha (*f.sing.*), (*amer.*) farra (*f.sing.*), (*amer.*) farrear.
baia *s.f.* (*geog.*) bahía, ensenada, rada.
baita *s.f.* refugio (*m.*).
balaustrata *s.f.* (*arch.*) balaustrada, barandilla.

balbettare A *v.intr.* **1** balbucir, tartamudear, balbucear **2** empezar a hablar **B** *v.tr.* farfullar, mascullar, balbucir **C** (*fig.*) chapurrear, farfullar, conocer muy por encima.
balcone *s.m.* (*arch.*) **1** balcón **2** (*finestra grande*) mirador, terraza (*f.*).
baldoria *s.f.* **1** juerga, parranda, (*amer.*) farra **2** (*pegg.*) bacanal, orgía.
baldracca *s.f.* (*pegg.*) fulana, furcia.
balena *s.f.* **1** (*zool.*) ballena **2** (*fig.*) foca.
baleno *s.m.* destello, centelleo.
balia *s.f.* nodriza, ama/madre de leche, ama de cría.
balla *s.f.* **1** bala, farda, fardo (*m.*) **2** (*fig.*) (*bugia*) bola, trola, bulo (*m.*).
ballare A *v.intr.* **1** bailar, danzar **2** saltar, brincar **3** agitarse, temblar, estremecerse **4** bailar, oscilar, menearse **5** (*fig.*) (*vestiti*) quedar grande/holgado, nadar **B** *v.tr.* bailar.
ballo *s.m.* **1** baile, danza (*f.*) **2** (*anche fig.*) bache, baile.
ballottaggio *s.m.* (*pol.*) segundo escrutinio, (*amer.*) balotaje.
balordo A *agg.* **1** necio, botarate (*m.* e *f.*), tonto **2** insensato, majadero, disparatado **3** atontato, aturdido, mareado **4** malogrado, estropeado, arruinado **5** flojo, malo **B** *s.m.* (*gerg.*) quinqui (*m.* e *f.*), delincuente (*m.* e *f.*).
balsamo *s.m.* **1** bálsamo **2** (*fig.*) bálsamo, alivio, desahogo **3** (*capelli*) suavizante.
baltico *agg.* báltico.
baluardo *s.m.* (anche *fig.*) baluarte.
balzo *s.m.* **1** bote, rebote **2** brinco, salto **3** (*fig.*) salto, avance, ascenso.
bambinaia *s.f.* niñera.
bambino A *agg.* **1** muy joven (*m.* e *f.*), niño **2** (*fig.*) ingenuo, sencillo, elemental (*m.* e *f.*) **B** *s.m.* **1** niño, chiquillo, criatura (*f.*), (*amer.*) nene **2** hijo **3** (*fig.* e *iron.*) crío, criatura (*f.*).
bambola *s.f.* **1** muñeca **2** (*fig.*) muñeca, muñequita.
bambù *s.m.inv.* (*bot.*) bambú (*sing.*).
banale *agg.m.* e *f.* banal, trivial, insignificante.
banana *s.f.* **1** (*bot.*) plátano (*m.*) **2** (*pettinatura*) rosca.
banca *s.f.* **1** (*econ.*) banco (*m.*), banca **2** (*argine di terra*) refuerzo de terraplén.
bancarotta *s.f.* **1** (*econ.*) bancarrota **2** (*fig.*) fracaso (*m.*), ruina, crisis (*inv.*).
banchetto *s.m.* banquete, convite.
banco *s.m.* **1** banco **2** (*bar*) barra (*f.*) **3** (*negozio*) mostrador, tablero **4** (*pesce*) banco, majal.
bancomat *s.m.inv.* **1** cajero automático **2** (*tessera*) tarjeta (*f.sing.*).
banconota *s.f.* billete (*m.*), papel (*m.*) moneda.
banda[1] *s.f.* banda, lado (*m.*), costado (*m.*).
banda[2] *s.f.* **1** (anche *abb.*) lista, banda **2** (*fascia a tracolla*) bandolera, banda, faja **3** (*elett.* e *fis.*) espectro (*m.*), banda.
bandiera *s.f.* **1** bandera **2** bandera, pabellón (*m.*) **3** (*fig.*) emblema (*m.*), estandarte (*m.*), enseña **4** (*gioco*) juego de la bandera.
bandito *agg.* e *s.m.* bandido, bandolero, forajido.
bando *s.m.* **1** (*bur.* e *giur.*) bando, aviso **2** exilio, destierro, proscripción (*f.*).
bara *s.f.* ataúd (*m.*), féretro (*m.*), cajón (*m.*).
baracca *s.f.* **1** (*persone*) barraca, caseta, barracón (*m.*) **2** (*merci*) depósito (*m.*), almacén (*m.*) **3** (*fam.*) leonera, babilonia, circo (*m.*) **4** (*pegg.*) (*carretta*) trasto (*m.*), cacharro (*m.*), cachivache (*m.*).
barare *v.tr.* hacer trampa, jugar sucio, dar/tirar el pego.
baratro *s.m.* (anche *fig.*) abismo, precipicio, sima (*f.*).
baratto *s.m.* **1** (*comm.*) trueque, canje, intercambio **2** (*giur.*) permuta (*f.*).

barattolo *s.m.* **1** (*vetro*) frasco, bote, envase **2** (*latta*) lata (*f.*), tarro.
barba *s.f.* barba.
barbabietola *s.f.* (*bot.*) remolacha.
barbaro A *agg.* **1** (*sto.*) bárbaro **2** bárbaro, primitivo, salvaje (*m.* e *f.*) **3** (*fig.*) bárbaro, cruel (*m.* e *f.*), feroz (*m.* e *f.*) **B** *s.m.* (*sto.*) bárbaro.
barbecue *s.m.inv.* (*angl.*) (*cuc.*) barbacoa (*f.sing.*), parrilla (*f.sing.*), (*amer.*) parrillada (*f.sing.*).
barbiere *s.m.* peluquero, barbero.
barbiturico *agg.* e *s.m.* (*farm.*) barbitúrico.
barbone *s.m.* **1** (*zool.*) (*cane*) perro de aguas/lanas, caniche **2** (*persona*) barbudo **3** (*vagabondo, mendicante*) adán, vagabundo.
barboncino *s.m.* (*zool.*) (*cane*) caniche.
barca *s.f.* **1** (*mar.*) barca, bote (*m.*) **2** (*mar.*) barco (*m.*), velero (*m.*), yate (*m.*).
barella *s.f.* **1** (*med.*) camilla, parihuela **2** (*edil.*) angarillas (*pl.*), andas (*pl.*).
baricentro *s.m.* (anche *mat.*) baricentro.
barile *s.m.* **1** (*vino, olio*) tonel, barrica (*f.*) **2** (*birra, misura di capacità*) barril.
bario *s.m.* (*chim.*) bario.
barista *s.m.* e *f.* barman (*m.sing.*), (*amer.*) mesonero (*m.*).
baritono *s.m.* (*mus.*) barítono.
baro *s.m.* **1** (*gioco*) (*carte*) tahúr **2** (*imbroglione*) fullero, estafador.
barocco *agg.* e *s.m.* barroco.
barone *s.m.* **1** barón **2** (*econ.*) líder, dirigente (*m.* e *f.*), señor.
barra *s.f.* **1** (*anche segno grafico*) barra **2** (*met.*) barra, lingote (*m.*), rollo (*m.*) **3** (*geol.*) banco (*m.*), barra.
barracuda *s.m.inv.* (*zool.*) barracuda (*sing.*).
barricata *s.f.* **1** (*mil.*) barricada, trinchera, barrera **2** (*fig.*) bando (*m.*), partido (*m.*), ala.
barriera *s.f.* **1** barrera, valla, parapeto (*m.*) **2** (*arch., geog.* e *mil.*) barrera **3** (*fig.*) barrera, obstáculo (*m.*), impedimento (*m.*), traba **4** (*sport*) (*calcio*) barrera, defensa **5** (*equit.*) valla, obstáculo (*m.*) **6** (*fig.*) protección, defensa.
barrito *s.m.* **1** (*zool.*) (*elefante*) barrito **2** (*fig.*) berrido.
barzelletta *s.f.* chiste (*m.*), cuento (*m.*), chascarrillo (*m.*).
basare A *v.tr.* **1** (*arch.*) basar, asentar, apoyar **2** (*fig.*) basar, fundamentar, fundar **B** *v.pron.* (*su*) basarse, fundamentarse, fundarse, estribar.
basco A *agg.* e *s.m.* vasco **B** *s.m.* (*lingua*) vasco, euskera (*m.* e *f.*).
base *s.f.* **1** base, soporte (*m.*), asiento (*m.*), fondo (*m.*) **2** (*arch.*) base, basamento (*m.*), basa, pedestal (*m.*) **3** (*mecc.*) (*macchina*) asiento (*m.*), bancada, zócalo (*m.*) **4** (*chim., econ., mat., med., mil., pol., sport*) base **5** (*fig.*) base, premisa, fundamento (*m.*).
basilica *s.f.* (*arch.*) basílica.
bassifondi *s.m.pl.* (*fig.*) bajos fondos.
basso A *agg.* **1** bajo, pequeño, chico **2** bajo, modesto, exiguo, escaso **3** (*fig.*) bajo, humilde (*m.* e *f.*), popular (*m.* e *f.*) **4** (*acque*) bajo, poco profundo **5** (*suono*) bajo, tenue (*m.* e *f.*), quedo **6** (*mus.*) bajo, grave (*m.* e *f.*) **7** (*geog.*) meridional (*m.* e *f.*), del Sur **8** bajo, ruín (*m.* e *f.*), mezquino, vulgar (*m.* e *f.*) **B** *avv.* bajo **C** *s.m.* **1** bajo, fondo **2** (*mus.*) (anche *chitarra*) bajo **3** (*arch.*) (*pianta*) bajo.
bassotto A *agg.* bajito **B** *s.m.* (*zool.*) (*cane*) basset, perro salchicha.
basta[1] *cong.* si, con tal de.
basta[2] *inter.* **1** vale **2** ¡basta!, ¡basta ya!
bastardo A *agg.* **1** bastardo **2** (*fig.*) bastardo, espurio, infame (*m.* e *f.*) **3** (*zool.*) bastardo **B** *s.m.* **1** (*volg.*) cabrón, hijoputa (*m.* e *f.*) **2** (*animale*) bastardo.

bastare A *v.intr.* **1** bastar, alcanzar, ser suficiente **2** durar, alcanzar **B** *v.impers.* bastar con, ser suficiente, con tal de.

bastonata *s.f.* **1** paliza, zurra, azotaina, leñazo (*m.*) **2** (*fig.*) bastonazo (*m.*), palo (*m.*), revés (*m.*).

bastone *s.m.* **1** bastón, palo **2** (*autorità*) vara (*f.*), bastón **3** (*sport*) (*golf*) palo **4** (*fig.*) apoyo, sostén.

battaglia *s.f.* **1** (*mil.*) batalla, contienda, lid **2** (*fig.*) batalla, enfrentamiento (*m.*), lucha **3** (*campagna propagandistica*) campaña.

battello *s.m.* (*mar.*) **1** (*navigazione fluviale*) barco, lancha (*f.*), lanchón **2** bote, lancha (*f.*).

battere A *v.tr.* **1** azotar, percutir, dar **2** batir, picar, machacar **3** (*anche fig.*) recorrer, encaminarse, aventurarse **4** (*mil.*) batir, registrar, peinar **5** (*fig.*) batir, derrotar, vencer **6** (*fig.*) (*sport*) ganar, batir, derrotar **7** (*sport*) (*baseball*) batear **8** (*fig.*) sobrepujar, superar **B** *v.intr.* **1** (*a/en*) batir, golpear, repiquetear **2** (*sole*) picar, pegar **3** pulsar, latir **4** (*urtare*) pegar, chocar, rozar **5** (*fig.*) insistir, machacar, remachar **C** *v.intr.pron.* luchar, combatir **D** *v.pron.* (*reciproco*) batirse.

batteria *s.f.* **1** (*mar., mil., mus.* e *tecn.*) batería **2** (*sport*) eliminatoria **3** (*cani da caccia*) perrería, jauría **4** (*gabbia*) jaula.

batterio *s.m.* (*bio.*) bacteria (*f.*).

battesimo *s.m.* **1** (*rel.*) (anche *fig.*) bautismo **2** (*festa*) bautizo.

battito *s.m.* **1** (*fisiol.*) latido **2** golpeteo, tic-tac **3** (*pioggia*) repiqueteo.

battuta *s.f.* **1** golpe (*m.*), porrazo (*m.*), batacazo (*m.*) **2** (*segno*) cardenal (*m.*), moretón (*m.*) **3** (*fig.*) salida, ocurrencia, humorada **4** (*dattilografia*) tecleo (*m.*), toqueado (*m.*) **5** (*teatr.*) (*dialogo*) parte **6** (*mus.*) compás (*m.*) **7** (*caccia*) batida, montea, partida **8** (*sport*) (*tennis, ping pong*) saque (*m.*).

batuffolo *s.m.* (*tess.*) (*cotone, lana, bambagia*) copo.

baule *s.m.* **1** baúl **2** (*auto.*) maletero.

bauxite *s.f.* (*min.*) bauxita.

bava *s.f.* **1** baba, saliva **2** (*baco da seta*) seda **3** (*vento*) soplo (*m.*) **4** (*canna da pesca*) final (*m.*).

bazar *s.m.inv.* bazar (*sing.*).

bazzicare A *v.intr.* ser asiduo/parroquiano, frecuentar **B** *v.tr.* (*in*) ir a menudo.

beatificazione *s.f.* (*rel.*) beatificación.

bebè *s.m.inv.* bebé (*sing.*).

beccare A *v.tr.* **1** picotear, picar **2** (*colpire col becco*) picar, pegar picotazos/picotadas **3** (*insetto*) picar **4** (*fig.* e *fam.*) sorprender, pillar, coger **5** (*fig.* e *teatr.*) rechiflar, sisear, silbar, **6** (*fig.* e *fam.*) ganar, lograr, obtener **7** (*fig.* e *fam.*) coger, agarrar **8** (*fig.* e *fam.*) cobrar, propinarle, largarle **B** *v.intr.* (*fam.*) **1** encajar, cobrar una paliza **2** (*fig.*) picar, caer **C** *v.pron.* (*reciproco*) **1** (*colpirsi col becco*) picarse, picotearse, pegarse picotazos **2** (*fig.* e *fam.*) agarrarse, pelearse, picotearse.

becchino *s.m.* sepulturero, enterrador.

becco *s.m.* **1** (*geog.*) (*uccelli*) (anche *di oggetto*) pico **2** (*fig.* e *iron.*) (*persona*) boca (*f.*), pico **3** (*mus.*) (*strumento a fiato*) estrangul, boquilla (*f.*).

befana *s.f.* **1** (*pop.*) (*Epifania*) Reyes (*m.pl.*) **2** (*fig.*) bruja, cacatúa, esperpento (*m.*).

beffa *s.f.* **1** (*scherzo*) burla, broma **2** befa, burla, escarnio (*m.*), mofa.

beige *agg.inv.* e *s.m.inv.* (*franc.*) beis, beige.

belato *s.m.* **1** (*zool.*) balido **2** (*fig.*) gimoteo, llantina (*f.*), lloriqueo.

belga *agg.* e *s.m.* e *f.* belga.

bellezza *s.f.* **1** (*persona*) belleza, hermosura, beldad, lindeza **2** (*cosa, animale*) belleza, hermosura, primor (*m.*) **3** (*arte*) belleza **4** (*enfatico*) maravilla, portento (*m.*) **5** (*fam.*) guapa, maja.

bellico *agg.* bélico.
bello A *agg.* **1** (*cosa, animale*) hermoso, bonito **2** (*colloquiale*) majo, mono **3** (*persona*) guapo, majo, bien parecido **4** (*film, libro, musica, spettacolo*) bueno, bonito, hermoso **5** (*piacevole*) agradable (*m.* e *f.*), ameno, feliz (*m.* e *f.*), placentero **6** (*simpatico*) bonito, simpático, hermoso **7** (*giusto*) bueno, correcto **8** (*valore morale*) admirable (*m.* e *f.*), noble (*m.* e *f.*) **9** (*antifrastico*) menudo, bonito **B** *s.m.* (*solo sing.*) **1** belleza (*f.*), hermosura (*f.*), gracia (*f.*), elegancia (*f.*) **2** (*meteo.*) buen tiempo.
belva *s.f.* **1** (*zool.*) fiera, bestia, animal (*m.*) feroz **2** (*fig.*) bruto (*m.*), salvaje (*m.* e *f.*), bestia.
bemolle *s.m.* (*mus.*) bemol.
benché *cong.* **1** (*concessivo*) si bien, aunque **2** (*avversativo*) pero, mas, empero **3** (*rafforzativo*) ni.
benda *s.f.* **1** (anche *fig.*) venda **2** (*rel.* e *sto.*) ínfula **3** (*capigliatura*) coca, aladar (*m.*), banda.
bene A *agg.inv.* bien **B** *avv.* **1** (*in modo giusto*) bien, a conciencia, como corresponde, convenientemente, correctamente **2** (*in modo soddisfacente*) bien, perfecto **3** (*piacevolmente*) bien, a gusto **4** (*percezione*) bien, claramente, perfectamente **5** (*enfatico*) perfectamente, a fondo **6** (*completamente*) bien, completamente, del todo, por completo **7** (*rafforzativo*) bien, muy, bastante **8** (*intensivo*) muy, totalmente **9** (*numeri*) nada menos, la friolera de **C** *s.m.* **1** (anche *econ., giur.* e *rel.*) bien **2** (*affetto*) amor **3** paz (*f.*), tranquilidad (*f.*) **4** (*cosa opportuna*) bien, suerte (*f.*).
benedire *v.tr.* **1** (*rel.*) bendecir **2** agradecer, bendecir **3** celebrar, ensalzar, loar.
beneficenza *s.f.* beneficencia, caridad.
beneficio *s.m.* **1** beneficio, ayuda (*f.*) **2** beneficio, mejora (*f.*), provecho **3** (*econ.*) beneficio, utilidad (*f.*), útil, provecho.
benessere *s.m.* (*solo sing.*) bienestar.
benestante *agg.* e *s.m.* e *f.* acomodado (*m.*), pudiente.
benevolenza *s.f.* **1** benevolencia, benignidad, consideración **2** indulgencia, tolerancia, comprensión.
beniamino *s.m.* **1** (*figlio*) benjamín **2** preferido, favorito.
beninteso *avv.* (*rafforzativo*) por supuesto, claro está.
bensì *cong.* (*avversativo*) sino.
benvenuto A *inter.* ¡bienvenido! **B** *s.m.* bienvenida (*f.*).
benzina *s.f.* **1** (*chim.*) bencina **2** (*auto.*) gasolina.
bere A *s.m.* (*solo sing.*) bebida (*f.*), trago **B** *v.tr.* **1** beber, tomar **2** (*fig.*) creerse, tragarse **3** chupar, absorber **4** (*consumare*) consumir, gastar, tragar.
berlina *s.f.* **1** (*sto.*) picota **2** (*fig.*) escarnio (*m.*), mofa.
berlinese *agg.* e *s.m.* e *f.* berlinés.
bermuda *s.m.pl.* (*abb.*) bermudas.
bernoccolo *s.m.* **1** chichón, bollo, turumbón **2** (*fig.*) predisposición (*f.*), inclinación (*f.*).
berretto *s.m.* (*abb.*) gorra (*f.*), gorro // *berretti verdi,* boinas verdes; ~ *goliardico,* birrete goliárdico.
bersaglio *s.m.* **1** (*mil.*) (*anche fig.*) centro, hito **2** (*fig.*) blanco, meta (*f.*), objetivo **3** (*fis.*) núcleo atómico.
bertuccia *s.f.* **1** (*zool.*) macaco (*m.*) **2** (*fig.*) mono (*m.*).
besciamella *s.f.* (*cuc.*) besamel, besamela.
bestemmia *s.f.* **1** blasfemia **2** insulto (*m.*), agravio (*m.*), ultraje (*m.*) **3** (*fig.*) absurdo (*m.*), disparate (*m.*), dislate (*m.*).
bestia *s.f.* **1** animal (*m.*) **2** (*fig.*) (*persona*) bestia, animal (*m.*), bruto (*m.*), salvaje (*m.* e *f.*).
bestiame *s.m.* ganado.
bevanda *s.f.* bebida.

biancheria *s.f.* **1** (*abb.*) ropa interior **2** (*uso domestico*) lencería, ropa de casa.
bianchetti *s.m.pl.* (*zool.*) jaramugos de sardinas.
bianco A *agg.* **1** blanco **2** (*lett.*) (*abbagliante*) albo, cándido, níveo **3** (*pulito*) limpio **B** *s.m.* blanco.
biasimare *v.tr.* reprobar, criticar, desaprobar.
bibbia *s.f.* (*rel.*) (anche *fig.*) biblia.
biberon *s.m.inv.* (*franc.*) biberón (*sing.*).
bibita *s.f.* bebida.
biblioteca *s.f.* **1** biblioteca **2** (*mobile*) biblioteca, librería, librero (*m.*).
bicchiere *s.m.* vaso.
bicicletta *s.f.* bicicleta.
bicipite *agg.* e *s.m.* (*anat.*) bíceps (*inv.*).
bidè *s.m.inv.* bidé (*sing.*).
bidello *s.m.* bedel.
bidone *s.m.* **1** bidón **2** (*fig.* e *fam.*) (*truffa, imbroglio*) camelo, estafa (*f.*), timo **3** (*fig.* e *fam.*) (*appuntamento andato a vuoto*) plantón **4** (*fam.*) (*congegno*) bañadera (*f.*).
biennale A *agg.m.* e *f.* bienal **B** *s.f.* (*arte*) bienal.
bietola *s.f.* (*bot.*) **1** acelga **2** (*barbabietola*) remolacha.
bifora *s.f.* (*arch.*) ajimez (*m.*).
bigamia *s.f.* bigamia.
biglietto *s.m.* **1** (*foglietto*) hoja (*m.*) **2** (*corrispondenza*) billete, tarjeta (*f.*) **3** (*mezzo pubblico, treno*) billete, tíquet, (*amer.*) boleto **4** (*aereo, nave*) billete, (*amer.*) pasaje **5** (*cinema, teatro*) entrada (*f.*), tíquet, (*amer.*) localidad (*f.*) **6** (*denaro*) billete de banco, papel moneda.
bignami *s.m.* remediavagos (*inv.*).
bignè *s.m.inv.* (*cuc.*) petisús, buñuelo de viento (*sing.*).
bigotto *agg.* e *s.m.* mojigato, tragasantos (*m.* e *f.inv.*).
bilancia *s.f.* **1** (*econ.* e *mecc.*) balanza **2** (*astro.* e *astrol.*) libra, balanza.
bilancio *s.m.* **1** (*comm.*) balance **2** (*fig.*) balance, resultado, consecuencia (*f.*) **3** (*fig.*) balance, síntesis (*f.inv.*), valoración (*f.*).
bile *s.f.* **1** (*anat.*) bilis (*inv.*) **2** (*fig.*) bilis (*inv.*), cólera, ira.
biliardo *s.m.* (*gioco*) billar.
bilico *s.m.* **1** (anche *fig.*) vilo, equilibrio **2** (*cerniera*) bisagra (*f.*) **3** (*bilancia*) cruz (*f.*), brazo, astil.
bilocale *s.m.* vivienda de dos habitaciones.
bimbo *s.m.* criatura (*f.*), crío, chiquillo.
bimestre *s.m.* bimestre.
binario A *agg.* binario **B** *s.m.* (*ferr.*) **1** vía (*f.*) **2** (*banchina*) andén.
binocolo *s.m.* (*ott.*) binóculo, gemelos (*pl.*).
biodegradabile *agg.m.* e *f.* (*chim.*) (anche *bio.*) biodegradable.
biologia *s.f.* (*scient.*) biología.
biondo *agg.* e *s.m.* rubio, rubiales (*inv.*).
birichino A *agg.* travieso, revoltoso **B** *s.m.* bandido, pillete, pilluelo.
biro *s.f.inv.* bolígrafo (*m.sing.*), boli (*m.sing.*).
birra *s.f.* cerveza.
bis *agg.inv.* (anche *inter.*) bis.
bisbiglio *s.m.* **1** bisbiseo, cuchicheo, susurro **2** (*diceria*) chisme, habladuría (*f.*), voz (*f.*) **3** (*lett.*) susurro, murmullo.
bisca *s.f.* garito (*m.*), gazapón (*m.*), (*amer.*) timba.
biscia *s.f.* (*zool.*) culebra.
biscotto *s.m.* **1** (*cuc.*) galleta (*f.*) **2** (*pane, ceramica*) bizcocho.
bisessuale *agg.* e *s.m.* e *f.* bisexual.
bisestile *agg.m.* e *f.* bisiesto (*m.*).
bisnonno *s.m.* bisabuelo.
bisognare A *v.impers.* **1** ser conveniente/necesario/preciso, haber que **2** (*enfatico*) haber que **B** *v.tr.* necesitar, hacer falta.
bisogno *s.m.* **1** necesidad (*f.*), falta (*f.*) **2** (*mancanza di mezzi*) necesidad

(*f.*), pobreza (*f.*), indigencia (*f.*) **3** (*psicologico*) exigencia (*f.*), necesidad (*f.*) **4** (*necessità corporali*) necesidades (*f.pl.*).
bisonte *s.m.* (*zool.*) bisonte.
bistecca *s.f.* (*cuc.*) bistec (*m.*).
bisticcio *s.m.* **1** altercado, pelotera (*f.*), pelea (*f.*) **2** (*scioglilingua*) juego de palabras.
bisturi *s.m.inv.* (*med.*) bisturí (*sing.*), sajador (*sing.*).
bitume *s.m.* (*chim.*) betún, alquitrán.
bivio *s.m.* **1** (*strada*) cruce, encrucijada (*f.*), bifurcación (*f.*) **2** (*fig.*) punto crucial, encrucijada (*f.*).
bizantino *agg.* **1** bizantino **2** (*fig.*) bizantino, rebuscado, sofisticado **3** (*fig.*) (*discorso, discussione*) sutil (*m.* e *f.*), pedante (*m.* e *f.*).
blackout *s.m.inv.* (*angl.*) **1** apagón (*sing.*), (*amer.*) corte (*m.sing.*) de luz **2** (*fig.*) interrupción (*f.sing.*) **3** (*fig.*) (*notizie*) falta (*f.sing.*) de noticias **4** (*fig.*) (*memoria*) vacío (*sing.*).
blasfemo *agg.* blasfemo, injurioso.
blaterare *v.intr.* (*pegg.*) cascar, rajar.
bloccare A *v.tr.* **1** (*mil.*) asediar, sitiar, cercar **2** interrumpir, cortar, detener **3** atajar, detener, frenar, inmovilizar **4** (*sport*) blocar, detener, interceptar **5** (*sport*) (*rugby*) taclear **6** (*comm.* e *econ.*) bloquear, congelar **7** (*mecc.*) fijar, sujetar **8** (*tecn.*) bloquear **B** *v.intr./tr.* (*su*) concentrar **C** *v.intr.pron.* **1** (*mecc.*) agarrotarse, atascarse, bloquearse **2** (*traffico*) atascarse, colapsarse **3** (*psic.*) inhibirse.
blocco[1] *s.m.* **1** (*pietra*) bloque **2** (*geol.*) macizo, bloque **3** (*fig.*) bloque, frente, alianza (*f.*) **4** (*sport*) hoyo, taco **5** (*elett.* e *inform.*) bloque **6** (*blocknotes*) bloc.
blocco[2] *s.m.* **1** (*mecc.* e *med.*) bloqueo **2** (*mil.*) bloqueo, embargo **3** (*giur.*) congelación (*f.*).
blu *agg.inv.* e *s.m.inv.* azul (*sing.*).
bluff *s.m.inv.* (*angl.*) **1** (*gioco*) (*poker*) bluff **2** (*fig.*) bluff, apariencia (*f.sing.*), finta (*f.sing.*).
boa[1] *s.f.* (*mar.*) boya.
boa[2] *s.m.inv.* **1** (*zool.*) boa (*f.sing.*) **2** (*abb.*) (anche *fig.*) boa (*sing.*).
boato *s.m.* estruendo, retumbo.
bobina *s.f.* **1** (*elett.* e *mecc.*) bobina, bobinado (*m.*) **2** (*cine.*, *fot.* e *tess.*) carrete (*m.*) **3** (*pesca*) carrete (*m.*).
bocca *s.f.* **1** (anche *fig.*) boca **2** (*fig.*) labios **3** (*tecn.*) abertura, boca **4** (*geog.*) (*fiume*) boca **5** (*geog.*) (*montagna*) paso (*m.*) **6** (*geog.*) (*mare*) estrecho (*m.*), paso (*m.*).
bocce *s.f.pl.* (*gioco*) juego (*m.sing.*) de las bochas.
bocciatura *s.f.* (*istr.*) suspensión, cate (*m.*), aplazo (*m.*).
bocciolo *s.m.* **1** (*bot.*) capullo, botón **2** (*bot.*) (*rosa*) pimpollo **3** (*cannello*) espita (*f.*) **4** (*mecc.*) cama (*f.*).
boccone *s.m.* **1** bocado, trozo, pedazo **2** (*fig.*) golosina (*f.*), manjar **3** (*animali*) bocado envenenado.
boia *s.m.inv.* (anche *fig.*) verdugo (*sing.*).
boicottare *v.tr.* boicotear, hacer un boicot.
boiler *s.m.inv.* (*angl.*) calentador (*sing.*) eléctrico.
bolide *s.m.* **1** (*astro.*) bólido, meteorito **2** (*auto.*) bólido **3** (*sport*) (*calcio*) cañonazo, trallazo **4** (*fig.* e *iron.*) tonel.
boliviano *agg.* e *s.m.* boliviano.
bolla[1] *s.f.* **1** burbuja, pompa **2** (*med.*) ampolla, vejiga **3** (*metallo, vetro*) galleo (*m.*), esponjadura.
bolla[2] *s.f.* **1** (*rel.*) bula **2** (*comm.*) recibo (*m.*).
bolletta *s.f.* **1** (*comm.*) recibo (*m.*), comprobante (*m.*), resguardo (*m.*) **2** (*bur.*) recibo (*m.*).
bollettino *s.m.* **1** (*comm.*) recibo, comprobante, resguardo **2** (*giorn.*) boletín.
bollino *s.m.* (*bur.*) sello, comprobante.

bollire A *v.intr.* **1** hervir, bullir **2** (*mosto*) hervir, fermentarse **3** (*fig.*) gruñir, bufar, bullir **4** (*fig.*) asarse, morirse de calor **B** *v.tr.* hacer hervir, hervir.

bollo *s.m.* **1** (*bur.*) (*timbro*) timbre móvil **2** (*bur.*) sello, timbre oficial **3** (*fig.*) tacha (*f.*) **4** (*fig.* e *fam.*) (*livido*) cardenal, moretón.

bolognese *agg.* e *s.m.* e *f.* boloñés.

bolscevico *agg.* e *s.m.* (*pol.*) bolchevique (*m.* e *f.*).

bomba A *agg.inv.* bomba, sensacional (*sing.*) **B** *s.f.* **1** (*mil.*) bomba **2** (*fig.* e *pop.*) (*fandonia*) trola **3** (*fig.*) (*notizia*) bomba, cañonazo (*m.*), bombazo (*m.*) **4** (*gerg.*) (*spinello*) canuto (*m.*), porro (*m.*).

bombardamento *s.m.* **1** (*fis.* e *mil.*) bombardeo **2** (*fig.*) acoso, lluvia (*f.*).

bombola *s.f.* (*gas*) bombona.

bomboniera *s.f.* bombonera, confitera.

bonifica *s.f.* **1** (*agr.*) saneamiento (*m.*), avenamiento (*m.*) **2** (*met.*) afino (*m.*) y temple **3** (*fig.*) saneamiento (*m.*).

bonifico *s.m.* (*comm.*) **1** (*riduzione di prezzo*) bonificación (*f.*) **2** giro bancario.

bonsai *s.m.inv.* (*bot.*) bonsai.

bontà *s.f.inv.* **1** bondad (*sing.*) **2** (*gentilezza*) benevolencia (*sing.*), amabilidad (*sing.*), cordialidad (*sing.*) **3** (*comm.*) (*prodotto*) buena calidad **4** (*cibo*) exquisitez (*sing.*).

bordeaux *agg.inv.* e *s.m.inv.* (*franc.*) **1** (*vino*) burdeos **2** (*colore*) burdeos.

bordello *s.m.* **1** burdel, lupanar, prostíbulo **2** (*fig.*) (*ambiente corrotto*) antro de corrupción **3** (*fig.* e *pop.*) follón, lío, (*amer.*) quilombo.

bordo *s.m.* **1** (*aer.*, *auto.* e *mar.*) bordo **2** (*mar.*) borda (*f.*) **3** borde **4** (*tess.*) (*orlo*) orillo.

borghesia *s.f.* burguesía.

borgo *s.m.* **1** burgo **2** (*città*) arrabal.

borotalco *s.m.* talco.

borraccia *s.f.* cantimplora, bota.

borsa[1] *s.f.* **1** bolso (*m.*), (*amer.*) cartera **2** (*rel.*) bolsa de corporales **3** (*abito*) bolsa, arruga.

borsa[2] *s.f.* (*econ.*) bolsa.

borsellino *s.m.* **1** monedero **2** (*rel.*) mangueta (*f.*).

borsista *s.m.* e *f.* **1** (*istr.*) becado (*m.*), becario (*m.*) **2** (*econ.*) bolsista.

bosco *s.m.* **1** bosque, espesura (*f.*) **2** (*fig.*) (*barba, capelli*) bosque, maraña (*f.*).

bosniaco *agg.* e *s.m.* bosníaco, bosniaco.

boss *s.m.inv.* (*angl.*) boss, pájaro (*sing.*) de cuenta.

botanica *s.f.* (*scient.*) botánica.

botta *s.f.* **1** golpe (*m.*), hostia, porrazo, leñazo (*m.*), trastazo (*m.*) **2** (*fig.*) batacazo (*m.*), golpe (*m.*), palo (*m.*) **3** ruido (*m.*), golpe (*m.*), batacazo (*m.*) **4** (*fig.*) alfilerazo (*m.*), pulla.

botte *s.f.* **1** (*birra, liquori*) barril (*m.*), barrica, pipa **2** (*vino, olio*) tonel (*m.*), cuba **3** (*caccia*) tollo (*m.*) **4** (*fig.*) (*pegg.*) (*persona*) tonel (*m.*), vaca.

bottega *s.f.* **1** (*comm.*) tienda **2** (*artigiano*) taller (*m.*).

bottiglia *s.f.* **1** botella **2** frasco (*m.*).

bottino *s.m.* **1** (*mil.*) botín, despojo, presa (*f.*) **2** (*rapina*) botín.

botto *s.m.* **1** (*urto, colpo*) golpe, batacazo **2** (*rumore*) detonación (*f.*), explosión (*f.*), estallido.

bottone *s.m.* **1** botón **2** (*pulsante*) botón, pulsante, pulsador **3** (*mecc.*) perno **4** (*bot.*) botón, capullo.

bouquet *s.m.inv.* (*franc.*) (*fiori*) bouquet.

boutique *s.f.inv.* (*franc.*) (*comm.*) boutique, tienda (*sing.*) de modas, casa (*sing.*) de modas.

bovino *agg.* e *s.m.* (*zool.*) bovino.

boxe *s.f.inv.* (*franc.*) (*sport*) boxeo (*m.sing.*).

boyscout *s.m.inv.* (*angl.*) boy scout, escautista (*m.* e *f.sing.*).

bozza *s.f.* **1** (*lett.*) borrador (*m.*) **2** (*tip.*) galerada.
bozzetto *s.m.* **1** (*arch.*) boceto, croquis (*inv.*) **2** (*pubblicità*) esbozo gráfico **3** (*pitt.*) boceto **4** (*lett.*) cuento costumbrista.
bozzolo *s.m.* **1** (*baco da seta*) capullo **2** (*filo*) nudo **3** (*cuc.*) grumo.
braccetto *s.m.* **1** bracete **2** (*mar.*) juanete **3** (*nuoto*) braza (*f.*).
braccialetto *s.m.* **1** (*gioiello*) pulsera (*f.*), brazalete, ajorca (*f.*) **2** (*orologio*) pulsera (*f.*), correa (*f.*).
bracciante *s.m.* e *f.* (*agr.*) bracero (*m.*), jornalero (*m.*), gañán (*m.*), (*amer.*) peón (*m.*).
braccio *s.m.* **1** (*anat.*) (anche *fig.*) brazo **2** (*oggetti*) barra (*f.*), brazo **3** (*edificio*) ala (*f.*), pabellón **4** (*albero, fiume*) brazo, rama (*f.*), ramal.
bracconiere *s.m.* (*caccia*) cazador furtivo, lacero.
brace *s.f.* ascua, brasa.
braciola *s.f.* (*cuc.*) chuleta.
bradipo *s.m.* (*zool.*) bradipo, perezoso.
branchia *s.f.* (*zool.*) agalla, branquia.
branco *s.m.* **1** (*zool.*) manada (*f.*) **2** (*fig.*) (*pegg.*) (*persone*) enjambre, tropel, hatajo.
brancolare *v.intr.* (anche *fig.*) tantear, ir a ciegas/tientas.
branda *s.f.* **1** (*mil.*) catre (*m.*), camastro (*m.*) **2** (*mar.*) coy (*m.*).
brano *s.m.* (*lett.* e *mus.*) pasaje, pieza (*f.*) // *brani scelti,* pasajes escogidos.
branzino *s.m.* (*zool.*) lubina (*f.*).
brasiliano *agg.* e *s.m.* brasileño.
bravo[1] **A** *agg.* **1** bueno, bondadoso **2** correcto, honesto **3** (*abile, capace*) bueno, capaz (*m.* e *f.*), experto, hábil (*m.* e *f.*) **4** bueno, aplicado, diligente (*m.* e *f.*) **B** *inter.* **1** ¡muy bien! **2** (*teatr.*) ¡bravo!
bravo[2] *s.m.* (*sto.*) hombre de la mesnada, sicario.
bravura *s.f.* habilidad, maestría, pericia.
breccia *s.f.* (*mil.*) (anche *fig.*) brecha.
bresaola *s.f.* (*cuc.*) bresaola, cecina de carne de vaca.
bresciano *agg.* e *s.m.* habitante (*m.* e *f.*) de Brescia (Italia).
bretella *s.f.* **1** (*abb.*) tirante (*m.*) **2** (*arma*) bandolera **3** (*raccordo stradale*) enlace (*m.*), empalme (*m.*) **4** (*ferr.*) larguero (*m.*).
breve[1] *agg.m.* e *f.* **1** (*tempo* e *spazio*) breve, corto (*m.*) **2** (*discorso, scritto*) breve, conciso (*m.*), escueto (*m.*).
breve[2] *s.f.* (*mus.*) breve, cuadrada.
brevetto *s.m.* **1** patente (*f.*) **2** (*attestato di capacità*) despacho, nombramiento, título.
brevità *s.f.inv.* brevedad (*sing.*), concisión (*sing.*).
brezza *s.f.* (*meteo.*) brisa, fresca.
briccone *agg.* e *s.m.* **1** (*adulto*) bribón, pillo **2** (*fam.*) (*bambino*) bandido, bribonzuelo.
briciola *s.f.* **1** miga, migaja **2** (*fig.*) migaja.
bricolage *s.m.inv.* (*franc.*) bricolaje (*sing.*).
briga *s.f.* **1** (*problema*) molestia, incordio (*m.*), engorro (*m.*), lío (*m.*) **2** (*lite*) bronca, camorra, pelotera.
brigadiere *s.m.* brigada, sargento.
brigante *s.m.* **1** bandido, bandolero, salteador, forajido **2** (*fam.* e *iron.*) bandido, pillo, pícaro.
brigata *s.f.* **1** (*mil.*) brigada **2** banda, pandilla, panda **3** milicia, guerrilla, grupo (*m.*) armado **4** (*branco*) manada.
brigatista *s.m.* e *f.* (*pol.*) brigadista.
briglia *s.f.* **1** (*equit.*) brida, rienda **2** (*fig.*) brida, freno (*m.*), guía **3** (*staffa*) fiador (*m.*).
brillante[1] *agg.m.* e *f.* **1** brillante, luminoso (*m.*), resplandeciente **2** lustroso (*m.*), reluciente **3** (*colore*) fuerte, intenso (*m.*) **4** (*persona*) brillante, excelente, destacado (*m.*).
brillante[2] *s.m.* (*min.*) (*anche gioiello*) brillante.

brillare A *v.intr.* **1** brillar, centellear, refulgir, relucir **2** (*fig.*) destacarse, descollar, sobresalir **3** (*mina*) explotar **B** *v.tr.* (*mina*, *esplosivo*) volar.
brina *s.f.* **1** (*meteo.*) escarcha, helada blanca **2** (*frigo*) escarcha.
brindare *v.intr.* (*a*) brindar, beber a la salud de.
brindisi *s.m.inv.* brindis.
brio *s.m.* (*solo sing.*) brío, ánimo, denuedo.
brioche *s.f.inv.* (*franc.*) (*cuc.*) bollo (*m.sing.*).
briscola *s.f.* (*gioco*) (*carte*) brisca.
britannico *agg.* e *s.m.* británico, inglés.
brivido *s.m.* **1** escalofrío, repelús **2** (*fig.*) (*paura*) escalofrío, estremecimiento.
brocca *s.f.* jarra, cántaro (*m.*), barro (*m.*).
broccolo *s.m.* **1** (*bot.*) brécol, bróculi **2** (*fig.*) babieca (*m.* e *f.*), papanatas (*m.* e *f.inv.*), papamoscas (*m.* e *f.inv.*).
brodo *s.m.* (*cuc.*) caldo.
broglio *s.m.* cohecho, manejo, fraude.
bromuro *s.m.* (*chim.*) bromuro.
bronchite *s.f.* (*med.*) bronquitis (*inv.*).
broncio *s.m.* ceño, morro, hocico.
brontolare A *v.tr.* gruñir, mascullar **B** *v.intr.* **1** (*lagnarsi*) refunfuñar, rezongar, protestar **2** (*tempesta, mare*) retumbar.
bronzo *s.m.* **1** (*met.* e *scult.*) bronce **2** (*lett.*) (*campana*) bronce, campana (*f.*) **3** (*lett.*) (*cannone*) bronce, cañón.
bruciapelo *avv.* (*solo nella locuzione*) *a ~,* a bocajarro/quemarropa.
bruciare A *v.tr.* **1** quemar **2** (*cuc.*) achicharrar, quemar, agarrar **3** abrasar, calcinar, quemar **4** (*fig.*) quemar, liquidar, derrochar **5** (*fig.*) devorar, consumir **B** *v.intr.* **1** arder, quemarse **2** quemar, estar que quema **3** arder, picar **4** (anche *fig.*) abrasar, arder **C** *v.intr.pron.* **1** (*anche fig.*) quemarse **2** (*fig.*) quemarse, fracasar, acabar con.
bruciore *s.m.* **1** ardor, escozor, picor **2** (*fig.*) humillación (*f.*), mortificación (*f.*).
bruco *s.m.* (*zool.*) **1** oruga (*f.*), brugo **2** (*farfalla*) larva.
brufolo *s.m.* grano, espinilla (*f.*).
brughiera *s.f.* (*geog.*) bruguera, brezal (*m.*), páramo (*m.*).
brullo *agg.* árido, yermo, baldío.
bruno A *agg.* **1** pardo **2** (*persona*) moreno **3** (*zool.*) pardo **B** *s.m.* **1** (*colore*) pardo **2** (*persona*) moreno.
bruschetta *s.f.* (*cuc.*) pan tostado con ajo y aceite, pan con tomate.
brusco *agg.* **1** (*sapore*) brusco, áspero, agrio **2** (*modi, persona*) arisco, hosco, seco **3** brusco, repentino, súbito.
brusio *s.m.* vocerío, zumbido, murmullo.
brutale *agg.m.* e *f.* **1** brutal, bestial, feroz **2** despiadado (*m.*), inexorable, cruel.
bruto A *agg.* **1** bruto, bestial (*m.* e *f.*) **2** (*inanimato*) bruto, basto, tosco **3** (*brutale*) bruto, violento **B** *s.m.* **1** bruto, violento **2** (*fig.*) cafre (*m.* e *f.*), borde (*m.* e *f.*).
brutta *s.f.* (*fam.*) borrador (*m.*).
bruttezza *s.f.* fealdad.
brutto A *agg.* **1** feo **2** (*cattivo*) malo, horrible (*m.* e *f.*) **3** antiestético, desagradable (*m.* e *f.*), feo **4** de mala calidad, malo **5** (*fig.*) difícil (*m.* e *f.*), serio, desagradable (*m.* e *f.*) **B** *avv.* (*solo nella locuzione*) *arrabbiarsi di ~,* coger una rabieta, estar hecho un basilisco **C** *s.m.* feo, malo.
buca *s.f.* **1** hoyo (*m.*), foso (*m.*) **2** (*strada*) bache (*m.*), socavón (*m.*) **3** (*geog.*) hondonada.
bucare A *v.tr.* **1** agujerear, hacer un agujero, perforar, horadar **2** pinchar, picar **B** *v.intr.pron.* **1** pincharse **2** (*gerg.*) (*droga*) chutarse, pincharse, picarse.
bucato *s.m.* **1** colada (*f.*), (*amer.*) lavado **2** (*panni lavati*) tendal.

buccia *s.f.* **1** (*frutta*) cáscara, monda **2** (*legumi*) vaina **3** (*uva*) pellejo (*m.*), hollejo (*m.*) **4** (*pesca*) piel **5** (*arancia, melone, zucca*) corteza **6** (*formaggio, pane*) corteza, cáscara.
buco *s.m.* **1** agujero, orificio, hoyo **2** (*fig.*) (*luogo angusto*) tabuco, cuchitril, tugurio **3** (*fig.*) (*luogo appartato*) rincón **4** (*fig.*) (*intervallo di tempo*) rato libre **5** (*gerg.*) (*droga*) pinchazo, chute, pico.
bucolico *agg.* **1** (*poes.*) bucólico, pastoril (*m.* e *f.*) **2** (*fig.*) bucólico, campestre (*m.* e *f.*).
buddismo *s.m.* (*rel.*) budismo.
budello *s.m.* (*pop.*) tripa (*f.*).
budino *s.m.* (*cuc.*) flan.
bue *s.m.* **1** (*zool.*) buey **2** (*fig.*) (*persona*) bruto, bucéfalo, animal (*m.* e *f.*).
bufala *s.f.* **1** (*zool.*) búfala **2** (*fig.* e *iron.*) (*errore*) error garrafal, metedura de pata, disparate (*m.*) **3** (*fig.* e *giorn.*) bulo (*m.*) **4** (*fig.* e *iron.*) chorrada, porquería.
bufalo *s.m.* **1** (*zool.*) búfalo **2** (*fig.*) burdo, zafio.
bufera *s.f.* **1** (*meteo.*) tormenta, vendaval (*m.*), ventisca **2** (*fig.*) vendaval (*m.*), trastorno (*m.*).
buffet *s.m.inv.* (*franc.*) **1** bufé (*sing.*), aparador (*sing.*) **2** (*locale pubblico*) ambigú (*sing.*).
buffo **A** *agg.* **1** bufo, fachoso, ridículo **2** alegre (*m.* e *f.*), cómico, gracioso **B** *s.m.* (*solo sing.*) lo cómico, gracia (*f.*).
bugia *s.f.* mentira, cuento (*m.*), bola.
bugiardo *agg.* e *s.m.* mentiroso, bolero, trolero.
buio **A** *agg.* **1** obscuro, oscuro **2** (*luogo*) oscuro, lóbrego, sombrío, tenebroso **3** (*tempo*) encapotado, nublado **B** *s.m.* **1** oscuridad (*f.*), tinieblas (*f.pl.*) **2** (*fig.*) falta (*f.*), ausencia (*f.*).
bulbo *s.m.* (*anat.* e *bot.*) bulbo.
bulgaro *agg.* e *s.m.* búlgaro.
bulimia *s.f.* (*med.*) bulimia.
bullo **A** *agg.* peleón, matón, prepotente (*m.* e *f.*) **B** *s.m.* chulo, gamberro.
bullone *s.m.* (*mecc.*) perno.
buonafede *s.f.* (*solo sing.*) buena fe.
buonanima *agg.inv.* e *s.f.* difunto (*m.*), finado, (*m.*).
buonanotte **A** *inter.* ¡buenas noches! **B** *s.f.inv.* buenas noches.
buonasera **A** *inter.* ¡buenas tardes! **B** *s.f.inv.* buenas tardes.
buongiorno **A** *inter.* ¡buenos días! **B** *s.m.inv.* buenos días.
buongrado *avv.* (*solo nella locuzione*) *di ~,* de buena gana, con mucho gusto.
buongusto *s.m.* (*solo sing.*) buen gusto.
buono[1] *agg.* **1** bueno, generoso **2** bueno, dócil (*m.* e *f.*), tranquilo **3** bueno, amable (*m.* e *f.*), afable (*m.* e *f.*), cortés (*m.* e *f.*) **4** (*gusto, sapore*) bueno, rico, sabroso **5** agradable (*m.* e *f.*), bueno, divertido **6** bueno, de buena calidad, de valor **7** eficaz (*m.* e *f.*), útil (*m.* e *f.*) **8** favorable (*m.* e *f.*), ventajoso, rentable (*m.* e *f.*) **9** plausible (*m.* e *f.*), correcto, justo **10** escrupuloso, serio, cabal (*m.* e *f.*) **11** bueno, capaz (*m.* e *f.*), hábil (*m.* e *f.*), meritorio, valioso **12** fuerte (*m.* e *f.*), notable (*m.* e *f.*) **13** (*rafforzativo*) abundante (*m.* e *f.*), bueno, de padre y señor mío, señor.
buono[2] *s.m.* (*solo sing.*) **1** bueno, bondad (*f.*) **2** buen tiempo.
buono[3] *s.m.* bueno.
buono[4] *s.m.* **1** (*econ.*) bono **2** (*comm.*) cupón, vale.
buonora *s.f.* (*solo sing.*) las primeras horas del día.
buonsenso *s.m.* (*solo sing.*) sentido común.
buonumore *s.m.* (*solo sing.*) buen humor.
burattino *s.m.* **1** (*teatr.*) títere, marioneta (*f.*) **2** (*fig.*) fantoche, títere.
burbero *agg.* e *s.m.* arisco, huraño, intratable (*m.* e *f.*).

burino *s.m.* (*pegg.*) **1** (*contadino*) paleto, villano, campesino **2** (*cafone*) paleto, cafre (*m.* e *f.*), borde (*m.* e *f.*).
burla *s.f.* **1** burla, broma, chacota **2** (*fig.*) tontería, inecia **3** (*battuta scherzosa*) chanza, salida, ocurrencia.
burocrazia *s.f.* (*anche pegg.*) burocracia.
burrasca *s.f.* **1** (*meteo.*) borrasca, tempestad, tormenta **2** (*fig.*) tormenta, nubes (*pl.*).
burro *s.m.* (*cuc.*) mantequilla (*f.*).
burrone *s.m.* (*geog.*) barranco, despeñadero.
bus *s.m.inv.* (*angl.*) autobús (*sing.*).
buscare *v.tr.* **1** ganarse, buscárse **2** obtener, coger **3** (*cane da caccia*) ir en busca.
bussare *v.tr.* llamar, tocar el timbre.
bussola *s.f.* **1** brújula **2** (*rel.*) (*cassetta per elemosine*) cepillo (*m.*) // *perdere la ~,* perder la chaveta.
busta *s.f.* **1** (*lettera*) sobre (*m.*) **2** (*custodia, borsetta*) estuche (*m.*).
bustarella *s.f.* (*fig.*) soborno (*m.*), mordida.
busto *s.m.* **1** (*anat.*) busto, tronco **2** (*scult.*) busto **3** (*abb.*) corsé.
butano *s.m.* (*chim.*) butano.
buttafuori *s.m.inv.* **1** (*locale pubblico*) gorila (*sing.*) **2** (*mar.*) botalón (*sing.*).
buttare **A** *v.tr.* **1** arrojar, echar, tirar **2** arrojar, desprender, echar, largar **3** perder, soltar, largar **4** (*via*) desaprovechar, desperdiciar, malgastar, tirar **5** (*bot.*) echar, germinar **B** *v.intr.* **1** tender, tirar **2** (*fam.*) tomar cariz, pintar **C** *v.pron.* **1** tirarse, arrojarse, echarse **2** tirarse, tumbarse **3** (*fig.*) (*dedicarsi*) entregarse, dedicarse, meter mano **4** (*fig.*) animarse, atreverse.
bypass *s.m.inv.* (*angl.*) bypass.
byte *s.m.inv.* (*angl.*) (*inform.*) byte.

C

c *s.f.inv.* letra c.
cabaret *s.m.inv.* (*franc.*) (*spettacolo*) cabaré (*sing.*).
cabina *s.f.* **1** (*mar.*) (*passeggeri*) camarote (*m.*) **2** (*aer.*) (*passeggeri*) cabina **3** (*aer.*) (*posto di pilotaggio*) cabina, carlinga **5** (*stabilimento balneare*) caseta, cabina.
cacao *s.m.* (*solo sing.*) (*bot.*) cacao.
cacare *v.intr./tr.* (*volg.*) cagar.
cacca *s.f.* **1** caca **2** (*fig.*) mierda, porquería **3** (*fig.*) caca, porquería.
cacchio *inter.* (*volg.*) ¡concho!
caccia[1] *s.f.* (anche *cuc.*) caza.
caccia[2] *s.m.inv.* (*mil.*) caza (*sing.*).
cacciare A *v.tr.* **1** cazar **2** acosar, perseguir **3** (*scacciare*) echar **4** (*fig.*) ahuyentar **5** exiliar, expulsar **6** expulsar **7** (*fam.*) meter, poner **8** (*fam.*) echar mano a, sacar, tirar de **B** *v.intr.* ir de caza **C** *v.pron.* **1** meterse **2** esconderse, meterse.
cacciavite *s.m.inv.* (*tecn.*) destornillador (*sing.*).
cacio *s.m.* (*cuc.*) queso.
cacofonia *s.f.* cacofonía.
cactus *s.m.inv.* (*bot.*) cacto (*sing.*), cactus.
cadauno *agg.* e *pron.* (*indefinito*) cada uno.
cadavere *s.m.* cadáver, muerto, difunto.
cadere *v.intr.* **1** caer, caerse **2** (*indumenti*) caer, tener buena/mucha caída **3** (*costruzione*) derrumbarse, desplomarse, hundirse **4** (*fig.*) caer, declinar **5** (*ricorrenza*) caer (*de/en*).
caffè A *agg.inv.* (*colore*) café **B** *s.m.inv.* **1** (*bot.*) cafeto (*sing.*) **2** (*bevanda*) café (*sing.*) **3** (*locale*) cafetería (*f.sing.*).
caffeina *s.f.* (*chim.*) cafeína.
caffettiera *s.f.* (anche *iron.*) cafetera.
calabrone *s.m.* **1** (*zool.*) abejorro, avispón **2** (*fig.*) (*spasimante*) moscón, moscardón.
calamaro *s.m.* (*zool.*) calamar.
calamita *s.f.* (*fis.*) (anche *fig.*) imán (*m.*).
calamità *s.f.inv.* calamidad (*sing.*), catástrofe (*sing.*).
calare A *v.tr.* **1** bajar **2** (*pesca*) calar **3** (*carte*) tirar **4** (*maglia*) menguar **B** *v.intr.* **1** bajar, descender **2** bajar, disminuir **3** (*chili*) adelgazar, bajar **4** (*credito, stima*) descender, disminuir **5** (*prezzo*) bajar, abaratarse **6** (*astro.*) ponerse **C** *v.pron.* descolgarse, bajar, descender.
calcagno *s.m.* **1** (*anat.*) calcáneo, calcañar **2** (anche *calze, scarpe*) talón.
calcare *agg.* (*geol.*) calcáreo (*m.*), calizo (*m.*).
calce *s.f.* (*chim.*) cal.
calcestruzzo *s.m.* (*edil.*) hormigón.
calcio[1] *s.m.* **1** (*persona*) patada (*f.*), puntapié **2** (*animale*) coz (*f.*), patada (*f.*) **3** (*sport*) fútbol.
calcio[2] *s.m.* **1** (*pistola*) culata (*f.*) **2** (*fucile*) culata (*f.*), mocho **3** (*albero, montagna*) pie.

calcio[3] *s.m.* (*met.*) calcio.
calco *s.m.* **1** (*scult.*) mascarilla (*f.*), vaciado **2** (*disegno*) calco, copia (*f.*) **3** (*ling.*) calco.
calcolare *v.tr.* **1** (*arch.*) calcular, aforar **2** (*mat.* e *tecn.*) calcular **3** (*comm.* e *econ.*) calcular, estimar, valorar **4** (*includere*) contar **5** (*valutare*) calcular, sopesar.
calcolatrice *agg.* e *s.f.* (*tecn.*) (anche *fig.*) calculadora.
calcolo *s.m.* **1** (*mat.*) cálculo, cómputo **2** (*fig.*) cálculo, previsión (*f.*) **3** (*med.*) cálculo.
caldaia *s.f.* **1** (*recipiente*) caldera, caldero (*m.*) **2** (*contenuto*) calderada **3** (*mecc.* e *tecn.*) caldera, calefactor (*m.*), calentador (*m.*).
caldo A *agg.* **1** caliente (*m.* e *f.*) **2** (*indumento*) abrigado **3** (*temperatura*) caluroso **4** (*colore, luce, voce*) cálido **5** (*fig.*) cálido, afectuoso, entusiasta (*m.* e *f.*) **6** (*carattere*) fogoso, impetuoso **7** (*sessualmente*) ardiente (*m.* e *f.*), (*amer.*) caliente (*m.* e *f.*) **8** (*notizia*) de última hora **9** (*fig.*) crítico, difícil (*m.* e *f.*), caliente (*m.* e *f.*) **B** *s.m.* **1** (*temperatura*) calor **2** (*fig.*) ardor, vehemencia (*f.*).
calendario *s.m.* calendario, almanaque.
calice *s.m.* **1** copa (*f.*) **2** (*anat.* e *rel.*) cáliz.
callo *s.m.* (*med.*) callo, callosidad (*f.*).
calma *s.f.* **1** (*vento, mare*) bonanza, calma **2** calma, serenidad, tranquilidad **3** (*fig.*) calma, paz, quietud.
calmare A *v.tr.* **1** calmar, apaciguar, tranquilizar **2** (*dolore fisico*) aliviar, aplacar, calmar **B** *v.intr.pron.* **1** calmarse, abonanzarse **2** (*dolore fisico*) calmarse, aliviarse, aplacarse.
calore *s.m.* **1** (anche *fis.*) calor **2** (*fig.*) calor, fervor, entusiasmo **3** (*zool.*) celo.
calotta *s.f.* **1** (*geom.*) casquete (*m.*) esférico **2** (*arch.*) casquete (*m.*), bóveda bohemia.
calpestare *v.tr.* **1** pisar, pisotear **2** (*fig.*) pisotear, atropellar, ultrajar.
calvinismo *s.m.* (*rel.*) calvinismo.
calvo *agg.* e *s.m.* (*persona*) calvo, pelado.
calza *s.f.* **1** (*maschile*) media, calcetín (*m.*) **2** (*femininile*) media.
calzatura *s.f.* calzado (*m.*), zapato (*m.*).
calzino *s.m.* calcetín.
calzolaio *s.m.* zapatero.
calzoni *s.m.pl.* (*abb.*) pantalones.
camaleonte *s.m.* **1** (*zool.*) camaleón **2** (*fig.*) camaleón, chaquetero, veleta (*f.*).
cambiale *s.f.* **1** (*comm.* e *econ.*) letra de cambio, efecto (*m.*) de comercio **2** (*fig.*) promesa.
cambiare A *v.tr.* **1** (anche *denaro*) cambiar (*de*) **2** sustituir **3** trocar **4** (*auto.*) cambiar marchas/velocidades **5** transformar, alterar, modificar **B** *v.intr.* cambiar, transformarse **C** *v.pron.* (*abb.*) cambiarse, mudarse de ropa **D** *v.intr.pron.* transformarse, convertirse, volverse.
cambio *s.m.* **1** cambio, substitución (*f.*) **2** mudanza (*f.*), transformación (*f.*) **3** (*scambiare*) cambio, canje, trueque **4** (*auto., comm.* e *econ.*) cambio.
camera[1] *s.f.* **1** habitación **2** (*camera da letto*) dormitorio (*m.*), cuarto (*m.*).
camera[2] *s.f.* **1** (*fot.*) cámara fotográfica **2** (*cine.* e *TV*) cámara.
cameratismo *s.m.* compañerismo, camaradería (*f.*).
cameriere *s.m.* **1** (*locale pubblico*) camarero **2** (*casa*) criado.
camerino *s.m.* **1** (*cine., teatr.* e *TV*) camerino **2** (*mar.*) cabina (*f.*).
camice *s.m.* bata (*f.*).
camicia *s.f.* (*abb.*) **1** (*uomo*) camisa **2** (*donna*) blusa.
camino *s.m.* **1** chimenea (*f.*), hogar **2** (*canna fumaria*) cañón, humero.
camion *s.m.inv.* camión (*sing.*).

camminare *v.intr.* **1** caminar, andar **2** (*veicolo, meccanismo*) funcionar, marchar, andar **3** (*fig.*) avanzar, progresar, evolucionar **4** (*fig.*) fluir.
camminata *s.f.* caminata, paseo (*m.*).
cammino *s.m.* **1** camino, marcha (*f.*) **2** camino, ruta (*f.*), trayecto **3** (*astro.*) camino, curso **4** (*fiume*) curso **5** (*fig.*) camino, senda (*f.*).
camomilla *s.f.* (*bot.*) manzanilla.
camoscio *s.m.* **1** (*zool.*) gamuza (*f.*), rupicabra **2** ante.
campagna *s.f.* **1** campo (*m.*), campiña (*f.*) **2** (*agr.*) campaña, temporada **3** (*mil.* e *pol.*) campaña **4** (*fig.*) (*esperienza amorosa*) aventuras (*pl.*), amoríos (*m.pl.*), conquistas (*pl.*).
campana *s.f.* **1** (anche *vaso, calotta*) campana **2** (*arch.*) tambor (*m.*) **3** (*gioco*) rayuela, tejo (*m.*).
campanello *s.m.* timbre.
campeggio *s.m.* camping, campismo, acampada (*f.*).
campione *s.m.* **1** (*sport*) campeón **2** (*fig.*) campeón, paladín **3** (*comm.* e *statistica*) muestra (*f.*) **4** (*fig.*) espejo, dechado, ejemplo.
campo *s.m.* **1** (*agr.*) campo, finca (*f.*) **2** (*min.*) yacimiento **3** (*sport*) campo, (*amer.*) cancha (*f.*) **4** (*mil.*) campamento, campo **5** (*cine., fis., inform.* e *ling.*) campo **6** (*fig.*) campo, sector, rama (*f.*), ámbito.
canadese *agg.* e *s.m.* e *f.* canadiense.
canale *s.m.* **1** canal **2** (*anat.*) canal, conducto **3** (*geog.* e *inform.*) canal **4** (*sport*) (*alpinismo*) canal, surco **5** (*tecn.*) canal, canalón **6** (*telecom.*) canal, cadena (*f.*).
canapa *s.f.* (*bot.*) (anche *tess.*) cáñamo (*m.*).
cancellare *v.tr.* **1** (anche *fig.*) borrar **2** (*giur.*) (*sentenza*) cancelar, anular **3** (*fig.*) (*annullare*) cancelar, anular, suprimir.
cancelliere *s.m.* **1** (*pol.*) canciller **2** (*bur.*) jefe del registro, actuario.
cancello *s.m.* **1** cancela (*f.*), verja (*f.*) **2** (*autostrada*) barrera (*f.*).
cancerogeno *agg.* e *s.m.* (*med.*) cancerígeno (*agg.*), carcinógeno (*agg.*).
cancro[1] *s.m.* **1** (*med.*) cáncer, tumor **2** (*fig.*) cáncer **3** (*fig.*) (*idea fissa*) defecto, manía (*f.*) **4** (*bot.*) cancro.
cancro[2] *s.m.* (*astro.*) (anche *astrol.*) cáncer.
candeggina *s.f.* lejía.
candela *s.f.* **1** vela, candela **2** (*fig.*) candela **3** (*fis.* e *mecc.*) bujía.
candidato *s.m.* **1** (*pol.*) candidato **2** (*esame, concorso*) aspirante (*m.* e *f.*), candidato.
cane A *agg.inv.* (*pop.*) **1** de perros, de mil demonios **2** mucho (*m.sing.*), tremendo (*m.sing.*) **B** *s.m.* **1** (*zool.*) perro **2** (*fig.*) cerdo, perro **3** (*fig.*) malo, perro **4** (*arma da fuoco*) llave (*f.*).
canestro *s.m.* **1** canasta (*f.*), cesta (*f.*) **2** (*sport*) (*pallacanestro*) canasta (*f.*).
canino *agg.* (*zool.*) canino.
canizie *s.f.inv.* **1** (*capelli*) canicie (*sing.*), canas (*pl.*) **2** (*fig.*) vejez (*sing.*).
canna *s.f.* **1** (*bot.*) caña **2** (*arma da fuoco*) cañón (*m.*) **3** (*bicicletta*) barra **4** (*gerg.*) (*droga*) canuto (*m.*), porro (*m.*).
cannare *v.tr.* (*gerg.*) **1** marrar, equivocarse, fallar **2** (*scuola*) suspender, cargarse, clavar.
cannella *s.f.* **1** (*bot.*) canelo (*m.*) **2** (*cuc.*) canela.
cannibale *s.m.* e *f.* **1** caníbal, antropófago (*m.*) **2** (*fig.*) salvaje.
cannone *s.m.* (anche *tubo, cucito*) cañón.
cannuccia *s.f.* **1** (*bibita*) pajita, pajilla **2** (*tecn.*) canuto (*m.*).
canoa *s.f.* (*mar.*) canoa, piragua.
canone *s.m.* **1** (anche *giur.*) canon **2** (*mus.* e *rel.*) canon.
canonico A *agg.* canónico **B** *s.m.* (*rel.*) canónigo.
canonista *s.m.* e *f.* (*rel.*) canonista.

canotto *s.m.* (*mar.*) bote, lancha (*f.*).
cantare *v.tr.* **1** (*mus.*) (anche *fig.*) cantar **2** cantar, gorjear, trinar **3** (*fig.* e *gerg.*) cantar, soplar **4** (*lett.*) (*celebrare in versi*) narrar.
cantiere *s.m.* **1** (*mar.*) astillero, arsenal **2** (*edil.*) obra (*f.*).
cantina *s.f.* **1** (*seminterrato*) sótano (*m.*) **2** (*vino*) bodega **3** (*osteria*) tasca, cantina, taberna **4** (*mil.*) cantina, comedor (*m.*).
canto *s.m.* **1** (anche *fig.* e *lett.*) canto **2** (*mus.*) canto, canción (*f.*), melodía (*f.*).
canzone *s.f.* **1** (*lett.* e *mus.*) canción **2** (*fig.*) canción, tostón (*m.*), cantaleta.
caos *s.m.inv.* **1** (*fil.*) caos **2** (*fig.*) cacao (*sing.*), desorden (*sing.*), caos.
capace *agg.m.* e *f.* **1** (*spazio*) espacioso (*m.*) **2** (*capiente*) capaz **3** (*abile*) competente, hábil, experto (*m.*) **4** (*dotato*) espabilado (*m.*), inteligente, hábil.
capacità *s.f.inv.* **1** (*spazio*) aforo (*m.sing.*), capacidad (*sing.*), cabida (*sing.*) **2** (*recipiente*) capacidad (*sing.*), volumen (*m.sing.*) **3** capacidad (*sing.*), talento (*m.sing.*) **4** (*fis.*, *giur.* e *med.*) capacidad (*sing.*).
capanna *s.f.* **1** cabaña, choza **2** (*montagna*) refugio (*m.*) de montaña.
capannone *s.m.* **1** (*ind.*) nave (*f.*) **2** (*agr.*) cobertizo.
capello *s.m.* cabello, pelo.
capezzolo *s.m.* (*anat.*) **1** (*donna*) pezón **2** (*uomo*) tetilla (*f.*).
capiente *agg.m.* e *f.* capaz, grande.
capire A *v.tr.* **1** entender, comprender **2** comprender, percibir, captar **3** entender, descifrar, comprender **B** *v.intr.* comprender, ser inteligente **C** *v.pron.* (*reciproco*) comprenderse, entenderse, llevarse bien.
capitale[1] *agg.m.* e *f.* **1** capital **2** (*sentimento*) mortal **3** (*fig.*) esencial, fundamental, primordial, capital.
capitale[2] *s.f.* (*città*) capital.
capitale[3] *s.m.* **1** (*econ.*) capital **2** bienes (*pl.*), patrimonio **3** dineral, fortuna (*f.*) **4** (*fig.*) (*classe*) capital.
capitalismo *s.m.* (*econ.*) capitalismo.
capitano *s.m.* **1** (*mar.*, *mil.* e *sport*) capitán **2** capitán, jefe, líder (*m.* e *f.*).
capitare A *v.intr.* **1** pasar, caer **2** (*cose*) encontrar, hallar, dar con **3** tocar, caer **B** *v.impers.* ocurrir, suceder, pasar.
capitello *s.m.* **1** (*arch.*) capitel **2** (*anat.*) cabeza (*f.*) **3** (*libro*) cadeneta (*f.*).
capitolo *s.m.* (anche *giur.*) capítulo.
capo *s.m.* **1** (anche *estremità tondeggiante*) cabeza (*f.*) **2** (*fig.*) cabeza (*f.*), mente (*f.*) **3** (*lavoro*) jefe, principal (*m.* e *f.*) **4** (*pol.*) jefe, líder (*m.* e *f.*) **5** (*animale*) ejemplar **6** (*abb.*) traje, prenda (*f.*) **7** (*estremità*) remate, punta (*f.*), extremidad (*f.*), final **8** (*geog.*) cabo.
capodanno *s.m.* nochevieja (*f.*), fin de año.
capolavoro *s.m.* **1** obra (*f.*) maestra, obra (*f.*) de arte **2** (*fig.*) obra (*f.*) de arte.
capolinea *s.m.* final de línea, terminal.
caporale *s.m.* **1** (*mil.*) cabo **2** (*pegg.*) sargento **3** (*pop.*) (*squadra di operai, braccianti*) capataz.
capovolgere A *v.tr.* **1** volear, dar la vuelta **2** (*fig.*) invertir **B** *v.intr.pron.* **1** volcarse **2** (*fig.*) invertirse.
cappa *s.f.* **1** (*abb.*) (*mar.* e *rel.*) capa **2** (*fornello, focolare*) campana.
cappella[1] *s.f.* **1** (*arch.*) capilla **2** (*rel.*) (*tabernacolo*) capellanía.
cappella[2] *s.f.* **1** (*fungo*) sombrero (*m.*) **2** (*volg.*) capullo (*m.*) **3** (*gerg.* e *mil.*) novato (*m.*) **4** (*pop.* e *volg.*) (*errore*) desliz (*m.*), equivocación.
cappello *s.m.* **1** (*abb.*) sombrero **2** (*bot.*) (*fungo*) sombrero, sombrerito, sombrerillo **3** (*mecc.* e *tecn.*) casquete, sombrerete **4** (*fig.*) (*scritto*) encabezamiento.

cappero *s.m.* alcaparra (*f.*).
cappotto *s.m.* (*abb.*) abrigo, (*amer.*) tapado, sobretodo.
cappuccino[1] *s.m.* (*rel.*) capuchino.
cappuccino[2] *s.m.* (*bevanda*) capuchino.
cappuccio *s.m.* **1** capuchón **2** (*abb.*) capucha (*f.*), capucho, capuchón **3** (*elett.* e *tecn.*) capacete.
capra *s.f.* (*zool.*) (anche *conc.*) cabra.
capriccio *s.m.* **1** capricho, antojo **2** (*mus.* e *pitt.*) capricho **3** capricho, extravagancia (*f.*) **4** (*bambini*) berrinche, rabieta (*f.*).
capricorno *s.m.* (*astro.* e *astrol.*) capricornio.
capriolo *s.m.* (*zool.*) corzo.
captare *v.tr.* **1** captar, conquistar, ganarse **2** (*raccogliere*) captar, recoger **3** (*telecom.*) sintonizar, captar **4** (*fig.*) captar, notar, advertir.
caraffa *s.f.* garrafa.
caramella *s.f.* caramelo (*m.*).
carattere *s.m.* **1** (*tip.*) carácter, letra (*f.*), signo **2** caligrafía (*f.*), letra (*f.*) **3** (anche *cine.* e *teatr.*) carácter.
caratteristica *s.f.* característica, peculiaridad, particularidad.
caratteristico *agg.* característico, peculiar (*m.* e *f.*), propio.
carbone *s.m.* **1** (*min.*) carbón **2** (*brace*) ascua (*f.*), brasa (*f.*).
carburante *s.m.* carburante.
carcere *s.m.* (anche *fig.*) cárcel (*f.*), prisión (*f.*).
carciofo *s.m.* alcachofa (*f.*).
cardinale[1] *agg.m.* e *f.* **1** (*geog.*, *gramm.* e *mat.*) cardinal **2** fundamental, principal.
cardinale[2] *s.m.* (*rel.*) cardenal.
cardiologia *s.f.* (*med.*) cardiología.
carestia *s.f.* **1** carestía, escasez **2** (*penuria*) escasez.
carezza *s.f.* **1** caricia **2** (*fig.*) carantoña, zalamería.
carica *s.f.* **1** (*lavoro*) cargo (*m.*), empleo (*m.*) **2** (*orologio*) cuerda **3** (*mil.* e *sport*) carga, ataque (*m.*).
caricare A *v.tr.* **1** cargar **2** (*riempire*) llenar **3** (*inform.*) almacenar **4** (*peso eccessivo*) cargar excesivamente, sobrecargar, recargar **5** (*fig.*) cargar, recargar, gravar **6** (*mil.* e *sport*) cargar contra, atacar, arremeter **B** *v.pron.* **1** (anche *fig.*) cargarse, llenarse **2** (*fig.*) reconcentrarse.
carico *s.m.* **1** carga **2** (*nave*) cargamento **3** (*fig.*) carga (*f.*), peso, responsabilidad.
carie *s.f.inv.* (*med.*) caries.
carino *agg.* (*fam.*) **1** bonito, majo, mono **2** (*carattere*) amable (*m.* e *f.*), gentil (*m.* e *f.*), simpático.
carità *s.f.inv.* (*rel.*) caridad (*sing.*).
carne *s.f.* **1** carne **2** (anche *fig.*) cuerpo (*m.*) **3** (*costituzione fisica*) carnes (*pl.*) **4** (*frutta*) pulpa.
carnevale *s.m.* carnaval.
caro[1] *agg.* **1** querido, amado, entrañable (*m.* e *f.*) **2** agradable (*m.* e *f.*), amable (*m.* e *f.*), atento **3** (*cosa*) importante (*m.* e *f.*), precioso, valioso **4** (*costoso*) caro, costoso **5** (*che vende a caro prezzo*) carero.
caro[2] *avv.* caro.
carogna *s.f.* **1** carroña **2** (*fig.* e *pegg.*) canalla (*m.* e *f.*), sinvergüenza (*m.* e *f.*).
carota *s.f.* (*bot.*) zanahoria.
carrello *s.m.* carretilla.
carriera *s.f.* **1** (*corso di studi*) carrera **2** (*lavoro*) carrera, profesión.
carro *s.m.* **1** (anche *astro.*) carro **2** (*quantità*) carro, carretada (*f.*).
carrozza *s.f.* **1** carroza **2** (*ferr.*) vagón (*m.*), coche (*m.*).
carrozzeria *s.f.* **1** (*officina, azienda*) carrocería **2** (*auto.*) habitáculo (*m.*).
carrucola *s.f.* (*mecc.*) polea, garrucha.
carta *s.f.* **1** papel (*m.*) **2** (*ristorante*) carta, lista **3** (*documento*) documento (*m.*), papel (*m.*) **4** (*dichiarazione solenne*) carta **5** (*geog.*) mapa (*m.*) **6**

(*gioco*) naipe (*m.*), carta **7** (*pop.*) billete (*m.*).
cartella *s.f.* **1** (*lotteria*) billete (*m.*) **2** (*tombola*) cartón (*m.*) **3** (*med.*) historial (*m.*), ficha **4** cuartilla, página **5** (*custodia*) carpeta (*m.*) **6** (*borsa*) portafolio (*m.*), cartera **7** (*borsa scolastica*) cartera, cabás (*m.*).
cartello *s.m.* **1** cartel, letrero **2** carta, pancarta (*f.*).
cartilagine *s.f.* (*anat.*) cartílago (*m.*).
cartina *s.f.* **1** papel (*m.*) de fumar **2** (*geog.*) mapa (*m.*) **3** (*farm.*) papelillo (*m.*), sobre (*m.*).
cartoleria *s.f.* papelería.
cartolina *s.f.* **1** tarjeta postal **2** (*passamano*) cartusana **3** (*pop.*) (*cartellino*) ficha.
cartone *s.m.* **1** (anche *tecnica decorativa*) cartón **2** (*cine.*) dibujo **3** (*confezione, imballaggio*) caja (*f.*) de cartón, cartón.
cartuccia *s.f.* **1** (*arma da fuoco, penna stilografica*) cartucho (*m.*) **2** (*cine.*) cartucho (*m.*), carrete (*m.*) **3** (*mecc.*) cartucho (*m.*) filtrante.
casa *s.f.* **1** casa **2** casa, hogar (*m.*) **3** (*tana*) cubil (*m.*), cueva **4** (*fabbricato*) casa, vivienda, edificio (*m.*) **5** (*fig.*) casa, estirpe, linaje (*m.*) **6** (*fig.*) casa, patria **7** (*alloggio*) residencia, internado (*m.*) **8** (*ditta*) casa, filial, agencia **9** (*sport*) casa, propio campo (*m.*).
casalingo *agg.* **1** casero **2** (*persona*) casero, hogareño **3** (*sport*) del equipo anfitrión.
cascata *s.f.* **1** (*geog.*) cascada **2** (*fam.*) caída, porrazo (*m.*) **3** collar (*m.*).
casco *s.m.* **1** (anche *telecom.*) casco **2** (*parrucchiere*) secador de pelo **3** (*acconciatura*) melena (*f.*) a la garçón.
casella *s.f.* **1** (*mobile*) casillero (*m.*) **2** (*tip.*) cajetín (*m.*) **3** casilla.
caserma *s.f.* (*mil.*) (anche *fig.*) cuartel (*m.*).
casino *s.m.* **1** (*circolo*) casino, círculo **2** (*residenza di campagna*) casa (*f.*) de campo **3** (*pop.*) burdel, prostíbulo **4** (*fig.* e *pop.*) jaleo, follón, cacao **5** (*fig.* e *pop.*) (*quantità*) mogollón.
casinò *s.m.inv.* casino (*sing.*).
caso *s.m.* **1** casualidad (*f.*), caso **2** destino **3** asunto.
cassa *s.f.* **1** caja **2** (*mobile*) baúl (*m.*), cajón (*m.*), arcón (*m.*) **3** (*mobile per denaro, preziosi*) caja, caja fuerte, caja de caudales.
cassaforte *s.f.* caja fuerte, caja de caudales.
cassetta *s.f.* **1** caja, cajón (*m.*) **2** (*tecn.*) caja, cajetín (*m.*) **3** (*elett.*) caja **4** (*mus.*) casete (*m.* e *f.*).
cassetto *s.m.* cajón.
cast *s.m.inv.* (*angl.*) (*cine.*) reparto (*sing.*), elenco (*sing.*).
casta *s.f.* (anche *fig.*) casta.
castagna *s.f.* **1** (*bot.*) (*frutto*) castaña **2** (*sport*) (*calcio*) trallazo (*m.*) **3** (*sport*) (*pugilato*) castaña, castañazo (*m.*).
castello *s.m.* castillo.
castigo *s.m.* **1** castigo **2** (*fig.* e *fam.*) (*persona*) castigo, tormento.
castità *s.f.inv.* **1** castidad (*sing.*) **2** (*lett.* e *fig.*) (*lingua, stile*) pureza (*sing.*), sencillez (*sing.*).
castoro *s.m.* (*zool.*) castor.
castrare *v.tr.* **1** castrar, capar **2** (*fig.*) castrar, inhibir, reprimir.
cataclisma *s.m.* **1** cataclismo **2** (*fig.*) cataclismo, catástrofe (*f.*), desastre.
catalano *agg.* e *s.m.* catalán.
catalogo *s.m.* **1** (*comm.*) (anche *schedario*) catálogo **2** (*fig.*) enumeración (*f.*), lista (*f.*), inventario.
catarro *s.m.* (*med.*) catarro.
catastrofe *s.f.* catástrofe, calamidad, desastre (*m.*).
catechismo *s.m.* (*rel.*) catecismo.
categoria *s.f.* **1** (anche *sport*) categoría **2** sector.
catena *s.f.* **1** cadena **2** (*fig.*) cadena, atadura, esclavitud **3** (*fig.*) cadena, concatenación, serie **4** (*geog.*) cadena, cordillera.

catino *s.m.* **1** jofaina (*f.*), palangana (*f.*), lebrillo **2** (*fornace*) catino.
catrame *s.m.* alquitrán.
cattedra *s.f.* cátedra.
cattivo A *agg.* **1** malo, malvado **2** dañino, nocivo **3** (*sgarbato*) maligno, malintencionado **4** (*ostile*) hosco, hostil (*m.* e *f.*) **5** (*turbolento*) revoltoso, travieso, guerrero **6** (*comportamento*) malo, descortés (*m.* e *f.*), maleducado **7** (*qualità*) malo, de mala calidad (*m.* e *f.*) **8** (*affare, notizia, occasione*) malo, adverso, desfavorable (*m.* e *f.*) **9** (*tempo*) malo, desapacible (*m.* e *f.*), destemplado **10** (*brutto*) malo, feo **11** (*odore, sapore*) malo, desagradable (*m.* e *f.*) **B** *s.m.* malo, malvado.
cattolico *agg.* e *s.m.* (*rel.*) católico
catturare *v.tr.* **1** capturar, detener, prender **2** secuestrar **3** (*geog.*) (anche *fig.*) captar.
causa *s.f.* **1** causa, motivo (*m.*), razón **2** (*giur.*) causa, juicio (*m.*), litigio (*m.*), pleito (*m.*) **3** (*ideale*) causa, ideal (*m.*).
cautela *s.f.* cautela, prudencia, circunspección.
cauzione *s.f.* (*giur.*) caución, fianza, garantía.
cava *s.f.* **1** (*min.*) cantera **2** (*elett.* e *mecc.*) ranura **3** (*fig.*) (*persona*) pozo (*m.*).
cavalcare *v.tr.* **1** (*equit.*) cabalgar, montar **2** cabalgar, estar a horcajadas.
cavaliere *s.m.* **1** (*equit.*) jinete **2** (*mil.*) soldado de caballería **3** (*titolo*) caballero **4** (*fig.*) caballero, señor **5** acompañante.
cavalletta *s.f.* **1** (*zool.*) saltamontes (*m.inv.*), langosta **2** (*fig.*) (*persona*) tragaldabas (*m.* e *f.inv.*), tragón, comilón.
cavalletto *s.m.* **1** (*edil.*) asnilla (*f.*), caballete, borriquete **2** caballete **3** (*cine.* e *fot.*) trípode.
cavallo *s.m.* **1** (*fis.* e *zool.*) caballo **2** (*sport*) (*ginnastica*) potro, caballo **3** (*pantaloni*) tiro, bragadura (*f.*), entrepierna (*f.*) **4** (*gioco*) (*scacchi, carte*) caballo.
cavatappi *s.m.inv.* sacacorchos, tirabuzón.
caverna *s.f.* **1** caverna, cueva **2** (*fig.*) cuchitril (*m.*), pocilga.
cavia *s.f.* **1** (*zool.*) conejillo (*m.*) de Indias, cobaya **2** (*fig.*) cobaya.
caviale *s.m.* (*cuc.*) caviar.
caviglia *s.f.* (*anat.*) tobillo (*m.*).
cavo[1] *agg.* hueco, cóncavo, ahuecado.
cavo[2] *s.m.* **1** (*elett.* e *telecom.*) cable **2** (*mar.*) cabo.
cavolata *s.f.* (*fig.* e *pop.*) tontería, burrada, chorrada.
cavolfiore *s.m.* (*bot.*) coliflor (*f.*).
cavolo A *s.m.* **1** (*bot.*) col (*f.*) **2** (*fig.* e *pop.*) pepino, nada (*f.*) **B** *inter.* (*pop.*) ¡caramba!, ¡porras!
cazzata *s.f.* (*volg.*) gilipollez, chorrada.
cazzeggiare *v.tr.* (*volg.*) decir chorradas.
cazzo A *s.m.* (*volg.*) carajo, polla (*f.*), picha (*f.*), pito **B** *inter.* ¡coño!, ¡joder!
ce A *avv.* **1** (*qui*) aquí, acá, en este lugar **2** (*lì*) allá, allí, en ese lugar **B** *pron.* (*dimostrativo*) acerca de ello, sobre el tema, sobre eso **C** *pron.pl.* (*personale*) nos.
cecchino *s.m.* (*mil.*) (anche *fig.*) francotirador.
cece *s.m.* **1** (*bot.*) garbanzo **2** (*fig.* e *fam.*) bribonzuelo, diablillo.
cedere A *v.intr.* **1** (anche *fig.*) ceder, flaquear **2** (*mil.*) retroceder, retirarse **3** (*fig.*) resignarse **4** (*edil.*) ceder, fallar **5** (*tessuto*) ceder, dar de sí **B** *v.tr.* **1** ceder, dar **2** (*giur.*) ceder, traspasar.
cedro *s.m.* (*bot.*) **1** cidro **2** (*frutto*) cidra (*f.*).
ceffone *s.m.* bofetada (*f.*), cachetada (*f.*), torta.
celebrare *v.tr.* **1** (*fig.*) celebrar, alabar, elogiar **2** (*ricorrenza*) celebrar,

festejar, conmemorar **3** (*rel.*) celebrar, oficiar.
celebrità *s.f.inv.* **1** celebridad (*sing.*), notoriedad (*sing.*), fama (*sing.*) **2** (*persona*) celebridad (*sing.*).
celeste A *agg.m.* e *f.* **1** (*astro.*) celeste **2** celeste, azul celeste **3** (*rel.*) celestial, divino (*m.*) **B** *s.m.* celeste, azul celeste.
celibe *agg.* e *s.m.* célibe, soltero.
cella *s.f.* **1** celda **2** (*tecn.*) celda, cámara.
cellofan *s.m.inv.* celofán.
cellula *s.f.* célula // *cellule impazzite,* grupos incontrolados.
cellulite *s.f.* (*med.*) celulitis (*inv.*).
cemento *s.m.* **1** (*edil.*) cemento **2** (*fig.*) base (*f.*), fundamento.
cena *s.f.* cena.
cenare *v.intr.* cenar.
cenere *s.f.* ceniza.
cenno *s.m.* **1** ademán, seña (*f.*) **2** indicación (*f.*), alusión (*f.*) **3** (*fig.*) señal (*f.*), indicio, síntoma.
censura *s.f.* censura.
centesimo A *agg.num.ord.* centésimo **B** *s.m.* **1** centésimo **2** (*moneta*) centavo, céntimo.
centimetro *s.m.* (*misura di lunghezza*) centímetro.
cento A *agg.num.card.* **1** cien **2** (*grande quantità*) miles (*pl.*) de, millón (*sing.*) de, montón (*sing.*) de **B** *s.m.inv.* cien, ciento.
centrale A *agg.m.* e *f.* **1** (anche *geog.* e *ling.*) central **2** (*del centro urbano*) central, céntrico (*m.*) **3** (*fig.*) principal, central, esencial **B** *s.f.* **1** (*centro di produzione*) central **2** (*sede di organi direttivi*) central.
centrare *v.tr.* **1** dar en **2** (*fig.*) comprender, captar.
centrifuga *s.f.* (*mecc.*) centrifugadora, centrífuga.
centro *s.m.* **1** (anche *sport*) centro **2** centro, medio **3** (*fig.*) (*argomento, discorso*) centro, núcleo.
cera *s.f.* **1** cera **2** (*candela*) cera, vela.
ceramica *s.f.* **1** (*arte*) cerámica **2** pieza de cerámica.
cerbiatto *s.m.* (*zool.*) cervato, cervatillo.
cercare A *v.tr.* **1** buscar **2** perseguir, querer, pretender **B** *v.intr.* (*di*) intentar, tratar de, procurar.
cerchio *s.m.* **1** (*geom.*) círculo **2** (*auto.*) llanta (*f.*) **3** (*botte*) zuncho, cello, cincho **4** (*fig.*) círculo, cerco **5** (*sport*) (*ginnastica*) anillo **6** (*impronta di bottiglia, bicchiere*) rodal.
cereale *agg.m.* e *f.* e *s.m.* (*bot.*) cereal.
cerimonia *s.f.* **1** (*rel.*) ceremonia, función **2** ceremonia, acto (*m.*), celebración.
cerniera *s.f.* **1** (*mecc.*) bisagra **2** (*geol.*, *zool.*) charnela // ~ *lampo*, cremallera.
cerotto *s.m.* (*med.*) tirita (*f.*), esparadrapo, parche.
certezza *s.f.* certeza, certidumbre.
certificato *s.m.* (*bur.*) certificado, certificación (*f.*).
certo[1] *agg.* **1** cierto, seguro **2** claro, evidente (*m.* e *f.*) **3** seguro, convencido.
certo[2] *agg.* (*indefinito*) **1** alguno **2** (*pegg.*) cierto, **3** (*determinato*) cierto, determinado **4** (*attenuativo*) cierto **5** tal **6** (*quantità indeterminata*) cierto, alguno, uno **7** (*rafforzativo*) cada (*m.* e *f.*).
certo[3] **A** *avv.* cierto, ciertamente, claro, por supuesto **B** *pron.* (*indefinito, anche correlativo*) alguno **C** *s.m.* (*solo sing.*) cierto.
cerume *s.m.* cerumen, cera de los oídos.
cervello *s.m.* **1** (*anat.*) (anche *inform.*) cerebro **2** (*zool.*) cerebro, sesos (*pl.*) **3** (*fig.*) cerebro, cabeza (*f.*), inteligencia (*f.*) **4** (*fig.*) cerebro, mente (*f.*).
cervicale *s.f.* (*med.*) artrosis cervical.

cervo *s.m.* (*zool.*) ciervo.
cespuglio *s.m.* **1** (*bot.*) mata (*f.*), matorral **2** (*fig.*) melena (*f.*).
cessione *s.f.* (anche *giur.*) cesión.
cesso *s.m.* (*pop.*) retrete, letrina (*f.*), excusado.
cesta *s.f.* **1** cesta, canasta, canasto (*m.*) **2** (*pane*) nasa **3** (*pesci*) chistera, nasa **4** (*sport*) (*pelota basca*) cesta, pala **5** (*mongolfiera*) barquilla.
cestino *s.m.* papelera (*f.*), cesto de los papeles.
cesto *s.m.* (*sport*) (*pallacanestro*) canasta (*f.*).
cetacei *s.m.pl.* (*zool.*) cetáceos.
ceto *s.m.* clase (*f.*).
cetriolo *s.m.* (*bot.*) pepino.
champagne *s.m.inv.* (*franc.*) champán (*sing.*).
chance *s.f.inv.* (*franc.*) oportunidad (*sing.*).
che A *agg.inv.* **1** (*interrogativo*) cuál **2** (*esclamativo, interrogativo*) qué **B** *cong.* **1** (*dichiarativo, causale, consecutivo, temporale, condizionale*) que **2** (*finale*) que, para que **3** (*quando*) cuando **4** (*esclamativo*) qué **5** (*eccettuativo*) más que, sino, sólo **C** *pron.inv.* (*relativo*) **1** (*cosa*) que **2** (*persona*) que, quien (*sing.*), cual (*sing.*) **3** (*neutro*) lo cual, lo que **4** (*interrogativo*) qué **5** (*esclamativo*) qué, pero qué **D** *pron.m.* (*indefinito, solo sing.*) algo.
chi A *pron.m.* e *f.* **1** (*relativo*) quien, el que **2** (*interrogativo*) quién **3** (*relativo indefinito, solo sing.*) quien.
chiacchierare *v.intr.* **1** charlar, parlotear **2** (*malignare*) chismorrear, murmurar, cotillear.
chiamare A *v.tr.* **1** llamar **2** (anche *giur.*) citar, convocar, llamar **3** (*nome*) llamar, poner nombre **4** (*soprannome*) llamar, decir **B** *v.intr.pron.* llamarse **C** *v.pron.* (*lett.*) declararse, reconocerse.
chiappe *s.f.pl.* (*pop.*) (*natiche*) nalgas, culo (*m.sing.*).
chiarezza *s.f.* **1** luminosidad **2** (*fig.*) lucidez **3** (*fig.*) claridad,, comprensibilidad, nitidez.
chiarire A *v.tr.* **1** clarificar **2** (*fig.*) aclarar, explicar **B** *v.intr.pron.* **1** despejarse **2** aclararse, esclarecerse **C** *v.pron.* aclararse.
chiaro A *agg.* **1** (*aria, cielo*) claro, luminoso, diáfano **2** (*colore*) claro, tenue (*m.* e *f.*), suave (*m.* e *f.*) **3** (*acqua, liquido*) claro, cristalino, límpido **4** (*fig.*) claro, comprensible (*m.* e *f.*), llano **5** (*fig.*) claro, sincero, franco **6** (*suono, voce*) claro, argentino **7** (*fig.*) rotundo, resuelto, terminante (*m.* e *f.*) **B** *avv.* claro, claramente **C** *s.m.* **1** claridad (*f.*), luminosidad (*f.*) **2** (*colore*) color claro **3** (*pitt.*) masa (*f.*) de claro.
chiasso *s.m.* **1** (*strepito*) ruido, estrépito, estruendo **2** (*allegria*) alboroto, bullicio, jaleo **3** (*fig.*) resonancia (*f.*), eco.
chiatta *s.f.* (*mar.*) barcaza, chalana.
chiave A *agg.inv.* clave (*m.* e *f.sing.*), fundamental (*m.* e *f.sing.*) **B** *s.f.* **1** (anche *sport* e *tecn.*) llave **2** (*fig.*) clave, aclaración **3** clave, cifra, código (*m.*) **4** (*arch.* e *mus.*) clave, llave.
chicco *s.m.* grano.
chiedere A *v.tr.* **1** (*per sapere*) preguntar **2** (*per avere*) pedir **3** pedir, limosnar, mendigar **B** *v.intr.* (*di*) **1** preguntar **2** (*fam.*) (*telefono*) llamar.
chiesa *s.f.* (*arch.* e *rel.*) iglesia.
chilo *s.m.* (*misura di peso*) kilo, quilo.
chimica *s.f.* química.
china *s.f.* (*inchiostro*) tinta china.
chiodo *s.m.* **1** clavo **2** (*fig.* e *fam.*) (*debito*) trampa (*f.*), deuda (*f.*) **3** (*fig.*) idea fija, obsesión (*f.*) **4** (*sport*) (*scarpe per podismo, golf*) taco **5** (*sport*) (*alpinismo*) clavija (*f.*) **6** (*gerg.*) (*abb.*) chupa (*f.*).
chiostro *s.m.* **1** (*arch.*) claustro (*m.*) **2** (anche *fig.*) claustro, monasterio, convento.

chirurgia *s.f.* cirugía.
chissà *avv.* **1** quién sabe **2** quizás, tal vez, a lo mejor.
chitarra *s.f.* (*mus.*) guitarra.
chiudere A *v.tr.* **1** cerrar **2** (*rinchiudere*) encerrar **3** cegar **4** (anche *fig.*) guardar, custodiar **5** cerrar, concluir **6** (*bur.*) clausurar **7** (*cingere*) cercar, vallar, acordonar **B** *v.intr.* **1** cerrarse **2** cerrar, cesar **C** *v.intr.pron.* **1** cerrarse **2** cerrarse, cicatrizar **3** (anche *fig.*) cerrarse, nublarse **D** *v.pron.* **1** envolverse, cubrirse **2** encerrarse.
chiunque *pron.m.* e *f.* **1** (*indefinito, solo sing.*) quienquiera, cualquiera **2** (*relativo*) quienquiera.
chiusura *s.f.* **1** cierre (*m.*), clausura **2** cierre (*m.*) **3** cerradura, cierre (*m.*) **4** (*indumento*) botonadura, abotonadura **5** (*fig.*) cerrazón, obcecación.
choc *s.m.inv.* (*franc.*) choque (*sing.*), conmoción (*f.sing.*).
ci A *avv.* **1** (*luogo*) aquí, acá, ahí, allá, allí **2** (*con valore indeterminato, in spagnolo non si traduce*): *mi ~ vuole del tempo,* necesito más tiempo **B** *pron.pl.* (*personale, unito ai pronomi lo, la, le, li e alla particella ne cambia in ce*) **1** (*complemento oggetto*) nos **2** (*complemento di termine*) nos **3** (*verbi pronominali*) nos **C** *pron.* (*dimostrativo*) **1** en esto, en ello **2** (*partitivo*) de esto **3** (*pop.*) le: *non farci caso,* no le hagas caso.
ciabatta *s.f.* **1** zapatilla, pantufla, chancla **2** (*fig.*) trasto (*m.*), chancla **3** (*pane*) barra de pan **4** (*elett.*) ladrón (*m.*).
cianuro *s.m.* (*chim.*) cianuro.
ciao *inter.* **1** hola **2** adiós, hasta luego, chao.
ciarlatano *s.m.* (*impostore*) charlatán, engañabobos (*inv.*), embaucador.
ciascuno A *agg.* (*indefinito, solo sing.*) **1** todo **2** (*distributivo*) cada (*m.* e *f.*) **B** *pron.* (*indefinito, solo sing.*) **1** cada uno, cada cual (*m.* e *f.*) **2** (*distributivo, partitivo*) cada uno.
cibo *s.m.* alimento, comida (*f.*).
cicala *s.f.* **1** (*zool.*) cigarra **2** (*fig.*) cotorra, parlanchín.
cicatrice *s.f.* **1** (*med.*) cicatriz, marca **2** (*fig.*) cicatriz, huella, herida.
ciccia *s.f.* (*fam.*) chicha, carne.
ciclismo *s.m.* (*sport*) ciclismo.
ciclo *s.m.* ciclo.
ciclone *s.m.* **1** (*meteo.*) ciclón, huracán **2** (*fig.*) torbellino, ciclón.
ciclope *s.m.* (*mit.*) cíclope, ciclope.
cicogna *s.f.* cigüeña.
cicoria *s.f.* (*bot.*) achicoria, chicoria.
cieco A *agg.* **1** ciego **2** (*fig.*) ciego, cegado, obcecado **3** sin salida **B** *s.m.* ciego, invidente (*m.* e *f.*).
cielo *s.m.* (anche *rel.*) cielo.
cifra *s.f.* **1** cifra **2** cifra, cantidad, suma **3** monograma (*m.*), cifra **4** código (*m.*), cifra.
cigno *s.m.* cisne.
cigolare *v.intr.* chirriar, rechinar.
ciliegia *s.f.* cereza.
cilindro *s.m.* **1** cilindro **2** (*cappello*) sombrero de copa.
cima *s.f.* **1** cima, punta, ápice (*m.*) **2** cima, cumbre **3** extremidad, cabo (*m.*) **4** parte superior **5** (*fig.* e *fam.*) genio (*m.*) **6** (*mar.*) cabo.
cimice *s.f.* **1** (*zool.*) chinche **2** (*pop.*) (*chiodino*) chincheta **3** (*gerg.*) escucha telefónica.
ciminiera *s.f.* chimenea.
cimitero *s.m.* (anche *fig*) cementerio, camposanto.
cinema *s.m.inv.* cine (*sing.*).
cinese A *agg.* e *s.m.* e *f.* chino (*m.*) **B** *s.m.* (*lingua*) chino.
cinghia *s.f.* **1** cinturón (*m.*), correa **2** (*mecc.*) correa.
cinghiale *s.m.* (*zool.*) jabalí.
cinico *agg.* e *s.m.* **1** cínico, indiferente (*m.* e *f.*) **2** cínico, irónico.
cinquanta *agg.num.card.* e *s.m.inv.* cincuenta.

cinque A *agg.num.card.* cinco **B** *s.m.* e *f.inv.* **1** cinco **2** (*istr.*) calificación (*f.*) insuficiente.
cinquecento A *agg.num.card.* quinientos (*m.*) **B** *s.m.inv.* **1** quinientos **2** (*secolo*) siglo XVI.
cintura *s.f.* **1** (*abb.*) cinturón (*m.*), correa **2** (*corpo*) cintura, talle (*m.*).
ciò *pron.* (*dimostrativo*) esto, eso, aquello.
cioccolato *s.m.* chocolate.
cioè A *avv.* o sea, y qué **B** *cong.* **1** (*dichiarativo, esplicativo*) es decir, esto es **2** (*correttivo*) o mejor, o más bien.
ciondolo *s.m.* (*gioiello*) colgante.
ciononostante *avv.* a pesar de, no obstante.
cipolla *s.f.* **1** (*bot.*) cebolla **2** (*doccia, annaffiatoio*) alcachofa, cebolla **3** (*bot.*) bulbo (*m.*), cebolla **4** reloj (*m.*) de bolsillo.
cipresso *s.m.* (*bot.*) ciprés.
cipria *s.f.* (*cosmesi*) polvos (*m.pl.*) de tocador.
circa *avv.* casi, alrededor de, aproximadamente.
circo *s.m.* circo.
circolare[1] **A** *agg.* circular **B** *s.f.* **1** (*bur.*) circular **2** (*trasporti*) línea de circunvalación.
circolare[2] *v.tr.* **1** (anche *gerg.*) circular, transitar **2** fluir, correr **3** correr, pasar **4** propalarse, difundirse.
circolazione *s.f.* **1** circulación **2** (*traffico*) circulación, tránsito (*m.*), tráfico (*m.*).
circolo *s.m.* **1** círculo **2** (*bio.*) circulación (*f.*) **3** círculo, club **4** tertulia (*f.*), reunión (*f.*) **5** (*bur.*) circunscripción (*f.*), distrito.
circoncisione *s.f.* circuncisión.
circondare A *v.tr.* circundar, cercar, acordonar, rodear **B** *v.pron.* rodearse.
circonferenza *s.f.* **1** (*geom.*) circunferencia **2** circunferencia, contorno (*m.*), territorio (*m.*).
circostanza *s.f.* **1** circunstancia, ocasión **2** circunstancia, situación.
circuito *s.m.* **1** (*elett.* e *mat.*) circuito **2** (*sport*) (*automobilismo, motociclismo*) circuito, pista (*f.*) cerrada **3** (*cine.*) red (*f.*), cádena (*f.*).
cisterna *agg.inv.* e *s.f.* cisterna, aljibe.
cistite *s.f.* (*med.*) cistitis (*inv.*).
citazione *s.f.* **1** (*giur.*) citación, emplazamiento (*m.*) **2** cita, nota **3** mención, distinción.
citofono *s.m.* portero automático, telefonillo.
città *s.f.inv.* **1** ciudad (*sing.*) **2** (*quartiere*) barrios (*m.pl.*).
ciuccio *s.m.* (*fam.*) (*bebè*) chupete.
ciucco *agg.* (*fam.*) borracho.
ciuffo *s.m.* mechón, mecha (*f.*).
civetta *s.f.* **1** (*zool.*) lechuza **2** (*fig.*) coqueta, coquetona.
civico *agg.* **1** cívico, municipal (*m.* e *f.*) **2** civil (*m.* e *f.*), ciudadano.
civile A *agg.m.* e *f.* **1** civil **2** cívico (*m.*), civil, educado (*m.*) **3** (giur.) civil **4** civilizado (*m.*) **B** *s.m.* civil.
civiltà *s.f.inv.* **1** civilización (*sing.*) **2** civilización (*sing.*), cultura (*sing.*) **3** urbanidad (*sing.*), civismo (*m.sing.*), cortesía (*sing.*).
clacson *s.m.inv.* bocina (*f.sing.*).
clamoroso *agg.* **1** clamoroso, caluroso **2** (*fig.*) clamoroso, apabullante (*m.* e *f.*).
clan *s.m.inv.* (*angl.*) (*etn.*) clan.
clandestino A *agg.* **1** clandestino, secreto, oculto **2** clandestino, ilegal (*m.* e *f.*) **B** *s.m.* polizón.
clarinetto *s.m.* (*mus.*) (*strumento, persona*) clarinete.
classe *s.f.* **1** clase **2** clase, grupo (*m.*) **3** (*mil.*) quinta **4** (*istr.*) clase **5** (*istr.*) (*aula*) clase, aula **6** (*fig.*) clase, categoría, distinción.
classico A *agg.* **1** (anche *mus.*) clásico **2** típico, característico **3** clásico, tradicional (*m.* e *f.*) **B** *s.m.* clásico.
classifica *s.f.* clasificación.

claustrofobia *s.f.* claustrofobia.
cleptomane *agg.* e *s.m.* e *f.* cleptómano (*m.*).
clero *s.m.* (*rel.*) clero.
cliente *s.m.* e *f.* **1** cliente **2** (*pegg.*) protegido (*m.*).
clima *s.m.* **1** clima **2** (*fig.*) clima, ambiente.
climax *s.m.inv.* clímax.
clinica *s.f.* (*med.*) **1** clínica **2** (*casa di cura*) clínica, sanatorio (*m.*).
clistere *s.m.* (*med.*) clister, lavativa (*f.*).
clitoride *s.m.* e *f.* (*anat.*) clítoris (*inv.*).
clonazione *s.f.* (*bio.*) clonalidad.
clown *s.m.inv.* (*angl.*) clown, payaso (*sing.*).
club *s.m.inv.* (*angl.*) club (*sing.*), círculo (*sing.*), asociación (*f.sing.*).
coalizione *s.f.* **1** coalición, alianza, pacto (*m.*) **2** (*econ.*) coalición, cártel (*m.*).
coattivo *agg.* coactivo.
cocaina *s.f.* cocaína.
coccinella *s.f.* **1** (*zool.*) mariquita **2** (*scout*) joven (*m.* e *f.*) escultista.
coccio *s.m.* **1** barro, loza (*f.*) **2** (*vaso, statua*) terracota (*f.*).
cocco *s.m.* (*bot.*) coco, cocotero.
coccodrillo *s.m.* (*zool.*) cocodrilo.
coccolare *v.tr.* (*fam.*) mimar, consentir.
cocktail *s.m.inv.* (*angl.*) (anche *fig.*) cóctel (*sing.*).
cocomero *s.m.* (*bot.*) sandía (*f.*), melón de agua.
coda *s.f.* **1** (*zool.*) cola, rabo (*m.*) **2** cola **3** (*fig.*) secuela, consecuencia **4** cola, hilera, fila.
codardo *agg.* e *s.m.* cobarde (*m.* e *f.*), pusilánime (*m.* e *f.*).
codice *s.m.* **1** códice **2** (*bio., giur.* e *inform.*) código **3** código, clave (*f.*).
coefficiente *s.m.* (anche *fig.*) coeficiente.
coerente *agg.m.* e *f.* coherente, congruente, acorde.
cogliere *v.tr.* **1** coger, recoger **2** coger, agarrar, sujetar **3** (*fig.*) coger, pillar, sorprender **4** (anche *fig.*) dar en, atinar, acertar **5** (*fig.*) coger, entender, captar.
coglione *s.m.* (*volg.*) **1** cojón, pelota (*f.*) **2** (*fig.* e *pegg.*) (*imbecille*) gilipollas (*inv.*).
cognato *s.m.* cuñado.
cognome *s.m.* apellido.
coincidenza *s.f.* **1** coincidencia, casualidad **2** (*fig.*) coincidencia, conformidad, acuerdo (*m.*) **3** (*trasporti*) enlace (*m.*), transbordo (*m.*).
coincidere *v.intr.* **1** coincidir **2** (*geom.*) coincidir, encajar, ajustarse **3** (*fig.*) coincidir, concordar.
coinvolgere *v.tr.* **1** comprometer, implicar **2** hacer participar, interesar, incluir.
coito *s.m.* coito, cópula.
colapasta *s.m.inv.* colador (*sing.*), coladero (*sing.*).
colare A *v.tr.* **1** colar, filtrar **2** (*agr.*) cribar **3** (*versare*) vaciar **4** (*met.*) fundir, derretir **B** *v.intr.* **1** gotear, chorrear, destilar **2** trasudar, transpirar **3** rezumar, filtrar **4** derretirse, fundirse, licuarse.
colazione *s.f.* **1** desayuno (*m.*) **2** (*pranzo*) almuerzo (*m.*).
colera *s.m.inv.* (*med.*) cólera (*sing.*).
colite *s.f.* (*med.*) colitis (*inv.*).
colla *s.f.* cola, pegamento (*m.*).
collaborare *v.intr.* **1** colaborar, cooperar, contribuir **2** colaborar.
collaborazione *s.f.* colaboración.
collana *s.f.* **1** collar (*m.*) **2** (*fig.*) colección **3** guirnalda.
collant *s.m.inv.* (*franc.*) (*abb.*) pantis.
collasso *s.m.* **1** (*astro.* e *med.*) (anche *fig.*) colapso **2** (*edil.*) derrumbe.
collaudo *s.m.* (anche *giur.*) prueba (*f.*), ensayo, verificación (*f.*).
collega *s.m.* e *f.* **1** compañero (*m.*), colega **2** (*iron.*) cómplice.
collegamento *s.m.* **1** comunicación (*f.*), transporte **2** transmisión (*f.*), co-

nexión (*f.*) **3** (anche *fig.*) conexión (*f.*), nexo, enlace **4** (*elett.*) conexión (*f.*), contacto **5** (*inform.*) acoplamiento **6** (*mil.*) enlace.
collegare A *v.tr.* **1** conectar, enlazar **2** comunicar, unir, conectar **3** (*fig.*) relacionar, conectar **B** *v.pron.* (*reciproco*) **1** aliarse, coligarse, unirse **2** comunicarse, ponerse en contacto **C** *v.intr.pron.* concordar.
collegio *s.m.* **1** (*professione*) colegio **2** (*pol.*) circunscripción (*f.*), distrito **3** (*istr.*) colegio, internado.
collettivo[1] *agg.* **1** colectivo, común (*m.* e *f.*) **2** (*gramm.*) colectivo.
collettivo[2] *s.m.* (*pol.*) colectivo, organización (*f.*).
collezione *s.f.* **1** (anche *moda*) colección **2** antología, selección.
collo *s.m.* **1** (anche *abb.*) cuello **2** (*bottiglia, anfora*) gollete, cuello, garganta (*f.*).
collocare A *v.tr.* **1** colocar, poner, situar **2** colocar, emplear **B** *v.pron.* (anche *fig.*) colocarse.
colloquio *s.m.* **1** coloquio, diálogo, conversación **2** entrevista (*f.*) **3** (*istr.*) examen oral.
colmo A *agg.* colmado, colmo, lleno **B** *s.m.* **1** (*fiume*) crecida (*f.*) **2** (*fig.*) colmo, ápice, máximo.
colomba *s.f.* **1** (*zool.*) (anche *fig.*) paloma **2** (*cuc.*) dulce pascual italiano con forma de paloma.
colombo *s.m.* (*zool.*) paloma (*f.*).
colonia *s.f.* (anche *bio.*) colonia.
colonna *s.f.* **1** columna **2** (*fig.*) columna, sostén (*m.*), baluarte (*m.*) **3** (*fig.*) caravana, columna, fila **4** (*terrorismo*) comando (*m.*).
colonnello *s.m.* (*mil.*) coronel.
colore *s.m.* **1** (anche *carnagione*) color **2** pintura (*f.*), color **3** (*gioco*) (*carte*) palo.
colpa *s.f.* **1** culpa, falta, error (*m.*) **2** (*rel.*) culpa, pecado (*m.*) **3** (*giur.*) culpa.
colpevole *agg.* e *s.m.* e *f.* culpable.
colpire *v.tr.* **1** golpear, pegar, atizar **2** (*fig.*) impresionar, conmover, tocar **3** (*fig.*) afectar, perjudicar.
colpo *s.m.* **1** golpe, choque **2** (*arma da fuoco*) tiro, disparo **3** golpe, ruido **4** (*fig.*) golpe, palo, revés **5** golpe, atraco, asalto **6** (*med.*) ataque, acceso, golpe.
coltello *s.m.* cuchillo.
coltivare *v.tr.* **1** (*agr.*) cultivar **2** (*fig.*) cultivar, ejercitar, dedicarse **3** (*fig.*) (*sentimenti*) albergar, nutrir, alimentar.
colto *agg.* culto, instruido, letrado.
coltura *s.f.* **1** (*agr.*) cultivación, cultivo (*m.*) **2** cultivo (*m.*), cría.
colui *pron.* (*dimostrativo*) aquél, ése, el que.
coma *s.m.* (*med.*) coma.
comandare A *v.intr.* mandar, gobernar **B** *v.intr.* **1** mandar, ordenar, decretar **2** ordenar, desear **3** (*lett.*) requerir, exigir **4** (*mecc.*) accionar, poner en marcha.
comando *s.m.* **1** orden (*f.*) **2** mando poder, gobierno **3** (*sport*) primer lugar **4** (*mil.*) comando, mando, comandancia (*f.*), dirección (*f.*) **5** (*inform.*) instrucción (*f.*).
combattere A *v.intr.* **1** combatir, luchar, pelear **2** (*fig.*) combatir, oponerse, atacar **3** (*fig.*) (*lottare*) combatir, luchar **4** (*sport*) competir **B** *v.tr.* **1** combatir, atacar, acometer **2** (*fig.*) combatir, oponerse, atacar **C** *v.pron.* (*reciproco*) combatirse, atacarse.
combinare A *v.tr.* **1** combinar, armonizar **2** concertar, concretar, acordar **3** concluir **4** (anche *fig.*) coincidir, avenirse **B** *v.intr.pron.* ponerse de acuerdo.
combinazione *s.f.* **1** combinación, unión **2** combinación, clave **3** casualidad.
combustibile *agg.m.* e *f.* e *s.m.* combustible.

come **A** *avv.* **1** como **2** (*quanto*) cómo, cuánto **3** (*interrogativo*) cómo **4** (*enunciativo*) tal como, como **5** (*comparativo, in correlazione con così, tanto, tale*) como **6** (*apposizione, complemento predicativo*) como, en calidad de **B** *cong.* **1** como, de que manera **2** (*comparativo, spesso in correlazione con così, tanto*) como **3** (*temporale*) como, en cuanto, así que **C** *s.m.inv.* cómo.

cometa *s.f.* (*astro.*) cometa (*m.*).

comfort *s.m.inv.* (*angl.*) comodidad (*f.sing.*).

comico *agg.* **1** cómico **2** cómico, ridículo, gracioso.

comico *s.m.* **1** (*cine., teatr.* e *TV*) (*attore*) cómico **2** comicidad (*f.*).

cominciare **A** *v.tr.* empezar, comenzar **B** *v.tr.* comenzar, empezar, iniciar.

comitato *s.m.* comité, junta (*f.*), comisión.

comitiva *s.f.* grupo (*m.*), caravana.

comizio *s.m.* mitin.

commedia *s.f.* **1** comedia **2** (*lett.*) comedia **3** (*fig.*) farsa, comedia, simulación.

commentare *v.tr.* **1** comentar **2** criticar, discutir.

commento *s.m.* **1** comentario **2** (*lett.*) comentario, explicación (*f.*), apostilla (*f.*) **3** comentario, crítica (*f.*).

commercio *s.m.* comercio, negocio.

commesso *s.m.* **1** dependiente (*m.* e *f.*), vendedor **2** empleado.

commettere *v.tr.* cometer, incurrir, hacer.

commiserazione *s.f.* conmiseración, compasión.

commissario *s.m.* **1** interventor, administrador temporáneo **2** (*polizia*) comisario, inspector **3** (*istr.*) miembro de una comisión.

commissioni *s.f.pl.* **1** diligencia (*sing.*), recado (*m.sing.*) **2** compras.

committente *s.m.* e *f.* **1** (*comm.*) cliente **2** (*commissionario*) el que encarga.

commuovere **A** *v.tr.* conmover, emocionar, enternecer **B** *v.intr.pron.* conmoverse, enternecerse.

comò *s.m.inv.* cómoda (*f.sing.*).

comodino *s.m.* mesilla (*f.*), mesa (*f.*) de noche.

comodità *s.f.inv.* **1** comodidad (*sing.*) **2** ocasión (*sing.*), oportunidad (*sing.*).

comodo **A** *agg.* **1** cómodo, confortable (*m.* e *f.*), agradable (*m.* e *f.*) **2** (*indumento*) holgado **3** cómodo, sencillo, ventajoso **4** (*fam.*) comodón, remolón **B** *s.m.* **1** comodidades (*f.pl.*) **2** interés, conveniencia (*f.*), provecho.

compagnia *s.f.* **1** (anche *mil*) compañía **2** panda, pandilla **3** (*comm.*) compañía, sociedad, empresa **4** (*teatr.*) compañía, cuerpo (*m.*).

compagno *s.m.* **1** (anche *sport*) compañero **2** (*convivente*) pareja (*f.*) **3** (*pol.*) compañero, camarada **4** (*comm.*) compañía (*f.*).

comparazione *s.f.* **1** comparación, confrontación, parangón (*m.*) **2** (*gramm.*) comparación, símil (*m.*).

comparire *v.intr.* **1** aparecer, presentarse, comparecer **2** salir, aparecer **3** aparecer, figurar **4** (*giur.*) comparecer, personarse **5** lucirse, exhibirse.

comparto *s.m.* **1** repartición (*f.*) **2** (*comm.* e *econ.*) sector, ramo.

compassione *s.f.* **1** compasión, conmiseración, lástima **2** pena.

compasso *s.m.* compás.

compatibile *agg.m.* e *f.* **1** (anche *inform.*) compatible **2** tolerable, excusable.

compatire **A** *v.tr.* **1** compadecer **2** perdonar, ser indulgente **B** *v.pron.* (*reciproco*) (*fam.*) soportarse, aguantarse.

compatto *agg.* **1** compacto, denso, macizo **2** (*fig.*) unánime (*m.* e *f.*) **3** compacto.

compensare *v.tr.* **1** (anche *fig.*) retribuir, pagar, compensar **2** indemnizar, resarcir **3** contrarrestar, equilibrar **4** (*immersione subacquea*) equilibrar.

compensato *s.m.* (*legno*) aglomerado, contrachapado.
compenso *s.m.* **1** retribución (*f.*), remuneración (*f.*) **2** (anche *fig.*) premio, recompensa (*f.*).
competente *agg.m.* e *f.* **1** (*giur.*) competente **2** competente, experto (*m.*).
competizione *s.f.* **1** (*sport*) competición **2** (*econ.*) competencia.
compiere A *v.tr.* cumplir, ejecutar **B** *v.intr.pron.* **1** cumplirse, verificarse, realizarse **2** concluirse, llevarse a cabo.
compilare *v.tr.* **1** compilar, recopilar **2** rellenar.
compito *s.m.* **1** tarea (*f.*), cometido, incumbencia (*f.*) **2** deber, obligación (*f.*) **3** (*scuola*) deberes (*pl.*).
compiuto *agg.* acabado, completo, terminado.
compleanno *s.m.* cumpleaños (*inv.*).
complementare *agg.m.* e *f.* complementario (*m.*), secundario (*m.*).
complesso[1] *agg.* **1** (anche *mat.*) complejo **2** complejo, complicado, difícil (*m.* e *f.*).
complesso[2] *s.m.* **1** conjunto, totalidad (*f.*) **2** (*ind.*) complejo **3** (*mus.*) conjunto.
complesso[3] *s.m.* **1** (*psic.*) complejo **2** obsesión (*f.*), idea (*f.*) fija.
completare *v.tr.* completar, terminar.
completo[1] *agg.* **1** completo **2** completo, total (*m.* e *f.*), pleno.
completo[2] *s.m.* **1** lleno **2** (*abb.*) (*maschile*) traje **3** (*abb.*) (*femininile*) conjunto **4** (*abb.*) (*accessori*) juego.
complicare A *v.tr.* complicar, enredar, dificultar **B** *v.intr.pron.* complicarse.
complicazione *s.f.* **1** complicación, tropiezo (*m.*), dificultad **2** (*med.*) complicación.
complice *agg.* e *s.m.* e *f.* cómplice, coautor (*m.*).
complimenti *s.m.pl.* **1** cumplidos, formalidades (*f.*) **2** felicitaciones (*f.*), congratulaciones (*f.*).
complotto *s.m.* complot, conspiración.
componente[1] *s.m.* **1** ingrediente, componente **2** (*elett., ling.* e *mat.*) componente.
componente[2] *s.m.* e *f.* componente, miembro (*m.*).
comporre A *v.tr.* **1** componer, constituir, formar **2** crear **3** arreglar **B** *v.intr.pron.* componerse, constar, estar formado.
comportamento *s.m.* **1** comportamiento, conducta (*f.*), proceder **2** (*psic.*) conducta (*f.*), comportamiento.
comportare A *v.tr.* comportar, implicar, entrañar, conllevar **B** *v.intr.pron.* comportarse, portarse, actuar.
composizione *s.f.* **1** composición **2** (*istr.*) composición, redacción.
comprare *v.tr.* **1** comprar, adquirir **2** (*acquisizione illecita*) comprar **3** comprar, sobornar, corromper **4** (*lett.*) buscar, procurarse.
comprendere *v.tr.* **1** comprender, incluir **2** (*fig.*) comprender, entender **3** (*fig.*) comprender, disculpar.
compressa *s.f.* (*farm.*) gragea, comprimido (*m.*), píldora.
compressione *s.f.* compresión.
compromesso A *agg.* comprometido **B** *s.m.* **1** compromiso, acuerdo **2** (*pegg.*) componenda (*f.*).
compromettere *v.tr.* comprometer, exponer.
computer *s.m.inv.* (*angl.*) (*inform.*) ordenador (*sing.*), computadora (*f.sing.*).
comune[1] **A** *agg.m.* e *f.* **1** común **2** común, usual, habitual **3** común, corriente **B** *s.m.* común.
comune[2] *s.f.* comuna, comunidad.
comune[3] *s.m.* **1** (*bur.*) (*ente*) ayuntamiento, municipio, (*amer.*) municipalidad (*f.*) **2** (*bur.*) (*sede*) ayuntamiento, casa (*f.*) consistorial, (*amer.*) intendencia (*f.*) municipal.

comunicare A *v.tr.* **1** comunicar, informar, notificar **2** transmitir, contagiar, comunicar **B** *v.intr.* **1** comunicar **2** entenderse, comprender **C** *v.intr.pron.* comunicarse, extenderse, propagarse.
comunicazione *s.f.* **1** (anche *inform.*) comunicación **2** notificación, aviso (*m.*) **3** (*relazione*) comunicación, ponencia **4** contacto (*m.*) **5** conexión.
comunione *s.f.* **1** comunión, comunidad **2** (*rel.*) comunión, eucaristía **3** (*giur.*) comunidad.
comunismo *s.m.* (*pol.*) comunismo.
comunità *s.f.inv.* **1** comunidad (*sing.*), colectividad (*sing.*) **2** comunidad (*sing.*), organización (*sing.*).
comunque A *avv.* **1** sea como sea, de cualquier modo, de todas maneras **2** (*conclusivo*) de todas maneras, en cualquier caso **B** *cong.* **1** como quiera que, de cualquier modo **2** (*avversativo*) sin embargo, no obstante.
con *prep.* **1** (*compagnia, unione*) con **2** (*relazione*) con **3** (*modo, maniera*) con **4** (*mezzo, strumento*) con.
conca *s.f.* **1** (*bucato*) tina **2** (*anfora*) cántaro (*m.*), ánfora **3** (*quantità*) cantarada **4** (*geog.*) cuenca.
concedere A *v.tr.* **1** conceder, permitir, admitir **2** (*giur.*) conceder, otorgar **B** *v.pron.* (*lett.*) **1** (*essere arrendevole*) rendirse **2** (*donna*) entregarse, darse.
concentrare A *v.tr.* **1** concentrar, reunir **2** (*fig.*) concentrar, polarizar **B** *v.pron.* **1** concentrarse, reunirse **2** (*fig.*) reconcentrarse, abstraerse, ensimismarse.
concentrazione *s.f.* **1** concentración, reunión **2** (*fig.*) concentración, atención.
concepire *v.tr.* **1** concebir, engendrar **2** (*fig.*) concebir, albergar, abrigar **3** (*fig.*) entender, concebir **4** (*fig.*) idear.
concerto *s.m.* **1** (*mus.*) (*composizione*) concierto **2** (*mus.*) (*esecuzione*) concierto, recital.
concessione *s.f.* **1** (anche *bur.* e *ret.*) concesión **2** (*giur.*) concesión, otorgamiento (*m.*).
concetto *s.m.* **1** (anche *fil.*) concepto, idea (*f.*) **2** concepto, opinión (*f.*), juicio.
concezione *s.f.* **1** concepción, creación **2** concepción, concepto (*m.*) **3** (*rel.*) (*concepimento*) concepción, preñez.
conchiglia *s.f.* (*zool.*) concha.
conciliazione *s.f.* **1** (anche *giur.*) conciliación, avenencia, acuerdo (*m.*) **2** (*sto.*) concordato.
concilio *s.m.* **1** (*rel.*) concilio **2** (*iron.*) reunión (*f.*), conclave.
concime *s.m.* (*agr.*) abono, fertilizante.
concludere A *v.tr* **1** concluir, llevar a cabo **2** acabar, finalizar **3** deducir, inferir **B** *v.tr.pron.* concluirse, terminar, finalizar.
conclusione *s.f.* **1** conclusión, final (*m.*) **2** conclusión, deducción.
concorde *agg.m.* e *f.* **1** concorde, acorde **2** simultáneo (*m.*).
concordia *s.f.* concordia, armonía.
concorrenza *s.f.* (anche *econ.*) competencia.
concorso *s.m.* **1** (*fig.*) concurso, coincidencia (*f.*), conjunto **2** (*contributo*) concurso, contribución (*f.*) **3** (*bur.*) concurso, contrata (*f.*) **4** (*concorsi pubblici*) concurso, oposición (*f.*) **5** (*sport*) concurso, competición (*f.*).
concreto A *agg.* **1** concreto, determinado **2** concreto, preciso, exacto **3** práctico **B** *s.m.* lo concreto.
condanna *s.f.* **1** (*giur.*) condena, pena **2** (*fig.*) condena, desaprobación, crítica.
condannare *v.tr.* **1** (*giur.*) condenar, sancionar, penar **2** reprobar, desaprobar.
condensa *s.f.* agua de condensación.
condimento *s.m.* (*cuc.*) condimento, aliño, aderezo.

condividere *v.tr.* (*fig.*) compartir, participar.
condizionare *v.tr.* **1** condicionar, supeditar **2** condicionar, coartar, limitar **3** (*tecn.*) acondicionar, climatizar.
condizione *s.f.* **1** condición **2** (*giur.*) condición, cláusula, pacto (*m.*) **3** condición, estado (*m.*).
condoglianze *s.f.pl.* condolencia (*sing.*), pésame (*m.sing.*).
condominio *s.m.* bloque.
condono *s.m.* (*giur.*) condonación (*f.*), indulto.
condotta *s.f.* **1** conducta, comportamiento (*m.*) **2** (anche *mil.*) conducción, dirección **3** (*tecn.*) conducción, cañería, tubería.
condotto *s.m.* **1** (*tecn.*) conducto, cañería (*f.*), sumidero **2** (*anat.*) conducto, canal.
condurre A *v.tr.* **1** conducir, dirigir, gobernar **2** llevar, transportar **3** (*veicolo*) conducir, pilotar **4** (*tecn.*) conducir, transportar **5** desarrollar, llevar **6** (*radio* e *TV*) presentar, conducir **B** *v.intr.* **1** (*sport*) llevar la delantera **2** (*fig.*) llevar, conducir, dirigirse.
conduzione *s.f.* conducción.
confederazione *s.f.* **1** confederación, alianza, liga **2** confederación, agrupación, asociación.
conferenza *s.f.* **1** conferencia, reunión **2** (*rel.*) asamblea.
conferire A *v.tr.* **1** aportar, contribuir **2** conferir, atribuir, dar **3** conferir, otorgar, asignar **B** *v.intr.* entrevistarse, encontrarse.
conferma *s.f.* **1** confirmación, ratificación **2** confirmación, prueba.
confessione *s.f.* **1** confesión, admisión **2** (*rel.*) confesión **3** (*lett.*) confesión, credo (*m.*) religioso.
confezione *s.f.* **1** elaboración, fabricación, confección **2** paquete (*m.*).
confidare A *v.intr.* (*in*) confiar, creer **B** *v.intr.pron.* **1** abrirse, confiarse, franquearse **C** *v.tr.* **1** confiar, revelar **2** confiar, entregar.
confidenza *s.f.* **1** confianza, familiaridad **2** seguridad **3** confidencia, revelación.
configurazione *s.f.* (anche *geog.*) configuración, forma, aspecto (*m.*).
confine *s.m.* **1** frontera (*f.*), confín, límite **2** (*fig.*) límite, frontera (*f.*), barrera (*f.*) **3** (*segnale di confine*) hito, mojón.
confisca *s.f.* (*giur.*) confiscación.
conflitto *s.m.* **1** (*mil.*) conflicto, combate, enfrentamiento **2** (*fig.*) conflicto, contraposición (*f.*), colisión (*f.*).
confondere A *v.tr.* **1** confundir, mezclar, revolver **2** confundir **B** *v.intr.pron.* **1** confundirse, mezclarse **2** equivocarse, liarse, confundirse.
conformismo *s.m.* conformismo.
conforto *s.m.* **1** consuelo, consolación (*f.*) **2** ayuda (*f.*), apoyo.
confronto *s.m.* **1** comparación (*f.*), parangón, confrontación (*f.*) **2** (*giur.*) careo **3** discusión (*f.*), enfrentamiento.
confusione *s.f.* **1** confusión, caos (*m.inv.*), desorden (*m.*) **2** (*chiasso*) bulla, alboroto (*m.*), jaleo (*m.*) **3** confusión, equivocación, error (*m.*) **4** confusión, desconcierto (*m.*).
congedo *s.m.* **1** despedida (*f.*) **2** (*bur.*) permiso, excedencia (*f.*) **3** (*mil.*) licencia (*f.*).
congegno *s.m.* (*mecc.*) mecanismo.
congelare A *v.tr.* **1** congelar **2** (*fig.*) congelar, paralizar **B** *v.intr.pron.* (anche *fig.*) congelarse, helarse.
congestione *s.f.* **1** (*med.*) congestión **2** (*fig.*) congestión, embotellamiento (*m.*), atasco (*m.*).
congiuntivo *agg.* e *s.m.* (*gramm.*) subjuntivo.
congiunzione *s.f.* **1** conexión, conjunción, unión **2** (*astro., astrol.* e *gramm.*) conjunción.
congiura *s.f.* **1** conjuración, conjura, conspiración **2** (anche *iron.*) complot (*m.*), maquinación.

congratulazioni *inter.* ¡felicitaciones!, ¡felicidades!
congresso *s.m.* **1** (*pol.*) congreso, conferencia **2** simposio, convención.
coniglio *s.m.* **1** (*zool.*) conejo **2** piel de conejo **3** (*fig.*) gallina (*m.* e *f.*).
conio *s.m.* **1** acuñación (*f.*) **2** (*punzone*) troquel, cuño.
coniugazione *s.f.* (*gramm.*) conjugación.
coniuge *s.m.* e *f.* cónyuge, consorte.
connessione *s.f.* **1** conexión **2** (*fig.*) conexión, relación, nexo (*m.*) **3** (*elett.* e *mat.*) conexión.
cono *s.m.* **1** cono **2** (*bot.*) cono, piña (*f.*).
conoscenza *s.f.* **1** conocimiento (*m.*), cognición **3** cultura, conocimiento (*m.*), saber (*m.*) **3** (*sensi*) conocimiento (*m.*), sentido (*m.*), conciencia **4** (*persona*) conocido (*m.*).
conoscere A *v.tr.* **1** conocer, saber **2** reconocer, confesar **3** conocer **4** conocer, reconocer, distinguir **B** *v.pron.* conocerse **C** *v.pron.* (*reciproco*) conocerse.
conquista *s.f.* **1** conquista **2** (*fig.*) conquista, progreso (*m.*), avance (*m.*) **3** (*fig.*) conquista, ligue (*m.*), plan (*m.*).
conquistare *v.tr.* **1** conquistar, apoderarse, adueñarse **2** conseguir, obtener **3** ganarse **4** seducir.
consacrare A *v.tr.* **1** consagrar **2** dedicar, entregar **B** *v.pron.* (*fig.*) consagrarse, dedicarse, entregarse.
consapevole *agg.m.* e *f.* consciente.
consecutivo *agg.* **1** consecutivo, seguido **2** siguiente (*m.* e *f.*), sucesivo **3** (*gramm.*) consecutivo.
consegna *s.f.* **1** (anche *giur.*) entrega **2** (*deposito*) consignación, custodia, depósito (*m.*) **3** (*mil.*) consigna **4** (*mil.*) reclusión.
consegnare *v.tr.* entregar.
conseguenza *s.f.* **1** consecuencia **2** consecuencia, efecto (*m.*) **3** consecuencia, secuela, resultado (*m.*).
consenso *s.m.* **1** (*giur.*) consentimiento **2** consenso, asenso, consentimiento, conformidad (*f.*) **3** consenso, asentimiento.
conservare A *v.tr.* **1** (*cuc.*) conservar **2** conservar, guardar, custodiar **B** *v.intr.pron.* **1** conservarse, mantenerse **2** permanecer, ser.
conservatore *agg.* e *s.m.* conservador.
considerare A *v.tr.* **1** considerar, examinar, evaluar **2** considerar, tener en cuenta **3** contemplar, prever **4** considerar, estimar **5** tratar, considerar **B** *v.pron.* creerse.
considerazione *s.f.* **1** consideración **2** consideración, estimación, aprecio (*m.*) **3** prudencia, cautela, miramiento (*m.*) **4** consideración, observación, reflexión.
consigliare A *v.tr.* **1** aconsejar, recomendar **2** aconsejar, ordenar **3** exhortar, inducir **B** *v.intr.pron.* aconsejarse, consultar, pedir consejo.
consigliere *s.m.* (anche *fig.*) consejero.
consiglio *s.m.* **1** consejo, recomendación (*f.*), sugerencia (*f.*) **2** (*bur.* e *giur.*) consejo, asamblea (*f.*).
consistenza *s.f.* **1** consistencia, coherencia **2** (*fig.*) fundamento (*m.*), consistencia, solidez.
consistere *v.intr.* **1** consistir, estribar **2** constante, tener.
consolare A *v.tr.* **1** consolar, confortar **2** alegrar, hacer feliz **B** *v.intr.pron.* **1** consolarse **2** alegrarse.
consolazione *s.f.* **1** consuelo (*m.*), consolación **2** alegría, gozo (*m.*).
console *s.m.* (anche *sto.*) cónsul.
consolidare A *v.tr.* **1** (anche *fig.*) consolidar, reforzar, afianzar **2** (*econ.*) consolidar **B** *v.intr.pron.* (anche *fig.*) consolidarse **C** *v.pron.* (*mil.*) consolidarse, reforzarse en una posición.
consonante *s.f.* (*ling.*) consonante.

constatazione *s.f.* constatación.
consultare A *v.tr.* **1** consultar, pedir un parecer **2** consultar **B** *v.intr.pron.* consultarse, asesorarse, aconsejarse **C** *v.pron.* (*reciproco*) intercambiar opinión/parecer.
consumare A *v.tr.* **1** consumir, agotar **2** desgastar, gastar **3** desperdiciar, malgastar, perder **4** consumir **B** *v.intr.pron.* consumirse, concomerse.
consumismo *s.m.* consumismo.
consumo *s.m.* consumo.
contadino A *agg.* campesino, rústico **B** *s.m.* campesino, labriego, labrador.
contagio *s.m.* **1** (*med.*) contagio, contaminación (*f.*) **2** (*fig.*) contagio, contaminación (*f.*), influencia (*f.*).
contaminazione *s.f.* **1** contaminación **2** (*fig.*) corrupción, perversión.
contante A *agg.m.* e *f.* contante, contante y sonante **B** *s.m.* efectivo.
contare A *v.tr.* **1** contar, enumerar, computar **2** considerar **3** tener intención de, pensar **4** tener, poseer **B** *v.intr.* **1** (anche *fig.*) contar **2** valer, importar **C** *v.pron.* contarse, hallarse, estar.
contatto *s.m.* **1** contacto **2** (*fig.*) contacto, relación (*f.*), comunicación (*f.*) **3** enlace.
conte *s.m.* conde.
contemplare *v.tr.* **1** contemplar, observar, admirar **2** contemplar, considerar **3** (anche *rel.*) contemplar, meditar.
contemporaneo A *agg.* **1** contemporáneo, coevo, coetáneo **2** contemporáneo, actual (*m.* e *f.*) **B** *s.m.* contemporáneo.
contenere A *v.tr.* **1** contener, comprender, abarcar, englobar **2** (*fig.*) contener, reprimir, dominar, refrenar **B** *v.pron.* (*fig.*) contenerse, dominarse, frenarse, comedirse.
contento *agg.* **1** contento, satisfecho **2** alegre (*m.* e *f.*), feliz (*m.* e *f.*).
contenuto[1] *agg.* contenido, reservado, sobrio.
contenuto[2] *s.m.* contenido.
contesa *s.f.* **1** controversia, contienda, discusión **2** (*prova di abilità*) contienda, certamen (*m.*).
contestazione *s.f.* **1** (*giur.*) denegación, impugnación **2** contestación, protesta **3** discusión.
continente *s.m.* (*geog.*) continente.
continuare A *v.tr.* continuar, proseguir, seguir **B** *v.tr.* **1** continuar, persistir, perdurar **2** continuar, extenderse, prolongarse.
continuo *agg.* continuo, ininterrumpido, incesante (*m.* e *f.*).
conto *s.m.* **1** cuenta (*f.*), cálculo **2** (anche *fig.*) cuenta (*f.*) **3** (*comm.*) (anche *banca*) cuenta (*f.*).
contorno *s.m.* **1** contorno, perfil **2** bordo, remate **3** (*cuc.*) guarnición (*f.*), acompañamiento.
contorsione *s.f.* **1** contorsión, contracción **2** (*fig.*) entorpecimiento, complicación (*f.*).
contorto *agg.* **1** torcido **2** (*fig.*) retorcido, confuso, complicado.
contrabbando *s.m.* contrabando, matute.
contrabbasso *s.m.* (*mus.*) **1** (*strumento*) contrabajo **2** (*musicista*) contrabajista (*m.* e *f.*), contrabajo (*m.* e *f.*).
contraccezione *s.f.* contracepción, anticoncepción.
contraddire A *v.tr./intr.* **1** contradecir, rebatir, objetar **2** contradecirse, contraponerse, chocar **B** *v.pron.* (anche *reciproco*) contradecirse.
contraddizione *s.f.* contradicción.
contrafforte *s.m.* (*arch.*) contrafuerte, machón.
contrapporre A *v.tr.* **1** contraponer **2** contraponer, comparar **B** *v.pron.* (anche *reciproco*) contraponerse, oponerse.
contrario A *agg.* **1** contrario, opuesto, antitético **2** contrario, adverso, desfavorable (*m.* e *f.*) **3** contrario, in-

verso **B** *s.m.* **1** contrario **2** (*gramm.*) antónimo.
contrasto *s.m.* **1** contraste, contraposición (*f.*), oposición (*f.*) **2** (*fot.* e *TV*) contraste **3** (*fig.*) contraste, conflicto **4** choque, disputa (*f.*), contienda (*f.*).
contrattempo *s.m.* contratiempo, contrariedad (*f.*), revés.
contratto *s.m.* (*giur.*) contrato.
contribuire *v.tr.* **1** contribuir, cooperar **2** contribuir, concurrir, colaborar.
contributo *s.m.* **1** contribución (*f.*), aporte, ayuda (*f.*) **2** (*giur.*) contribución (*f.*), impuesto.
contro **A** *avv.* en contra **B** *prep.* **1** contra **2** (*difesa, protezione*) de, contra **3** (*luogo*) frente a, enfrente (*de*) **4** (*verso*) hacia **C** *s.m.inv.* contra (*sing.*).
controfigura *s.f.* (*cine.*) doble (*m.* e *f.*), especialista (*m.* e *f.*), contrafigura.
controindicazione *s.f.* (anche *med.*) contraindicación.
controllare **A** *v.tr.* **1** controlar, comprobar, verificar **2** controlar, vigilar **3** controlar, dominar **B** *v.pron.* (*fig.*) controlarse, dominarse.
controllo *s.m.* **1** control, inspección (*f.*) **2** control, vigilancia (*f.*) **3** (*fig.*) control, dominio **4** (*inform.* e *tecn.*) control.
controsenso *s.m.* **1** contrasentido, contradicción (*f.*) **2** contrasentido, disparate.
controverso *agg.* controvertido, polémico.
contusione *s.f.* (*med.*) contusión.
convalescente *agg.* e *s.m.* e *f.* convaleciente.
convalidare *v.tr.* **1** (*giur.*) convalidar, ratificar **2** confirmar, corroborar.
convegno *s.m.* **1** congreso, simposio **2** punto/lugar de reunión.
conveniente *agg.m.* e *f.* **1** conveniente, oportuno (*m.*) **2** conveniente, proporcionado (*m.*), adecuado (*m.*) **3** conveniente, ventajoso (*m.*), favorable.
convenienza *s.f.* **1** conveniencia, correspondencia **2** conveniencia, provecho (*m.*), interés (*m.*).
convento *s.m.* (*rel.*) convento, monasterio.
convenzionale *agg.m.* e *f.* **1** convencional, preestablecido (*m.*) **2** convencional, banal **3** convencional, tradicional.
convenzione *s.f.* **1** convenio (*m.*), pacto (*m.*), tratado (*m.*) **2** (anche *diritto internazionale*) convención.
conversazione *s.f.* **1** conversación, charla **2** (*telecom.*) conferencia, comunicación telefónica **3** conferencia, coloquio (*m.*).
conversione *s.f.* **1** conversión **2** conversión, transformación.
convertire **A** *v.tr.* **1** (*a*) convertir **2** (*en*) convertir, trasformar **B** *v.pron.* (*a*) convertirse, transformarse.
convincere **A** *v.tr.* **1** convencer, persuadir **B** *v.pron.* convencerse.
convinzione *s.f.* convicción, convencimiento (*m.*).
convivere *v.intr.* convivir, vivir, cohabitar.
convocazione *s.f.* **1** convocatoria, convocación **2** (*sport*) llamado (*m.*).
convulsione *s.f.* **1** (*med.*) convulsión, espasmo (*m.*) **2** ataque (*m.*), acceso (*m.*).
cooperativa *s.f.* cooperativa, sociedad cooperativa.
cooperazione *s.f.* cooperación, colaboración.
coordinare *v.tr.* **1** coordinar, organizar, ordenar **2** (*gramm.*) coordinar.
coordinata *s.f.* (*mat.*) (anche *astro.* e *geog.*) coordenada.
coordinazione *s.f.* (anche *ling.*) coordinación.
coperchio *s.m.* **1** tapa (*f.*) **2** (*pentola*) tapadera (*f.*), cobertera (*f.*).
coperta *s.f.* **1** manta **2** (*fodera*) funda, cubierta **3** (*mar.*) cubierta.
copertina *s.f.* **1** (*edit.*) cubierta, portada **2** (*rivestimento*) forro (*m.*), sobrecubierta.

copia *s.f.* **1** copia, reproducción, duplicado (*m.*) **2** copia, imitación **3** ejemplar **4** copia, retrato (*m.*).
copiare *v.tr.* **1** copiar, transcribir **2** copiar, retratar, representar **3** imitar **4** (*riprodurre*) copiar, reproducir, duplicar.
coppa *s.f.* copa.
coppia *s.f.* **1** pareja, par (*m.*) **2** pareja, matrimonio (*m.*) **3** (*gioco*) (*carte, dadi*) pareja **4** (*sport*) (*tennis*) doble (*m.*).
coprire A *v.tr.* **1** (anche *fig.*) cubrir, ocultar **2** envolver **3** (*fig.*) cubrir, proteger, defender, resguardar **4** (*fig.*) encubrir, esconder **5** (*fig.*) pagar, satisfacer **6** (*fig.*) ocupar **7** (*fig.*) llenar **B** *v.pron.* **1** cubrirse, abrigarse, arroparse **2** (*fig.*) cubrirse, llenarse **3** precaverse **C** *v.intr.pron.* **1** cubrirse, llenarse **2** (*cielo*) cubrirse, nublarse.
copyright *s.m.inv.* (*angl.*) (*edit.*) derecho (*sing.*) de autor, propiedad (*f.sing.*) literaria.
coraggio[1] *inter.* (*esortazione*) ánimo.
coraggio[2] *s.m.* **1** valor, valentía (*f.*), coraje **2** atrevimiento, descaro, valor.
corallo *s.m.* coral.
corazza *s.f.* **1** coraza, armadura **2** (*zool.*) coraza, caparazón (*m.*).
corda *s.f.* **1** cuerda, cable **2** (*tess.*) (*trama*) trama **3** (*orologio*) cuerda, muelle (*m.*), resorte (*m.*).
cordiale *agg.m.* e *f.* **1** cordial **2** cordial, cariñoso (*m.*), afectuoso.
cordone *s.m.* **1** (anche *anat.*) cordón **2** (*elett.*) cordón, cable **3** (*persone*) cordón, barrera (*f.*).
coreano *agg.* e *s.m.* coreano.
coreografia *s.f.* coreografía.
coriandolo *s.m.* (*carnevale*) confeti, (*amer.*) papel picado.
coricare A *v.tr.pron.* **1** acostar **2** colocar/poner en el suelo **B** *v.intr.pron.* acostarse.
cormorano *s.m.* (*zool.*) cormorán, cuervo marino.
cornacchia *s.f.* **1** (*zool.*) corneja **2** (*fig.*) charlatán, parlanchín **3** (*fig.* e *pegg.*) ave de mal agüero.
cornamusa *s.f.* (*mus.*) cornamusa.
cornata *s.f.* cornada.
cornea *s.f.* (*anat.*) córnea.
cornice *s.f.* **1** marco (*m.*) **2** (*arch.* e *geog.*) (anche *mobile*) cornisa **3** (*fig.*) marco (*m.*), arco (*m.*).
corno *s.m.* **1** (*zool.*) cuerno **2** (*zool.*) (*cervidi*) cuerna (*f.*) **3** (*fig.* e *pop.*) (*eufemistico*) cuerno, pepino, nada.
coro *s.m.* coro.
corona *s.f.* **1** corona **2** (*mecc.*) rueda, corona **3** cadena.
corpo *s.m.* **1** (anche *fig.*) cuerpo **2** cuerpo, cadáver **3** (*compattezza*) cuerpo, consistencia (*f.*) **4** (*persone*) cuerpo, asociación (*f.*) **5** (*tip.*) cuerpo, tamaño.
corporazione *s.f.* corporación, asociación, colegio (*m.*) profesional/patrimonial.
correggere A *v.tr.* **1** corregir **2** corregir, enmendar **3** mitigar, suavizar, limar **B** *v.intr.pron.* corregirse, enmendarse.
corrente[1] *agg.m.* e *f.* **1** corriente **2** fluido (*m.*), suelto (*m.*) **3** vigente, en curso **4** corriente, común, usual.
corrente[2] *s.f.* **1** (anche *elett.*) corriente **2** corriente, aire (*m.*) **3** corriente, flujo (*m.*) **4** (*partito, organizzazione*) ala, corriente.
correre A *v.intr.* **1** correr **2** (*fig.*) correr, pasar, extenderse **3** (*fig.*) correr, circular, difundirse **B** *v.tr.* **1** (*fig.*) recorrer, correr, viajar **2** (*sport*) correr, disputar, participar en.
corretto *agg.* **1** correcto, preciso, perfecto **2** comedido, educado **3** honrado, irreprochable (*m.* e *f.*), íntegro.
correzione *s.f.* **1** corrección **2** castigo (*m.*) **3** rectificación, mejoría **4** (*strada, corso d'acqua*) desviación.
corridoio *s.m.* **1** pasillo, corredor **2** (*sport*) (*tennis*) lateral para dobles.

corriera *s.f.* coche (*m.*) de línea, (*amer.*) guagua.
corriere *s.m.* **1** (anche *giornale*) correo **2** porteador **3** (*lettere, pacchetti*) mensajería (*f.*), continental.
corrispondenza *s.f.* **1** correspondencia, relación **2** (*lettere*) correspondencia, carteo (*m.*) **3** equivalencia **4** enlace (*m.*), empalme (*m.*).
corrispondere **A** *v.intr.* **1** corresponder, concordar **2** equivaler **3** ajustarse **4** responder **B** *v.tr.* **1** corresponder **2** dar, pagar **C** *v.pron.* (*reciproco*) **1** corresponder **2** (*edificio*) comunicarse.
corrodere **A** *v.tr.* (anche *fig.*) corroer, roer, carcomer **B** *v.intr.pron.* corroerse, picarse.
corrompere **A** *v.tr.* **1** corromper, podrir, pudrir, echar a perder **2** (*fig.*) corromper, sobornar, cohechar **3** (*fig.*) corromper, pervertir, viciar **B** *v.intr.pron.* **1** corromperse, alterarse **2** corromperse, podrirse, pudrirse.
corrosione *s.f.* (anche *chim.*) corrosión,
corruzione *s.f.* **1** corrupción, putrefacción **2** perversión **3** (*fig.*) corrupción, depravación, inmoralidad **4** degeneración, alteración.
corsa *s.f.* **1** (anche *mecc.* e *sport*) carrera **2** marcha **3** recorrido (*m.*), trayecto (*m.*).
corsia *s.f.* **1** (*ospedale*) crujía **2** (*mar.*) crujía, galería **3** (*starda*) carril (*m.*), lateral (*m.*) **4** (*sport*) calle **5** (*passatoia*) pasadera.
corsivo *agg.* cursivo, itálico.
corso *s.m.* **1** (anche *astro.*) curso, trayectoria (*f.*) **2** transcurso, evolución (*f.*) **3** (*istr.*) curso, cursillo **4** (*urbanistica*) avenida (*f.*), paseo.
corteccia *s.f.* **1** (*anat.* e *bot.*) corteza **2** (*crosta*) corteza, cáscara, costra **3** (*fig.*) aspecto (*m.*), apariencia.
corteggiamento *s.m.* cortejo, galanteo.
corteo *s.m.* **1** cortejo, acompañamiento **2** desfile, manifestación (*f.*) **3** (*veicoli*) cola (*f.*), hilera (*f.*), fila (*f.*).
cortesia *s.f.* **1** cortesía, amabilidad **2** favor (*m.*).
cortile *s.m.* **1** (*edificio*) patio **2** (*casa colonica*) corral, cortil.
cortisone *s.m.* (*bio.*) cortisona (*f.*).
corto *agg.* **1** corto **2** corto, breve (*m.* e *f.*), conciso.
cortocircuito *s.m.* (*elett.*) cortocircuito.
cortometraggio *s.m.* (*cine.*) cortometraje, corto.
corvo *s.m.* (*zool.*) cuervo.
cosa *s.f.* **1** (anche *fil.*) cosa **2** (*giur.*) cosa, bien (*m.*), posesión **3** objeto (*m.*) **4** cosa, acontecimiento (*m.*) **5** gesto (*m.*), acción **6** (*interrogativo, esclamativo*) qué **7** (*con agg.qualificativi, dimostrativi, indefiniti*) cosa **8** (*faccenda*) cosa, asunto (*m.*).
coscia *s.f.* **1** (*anat.* e *zool.*) muslo (*m.*) **2** (*pantaloni*) pernera.
coscienza *s.f.* **1** conciencia, sentido (*m.*) **2** conciencia, principios (*m.pl.*) **3** conciencia, responsabilidad.
così *avv.* **1** así, de esta manera **2** (*rafforzativo*) así **3** tan **4** (*correlativo*) tal... así... **5** (*in correlazione con che, come, da*) así, tan **B** *cong.* **1** (*conclusivo*) por lo tanto **2** (*avversativo, concessivo*) a pesar de, no obstante.
cosicché *cong.* (*consecutivo, conclusivo*) así que, en consecuencia, por lo cual.
cosiddetto *agg.* (anche *pegg.*) así llamado.
cosiffatto *agg.* semejante (*m.* e *f.*), de este tipo, de esta índole.
cosmetico *agg.* e *s.m.* cosmético.
cosmo *s.m.* (*astro.*) cosmos (*inv.*), universo.
cosmopolita *s.m.* e *f.* cosmopolita, ciudadano (*m.*) del mundo.
cospargere *v.tr.* **1** esparcir, derramar, rociar **2** (*cuc.*) espolvorear.

cospetto *s.m.* **1** presencia (*f.*), vista (*f.*) **2** (*lett.*) rostro, aspecto.
cospicuo *agg.* **1** conspicuo, sobresaliente (*m.* e *f.*), notable (*m.* e *f.*) **2** considerable (*m.* e *f.*).
cospirare *v.tr.* **1** conspirar, conjurar, confabularse **2** conspirar, tramar **3** (*fig.*) contribuir.
cospirazione *s.f.* conspiración, conjura, complot (*m.*).
costa *s.f.* **1** (*anat.*) costilla **2** (*libro*) lomo (*m.*) **3** (*spada, coltello*) recazo (*m.*), canto (*m.*) **4** (*geog.*) (*mare*) costa, litoral (*m.*) **5** (*geog.*) (*montagna*) ladera, cuesta.
costante A *agg.m.* e *f.* **1** constante, continuo (*m.*), incesante **2** constante, perseverante **B** *s.f.* (anche *fig.*) constante.
costanza *s.f.* constancia, perseverancia.
costare *v.intr.* **1** costar, valer **2** (*fig.*) costar.
costellazione *s.f.* (*astro.*) (anche *fig.*) constelación.
costernazione *s.f.* consternación, abatimiento (*m.*).
costituire A *v.tr.* **1** constituir, organizar, fundar **2** acumular **3** constituir, componer, formar **4** constituir **5** (*giur.*) declarar **B** *v.pron.* **1** constituirse, organizarse **2** entregarse/presentarse a la autoridad.
costituzione *s.f.* **1** constitución **2** (*giur.*) personación, comparecencia.
costo *s.m.* coste.
costola *s.f.* (*anat.*) costilla.
costoro *pron.m.* e *f.pl.* (*dimostrativo*) ésos (*m.*), ésas (*f.*).
costretto *agg.* obligado, constreñido.
costringere *v.tr.* **1** obligar, constreñir **2** (*fig.*) (*lett.*) contener, reprimir.
costruire *v.tr.* **1** construir, edificar, fabricar **2** (*fig.*) construir, crear, idear **3** (*ling.*) construir.
costruttivo *agg.* constructivo.
costruzione *s.f.* **1** construcción, edificación, fabricación **2** construcción, edificio (*m.*) **3** (*gramm.*) construcción.
costui *pron.m.* (*dimostrativo*) éste.
costume *s.m.* **1** costumbre (*f.*), hábito **2** costumbre (*f.*), conducta (*f.*) **3** (*abb.*) traje.
cotoletta *s.f.* (*cuc.*) chuleta.
cotone *s.m.* (*bot.* e *tess.*) algodón.
cotta *s.f.* (*fig.* e *fam.*) (*innamoramento*) enamoramiento (*m.*).
cottimo *s.m.* destajo.
cotto[1] *agg.* **1** (*cuc.*) cocido **2** (*fig.*) quemado **3** (*innamorato*) colado, chalado.
cotto[2] *s.m.* (*pavimento*) cerámica (*f.*).
cottura *s.f.* cocción, cocimiento (*m.*).
covo *s.m.* **1** cueva (*f.*), guarida (*f.*), madriguera (*f.*) **2** (*fam.*) (*giaciglio*) piltra (*f.*) **3** (*fig.*) madriguera (*f.*), cueva (*f.*), escondite.
cozza *s.f.* **1** (*pop.*) (*zool.*) mejillón (*m.*) **2** (*gerg.*) (*donna brutta*) esperpento (*m.*), callo (*m.*).
crampo *s.m.* (*med.*) calambre, agarrotamiento.
cranio *s.m.* **1** (*anat.*) cráneo **2** (*iron.*) cabeza (*f.*), cerebro.
cratere *s.m.* **1** (*archeol.*) (*anfora*) cratera (*f.*), crátera (*f.*) **2** (*astro.* e *geol.*) (anche *cavità*) cráter.
cravatta *s.f.* **1** (*abb.*) corbata **2** (*laccio*) lazo (*m.*) **3** (*tecn.*) collar (*m.*), abrazadera, zuncho (*m.*) **4** (*sport*) toma de cuello.
creare A *v.tr.* **1** crear, producir **2** crear, idear, inventar **3** dar, causar, provocar **B** *v.intr.pron.* crearse, producirse.
creatura *s.f.* **1** criatura **2** (*bambino*) criatura, crío (*m.*), niño (*m.*) **3** (*figlio*) hijo (*m.*) **4** protegido (*m.*), pupilo (*m.*).
creazione *s.f.* **1** creación **2** creación, invención **3** fundación.
credenza[1] *s.f.* **1** (*rel.*) creencia, fe **2** convicción, opinión **3** (*fiducia*) confianza, crédito (*m.*).

credenza[2] *s.f.* (*mobile*) aparador (*m.*).
credere A *s.m.* (*solo sing.*) opinión (*f.*), parecer, dictamen **B** *v.tr.* **1** creer, tragarse **2** creer, considerar **3** pensar, creer **C** *v.intr.* (*rel.*) creer **2** creer, confiar en, estar convencido **D** *v.pron.* creerse, considerarse.
credito *s.m.* **1** crédito **2** crédito, buena reputación (*f.*), prestigio **3** (*econ.* e *giur.*) crédito, (*amer.*) acreencia (*f.*) **4** (*econ.*) (*banca*) crédito, financiación (*f.*).
crema *s.f.* **1** (*panna*) crema, nata **2** (*fig.*) crema, flor, élite **3** (*cuc.*) (anche *cosmesi*) crema.
cremare *v.tr.* incinerar.
crepa *s.f.* **1** hendidura, grieta, fisura, raja **2** (*fig.*) desavenencia, contraste (*m.*), desacuerdo (*m.*).
crepaccio *s.m.* (*geol.*) **1** (*terreno, roccia*) barranco, hendidura (*f.*) **2** (*ghiacciaio*) abra (*f.*).
crepare A *v.intr.pron.* **1** agrietarse, henderse, resquebrajarse, cuartearse **2** (*screpolarsi*) cortarse **B** *v.intr.* **1** (*fig.* e *fam.*) morirse, reventar **2** (*pop.*) morir.
crêpe *s.f.inv.* (*cuc.*) crepe (*sing.*).
crepuscolo *s.m.* **1** crepúsculo, ocaso **2** (*fig.*) crepúsculo, ocaso, decadencia (*f.*).
crescere A *v.intr.* **1** (anche *astro.*) crecer **2** criarse **3** (*fig.*) mejorar, aumentar, elevarse **4** (*fam.*) (*sovrabbondare*) sobrar **B** *v.tr.* **1** aumentar, subir **2** criar **3** (*lavoro a maglia*) crecer **4** cultivar.
crescita *s.f.* (anche *econ.*) crecimiento (*m.*).
cresima *s.f.* (*rel.*) confirmación.
crespo *agg.* **1** crespo, ensortijado, rizado **2** ondulado.
cresta *s.f.* **1** (*anat., geog.* e *zool.*) cresta **2** (*ciuffo*) cresta, penacho (*m.*), copete (*m.*) **3** (*elmo*) crestón (*m.*).
creta *s.f.* **1** (*min.*) creta **2** (*poes.*) cuerpo (*m.*).
cretino *s.m.* cretino, imbécil (*m.* e *f.*), necio.
criceto *s.m.* (*zool.*) hámster.
criminale A *agg.m.* e *f.* **1** criminal **2** criminal, criminoso **B** *s.m.* e *f.* criminal, delincuente.
criminalità *s.f.inv.* criminalidad (*sing.*).
crimine *s.m.* crimen, delito.
criniera *s.f.* **1** (*zool.*) (*leone*) melena, guedeja **2** (*zool.*) (*cavallo*) crines (*pl.*) **3** (*iron.*) melena, cabellera **4** (*equit.*) (*barda*) crinera.
cripta *s.f.* (anche *anat.*) cripta.
crisi *s.f.inv.* **1** (anche *med.*) crisis **2** acceso (*m.sing.*), ataque (*m.sing.*) **3** crisis, aprieto (*m.sing.*), dificultad (*sing.*) **4** crisis, carestía (*sing.*), penuria (*sing.*).
cristallo *s.m.* **1** cristal **2** (*vetro*) cristal, (*amer.*) vidrio.
cristianesimo *s.m.* (*rel.*) cristianismo.
cristiano A *agg.* **1** (*rel.*) cristiano **2** (*fig.*) cristiano, fraterno, humano **3** (*fam.*) decente (*m.* e *f.*), decoroso **B** *s.m.* **1** (*rel.*) cristiano **2** (*fam.*) cristiano, hombre.
cristo *s.m.* **1** (*rel.*) Cristo **2** cristo, crucifijo **3** (*fig.* e *fam.*) cristo, desgraciado, infeliz (*m.* e *f.*).
criterio *s.m.* **1** criterio, norma (*f.*), pauta (*f.*) **2** criterio, juicio, discernimiento.
critica *s.f.* **1** crítica **2** (*recensione*) crítica, reseña, comentario (*m.*) **3** (*fam.*) crítica, murmuración, chismorreo (*m.*).
criticare *v.tr.* **1** criticar, juzgar, examinar **2** criticar, censurar, reprobar.
croato A *agg.* e *s.m.* croata (*m.* e *f.*) **B** *s.m.* (*lingua*) croato.
crocchetta *s.f.* (*cuc.*) croqueta.
croce *s.f.* **1** cruz **2** crucifijo (*m.*), cruz **3** cruz, distintivo (*m.*), insignia **4** (*fig.*) cruz, calvario (*m.*), peso (*m.*).
crociata *s.f.* **1** (*sto.*) cruzada **2** (*fig.*) cruzada, campaña.

crociera *s.f.* **1** cruce (*m.*) **2** (*arch.*) crucería.
crociera *s.f.* **1** (*mar.*) crucero (*m.*) **2** (*aer.*) vuelo (*m.*).
crocifisso A *agg.* crucificado **B** *s.m.* crucifijo.
crollare A *v.tr.* (anche *fig.*) derrumbarse, desplomarse **B** *v.intr.pron.* (*lett.*) agitarse, moverse.
crollo *s.m.* **1** (anche *fig.*) derrumbamiento, derrumbe, desplome, caída (*f.*) **2** (*econ.*) crac, bajón.
cronaca *s.f.* **1** (*sto.*) crónica, anales (*m.pl.*) **2** (*giorn.*) crónica, artículo (*m.*), información **3** (*radio* e *TV*) reportaje (*m.*), crónica **4** relato (*m.*), narración.
cronico A *agg.* **1** (*med.*) crónico, endémico **2** (*fig.*) crónico, habitual (*m.* e *f.*), arraigado **B** *s.m.* (*med.*) enfermo crónico.
cronista *s.m.* e *f.* (*giorn.*) cronista, periodista.
crono *s.m.* (*sport*) crono, tiempo.
cronometro *s.m.* cronómetro.
crosta *s.f.* **1** (anche *geol.*) corteza, costra **2** (*fig.*) corteza, capa, apariencia **3** (*med.*) costra, postilla, escara **4** (*zool.*) (*guscio dei crostacei*) caparazón (*m.*) **5** (*fig.* e *pegg.*) pintarrajo (*m.*).
crostacei *s.m.pl.* (*zool.*) crustáceos.
crostata *s.f.* (*cuc.*) tarta.
crostino *s.m.* (*cuc.*) tostada.
cruciverba *s.m.inv.* crucigrama (*sing.*).
crudele *agg.m.* e *f.* **1** cruel, inhumano (*m.*), feroz **2** cruel, insoportable, insufrible **3** adverso (*m.*), contrario (*m.*), cruel.
crudeltà *s.f.inv.* **1** crueldad (*sing.*), fiereza (*sing.*) **2** crueldad (*sing.*).
crudo *agg.* **1** (anche *fig.*) crudo **2** verde (*m.* e *f.*), inmaduro **3** crudo, no refinado **4** (*fig.*) crudo, brusco, áspero **5** (*fig.* e *lett.*) crudo, cruel (*m.* e *f.*), despiadado.
crusca *s.f.* (*cereali*) salvado (*m.*), afrecho (*m.*).
cruscotto *s.m.* (*auto.*) salpicadero.
cubano *agg.* e *s.m.* cubano.
cubismo *s.m.* (*pitt.*) cubismo.
cubo *s.m.* (anche *geom.* e *mat.*) cubo.
cucchiaino *s.m.* (anche *pesca*) cucharilla (*f.*), cucharita (*f.*).
cucchiaio *s.m.* **1** cuchara (*f.*) **2** cucharada (*f.*) **3** (*tecn.*) cuchara/pala mecánica.
cuccia *s.f.* **1** perrera, caseta **2** (*iron.* e *pegg.*) piltra.
cucciolo *s.m.* **1** (*animale*) cachorro, cría (*f.*) **2** (*fig.*) (*persona*) novato, bisoño.
cucina *s.f.* cocina.
cucinare *v.tr.* **1** cocinar, guisar **2** (*fig.* e *fam.*) preparar **3** (*fig.* e *fam.*) cocinar, tramar.
cucire *v.tr.* **1** coser **2** coser, confeccionar **3** (*fig.*) hilvanar, enlazar, coordinar **4** (*med.*) suturar.
cucitura *s.f.* **1** (anche *legatoria*) costura **2** (*libro*) margen (*m.*) interno.
cucù *s.m.* **1** (*zool.*) cuco, cuclillo **2** (*canto*) cucú.
cuffia *s.f.* **1** cofia, gorro (*m.*) **2** (*armatura*) cofia, birrete (*m.*) **3** (*ricevitore acustico*) auricular (*m.*), cascos (*m.pl.*).
cugino *s.m.* primo.
cui *pron.inv.* (*relativo*) **1** el/la cual, los/las cuales, (el/la) que **2** (*termine, senza preposizione*) a quien/quienes, al/a la que **3** (*specificazione, con articolo*) cuyo, cuya, cuyos, cuyas **4** (*luogo*) que, donde.
culla *s.f.* **1** cuna, moisés (*m.inv.*) **2** (*fig.*) cuna, origen (*m.*) **3** (*med.*) incubadora **4** (*mecc.*) bastidor (*m.*).
culmine *s.m.* **1** cima (*f.*), cumbre (*f.*) **2** (*fig.*) cumbre (*f.*), ápice, cima (*f.*).
culo *s.m.* (*pop.*) **1** culo, nalgas (*f.pl.*), asentaderas (*f.pl.*) **2** fondo **3** (*volg.*) (*ano*) ojete **4** (*volg.*) (*omosessuale*) marica, sarasa.

culto *s.m.* **1** (*rel.*) religión **2** (*rel.*) culto **3** (*fig.*) culto, veneración (*f.*).
cultura *s.f.* **1** cultura, civilización **2** cultura, conocimientos (*m.pl.*).
cumulo *s.m.* **1** (anche *fig.*) cúmulo, montón **2** (*meteo.*) cúmulo.
cuneo *s.m.* **1** (*geom.*) prisma triangular **2** (*falegnameria*) cuña (*f.*), calce, calza (*f.*).
cunicolo *s.m.* galería (*f.*), subterráneo, cunícolo.
cuocere A *v.tr.* **1** cocer, cocinar **2** quemar, secar **B** *v.intr.* **1** cocer, cocerse **2** secarse, requemarse, quemarse **3** (*fig.*) escocer, requemar, humillar **C** *v.intr.pron.* (*fig.*) **1** achicharrarse, asarse **2** (*prendere una cotta*) estar chalado **3** (*affliggersi*) dolerse, requemarse.
cuoco *s.m.* cocinero.
cuoio *s.m.* **1** cuero, piel (*f.*) curtida **2** (*fig.* e *iron.*) piel (*f.*), pellejo.
cuore *s.m.* **1** (*anat.* e *fig.*) corazón **2** (*fig.*) (*coraggio*) valor, ánimo, valentía (*f.*) **3** (*fig.*) persona (*f.*) **4** cogollo.
cupo *agg.* **1** hondo, profundo **2** oscuro, tenebroso **3** (*colore*) oscuro **4** (*fig.*) profundo, intenso, hondo **5** triste (*m.* e *f.*), melancólico, taciturno **6** siniestro, misterioso.
cupola *s.f.* (*arch.*) cúpula.
cura *s.f.* **1** cuidado (*m.*), atención, interés (*m.*) **2** cuidado (*m.*), pulcritud, esmero (*m.*) **3** (*med.*) cura, tratamiento (*m.*), terapia.
curare A *v.tr.* **1** (*med.*) curar, sanar **2** cuidar, vigilar, atender **3** asistir, ocuparse **B** *v.pron.* **1** (*med.*) curarse **2** cuidar, hacer caso.
curiosare *v.intr.* **1** curiosear **2** curiosear, fisgonear, husmear.
curiosità *s.f.inv.* curiosidad (*sing.*).
curioso A *agg.* **1** curioso **2** curioso, entrometido, indiscreto, fisgón **3** curioso, extraño, raro **B** *s.m.* curioso.
cursore *s.m.* (*inform.* e *tecn.*) cursor.
curva *s.f.* **1** (*geom.*) (anche *fam.*) curva **2** curva, diagrama (*m.*) **3** curva, recodo (*m.*), giro (*m.*).
curvare A *v.tr.* curvar, arquear, alabear, combar **B** *v.intr.* doblar, torcer **C** *v.pron.* **1** agacharse, inclinarse **2** (*fig.*) someterse, humillarse **3** curvarse, pandearse, doblarse.
curvo *agg.* **1** curvo, combado, arqueado **2** curvo, encorvado.
cuscinetto *s.m.* **1** cojinete **2** (*puntaspilli*) almohadilla (*f.*), acerico **3** (*timbri*) tampón **4** (*mecc.*) cojinete, rodamiento **5** (*fam.*) michelín, cartuchera (*f.*).
cuscino *s.m.* **1** almohada (*f.*), almohadón **2** (anche *sella*) cojín, almohadón.
cuscus *s.m.inv.* (*cuc.*) cuscús, cuzcuz.
cuspide *s.f.* **1** (*geog.*) cúspide, cumbre, cima **2** (*anat., astro.* e *mat.*) cúspide **3** (*arch.*) cúspide, pináculo (*m.*).
custode A *agg.m.* e *f.* guarda, custodio (*m.*) **B** *s.m.* e *f.* **1** guardián, guarda **2** portero (*m.*), casero (*m.*).
custodia *s.f.* **1** custodia, tutela **2** estuche (*m.*), funda.
custodire A *v.tr.* **1** (anche *fig.*) guardar **2** custodiar, vigilar **3** cuidar, asistir **B** *v.pron.* cuidarse.
cute *s.f.* (*anat.*) cutis (*m.inv.*), dermis (*inv.*).

D

d *s.f.inv.* **1** letra d **2** (*numero romano che corrisponde a 500*) D.
da *prep.* **1** (*agente*) por **2** (*causa*) de, a causa de, por **3** (*stato in luogo*) en **4** (*presso*) en, en casa de **5** (*moto da luogo*) de **6** (*moto a luogo*) a, a casa de, adonde **7** (*moto attraverso luogo*) a través de, por **8** (*origine, provenienza*) de, desde **9** (*allontanamento, separazione, distanza*) de **10** (*tempo*) desde hace **11** (*qualità, limitazione*) de **12** (*prezzo*) que cuesta, de, que están a **13** (*modo, maniera*) como **14** (*consecutivo*) como para **15** (*qualità*) digno de.
dado *s.m.* **1** (*arch.* e *gio.*) (anche *arma antica*) dado **2** trozo **3** (*mecc.*) tuerca (*f.*) **4** (*cuc.*) avecrem (*inv.*).
dagli *inter.* ¡dale!
dal *prep.art.m.sing.* del.
dai *inter.* ¡dale!, ¡vamos!, ¡hala!
daino *s.m.* **1** (*zool.*) gamo, damo **2** (*conciatura*) ante.
dalmata *s.m.* (*zool.*) (*cane*) dálmata.
daltonico *agg.* e *s.m.* (*med.*) daltónico.
dama[1] *s.f.* **1** (*sto.*) dama, señora **2** (*danza*) compañera.
dama[2] *s.f.* (*gioco*) **1** damas **2** (*pedina*) dama.
danese **A** *agg.* e *s.m.* e *f.* danés, dinamarqués **B** *s.m.* **1** (*ling.*) (*solo sing.*) danés **2** (*zool.*) danés.
dannazione **A** *inter.* ¡maldita sea! **B** *s.f.* **1** condenación **2** (*fig.*) perdición.
danneggiare **A** *v.tr.* **1** dañar, perjudicar, hacer daño **2** deteriorar, estropear, arruinar **3** lastimarse, lisiarse, lesionarse **4** (*fig.*) perjudicar, menoscabar **B** *v.pron.* **1** perjudicarse, menoscabarse **2** sufrir un daño.
danno *s.m.* **1** daño, detrimento, perjuicio **2** (*mecc.*) avería (*f.*), desperfecto **3** (*giur.*) daño, perjuicio **4** (*fig.* e *lett.*) aflicción (*f.*), pena (*f.*), problema **5** (*med.*) lesión (*f.*).
danza *s.f.* **1** danza, baile (*m.*) **2** (*fig.* e *lett.*) danza, enredo (*m.*), intriga.
dappertutto *avv.* por todas partes, por todos lados, por doquier.
dapprima *avv.* antes, en un primer momento.
dare **A** *s.m.* (*comm.*) debe, pasivo **B** *v.tr.* **1** dar **2** (*assegnare*) asignar, dar **3** (*infliggere*) condenar **4** (*somministrare*) dar, suministrar **5** (*fam.*) dar, pagar **6** conceder, otorgar **7** dedicar, consagrar **8** dar, producir **9** causar, provocar **10** (*notizia*) comunicar, transmitir, dar **11** (*eseguire*) dar, ejecutar **12** (*augurio*) dar, desear **13** (*applicare*) dar, aplicar, pasar **14** (*infliggere*) dar, pegar, largar, propinar **15** (*cine.* e *TV*) pasar, poner, dar **C** *v.intr.* **1** (*su*) dar, mirar **3** (*colore*) tender, tirar **4** (*nel*) darse, golpear, pegar **D** *v.pron.* (*a*) **1** darse, consagrarse, dedicarse **2** darse, entregarse **E** *v.pron.* (*reciproco*) darse.
darsena *s.f.* (*mar.*) dársena.

data *s.f.* fecha, data.
dativo *agg.* e *s.m.* (*ling.*) dativo.
dato[1] *agg.* **1** determinado, cierto, especial (*m.* e *f.*) **2** (*ipotetico, causale*) dado, considerando.
dato[2] *s.m.* (anche *inform.*) dato.
dattero *s.m.* (*bot.*) dátil.
davanti **A** *agg.inv.* anterior (*sing.*), delantero (*m.sing.*) **B** *avv.* **1** delante **2** por delante **C** *loc.prep.* (*a*) **1** delante de **2** en presencia de, ante **D** *s.m.inv.* **1** (*arch.*) frente (*sing.*) **2** (*abb.*) delantero (*sing.*) **3** (*auto.*) delantera (*f.sing.*).
davvero *avv.* **1** de verdad, de veras, realmente, verdaderamente **2** (*esclamativo*) ¡de verdad!, ¡claro que sí!, ¡pues claro! **3** (*negativo*) de verdad, que no.
de *prep.* (*lett.*) de.
debito[1] *agg.* **1** debido, conveniente (*m.* e *f.*), necesario **2** (*lett.*) justo, merecido.
debito[2] *s.m.* (anche *fig.*) deuda (*f.*).
debole[1] **A** *agg.m.* e *f.* **1** débil, endeble, frágil **2** (*carattere, volontà*) débil, blando (*m.*), flojo (*m.*) **3** (*fig.*) débil, flojo (*m.*) **4** (*luce, suono*) débil, sutil, tenue **5** (*oggetto*) frágil, inseguro (*m.*), quebradizo (*m.*) **B** *s.m.* e *f.* débil, flojo (*m.*).
debóle[2] *s.m.* **1** (anche *fig.*) punto flaco, flaqueza (*f.*) **2** debilidad (*f.*), vicio **3** debilidad (*f.*), cariño.
debolezza *s.f.* **1** debilidad, decaimiento (*m.*) **2** (anche *fig.*) debilidad, inestabilidad **3** (*fig.*) flaqueza, debilidad **4** (*fig.*) debilidad, amor (*m.*).
debutto *s.m.* debú, debut.
decade *s.f.* década.
decadente *agg.* e *s.m.* e *f.* (anche *lett.*) decadente.
decaffeinato *agg.* e *s.m.* descafeinado.
decagono *s.m.* (*geom.*) decágono.
decalogo *s.m.* (anche *fig.*) decálogo.
decametro *s.m.* (*misura di lunghezza*) decámetro.
decapitare *v.tr.* **1** decapitar, degollar, guillotinar **2** (anche *fig.*) decapitar, descabezar.
decathlon *s.m.inv.* (*sport*) décatlon.
deceduto *agg.* e *s.m.* fallecido.
decelerazione *s.f.* (*fis.*) deceleración, desaceleración.
decennio *s.m.* decenio, década (*f.*).
decente *agg.m.* e *f.* **1** decente, decoroso (*m.*), recatado (*m.*) **2** adecuado (*m.*), conveniente.
decentrato *agg.* **1** (*servizi, impianti*) descentrado **2** (*bur.*) (*uffici, organi*) autónomo.
decenza *s.f.* decencia, decoro (*m.*), recato (*m.*).
decibel *s.m.inv.* decibelio (*sing.*), decibel.
decidere **A** *v.tr.* **1** decidir, acordar, establecer **2** (*scegliere*) decidir, elegir **3** (*giur.*) decidir, decretar, sentenciar **4** (*bur.*) decretar, determinar, establecer **5** (*fissare*) fijar **B** *v.tr./intr.* decidir, determinar **C** *v.intr.pron.* (*a*) decidirse, resolverse.
decifrare *v.tr.* **1** descifrar, decodificar **2** (*fig.*) descifrar, desentrañar, penetrar.
decimetro *s.m.* (*misura di lunghezza*) decímetro.
decimo *agg.num.ord.* e *s.m.* décimo.
decisione *s.f.* **1** (anche *bur.*) decisión, determinación, resolución **2** (*giur.*) sentencia, fallo (*m.*).
deciso *agg.* decidido, firme (*m.* e *f.*), seguro, resuelto.
declinazione *s.f.* declinación.
declino *s.m.* (*fig.*) decadencia (*f.*), ocaso.
decoder *s.m.inv.* (*angl.*) (*tecn.*) decodificador (*sing.*), descodificador (*sing.*).
décolleté **A** *agg.inv.* (*franc.*) (*vestito*) escotado (*m.sing.*) **B** *s.m.inv.* (*vestito*) escote.
decollo *s.m.* (anche *fig.*) despegue.
decolorare *v.tr.* decolorar, descolorar.

decomposizione *s.f.* **1** descomposición **2** (*bio.*) descomposición, putrefacción.
decompressione *s.f.* descompresión.
decorare *v.tr.* **1** decorar, adornar, exornar **2** (*mil.*) condecorar.
decorazione *s.f.* **1** decoración, adorno (*m.*) **2** (*mil.*) condecoración.
decoro *s.m.* **1** decoro, compostura (*f.*) **2** decoro, honra (*f.*), dignidad (*f.*) **3** (*fig.*) orgullo **4** ornamento, decoración (*f.*).
decrepito *agg.* **1** decrépito, chocho, senil (*m.* e *f.*) **2** (*fig.*) decrépito, vetusto, decadente (*m.* e *f.*).
decrescente *agg.m.* e *f.* (anche *mat.*) decreciente, menguante.
decreto *s.m.* **1** (*giur.*) decreto **2** (*lett.*) ley (*f.sing.*).
dedica *s.f.* dedicatoria.
dedicare A *v.tr.* **1** dedicar **2** consagrar, destinar, ofrecerse **B** *v.pron.* dedicarse, entregarse, consagrarse.
dedizione *s.f.* abnegación, dedicación, entrega.
deduzione *s.f.* deducción, suposición, inferencia.
dee-jay *s.m.* e *f.inv.* (*angl.* e *mus.*) pinchadiscos.
deficiente[1] *agg.m.* e *f.* **1** deficiente, escaso (*m.*) **2** insuficiente, defectuoso (*m.*), incompleto (*m.*).
deficiente[2] *s.m.* e *f.* **1** retrasado mental, deficiente **2** (*pegg.*) imbécil, idiota, tarado (*m.*).
definire *v.tr.* **1** (*bur.*) definir, establecer, fijar **2** definir, describir **3** (*fig.*) (*lite, questione*) resolver, solucionar **4** (*fig.*) (*affare*) cerrar, concluir.
definitivo *agg.* **1** definitivo, concluyente (*m.* e *f.*), decisivo **2** (*giur.*) no impugnable (*m.* e *f.*).
definizione *s.f.* **1** (*cine.*, *TV.*, *fot.* e *ling.*) definición **2** resolución, solución.
deflusso *s.m.* **1** (anche *fig.*) fluencia (*f.*), deflujo, salida (*f.*) **2** (*idr.*) aliviadero, escorrentía (*f.*) **3** (*geog.*) reflujo.
deformazione *s.f.* **1** deformación, desfiguración, distorsión **2** (*fis.*) deformación.
defunto *s.m.* difunto, muerto.
degenere *agg.* degenerado (*m.*), depravado (*m.*).
degente *agg.* e *s.m.* e *f.* (*med.*) hospitalizado (*m.*).
deglutire *v.tr.* (*anat.*) deglutir.
degno *agg.* **1** (*meritevole*) digno, merecedor, meritorio **2** (*qualità*) digno, íntegro **3** digno, adecuado, conveniente (*m.* e *f.*) **4** (*adeguato*) digno, decente (*m.* e *f.*), justo.
degrado *s.m.* deterioro.
degustazione *s.f.* degustación, catadura, paladeo (*m.*).
del *prep.art.m.sing.* del.
delega *s.f.* (*giur.*) poder (*m.*).
delegittimare *v.tr.* (anche *pol.*) deslegitimar.
delfino[1] *s.m.* **1** (*zool.*) delfín **2** (*sport*) (*nuoto*) estilo delfín.
delfino[2] *s.m.* delfín.
delibera *s.f.* deliberación.
delicato *agg.* **1** delicado, fino, suave (*m.* e *f.*) **2** ligero **3** delicado, frágil (*m.* e *f.*), quebradizo **4** (*persona*) grácil (*m.* e *f.*), débil (*m.* e *f.*), enclenque (*m.* e *f.*) **5** (*fig.*) delicado, peliagudo **6** (anche *lett.*) delicado, refinado, selecto.
delimitare *v.tr.* **1** delimitar, acotar, limitar **2** (*fig.*) definir.
delineare A *v.tr.* **1** delinear, trazar **2** (*fig.*) esbozar, bosquejar **B** *v.intr.pron.* (anche *fig.*) perfilarse.
delinquente *agg.* e *s.m.* e *f.* **1** (*giur.*) delincuente **2** (*fam.*) sinvergüenza, tunante.
delirio *s.m.* **1** (*med.*) delirio **2** (*fig.*) delirio, desvarío **3** (*fig.*) frenesí, entusiasmo, fanatismo.
delitto *s.m.* *giur* (anche *fig.* e *iron.*) delito, crimen.

delizioso *agg.* delicioso, agradable (*m.* e *f.*), placentero.
della *prep.art.f.sing.* de la, del
delta *s.m.inv.* (*geog.*) delta (*sing.*).
deltaplano *s.m.* (*sport*) ala delta (*f.*).
deludere *v.tr.* defraudar, decepcionar.
delusione *s.f.* decepción, desilusión.
demente *agg.* e *s.m.* e *f.* **1** (*med.*) demente, loco (*m.*) **2** (*fam.*) estúpido (*m.*), imbécil.
demenziale *agg.m.* e *f.* **1** (*med.*) demencial **2** demencial, absurdo (*m.*).
demerito *s.m.* **1** desmerecimiento, demérito **2** (*biasimo*) reprobación.
democrazia *s.f.* democracia.
demografia *s.f.* demografía.
demolizione *s.f.* **1** (anche *fig.*) demolición, derribo (*m.*) **2** (*chim.*) disolución **3** (*auto.* e *mar.*) desguace (*m.*), desmantelamiento (*m.*).
demone *s.m.* **1** (*lett.*) (*rel.*) demonio **2** (*fig.*) demonio, vicio.
demonio *s.m.* (anche *fig.*) demonio, diablo.
demoralizzare A *v.tr.* desalentar, desmoralizar, desanimar **B** *v.intr.pron.* desanimarse, acobardarse.
denaro *s.m.* dinero.
denigrare *v.tr.* denigrar, desacreditar, difamar.
denominare A *v.tr.* denominar, llamar **B** *v.intr.pron.* denominarse, llamarse.
densità *s.f.inv.* densidad (*sing.*).
dente *s.m.* diente.
dentice *s.m.* (*zool.*) dentón.
dentiera *s.f.* **1** dentadura postiza **2** (*mecc.*) cremallera.
dentifricio *agg.* e *s.m.* dentífrico.
dentro A *avv.* dentro, adentro **B** *prep.* dentro.
denuclearizzazione *s.f.* desnuclearización.
denudare A *v.tr.* **1** desnudar, desvestir, despojar **2** (*fig.* e *lett.*) revelar **B** *v.pron.* desnudarse, desvestirse.
denuncia *s.f.* **1** (*giur.*) revocación **2** (anche *giur.*) denuncia **3** (*bur.*) parte (*m.*), declaración.
denunciare *v.tr.* **1** (*giur.*) revocar, anular **2** (*bur.* e *giur.*) denunciar, dar parte, notificar **3** denunciar, revelar, dar a conocer **4** revelar, manifestar, mostrar.
deodorante *agg.m.* e *f.* e *s.m.* desodorante.
depilazione *s.f.* **1** (*cosmesi*) depilación **2** (*pelli*) remellado (*m.*).
depistare *v.tr.* despistar, desorientar, confundir.
dépliant *s.m.inv.* (*franc.*) folleto (*sing.*), prospecto (*sing.*).
deportazione *s.f.* deportación.
deposito *s.m.* **1** (anche *giur.*) depósito, entrega (*f.*) **2** (*luogo*) depósito, almacén **3** (*insieme di cose*) depósito, almacenamiento **4** (*chim.*) sedimento.
deposizione *s.f.* **1** deposición **2** (*rel.*) desendimiento (*m.*), descendimiento (*m.*) **3** (*fig.*) (*incarico*) deposición, destitución **4** (*giur.*) declaración testifical, testimonio (*m.*).
depravato *agg.* e *s.m.* depravado, pervertido.
depressione *s.f.* **1** (*econ.* e *geog.*) depresión **2** (*meteo.*) depresión atmosférica **3** (*avvallamento*) hoyo (*m.*) **4** (*med.*) depresión, (*fam.*) depre **5** (*mecc.*) caída de presión.
depuratore *agg.* e *s.m.* depurador.
depurazione *s.f.* depuración.
deputato *s.m.* **1** delegado, representante (*m.* e *f.*) **2** (*pol.*) diputado.
deridere *v.tr.* escarnecer, mofarse, burlarse.
derivare A *v.tr.* **1** captar, trasvasar, derivarse **2** (*fig.*) deducir, inferir **3** (*mat.*) derivar **B** *v.intr.* **1** derivar, nacer, surgir **2** (*fig.*) derivar, originarse, deberse.
dermatologia *s.f.* (*med.*) dermatología.
derubare *v.tr.* robar, hurtar.

descrivere *v.tr.* **1** describir, detallar, especificar **2** (*lett.*) describir, recorrer, trazar.
descrizione *s.f.* descripción.
deserto A *agg.* **1** desierto, desértico, despoblado **2** (*giur.*) desierto **B** *s.m.* (*geog.*) desierto.
desiderare *v.tr.* **1** desear, apetecer, anhelar **2** exigir, requerir **3** desear, querer.
desiderio *s.m.* **1** deseo **2** deseo, anhelo, aspiración (*f.*) **3** (*sesso*) apetito.
design *s.m.inv.* (*angl.*) diseño industrial.
desinenza *s.f.* (*ling.*) desinencia.
desistere *v.intr.* desistir, cejar, renunciar.
desolante *agg.m.* e *f.* desolador (*m.*), desconsolador (*m.*).
desolazione *s.f.* **1** desolación, devastación, ruina **2** abandono, escualidez, miseria **3** desolación, aflicción, tristeza.
dessert *s.m.inv.* (*franc.*) postre (*sing.*).
destabilizzare *v.tr.* desestabilizar.
destinare *v.tr.* **1** destinar, asignar, otorgar **2** decidir, establecer, deliberar **3** destinar, dedicar **4** dirigir.
destino *s.m.* **1** destino, hado, sino **2** destino, suerte (*f.*).
destra *s.f.* derecha.
destro *agg.* **1** derecho **2** (*fig.*) diestro, hábil (*m.* e *f.*), mañoso.
detenuto *s.m.* presidiario, preso.
detergente *agg.m.* e *f.* **1** detergente **2** (*detersivo*) limpiador (*m.*).
deteriorare A *v.tr.* deteriorar, desgastar **B** desgastarse, deteriorarse.
determinare A *v.tr.* **1** determinar, establecer confines, limitar **2** determinar, concretar, establecer **3** originar, causar, provocar **4** (*lett.*) determinar, disponer, deliberar **B** *v.intr.pron.* determinar, resolverse, decidirse.
determinazione *s.f.* **1** determinación **2** determinación, resolución, decisión.
detersivo *agg.* e *s.m.* detergente.
detestare A *v.tr.* detestar, aborrecer, odiar **B** *v.pron.* (*reciproco*) detestarse, aborrecerse, odiarse.
detrarre *v.tr.* **1** (anche *fig.*) restar, detraer, quitar **2** (*econ.*) deducir, desgravar.
detrazione *s.f.* (*econ.*) deducción, desgravación, reducción.
detrito *s.m.* **1** (*geol.*) detrito, detritus (*inv.*), torrentero **2** (*fig.*) desecho, escoria (*f.*).
dettaglio *s.m.* detalle.
dettare *v.tr.* **1** dictar **2** imponer, prescribir **3** dictar, inspirar, sugerir **4** (*lett.*) escribir, componer, redactar.
detto *s.m.* **1** dicho, decir, sentencia (*f.*) **2** agudeza (*f.*), salida (*f.*).
devastare *v.tr.* **1** devastar, asolar, arrasar **2** (*fig.*) afear, desfigurar **3** (*fig.*) embargar, trastornar.
deviare A *v.intr.* **1** desviar, desviarse, descaminar **2** (*ferr.*) descarrilar **3** (*fig.*) desviarse, apartarse **4** (*fig.*) divagar, desviarse, salirse **B** *v.tr.* **1** desviar, derivar **2** (*fig.*) desviar.
deviazione *s.f.* **1** desviación, desvío (*m.*) **2** (*med.*) desviación **3** (*fig.*) desviación, apartamiento (*m.*).
devozione *s.f.* **1** (*rel.*) devoción **2** devoción, dedicación.
di *prep.* **1** (*proprietà, materia, argomento, denominazione, privazione, limitazione, qualità*) de **2** (*partitivo, superlativo*) de **3** (*paragone*) que **4** (*moto da luogo*) de **5** (*moto attraverso luogo*) por **6** (*origine*) de, desde **7** (*mezzo, strumento, modo, maniera*) de, con **8** (*tempo, durata*) en, de, durante **9** (*causa, fine, scopo*) de.
diabete *s.m.* (*med.*) diabetes (*inv.*).
diaframma *s.m.* (*anat.* e *fot.*) (anche *contraccettivo*) diafragma.
diagnosi *s.f.inv.* **1** (*med.*) diagnóstico (*m.sing.*), diagnosis **2** diagnóstico (*m.sing.*), juicio (*m.sing.*), valoración (*sing.*).

diagonale A *agg.* diagonal (*m.* e *f.*) **B** *s.f.* (*geom.*) diagonal.
diagramma *s.m.* diagrama.
dialetto *s.m.* dialecto.
dialogo *s.m.* (anche *lett.* e *mus.*) diálogo, coloquio, conversación (*f.*).
diamante *s.m.* **1** (anche *tecn.*) diamante **2** (*sport*) (*baseball*) bases de juego.
diametro *s.m.* (*geom.*) diámetro.
diapositiva *s.f.* (*fot.*) diapositiva.
diario *s.m.* diario, crónica (*f.*).
diarrea *s.f.* (*med.*) diarrea.
diavolo *s.m.* (anche *fig.*) diablo, demonio.
dibattito *s.m.* debate, discusión (*f.*).
disboscamento *s.m.* tala (*f.*), desmonte.
dicembre *s.m.* diciembre.
dichiarare A *v.tr.* **1** declarar, revelar, proclamar **2** declarar, expresar, afirmar **3** (*lett.*) aclarar, explicar **4** declarar, dictaminar, fallar **5** nombrar **B** *v.pron.* declararse.
dichiarazione *s.f.* (anche *econ.* e *giur.*) declaración.
dieci *agg.num.card.* e *s.m.* e *f.inv.* diez.
diecimila *agg.num.card.* e *s.m.inv.* **1** diez mil **2** (*iperbolico*) miles (*pl.*).
dieta *s.f.* dieta, régimen (*m.*).
dietro A *agg.inv.* posterior (*sing.*), trasero (*m.sing.*) **B** *avv.* atrás, detrás **C** *prep.* **1** tras, detrás de **2** (*fig.*) a sus espaldas **D** *s.m.inv.* trasero.
difendere A *v.tr.* **1** (anche *giur.*) defender, amparar, proteger **2** defender, sostener, sustentar **B** *v.pron.* **1** defenderse **2** protegerse, repararse, resguardarse **3** (*fam.*) arreglarse, componerse, apañarse.
difesa *s.f.* defensa.
difetto *s.m.* **1** falta (*f.*) **2** defecto, imperfección (*f.*), error **3** (*med.*) defecto **4** defecto, vicio **5** (*abito*) respingo.
diffamazione *s.f.* (anche *giur.*) difamación.
differente *agg.m.* e *f.* diferente, distinto (*m.*)
differenza *s.f.* **1** diferencia, disparidad **2** (*mat.*) diferencia, residuo (*m.*).
differita *s.f.* transmisión en diferido // *in ~,* en diferido.
difficile A *agg.m.* e *f.* **1** difícil, dificultoso (*m.*), complejo (*m.*) **2** difícil, penoso (*m.*), duro (*m.*) **3** desagradable, escabroso (*m.*), ingrato (*m.*) **4** (*persona*) difícil, complicado (*m.*) **5** (*neutro*) improbable **B** *s.m.* (*solo sing.*) difícil **C** *s.m.* e *f.* difícil, insociable.
difficoltà *s.f.inv.* **1** dificultad (*sing.*), complejidad (*sing.*), complicación (*sing.*) **2** obstáculo (*m.sing.*), impedimento (*m.sing.*) **3** traba (*sing.*), inconveniente (*m.sing.*) **4** (al pl. *denaro*) dificultades.
diffidare *v.intr.* (*di*) **1** desconfiar, recelar **2** (*lett.*) perder la esperanza, desesperar.
diffondere A *v.tr.* **1** difundir, verter **2** (*odore*) desprender, emanar **3** (*fig.*) difundir, emanar **B** *v.intr.pron.* **1** difundirse, cundir **2** (*fig.*) emanar, difundirse **3** (*dilungarsi*) explayarse.
diffusione *s.f.* (anche *fig.*) difusión.
difronte *agg.inv.* e *avv.* enfrente.
diga *s.f.* **1** (*idr.*) dique (*m.*), presa **2** (*porto*) malecón (*m.*), rompeolas (*inv.*) **3** (*fig.*) dique (*m.*), freno (*m.*), barrera.
digerire *v.tr.* **1** (*chim.* e *med.*) digerir **2** (*fig.*) comprender, entender, asimilar **3** (*fig.*) digerir, tragar, tolerar **4** (*fig.*) digerir, encajar, sobrellevar.
digestivo A *agg.* digestivo **B** *s.m.* licor digestivo.
digitale[1] *agg.m.* e *f.* digital, dactilar.
digitale[2] *agg.m.* e *f.* (anche *inform.*) digital.
digiuno *s.m.* **1** ayuno **2** (*fig.*) carencia (*f.*), falta (*f.*).
dignità *s.f.inv.* **1** dignidad (*sing.*), honra (*sing.*) **2** dignidad (*sing.*), decoro (*m.sing.*), seriedad (*sing.*) **3** dig-

nidad (*sing.*), gravedad (*sing.*), elevación (*sing.*) **4** dignidad (*sing.*), cargo (*m.sing.*), título (*m.sing.*).
digressione *s.f.* digresión, paréntesis (*m.inv.*).
dilatazione *s.f.* dilatación.
dilemma *s.m.* (anche *fil.*) dilema.
dilettante *agg.* e *s.m.* e *f.* (anche *sport*) aficionado (*m.*), diletante, amateur (*inv.*).
diligente *agg.m.* e *f.* **1** (*persona*) diligente, activo (*m.*), pronto (*m.*) **2** diligente, esmerado (*m.*), cuidadoso (*m.*).
diluire *v.tr.* **1** diluir, disolver, desleír **2** (*fig.*) explayarse, alargarse.
diluvio *s.m.* **1** (*meteo.*) diluvio **2** (*fig.*) lluvia (*f.*), torrente, profusión (*f.*).
dimagrire *v.intr.* adelgazar, enflaquecer, demacrarse.
dimensione *s.f.* **1** (*fis.* e *mat.*) dimensión **2** dimensión, tamaño (*m.*) **3** (anche *fig.*) dimensión, proporción, alcance (*m.*) **4** (*fig.*) dimensión, vertiente, aspecto (*m.*).
dimenticare A *v.tr.* **1** olvidar(se) **2** descuidar **3** olvidar, ignorar **4** olvidar, perdonar, sculpar **B** *v.intr.pron.* olvidar(se).
dimettere A *v.tr.* **1** dar de alta **2** cesar, dar el cese/la baja **3** (*lett.*) abandonar, dejar **B** *v.pron.* (*da*) dimitir.
diminuire A *v.tr.* disminuir, reducir, bajar, aminorar **B** *v.intr.* disminuir, reducirse.
dimissioni *s.f.pl.* dimisión (*sing.*), baja (*sing.*).
dimostrare A *v.tr.* **1** demostrar, probar, confirmar **2** demostrar, mostrar, enseñar **3** (*pol.*) manifestar **4** (*età*) aparentar, representar **B** *v.pron.* manifestar, demostrar, dar muestras de.
dimostrazione *s.f.* **1** demostración, muestra, manifestación **2** demostración, prueba **3** (*pol.*) manifestación **4** (*tecn.*) demostración, muestra.
dinamica *s.f.* (*fis.*) (anche *tecn.*) dinámica.
dinamico *agg.* **1** (*fis.*) dinámico **2** (*fig.*) dinámico, vital (*m.* e *f.*).
dinamite *s.f.* dinamita.
dinastia *s.f.* **1** dinastía, casa **2** dinastía, estirpe, linaje (*m.*).
dinosauro *s.m.* (*zool.*) dinosaurio.
dintorni *s.m.pl.* alrededores, proximidades (*f.*), cercanías (*f.*).
dio *s.m.* (anche *fig.*) dios.
diottria *s.f.* dioptría.
dipartimento *s.m.* (*bur.*) departamento, distrito.
dipendente A *agg.m.* e *f.* dependiente **B** *s.m.* e *f.* dependiente, empleado, subordinado (*m.*).
dipendenza *s.f.* **1** dependencia, subordinación **2** (*alcol, droga*) dependencia, adicción.
dipendere *v.intr.* **1** depender, derivar **2** depender **3** (*ling.*) estar subordinado.
dipingere A *v.tr.* **1** pintar **2** decorar **3** maquillarse, pintarse **4** (*fig.*) pintar, dibujar, detallar **B** *v.intr.pron.* mostrarse, aparecer **C** *v.pron.* maquillarse, pintarse.
dipinto A *agg.* pintado **B** *s.m.* pintura (*f.*).
diploma *s.m.* diploma, título.
diplomazia *s.f.* (anche *fig.*) diplomacia.
dire A *s.m.* decir, dicho **B** *v.tr.* **1** decir, proferir **2** decir, declarar, explicar **3** referir, contar **4** decir, hablar **5** recitar, decir **6** presentar, considerar **7** decir, expresar, denotar **C** *v.impers.* decir
diretta *s.f.* transmisión en directo.
diretto A *agg.* **1** dirigido **2** directo, recto **3** directo, inmediato **4** (*treno, aereo*) con destino a **B** *s.m.* **1** (*ferr.*) tren directo **2** (*sport*) (*pugilato*) directo.
direttore *s.m.* **1** director **2** (*comm.*) jefe.
direzione *s.f.* **1** dirección, rumbo (*m.*), sentido (*m.*) **2** (*fig.*) dirección,

línea, directriz **3** dirección, gerencia, administración **4** (*bur.*, *mat.* e *mus.*) dirección.

dirigente A *agg.m.* e *f.* dirigente **B** *s.m.* e *f.* directivo (*m.*).

dirigere A *v.tr.* **1** (anche *fig.*) dirigir **2** dirigir, conducir, organizar **3** dirigir, estar al frente, regir **4** dirigir, dedicar **B** *v.pron.* **1** dirigirse, irse **2** (*fig.*) dirigirse, encauzarse, encarrilarse.

diritto[1] **A** *agg.* **1** derecho, recto **2** (*lett.*) tendido, dirigido **3** (*fig.*) recto, honesto, bueno **4** (*fig.* e *lett.*) tenaz (*m.* e *f.*) **B** *avv.* **1** enfrente **2** recto, directo **3** derecho.

diritto[2] *s.m.* **1** (*abito, stoffa, lavoro a maglia*) derecho, haz **2** (*moneta, medaglia*) anverso, cara (*f.*) **3** (*sport*) (*tennis*) drive (*inv.*).

diritto[3] *s.m.* (anche *giur.*) derecho.

dirottamento *s.m.* **1** desviación (*f.*), cambio de rumbo **2** secuestro.

disabile *agg.* e *s.m.* e *f.* minusválido (*m.*), disminuido (*m.*), inhábil.

disabitato *agg.* despoblado, deshabitado.

disadattato *agg.* e *s.m.* inadaptado.

disagio *s.m.* **1** incomodidad (*f.*), molestia (*f.*) **2** necesidad (*f.*), pobreza (*f.*), estrechez (*f.*).

disapprovazione *s.f.* desaprobación, reprobación, censura.

disarmante *agg.m.* e *f.* (anche *fig.*) desarmante.

disarmo *s.m.* **1** desarme **2** (*mar.* e *mecc.*) desguace, desmantelamiento.

disastro *s.m.* (anche *fig.*) desastre, catástrofe (*f.*), calamidad (*f.*).

disattento *agg.* **1** desatento, distraído **2** descuidado, negligente (*m.* e *f.*).

disattivare *v.tr.* desactivar, neutralizar, inactivar.

disavventura *s.f.* desgracia, percance (*m.*), adversidad.

discarica *s.f.* vertedero (*m.*), muladar (*m.*).

discendente *agg.* e *s.m.* e *f.* descendiente.

discepolo *s.m.* **1** (*lett.*) alumno, colegial (*m.* e *f.*), discípulo **2** discípulo, seguidor, secuaz (*m.* e *f.*).

discesa *s.f.* **1** declive (*m.*), pendiente (*m.*), bajada **2** invasión, asalto (*m.*).

dischetto *s.m.* **1** (*sport*) (*calcio*) punto de penalti **2** (*ferr.*) señal de cambio **3** (*inform.*) disquete, disco.

disciplina *s.f.* **1** (anche *mil.*) disciplina, rigor (*m.*) **2** (anche *giur.*) disciplina, materia, ciencia.

disc-jockey *s.m.* e *f.inv.* (*angl.*) (*mus.*) pinchadiscos (*m.*).

disco *s.m.* **1** disco **2** (*inform.*) disco, disquete **3** (*anat.*) disco, almohadilla (*f.*) **4** (*segnale*) semáforo, disco.

discontinuo *agg.* **1** discontinuo **2** (*fig.*) discontinuo, irregular (*m.* e *f.*), alterno.

discordante *agg.m.* e *f.* discordante.

discordia *s.f.* discordia, desacuerdo (*m.*), desavenencia.

discorrere *v.tr.* hablar, conversar, charlar.

discorso *s.m.* **1** discurso, mensaje, oración (*f.*) **2** discurso, conversación (*f.*), coloquio.

discount *s.m.inv.* (*angl.*) (*comm.*) tienda de descuentos, almacén de rebajas.

discreto *agg.* **1** discreto, reservado, prudente (*m.* e *f.*) **2** discreto, corriente (*m.* e *f.*), normal (*m.* e *f.*) **3** mesurado, moderado.

discriminare *v.tr.* discriminar, distinguir, diferenciar.

discussione *s.f.* **1** discusión, debate (*m.*), controversia **2** discusión, altercado (*m.*), pelea **3** (*giur.*) (*processo civile*) vista **4** (*giur.*) (*processo penale*) juicio oral.

discutere *v.tr./intr.* **1** discutir, examinar, ventilar **2** discutir, objetar, contradecir **3** discutir, altercar, pelear.

disdetta *s.f.* **1** (*lett.*) (*smentita*) re-

tractación, mentís (*m.inv.*) **2** (*giur.*) revocación **3** mala suerte.
disegnare *v.tr.* **1** dibujar **2** diseñar, trazar **3** dibujar, proyectar **4** (*fig.*) idear, trazar, esbozar **5** (*fig.*) describir, trazar.
disegno *s.m.* **1** dibujo **2** (*moda, industria*) diseño **3** (*fig.*) bosquejo, traza (*f.*), esbozo **4** (*fig.*) plan, proyecto, intención (*f.*).
diseredare *v.tr.* desheredar.
disertore *s.m.* **1** (*mil.*) desertor, prófugo **2** (*fig.*) (*causa, partito*) tránsfuga (*m.* e *f.*), traidor.
disfare A *v.tr.* **1** (anche *fig.*) deshacer **2** deshacer, derretir, desleír **B** *v.intr.pron.* **1** destruir, arruinar **2** descomponerse, echarse a perder, pudrirse **3** (*fig.*) desmoronarse, derrumbarse **4** deshacerse, derretirse, disolverse **5** (*fig.*) deshacerse, consumirse **C** *v.pron.* deshacerse, desembarazarse.
disfunzione *s.f.* **1** (*med.*) disfunción **2** mal funcionamiento (*m.*).
disgrazia *s.f.* **1** desgracia, disfavor (*m.*) **2** desgracia, desventura, mala suerte **3** desgracia, desastre (*m.*), catástrofe.
disgregare A *v.tr.* **1** disgregar, desintegrar, desmoronar **2** (*fig.*) desintegrar, desunir, separar **3** (*chim.*) disolver **B** *v.intr.pron.* **1** disgregarse, desmoronarse **2** (*fig.*) disgregarse, desunirse, separarse.
disguido *s.m.* **1** extravío **2** percance, contratiempo, imprevisto.
disgustoso *agg.* **1** desagradable (*m.* e *f.*), disgustoso **2** (*fig.*) enojoso.
disidratazione *s.f.* (anche *med.*) deshidratación.
disillusione *s.f.* desilusión, decepción, desengaño (*m.*).
disimpegno *s.m.* **1** salida (*f.*), desembarazo **2** (*sport*) (*calcio*) despeje, despejo.
disinfestazione *s.f.* desinfestación.
disinfettante *agg.m.* e *f.* e *s.m.* (*med.*) desinfectante.
disinformazione *s.f.* desinformación.
disinganno *s.m.* desengaño, desilusión (*f.*).
disinibito *agg.* desinhibido, despabilado, desenvuelto.
disinserire *v.tr.* **1** (*mecc.*) desconectar, desembragar **2** (*elett.*) desconectar, desenchufar.
disintegrazione *s.f.* (anche *fis.*) desintegraición, descomposición.
disinteresse *s.m.* **1** desinterés, indiferencia (*f.*) **2** desinterés, desprendimiento, generosidad (*f.*).
disintossicante *agg.m.* e *f.* e *s.m.* (*farm.*) desintoxicante.
disinvolto *agg.* **1** desenvuelto, desenfadado, desempachado **2** desenvuelto, descocado, despreocupado.
dislessia *s.f.* dislexia.
dislivello *s.m.* **1** desnivel **2** (*fig.*) desnivel, diferencia (*f.*).
dismisura *s.f.* exceso (*m.*), desmesura.
disoccupato A *agg.* **1** (*lavoro*) parado, desempleado, desocupado **2** (*lett.*) desocupado, ocioso **B** *s.m.* parado, desempleado, desocupado.
disoccupazione *s.f.* paro (*m.*), desempleo (*m.*).
disonesto *agg.* **1** deshonesto, inmoral (*m.* e *f.*), avieso **2** deshonesto, indecente (*m.* e *f.*), impúdico.
disonore *s.m.* **1** deshonor, deshonra (*f.*) **2** deshonor, vergüenza (*f.*).
disopra A *agg.inv.* **1** superior (*sing.*) **2** externo (*m.sing.*) **B** *avv.* **1** arriba, hacia arriba, a/hacia lo alto **2** antes **C** *s.m.inv.* la parte superior.
disordine *s.m.* **1** desorden, desbarajuste, confusión (*f.*) **2** desorden, desarreglo, irregularidad (*f.*) **3** desorganización (*f.*), mal funcionamiento, mala administración (*f.*) **4** desorden, motín.

disorganizzazione *s.f.* desorganización.
disorientamento *s.m.* (anche *med.*) desorientación (*f.*), despiste, confusión (*f.*).
disotto A *agg.inv.* **1** inferior (*m.* e *f.*), de abajo **2** interno, interior (*m.* e *f.*) **B** *avv.* abajo, bajo **C** *s.m.inv.* la parte de abajo.
dispari *agg.inv.* **1** (*mat.*) impar (*sing.*), dispar (*m.* e *f.*) **2** desigual (*sing.*).
disparità *s.f.inv.* disparidad (*sing.*), desigualdad (*sing.*).
disparte *avv.* aparte.
dispensa *s.f.* **1** (anche *mobile*) despensa **2** fascículo (*m.*), cuaderno (*m.*), entrega.
disperare A *v.tr.* **1** (*lett.*) desesperar, desesperanzar **2** desesperar, atormentar, angustiar **B** *v.intr.* desesperarse, desesperanzarse, perder la esperanza **C** *v.intr.pron.* desesperarse, desanimarse, abatirse.
disperazione *s.f.* **1** desesperación, desaliento (*m.*), abatimiento (*m.*) **2** desesperación, dolor (*m.*), angustia **3** desesperación, preocupación.
dispersione *s.f.* dispersión.
disperso A *agg.* **1** disperso, diseminado **2** perdido, extraviado **B** *s.m.* disperso, desaparecido.
dispetto *s.m.* **1** desaire, desprecio **2** rabia (*f.*), bronca (*f.*), rencor.
dispiacere *s.m.* **1** pena (*f.*), dolor, pesar, lástima (*f.*) **2** disgusto, aflicción (*f.*), pesadumbre (*f.*).
dispiacere A *v.tr.* **1** disgustar, desagradar **2** sentir, lamentar, deplorar **3** (*in formule di cortesia*) molestar, importar **4** afligir, apenar, disgustar **B** *v.intr.pron.* sentir, apenar, doler.
display *s.m.inv.* (*angl.* e *comm.*) (anche *elett.*) pantalla (*f.sing.*), display, visor (*sing.*).
disponibile *agg.m.* e *f.* **1** disponible, libre **2** libre, vacante, desocupado (*m.*) **3** (*fig.*) libre, disponible, sin compromiso (*m.*) **4** (*fig.*) abierto (*m.*), comprensivo (*m.*), tolerante.
dispositivo A *agg.* dispositivo **B** *s.m.* **1** (*tecn.*) dispositivo, mecanismo **2** (*mil.*) despliegue, dispositivo.
disposizione *s.f.* **1** (*giur.*) disposición **2** disposición, distribución **3** disposición, humor (*m.*), estado (*m.*) de ánimo **4** (*cortesia*) disposición, servicio (*m.*).
disprezzo *s.m.* **1** desprecio, desdén **2** desprecio, descortesía (*f.*), desaire.
dissacrare *v.tr.* desacralizar, desmitificar.
dissennato *agg.* e *s.m.* insensato, tonto.
dissenteria *s.f.* (*med.*) disentería.
dissertare *v.tr.* disertar, tratar, discurrir.
dissestato *agg.* **1** arruinado **2** en mal estado.
dissetante *agg.m.* e *f.* e *s.m.* refrescante.
dissimulare *v.tr.* **1** disimular, encubrir, esconder **2** (*fingere*) disimular, fingir.
dissipare A *v.tr.* **1** (anche *fig.*) disipar, disolver, desvanecer **2** disipar, despilfarrar, malgastar **3** desperdiciar, no aprovechar **B** *v.intr.pron.* **1** disiparse, desvanecerse, consumirse **2** (anche *fig.*) disiparse, desvanecerse, disolverse.
dissociare A *v.tr.* **1** (anche *fig.*) disociar, separar **2** (*chim.*) disociar **B** *v.pron.* (*fig.*) disociarse, separarse.
dissoluto *agg.* e *s.m.* disoluto, licencioso, vicioso.
dissolvenza *s.f.* (*cine.*) fundido, cierre en fundido.
dissolvere A *v.tr.* **1** (*lett.*) disolver, diluir, desleír **2** (*fig.*) disolver, desunir, disgregar **3** disipar, desvanecer **4** (*lett.*) confutar, impugnar **B** *v.intr.pron.* **1** derretirse, disolverse, deshacerse **2** (anche *fig.*) disolverse, disgregarse **3** (*fig.*) disiparse, desvanecerse.

dissuadere *v.tr.* disuadir, desaconsejar.
distacco *s.m.* **1** despegadura (*f.*) **2** (*fig.*) alejamiento, separación (*f.*) **3** (*fig.*) desamor, despego, indiferencia (*f.*) **4** (*sport*) ventaja (*f.*) distancia (*f.*).
distante A *agg.m.* e *f.* **1** distante, lejano (*m.*) **2** (*fig.*) diferente, diverso (*m.*) **3** (*fig.*) distante, frío (*m.*), imperturbable **B** *avv.* lejos.
distanza *s.f.* **1** (*spazio*) distancia, trecho (*m.*) trayecto (*m.*) **2** (*tempo*) distancia, espacio (*m.*), intervalo (*m.*) **3** (*fig.*) distancia, diferencia **4** (*geom.* e *sport*) (*corsa*) distancia.
distare (*difettivo*) *v.intr.* **1** distar, estar lejos **2** (*fig.*) distar, diferir, discrepar.
distendere A *v.tr.* **1** estirar, extender **2** (anche *fig.*) distender, relajar **3** acostar, tender, echar **4** tumbar, tender, derribar **B** *v.pron.* **1** (*fig.*) relajarse **2** tenderse, acostarse.
distensione *s.f.* **1** extensión, estiramiento (*m.*) **2** (*fig.*) relajación, tranquilidad **3** (*pol.*) distensión.
distesa *s.f.* **1** extensión, superficie **2** fila, hilera.
distinguere A *v.tr.* **1** distinguir, discernir **2** distinguir, percibir, reconocer **3** distinguir, diferenciar **4** distinguir, caracterizar **5** dividir, separar **6** (*assoluto*) aclarar, poner en claro **B** *v.intr.pron.* **1** distinguirse, diferenciarse **2** distinguirse, sobresalir, destacar.
distintivo A *agg.* distintivo **B** *s.m.* **1** (*uniforme militare*) entorchado **2** (*contrassegno*) distintivo **3** (*fig.*) distintivo, característica (*f.*), cualidad (*f.*).
distinto *agg.* **1** distinto, diferente (*m.* e *f.*) **2** distinguido, elegante (*m.* e *f.*), refinado **3** (*cortesia epistolare*) distinguido, ilustre (*m.* e *f.*).
distinzione[1] *s.f.* **1** distinción, diferencia **2** distinción, privilegio (*m.*), honor (*m.*) **3** discriminación, diferencia.
distinzione[2] *s.f.* distinción, elegancia, finura.
distogliere A *v.tr.* **1** apartar, alejar, desviar **2** (*fig.*) distraer, apartar **3** (*fig.*) disuadir, apartar, hacer desistir **B** *v.pron.* **1** apartarse, alejarse **2** (*fig.*) distraerse, descuidarse.
distorsione *s.f.* **1** (anche *fig.*) distorsión, tergiversación **2** (*med.*) distorsión, esguince (*m.*), torcedura **3** (*fis.*) distorsión.
distrarre A *v.tr.* **1** distraer **2** distraer, divertir, entretener **B** *v.pron.* **1** distraerse, despistarse **2** distraerse, divertirse, entretenerse.
distrazione *s.f.* **1** distracción, descuido (*m.*), lapsus (*m.inv.*) **2** distracción, diversión, entretenimiento (*m.*) **3** (*furto*) sustracción, robo (*m.*), hurto (*m.*).
distretto *s.m.* **1** (*bur.* e *giur.*) distrito, partido, circunscripción (*f.*) **2** (*geog.*) zona (*f.*), región (*f.*).
distribuire *v.tr.* **1** distribuir, repartir, asignar **2** distribuir, ordenar, disponer **3** suministrar, abastecer, proveer **4** distribuir, entregar, repartir.
distruggere A *v.tr.* (anche *fig.*) destruir, deshacer, arruinar **B** *v.intr.pron.* **1** (anche *fig.*) destruirse, arruinarse, deshacerse **2** (*fig.* e *lett.*) consumirse **C** *v.pron.* **1** destruirse, arruinarse **2** (*fig.* e *lett.*) consumirse.
distruzione *s.f.* destrucción, ruina.
disturbare A *v.tr.* **1** molestar, fastidiar, importunar **2** turbar, interrumpir **3** indisponer, sentar mal **B** *v.pron.* molestarse, incomodarse.
disturbo *s.m.* **1** molestia (*f.*), fastidio **2** (*med.*) trastorno, molestia (*f.*) **3** (*telecom.*) interferencia (*f.*), perturbación (*f.*).
disubbidire *v.tr.* desobedecer, hacer caso omiso.
disuguaglianza *s.f.* **1** desigualdad, disparidad **2** desigualdad, irregularidad, accidente.

disumano *agg.* **1** inhumano, deshumano **2** inhumano, deshumano, cruel (*m.* e *f.*).
dito *s.m.* (*anat.*) (anche *misura*) dedo.
ditta *s.f.* (*comm.*) empresa, firma.
dittatore *s.m.* (anche *fig.*) dictador.
divagare A *v.intr.* **1** (*lett.*) vagar, deambular **2** (*fig.*) divagar, desviarse, irse por las ramas **B** *v.pron.* divertirse, distraerse, entretenerse.
divario *s.m.* **1** divergencia (*f.*), diferencia (*f.*) diversidad (*f.*) **2** diferencia (*f.*), distancia (*f.*), abismo.
divenire *v.intr.* volverse, llegar a ser, hacerse, devenir.
diventare *v.intr.* **1** ponerse **2** volverse **3** convertirse (*en*), transformarse, mudar **4** llegar a ser, convertirse, volverse.
diversificare A *v.tr.* **1** (*econ.*) diversificar, variar **2** diversificar, diferenciar **B** *v.intr.pron.* diversificarse, diferenciarse.
diversità *s.f.inv.* **1** diversidad (*sing.*), diferencia (*sing.*), disparidad (*sing.*) **2** diversidad, variedad.
diverso[1] *agg.* **1** diverso, distinto, diferente (*m.* e *f.*) **2** diverso, discordante (*m.* e *f.*).
diverso[2] *agg.* e *pron.* (*indefinito*) mucho, vario.
diverso[3] *s.m.* **1** (*eufemismo*) homosexual **2** marginado.
divertente *agg.m.* e *f.* divertido (*m.*), alegre, agradable.
divertimento *s.m.* diversión (*f.*).
divertire A *v.tr.* divertir, recrear, entretener **B** *v.pron.* **1** divertirse, entretenerse **2** flirtear.
dividere A *v.tr.* **1** dividir, partir, separar **2** (*mat.*) dividir **3** (*fig.*) dividir, enemistar, indisponer **4** dividir, repartir, distribuir **5** clasificar, dividir **B** *v.pron.* **1** separarse, alejarse **2** dividirse, escindirse, separarse **3** dedicarse **C** *v.pron.* (*reciproco*) separarse, divorciarse **D** *v.intr.pron.* dividirse, fraccionarse.
divieto *s.m.* **1** prohibición (*f.*) **2** (*caccia, pesca*) veda (*f.*), interdicto.
divinità *s.f.inv.* **1** divinidad (*sing.*), dios (*m.sing.*) **2** (*fig.*) divinidad (*sing.*).
divino A *agg.* **1** (*rel.*) divino **2** divino, de los dioses **3** (*fig.*) divino, excelente (*m.* e *f.*), perfecto **4** (*fam.*) divino, magnífico, fantástico **B** *s.m.* lo divino.
divisa *s.f.* **1** (anche *mil.* e *sport*) uniforme (*m.*) **2** (*cameriere, autista*) librea.
divisione *s.f.* **1** división, reparto (*m.*), partición **2** (*fig.*) división, discordia, desunión **3** (*bur.*) sección, dependencia.
divo *s.m.* divo, estrella (*f.*), as.
divorare A *v.tr.* **1** devorar, tragar **2** (*fig.*) devorar, consumir, destruir **3** (*fig.*) derrochar, despilfarrar, dilapidar **4** (*fig.*) devorar, tragarse **B** *v.intr.pron.* (*fig.*) consumirse, abrasarse, devorarse.
divorziare *v.intr.* **1** (*giur.*) divorciar **2** (*fig.*) divorciar, separarse.
divulgare A *v.tr.* **1** divulgar, difundir **2** divulgar, propagarse, extenderse **B** *v.intr.pron.* **1** divulgarse, difundirse, propagarse **2** difundirse, pegar.
dizionario *s.m.* diccionario.
do *s.m.inv.* (*mus.*) do (*sing.*).
doccia *s.f.* **1** (*arch.*) canalón (*m.*), bajada de aguas **2** (*bagno*) ducha.
docente *agg.* e *s.m.* e *f.* (*istr.*) docente.
documentario *agg.* e *s.m.* documental (*m.* e *f.*).
documento *s.m.* **1** (*giur.*) documento **2** testimonio, muestra (*f.*) **3** documento, material de estudio.
dodici *agg.num.card.* e *s.m.* e *f.inv.* doce.
dogana *s.f.* (*bur.*) aduana.
doglie *s.f.pl.* (*parto*) dolores.
dogma *s.m.* (anche *rel.*) dogma.
dolce A *agg.m.* e *f.* **1** dulce, azucarado (*m.*) **2** (anche *chim.*) dulce **3** (an-

che *fig.*) suave, delicado (*m.*) **4** (*fig.* e *lett.*) dulce, agradable, suave **5** (*fig.*) suave, blando (*m.*) **6** (*fig.*) suave, templado (*m.*) **7** (*fig.*) (*carattere*) dulce, grato (*m.*), amable, cariñoso (*m.*) **B** *s.m.* **1** (*sapore*) dulce **2** (*dessert*) postre, dulce.

dolcezza *s.f.* **1** dulzura, dulzor (*m.*) **2** (*fig.*) dulzura, suavidad **3** (*fig.*) bondad, amabilidad **4** (*fig.*) felicidad, gozo (*m.*) **5** (*fig.* e *fam.*) (*appellativo*) amor (*m.*), vida, cariño.

dolore *s.m.* **1** dolor **2** dolor, pena (*f.*), aflicción (*f.*) **3** tormento.

domanda *s.f.* **1** pregunta **2** (*istr.*) pregunta, interrogación **3** (anche *giur.*) petición, demanda, solicitud.

domandare A *v.tr.* **1** (*per sapere*) preguntar **2** (*per ottenere*) pedir, solicitar **B** *v.intr.* **1** preguntar, informarse **2** preguntar, buscar.

domani A avv. **1** mañana **2** (*contrapposto a oggi*) mañana, tiempo futuro **3** (*iron.*) ¡mañana!, ¡jamás! **B** *s.m.* **1** el día siguiente **2** mañana, porvenir, futuro.

domare *v.tr.* **1** domar, amansar, domesticar **2** (*fig.*) domar, dominar.

domattina *avv.* mañana por la mañana.

domenica *s.f.* domingo (*m.*).

domestico A *agg.* **1** doméstico, hogareño **2** (*lett.*) familiar (*m.* e *f.*), casero, llano **B** *s.m.* doméstico, criado, sirviente (*m.* e *f.*).

domicilio *s.m.* **1** (*giur.*) domicilio **2** domicilio, casa (*f.*), morada (*f.*).

dominare A *v.tr.* **1** (anche *fig.*) dominar, imponerse **2** dominar, someter **3** dominar, abarcar, divisar **4** (*fig.*) dominar, contener, reprimir **5** (*fig.*) dominar, conocer a fondo **B** *v.intr.* **1** dominar, señorear **2** (*fig.*) sobresalir, destacarse **3** dominar, erguirse, levantarse **4** (*fig.*) prevalecer, imponerse, dominar **C** *v.pron.* dominarse, reprimirse, contenerse.

dominio *s.m.* **1** dominio **2** (anche *fig.*) dominio, control **3** (*fig.*) dominio, conocimiento **4** dominio, ámbito, campo.

domino *s.m.inv.* (*gioco*) dominó (*sing.*).

don *s.m.* **1** (*rel.*) reverendo padre **2** (*titolo*) don.

dondolo *s.m.* **1** balanceo **2** (*mobile da giardino*) balancín, mecedora (*f.*).

donna *s.f.* **1** mujer **2** (*compagna*) mujer, compañera, señora **3** (*gioco*) (*carte*) reina **4** (*gioco*) (*scacchi*) reina, dama.

donnola *s.f.* (*zool.*) comadreja común.

dono *s.m.* **1** regalo, don, presente **2** (*fig.*) don, cualidad (*f.*), dote (*f.*).

doping *s.m.inv.* (*angl.*) (*sport*) doping, dopaje (*sing.*).

dopo A *agg.inv.* después, siguiente (*sing.*), posterior (*sing.*) **B** *avv.* **1** (*tempo*) después, luego **2** (*luogo*) enseguida, después, inmediatamente detrás **C** *cong.* después de **D** *prep.* **1** (*tempo, luogo*) después de **2** tras, detrás de **E** *s.m.inv.* futuro (*sing.*), mañana (*sing.*).

dopodichè *avv.* desde, desde entonces.

dopodomani *avv.* e *s.m.* pasado mañana.

doppiaggio *s.m.* (*cine.*) doblaje.

doppio A agg. **1** doble (*m.* e *f.*) **2** doble, grueso, espeso **3** (*fig.*) falso, doble (*m.* e *f.*), hipócrito **B** *avv.* (anche *fig.*) doble **C** *s.m.* **1** doble **2** (*sport*) (*tennis*) doble.

dorato *agg.* **1** dorado **2** (*cuc.*) rebozado.

dormire *v.intr.* **1** dormir **2** (*fig.*) descansar, estar enterrado, reposar **3** (*fig.*) dormir, estar inerte/inactivo **4** (*fig.* e *lett.*) reposar, estar en quietud **5** (*fig.*) (*pratiche, affari*) quedar sin curso **6** (*fig.*) descansar, confiar, estar tranquilo.

dorsale[1] *agg.m.* e *f.* **1** (*anat.* e *ling.*) dorsal **2** (*sport*) de espalda.
dorsale[2] *s.f.* (*geog.*) dorsal, cordillera.
dorso *s.m.* **1** (*anat.*) dorso, espalda (*f.*), lomo **2** dorso, revés **3** (*sport*) (*nuoto*) espalda (*f.*) **4** (*libro*) lomo, lomera (*f.*) **5** (*geog.*) cumbre (*f.*), cima (*f.*).
dose *s.f.* **1** (*farm.*) dosis (*inv.*) **2** (anche *fig.*) dosis (*inv.*), cantidad.
dossier *s.m.inv.* (*franc.*) dossier, informe (*sing.*), expediente (*sing.*).
dotato *agg.* **1** dotado **2** de dotes, de calidad.
dote *s.f.* **1** dote **2** (*istituzione*) dotación **3** (*fig.*) dote, cualidad, prenda.
dottorato *s.m.* doctorado.
dottore *s.m.* **1** (*fam.*) doctor, médico **2** (*istr.*) licenciado.
dottrina *s.f.* **1** doctrina, cultura, erudición **2** doctrina, teoría.
dove A *avv.* **1** (*interrogativo*) dónde, adónde **2** (*relativo*) donde, en el lugar **3** (*relativo, preceduto da s.*) donde, en que, en el que, en la que **4** (*lett.*) (*seguito da che*) donquiera, doquier, doquiera **B** *cong.* (*lett.*) **1** (*ipotetico condizionale*) si, en caso de que **2** (*avversativo*) mientras que **C** *s.m.inv.* donde, lugar, sitio.
dovere A *s.m.* **1** deber, obligación (*f.*) **2** (anche *giur.*) norma (*f.*), regla (*f.*) **B** *v.tr.* **1** deber, tener que **2** (*impers.*) ser necesario **3** (*supposizione*) ser posible, ser probable, deber de **4** (anche *fig.*) deber, tener una deuda.
dovunque *avv.* **1** (*relativo*) dondequiera, doquier, doquiera **2** dondequiera, en todas partes, por todas partes.
down (*angl.* e *med.*) **A** *agg.inv.* (*angl.*) mongólico (*m.sing.*), mongoloide (*m.* e *f.sing.*) **B** *s.m.* e *f.inv.* mongólico (*m.sing.*).
dozzina *s.f.* docena.
drago *s.m.* (*mit.* e *zool.*) dragón.
dramma *s.m.* **1** drama **2** fuerza/tensión dramática **3** (*fig.*) drama, desdicha (*f.*), desventura (*f.*).
drammatico *agg.* **1** dramático **2** dramático, conmovedor, patético.
drastico *agg.* drástico, enérgico, riguroso.
drink *s.m.inv.* (*angl.*) **1** trago (*sing.*), copa (*f.sing.*) **2** (*festa*) cóctel, fiesta (*f.sing.*).
dritta *s.f.* **1** (*mar.*) estribor (*m.*) **2** (*gerg.*) soplo (*m.*).
dritto[1] **A** *agg.* **1** derecho, recto **2** (*fam.*) astuto, vivo, listo **B** *avv.* **1** enfrente **2** directo, recto **3** derecho.
dritto[2] *s.m.* **1** (*abito, stoffa, lavoro a maglia*) derecho, haz **2** (*moneta, medaglia*) anverso, cara (*f.*) **3** (*fam.*) pájaro, listo, zorro.
droga *s.f.* **1** especia **2** (*farm.*) (anche *fig.*) droga.
drogato A *agg.* (*atleta, animale*) drogado, dopado **B** *s.m.* drogadicto, drogado.
drogheria *s.f.* tienda de ultramarinos, tienda de comestibles, abacería.
dromedario *s.m.* (*zool.*) dromedario.
dubbio A *agg.* **1** dudoso, incierto **2** dudoso, discutible (*m.* e *f.*) **3** inatendible (*m.* e *f.*), poco fiable **4** obscuro, incierto, peligroso **5** indefinible (*m.*), impreciso, indeterminado **6** dudoso, equívoco **B** *s.m.* **1** duda (*f.*), incertidumbre (*f.*) **2** duda (*f.*), cuestión (*f.*), problema **3** duda, sospecha, temor (*m.*) **4** duda, vacilación (*f.*).
dublinese *agg.* e *s.m.* e *f.* dublinés.
duca *s.m.* duque.
duce *s.m.* **1** (*lett.*) caudillo **2** (*pol.*) duce.
due A *agg.num.card.* **1** dos **2** (*pochi*) cuatro **3** (*sottintendendo il s.*) dos **4** (*valore ordinale*) dos, segundo (*sing.*) **B** *s.m.* e *f.inv.* dos.
duecento A *agg.num.card.* doscientos (*m.*) **B** *s.m.inv.* **1** doscientos (*m.*) **2** (*secolo*) siglo XIII **3** (*al pl.*) (*sport*) doscientos metros.
duello *s.m.* **1** duelo, combate, lance **2** (*fig.*) concurso, certamen **3** (*fig.*) torneo, competición (*f.*).

duemila *agg.num.card.* e *s.m.inv.* dos mil.
duna *s.f.* (*geog.*) duna.
dunque **A** *cong.* **1** (*conclusivo*) luego, pues, por lo tanto **2** (*per riprendere un discorso*) pues, entonces **3** (*rafforzativo*) pues, conque **4** (*per concludere un discorso*) entonces **B** *s.m.inv.* punto (*sing.*) crucial, quid.
duomo *s.m.* (*arch.*) catedral (*f.*).
duplex *agg.inv.* e *s.m.inv.* (*telecom.*) **1** (*collegamento*) dúplex **2** línea de teléfonos compartida.
duplicare *v.tr.* duplicar, hacer un duplicado.
durante **A** *agg.m.* e *f.* (*solo nella locuzione*) *vita natural ~*, durante toda la vita **B** *prep.* durante.
durare *v.intr.* **1** durar, conservarse **2** durar, continuar, prolongarse **3** durar, ir para largo **4** perseverar, persistir, obstinarse.
durata *s.f.* duración.
duraturo *agg.* **1** duradero, durable (*m.* e *f.*) **2** firme (*m.* e *f.*), inalterable (*m.* e *f.*).
durezza *s.f.* **1** (anche *chim.* e *min.*) dureza **2** (*fig.*) obstinación, empecinamiento (*m.*) **3** (*fig.*) aspereza, dureza **4** (*fig.*) dureza, severidad **5** (*fig.*) inclemencia **6** (*fig.*) dureza, insensibilidad, crueldad **7** (*fig.*) dificultad.
duro **A** *agg.* **1** (anche *chim.* e *ecol.*) duro **2** (*carne*) duro, estropajoso **3** duro, compacto **4** (*fig.*) duro, obstinado, testarudo **5** (*fig.*) duro, penoso, doloroso **6** (*fig.*) duro, severo **7** (*fig.*) duro, inclemente (*m.* e *f.*) **8** (*fig.*) duro, cruel (*m.* e *f.*), insensible (*m.* e *f.*) **9** (*fig.* e *lett.*) duro, arduo, difícil (*m.* e *f.*) **B** *avv.* **1** duramente **2** profundamente **3** duro, duramente **C** *s.m.* **1** superficie dura **2** (*fig.*) lo duro, dificultad (*f.*) **3** (*fig.*) de pelo en pecho **4** (*fig.*) gamberro, matón.
duttile *agg.m.* e *f.* **1** dúctil, maleable **2** (*fig.*) dúctil, flexible **3** (*fig.*) versátil.

E

e[1] *s.f.inv.* **1** (*alfabeto*) letra e (*sing.*) **2** (*abbr. di est*) E.
e[2] *cong.* **1** (*coordinativa, aggiuntiva*) y, e **2** (*rafforzativo*) los: *tutti ~ due,* los dos **3** (*avversativo*) y, sin embargo **4** (*correlativo*) y **5** (*enfatico*) y, y bien, pues.
ebbene *cong.* **1** (*conclusivo*) bien, pues bien **2** (*enfatico, rafforzativo*) y bien, pues bien.
ebbrezza *s.f.* **1** (anche *fig.*) embriaguez, ebriedad **2** (*fig.*) exaltación, euforia.
ebreo *agg.* e *s.m.* **1** hebreo, israelita (*m.* e *f.*), judío **2** (*pegg.*) judío.
eccellente *agg.m.* e *f.* excelente, óptimo (*m.*), magnífico (*m.*).
eccentrico A *agg.* **1** excéntrico **2** (*fig.*) excéntrico, extravagante (*m.* e *f.*), estrafalario **B** *s.m.* (*persona*) excéntrico.
eccesso *s.m.* **1** exceso, demasía (*f.*) **2** exceso, excedente, sobra (*f.*) **3** exceso, desmesura (*f.*) **4** (*giur.*) exceso.
eccetera *avv.* e *s.m.inv.* etcétera.
eccetto *prep.* excepto, a excepción de, fuera de.
eccezionale *agg.m.* e *f.* **1** excepcional **2** excepcional, extraordinario (*m.*), singular.
eccezione *s.f.* **1** excepción **2** objeción, reparo (*m.*).
eccitare A *v.tr.* **1** excitar **2** producir, provocar, causar **3** despertar, suscitar, ocasionar **B** *v.intr.pron.* **1** excitarse, exaltarse **2** (*sessualmente*) excitarse, ponerse cachondo.
eccitazione *s.f.* **1** excitación **2** excitación, agitación **3** (*sessuale*) calentura.
ecclesiastico (*rel.*) **A** *agg.* eclesiástico **B** *s.m.* eclesiástico, clérigo.
ecco *avv.* **1** he aquí/ahí, aquí/ahí está, aquí/ahí tienes **2** (*conclusivo*) por eso/esto, esta es la razón por qué **3** (*risposta*) aquí/ahí lo tienes, ya va.
eccome *avv.* pues sí/claro, por supuesto.
eclettico *agg.* **1** ecléctico **2** versátil (*m.* e *f.*).
eclissi *s.f.inv.* (*astro.*) eclipse (*m.sing.*).
eco *s.m.* e *f.* **1** (anche *lett.*) eco (*m.*) **2** (*fig.*) eco (*m.*), resonancia (*f.*).
ecografia *s.f.* (*med.*) ecografía.
ecologia *s.f.* ecología.
economia *s.f.* economía.
economico *agg.* **1** económico **2** barato, económico.
ecuadoriano *agg.* e *s.m.* ecuatoriano.
edera *s.f.* (*bot.*) hiedra, yedra.
edicola *s.f.* **1** (*arch.*) edículo (*m.*), templete (*m.*) **2** (*comm.*) quiosco (*m.*).
edificare A *v.tr.* **1** edificar, construir, levantar **2** (*fig.*) fundar, establecer **3** edificar, ejemplarizar **B** *v.intr.pron.* volverse virtuoso, aprovechar.
edificio *s.m.* **1** edificio, construcción (*f.*) **2** (*fig.*) argumentación (*f.*) **3** (*fig.*) fábrica (*f.*).

edizione *s.f.* **1** edición **2** (*edit.*) (*tiratura*) edición, tirada **3** (*cine.*) versión.
educare *v.tr.* **1** educar, formar, instruir **2** educar, afinar **3** educar, adiestrar, acostumbrar.
editore A *agg.* editor, editorial (*m.* e *f.*) **B** *s.m.* (anche *curatore di testi*) editor.
educazione *s.f.* **1** educación, instrucción, enseñanza **2** (*istr.*) (*materia*) educación **3** educación, cortesía, urbanidad.
effeminato *agg.* afeminado.
effervescente *agg.m.* e *f.* **1** efervescente **2** (*fig.*) efervescente, chispeante, brillante.
effettivo *agg.* **1** efectivo, real (*m.* e *f.*), verdadero **2** (*bur.*) efectivo, titular (*m.* e *f.*), en/de plantilla.
effetto *s.m.* **1** efecto, consecuencia (*f.*) **2** efecto, resultado **3** (*giur.*) efecto, vigor, valor **4** (*fig.*) efecto, impresión (*f.*) **5** (*econ., fis.* e *sport*) efecto.
effettuare A *v.tr.* **1** efectuar, ejecutar, realizar **2** (*bur.*) cumplir **B** *v.intr.pron.* efectuarse, llevarse a cabo, cumplirse.
efficace *agg.m.* e *f.* **1** eficaz, activo (*m.*) **2** eficaz, expresivo (*m.*).
efficienza *s.f.* **1** eficiencia **2** (*persona*) competencia **3** (*mecc.*) rendimiento (*m.*), funcionamiento (*m.*).
effimero *agg.* efímero, fugaz (*m.* e *f.*), pasajero.
egemonia *s.f.* **1** hegemonía, superioridad, supremacía **2** (*fig.*) liderato (*m.*), liderazgo (*m.*).
egli *pron.m.sing.* (*personale*) él.
ego *s.m.inv.* (*psic.*) ego, yo (*sing.*).
egocentrico *agg.* e *s.m.* egocéntrico.
egoismo *s.m.* egoísmo.
ehi *inter.* **1** (*per richiamare l'attenzione*) ¡eh!, ¡oye! **2** (*sorpresa, stupore, ammirazione*) ¡caramba!, ¡caray!, jo!
eiaculazione *s.f.* (*fisiol.*) eyaculación.
elaborare *v.tr.* **1** elaborar, idear **2** elaborar, digerir **3** (*bio.*) elaborar, producir, secretar **4** (*inform.*) procesar, tratar.
elastico A *agg.* **1** (anche *fig.*) elástico, flexible (*m.* e *f.*) **2** ágil (*m.* e *f.*), suelto **3** (*fig.*) ágil (*m.* e *f.*), vivo **B** *s.m.* elástico, goma (*f.*).
elefante *s.m.* (*zool.*) elefante.
elegante *agg.m.* e *f.* **1** elegante, fino (*m.*), refinado (*m.*) **2** (*fig.*) sutil, ingenioso (*m.*), agudo (*m.*).
eleggere *v.tr.* **1** (*lett.*) elegir, escoger, preferir **2** (anche *pol.*) elegir, designar.
elegia *s.f.* **1** (*lett.* e *mus.*) elegía **2** (*fig.*) rosario (*m.*), sarta, ristra.
elementare *agg.m.* e *f.* **1** elemental, fundamental, básico (*m.*) **2** elemental, simple, sencillo (*m.*).
elemento *s.m.* **1** (*chim.*) elemento **2** (*tecn.*) elemento, pieza (*f.*) **3** elemento, parte (*f.*) **4** elemento, medio, ambiente **5** (*persona*) elemento, persona (*f.*), componente (*m.* e *f.*).
elemosina *s.f.* (*rel.*) limosna, donativo (*m.*), caridad.
elenco *s.m.* lista (*f.*), relación (*f.*).
elettore *s.m.* (*pol.*) elector.
elettricità *s.f.inv.* **1** (*fis.*) electricidad (*sing.*) **2** electrología (*sing.*) **3** (*fam.*) electricidad (*sing.*), corriente (*sing.*), fluido (*m.sing.*) **4** (*fig.*) tensión (*sing.*), nerviosismo (*m.sing.*).
elettrodomestico *agg.* e *s.m.* electrodoméstico.
elevare A *v.tr.* **1** elevar, levantar, alzar **2** sobrealzar, elevar **3** (*fig.*) elevar, mejorar, subir **4** (*mat.*) elevar **5** (*fig.*) elevar, ascender **6** (*bur.*) poner, imponer **B** *v.intr.pron.* **1** elevarse, erguirse **2** elevarse, levantarse, alzarse **3** (*fig.*) mejorar, subir **C** *v.pron.* (*fig.*) elevarse, ascender, progresar.
elezione *s.f.* **1** (anche *rel.*) elección **2** elección, opción.
elfo *s.m.* (*mit.*) elfo.
elica *s.f.* hélice.
elicottero *s.m.* helicóptero.

eliminare *v.tr.* **1** eliminar, quitar, suprimir **2** eliminar, expeler, expulsar.
elio *s.m.* (*chim.*) helio.
elisir *s.m.inv.* (*farm.*) elíxir, elixir.
elite *s.f.inv.* (*franc.*) elite (*sing.*), élite.
ellenismo *s.m.* (anche *ling.*) helenismo.
ellisse *s.f.* (*astro.*) (anche *geom.*) elipse.
elmo *s.m.* (*armatura*) yelmo, casquete.
elogio *s.m.* elogio, alabanza (*f.*).
eloquente *agg.m.* e *f.* **1** elocuente **2** elocuente, significativo (*m.*), expresivo (*m.*).
emanare A *v.tr.* **1** exhalar, emanar, despedir **2** (*bur.*) dictar, promulgar, publicar **B** *v.intr.* emanar, proceder, provenir.
emancipazione *s.f.* emancipación, liberación.
emarginare *v.tr.* **1** (*bur.*) marginar, apostillar **2** (*fig.*) marginar, apartar.
ematoma *s.m.* (*med.*) hematoma.
embargo *s.m.* **1** (*econ.*) embargo, bloqueo **2** (*nave*) embargo, secuestro.
emblema *s.m.* **1** emblema, insignia (*f.*) **2** (*fig.*) emblema, símbolo, representación (*f.*).
embrione *s.m.* (anche *bot.*) embrión.
emendamento 1 enmienda, subsanación (*f.*) **2** (*giur.*) enmienda (*f.*), rectificación (*f.*).
emergenza *s.f.* **1** emergencia, necesidad, excepción **2** emergencia.
emergere *v.intr.* **1** emerger, salir, aflorar **2** surgir, salir, aparecer **3** (*fig.*) representarse, asomarse **4** (*fig.*) sobresalir, destacarse, descollar.
emettere *v.tr.* **1** (anche *econ.*) emitir **2** emitir, difundir **3** (*fig.*) emitir, expresar **4** (*fig.*) dictar, emitir, pronunciar.
emicrania *s.f.* (*med.*) hemicránea, jaqueca.
emigrante *agg.* e *s.m.* e *f.* emigrante.
emigrare *v.intr.* **1** emigrar **2** (*zool.*) migrar, emigrar.
emiliano *agg.* e *s.m.* habitante (*m.* e *f.*) de Emilia (Italia).
emisfero *s.m.* hemisferio.
emissione *s.f.* emisión.
emittente A *agg.m.* e *f.* emisor (*m.*) **B** *s.f.* emisora.
emorragia *s.f.* (*med.*) hemorragia.
emorroide *s.f.* (*med.*) hemorroide, almorrana.
emozionante *agg.m.* e *f.* emocionante.
emozione *s.f.* **1** emoción, conmoción, turbación **2** emoción, sensación.
emulare *v.tr.* emular, imitar.
enalotto *s.m.inv.* lotería (*f.sing.*).
enciclica *s.f.* (*rel.*) encíclica.
enciclopedia *s.f.* (anche *fig.*) enciclopedia.
energia *s.f.* **1** energía, vitalidad, empuje (*m.*) **2** (*fis.*) energía **3** (*fig.*) energía, firmeza, carácter (*m.*) **4** (*fig.*) vigor (*m.*), fuerza.
enigma *s.m.* **1** enigma, adivinanza (*f.*), acertijo **2** (*fig.*) enigma, misterio, incógnita (*f.*).
ennesimo *agg.num.* (*indefinito*) (*mat.*) (anche *fam.*) enésimo.
enorme *agg.m.* e *f.* **1** enorme, inmenso (*m.*), desmedido (*m.*) **2** (*fig.*) grande.
enoteca *s.f.* enoteca.
ente 1 (*giur.*) instituto, ente, organismo **2** oficina (*f.*).
entità *s.f.inv.* **1** (*fil.*) entidad (*sing.*) **2** (*fig.*) entidad (*sing.*), importancia (*sing.*).
entrambi A *agg.num.pl.* ambos, los dos **B** *pron.pl.* ambos, los dos.
entrare *v.intr.* **1** (anche *sport*) entrar **2** meterse, entrometerse **3** (anche *fig.*) caber, entrar **4** penetrar **5** meterse **6** (*fig.*) incorporarse, ser admitido **7** (*fig.*) emprender **8** (*fig.*) entrar, dar, acometer **9** (*fig.*) pasar, empezar a estar.
entrata *s.f.* **1** (anche *sport*) entrada **2** (*arch.*) ingreso (*m.*) **3** puerta, acceso (*m.*) **4** (*imboccatura*) emboca-

dura, boca **5** (*fig.*) ingreso (*m.*), admisión **6** (*fig.*) inicio (*m.*), principio (*m.*), comienzo (*m.*) **7** (*inform.* e *mus.*) entrada **8** (*teatr.*) entrada, salida a escena **9** (*fig.*) (*reddito*) entrada, ingreso (*m.*).
entropia *s.f.* (*fis.*) (anche *fig.*) entropía.
entusiasmo *s.m.* **1** entusiasmo, exaltación (*f.*), arrebato **2** entusiasmo, fervor, pasión (*f.*).
enunciato *s.m.* **1** (*fil.* e *mat.*) proposición (*f.*) **2** (*ling.*) enunciado.
epatite *s.f.* (*med.*) hepatitis (*inv.*).
epica *s.f.* **1** (*poes.*) épica **2** epopeya.
epicentro *s.m.* **1** (*geog.*) epicentro **2** (*fig.*) foco, centro.
epidemia *s.f.* (anche *fig.* e *fam.*) epidemia.
epigrafe *s.f.* **1** epígrafe (*m.*) **2** (*dedica*) dedicatoria.
epilessia *s.f.* (*med.*) epilepsia, morbo (*m.*).
episcopale *agg.m.* e *f.* (*rel.*) episcopal, obispal.
episodio *s.m.* **1** (anche *med.*) episodio **2** (*lett.* e *brano*) pasaje, paso **3** episodio, trance, momento **4** (*TV*) capítulo, episodio.
epoca *s.f.* **1** (anche *geol.*) época **2** época, temporada, estación.
eppure *cong.* **1** (*avversativa*) sin embargo, no obstante **2** (*rafforzativo*) y eso que.
equatore *s.m.* (*geog.*) ecuador.
equazione *s.f.* ecuación.
equidistante *agg.m.* e *f.* **1** (*mat.*) equidistante **2** (*fig.*) intermedio (*m.*).
equilibrio *s.m.* **1** (anche *fig.*) equilibrio **2** (*fig.*) equilibrio, armonía (*f.*), proporción (*f.*) **3** (*fig.*) equilibrio, aplomo, autocontrol.
equino *agg.* e *s.m.* (*zool.*) (anche *med.*) equino.
equipaggiare **A** *v.tr.* **1** equipar, proveer **2** (*mil.*) pertrechar **B** *v.pron.* equiparse, proveerse.
equipaggio *s.m.* **1** (*aer.*) tripulación (*f.*) **2** (*mar.*) tinería (*f.*), tripulación (*f.*).
equipe *s.f.inv.* (*franc.*) (anche *sport*) equipo (*m.sing.*).
equitazione *s.f.* equitación.
equivalenza *s.f.* (anche *mat.*) equivalencia.
equivoco **A** *agg.* **1** equívoco, ambiguo **2** (*fig.*) dudoso, sospechoso **B** *s.m.* equívoco, equivocación (*f.*), malentendido.
equo *agg.* **1** ecuánime (*m.* e *f.*), imparcial (*m.* e *f.*) **2** razonable (*m.* e *f.*), moderado **3** equitativo.
era *s.f.* (anche *geol.*) era.
erba *s.f.* **1** hierba **2** hierba, césped (*m.*) **3** (*gerg.*) hierba, marihuana, grifa **4** verdura, hortaliza.
eredità *s.f.inv.* **1** (*bio.* e *giur.*) herencia (*sing.*) **2** (*fig.*) herencia (*sing.*), legado (*m.sing.*).
eremita *s.m.* e *f.* (anche *fig.*) ermitaño (*m.*), eremita.
eresia *s.f.* **1** (anche *rel.*) herejía **2** (*fig.*) disparate (*m.*), despropósito (*m.*), barbaridad.
erezione *s.f.* **1** (anche *bio.*) erección **2** (*fig.*) erección, fundación, institución.
ergastolo *s.m.* **1** (*giur.*) cadena (*f.*) perpetua **2** (*carcere*) cárcel (*f.*), penitenciaría (*f.*) **3** (*fig.*) calabozo, mazmorra (*f.*).
erigere **A** *v.tr.* **1** erigir, levantar **2** (*fig.*) fundar, instituir **3** (*fig.*) erigir, constituir **B** *v.pron.* (anche *fig.*) erigirse, constituirse.
ermellino *s.m.* (*zool.*) armiño.
ermetico **A** *agg.* **1** hermético **2** (*fig.*) impenetrable (*m.* e *f.*), enigmático **3** (*lett.*) del hermetismo **B** *s.m.* (anche *lett.*) hermético.
ernia *s.f.* (anche *bot.*) hernia.
eroe *s.m.* **1** (*mit.*) héroe, semidiós **2** héroe.
erogazione *s.f.* **1** erogación **2** suministro (*m.*), distribución.

eroina *s.f.* (*chim.*) heroína.
erosione *s.f.* **1** (*geog.* e *med.*) erosión **2** (*econ.*) depreciación.
erotico *agg.* **1** erótico **2** erótico, afrodisíaco.
errare *v.intr.* **1** errar, vagar, vagabundear **B** *v.tr.* **1** (*fig.*) errar, divagar **2** errar, fallar, equivocarse.
errore *s.m.* **1** error, yerro, falta (*f.*) **2** pecado, desliz, ligereza (*f.*) **3** (*giur.* e *scient.*) error.
eruzione *s.f.* (anche *med.*) erupción.
esagerare A *v.tr.* **1** exagerar, encarecer, agigantar **2** pasarse, excederse, sobrepasarse **3** acentuar, recargar **B** *v.intr.* exagerar, excederse.
esagerazione *s.f.* **1** exageración **2** exageración, barbaridad.
esagono *s.m.* (*geom.*) hexágono,
esaltante *agg.m.* e *f.* **1** emocionante, apasionante **2** entusiasmante.
esaltare A *v.tr.* **1** exaltar, ensalzar, enaltecer **2** (*lett.*) exaltar, elevar, encumbrar **3** enardecer, exaltar, enfervorizar **4** acentuar, hacer resaltar **B** *v.pron.* ensalzarse **C** *v.intr.pron.* **1** (*lett.*) elevarse espiritualmente **2** exaltarse, enardecerse.
esame *s.m.* **1** examen **2** (*med.*) análisis (*inv.*), examen **3** reconocimiento **4** (*istr.*) examen, prueba (*f.*).
esasperazione *s.f.* **1** exasperación, irritación **2** exacerbación, agudización, agravamiento (*m.*).
esatto *agg.* **1** exacto, preciso, justo **2** exacto, fiel (*m.* e *f.*), cierto **3** exacto, diligente (*m.* e *f.*), escrupuloso **4** puntual (*m.* e *f.*).
esattore *s.m.* (anche *bur.*) recaudador, exactor.
esaudire *v.tr.* **1** atender, oír, escuchar **2** acceder, satisfacer.
esaurimento *s.m.* **1** (anche *med.*) agotamiento **2** (*idr.*) avenamiento.
esaurire A *v.tr.* **1** (anche *fig.*) agotar, consumir, terminar **2** (*fig.*) agotar, debilitar, extenuar **3** (*fig.*) agotar **4** (*min.*) desvenar, agotar **B** *v.pron.* agotarse, cansarse **C** *v.intr.pron.* **1** agotarse, terminarse **2** agotarse, secarse.
esca *s.f.* **1** cebo (*m.*), carnada **2** (*fig.*) anzuelo (*m.*), lazo (*m.*) señuelo (*m.*) **3** (*bot.*) (anche *acciarino*) yesca **4** (*fig.*) pábulo (*m.*), cebo (*m.*), fomento (*m.*).
eschimese *agg.* e *s.m.* e *f.* esquimal.
esclamare *v.intr.* exclamar.
esclamazione *s.f.* **1** (anche *ret.*) exclamación **2** (*ling.*) interjección.
escludere A *v.tr.* **1** excluir, dejar fuera **2** excluir, exceptuar **3** excluir, descartar, desechar **B** *v.pron.* (*reciproco*) excluirse.
esclusiva *s.f.* exclusiva.
escogitare *v.tr.* inventar, idear.
escremento *s.m.* **1** (*fisiol.*) excremento **2** (*feci*) excremento, estiércol, heces (*f.pl.*).
escursione *s.f.* **1** excursión, gira **2** (*mil.*) excursión **3** (*meteo.*) variación, oscilación.
esecuzione *s.f.* **1** ejecución, realización **2** (*mus.*) ejecución, interpretación **3** (*giur.*) ejecución **4** (*ling.*) realización.
eseguire *v.tr.* **1** ejecutar, realizar, llevar a cabo **2** ejecutar, acatar **3** (*mus.*) ejecutar, interpretar.
esempio *s.m.* **1** ejemplo **2** ejemplo, lección (*f.*) **3** (*animale*) ejemplar, espécimen.
esente *agg.m.* e *f.* **1** exento (*m.*), exonerado (*m.*) **2** exento (*m.*), libre.
esercitare A *v.tr.* **1** ejercitar, entrenar, adiestrar **2** ejercer, hacer valer, usar **3** (*professione, attività*) ejercer, practicar **B** *v.pron.* **1** ejercitarse, entrenarse **2** hacer ejercicio/gimnasia **3** hacer práctica.
esercitazione *s.f.* **1** (*mil.*) práctica, ejercicio (*m.*) **2** (*ginnastica*) entrenamiento (*m.*), ejercicio (*m.*) **3** (*istr.*) clase.

esercito *s.m.* **1** (*mil.*) ejército **2** (*fig.*) ejército, multitud (*f.*), muchedumbre (*f.*).
esercizio *s.m.* **1** (anche *comm.* e *istr.*) ejercicio **2** ejercicio, práctica (*f.*) **3** (*comm.*) establecimiento, tienda (*f.*).
esibire **A** *v.tr.* **1** exhibir, mostrar **2** exhibir, lucir, ostentar **3** (*giur.*) exhibir **B** *v.pron.* **1** exhibirse, lucirse **2** exhibirse, presentarse.
esibizionista *agg.* e *s.m.* e *f.* (anche *psic.*) exhibicionista.
esigenza *s.f.* **1** exigencia, necesidad **2** exigencia, pretensión.
esigere *v.tr.* **1** exigir, pretender, pedir **2** exigir, requerir **3** exigir, cobrar.
esilio *s.m.* **1** exilio, destierro **2** (*rel.*) destierro **2** (*fig.*) retiro, aislamiento, alejamiento.
esistere *v.tr.* **1** existir **2** (*lett.*) vivir **3** existir, contar.
esitare *v.tr.* vacilar, titubear, dudar.
esofago *s.m.* (*anat.*) esófago.
esorcismo *s.m.* (*rel.*) exorcismo.
esordire *v.intr.* **1** empezar, iniciar, principiar **2** debutar.
esortare *v.tr.* exhortar, inducir.
esoterico *agg.* (anche *fig.*) esotérico.
esotico *agg.* **1** exótico **2** exótico, extravagante (*m.* e *f.*), extraño.
espansione *s.f.* **1** (*fis.* e *mecc.*) expansión **2** expansión, extención **3** (*med.*) dilatación **4** (*econ.*) expansión, desarrollo (*m.*) **5** (*fig.*) efusión, expansión.
espatrio *s.m.* expatriación (*f.*).
espellere *v.tr.* **1** expulsar, echar, botar **2** (*med.*) expeler.
esperienza *s.f.* **1** experiencia, práctica, conocimiento (*m.*) **2** (anche *fil.*) experiencia **3** (*vita sentimentale*) relación, amorío (*m.*) **4** (*scient.*) experimento (*m.*), experiencia.
esperimento *s.m.* (*scient.*) experimento, prueba (*f.*), ensayo.
esplicito *agg.* explícito, manifiesto, claro.
esplorare *v.tr.* **1** explorar, reconocer **2** explorar, examinar, observar **3** (*fig.*) explorar, tantear, sondear.
esplosione *s.f.* **1** explosión **2** estampido (*m.*) **3** (*fig.*) estallido (*m.*), ataque (*m.*).
esponente *s.m.* e *f.* exponente, representante.
esporre **A** *v.tr.* **1** exponer, exhibir **2** (*fot.*) exponer **3** exponer, abandonar, dejar **4** (*fig.*) exponer, arriesgar, jugar **5** exponer, contar **B** *v.pron.* **1** exponerse **2** (*fig.*) exponerse, comprometerse **3** (*fig.*) endeudarse, contraer deudas.
esportazione *s.f.* (*comm.*) exportación.
esposimetro *s.m.* (*fot.*) exposímetro.
esposizione *s.f.* **1** (anche *fot.* e *mus.*) exposición **2** (*mostra*) exposición, exhibición **3** (*comm.*) (*fiera*) feria **4** exposición, orientación **5** exposición, narración, relato (*m.*).
espressione *s.f.* **1** expresión, manifestación **2** (anche *ling.* e *mat.*) expresión **3** expresión, aire (*m.*), gesto (*m.*) **4** expresión, expresividad, viveza.
espressivo *agg.* **1** expresivo, elocuente (*m.* e *f.*) **2** (*ling.*) expresivo.
espresso[1] *agg.* expreso, claro, especificado.
espresso[2] **A** *agg.* **1** (*ferr.*) expreso, rápido **2** (*francobollo*) extraordinario **B** *s.m.* **1** (*ferr.*) expreso, exprés (*inv.*) **2** (*cuc.*) exprés (*inv.*), café expreso **3** (*lettera*) expreso.
espresso[3] *agg.inv.* (*posta*) urgente (*m.* e *f.sing.*).
esprimere **A** *v.tr.* **1** expresar, manifestar **2** significar **3** expresar, reflejar, exteriorizar **B** *v.intr.pron.* expresarse, hablar.
esproprio *s.m.* (anche *giur.*) expropiación (*f.*), requisa (*f.*).
espulsione *s.f.* expulsión.
essa *pron.f.sing.* (*personale*) ella.
essenza *s.f.* **1** (*chim.* e *fil.*) esencia **2**

esencia, substancia, meollo (*m.*) **3** (*albero, legno*) madera.

essenziale *agg.m.* e *f.* **1** (anche *med.*) esencial **2** esencial, imprescindible **3** sobrio (*m.*), escueto (*m.*), lacónico (*m.*).

essere A *v.intr.* **1** (*esistere*) ser **2** (*accadere, succedere*) ser, pasar **3** ser, formar parte **4** (*parteggiare*) estar **5** llegar, estar **6** (*stato in luogo*) estar, encontrarse **7** (*ora, giorno*) ser **8** (*stagione, mese*) estar **9** (*spazio*) haber, ser **10** (*copulativo, condizione permanente*) ser **11** (*copulativo, condizione provvisoria*) estar **12** (*fam.*) (*prezzo*) ser **B** *v.aus.* **1** (*forma passiva*) ser **2** (*verbi intransitivi*) haber **3** (*verbi pronominali*) haber **C** *v.impers.* **1** ser **2** (*tempo*) hacer **D** *s.m.* **1** (*fil.*) ser, existencia (*f.*) **2** ser, criatura (*f.*) **3** (*fam.*) ser, individuo, persona (*m.* e *f.*).

essi *pron.m.pl.* (*personale*) ellos.

essiccazione *s.f.* **1** (*tecn.*) secado (*m.*) **2** desecación, avenamiento (*m.*).

esso *pron.sing.* (*personale*) éste.

est *s.m.* (*geog.*) este, oriente, levante.

estasi *s.f.inv.* (anche *fig.* e *rel.*) éxtasis (*m.*), arrobamiento (*m.sing.*).

estate *s.f.* verano (*m.*).

estendere A *v.tr.* **1** extender, ampliar **2** extender **B** *v.intr.pron.* **1** extenderse, ampliarse **2** extenderse, propagarse **3** extenderse, ocupar.

estensione *s.f.* **1** extensión, expansión **2** (*fig.*) extensión, ampliación **3** (*fisiol.*) (anche *ginnastica*) extensión, alargamiento (*m.*), estiramiento (*m.*) **4** extensión, superficie (*f.*), dimensión.

estenuare A *v.tr.* **1** extenuar, agotar, debilitar **2** (*fig.*) empobrecer **B** *v.intr.pron.* extenuarse, cansarse.

esternare A *v.tr.* exteriorizar, manifestar, expresar **B** *v.intr.pron.* exteriorizarse **C** *v.pron.* franquearse, abrirse, explayarse.

esterno A *agg.* **1** externo, exterior (*m.* e *f.*) **2** (*sport*) en campo ajeno **3** superficial (*m.* e *f.*), somero **B** *s.m.* **1** (*arch.*) exterior, fachada (*f.*) **2** (*istr.*) externo **3** (*cine.* e *sport*) exterior.

estero A *agg.* **1** extranjero, forastero **2** exterior **B** *s.m.* extranjero.

estetica *s.f.* **1** (*fil.*) estética **2** estética, belleza, aspecto (*m.*).

estetista *s.m.* e *f.* esteticista.

estinzione *s.f.* **1** (anche *fis.* e *giur.*) extinción **2** extinción, desaparición.

estone A *agg.* e *s.m.* e *f.* estonio (*m.*) **B** *s.m.* (*lingua*) estonio.

estorsione *s.f.* **1** (*giur.*) extorsión **2** (*pretesa violenta*) chantaje (*m.*).

estradizione *s.f.* (*giur.*) extradición.

estraneo A *agg.* **1** extraño **2** ajeno, extraño **3** (*fig.*) ajeno, impropio **B** *s.m.* extraño.

estrarre *v.tr.* **1** (anche *med.*) extraer, sacar, quitar **2** (*min.*) (anche *chim.*) extraer **3** (*fig.*) sacar, extraer.

estrazione *s.f.* **1** extracción **2** extracción, sorteo (*m.*) **3** (*fig.*) extracción, origen (*m.*), linaje (*m.*).

estremi *s.m.pl.* (*bur.*) datos, señas (*f.*).

estremismo *s.m.* (*pol.*) extremismo.

estremo A *agg.* **1** extremo, último, postrero **2** (*fig.*) extremo, radical (*m.* e *f.*) **3** extremo, sumo **4** (*fig.*) extremo, grave (*m.* e *f.*) **B** *s.m.* **1** extremo, extremidad (*f.*), cabo **2** (*fig.*) límite, extremo **3** (*fil.* e *mat.*) extremo **4** (*fig.*) tope, colmo.

estroverso *agg.* e *s.m.* (*psic.*) extrovertido (*agg*).

estuario *s.m.* (*geog.*) estuario.

esubero *s.m.* (*bur.*) sobreabundancia (*f.*), excedencia (*f.*).

esule *s.m.* e *f.* exiliado (*m.*), desterrado (*m.*).

esultare *v.intr.* exultar, regocijarse, exaltarse.

età *s.f.inv.* **1** (anche *geol.*) edad (*sing.*) **2** edad (*sing.*), años (*m.pl.*) **3** generación (*sing.*).

eternità *s.f.inv.* eternidad (*sing.*).
eterno A *agg.* **1** eterno, perpetuo **2** eterno, inmortal (*m.* e *f.*), imperecedero **3** eterno, consabido **4** eterno, interminable (*m.* e *f.*) **B** *s.m.* eternidad (*f.*).
eterogeneo *agg.* heterogéneo.
eterosessuale *agg.* e *s.m.* e *f.* heterosexual.
etica *s.f.* (anche *fil.*) ética.
etichetta *s.f.* **1** etiqueta, marbete (*m.*), rótulo (*m.*) **2** (*libro*) tejuelo (*m.*) **3** (*fig.*) etiqueta, clasificación **4** (*fig.*) etiqueta, sambenito (*m.*).
etico *agg.* **1** (*fil.*) (anche *ling.*) ético **2** ético, deontológico, moral (*m.* e *f.*).
etilico *agg.* (*chim.*) etílico.
etimologia *s.f.* (*ling.*) etimología.
etnia *s.f.* etnia.
etologia *s.f.* etología.
ettaro *s.m.* hectárea (*f.*).
etto *s.m.* (*fam.*) hectogramo.
eucalipto *s.m.* (*bot.*) eucalipto.
eucaristia *s.f.* (*rel.*) eucaristía.
eufemismo *s.m.* (*ret.*) eufemismo.
euforia *s.f.* (anche *psic.*) euforia.
euro *s.m.inv.* (*moneta*) euro (*sing.*).
europeo *agg.* e *s.m.* europeo.
eutanasia *s.f.* (*med.*) eutanasia.
evacuazione *s.f.* evacuación.
evadere A *v.intr.* (anche *fig.*) evadirse, huir, escapar **B** *v.tr.* **1** despachar, tramitar **2** defraudar.
evangelista *s.m.* (*rel.*) evangelista.
evaporazione *s.f.* (*fis.*) evaporación.
evasione *s.f.* **1** evasión, huida, fuga **2** (*fig.*) evasión **3** (*bur.*) despacho (*m.*).
evasivo *agg.* evasivo, elusivo.
evasore *s.m.* evasor.
evento *s.m.* **1** acontecimiento, evento **2** acontecimiento, suceso, lance.
eventuale *agg.m.* e *f.* eventual, posible.
evidenza *s.f.* **1** (anche *fil.*) evidencia **2** evidencia, certeza **3** claridad.
evidenziare *v.tr.* evidenciar, poner en evidencia.
evitare A *v.tr.* **1** evitar, esquivar **2** evitar, rehuir **3** evitar, ahorrar **B** *v.pron.* (*reciproco*) evitarse.
evoluzione *s.f.* **1** evolución, desarrollo (*m.*), progreso (*m.*) **2** (*bio.*) evolución.
evviva A *inter.* **1** ¡viva!, ¡hurra!, ¡arriba! **2** (*brindisi*) ¡salud! **3** (*starnuto*) jesús! **B** *s.m.inv.* viva (*sing.*), vítor (*sing.*).
ex *s.m.* e *f.inv.* (*lat.*) ex.
ex aequo *loc.lat.* ex aequo.
exploit *s.m.inv.* (*franc.*) proeza (*f.sing.*).
expo *s.f.inv.* (*franc.*) feria (*sing.*), exposición (*sing.*).
extra A *agg.inv.* (anche *superlativo*) extra (*sing.*) **B** *s.m.inv.* **1** extra (*sing.*), extraordinario (*sing.*) **2** (*lavoratore*) extra (*sing.*), supernumerario (*sing.*).
extracomunitario *agg.* e *s.m.* extracomunitario.
extraconiugale *agg.m.* e *f.* extraconyugal, extramarital.
extrasensoriale *agg.m.* e *f.* (*psic.*) extrasensorial.
extraterrestre *agg.* e *s.m.* e *f.* extraterrestre.
extravergine *agg.inv.* (*comm.*) virgen extra.

F

f *s.f.inv.* letra f.
fa **A** *avv.* (*tempo*) hace: tiempo/tiempo atrás **B** *s.m.inv.* (*mus.*) fa.
fabbrica *s.f.* fábrica, planta, factoría.
fabbricare *v.tr.* **1** construir, fabricar, edificar **2** producir, confeccionar **3** (*fig.*) urdir, tramar, maquinar **4** (*fig.*) inventar, forjar.
fabbro *s.m.* herrero, metalero, cerrajero.
faccenda *s.f.* **1** asunto (*m.*), diligencia, tarea **2** asunto (*m.*), negocio (*m.*) **3** (*situazione*) asunto (*m.*), caso (*m.*), situación.
facchino *s.m.* **1** mozo de cuerda/cordel, porteador **2** (*fig.*) burro de carga.
faccia *s.f.* **1** cara, rostro (*m.*) **2** (*fig.*) semblante (*m.*), expresión **3** (*fig.*) cara, aspecto (*m.*) **4** (anche *geom.*) cara, faz.
facciata *s.f.* **1** (*arch.*) fachada, portada **2** plana, cara, carilla **3** (*fig.*) apariencia.
facile *agg.m.* e *f.* **1** fácil, sencillo (*m.*), simple **2** fácil, comprensible **3** cómodo (*m.*), holgado (*m.*) **4** dócil, manejable **5** (*fig.*) liviano (*m.*), ligero (*m.*) de cascos **6** probable, factible.
facilitare *v.tr.* **1** facilitar, simplificar **2** (*econ.*) facilitar, conceder créditos.
facoltà *s.f.inv.* **1** facultad (*sing.*), capacidad (*sing.*) **2** propiedad (*sing.*), poder (*m.sing.*) **3** autorización (*sing.*), permiso (*m.sing.*) **4** (*giur.*) facultad (*sing.*), competencia (*sing.*) **5** (*istr.*) facultad **6** (*al pl.*) medios (*m.*), recursos (*m.*).
facoltativo *agg.* facultativo, optativo.
facoltoso *agg.* rico, acaudalado.
facsimile *s.m.inv.* **1** facsímil (*sing.*), reproducción fiel **2** (*fig.*) copia (*f.sing.*), imitación (*f.*) **3** (*telecom.*) fax.
faggio *s.m.* (*bot.*) haya (*f.*).
fagiano *s.m.* (*zool.*) faisán.
fagiolo *s.m.* (*bot.*) alubia (*f.*), judía (*f.*), habichuela (*f.*), fréjol, fríjol.
falange[1] *s.f.* **1** (*ant.* e *mil.*) falange **2** (*pol.*) Falange española **3** (*fig.*) multitud.
falange[2] *s.f.* (*anat.*) falange.
falce *s.f.* (*agr.*) hoz, guadaña, segur (*m.*).
falco *s.m.* **1** (*zool.*) halcón **2** (*fig.*) (*persona*) rapaz (*m.* e *f.*) **3** (*pol.*) halcón (*m.* e *f.*).
falda *s.f.* **1** capa **2** (*pietra, metallo*) estrato (*m.*), lámina **3** (*cappello*) ala, falda **4** (*geog.*) falda, ladera.
falegname *s.m.* carpintero.
falla *s.f.* **1** (*nave*) vía de agua, agua **2** (*argine, serbatoio*) grieta, hendedura, quebradura **3** (*fig.*) desaguadero (*m.*) **4** (*mil.*) brecha **5** (*difetto, crepa*) falla, tara.
fallimento *s.m.* **1** fracaso, desastre **2** (*giur.*) quiebra (*f.*), bancarrota (*f.*).

fallire A *v.intr.* **1** fracasar, no tener éxito **2** (*giur.*) quebrar **B** *v.tr.* (*sbagliare*) fallar, errar.
fallo[1] *s.m.* **1** error, equivocación (*f.*), falta (*f.*) **2** error, pecado **3** falla (*f.*), defecto, imperfección (*f.*) **4** (*tessuto*) falla (*f.*), mota (*f.*), tara (*f.*) **5** (*sport*) falta (*f.*).
fallo[2] *s.m.* (*anat.*) falo, pene.
falò *s.m.inv.* **1** fogata (*f.sing.*), hoguera (*f.sing.*) **2** (*fig.*) destrucción (*f.sing.*), ruina (*f.sing.*).
falsificare *v.tr.* **1** falsificar, contrahacer, adulterar **2** falsear.
falso A *agg.* **1** falso, engañoso **2** falso, falsificado, contrahecho **3** fingido, simulado **4** postizo **B** *s.m.* **1** falso **2** falso, copia (*f.*), imitación (*f.*) **3** (*giur.*) falsedad (*f.*).
fama *s.f.* **1** fama, noticia **2** fama, reputación **3** renombre (*m.*), notoriedad.
fame *s.f.* **1** hambre **2** hambre, carestía, (*amer.*) hambruna **3** (*fig.*) sed, apetito (*m.*), deseo (*m.*) ardiente.
famiglia *s.f.* **1** familia **2** familia, linaje (*m.*), parentela **3** familia, comunidad **4** (*bot.* e *zool.*) familia, estirpe.
famoso *agg.* **1** famoso, célebre (*m.* e *f.*), afamado **2** (*iron.*) famoso, mentado.
fan *s.m.* e *f.inv.* (*angl.*) **1** fan (*sing.*), fanático (*m.sing.*) **2** aficionado (*m.sing.*), forofo (*m.sing.*), (*amer.*) hincha (*sing.*).
fanale *s.m.* fanal, faro, farol.
fanatico *agg.* e *s.m.* **1** fanático, sectario **2** fanático, aficionado, hincha (*m.* e *f.*) **3** (*pop.*) (*intemperante*) fanático, exaltado.
fango *s.m.* **1** (anche *fig.*) fango, barro, lodo **2** (*geol.*) fango, sedimento elástico.
fantascienza *s.f.* ciencia ficción.
fantasia A *agg.inv.* de fantasía **B** *s.f.* **1** fantasía, imaginación **2** fantasmagoría, ilusión **3** antojo (*m.*), capricho (*m.*), deseo (*m.*) **4** (*moda* e *mus.*) fantasía.
fantasma A *agg.inv.* fantasma **B** *s.m.* fantasma, espectro, aparición (*f.*).
fantastico A *agg.* **1** fantástico, quimérico, irreal (*m.* e *f.*) **2** (*fam.*) fantástico, de puta madre, estupendo **B** *inter.* ¡estupendo!, ¡magnífico!, ¡genial! **C** *s.m.* lo fantástico, lo maravilloso.
faraone *s.m.* (*sto.*) faraón.
fare A *v.tr.* **1** hacer, crear, producir **2** engendrar, generar, procrear **3** producir, dar **4** elaborar, realizar **5** construir, fabricar **6** cocinar, preparar **7** (*mat.*) hacer, ser, dar **8** ser, ejercer una profesión **9** (*fam.* e *volg.*) cepillarse, tirarse **10** comportarse como, portarse **B** *v.intr.* **1** ser (apto/idóneo) **2** sentar **C** *v.pron.* **1** hacerse, volverse, transformarse **2** (*gerg.*) (*droga*) drogarse, chutarse, pincharse **D** *v.intr.pron.* **1** hacerse, volverse, convertirse **2** ponerse **E** *v.impers.* hacer: *fa freddo,* hace frío.
farfalla *s.f.* **1** (*zool.*) mariposa **2** (*fig.*) (*donna*) coquetona.
farfallone *s.m.* (*fig.*) mariposón, donjuán.
farfugliare *v.tr.* farfullar, barbullar.
farina *s.f.* harina.
faringite *s.f.* (*med.*) faringitis (*inv.*).
farmacia *s.f.* **1** (*scient.*) farmacia **2** (*negozio*) farmacia.
faro *s.m.* **1** faro, linterna (*f.*) **2** faro, luz (*f.*) **3** foco **4** (*fig.*) faro, guía (*f.*), norte.
fascia *s.f.* **1** faja, banda, cincho (*m.*) **2** venda, vendaje (*m.*) **3** (*edit.*) fajilla **4** (*geog.* e *mil.*) faja, franja, territorio (*m.*) **5** clase, grupo social **6** (*sport*) banda.
fasciare A *v.tr.* **1** fajar, envolver, rodear con faja **2** vendar **3** ceñir, apretar **4** forrar, cubrir **B** *v.pron.* **1** fajarse, envolverse **2** ceñirse, apretarse.
fascicolo *s.m.* **1** (*lett.*) fascículo, entrega (*f.*) **2** (*bur.*) expediente, legajo, actuaciones (*f.pl.*).

fascino *s.m.* atractivo, fascinación (*f.*), encanto.
fascio *s.m.* **1** (*agr.*) haz, atado, manojo **2** (*fig.*) montón.
fascismo *s.m.* (*pol.*) fascismo.
fase *s.f.* **1** fase **2** fase, estadio (*m.*), etapa.
fastidio *s.m.* **1** fastidio, molestia (*f.*), incordio **2** tedio, hastío, aburrimiento **3** (*gerg.*) lata (*f.*), rollo **4** malestar.
fata *s.f.* **1** hada **2** (*fig.*) mujer hermosa.
fatale *agg.m.* e *f.* **1** fatal, inevitable **2** fatal, mortal, funesto (*m.*) **3** (*fig.*) fatal, irresistible **4** (*fig.*) decisivo (*m.*).
fatica *s.f.* **1** fatiga, cansancio (*m.*), agotamiento (*m.*) **2** (*lavoro*) trabajo (*m.*) **3** (*fig.*) sofoco (*m.*), dificultad, ahogo (*m.*) **4** (*tecn.*) fatiga, desgaste (*m.*).
fatidico *agg.* fatídico, aciago, fatal (*m.* e *f.*).
fato *s.m.* **1** (*volere divino*) hado, designio divino **2** hado, destino, sino.
fattispecie *s.f.inv.* **1** (*giur.*) hecho (*m.sing.*) jurídico **2** caso (*m.sing.*), circunstancia (*sing.*).
fattore *s.m.* **1** factor, causa (*f.*), circunstancia (*f.*) **2** (*econ.* e *mat.*) factor **3** (*tecn.*) coeficiente.
fattoria *s.f.* (*agr.*) granja, hacienda, finca agrícola, (*amer.*) estancia.
fattorino *s.m.* **1** mandadero, recadero, botones (*inv.*) **2** cobrador, revisor.
fattura *s.f.* **1** hechura, factura, confección **2** (*comm.*) factura, cuenta **3** (*pop.*) (*stregoneria*) hechicería, maleficio (*m.*), mal de ojo.
fauna *s.f.* **1** fauna **2** (*iron.*) fauna, grupo de gente.
fava *s.f.* **1** (*bot.*) haba **2** (*volg.*) haba, pija.
favola *s.f.* **1** (*poes.*) fábula **2** (*lett.*) cuento (*m.*) **3** (*leggenda*) leyenda, mito (*m.*) **4** (*fig.*) fábula, comidilla, chisme (*m.*) **5** bola, patraña.
favore *s.m.* **1** simpatía (*f.*), benevolencia (*f.*), preferencia (*f.*) **2** favor, ayuda (*f.*), cortesía (*f.*) **3** (*fig.*) favor, complicidad (*f.*), ayuda (*f.*).
favorire A *v.tr.* **1** favorecer, ayudar **2** facilitar, sostener, promover **B** *v.intr.* servirse, hacer el favor.
fax *s.m.inv.* (*telecom.*) fax.
fazione *s.f.* facción, partido (*m.*), secta.
fazzoletto *s.m.* pañuelo.
febbraio *s.m.* febrero.
febbre *s.f.* **1** (*med.*) fiebre, temperatura, calentura **2** (*fig.*) fiebre, excitación, ardor (*m.*) **3** (*fam.* e *med.*) (*herpes*) boquera, bocera.
fecondazione *s.f.* **1** (*bot.*) fecundación **2** (*anat.* e *zool.*) fecundación, inseminación.
fede *s.f.* **1** fe, confianza **2** (*rel.*) fe, credo (*m.*) **3** (*rel.*) (*cristianesimo*) fe **4** fidelidad, lealtad **5** (*anello*) alianza.
fedele A *agg.m.* e *f.* **1** fiel, constante, leal **2** fiel, exacto (*m.*), conforme **B** *s.m.* e *f.* **1** (*rel.*) fiel, creyente **2** fiel, partidario (*m.*), secuaz.
fedeltà *s.f.inv.* **1** fidelidad (*sing.*), lealtad (*sing.*) **2** fidelidad (*sing.*), exactitud (*sing.*), puntualidad (*sing.*).
federa *s.f.* funda.
federazione *s.f.* **1** (*pol.*) federación, confederación **2** federación, agrupación.
fegato *s.m.* **1** (*anat.* e *cuc.*) hígado **2** (*fig.*) hígados (*pl.*), valor, valentía (*f.*).
felce *s.f.* (*bot.*) helecho (*m.*).
felice *agg.m.* e *f.* **1** feliz, contento (*m.*), dichoso (*m.*) **2** (*fig.*) favorable, propicio (*m.*), fausto (*m.*) **3** acertado (*m.*), genial, oportuno (*m.*).
felicità *s.f.inv.* **1** felicidad (*sing.*), contento (*m.sing.*), satisfacción (*sing.*) **2** alegría (*sing.*), dicha (*sing.*) **3** maestría (*sing.*), habilidad (*sing.*).
felino *agg.* e *s.m.* (anche *fig.*) felino.
felpa *s.f.* **1** (*tess.*) felpa, peluche (*m.*) **2** (*abb.*) sudadera.
femmina A *agg.* (*mecc.* e *zool.*) hembra **B** *s.f.* **1** (*zool.* e *mecc.*) hembra **2** (*figlia*) niña.

femminismo *s.m.* feminismo.
femore *s.m.* (*anat.*) fémur.
fenomeno **A** *agg.inv.* fenómeno (*sing.*), fenomenal (*m.* e *f.sing.*) **B** *s.m.* **1** fenómeno **2** fenómeno, hecho **3** (*fam.*) fenómeno, persona sobresaliente **4** (*persona mostruosa*) fenómeno, monstruo, engendro.
ferie *s.f.pl.* vacaciones.
ferire *v.tr.* **1** (anche *fig.*) herir, lastimar **2** (*fig.*) herir, ofender, agraviar.
ferita *s.f.* **1** herida, lastimadura **2** (*fig.*) herida, ofensa, agravio (*m.*).
fermaglio *s.m.* **1** broche, pasador **2** (*gioiello*) hebilla (*f.*).
fermare **A** *v.tr.* **1** parar, detener **2** interrumpir, suspender **3** sujetar, prender **4** fijar **5** (*fig.*) reservar, apalabrar, hacer una reserva **6** detener, arrestar **7** (*caccia*) parar **B** *v.intr.* parar, detener **C** *v.intr.pron.* **1** pararse, detenerse **2** quedarse, permanecer.
fermata *s.f.* **1** parada, pausa **2** parada, punto (*m.*), (*amer.*) paradero (*m.*).
fermento *s.m.* **1** (*enzima*) fermento, enzima (*f.*) **2** (*lievito*) levadura (*f.*) **3** (*fig.*) fermento, agitación (*f.*), alteración (*f.*).
feroce *agg.m.* e *f.* **1** feroz, cruel, deshumano (*m.*) **2** (*animale*) feroz **3** (*fig.*) terrible, tremendo (*m.*) **4** (*fig.*) (*persona*) altanero (*m.*).
ferro *s.m.* **1** (*min.*) hierro **2** (*attrezzo*) hierro, herramienta (*f.*) **3** (*strumento*) instrumental, instrumento.
ferrovia *s.f.* **1** ferrocarril (*m.*), ferrovía **2** estación de trenes.
fertilità *s.f.inv.* fertilidad (*sing.*).
fervore *s.m.* **1** fervor, ardor **2** fervor, entusiasmo **3** momento culminante.
fesso *agg.* e *s.m.* tonto, estúpido, bobo.
fessura *s.f.* **1** hendidura, grieta **2** rendija **3** (*apparecchio, salvadanaio*) ranura.
festa *s.f.* fiesta.
feticcio *s.m.* **1** (*ant.* e *rel.*) fetiche **2** (*fig.*) ídolo.
feto *s.m.* (*fisiol.*) feto.
fetta *s.f.* **1** tajada, rebanada, lonja **2** raja **3** (*fig.*) faja, franja **4** (*agr.*) gleba, terrón (*m.*) **5** (*fig.*) parte, porción **6** (*gerg.*) (*iron.*) (*piede*) pata, queso (*m.*).
fiaba *s.f.* **1** (*lett.*) cuento (*m.*) **2** (*fig.*) (*bugia*) patraña, bola.
fiaccola *s.f.* **1** antorcha, hacha **2** (*fig.*) antorcha, norte (*m.*).
fiala *s.f.* ampolla, vial (*m.*).
fiamma *s.f.* **1** llama **2** (*fig.*) rojo (*m.*) vivo **3** (*fig.*) llama, pasión **4** (*tecn.*) soplete (*m.*) **5** (*fig.*) ligue (*m.*), flirt (*m.* e *f.inv.*).
fiammifero *s.m.* fósforo.
fianco *s.m.* **1** costado, hijada (*f.*) **2** flanco, costado, lado **3** (*fort.*) flanco.
fiasco *s.m.* **1** garrafa (*f.*), botella (*f.*) **2** (*fig.*) fiasco, chasco, fracaso.
fiato *s.m.* aliento, hálito, respiración (*f.*).
fibra *s.f.* **1** fibra **2** (*fig.*) constitución, complexión **3** (*fig.*) energía, carácter (*m.*), fibra.
fica *s.f.* (*volg.*) **1** coño (*m.*), (*amer.*) concha **2** (*fig.*) (*ragazza*) tía buena.
ficcare **A** *v.tr.* **1** hincar, clavar, fijar **2** (*fig.*) fijar, clavar **B** *v.pron.* meterse.
fico[1] *agg.* e *s.m.* (*gerg.*) **1** guay (*inv.*) **2** (*ragazzo*) guaperas (*inv.*), tío bueno.
fico[2] *s.m.* **1** (*bot.*) (*albero*) higuera (*f.*) **2** (*bot.*) (*frutto*) higo.
fidanzato *s.m.* novio, prometido.
fidare **A** *v.tr.* **1** (*affidare*) confiar **1** fiar, dar a crédito **B** *v.intr.* (*in*) tener fe, confiar **C** *v.intr.pron.* **1** fiarse, confiar **2** (*fam.*) atreverse, arriesgarse.
fiducia *s.f.* **1** confianza **2** (*comm.*) solvencia, crédito (*m.*).
fiero *agg.* **1** (*lett.*) terrible (*m.* e *f.*), horroroso **2** orgulloso, satisfecho, campante (*m.* e *f.*) **3** altanero, soberbio **4** intrépido, valiente (*m.* e *f.*).
fifa *s.f.* (*fam.*) mieditis (*inv.*).
figata *s.f.* (*volg.*) chulada, monada.
figlio *s.m.* **1** hijo, descendiente (*m.* e *f.*) **2** (*ragazzo, giovane*) muchacho,

chico **3** (*fig.*) fruto, producto, consecuencia (*f.*).
figura *s.f.* **1** figura **2** figura, tipo (*m.*) **3** persona, figura **4** dibujo (*m.*), figura, ilustración **5** (*fig.*) símbolo (*m.*), imagen **6** (*fig.*) pinta, apariencia.
figuraccia *s.f.* (*fig.*) plancha, papelón (*m.*).
figurare A *v.tr.* **1** figurar, describir **2** representar **3** (*fig.*) figurarse, imaginarse **4** fingir, simular, **B** *v.intr.* **1** figurar, aparecer **2** figurar, aparentar, hacer figura **C** *v.intr.pron.* (*lett.*) configurarse.
figurona *s.f.* buena impresión.
fila *s.f.* **1** fila, hilera, cola **2** (*fig.*) sarta, serie, sucesión.
filantropia *s.f.* filantropía.
filare A *v.tr.* **1** (*tess.*) hilar **2** derretir, fundir, licuar **B** *v.intr.* **1** hilar **2** tejer **3** derretirse **4** (*fam.*) correr, salir disparado, largarse **5** (*fig.*) desarrollarse, fluir, correr **6** (*fig.* e *fam.*) ligar, flirtear, salir con.
filarmonica *s.f.* (*mus.*) filarmónica.
filastrocca *s.f.* **1** rima infantil, cantilena **2** (*fig.*) canción, letanía, rollo (*m.*).
file *s.m.inv.* (*angl.*) (*inform.*) fichero (*sing.*), carpeta (*f.sing.*).
filippino *agg.* e *s.m.* filipino.
film *s.m.inv.* (*angl.*) **1** (*cine.*) film, filme (*sing.*), película (*f.sing.*) **2** (*cine.* e *fot.*) película (*f.sing.*), rollo (*sing.*) **3** película (*f.sing.*), capa (*f.sing.*).
filo *s.m.* **1** (anche *fig.*) hilo **2** (*tess.*) (*per cucire*) bramante **3** (*elett.*) cable, hilo **4** (*burattini*) cuerda de los títeres **5** (*fig.*) (*aria*) pelo **6** (*lame*) filo, corte.
filologia *s.f.* **1** filología **2** crítica textual.
filosofia *s.f.* **1** filosofía **2** (*università*) filosofía, facultad de filosofía **3** (*fig.*) filosofía, entereza, serenidad.
filtro *s.m.* filtro.
finanza *s.f.* (*econ.*) finanzas (*pl.*), actividad financiera.
finanziamento *s.m.* (*econ.*) financiación (*f.*).
finanziare *v.tr.* (*econ.*) financiar.
finché *cong.* hasta que.
fine[1] *agg.m.* e *f.* **1** fino (*m.*), delgado (*m.*), sutil **2** (*fig.*) fino (*m.*), agudo (*m.*) **3** (*fig.*) fino (*m.*), delicado (*m.*), exquisito (*m.*) **4** (*fig.*) elegante, distinguido (*m.*), refinado (*m.*).
fine[2] *s.f.* **1** fin (*m.*), final (*m.*), término (*m.*) **2** muerte **3** destrucción, ruina.
fine[3] *s.m.* **1** finalidad (*f.*), fin, objetivo **2** final, resultado, conclusión (*f.*) **3** (*lett.*) fin, freno, límite.
finestra *s.f.* **1** ventana **2** (*fig.*) abertura, orificio (*m.*), ventanilla.
fingere A *v.tr.* **1** imaginarse, figurarse **2** fingir, simular, aparentar **B** *v.pron.* fingirse, hacerse pasar por.
finire A *v.tr.* **1** terminar, acabar, finalizar **2** consumir, gastar, acabar **3** rematar **4** cortar, poner término, acabar **B** *v.intr.* **1** terminar, acabar **2** parar, cesar **3** desembocar **4** (*fig.*) ir a parar, acabar **C** *s.m.* (*solo sing.*) fin, final, término.
fino[1] *agg.* fino, puro, refinado.
fino[2] **A** *avv.* hasta, incluso, aun **B** *prep.* hasta.
finocchio[1] *s.m.* (*bot.*) hinojo.
finocchio[2] *s.m.* (*pop.*) maricón, marica.
finora *avv.* hasta ahora, hasta este momento, hasta la fecha.
finta *s.f.* **1** simulación, fingimiento (*m.*) **2** (*mil.*) (*sport*) finta, amago (*m.*) **3** (*abb.*) (*tasca, abbottonatura*) solapa, cartera.
fintantoché *cong.* hasta que, mientras.
finto A *agg.* **1** falso, fingido, simulado **2** imitación de **3** postizo **B** *s.m.* **1** (*persona*) falso, hipócrita (*m.* e *f.*) **2** lo falso, ficción (*f.*).
finzione *s.f.* **1** ficción, simulación **2** (*giur.*) ficción **3** ficción, invención.

fiocco *s.m.* **1** (*nodo*) lazo, rosa (*f.*), moño **2** (*neve*) copo **3** (*tess.*) fibra (*f.*), copo.
fiore *s.m.* **1** (*bot.*) flor (*f.*) **2** (*fig.*) flor (*f.*), lo mejor **3** (*fig.* e *fam.*) flor (*f.*), pimpollo, bombón.
firma *s.f.* **1** firma **2** autoridad **3** (*giur.*) firma.
firmamento *s.m.* **1** firmamento, bóveda celeste **2** (*fig.*) estrellato.
fisarmonica *s.f.* (*mus.*) acordeón (*m.*).
fischietto *s.m.* **1** silbato, pito **2** (*caccia*) chifle.
fischio *s.m.* **1** silbido, silbo **2** (*disapprovazione*) rechifla (*f.*), abucheo, silba (*f.*) **3** (*treno, macchinari*) pito, silbato.
fisco *s.m.* hacienda (*f.*), fisco.
fisica *s.f.* física.
fisico[1] *agg.* físico.
fisico[2] *s.m.* **1** (*fis.*) físico **2** físico, aspecto, tipo.
fisiologia *s.f.* fisiología.
fisionomia *s.f.* **1** fisonomía, semblante (*m.*) **2** (*fig.*) fisonomía, aspecto (*m.*).
fisioterapia *s.f.* fisioterapia.
fissare A *v.tr.* **1** fijar, asegurar, asentar **2** mirar fijo **3** (*fot.*) fijar, someter a fijación **4** determinar, establecer, asentar **5** fijar, decidir, acordar **6** reservar, hacer una reserva **B** *v.intr.pron.* **1** establecerse, residir, domiciliarse **2** (*fig.*) obstinarse, antojársele, meterse en la cabeza.
fitta *s.f.* punzada, pinchazo (*m.*), agujeta.
fiume *s.m.* **1** (*geog.*) (anche *fig.*) río **2** (*fig.*) riada (*f.*), afluencia (*f.*).
fiuto *s.m.* **1** olfateo **2** (*animali*) olfato, husmo **3** (*fig.*) olfato, husma (*f.*), intuición (*f.*).
flacone *s.m.* frasco, tarro.
flagrante *agg.m.* e *f.* **1** (*giur.*) flagrante **2** (*fig.*) evidente, claro (*m.*), patente.
flash *s.m.inv.* (*angl.*) **1** (*fot.*) flas (*sing.*) **2** (*fig.*) flas (*sing.*), avance (*sing.*).
flauto *s.m.* (*mus.*) **1** (*strumento*) flauta (*f.*) **2** (*musicista*) flautista (*m.* e *f.*).
flebo *s.f.inv.* (*med.*) gotero (*m.sing.*).
flessibile *agg.m.* e *f.* **1** flexible, dúctil **2** (*legno*) verguío (*m.*) **3** (*fig.*) flexible, elástico (*m.*).
flessione *s.f.* **1** flexión **2** (*ling.*) inflexión, flexión **3** (*arch.*) curvatura, deformación, pandeo (*m.*) **4** (*comm.*) disminución, baja.
flirt *s.m.inv.* (*angl.*) flirteo (*sing.*), ligue (*sing.*).
flora *s.f.* flora.
floscio *agg.* **1** flojo, lacio, fofo, flácido **2** (*fig.*) débil (*m.* e *f.*), flaco.
flotta *s.f.* flota.
fluido A *agg.* **1** (*fis.*) fluido **2** (*fig.*) fluido, corriente (*m.* e *f.*), fácil (*m.* e *f.*) **B** *s.m.* fluido.
fluorescente *agg.* (*fis.*) fluorescente.
fluoro *s.m.* (*chim.*) flúor.
flusso *s.m.* **1** flujo, corriente (*f.*), escorrentía (*f.*) **2** (*geog.*) (*marea*) flujo, influjo.
flutto *s.m.* (*lett.*) ola (*f.*), oleada (*f.*).
fobia *s.f.* **1** (*psic.*) fobia **2** (*fam.*) antipatía, manía.
foca *s.f.* **1** (*zool.*) foca, carnero marino **2** (*fig.*) (*iron.*) ballena.
focaccia *s.f.* (*cuc.*) bollo (*m.*), pan (*m.*).
foce *s.f.* desembocadura, desembocadero (*m.*).
fodera *s.f.* **1** forro (*m.*) **2** forro (*m.*), cubierta.
foga *s.f.* vehemencia, ímpetu (*m.*), ardor (*m.*).
foglia *s.f.* **1** (*bot.*) hoja **2** (*met.*) hoja, lámina.
foglio *s.m.* **1** hoja (*f.*) **2** lámina (*f.*) **3** página (*f.*).
fogna *s.f.* **1** alcantarilla, cloaca maestra, vertedor (*m.*) **2** (*fig.*) (*persona*)

asqueroso (*m.*), cochino (*m.*) **3** (*fig.*) asco (*m.*), chiquero (*m.*), cuchitril (*m.*) **4** (*fig.* e *iron.*) tragaldabas (*inv.*).

folclore *s.m.* folclore.

folla *s.f.* **1** muchedumbre, multitud **2** (*pegg.*) masa, vulgo (*m.*) **3** (*fig.*) montón (*m.*), maremagno (*m.*), gran cantidad.

folle A *agg.m.* e *f.* **1** loco (*m.*) **2** (*fig.*) disparatado (*m.*), descabellado (*m.*) **3** (*mecc.*) libre, desembragado (*m.*) **B** *s.m.* e *f.* loco (*m.*).

folletto *s.m.* **1** duende, geniecillo **2** (*fig.*) pilluelo.

follia *s.f.* **1** locura, insania, alienación mental **2** (*fig.*) locura, barbaridad, disparate (*m.*).

folto A *agg.* **1** espeso, denso, tupido **2** (*fig.*) numeroso, abundante (*m.* e *f.*) **B** *s.m.* espesura (*f.*).

fomento *s.m.* **1** (*med.*) fomento **2** (*fig.* e *lett.*) estímulo, instigación (*f.*).

fon *s.m.inv.* secador de pelo.

fondamentale A *agg.m.* e *f.* fundamental, básico (*m.*), esencial **B** *s.m.* (anche *sport*) fundamento, elemento básico.

fondamento *s.m.* **1** (*edil.*) cimiento **2** (*fig.*) fundamento, base (*f.*), principio.

fondazione *s.f.* fundación.

fondazioni *s.f.pl.* (*edil.*) cimientos (*m.*), cimentación (*sing.*) .

fondere A *v.tr.* **1** fundir, derretir, licuar **2** fundir, moldear, forjar **3** (*fig.*) fundir, fusionar, unir **B** *v.intr.pron.* derretirse, licuarse **C** *v.pron.* (*reciproco*) (*fig.*) fusionarse.

fondi *s.m.pl.* **1** (*comm.*) restos, saldos, existencias (*f.*) **2** (*econ.*) fondos, bienes, caudales.

fondo A *agg.* **1** profundo, hondo **2** tupido, espeso, denso **B** *s.m.* **1** fondo, parte (*f.*) inferior, hondura (*f.*) **2** asiento, poso **3** (*fig.*) intimidad (*f.*), profundidad (*f.*) **4** (anche *fig.*) fondo, final **5** pie **6** estrato, capa (*f.*) **7** (*econ.*) fondo, organismo **8** inmueble, terreno, finca (*f.*) **9** (*sport*) fondo.

fonetica *s.f.* (*ling.*) fonética.

fontana *s.f.* **1** fuente **2** (*fig.* e *lett.*) manantial (*m.*), fuente **3** (*cuc.*) hueco.

fonte A *s.f.* **1** fuente, manantial (*m.*), venero (*m.*) **2** (*fig.*) fuente, origen (*m.*), proveniencia **B** *s.m.* pila (*f.*).

forbice *s.f.* **1** tijeras (*pl.*) **2** (*sport*) tijera.

forca *s.f.* **1** (*agr.*) horca, horcón (*m.*), tornadera **2** horca, patíbulo (*m.*) **3** (*agr.*) (*aratro*) lanza.

forchetta *s.f.* tenedor (*m.*).

foresta *s.f.* selva.

forma *s.f.* **1** forma, figura **2** (*fig.*) apariencia, exterioridad **3** (*lett.*) forma, estilo (*m.*) **4** (*sport*) forma, condición física **5** forma, manera, modo (*m.*) **6** (*tecn.*) forma, molde (*m.*).

formaggio *s.m.* queso.

formale *agg.m.* e *f.* **1** formal, serio (*m.*) **2** expreso (*m.*), explícito (*m.*).

formalizzare A *v.tr.* (*giur.*) formalizar, legalizar, oficializar **B** *v.intr.pron.* (*fig.*) formalizarse, picarse.

formare A *v.tr.* **1** ahormar, modelar, dar forma **2** (*fig.*) formar, criar, educar **3** formar, constituir **4** crear, redactar **B** *v.intr.pron.* **1** formarse, hacerse **2** formarse, desarrollarse.

formattare *v.tr.* (*inform.*) formatear.

formazione *s.f.* **1** formación **2** (*fig.*) formación, educación **3** (*sport*) alineación.

formica *s.f.* (*zool.*) hormiga.

formidabile *agg.m.* e *f.* **1** (*lett.*) formidable, terrible **2** enorme, grande **3** formidable, imponente.

formula *s.f.* **1** fórmula **2** (*giur.*) título (*m.*), sentencia **3** lema (*m.*).

fornello *s.m.* **1** hornillo, brasero **2** hornilla (*f.*), quemador, fogón **3** (*mina*) pozo de mina.

fornire A *v.tr.* **1** abastecer, proveer **2** dotar, equipar **3** exhibir, presentar **B** *v.pron.* abastecerse, proveerse.

forno *s.m.* **1** (anche *tecn.*) horno **2** (*panetteria*) panadería (*f.*), horno, bollería (*f.*) **3** (*fig.*) horno, achicharradero **4** (*fig.* e *fam.*) (*bocca*) bocaza (*f.*).
foro[1] *s.m.* **1** agujero, hoyo, orificio **2** hoyo, apertura (*f.*), perforación (*f.*).
foro[2] *s.m.* **1** (*ant.*) foro, plaza (*f.*) **2** (*giur.*) foro.
forse A *avv.* **1** (*dubbio, probabilità*) tal vez, quizás, acaso **2** (*valore attenuativo*) si no me equivoco, quizá, quizás **3** (*circa*) casi, aproximadamente, cerca de **4** (*interrogativa retorica*) tal vez, acaso **B** *s.m.inv.* duda (*f.sing.*).
forte A *agg.m.* e *f.* **1** fuerte, robusto (*m.*), vigoroso (*m.*) **2** fuerte, duro (*m.*) **3** fuerte, resistente, duradero (*m.*) **4** (*econ.*) fuerte, estable **5** fuerte, intenso (*m.*), doloroso (*m.*) **6** (*fig.*) (*capace*) ducho (*m.*), versado (*m.*) **7** (*fig.* e *fam.*) (*simpatico*) majo (*m.*), guay (*inv.*) **B** *avv.* **1** fuerte, con fuerza **2** velozmente, rápidamente **3** en voz alta, a todo volumen **C** *s.m.* **1** (anche *mus.*) fuerte **2** grueso, parte (*f.*) principal **3** (*fort.*) fuerte, fortaleza (*f.*).
fortezza *s.f.* fortaleza, fortificación.
fortuna *s.f.* **1** fortuna, azar (*m.*), destino (*m.*) **2** suerte **3** fortuna, riqueza, capital (*m.*).
forza[1] *inter.* ¡ánimo!, ¡hala!
forza[2] *s.f.* **1** fuerza, vigor (*m.*), energía **2** fortaleza, entereza, firmeza **3** fuerza, ánimo (*m.*), valor (*m.*) **4** (*furia*) fuerza, ímpetu (*m.*), furia.
forzare A *v.tr.* **1** forzar, obligar, coaccionar **2** esforzar **3** (anche *mecc.*) forzar **B** *v.pron.* esforzarse, obligarse.
foschia *s.f.* **1** neblina, calina **2** calina, bruma.
fosforescente *agg.m.* e *f.* fosforescente.
fosforo *s.m.* **1** (*chim.*) fósforo **2** (*fig.* e *fam.*) fósforo, agudeza.
fossa *s.f.* **1** fosa, foso (*m.*) **2** fosa, hoyo (*m.*), sepultura **3** (*geol.*) fosa, pozo (*m.*) **4** (*anat.*) fosa.
fossato *s.m.* (*fort.*) fosado, foso.
fossile *agg.* e *s.m.* e *f.* **1** fósil **2** (*fig.* e *fam.*) fósil, carrozas (*s.inv.*), viejo.
fosso *s.m.* **1** (*agr.*) canal, acequia (*f.*) **2** (*fort.*) foso, cava (*f.*).
fotocopia *s.f.* fotocopia, copia.
fotografare *v.tr.* (anche *fig.*) fotografiar.
fotografia *s.f.* fotografía, foto.
fotosintesi *s.f.inv.* (*bot.*) fotosíntesis.
fottere A *v.tr.* (*volg.*) **1** follar, joder, ventilarse **2** (*fig.*) (*rubare*) mangar, joder **3** (*fig.*) (*bocciare*) joder, cargar **B** *v.intr.pron.* (*volg.*) resbalar.
fottio *s.m.* (*pop.*) montón, multitud (*f.*).
fottuto *agg.* (*volg.*) **1** tremendo, terrible (*m.* e *f.*) **2** jodido, puñetero.
fra *prep.* **1** (*stato in luogo*) entre, en medio de **2** (*tempo*) dentro de, en **3** (*moto attraverso luogo*) entre **4** (*attraverso*) a través **5** (*distanza*) a **6** (*indeterminativo*) de... a... **7** (*relazione*) entre **8** (*partitivo*) entre **9** (*causa*) entre.
frac *s.m.inv.* (*abb.*) frac (*sing.*).
fracasso *s.m.* **1** ruido, bochinche, estrépito **2** (*fam.*) montón, mogollón.
fradicio A *agg.* **1** podrido **2** (*bagnato*) empapado, mojado **B** *s.m.* **1** lo podrido **2** (*terreno*) barrizal, lodazal.
fragile *agg.m.* e *f.* **1** frágil, quebradizo (*m.*) **2** (*fig.*) frágil, delicado (*m.*), enfermizo (*m.*) **3** (*fig.*) frágil, débil, lábil **4** (*fig.*) caduco (*m.*), perecedero (*m.*).
fragola *s.f.* (*bot.*) fresa.
fraintendere *v.tr.* tergiversar, interpretar mal, comprender mal.
frammento *s.m.* **1** fragmento, trozo, triza (*f.*) **2** (*fig.*) pizca (*f.inv.*) **3** (*lett.*) fragmento.
frana *s.f.* **1** desprendimiento (*m.*), derrumbe (*m.*) **2** (*materiale franato*) derrubio (*m.*) **3** (*mina*) atierre (*m.*) **4** (*fig.*) ruina, quiebra.
francese A *agg.* e *s.m.* e *f.* francés **B** *s.m.* (*lingua*) francés.

franco[1] *agg.* **1** franco, libre (*m.* e *f.*) **2** (*comm.*) franco, exento **3** (*fig.*) franco, leal (*m.* e *f.*), sincero, llano **4** (*sicuro di sé*) desenvuelto, seguro de sí, aplomado **5** libertino.

franco[2] *agg.* e *s.m.* francés, franco.

francobollo *s.m.* sello, (*amer.*) estampilla (*f.*).

frangente *s.m.* **1** (*onda*) ola (*f.*) espumosa, batiente, rompiente **2** (*fig.*) frangente, trance, circunstancia (*f.*).

frangia *s.f.* **1** franja, orla, lista **2** (*fig.*) ribete (*m.*), adorno (*m.*), detalle (*m.*) **3** (*capelli*) flequillo (*m.*) **4** (*geog.*) arrecife (*m.*), banco (*m.*) **5** (*fig.* e *pol.*) ala, grupo (*m.*).

frantumare A *v.tr.* **1** triturar, moler, trizar **2** (*fig.*) hacer añicos, destrozar, destruir **B** *v.intr.pron.* hacerse trizas, hacerse añicos/pedazos.

frappè *s.m.inv.* (*franc.*) batido (*sing.*).

frase *s.f.* **1** (*gramm.*) frase, oración gramatical **2** frase, locución, expresión.

frassino *s.m.* (*bot.*) fresno.

frastornato *agg.* trastornado, confundido, aturdido.

frastuono *s.m.* estruendo, bullicio.

frate *s.m.* (*rel.*) fraile.

fratellastro *s.m.* hermanastro.

fratello A *agg.* hermano **B** *s.m.* **1** (anche *fig.*) hermano **2** (*rel.*) hermano.

frattempo *s.m.* (*solo nella locuzione*) *in questo/quel ~/nel ~,* entretanto, mientras tanto.

frattura *s.f.* **1** (*spaccatura*) fractura, quebramiento (*m.*) **2** (*geol.* e *med.*) fractura **3** (*fig.*) ruptura, desavenencia.

frazione *s.f.* **1** fracción, porción, parte **2** (*mat.*) fracción, número quebrado **3** (*borgata*) aldea, barrio (*m.*), pueblo (*m.*) **4** (*sport*) (*staffetta*) relevo (*m.*).

freccia *s.f.* **1** flecha, saeta, dardo (*m.*) **2** (*arch.*) flecha, montea **3** (*fig.*) sablazo (*m.*), dardo (*m.*) **4** (*mil.*) (anche *segnale stradale*) flecha.

freddo A *agg.* **1** frío **2** (*fig.*) frío, inhospitalario **3** (*fig.*) frío, indiferente (*m.* e *f.*), insensible (*m.* e *f.*) **4** (*fig.*) frío, inexpresivo, seco **B** *s.m.* **1** frío **2** miedo, pavor **3** (*meteo.*) frío, clima rígido, baja temperatura (*f.*).

freezer *s.m.inv.* (*angl.*) congelador (*sing.*).

fregare A *v.tr.* **1** fregar, restregar **2** friccionar, masajear **3** rozar **4** (*pop.*) (*imbrogliare*) joder, cargar **5** (*pop.*) (*rubare*) mangar, cargar, joder **B** *v.pron.* (*strofinarsi*) frotarse.

fregatura *s.f.* (*pop.*) (*imbroglio*) cambiazo (*m.*), mala jugada, cochinada.

fremito *s.m.* **1** bramido, frémito **2** (*negativo*) siseo, rezongo **3** (*positivo*) murmullo, murmurío **4** estremecimiento, temblor, vibración (*f.*).

frenare A *v.tr.* **1** (anche *mecc.*) frenar, refrenar **2** (*fig.*) frenar, contener, parar **B** *v.pron.* (anche *fig.*) frenarse, controlarse, retenerse.

frenesia *s.f.* **1** frenesí (*m.*), arrebato (*m.*), locura **2** (*fig.*) capricho (*m.*), chifladura, manía.

freno *s.m.* **1** (*equit.*) bocado, freno **2** (*mecc.*) freno **3** (*fig.*) freno, control, sujeción (*f.*).

frequentare A *v.tr.* **1** frecuentar, concurrir, asistir **2** relacionarse, codearse, tratarse **B** *v.pron.* (*reciproco*) verse, encontrarse.

frequente *agg.m.* e *f.* **1** frecuente, repetido (*m.*) **2** activo (*m.*), intenso (*m.*) // *di ~,* a menudo.

freschezza *s.f.* (anche *fig.*) frescura.

fresco A *agg.* **1** fresco **2** (*fig.*) fresco, lozano, sano **3** (*fig.*) fresco, brioso, espontáneo **4** (*fig.*) fresco, descansado **B** *s.m.* **1** fresco, frescor **2** (*ombra*) fresco, sombra (*f.*).

fretta *s.f.* prisa, urgencia.

friggere A *v.tr.* (*cuc.*) freír **B** *v.intr.* **1** chisporrotear **2** (*fig.*) consumirse, concomerse, atormentarse.

frigidità *s.f.inv.* **1** (*lett.*) frialdad (*sing.*) **2** (*med.*) frigidez (*sing.*) **3** (*fig.* e *lett.*) apatía (*sing.*).
frigorifero A *agg.* frigorífico **B** *s.m.* nevera (*f.*), refrigerador.
frittata *s.f.* (*cuc.*) tortilla.
friulano *agg.* e *s.m.* friulano.
frivolo *agg.* **1** frívolo, fútil (*m.* e *f.*), insubstancial (*m.* e *f.*) **2** frívolo, veleta (*m.* e *f.*), superficial (*m.* e *f.*).
frizzante *agg.m.* e *f.* **1** penetrante, cortante **2** efervescente **3** burbujeante, espumoso (*m.*) **4** (*fig.*) agudo (*m.*), chispeante, sutil.
frocio *agg.* e *s.m.* (*volg.*) maricón, pluma (*f.*).
frode *s.f.* **1** estafa, fraude (*m.*) **2** (*giur.*) fraude (*m.*), dolo (*m.*).
fronda[1] *s.f.* (*bot.*) **1** fronda **2** (*felce*) fronde.
fronda[2] *s.f.* (*pol.*) ala disidente de un partido.
frontale *agg.m.* e *f.* **1** (*anat.*) frontal **2** frontal, de frente.
fronte[1] *s.f.* **1** frente **2** (*arch.*) frente (*m.*), fachada **3** (*fig.*) frente (*m.*), semblante (*m.*).
fronte[2] *s.m.* **1** (*mil.*) frente, línea (*f.*) **2** (*pol.*) frente, coalición (*f.*).
frontiera *s.f.* **1** frontera, confín (*m.*) **2** (*fig.*) frontera, límite (*m.*), barrera.
frontone *s.m.* (*arch.*) (*edificio*) frontón.
frottola *s.f.* (*fig.*) bola, trola, patraña.
frugare A *v.tr.* rebuscar, hurgar **B** *v.pron.* hurgarse.
fruire *v.intr.* fruir, gozar de.
frullato A *agg.* (*cuc.*) **1** licuado **2** batido **B** *s.m.* (*cuc.*) batido.
frullatore *s.m.* licuadora (*f.*).
frumento *s.m.* (*bot.*) trigo.
fruscio *s.m.* **1** crujido **2** susurro, murmullo **3** (*radio* e *telecom.*) ruido.
frusta *s.f.* **1** látigo (*m.*), tralla, azote (*m.*) **2** (*utensile di cucina*) batidora.
frustrazione *s.f.* **1** frustración, fracaso (*m.*) **2** (*psic.*) frustración.
frutta *s.f.* fruta.
frutto *s.m.* **1** (*bot.*) fruto **2** (*fig.*) provecho, beneficio, ganancia (*f.*) **3** (*fig.*) fruto, resultado, consecuencia (*f.*).
fucile *s.m.* **1** fusil, escopeta (*f.*) **2** (*mil.*) (*persone*) fusilero **3** (*fig.*) (*persona*) tirador.
fucsia *agg.inv.* (*colore*) fucsia.
fuga *s.f.* **1** fuga, huida, evasión **2** fuga, escape (*m.*) **3** (*mus.*) fuga **4** (*sport*) (*ciclismo*) escapada.
fuggire A *v.intr.* **1** huir, escaparse, fugarse **2** (*fig.*) huir, apartarse, evitar **3** refugiarse **4** (*fig.*) huir, correr, pasar **B** *v.tr.* (anche *fig.*) huir, evitar, esquivar.
fuggitivo A *agg.* **1** fugitivo **2** (*fig.* e *lett.*) (*sfuggente*) huidizo **B** *s.m.* fugitivo, prófugo.
fulcro *s.m.* **1** (*bot.* e *mecc.*) fulcro **2** (*fig.*) eje, pivote, punto principal.
fulgore *s.m.* fulgor, resplandor, brillantez (*f.*).
fulmine *s.m.* **1** (*meteo.*) rayo, centella (*f.*) **2** (*fig.*) rayo.
fumare A *v.intr.* humear, echar humo **B** *v.tr.* **1** (anche *droga*) fumar **2** (*lett.* e *poes.*) exhalar.
fumetto *s.m.* **1** tebeo, comic, historieta (*f.*) **2** (*nuvoletta*) bocadillo.
fumo *s.m.* **1** humo **2** humo, vapor, exhalación (*f.*) **3** (*fig.*) humo, vanidad (*f.*) **4** (*gerg.*) (*droga*) chocolate, hachís (*inv.*).
fune *s.f.* cuerda, soga, cable (*m.*).
funerale *s.m.* entierro, funeral.
fungere *v.intr.* **1** fungir de, desempeñar un cargo **2** hacer las veces de, servir.
fungo *s.m.* **1** (*bot.*) hongo, seta (*f.*) **2** hongo **3** (*med.*) fungosidad (*f.*).
funicolare *agg.* e *s.m.* funicular.
funivia *s.f.* teleférico (*m.*).
funzionare *v.intr.* **1** funcionar, marchar, caminar **2** desempeñar un empleo, fungir de.
funzione *s.f.* **1** función **2** (*fig.*) fun-

ción, papel (*m.*), rol (*m.*) **3** (*rel.*) función, acto (*m.*).
fuoco *s.m.* **1** (anche *astrol.*) fuego **2** fuego, llama (*f.*) **3** fuego, incendio **4** chimenea (*f.*) **5** (*fig.*) fuego, ardor.
fuorché *cong.* e *prep.* excepto, salvo, fuera de.
fuori A *avv.* fuera, afuera **B** *prep.* fuera de **C** *s.m.* (*solo sing.*) exterior.
fuorilegge *agg.inv.* e *s.m.* e *f.inv.* bandido (*m.sing.*), delincuente (*sing.*).
fuorviante *agg.m.* e *f.* despistador (*m.*), enredador (*m.*).
furbo A *agg.* listo, astuto, vivo **B** *s.m.* astuto, lagarto, zorro.
furente *agg.m.* e *f.* furioso (*m.*), furibundo (*m.*).
furfante *s.m.* e *f.* truhán (*m.*), canalla.
furgone *s.m.* (*auto.*) furgoneta (*f.*).
furia *s.f.* **1** furia, ira, furor (*m.*) **2** furia, ímpetu (*m.*), violencia.
furibondo *agg.* **1** furibundo, furioso, airado, **2** furibundo, violento.
furioso A *agg.* **1** furioso, furibundo **2** furioso, violento **B** *s.m.* furioso, loco de atar.
furore *s.m.* **1** furor, cólera (*f.*), ira (*f.*) **2** furor, violencia (*f.*), ímpetu **3** (*fig.*) furor, arrebato, entusiasmo.
furto *s.m.* robo.
fusa *s.f.pl.* (*solo nella locuzione*) *fare le ~,* ronronear.
fusibile *s.m.* (*elett.*) fusible, plomo.
fusilli *s.m.pl.* (*cuc.*) pasta (*f.*) de forma helicoidal.
fusione *s.f.* **1** fusión **2** (*met.*) fundición **3** (*fig.*) fusión, unión, unificación.
fusto *s.m.* **1** (*bot.*) tronco, fuste, troncho **2** tambor, barril **3** (*fam.*) guaperas (*inv.*), machote, tío guapo.
futile *agg.m.* e *f.* fútil, pueril.
futurismo *s.m.* (*arte*) futurismo.
futuro A *agg.* futuro **B** *s.m.* **1** futuro, porvenir **2** (*gramm.*) futuro.

G

g *s.f.inv.* letra g.
gabbia *s.f.* **1** jaula **2** (*fig.*) (*prigione*) jaula, cárcel, calabozo (*m.*) **3** (*edil.*) (*edit.*) caja **4** (*mar.*) gavia.
gabbiano *s.m.* (*zool.*) gaviota (*f.*).
gabinetto *s.m.* **1** (*casa*) gabinete, sala (*f.*) **2** despacho, gabinete, estudio **3** (*med.*) gabinete, consultorio **4** (*istr.*) gabinete, laboratorio **5** (*bagno*) cuarto de baño, aseo, servicio, (*amer.*) baño **6** (*pol.*) (*ministero*) gabinete, ministerio.
galante *agg.m.* e *f.* **1** galante, atento (*m.*), amable **2** galante, amoroso (*m.*), de amor.
galassia *s.f.* **1** (*astro.*) galaxia **2** (*fig.*) galaxia, pléyade.
galeotto A *agg.* e *s.m.* galeoto, alcahuete **B** *s.m.* **1** galeote **2** (*fig.*) (*carcerato*) condenado, preso **3** (*fig.*) (*furfante*) delincuente (*m.* e *f.*), bandido.
galera *s.f.* **1** (*lavori forzati*) cadena, galeras (*pl.*), trabajos (*m.pl.*) forzados **2** cárcel, prisión, chírona, (*amer.*) pulguera **3** (*fig.*) infierno (*m.*), lugar (*m.*) insoportable **4** (*spazzolone*) escobillón para sacar lustre **5** (*mar.*) galera.
galiziano *agg.* e *s.m.* gallego.
galleggiare *v.intr.* flotar, boyar.
galleria *s.f.* **1** túnel (*m.*), galería **2** (*fot.*) (*mil.*) (*min.*) (*pitt.*) (*scult.*) galería **3** (*passaggio pedonale*) galería, pasaje interior **4** (*teatr.*) galería, gallinero (*m.*) **5** (*tecn.*) túnel (*m.*) **6** (*arch.*) galería, corredor (*m.*) descubierto.
gallina *s.f.* (*zool.*) gallina.
gallo *s.m.* **1** (*zool.*) gallo **2** (*fig.*) (*fam.*) majo, cojonudo.
galoppo *s.m.* galope.
gamba *s.f.* **1** (*anat.*) pierna **2** (*zool.*) pata **3** (*tavolo, sedia*) pata, pie (*m.*) **4** (*scrittura*) palo (*m.*), palote (*m.*).
gambero *s.m.* **1** (*zool.*) cámbaro, gamba **2** (*fig.*) pifia (*f.*), error madornal.
gambo *s.m.* **1** (*bot.*) tallo **2** (*fig.*) pie.
gamma A *s.f.* **1** (*mus.*) gama **2** (*colore*) gama, escala, gradación **B** *s.f.inv.* **1** (*gr.*) (*anche fis.*) gamina (*sing.*) **2** gama (*sing.*), serie (*sing.*).
gancio *s.m.* **1** gancho, corchete **2** (*tess.*) garfio **3** (*sport*) (*pugilato*) gancho **4** (*telecom.*) horquilla (*f.*).
gara *s.f.* **1** (*sport*) competición, concurso (*m.*), carrera **2** (*comm.*) concurso (*m.*).
garage *s.m.inv.* (*franc.*) garaje (*sing.*).
garanzia *s.f.* **1** (*giur.*) garantía, fianza **2** (*comm.*) garantía **3** (*fig.*) garantía, certeza.
garbuglio *s.m.* **1** maraña (*f.*), enredo, embrollo **2** (*fig.*) garbullo, lío.
gardenia *s.f.* (*bot.*) gardenia.
garofano *s.m.* (*bot.*) clavel.
garza *s.f.* (*tess.*) gasa.
garzone *s.m.* **1** aprendiz, mozo **2** (*ant.*) (*poes.*) (*giovinetto*) garzón **3** (*ant.*) (*scudiero*) escudero.

gas *s.m.inv.* gas (*sing.*).
gastrite *s.f.* (*med.*) gastritis (*inv.*).
gatto *s.m.* **1** (*zool.*) gato **2** (*mar.*) cofa de galera **3** (*mil.*) (*medioevo*) ariete **4** (*tecn.*) maza de Fraga, martinete, gato.
gattopardo *s.m.* **1** (*zool.*) onza (*f.*), gatopardo **2** (*zool.*) pintarroja (*f.*).
gazebo *s.m.inv.* (*angl.*) templete (*sing.*), quiosco (*sing.*).
gazpacho *s.m.inv.* (*sp.*) (*cuc.*) gazpacho (*sing.*).
gazza *s.f.* **1** (*zool.*) picaza, urraca **2** (*pop.*) urraca, cotorra.
gazzella *s.f.* **1** (*zool.*) gacela **2** (*fig.*) (*gerg.*) (*polizia*) coche (*m.*) patrulla.
gazzetta *s.f.* gaceta, boletín (*m.*).
geco *s.m.* (*zool.*) salamanquesa (*f.*).
gel *s.m.inv.* (*chim.*) gel (*sing.*).
gelato A *agg.* **1** helado, gélido **2** (*fig.*) helado, pasmado **B** *s.m.* (*cuc.*) helado.
gelo *s.m.* **1** frío **2** hielo, helada (*f.*), escarcha (*f.*) **3** (*fig.*) hielo, pasmo **4** gelatina de fruta.
gelosia *s.f.* **1** celos (*m.pl.*) **2** (*invidia*) envidia, rivalidad **3** celo (*m.*), primor (*m.*), cuidado (*m.*), diligencia.
gelsomino *s.m.* (*bot.*) jazmín.
gemelli *s.m.pl.* (*astro.*) géminis (*inv.*).
gemito *s.m.* gemido, lamento, quejido.
gendarme *s.m.* **1** (*ant.*) soldado de caballería **2** (*ant.*) (*carabiniere*) gendarme **3** (*fig.*) (*fam.*) (*donna*) mujerona (*f.*) **4** (*alpinismo*) pico.
gene *s.m.* (*bio.*) gen, gene.
generale A *agg.m.* e *f.* **1** general, común, total **2** general **3** vago (*m.*), general, impreciso (*m.*) **B** *s.m.* **1** (*mil.*) general **2** (*rel.*) general, superior.
generalizzare *v.tr.* **1** generalizar, divulgar, difundir **2** generalizar, pluralizar.
generare A *v.tr.* **1** generar, procrear **2** (anche *fig.*) causar, producir **B** *v.intr.pron.* producirse, formarse.
generazione *s.f.* **1** generación, procreación, engendramiento (*m.*) **2** generación, prole, descendencia **3** (*tecn.*) generación **4** generación, promoción **5** generación, producción.
genere *s.m.* **1** género, clase (*f.*), tipo **2** (*bot.*) (*zool.*) género, especie (*f.*) **3** (*fil.*) (*gramm.*) (lett.) (*mus.*) (*pitt.*) género **4** (*comm.*) género, mercancía (*f.*), artículos (*pl.*).
generico A *agg.* **1** genérico, colectivo **2** genérico, vago, indeterminado **3** general (*m.* e *f.*) **B** *s.m.* **1** lo general, lo vago **2** (*cine.*) (*teatr.*) actor polifacético.
genero *s.m.* yerno.
generoso *agg.* **1** generoso, altruista (*m.* e *f.*) **2** magnánimo, liberal (*m.* e *f.*) **3** (*fig.*) amplio, grande (*m.* e *f.*), abundante (*m.* e *f.*) **4** excelente (*m.* e *f.*), grande (*m.* e *f.*) **5** fuerte (*m.* e *f.*).
genesi *s.f.inv.* **1** génesis, creación (*sing.*), origen (*m.sing.*) **2** (*rel.*) (*Bibbia*) Génesis.
genetica *s.f.* (*bio.*) genética.
gengiva *s.f.* (*anat.*) encía.
genio *s.m.* **1** (*mit.*) genio, deidad (*f.*) **2** geniecillo, duende **3** gran inteligencia (*f.*), talento **4** esencia (*f.*), peculiaridad (*f.*) **5** gusto, simpatía (*f.*).
genitale *agg.* genital.
genitali *s.m.pl.* (*anat.*) genitales (*m.* e *f.*).
genitivo *agg.* e *s.m.* (*gramm.*) genitivo.
genitori *s.m.pl.* padres.
genovese *agg.* e *s.m* e *f.* genovés.
gente *s.f.* **1** (*ant.*) gente, familia, parientes (*m.pl.*) **2** nación, pueblo (*m.*) **3** multitud **4** invitados (*m.pl.*).
gentile A *agg.m.* e *f.* **1** amable, cortés, gentil **2** apuesto (*m.*), hermoso (*m.*) **3** noble, generoso (*m.*) **4** delicado (*m.*), fino (*m.*) **5** (*lett.*) culto (*m.*), refinado (*m.*) **B** *s.m.* (*rel.*) gentil (*m.* e *f.*), pagano.
genuino *agg.* **1** genuino, auténtico **2** espontáneo **3** natural (*m.* e *f.*), puro.
geografia *s.f.* geografía.

geometria *s.f.* **1** geometría **2** (*fig.*) estructura, distribución.
geranio *s.m.* (*bot.*) geranio, (*amer.*) malvón.
gerarchia *s.f.* **1** (anche *rel.*) jerarquía **2** (*fig.*) escalafón (*m.*), escala.
gerbera *s.f.* (*bot.*) gérbera.
gergo *s.m.* **1** jerga (*f.*) **2** jerga (*f.*), jerigonza (*f.*).
geriatria *s.f.* (*med.*) geriatría.
germanico *agg.* **1** (*stor.*) (*germani*) germánico **2** (*tedesco*) alemán.
germe *s.m.* **1** (*bio.*) germen, embrión **2** (*bio.*) (*batterio*) germen, bacteria (*f.*) **3** (*fig.*) germen, principio, origen **4** (*lett.*) (*germoglio*) germen, brote, yema (*f.*).
germogilo *s.m.* **1** (*bot.*) brote, vástago **2** (*fig.*) (*lett.*) germen, origen, principio.
gerundio *s.m.* (*gramm.*) gerundio.
gesso *s.m.* **1** (*min.*) yeso **2** (*scult.*) yeso, escayola (*f.*) **3** (*lavagna*) tiza (*f.*), yeso.
gestione *s.f.* (*econ.*) (*giur.*) (*inform.*) gestión, administración.
gestire *v.tr.* **1** (*econ.*) administrar, conducir, dirigir **2** conducir, gestionar **3** manejar, dominar **4** cuidar, tratar bien.
gesto[1] *s.m.* **1** gesto, ademán, movimiento **2** pose (*f.*), postura (*f.*) **3** gesto, seña (*f.*).
gesto[2] *s.m.* **1** (*ant.*) (*lett.*) hazaña (*f.*), proeza (*f.*) **2** gesto, hecho, acción (*f.*).
gettare **A** *v.tr.* **1** tirar, lanzar, arrojar, echar **2** tender, construir, colocar **3** (*fusione*) moldear, vaciar, fundir **4** (*edil.*) fraguar, cimentar **5** (*fig.*) echar, poner **6** (*fig.*) rentar, producir, rendir **7** derrochar, desperdiciar **B** *v.pron.* **1** lanzarse, arrojarse **2** echarse, dejarse caer, abandonarse **3** desembocar, afluir, desaguar **C** *v.intr.* **1** (*sgorgare*) manar **2** florecer, brotar.
getto *s.m.* **1** lanzamiento, tiro **2** chorro.
gettone *s.m.* **1** ficha (*f.*) **2** (*gioco*) (*azzardo*) ficha (*f.*), tanto.
ghepardo *s.m.* (*zool.*) guepardo, onza.
ghetto *s.m.* **1** (anche *fig.*) gueto **2** (*fig.*) (*isolamento*) aislamiento.
ghiaccio *s.m.* hielo.
ghiaia *s.f.* **1** (*rocce*) grava, guija, casquijo (*m.*) **2** (*pavimentazione*) balasto (*m.*).
ghianda *s.f.* **1** (*bot.*) bellota **2** (*ornamento*) bellota, adorno de pasamanería.
ghiandola *s.f.* (*anat.*) glándula.
ghigliottina *s.f.* guillotina.
ghiotto *agg.* **1** glotón **2** (*fig.*) deseoso, ávido **3** apetitoso, sabroso.
ghiro *s.m.* (*zool.*) lirón.
ghisa *s.f.* (*met.*) arrabio (*m.*), hierro (*m.*) fundido o colado.
gi *s.f.inv.* (*alfabeto*) ge (*sing.*).
già *avv.* **1** (*ormai, fin da*) ya **2** (*meraviglia, gioia, rammarico*) ya **3** (*prima d'ora*) antes, ya **4** (*condizione, stato precedente*) ex: *il direttore generale ~ direttore di reparto*, el director general ex director de sector **5** (*assicurazione*) entonces, ciertamente **6** (*prima, in precednza*) antedicho, citado **7** (*pleonastico*) no **8** (*affermazione, anche ripetuta*) cierto, sí, por cierto.
giacca *s.f.* (*abb.*) chaqueta, americana, (*amer.*) saco (*m.*).
giacché *cong.* ya que, como, puesto que, en vista de que.
giacimento *s.m.* (*min.*) yacimiento.
giacinto *s.m.* **1** (*bot.*) jacinto **2** (*min.*) jacinto.
giada *s.f.* (*min.*) jade (*m.*).
gladiolo *s.m.* (*bot.*) gladíolo, gladiolo.
giaguaro *s.m.* (*zool.*) jaguar.
giallo *agg.* e *s.m.* **1** amarillo **2** (*razza*) persona de raza amarilla **3** (*lett.*) novela (*f.*), cuento policíaco.
giammai *avv.* **1** (*ant.*) jamás, nunca **2** (*lett.*) (*talvolta*) a veces, algunas veces **3** (*enfatico*) jamás.
giapponese *agg.* e *s.m.* e *f.* japonés.

giardino *s.m.* jardín.
giga- *pref.* giga-.
gigante *agg.m.* e *f.* gigante, gigantesco (*m.*).
giglio *s.m.* **1** (*bot.*) lirio blanco **2** (*fig.*) persona candorosa y pura **3** (*aral.*) flor de lis.
gihad *s.f.inv.* yihad (*m.*).
gilet *s.m.inv.* (*franc.*) (*abb.*) chaleco (*sing.*).
ginecologia *s.f.* (*med.*) ginecología.
ginestra *s.f.* (*bot.*) retama, ginesta.
ginevrino *agg.* e *s.m.* ginebrino, ginobrés.
ginnasio *s.m.* **1** (*antica Grecia*) gimnasio **2** (*istr.*) instituto clásico de segunda enseñanza.
ginnastica *s.f.* **1** gimnasia **2** (*fig.*) gimnasia, práctica, ejercicio (*m.*).
ginocchio *s.m.* **1** (*anche anat.*) rodilla (*f.*) **2** (*mar.*) delgada **3** (*mecc.*) codo, codillo.
giocare A *v.intr.* **1** jugar, entretenerse, divertirse **2** jugar, apostar **3** (*fig.*) jugar, saber manejar **4** (*sport*) jugar, tomar parte en un deporte **5** (*fig.*) jugar, tomar las cosas a la ligera, no dar importancia **6** (*tecn.*) (anche *fig.*) entrar, hacer juego **7** (*fig.*) intervenir, actuar, entrar en juego **B** *v.tr.* **1** jugar, poner en juego **2** jugar, apostar **3** (*fig.*) jugar, arriesgar, aventurar **4** (*fig.*) jugar, hacer una mala jugada **5** jugar, disputar **6** (*fig.*) jugarse, perder.
giocattolo *s.m.* **1** juguete **2** (*fig.*) juguete, títere.
gioco *s.m.* **1** juego, juguete, recreación (*f.*) **2** (*sport*) juego, competición (*f.*) **3** (*gioco*) (*posta*) envite, jugada (*f.*), apuesta (*f.*) **4** (*carte, pedine, attrezzi, meccanica*) juego **5** (*gioco*) (*partita*) mano (*f.*), lance, jugada (*f.*) **6** (*econ.*) agiotaje, especulación (*f.*) **7** (*fig.*) broma (*f.*), burla (*f.*), mofa (*f.*) **8** (*fig.*) juego, combinación (*f.*) **9** (*tip.*) bisagra (*f.*) **10** (*fig.*) acción (*f.*).
gioia *s.f.* **1** alegría, satisfacción, gusto (*m.*) **2** (*persona*) tesoro (*m.*), cariño (*m.*), pichón **3** (*cosa*) ilusión, placer (*m.*), alegrón (*m.*) **4** (*gioiello*) joya, alhaja.
gioiello *s.m.* **1** joya (*f.*), alhaja (*f.*) **2** (*fig.*) joya (*f.*), perla (*f.*).
giornale *s.m.* **1** periódico, diario **2** revista (*f.*) **3** (*mar.*) diario, libro **4** (*luogo*) redacción (*f.*).
giornata *s.f.* **1** día (*m.*) **2** jornal (*m.*) **3** día (*m.*), fiesta **4** (*sport*) (*stor.*) (*anche cammino*) jornada.
giorno *s.m.* **1** día **2** día, fiesta (*f.*) **3** (*min.*) a cielo/tajo abierto.
giostra *s.f.* **1** (*ant.*) torneo (*m.*), justa **2** tiovivo (*m.*), carrusel (*m.*), caballitos (*m.pl.*), (*amer.*) calesita **3** (*bersaglio*) tiro (*m.*) **4** (*fig.*) carrusel (*m.*).
giovamento *s.m.* provecho, beneficio, utilidad (*f.*).
giovane A *agg.m.* e *f.* **1** (anche *fig.*) joven **2** juvenil **3** fresco (*m.*) **4** joven, nuevo (*m.*), reciente **5** (*fam.*) (*nubile, scapolo*) soltero (*m.*) **B** *s.m.* e *f.* **1** joven **2** (*ant.*) (*apprendista*) aprendiz, oficial **3** (*allievo*) estudiante, alumno (*m.*).
giovedì *s.m.inv.* jueves.
giradischi *s.m.inv.* (*mus.*) tocadiscos, giradiscos.
giraffa *s.f.* (*zool.*) (anche *TV*) jirafa.
girare A *v.tr.* **1** girar, rodar **2** recorrer, visitar **3** pasar **4** (*fig.*) evitar, sortear **5** (*comm.*) endosar **6** (*econ.*) girar **7** (*cine.*) filmar, rodar **8** (*fig.*) cambiar **B** *v.intr.* **1** girar, dar vueltas, rotar **2** caminar, andar, pasear **3** (*anche fig.*) circular, correr **4** girar, doblar, torcer **5** circundar, cercar, rodear **6** (*fig.*) bullir, agitarse **C** *v.pron.* **1** volverse, ladear la cabeza **2** agitarse, removerse, darse vueltas.
girasole *s.m.* (*bot.*) girasol, mirasol, tornasol.
giro *s.m.* **1** vuelta (*f.*) **2** (anche *fam.*) ronda (*f.*) **3** (*abito*) sesgadura (*f.*), corte de la manga **4** revolución (*f.*),

rotación (*f.*) **5** vuelta (*f.*), paseo **6** (*sport*) tour, vuelta (*f.*) **7** (*fig.*) ambiente, medio, grupo **8** (*gerg.*) ligue, plan **9** (*gioco*) (*corte*) vuelta (*f.*), ronda (*f.*), mano (*f.*) **10** (*sport*) manga (*f.*).

gita *s.f.* gira, paseo (*m.*), excursión.

gitano *agg.* e *s.m.* gitano.

giù *avv.* **1** abajo, bajo **2** (*pleonastico*) abajo **3** (*iterativo*) lentamente **4** (*esclamativo di comando*) ¡fuera!, ¡quita!: ~ *le mani!*, ¡quita las manos! **5** (*rafforzativo*) ¡dale!: *e ~ con lo stesso errore!*, ¡y dale con el mismo error!

giudicare A *v.tr.* **1** juzgar **2** fallar, sentenciar **3** considerar, estimar **B** *v.intr.* **1** juzgar, evaluar, estimar **2** juzgar, discernir, distinguir.

giudice *s.m.* e *s.f.* **1** juez **2** (*giur.*) juez (*m.*), magistrado (*m.*), ministro (*m.*) **3** (*sport*) juez, árbitro (*m.*).

giudizio *s.m.* **1** juicio, criterio, opinión (*f.*), parecer **2** juicio, sensatez (*f.*), cordura (*f.*) **3** (*fil.*) juicio **4** (*giur.*) juicio, proceso, causa (*f.*) **5** (anche *giur.*) juicio, fallo, sentencia (*f.*).

giugno *s.m.* junio.

giungere A *v.intr.* llegar, alcanzar **B** *v.tr.* unir, juntar **C** *v.intr.pron.* unirse, juntarse.

giungla *s.f.* **1** (*geog.*) jungla, selva **2** (*fig.*) selva.

giunta *s.f.* **1** (*bur.*) junta **2** (*pol.*) junta, órgano colectivo.

giunto A *agg.* junto, unido **B** *s.m.* (*tecn.*) junto, junta (*f.*), conexión (*f.*), empalme.

giuramento *s.m.* **1** juramento, jura (*f.*), promisa **2** (*giur.*) juramento.

giuria *s.f.* **1** (*giur.*) jurado (*m.*) **2** (*concorso*) panel (*m.*), jurado (*m.*).

giurisprudenza *s.f.* jurisprudencia, derecho.

giustificare A *v.tr.* **1** justificar, autorizar **2** probar, demostrar **3** (*rel.*) justificar, perdonar **4** (*tip.*) justificar **B** *v.pron.* justificarse, disculparse.

giustizia *s.f.* **1** (*anche rel.*) justicia **2** justicia, equidad **3** (*giur.*) justicia, poder judical.

giustiziare *v.tr.* ajusticiar, ejecutar.

giusto A *agg.* **1** justo, equitativo, imparcial (*m.* e *f.*) **2** legítimo **3** adecuado, conveniente (*m.* e *f.*) **4** exacto, puntual (*m.* e *f.*) **5** crítico, preciso **B** *avv.* **1** justo, exactamente, con precisión **2** justo ahora, en ese/este momento **3** casi, alrededor, aproximadamente **4** cierto, seguro, ciertamente.

glande *s.m.* (*anat.*) glande.

gli A *art.det.m.pl.* los **B** *pron.m.sing.* (*personale*) (*complemento di termine, enclitico e proclitico*) le **C** *pron.m.* e *f.pl.* (*personale*) les.

glicemia *s.f.* (*med.*) glucemia, glicemia.

glicine *s.m.* (*bot.*) glicina (*f.*), glicinia (*f.*).

gliela *pron.f.sing.* (*personale*) se la.

gliele *pron.f.pl.* (*personale*) se las.

glieli *pron.m.pl.* (*personale*) se los.

glielo *pron.m.sing.* (*personale*) se lo.

gliene *pron.sing.* (*personale*) le (*de ello*).

globalizzazione *s.f.* (*psic.*) globalización.

globo *s.m.* **1** globo, esfera (*f.*) **2** globo, tierra (*f.*).

gloria A *s.f.* **1** gloria, fama, celebridad **2** gloria, orgullo (*m.*) **3** (*rel.*) gloria, bienaventuranza **4** (*tess.*) tejido de seda **B** *s.m.inv.* (*rel.*) **1** (*canto, preghiera*) gloria (*sing.*), cántico (*sing.*) **2** (*messa*) gloria Patri.

gnocco *s.m.* **1** (*cuc.*) ñoqui **2** (*pop.*) chichón **3** (*fam.*) grumo, pelotilla (*f.*) **4** (*fig.*) (*fam.*) (*sempliciotto*) grosete.

gnomo *s.m.* (*mit.*) gnomo, geniecillo.

goal *s.m.inv.* (*angl.*) (*sport*) gol (*sing.*).

gobba *s.f.* **1** (*pop.*) joroba, chepa, corcova **2** protuberancia, prominencia.

goccia *s.f.* **1** (*anche arch.*) gota **2** go-

ta, lágrima **3** (*lampadario*) cairel (*m.*), almendra.
goccio *s.m.* **1** gota (*f.*), sorbo **2** trago, latigazo.
godere A *v.intr.* **1** gozar, alegrarse, sentir placer **2** disfrutar, regocijarse, deleitarse, gozar **3** aprovechar, disfrutar **4** pasarlo bien, divertirse **5** (*pop.*) (*orgasmo*) correrse **B** *v.tr.* **1** gozar, tener, poseer **2** saborear, disfrutar **3** gozar.
gola *s.f.* **1** (*anat.*) garganta, gola **2** (*rel.*) gula **3** (*geog.*) cañada, garganta, hoz, desfiladero (*m.*), congosto (*m.*) **4** (*tecn.*) garganta, ranura **5** (*arch.*) gola, cimacio (*m.*) **6** (*mil.*) gola **7** (*fig.*) (*recipiente*) cuello (*m.*).
golf[1] *s.m.inv.* (*angl.*) (*abb.*) jersey (*sing.*), suéter (*sing.*).
golf[2] *s.m.* (*sport*) golf.
golfo *s.m.* (*geog.*) golfo, rada (*f.*), ensenada (*f.*).
goloso *agg.* e *s.m.* **1** goloso, glotón **2** (*fig.*) goloso, ávido **3** (*raro*) goloso, apetitoso.
golpe *s.m.inv.* (*sp.*) golpe de estado, cuartelada (*f.sing.*).
gomito *s.m.* **1** (*anat.*) (anche *manica*) codo **2** (*tecn.*) codo, codillo **3** curva (*f.*), recodo.
gomma *s.f.* **1** (anche *med.*) goma **2** goma de borrar, borrador (*m.*) **3** (*auto.*) neumático.
gonfiare A *v.tr.* **1** inflar, hinchar, soplar **2** (*fig.*) hinchar, exagerar, abultar **3** (*pop.*) dar la lata, (*amer.*) hinchar **B** *v.intr.pron.* **1** hincharse, inflamarse, dilatarse **2** (*fig.*) hincharse, presumir.
gonna *s.f.* (*abb.*) falda, (*amer.*) pollera.
gorgonzola *s.m.inv.* (*cuc.*) queso lombardo de olor y sabor fuerte parecido al camembert francés, queso azúl.
gorilla *s.m.inv.* **1** (*zool.*) gorila (*sing.*) **2** (*fig.*) (*guardaspalle*) gorila (*sing.*), guardaespaldas **3** (*fig.*) hombre corpulento.
gotico A *agg.* **1** gótico, de los godos **2** bárbaro **B** *s.m.* (*ling.*) (anche *stile*) gótico.
goto *s.m.* (*stor.*) godo.
gotta *s.f.* (*med.*) gota.
gotto *s.m.* (*pop.*) jarro, caña (*f.*), vaso.
governare A *v.tr.* **1** gobernar, regir, dirigir **2** dirigir, administrar **3** (*aer.*) (*mar.*) gobernar, timonear, pilotar **4** conducir, menejar, guiar **5** cuidar, asistir, atender **B** *v.intr.* (*mar.*) gobernar, montar **C** *v.pron.* gobernarse, regirse, comportarse.
governo *s.m.* **1** (*pol.*) gobierno, gobernación (*f.*) **2** (*pol.*) gobierno, gabinete **3** cuidado, atención (*f.*) **4** (*inform.*) control.
gracile *agg.m.* e *f.* **1** grácil, esbelto (*m.*), sutil **2** débil, enclenque **3** (*fig.*) frágil, flojo (*m.*), endeble.
gradazione *s.f.* **1** gradación, progresión, sucesión **2** (*mus.*) (*ret.*) gradación **3** (*bevande alcoliche*) graduación **4** (*fot.*) matiz de contraste.
gradevole *agg.m.* e *f.* agradable, placentero (*m.*).
gradinata *s.f.* **1** grada, gradas (*pl.*), escalinata **2** (*stadio*, *anfiteatro*) graderío (*m.*), gradería **3** (*pubblico*) graderío (*m.*).
gradino *s.m.* **1** peldaño, escalón, grado **2** (*alpinismo*) peldaño, escalón cavado en el hielo.
grado[1] *s.m.* **1** grado, estadio **2** (*fis.*) (*geom.*) (*gramm.*) (*mat.*) (*mil.*) (*mus.*) grado **3** (*giur.*) grado, instancia (*f.*) **4** (*fig.*) categoría (*f.*), posición (*f.*), nivel, rango.
grado[2] *s.m.* grado, voluntad (*f.*), gusto.
graduale A *agg.m.* e *f.* gradual, progresivo (*m.*), paulatino (*m.*) **B** *s.m.* (*rel.*) **1** gradual **2** (*libro*) libro que reúne los graduales.
graduatoria *s.f.* **1** (*bur.*) escalafón (*m.*), jerarquía **2** (*gara*, *concorso*) clasificación, ranking (*m.*).

graffetta *s.f.* **1** (anche *chir.*) grapa **2** (*fermaglio metallico*) clip (*m.*), sujetapapeles (*m.inv.*).
graffio *s.m.* rasguño, arañazo.
graffiti *s.m.pl.* graffiti (*inv.*), pintada (*f.sing.*).
graffito *s.m.* grafito.
grafia *s.f.* grafia, escritura.
grafico A *agg.* gráfico **B** *s.m.* (*mat.*) (*stat.*) gráfico, gráfica (*f.*), diagrama **2** (*edit.*) grafista (*m.* e *f.*), especialista en grafismo.
grammatica *s.f.* **1** (*libro*) gramática **2** (*ling.*) gramática, ciencia de la lengua.
grammo *s.m.* (*misura di peso*) gramo.
grana[1] *s.f.* **1** grano (*m.*) **2** (*fot.*) granulosidad **3** (*conc.*) grano (*m.*), flor **4** (*oreficeria*) granulado (*m.*) **5** (*fam.*) problema (*m.*), lío (*m.*), apuro (*m.*).
grana[2] *s.f.* (*gerg.*) parné (*m.*), pasta, tela.
grana[3] *s.m.inv.* (*cuc.*) queso italiano de pasta dura y granulosa de Emilia y Lombardía (Italia).
granata *s.f.* (*mil.*) granada.
granché *pron.* gran cosa, cosa del otro mundo.
granchio *s.m.* **1** (*zool.*) cangrejo, nécora (*f.*) **2** (*fig.*) pifia (*f.*) **3** (*falegnameria*) corchete.
grande A *agg.m.* e *f.* **1** grande, superior **2** numeroso (*m.*) **3** importante, famoso (*m.*) **4** alto (*m.*), robusto (*m.*) **5** solemne, importante **6** (*rafforzativo*) gran **7** (*anteposto a un agg.*) muy **B** *s.m.* grandeza (*f.*), magnificencia (*f.*) **C** *s.m.* e *s.f.* **1** grande, adulto (*m.*) potente, prócer.
grandine *s.f.* **1** (*meteo.*) granizo (*m.*), pedrisco (*m.*), piedra **2** (*fig.*) lluvia, granizada.
grandioso *agg.* **1** grandioso, imponente (*m.* e *f.*), magnífico **2** ostentoso.
granita *s.f.* granizado (*m.*), garrapiña.
granito A *agg.* (*fig.*) hermoso, garrido, lozano **B** *s.m.* (*geol.*) granito.
grano *s.m.* **1** (*bot.*) trigo **2** grano **3** (*rosario*) cuenta (*f.*) **4** (*fig.*) grano, pizca (*f.*), gota (*f.*) **5** (*peso farmaceutico, carato*) grano **6** (*ant.*) (*arma da fuoco*) grano.
granturco *s.m.* (*bot.*) maíz.
grappa *s.f.* (*liquore*) aguardiente (*m.*), (*amer.*) cañazo (*m.*).
grasso A *agg.* **1** gordo, metido en carnes, orondo **2** (*bot.*) suculento, craso **3** (*alimento*) gordo, craso, mantecoso **4** (*chim.*) graso **5** fértil (*m.* e *f.*), feraz (*m.* e *f.*) **6** abundante (*m.* e *f.*), copioso, opulento **7** (*fig.*) vulgar (*m.* e *f.*), verde (*m.* e *f.*), obsceno, licencioso **8** grasoso, grasiento, untuoso **B** *s.m.* **1** grasa (*f.*), gordura (*f.*), manteca (*f.*) **2** (*chim.*) grasa (*f.*) **3** grasa (*f.*), mugre (*f.*), suciedad (*f.*) **4** (*mar.*) (*vela*) pujamen.
grata *s.f.* **1** rejilla, celosía, grada **2** reja, enrejado (*m.*).
gratifica *s.f.* gratificación, sobresueldo (*m.*).
gratis *avv.* (*lat.*) gratis, de balde, de mogollón.
gratitudine *s.f.* gratitud, reconocimiento (*m.*).
grattacielo *s.m.* rascacielos (*inv.*).
grattare A *v.tr.* **1** rascarse, refregarse **2** raspar, rascar, raer **3** (*cuc.*) rallar **4** (*fig.*) (*pop.*) arañar, afanar, birlar **5** rascar, golpear, aporrear **B** *v.pron.* rascarse, refregarse **2** (*gerg.*) (*auto.*) rascar, raspar.
gratuito *agg.* **1** gratuito **2** (*rel.*) gratuito **3** (*fig.*) gratuito, arbitrario, sin fundamento.
grave *agg.m.* e *f.* **1** (*fis.*) grave **2** pesado (*m.*), importante **3** (*fig.*) pesado (*m.*) **4** (*mus.*) bajo (*m.*) **5** (*fig.*) penoso (*m.*), difícil **6** (*fig.*) grave, severo (*m.*), solemne **7** (*raro*) desagradable, fastidioso (*m.*) **8** (*fig.*) grave, serio (*m.*) **9** (*fig.*) grave **10** (*fig.*) lento (*m.*), tardo (*m.*), pausado (*m.*).

gravidanza *s.f.* (*med.*) embarazo (*m.*), gravidez, preñez.
gravitazione *s.f.* (*fis.*) gravitación.
grazia *s.f.* **1** gracia, encanto (*m.*), atractivo (*m.*) **2** elegancia, armonía **3** amabilidad, gentileza **4** (*mit.*) (*rel.*) gracia **5** (*lett.*) gracia, amistad, benevolencia **6** (*giur.*) indulto (*m.*), gracia, clemencia **7** (*tip.*) (*lettere*) zapatilla.
grazie *inter.* e *s.m.inv.* gracias.
greco A *agg.* griego, helénico **B** *s.m.* **1** (*lingua*) griego **2** (*vento*) gregal **3** uva blanca y negra de vino.
grembiule *s.m.* **1** delantal, mandil **2** (*camice*) bata (*f.*) **3** (*bambini*) babi **4** (*sport*) (*kayak*) cubrebañera (*f.*).
gridare A *v.intr.* **1** gritar, vociferar **2** chillar, prostar, quejarse **3** (*animale*) chillar **4** gorgotear, borbotear **B** *v.tr.* **1** pedir **2** clamar, pedir **3** gritar, pregonar, publicar **4** (*fam.*) gritar, reprender **5** (*raro*) (*lett.*) aclamar.
grido *s.m.* **1** grito **2** (*fig.*) grito, clamor **3** (*fig.*) fama (*f.*), prestigio, renombre **4** (*animale*) alarido, aullido, bramido.
grigio *agg.* **1** gris (*m.* e *f.*) **2** (*fig.*) gris (*m.* e *f.*), mediocre (*m.* e *f.*), monótono **3** gris (*m.* e *f.*), triste (*m.* e *f.*), apagado.
griglia *s.f.* **1** parrilla, plancha **2** (*grata*) enrejado (*m.*), reja **3** (*tecn.*) rejilla, parrilla **4** (*fis.*) rejilla de control **5** (*edit.*) imposición **6** (*stat.*) pauta, plantilla **7** (*auto.*) (*sport*) parrilla.
grill *s.m.inv.* (*angl.*) **1** grill, parrilla (*f.sing.*) **2** (*cuc.*) carne asada **3** (*ristorante*) grill-room, parrilla (*f.sing.*).
grillo *s.m.* **1** (*zool.*) grillo **2** (*fig.*) capricho, antojo **3** (*edil.*) andamio volante **4** (*tecn.*) grillete.
grinta *s.f.* **1** cara de perro, cara de pocos amigos **2** (*fig.*) garra, empuje (*m.*), determinación.
grissino *s.m.* (*cuc.*) rosquilleta, colín.
groenlandese *agg.* e *s.m.* e *f.* groenlandés.
grondaia *s.f.* (*edil.*) **1** canalón (*m.*) **2** (*embrice*) alero (*m.*), vierteaguas (*m.inv.*).
grosso *agg.* **1** grueso, grande (*m.* e *f.*), gordo, robusto **2** grueso, grande (*m.* e *f.*), importante (*m.* e *f.*), fuerte (*m.* e *f.*), gordo **3** (*fig.*) grave (*m.* e *f.*), pesado, gordo **4** (*fig.*) grosero, tosco, basto **5** denso, espeso **6** numeroso, grande (*m.* e *f.*) **7** grueso, agitado.
grotta *s.f.* **1** (*geog.*) gruta, caverna, cueva **2** (*raro*) (*biliardo*) banda.
groviglio *s.m.* **1** enredo, maraña (*f.*), embrollo **2** (*fig.*) confusión (*f.*), enredo, (*amer.*) matete.
grumo *s.m.* **1** grumo, coágulo, burujo **2** grumo, pelota (*f.*).
gruppo *s.m.* **1** (anche *mus.*) grupo, conjunto **2** (*sport*) (*ciclismo*) pelotón, paquete **3** agrupación (*f.*), brigada (*f.*), asociación (*f.*) **4** grupo, clase (*f.*), especie (*f.*) **5** (*mat.*) (*mil.*) (*pitt.*) (*scult.*) (*tecn.*) grupo **6** (*geol.*) unidad estratigráfica superior.
gruviera *s.m.* e *f.inv.* (*cuc.*) gruyére.
guadagnare A *v.tr.* **1** ganar, cobrar, ingresar **2** ganar, conquistar, granjear **3** alcanzar, tocar, llegar **4** ganar, merecerse, conseguir **5** ganar, vencer **6** (*scherz.*) coger, agarrar **B** *v.intr.* ganar, mejorar, sentar.
guadagno *s.m.* **1** ganancia (*f.*), utilidad (*f.*), beneficios (*pl.*) distribuidos **2** (*fig.*) provecho, ventaja (*f.*) **3** (*elett.*) ganancia (*f.*).
guaio *s.m.* **1** apuro, aprieto, problema, dificultad (*f.*), (*amer.*) compromiso **2** contrariedad (*f.*), inconveniente, tropiezo.
guancia *s.f.* **1** (*anat.*) mejilla, carrillo (*m.*), moflete (*m.*) **2** (*bestia macellata*) carrillada, carrillera.
guanto *s.m.* **1** (*abb.*) guante **2** (*pop.*) condón, (*amer.*) forro **3** (*ant.*) (*armatura*) guantelete.
guardaboschi *s.m.* e *f.inv.* guardabosques.

guardare A *v.tr.* **1** mirar, contemplar, observar **2** guardar, custodiar, proteger, vigilar **3** observar **4** (*raro*) velar, asistir **5** seguir, imitar **B** *v.intr.* **1** fijarse, atender **2** tratar de, esforzarse, procurar **3** mirar, dar **C** *v.pron.* **1** mirarse, fijarse, contemplarse **2** guardarse de, abstenerse, cuidarse **D** *v.pron.* (*reciproco*) mirarse.

guardia *s.f.* **1** guardia, defensa **2** (*mar.*) (*mil.*) (*sport*) guardia **3** (*mil.*) (*persona*) centinela (*m.*), guardia (*m.*) **4** guarda (*m.*), guardián (*m.*) **5** (*spada*) puño (*m.*), empuñadura **6** (*equit.*) (*morso*) cama **7** (*tip.*) guarda.

guarire A *v.tr.* **1** curar, sanar **2** (*fig.*) quitar, extirpar, eliminar **B** *v.intr.* **1** sanar, recuperarse, reponerse, restablecerse **2** (*fig.*) quitarse **3** curarse, desaparecer.

guastare A *v.tr.* **1** estropear, arruinar, dañar **2** afear, deturpar **3** (*fig.*) aguar, turbar, frustrar **4** (*fig.*) perder, corromper, pervertir **5** deshacer **6** descomponer, alterar **7** (*raro*) (*lett.*) devastar, arrasar, asolar **B** *v.intr.pron.* **1** estropearse, descomponerse, romperse **2** descomponerse, echarse a perder **3** (*fig.*) echarse a perder, malograrse **C** *v.pron.* (*reciproco*) enemistarse con, ladearse con.

guasto *s.m.* **1** avería (*f.*), daño, desperfecto **2** (*fig.*) corrupción (*f.*), podredumbre (*f.*), deterioro.

guerra *s.f.* **1** guerra, conflagración, contienda **2** competencia, rivalidad **3** (*fig.*) guerra, discordia, contraste (*m.*) **4** lucha, eliminación, erradicación **5** (*poes.*) lucha.

gufo *s.m.* **1** (*zool.*) búho **2** (*fig.*) oso, persona (*f.*) huraña.

guglia *s.f.* **1** (*arch.*) aguja, pináculo (*m.*) **2** (*geog.*) picacho (*m.*).

guida *s.f.* **1** conducción, manejo (*m.*) **2** guía, dirección **3** guía, norte (*m.*) **4** (libro) manual (*m.*), guía, folleto (*m.*) **5** guía, mapa (*m.*) **6** guía (*m.* e *f.*), cicerone (*m.*) **7** liderato (*m.*), liderazgo (*m.*) **8** (*fig.*) guía (*m.* e *f.*), maestro (*m.*) **9** (*scout*) guía (*m.* e *f.*), escautista (*m.* e *f.*) **10** (*tecn.*) guía, corredera, carril (*m.*) **11** alfombra de escalera/pasillo.

guidare A *v.tr.* **1** guiar, indicar, orientar **2** (*fig.*) guiar, educar **3** dirigir, conducir, llevar **4** (*auto.*) conducir, (*amer.*) manejar **5** (*sport*) encabezar **6** (*raro*) dirigir, administrar **B** *v.pron.* guiarse, regirse.

guscio *s.m.* **1** cáscara (*f.*) **2** concha (*f.*), caparazón **3** vaina (*f.*) **4** (*arch.*) bovedilla (*f.*) **5** (*tecn.*) casco, armazón (*f.*), cápsula (*f.*).

gustare A *v.tr.* **1** gustar, paladear, saborear **2** (*fig.*) deleitarse, saborear **B** *v.intr.* gustar, agradar.

gusto *s.m.* **1** gusto **2** gusto, sabor **3** (*fig.*) gusto, placer, deleite **4** (*fig.*) gusto, elegancia (*f.*), distinción (*f.*) **5** (*fig.*) gusto, inclinación (*f.*), afición (*f.*) **6** gusto, estilo, sazón (*f.*).

H

h *s.f.inv.* letra h.
habitat *s.m.inv.* (*lat.*) **1** (*bio.* e *ecol.*) hábitat **2** (*fig.*) hábitat, ambiente (*sing.*).
hall *s.f.inv.* (*angl.*) hall (*m.*), vestíbulo (*m.sing.*), atrio.
hamburger *s.m.inv.* (*angl.*) hamburguesa (*f.sing.*).
handicap *s.m.inv.* (*angl.*) **1** (*sport*) hándicap (*sing.*) **2** (*fig.*) hándicap (*sing.*), desventaja (*f.sing.*) **3** (*med.*) minusvalidez (*f.sing.*), minoración (*sing.*).
hard disk *s.m.inv.* (*angl.* e *inform.*) disco rígido, hard disk.
hascisc *s.m.inv.* (*droga*) hachís, quif.
hippy *s.m.* e *f.inv.* (*angl.*) hippie.
hit parade *s.f.inv.* (*angl.* e *mus.*) lista de éxitos, hit parade.
hobby *s.m.inv.* (*angl.*) hobby, afición (*f.sing.*).
hockey *s.m.inv.* (*angl.* e *sport*) hockey.
horror *s.m.inv.* (*angl.*) terror (*sing.*), miedo (*sing.*).
hostess *s.f.inv.* (*angl.*) **1** (*aer.*) azafata, auxiliar de vuelo, aeromoza (*sing.*) **2** guía turística.
hot dog *s.m.inv.* (*angl.* e *cuc.*) perrito (*sing.*) caliente, (*amer.*) pancho (*sing.*).
hotel *s.m.inv.* (*franc.*) hotel (*sing.*).
humour *s.m.inv.* (*angl.*) humor (*sing.*), sentido del humor.

I

i[1] *s.f.inv.* **1** letra i (*sing.*) **2** (*numero romano che corrisponde a 1*) I.
i[2] *art.det.m.pl.* los.
iberico A *agg.* ibérico **B** *s.m.* ibero, ibérico.
ibernazione *s.f.* **1** (*bio.*) hibernación, letargo (*m.*), invernación **2** (*med.*) hibernación artificial **3** (*tecn.*) exposición de la arcilla a los agentes atmosféricos para que adquiera mayor plasticidad.
ibis *s.m.inv.* (*zool.*) ibis (*f.sing.*).
ibrido *agg.* e *s.m.* **1** ibrido **2** (*fig.*) híbrido, mezcla (*s.f.*).
iceberg *s.m.inv.* (*angl.*) (anche *fig.*) iceberg (*sing.*).
icona *s.f.* **1** icona (*m.*) **2** (*fig.*) icono (*m.*), signo (*m.*) visible.
idea *s.f.* **1** (*fil.*) idea, concepto (*m.*), noción **2** (*psic.*) idea, obsesión **3** idea, pensamiento (*m.*) **4** idea, convicciones (*pl.*), opinión **5** idea, conocimiento (*m.*), noción elemental **6** idea, tema (*m.*) **7** fundamento (*m.*), elemento (*m.*) básico **8** idea, intención, propósito (*m.*) **9** impresión, idea.
ideale A *agg.m.* e *f.* **1** ideal, imaginario (*m.*) **2** ideal, perfecto (*m.*), excelente **B** *s.m.* **1** ideal, arquetipo, modelo **2** ideal, ideología (*f.*), credo **3** sueño, ilusión (*f.*), deseo **4** lo perfecto, lo ideal.
idealizzare *v.tr.* idealizar.
idem *avv.* (*fam.*) ídem.
identico *agg.* **1** idéntico, igual (*m.* e *f.*) **2** (*rafforzativo*) mismísimo, mismito.
identificazione *s.f.* **1** identificación, reconocimiento (*m.*) **2** (*psic.*) identificación.
identikit *s.m.inv.* (*angl.*) **1** retrato (*sing.*), robot **2** (*fig.*) retrato (*sing.*), imagen (*f.sing.*).
identità *s.f.inv.* **1** identidad (*sing.*), equivalencia (*sing.*), igualdad (*sing.*) **2** (*bur.*) identidad (*sing.*), identificación (*sing.*) **3** (*psic.*) identidad (*sing.*), personalidad (*sing.*).
idiota *agg.* e *s.m.* e *f.* **1** (*med.*) idiota **2** (*pegg.*) idiota, estúpido (*m.*), cretino (*m.*).
idolo *s.m.* (anche *fig.*) ídolo.
idoneo *agg.* **1** idóneo, apto **2** idóneo, conveniente (*m.* e *f.*), adecuado.
idratante *agg.m.* e *f.* e *s.m.* hidratante.
idraulico A *agg.* hidráulico **B** *s.m.* fontanero, (*amer.*) plomero.
idrogeno *s.m.* (*chim.*) hidrógeno.
iella *s.f.* (*fam.*) mala suerte, mala pata, mufa.
iena *s.f.* **1** (*zool.*) hiena **2** (*fig.*) hiena, cruel (*agg.m.* e *f.*), despiadado (*agg.m.*).
ieri A *avv.* ayer **B** *s.m.* **1** ayer **2** ayer, pasado.
igiene *s.f.* **1** (*med.*) higiene **2** higiene, limpieza, aseo (*m.*).
igloo *s.m.inv.* (*angl.*) iglú (*sing*).
ignorante *agg.* e *s.m.* e *f.* **1** ignorante, incompetente **2** ignorante, iletra-

do (*agg.m.*) **3** (*fam.*) maleducado (*m.*), borde (*m.* e *f.*).
ignoto A *agg.* **1** ignoto, desconocido **2** (*persona*) anónimo, ignoto **B** *s.m.* **1** (*persona*) desconocido **2** lo ignoto, lo desconocido.
il *art.det.m.sing.* **1** el **2** (*distributivo*) los **3** (*con cognomi famosi, in spagnolo non si traduce*).
illimitato *agg.* **1** ilimitado, infinito **2** total (*m.* e *f.*), absoluto.
illogico *agg.* ilógico, absurdo, irrazonable (*m.* e *f.*).
illudere A *v.tr.* ilusionar, iludir, engañar **B** *v.pron.* ilusionarse.
illuminare A *v.tr.* **1** iluminar, alumbrar, dar luz **2** (*fig.*) iluminar, hacer resplandecer **3** (*fig.*) iluminar, aclarar, alumbrar **B** *v.intr.pron.* **1** iluminarse, refulgir **2** (*fig.*) resplandecer, brillar.
illuminismo *s.m.* ilustración (*f.*).
illusione *s.f.* **1** ilusión, espejismo (*m.*) **2** ilusión, esperanza.
illustrazione *s.f.* **1** comentario (*m.*), ilustraciòn, explicación **2** (*edit.*) ilustración, estampa, grabado (*m.*).
illustre *agg.m.* e *f.* **1** ilustre, célebre, insigne **2** noble, ilustre.
imballaggio *s.m.* embalaje.
imbalsamare *v.tr.* **1** embalsamar, momificar **2** (*impagliatura*) disecar **3** (*fig.*) anquilosar.
imbarazzante *agg.m.* e *f.* violento (*m.*), embarazoso (*m.*), engorroso (*m.*).
imbarazzo *s.m.* **1** (*fig.*) azoramiento, incomodidad (*f.*) **2** estorbo, obstáculo.
imbarco *s.m.* **1** embarque, embarco **2** puerto de embarque.
imbattersi *v.intr.pron.* **1** (*con*) encontrarse, tropezar, toparse **2** tocar, caer en suerte.
imbattibile *agg.m.* e *f.* imbatible, invencible.
imbecille *agg.* e *s.m.* e *f.* **1** imbécil, tonto (*m.*), idiota **2** (*psic.*) imbécil.
imbianchino *s.m.* **1** pintor **2** (*pegg.*) pintor de brocha gorda.
imbocco *s.m.* boca (*f.*), entrada (*f.*).
imboscata *s.f.* (*mil.*) (anche *fig.*) emboscada.
imbottitura *s.f.* **1** mullido (*m.*) **2** (*tess.*) guata.
imbranato *agg.* e *s.m.* (*pop.*) torpe (*m.* e *f.*), despistado, manazas (*s.m.* e *f.inv*).
imbrattare A *v.tr.* **1** manchar, embadurnar, ensuciar **2** ensuciar **3** (*fig.*) ensuciar, empañar, deshonrar **B** *v.pron.* ensuciarse, mancharse, embadurnarse.
imbroglio *s.m.* **1** enredo, maraña (*f.*), lío **2** (*fig.*) enredo, atolladero **3** (*fig.*) lío, embrollo, pastel **4** estafa (*f.*), camelo, timo.
imbucare A *v.tr.* **1** echar al correo/al buzón **2** (*gio.*) (*biliardo*) entronerar **3** (*fam.*) esconder, meter **B** *v.pron.* **1** (*fam.*) meterse en un agujero **2** (*fam.*) esconderse, meterse, colarse.
imbuto *s.m.* embudo, envasador.
imene *s.m.* (*anat.*) himen.
imitazione *s.f.* **1** (anche *attore*) imitación **2** (*lett.*) imitación, copia.
immacolato *agg.* **1** inmaculado, intachable (*m.* e *f.*) **2** (*rel.*) inmaculado.
immaginare A *s.m.* imaginación (*f.*) **B** *v.tr.* **1** imaginar **2** imaginar, inventar, idear **3** (*supporre*) suponer, pensar, imaginar **4** (*credere*) imaginar, pensar, figurarse.
immaginazione *s.f.* **1** imaginación **2** imaginación, fantasía, figuración.
immagine *s.f.* **1** imagen **2** imagen, recuerdo (*m.*) **3** (anche *fig.*) imagen, efigie, retrato (*m.*) **4** (*fig.*) imagen, apariencia **5** (*fig.*) imagen, estampa **6** (*lett.*) imagen, metáfora, tropo (*m.*).
immateriale *agg.m.* e *f.* **1** inmaterial, intangible **2** incorpóreo (*m.*), espiritual.
immaturo *agg.* **1** inmaduro, verde (*m.* e *f.*) **2** (*med.*) prematuro **3** (*fig.*)

inmaduro **4** (*fig.*) prematuro, precoz (*m.* e *f.*).
immedesimare A *v.tr.* fundir, aunar, unificar **B** *v.pron.* **1** identificarse, solidarizar **2** (*cine.* e *teatr.*) caracterizarse.
immediato *agg.* **1** inmediato **2** inmediato, veloz (*m.* e *f.*), instantáneo **3** (*fig.*) impulsivo, instintivo, incontrolable (*m.* e *f.*).
immenso *agg.* **1** inmenso, infinito, ilimitado **2** inmenso, descomunal (*m.* e *f.*) **3** (*fig.*) inmenso, enorme (*m.* e *f.*).
immersione *s.f.* **1** inmersión, sumersión, buceo (*m.*) **2** (*astro.*) inmersión, eclipse.
immigrante *agg.* e *s.m.* e *f.* inmigrante.
immigrazione *s.f.* inmigración.
imminente *agg.m.* e *f.* **1** (*lett.*) sobresaliente **2** (*fig.*) inminente, immediato (*m.*), apremiante.
immissione *s.f.* **1** introducción **2** (*giur.*) inmisión.
immobile A *agg.m.* e *f.* inmóvil, fijo (*m.*), quieto (*m.*) **B** *s.m.* (*giur.*) inmueble.
immorale *agg.m.* e *f.* **1** inmoral, amoral, licencioso (*m.*) **2** inmoral, depravado (*m.*), corrupto (*m.*).
immortale A *agg.m.* e *f.* **1** inmortal, eterno (*m.*) **2** inmortal, imperecedero (*m.*), perenne **B** *s.m.* e *f.* **1** inmortal **2** dios, divinidad (*f.*).
immunità *s.f.inv.* **1** inmunidad (*sing.*), exención (*sing.*) **2** (*giur.*) (*med.*) inmunidad (*sing.*).
immutato *agg.* inmutable (*m.* e *f.*), invariado.
impacchettare *v.tr.* empaquetar.
impacciato *agg.* **1** impedido **2** (*fig.*) azorado, cortado, abochornado **3** (*fig.*) torpe (*m.* e *f.*), pesado.
impadronirsi *v.intr.pron.* **1** (anche *fig.*) apoderarse, adueñarse, apropiarse **2** (*fig.*) dominar, sobresalir.
impaginare *v.tr.* (*edit.*) **1** (*progettazione*) imponer **2** (*montare la pagina*) ajustar, compaginar **3** (*legatoria*) alzar.
impalato *agg.* plantado, firme (*m.* e *f.*), inmóvil (*m.* e *f.*).
impalcatura *s.f.* **1** (*costr.*) andamiaje (*m.*), andamio (*m.*) **2** (*caccia*) puesto (*m.*) **3** (*fig.*) estructura, base, armazón (*m.*).
imparare *v.tr.* aprender.
imparziale *agg.m.* e *f.* imparcial, ecuánime, objetivo (*m.*).
impassibile *agg.m.* e *f.* frío (*m.*), impasible.
impasto *s.m.* **1** (*cuc.* e *costr.*) amasijo **2** (*fig.*) amasijo **3** (*pitt.*) empaste **4** (*fig.*) (*suoni, voci*) fusión (*f.*).
impatto *s.m.* **1** (anche *fig.*) impacto **2** (*fig.*) influencia (*f.*), influjo.
impaziente *agg.m.* e *f.* **1** (*lett.*) intolerante **2** impaciente, nervioso (*m.*) **3** impaciente, ansioso (*m.*).
impazzire *v.intr.* **1** (anche *fig.*) enloquecer, volverse loco, trastornarse **2** (*fig.*) sudar la gota gorda, quebrarse la cabeza, devanarse los sesos **3** descontrolarse **4** congestionarse, atascarse **5** (*fig.*) enloquecer, encantar, chiflar **6** (*cuc.*) apelotarse, cortarse.
impeccabile *agg.m.* e *f.* **1** impecable, intachable, irreprochable **2** impecable.
impedire *v.tr.* **1** impedir, prohibir, imposibilitar **2** impedir, estorbar, obstaculizar **3** impedir, dificultar.
impegnato *agg.* **1** pignorado, empeñado **2** reservado **3** comprometido.
impegno *s.m.* **1** compromiso, obligación (*f.*) **2** (*cose da fare*) compromiso, diligencia (*f.*) **3** empeño, ahínco, tesón.
imperativo A *agg.* imperativo, autoritario, imperioso **B** *s.m.* imperativo.
impercettibile *agg.m.* e *f.* **1** imperceptible, intangible **2** imperceptible, inapreciable.

imperfezione *s.f.* **1** imperfección **2** imperfección, falta, defecto (*m*) **3** (*cosa*) falla.
impermeabile A *agg.m.* e *f.* impermeable **B** *s.m.* (*abb.*) impermeable, gabardina (*f.*).
impero *s.m.* **1** imperio **2** imperio, potencia (*f.*) **3** (*fig.* e *lett.*) imperio, poder, dominio **4** (*fig.*) imperio, mando, potestad (*f.*) **5** (anche *econ.*) imperio, supremacía (*f.*).
impertinente *agg.* e *s.m.* e *f.* impertinente, descarado (*m.*), insolente.
impetuoso *agg.* **1** impetuoso, violento **2** (*persona*) impetuoso, impulsivo, precipitado **3** (*azione, discorso*) impetuoso, apasionado, arrebatado.
impianto *s.m.* **1** instalación (*f.*) **2** (*fig.*) estructura (*f.*), base (*f.*) **3** (*bio.* e *med.*) implantación (*f.*).
impiccare A *v.tr.* ahorcar, colgar **B** *v.pron.* ahorcarse, colgarse.
impiccio *s.m.* **1** estorbo, obstáculo **2** engorro, agobio, rollo **3** lío, enredo.
impiccione *s.m.* meterete (*m.* e *f.*), entremetido, metomentodo (*m.* e *f.*).
impiegato *agg.* e *s.m.* empleado.
impiego *s.m.* **1** empleo, uso **2** (anche *giur.*) empleo, ocupación (*f.*), colocación (*f.*), trabajo.
impilare *v.tr.* apilar, amontonar.
implicare A *v.tr.* **1** implicar, conllevar, comportar **2** implicar, envolucrar, enrollar **3** (*lett.*) (*avvolgere*) envolver **B** *v.intr.pron.* implicarse, enredarse, involucrarse.
implicito *agg.* implícito, sobreentendido, tácito.
imponente *agg.m.* e *f.* **1** importante, eminente **2** imponente, majestuoso (*m.*), enorme.
impopolare *agg.m.* e *f.* **1** impopular **2** (*sconosciuto*) desconocido (*m.*), ignoto (*m.*).
imporre A *v.tr.* **1** imponer, hacer valer **2** imponer, mandar, intimar **B** *v.pron.* **1** imponerse, hacerse valer **2** imponerse, tener éxito **C** *v.intr.pron.* imponerse, ser necesario.
importante A *agg.m.* e *f.* **1** importante, relevante, significativo (*m.*) **2** elegante **3** (*persona*) influyente, importante, poderoso (*m.*) **B** *s.m.* lo importante, lo esencial.
importare A *v.tr.* (anche *econ.*) importar, introducir **B** *v.intr.* **1** importar, interesar **C** *v.impers.* **1** importar, interesar **2** ser necesario.
importo *s.m.* **1** importe, coste, montante **2** cantidad (*f.*), suma (*f.*) de dinero.
importunare *v.tr.* importunar, molestar.
imposizione *s.f.* (anche *rel.*) imposición.
impossibile A *agg.m.* e *f.* **1** imposible **2** imposible, absurdo (*m.*) **3** imposible, insoportable, inaguantable **4** extravagante, estrafalario (*m.*) **B** *s.m.* lo imposible.
imposta *s.f.* **1** (*costr.*) postigo (*m.*), contraventana **2** (*econ.*) impuesto (*m.*) tasa, tributo (*m.*).
impostare A *v.tr.* **1** asentar, fundar, edificar **2** programar, planificar, organizar **B** *v.pron.* prepararse, ponerse en posición.
impostore *s.m.* impostor, timador, tramposo.
impotente A *agg.m.* e *f.* **1** impotente, incapaz **2** débil, inepto (*m.*) **3** ineficaz **B** *agg.* e *s.m.* (*med.*) impotente (*agg.*).
impoverimento *s.m.* (anche *fig.*) empobrecimiento.
imprecare *v.intr.* imprecar, despotricar.
imprecazione *s.f.* imprecación, maldición.
impreciso *agg.* **1** impreciso, inexacto, vago **2** (*strumento*) imperfecto, defectuoso **3** aproximado, aproximativo.
impreparato *agg.* desprevenido, desapercibido.

impresa *s.f.* **1** empresa **2** hazaña, gesta **3** (*comm.*) empresa, sociedad.
imprescindibile *agg.m.* e *f.* imprescindible, indispensable.
impressione *s.f.* **1** impresión, señal, huella **2** (*fig.*) impresión, sensación **3** (*fig.*) opinión.
imprevedibile *agg.m.* e *f.* imprevisible.
imprevidibilità *s.f.inv.* lo imprevisible.
imprevisto *agg.* imprevisto, inesperado.
imprevisto *s.m.* inconveniente, impedimento.
improbabile *agg.m.* e *f.* improbable.
impronta *s.f.* huella, marca, señal.
impronunciabile *agg.m.* e *f.* **1** impronunciable, irriferible, irrepetible **2** impronunciable, difícil de pronunciar.
improponibile *agg.m.* e *f.* **1** inviable **2** (*giur.*) inadmisible.
improprio *agg.* **1** impropio, incorrecto **2** (*sconveniente*) inconveniente (*m.* e *f.*), inapropiado.
improvvisare A *v.tr.* (anche *mus.*) improvisar **B** *v.pron.* meterse a.
improvviso *agg.* **1** inesperado, imprevisto, improviso **2** repentino, inopinado, subitáneo.
imprudenza *s.f.* **1** imprudencia **2** (*azione*) imprudencia, ligereza, desatino (*m.*).
impudente *agg.* e *s.m.* e *f.* impudente, desvergonzado (*m.*), descarado (*m.*).
impulsivo *s.m.* impulsivo.
impulso *s.m.* **1** (*fis.*) impulso, fuerza (*f.*) **2** (*fig.*) impulso, estímulo, incentivo **3** (*fig.*) impulso, arrebato, arranque **4** (*fig.*) influjo, influencia (*f.*).
impuro *agg.* **1** impuro **2** impuro, indecente (*m.* e *f.*), inmoral (*m.* e *f.*) **3** (*rel.*) inmundo, contaminado.
imputato *agg.* e *s.m.* (*giur.*) imputado, acusado.
in *prep.* **1** (*stato in luogo*) en **2** (*moto a luogo*) a **3** (*moto a luogo contro*) contro, en **4** (*moto attraverso luogo*) por **5** (*tempo determinato*) en **6** (*tempo continuato*) en **7** (*modo, maniera*) de **8** (*modo*) en **9** (*limitazione*) en, de **10** (*materia*) de **11** (*mezzo, strumento*) en, con.
inabitato *agg.* (*lett.*) inhabitado, deshabitado.
inaccessibile *agg.m.* e *f.* **1** inaccesible **2** (*fig.*) inaccesible, incomprensible **3** (*fig.*) inalcanzable.
inaccettabile *agg.m.* e *f.* **1** inaceptable, inadmisible **2** inaceptable, increíble, inverosímil.
inadatto *agg.* **1** inadecuado **2** inoportuno, inconveniente (*m.* e *f.*) **3** (*persona*) inepto, no idoneo.
inafferrabile *agg.m.* e *f.* **1** inasible, inaprensible **2** (*fig.*) inaprensible, incomprensible.
inaffidabile *agg.m.* e *f.* informal, incumplidor (*m.*), de poco fiar.
inalare *v.tr.* inhalar, aspirar.
inalterato *agg.* **1** inalterado, invariado **2** constante (*m.* e *f.*), invariado.
inammissibile *agg.m.* e *f.* **1** inadmisible, inaceptable **2** inadmisible, intolerable.
inanimato *agg.* **1** inanimado **2** inanimado, exánime (*m.* e *f.*).
inarrestabile *agg.m.* e *f.* incesante, imparable.
inaspettato *agg.* inesperado, imprevisto, impensado.
inattaccabile *agg.m.* e *f.* **1** (anche *fig.*) inatacable **2** (*fig.*) irreprochable, impecable.
inattività *s.f.inv.* inactividad (*sing.*), inercia (*sing.*).
inaudito *agg.* inaudito, extraordinario, increíble (*m.* e *f.*).
inaugurazione *s.f.* **1** inauguración, apertura **2** (*locale*) estreno (*m.*).
inavvertito *agg.* inadvertido, desapercibido.

incalcolabile *agg.m.* e *f.* incalculable, inestimable, enorme.
incallito *agg.* **1** calloso, encallecido **2** (*fig.*) empedernido, impenitente (*m.* e *f.*), incorregible (*m.* e *f.*).
incandescente *agg.m.* e *f.* **1** candente, incandescente **2** (*fig.*) candente, acalorado (*m.*), apasionado (*m.*).
incantare A *v.tr.* **1** encantar, hechizar **2** (*fig.*) (*sedurre*) encantar, seducir, embrujar, cautivar **B** *v.intr.pron.* **1** embelesarse, encantarse, arrobarse **2** (*astrarsi*) distraerse, abstraerse, ensimismarse **3** (*meccanismo*) detenerse, pararse.
incanto *s.m.* **1** (*magia*) encantamiento, hechizo, conjuro **2** (*fig.*) encanto, atractivo, magia (*f.*) **3** (*fig.*) encanto.
incapace A *agg.m.* e *f.* **1** (anche *giur.*) incapaz **2** incapaz, inepto (*m.*), inútil **B** *s.m.* e *f.* **1** (*giur.*) incapaz **2** inútil, incapaz.
incaricare A *v.tr.* encargar, encomendar **B** *v.intr.pron.* encargarse, cuidarse, hacerse cargo.
incarico *s.m.* **1** cargo, plaza (*f.*), puesto **2** encargo, cometido, comisión (*f.*) **3** (*istr.*) interinidad (*f.*), cargo interino.
incarnazione *s.f.* **1** (*rel.*) encarnaciòn **2** (*fig.*) encarnación, personificación, representación.
incasinare *v.tr.* (*pop.*) **1** poner patas arriba, desordenar **2** complicar, desbarajustar.
incasso *s.m.* **1** (*comm.*) cobro **2** taquilla (*f.*), taquillaje **3** (*edil.*) empotrado, empotramiento.
incastrare A *v.tr.* **1** encajar, encastrar **2** (*falegnameria*) embarbillar, engatillar, machiembrar **3** (*fig.* e *fam.*) enredar, enrollar **4** engastar, engarzar **B** *v.intr.* engranar, endentar **C** *v.intr.pron.* **1** encajarse, acoplarse **2** atascarse, atorarse.
incastro *s.m.* **1** (*tecn.*) encaje, muesca (*f.*) **2** (*tecn.*) (*punto di incastro*) embarbillado, engatillado, encaje.

incendio *s.m.* **1** incendio **2** (*fig.*) incendio, furia (*f.*), ímpetu, arrebato.
incenso *s.m.* **1** incienso **2** (*fig.*) incienso, jabón, coba (*f.*).
incentivo *s.m.* **1** incentivo, estímulo, aliciente **2** (*econ.*) incentivo.
incertezza *s.f.* **1** incertidumbre, inseguridad, duda **2** indecisión, vacilación, irresolución.
incesto *s.m.* (anche *giur.*) incesto.
inchiesta *s.f.* **1** (*giorn.*) (*giur.*) encuesta, investigación **2** encuesta, sondeo (*m.*).
inchino *s.m.* reverencia (*f.*).
inchiostro *s.m.* (anche *zool.*) tinta (*f.*).
inciampare *v.intr.* **1** tropezar **2** (*fig.*) tropezar, topar **3** (*fig.*) enredarse, liarse.
incidente A *agg.m.* e *f.* incidente **B** *s.m.* **1** accidente **2** (anche *giur.*) incidente.
incinta *agg.* embarazada, preñada.
incisione *s.f.* **1** incisión, corte (*m.*) **2** (*med.*) incisión, sajadura **3** (*mus.*) grabación **4** grabado (*m.*) **5** (*oreficeria*) buriladura.
incisivo *agg.* **1** incisivo **2** (*fot.*) nítido **3** (*fig.*) incisivo, agudo, mordaz (*m.* e *f.*).
inciso *s.m.* (*gramm.*) inciso, digresión (*f.*), paréntesis (*inv.*).
incitare *v.tr.* incitar, animar, instigar.
incivile *agg.m.* e *f.* **1** incivil, bárbaro (*m.*) **2** incivil, grosero (*m.*), maleducado (*m.*).
inclinare A *v.tr.* **1** inclinar, doblar, encorvar **2** (*fig.*) inclinar, predisponer **B** *v.intr.* (*a*) **1** inclinarse, ladearse **2** (*mar.*) (*imbarcazione*) escorar **3** (*fig.*) inclinarse, tender, propender **C** *v.intr.pron.* inclinarse, hacer una inclinación.
incline *agg.m.* e *f.* propenso (*m.*), predispuesto (*m.*).
includere *v.tr.* **1** incluir, adjuntar **2** incluir, comprender **3** incluir, implicar.

incoerenza *s.f.* **1** falta de cohesión, disgregación **2** (*fis.*) incoherencia **3** (*fig.*) incoherencia, incongruencia.
incognita *s.f.* **1** (*mat.*) incógnita **2** incógnita, misterio (*m.*).
incollare A *v.tr.* **1** encolar, pegar **2** encolar, impregnar de cola **B** *v.intr.pron.* adherirse, pegarse **C** *v.pron.* (*fig.*) **1** pegarse, arrimarse **2** estar colgado/pendiente.
incolore *agg.m.* e *f.* **1** incoloro (*m.*) **2** (*fig.*) monótono (*m.*), aburrido (*m.*) **3** (*fig.*) insignificante, apagado (*m.*), desvaído (*m.*).
incolpare A *v.tr.* inculpar, culpar, acusar **B** *v.pron.* acusarse, culparse **C** *v.pron.* (*reciproco*) inculparse, echarse la culpa.
incolumità *s.f.inv.* incolumidad (*sing.*).
incombenza *s.f.* cometido (*m.*), encargo (*m.*), tarea.
incominciare A *v.tr.* comenzar, empezar, iniciar **B** *v.intr.* comenzar, empezar, principiar.
incompatibile *agg.m.* e *f.* incompatible.
incompetente A *agg.m.* e *f.* **1** incompetente, inhábil, incapaz **2** (*giur.*) incompetente **B** *s.m.* e *f.* incompetente, incapaz.
incompiuto *agg.* incompleto, inacabado, inconcluso.
incompleto *agg.* (anche *bot.*) incompleto, parcial (*m.* e *f.*).
incomprensione *s.f.* incomprensión.
inconcepibile *agg.m.* e *f.* inconcebible, inexplicable.
inconfondibile *agg.m.* e *f.* inconfundible.
incongruenza *s.f.* incongruencia, contradicción.
inconsapevole *agg.m.* e *f.* ignorante, desconocedor.
inconscio A *agg.* inconsciente (*m.* e *f.*) **B** *s.m.* (*psic.*) inconsciente.
inconsistenza *s.f.* inconsistencia.
inconsueto *agg.* insólito, inusitado.
incontaminato *agg.* incontaminado, intacto, puro.
incontinenza *s.f.* (anche *med.*) incontinencia.
incontrare A *v.tr.* **1** encontrar, hallar **2** cuajar, agradar, tener éxito **3** (*appuntamento*) ver, encontrar **4** (*sport*) enfrentarse, competir **B** *v.intr.pron.* **1** encontrarse, verse **2** (*fig.*) coincidir, congeniar, encontrarse **C** *v.pron.* (*reciproco*) **1** encontrarse, verse **2** conocerse **3** (*azzuffarsi*) agarrarse, asirse, reñir **4** coincidir, converger, encontrarse.
incontrario *avv.* (*solo nella locuzione*) *all'~,* al contrario, al revés.
incontro[1] **A** *avv.* hacia, contra **B** *prep.* (*a*) hacia, al encuentro.
incontro[2] *s.m.* **1** (anche *sport*) encuentro **2** encuentro, entrevista (*f.*), cita (*f.*).
incoraggiamento *s.m.* aliciente, estímulo, acicate.
incoronazione *s.f.* coronación.
incorporare A *v.tr.* **1** incorporar, agregar, unir **2** (*fig.*) incorporar, incluir **3** (anche *econ.*) absorber, incorporar **4** (*fig.*) anexionarse, incorporar **4** (*mil.*) incorporar **B** *v.pron.* (*reciproco*) incorporarse, agregarse, unirse.
incorreggibile *agg.m.* e *f.* **1** incorregible **2** empedernido (*m.*), incorregible.
incosciente A *agg.m.* e *f.* **1** inconsciente, sin conocimiento **2** inconciente, maquinal **3** (*persona*) inconsciente, imprudente, irresponsable **B** *s.m.* e *f.* inconsciente, irresponsable.
incostituzionale *agg.m.* e *f.* inconstitucional.
incredibile *agg.m.* e *f.* **1** increíble, inverosímil **2** enorme, descomunal.
incremento *s.m.* incremento, aumento, desarrollo.
incriminare *v.tr.* (anche *giur.*) imputar, incriminar.

incrociare A *v.tr.* **1** (anche *bio.*) cruzar **2** atravesar **3** cruzarse, toparse, tropezarse **B** *v.pron.* (*reciproco*) **1** cruzarse, juntarse **2** encontrarse, coincidir.
incrocio *s.m.* (anche *bio.* e *ling.*) cruce.
incrostazione *s.f.* **1** incrustación **2** (*tecnica decorativa*) taracea, marquetería.
incubatrice *s.f.* incubadora.
incubo *s.m.* (anche *fig.*) pesadilla (*f.*).
inculare *v.tr.* (*volg.*) (anche *fig.*) dar por el culo.
incurabile A *agg.m.* e *f.* **1** incurable, insanable **2** (*fig.*) incurable, incorregible **B** *s.m.* e *f.* incurable, enfermo incurable.
incursione *s.f.* **1** (*mil.*) incursión **2** (*fig.*) irrupción **3** (*sport*) internada.
indaffarato *agg.* atareado, ajetreado.
indagare A *v.tr.* indagar, averiguar **B** *v.intr.* indagar, investigar.
indagine *s.f.* **1** indagación, investigación **2** investigación, pesquisa, averiguación.
indebitamento *s.m.* deuda (*f.*).
indebolire A *v.tr.* debilitar **B** *v.intr.pron.* debilitarse.
indecente *agg.m.* e *f.* **1** indecente, indecoroso (*m.*) **2** (*sporco*) indecente, asqueroso (*m.*), muy sucio (*m.*) **3** (*sconcio*) obsceno (*m.*), procaz, grosero (*m.*).
indeciso *agg.* **1** (*persona*) indeciso, incierto, titubeante (*m.* e *f.*) **2** (*fig.*) inestable (*m.* e *f.*), variable (*m.* e *f.*) **3** indeciso, indeterminado.
indefinito *agg.* **1** indefinido, indeterminado **2** indefinido, vago, impreciso **3** (*gramm.*) indefinido **4** pendiente (*m.* e *f.*).
indegno *agg.* **1** indigno, desmerecedor **2** indigno, vil (*m.* e *f.*), ruin (*m.* e *f.*) **3** indigno, vergonzoso, inicuo.
indelebile *agg.m.* e *f.* (anche *fig.*) indeleble, imborrable.
indenne *agg.m.* e *f.* indemne, ileso (*m.*), incólume.
indescrivibile *agg.m.* e *f.* indescriptible, indecible.
indesiderato *agg.* indeseado.
indeterminabile *agg.m.* e *f.* indeterminable, indeterminado (*m.*).
indeterminato *agg.* **1** indeterminado, impreciso, indefinido **2** indeterminado, vago, incierto **3** (*mat.*) indeterminado.
indiano A *agg.* **1** indiano **2** (*India*) indio, hindú (*m.* e *f.*) **3** (*etn.*) (*America*) amerindio, indio **B** *s.m.* **1** (*India*) indiano, hindú (*m.* e *f.*) **2** (*etn.*) (*America*) amerindio, indio.
indicare *v.tr.* **1** indicar, señalar, enseñar **2** poner, llevar **3** (*strumento*) señalar, marcar, indicar **4** indicar, aconsejar, sugerir **5** indicar, denotar.
indicativo A *agg.* **1** indicativo, significativo **2** (*gramm.*) indicativo **3** aproximado, aproximativo **B** *s.m.* (*gramm.*) indicativo, modo indicativo.
indice *s.m.* **1** (anche *anat., econ., fis. e mat.*) índice **2** (*tecn.*) indicador, saeta (*f.*) **3** (*fig.*) índice, indicio, señal (*f.*).
indietro *avv.* atrás.
indifeso *agg.* **1** indefenso, desprotegido **2** (*fig.*) indefenso, desamparado, desvalido **3** desarmado.
indifferente A *agg.m.* e *f.* **1** indiferente **2** (*persona*) indiferente, insensible, frío (*m.*) **B** *s.m.* e *f.* persona insensible.
indigeno A *agg.* indígena (*m.* e *f.*), autoctono **B** *s.m.* indígena (*m.* e *f.*), autoctono.
indigestione *s.f.* indigestión, empacho (*m.*).
indio *agg.* e *s.m.* indio, amerindio.
indipendente A *agg.m.* e *f.* **1** independiente **2** independiente, no relacionado **B** *s.m.* e *f.* (*pol.*) independiente.

indirizzo *s.m.* **1** dirección (*f.*), señas (*f.pl.*) **2** mensaje, discurso **3** (*fig.*) orientación (*f.*), rumbo.
indisciplina *s.f.* indisciplina.
indiscrezione *s.f.* **1** indiscreción, indelicadeza **2** indiscreción, inconveniencia **3** indiscreción, filtración.
indiscriminato *agg.* indistinto, indiscriminado.
indispensabile *agg.m.* e *f.* indispensable, imprescindible.
indisposto *agg.* indispuesto.
individuale *agg.m.* e *f.* **1** individual **2** individual, particular, singular.
individuo *s.m.* **1** (*bio.*) individuo, organismo **2** individuo **3** (*pegg.*) individuo, sujeto, tipo.
indizio *s.m.* **1** indicio, barrunto, atisbo **2** (*giur.*) indicio.
indomani *s.m.* el día siguiente.
indonesiano *agg.* e *s.m.* indonesio.
indossare *v.tr.* **1** ponerse **2** llevar.
indosso *avv.* puesto (*agg.*), encima.
indovinare *v.tr.* **1** adivinar, predecir, pronosticar **2** acertar, atinar.
indovinello *s.m.* **1** adivinanza (*f.*), acertijo **2** enigma, misterio.
indovino A *agg.* (*lett.*) adivino **B** *s.m.* adivino, clarividente (*m.* e *f.*).
indù *agg.* e *s.m.* e *f.inv.* hindú (*sing.*).
indugio *s.m.* tardanza (*f.*), demora (*f.*) // *senza ~,* sin tardar/demora.
industria *s.f.* **1** industria **2** (*lett.*) industria, habilidad, destreza.
inefficienza *s.f.* ineficiencia.
inerente *agg.m.* e *f.* inherente, propio (*m.*).
inerme *agg.m.* e *f.* inerme, indefenso (*m.*), desarmado (*m.*).
inerzia *s.f.* **1** inercia, inacción, desidia **2** (*fis.* e *med.*) inercia.
inesistente *agg.m.* e *f.* **1** inexistente, imaginario (*m.*) **2** infundado (*m.*), insubsistente.
inesorabile *agg.m.* e *f.* **1** inexorable, implacable **2** inexorable, inevitable.
inetto *agg.* e *s.m.* **1** incompetente (*m.* e *f.*), inhábil (*agg.m.* e *f.*), incapaz (*agg.m.* e *f.*) **2** (*pegg.*) inepto, inútil (*m.* e *f.*).
inevitabile A *agg.m.* e *f.* inevitable, ineluctable **B** *s.m.* lo inevitable.
infallibile *agg.m.* e *f.* infalible, seguro (*m.*), cierto (*m.*).
infame *agg.m.* e *f.* **1** infame, vil, ruin **2** (*iron.*) infame, pésimo (*m.*), horrible.
infanzia *s.f.* **1** infancia, niñez **2** infancia **3** (*fig.* e *lett.*) albores (*m.pl.*).
infarcimento *s.m.* **1** (*cuc.*) relleno, farsa (*f.*) **2** (*fig.*) relleno.
infarto *s.m.* (*med.*) infarto.
infastidire A *v.tr.* fastidiar, molestar **B** *v.intr.pron.* fastidiarse, irritarse.
infatti *cong.* **1** en efecto, en realidad, de hecho **2** (*iron.*) (*antifrastico*) sin embargo.
infedele *agg.m.* e *f.* **1** infiel **2** inexacto (*m.*), impreciso (*m.*).
infelice *agg.m.* e *f.* **1** infeliz, desdichado (*m.*), desgraciado (*m.*) **2** poco logrado (*m.*), fracasado (*m.*) **3** desfavorable, adverso (*m.*), negativo (*m.*) **4** inoportuno (*m.*).
inferiore A *agg.m.* e *f.* (anche *zool.*) inferior **B** *s.m.* e *f.* inferior, subalterno (*m.*), subordinado (*m.*).
infermiere *s.m.* enfermero.
inferno *s.m.* **1** (*rel.*) infierno **2** (*fig.*) infierno, tormento **3** (*oleificio*) infierno.
infezione *s.f.* **1** (*med.*) infección **2** (*fig.*) contagio (*m.*), contaminación.
infiammazione *s.f.* (anche *med.*) inflamación.
infilare A *v.tr.* **1** (*ago*) enhebrar, enhilar **2** ensartar, enfilar **3** meter, poner **4** ensartar, espetar, atravesar **5** poner, ponerse **6** (*calzature, guanti*) calzar **B** *v.pron.* **1** meterse **2** meterse, colarse.
infiltrazione *s.f.* **1** (*liquido*) infiltración, filtración **2** (*gas*) fuga, escape (*m.*) **3** (*med.*) (anche *fig.*) infiltración.

infine *avv.* **1** al/por fin **2** en fin.
infinito A *agg.* **1** infinito, ilimitado, inabarcable (*m.* e *f.*) **2** infinito, inmenso **3** infinito, incontable (*m.* e *f.*), innumerable (*m.* e *f.*) **B** *s.m.* **1** infinito **2** (*mat.*) infinito **3** (*gramm.*) modo infinitivo.
infisso *s.m.* **1** (*edil.*) maderamen **2** (*edil.*) (*finestra*) ventanaje **3** (*edil.*) (*telaio*) marco **4** (*edil.*) (*battente*) postigo, imposta (*f.*).
inflazione *s.f.* **1** (*econ.*) inflación **2** (*fig.*) inflación, abundancia.
inflessibile *agg.m.* e *f.* (anche *fig.*) inflexible, rigido (*m.*).
influenza *s.f.* **1** (*ascendente*) influencia, ascendiente (*m.*) **2** (*autorità*) influencia, poder (*m.*), autoridad **3** (*fig.*) influencia, influjo (*m.*) **4** (*med.*) gripe.
influsso *s.m.* **1** influjo, influencia (*f.*) **2** (*astrol.*) influjo.
infondato *agg.* infundado, inconsistente (*m.* e *f.*), inmotivado.
informare A *v.tr.* **1** informar, enterar, dar noticia **2** (*fig.* e *lett.*) conformar, caracterizar **3** (*fig.* e *lett.*) modelar, amoldar **B** *v.intr.pron.* **1** informarse, enterarse **2** atenerse, ajustarse.
informatica *s.f.* informática.
informazione *s.f.* **1** (anche *bio.* e *inform.*) información **2** información, noticia.
infrangere A *v.tr.* **1** triturar, moler **2** quebrar, romper **3** (*fig.*) infringir, quebrantar, violar **B** *v.intr.pron.* **1** estrellarse, romper **2** (*fig.*) estrellarse, fracasar.
infrarosso *agg.* e *s.m.* (*fis.*) infrarrojo (*agg.*).
infreddolito *agg.* muerto de frío, aterido.
infuori *avv.* hacia afuera.
infuriato *agg.* enfurecido, furioso, encolerizado.
infusione *s.f.* **1** (*med.*) (*rel.*) infusión **2** infusión, tisana.
ingaggio *s.m.* (*sport*) fichaje.
ingannare *v.tr.* **1** engañar **2** defraudar, traicionar **3** eludir, esquivar **4** (*fig.*) engañar, entretener.
inganno *s.m.* **1** engaño, insidia (*f.*), artimaña **2** ilusión (*f.*), error.
ingegno *s.m.* **1** ingenio, inteligencia (*f.*) **2** talento, genio.
ingenuo *agg.* e *s.m.* e *f.* ingenuo, cándido (agg.).
ingessare *v.tr.* **1** enyesar **2** (*med.*) escayolar, enyesar.
inghippo *s.m.* (*pop.*) chanchullo.
ingiù *avv.* abajo, para abajo.
ingiunzione *s.f.* **1** precepto (*m.*), orden **2** (*giur.*) intimación.
ingiuria *s.f.* **1** injuria, ultraje (*m.*), ofensa **2** (*giur.*) injuria **3** (*fig.*) injuria, estrago (*m.*).
ingiustizia *s.f.* injusticia.
inglese A *agg.* e *s.m.* e *f.* inglés **B** *s.m.* (*lingua*) inglés.
inglobare *v.tr.* englobar, anexionar, incorporar.
ingoiare *v.tr.* **1** engullir, tragar, zampar **2** (*fig.*) tragar, aguantar, soportar **3** (*fig.*) tragarse, engullir.
ingombrante *agg.m.* e *f.* voluminoso (*m.*), abultado (*m.*).
ingordo *agg.* e *s.m.* **1** goloso, glotón **2** (*fig.*) ávido.
ingorgo *s.m.* **1** atasco, atoramiento **2** (*traffico*) embotellamiento, atasco, retención (*f.*) **3** (*med.*) oclusión (*f.*).
ingranaggio *s.m.* **1** (*mecc.*) engranaje **2** (*fig.*) mecanismo.
ingrandimento *s.m.* **1** engrandecimiento, ensanchamiento, amplificación (*f.*) **2** (*fis.*) aumento **3** (*fot.*) ampliación (*f.*).
ingratitudine *s.f.* ingratitud, desagradecimiento (*m.*).
ingrediente *s.m.* (anche *fig.*) ingrediente.
ingresso *s.m.* **1** entrada (*f.*) **2** (*arch.*) vestíbulo, recibidor, hall **3** inicio, comienzo.

ingrossare A *v.tr.* **1** engrosar **2** engordar **B** *v.intr.pron.* **1** engrosar, engordar **C** *v.intr.* (*femmina di animale*) empreñarse.
inguine *s.m.* (*anat.*) ingle (*f.*).
inibito *agg.* e *s.m.* (*psic.*) cohibido (*agg.*), inhibido (*agg.*).
iniezione *s.f.* **1** (*mecc.* e *med.*) (anche *fig.*) inyección **2** (*fig.*) inyección, contribución, aportación.
inimicizia *s.f.* enemistad, hostilidad, animadversión.
ininterrotto *agg.* incesante (*m.* e *f.*), ininterrumpido, continuo.
iniziare A *v.tr.* **1** iniciar, empezar, comenzar **2** (*a*) iniciar (en) **3** (*a*) iniciar (en), instruir **B** *v.intr.pron.* empezar, iniciar.
inizio *s.m.* inicio, comienzo, principio.
innamorare A *v.tr.* **1** (*raro*) enamorar **2** seducir, conquistar, cautivar **3** apasionar, atraer, encantar **B** *v.intr.pron.* **1** enamorarse, prendarse, colarse **2** enamorarse, encapricharse, entusiasmarse **C** *v.pron.* (*reciproco*) enamorarse.
innato *agg.* **1** innato, connatural (*m.* e *f.*), congénito **2** espontáneo, natural (*m.* e *f.*).
innervosire A *v.tr.* poner nervioso, enervar, crispar los nervios **B** *v.intr.pron.* ponerse nervioso, enervarse, crisparse los nervios.
innocente A *agg.m.* e *f.* **1** inocente **2** inocente, cándido (*m.*), ingenuo (*m.*) **B** *s.m.* e *f.* inocente.
innocuo *agg.* inocuo, inofensivo.
innovazione *s.f.* **1** reforma **2** novedad.
inoltre *avv.* además.
inondazione *s.f.* (anche *fig.*) inundación.
in quanto A *avv.* en calidad de, como, en cuanto **B** *cong.* porque, ya que, puesto que **C** *prep.* (*solo nella locuzione*) *~ a,* en cuanto a, por lo que respecta/atañe a.
inquietante *agg.m.* e *f.* inquietante, preocupante, intranquilizador (*m.*).
inquilino *s.m.* inquilino, arrendatario.
inquinamento *s.m.* contaminación (*f.*), polución (*f.*).
insalata *s.f.* (*cuc.*) (anche *fig.*) ensalada // *~ di mare,* ensalada de marisco; *~ russa,* ensaladilla.
insano *agg.* (*lett.*) **1** loco, insensato, disparatado **2** (*fig.*) tempestuoso, alborotado.
insaputa *s.f.* (*solo nella locuzione*) *all'~,* a escondidas/a espaldas de.
insegna *s.f.* **1** (anche *mar.* e *mil.*) insignia, enseña **2** (*sport*) emblema (*m.*) **3** (*fig.*) lema (*m.*) **4** letrero (*m.*), rótula (*m.*).
insegnare A *v.tr.* **1** enseñar **2** enseñar, mostrar, indicar **3** revelar **B** *v.intr.* enseñar, dar clases.
inseguire A *v.tr.* **1** perseguir, seguir **2** perseguir, cazar **3** (*fig.*) perseguir, buscar **B** *v.pron.* (*reciproco*) **1** perseguirse, seguirse **2** (*fig.*) subseguir.
insensato A *agg.* **1** insensato, tonto, necio **2** insensato, desatinado **B** *s.m.* insensato, tonto.
insensibile A *agg.m.* e *f.* **1** insensible **2** insensible, imperceptible **3** (*fig.*) insensible, frío (*m.*) **B** *s.m.* insensible.
inseparabile *agg.m.* e *f.* **1** inseparable, indivisible **2** inseparable, consubstancial.
inserire A *v.tr.* **1** introducir, meter **2** (*fig.*) insertar, incluir, enserir **3** (*giorn.*) (*avviso, annuncio*) insertar, publicar **B** *v.intr.pron.* **1** insertarse **2** (*fig.*) introducirse **3** (*fig.*) integrarse, asimilarse.
inserzione *s.f.* **1** inserción, conexión **2** (*giorn.*) anuncio (*m.*), (*amer.*) aviso (*m.*) **3** (*med.*) inserción.
insetto *s.m.* **1** (*zool.*) insecto **2** (*fig.*) gusano, bicho.
insicuro A *agg.* **1** inseguro, incierto **2** inseguro, inestable (*m.* e *f.*) **B** *s.m.* irresoluto.

insieme A *avv.* **1** junto **2** conjuntamente, al mismo tiempo **3** junto, juntamente, a la vez **4** recíprocamente **B** *s.m.* (anche *abb.* e *mat.*) conjunto.
insinuazione *s.f.* (*fig.*) insinuación, indirecta, alusión.
insipido *agg.* (anche *fig.*) insípido, soso.
insistere *v.intr.* **1** insistir, porfiar **2** (*tecn.*) descansar, apoyarse, asentar.
insoddisfazione *s.f.* insatisfacción, descontento (*m.*).
insofferenza *s.f.* intolerancia, impaciencia.
insolito *agg.* **1** insólito, inusual (*m.* e *f.*), extraordinario **2** raro, extraño.
insomma *avv.* **1** (*conclusivo*) en conclusión, en resumen, en suma **2** (*impazienza, irritazione*) en fin **3** así así, ni bien ni mal.
insonnia *s.f.* insomnia (*m.*).
insospettire A *v.tr.* infundir/levantar sospechas **B** *v.intr.pron.* desconfiar, recelar, sospechar.
insostenibile *agg.m.* e *f.* insostenible.
inspiegabile *agg.m.* e *f.* inexplicable, incomprensible.
instabile *agg.m.* e *f.* **1** (*chim.* e *fis.*) inestable **2** inestable, variable **3** (*fig.*) inestable, inconstante, mudadizo (*m.*).
installazione *s.f.* **1** instalación **2** instalación, asentamiento (*m.*), establecimiento (*m.*).
insù *avv.* arriba.
insubordinato *agg.* e *s.m.* insubordinado, indisciplinado, rebelde (*m.* e *f.*).
insuccesso *s.m.* **1** fracaso, malogro **2** chasco.
insufficiente *agg.m.* e *f.* **1** insuficiente, escaso (*m.*), carente **2** (*istr.*) suspenso (*s.m.*) **3** inepto (*m.*), inadecuado (*m.*).
insulto *s.m.* **1** insulto, improperio, lindeza (*f.*) **2** (*med.*) ataque // *coprire di insulti,* poner a parir/de vuelta y media.
intanto *avv.* **1** mientras, mientras tanto, entretanto **2** (*avversativo*) así y todo **3** (*conclusivo*) finalmente, por fin, al fin.
intatto *agg.* **1** intacto, íntegro, entero **2** intacto, puro, incontaminado **3** intacto, irresuelto, no tratado.
integrale A *agg.m.* e *f.* **1** integral, global, total **2** (*alimento*) integral **B** *s.m.* (*mat.*) integral.
integrare A *v.tr.* **1** integrar, completar **2** integrar, incorporar **3** (*mat.*) integrar **B** *v.pron.* **1** integrarse, incorporarse **2** (*reciproco*) completarse.
intellettuale *agg.* e *s.m.* e *f.* intelectual.
intelligente *agg.m.* e *f.* **1** inteligente **2** inteligente, agudo (*m.*), ingenioso (*m.*) **3** inteligente, despierto (*m.*), vivaz.
intendere A *v.tr.* **1** (*lett.*) dirigir, volver **2** entender, comprender **3** oír, escuchar **4** enterarse, percatarse, saber **5** atender, escuchar, oír **6** entender, tener intención, querer **B** *v.pron.* (*reciproco*) entenderse, llevarse **C** *v.intr.pron.* entender, saber, ser experto.
intensità *s.f.inv.* (anche *fis., ling.* e *mus.*) intensidad (*sing.*).
intento[1] *agg.* **1** concentrado, abstraído, sumido **2** pendiente (*m.* e *f.*).
intento[2] *s.m.* intento, propósito, fin.
intenzione *s.f.* **1** intención, propósito (*m.*), ánimo (*m.*) **2** (*fil.*) significado (*m.*), significación.
interessare A *v.tr.* **1** interesar, concernir, atañer **2** interesar, afectar **3** interesar **B** *v.intr.* **1** interesar, importar **2** preocuparse, encargarse, ocuparse.
interesse *s.m.* **1** (anche *econ.*) interés **2** bien, beneficio, provecho **3** interés, conveniencia (*f.*) **4** interés, importancia (*f.*).
interferenza *s.f.* **1** (*fis.* e *telecom.*) interferencia, cruce (*m.*) **2** (*fig.*) interferencia, intromisión, injerencia.

interiore A *agg.m.* e *f.* (anche *fig.*) interior **B** *s.m.* interior.
intermedio *agg.* intermedio, mediano.
internazionale A *agg.m.* e *f.* internacional **B** *s.f.* (*pol.*) internacional.
interno A *agg.* **1** (anche *fig.*) interior (*m.* e *f.*) **2** (anche *geog.*) interno **B** *s.m.* **1** (anche *fig.*) interior **2** apartamento, piso.
intero A *agg.* **1** entero, completo, íntegro **2** entero, todo **3** pleno, absoluto, completo **4** (*lett.*) entero, recto, justo **B** *s.m.* **1** (*mat.*) entero **2** totalidad (*f.*), el todo.
interpretazione *s.f.* **1** (*cine.* e *teatr.*) interpretación, encarnación, actuación **2** (*mus.*) interpretación, ejecución **3** (anche *giur.*) interpretación.
interprete *s.m.* e *f.* intérprete.
interrogare *v.tr.* **1** interrogar **2** (*fig.*) examinar, consultar **3** (*istr.*) hacer salir a la pizarra.
interrogazione *s.f.* interrogación, pregunta.
interrompere A *v.tr.* **1** interrumpir, cesar, suspender **2** interrumpir, bloquear, atascar **3** (*giur.*) interrumpir **B** *v.intr.pron.* interrumpirse.
interruzione *s.f.* interrupción.
interscambio *s.m.* (anche *econ.*) intercambio.
intersezione *s.f.* **1** (*geom.* e *mat.*) intersección **2** cruce (*m.*).
intervallo *s.m.* **1** intervalo, distancia (*f.*) **2** pausa (*f.*), descanso **3** (*mus.*) intervalo.
intervenire *v.intr.* **1** intervenir **2** intervenir, interceder **3** participar, asistir, tomar parte **4** (*sport*) entrar en acción **6** (*med.*) intervenir, operar.
intervento *s.m.* **1** (anche *pol.*) intervención (*f.*) **2** (*med.*) intervención (*f.*), operacion (*f.*) **3** (*sport*) jugada (*f.*).
intervista *s.f.* entrevista.
intesa *s.f.* **1** acuerdo (*m.*), entente (*m.*), entendimiento (*m.*) **2** (*pol.*) alianza **3** colaboración.
intestino A *agg.* intestino, interior (*m.* e *f.*) **B** *s.m.* (*anat.*) intestino.
intimità *s.f.inv.* **1** intimidad (*sing.*), familiaridad (*sing.*), confianza (*sing.*) **2** intimidad (*sing.*), privacidad (*sing.*) **3** (*al pl.*) libertades.
intimo A *agg.* **1** íntimo **2** (*fig.*) recóndito, oculto, secreto **3** (*fig.*) íntimo, entrañable (*m.* e *f.*), profundo **4** íntimo, intrínseco **B** *s.m.* **1** (*fig.*) lo íntimo, interior **2** íntimo, pariente (*m.* e *f.*).
intolleranza *s.f.* **1** intolerancia **2** intolerancia, intransigencia.
intonato *agg.* **1** (*voce, strumento musicale*) entonado, afinado **2** (*fig.*) a juego, que armoniza, que pega.
intorno A *agg.inv.* circunstante (*m.* e *f.sing.*) **B** *avv.* **1** alrededor, en torno **2** (*nel giro di*) a la redonda.
intorno a *prep.* **1** alrededor de **2** sobre, acerca de **3** aproximadamente, más o menos **4** (*tempo*) hacia, cerca de **5** (*con pron.pers.*) alrededor.
intossicazione *s.f.* (*med.*) intoxicación, envenenamiento (*m.*).
intralcio *s.m.* estorbo, obstáculo, impedimento.
intraprendere *v.tr.* **1** emprender, acometer **2** seguir, hacer.
intrattenere A *v.tr.* **1** entretener, divertir **2** mantener, tener **B** *v.intr.pron.* **1** entretenerse **2** explayarse, detenerse.
intravedere *v.tr.* **1** entrever, divisar, distinguir **2** (*fig.*) intuir, adivinar, vislumbrar.
intrepido *agg.* **1** intrépido, audaz (*m.* e *f.*), valiente (*m.* e *f.*) **2** (*iron.*) descarado, desvergonzado.
intrigo *s.m.* **1** intriga (*f.*), maquinación (*f.*) **2** intriga (*f.*), lío, enredo.
intrinseco *agg.* **1** intrínseco **2** íntimo, entrañable (*m.* e *f.*).
introdurre A *v.tr.* **1** introducir **2** introducir, hacer pasar **3** introducir, presentar **4** iniciar, instruir **B** *v.intr.pron.* **1** meterse, introducirse **2** introducirse, relacionarse.

intromissione *s.f.* **1** intromisión, injerencia, entremetimiento (*m.*) **2** intercesión, mediación.
intrusione *s.f.* (anche *geol.*) intrusión.
intuire *v.tr.* **1** intuir, vislumbrar, presentir **2** darse cuenta, percatarse.
intuizione *s.f.* (anche *fil.* e *rel*) intuición.
inumano *agg.* **1** inhumano, cruel (*m.* e *f.*), deshumano **2** sobrehumano.
inumidire A *v.tr.* humedecer, rociar, mojar **B** *v.intr.pron.* humedecerse.
inutile *agg.m.* e *f.* **1** inútil, inservible **2** inútil, vano (*m.*).
invadente *agg.* e *s.m.* e *f.* entrometido (*m.*), entremetido (*m.*).
invadere *v.tr.* **1** invadir, asaltar, ocupar **2** (*fig.*) inundar **3** (*fig.*) contagiar, propagarse **4** (*fig.*) invadir, embargar, apoderarse **5** invadir, infestar **6** (*fig.*) invadir, usurpar.
invalido A *agg.* **1** inválido, minusválido, inútil (*m.* e *f.*) **2** (*giur.*) inválido, nulo **B** *s.m.* minusválido, inválido.
invano *avv.* en vano, inútilmente, en balde.
invasione *s.f.* **1** invasión **2** (*fig.*) invasión, invasividad, contagio (*m.*) **3** inundación.
invecchiare A *v.intr.* **1** envejecer, avejentar **2** (*fig.*) (*moda*) pasar **3** (*fig.*) deslucirse, perder el brillo **B** *v.tr.* **1** envejecer, avejentar **2** aflejar, envejecer.
invece *avv.* en cambio.
inventare *v.tr.* **1** inventar, idear **2** inventar, crear, idear **3** inventar, fraguar.
invenzione *s.f.* **1** invención, invento (*m.*), descubrimiento (*m.*) **2** invención, creación **3** bulo (*m.*), mentira, ficción.
inverno *s.m.* invierno.
inverso A *agg.* inverso, contrario **B** *s.m.* lo contrario, al revés.
invertire A *v.tr.* invertir, cambiar, mudar **B** *v.intr.pron.* invertirse, volver.
investigatore *agg.* e *s.m.* investigador.
investimento *s.m.* **1** (*econ.*) inversión (*f.*) **2** atropello, accidente, choque.
invidia *s.f.* **1** envidia **2** envidia, celos (*m.pl.*).
invio *s.m.* **1** envío, despacho, expedición (*f.*) **2** envía, remesa (*f.*).
invito *s.m.* **1** invitación (*f.*) **2** intimación (*f.*) **3** (*fig.*) tentación (*f.*) **4** (*gioco*) (*poker*) envite **5** (*sport*) (*scherma*) finta (*f.*).
involontario *agg.* (anche *psic.*) involuntario.
io *pron.m.* e *f.sing.* (*personale*) yo.
ipnosi *s.f.inv.* (*psic.*) hipnosis.
ipocrisia *s.f.* hipocresía, falsedad, doblez.
ipotesi *s.f.inv.* **1** (*gramm.* e *mat.*) hipótesis **2** hipótesis, suposición (*sing.*), conjetura (*sing.*) **3** caso (*m.sing.*), casualidad (*sing.*).
irlandese A *agg.* e *s.m.* e *f.* irlandés **B** *s.m.* (*lingua*) irlandés.
ironia *s.f.* **1** ironía, sarcasmo (*m.*) **2** (*fil.* e *ret.*) ironía **3** ironía, sorna, socarronería.
irraggiungibile *agg.m.* e *f.* **1** inalcanzable, inaccesible **2** irrealizable.
irrazionale *agg.m.* e *f.* **1** (anche *fil.* e *mat.*) irracional **2** irracional, irrazonable, ilógico (*m.*).
irreale *agg.m.* e *f.* irreal, imaginario (*m.*).
irregolare *agg.m.* e *f.* **1** (anche *gramm.*) irregular **2** irregular, desarreglado (*m.*) **3** irregular, inconstante, desigual.
irresistibile *agg.m.* e *f.* **1** irresistible, incontenible, irrefrenable **2** irresistible, encantador (*m.*).
irrigazione *s.f.* **1** irrigación, riego (*m.*), regadura **2** (*med.*) irrigación, lavado (*m.*).
irrigidimento *s.m.* **1** envaramiento, agarrotamiento, entumecimiento **2** rigidez (*f.*) **3** (*fig.*) recrudecimiento.

irrilevante *agg.m.* e *f.* irrelevante, insignificante.
irritare A *v.tr.* **1** irritar, enfadar, exasperar **2** (*lett.*) irritar, excitar, avivar **3** (*med.*) irritar, causar irritación **B** *v.intr.pron.* **1** irritarse, enfurecerse, sulfurarse **2** irritarse, inflamarse.
irruzione *s.f.* **1** irrupción **2** (*mil.*) irrupción, invasión.
iscrivere A *v.tr.* **1** inscribir, apuntar **2** inscribir, grabar **3** (*istr.*) matricular **B** *v.pron.* **1** inscribirse, apuntarse **2** (*pol.*) afiliarse **3** (*istr.*) matricularse.
islamico *agg.* e *s.m.* (*rel.*) islámico (*agg.*).
islandese A *agg.* e *s.m.* islandés **B** *s.m.* (*lingua*) islandés.
isola *s.f.* **1** isla **2** isla, plataforma **3** (*isolato*) manzana, isla.
isolare A *v.tr.* **1** aislar, apartar, separar **2** (anche *fig.*) aislar, marginar, segregar **3** (*bio., chim.* e *fis.*) aislar **B** *v.pron.* aislarse, apartarse.
ispezione *s.f.* **1** inspección, examen (*m.*) **2** (*med.*) reconocimiento (*m.*).
ispirazione *s.f.* **1** inspiración **2** consejo (*m.*), dictado (*m.*), sugerencia **3** (*arte*) inspiración, influencia **4** (*rel.*) inspiración, iluminación **5** ocurrencia, idea.
israeliano *agg.* e *s.m.* israelí (*m.* e *f.*).
istante *s.m.* instante, momento.
isterico *agg.* e *s.m.* **1** (*psic.*) histérico **2** histérico, loco.
istigare *v.tr.* **1** instigar, incitar, inducir **2** estimular, avivar, fomentar.
istinto *s.m.* **1** instinto **2** instinto, impulso **3** intuición (*f.*), olfato.
istituzione *s.f.* **1** institución, fundación, establecimiento (*m.*) **2** establecimiento (*m.*), disposición **3** institución, organismo (*m.*) **4** (*giur.*) institución, nombramiento (*m.*) **5** institución.
istruzione *s.f.* **1** enseñanza, instrucción, educación **2** cultura, instrucción, preparación **3** (*giur.*) instrucción, sumario (*m.*).
istruzioni *s.f.pl.* **1** instrucciones **2** instrucciones, órdenes, consignas.
italiano *agg.* e *s.m.* italiano.
itinerario A *agg.* itinerario **B** *s.m.* **1** itinerario, recorrido **2** itinerario, plano.
iugoslavo *agg.* e *s.m.* yugoslavo.

J

j *s.f.inv.* letra j.
jaborandi *s.m.inv.* (*bot.*) jaborandi (*sing.*).
jack *s.m.inv.* (*angl.*) **1** (*elett.*) jack, clavija (*f.sing.*) **2** (*gioco*) (*carte*) jota (*f.sing.*).
jam-session *s.f.inv.* (*angl.*) (*mus.*) jamsession.
jazz *s.m.inv.* (*angl.*) (*mus.*) jazz.
jazz-band *s.m.* e *f.inv.* (*angl.*) (*mus.*) orquesta de jazz.
jazzista *s.m.* e *f.* (*mus.*) músico (*m.*) de jazz.
jazzistico *agg.* (*mus.*) de jazz.
jeans *s.m.pl.* (*angl.*) (*abb.*) vaqueros.
jeanseria *s.f.* tienda que vende vaqueros.
jeep *s.f.inv.* (*angl.*) (*auto.*) jeep, todoterreno (*m.sing.*).
jet *s.m.inv.* (*angl.*) reactor (*sing.*), avión (*sing.*) a reacción.
jetlag *s.m.inv.* (*angl.*) jetlag.
jetset *s.m.inv.* (*angl.*) jet-set (*f.*).
jockey *s.m.inv.* (*angl.*) (*equit.*) jockey.
jogging *s.m.inv.* (*angl.*) (*sport*) jogging.
joint-venture *s.f.inv.* (*angl.*) (*econ.*) joint venture.
jolly *s.m.inv.* (*angl.*) (*gioco*) (*anche fig.*) comodín (*sing.*).
jota *s.f.inv.* (*danza*) jota (*sing.*).
joule *agg.inv.* e *s.m.inv.* (*fis.*) julio (*sing.*).
joystick *s.m.inv.* (*angl.*) (*inform.*) mando de juegos.
judo *s.m.inv.* (*sport*) judo.
judoista *s.m.* e *f.* (*sport*) judoka (*inv.*).
judoka *s.m.* e *f.inv.* (*sport*) judoka.
juke-box *s.m.inv.* (*angl.*) (*mus.*) gramola (*f.sing.*), máquina (*f.*) de discos.
jumbo *s.m.inv.* (*angl.*) (*aer.*) jumbo (*sing.*).
jumbo-jet *s.m.inv.* (*angl.*) (*aer.*) jumbo jet.
junior *agg.inv.* e *s.m.* e *f.* (*lat.*) junior (*sing.*).

K

k *s.f.inv.* letra k.
kaiser *s.m.inv.* (*germ.*) kaiser.
kalashnikov *s.m.inv.* (*mil.*) kalaschnikov.
kamikaze *agg.inv.* e *s.m.inv.* (*anche fig.*) kamikaze.
kaputt *agg.inv.* (*germ.*) (*fig.*) kaputt, acabado (*sing.*).
karaoke *s.m.inv.* karaoke.
karate *s.m.inv.* (*sport*) kárate, karate.
karma *s.m.inv.* karma.
kayak *s.m.inv.* (*sport*) kayak.
kelvin *s.m.inv.* (*angl.*) (*fis.*) kelvin, kelvinio.
ketchup *s.m.inv.* (*angl.*) (*cuc.*) ketchup.
killer *agg.inv.* e *s.m.* e *f.inv.* (*angl.*) matón (*m.sing.*), mercenario (*m.sing.*).
kilo **A** *s.m.* (*abbr.*) kilo **B** *pref.* kilo-.
kilocaloria *s.f.* (*fis.*) kilocaloría.
kilogrammo *s.m.* kilogramo.
kilometro *s.m.* kilómetro.
kilowatt *s.m.inv.* (*elett.*) kilovatio (*sing.*).
kit *s.m.inv.* (*angl.*) **1** kit, piezas para armar **2** caja (*sing.*).
kitsch *agg.* e *s.m.inv.* (*germ.*) kitsch, cursi (*sing.*) // *oggetto ~,* mazacote.
kiwi *s.m.inv.* **1** (*zool.*) kivi, kiwi **2** (*bot.*) kiwi.
koala *s.m.inv.* (*zool.*) koala (*sing.*).
kolossal *s.m.inv.* (*germ.*) superproducción (*sing.*).
kung fu *s.m.inv.* (*sport*) kung fu.
k-way *s.m.inv.* (*angl.*) (*abb.*) (*marchio registrato*) anorak, canguro (*sing.*).

L

l *s.f.inv.* **1** letra l **2** (*numero romano che corrisponde a 50*) L.
la[1] *art.det.f.sing.* la, el: ~ *zia*, la tía.
la[2] *pron.f.sing.* (*personale, dimostrativo*) la.
la[3] *s.m.inv.* (*mus.*) la.
là *avv.* allí, allá.
labbra *s.f.pl.* **1** (*anat.*) labios (*m.*) **2** (*fig.*) boca (*sing.*).
labirinto *s.m.* (*anat.*) (*fig.*) laberinto.
laboratorio *s.m.* **1** (*med.*) laboratorio **2** taller **3** (*pasticceria*) obrador.
laburismo *s.m.* (*pol.*) laborismo.
lacca *s.f.* **1** (*bot.*) laca **2** (*colore*) laca, barniz (*m.*).
laccio *s.m.* **1** lazo, (*amer.*) boleadoras (*f.pl.*) **2** (*fig.*) trampa (*f.*) **3** cordón **4** (*fig.*) lazo, vínculo.
lacerare A *v.tr.* **1** desgarrar, destrozar, lancinar **2** (*fig.*) lacerar, herir, dañar **3** (*fig.*) lacerar, destruir **B** *v.intr.pron.* **1** (*med.*) contusionarse, lesionarse **2** desgarrarse.
lacrima *s.f.* **1** (*fisiol.*) lágrima **2** (*fig.*) gota.
lacuna *s.f.* **1** laguna **2** (*bio.*) (*fis.*) cavidad, hueco (*m.*) **3** (*fig.*) olvido (*m.*), despiste (*m.*), blanco (*m.*), vacío (*m.*).
laddove A *avv.* (*lett.*) donde, allí donde **B** *cong.* (*lett.*) mientras que.
ladro A *agg.* ladrón **B** *s.m.* **1** ladrón **2** (*di bestiame*) cuatrero.
lager *s.m.inv.* (*germ.*) campo de concentración.
laggiù *avv.* allí, allá abajo.
lagnarsi *v.intr.pron.* **1** (*fam.*) quejarse **2** reclamar, protestar **3** quejarse, dolerse.
lago *s.m.* **1** (*geo.*) lago **2** (*fig.*) charco.
laguna *s.f.* **1** (*geo*). (*acqua salata*) albufera **2** (*acqua dolce*) laguna.
laico *agg.* e *s.m.* **1** laico **2** (*giur.*) (*fig.*) lego.
lama[1] *s.f.* **1** (*taglio*) cuchilla, hoja **2** (*tecn.*) hoja, plancha metálica, lama, lámina **3** (*sport*) (*pattinaggio*) cuchilla **4** (*sport*) (*hockey*) pala **5** (*agr.*) (*ascia, zappa*) pala.
lama[2] *s.m.inv.* (*zool.*) llama (*f.sing.*).
lamentare A *v.tr.* lamentar, deplorar, sentir **B** *v.intr.pron.* **1** gemir **2** quejarse, protestar.
lamento *s.m.* **1** lamento, gemido **2** (*lett.*) lamento, lamentación (*f.*) **3** (*rimostranza*) queja (*f.*), protesta (*f.*).
lamiera *s.f.* chapa, plancha, placa.
lamina *s.f.* **1** (*anat.*) (*bot.*) (*met.*) lámina, hoja **2** (*geol.*) hoja.
lampada *s.f.* **1** (*tecn.*) lámpara **2** (*lucerna*) quinqué (*m.*) **3** (*fig.*) (*guida*) faro (*m.*), guía **4** (*fig.*) (*bagliore*) flama, centelleo (*m.*) **5** (*lett.*) astro (*m.*), estrella.
lampadario *s.m.* araña (*f.*), lámpara (*f.*) de techo.
lampadina *s.f.* bombilla, lámpara, (*amer.*) foco (*m.*), bombillo (*m.*).
lampeggiante[1] *agg.m.* e *f.* intermitente.
lampeggiante[2] *s.m.* (*polizia, ambulanza*) bombilla (*f.*).

lampione *s.m.* farola (*f.*), (*amer.*) farol.
lampo[1] *agg.inv.* relámpago.
lampo[2] *s.m.* **1** (*meteo*) relámpago **2** centella (*f.*), destello **3** (*cine*) (*fot.*) (*fig.*) flash (*inv.*) **4** (*fig.*) santiamén, relámpago **5** (*fig.*) idea (*f.*), intuición (*f.*).
lampone A *agg.inv.* (*colore*) frambuesa (*f.*) **B** *s.m.* (*bot.*) frambuesa (*f.*), sanguesa (*f.*).
lana *s.f.* **1** lana **2** (*peluria*) pelusa.
lancetta *s.f.* **1** (*orologio*) manecilla, aguja **2** (*chir.*) lanceta, sangradera **3** (*tecn.*) puntero (*m.*) **4** (*bot.*) tulipán (*m.*) silvestre.
lancia *s.f.* **1** (*arma bianca*) lanza **2** (*mil.*) (*persona*) lanza **3** (*pesca*) fisga **4** (*tecn.*) lanza.
lanciare A *v.tr.* **1** (*fig.*) lanzar, arrajar **2** (*velocità*) acelerar **3** (*sport*) (*calcio*) hacer un pase **4** (*comm.*) lanzar **B** *v.pron.* **1** lanzarse, arrojarse **2** (*fig.*) arremeter, abalanzarse.
lancio *s.m.* **1** (*comm.*) (*mil.*) (*sport*) lanzamiento **2** (*sport*) (*calcio*) pase **3** (*pesca*) lance **4** (*giorn.*) informativo, parte.
languido *agg.* **1** (*fig.*) lánguido, débil (*m.* e *f.*), flojo **2** sensual (*m.* e *f.*), voluptuoso.
languore *s.m.* languidez (*f.*), debilidad (*f.*), desfallecimiento.
lanterna *s.f.* **1** quinqué (*m.*), farol (*m.*), linterna **2** (*mar.*) faro (*m.*), farola, fanal (*m.*) **3** (*arch.*) linterna, cupulino (*m.*).
lapalissiano *agg.* obvio.
lapide *s.f.* **1** lápida, losa **2** (*monumento, edificio*) inscripción, placa commemorativa.
larghezza *s.f.* **1** anchura, ancho (*m.*) **2** circunferencia **3** (*fig.*) amplitud, apertura **4** (*fig.*) generosidad, liberalidad **5** abundancia, profusión, lujo (*m.*).
largo A *agg.* **1** ancho, extenso, grande (*m.* e *f.*) **2** amplio, cómodo **3** (*ling.*) abierto **4** (*fig.*) grande (*m.* e *f.*), amplio **5** (*fig.*) abundante (*m.* e *f.*), vasto **6** (*fig.*) generoso, largo, liberal (*m.* e *f.*) **B** *inter.* (*solo nella locuzione*) *fare ~!* ¡abrir el paso! **C** *s.m.* **1** ancho **2** (*mus.*) largo **3** (*piazza*) plaza (*f.*).
laringe *s.f.* e *m.* (*anat.*) laringe.
larva *s.f.* **1** (*zool.*) larva, cresa **2** (*zool.*) (*ditteri*) queresa **3** (*zool.*) (*delipoderma*) rezno (*m.*) **4** (*lett.*) espectro (*m.*) **5** (*fig.*) persona chupada.
lasagna *s.f.* (*cuc.*) lasaña.
lasciare A *v.tr.* **1** dejar, soltar, largar **2** irse, abandonar **3** abandonar, renunciar **4** olvidar **5** dar, otorgar **6** dimitir de **B** *v.pron.* (*reciproco*) separarse, dejarse.
laser *agg.inv.* (*angl.*) láser.
lassù *avv.* **1** allí arriba, allá arriba **2** en el cielo.
lastra *s.f.* **1** lancha, lastra, losa **2** (*sottile*) hoja, lámina **3** (*fot.*) placa **4** (*farm.*) (*med.*) radiografía **5** (*met.*) plancha, chapa **6** (*tip.*) plancha.
laterale[1] *agg.m.* e *f.* **1** lateral **2** (*fig.*) secundario (*m.*).
laterale[2] *s.m.* (*sport*) (*calcio*) ala (*f.*), lateral.
latifondo *s.m.* latifundio.
latino *agg.* e *s.m.* latino.
latino-americano *agg.* e *s.m.* latinoamericano.
latitante *agg.m.* e *f.* **1** (*giur.*) bajo orden de captura **2** (*fig.*) ausente.
latidudine *s.f.* (*geog.*) latitud.
lato[1] *agg.* **1** amplio, extenso, extendido **2** (*fig.*) lato.
lato[2] *s.m.* **1** (*arch.*) (*geom.*) lado **2** parte (*f.*), banda (*f.*) **3** (*fig.*) aspecto, lado **4** (*mus.*) (*disco, CD, cassetta*) cara (*f.*).
latta *s.f.* **1** hojalata **2** (*recipiente*) lata, bote (*m.*).
latte *s.m.* **1** leche (*f.*) **2** (*bot.*) lechal.
latteria *s.f.* **1** (*negozio*) lechería **2** (*ind.*) vaquería, (*amer.*) tambo (*m.*).

lattina *s.f.* bote (*m.*), lata.
lattuga *s.f.* (*bot.*) lechuga.
laurea *s.f.* (*istr.*) licenciatura, graduación.
lavaggio *s.m.* **1** lavado, lavada (*f.*), (*amer.*) lavaje **2** (*med.*) (*tess.*) lavaje **3** (*fot.*) (*mecc.*) (*min.*) lavado.
lavagna *s.f.* **1** (*min.*) pizarra **2** pizarra, encerado (*m.*), (*amer.*) pizarrón (*m.*).
lavanda *s.f.* (*bot.*) espliego (*m.*), lavanda, lavándula.
lavanderia *s.f.* **1** (*negozio*) lavandería, tintorería, tinte (*m.*) **2** (*arch.*) lavadero (*m.*).
lavandino *s.m.* **1** lavabo, fregadero, pila (*f.*), (*amer.*) lavaplatos (*inv.*) **2** (*fig.*) (*fam.*) tragón, tragaldabas (*inv.*).
lavare A *v.tr.pron.* **1** lavar, fregar **2** (*fig.*) lavar **B** *v.pron.* lavarse, higienizarse.
lavatrice *s.f.* (*macchina*) lavadora, (*amer.*) lavarropas (*inv.*).
lavorare A *v.intr.* **1** trabajar **2** (*ind.*) funcionar **3** (*comm.*) trabajar, ganar **B** *v.tr.* **1** (*agr.*) labrar, laborar, laborear **2** (*ferro*) labrar, maznar **3** (*sport*) (*boxe*) sobar.
lavoratore A *agg.* trabajador, hacendoso, laborioso **B** *s.m.* **1** trabajador, obrero, asalariado **2** (*fam.*) currante (*m.* e *f.*).
lavorazione *s.f.* **1** elaboración, producción, manifactura **2** (*moda*) confección **3** (*agr.*) labranza, labor, labrado (*m.*) **4** (*legno, metallo*) labrado (*m.*) **5** (*cine.*) (*TV*) rodaje (*m.*).
lavoro *s.m.* **1** trabajo, faena (*f.*), labor (*f.*), actividad **2** (*fam.*) curro **3** (*bur.*) oficio, empleo, ocupación (*f.*) **4** labor (*f.*), obra (*f.*), tarea (*f.*) **5** (*fig.*) (*iron.*) (*f.*), trastada, enredo **6** (*fis.*) trabajo.
le A *art.det.f.pl.* las **B** *pron.f.sing.* (*personale*) le **C** *pron.f.pl.* (*personale, dimostrativo*) las **D** *pron.f.* e *m.sing.* (*personale di cortesia*) le.
leader *agg.inv.* e *s.m.* e *f. inv.* (*angl.*) líder.
leale *agg.m.* e *f.* **1** leal, fiel **2** sincero (*m.*).
lebbra *s.f.* **1** (*med.*) lepra **2** (*fig.*) lacra.
leccare A *v.tr.* **1** lamer, lametear, lengüetear **2** (*fig.*) adular, halagar, sobar **3** rozar **4** (*fig.*) pulir, limar afectadamente **B** *v.pron.* **1** (*animali*) chuparse, relamerse **2** (*fig.*) acicalarse, ir de punta en blanco.
leccio *s.m.* **1** (*bot.*) quejigo, encina (*f.*) **2** (*legno*) madera de encina.
lega[1] *s.f.* **1** (*pol.*) liga, coalición, alianza, confederación **2** (*chim.*) aleación, fundición **3** (*fig.*) banda, pandilla **4** (*sport*) federación.
lega[2] (*misura itineraria*) legua.
legale *agg.m.* e *f.* **1** (*giur.*) legal, lícito (*m.*) **2** legítimo (*m.*).
legalizzare *v.tr.* legalizar.
legame *s.m.* **1** ligadura (*f.*), ligazón (*f.*), atadura (*f.*), ligamiento **2** (*fig.*) vínculo, unión (*f.*), lazo **3** (*fig.*) relación (*f.*), conexión (*f.*) **4** (*chim.*) enlace.
legare A *v.tr.* **1** atar, liar, sujetar, recoger **2** atar, estacar **3** (*chim.*) alear, fundir, combinar **4** (*cuc.*) espesar **5** (*edit.*) encuadernar **6** (*oreficeria*) engarzar, engastar **7** (*fig.*) vincular, unir **B** *v.intr.* **1** (*fig.*) pegar, llevarse bien **2** (*agr.*) arraigar **3** (*edil.*) fraguar **C** *v.pron.* vincularse, unirse.
legenda *s.f.inv.* (*lat.*) inscripción (*sing.*), nota (*sing.*).
legge *s.f.* **1** ley **2** (*istr.*) derecho (*m.*) **3** (*giur.*) justicia, autoridades (*pl.*) **4** (*fig.*) ley, norma, regla **5** (*fis.*) (*ling.*) (*mat.*) ley.
leggenda *s.f.* **1** leyenda **2** (*fig.*) bola, patraña, mentira **3** (*legenda*) inscripción, nota **4** (*moneta*) lema **5** (*didascalia*) pie (*m.*).
leggere *v.tr.* **1** (anche *inform.*) leer **2** interpretar **3** (*lett.*) interpretar, descifrar **4** (*fig.*) adivinar, notar, leer.

leggerezza *s.f.* **1** levedad **2** (*fig.*) ligereza, inconstancia, frivolidad **3** (*fig.*) (*azione*) imprevisión, ligereza.
leggero *agg.* **1** ligero, liviano, leve (*m.* e *f.*) **2** (*sport*) (*boxe*) ligero **3** (*fig.*) voluble (*m.* e *f.*), frívolo, irreflexivo **4** leve (*m.* e *f.*) **5** ágil (*m.* e *f.*) **6** (*fig.*) pequeño, delicado, tenue (*m.* e *f.*).
legionario *agg.* e *s.m.* (*mil.*) **1** legionario **2** legionario de honor francés.
legislatura *s.f.* (*giur.*) legislatura.
legittimo *agg.* **1** (*giur.*) legítimo **2** lícito, justo **3** (*raro*) genuino, natural (*m.* e *f.*).
legna *s.f.* leña.
legno *s.m.* (*bot.*) **1** leño, madera (*f.*) **2** garrote, palo **3** (*lett.*) árbol **4** (*sport*) (*golf*) madero **5** (*fig.*) (*carrozza*) carruaje **6** (*fig.*) (*imbarcazione*) madero.
legume *s.m.* (*bot.*) vaina (*f.*), legumbre (*f.*).
lei A *pron.f.sing.* (*personale*) ella **B** *pron.m. e f.sing.* (*personale di cortesia*) Usted, Ud.
leninismo *s.m.* (*pol.*) leninismo.
lente *s.f.* **1** (*ott.*) lente **2** (*orologio*) lenteja **3** (*bot.*) lenteja **4** (*anat.*) cristalino (*m.*).
lenticchia *s.f.* (*bot.*) lenteja.
lentiggine *s.f.* lentigo (*m.*), peca.
lento A *agg.* **1** lento, lerdo, tardo, (*amer.*) demoroso, cansino **2** pausado, paulatino **3** (*fune, corda*) flojo, suelto **4** (*abb.*) cómodo, holgado **B** *avv.* lento **C** *s.m.* **1** (*danza*) agarrado **2** (*mus.*) adagio.
lenzuolo *s.m.* sábana (*f.*).
leone *s.m.* **1** (*zool.*) león **2** (*astro*) leo.
leopardo *s.m.* (*zool.*) leopardo, pardo.
lepre *s.f.* (*zool.*) liebre.
lesbica *s.f.* **1** lesbiana **2** (*fig.*) tortillera, marimacho (*m.*).
lesione *s.f.* **1** lesión, ofensa **2** (*giur.*) (*med.*) lesión **3** (*edil.*) grieta, fisura.
lessico *s.m.* (*ling.*) lexicón, léxico.
letale *agg.m.* e *f.* letal, mortal, mortífero (*m.*).
letame *s.m.* **1** estiércol, fimo **2** (*fig.*) basura (*f.*), inmundicia (*f.*).
letargo *s.m.* **1** (*zool.*) hibernación (*f.*), letargo **2** (*med.*) letargo **3** (*fig.*) inactividad (*f.*), inercia (*f.*).
lettera *s.f.* **1** (*ling.*) (*tip.*) (*fig.*) letra **2** (*mat.*) símbolo (*m.*) **3** carta, misiva, epístola **4** (*giur.*) carta, documento (*m.*), circular.
letteratura *s.f.* **1** literatura **2** (*farm.*) prospecto (*m.*).
letto *s.m.* **1** cama (*f.*), piltra (*f.*) **2** (*agr.*) (*arch.*) (*geog.*) (*geol.*) lecho, madre (*f.*) **3** (*cuc.*) lecho **4** (*fig.*) matrimonio **5** (*chim.*) posa (*f.*), sedimento **6** (*mil.*) petate.
lettura *s.f.* **1** (anche *inform.*) lectura **2** (*lett.*) (*pitt.*) lectura, interpretación, versión **3** ponencia, conferencia.
leucemia *s.f.* (*med.*) leucemia.
leva[1] *s.f.* **1** (*mecc.*) palanca, barra, eje (*m.*) **2** (*mecc.*) (*pompa*) guimbalete (*m.*), pinzón (*m.*) **3** (*fig.*) estímulo (*m.*), resorte (*m.*) **4** (*med.*) (*dentista*) botador (*m.*), pulicán (*m.*).
leva[2] *s.f.* **1** (*mil.*) quinta, alistamiento (*m.*) en la milicia, reclutamiento (*m.*) **2** (*fam.*) (*mil.*) mili, servicio (*m.*) militar **3** generación.
levante *s.m.* **1** (*geog.*) levante, oriente **2** (*vento*) levante **3** (*geog.*) (*regione mediterranea*) levante.
levare A *v.tr.* **1** alzar, levantar **2** levantar, quitar **3** (*med.*) (*dente*) sacar, extraer **4** (*mar.*) levar **B** *v.pron.* **1** levarse, alzarse **3** quitarse **C** *v.intr.pron.* surgir, salir, levantarse.
levigare *v.tr.* **1** (*tecn.*) pulir, alisar, cepillar, bruñir **2** (*fig.*) limar, pulir **3** (*chim.*) desleír, levigar.
lezione *s.f.* **1** (anche *lett.*, *rel.*) lección **2** clase **3** (*fig.*) lección, ejemplo (*m.*) **4** (*fig.*) sermón (*m.*), rapapolvo (*m.*).
libanese *agg.* e *s.m.* e *f.* libanés.

libeccio *s.m.* **1** (*meteo.*) lebeche, ábrego **2** (*punto cardinale*) suroeste.
libellula *s.f.* **1** (*zool.*) libélula, caballito (*m.*) del diablo **2** (*fig.*) persona espigada/esbelta.
liberale A *agg.m.* e *f.* **1** liberal, generoso (*m.*), espléndido (*m.*) **2** (*pol.*) liberal, democrático (*m.*) **3** (*lett.*) liberal **B** *s.m.* e *f.* (*pol.*) liberal.
liberalizzazione *s.f.* liberalización.
liberare A *v.tr.* **1** liberar, poner en libertad, libertar **2** (*comm.*) pagar, descargar **3** librar, eximir, dispensar **4** (*mecc.*) desbloquear **B** *v.pron.* (*di/da*) zafarse, deshacerse de algo **C** *v.intr.pron.* estar libre, desocuparse.
liberazione *s.f.* **1** liberación, independencia **2** liberación, excarcelación **3** (*fig.*) alivio (*m.*).
liberismo *s.m.* (*econ.*) liberalismo económico.
libero *agg.* **1** libre (*m.* e *f.*) **2** (*fig.*) sin compromisos **3** liberado, soltado, excarcelado **4** independiente (*m.* e *f.*) **5** libre (*m.* e *f.*), soltero **6** (*fig.*) fuerte (*m.* e *f.*), atrevido, descocado **7** vacante (*m.* e *f.*), disponible (*m.* e *f.*), vacío.
libertà *s.f.inv.* libertad (*sing.*).
libertino A *agg.* **1** (*giur.*) (*stor.*) libertino **2** (*fig.*) libertino, depravado, crapuloso **B** *s.m.* **1** (*giur.*) libertino **2** (*fil.*) (*rel.*) librepensador **3** (*fig.*) crápula.
liberty *s.m.inv.* (*angl.*) estilo (*sing.*) floreal, modernismo (*sing.*).
libico *agg.* e *s.m.* libio.
libidine *s.f.* **1** lujuria, libido **2** (*fig.*) codicia.
libreria *s.f.* **1** (*negozio*) librería **2** (*mobile*) biblioteca, librero (*m.*) **3** (*raccolta*) colección de libros **4** (*inform.*) biblioteca.
libro *s.m.* **1** libro, impreso **2** (*bot.*) líber.
licenza *s.f.* **1** (*comm.*) (*econ.*) (*mil.*) autorización, licencia **2** (*istr.*) título (*m.*), diploma (*m.*) **3** (*raro*) (*congedo*) despedida **4** (*fig.*) permiso (*m.*) **5** libertad.
licenziamento *s.m.* despido, cesantía (*f.*).
liceo *s.m.* (*istr.*) **1** bachillerato, BUP, (*amer.*) liceo **2** (*luogo*) instituto.
lido *s.m.* **1** (*litorale*) lido, litoral **2** localidad turística costera **3** (*lett.*) territorio.
lieve *agg.m.* e *f.* **1** ligero (*m.*), liviano (*m.*) **2** (*fig.*) fácil **3** leve, tenue.
lievitazione *s.f.* (anche *fig.*) fermento (*m.*).
ligure *agg.* e *s.m.* e *f.* ligur.
lilla A *agg.inv.* (*colore*) malva, lila **B** *s.m.inv.* **1** (*colore*) lila **2** (*bot.*) lila (*sing.*), lilo (*sing.*).
lima *s.f.* **1** (*tecn.*) lima **2** (*fig.*) (*lett.*) preocupación, espina.
limitare[1] *s.m.* **1** (*soglia*) umbral **2** margen **3** (*fig.*) inicio, final.
limitare[2] **A** *v.tr.* **1** (*fig.*) limitar, delimitar **2** (*fig.*) precisar **3** reducir, acortar **B** *v. pron.* **1** (*a*) atenerse, ceñirse **2** limitarse, contenerse.
limite A *s.m.* **1** límite, limitación (*f.*), barrera (*f.*) **2** (*tempo, spazio*) límite, término **3** (*confine*) linde (*m.* e *f.*), lindero, límite **4** (*mat.*) límite **B** *agg.inv.* límite.
limone A *agg.inv.* (*anche colore*) limón **B** *s.m.* (*bot.*) limonero.
limpido *agg.* **1** límpido, transparente (*m.* e *f.*), nítido **2** claro **3** (*fig.*) sincero, limpio.
lince *s.f.* (*zool.*) lince (*m.*).
linea *s.f.* **1** (*geom.*) (*fig.*) línea **2** (*med.*) décima **3** (*moda*) corte (*m.*), línea.
lineare *agg.m.* e *f.* **1** lineal, linear **2** (*fig.*) claro (*m.*), coherente.
linfa *s.f.* **1** (*bot.*) (*fig.*) savia **2** (*fisiol.*) linfa.
lingua *s.f.* **1** (*anat.*) (*fig.*) lengua **2** (*ling.*) idioma (*m.*), lengua.
linguaggio *s.m.* (*fig.*) lenguaje.

link *s.m.inv.* (*angl.*) (*inform.*) enlace (*sing.*).
lino *s.m.* **1** (*bot.*) lino **2** (*tess.*) hilo.
liquefazione *s.f.* licuefacción.
liquidare *v.tr.* **1** (*fig.*) liquidar, cerrar **2** (*comm.*) saldar, pagar, cancelar **3** (*comm.*) liquidar, rematar **4** (*chim.*) liquidar, transformar en líquido.
liquidazione *s.f.* **1** (*comm.*) (*giur.*) liquidación **2** (*comm.*) (*pagamento*) pago (*m.*), saldo (*m.*) **3** (*bur.*) pensión laboral.
liquido *agg.* **1** (*econ.*) (*fis.*) (*ling.*) líquido **2** líquido, licuado **3** (*fig.*) (*lett.*) claro, puro.
liquirizia *s.f.* (*bot.*) orozuz (*m.*), palo dulce.
liquore *s.m.* **1** licor **2** (*lett.*) líquido **3** (*farm.*) licor.
lira *s.f.* **1** (*moneta*) lira **2** (*fig.*) (*fam.*) dinero (*m.*), pasta.
lisciare A *v.tr.* **1** (*fig.*) alisar, pulir, lijar **2** acariciar **3** (*fig.*) cepillar, adular, halagar **4** (*peli*) atusarse, alisarse **B** *v.pron.* acicalarse.
lista *s.f.* **1** lista, tira **2** lista, inventario (*m.*), nota **3** (*inform.*) listado (*m.*) **4** (*pol.*) partido (*m.*).
lite *s.f.* **1** (*giur.*) litigio (*m.*), pleito (*m.*) **2** pelea, disputa, riña.
litigare A *v.intr.* **1** (*per*) (*giur.*) litigar, pleitear **2** (*con*) reñir, pelear, disputar, bregar **B** *v.tr.* contender, competir **C** *v.pron.* (*reciproco*) (*fam.*) disputar, indisponerse.
litio *s.m.* (*chim.*) litio.
litorale *s.m.* litoral, costa (*f.*).
litro *s.m.* (*misura di capacità*) litro.
lituano *agg.* e *s.m.* lituano.
liturgia *s.f.* (*rel.*) liturgia, culto (*m.*).
liuto *s.m.* (*mus.*) laúd.
livello *s.m.* nivel.
livido A *agg.* **1** lívido, amoratado, acardenalado **2** (*meteo.*) gris **3** (*lett.*) envidioso, maligno **B** *s.m.* cardenal, moradura (*f.*), (*amer.*) moretón.
lobby *s.f.inv.* (*angl.*) (*fig.*) grupo de presión.
lobo *s.m.* (*anat.*) lóbulo.
locale A *agg.m.* e *f.* **1** (anche *med.*) local **2** (*astro.*) del sistema solar **B** *s.m.* **1** habitación (*f.*), pieza (*f.*), cuarto **2** sala (*f.*), local **3** (*ferr.*) tren de cercanías.
locanda *s.f.* fonda, posada, venta.
locomotiva *s.f.* (*ferr.*) locomotora, máquina.
lode *s.f.* **1** elogio (*m.*), alabanza, loa, ponderación **2** (*istr.*) matrícula de honor **3** (*ant.*) (*lett.*) loor.
logaritmo *s.m.* (*mat.*) logaritmo.
loggia *s.f.* **1** (*arch.*) logia, galería **2** (*anat.*) cavidad donde se aloja un órgano.
-logia *suf.* -logía.
logica *s.f.* (*fil.*) lógica.
logo A *s.m.inv.* (*tip.*) logotipo (*sing.*) **B** *pref.* logo-.
-logo *suf.* -logo.
logoro *agg.* **1** raído, gastado, manido **2** (*fig.*) extenuado.
lombardo *agg.* e *s.m.* lombardo.
londinese *agg.* e *s.m.* e *f.* londinense.
longitudine *s.f.* (*geo.*) longitud, largo (*m.*).
lontananza *s.f.* **1** lejanía **2** ausencia **3** morriña.
lontano *agg.* **1** lejano, distante (*m.* e *f.*) **2** alejado, apartado **3** ausente (*m.* e *f.*) **4** (*fig.*) diferente (*m.* e *f.*), divergente (*m.* e *f.*) **5** (*fig.*) vago, indefinido, incierto.
lontra *s.f.* (*zool.*) nutria.
lordo *agg.* **1** sucio **2** (*comm.*) bruto **3** (*fig.*) vicioso, immoral (*m.* e *f.*).
loro A *agg.inv.* (*possessivo*) su (*sing.*), sus (*pl.*) **B** *pron.m.* e *f.pl.* (*personale*) **1** (*soggetto*) ellos (*m.*), ellas (*f.*) **2** (*cortesia*) Ustedes, Uds **C** *pron.inv.* (*possessivo*) suyo (*m.sing.*), suya (*f.sing.*), suyos (*m.pl.*), suyas (*f.pl.*).
loto *s.m.* (*bot.*) loto, nelumbio.

lotta *s.f.* **1** (*fig.*) lucha, combate (*m.*), lidia **2** contraste (*m.*) **3** (*fig.*) desacuerdo (*m.*).
lottare *v.intr.* luchar, combatir, pelear.
lotteria *s.f.* (*gioco*) lotería, rifa.
lotto *s.m.* **1** (*gioco*) lotería primitiva **2** lote, parcela (*f.*) **3** (*comm.*) partida (*f.*).
lozione *s.f.* loción.
lubrificante *agg.m.* e *f.* e *s.m.* lubricante, lubrificante.
lucano *agg.* e *s.m.* habitante (*m.* e *f.*) de Lucania, actual Basilicata (Italia).
lucchetto *s.m.* candado.
luccicare *v.intr.* brillar, resplandecer, relucir.
luccio *s.m.* (*zool.*) lucio.
lucciola *s.f.* (*zool.*) luciérnaga, (*amer.*) bicho (*m.*) de luz **2** (*cine.*) (*teatr.*) (*persona*) acomodador **3** (*cine.*) (*riflettore*) cañón (*m.*) **4** (*fig.*) (*pop.*) puta, lagartona.
luce *s.f* **1** (anche *fig.*) luz **2** (*auto.*) faro (*m.*), luz.
lucernario *s.m.* tragaluz, claraboya (*f.*), lucerna (*f.*), celaje.
lucertola *s.f.* **1** (*zool.*) lagartija **2** (*conc.*) lagarto (*m.*).
lucido[1] *agg.* **1** lustroso, brillante (*m.* e *f.*) **2** luminoso, resplandeciente (*m.* e *f.*) **3** (*poes.*) terso, límpido **4** (*fig.*) lúcido.
lucido[2] *s.m.* **1** brillo, lustre **2** betún, crema (*f.*), bola (*f.*) **3** (*tecn.*) calco, transparente, papel vegetal.
lucifero A *agg.* (*lett.*) lucífero **B** *s.m.* **1** (*lett.*) planeta venus **2** (*rel.*) lucífer **3** (*fig.*) (*persona*) demonio.
lucro *s.m.* lucro, ganancia (*f.*), beneficio, logro.
lui *pron.m.sing.* (*personale*) él.
lumaca *s.f.* **1** (*zool.*) limaza, babosa, limaco (*m.*) **2** (*chiocciola*) caracol (*m.*) **3** (*fig.*) (*fam.*) cachazudo (*m.*), tardón (*m.*).
lume *s.m.* **1** lámpara (*f.*) **2** (*fig.*) luz, (*f.*), lumbre (*f.*) **3** (*poes.*) estrella (*f.*) **4** (*fig.*) (*lett.*) gloria (*f.*) **5** (*bio.*) lumen.
luminoso *agg.* **1** luminoso **2** (*fig.*) ingenioso, genial (*m.* e *f.*) **3** (*fig.*) claro, patente (*m.* e *f.*).
luna *s.f.* (*astro.*) (*astrol.*) (*fig.*) luna.
lunatico *agg.* e *s.m.* lunático, maniático.
lunedì *s.m.inv.* lunes.
lunghezza *s.f.* **1** largo (*m.*), longitud, largura, largor (*m.*) **2** (*durata*) duración **3** (*sport*) echada.
lungo A *agg.* **1** (anche *ling.*) largo **2** alto **3** (*bevanda*) aguado, diluído **4** (*fig.*) lento, lerdo **B** *prep.* **1** a lo largo de, junto a **2** durante **C** *s.m.* largo, longitud (*f.*).
luogo *s. m.* **1** lugar, sitio, paraje **2** edificio **3** (*fig.*) parte (*f.*), pasaje.
lupo *s.m.* **1** (*tess.*) (*zool.*) lobo **2** (*med.*) lupus **3** (*conc.*) piel (*f.*) de lobo.
luppolo *s.m.* (*bot.*) lúpulo.
lusinghiero *agg.* **1** lisonjero, halagador, halagüeño **2** agradable (*m.* e *f.*), satisfactorio, grato.
lussemburghese *agg.* e *s.m.* e *f.* luxemburgués.
lusso *s.m.* **1** lujo, fasto **2** riqueza (*f.*), abundancia (*f.*).
lussuria *s.f.* lujuria, lascivia, carnalidad.
luterano *agg.* e *s.m.* (*rel.*) luterano.
lutto *s.m.* luto.
lycra *s.f.inv.* (*marchio registrato*) (*tess.*) lycra, licra.

M

m *s.f.inv.* **1** letra m **2** (*numero romano che corrisponde a 1000)* M.
ma[1] *cong.* **1** (*avversativo*, *esclamativo*) pero, mas **2** (*avversativo*) sino **3** (*intensificativo*) pero **4** (*avversativo*) sin embargo, pero **5** (*rafforzativo*) pero.
ma[2] *s.m.inv.* pero (*sing.*).
macché *inter.* ¡qué va!, ¡anda!, ¡quita de ahí!
maccherone *s.m.* (*cuc.*) macarrón.
macchia[1] *s.f.* **1** (anche *pitt.*) mancha **2** (*mantello di animale*, *pietre*) mancha, mota, pinta **3** (*anat.*) (*astro.*) mácula **4** (*fig.*) mancha, pecado (*m.*), culpa **5** (*fig.*) mancha, deshonra, desdoro (*m.*).
macchia[2] *s.f.* (*bot.*) matorral (*m).*
macchiare A *v.tr.* **1** (anche *pitt.*) manchar **2** (*aggiungere*) agregar **3** (*fig.*) manchar, deshonrar, mancillar **B** *v.intr.pron.* **1** mancharse, llenarse de manchas **2** (*fig.*) mancharse.
macchina *s.f.* **1** (anche *fig.*) máquina **2** (*auto.*) automóvil (*m.*), coche (*m.*) **3** (*fig.*) aparato (*m.*).
macchinario *s.m.* (*tecn.*) maquinaria (*f.*).
macedonia *s.f.* **1** (*cuc.*) macedonia **2** (*fig.*) popurrí (*m.*).
macellaio *s.m.* **1** matarife, jifero **2** (*venditore*) carnicero **3** (*fig.*) (*pegg.*) (*chirurgo*) cirujano de mala muerte, matasanos (*inv.*).
macelleria *s.f.* (*negozio*) carnicería.
macello *s.m.* **1** (*mattatoio*) matadero **2** (*fig.*) degollina (*f.*), masacre (*f.*) **3** (*fig.*) (*fam.*) desbarajuste, jaleo, follón.
macerie *s.f.pl.* escombros (*m.*), cascotes (*m.*).
macigno *s.m.* **1** (*min.*) granito **2** (*masso*) peñasco, pedrejón.
macina *s.f.* **1** (*mulino*) muela, moledera, volandera **2** (*fig.*) (*oppressione*) angustia, peso (*m.*).
macinare A *v.tr.* **1** moler, triturar **2** (*raro*) (*fig.*) gastar, derrochar **B** *v.pron.* gastarse, consumirse.
macro *agg.inv.* e *s.m.inv.* macro.
macro- *pref.* macro-.
madama *s.f.* **1** (*ant.*) (anche *scherz.*) señora, madama **2** (*gerg.*) (*polizia*) madera.
madonna[1] *inter.* (*fam.*) ¡por Dios!
madonna[2] *s.f.* **1** (*rel.*) Virgen María, Nuestra Señora **2** (*lett.*) (*signora*) dueña, doña.
madre A *agg.inv.* **1** madre **2** (*fig.*) original (*sing.*), primario (*sing.*) **B** *s.f.* **1** (anche *rel.*) madre **2** (*fig.*) (*lett.*) tierra, patria **3** (*fig.*) madre, origen (*m.*).
madrina *s.f.* **1** madrina **2** (*pop.*) (*levatrice*) matrona, comadrona.
maestà *s.f.inv.* **1** majestad (*sing.*), grandeza (*sing.*), magnificencia (*sing.)* **2** (*titolo*) majestad (*sing.*) **3** (*pitt.*) (*rel.*) maestà **4** (*cappelletta*) templete (*m.sing.*), edículo (*m.sing*).

maestoso *agg.* **1** majestuoso, imponente (*m.* e *f.*), grandioso **2** (*mus.*) maestoso.
maestro A *agg.* **1** maestro, hábil (*m.* e *f.*), magistral (*m.* e *f.*) **2** maestro, principal (*m.* e *f.*), mayor (*m.* e *f.*) **B** *s.m.* **1** (*mus.*) (*pitt.*) (*scult.*) maestro **2** (*istr.*) (*scuola elementare*) maestro **3** (*fig.*) maestro, guía (*m.* e *f.*), norte **4** (*geog.*) noroeste.
mafia *s.f.* **1** mafia **2** (*raro*) (*insolenza*) chulería, chulada.
magari A *avv.* **1** (*probabilità*) tal vez, a lo mejor, es posible **2** (*persino*) hasta, incluso **B** *cong.* **1** (*desiderio*) ojalá **2** (*concessiva*) aunque, a costa de **C** *inter.* ¡pudiera!
magazzino *s.m.* **1** almacén, depósito **2** (*quantità di merce*) existencias (*f.pl.*) **3** (*mar.*) bodega (*f.*) **4** (*tip.*) almacén.
maggio *s.m.* mayo.
maggiorana *s.f.* (*bot.*) mejorana.
maggioranza *s.f.* mayoría, mayor parte.
maggiordomo *s.m.* mayordomo.
maggiore *agg.m.* e *f.* **1** (*grandezza, età*) mayor **2** (*principale*) mayor, principal **3** (*grado*) mayor.
maggiore *s.m.* e *f.* mayor, primogénito (*m.*).
maggiorenne *agg.* e *s.m.* e *f.* mayor de edad.
magia *s.f.* **1** magia, brujería **2** (*fig.*) magia, encanto (*m.*).
magico *agg.* **1** mágico, prodigioso, sorprendente (*m.* e *f.*) **2** (*fig.*) mágico, fascinante (*m.* e *f.*), maravilloso.
magistero *s.m.* **1** (anche *rel.*) magisterio **2** (*fig.*) (*lett.*) maestría (*f.*) habilidad (*f.*).
magistratura *s.f.* (*giur.*) magistratura.
maglietta *s.f.* **1** (*abb.*) (*biancheria*) camiseta **2** (*abb.*) niquí (*m.*).
maglione *s.m.* (*abb.*) jersey, (*amer.*) suéter, chompa (*f.*).
magma *s.m.* (*geol.*) magma.
magmatico *agg.* (*geol.*) magmático.
magnanimità *s.f.inv.* magnanimidad (*sing.*), generosidad (*sing.*).
magnete *s.m.* **1** (*fis.*) imán, magneta (*f.*) **2** (*mecc.*) magneto.
magnifico *agg.* magnífico, espléndido, soberbio.
magniloquente *agg.m.* e *f.* **1** (*lett.*) grandilocuente **2** (*pegg.*) ampuloso (*m.*), redundante.
magniloquenza *s.f.* grandilocuencia.
mago *s.m.* **1** mago, brujo, hechicero **2** (*illusionista*) mago, ilusionista (*m.* e *f.*).
magra *s.f.* **1** (*fiume, torrente*) estiaje (*m.*) **2** (*fig.*) carestía, penuria, vacas flacas.
magrebino *agg.* e *s.m.* magrebí (*m.* e *f.*)
magrezza *s.f.* **1** delgadez, flacura **2** (*fig.*) mediocridad, insignificancia.
magro *agg.* **1** (*persona*) delgado, flaco, enjuto **2** (*alimento*) magro **3** (*fig.*) miserable (*m.* e *f.*), escaso **4** (*fig.*) débil (*m.* e *f.*), mediocre (*m.* e *f.*).
mai *avv.* **1** nunca, jamás **2** (*affatto*) ¡nunca!, ¡jamás! **3** (*interrogativo*) antes, alguna vez **4** (*negativo enfatico*) ni, jamás.
maiale *s.m.* **1** (*zool.*) cerdo, marrano, (*amer.*) chancho **2** (*carne*) cerdo **3** (*fig.*) (*sporco*) cerdo, cochino, (*Amer.*) chancho **4** (*fig.*) (*licenzioso*) cerdo, cochino, marrano.
maionese *agg.* e *s.f.* (*cuc.*) mayonesa, mahonesa.
mais *s.m.* (*bot.*) maíz.
maiuscolo *agg.* **1** mayúsculo **2** (*fig.*) (*enorme*) mayúsculo, enorme (*m.* e *f.*), colosal (*m.* e *f.*).
make-up *s.m.inv.* (*angl.*) maquillaje (*sing.*).
malandato *agg.* **1** (*cosa*) arruinado, deteriorado, estropeado **2** (*salute*) malparado, maltrecho, achacoso **3**

(*vestiario*, *biancheria*) estropeado, deslucido, gastado **4** (*aspetto*) maltrecho, molido, deshecho.
malanno *s.m.* **1** desgracia (*f.*), infortunio **2** enfermedad, achaque, dolencia (*f.*) **3** (*fig.*) pelmazo, latoso, pesado.
malapena *avv.* (*solo nella locuzione*) *a ~*, a duras penas, apenas.
malaria *s.f.* (*med.*) malaria, paludismo (*m*).
malato *agg.* **1** enfermo **2** (*fig.*) trastornado, carcomido, consumido.
malato *s.m.* enfermo.
malattia *s.f.* **1** enfermedad **2** (*fig.*) enfermedad, mal (*m.*), tormento (*m.*) **3** (*fig.*) problema (*m.*) dificultad.
malavita *s.f.* **1** hampa, delincuencia **2** mala vida, vida airada.
malavitoso *agg.* e *s.m.* hampesco.
malavoglia *s.f.* desgana, malagana.
malcapitato *agg.* e *s.m.* **1** inoportuno (*agg.*) **2** desventurado, desgraciado.
malconcio *agg.* maltrecho, malparado, baldado.
malcontento A *agg.* descontento, malcontento **B** *s.m.* malestar, descontento.
male A *avv.* **1** mal **2** de mala manera **3** con dificultad **B** *inter.* (*disapprovazione*, *rammarico*) ¡mal! **C** *s.m.* **1** mal **2** daño **3** mal, dolor **4** (*med.*) mal, enfermedad (*f.*) **5** adversidad (*f.*), desventura (*m.*).
maledire *v.tr.* **1** maldecir **2** increpar.
maledizione A *inter.* ¡maldición!, ¡maldita sea! **B** *s.f.* **1** maldición, imprecación **2** (*fig.*) maldición, desgracia, condena.
maleducato *agg.* e *s.m.* maleducado, malcriado (*agg.*).
maleducazione *s.f.* **1** mala educación, malas maneras (*pl.*), (*amer.*) malcriadez **2** (*villanata*) grosería, descortesía.
malese A *agg.* e *s.m.* e *f.* malayo (*m*) **B** *s.m.* (*ling.*) malayo.
malessere *s.m.* **1** malestar, molestia (*f.*), indisposición (*f.*) **2** malestar, descontento.
malfatto *agg.* **1** (*persona*) malhecho, contrahecho **2** (*cosa*) malhecho, descuidado, chapucero.
malformazione *s.f.* (anche *med.*) malformación.
malga *s.f.* **1** (*costruzione*) cabaña alpina **2** (*pascolo*) pasto alpino.
malgarbo *s.m.* **1** malos modos (*pl.*), malas maneras (*f. pl.*) **2** desaire, grosería (*f.*).
malgaro *s.m.* (*pop.*) vaquero que conduce las reses a los pastos alpinos.
malgrado A *prep.* a pesar de **B** *cong.* a pesar de que, no obstante.
malignità *s.f.inv.* **1** (*malvagità*) malignidad (*sing.*), maldad (*sing.*) **2** (*cattiveria*) malicia (*sing.*), mala intención (*sing.*).
malinconia *s.f.* melancolía, tristeza, murria.
malinteso *s.m.* malentendido, equívoco.
malizia *s.f.* **1** (*malvagità*) malicia, maldad, malignidad **2** malicia, picardía **3** artimaña, astucia.
malloppo *s.m.* **1** (*involto*) fardo, bulto **2** (*gerg.*) botín.
malocchio *s.m.* mal de ojo, (*amer.*) daño.
malore *s.m.* patatús, desmayo, soponcio.
malta *s.f.* (*edil.*) mortero (*m.*), argamasa.
maltempo *s.m.* mal tiempo.
maltrattare *v.tr.* **1** (*persona*) maltratar, ofender, mortificar **2** (*cosa*) maltratar, deteriorar, estropear.
malumore *s.m.* **1** mal humor **2** descontento, malestar.
malvagità *s.f.* maldad (*sing.*), perversidad (*sing.*).
malvisto *agg.* malmirado, malquisto.
malvivente *s.m.* maleante, delincuente, malhechor.

malvolentieri *avv.* de mala gana, a regañadientes.
mambo *s.m.* (*danza*) mambo.
mamma A *inter.* ¡madre mía!, ¡jesús maría! **B** *s.f.* (*fam.*) mamá, madre.
mammella *s.f.* **1** (*anat.*) mama, mamila **2** (*zool.*) (*zoccolo*) corona del casco **3** (*raro*) (*geog.*) mamelón (*m.*), mambla.
mammiferi *s.m.pl.* (*zool.*) mamíferos.
mammone *s.m.* (*fam.*) madrero.
mammut *s.m.inv.* **1** (*zool.*) mamut (*sing.*) **2** (*elett.*) bloque/terminal de conexiones de goma.
manager *s.m.inv.* (*angl.*) **1** (*econ.*) gerente (*sing.*), gestor (*sing.m.*), director (*sing.m.*) **2** (*sport*) representante (*sing.*) **3** (*spettacolo*) empresario (*sing.m.*), representante (*sing.*).
mancanza *s.f.* **1** falta, carencia **2** falta, culpa **3** falta, error (*m.*), defecto (*m.*).
mancare A *v.intr.* **1** faltar, no haber **2** no tener, carecer **3** (*tempo*) faltar **4** faltar, desaparecer **5** faltar, abandonar **6** (*morire*) fallecer, morir **7** (*sentire la mancanza*) echar de menos, añorar **8** (*essere in errore*) faltar, equivocarse **B** *v.tr.* fallar, errar.
mancia *s.f.* propina.
manciata *s.f.* puñado (*m.*), manada.
mancino A *agg.* **1** zurdo **2** (*fig.*) maligno, malvado **B** *s.m.* zurdo.
manco *avv.* (*pop.*) ni siquiera, ni.
mandare *v.tr.* **1** mandar **2** enviar, despachar, expedir **3** destinar, trasladar **4** (*gettare*) arrojar, lanzar, tirar **5** (*emettere*) emanar, emitir.
mandato *s.m.* **1** (*bur.*) (*econ.*) (*pol.*) mandato, encargo **2** (*giur.*) orden (*f.*), mandato **3** (*comm.*) (*pagamento*) orden (*f.*).
mandibola *s.f.* (*anat.*) mandíbula.
mandolino *s.m.* (*mus.*) mandolina (*f.*), bandolín.
mandorla *s.f.* (*bot.*) (anche *motivo ornamentale*) almendra.
mandorlato A *agg.* (*cuc.*) almendrado **B** *s.m.* (*cuc.*) almendrado.
mandria *s.f.* **1** manada, hato (*m.*) **2** (*pegg.*) manada, pandilla.
maneggevole *agg.m.* e *f.* **1** manejable, cómodo (*m.*) **2** (*raro*) (*fig.*) manejable, dócil.
maneggio 1 *s.m.* manejo, uso **2** (*sport*) (*galoppatoio*) corredera.
manette *s.f.pl.* esposas.
manganello *s.m.* porra (*f.*), cachiporra (*f.*).
mangiare A *s.m.* comida (*f.*) **B** *v.tr.* **1** comer **2** devorar, engullir, tragarse **3** (*fig.*) comer, dilapidar, derrochar, tirar **4** (*fig.*) comerse, corroer, erosionar **5** (*fig.*) superar, vencer **6** (*gioco*) (*scacchi, dama, carte*) comer.
mangime *s.m.* pienso.
mango *s.m.* (*bot.*) mango.
mania *s.f.* **1** (anche *psic.*) manía **2** (*idea fissa*) manía, neura, obsesión **3** (*passione*) manía, pasión.
-mania *suf.* -mania.
maniaco *agg.* e *s.m.* **1** (*psic.*) maniaco, maníaco **2** maniático, fanático.
manica *s.f.* **1** (*abb.*) manga **2** (*armatura*) guardabrazos (*m.inv.*) **3** (*tubo*) manga de aspiración **4** (*met.*) (*fonderia*) hornillo (*m.*) **5** (*fig.*) (*pegg.*) pandilla.
manichino *s.m.* maniquí.
manico *s.m.* **1** mango, astil, cacha (*f.*), puño **2** asa (*f.*), asidero **3** (*armi da scherma*) empuñadura (*f.*), puño **4** (*mus.*) astil **5** (*gerg.*) (*aereo*) palanca de mando.
manicomio *s.m.* **1** (*psic.*) manicomio **2** (*fig.*) (*scherz.*) loquero, loquera (*f.*).
manicotto *s.m.* **1** (*abb.*) manguito, estufilla (*f.*) **2** (*tecn.*) manguito.
manicure A *s.f.* (*franc.*) manicura **B** *s.m.* e *f.inv* (*franc.*) (*persona*) manicuro (*m.sing.*).
maniera *s.f.* **1** manera, modo (*m.*) **2** (*arte*) estilo (*m.*), manera **3** (*lett.*) especie, tipo (*m*).

manifestare A *v.tr.* **1** manifestar, declarar, exponer **2** (*lett.*) manifestar, revelar, mostrar **B** *v.intr.* manifestarse **C** *v.intr.pron.* **1** manifestarse, revelarse **2** (*fig.*) darse a conocer.
manifestazione *s.f.* **1** manifestación, síntoma (*m.*) **2** manifestación, expresión, demostración **3** manifestación **4** espectáculo (*m*).
manifesto A *agg.* maniflesto, patente (*m.* e *f.*), claro **B** *s.m.* **1** cartel, anuncio **2** manifiesto.
maniglia *s.f.* manija, tirador (*m.*), manilla.
manipolare *v.tr.* **1** manipular **2** trabajar, amasar **3** friccionar, (*amer.*) sobar **4** (*fig.*) (*alimenti*) adulterar, alterar **5** (*fig.*) manipular, manejar **6** (*mus.*) (*anche apparecchi*) manipular.
mano *s.f.* **1** (anche *fig.*) mano **2** (*fig.*) mano, lado (*m.*), parte **3** (*fig.*) mano, fuerza, poder (*m.*) **4** (*fig.*) (*strato*) capada, mano, pasada.
manodopera *s.f.* (solo *sing.*) mano de obra.
manoscritto *agg.* e *s.m.* manuscrito.
manovra *s.f.* **1** (anche *fig.*) maniobra **2** (*fig.*) maniobra, manejo (*m.*).
manovrare A *v.tr.* **1** maniobrar, manejar, poner en función **2** (*mil.*) maniobrar **3** (*fig.*) maniobrar, manejar, dominar **B** *v.intr.* **1** maniobrar **2** (*fig.*) maquinar, tramar.
mansarda *s.f.* buhardilla.
mantello *s.m.* **1** (*abb.*) capa (*f.*) **2** (*fig.*) (*coltre*) manto, capa (*f.*) **3** (*raro*) (*fig.*) capa (*f.*), apariencia (*f.*) **4** (*geol.*) (*zool.*) manto **5** (*zool.*) manto, pelaje **6** (*tecn.*) capa (*f.*), cubierta.
mantenere A *v.tr.* **1** mantener, imponer **2** mantener, conservar **3** mantener, sustentar **4** mantener, defender, sostener **5** mantener, cumplir **B** *v.intr.pron.* mantenerse **C** *v.pron.* **1** mantenerse **2** conservarse, mantenerse.
mantide *s.f.* (*zool.*) santateresa, mantis religiosa.
manuale A *agg.m.* e *f.* manual **B** *s.m.* manual, vademécum.
manubrio *s.m.* **1** (*mecc.*) manubrio, manivela (*f.*) **2** (*bicicletta, motocicletta*) manillar **3** (*sport*) (*sollevamento pesi*) barra (*f.*).
manufatto A *agg.* manufacturado **B** *s.m.* **1** manufactura (*f.*) **2** (*opera*) obra.
manutenzione *s.f.* mantenimiento (*m.*).
manzo *s.m.* (*zool.*) buey.
mappa *s.f.* **1** (anche *fig.*) mapa (*m.*) **2** (*chiave*) paletón (*m.*) **3** (*mat.*) aplicación.
mappamondo *s.m.* **1** (*planisfero*) mapamundi **2** (*globo girevole*) globo.
maratona *s.f.* (*sport*) (anche *fig.*) maratón (*m.*).
marca *s.f.* **1** marca **2** (*impresa produttrice*) marca, industria **3** (*contrassegno*) resguardo (*m.*), talón (*m.*) **4** (*fig.*) carácter (*m.*).
marchese *s.m.* marqués.
marchio *s.m.* **1** marca (*f.*) **2** (*strumento*) marca (*f.*), hierro **3** (*fig.*) estigma, mancha (*f.*).
marcia[1] *s.f.* **1** (*auto.*) (*mil.*) (*mus.*) (anche *atletica*) marcha **2** marcha, manifestación **3** (*mecc.*) marcha, funcionamiento (*m.*).
marcia[2] *s.f.* (*pop.*) pus (*m.*), materia.
marciapiede *s.m.inv.* **1** (*strada*) acera (*f.sing.*), (*amer.*) vereda (*f.sing.*) **2** (*ferr.*) andén (*sing.*) **3** (*mar.*) marchapié (*sing.*).
marciare *v.intr.* **1** (*mil.*) marchar **2** ir, correr **3** desfilar, marchar.
marcio A *agg.* **1** podrido, corrompido **2** (*pop.*) purulento, supurante (*m.* e *f.*) **3** (*fig.*) corrupto, podrido, depravado **B** *s.m.* **1** lo podrido, la parte podrida, podredumbre (*f.*) **2** (*pop.*) parte infectada **3** (*fig.*) podredumbre (*f.*), corrupción (*f.*).
marcire A *v.intr.* **1** pudrirse, echarse a perder **2** (*pop.*) supurar **3** (*fig.*) degradarse, envilecerse, degenerarse **4**

(*fig.*) pudrirse, consumirse **B** *v.tr.* (*raro*) pudrir.
mare *s.m.* (*geog.*) (anche *fig.*) mar (*m.* e *f.*).
marea *s.f.* **1** (*geog.*) marea **2** (anche *fig.*) masa, alud (*m.*) **3** (*fig.*) (*persone*) mar (*m.* e *f.*), marea, oleada.
margarina *s.f.* (*cuc.*) margarina.
margherita *s.f.* **1** (*bot.*) (anche *macchina per scrivere*) margarita **2** (*ant.*) perla.
margine *s.m.* **1** orilla (*f.*), borde **2** (*foglio scritto o stampato*) margen **3** (*fig.*) margen.
marijuana *s.f.inv.* (*angl.*) (*droga*) marihuana, mariguana.
marino *agg.* marino: *brezza marina*, brisa marina.
marionetta *s.f.* marioneta.
marito *s.m.* marido.
marmellata *s.f.* mermelada, confitura.
marmitta *s.f.* **1** marmita **2** (*auto.*) silenciador (*m.*).
marmo *s.m.* (*min.*) (*scult.*) mármol.
marmotta *s.f.* (*zool.*) marmota.
marocchino *agg.* e *s.m.* marroquí.
marrone *s.m.* **1** (*bot.*) castaña (*f.*) **2** (*colore*) marrón.
marsupio *s.m.* **1** (*zool.*) marsupio **2** (*bebè*) portabebé **3** (*borsa*) riñonera **4** (*tasca*) bolsillo delantero.
marte *s.m.* **1** (*astro.* e *astrol.*) marte **2** (*lett.*) guerra (*f.*).
martedì *s.m.inv.* martes.
martello *s.m.* (anche *anat.* e *sport*) martillo.
martire *s.m.* e *f.* (anche *fig.*) mártir.
marxismo *s.m.* (*pol.*) marxismo.
marziano *agg.* e *s.m.* (*astro.*) marciano.
marzo *s.m.* marzo.
mascalzone *s.m.* canalla (*m.* e *f.*), pinta, sinvergüenza (*m.* e *f.*).
mascarpone *s.m.* (*cuc.*) requesón hecho con nata de leche.
mascella *s.f.* (*anat.*) mandíbula, maxilar (*m.*), quijada.
maschera *s.f.* **1** máscara, careta, antifaz (*m.*) **2** (*fig.*) máscara, capa, apariencia **3** (*fig.*) imagen, representación **4** (*med.*) facies (*inv.*) **5** (*commedia dell'arte*) máscara **6** (*teatro, cinema*) acomodador.
maschile *agg.m.* e *f.* masculino (*m.*).
maschio[1] **A** *agg.* **1** varón **2** (*animali*) macho **3** varonil (*m.* e *f.*), masculino **B** *s.m.* macho, varón.
maschio[2] *s.m.* (*edil.*) macho pilar **2** (*fortezza*) torreón, fortaleza (*f.*).
masochismo *s.m.* (*psic.*) masoquismo.
massa *s.f.* **1** (*anat.*) (*fis.*) (*giur.*) masa **2** (anche *fig.*) gran cantidad, montón (*m.*).
massacro *s.m.* **1** masacre (*f.*), matanza (*f.*) **2** (*fig.*) desastre.
massaggio *s.m.* masaje.
massiccio *agg.* **1** macizo **2** macizo, sólido, compacto **3** (*persona*) macizo, robusto **4** (*fig.*) intenso, violento.
massimo **A** *agg.superl.* máximo **B** *s.m.* **1** máximo, máximum **2** (*sport*) (*pugilato*) peso máximo.
mass media *s.m.pl.* (*angl.*) medios de comunicación de masa.
masso *s.m.* (*geog.*) macizo.
massoneria *s.f.* masonería.
masticare *v.tr.* **1** mascar, masticar **2** (*fig.*) mascullar, farfullar **3** (*raro*) (*fig.*) rumiar, masticar.
masturbazione *s.f.* masturbación.
matematica *s.f.* matemáticas (*pl.*).
materasso *s.m.* colchón.
materia *s.f.* **1** (anche *anat.* e *fil.*) materia **2** (*istr.*) asignatura, materia, disciplina **3** (*fig.*) motivo (*m.*), pretexto (*m.*).
materiale **A** *agg.m.* e *f.* **1** (anche *fil.*) material **2** grosero (*m.*), tosco (*m.*) **3** grueso (*m.*), voluminoso (*m.*) **B** *s.m.* material.
maternità *s.f.inv.* **1** (*anche reparto ospedaliero*) maternidad (*sing.*) **2** apellido materno **3** (*bur.*) baja por maternidad.

matita *s.f.* lápiz (*m.*).
matrice *s.f.* **1** (*lett.*) matriz, útero (*m.*) **2** matriz **3** (*fig.*) fuente **4** (*tecn.*) matriz, molde (*m*).
matricola *s.f.* **1** (anche *mil.*) matrícula **2** número (*m.*) de matrícula **3** (*facoltà universitaria*) novato (*m.*).
matrigna *s.f.* (anche *fig.*) madrastra.
matrimonio *s.m.* matrimonio.
mattina *s.f.* mañana.
mattino *s.m.* mañana (*f.*).
matto A *agg.* **1** loco, demente (*m.* e *f.*) **2** (*fig.*) tremendo, enorme (*m.* e *f.*) **B** *s.m.* loco.
mattone *s.m.* **1** (*edil.*) ladrillo **2** (*fig.*) peso **3** (*fig.*) ladrillo, mazacote, plomo, tostón.
mattonella *s.f.* (*edil.*) baldosa.
maturare A *v.intr.* **1** madurar **2** (*econ.*) devengar, correr, vencer **B** *v.tr.* **1** madurar, sazonar **2** (*fig.*) madurar, hacer crecer **3** (*fig.*) madurar.
maturità *s.f.inv.* **1** madurez (*sing.*), maduración (*sing.*), sazón (*sing.*) **2** (*fig.*) madurez (*sing.*) **3** (*fig.*) madurez (*sing.*), sensatez (*sing.*), juicio (*m.sing.*) **4** (*fig.*) realización (*sing.*), cumplimiento (*m.sing.*).
mausoleo *s.m.* (*arch.*) mausoleo.
-maxi *pref.* -maxi.
maya *agg.inv.* e *s.m.* e *f.inv.* (*stor.*) maya (*sing.*).
mazza *s.f.* **1** cachiporra, maza, porra **2** (*fabbro*) macho (*m.*) **3** (*sport*) (*baseball, cricket*) bate (*m.*) **4** (*sport*) (*golf*) palo (*m.*).
mazzo *s.m.* **1** ramo **2** manojo, atado, mazo.
me *pron.m.* e *f.sing.* (*personale*) **1** (*compl.ogg. e indiretto*) mí **2** (*compl. di termine*) me **3** (*comparativo*) yo.
meccanico A *agg.* (anche *fig.*) mecánico **B** *s.m.* (*persona*) mecánico.
meccanismo *s.m.* **1** mecanismo **2** (*fig.*) mecanismo, funcionamiento.
mecenate *s.m.* e *f.* mecenas (*inv.*).
medaglia *s.f.* medalla.
medesimo A *agg.* (*dimostrativo*) **1** mismo **2** mismo, igual (*m.* e *f.*) **3** (*in persona*) mismo, en persona **4** (*proprio*) propio **B** *pron.* (*dimostrativo*) mismo.
media *s.f.* (*mat.*) (*stat.*) media.
mediante *prep.* mediante, por medio de.
mediatore *s.m.* **1** mediador, intermediario **2** (*comm.*) corredor.
mediazione *s.f.* **1** mediación **2** (*comm.*) corretaje (*m.*), correduría.
medicare A *v.tr.* **1** curar **2** (*fig.*) (*lett.*) curar, mitigar **B** *v.pron.* curarse.
medicina *s.f.* **1** (anche *istr.*) medicina **2** medicina, medicamento (*m.*), (*amer.*) remedio (*m.*) **3** (*fig.*) remedio (*m.*), solución **4** (*fig.*) alivio (*m.*), consuelo (*m.*).
medico *agg.* **1** médico **2** (*raro*) medicinal (*m.* e *f.*), curativo **B** *s.m.* médico (*m.* e *f.*), doctor.
medievale *agg.m.* e *f.* medieval.
medio *agg.* medio.
mediocre (*rel.*) *agg.m.* e *f.* **1** mediocre, mediano (*m.*) **2** mediocre, malo (*m.*), ordinario.
medioevo *s.m.* (*stor.*) medievo, edad (*f.*) media.
meditare A *v.tr.* **1** meditar, considerar **2** premeditar, planear **B** *v.intr.* **1** meditar, pensar **2** meditar, reflexionar.
mediterraneo *agg.* mediterráneo.
medium[1] *s.m.* (*angl.*) medio de comunicación.
medium[2] *s.m.* e *f.inv.* (*spiritismo*) médium.
medusa *s.f.* (*zool.*) (*mit.*) medusa.
meeting *s.m. inv.* (*angl.*) mitin (*sing.*).
mega- *pref.* mega-.
meglio A *agg.inv.* **1** mejor **2** (*neutro*) mejor, preferible **B** *avv.* **1** mejor **2** (*comparativo*) más **C** *s.m.inv.* lo mejor.
mela A *s.f.* (*bot.*) (*frutto*) manzana **B** *agg.inv.* manzana.

melanzana *s.f.* (*bot.*) berenjena.
melma *s.f.* limo (*m.*), légamo (*m.*), cieno (*m.*).
melodia *s.f.* (*mus.*) (anche *fig.*) melodía.
melodramma *s.m.* (*mus.*) melodrama.
melograno *s.m.* (*bot.*) (*pianta*) granado.
melone *s.m.* (*bot.*) (*pianta*, *frutto*) melón.
membrana *s.f.* **1** (*anat.*) (*bio.*) (*fis.*) membrana **2** (*conc.*) membrana, pergamino (*m.*).
membro *s.m.* **1** (*anat.*) miembro, extremidad (*f.*) **2** (*persona*) miembro **3** (*cosa*) miembro, elemento, componente **4** (*anat.*) (*pene*) miembro viril.
memoria *s.f.* **1** (*bio.*) (*giur.*) (*inform.*) memoria **2** memoria, recuerdo (*m.*) **3** fama, memoria **4** tradición, costumbre **5** documento (*m.*) **6** nota.
memorie *s.f.pl.* memorias, autobiografía (*sing.*).
memorizzare *v.tr.* (anche *inform.*) memorizar.
menare *v.tr.* **1** (*lett.*) llevar, conducir **2** llevar, transcurrir **3** (*fam.*) pegar, atizar **B** *v.pron.* (*reciproco*) (*fam.*) pegarse, darse una tunda.
menata *s.f.* **1** (*fam.*) paliza, tunda, meneo (*m.*) **2** (*fig.* e *fam.*) lata, rollo (*m.*), coñazo (*m.*)
mendicante *agg.* e *s.m.* e *f.* mendigo (*m.*), mendicante, pordiosero (*m.*).
menefreghismo *s.m.* pasotismo.
meningite *s.f.* (*med.*) meningitis (*inv.*).
menisco *s.m.* (*anat.*) (anche *fis.* e *ott.*) menisco.
meno A *agg.inv.* **1** menos **2** menor (*sing.*) **B** *avv.* **1** (anche *mat.*) menos **2** (*disgiuntivo*) no: *dovete decidere se accettare o* ~, tenéis que decidir si aceptar o no **3** (*temperatura*) bajo cero **C** *prep.* menos, excepto **D** *s.m.inv.* **1** lo menos **2** (*mat.*) menos **3** (con *art.det.* al *pl.*) minoría (*f.sing.*).
menomato *agg.* e *s.m.* minusválido, inválido, lisiado.
menopausa *s.f.* (*fisiol.*) menopausia.
mensa *s.f.* **1** (*tavola*) mesa **2** (*pasto*) comida **3** comedor (*m.*).
mensola *s.f.* **1** (*arch.*) ménsula, repisa **2** (anche *tecn.*) repisa, estante (*m.*), anaquel (*m.*).
menta *s.f.* (anche *bot.*) hierba buena.
mente *s.f.* **1** mente **2** genio (*m.*), ingenio (*m.*) **3** mente, pensamiento (*m.*) **4** memoria **5** intención, propósito (*m.*).
mentire A *v.intr.* **1** mentir **2** mentir, engañar **B** *v.tr.* (*raro*) fingir, simular.
mento *s.m.* (*anat.*) mentón, barbilla (*f.*).
mentre A *cong.* **1** mientras, cuando **2** (*avversativo*) mientras que, en cambio **3** (*lett.*) (*finché*) mientras **B** *s.m.* (*solo nelle locuzioni*) *in quel* ~, en aquel instante; *nel* ~ *che*, en el momento en que.
menu *s.m.inv.* (*franc.*) (anche *inform.*) menú (*sing.*).
menzionare *v.tr.* mencionar, citar.
menzogna *s.f.* mentira, embuste (*m.*), patraña.
meraviglia *s.f.* **1** maravilla, admiración, asombro (*m.*) **2** maravilla, portento (*m.*), prodigio (*m.*).
meraviglioso *agg.* **1** maravilloso, magnífico, estupendo **2** (*lett.*) maravilloso, extraordinario, admirable (*m.* e *f.*).
mercante *s.m.* comerciante (*m.* e *f.*), negociante (*m.* e *f.*), mercante (*m.* e *f.*).
mercato *s.m.* **1** (anche *econ.*) mercado **2** (*fig.*) (*pegg.*) tráfico.
merce *s.f.* **1** mercancía, mercadería **2** (*fig.*) virtud, bien (*m.*).
mercenario A *agg.* **1** mercenario **2** (*pegg.*) a sueldo **B** *s.m.* mercenario.
mercoledì *s.m.inv.* miércoles.
merda A *inter.* (*volg.*) ¡mierda!, ¡luna mierda!, ¡a la mierda! **B** *s.f.* (*volg.*) (anche *fig.*) mierda.

merenda *s.f.* merienda.
meridiano **A** *agg.* (anche *poes.*) meridiano **B** *s.m.* (*geog.*) (anche *geom.*) meridiano.
meridione *s.m.* (*geog.*) sur.
meringa *s.f.* (*cuc.*) merengue (*m.*).
meritare **A** *v.tr.* **1** merecer **2** merecer, valer **3** procurar, valer **B** *v.intr.* (*lett.*) merecer.
merito *s.m.* **1** (anche *giur.* e *rel.*) mérito **2** virtud (*f.*), cualidad (*f.*) **3** mérito, valor.
merlo *s.m.* **1** (*orn.*) mirlo, merlo **2** (*fig.*) gaznápiro, tonto.
merluzzo *s.m.* (*zool.*) merluza (*f.*), abadejo.
meschino *agg.* **1** (*cosa*) mezquino, miserable (*m.* e *f.*) **2** (*persona*) mezquino, despreciable (*m.* e *f.*), miserable (*m.* e *f.*) **3** mezquino, innoble (*m.* e *f.*).
mescolare **A** *v.tr.* **1** (anche *fig.*) mezclar **2** mezclar, desordenar **3** dar vueltas **B** *v.int.pron.* **1** mezclarse (anche *fig.*) **2** confundirse.
mese *s.m.* **1** mes **2** (*stipendio*) mensualidad (*f.*).
messa *s.f.* **1** (*rel.*) (anche *mus.*) misa **2** *s.f.* puesta **3** (*elettr.*) toma.
messaggio *s.m.* **1** mensaje, recado **2** mensaje, discurso, alocución (*f.*) **3** (*inform.*) mensaje.
messia *s.m.inv.* (*rel.*) (anche *fig.*) Mesías.
messicano *agg.* e *s.m.* mejicano, mexicano.
messinscena *s.f.* **1** (*teatr.*) puesta en escena, montaje (*m.*) **2** (*fig.*) farsa, comedia.
mestiere *s.m.* **1** oficio, profesión (*f.*) **2** (*fig.*) experiencia (*f.*), práctica (*f.*).
mestolo *s.m.* **1** cuchara **2** (*ramaiolo*) cucharón, cacillo.
mestruazione *s.f.* (*fisiol.*) menstruación, regla.
meta *s.f.* **1** destinación **2** (*fig.*) meta, fin (*m.*), objetivo (*m.*) **3** (*archeol.*) (*circo romano*) meta **4** (*sport*) (*rugby*) meta.
metà *s.f.* **1** mitad **2** (*fam.*) mitad, consorte (*m.* e *f.*).
metafora *s.f.* (*ret.*) metáfora.
metallo *s.m.* **1** (*chim.*) metal **2** (*lega*) metal, latón.
metamorfosi *s.f.* (anche *fig.*) metamórfosis.
metano *s.m.* (*chim.*) metano.
meteo *s.m.* parte metereológico.
meteorite *s.m.* e *f.* (*astro.*) meteorito (*m.*).
meticcio *s.m.* **1** (*bio.*) mestizo, híbrido **2** (*persona*) mestizo, (*amer.*) cholo.
meticoloso *agg.* **1** meticuloso, escrupoloso, concienzudo **2** meticuloso, minucioso.
metodo *s.m.* método.
metro *s.m.* **1** (*anche misura di lunghezza*) metro **2** (*fig.*) criterio.
metropoli *s.f.inv.* metrópoli (*sing.*).
metropolitana *s.f.* metro (*m.*).
mettere **A** *v.tr.* **1** (*anche fig.*) poner **2** meter **3** poner, suponer **4** (*fam.*) pedir, costar **5** (*fam.*) instalar **6** (*indossare abitualmente*) llevar **7** meter, infundir, inspirar **B** *v.intr.* desembocar, dar **C** *v.pron.* ponerse **D** *v.intr.pron.* evolucionar.
mezzaluna *s.f.* **1** (*astro.*) media luna **2** (*utensile da cucina*) tajadera.
mezzo[1] *agg.* **1** (*frutto*) pasado, demasiado maduro **2** (*raro*) (*fradicio*) empapado, mojado.
mezzo[2] *agg.* medio.
mezzo[3] *s.m.* **1** medio **2** mitad (*f.*), medio **3** medio.
mezzogiorno *s.m.* **1** mediodía, las doce **2** (*geog.*) (*direzione cardinale*) mediodía, sur **3** (*regione geografica*) sur.
mezzora *s.f.* media hora.
mi[1] *pron.m.* e *f.sing.* (*personale*) **1** (*complemento oggetto, dativo etico*) me **2** (*complemento di termine*) me.
mi[2] *s.m.inv.* (*mus.*) mi (*sing.*).

miagolare *v.intr.* (*onom.*) **1** (*zool.*) maullar **2** (*fig.*) quejarse, lamentarse.
mica[1] *avv.* (*fam.*) **1** (*rafforzativo di negazione*) de ningún modo, en absoluto **2** (*negativo*) no **3** (*interrogativo, esclamativo*) no.
mica[2] *s.f.* (*min.*) mica.
miccia *s.f.* (anche *mar.*) mecha
micro- *pref.* micro-.
microscopio *s.m.* (*fis.*) microscopio.
midollo *s.m.* **1** (*anat* e *bot.*) médula (*f.*) **2** (*parte interna*) meollo **3** (*fig.*) meollo.
miele *s.m.* **1** miel (*f.*) **2** (*fig.*) miel (*f.*), dulzura (*f.*), suavidad (*f.*).
migliaio *s.m.* **1** millar **2** (*al pl. iperbolico*) miles (*pl.*), millares (*pl.*).
miglio[1] *s.m.* **1** (*misura di lunghezza*) milla (*f.*) **2** (*cippo*) piedra (*f.*) miliar.
miglio[2] *s.m.* (*bot.*) mijo, millo.
miglioramento *s.m.* **1** mejoramiento, mejora (*f.*) **2** (*salute*) mejoría (*f.*) **3** (*opere*) mejora (*f.*).
migliorare **A** *v.tr.* mejorar **B** *v.intr.* (anche *salute, tempo*) mejorar.
migliore **A** *agg.m.* e *f.* **1** mejor **2** mejor, más conveniente **B** *s.m.* mejor.
mignolo *s.m.* (*anat.*) meñique.
migrazione *s.f.* **1** emigración, migración **2** (*fis.*) (*zool.*) migración.
miliardo *s.m.* **1** millardo **2** (*iperbolico*) miles (*pl.*).
milione *s.m.* **1** millón **2** (*iperbolico*) montón, mar de.
militare **A** *agg.m.* e *f.* militar **B** *s.m.* militar **C** *v.intr.* **1** (*mil.*) (*pol.*) militar **2** (*fig.*) mediar.
mille **A** *agg.num.card.* **1** mil **2** (*iperbolico*) miles (*pl.*) de **3** (*approssimazione*) unos/unas mil **B** *s.m.inv.* **1** mil **2** (*sport*) (*al pl.*) carrera de los mil metros **3** (*secolo*) siglo XI.
millimetro *s.m.* milímetro.
milza *s.f.* (*anat.*) bazo (*m.*).
mimare **A** *v.tr.* imitar **B** *v.intr.* hacer el mimo.
mimo *s.m.* **1** (anche *lett.*) mimo **2** (*zool.*) sinsonte.
mimosa *s.f.* (*bot.*) mimosa.
mina *s.f.* **1** (*ant.*) (*mil.*) mina, galería **2** (anche *mil.*) mina, carga explosiva **3** (*matita*) mina.
minaccia *s.f.* **1** amenaza, intimidación **2** (*fig.*) peligro (*m.*), riesgo (*m.*).
minacciare *v.tr.* **1** amenazar **2** (*fig.*) amenazar, poner en peligro **3** (*fig.*) amenazar, presagiar, anunciar.
minchia *s.f.* (*pop.* e *volg.*) (*pene*) polla, pija, picha.
minchiata *s.f.* (*pop.* e *volg.*) chorrada, burrada, gilipollas (*m.* e *f.*).
minerale **A** *agg.m.* e *f.* mineral **B** *s.f.* (*fam.*) agua mineral **C** *s.m.* mineral.
minestra *s.f.* **1** (*cuc.*) sopa **2** (*fig.*) pan (*m.*) **3** (*fig.*) cuento (*m.*), historia, asunto (*m.*).
mini- *pref.* mini-.
miniatura *s.f.* **1** (*pitt.*) miniatura **2** (*fig.*) primor (*m.*) **3** miniatura, maqueta.
miniera *s.f.* **1** mina, yacimiento (*m.*) **2** (*fig.*) mina, filón (*m.*).
minimo **A** *agg.sup.relativo* mínimo **B** *s.m.* **1** (*mat.*) (*rel.*) (*tecn.*) mínimo **2** poco, mínimo.
ministero *s.m.* **1** ministerio, misión (*f.*) **2** (*bur.*) ministerio **3** (*pol.*) ministerio, gabinete **4** (*lett.*) tarea (*f.*), trabajo.
ministro *s.m.* **1** (*pol.*) (*bur.*) ministro **2** (*rel.*) (*comunità*) ministro, prior **3** (*fig.*) defensor.
minoranza *s.f.* minoría.
minore **A** *agg.m.* e *f.* (anche *mat.* e *mus.*) menor **B** *s.m.* e *f.* (anche *giur.*) menor.
minorenne *agg.* e *s.m.* (*giur.*) menor.
minuscolo **A** *agg.* minúsculo, pequeñísimo **B** *s.m.* minúscula (*f.*).
minuto[1] **A** *agg.* **1** menudo, fino **2** (*persona*) menudo, canijo, esmirriado **3** (*fig.*) minucioso, exacto, detallado **4** plebeyo, vulgar (*m.* e *f.*) **B** *s.m.* (*comm.*) pequeña cantidad (*f.*).

minuto[2] *s.m.* **1** (anche *geom.*) minuto **2** (*fig.*) momento, instante.
mio A *agg.* (*possessivo*) **1** mi (*m.* e *f.*) **2** (*posposto*; *con altri aggettivi)* mío **B** *pron.* (*possessivo*) mío.
miope *agg.* e *s.m.* e *f.* (*med.*) (anche *fig.*) miope.
mira *s.f.* **1** puntería **2** (*fig.*) mira, objetivo (*m.*), meta **3** (*fot.*) mirilla.
miracolo *s.m.* **1** (*rel.*) (*teatr.*) milagro **2** (*fig.*) milagro, portento, prodigio.
mirtillo *s.m.* (*bot.*) arándano, mirtilo.
mirto *s.m.* (*bot.*) mirto, arrayán.
misantropia *s.f.* (anche *psic.*) misantropía.
miscela *s.f.* **1** (*chim.*) (*fis.*) mezcla, mixtura **2** (*caffè*) mezcla.
mischia *s.f.* **1** riña, pendencia, trifulca **2** (*sport*) (*rugby*) melé.
mischiare A *v.tr.* mezclar, unir, incorporar **B** *v.pron.* **1** mezclarse, confundirse **2** (*fig.*) mezclarse, inmiscuirse, meterse.
miscuglio *s.m.* (anche *fig.*) mezcolanza (*f.*), mezcla (*f.*).
miseria *s.f.* **1** miseria, pobreza, estrechez **2** (*lett.*) desdicha, desventura **3** (*fig.*) miseria.
misericordia *s.f.* **1** misericordia, compasión, piedad **2** (*arch.*) misericordia **3** (*soccorso*) ambulancia.
missile *s.m.* mísil.
missionario *agg.* **1** misionero **2** misional (*m.* e *f.*).
mistero *s.m.* **1** (*rel.*) misterio **2** misterio, enigma.
misto *agg.* mixto.
misto *s.m.* mezcla (*f.*).
misura *s.f.* **1** (anche *mat.* e *poes.*) medida **2** (*volume*) tamaño (*m.*) **3** (*taglia*) talla **4** (*fig.*) capacidad, posibilidad **5** (*fig.*) medida, sensatez, moderación **6** (*fig.*) medida, disposición **7** (*mus.*) compás (*m.*).
misurare A *v.tr.* **1** medir **2** (*indumento*) probar **3** (*fig.*) calcular, sopesar, ponderar **4** (*fig.*) medir, limitar **B** *v.intr.* medir **C** *v.pron.* **1** medirse, moderarse, contenerse **2** (*fig.*) medirse.
mite *agg.m.* e *f.* **1** (*persona*) apacible, dócil **2** (*animale)* manso (*m.*), dócil **3** (*clima*) templado (*m.*) **4** (*fig.*) moderado (*m.*), razonable.
mitigare A *v.tr.* **1** mitigar, aliviar, calmar **2** disminuir, mitigar **B** *v.intr.pron.* mitigarse, templarse.
mito *s.m.* (anche *fil.*) mito.
mitra *s.m.inv.* metralleta (*f.sing.*).
mittente *s.m.* remite, remitente.
mix *s.m.inv.* (*angl.*) mezcla (*f. sing.*).
mobile[1] *agg.m.* e *f.* **1** móvil, movible **2** (*fig.*) voluble, variable.
mobile[2] *s.m.* mueble.
mobilitare A *v.tr.* (*mil.*) (anche *fig.*) movilizar **B** *v.pron.* movilizarse.
moccio *s.m.* mocos (*pl.*), mucosidad (*f.*).
moccioso A *agg.* mocoso **B** *s.m.* **1** (*bambino*) crío, mocoso **2** (*fig.* e *pegg.*) mocoso.
moda *s.f.* (anche *stat.*) moda.
modellare A *v.tr.* **1** modelar, moldear **2** (*fig.*) modelar, conformar **3** (*abito*) modelar, ceñir **B** *v.pron.* (anche *fig.*) amoldarse, adaptarse, modelarse.
modellino *s.m.* modelo, maqueta (*f.*).
modello A *agg.inv.* modelo **B** *s.m.* **1** modelo, ejemplo **2** (*fonderia*) molde, matriz (*f.*) **3** (*tecn.*) patrón **4** original **5** (*abb.*) modelo, vestido **6** (*abb.*) modelo **7** (*bur.*) formulario **8** maqueta (*f.*), miniatura (*f.*) **9** (*pitt., scult.*) (*persona*) modelo (*m.* e *f.*).
moderare A *v.tr.* **1** moderar, medir, contener **2** (*lett.*) gobernar, regir **B** *v.pron.* moderarse, contenerse.
moderno A *agg.* moderno, nuevo **B** *s.m.* **1** (*persona*) moderno **2** (*cosa, stile*) lo moderno.
modestia *s.f.* **1** modestia, recato (*m.*) **2** modestia, sobriedad **3** modestia, poquedad.
modico *agg.* módico, moderado, limitado.

modifica *s.f.* modificación, cambio (*m.*).
modificare A *v.tr.* modificar, cambiar, transformar **B** *v.intr.pron.* modificarse, alterarse.
modo *s.m.* **1** modo, manera (*f.*), forma (*f.*) **2** modismo, giro **3** modo, moderación, medida (*f.*) **4** (*gramm.* e *mus.*) modo **5** (*giur.*) carga (*f.*), obligación (*f.*).
modulazione *s.f.* (*fis.*) (anche *mus.*) modulación.
modulo[1] *s.m.* **1** formulario, impreso **2** (*arch.* e *idr.*) módulo **3** (*fig.*) regla (*f.*), norma (*f.*), módulo.
modulo[2] *s.m.* (*tecn.* e *inform.*) módulo.
mogio *agg.* abatido, pachucho.
moglie *s.f.* esposa, mujer.
mole[1] *s.f.* **1** (*arch.*) (anche *masso*) mole **2** tamaño (*m.*), dimensión **3** (*fig.*) cantidad, montón (*m.*).
mole[2] *s.f.* (*fis.*) mol (*m.*).
molecola *s.f.* **1** (*chim.*) (anche *fis.*) molécula **2** parte minúscula.
molecolare *agg.m.* e *f.* (*chim.*) (anche *fis.*) molecular.
molestare *v.tr.* **1** molestar **2** gravar, agobiar.
molestia *s.f.* **1** molestia **2** molestia, lata.
molla *s.f.* **1** muelle (*m.*) **2** (*fig.*) aliciente (*m.*), estímulo (*m.*), motivación.
mollare A *v.tr.* **1** soltar, dejar **2** (*fig.* e *fam.*) abandonar, dejar, plantar **3** (*fig.* e *fam.*) largar, soltar **4** (*mar.*) largar **B** *v.intr.* **1** ceder, aflojar, cejar **2** (*fig.* e *fam.*) parar.
molletta *s.f.* **1** pinza **2** (*girella del fumaiolo*) garrucha **3** (*mus.*) llave.
mollusco *s.m.* **1** (*zool.*) molusco **2** (*fig.* e *pegg.*) (*persona*) blandengue (*m.* e *f.*).
molo *s.m.* (*mar.* e *aer.*) malecón, muelle.
molteplice *agg.m.* e *f.* **1** múltiple **2** múltiple, numeroso (*m.*).
moltiplicare A *v.tr.* (*mat.*) multiplicar **B** *v.intr.pron.* multiplicarse.
moltiplicazione *s.f.* (anche *mat.*) multiplicación.
moltitudine *s.f.* **1** (*cose*) multitud, gran cantidad **2** (*persone*) multitud, gentío (*m.*), muchedumbre.
molto A *agg.* (*indefinito*) **1** (anche *neutro*) mucho **2** mucho, grande (*m.* e *f.*) **3** (*parecchio*) mucho, varios (*pl.*) **4** demasiado **B** *avv.* **1** mucho **2** (*valore superlativo, enfatico*) muy **3** (*antifrastico*) qué **C** *pron.* (*indefinito*) mucho.
momentaneo *agg.* **1** momentáneo, pasajero **2** (*ling.*) explosivo.
momento *s.m.* **1** momento, instante **2** momento, periodo **3** (anche *fis.* e *stat.*) momento **4** ocasión (*f.*) **5** (*ant.*) (*lett.*) importancia (*f.*), momento, trascendencia (*f.*) **6** (*fam.*) poco.
monaca[1] *s.f.* (*rel.*) monja.
monaca[2] *s.f.* (*zool.*) mergo (*m.*).
monaco *s.m.* (*rel.*) monje.
monarchia *s.f.* (*pol.*) monarquía.
monastero *s.m.* **1** (*rel.*) monasterio, convento **2** (*fig.*) vida (*f.*) monástica.
mondano A *agg.* **1** mundano, mundanal (*m.* e *f.*), terreno **2** mundano, frívolo **B** *s.m.* persona mundana.
mondezza *s.f.* (*pop.*) basura.
mondo *s.m.* **1** mundo **2** clase (*f.*), mundo **3** mundo, civilización (*f.*), cultura (*f.*) **4** (*fig.*) montón, gran cantidad (*f.*).
monello *s.m.* **1** galopín, golfillo **2** pícaro, tunante (*m.* e *f.*).
moneta *s.f.* (*econ.*) moneda.
mongolfiera *s.f.* (*aer.*) globo (*m.*) aerostático.
mongolide *agg.* e *s.m.* e *f.* **1** mongol, mongólico (*agg.m.*) **2** (*med.*) mongólico (*m*).
mongolo *agg.* e *s.m.* mongol (*m.* e *f.*), mongólico (*agg.*).
monitor *s.m.inv.* (*angl.*) (anche *inform.*) monitor (*sing.*).
mono- *pref.* mono-.

monocolo A *agg.* monóculo **B** *s.m.* (*ott.*) monóculo.
monogamia *s.f.* (anche *zool.*) monogamia.
monolito *s.m.* (anche *arch.*) monolito.
monolocale *s.m.* estudio.
monologo *s.m.* **1** (*lett.* e *teatr.*) monólogo **2** monólogo, soliloquio.
monopattino *s.m.* (*gioco*) monopatín.
monopolio *s.m.* (*econ.* e *fig.*) monopolio.
monosillabo *agg.* e *s.m.* (*ling.*) monosílabo.
monossido *s.m.* (*chim.*) monóxido.
monoteismo *s.m.* (*rel.*) monoteísmo.
monotono *agg.* monótono, uniforme (*m.* e *f.*).
monsignore *s.m.* (anche *fig.*) monseñor.
monsone *s.m.* (*meteo*) (*vento*) monzón.
monta *s.f.* **1** (*zootec.*) cubrición, acaballadero (*m.*) **2** (*equit.*) monta **3** (*equit.*) (*fantino*) jinete (*m.*) **4** (*arch.*) montea.
montacarichi *s.m.inv.* montacargas.
montaggio *s.m.* (*cine*) (anche *mecc.* e *tip.*) motaje.
montagna *s.f.* **1** (*geog.*) montaña **2** (*fig.*) montaña, montón (*m.*), gran cantidad.
montante *s.m.* **1** (anche *edil.*) montante **2** (*edil.*) (*porta, finestra*) jamba (*f.*) **3** (*edil.*) (*ponte*) cuchillo **4** (*sport*) (*calcio*) poste **5** (*mat.*) montante, monto **6** (*sport*) (*pugilato*) uppercut (*inv.*).
montare A *v.intr.* **1** montar, subir **2** (*equit.*) montar, cabalgar **3** (anche *fig.*) subir, aumentar **B** *v.tr.* **1** subir **2** montar, armar, ensamblar **3** (*cuc.*) montar, batir **4** (*zootec.*) montar, cubrir, acaballar **5** (*oreficeria*) montar, engastar, engarzar **6** (*mar.*) doblar **7** (*cine.*) montar **C** *v.intr.pron.* engreírse, ensoberbecerse.
montato *agg.* **1** (*cuc.*) montado **2** (*fig.* e *gerg.*) engreído, soberbio.
monte *s.m.* **1** (*geog.*) (anche *banca*) monte **2** (*fig.*) montón **3** (*gioco*) (*carte*) monte, baceta (*f.*) **4** (*comm.*) monto.
montepremi *s.m.inv.* suma/cantidad total de los premios.
montone *s.m.* **1** (*zool.*) carnero **2** (*fam.*) (*abb.*) chaquetón de ante.
monumento *s.m.* (anche *fig.*) monumento.
moquette *s.f.inv.* (*franc.*) moqueta (*sing.*).
mora[1] *s.f.* (*bot.*) (*frutto*) mora.
mora[2] *s.f.* (*giur.*) mora.
morale[1] *agg.m.* e *f.* **1** moral **2** moral, honesto (*m.*), recto (*m.*).
morale[2] *s.f.* **1** (*fil.*) moral, ética **2** moral, moralidad.
morale[3] *s.m.* moral (*f.*), ánimo esponente.
moralità *s.f.inv.* **1** moralidad (*sing.*) **2** (*ant.*) (*teatr.*) moralidades (*pl.*) **3** (*raro*) (*favola, discorso*) moraleja (*sing.*).
morbidezza *s.f.* **1** blandura, suavidad **2** (*pitt.* e *scult.*) armonía de colores, delicadeza de matices.
morbido A *agg.* **1** blando, mullido **2** suave (*m.* e *f.*), blando, mórbido **3** (*pitt.* e *scult.*) esfumado, suave (*m.* e *f.*) **4** (*raro*) (*fig.*) regalado, blando, cómodo **5** (*fig.*) apacible (*m.* e *f.*), dócil (*m.* e *f.*) **6** (*med.*) mórbido, morboso **B** *s.m.* lo blando.
morbo *s.m.* **1** (*med.*) morbo, enfermedad (*f.*) **2** (*fig.*) plaga (*f.*).
morboso *agg.* (*med.*) (anche *fig.*) morboso.
mordace *agg.m.* e *f.* **1** mordedor (*m.*) **2** mordaz, corrosivo (*m.*) **3** (*fig.*) mordaz, áspero (*m.*), acre, picante **4** (*fig.*) mordaz, cáustico (*m.*), incisivo (*m.*).
mordere *v.tr.* **1** morder **2** (*insetto*) picar, punzar **3** morder, hacer presa **4** morder, raer, corroer **5** (*fig.*) picar, irritar **6** (*fig.*) cortar, penetrar.
morfina *s.f.* (*chim.*) morfina.
morfologia *s.f.* (*bio*) (*geol.*) (*ling.*) morfología.

moria *s.f.* **1** mortandad **2** (*bot.*) plaga.
moribondo *agg.* e *s.m.* (anche *fig.*) moribundo.
morigerato *agg.* **1** morigerado, sobrio, moderado **2** (*persona*) morigerato, bien criado.
morire A *v.intr.* **1** morir, fallecer **2** (*fig.*) morir, morirse **3** (*fig.*) morir, acabar, terminar **4** (*fig.*) apagarse, consumirse **B** *v.intr.pron.* (*lett.*) (anche *fig.*) morirse.
mormone *s.m.* (*rel.*) mormón.
mormorare A *v.intr.* **1** murmurar, susurrar **2** gruñir, quejarse **3** murmurar, criticar **B** *v.tr.* murmurar, bisbisear, musitar.
mormorio *s.m.* murmullo, susurro, murmureo.
moro A *agg.* **1** (*ant.*) moro, moreno **2** (*carnagione*, *capelli*) moreno, (*amer.*) morocho **3** (*zool.*) moro **B** *s.m.* **1** (*ant.*) moro, musulmán **2** (*tabacco*) tobaco moreno **3** (*persona*) moreno **4** (*bot.*) naranja sanguina.
morsa *s.f.* **1** (*tecn.*) mordaza **2** (*fig.*) asedio (*m.*), cerco (*m.*) **3** (*arch.*) adaraja, diente (*m.*) **4** (*mordacchia*) bozal (*m.*).
morse *agg.inv.* e *s.m.inv.* (*angl.*) morse.
morsicare *v.tr.* **1** morder **2** (*insetto*) picar, punzar.
morso *s.m.* **1** mordisco, mordedura (*f.*), dentellada (*f.*) **2** mordisco, bocado, pedazo **3** (*insetto*) picadura (*f.*), punzada (*f.*) **4** (*cavallo*) bocado, mueso **5** (*fig.*) aguijonazo, comezón (*f.*), picazón (*f.*) **6** (*fig.*) acoso, cerco.
mortadella *s.f.* (*cuc.*) mortadela.
mortaio *s.m.* (anche *mil.*) mortero.
mortale A *agg.m.* e *f.* **1** (anche *rel.*) mortal **2** humano (*m.*) **3** insoportable, terrible **B** *s.m.* mortal.
mortalità *s.f.inv.* (anche *fig.*) mortalidad (*sing.*).
mortaretto *s.m.* triquitraque.
morte *s.f.* **1** (anche *giur.*) muerte, defunción **2** (*fig.*) muerte, destrucción, ruina **3** (*cuc.*) el mejor modo de cocinar algo.
mortificare A *v.tr.* **1** mortificar, avergonzar, humillar **2** (*rel.*) mortificar, humillar **3** (*med.*) mortificar **B** *v.intr.pron.* avergonzarse **C** *v.pron.* (*rel.*) mortificarse, castigarse.
mortorio *s.m.* **1** (*fig.*) entierro de tercera **2** (*raro*) (*lett.*) funeral, entierro.
mosaico *s.m.* **1** (anche *fig.*) mosaico **2** (*lett.*) (*mus.*) centón **3** (*bot.*) mosaico.
mosca *s.f.* **1** (*zool.*) (anche *barba*) mosca **2** (*fig.*) (*persona*) moscón (*m.*) moscardón (*m.*) **3** (*pesca*) mosca artificial.
moscardino *s.m.* (*zool.*) chipirón.
moscato *agg.* e *s.m.* moscatel.
moscerino *s.m.* **1** (*zool.*) mosquito **2** (*fig.*) (*scherz.*) alfeñique **3** (*fig.*) (*pegg.*) pobre diablo, muerto de hambre.
moschea *s.f.* (*rel.*) mezquita.
moschettiere *s.m.* (*ant.*) (*mil.*) mosquetero.
moschettone *s.m.* (*mil.*) (anche *sport*) mosquetón.
moscio *agg.* **1** flojo, lacio **2** marchito **3** (*fig.*) alicaído, deprimido.
mossa *s.f.* **1** movimiento (*m.*), sacudida **2** gesto (*m.*), expresión **3** (*fig.*) paso (*m.*), acción **4** (*fig.*) fase inicial, inicio (*m.*) **5** (*gioco*) (*scacchi*, *dama*) jugada, lance (*m.*).
mostarda *s.f.* (*cuc.*) **1** (*salsa*) salsa de especias, vinagre y mostaza **2** (*mosto cotto*) mosto (*m.*) agustín.
mosto *s.f.* mosto.
mostra *s.f.* **1** ostentación, exhibición, alarde (*m.*) **2** simulación, fingimiento (*m.*), ficción **3** exposición **4** (*ant.*) (*mil.*) muestra, revista **5** escaparate (*m.*), (*amer.*) vitrina **6** (*porta*) marco (*m.*) **7** (*abb.*) (*bavero*) solapa **8** (*orologio*) muestra.
mostrare A *v.tr.* **1** mostrar, enseñar **2** indicar, señalar **3** (*ostentare*) lucir,

hacer gala, alardear **4** mostrar, explicar, enseñar **B** *v.pron.* **1** aparecer, mostrarse **2** mostrarse, demostrarse **3** fingirse **C** *v.intr.pron.* aparecerse.
mostro *s.m.* **1** (anche *fig.* e *mit.*) monstruo **2** (*fig.*) (anche *creatura fantastica*) coco **3** (*fig.*) monstruo, genio, prodigio.
mostruoso *agg.* monstruoso **2** (*fig.*) monstruoso, cruel (*m.* e *f.*), perverso **3** (*fig.*) monstruoso, extraordinario.
motel *s.m.inv.* (*angl.*) motel.
motivare *v.tr.* **1** motivar, explicar **2** motivar, causar, provocar **3** motivar, estimular.
motivo *s.m.* **1** motivo, causa (*f.*), razón (*f.*) **2** (*mus.*) (anche *arti figurative*) motivo **3** (*lett.*) tema.
moto A *s.m.* **1** (*astro.*) (*fis.*) (*gramm.*) (*mus.*) movimiento **2** ejercicio, esfuerzo físico **3** movimento, gesto **4** arranque, arrebato **5** motín, rebelión (*f.*) **B** *s.f.inv.* (*abbr.*) moto (*sing.*), motocicleta (*sing.*) **C** *pref.* moto-.
motocicletta *s.f.* motocicleta.
motore A *agg.* motor **B** *inter.* (solo nella locuzione) *~, ciak si gira!*, ¡cámara acción! **C** *s.m.* **1** (anche *mecc.*) motor **2** (*fig.*) motor, impulsor.
motorino *s.m.* (*fam.*) ciclomotor.
motoscafo *s.m.* (*mar.*) lancha (*f.*) motora/gasolinera (*f.*).
motto *s.m.* **1** salida (*f.*), ocurrencia (*f.*) **2** lema **3** (*aral.*) divisa (*f.*), lema, mote **4** (*lett.*) palabra (*f.*).
mountain bike *s.f.inv.* (*angl.*) bici de montaña.
mouse *s.m.inv.* (*angl.*) (*inform.*) ratón (*sing.*).
mousse *s.f.inv.* (*franc.*) (*cuc.*) **1** (*dolce*) mousse **2** paté a base de atún/hígado/jamón cubierto con gelatina.
movente 1 *s.m.* (*giur.*) móvil, causa (*f.*), motivo **2** (*mecc.*) órgano conductor.
movenza *s.f.* movimiento (*m.*).
movimentare *v.tr.* **1** animar, avivar **2** (*econ.*) movilizar.
movimento *s.m.* **1** (*econ.*) (*mus.*) (*pitt.*) (*pol.*) movimiento **2** movimiento, agitación (*f.*), animación (*f.*) **3** (*fam.*) cita (*f.*), encuentro galante **4** (*mil.*) evolución (*f.*), movimiento.
moviola *s.f.* (*cine.*) moviola.
mozzafiato *agg.m.* e *f.* impresionante, trepidante.
mozzarella *s.f.* mozarela.
mucca *s.f.* (*zool.*) vaca lechera.
mucchio *s.m.* montón, pila (*f.*).
muffa *s.f.* moho (*m.*).
muggito *s.m.* mugido.
mugolare *v.intr.* **1** gañir **2** (*lamentarsi*) gemir.
mugugnare *v.intr.* gruñir.
mulatto *agg.* e *s.m.* mulato.
mulino *s.m.* molino.
mulo *s.m.* mulo, mula (*f.*).
multa *s.f.* **1** multa **2** (*contravvenzione*) contravención.
multare *v.tr.* multar.
multi- *pref.* multi-.
multimediale *agg.m.* e *f.* multimedial.
multinazionale *s.f.* multinacional.
multiplo *agg.* múltiplo, vario.
multiuso *agg.* multiuso.
mummia *s.f.* momia.
mungere *v.tr.* **1** ordeñar **2** (*fig.*) exprimir, explotar.
municipio *s.m.* (*sede*) ayuntamiento, casa (*f.*) consistorial.
munire A *v.tr.* dotar, proveer **B** *v.pron.* proveerse.
munizione *s.f.* munición.
muovere A *v.tr.* **1** mover **2** (*spostare*) desplazar **B** *v.intr.* **1** salir, ir **2** (*fig.*) proceder, derivar **3** (*avviarsi*) echar a andar **4** (*mettersi in moto*) ponerse en marcha **5** (*sbrigarsi*) moverse, darse prisa.
mura *s.f.pl.* **1** muralla (*sing.*) **2** (*fig.*) barrera.
murales *s.m.* (*arte*) mural.
muratore *s.m.* albañil.
muro *s.m.* **1** muro (anche *fig.*), pared (*f.*) **2** (*fig.*) barrera.

musa *s.f.* musa.
muschio *s.m.* (*bot.*) musgo.
muscolo *s.m.* músculo.
museo *s.m.* museo.
museruola *s.f.* bozal (*m.*).
musica *s.f.* música.
musicista *s.m.* e *f.* músico (*m.*).
muso *s.m.* **1** (*di animale*) hocico, morro **2** (*fam.*) (*faccia*) jeta (*f.*), morro **3** (*broncio*) morro.
musone *s.m.* huraño.
musulmano *agg.* e *s.m.* musulmán.
mutamento *s.m.* cambio, mutación (*f.*).
mutande *s.f.pl.* **1** (*da donna*) bragas **2** (*da uomo*) calzoncillos (*m.*).
mutandine *s.f.pl.* bragas, eslip (*m.sing.*).
mutare **A** *v.tr.* **1** cambiar **2** (*il pelo, la pelle*) mudar **B** *v.intr.* (*tempo*) cambiar **C** *v.pron.* mudarse, transformarse, cambiarse.
mutazione *s.f.* **1** cambio (*m.*) **2** (*biol.*) mutación.
mutilare *v.tr.* (anche *fig.*) mutilar.
muto *agg.* e *s.m.* mudo.
mutua *s.f.* **1** (*dir.*) mutualidad **2** (*assistenza sanitaria*) Servicio (*m.*) de Salud Pública.
mutuo[1] *agg.* mutuo, recíproco.
mutuo[2] *s.m.* préstamo.

N

n *s.f.inv.* **1** letra n **2** (*geog.*) (*abbr. di nord*) N **3** (*mat.*) (*esponente*) n.
nacchere *s.f.pl.* (*mus.*) castañuelas.
nafta *s.f.* (*chim.*) nafta.
naia *s.f.* (*gerg.*) mili, (*amer.*) colimba.
naïf *agg.inv.* e *s.m.* e *f.inv.* (*franc.*) (*pitt.*) naïf.
nano *agg.* e *s.m.* **1** enano **2** (*fig.*) liliputiense (*m.* e *f.*), pigmeo, (*amer.*) petiso.
napalm *s.m.inv.* (*marchio registrato*) (*chim.*) napalm.
napoletano *agg.* e *s.m.* napolitano.
narcisista *s.m.* e *f.* (*psic.*) narcisista.
narco- *pref.* narco-.
narcotico **A** *agg.* narcótico **B** *s.m.* (*farm.*) narcótico.
narcotrafficante *s.m.* narcotraficante.
narice *s.f.* (*anat.*) narina, fosa nasal.
narrare **A** *v.tr.* narrar, contar **B** *v.intr.* (*di*) relatar, referir.
narrazione *s.f.* **1** narración **2** (*lett.*) relato (*m.*), cuento (*m.*) **3** (*giur.*) relación.
nascere **A** *s.m.* nacimiento, origen **B** *v.intr.* **1** nacer, venir al mundo, ver la luz **2** (*fig.*) nacer, derivar, salir **3** (*fig.*) nacer, surgir, formarse **4** (*fig.*) nacer, fundarse **5** (*astro.*) nacer, salir **6** (*corso d'acqua*) nacer, surgir **7** (*pianta*) brotar, nacer.
nascita *s.f.* **1** nacimiento (*m.*) **2** nacimiento (*m.*), cuna, familia, linaje (*m.*) **3** (*fig.*) origen (*m.*), principio (*m.*).
nascondere **A** *v.tr.* **1** esconder, ocultar **2** (*fig.*) esconder, disimular, encubrir **3** esconder, contener, encerrar **4** esconder, cubrir, tapar **5** esconder, ocultar, tapar **B** *v.pron.* esconderse, ocultarse **C** *v.intr.pron.* ocultarse.
nascondiglio *s.m.* escondite, escondrijo, escondedero.
nasello *s.m.* (*zool.*) pescada (*f.*), pescadilla (*f.*).
naso *s.m.* **1** (*anat.*) (*zool.*) nariz (*f.*) **2** (*fig.*) olfato **3** (*mecc.*) (*mandrino*) cabeza (*f.*).
nastro *s.m.* **1** cinta (*f.*), banda (*f.*), tira (*f.*) **2** (*macchina per scrivere, stampante*) cinta (*f.*).
natale **A** *agg.m.* e *f.* natal, nativo (*m.*) **B** *s.m.* **1** (*raro*) natalicio **2** (*rel.*) Navidad (*f.*).
natalità *s.f.inv.* (*stat.*) natalidad (*sing.*).
natura *s.f.* **1** naturaleza **2** (*fil.*) naturaleza, esencia, substancia **3** naturaleza, género (*m.*), especie **4** (*persona, animale*) naturaleza, carácter (*m.*), temperamento (*m.*) **5** estructura, propiedad.
naturale **A** *agg.m.* e *f.* **1** natural **2** obvio (*m.*), natural **3** natural, espontáneo (*m.*), franco (*m.*) **4** (*risposta*) claro **B** *s.m.* (*raro*) carácter, temperamento.
naufrago *s.m.* (*mar.*) náufrago.
nausea *s.f.* **1** náusea, arcadas (*pl.*), basca **2** (*med.*) náusea **3** (*fig.*) asco (*m.*), repugnancia.

nautica *s.f.* (*mar.*) náutica.
navarrese *agg.* e *s.m.* e *f.* navarro (*m.*).
navata *s.f.* (*arch.*) nave.
nave *s.f.* **1** (*mar.*) nave, barco (*m.*), buque (*m.*), navío (*m.*) **2** (*poes.*) vida.
navigare A *v.tr.* (*mar.*) surcar **B** *v.intr.* **1** (*mar.*) navegar **2** (*aer.*) volar.
nazi *agg.inv.* e *s.m.inv.* nazi (*sing.*).
nazionale A *agg.m.* e *f.* nacional **B** *s.f.* (*sport*) selección nacional, (*amer.*) seleccionado (*m.*) nacional.
nazionalismo *s.m.* (*pol.*) nacionalismo.
nazionalità *s.f.inv.* (*giur.*) nacionalidad (*sing.*), ciudadanía (*sing.*).
nazione *s.f.* **1** (*giur.*) (*pol.*) nación, estado (*m.*), país (*m.*) **2** nación, gente, pueblo (*m.*).
naziskin *s.m.inv.* (*socio.*) naziskin.
nazismo *s.m.* (*pol.*) nazismo.
'ndrangheta *s.f.* mala vida organizada de Calabria (Italia).
ne A *avv.* **1** (*anche pleonastico; in spagnolo non si traduce*): *ho comprato un vestito e ~ sono rimasto deluso*, he comprado un vestido y me he quedado decepcionado **2** de aquí, de ahí, de allí, de allá **B** *prep.* (*lett.*) en **C** *pron.m.* e *f.inv.* **1** (*di lui, di lei, di loro*) su, suyo, suya, suyos, suyas, de él, de ella, de ellos, de ellas **2** (*di questo, di quello ecc., in spagnolo non si traduce*): *ho fatto la pasta, ~ vuoi?*, ¿he hecho la pasta, quieres? **3** (*di ciò, neutro, in spagnolo non si traduce*): *che ~ pensi?*, ¿qué piensas de esto? **4** (*da ciò, da questo, da quello, neutro*) de ello, de esto, de aquello **5** (*di questo, di quello*) lo, la.
né *cong.* (*coordinativa*) **1** (*negativa*) ni **2** (*correlativa negativa*) ni... ni **3** (*lett.*) (*copulativa*) y no.
ne' *prep.art.m.pl.* (*forma tronca di nei*) en los.
neanche A *avv.* **1** tampoco **2** (*rafforzativo*) ni **3** (*persino ... non*): *non ho ~ fatto la spesa*, ni siquiera fui de compras **B** *cong.* ni siquiera.
nebbia *s.f.* **1** (*med.*) (*meteo.*) (anche *fig.*) niebla **2** (*mar.*) bruma **3** (*bot.*) añublo (*m.*), niebla.
necessario A *agg.* (*a/per*) **1** necesario, imprescindible (*m.* e *f.*), indispensable (*m.* e *f.*) **2** necesario, útil (*m.* e *f.*) **3** (*fil.*) (*giur.*) necesario **B** *s.m.* necesario.
necessità *s.f.inv.* **1** necesidad (*sing.*), urgencia (*sing.*) **2** (*povertà*) estrecheces, aprieto (*m.sing.*), apuro (*m.sing.*) **3** (*f.l.*) necesidad (*sing.*) **4** (*fisiol.*) (*bisogni corporali*) necesidades (*pl.*).
necessitare A *v.tr.* necesitar, exigir, requerir **B** *v.intr.* (*di*) necesitar, precisar, tener necesidad de **C** *v.impers.* ser necesario/preciso/menester.
necrologio *s.m.* esquela (*f.*) mortuaria, necrológica (*f.*).
negare *v.tr.* **1** negar **2** negar, desmentir, no confesar **3** negar, rechazar, rehusar.
negativo A *agg.* **1** negativo **2** negativo, desfavorable (*m.* e *f.*), dañino, perjudicial (*m.* e *f.*) **3** (*gramm.*) de negación **B** *s.m.* (*fot.*) negativo, placa (*f.*), cliché.
negligente *agg.m.* e *f.* **1** negligente, desaplicado (*m.*), desganado (*m.*), (*amer.*) vago (*m.*) **2** negligente, descuidado (*m.*), dejado (*m.*).
negoziante *s.m.* comerciante, negociante.
negoziare A *v.tr.* **1** (*comm.*) contratar, negociar, tratar **2** (*pol.*) negociar, concertar **3** (*econ.*) negociar, contratar **B** *v.intr.* (*in*) (*comm.*) negociar, comerciar, tratar.
negoziato *s.m.* negociación (*f.*), tratativa (*f.*).
negozio *s.m.* **1** tienda (*f.*), almacén, punto de venta **2** (*giur.*) negocio **3** (*ant.*) (*lett.*) actividad (*f.*), trabajo, ocupación (*f.*).
negriero *s.m.* (anche *fig.*) negrero.
negro *s.m.* (*gerg.*) (*scrittore*) negro.
nemico A *agg.* **1** enemigo, hostil (*m.*

e *f.*) **2** (*di*) (*fig.*) enemigo, contrario **3** (*fig.*) dañoso, perjudicial (*m.* e *f.*) **B** *s.m.* **1** enemigo **2** (*mil.*) enemigo, adversario, contrincante (*m.* e *f.*).
nemmeno A *avv.* ni **B** *cong.* ni siquiera.
neo- *pref.* neo-, nuevo, recién.
neon *s.m.inv.* (*chim.*) neón (*sing.*).
neonato A *agg.* **1** neonato **B** *s.m.* neonato, recién nacido **2** (*fig.*) recién nacido.
nepalese *agg.* e *s.m.* e *f.* nepalés.
neppure A *avv.* ni, tampoco **B** *cong.* ni siquiera.
nero *agg.* **1** (anche *fig.*) negro **2** (*sudicio*) negro, mugriento, sucio **3** (*fig.*) (*avvenimento*) negro, desfavorable (*m.* e *f.*), trágico **4** *(fig.) (stato d'animo)* negro, desdichado, triste (*m.* e *f.*) **5** (*cielo, tempo*) cubierto, encapotado, nublado **6** fascista (*m.* e *f.*).
nervo *s.m.* **1** (*anat.*) (*bot.*) (anche *fig.*) nervio **2** (*raro*) (*fig.*) nervio, energia (*f.*), garra (*f.*) **3** (*lett.*) (*strumento a corda*) cuerda (*f.*).
nervoso A *agg.* **1** (*anat.*) (*med.*) nervioso **2** nervioso, irritable (*m.* e *f.*) **3** (*corpo umano*) ágil (*m.* e *f.*), enjuto **4** (*fig.*) escueto, conciso **5** (*bot.*) nervado **B** *s.m.* (*fam.*) nervios (*pl.*).
nespola *s.f.* (*bot.*) (*frutto*) níspero (*m.*), níspola.
nesso *s.m.* **1** conexión (*f.*), relación (*f.*), nexo, ilación (*f.*) **2** (*ling.*) nexo, conjunción (*f.*).
nessuno A *agg.* **1** (*neanche uno*) ningún **2** (*rafforzativo*) alguno **3** (*con art. det.*) absoluta falta/carencia de **4** (*qualche*) un, algún **B** *pron.* (*indefinito*) **1** (*nemmeno uno*) nadie (*inv.*), ninguno **2** (*qualcuno*) alguien (*inv.*) **3** (*qualche*) alguno de, ninguno de **C** *s.m. (pegg.)* nadie.
netto *agg.* **1** aseado, limpio **2** (*fig.*) honrado **3** neto, nitido **4** (*comm.*) neto **5** (*fig.*) noto, claro, exacto.
nettuno *s.m.* (*astro.*) (*astrol.*) neptuno.
netturbino *s.m.* barrendero.
network *s.m.inv.* (*angl.*) cadena (*f.sing.*), red de emisoras.
neurologia *s.f.* (*med.*) neurología.
neutrale A *agg.m.* e *f.* **1** (*pol.*) (anche *fig.*) neutral **2** (*chim.*) (*fis.*) neutro (*m.*) **B** *s.m.* (*giur.*) país neutral.
neutro A *agg.* **1** (*persona*) neutral (*m.* e *f.*), imparcial (*m.* e *f.*) **2** (*cosa*) neutro, impreciso, indefinido, indeterminado, vago **3** (*chim.*) (*elett.*) (*fis.*) (*gramm.*) (*mat.*) neutro **B** *s.m.* neutro.
neve *s.f.* **1** (*meteo.*) nieve **2** (*fig.*) candor (*m.*), blancura **3** (*gerg.*) (*droga*) nieve, cocaína.
nevrosi *s.f.inv.* (*psic.*) neurosis.
nevvero *inter.* (*fam.*) (*interrogativo*) ¿a que sí?
newyorkese *agg.* e *s.m.* e *f.* neoyorquino (*m.*).
nicaraguense *agg.* e *s.m.* e *f.* nicaragüense, nicaragüeño.
nicchia *s.f.* **1** (*arch.*) nicho (*m.*), celdilla **2** (*fig.*) nicho (*m.*), refugio (*m.*) **3** (*econ.*) segmento (*m.*).
nichel *s.m.* (*chim.*) níquel.
nichilismo *s.m.* (*fil.*) nihilismo.
nicotina *s.f.* (*chim.*) nicotina.
nido *s.m.* **1** (*zool.*) nido **2** (*pollame*) nidal **3** (*animali selvatici*) madriguera (*f.*) **4** (*fig.*) nido, hogar **5** (*fig.*) *(pegg.)* (*covo*) nido, cueva (*f.*).
niente A *agg.inv.* (*indefinito*) (*fam.*) **1** nada de, ni una brizna de, ni un grano de **2** (*niente + s.*) nada de + s. **B** *avv.* nada **C** *pron.inv.* (*indefinito*) **1** (*neutro*) nada **2** poca cosa **3** (*interrogativo, dubitativo*) nada, algo **4** (*niente di + agg.*) nada + agg. **5** (*niente da + inf.*) nada que + inf. **D** *s.m.inv.* **1** nada (*f.*) **2** muy poco, poca cosa (*f.*), nada (*f.*).
nientemeno *avv.* nada menos.
nigeriano *agg.* e *s.m.* nigeriano.
ninfomane *s.f.* (*med.*) ninfómana.
nipote *s.m.* e *f.* **1** (*di nonni*) nieto (*m.*) **2** (*di zii*) sobrino (*m.*).

nipponico *agg.* nipón, japonés.
nirvana *s.m.inv.* (*rel.*) nirvana.
nitido *agg.* **1** nítido, limpio, terso **2** (*fig.*) nítido, claro **3** (*fig.*) nitido, pulcro.
nitrato *agg.* e *s.m.* (*chim.*) nitrato.
nitrito[1] *s.m.* relincho.
nitrito[2] *s.m.* (*chim.*) nitrito.
no A *avv.* **1** (*negativo*) no **2** (*disgiuntivo*) no **3** (*interrogativo*) no? **B** *s.m.inv.* no.
nobile A *agg.m.* e *f.* **1** noble, aristocrático (*m.*) **2** (*fig.*) noble, generoso (*m.*), magnánimo (*m.*) **3** (*fig.*) noble, distinguido (*m.*), elegante **4** (*chim.*) (*met.*) noble **B** *s.m.* e *f.* noble, aristócrata, patricio (*m.*).
nocciola[1] *agg.inv.* e *s.m.inv.* (*colore*) habana.
nocciola[2] *s.f.* (*bot.*) avellana.
nocciolo *s.m.* **1** (*bot.*) hueso, cuesco, (*amer.*) carozo **2** (*mecc.*) alma (*f.*) núcleo **3** (*fig.*) busilis (*inv.*).
noce A *s.f.* **1** (*bot.*) nuez **2** (*balestra*) nuez **3** (*pop.*) (*caviglia*) maléolo (*m.*) **B** *s.m.* (*bot.*) (anche *legno*) nogal, noguera (*f.*).
nocivo *agg.* nocivo, dañoso, malo, perjudicial (*m.* e *f.*).
nodo *s.m.* **1** (anche *fig.*) nudo **2** (*fig.*) nudo, vínculo **3** (*fig.*) nudo, dificultad (*f.*) **4** (*astro.*) (*fis.*) nodo.
noi *pron.m.* e *f.pl.* (*personale*) **1** nosotros (*m.*), nosostras (*f.*) **2** (*valore impersonale*) uno **3** (*rel.*) (anche *maiestatico*) nos.
noia *s.f.* **1** aburrimiento (*m.*), tedio (*m.*) **2** disgusto (*m.*), problema (*m.*), percance (*m.*).
noioso A *agg.* **1** aburrido, tedioso **2** molesto, engorroso, enfadoso **B** *s.m.* chinchoso, plomazo, plomo, (*amer.*) cargoso.
noleggiare *v.tr.* (*comm.*) **1** (*dare a nolo*) fletar, rentar **2** (*prendere a nolo*) alquilar.
nolo *s.m.* (*comm.*) **1** (*mar.*) flete, fletamento **2** alquiler.
nomade *agg.* e *s.m.* e *f.* (*etn.*) nómada.
nome *s.m.* **1** (*gramm.*) nombre, sustantivo **2** nombre **3** (*fig.*) renombre, fama (*f.*).
nominare *v.tr.* **1** nombrar, citar, mencionar **2** nombrar, nominar.
non A *avv.* **1** no **2** (*pleonastico; in spagnolo non si traduce*): *ho chiamato finché ~ mi sono stancata*, he llamado hasta que me he cansado **3** (~ + *agg.*) no precisamente + agg. **4** (~ + *verbo* + *affatto/mica/punto*) no + verbo − de ninguna manera/en absoluto/para nada.
nonché *cong.* **1** asimismo, y además **2** (*lett.*) no sólo.
noncuranza *s.f.* **1** desinterés (*m.*), despreocupación, indiferencia **2** abandono (*m.*), descuido, (*m.*), negligencia.
nondimeno *cong.* a pesar de, no obstante, sin embargo.
nonno *s.m.* **1** abuelo **2** (*fam.*) yayo **3** (*mil.*) abuelo, veterano.
nonnulla *s.m.inv.* nadería (*f.*), bagatela (*f.*).
nono A *agg.num.ord.* noveno **B** *s.m.* noveno, nono.
nonostante A *cong.* aunque, si bien, sin embargo **B** *prep.* a pesar de.
nord *s.m.* (*geog.*) norte.
norma *s.f.* **1** (*giur.*) norma, ley **2** (*ling.*) precepto (*m.*) **3** norma, pauta, regla **4** (*tecn.*) norma, estándar (*m.*).
normale A *agg.m.* e *f.* **1** (anche *chim.*) (*geom.*) normal **2** (*persona*) corriente, común **B** *s.f.* **1** (*geom.*) normal **2** (*sport*) (*alpinismo*) escalada normal **3** (*bur.*) circular.
normalità *s.f.inv.* normalidad (*sing.*).
norvegese A *agg.* e *s.m.* e *f.* noruego (*m.*) **B** *s.m.* (*lingua*) noruego.
nostalgia *s.f.* nostalgia, añoranza, morriña, (*amer.*) extrañar.
nostro A *agg.* (*possessivo*) nuestro **B** *pron.* (*possessivo*) **1** nuestro **2** (*neutro*) lo nuestro.

nostromo *s.m.* (*mar.*) contramaestre, nostramo.
nota *s.f.* **1** (anche *mus.*) nota **2** nota, apunte (*m.*), anotación **3** nota, glosa, apostilla **4** (comm.) cuenta, factura **5** (*bur.*) nota, comunicado (*m.*) **6** (*fig.*) nota, toque (*m.*).
notaio *s.m.* (*giur.*) notario, (*amer.*) escribano.
notare *v.tr.* **1** notar, advertir, percatarse **2** considerar, tener en cuenta/consideración **3** anotar, apuntar, registrar **4** relevar.
notizia *s.f.* **1** noticia **2** conocimiento (*m.*), noción **3** (*radio, TV*) comunicado (*m.*), información.
notte *s.f.* **1** noche **2** madrugada **3** (*fig.*) tinieblas (*pl.*), ignorancia **4** (*fig.*) ceguera.
notturno *agg.* e *s.m.* (rel.) (anche *mus.*) nocturno.
novanta *agg.num.card.* e *s.m.* e *f.inv.* noventa.
nove *agg.num.card.* e *s.m.* e *f.inv.* nueve.
novecento A *agg.num.card.* novecientos (*m.*) **B** *s.m.inv.* **1** novecientos **2** (*secolo*) siglo XX.
novembre *s.m.* noviembre.
novità *s.f.inv.* **1** novedad (*sing.*), originalidad (*sing.*) **2** novedades (*pl.*) **3** noticia (*sing.*) **4** reforma (*sing.*).
nozione *s.f.* **1** noción, concepto (*m.*), idea **2** noción, fundamento (*m.*), rudimento (*m.*).
nozze *s.f.pl.* boda (*sing.*), bodas, casamiento (*m.sing.*), nupcias.
nube *s.f.* **1** (*meteo.*) nube, cúmulo (*m.*) **2** nube, enjambre (*m.*).
nubifragio *s.m.* (*meteo.*) temporal, tempestad (*f.*), turbión.
nubile *agg.* e *s.f.* soltera.
nuca *s.f.* (*anat.*) nuca, occipucio (*m.*), cogote (*m.*).
nucleare A *agg.m.* e *f.* nuclear **B** *s.m.* lo nuclear.
nucleo *s.m.* núcleo.
nudista *agg.* e *s.m.* e *f.* nudista.
nudo A *agg.* **1** desnudo, (*amer.*) calato **2** (*fig.*) desnudo **3** (*fig.*) escueto, estricto **4** (*lett.*) débil (*m.* e *f.*), indefenso, inerme (*m.* e *f.*) **B** *s.m.* (*pitt.*) desnudo.
nulla A *avv.* nada **B** *pron.inv.* (*indefinito*) **1** (*neutro*) nada **2** poca cosa **3** (*interrogativo, dubitativo*) nada, algo **4** (~ *di* + *agg.*) nada + agg. **5** (~ *da* + *inf.*) nada que + inf. **C** *s.m.inv.* nada (*f.*).
nullatenente *agg.* e *s.m.* e *f.* indigente, pobre.
nullità *s.f.inv.* **1** (anche *giur.*) nulidad (*sing.*) **2** (*persona*) nulidad (*sing.*), inepto (*m.sing.*).
nullo A *agg.* nulo **B** *agg.* e *pron.* (indefinito) (*lett.*) ninguno.
numero *s.m.* **1** (*ling.*) (*mat.*) (anche *lotteria*) número **2** (*fig.*) número, cantidad (*f.*) **3** (*periodici*) número, ejemplar **4** (*spettacolo*) número, sketch **5** (*abb.*) (*taglia*) número, talla (*f.*) **6** (*lett.*) ritmo **7** (*fig.*) (*fam.*) fenómeno, cómico.
numeroso *agg.* numeroso.
numismatica *s.f.* numismática.
nuocere *v.intr.* **1** perjudicar, afectar, dañar **2** ofender, comprometer.
nuora *s.f.* nuera, hija política.
nuotare A *v.intr.* **1** (*sport*) nadar **2** flotar **B** *v.tr.* nadar.
nuoto *s.m.* natación (*f.*).
nuovo A *agg.* **1** nuevo, (*amer.*) novedoso **2** nuevo, próximo, que viene **3** nuevo, renovado **4** nuevo, otro **B** *s.m.* lo nuevo, novedad (*f.*).
nutella *s.f.* (*marchio registrato*) nocilla.
nutrice *s.f.* nodriza, madre de leche.
nutriente A *agg.m.* e *f.* nutritivo (*m.*) **B** *s.m.* nutriente.
nutrimento A *s.m.* **1** nutrición (*f.*), nutrimento **2** (*fig.*) sustento, sostén.
nutrire *v.tr.* **1** (anche *fig.*) nutrir, alimentar, fortalecer **2** (*fig.*) abrigar, sentir, cobijar, albergar **B** *v.pron.* nutrirse, alimentarse, fortalecerse.
nuvola *s.f.* nube.

O

o **A** *s.f.inv.* **1** letra o (*sing.*) **2** (*geog.*) (*abbr. di ovest*) 0 **B** *cong.* (*diventa od davanti a parole che cominciano per o*) **1** (*disgiuntivo, rafforzativo*) *o* **2** (*se la parola spagnola inizia per o, ho*) *u* **3** (*esplicativo*) o, o sea **C** *inter.* **1** (*vocativo*) oh **2** (*raro*) (*fam.*) ¡oye!, ¡oiga!
oasi *s.f.inv.* **1** (*geog.*) oasis (*m.*) **2** (*fig.*) oasis (*m.*), remanso (*m.sing.*) **3** (*fig.*) coto (*m.sing.*).
obbligare **A** *v.tr.* **1** obligar **2** compeler, forzar, presionar **3** poner en obligación, obligar **B** *v.pron.* **1** (*giur.*) obligarse **2** comprometerse.
obbligatorio *agg.* **1** (*giur.*) obligatorio **2** obligatorio, forzoso.
obbligazione *s.f.* obligación.
obbligo *s.m.* **1** obligación (*f.*), deber **2** (*giur.*) obligación (*f.*).
obelisco *s.m.* obelisco.
obeso *agg.* obeso, gordo.
obiettivo **A** *agg.* objetivo, imparcial (*m.* e *f.*) **B** *s.m.* **1** (*fot.*) (*mil.*) objetivo, blanco **2** (*fig.*) objetivo, meta (*f.*), mira (*f.*), finalidad (*f.*).
obiettore *agg.* e *s.m.* objetor.
obiezione *s.f.* objeción.
obitorio *s.m.* cámara mortuoria, depósito de cadáveres.
obliquo *agg.* **1** (*anat.*) (*mat.*) oblicuo **2** (*sghembo*) sesgado **3** (*fig.*) (*indiretto*) indirecto **4** (*fig.*) (*sleale*) falso, desleal (*m.* e *f.*).
oblò *s.m.inv.* (*mar.*) ojo de buey, portilla (*f.sing.*).
oboe *s.m.* (*mus.*) oboe.
oca *s.f.* **1** (*zool.*) oca, ganso (*m.*) **2** (*fig.*) (*fam.*) tonta, boba, despistada.
occasione *s.f.* **1** ocasión, oportunidad **2** (*circostanza*) ocasión, coyuntura, caso (*m.*) **3** (*motivo*) causa, motivo (*m.*) **4** (*comm.*) ocasión, lance (*m.*).
occhiaia *s.f.* **1** (*anat.*) órbita del ojo **2** ojera.
occhiali *s.m.pl.* gafas (*f.*), lentes (*f.*), (*amer.*) anteojos, espejuelos.
occhiata *s.f.* ojeada, vistazo (*m.*), mirada.
occhio *s.m.* **1** (anche *fig.*) ojo **2** (*fig.*) (*enfatico*) ojo.
occidentale *agg.m.*e *f.* occidental.
occorrente **A** *agg.m.* e *f.* necesario (*m.*), preciso (*m.*) **B** *s.m.* lo necesario.
occorrere **A** *v.intr.* **1** ser preciso, necesitarse **2** (*accadere*) ocurrir, suceder, acaecer.
occulto *agg.* **1** (*lett.*) (*nascosto*) oculto, escondido **2** secreto **3** desconocido.
occupare **A** *v.tr.* (anche *fig.*) ocupar **B** *v.intr.pron.* **1** (*di*) ocuparse, interesarse **2** trabajar, emplearse **3** entrometerse, ocuparse.
occupato *agg.* **1** ocupado **2** (*affaccendato*) atareado, ajetreado.
occupazione *s.f.* **1** (anche *giur.*) ocupación **2** (*impiego*) ocupación, trabajo (*m.*), empleo (*m.*) **3** (*econ.*) ocupación, empleo (*m.*).

oceano *s.m.* **1** (*geog.*) océano **2** (*lett.*) (*mar*) **3** (*fig.*) inmensidad (*f.*), enormidad (*f.*).

oculista *s.m.* e *f.* (*med.*) oculista.

oddio *inter.* **1** ¡Dios mío! **2** aunque, pero.

odiare *v.tr.pron.* odiar, detestar.

odierno *agg.* **1** del día, de hoy **2** (*attuale*) actual (*m.* e *f.*).

odio *s.m.* odio, livor, aversión (*f.*), aborrecimiento.

odontoiatria *s.f.* (*med.*) odontología.

odore *s.m.* **1** olor **2** (*fig.*) asomo, indicio, barrunto.

offendere A *v.tr.* **1** ofender, agraviar, afrentar **2** (*violare*) violar, ofender **3** (*ledere*) ofender **4** (*infastidire*) herir, lastimar **B** *v.intr.pron.* **1** ofenderse, (*amer.*) contrapuntearse **2** (*reciproco*) injuriarse, insultarse.

offerta *s.f.* **1** (*dono*) oferta, ofrenda, ofrecimiento (*m.*), donación **2** (*econ.*) oferta **3** (*asta*) postura, remate (*m.*) **4** (*rel.*) ofertorio (*m.*).

offesa *s.f.* **1** ofensa, agravio (*m.*), ultraje (*m.*) **2** (*danno*) daño (*m.*), agresión, agravio (*m.*) **3** (*giur.*) ofensa.

officina *s.f.* **1** (*mecc.*) (*mil.*) taller (*m.*) **2** (*fig.*) taller (*m.*).

offrire A *v.tr.* **1** (anche *fig.*) ofrecer, brindar **2** regalar, donar **3** convidar **4** (*comm.*) ofrecer **5** (*produrre*) producir **B** *v.tr.pron.* **1** ofrecerse **2** (*fig.*) ofrecerse, presentarse.

oggettivo *agg.* **1** (anche *fil.*) objetivo **2** (*imparziale*) objetivo, imparcial (*m.* e *f.*).

oggetto *s.m.* **1** (anche *fil.*, *giur.*) objeto **2** (*obiettivo*) objeto, objetivo, finalidad (*f.*) **3** (*fig.*) (*argomento*) objeto, tema, argumento.

oggi A *avv.* **1** hoy **2** (*attualmente*) hoy (en) día, al presente, en la actualidad **B** *s.m.* hoy.

ogni *agg.m.* e *f.sing.* (*indefinito*) **1** (*tutti*, *qualsiasi*) todo (*m.*) **2** (*distributivo*) cada (*inv.*).

ogniqualvolta *cong.* (*lett.*) cada vez que.

ognuno *pron.* (solo *sing.*) (*indefinito*) **1** (*chiunque*) quienquiera, cualquiera **2** (*partitivo*) cada uno, cada cual.

ohimè *inter.* ¡ay de mí!, ¡pobre de mí!

okay A *inter.* (*angl.*) okay, de acuerdo, vale **B** *s.m.inv.* (*angl.*) okay, visto bueno.

ola *s.f.inv.* (*sp.*) (*sport*) (*stadio*) oleada.

olandese *agg.* e *s.m.* e *f.* holandés.

olfatto *s.m.* olfato.

oligarchia *s.f.* (*pol.*) oligarquía.

olimpiade *s.f.* (*sport*) olimpiada, olimpíada.

olio *s.m.* aceite.

oliva *s.f.* **1** (*bot.*) (*frutto*) aceituna, oliva **2** (*lett.*) (*ramo*) rama de olivo **3** (*giorn.*) microespía.

olocausto *s.m.* holocausto.

oltraggio *s.m.* **1** ultraje, injuria (*f.*), afrenta (*f.*) **2** (*giur.*) ultraje.

oltranza *s.f.* ultranza.

oltre A *avv.* **1** (*luogo*) más allá, adelante, allende **2** (*tempo*) más **B** *prep.* **1** (*luogo*) más allá de, al otro lado de **2** (*tempo*) más de **3** (*eccetto*) fuera de **C** *pref.* ultra-.

oltrepassare *v.tr.* **1** (anche *fig.*) translimitar, extralimitar **2** (*mar.*) superar, pasar.

omaggio A *agg.inv.*gratuito (*m.sing.*) **B** *s.m.* **1** (*rispetto*) homenaje, obsequio **2** (*ant.*) (*medioevo*) homenaje, pleito **3** (*comm.*) obsequio, regalo, (*amer.*) flapa (*f.*).

ombelico *s.m.* (anche *fig.*) ombligo.

ombra A *agg.inv.* sombra **B** *s.f.* **1** (anche *fig.*) sombra **2** (*tenebre*) sombras (*pl.*), tinieblas (*pl.*), oscuridad **3** (*fig.*) espectro (*m.*), espíritu (*m.*) **4** (*fig.*) apariencia, asomo (*m.*) **5** (*fig.*) amparo (*m.*), protección, sombra **6** (*fig.*) sombra, misterio (*m.*), incógnita **7** (*fig.*) temor (*m.*), dudas (*pl.*).

ombrello *s.m.* **1** paraguas (*inv.*) **2** (*fig.*) defensa (*f.*), amparo.
ombrellone *s.m.* sombrilla (*f.*), quitasol, parasol.
ombretto *s.m.* (*cosmesi*) sombra (*f.*) de ojos.
omelette *s.f.inv.* (*franc.*) (*cuc.*) tortilla (*sing.*) francesa.
omelia *s.f.* **1** (*rel.*) homilía **2** (*fig.*) (*iron.*) filípica.
omeopatia *s.f.* (*med.*) homeopatía
omicidio *s.m.* **1** (*giur.*) homicidio, asesinato **2** muerte (*f.*).
omissione *s.f.* **1** omisión **2** falta, laguna, inadvertencia **3** (*giur.*) omisión.
omo- *pref.* homo-.
omogeneità *s.f.inv.* homogeneidad (*sing.*), afinidad (*sing.*).
omologare *v.tr.* homologar.
omonimo A *agg.* homónimo **B** *s.m.* **1** homónimo, tocayo **2** (*ling.*) homónimo.
omosessuale *agg.* e *s.m.* e *f.* homosexual.
oncologia *s.f.* (*med.*) oncología.
onda *s.f.* **1** (*mar.*) ola, onda **2** (*fis.*) onda.
onestà *s.f.inv.* honestidad (*sing.*), honradez (*sing.*), hombría (*sing.*).
onnipotente *agg.m.* e *f.* omnipotente.
onorare A *v.tr.* **1** honrar **2** (*rel.*) honrar, venerar **3** (*impegno, promessa*) mantener **B** *v.pron.* honrarse.
onore *s.m.* honor, honra (*f.*).
opaco *agg.* **1** opaco **2** mate (*inv.*) **3** (*fig.*) opaco, deslucido, apagado.
opale *s.m.* e *f.* (*min.*) ópalo (*m.*).
opera *s.f.* **1** obra **2** (*azione*) labor, trabajo (*m.*) **3** (*mus.*) ópera **4** (*rel.*) fábrica, obrería **5** (*edil.*) obra.
operaio A *agg.* obrero **B** *s.m.* obrero, operario.
operare A *v.tr.* **1** obrar, realizar, efectuar **2** (*chir.*) operar **3** (*tess.*) adamascar, tejer con dibujos **B** *v.intr.* **1** actuar, obrar **2** (*comm.*) (*mat.*) (*mil.*) operar **3** (*fig.*) operar, influir **C** *v.intr.pron.* producirse, realizarse, operarse.
operazione *s.f.* **1** operación, acción **2** (*chir.*) (*mat.*) (*mil.*) operación **3** (*ferr.*) movimiento (*m.*).
opinione *s.f.* **1** opinión, parecer (*m.*), ver (*m.*) **2** (*stima*) opinión, consideración.
opossum *s.m.inv.* (*zool.*) zarigüeya (*f.sing.*), (*amer.*) tacuacín (*sing.*).
oppio *s.m.* opio.
opporre A *v.tr.* (*a/contro*) **1** oponer **2** oponer, enfrentar, contraponer **B** *v.intr.* (*raro*) objetar **C** *v.intr.pron.* (*a*) oponerse.
opportunità *s.f.inv.* oportunidad (*sing.*), chance (*sing.*), ocasión (*sing.*).
opportuno *agg.* oportuno, adecuado, idóneo, conveniente (*m.* e *f.*), favorable (*m.* e *f.*).
opposizione *s.f.* **1** oposición, discrepancia, desacuerdo (*m.*) **2** (*pol.*) oposición.
opposto A *agg.* **1** (anche *fig.*) opuesto, contrario **2** (*bot.*) (*fil.*) (*mat.*) opuesto **B** *s.m.* contrario.
oppressione *s.f.* **1** opresión **2** (*fig.*) opresión, agobio (*m.*).
opprimere *v.tr.* **1** oprimir, apretar, comprimir **2** (*fig.*) agobiar, extenuar **3** (*vessare*) oprimir, tiranizar, dominar.
oppure *cong.* **1** (*disgiuntivo*) o, o bien **2** de otra manera.
opuscolo *s.m.* **1** opúsculo **2** (*comm.*) folleto, prospecto.
opzione *s.f.* **1** opción, elección **2** (*econ.*) (*giur.*) opción.
ora A *avv.* **1** ahora **2** (*correlativo*) ora ... ora ... **B** *cong.* **1** (*avversativo, rafforzativo*) ahora, pues **2** (*introduttivo*) entonces **C** *s.f.* hora.
oracolo *s.m.* (anche *fig.*) oráculo.
orafo A *agg.* de orfebrería **B** *s.m.* **1** orfebre **2** (*lett.*) (*orefice*) joyero.
orale A *agg.m.* e *f.* **1** (*anat.*) (*ling.*) oral **2** (*med.*) bucal **B** *s.m.* (*istr.*) examen oral.

orango *s.m.* (*zool.*) orangután.
orario *agg.* e *s.m.* horario.
orata *s.f.* (*zool.*) dorada.
oratore *s.m.* orador.
orbita *s.f.* **1** (*astro.*) (*fis.*) órbita **2** (*fig.*) órbita, área, ambito (*m.*) **3** (*anat.*) órbita, cuenca.
orbo A *agg.* **1** (*vista*) falto de **2** (*lett.*) privado **B** *s.m.* **1** (*vista*) ciego, tuerto **2** (*fig.*) tonto.
orca[1] *s.f.* (*zool.*) orca.
orca[2] *s.f.* (*veliero*) urca.
orchestra *s.f.* **1** (*mus.*) orquesta **2** (*fig.*) (*scher.*) bochinche (*m.*).
orchidea *s.f.* (*bot.*) orquídea.
orco *s.m.* **1** ogro, gomia (*f.*), coco, bu (*inv.*) **2** (*mit.*) orco, infierno **3** (*fig.*) coco.
ordigno *s.m.* **1** mecanismo, instrumento, máquina (*f.*), artefacto **2** (*mil.*) ingenio **3** (*raro*) (*fig.*) intriga (*f.*).
ordinanza *s.f.* **1** (*bur.*) ordenanza, acordada **2** (*giur.*) mandato (*m.*), disposición **3** (*mil.*) ordenanza.
ordinare A *v.tr.* **1** ordenar, arreglar, poner en orden **2** ordenar, mandar, pedir **3** (*comm.*) pedir, encargar **4** (*prescrivere*) prescribir **5** (*rel.*) ordenar **B** *v.pron.* **1** ordenarse **2** (*lett.*) prepararse, disponerse.
ordinario A *agg.* **1** ordinario, corriente (*m.* e *f.*), usual (*m.* e *f.*) **2** (*grossolano*) grosero, vulgar (*m.* e *f.*), ordinario **3** (*fig.*) ordinario, grosero, maleducado **4** (*giur.*) **B** *s.m.* **1** lo ordinario, normalidad (*f.*) **2** (*istr.*) catedrático, titular (*m.* e *f.*) **3** (*rel.*) obispo ordinario.
ordinazione[1] *s.f.* (*comm.*) pedido (*m.*).
ordinazione[2] *s.f.* (*rel.*) ordenación.
ordine *s.m.* (*in spagnolo anche f.*) **1** orden **2** (*fig.*) orden, pulcritud (*f.*) **3** (*comm.*) orden (*f.*), pedido **4** (anche *mil.*) orden (*f.*), mando **5** (*fig.*) orden, clase (*f.*), tipo **6** (*fig.*) orden, naturaleza (*f.*), carácter **7** (*fig.*) importancia (*f.*), categoría (*f.*) **8** (*categoria professionale*) colegio **9** (*rel.*) orden (*f.*).
orecchia *s.f.* **1** (*anat.*) oreja **2** (*fig.*) asa, oreja **3** (*mus.*) (*violino*) abertura en forma de S.
orecchino *s.m.* aro, arete, arracada (*f.*).
orfano *agg.* e *s.m.* **1** huérfano, (*amer.*) guacho **2** (*trovatello*) doctrino **3** (*fig.*) (anche *lett.*) huérfano.
organico A *agg.* **1** orgánico **2** (*fig.*) orgánico, organizado **3** (*fig.*) organico, armonioso **B** *s.m.* **1** (*bur.*) plantilla (*f.*), escalafón **2** (*mil.*) efectivos (*pl.*).
organismo *s.m.* (anche *fig.*) organismo.
organizzare *v.tr.pron.* organizar.
organizzazione *s.f.* organización.
organo *s.m.* **1** (*anat.*) (*mus.*) órgano **2** (*mecc.*) pieza (*f.*), órgano, instrumento **3** (*bur.*) organismo, órgano **4** (*fig.*) portavoz, órgano.
orgasmo *s.m.* **1** orgasmo **2** (*fig.*) orgasmo, excitación (*f.*), ansiedad (*f.*).
orgia *s.f.* (anche *fig.*) orgía, bacanal (*m.*).
orgoglio *s.m.* orgullo, soberbia (*f.*).
orientale *agg.* e *s.m.* e *f.* oriental.
orientamento *s.m.* **1** orientación (*f.*), dirección (*f.*) **2** (*fig.*) orientación (*f.*).
origano *s.m.* (*bot.*) orégano.
originale A *agg.m.* e *f.* original **B** *s.m.* **1** original **2** (*persona*) extravagante.
originalità *s.f.inv.* **1** originalidad (*sing.*) **2** genialidad (*sing.*), extravagancia (*sing.*).
origine *s.f.* **1** origen (*m.*), procedencia **2** origen (*m.*), causa, motivo (*m.*) **3** origen (*m.*), nacimiento (*m.*) **4** (*mat.*) origen (*m.*).
orizzontale *agg.m.* e *f.* horizontal.
orizzonte *s.m.* **1** horizonte **2** (*fig.*) horizonte, posibilidad (*f.*), perspectiva (*f.*).
orlo *s.m.* **1** (*margine*) borde, orilla (*f.*) **2** (*cucito*) dobladillo, ruedo **3** (*lamiera*) ribete **4** (*bot.*) labio.

orma *s.f.* **1** huella, pisada **2** (*fig.*) huella, memoria, vestigio (*m.*).
ormai *avv.* **1** (*enfatico*) ya, ahora **2** (*conclusivo*) a esta altura.
ormone *s.m.* (*bio.*) hormona (*f.*).
ornamento *s.m.* **1** adorno, ornamento, decorado **2** adorno **3** (*fig.*) virtud (*f.*), ornamento.
ornitologia *s.f.* ornitología.
ornitorinco *s.m.* (*zool.*) ornitorrinco.
oro *s.m.* (anche *fig.*) oro.
orologio *s.m.* reloj.
oroscopo *s.m.* **1** (*astrol.*) horóscopo **2** (*previsione*) pronóstico.
orribile *agg.m.* e *f.* **1** horrible, espantoso (*m.*) **2** (*fig.*) pésimo (*m.*).
orrore *s.m.* **1** horror **2** (*fig.*) bodrio **3** (*fig.*) horror, barbaridad (*f.*) **4** (*poes.*) oscuridad (*f.*).
orso *s.m.* **1** (*zool.*) oso **2** (*fig.*) cardo.
orsù *inter.* ¡vamos!, ¡hombre!, ¡ánimo!
ortaggio *s.m.* hortaliza (*f.*).
ortensia *s.f.* (*bot.*) hortensia.
ortica *s.f.* (*bot.*) ortiga.
orto *s.m.* huerto.
ortodosso *agg.* e *s.m.* (*rel.*) ortodoxo.
ortogonale *agg.m.*e *f.* (*geom.*) ortogonal.
ortografia *s.f.* (*gramm.*) ortografía.
ortopedico *agg.* e *s.m.* ortopédico.
orzata *s.f.* (*bibita*) horchata.
orzo *s.m.* (*bot.*) cebada (*f.*).
osare *v.tr./intr.* atreverse, osar, arriesgarse.
osceno *agg.* **1** obsceno, indecente (*m.* e *f.*) **2** (*orribile*) horroroso, horrible (*m.* e *f.*), horrendo.
oscillazione *s.f.* **1** oscilación, balanceo (*m.*) **2** (*fig.*) (*prezzi*) fluctuación **3** oscilación, variación.
oscurità *s.f.inv.* **1** obscuridad (*sing.*), oscuridad (*sing.*) **2** (*fig.*) obscuridad (*sing.*), cerrazón (*sing.*) **3** (*fig.*) anonimato (*m.sing.*).
osmosi *s.f.inv.* **1** (*fis.*) ósmosis, osmosis **2** (*fig.*) exosmosis, interrelación (*sing.*).
ospedale *s.m.* hospital.
ospitare *v.tr.* alojar, acoger, hospedar.
ospite *s.m.* **1** huesped, invitado, comensal **2** (*bio.*) huesped.
ospizio *s.m.* **1** asilo **2** (*ant.*) (*ostello*) posada (*f.*) **3** (*lett.*) (*dimora*) morada (*f.*).
osservare *v.tr.* **1** observar **2** observar, analizar, examinar **3** observar, objetar, relevar **4** mantener, observar **5** observar, cumplir, acatar.
osservazione *s.f.* **1** observación, contemplación, percepción **2** investigación, análisis (*m.inv.*), estudio (*m.*) **3** consideración, observación **4** (*rimprovero*) reparo (*m.*), reproche (*m.*) **5** objeción.
ossessione *s.f.* **1** (anche *psic.*) obsesión, manía **2** (*fig.*) pesadilla.
ossia *cong.* **1** (*cioè*) o sea **2** (*o meglio*) es decir.
ossigeno *s.m.* (anche *fig.*) oxígeno.
osso *s.m.* **1** (anche fig.) hueso **2** (*frutta*) hueso, cuesco.
ostacolare A *v.tr.* obstaculizar, dificultar, estorbar **B** *v.pron.* estorbarse.
ostacolo *s.m.* **1** (anche *fig.*) obstáculo, estorbo, traba (*f.*) **2** (*sport*) obstáculo, valla (*f.*).
ostaggio *s.m.* rehén.
ostello *s.m.* albergue, hostal.
osteria *s.f.* **1** taberna, tasca, mesón (*m.*), figón (*m.*), (*amer.*) boliche (*m.*) **2** (*ant.*) (*locanda*) posada, (*amer.*) fonda.
ostetrico *s.m.* (*med.*) obstetra (*m.* e *f.*), tocólogo.
ostia A *inter.* (*volg.*) ¡hostia! **B** *s.f.* **1** (*rel.*) hostia **2** (*cialda*) hostia, oblea.
ostile *agg.m.* e *f.* hostil, adverso (*m.*), contrario (*m.*).
ostinazione *s.f.* **1** obstinación, terquedad, porfía **2** persistencia.
ostrica *s.f.* (*zool.*) ostra, ostia.
otite *s.f.* (*med.*) otitis (*inv.*).
ottagono *s.m.* (*geom.*) octágono, octógono.

ottanta *agg.num.card.* e *s.m.inv.* ochenta.
ottavo *agg.num.ord.* e *s.m.* octavo.
ottenere *v.tr.* **1** obtener, lograr, conseguir, conquistar **2** sacar, obtener, derivar.
ottica *s.f.* **1** (*fis.*) óptica **2** (*fig.*) punto de vista, óptica.
ottimista *agg.m.* e *f.* optimista.
ottimo A *agg.sup.* óptimo, buenísimo, excelente (*m.* e *f.*) **B** *s.m.* lo óptimo, lo mejor.
otto *agg.num.card.* e *s.m.inv.* ocho.
ottobre *s.m.* octubre.
ottocento A *agg.num.card.* ochocientos (*m.*) **B** *s.m.inv.* **1** ochocientos **2** (*secolo*) siglo XIX **3** (*sport*) (al *pl.*) ochocientos metros.
ottone *s.m.* (*met.*) latón.
otturazione *s.f.* **1** obstrucción **2** (*med.*) (*dente*) empaste (*m.*), (*amer.*) emplomadura.
ottuso *agg.* **1** (*geom.*) obtuso **2** (*raro*) obtuso, romo, desmochado **3** (*fig.*) lerdo, tardo, romo, embotado **4** (*fig.*) (*suono*) obtuso, sordo.
ovaia *s.f.* **1** (*anat.*) ovario (*m.*) **2** (*zool.*) overa.
ovale A *agg.m.* e *f.* ovalado (*m.*), oval, ovado (*m.*) **B** *s.m.* **1** (*arch.*) (*geom.*) óvalo **2** (*viso*) contorno del rostro, facciones (*f.pl.*).
ovest *s.m.* (*geog.*) oeste, occidente, poniente.
ovino A *agg.* **1** ovino **2** (*zootec.*) lanar (*m.* e *f.*) **B** *s.m.* (*zool.*) ovino.
ovovia *s.f.* telecabina.
ovulo *s.m.* óvulo.
ovunque *avv.* (*lett.*) **1** (*moto a luogo*) adondequiera **2** (*stato in luogo*) dondequiera, en cualquier parte.
ovvero *cong.* **1** (*cioè*) o sea **2** (*disgiuntivo*) o bien.
ovvio *agg.* obvio, evidente (*m.* e *f.*), lógico.
ozio *s.m.* **1** ociosidad (*f.*), vagancia (*f.*), pereza (*f.*) **2** tiempo libre, ocio.
ozono *s.m.* (*chim.*) ozono.

P

p *s.f.inv.* letra p.
pacchia *s.f.* (*fam.*) jauja, cucaña.
pacchiano *agg.* hortera (*m.* e *f.*) chabacano, cursi.
pacco *s.m.* **1** paquete **2** (*gerg.*) (*raggiro*) camelo, petardo.
pace *s.f.* **1** paz, tranquilidad, estabilidad **2** paz, concordia **3** (*lett.*) paz, felicidad, beatitud **4** paz, calma, sosiego (*m.*).
pachistano *agg.* e *s.m.* paquistaní (*m.* e *f.*).
pacifico **A** *agg.* **1** pacífico, sosegado **2** pacífico, tranquilo **3** (*fig.*) incontestable (*m.* e *f.*), indiscutible **B** *s.m.* pacífico, bonachón.
paciugo *s.m.* **1** (*fam.*) cochinada (*f.*) **2** (*fam.*) barrizal, lodazal **3** (*marchio registrato*) helado con fruta.
padella *s.f.* **1** sartén, (*amer.*) paila **2** (*scaldaletto*) escalfeta **3** (*per malati*) cuña, silleta **4** (*vetraio*) crisol (*m.*) **5** (*gerg.*) (*caccia*) tiro (*m.*) fallido.
padiglione *s.m.* (anche *mus.*) **1** pabellón: *i padiglioni di una fiera*, los pabellones de una feria **2** (*giardino*) cenador, glorieta (*f.*) **3** (*auto.*) techo **4** (*pietra preziosa*) pabellón.
padre *s.m.* **1** (anche *rel.*) padre **2** (*fig.*) padre, guía (*m.* e *f.*), maestro **3** padre, progenitor, fundador **4** (*rel.*) padre, creador, Dios **5** (*fig.*) causa (*f.*), origen.
padrone *s.m.* **1** dueño, propietario **2** (*datore di lavoro*) patrón, jefe **3** amo **4** (*fig.*) experto, competente (*m.* e *f.*) **5** (*fig.*) dueño.
paesaggio *s.m.* **1** (*geog.*) paisaje, territorio **2** paisaje, panorama **3** (*pitt.*) paisaje.
paese *s.m.* **1** país, territorio **2** país, nación (*f.*), estado **3** pueblo, aldea (*f.*) **4** patria (*f.*).
pagamento *s.m.* (*econ.*) pago.
pagano *agg.* e *s.m.* pagano.
pagare *v.tr.* **1** pagar **2** (*fam.*) (*consumazione*) invitar, ofrecer **3** (*fig.*) pagar, recompensar **4** (*fig.*) pagar, expiar.
pagella *s.f.* **1** (*istr.*) papeleta, expediente (*m.*) escolar **2** clasificación, calificación.
pagina *s.f.* **1** página, carilla, plana **2** página, hoja **3** (*fig.*) página, episodio (*m.*) **4** (*inform.*) página.
paglia **A** *agg.inv.* pajizo (*m.sing.*) **B** *s.f.* paja.
pagliaccio *s.m.* **1** payaso **2** (*fig.*) payaso, ganso.
paio *s.m.* par.
pala *s.f.* **1** pala **2** (*meccanica*) álabe (*m.*), (*mulino*) aspa **3** (*pitt.*) retablo (*m.*).
palasport *s.m.inv.* palacio de deportes.
palato **A** *agg.* (*aral.*) palado **B** *s.m.* **1** (*anat.*) paladar **2** (*fig.*) paladar, gusto.
palazzo *s.m.* (*arch.*) **1** palacio **2** edificio, inmueble.

palco *s.m.* **1** palco, tablado, estrado **2** (*teatr.*) palco **3** (*scaffale*) anaquel, estante **4** (*mar*) (*coperta*) cubierta (*f.*), puente.

paleo- *pref.* paleo-.

paleolitico *agg.* e *s.m.* (*geol.*) paleolítico.

palese *agg.m.* e *f.* patente, manifesto (*m.*).

palestinese *agg.* e *s.m.* palestino (*m.*).

palestra *s.f.* **1** gimnasio (*m.*) **2** (*esercizio*) ginmasia **3** (*fig.*) maestra.

palio *s.m.* (*gara*) palio, carrera (*f.*).

palla *s.f.* **1** pelota, bola, esfera **2** (*sport*) balón (*m.*), pelota **3** (*sport*) (*con racchetta, mazza*) pelota **4** (*votazioni*) balota, (*amer.*) bolilla **5** bala, pelota, proyectil (*m.*).

pallacanestro *s.f.* (*sport*) baloncesto (*m.*).

pallavolo *s.f.* (*sport*) balonvolea (*m.*), voleibol (*m.*).

palle *s.f.pl.* (*volg.*) cojones (*m.*), huevos (*m.*), pelotas, bolas.

pallido *agg.* **1** pálido, lívido **2** pálido, tenue (*m.* e *f.*), desvaído **3** (*fig.*) pálido, mortecino.

palloncino *s.m.* **1** globo **2** (*bot.*) alquequenje.

pallone *s.m.* **2** (*sport*) balón, pelota (*f.*) **2** (*aer.*) dirigible, globo **3** (*mar.*) balón, spinnaker (*inv.*).

palloso *agg.* (*gerg.*) latoso, cargante (*m.* e *f.*).

palma[1] *s.f.* (*anat.*) palma.

palma[2] *s.f.* **1** (*bot.*) palma, palmera **2** (*rel.*) palma **3** (*fig.*) palma, gloria.

palmo *s.m.* palmo.

palo *s.m.* **1** palo, estaca (*f.*) **2** (*elett.*) poste **3** (*edil.*) pilote, tablestaca (*f.*) **4** (*fig.*) (*gerg.*) rompesquinas (*inv.*) **5** (*sport*) (*calcio*) poste **6** (*mar.*) palo, mástil.

palpebra *s.f.* (*anat.*) párpado (*m.*).

palude *s.f.* pantano (*m.*), ciénaga.

pancetta *s.f.* **1** (*fam.*) barriga, panza, tripa **2** (*cuc.*) tocino (*m.*).

panchina *s.f.* **1** banco (*m.*), asiento (*m.*) **2** (*gerg.*) (*sport*) (*allenatore*) entrenador (*m.*) **3** (*gerg.*) (*sport*) (*giocatori*) reservas (*pl.*).

pancia *s.f.* barriga, panza, tripa.

panda *s.m.inv.* (*zool.*) panda (*sing.*).

pandemonio *s.m.* (*fig.*) pandemónium, alboroto.

pandispagna *s.m.inv.* (*cuc.*) bizcocho (*sing.*).

pandolce *s.m.* (*cuc.*) dulce navideño genovés típico.

pandoro *s.m.* (*cuc.*) dulce veronés típico

pane *s.m.* (anche *cuc.*) pan **2** (*fig.*) pan, alimento, sustento **3** (*agr.*) cepellón.

panico **A** *agg.* pánico **B** *s.m.* panico, terror, miedo.

panificio *s.m.* panadería (*f.*).

panino *s.m.* bocadillo, bocata, sándwich.

panna *s.f.* nata.

pannello *s.m.* **1** (*arch.*) panel, entrepaño **2** (*edil.*) panel, tabique **3** (*elett.*) panel, tablero.

panno *s.m.* **1** género, tela (*f.*) **2** (*tess.*) (*lana*) paño, tela (*f.*) **3** (*fig.*) telilla (*f.*), fárfara (*f.*), nata (*f.*).

pannocchia *s.f.* (*bot.*) panícula, tirso (*m.*).

pannolino *s.m.* **1** (*bebè*) pañal, braga (*f.*) **2** (*assorbente per donna*) compresa (*f.*) higiénica.

panorama *s.m.* **1** panorama, paisaje **2** (*fig.*) panorama, aspecto.

pantano *s.m.* **1** pantano, ciénaga (*f.*) **2** (*fig.*) cenagal, berenjenal.

panteismo *s.m.* (*fil.*) panteísmo.

pantera *s.f.* **1** (*zool.*) pantera, leopardo (*m.*) **2** (*fig.*) mujer fatal **3** (*gerg.*) (*polizia*) coche patrulla.

pantofola *s.f.* pantufla, zapatilla.

papa *s.m.* **1** (*rel.*) papa, sumo pontífice **2** (*fig.*) autoridad (*f.*) máxima.

papà *s.m.inv.* (*fam.*) papá (*sing.*).

papaia *s.f.* (*bot.*) **1** (*albero*) papayo (*m.*) **2** (*frutto*) papaya.

paparazzo *s.m.* (*giorn.*) fotógrafo reportero especializado en políticos, artistas y alta sociedad.
papavero *s.m.* (*bot.*) amapola (*f.*).
papero *s.m.* **1** (*zool.*) ganso **2** (*fig.*) (*fam.*) papirote, papanatas (*inv.*).
papilla *s.f.* (*anat.*) (anche *bot.*) papila.
papillon *s.m.* (*franc.*) (*abb.*) pajarita (*f.sing.*).
papiro *s.m.* **1** (*bot.*) papiro **2** (*testo scritto*) papiro **3** (*fig.*) (*fam.*) rollo.
pappa *s.f.* **1** papa, papilla **2** (*bebè*) potito (*m.*).
pappagallo *s.m.* **1** (*zool.*) papagayo, loro **2** (*fig.*) loro, cotorra **3** (*fig.*) piropero.
pappone *s.m.* **1** (*fam.*) tragón **2** (*fig.*) (*gerg.*) rufián, chulo, (*amer.*) cabrón.
parà *s.m.inv.* (*abbr.*) paracaidista (*m.* e *f.sing*).
para- *pref.* para-.
parabola *s.f.* **1** (*mat.*) parábola **2** (*fig.*) línea, trayectoria **3** (*rel.*) parábola.
paracadute *s.m.inv.* paracaídas.
paradiso *s.m.* **1** (*rel.*) paraíso, cielo **2** (*fig.*) paraíso, edén **3** (*fig.*) felicidad (*f.*).
paradosso A *agg.* paradójico **B** *s.m.* paradoja (*f.*), absurdo, absurdidad (*f.*).
paraggi *s.m.pl.* cercanías (*f.*), alrededores.
paragone *s.m.* **1** parangón, comparación (*f.*), paralelo **2** (anche *lett.*) ejemplo, modelo.
paragrafo *s.m.* párrafo, parágrafo.
paralisi *s.f.inv.* **1** (*med.*) parálisis **2** (*fig.*) paralización (*sing.*).
parallelepipedo *s.m.* (*geom.*) paralelepípedo.
parallelo A *agg.* **1** (*ferr.*, *geom.*, *inform.*, *mus.* e *sport*) paralelo **2** (*fig.*) paralelo, semejante (*m.* e *f.*), análogo **B** *s.m.* **1** (*elett.*, *geog.* e *geom.*) paralelo **2** paralelo, comparación (*f.*) **3** (*sport*) (*sci*) cristianía paralelo.
parametro *s.m.* **1** (*fis.*) (*mat.*) parámetro **2** (*fig.*) criterio, norma (*f.*) **3** (*bur.*) escalafón **4** (*econ.*) indicador.
paranoia *s.f.* **1** (*psic.*) paranoia, monomanía **2** (*fig.*) (*gerg.*) neura, depresión.
parapiglia *s.m.inv.* jaleo (*sing.*), guirigay (*sing.*), follón (*sing.*).
parare A *v.tr.* **1** engalanar, parar **2** proteger, resguardar **3** esquivar, atajar **4** (*sport*) parar **B** *v.intr.* ir a parar, llegar **C** *v.intr.pron.* **1** plantarse, ponerse **2** protegerse, resguardarse.
parassita A *agg.m.* e *f.* **1** (*bio.*) (*fis.*) (*ling.*) parásito **2** (*fig.*) parásito (*m.*), inútil **B** *s.m.* (*bio.*) parásito **C** *s.m.* e *f.* (*fig.*) parásito, aprovechado, (*amer.*) aprovechador.
parcella *s.f.* honorarios (*m.pl.*), parcela.
parcheggio *s.m.* aparcamiento, parking (*inv.*), (*amer.*) parqueo.
parco *s.m.* **1** parque, jardín **2** (anche *mil.*) parque.
pardon *inter.* (*franc.*) ¡disculpe!, ¡perdón!
parecchio A *agg.* (*indefinito*) **1** mucho **2** mucho, bastante (*m.* e *f.*) **3** (*neutro*) bastante **B** *avv.* muy, bastante, mucho **C** *pron.* (*indefinito*) mucho.
pareggio *s.m.* **1** nivelación (*f.*), igualación **2** (*econ.*) balance de cuentas **3** (*sport*) empate.
parente *s.m.* e *f.* **1** pariente: *parenti lontani*, parientes lejanos **2** (*fig.*) hermano (*m.*).
parlamento *s.m.* **1** (*pol.*) parlamento, Cortes (*f.pl.*), cámara (*f.*), (*amer.*) legislatura (*f.*) **2** (*sede del parlamento*) Cortes (*f.pl.*).
parlare A *s.m.* **1** habla (*f.*) **2** (*raro*) idioma, lengua (*f.*), dialecto **B** *v.intr.* **1** hablar **2** hablar, expresarse **3** confesar, declarar **4** hablar, pronunciarse **5** hablar, pronunciar un discurso **6** hablar, discutir **7** (*per iscritto*) hablar, tratar **8**

tocar, impresionar **9** (*fig.*) hablar, ser expresivo **C** *v.tr.* hablar **D** *v.pron.* (*reciproco*) **1** hablarse, comunicar **2** hablarse, tratarse.
parmigiano *agg.* e *s.m.* parmesano.
parola *s.f.* **1** palabra **2** (*ling.*) palabra, término (*m.*), vocablo (*m.*) **3** palabra, consejo (*m.*) **4** habla, palabra **5** (*menzione*) mención, alusión.
parolaccia *s.f.* palabrota, taco (*m.*).
parquet *s.m.imv.* (*franc.*) (*edil.*) parqué (*sing.*), entarimado (*sing.*).
parrocchia *s.f.* **1** (*rel.*) parroquia, iglesia **2** (*fig.*) capilla, cofradía.
parrucca *s.f.* **1** peluca **2** (*scherz.*) melena descuidada.
parrucchiere *s.m.* peluquero.
parte *s.f.* **1** parte, pieza **2** (*esseri viventi*) órgano (*m.*), parte **3** parte, región, zona **4** parte, lado (*m.*) **5** parte, sector (*m.*) **6** parte, lado (*m.*), aspecto (*m.*) **7** parte, facción, bando (*m.*) **8** (*cine.*) (*teatr.*) papel (*m.*), rol (*m.*), parte **9** (*mus.*) parte **10** (*fig.*) (*compito*, *ruolo*) deber (*m.*), parte, tarea.
partecipare A *v.intr.* **1** participar, tomar parte **2** participar, compartir **B** *v.tr.* participar, comunicar, dar parte.
partecipazione *s.f.* **1** participación, asistencia **2** participación, tarjeta **3** (*econ.*) participación.
partenza *s.f.* **1** salida, partida **2** (*sport*) salida **3** arranque (*m.*).
particolare *agg.m.* e *f.* **1** particular, propio (*m.*) **2** particular, individual **3** extraordinario (*m.*), especial.
partigiano A *agg.* **1** parcial (*m.* e *f.*), faccioso **2** (*stor.*) de los partisanos: *lotta partigiana*, lucha de los partisanos **B** *s.m.* **1** defensor, paladín **2** partisano.
partire A *v.intr.* **1** partir, salir **2** marcharse, irse **3** (*fig.*) arrancar, principiar **4** provenir, proceder **5** (*cine.*) iniciar la proyección de una película **B** *v.intr.pron.* (*lett.*) **1** (*separarsi*) separarse **2** (*allontanarsi*) apartarse, alejarse **C** *v.tr.* compartir, dividir.
partita *s.f.* **1** (*comm.*) partida, stock (*m.inv.*), lote (*m.*) **2** (*comm.*) (*contabilità*) partida, asiento (*m.*) **3** (*fig.*) prueba, competición **4** (*sport*) partido (*m.*) **5** (*mus.*) suite.
partito A *agg.* **1** (*lett.*) partido, dividido **2** (*fig.*) (*lett.*) dividido, discorde, desunido **3** (*fig.*) (*fam.*) ido, chiflado **4** (*fig.*) (*fam.*) (*droga*) flipado, colgado **B** *s.m.* **1** (*pol.*) (*matrimonio*) partido **2** medio, recurso.
partner *s.m.* e *f.inv.* (*angl.*) **1** (*sport*) (*teatr.*) (anche *danza*) pareja (*f.sing.*) **2** pareja (*f.sing.*) **3** (*comm.*) socio (*m.sing*).
parto *s.m.* **1** parto, alumbramiento, (*amer.*) parición (*f.*) **2** (*fig.*) parto, creación (*f.*), obra (*f.*).
part time *s.m.inv.* (*angl.*) tiempo (*sing.*) parcial.
parziale *agg.m.* e *f.* **1** parcial, incompleto (*m.*) **2** parcial, arbitrario (*m.*).
pascolo *s.m.* **1** prado, pasto **2** (*foraggio*) pienso, heno **3** (*fig.*) nutrimento, alimento.
pasqua *s.f.* (*rel.*) Pascua.
passaggio *s.m.* **1** paso, pase **2** (*traversata*) viaje, travesía (*f.*) **3** (*geog.*) canal, estrecho **4** (*fig.*) paso, cambio **5** (*lett.*) pasaje, fragmento **6** (*sport*) (*ginnastica*) paso **7** (*sport*) (*calcio*) pase **8** (*giur.*) traspaso.
passare A *v.intr.* **1** pasar, transitar, atravesar **2** pasar, ir, venir **3** pasar, correr **4** pasar, colarse, filtrarse **5** (anche *fig.*) pasar, ir **6** (*fig.*) pasar, transmitirse **7** (*fig.*) pasar, cambiar **B** *v.tr.* **1** pasar, atravesar **2** (*cuc.*) saltear, sofreír **3** pasar, dar, alargar **4** aprobar, superar **5** pasar, sufrir.
passatempo *s.m.* pasatiempo, entretenimiento.
passato[1] **A** *agg.* **1** pasado, pretérito remoto **2** pasado **3** anticuado, obsoleto **4** (*fig.*) marchito, ajado **B** *s.m.* **1** pasado **2** (*gramm.*) pretérito, pasado **3** (*lett.*) (*morto*) muerto.

passato[2] *s.m.* (*cuc.*) crema (*f.*); puré.
passeggero A *agg.* pasajero, transitorio **B** *s.m.* pasajero, viajero.
passeggiare A *v.intr.* **1** pasear, andar, caminar **B** *v.tr.* **1** (*raro*) (*lett.*) recorrer **2** pasear, hacer pasear.
passeggino *s.m.* cochecito, sillita (*f.*).
passero *s.m.* (*zool.*) gorrión.
passione *s.f.* **1** (*mus.*) (*rel.*) pasión: *le passioni di Bach*, las pasiones de Bach **2** compasión, piedad **3** pasión, ardor (*m.*) **4** pasión, amor (*m.*) **5** pasión, afición.
passivo A *agg.* **1** pasivo, inactivo **2** (*econ.*) (*giur.*) (*gramm.*) pasivo **B** *s.m.* **1** (*gramm.*) voz (*f.*) pasiva **2** (*econ.*) pasivo.
passo[1] *s.m.* **1** (anche *danza*, *ginnastica*) paso **2** paso, andar, andadura (*f.*) **3** paso, pisada **4** pisada (*f.*), huella **5** (*fig.*) decisión (*f.*) **6** (*lett.*) pasaje, fragmento **7** (*ferr.*, *mecc.* e *tecn.*) paso.
passo[2] *s.m.* **1** paso, tránsito **2** paso, pasaje **3** (*geog.*) (*valico*) paso, desfiladero **4** paso, camino.
password *s.f.inv.* (*angl.*) (*inform.*) contraseña (*sing.*).
pasta *s.f.* **1** pasta **2** (*cuc.*) masa, pan (*m.*) **3** (*cuc.*) pasta, fideo (*m.*), macarrón (*m.*) **4** (*fig.*) pasta, índole.
pasticceria *s.f.* **1** (*preparazione*) repostería, pastelería **2** (*negozio*) pastelería, bollería, confitería **3** pastas (*pl.*), pastelillos (*m.pl.*).
pasticcio *s.m.* **1** (*cuc.*) pastel, timbal **2** (*fig.*) chapucería (*f.*), frangollo **3** (*fig.*) (*faccenda ingarbugliata*) pastel, lío, enredo, (*amer.*) merengue.
pastiglia *s.f.* **1** pastilla, caramelo (*m.*) **2** (*farm.*) pastilla, píldora, comprimido (*m.*) **3** (*mecc.*) pastilla.
pasto *s.m.* comida.
pastore *s.m.* **1** pastor **2** (*fig.*) (*uomo rozzo*) patán **3** (*fig.*) (*Accademia dell'Arcadia*) árcade (*m.* e *f.*) **4** (*fig.*) (*guida spirituale*) líder, guía (*m.* e *f.*) espiritual **5** (*rel.*) pastor, sacerdote.
patata *s.f.* (*bot.*) patata, tubérculo (*m.*), (*amer.*) papa: *patate fritte*, patatas fritas.
paté *s.m.* (*franc.*) (*cuc.*) paté, mousse.
patente A *agg.m.* e *f.* patente, manifiesto (*m.*), visible **B** *s.f.* **1** licencia, permiso (*m.*) **2** (*auto.*) carné (*m.*) de conducir, (*amer.*) carnet (*m.*) de conductor/manejo.
patetico A *agg.* **1** patético **2** (*svenevole*) patético, melodramático **3** penoso, embarazoso **B** *s.m.* **1** patetismo **2** (*persona*) sensiblero.
patina *s.f.* **1** pátina **2** (*med.*) saburra.
patio *s.m.* (*sp.*) patio.
patire A *v.tr.* **1** sufrir, padecer **2** soportar, aguantar, tragar **B** *v.intr.* **1** (anche *med.*) sufrir, padecer **2** estropearse, deteriorarse.
patito *s.m.* **1** (*tifoso*) hincha (*m.* e *f.*), forofo, fanático **2** aficionado, entusiasta (*m.* e *f.*).
patologia *s.f.* **1** (*med.*) patología, enfermedad **2** (*fig.*) anomalía.
patria *s.f.* **1** patria **2** (*fig.*) cuna, origen (*m.*) **3** tierra.
patriarca *s.m.* (anche *rel.*) patriarca.
patrimonio *s.m.* **1** (*giur*). patrimonio **2** patrimonio, capital **3** (*fig.*) enormidad **4** (*fig.*) patrimonio, acervo.
patrocinio *s.m.* **1** (*giur.*) defensa (*f.*) **2** (*rel.*) patrocinio, protección **3** patrocinio, protección (*f.*), auspicio.
patrono *s.m.* (anche *rel.*) patrón.
patteggiamento *s.m.* **1** (*comm.*) negociación (*f.*) **2** (*giur*) contratación (*f.*) **3** (*pol.*) pactismo.
pattinare *v.intr.* (*sport*) (anche *mecc.*) patinar.
patto *s.m.* **1** (anche *giur.*) pacto, acuerdo **2** patto, promesa (*f.*) **3** condición (*f.*), término.
pattuglia *s.f.* patrulla, ronda.
paura *s.f.* **1** miedo (*m.*), pavor (*m.*) **2** (*preoccupazione*) miedo (*m.*), temor (*m.*).

pausa *s.f.* **1** pausa, alto (*m.*), interrupción **2** (*lett.*) pausa **3** (*ling.*) (*mus.*) pausa.
pavimento *s.m.* **1** pavimento, piso **2** (*anat.*) suelo.
pavone *s.m.* (*zool.*) pavo real.
paziente A *agg.m.* e *f.* paciente **B** *s.m.* paciente, enfermo (*m.*).
pazienza *s.f.* **1** paciencia, aguante (*m.*): *avere ~*, tener paciencia **2** paciencia, meticulosidad.
pazzia *s.f.* **1** locura, demencia **2** (*stranezza*) extravagancia **3** (*fig.*) locura, disparate (*m.*).
pazzo[1] *agg.* **1** insensato, desatinado **2** exagerado.
pazzo[2] *agg.* e *s.m.* **1** loco, demente (*m.* e *f.*) **2** loco, insensato **3** loco, estrafalario.
peccato *s.m.* **1** (*rel.*) pecato **2** (*fig.*) desliz, falta (*f.*), equivocación **3** (*fig.*) lástima (*f.*), pena.
pecora *s.f.* **1** (*zool.*) oveja **2** (*fig.*) (*persona*) cordero (*m.*), borrego (*m.*).
pecorino A *agg.* de oveja **B** *s.m.* (*cuc.*) queso de oveja.
peculiare *agg.m.* e *f.* **1** peculiar, propio (*m.*) **2** peculiar, distintivo (*m.*).
pedagogia *s.f.* pedagogía.
pedale *s.m.* (anche *mus.*) pedal.
pedante *agg.* e *s.m.* e *f.* (*pegg.*) **1** pedante **2** (*pignolo*) quisquilloso (*m.*).
pediatria *s.f.* (*med.*) pediatría.
pedofilia *s.f.* pedofilia.
pedonale *agg.m.* e *f.* peatonal.
peggio A *agg.inv.* (*comparativo, superlativo relativo*) peor **B** *avv.* peor **C** *s.f.inv.* (*neutro*) lo peor (*m.*) **D** *s.m.inv.* lo peor.
peggiorare A *v.tr.* empeorar, agravar **B** *v.intr.* empeorarse **C** *s.m.* (solo *sing.*) empeoramiento, agravamiento.
peggiore A *agg.m.* e *f.* (*comparativo, superlativo relativo*) peor **B** *s.m.* e *f.* el/la peor.
pelato A *agg.* pelado **B** *s.m.* **1** tomate entero pelado **2** (*fam.*) calvo.
pelle *s.f.* **1** (*anat.*) piel, cutis (*m.inv.*) **2** piel, cuero (*m.*) **3** piel, cáscara, (*m.*) **4** (*zool.*) piel, epidermis (*inv.*) **5** (*fig.*) (*fam.*) pellejo (*m.*).
pellegrino A *agg.* **1** peregrino, viajero **2** (*lett.*) peregrino, forastero **B** *s.m.* **1** (*rel.*) peregrino, romero **3** (*fam.*) (*scherz.*) (*pidocchio*) piojo.
pellicano *s.m.* **1** (*zool.*) pelicano **2** (*iconografia medievale*) Cristo **3** (*med.*) (*dentista*) gatillo, pulicán.
pelliccia *s.f.* **1** (*zool.*) piel, pelaje (*m.*) **2** piel **3** (*abb.*) abrigo (de piel).
pellicola *s.f.* **1** película, tela **2** (*fot.*) carrete (*m.*), rollo (*m.*) **3** (*cine.*) película filme (*m.*).
pelo *s.m.* **1** (*anat.*) (*bot.*) pelo **2** (*anat.*) vello: *i peli delle braccia*, el vello de los brazos **3** (*tess.*) (*seta greggia*) pelo **4** (*tess.*) borra (*f.*), pelusa (*f.*) **5** superficie **6** (*fig.*) pelo, poco.
pena *s.f.* **1** (*giur.*) pena, condena **2** (anche *rel.*) pena, castigo (*m.*) **3** pena, dolor (*m.*) **4** pena, esfuerzo (*m.*).
penale A *agg.m.* e *f.* penal **B** *s.f.* (*giur.*) cláusula penal.
pendere *v.intr.* **1** pender, colgar **2** inclinarse, ladearse **3** doblarse, inclinarse **4** (*terreno*) inclinarse **5** (*fig.*) cernerse, pender **6** (*fig.*) propender, ser propenso.
pendolare *s.m.* e *f.* conmuter.
pendolare *v.intr.* oscilar.
pendolo *s.m.* **1** (*fis.*) péndulo **2** (anche *orologio*) péndola (*f.*) **3** (*edil.*) plomada (*f.*) **4** (*sport*) (*alpinismo*) balanceo.
pene *s.m.* (*anat.*) pene.
penetrazione *s.f.* **1** (anche *fig.*) penetración **2** (*fig.*) penetración, sutileza.
penisola *s.f.* (*geog.*) península.
penitenza *s.f.* **1** (*pentimento*) remordimiento (*m.*) **2** penitencia, mortificación **3** (*rel.*) penitencia **4** castigo (*m.*) **5** (*gioco*) prenda.
penitenziario A *agg.* penitenciario **B** *s.m.* penitenciaría (*f.*), cárcel (*f.*).

penna *s.f.* **1** (anche *zool.*) pluma **2** (*fig.*) (*scrittore*) pluma, escritor **3** (*freccia*) pluma **4** (*mus.*) plectro (*m.*).
pennarello *s.m.* rotulador.
pennello *s.m.* **1** (*pitt.*) pincel **2** (*imbianchino*) brocha (*f.*) **3** (*fis.*) haz.
pennichella *s.f.* (*pop.*) siesta.
penoso *agg.* **1** (*che dà pena*) penoso **2** (*sgradevole*) penoso, difícil (*m.* e *f.*) **3** (*imbarazzante*) deplorable.
pensare A *s.m.* (*solo sing.*) pensamiento **B** *v.intr.* **1** pensar, reflexionar **2** pensar, preocuparse, tener presente **3** pensar, aspirar **4** recordar, pensar **5** encargarse, ocuparse **6** pensar, juzgar **C** *v.tr.* **1** imaginarse, figurarse **2** pensar, tener en cuenta **3** pensar, idear, inventar **4** pensar, creer, opinar **D** *v.intr.pron.* (*fam.*) creerse.
pensiero *s.m.* **1** pensamiento **2** (*fig.*) pensamiento, mente (*f.*) **3** (*fil.*) pensamiento, ideología (*f.*) **4** pensamiento, sentencia (*f.*), máxima **5** (*fig.*) preocupación (*f.*), ansia (*f.*) **6** (*fam.*) atención (*f.*) **7** (*fam.*) regalo.
pensione *s.f.* **1** (*bur.*) jubilación, pensión, retiro (*m.*) **2** (*retta*) pensión, pupilaje (*m.*) **3** (*vitto e alloggio*) pensión **4** (*locanda*) pensión, hostal (*m.*).
pentagono *s.m.* (*geom.*) pentágono.
pentirsi *v.intr.pron.* **1** arrepentirse, dolerse **2** arrepentirse, deplorar.
pentola *s.f.* olla, cacerola.
pepe *s.m.* **1** (*bot.*) pimentero, pimiento **2** pimienta (*f.*).
peperoncino *s.m.* (*bot.*) guindilla (*f.*), ají, chile.
peperone *s.m.* (*bot.*) pimiento, (*amer.*) morrón.
per *prep.* **1** (*moto attraverso luogo*) por **2** (*moto attraverso luogo circoscritto*) por, en **3** (*moto a luogo, destinazione, fine*) para, hacia **4** (*fig.*) (*nei confronti di*) hacia, por **5** (*fig.*) (*verso*) a **6** (*stato in luogo*) por, en **7** (*tempo continuato*) durante **8** (*mezzo, causa, modo*) por **9** (*mat.*) por.
pera *s.f.* **1** (*bot.*) pera **2** pera, interruptor (*m.*) **3** (*scherz.*) cabeza **4** (*fig.*) (*droga*) chute (*m.*), pico (*m.*).
percentuale A *agg.m.* e *f.* porcentual **B** *s.f.* **1** (*mat.*) porcentaje (*m.*) **2** (*comm.*) comisión.
percepire *v.tr.* **1** percibir, advertir, captar **2** (*bur.*) percibir, cobrar.
percezione *s.f.* **1** (*fil.*) (*psic.*) percepción **2** percepción, sensación **3** (*bur.*) cobro (*m.*).
perché A *avv.* (*interrogativo causale*) por qué **B** *cong.* **1** (*causale*) porque **2** (*lett.*) (*correlativo*) porque, como, ya que **3** (*finale*) para que, por que **4** (*consecutiva*) para que **C** *s.m.inv.* porqué (*sing.*), razón (*f.sing.*).
perciò *cong.* por consiguiente, por lo tanto, luego; por eso.
percorso *s.m.* **1** recorrido, itinerario, ruta (*f.*) **2** (*tempo*) trayecto, camino **3** (*sport*) recorrido.
perdere A *v.tr.* **1** (anche *fig.*) perder **2** perder, resultar perjudicado **3** perder, desperdiciar, malgastar **B** *v.intr.pron.* **1** perderse, extraviarse **2** perderse, desvanecerse **3** perderse, desaparecer, confundirse.
perdonare A *v.tr.* **1** perdonar, absolver **2** perdonar, comprender, disculpar **3** perdonar, disculpar **B** *v.intr.* perdonar **C** *v.pron.* (*reciproco*) perdonarse.
perdono *s.m.* **1** perdón, clemencia (*f.*) **2** (*rel.*) perdón, indulgencia (*f.*), remisión (*f.*) **3** perdón, disculpas (*f.pl.*).
perfetto *agg.* **1** perfecto, acabado **2** perfecto, inmejorable (*m.* e *f.*), insuperable (*m.* e *f.*), absoluto.
perfezione *s.f.* **1** perfección **2** virtud, cualidad.
perfido *agg.* **1** pérfido, desleal (*m.* e *f.*), alevoso **2** (*fig.*) malo, terrible (*m.* e *f.*).
perfino *avv.* **1** hasta, incluso, (*amer.*) inclusive **2** sólo, solamente.

pergolato *s.m.* **1** glorieta (*f.*), cenador **2** (*agr.*) parra (*f.*), parral.
pericolo *s.m.* **1** peligro, amenaza (*f.*) **2** (*fig.*) (*fam.*) probabilidad (*f.*), posibilidad (*f.*).
periferia *s.f.* periferia, afueras (*pl.*).
perimetro *s.m.* **1** (*mat.*) (*med.*) perímetro **2** perímetro, contorno.
periodico[1] *agg.* **1** (*fis.*) (*mat.*) periódico **2** periódico, regular.
periodico[2] *s.m.* revista (*f.*).
periodo sm **1** período, periodo, época (*f.*) **2** (*età*) edad (*f.*) **3** (*ling.*) período, párrafo.
perito *agg.* e *s.m.* perito, experto.
perizoma *s.m.* **1** taparrabo **2** (*costume da bagno*) tanga.
perla *s.f.* **1** (anche *fig.*) perla **2** (*farm.*) perla, píldora.
perlomeno *avv.* **1** al menos **2** (*limitativo*) por lo menos, al menos.
perlopiù *avv.* por lo general, generalmente.
perlustrazione *s.f.* reconocimiento (*m.*), batida.
permaloso *agg.* susceptible (*m.* e *f.*).
permanente A *agg.m.* e *f.* permanente **B** *s.f.* permanente.
permanenza *s.f.* **1** permanencia, duración **2** estancia, permanencia.
permeabile *agg.m.* e *f.* permeable.
permesso A *agg.* permitido, lícito **B** *s.m.* **1** permiso **2** (anche *mil.*) permiso, licencia (*f.*).
permettere A *v.tr.* **1** permitir, consentir **2** permitir, hacer posible **B** *v.pron.* permitirse, tomarse la libertad.
permuta *s.f.* (*giur.*) permuta.
perno *s.m.* **1** (*mecc.*) perno **2** (*fig.*) meollo, fundamento.
però (*cong.*) **1** (*avversativo*) pero, mas **2** (*concessivo*) pero, sin embargo, no obstante.
perpendicolare A *agg.m.* e *f.* (anche *geom.*) perpendicular **B** *s.f.* perpendicular.
perplesso *agg.* perplejo, suspenso.
persecuzione *s.f.* **1** persecución, perseguimiento (*m.*) **2** (*fig.*) acoso (*m.*).
persiana *s.f.* (*edil.*) persiana, postigo (*m.*).
persiano A *agg.* persa (*m.* e *f.*), persiano **B** *s.m.* **1** persa (*m.* e *f.*) **2** (*zool.*) (*gatto*) gato persa.
persona *s.f.* **1** persona, individuo (*m.*), ser (*m.*), (*amer.*) gente **2** tipo (*m.*), cuerpo (*m.*), figura **3** (*gramm.*) (*rel.*) persona.
personaggio *s.m.* **1** personaje, personalidad (*f.*) **2** (*scherz.*) tipo, tío **3** (*cine.*) (*lett.*) (*teatr.*) personaje.
personale A *agg.m.* e *f.* **1** (anche *gramm.*) personal **2** individual, particular **B** *s.m.* **1** (*azienda*) personal, plantilla **2** tipo, cuerpo, figura (*f.*) **3** (*sport*) (*pallacanestro*) personal (*f.*).
personalità *s.f.inv.* **1** (*psic.*) personalidad (*sing.*) **2** personalidad (*sing.*), eminencia (*sing.*).
personalizzato *agg.* personalizado.
perspicace *agg.m.* e *f.* perspicaz, agudo (*m.*), sagaz.
persuasione *s.f.* persuasión, convicción.
pertanto *cong.* **1** (*conclusivo*) por eso, por tanto, por consiguiente **2** (*concessivo preceduto da negazione*) aunque, si bien, a pesar de que.
pertinente *agg.m.* e *f.* pertinente, concerniente.
perturbazione *s.f.* **1** (anche *fig.*) perturbación, trastorno (*m.*) **2** (*astro.*) (*meteo.*) perturbación.
perverso *agg.* **1** perverso, malvado **2** (*fig.*) desastroso.
pervertito *agg.* e *s.m.* depravado, pervertido.
pesante *agg.m.* e *f.* **1** (anche *fig.*) pesado (*m.*) **2** (*fig.*) pesado (*m.*), violento (*m.*), fuerte **3** (*fig.*) pesado (*m.*), latoso (*m.*) **4** (*fig.*) pesado (*m.*), gravoso (*m.*) **5** (*fig.*) (*scritto*) recargado (*m.*), pesado (*m.*), barroco (*m.*).

pesare A *v.tr.* **1** pesar **2** (*fig.*) pesar, sopesar, ponderar **B** *v.intr.* **1** pesar **2** (*fig.*) costar **3** (*fig.*) pesar, abrumar **4** (*fig.*) pesar, doler, apenar **5** (*fig.*) pesar, influir, contar **C** *v.pron.* pesarse.

pesca[1] *s.f.* (*bot.*) melocotón (*m.*), (*amer.*) durazno (*m.*).

pesca[2] *s.f.* pesca.

pescatore *agg.* e *s.m.* pescador.

pesce *s.m.* **1** (*zool.*) pez **2** (*cibo*) pescado **3** (*tip.*) bordón, olvido.

peso[1] **A** *agg.* (*fig.*) (*fam.*) cargante (*m.* e *f.*), pesado **B** *s.m.* **1** (anche *sport*) peso **2** pesa (*f.*) **3** peso, carga (*f.*) **4** (*fig.*) importancia (*f.*), peso, valor.

peso[2] *s.m.* (*sp.*) (*moneta*) peso.

pessimismo *s.m.* (anche *fil.*) pesimismo.

pessimo *agg.superl.* pésimo, malísimo.

peste *s.f.* **1** (*med.*) peste, plaga **2** (*fig.*) peste, tufo (*m.*), hedor (*m.*) **3** (*fig.*) plaga, calamidad **4** (*fig.*) peste.

pesto A *agg.* machacado, magullado **B** *s.m.* **1** picadillo **2** (*cuc.*) salsa genovesa a base de albahaca.

petardo *s.m.* **1** (*ant.*) (*mil.*) petardo **2** petardo, trabuca (*f.*) **3** (*ferr.*) detonante.

petizione *s.f.* **1** petición, demanda **2** (*giur.*) petición, pedimento (*m.*).

petrolio *s.m.* petróleo.

pettegolezzo *s.m.* chisme, cotilleo.

pettinare A *v.tr.* **1** (anche *tess.*) peinar **2** (*fig.*) (*criticare*) criticar, quitar el pellejo, (*amer.*) quitar el cuero **B** *v.pron.* peinarse.

pettine *s.m.* **1** (anche *tess.*) peine **2** (*mar.*) (*gondola*) caperol **3** (*mus.*) plectror.

petting *s.m.inv.* (*angl.*) magreo (*sing.*).

petto *s.m.* **1** (*anat.*) (*zool.*) pecho **2** pecho, mama (*f.*), seno **3** (*macelleria*) pecho, pechuga (*f.*) **4** (*abito*) pechera **5** (*fig.*) pecho, corazón **6** (*fig.*) pecho, valor.

pezzo *s.m.* **1** pedazo, porción **2** fragmento, triza (*f.*) **3** (*brandello*) tira (*f.*) **4** (*gioco*) (*mecc.*) (anche *arma da fuoco*, *moneta*) pieza (*f.*) **5** (*fig.*) (*fam.*) rato **6** (*fig.*) (*fam.*) trecho **7** (*giorn.*) artículo.

piacere A *v.intr.* **1** gustar, agradar **2** querer, desear **3** querer, ser conveniente **B** *s.m.* **1** gusto, placer, deleite **2** placer, diversión (*f.*), entretenimiento **3** placer, gusto **4** favor, servicio **5** voluntad (*f.*), deseo.

piaga *s.f.* **1** (*med.*) llaga **2** (*fig.*) herida, tormento **3** (*fig.*) plaga, azote (*m.*) **4** (*fig.*) (*fam.*) (*persona noiosa*) llorón (*m.*).

piana *s.f.* **1** (*edil.*) (*stipite*) jamba **2** (*edil.*) (*travicello*) vigueta **3** (*orto*) cuadro (*m.*) **4** (*terreno*) llanura, llano (*m.*).

pianeta *s.m.* **1** (*astro.*) planeta **2** (*fig.*) mundo, ambiente, ámbito.

piangere A *v.intr.* **1** llorar **2** sufrir, llorar **B** *v.tr.* **1** llorar **2** llorar, deplorar, sentir **C** *s.m.* (*solo sing.*) llanto, lloro.

piano[1] **A** *agg.* **1** llano, plano **2** plano, liso **3** llano, claro **4** (*ling.*) llano, grave (*m.* e *f.*), paroxítono **B** *avv.* **1** despacio, lentamente, con cuidado **2** en voz baja, (*amer.*) despacio **C** *s.m.* **1** (*aer.*) (*cine.*) (*fot.*) (*mat.*) plano **2** tablero, tabla (*f.*), plancha (*f.*) **3** (*geog.*) llanura (*f.*) **4** (*arch.*) piso, planta (*f.*).

piano[2] *s.m.* **1** plano, mapa **2** plan, programa, proyecto.

piano[3] *s.m.* (*mus.*) piano.

pianoforte *s.m.* (*mus.*) piano.

pianta *s.f.* **1** (*anat.*) (*bot.*) (anche *calzature*) planta **2** mapa (*m.*), plano (*m.*) **3** (*arch.*) plano (*m.*), planta.

piantare A *v.tr.* **1** (*agr.*) plantar, sembrar, cultivar **2** plantar, clavar **3** colocar, echar **4** levantar, instalar **5** (*fig.*) plantar, abandonar, dejar plantado **B** *v.intr.pron.* clavarse, hincarse.

pianura *s.f.* llanura, llano (*m.*).

piastra *s.f.* **1** (*metallo*, *legno*) plancha, chapa, lámina **2** (*marmo*, *pietra*) lastra, laja 3 (*piano di cottura*) placa 4 (*orologio*) caja.

piastrella *s.f.* 1 azulejo (*m.*), baldosa 2 (*gioco*) tejo (*m.*), chito (*m.*).

piastrina *s.f.* (*bio.*) plaqueta, trombocito (*m.*).

piattaforma *s.f.* 1 (anche *sport*) plataforma 2 (*tecn.*) plato (*m.*), plano (*m.*) 3 (*mar.*) plataforma de la cofa 4 (*fig.*) (*pol.*) plataforma, programa (*m.*).

piatto A *agg.* 1 plano, llano 2 (*mat.*) plano 3 chato, aplastado 4 (*fig.*) gris, monótono B *s.m.* 1 plato 2 (*superficie piana*) plano, mesa (*f.*) 3 (*microscopio*) platina (*f.*) 4 (*mus.*) platillo 5 (*gioco*) apuesta (*f.*).

piazza *s.f.* 1 plaza 2 (*econ.*) plaza, parqué (*m.*) 3 (*fig.*) masa, muchedumbre 4 (*mar.*) toldilla 5 (*mil.*) plaza, fortaleza.

piccante *agg.m.* e *f.* (anche *fig.*) picante.

picchiare A *v.tr.* 1 golpear, batir 2 pegar, maltratar B *v.intr.* golpear, llamar C *v.pron.* (*reciproco*) pegarse, reñir, agarrarse.

piccione *s.m.* 1 (*zool.*) palomo 2 (*fig.*) (*ingenuo*) pardillo.

picco *s.m.* 1 (*fis.*) (*geog.*) pico 2 tope 3 (*fig.*) máxima (*f.*).

piccolo A *agg.* 1 pequeño, chico 2 pequeño, irrisorio 3 pequeño, insignificante (*m.* e *f.*) 4 pequeño, breve (*m.* e *f.*) B *s.m.* 1 niño, pequeño, chiquillo 2 (*animale*) cría (*f.*), cachorro.

pidocchio *s.m.* 1 (*zool.*) piojo 2 (*zool.*) (*parassita*) pulgón 3 (*fig.*) (*pegg.*) tacaño, mezquino.

piede *s.m.* 1 (*anat.*) (*ling.*) (anche *misura*) pie 2 (*zool.*) pie, pata (*f.*) 3 (*zool.*) (*zoccolo*) pezuña (*f.*) 4 (*fig.*) pie 5 pie, pata (*f.*).

piegare A *v.tr.* 1 doblar, torcer 2 plegar, doblar 3 (anche *fig.*) agachar, inclinar B *v.intr.* 1 doblarse, curvarse 2 (*fig.*) ceder, rendirse C *v.intr.pron.* 1 doblarse, inclinarse 2 (*fig.*) doblegarse, someterse.

pieno A *agg.* 1 lleno, colmado 2 (*luogo*) lleno, abarrotado 3 (anche *fig.*) lleno, cargado 4 lleno, preñado 5 (*fam.*) (*sazio*) lleno, harto (*fig.*) pleno, total (*m.* e *f.*) 6 (*completo*) pleno B *s.m.* 1 lleno 2 (*fig.*) apogeo 3 (*fig.*) lleno.

pietà *s.f.inv.* 1 piedad (*sing.*) 2 (*pitt.*) (*rel.*) piedad.

pietra *s.f.* piedra.

pigiama *s.m.* pijama (*m.* e *f.*), (*amer.*) piyama (*m.* e *f.*).

pigliare *v.tr.* (*fam.*) coger, tomar, agarrar.

pignolo *agg.* e *s.m.* puntilloso, meticuloso.

pigro *agg.* 1 perezoso, holgazán, vago 2 (*fig.*) obtuso, tardo.

pila *s.f.* 1 pila, montón (*m.*) 2 (*fis.*) pila 3 (*edil.*) (*ponte*) pila.

pila *s.f.* 1 (*rel.*) (anche *recipiente*) pila 2 (*cartiera*) tina 3 (*mortaio per riso*) pilón (*m.*).

pilastro *s.m.* 1 (*edil.*) pilar 2 (*anat.*) (*geol.*) pilar 3 (*fig.*) pilar, sostén.

pillola *s.f.* 1 (*farm.*) píldora, pastilla 2 (*fig.*) píldora, trago (*m.*).

pilota A *agg.inv.* 1 piloto 2 (*fig.*) piloto, experimental (*m.* e *f.*) B *s.m.* e *f.* (*aer.*) (*auto.*) (*mar.*) piloto (*m.*).

ping-pong *s.m.inv.* (*angl.*) (*sport*) pimpón (*sing.*), tenis de mesa.

pinguino *s.m.* 1 (*zool.*) pingüino, pájaro bobo 2 (*gelato da passeggio*) polo, bombón helado, (*amer.*) paleta (*f.*).

pino *s.m.* 1 (*bot.*) pino 2 (*poes.*) (*albero di nave*) mástil 3 (*poes.*) (*nave*) pino

pinolo *s.m.* (*bot.*) piñón.

pinze *s.f.pl.* pinzas, tenazas.

pioggia *s.f.* 1 lluvia 2 (*fig.*) lluvia, riada.

piombo *s.m.* 1 (*chim.*) plomo 2 (*tip.*) (anche *fig.*) plomo 3 (*sigillo*) sello de plomo 4 (*arma da fuoco*) plomo.

pioniere *s.m.* **1** (*mil.*) zapador **2** (anche *fig.*) pionero.
pioppo *s.m.* (*bot.*) álamo, chopo.
piovere A *v.imper.* **1** llover **2** gotear: *piove in bagno*, gotea en el baño **B** *v.intr.* **1** llover **2** (*fig.*) llover, caer **3** (*fig.*) (*fam.*) descolgarse, presentarse **C** *v.tr.* (*lett.*) llover, caer.
piovra *s.f.* **1** (*zool.*) pulpo (*m.*) **2** (*fig.*) sanguijuela **3** (*gerg.*) (*giorn.*) mafia.
pipa *s.f.* **1** pipa, cachimba, (*amer.*) cachimbo **2** pipa **3** (*gerg.*) (*rimprovero*) rapapolvo (*m.*) **4** (*fig.*) rollo (*m.*), lata.
pipì *s.f.* (*fam.*) pis (*m.*), pipí (*m.*), (*amer.*) pichí (*m.*).
piramide *s.f.* **1** (*archeol.*) (*geom.*) pirámide **2** (*mucchio*) pirámide, pila.
pirata A *agg.inv.* pirata **B** *s.m.* **1** pirata, corsario **2** (*fig.*) tiburón.
piromane *agg.* e *s.m.* e *f.* (*psic.*) pirómano (*m.*).
pisciare A *v.intr.* (*volg.*) mear, orinar **B** *v.tr.* (*volg.*) **1** orinar **2** (*fig.*) gotear.
piscina *s.f.* piscina, (*amer.*) alberca, pileta.
pisello A *agg.inv.* (*colore*) guisante **B** *s.m.* **1** (*bot.*) guisante, arvejo, (*amer.*) arveja (*f.*) **2** (*pop.*) (*pene*) pajarito, canario, colita (*f.*).
pisolino *s.m.* (*fam.*) siesta (*f.*).
pista *s.f.* **1** pista, huella, rastro **2** pista, indicio (*m.*), señal **3** (*aer.*) (*auto.*) (*cine.*) (*sport*) pista, circuito (*m.*): ~ *automobilistica*, pista automovilística.
pistacchio A *agg.inv.* pistacho **B** *s.m.* (*bot.*) **1** (*albero*) pistachero **2** (*frutto*) pistacho, alfóncigo.
pistola *s.f.* pistola.
pitone *s.m.* (*zool.*) serpiente (*f.*) pitón, pitón.
pittore *s.m.* **1** pintor **2** (*imbianchino*) pintor de brocha gorda.
pittura *s.f.* **1** pintura **2** (*fig.*) pintura, descripción **3** cuadro (*m.*), tela.
pitturare *v.tr.* pintar.
più A *agg.inv.* **1** (*misura, neutro, numero, quantità*) más **2** (*molti*) muchos (*m.pl.*) **B** *avv.* **1** (*comparativo di maggioranza, superlativo relativo*) más **2** (*correlativo*) cuanto más **3** (*negativo, rafforzativo*) más **4** (*mat.*) más **5** (*temperatura*) sobre **C** *prep.* más, además de **D** *s.m.* **1** (*neutro*) lo más **2** la mayor parte (*f.*).
piuma *s.f.* **1** (*zool.*) pluma **2** (*fig.*) ala.
piuttosto A *avv.* **1** más bien **2** mejor, más bien **B** *cong.* (*solo nella locuzione*) ~ *che/di*, antes que/de.
pizza *s.f.* **1** (*cuc.*) pizza **2** (*fig.*) tostón (*m.*), lata **3** (*gerg.*) (*cine.*) bobina, carrete (*m.*).
pizzico *s.m.* **1** pellizco **2** (*quantità*) pizca (*f.*) **3** (*insetti*) picadura (*f.*).
pizzo *s.m.* **1** punta (*f.*) **2** (*abb.*) encaje **3** (*barba*) pera (*f.*), perilla (*f.*).
placare A *v.tr.* aplacar, calmar, apaciguar **B** *v.intr.pron.* aplacarse, calmarse, mitigarse.
placca *s.f.* **1** placa, plancha, chapa **2** (*geol.*) (*med.*) placa **3** (*targhetta, distintivo*) placa **4** (*elett.*) placa **5** (*sport*) (*alpinismo*) pared lisa.
plaid *s.m.inv.* (*angl.*) manta (*f.*) escocesa.
plastica *s.f.* **1** (*arte*) plástica **2** (*chir.*) plastia, plástica **3** (*materiale*) plástico (*m.*).
plastico A *agg.* **1** plástico, dúctil (*m.* e *f.*) **2** plástico **3** armonioso **B** *s.m.* **1** maqueta (*f.*) **2** explosivo plástico.
platea *s.f.* **1** (*teatr.*) platea, patio (*m.*) de butacas **2** público (*m.*).
platino *agg.inv.* e *s.m.* (*chim.*) platino.
plebiscito 1 (*sto.*) plebiscito **2** (*giur.*) plebiscito, referéndum (*sing.*) **3** (*fig.*) unanimidad (*f.*).
plico *s.m.* pliego, paquete.
plotone *s.m.* (anche *sport*) pelotón.
pluralità *s.f.inv.* pluralidad (*sing.*), mayoría (*sing.*).
plutonio *s.m.* (*chim.*) plutonio.
pneumatico *s.m.* (*auto.*) neumático.

po' *agg./avv./pron.* (*troncamento di poco*) poco.
poco A *agg./pron.* (*indefinito*) **1** poco **2** poco, algo **B** *avv.* **1** poco **2** (*enfatico*) poquísimo, muy poco **3** pues **C** *s.m.* (*solo sing.*) poco **D** *s.m.* e *f.inv.* (*solo nella locuzione*) *un/una ~ di buono*, una persona poco recomendable.
podologia *s.f.* (*med.*) podología.
poema *s.m.* **1** (anche *fig*) poema **2** (*fig.*) la octava maravilla.
poesia *s.f.* **1** (anche *fig.*) poesía **2** poética **3** poema (*m.*) **4** verso (*m.*).
poeta *s.m.* **1** (anche *fig.*) poeta **2** (*pop.*) (*pegg.*) soñador.
poggiare A *v.tr.* **1** apoyar, descansar **2** posar, poner **B** *v.intr.* **1** apoyar, estribar **2** (*fig.*) basarse, fundarse **3** (*mar.*) (*porto*) fondear **4** (*mar.*) (*vele*) sotaventarse.
poi A *avv.* **1** (*dopo, più lontano, successivamente*) luego, después, más tarde **2** (*in contrapposizione con prima*) luego, después, a continuación **3** (*inoltre*) además **4** (*avversativo*) y, pero **5** (*intensivo*) incluso, hasta **B** *s.m.* el porvenir, el futuro.
poiché *cong.* **1** puesto que, ya que, pues **2** (*lett.*) (*temporale*) cuando, después que.
polare A *agg.m.* e *f.* polar **B** *s.f.* (*mat.*) polar.
polemico *agg.* **1** polémico **2** (*pegg.*) provocador.
poli- *pref.* poli-.
-poli *suf.* -polis.
poligamia *s.f.* (*etn.*) (anche *bot., zool.*) poligamia.
poligono *s.m.* (*geom.*) polígono.
polio *s.f.inv.* (*med.*) poliomielitis, polio (*sing.*).
polisportivo *agg.* polideportivo.
polistirolo *s.m.* (*chim.*) poliestireno.
politecnico A *agg.* politécnico **B** *s.m.* (*istr.*) (*università*) facultad de ingeniería.
politica *s.f.* **1** política **2** (*fig.*) política, táctica.
politico A *agg.* político **B** *s.m.* **1** político **2** (*fig.*) político, diplomático **3** (*solo sing.*) vida (*f.*) pública.
polizia *s.f.* **1** policía **2** (*pop.*) comisaría de policía.
polizza *s.f.* **1** libranza **2** póliza, seguro (*m.*) **3** (*tip.*) póliza.
pollice *s.m.* **1** (*dito*) pulgar **2** (*misura di lunghezza*) pulgada (*f.*).
pollo *s.m.* **1** (*zool.*) pollo **2** (*fig.*) primo, inocentón.
pollone *s.m.* **1** vástago, brote **2** (*fig.*) (*lett.*) descendiente, vástago.
polmone *s.m.* **1** (*anat.*) (anche *fig.*) pulmón **2** (*tecn.*) cámara de expansión.
polo[1] *agg.* e *s.f.inv.* (*abb.*) polo (*s.m.sing.*), niqui (*s.m.sing.*).
polo[2] *s.m.* **1** (*astro.*) (*bio.*) (*fis.*) (*geog.*) (*mat.*) polo **2** (*fig.*) polo, extremo **3** (*fig.*) polo, polígono **4** (*pol.*) agrupación (*f.*).
polpa *s.f.* **1** (*frutta, carne*) pulpa, molla **2** (*anat.*) pulpa **3** (*fig.*) médula, esencia.
polpaccio *s.m.* **1** (*anat.*) pantorrilla (*f.*) **2** (*carne*) pulpa (*f.*).
polpetta *s.f.* (*cuc.*) albóndiga.
polpettone *s.m.* **1** (*cuc.*) rollo de carne picada **2** (*fig.*) historión, culebrón.
polpo *s.m.* (*zool.*) pulpo.
polso *s.m.* **1** (*anat.*) pulso, muñeca (*f.*) **2** (*med.*) pulso **3** (*fig.*) carácter, energía (*f.*).
poltrona *s.f.* **1** sillón (*m.*), poltrona **2** (*teatr.*) butaca **3** (*fig.*) cargo (*m.*), puesto (*m.*), empleo (m.).
polvere *s.f.* **1** (anche *fig.*) polvo (*m.*) **2** (*fig.*) ruinas (*pl.*), vestigio (*m.*).
pomata *s.f.* (*farm.*) pomada, crema.
pomeriggio *s.m.* tarde (*f.*).
pomodoro *s.m.* (*bot.*) **1** (*pianta*) tomatera (*f.*), tomate **2** (*frutto*) tomate.
pompa[1] *s.f.* **1** pompa, fasto (*m.*) **2** pompa, lujo (*m.*), ostentación **3** (*fig.*) ostentación, jactancia, pompa.

pompa[2] *s.f.* **1** (anche *mus.*) bomba **2** (*fam.*) gasolinera, surtidor (*m.*) de gasolina.
pompelmo *s.m.* (*bot.*) **1** (*albero*) toronjo **2** (*frutto*) toronja (*f.*), pomelo.
ponderare *v.tr.* ponderar.
ponente *s.m.* **1** poniente, occidente **2** (*vento*) poniente.
ponte *agg.inv*. **1** puente **2** de transición **B** *s.m.* **1** (*arch.*, *med.*, *sport*) (anche *vacanza*) puente **2** puente, contacto, enlace **3** (*mar.*) cubierta (*f.*), puente **4** (*edil.*) andamio **5** (*mecc.*) árbol cardánico.
pontefice *s.m.* (*rel.*) pontífice: *Pontefice massimo*, máximo Pontífice.
pony *s.m.inv.* (*angl.*) (*zool.*) póney, poni (*sing.*).
pop *agg.inv*. (*angl.*) pop.
popcorn *s.m.inv.* (*angl.*) palomitas (*f.pl.*).
popolare[1] **A** *agg.m.* e *f.* **1** popular **2** popular, famoso (*m.*) **3** democrático (*m.*) **B** *s.m.* (*pol.*) (partito) popular.
popolare[2] **A** *v.tr.* poblar **B** *v.intr.pron.* poblarse, llenarse.
popolazione *s.f.* **1** población, pueblo (*m.*): *popolazioni orientali*, pueblos orientales **2** nación.
popolo *s.m.* **1** pueblo, nación (*f.*), estado **2** pueblo **3** (*animali*, *piante*) población (*f.*) **4** gente (*f.*), gentío.
porcellana *s.f.* porcelana.
porcheria *s.f.* **1** porquería, suciedad **2** (*fig.*) (*fam.*) mierda, porquería, asco (*m.*) **3** (*fig.*) guarrada, marranada, (*amer.*) chanchada.
porchetta *s.f.* (*cuc.*) lechón (*m.*) asado.
porcino *agg.* porcino, porcuno.
porco **A** *agg.* (*pegg.*) **1** sucio, asqueroso **2** perro **B** *s.m.* **1** (*pop.*) cerdo, puerco, (*amer.*) chancho **2** (*carne*) cerdo **3** (*fig.*) (*pegg.*) cerdo, marrano.
porcospino *s.m.* **1** (*zool.*) (*istrice*) puerco espín, espino **2** (*zool.*) (*riccio*) erizo.
pornografia *s.f.* pornografía.
poro *s.m.* **1** (*anat.*) poro **2** poro, orificio.
porre **A** *v.tr.* **1** poner, colocar **2** poner, apoyar **3** poner, echar **4** asentar, establecer **5** (*fig.*) plantear, formular **B** *v.pron.* ponerse.
porro *s.m.* **1** (*bot.*) puerro **2** (*med.*) verruga (*f.*) **3** (*vet.*) cáncer de la ranilla.
porta *s.f.* **1** puerta **2** (*veicoli*) puerta, portezuela **3** (*sport*) puerta, portería, meta **4** (*sport*) (*sci*) portillo (*m.*) **5** (*geog.*) paso.
portachiavi *s.m.inv.* llavero (*sing.*), portallaves.
portafoglio *s.m.* **1** cartera (*f.*), billetero, billetera (*f.*) **2** (*borsa per documenti*) portafolio, portafolios (*inv.*) **3** (*fig.*) ministerio.
portare **A** *v.tr.* **1** llevar, transportar **2** (*verso chi parla*) traer **3** (*con sé*) llevar **4** (*fig.*) proponer, sostener **5** (*fig.*) citar, aducir **6** arrastrar, llevarse **7** conducir, (*amer.*) manejar **8** (*accompagnare*) llevar **9** (*abb.*) llevar, vestir **10** (*scarpe*) calzar **11** (*fig.*) guardar **12** (*mat.*) llevar **B** *v.intr.pron.* **1** acudir, dirigirse **2** dirigirse, moverse **3** portarse, comportarse.
portata *s.f.* **1** plato (*m.*) **2** tonelaje (*m.*), cabida **3** (*mil.*) (anche *fig.*) alcance (*m.*) **4** (*fig.*) envergadura, importancia **5** (*fis.*) caudal (*m.*), aforo (*m.*).
portatile *agg.* e *s.m.* e *f.* portátil.
portento *s.m.* **1** portento, milagro **2** portento, prodigio.
porto[1] *s.m.* (*comm.*) porte, franqueo.
porto[2] *s.m.* **1** (*mar.*) puerto **2** (*fig.*) meta (*f.*).
porto[3] *s.m.* (*vino*) oporto.
portoghese **A** *agg.* e *s.m.* e *f.* portugués **B** *s.m.* (*lingua*) portugués.
porzione *s.f.* **1** porción, parte **2** (*cibo*) ración, porción.
posacenere *s.m.inv.* cenicero (*sing.*).

posare A *v.tr.* **1** posar, poner, colocar **2** (*fig.*) (*lett.*) aplacar, calmar **B** *v.intr.* **1** apoyarse, asentarse **2** posar **3** (*fig.*) presumir **4** (*liquidi*) posarse, depositarse **C** *v.intr.pron.* **1** posarse **2** caer, descender.
posata *s.f.* cubierto (*m.*).
positivo A *agg.* **1** (anche *fot.*, *ling.*, *mat.*, *med.* e *scient.*) positivo **2** afirmativo **3** concreto, efectivo **4** positivo, favorable (*m.* e *f.*) **B** *s.m.* **1** lo real **2** cierto (*agg.*), concreto (*agg.*).
posizione *s.f.* **1** posición, emplazamiento (*m.*), situación **2** (*mil.*) (*mus.*) (*sport*) posición **3** (anche *fig.*) postura, posición **4** (*fig.*) posiciòn, situación **5** (*banca*) balance (*m.*).
possedere *v.tr.* **1** (anche *fig.*) poseer, tener **2** poseer, ser rico **3** (*fig.*) dominar, arrastrar.
possessivo *agg.* **1** (*gramm.*) posesivo **2** posesivo, dominante (*m.* e *f.*).
possibilità *s.f.inv.* **1** posibilidad (*sing.*) **2** posibilidad (*sing.*), capacidad (*sing.*) **3** posibilidad (*sing.*), medio (*m.sing.*).
post *s.m.inv.* (*angl.*) (*sport*) (*pallacanestro*) **1** (*posizione*) ataque (*sing.*) **2** (*giocatore*) pivot (*sing.*).
post- *pref.* pos-.
posta *s.f.* **1** correo (*m.*): *a giro di ~*, a vuelta de correo **2** (*caccia*) espera, acecho (*m.*) **3** (*rel.*) (*via crucis*) estación **4** (*scommessa*) apuesta, puesta.
postazione *s.f.* (*mil.*) emplazamiento (*m.*), posición.
poste *s.f.pl.* correos (*m.*).
posteggio *s.m.* aparcamiento, estacionamiento.
posteriore A *agg. m.* e *f.* **1** posterior, trasero (*m.*) **2** (anche *ling.*) posterior **B** *s.m.* (*scherz.*) trasero, posaderas (*f.pl.*).
posto A *agg.* puesto, colocado **B** *s.m.* **1** puesto, lugar **2** espacio, lugar, sitio **3** asiento, plaza (*f.*), localidad (*f.*) **4** (*veicolo*) asiento **5** (*lavoro*) puesto, colocación (*f.*) **6** lugar, sitio.
potassio *s.m.* (*chim.*) potasio.
potente A *agg.m.* e *f.* **1** potente **2** potente, fuerte **3** eficaz **B** *s.m.* poderoso.
potenza *s.f.* **1** poder (*m.*), potencia **2** potencia, capacidad, alcance (*m.*) **3** (*fil.*) (*fis.*) (*mat.*) (*geol.*) potencia.
potenzialità *s.f.inv.* potencialidad (*sing.*).
potere A *s.m.* **1** poder **2** poder, facultad (*f.*) **3** capacidad (*f.*), poder **4** (*giur.*) poder, derecho, facultad (*f.*) **5** (*fis.*) poder, potencia (*f.*) **B** *v.intr.* **1** poder **2** poder, ser capaz **3** poder, deber **4** poder, estar en condiciones **5** poder, soportar, cargar **6** poder, tener autoridad.
povero A *agg.* **1** pobre (*m.* e *f.*), necitado **2** pobre (*m.* e *f.*) **3** pobre (*m.* e *f.*), carente (*m.* e *f.*) **4** pobre (*m.* e *f.*), desdichado, desgraciado **B** *s.m.* **1** pobre, necesitado **2** (*mendicante*) pobre, mendigo.
povertà *s.f.inv.* **1** pobreza (*sing.*), miseria (*sing.*), necesidad (*sing.*) **2** pobreza (*sing.*), escasez (*sing.*), falta (*sing.*) de medios **3** (*fig.*) pobreza (*sing.*), mezquindad (*sing.*).
pozzanghera *s.f.* charco (*m.*), aguazal (*m.*).
pozzo *s.m.* **1** pozo, hoyo **2** (*fig.*) montón, mogollón.
pranzo *s.m.* **1** almuerzo, comida (*f.*) **2** banquete.
prassi *s.f.inv.* **1** (*fil.*) praxis **2** uso (*m.sing.*), costumbre (*sing.*).
pratica *s.f.* **1** (anche *fil.*) práctica **2** práctica, experiencia **3** familiaridad, confianza **3** (*bur.*) expediente (*m.*) **4** asunto (*m.*), negocio (*m.*).
precario[1] **A** *agg.* **1** provisorio **2** precario, inseguro **3** (*persona*) interino **B** *s.m.* **1** interino **2** (*istr.*) penene (*m.* e *f.*).
precario[2] *s.m.* (*giur.*) precario.
precedente A *agg.m.* e *f.* precedente, anterior **B** *s.m.* precedente, antecedente.

precipizio *s.m.* **1** precipicio, barranco **2** (*fig.*) precipicio.
precisione *s.f.* precisión, exactitud.
preciso *agg.* **1** preciso, exacto **2** preciso, conciso **3** preciso, claro **4** (*persona*) esmerado, cuidadoso **5** idéntico (*m.* e *f.*).
precoce *agg.m.* e *f.* **1** precoz **2** prematuro (*m.*).
preda *s.f.* **1** (anche *giur.*) botín (*m.*) **2** presa **3** (*fig.*) poder (*m.*), merced.
predica *s.f.* **1** prédica, sermón (*f.*) **2** (*fig.*) sermón (*m.*), rapapolvo (*m.*): *fare la predica a un figlio*, echarle un sermón a un hijo **3** (*fig.*) (*fam.*) prédica, charla.
predire *v.tr.* predecir, profetizar.
predisposizione *s.f.* **1** (anche *med.*) predisposición **2** predisposición, inclinación.
predominanza *s.f.* predominancia.
preesistenza *s.f.* preexistencia.
prefabbricato *agg.* e *s.m.* (*edil.*) prefabricado.
preferenza *s.f.* **1** preferencia, predilección **2** favoritismo (*m.*).
preferire *v.tr.* **1** preferir **2** preferir, anteponer.
prefetto *s.m.* **1** (anche *rel.*, *stor.*) prefecto **2** (*bur.*) prefecto, gobernador.
prefisso *s.m.* (*ling.*) (*telecom.*) prefijo.
pregare *v.tr.* **1** rogar, suplicar **2** (*rel.*) rezar, rogar **3** (*lett.*) invocar, implorar **4** rogar.
preghiera *s.f.* **1** (*rel.*) oración, rezo (*m.*) **2** ruego (*m.*), súplica **3** ruego (*m.*), petición.
pregio *s.m.* **1** valor, cualidad (*f.*) **2** estima (*f.*), aprecio **3** cualidad (*f.*), virtud (*f.*).
pregiudizio *s.m.* prejuicio.
pregno *agg.* **1** preñada (*f.*), embarazada (*f.*) **2** (*fig.*) preñado, lleno **3** impregnado.
prego *inter.* **1** ¡de nada! **2** por favor **3** (*interrogativo*) disculpe.
preistoria *s.f.* (anche *fig.*) prehistoria.
prelievo *s.m.* **1** (*comm.*) retiro **2** (*med.*) toma (*f.*) **3** (*med.*) extracción (*f.*).
premere **A** *v.tr.* **1** comprimir, prensar **2** pulsar, apretar **3** pisar **B** *v.intr.* **1** presionar **2** (anche *fig.*) gravar **3** (*fig.*) importar, interesar.
premessa *s.f.* (anche *fil.*) premisa.
premio *s.m.* **1** premio **2** (*indennità*) plus, prima (*f.*) **3** (*contributo finanziario*) subvención (*f.*) **4** (*econ.*) agio.
premura *s.f.* **1** prisa, urgencia, premura **2** atención, cuidado (*m.*).
prendere **A** *v.tr.* **1** coger, aferrar, asir, (*amer.*) tomar **2** comprar, adquirir **3** percibir, cobrar, recibir **4** coger, (*amer.*) tomar **5** recoger, (*amer.*) buscar **6** coger, apresar **7** (*fig.*) coger, sorprender **8** (*fig.*) fotografiar, tomar **9** tomar, creer **10** (*malattia*) coger, pescar **B** *v.intr.* **1** tomar, dirigirse **2** (*piante*) prender, arraigar **3** prender, encenderse **4** (*fig.*) agarrar **C** *v.pron.* (*reciproco*) **1** llevarse bien **2** agarrarse, asirse, cogerse.
prenotazione *s.f.* reserva, (*amer.*) reservación.
preoccupare **A** *v.tr.* preocupar, inquietar **B** *v.intr.pron.* preocuparse, inquietarse.
preoccupazione *s.f.* preocupación.
prepotente **A** *agg.m.* e *f.* **1** prepotente **2** (*fig.*) irrefrenable, irresistible **B** *s.m.* e *f.* prepotente, mandón (*m.*).
prepuzio *s.m.* (*anat.*) prepucio.
presbiteriano *agg.* e *s.m.* (*rel.*) presbiteriano.
prescindere *v.intr.* prescindir.
prescrizione *s.f.* **1** (*giur.*) (*med.*) prescripción **2** precepto (*m.*), ley.
presentare **A** *v.tr.* **1** presentar, entregar **2** (*fig.*) presentar, implicar, conllevar **3** presentar, ofrecer **4** proponer, presentar **5** (*radio*) (*TV*) patrocinar, presentar **B** *v.pron.* **1** presentarse, comparecer **2** presentarse, mostrarse **3** presentarse, darse a conocer **C**

v.intr.pron. **1** presentarse, suceder, ocurrir **2** presentarse, parecer.
presente A *agg.m.* e *f.* **1** (anche *gramm.*) presente **2** presente, actual **3** presente, este (*m.*) **B** *s.m.* **1** presente **2** (*gramm.*) presente **3** presente, regalo.
presentimento *s.m.* presentimiento.
preservativo A *agg.* preservativo **B** *s.m.* preservativo, condón, goma (*f.*).
presidente *s.m.* e *f.* presidente (*m.*).
pressappoco avv. aproximadamente, poco más o menos.
pressione *s.f.* **1** (anche *fis.* e *med.*) presión **2** (*fig.*) presión, coacción, coerción.
presso A *avv.* cerca **B** *prep.* **1** cerca de, al lado de **2** (*fig.*) en, para **3** entre.
pressoché *avv.* casi, cerca de, alrededor de.
prestare A *v.tr.* **1** prestar **2** prestar, poner **B** *v.pron.* prestarse, ofrecerse **B** *v.intr.pron.* prestarse.
prestigio *s.m.* prestigio, renombre.
prestito *s.m.* (anche *ling.*) préstamo.
presto A *agg.* (*lett.*) **1** pronto, veloz (*m.* e *f.*), rápido **B** *avv.* **1** pronto **2** pronto, rápido, deprisa **3** temprano, pronto.
presunzione *s.f.* **1** suposición, presunción **2** (*giur.*) presunción **3** presunción, jactancia, vanidad.
presupposto *s.m.* **1** presuposición (*f.*), supuesto **2** premisa (*f.*).
prete *s.m.* **1** (*rel.*) cura, sacerdote **2** (*scaldaletto*) calentador.
pretendere *v.tr.* **1** pretender, aspirar **2** exigir, reclamar **3** pretender, querer **4** pretender, sostener.
pretesto *s.m.* **1** pretexto, excusa (*f.*) **2** motivo.
prevalente *agg.m.* e *f.* predominante.
prevedere *v.tr.* **1** prever **2** prever, pronosticar **3** (*bur.*) prever, contemplar.
prevenire *v.tr.* **1** preceder, anticipar **2** prevenir, precaver **3** (*influenzare negativamente*) predisponer.
preventivo A *agg.* preventivo, precautorio **B** *s.m.* presupuesto.
previdente *agg.m.* e *f.* precavido (*m.*), prevenido (*m.*).
previsione *s.f.* previsión, pronóstico (*m.*).
previsto A *agg.* previsto **B** *s.m.* lo previsto.
prezioso *agg.* **1** precioso, valioso **2** (*fig.*) preciado, valioso.
prezzo *s.m.* (anche *fig.*) precio.
prigione *s.f.* **1** prisión, cárcel **2** (*fig.*) boca de lobo **3** (*gioco dell'oca*) casilla del juego de la oca.
prima A *avv.* **1** antes **2** antes, anterior (*agg.m.*) **3** antes, primero **B** *cong.* **1** antes **2** antes, mejor **C** *prep.* (*spazio, tempo*) antes de.
primavera *s.f.* **1** primavera **2** (*fig.*) primavera, juventud.
primo A *agg.num.ord.* **1** primero **2** primero, inicial (*m.* e *f.*) **3** (*mat.*) primo **B** *s.m.* **1** primero **2** (*cuc.*) primer plato **3** (*ora*) minuto primero.
principale[1] **A** *agg.m.* e *f.* **1** principal **2** principal, fundamental, esencial **B** *s.m.* lo principal.
principale[2] *s.m.* e *f.* (*fam.*) jefe (*m.*), patrón (*m.*).
principe A *agg.* (*solo nella locuzione*) *edizione* ~, edición príncipe/princeps **B** *s.m.* (anche *fig.*) príncipe.
principio *s.m.* **1** principio, inicio, comienzo **2** principio, fuente (*f.*), origen **3** principio, fundamento.
priorità *s.f.inv.* **1** prioridad (*sing.*), anterioridad (*sing.*) **2** prioridad (*sing.*), precedencia (*sing.*).
prisma *s.m.* **1** (*fis.*) (*mat.*) (*min.*) prisma **2** (*geol.*) cono de deyección.
privato A *agg.* **1** privado, personal (*m.* e *f.*) **2** (anche *radio*, *TV*) privado **3** privado, intimo **B** *s.m.* **1** particular (*m.* e *f.*) **2** intimidad (*f.*), vida privada.
privilegio *s.m.* **1** (anche *giur.*) privilegio **2** privilegio, inmunidad (*f.*) **3** honor.
privo *agg.* falto, desprovisto.
pro A *prep.* pro, en favor de **B** *s.m.* (solo *sing.*) pro, provecho.

pro- *pref.* pro-.
probabile *agg.m.* e *f.* **1** aprobable **2** probable, verosímil.
probabilità *s.f.inv.* **1** probabilidad (*sing.*), verosimilitud (*sing.*) **2** (anche *fil.*, *mat.*) probabilidad (*sing.*).
problema *s.m.* **1** (anche *fig.*) problema **2** (*fig.*) problema, cuestión (*f.*).
procedere *v.intr.* **1** avanzar **2** (*fig.*) proceder, continuar, seguir **3** (*fig.*) marchar, funcionar **4** proceder, portarse, actuar **5** proceder, derivar **6** proceder, principiar.
procedimento *s.m.* **1** procedimiento, método **2** (*giur.*) procedimento.
processione *s.f.* **1** (*rel.*) procesión **2** procesión, fila **3** (*veicoli*) caravana.
processo *s.m.* **1** (anche *anat.*, *giur.*) proceso **2** proceso, procedimiento.
processore *s.m.* (*inform.*) procesador.
proclamazione *s.f.* proclamación, promulgación.
procurare *v.tr.* **1** procurar, intentar, tratar de **2** procurar **3** procurar, causar.
prodigio **A** *agg.inv.* prodigio **B** *s.m.* **1** prodigio, milagro **2** (*fig.*) prodigio, portento.
prodotto *s.m.* **1** producto **2** fruto, producto, resultado.
produrre **A** *v.tr.* **1** producir, dar **2** producir, fabricar, elaborar **3** (*anat.*) secretar **4** producir, ocasionar, originar **B** *v.pron.* exhibirse, presentarse.
produzione *s.f.* **1** (anche *cine.*, *TV*) producción **2** (*cine.*) (*teatr.*) (*messinscena*) puesta en escena, representación **3** (*giur.*) alegación.
profano **A** *agg.* **1** profano, secular (*m.* e *f.*) **2** profano, sacrílego **B** *s.m.* **1** lo profano **2** profano, ignorante (*m.* e *f.*).
professione *s.f.* **1** profesión **2** profesión, empleo (*m.*).
professionista *s.m.* e *f.* (anche *sport*) profesional.
professore *s.m.* **1** profesor **2** (*mus.*) instrumentista (*m.* e *f.*) **3** (*pop.*) sabio, persona culta.
profeta *s.m.* profeta.
profezia *s.f.* **1** (*rel.*) profecía **2** profecía, predicción.
profilattico **A** *agg.* profiláctico **B** *s.m.* profiláctico, preservativo, condón.
profilo *s.m.* **1** perfil, contorno **2** silueta (*f.*) **3** (*volto*) perfil **4** (*fig.*) (*lett.*) ensayo **5** (*fig.*) descripción (*f.*).
profitto *s.m.* **1** provecho, beneficio **2** (*fig.*) provecho, aprovechamiento **3** (*econ.*) ganancia (*f.*), beneficio.
profondo **A** *agg.* **1** hondo, profundo **2** profundo, recondito **3** (*fig.*) profundo, extenso, vasto **4** (*fig*) profundo, hondo, intenso **B** *s.m.* lo profundo, profundidad (*f.*).
profugo *agg.* e *s.m.* prófugo, fugitivo.
profumo *s.m.* **1** perfume, fragancia (*f.*) **2** perfumo **3** (*fig.*) olor.
progetto *s.m.* **1** (*edil.*) proyecto, plano **2** plan, programa.
programma *s.m.* **1** (anche *inform.*, *pol.*, *radio*, TV) programa **2** plan, proyecto **3** (*istr.*) programa.
progresso *s.m.* **1** progreso, adelanto **2** progreso, avance **3** evolución (*f.*).
proibire *v.tr.* **1** prohibir **2** impedir, imposibilitar.
proibito *agg.* prohibido.
proiezione *s.f.* **1** (anche *psic.*) proyección **2** (*cine.*) proyección, pase (*m.*).
proletariato *s.m.* proletariado.
prolungare **A** *v.tr.* **1** prolongar, alargar **2** prolongar, dilatar **3** prorrogar **B** *v.intr.pron.* extenderse, prolongarse **2** prolongarse, durar **3** extenderse, explayarse.
promessa *s.f.* (anche *fig.*) promesa.
promettere **A** *v.tr.* **1** (anche *fig.*) prometer **2** (*assicurare*) prometer, jurar **3** (*fig.*) presagiar **B** *v.pron.* prometerse, ofrecerse.
promozione *s.f.* **1** (*sport*) promoción **2** (*lavoro*) ascenso (*m.*) **3** (*istr.*) aprobado (*m.*).

pronipote *s.m. e f.* **1** (*nonno*) bisnieto (*m.*) **2** (*zio*) sobrino (*m.*).
prono *agg.* (*lett.*) **1** prono **2** (*fig.*) proclive (*m.* e *f.*), inclinado, propenso.
pronome *s.m.* (*gramm.*) pronombre.
pronto[1] *agg.* **1** listo, dispuesto, pronto **2** rápido, inmediato **3** preparado **4** pronto, agudo, perspicaz (*m.* e *f.*).
pronto[2] *inter.* (*telefono*) ¡diga!, (*amer.*) ¡alo!, ¡aló!
pronuncia *s.f.* **1** pronunciación **2** acento (*m.*), dejo (*m.*): *avere una ~ americana*, tener acento americano.
propaganda *s.f.* **1** propaganda **2** (*fam.*) rumor (*m.*), voces (*pl.*).
propagazione *s.f.* (anche *bio.*, *fis.*) propagación.
propendere *v.intr.* propender, tender.
propinare *v.tr.* suministrar, administrar.
propizio *agg.* **1** propicio, favorable (*m.* e *f.*) **2** propicio, oportuno.
proporre **A** *v.tr.* **1** proponer, sugerir **2** proponer, presentar **B** *v.pron.* ofrecerse.
proporzionale *agg.m.* e *f.* (anche *mat.*) proporcional, proporcionado (*m.*).
proporzione *s.f.* **1** proporción, relación **2** proporción, armonía **3** (*mat.*) proporción **4** proporción, dimensión **5** proporción, importancia.
proposito *s.m.* **1** propósito, intención (*f.*) **2** propósito, objetivo.
proposta *s.f.* propuesta, proposición.
proprietà *s.f.inv.* **1** propiedad (*sing.*), cualidad (*sing.*) **2** (*giur.*) propiedad (*sing.*) **3** propiedad (*sing.*), precisión (*sing.*).
proprio[1] *agg.* **1** propio, característico **2** (*rafforzativo*) propio.
proprio[2] **A** *agg.* (*possessivo*) **1** (*al posto di suo/loro*) su, sus **2** propio **B** *pron.* (*possessivo*) **1** suyo **2** propio.
proprio[3] *avv.* **1** precisamente, justamente absolutamente **2** absolutamente, de ninguna manera **3** (*veramente*) muy **4** (*davvero*, *sicuro*) claro.
proprio[4] *s.m.* **1** lo propio, pertenencias (*f.pl.*) **2** (*fil.*) propio **3** (*rel.*) propios (*pl.*).
prosa *s.f.* **1** (anche *rel.*) prosa **2** (*fig.*) prosaísmo (*m.*).
prosciugare **A** *v.tr.* **1** sanear, desaguar **2** secar **B** *v.intr.pron.* secarse.
prosciutto *s.m.* (*cuc.*) jamón: *~ crudo*, jamón serrano.
proseguire *v.tr.* **1** proseguir, continuar **2** proseguir, persistir.
prosperità *s.f.inv.* prosperidad (*sing.*), bienestar (*m.sing.*).
prospero *agg.* **1** próspero, pujante (*m.* e *f.*): *economia prospera,* economía próspera **2** próspero, propicio.
prospettiva *s.f.* **1** (*pitt.*) perspectiva **2** perspectiva, panorama (*m.*), paisaje (*m.*) **3** (*fig.*) perspectiva, punto (*m.*) de vista **4** (*fig.*) perspectiva, expectativa.
prospetto *s.m.* **1** prospecto, folleto **2** lista (*f.*) **3** vista (*f.*), panorama **4** (*geom.*) perspectiva (*f.*).
prossimo **A** *agg.* **1** próximo, cercano **2** próximo, que viene **B** *s.m.* (anche *rel.*) próximo.
prostata *s.f.* (*anat.*) próstata.
prostituzione *s.f.* prostitución.
prostrazione *s.f.* **1** postración **2** postración, abatimiento (*m.*), debilidad.
protagonista *agg.m.* e *f.* protagonista.
proteggere **A** *v.tr.* **1** proteger, defender resguardar **2** proteger, amparar, socorrer **3** proteger, favorecer **4** (*inform.*) proteger **B** *v.pron.* protegerse, resguardarse.
proteina *s.f.* (*bio.*) proteína.
protesi *s.f.inv.* (*med.*) (anche *ling.*) prótesis.
protesta *s.f.* **1** protesta, disconformidad **2** (*giur.*) resolución de contrato artístico.
protestante *agg.* e *s.m.* e *f.* (*rel.*) protestante.
protestare **A** *v.tr.* **1** declarar, manifestar **2** (*giur.*) protestare **B** *v.intr.* protestar **C** *v.pron.* declararse.

protezione *s.f.* **1** protección, defensa **2** enchufe (*m.*), recomendación **3** (*pizzo*) pellizco (*m.*), extorsión **4** (*inform.*) protección.
protocollo *s.m.* (anche *giur., inform.* e *pol.*) protocolo.
prototipo A *agg.* prototípico **B** *s.m.* (anche *fig.*) prototipo, modelo.
protuberanza *s.f.* protuberancia, prominencia.
prova *s.f.* **1** (*tecn.*) prueba, verificación **2** (*istr.*) examen (*m.*), prueba **3** prueba, circunstancia **4** (anche *giur.* e *mat.*) prueba **5** (*teatr.*) ensayo (*m.*).
provare A *v.tr.* **1** (*tecn.*) probar, experimentar **2** probar **3** probar, intentar **4** sentir, experimentar **5** poner a prueba **6** probar, demostrar **7** (*teatr.*) ensayar **B** *v.intr.pron.* **1** probar, intentar, tratar de **2** medirse.
provenienza *s.f.* (anche *fig.*) proveniencia, procedencia, origen (*m.*).
provenire *v.intr.* **1** provenir, proceder **2** (*fig.*) provenir, derivar **3** (*fig.*) provenir, descender.
proverbio *s.m.* refrán, proverbio.
provincia *s.f.* **1** (anche *rel., stor.*) provincia **2** (*bur.*) gobernación **3** provincias (*pl.*).
provino sm **1** (*cine., fot.*) prueba (*f.*) **2** cine (*presentazione*) tráiler, avance **3** (*campione*) muestra (*f.*) **4** (*chim.*) probeta (*f.*).
provocare *v.tr.* **1** provocar, causar, ocasionar **2** solicitar, pedir **3** provocar, mover, incitar **4** provocar, excitar.
provocazione *s.f.* (anche *giur.*) provocación.
provola *s.f.* (*cuc.*) queso de búfala fresco o ahumado.
provvedere A *v.intr.* **1** disponer, preparar **2** proveer **3** tomar medidas **B** *v.tr.* **1** proveer, disponer **2** proveer, dotar **C** *v.pron.* proveerse, abastecerse.
provvedimento *s.m.* **1** medida (*f.*), disposición (*f.*) **2** (*giur.*) sanción (*f.*).
provveditore *s.m.* **1** (*bur.*) superintendente (*m.* e *f.*), director **2** (*governatore*) gobernador **3** (*chi provvede*) proveedor.
provvidenza *s.f.* **1** (*rel.*) providencia **2** (*dono, favore*) bendición.
provvisorio *agg.* provisional (*m.* e *f.*), provisorio.
provvista *s.f.* **1** provisiones (*pl.*) **2** provisiones (*pl.*), víveres (*m.pl.*) **3** (*banca*) provisión de fondos.
prozio *s.m.* tío abuelo.
prua *s.f.* (*mar.*) (anche *aer.*) proa.
prudente *agg.m.* e *f.* **1** prudente, discreto (*m.*) **2** prudente, responsable **3** prudente, sensato (*m.*), mirado (*m.*).
prudenza *s.f.* **1** prudencia, mesura, moderación **2** (*rel.*) prudencia **3** prudencia, cautela, precaución.
prudere *v.intr.* (*difettivo*) picar.
prugna A *agg.inv.* (*colore*) morado (*m.sing.*) **B** *s.f.* (*bot.*) (*frutto*) ciruela.
prussiano *agg.* e *s.m.* (anche *fig.*) prusiano.
pseudo- *pref.* seudo-, pseudo-.
pseudonimo *s.m.* seudónimo.
psiche *s.f.* (*psic.*) psique, psiquis (*inv.*), psiquismo (*m.*).
psichedelico *agg.* psicodélico: *musica psichedelica*, música psicodélica.
psichiatria *s.f.* (*med.*) psiquiatría.
psicoanalisi *s.f.inv.* psicoanálisis.
psicofarmaco *s.m.* (*farm.*) psicofármaco.
psicologia *s.f.* psicología.
psicosi *s.f.inv.* (*med.*) (anche *fig.*) psicosis.
psicosomatico *agg.* (*med.*) psicosomático.
psicoterapia *s.f.* psicoterapia.
pub *s.m.inv.* (*angl.*) pub (*sing.*), cervecería (*f.sing.*).
pubblicare *v.tr.* **1** publicar, divulgar **2** publicar, imprimir.
pubblicità *s.f.inv.* **1** apertura al público **2** publicidad (*sing.*) **3** publicidad (*sing.*), propaganda (*sing.*).

pubblico *agg.* e *s.m.* público.
pube *s.m.* (*anat.*) pubis (*inv.*).
pubertà *s.f.inv.* pubertad (*sing.*).
pudore *s.m.* **1** pudor, recato **2** pudor, vergüenza (*f.*).
pugilato *s.m.* (*sport*) pugilato, boxeo.
pugnale *s.m.* puñal.
pugno *s.m.* **1** puño **2** puñetazo **3** (anche *fig.*) puñado.
pulce *s.f.* **1** (*zool.*) pulga **2** (*tecn.*) micrófono oculto.
pulcino *s.m.* **1** pollo, polluelo, (*amer.*) pollito **2** (*bambino*) pollito **3** (*sport*) junior.
pulire *v.tr.* **1** limpiar, asear **2** (*igiene personale*) limpiar **3** deterger, limpiar.
pulizia *s.f.* limpieza, aseo (*m.*).
pullman *s.m.inv.* (*angl.*) **1** (*ferr.*) coche-cama (*sing.*) **2** (*auto.*) autocar (*sing.*).
pullover *s.m.inv.* (*angl.*) jersey (*sing.*), suéter (*sing.*).
pulmino *s.m.* microbús, furgoneta (*f.*).
pulpito *s.m.* **1** (*rel.*) púlpito, predicadera (*f.*) **2** (*teatro romano*) escenario **3** palco, tribuna (*f.*) **4** (*sport*) (*alpinismo*) plataforma (*f.*).
pulsazione *s.f.* **1** latido (*m.*), pulsación **2** (*fis.*) (*mus.*) pulsación.
pulsione *s.f.* **1** impulso (*m.*) **2** (*psic.*) pulsión.
puma *s.m.inv.* (*zool.*) puma (*sing.*).
pungere A *v.tr.* **1** pinchar, punzar **2** picar, irritar **3** cortar, pelar **4** (*fig.*) (*lett.*) (*stimolare*) aguijonear, picar **5** (*fig.*) herir, zaherir **B** *v.pron.* pincharse, punzarse.
punire *v.tr.* castigar, punir.
punizione *s.f.* **1** castigo (*m.*), pena **2** (*sport*) penalti (*m.*).
punk *agg.inv.* e *s.m.* e *f.inv.* (*angl.*) punk, punki (*sing.*).
punta *s.f.* **1** punta **2** (*sport*) (*calcio*) delantero (*m.*), punta **3** (anche *fig.*) pizca, punta **4** (*trapano*) macho (*m.*), (*amer.*) mecha **5** (*chiodo*) clavo (*m.*) **6** (*geog.*) (*sommità*) pico (*m.*) **7** (*geog.*) (*costa*) punta, promontorio.
puntamento *s.m.* (*mil.*) puntería (*f.*).
puntare[1] **A** *v.tr.* **1** apuntar **2** apoyar, posar **3** apuntar, apostar, parar **B** *v.intr.* **1** dirigirse, avanzar **2** (*fig.*) aspirar, desear, **3** (*fig.*) contar.
puntare[2] *v.tr.* **1** (*cane da caccia*) parar **2** mirar insistentemente.
puntata[2] *s.f.* (*gioco*) **1** (*scommessa*) puesta, apuesta **2** (*somma*) parada.
puntata[3] *s.f.* **1** (*radio*, *TV*) episodio (*m.*), capítulo (*m.*) **2** (*lett.*) entrega.
punteggio *s.m.* **1** (*sport*) tantos (*pl.*), puntos (*pl.*) **2** puntuación (*f.*).
puntina *s.f.* **1** (*calzolaio*, *falegname*) estaquilla, espiga **2** (*grammofono*) aguja fonográfica **3** (*mecc.*) platino (*m.*).
punto A *avv.* en absoluto, de ninguna manera **B** *s.m.* **1** (anche *chir.*, *fis.*, *geom.*, *gramm.*, *mat.* e *tip.*) punto **2** (*mar.*) punto, posición (*f.*) **3** (*luogo*) punto, lugar, sitio **4** (*discorso, scritto*) pasaje, fragmento **5** (*argomento*) punto, asunto, tema **6** (*tempo*) punto, momento **7** (*gioco*) (*sport*) punto, tanto.
puntuale *agg.m.* e *f.* **1** puntual, exacto (*m.*) **2** puntual, diligente **3** (anche *mat* e *ling.*) puntual.
puntura *s.f.* **1** pinchazo (*m.*) **2** picadura **3** (*med.*) (*prelievo*) punción **4** (*pop.*) inyección **5** (*fig.*) (*frecciata*) indirecta, pulla.
pupazzo *s.m.* (anche *fig.*) títere.
pupilla *s.f.* (*anat.*) pupila.
purché *cong.* con tal que, en el caso que, siempre que.
pure A *avv.* **1** también **2** (*pleonastico*, *rafforzativo*) también **B** *cong.* **1** sin embargo, no obstante **2** (*tuttavia*) a pesar de que **3** (*anche se*) aunque.
purè *s.m.inv.* puré (*sing.*), crema (*f.sing.*).

purga *s.f.* **1** purga, purgación **2** (*purgante*) purga, purgante (*m.*).
purificazione *s.f.* **1** purificación, depuración **2** (*rel.*) purificaciòn.
puro A *agg.* **1** (anche *fil.*) puro **2** (*fig.*) puro, limpio **B** *s.m.* persona pura/íntegra.
purtroppo avv desgraciadamente, desafortunadamente.
pus *s.m.* (*med.*) pus, materia (*f.*).
pusher *s.m.* e *f.inv* (*angl.*) (*gerg.*) camello (*m.sing.*).
putacaso *avv.* acaso.
putiferio *s.m.* **1** jaleo, follón **2** (*fig.*) desorden.
putrido A *agg.* **1** podrido, putrefacto **2** (*fig.*) corrompido, podrido **B** *s.m.* (*fig.*) podredumbre (*f.*), corrupción.
puttana *s.f.* (*volg.*) puta, ramera.
puttanata *s.f.* (*volg.*) putada, cabronada, (*amer.*) puteada.
puzza *s.f.* peste, hedor (*m.*).
puzzare *v.intr.* **1** heder, apestar **2** (*fig.*) molestar, fastidiar **3** (*fig.*) oler (mal).
puzzle *s.m.inv.* (*angl.*) **1** puzzle, rompecabezas (*f.*) **2** (*problema*) quebradero (*m.*) de cabeza.
puzzola *s.f.* (*zool.*) turón (*m.*).

Q

q *s.f.inv.* letra q.
qu *s.f.inv.* (*alfabeto*) cu (*sing.*).
qua *avv.* **1** aquí, acá **2** (*enfatico, rafforzativo; in spagnolo non si traduce)*: *senti ~ che bella*, escucha que bonita.
quaderno *s.m.* **1** cuaderno **2** (*agr.*) bancal.
quadrante *s.m.* **1** (*astro.*) (*geom.*) (*numis.*) cuadrante **2** (*orologio*) muestra (*f.*), esfera (*f.*) **3** (*edit.*) tapa (*f.*).
quadrare A *v.tr.* **1** cuadrar, dar forma de cuadrado **2** (*geom.*) cuadrar **3** (*mat*) cuadrar, elevar al cuadrado **B** *v.intr.* **1** (*comm.*) cuadrar, corresponder **2** (*calcolo*) ser preciso/exacto **3** (*con*) (*fig.*) ajustarse, coincidir, concordar **4** (*fig.*) (*fam.*) gustar, convencer.
quadrato A *agg.* **1** cuadrado **2** (*persona*) fornido, recio, robusto **3** (*fig.*) juicioso, sensato, atinado **B** *s.m.* **1** (*astrol.*) (*geom.*) (*mat.*) cuadrado **2** trozo **3** (*sport*) (*pugilato*) cuadrilátero, ring (*inv.*) **4** (*mar.*) cámara (*f.*).
quadrimestre *s.m.* cuatrimestre.
quadro A *agg.* **1** cuadrado **2** (*fig.*) robusto, recio **3** (*mat.*) cuadrado **B** *s.m.* **1** cuadro, pintura (*f.*) **2** (*anche geom.*) cuadrado **3** (*fig.*) escena (*f.*), cuadro **4** (*fig.*) cuadro, visión (*f.*) **5** tablero **6** (*tecn.*) tablero, cuadro, panel **7** (*teatr.*) cuadro **8** (*cine.*) enfoque.
quadrupede A *agg.m.* e *f.* (*zool.*) cuadrúpedo (*m.*) **B** *s.m.* (*zool.*) cuadrúpedo.
quaggiù *avv.* **1** aquí, aquí abajo **2** (*fig.*) este mundo, sobre la tierra.
quaglia *s.f.* (*zool.*) perdiz pardilla.
qualche *agg.m.* e *f.* (*indefinito, solo sing.*) **1** alguno (*m.*), un (*m.*) algo de **2** cierto (*m.*) **3** (*enfatico*) alguno (*m.*), uno que otro.
qualcosa *pron.m.* e *f.* (*indefinito, solo sing.*) **1** algo **2** (*persona*) alguien.
qualcuno *pron.* (*indefinito, solo sing*) alguno, unos.
quale A *agg.m.* e *f.* **1** (*interrogativo*) qué, cuál **2** (*esclamativo*) qué **3** (*relativo*) que, como **4** (*correlativo*) cual **5** (*indefinito*) cualquiera **6** (*indefinito, pleonastico*) cierto **B** *avv.* como, en calidad de **C** *pron.m.* e *f.* **1** (*relativo, persona*) quien, que (*inv.*), cual **2** (*relativo, cosa*) que (*inv.*), cual **3** (*interrogativo*) cuál.
qualifica *s.f.* **1** atributo (*m.*), denominación **2** (*bur.*) cargo (*m.*), atribución **3** título (*m.*).
qualificare A *v.tr.* **1** calificar **2** (*bur.*) cualificar, especializar **B** *v.pron.* **1** presentarse **2** (*bur.*) (*sport*) calificarse, cualificarse.
qualità *s.f.inv.* **1** calidad (*sing.*), categoría (*sing.*) **2** (*morale*) cualidad (*sing.*), virtud (*sing.*) **3** capacidad (*sing.*), requisito (*m.sing.*) **4** género (*m.sing.*), clase (*sing.*) **5** (*bot.*) especie (*sing.*), variedad (*sing.*).
qualora *cong.* **1** en el caso de que, en caso de que **2** (*lett.*) cuando.

qualsiasi *agg.m.* e *f.* (*indefinito, relativo, solo sing.*) cualquier.
qualsivoglia *agg.m.* e *f.* (*indefinito, solo sing.*) (*lett.*) cualquier.
qualunque *agg.m.* e *f.* (*indefinito, solo sing.*) **1** cualquier **2** (*enfatico*) todo (*m.*).
qualunquismo *s.m.* (*pegg.*) (*socio.*) indiferentismo, pasotismo.
qualvolta *cong.* (*lett.*) cada vez que.
quando A *avv.* **1** cuando **2** (*interrogativo, esclamativo*) cuándo **B** *cong.* **1** cuando **2** (*relativo*) que, cuando **3** (*condizionale*) en caso de que, cuando, si **4** (*causale*) puesto que, cuando **C** *s.m.inv.* cuando.
quantità *s.f.inv.* **1** (*fis.*) (*ling.*) (*mat.*) cantidad (*sing.*) **2** cantidad (*sing.*), cuantía (*sing.*), medida (*sing.*).
quanto A *agg.* **1** (*interrogativo, esclamativo*) cuánto **2** (*relativo*) cuanto **B** *avv.* **1** (*interrogativo, esclamativo*) cuánto **2** (*relativo*) cuanto **3** (*comparativo*) como **C** *pron.* **1** (*interrogativo, esclamativo*) cuánto **2** (*relativo*) cuanto **3** (*neutro*) lo que **D** *s.m.* **1** cantidad (*f.*) **2** (*fis.*) cuanto, quantum.
quantomeno *avv.* cuanto menos, por lo menos.
quaranta *agg.num.card.* cuarenta.
quarantena *s.f* (*anche* (*fig.*) cuarentena.
quaresima *s.f.* **1** (*rel.*) cuarésima **2** (*fam.*) ayuno.
quartetto *s.m.* (*mus.*) cuarteto.
quartiere *s.m.* **1** barrio **2** (*periferia*) arrabal **3** (*aral.*) (*mar.*) (*mil.*) cuartel **4** (*calzature*) empeine.
quarto A *agg.num.ord.* cuarto **B** *s.m.* **1** cuarto **2** (*mar.*) cuarto, guardia de cuatro horas **3** (*ruota di carro*) piña (*f.*).
quarzo *s.m.* (*min.*) cuarzo.
quasi A *avv.* **1** casi, acerca de, aproximadamente **2** por poco **3** casi, como **4** (*iterativo*) casi, igual **B** *cong.* como si.
quassù *avv.* **1** aquí arriba **2** aquí, al norte.
quattordici *agg.num.inv.* e *s.m.* e *f.inv.* catorce.
quattro *agg.num.card.* e *s.m.* e *f.inv.* cuatro.
quattrocento A *agg.num.card.* cuatrocientos (*m.*) **B** *s.m.inv.* **1** cuatrociento, **2** (*secolo*) siglo XV **3** (*al pl.*) (*sport*) cuatrocientos metros.
quello A *agg.* (*dimostrativo*) **1** (*lontano nel tempo* e *nello spazio*) aquel **2** (*riferito a cosa* e *persona già menzionate* e *note a chi ascolta*) ese **B** *pron.* (*dimostrativo*) **1** (*lontano nel tempo* e *nello spazio*) aquél **2** (*vicino nel tempo* e *nello spazio*) ése **3** (*neutro*) aquello, eso.
quercia *s.f.* (*bot.*) encina, roble (*m.*), chaparro (*m.*).
querela *s.f.* **1** (*giur.*) querella **2** (*lett.*) lamento (*m.*), queja.
questionario *s.m.* cuestionario.
questione *s.f.* **1** cuestión **2** controversia, disputa, discusión **3** (*pol.*) (*socio*) problema (*m.*) **4** (*raro*) objeción, crítica, reparo (*m.*).
questo A *agg.* (*dimostrativo*) **1** este **2** semejante (*m.* e *f.*) **B** *pron.* (*dimostrativo*) **1** éste **2** (*neutro*) esto.
questura *s.f.* **1** (*antica Roma*) cuestura **2** (*bur.*) jefatura de policía.
qui *avv.* **1** (*spazio*) aquí, acá **2** (*tempo*) aquí **3** (*enfatico, rafforzativo*; *in spagnolo non si traduce*).
quiete *s.f.* **1** quietud, tranquilidad **2** sosiego (*m.*), serenidad, calma **3** (*lett.*) paz eterna.
quindi A *avv.* después, luego **B** *cong.* **1** (*conclusivo*) por lo tanto, así que, consecuentemente **2** (*causale*) por lo tanto, por consiguiente.
quindici *agg.num.card.* e *s.m.* e *f.inv.* quince.
quinto *agg.num.ord.* quinto.
quiz *s.m.inv.* (*angl.*) adivinanza (*f.sing.*), juego (*sing.*).
quota *s.f.* **1** cuota, contribución **2**

(*comm.*) prorrata **3** (*giur.*) cuota **4** (*econ.*) (*borsa*) cuota, cotización **5** (*geog.*) cota, altura **6** (*aer.*) (*mar.*) (*top.*) cota, cotación **7** (*arch.*) (*tecn.*) acotación.

quotazione *s.f.* **1** (*econ.*) cotización **2** (*fig.*) cotización, apreciación, valía.

quotidiano A *agg.* cotidiano, diario **B** *s.m.* diario, periódico.

quoziente *s.m.* cociente.

R

r *s.f.inv.* letra r.
rabbi *s.m.inv.* (*rel.*) rabí (*sing.*), rabino (*sing.*).
rabbia *s.f.* **1** (*med.*) (*vet.*) rabia **2** (*fig.*) rabia, cólera, ira **3** (*fig.*) rabia, irritación, enfado (*m.*) **4** (*fig.*) pasión, furor (*m.*), alma y vida **5** (*fig.*) (*lett.*) (*elementi*) furia, furor (*m.*), violencia **6** (*raro*) (*fig.*) afán (*m.*), codicia, pasión.
rabbino *s.m.* (*rel.*) rabino
rabbrividire *v.intr.* **1** estremecerse, tiritar **2** (*fig.*) horripilar, horrorizarse, aterrarse.
raccattare *v.tr.* **1** levantar, recoger **2** (*fig.*) juntar, reunir.
racchetta *s.f.* (*sport*) **1** (*tennis, tennista*) raqueta **2** (*ping-pong*) pala **3** (*mil.*) señalador (*m.*) luminoso.
racchiudere *v.tr.* **1** encerrar, guardar, contener **2** (*fig.*) encerrar, entrañar, implicar **3** *(raro)* (*lett.*) (*rinchiudere*) encerrar.
raccogliere A *v.tr.* **1** recoger, levantar **2** (*agr.*) cosechar, recolectar **3** (anche *fig.*) recoger **4** (*fig.*) cosechar, obtener, grangearse **5** (anche *fig.*) recoger, recaudar, recolectar **6** colleccionar, juntar **7** recoger, acoger, dar asilo **8** (*mil.*) reunir, concentrar **9** reunir, juntar **10** (anche *fig.*) aceptar **B** *v.pron.* **1** recogerse, componerse **2** (*fig.*) concentrarse, ensimismarse **C** *v.intr.pron.* **1** reunirse, agruparse, juntarse **2** juntarse.
raccolta *s.f.* **1** recogida **2** colección, antología **3** (*mil.*) llamada, formación **4** (*adunata*) reunión.
raccomandare A *v.tr.* **1** confiar, encomendar, entregar **2** poner en manos (de), confiar **3** (*lett.*) confiar **4** (*raro*) amarrar, atar, sujetar **5** recomendar, enchufar, mediar **6** recomendar, aconsejar, sugerir **7** recomendar, pedir, encomendar **8** (*raro*) certificar una carta **B** *v.pron.* **1** implorar, rogar, suplicar **2** confiar.
raccomandata *s.f.* carta certificada, certificada.
raccontare *v.tr.* contar, decir.
racconto *s.m.* (anche *lett.*) cuento, narración (*f.*), relato.
racket *s.m.inv.* (*angl.*) criminalidad (*f.sing.*) organizada, organización (*f.sing.*) criminal.
radar *agg.inv.* e *s.m.inv.* radar (*sing.*).
raddoppio *s.m.* **1** duplicación (*f.*) **2** (*fig.*) intensificación (*f.*) **3** (*ferr.*) doble vía (*f.*) **4** (*equit.*) salto de carnero **5** (*mus.*) redoble **6** (gioco) (*biliardo*) doblete **7** (*teatr.*) doblete.
raddrizzare A *v.tr.* **1** enderezar, desencorvar, poner derecho **2** (*fig.*) rectificar, enmendar, corregir **B** *v.pron.* ponerse derecho, enderezarse.
radiazione *s.f.* (*fis.*) (anche *anat.*) radiación.
radica *s.f.* **1** (*bot.*) brezo (*m.*) **2** (*pop.*) raíz.

radicale A *agg.m.* e *f.* **1** (*bot.*) (*ling.*) radical **2** (*fig.*) radical, fundamental, profundo (*m.*) **B** *s.m.* e *f.* (*pol.*) radical.
radicchio *s.m.* (*bot.*) achicoria (*f.*).
radice *s.f.* **1** (*anat.*) (*bot.*) (*mat.*) raíz **2** (*geog.*) pie (*m. solo sing.*) **3** (*ling.*) radical (*m.*), raíz **4** (*fig.*) causa, origen (*m.*), raíz.
radio[1] **A** *agg.inv.* radio **B** *s.f.inv.* **1** (anche *apparecchio*) radio (*sing.*), radiorreceptor (*m.sing.*), (*amer.*) radio (anche *f.sing.*) **2** emisora (*sing.*), radio (*sing.*).
radio[2] *s.m.* (*anat.*) radio.
radio[3] *s.m.* (solo *sing.*) (*chim.*) radio.
radio- *pref.* radio-, radi-.
radioattivo *agg.* (*fis.*) radiactivo.
radiografia *s.f.* (*med.*) (*anche fig.*) radiografía.
raduno *s.m.* encuentro, reunión (*f.*).
raffigurazione *s.f.* (*pitt.*) (anche *fig.*) representación.
raffinato A *agg.* **1** refinado **2** (*persona*) distinguido, fino, refinado **B** *s.m.* refinado, dandi.
rafforzare A *v.tr.* **1** reforzar, consolidar, afianzar **2** (*fig.*) reafirmar, reforzar, fortalecer **B** *v.intr.pron.* (anche *fig.*) fortalecerse, vigorizarse.
raffreddare A *v.tr.* **1** enfriar, refrescar **2** (*fig.*) enfriar, entibiar **B** *v.intr.pron.* **1** enfriarse **2** (*fig.*) enfriarse, entibiarse **3** (*med.*) constiparse, coger un constipado, (*amer.*) resfriarse.
raffreddore *s.m.* (*med.*) constipado, resfriado, (*amer.*) resfrío.
ragazzata *s.f.* chiquillada, travesura.
ragazzo *s.m.* **1** muchacho, chico, chaval **2** mozo **3** (*fam.*) novio, chico, pareja (*f.*).
raggio *s.m.* **1** (anche *fis.*) rayo **2** (*fig.*) atisbo, vislumbre (*f.*), destello **3** (*mat.*) (*zool.*) (*tecn.*) (anche *fig.*) radio **4** (*carcere*) ala (*f.*), sector.
raggiungere *v.tr.* **1** alcanzar, pillar **2** alcanzar, llegar a/hasta **3** (*fig.*) alcanzar, obtener, lograr.
raggruppare A *v.tr.* agrupar **B** *v.pron.* agruparse, concentrarse.
ragionamento *s.m.* **1** (anche *fil.*) razonamiento **2** (*argomentazione*) consideración (*f.*), reflexión (*f.*).
ragionare *v.intr.* **1** (anche *fil.*) razonar, reflexionar **2** (*ponderare*) considerar, pensar, meditar **3** (*pop.*) hablar, discutir.
ragione *s.f.* **1** razón, discernimiento (*m.*), entendimiento (*m.*) **2** razón, argumento (*m.*), razonamiento (*m.*) **3** razón **4** razón, motivo (*m.*), causa **5** (*mat.*) razón, proporción.
ragno A *agg.inv.* araña **B** *s.m.* araña.
ragù *s.m.inv.* (*cuc.*) ragú (*sing.*), picadillo (*sing.*) de carne.
rallentare A *v.tr.* **1** ralentizar, retardar **2** (*auto.*) desacelerar, reducir/aminorar la velocidad **3** (*raro*) aflojar **4** (*fig.*) disminuir, reducir **B** *v.intr.pron.* (*fig.*) entibiarse, enfriarse, disminuir.
rame *s.m.* **1** (*chim.*) cobre **2** (*incisione*) grabado en cobre.
rammollito A *agg.* **1** (anche *fig.*) blando **2** (*fig.*) débil (*m.* e *f.*), debilitado **3** (*fig.*) chocho, gagá **B** *s.m.* panoli (*m.* e *f.*).
ramo *s.m.* **1** (*bot.*) (anche *corallo*) rama (*f.*), ramo **2** (*zool.*) cuerna (*f.*), cornamenta (*f.*) **3** ramo, sector, rama (*f.*) **4** (*anat.*) ramificación (*f.*) **5** (*parentela*) línea (*f.*) **6** (*elett.*) ramal.
rampa *s.f.* **1** (*aer.*) (*anat.*) (*ferr.*) rampa **2** (*scala*) tramo (*m.*), ramal (*m.*) **3** (*pendenza*) rampa, pendiente.
rana A *agg.inv.* (*solo nella locuzione*) *uomo ~,* hombre rana, submarinista **B** *s.f.* (*zool.*) rana.
rancido A *agg.* **1** rancio **2** (*fig.*) rancio, anticuado, vetusto **B** *s.m.* rancio.
rancore *s.m.* rencor, encono, livor.
randagio *agg.* **1** (*lett.*) vagabundo **2** (*cane*) vagabundo, sin dueño, callejero **3** (*animale*) descarriado, suelto.
random *agg.inv.* (*angl.*) (*stat.*) aleatorio (*m.sing.*).

rango *s.m.* **1** (*mil.*) fila (*f.*) **2** rango, alcurnia (*f.*), clase (*f.*) **3** (*stat.*) rango, categoría (*f.*).
rap *agg.inv.* e *s.m.inv.* (*angl.*) (*mus.*) rap.
rapa *s.f.* **1** (*bot.*) nabo (*m.*) **2** (*fig.*) (*scherz.*) (*testa calva*) rapada **3** (*fig.*) (*persona*) cabeza de chorlito, (*amer.*) zapallo (*m.*).
rapido A *agg.* **1** rápido, veloz (*m.*e *f*) **2** breve (*m.* e *f.*) **3** (*fot.*) (*tecn.*) rápido **B** *s.m.* (*ferr.*) rápido.
rapina *s.f.* **1** atraco (*m.*), asalto (*m.*) **2** latrocinio (*m.*), robo (*m.*) **3** (*bottino*) botín (*m.*) **4** (*lett.*) furia, violencia.
rapire *v.tr.* **1** raptar, secuestrar **2** (anche *fig.*) robar **3** (*fig.*) conturbar, arrobar, extasiar **4** (*lett.*) (*travolgere*) arrebatar.
rapporto *s.m.* **1** (anche *giur.*) informe, relación (*f.*) **2** relación (*f.*), trato, contacto **3** relación (*f.*), vínculo, nexo **4** (*mat.*) coeficiente, relación (*f.*) **5** (*mil.*) parte (*f.*), junta (*f.*) **6** (*comm.*) (*scient.*) (*tecn.*) relación (*f.*) **7** (*bicicletta*) cambio.
rappresaglia *s.f.* represalia.
rappresentante A *agg.m.* e *f.* representativo (*m.*) **B** *s.m.* (anche *comm.*, *giur.*) representante.
rappresentare *v.tr.* **1** representar, figurar **2** representar, describir **3** (*giur.*) representar **4** representar, simbolizar, encarnar **5** (*fig.*) constituir, representar, ser **6** (anche *teatr.*) representar.
rappresentazione *s.f.* **1** (anche *fil.*, *giur.*, *mat.*, *teatr.*) representación **2** (*psic.*) representación, imagen.
raptus *s.m.inv.* (*lat.*) **1** (*med.*) (*psic.*) rapto (*sing.*), impulso (*sing.*) **2** inspiración (*f.sing.*).
raro *agg.* **1** raro, infrecuente (*m.*e *f.*), insólito **2** raro, singular (*m.*e *f.*), inusitado **3** contado, poco **4** excepcional (*m.* e *f.*).
rasare A *v.tr.* **1** (*capelli*) rapar **2** (*siepe*) rasar, nivelar, igualar **B** *v.pron.* **1** (*capelli*) raparse **2** (*barba*) rasurarse.
raschiare A *v.tr.* raspar, rascar **B** *v.intr.* carraspear.
rasoio *s.m.* navaja (*f.*) de afeitar.
rassegna *s.f.* **1** (*mil.*) revista, inspección **2** análisis (*m.inv.*), examen (*m.*) **3** reseña **4** festival (*m.*) **5** feria, muestra.
rassegnare A *v.tr.* presentar **B** *v.intr.pron.* resignarse.
rassicurare A *v.tr.* **1** calmar, tranquilizar **2** alentar **B** *v.intr.pron.* estabilizarse, tranquilizarse.
rata *s.f.* **1** (*comm.*) plazo (*m.*), (*amer.*) cuota **2** (*mutuo*) prorrata, prima da amortización.
ratto *s.m.* (*zool.*) rata (*f.*)
rattristare A *v.tr.* entristecer, apenar, afligir **B** *v.intr.pron.* entristecerse, apenarse, afligirse.
ravanello *s.m.* (*bot.*) rébano.
ravioli *s.m.pl.* (*cuc.*) raviolis, ravioles.
ravvicinare A *v.tr.* **1** acercar, arrimar, aproximar **2** (*fig.*) comparar, confrontar **3** (*fig.*) reconciliar, unir **B** *v.pron.* (anche *reciproco*) (*fig.*) reconciliarse, hacer las paces.
razionale[1] **A** *agg.m.* e *f.* **1** (anche *chim.*, *mat.*) racional **2** racional, científico (*m.*) **3** racional, funcional **4** práctico (*m.*) **B** *s.f.* (*ant.*) (*rel.*) racional (*m.*).
razionale[2] *s.m.* (solo *sing.*) racional.
razionalismo A *s.m.* (anche *arch.*, *fil.*, *rel.*) racionalismo, razionalità **B** *s.f.inv.* **1** racionalidad (*sing.*) **2** funcionalidad (*sing.*).
razionamento *s.m.* racionamiento.
razione *s.f.* **1** ración, parte, porción **2** (*fig.*) dosis (*inv.*), cantidad.
razza[1] *s.f.* **1** (*zool.*) raza, casta **2** (*antr.*) raza, etnia **3** (*bot.*) familia **4** (*discendenza*) raza, familia, ascendencia **5** (*fig.*) tipo (*m.*), clase, especie.
razza[2] *s.f.* (*zool.*) raya.
razzia *s.f.* **1** razia, incursión, correría **2** (*furto*) rapiña, rapacería.
razzismo *s.m.* racismo.

razzo *s.m.* **1** cohete **2** (*aer.*) (*endoreattore*) reactor, motor a reacción **3** (*aer.*) (*missile*) mísil.
re[1] *s.m.inv.* **1** (anche *fig.*) rey (sing.) **2** (*gioco*) (*carte, scacchi*) rey (*sing.*).
re[2] *s.m.inv.* (*mus.*) re.
re- *pref.* re-.
reagire *v.intr.* **1** reaccionar, responder **2** (*chim.*) (*fis.*) reaccionar.
reale[1] **A** *agg.m.* e *f.* **1** real, concreto (*m.*), verdadero (*m.*) **2** (*mat.*) concreto (*m.*) **B** *s.m.* (solo *sing.*) realidad (*f.*).
reale[2] *agg.m.* e *f.* **1** real, regio (*m.*) **2** (*ant.*) real, excepcional.
reale[3] *s.m.* (*numis.*) real.
realismo *s.m.* (anche *fil.* e *lett.*) realismo.
realizzare A *v.tr.* **1** realizar, ejecutar, llevar a cabo **2** (*desideri, ambizioni*) realizar, materializar, convertir en realidad **3** (*sport*) (*calcio*) marcar **4** (*fig.*) percatarse, darse cuenta **5** (*comm.*) realizar **B** *v.intr.* ganar, realizar **C** *v.intr.pron.* realizarse, cumplirse **D** *v.pron.* realizarse.
realtà *s.f.inv.* **1** realidad (*sing.*) **2** realidad (*sing.*), veracidad (*sing.*).
reato *s.m.* **1** (*giur.*) delito **2** (*iron.*) crimen.
reazione *s.f.* (anche *pol.*) reacción.
rebus *s.m.inv.* **1** (*gioco*) acertijo (*sing.*), enigma (*sing.*) **2** (*fig.*) enigma (*sing.*), misterio (*sing.*).
recare A *v.tr.* **1** llevar **2** llevar, tener **3** mostrar **4** causar, provocar **B** *v.intr.pron.* ir.
recensione *s.f.* **1** (*giorn.*) reseña, recensión **2** (*filologia*) cotejo (*m.*).
recente *agg.m.* e *f.* reciente, fresco (*m.*).
recinto *s.m.* **1** recinto, cerco **2** cerca (*f.*), valla (*f.*), tapia (*f.*).
recipiente *s.m.* recipiente.
reciproco A *agg.* (anche *ling. mat.*) recíproco **B** *s.m.* (*mat.*) recíproco, inverso.
recitare A *v.tr.* **1** recitar **2** (*cine.*) (*teatr.*) representar, interpretar **B** *v.intr.* **1** (*cine.*) (*teatr.*) actuar, interpretar **2** declamar **3** (*giur.*) rezar, decir.
reclame *s.f.inv.* (*franc.*) **1** publicidad (*sing.*), propaganda (*sing.*), (*amer.*) reclame (*m.sing.*) **2** letrero (*m.sing.*), anuncio (*m.sing.*).
reclamo *s.m.* reclamación (*f.*), queja (*f.*).
reclutamento *s.m.* **1** (*mil.*) alistamiento **2** reclutamiento, contratación (*f.*).
record A *agg.inv.* (*angl.*) récord **B** *s.m.inv.* (*angl.*) **1** (*sport*) récord, marca (*f.sing.*) **2** (*inform.*) registro (*sing.*).
recriminazione *s.f.* recriminación, reproche (*m.*).
recuperare *v.tr.* **1** recuperar, recobrar **2** rescatar, salvar **3** (*fig.*) rehabilitar, reeducar **4** recuperar **5** (*sport*) descontar **6** recuperar, reciclar.
recupero *s.m.* **1** (anche *med.*) recuperación (*f.*) **2** (*fig.*) rehabilitación (*f.*), reintegración (*f.*) **3** (*sport*) descuento **4** (*psic.*) reeducación **5** (*sport*) partido de desempate.
redazione *s.f.* **1** (anche *edit.* e *giorn.*) redacción **2** versión.
reddito *s.m.* (*econ.*) renta (*f.*), utilidad (*f.*), provecho.
redenzione *s.f.* (anche *rel.*) redención.
reduce *agg.* e *s.m.* e *f.* sobreviviente, superviviente.
referendum *s.m.inv.* (*lat.*) referéndum, referendo (*sing.*).
referenza *s.f.* **1** referencia, informe (*m.*) **2** (*ling.*) función referencial/representativa.
refurtiva *s.f.* objetos (*m.pl.*) robados.
regalare *v.tr.* **1** regalar, obsequiar **2** (*fig.*) (*fam.*) vender barato/tirado **3** (*pop.*) recompensar **4** (*fig.*) (*scherz.*) regalarse, proporcionarse.
regalo A *agg.inv.* de regalo **B** *s.m.* **1** regalo, obsequio, presente **2** (*fig.*) regalo, placer, gusto.

reggere A *v.tr.* **1** sostener, sujetar **2** resistir, aguantar **3** (*ling.*) regir **4** guiar, conducir, gobernar **5** dirigir, gobernar, regir **B** *v.intr.* **1** resistir, soportar **2** durar, mantenerse, perdurar **3** tenerse en pie, ser coherente **C** *v.intr.pron.* **1** mantenerse en pie, sostenerse **2** tenerse, sostenerse **3** agarrarse, aferrarse **4** (*fig.*) contenerse, reprimirse **5** regirse, gobernarse **D** *v.pron.* (*reciproco*) sostenerse, ayudarse.

reggia *s.f.* **1** palacio (*m.*) real **2** (*fig.*) palacio (*m.*), mansión.

reggimento *s.m.* **1** (*mil.*) regimiento **2** (*fig.*) multitud (*f.*), regimiento.

reggiseno *s.m.* sostén, sujetador.

regime *s.m.* **1** (anche *econ.*, *geog.*, *giur.*, *mecc.*, *rel.*) régimen **2** régimen, dieta (*f.*).

regina A *agg.inv.* reina **B** *s.f.* **1** (anche *fig.*) reina **2** (*gioco*) (*carte*, *scacchi*) reina.

regione *s.f.* **1** (*anat.*) (*geog.*) (*mil.*) (*stor.*) región **2** (*giur.*) región, junta **3** (*fig.*) (*settore*) campo (*m.*), esfera **4** (*fig.*) (*dominio*) mundo (*m.*), dominio (*m.*), reino (*m.*).

regista *s.m.* e *f.* **1** (*cine.*) director **2** (*radio*) (*TV*) realizador **3** (*teatr.*) director de escena **4** (*fig.*) organizador.

registrare *v.tr.* **1** (*bur.*) registrar, inscribir **2** (anche *comm.*) registrar, asentar, anotar **3** (*fig.*) grabar, retener **4** (*suoni, immagini*) grabar, registrar **5** registrar, producirse **6** tener, obtener **7** (*mus.*) (*organo*) afinar los registros **8** (*tecn.*) someter a reglaje, reglar.

registro *s.m.* registro.

regno *s.m.* **1** (anche *fig.*) reino **2** reinado.

regola *s.f.* **1** (anche *ling.*) (*mat.*) (*rel.*) regla **2** norma, regla, precepto (*m.*) **3** moderación, medida.

regolamento *s.m.* **1** regulación (*f.*) **2** reglamento **3** pago.

regolare A *agg.m.* e *f.* **1** regular, uniforme, constante **2** regular, usual, corriente **3** (anche *ling.* e *rel.*) regular **4** regular, puntual **B** *v.tr.* **1** regular, regularizar **2** regular, gobernar, reglamentar **3** reducir, restringir **4** (*tecn.*) regolar, ajustar **5** (anche *fig.*) arreglar, solucionar **C** *v.pron.* **1** comportarse, conducirse, proceder **2** medirse, moderarse, controlarse.

reincarnazione *s.f.* (*rel.*) reencarnación.

relativo *agg.* **1** relativo, concerniente (*m.* e *f.*), atinente (*m.* e *f.*) **2** (anche *ling.* e *mus.*) relativo **3** relativo, cierto **4** proporcional (*m.* e *f.*).

relax *s.m.inv.* (*angl.*) relax, relajamiento (*sing.*).

relazione *s.f.* **1** relación, conexión, nexo (*m.*) **2** (anche *mat.*) relación **3** (*bur.*) relación, informe (*m.*).

religione *s.f.* **1** religión **2** religión, respeto (*m.*), devoción **3** (*lett.*) solemnidad.

reliquia *s.f.* **1** (*lett.*) reliquia, residuos (*m.pl.*) **2** (*fig.*) (anche *rel.*) reliquia.

remare *v.intr.* (*mar.*) remar, bogar.

rendere A *v.tr.* **1** devolver **2** devolver, corresponder **3** rendir tributar **4** rendir, producir **5** (*lett.*) reflejar **6** representar, trazar **8** volver, poner, hacer **9** (*lett.*) emitir **10** (*lett.*) lanzar, dar **11** (*lett.*) (*portare*) llevar, conducir **B** *v.pron.* hacerse **C** *v.intr.pron.* (*raro*) (*lett.*) ir, dirigirse.

rene *s.m.* (*anat.*) riñón.

renna *s.f.* **1** (*zool.*) reno (*m.*), rangífero (*m.*) **2** (*abb.*) ante (*m.*).

reparto *s.m.* **1** (*comm.*) departamento, sección (*f.*) **2** (*med.*) división (*f.*) **3** (*tecn.*) sala, taller **4** (*mil.*) destacamento, unidad (*f.*) **5** (*raro*) (*ripartizione*) repartición (*f.*), reparto.

reperto *s.m.* **1** resto **2** (*giur.*) prueba (*f.*) **3** (*med.*) informe.

repertorio *s.m.* **1** (anche *teatr.*) repertorio **2** repertorio, prontuario **3** (*fig.*) repertorio, colección (*f.*)

replica *s.f.* **1** (anche *giur.*) réplica **2** réplica, contestación **3** (*teatr.*) representación **4** (*radio*) (*TV*) retransmisión **5** (*arte*) réplica, copia, duplicado (*m.*).
reportage *s.m.inv.* (*franc.*) (*giorn.*) reportaje (*sing.*).
repressione *s.f.* **1** (anche *psic.*) represión **2** (*mil.*) represalia.
repubblica *s.f.* **1** (anche *stor.*) república **2** (*fig.*) (*fam.*) desorden (*m.*).
reputazione *s.f.* reputación, fama.
residenza *s.f.* **1** estancia, (*amer.*) estadía **2** residencia, domicilio (*m.*) **3** residencia, mansión.
residuo A *agg.* restante (*m.* e *f.*), sobrante **B** *s.m.* **1** (anche *fig.*) resto, residuo, remanente **2** residuo, desecho: *residui tossici*, residuos tóxicos **3** (*chim.*) radical **4** (*mat.*) residuo, resto.
resina *s.f.* resina.
resistenza *s.f.* **1** (*bio.*) (*elett.*) (*fis.*) (*mecc.*) (*mil.*) (*psic.*) (*stor.*) resistencia **2** oposición, resistencia.
resistere *v.intr.* **1** (anche *fig.*) resistir, aguantar **2** resistir, oponerse: ~ *agli attacchi*, oponerse a los ataques **3** resistir, perdurar.
respingere *v.tr.* **1** rechazar, oponerse **2** (*fig.*) rechazar, negar **3** reexpedir **4** rechazar **5** (*esame*) suspender, catear.
respirare A *v.intr* **1** respirar **2** estar vivo, vivir **3** (*fig.*) respirar, relajarse **B** *v.tr.* respirar.
respiro *s.m.* **1** respiración (*f.*) **2** (*fig.*) respiro, descanso, tregua (*f.*) **3** (*fig.*) (*pagamento*) prórroga (*f.*) **4** (*fig.*) envergadura (*f.*), alcance, trascendencia (*f.*) **5** (*mus.*) aspiración (*f.*).
responsabile A *agg.m.* e *f.* **1** responsable, encargado (*m.*) **2** consciente **3** culpable **B** *s.m.* e *f.* **1** responsable, director **2** (*giur.*) responsable.
restare *v.intr.* **1** quedarse, permanecer **2** quedar, sobrevivir **3** quedarse, estar **4** quedar **5** faltar, quedar **6** quedar, estar, hallarse **7** (*lett.*) (*conseguire*) resultar **8** (*lett.*) (*cessare*) cesar, acabar.
restauro *s.m.* restauración (*f.*), reacondicionamento.
restituire *v.tr.* **1** restituir, devolver **2** restituir, reintegrar **3** corresponder, devolver **4** (*lett.*) reintegrar, restablecer.
resto *s.m.* **1** resto, residuo, remanente **2** lo demás **3** (*mat.*) resto, residuo **4** vuelta (*f.*), (*amer.*) vuelto.
restringere A *v.tr.* **1** encoger **2** (*cuc.*) reducir, esposar **3** (*fig.*) restringir, reducir **B** *v.intr.pron.* estrecharse, encogerse.
rete *s.f.* **1** (anche *anat.* e *inform.*) red **2** red, cerco (*m.*), valla **3** (*fig.*) red, celada, lazo (*m.*) **4** (*sport*) (*calcio*) portería **5** (*sport*) (*calcio*) gol (*m.*) **6** (*sport*) (*tennis*, *pallavolo*) red **7** (*cuc.*) redaño (*m.*) **8** (*radio*) (*TV*) red, canal (*m.*), cadena.
retina *s.f.* (*anat.*) retina.
retorica *s.f.* (anche *pegg.*) retórica.
retribuzione *s.f.* **1** retribución, pago **2** (*fig.*) (*ricompensa*) recompensa, premio (*m.*).
retro A *avv.* (*poes.*) detrás **B** *s.m.inv.* **1** (*moneta*) reverso (*sing.*) **2** (*foglio*) vuelta (*f.sing.*), verso (*sing.*).
retromarcia *s.f.* (*auto.*) marcha atrás, (*amer.*) reversa.
retta[1] *s.f.* (*solo nella locuzione*) *dare* ~, hacer caso, escuchar.
retta[2] *s.f.* pensión, tasa.
retta[3] *s.f.* (*geom.*) recta, línea recta.
rettangolo A *agg.* (*geom.*) rectángulo **B** *s.m.* **1** (*geom.*) rectángulo **2** (*sport*) (*calcio*) campo, (*amer.*) cancha (*f.*).
rettile A *agg.m.* e *f.* (*bot.*) reptil, rastrero (*m.*) **B** *s.m.* **1** (*zool.*) reptil **2** (*fig.*) (*pegg.*) vil gusano.
retto A *agg.* **1** (anche *geom.*) recto **2** (*fig.*) recto, riguroso, honrado **3** correcto, exacto **B** *s.m.* (solo *sing.*) **1** rectitud (*f.*) **2** (*anat.*) (*intestino*) recto.

reverendo A *agg.* (*rel.*) reverendo **B** *s.m.* cura, sacerdote.
revisione *s.f.* (anche *mus.*) revisión, (*amer.*) revisada.
riabilitazione *s.f.* (anche *fig.*) rehabilitación.
rianimazione *s.f.* **1** reanimación, resucitación **2** (*fig.*) animación.
riarmo *s.m.* (*mil.*) rearme.
riattaccare A *v.tr.* **1** volver a enganchar **2** volver a colgar **3** volver a pegar/coser **4** reanudar, retomar **5** (*fam.*) recomenzar **B** *v.intr.pron.* **1** pegarse, unirse **2** (*fig.*) aferrarse, agarrarse.
riavvicinamento *s.m.* **1** acercamiento, aproximación (*f.*) **2** (*fig.*) reconciliación (*f.*).
ribaltamento *s.m.* **1** vuelco, barquillazo **2** (*mar.*) zozobra (*f.*) **3** (*aer.*) capotazo.
ribasso *s.m.* (anche *borsa*) baja (*f.*).
ribellione *s.f.* **1** rebelión, insurrección, levantamiento (*m.*) **2** rebeldía.
ribes *s.m.inv.* (*bot.*) **1** (*albero*) grosellero (*s.*) **2** (*frutto*) grosella (*f.sing.*).
ricaduta *s.f.* **1** (anche *med.*) recaída **2** (*fig.*) repercusiones (*pl.*), consecuencia.
ricarica *s.f.* recarga.
ricatto *s.m.* **1** (*giur.*) secuestro **2** chantaje, extorsión (*f.*).
ricavato *s.m.* **1** provecho, ganancia (*f.*) **2** (*fig.*) fruto, resultado, provecho.
ricchezza *s.f.* **1** (anche *fig.*) riqueza **2** (*econ.*) riqueza, bienes (*m.pl.*) **3** (*iperbolico*) riqueza, tesoro (*m.*) **4** riqueza, recurso (*m.*) **5** (*fig.*) lujo (*m.*), riqueza.
riccio *s.m.* **1** (*zool.*) erizo **2** (*bot.*) erizo, zurrón.
ricerca *s.f.* **1** busca, búsqueda **2** investigación, estudio (*m.*).
ricercato A *agg.* **1** cotizado, estimado **2** refinado, elegante (*m.* e *f.*) **3** rebuscado, afectado, amanerado **B** *s.m.* tránsfuga (*m.* e *f.*), prófugo, fugitivo.
ricetta *s.f.* **1** (*med.*) receta, prescripción **2** (*fig.*) remedio (*m.*) **3** receta.
ricevere *v.tr.* **1** recibir **2** recoger **3** cobrar, recibir, percibir **4** recibir, aceptar **5** tener capacidad/cabida, admitir **6** recibir, experimentar **7** recibir, acoger **8** (*telecom.*) recibir, captar.
ricevuta *s.f.* recibo (*m.*), resguardo (*m.*), comprobante (*m.*).
richiamo *s.m.* **1** llamada (*f.*) **2** llamada (*f.*), reclamo **3** referencia (*f.*), remisión (*f.*) **4** (*telecom.*) (*telefono*) telecontrol.
richiesta *s.f.* **1** petición **2** (*bur.*) solicitud **3** (*bur.*) (*modulo*) formulario (*m.*).
riciclaggio *s.m.* **1** reciclaje, reciclamiento, reprocesamiento **2** (*fig.*) reconversión (*f.*).
ricominciare A *v.tr./intr.* **1** recomenzar **2** retomar, reanudar **B** *v.impers.* volver: *ricomincia a nevicare*, vuelve a nevar.
ricompensa *s.f.* **1** recompensa, premio (*m.*) **2** (*psic.*) refuerzo (*m.*), recompensa.
riconciliazione *s.f.* (anche *rel.*) reconciliacion.
ricondurre *v.tr.* **1** reconducir **2** (*fig.*) atribuir **3** volver a llevar/encaminar.
riconoscenza *s.f.* gratitud, agradecimiento (*m.*), reconocimiento (*m.*).
riconoscere A *v.tr.* **1** reconocer, identificar **2** distinguir **3** conocer, reconocer, distinguir **4** (*giur.*) reconocer **5** (*fig.*) reconocer, admitir, confesar **6** (*luogo*) reconocer, explorar **B** *v.pron.* **1** reconocerse, confesarse **2** identificarse **C** *v.pron.* (*reciproco*) reconocerse.
riconquista *s.f.* reconquista.
ricopiare *v.tr.* **1** (*raro*) volver a copiar **2** pasar en limpio.
ricordare A *v.tr.* **1** recordar **2** conmemorar **3** recordar, acordarse **4** recordar, parecerse **5** mencionar, citar, nombrar **B** *v.intr.pron.* **1** recordar, acordarse **2** (*lett.*) (*menzionare*) nombrar, hacer mención.

ricordo *s.m.* recuerdo.
ricostituente *agg.m.* e *f.* e *s.m.* (*farm.*) reconstituyente.
ricostruzione *s.f.* (anche *fig.*) reconstrucción.
ricotta *s.f.* (*cuc.*) requesón (*m.*).
ricovero *s.m.* **1** ingreso, hospitalización (*f.*) **2** refugio, amparo **3** (*ospizio*) asilo.
ricreazione *s.f.* **1** (*raro*) recreación **2** (*scuola*) recreo (*m.*) **3** descanso (*m.*), pausa **4** recreo (*m.*), distracción, diversión.
ridare A *v.tr.* **1** dar de nuevo, volver a dar **2** devolver, restituir **B** *v.pron.* volver a darse.
ridere A *v.intr.* **1** reír, reírse **2** (*fig.*) (anche *lett.*) reír, sonreír **3** (*fig.*) (*lett.*) (*splendere*) resplandecer, brillar **B** *v.intr.pron.* reírse, burlarse **C** *s.m.* risa (*f.*).
ridicolo A *agg.* **1** ridículo **2** ridículo, irrisorio **B** *s.m.* (solo *sing.*) ridículo.
ridimensionare A *v.tr.* **1** reorganizar, reestructurar **2** (*fig.*) reevaluar **B** *v.intr.pron.* reajustarse.
ridurre A *v.tr.* **1** (anche *fig.*, *chim.*, *chir.*, *mat.* e *med.*) reducir **2** reducir, transformar, convertir **3** adaptar **4** obligar, forzar **B** *v.intr.pron.* reducirse.
riduzione *s.f.* **1** (anche *bio.*, *chim.*, *chir.*, *fil.* e *ling.*) reducción **2** reducción, disminución **3** rebaja, descuento (*m.*) **4** (*cine.*) (*radio*) (*TV*) adaptación **5** (*tecn.*) (*raccordo*) rácor (*m.*).
riempire A *v.tr.* **1** (anche *fig.*) llenar **2** (*cuc.*) rellenar **B** *v.intr.pron.* **1** llenarse **2** llenarse, hartarse.
rientro *s.m.* **1** retorno, regreso **2** (*aer.*) reentrada (*f.*), reingreso **3** (*raro*) (*tessuto*) encogimiento **4** (*tip.*) sangrado **5** (*denaro*) reembolso, entrada (*f.*).
riequilibrio *s.m.* (anche *fig.*) reequilibrio.
rifare *v.tr.* **1** rehacer **2** reconstruir, rehacer **3** reparar, arreglar **4** (*fig.*) rehacer, recomenzar **5** (*fig.*) volver a trabar/entablar **6** repetir, reiterar **7** imitar, remedar **8** reembolsar, indemnnizar, compensar **9** recocer **B** *v.intr.pron.* **1** hacerse/volverse de nuevo **2** restablecerse, rehacerse, reponerse **3** recuperarse, recobrarse **4** despejarse **5** remontarse.
riferimento *s.m.* (anche *fis.*, *mat.* e *tecn.*) referencia (*f.*).
riferire A *v.tr.* **1** referir, relatar, narrar **2** atribuir, relacionar **B** *v.intr.pron.* **1** referirse, aludir **2** remitirse, atenerse **C** *v.intr.* informar.
rifiutare A *v.tr.* **1** rehusar, rechazar **2** no soportar/tolerar **3** desdeñar, despreciar **4** rehusar, denegar, negar **5** (*lett.*) renegar **B** *v.intr.pron.* negarse **C** *v.imp.* (*mar.*) (*vento*) escasearse.
rifiuto *s.m.* **1** negativa (*f.*), denegación (*f.*) **2** (anche *equit.*) rechazo **3** residuo, desecho **4** (al *pl.*) basura (*f.*).
riflessione *s.f.* **1** (anche *fig.*) reflexión, meditación **2** (*fil.*) (*fis.*) reflexión.
riflesso A *agg.* **1** reflejo **2** meditado **B** *s.m.* **1** reflejo, reverberación (*f.*) **2** (*fig.*) influencia (*f.*) **3** (*fig.*) repercusión (*f.*), consecuencia (*f.*) **4** (*fisiol.*) reflejo.
riflettere A *v.tr.* **1** (*fis.*) reflectar, reflejar **2** reflejar **3** (*fig.*) reflejar, manifestar, expresar **B** *v.intr.* reflexionar **C** *v.pron.* **1** reflejarse **2** (*fig.*) influir, repercutir.
riforma *s.f.* **1** (*giur.*) (*stor.*) reforma **2** (*mil.*) licencia absoluta.
riformatorio *s.m.* reformatorio, correccional.
riformismo *s.m.* reformismo.
rifornimento *s.m.* **1** abastecimiento, suministro, provisión (*f.*) **2** (*mil.*) provisión (*f.*).
rifugio A *agg.inv.* (*econ.*) (*solo nella locuzione*) *beni* ~, bienes de refugio **B** *s.m.* **1** (anche *fig.*) refugio, amparo, protección (*f.*) **2** (anche *mil.* e *sport*) refugio **3** (fig.) guarida (*f.*).

riga *s.f.* **1** línea, raya **2** raya, lista **3** (*mus.*) pentagrama (*m.*) **4** (*fila*) fila, hilera **5** renglón (*m.*), línea **6** (*capelli*) raya, crencha **7** (*geom.*) regla **8** (*elett.*) (*TV*) línea **9** (*gerg.*) (*droga*) raya.

rigido *agg.* **1** rígido, tieso **2** (*mat.*) constante (*m.* e *f.*) **3** (anche *fig.*) rigido, riguroso, duro **4** (*econ.*) inelástico, rigido.

riguardare A *v.tr.* **1** remirar **2** (raro) estimar **3** concernir, atañer **4** guardar **5** cuidar, proteger **B** *v.pron.* **1** resguardarse, protegerse **2** tener cuidado.

rilassare A *v.tr.* **1** relajar, distender, laxar **2** (*fig.*) relajar, hacer menos riguroso **B** *v.pron.* relajarse, distenderse **C** *v.intr.pron.* relajarse, viciarse.

rilevante *agg.m.* e *f.* **1** considerable, relevante **2** (*ling.*) relevante.

rilievo *s.m.* **1** relieve, resalto, realce **2** (*geog.*) (*scult.*) relieve **3** (*fig.*) relieve, importancia (*f.*), relevancia (*f.*) **4** reparo, observación (*f.*) **5** observación (*f.*), consideración (*f.*).

rima *s.f.* (*poes.*) **1** rima **2** versos (*m.pl.*).

rimandare *v.tr.* **1** volver a enviar **2** devolver, restituir **3** reexpedir, reenviar **4** (*licenziare*) despedir **5** (*dimettere*) dar de alta **6** (*respingere*) rechazar **7** aplazar, diferir **8** remitir, referir.

rimanere A *v.intr.* **1** quedarse, permanecer, estar **2** quedar, tocar **3** (*fig.*) (*fam.*) asombrarse, sorprenderse **4** estar, hallarse, quedar **5** quedar, quedarse **6** quedar, acordar **7** quedar **B** *v.intr.pron.* (*lett.*) quedar, permanecer.

rimbalzo *s.m.* (anche *sport*) rebote.

rimbambito *agg.* e *s.m.* chocho.

rimbombo *s.m.* **1** estruendo, fragor **2** (*fis.*) reverberación (*f.*).

rimborso *s.m.* reembolso.

rimediare A *v.intr.* **1** remediar, reparar **2** arreglar **B** *v.tr.* (*fam.*) **1** (anche *fig.*) conseguir, encontrar **2** arreglar, reparar.

rimedio *s.m.* **1** remedio, medicina (*f.*) **2** (*fig.*) remedio, solución (*f.*), arreglo.

rimettere A *v.tr.* **1** volver a poner **2** reponer, poner **3** (*raro*) (*fig.*) recuperar **4** crecer, echar **5** echar, brotar, arrojar **6** remitir, enviar, mandar **7** remitir, someter **8** perdonar, remitir, condonar **9** entrar, meter, doblar **10** entregar **B** *v.intr.* (*raro*) remitir, aminorar, perder intensidad **C** *v.intr.pron.* **1** volver a ponerse **2** recobrarse, restablecerse **3** (*tempo*) despejarse, aclararse **4** someterse, remitirse, ponerse en manos **5** (*caccia*) enmatarse, encamarse.

rimorchiare *v.tr.* **1** remolcar **2** (*mar.*) remolcar, atoar **3** (*fig.*) arrastrar, remolcar **4** (*fig.*) (*fam.*) ligar.

rimorso *s.m.* remordimiento.

rimozione *s.f.* **1** (anche *fig.*) remoción, eliminación **2** remoción, destitución, privación **3** (*psic.*) represión.

rimpatrio *s.m.* repatriación (*f.*).

rimpetto *avv.* (*raro*) enfrente.

rimpiangere *v.tr.* añorar, extrañar.

rimpianto *s.m.* **1** nostalgia (*f.*), añoranza (*f.*) **2** arrepentimiento.

rimpicciolire A *v.tr.* (*raro*) achicar, empequeñecer **B** *v.intr.pron.* (*raro*) achicarse, empequeñecerse.

rimprovero *s.m.* reproche, reprensión (*f.*).

rimuovere *v.tr.* **1** remover, apartar, quitar **2** (*fig.*) disuadir, hacer desistir **3** (*bur.*) destituir, remover **4** (*psic.*) remover **5** volver a mover.

rinascita *s.f.* **1** (anche *fig.*) renacimiento (*m.*) **2** (*fig.*) reactivación, recuperación.

rinchiudere A *v.tr.* **1** encerrar, recluir **2** guardar, encerrar **B** *v.pron.* **1** encerrarse **2** encerrarse en sí mismo, cerrarse.

rincominciare *v.tr.* volver a comenzar/empezar, recomenzar.

rincorrere A *v.tr.* perseguir, seguir **B** *v.pron.* (*reciproco*) pillarse, perseguirse uno a otro.

rincorsa *s.f.* impulso (*m.*).
rinfacciare *v.tr.* reprochar, recriminar, echar en cara.
rinforzo *s.m.* **1** (anche *mil.*) refuerzo **2** apoyo, ayuda (*f.*) **3** (*psic.*) refuerzo, recompensa (*f.*).
rinfresco *s.m.* refresco, agasajo.
rinfusa *s.f.* (*solo nella locuzione*) *alla ~,* en desorden; a la buena de Dios.
ringhiera *s.f.* barandilla, baranda, pasamanos (*m.inv.*).
ringraziamento *s.m.* agradecimiento.
rinnovamento *s.m.* renovación (*f.*).
rinnovare A *v.tr.* **1** renovar **2** repetir, reiterar, renovar **3** renovar, reanudar **4** renovar, cambiar **5** reformar **6** (*arch.*) renovar, remozar, restaurar **B** *v.intr.pron.* **1** (anche *fig.*) renovarse **2** repetirse.
rinnovo *s.m.* **1** renovación (*f.*), renuevo **2** (*comm.*) prórroga (*f.*) **3** (*agr.*) barbecho **4** (*arch.*) redecoración (*f.*).
rinuncia *s.f.* **1** renuncia **2** renunciación, sacrificio (*m.*) **3** (*giur.*) renuncia, dimisión.
rinunciare *v.intr.* renunciar.
rinvio *s.m.* **1** reexpedición (*f.*), reenvío **2** (*sport*) (*tennis*) resto **3** (*sport*) (*calcio*) contrarresto **4** (*testo*) remisión (*f.*) **5** aplazamiento **6** (*tecn.*) transmisión (*f.*) **7** (*sport*) (*alpinismo*) fiador **8** (*mar.*) (*vela*) aparejo.
riparare A *v.tr.* **1** reparar, defender, proteger **2** reparar, enmendar, corregir **3** reparar, arreglar, componer **B** *v.intr.* proveer, remediar **C** *v.pron.* **1** protegerse **2** guarecerse, refugiarse **D** *v.intr.* refugiarse, ampararse.
riparo *s.m.* **1** protección (*f.*), amparo, abrigo **2** (*fortificazione*) fortaleza (*f.*), bastión **3** remedio.
ripassare A *v.tr.* **1** repasar, volver a pasar **2** repasar, revisar **3** recordar **4** (*scherz.*) (*sgridare*) reprender, regañar **B** *v.intr.* volver a pasar.
ripensamento *s.m.* **1** reflexión (*f.*) **2** viraje.
ripensare A *v.intr.* **1** repensar **2** reflexionar **3** cambiar de idea/parecer **4** pensar **B** *v.tr.* (*lett.*) volver a evocar, traer a la memoria.
ripetere A *v.tr.pron.* (anche *giur.*) repetir **B** *v.intr.pron.* **1** repetirse **2** sucederse.
ripetizione *s.f.* **1** (anche *pegg.*, *ling.*) repetición **2** revisión, repaso (*m.*) **3** clase particular.
ripiano *s.m.* **1** (*agr.*) terraza (*f.*) **2** anaquel, estante **3** (*arch.*) rellano, descansillo.
ripicca *s.f.* desquite (*m.*), venganza.
ripido *agg.* escarpado, empinado.
ripiego *s.m.* expediente, recurso.
ripieno A *agg.* **1** relleno, repleto, colmado **2** (*fig.*) lleno, invadido **3** rellenado, relleno **B** *s.m.* **1** relleno **2** (*mus.*) (*sec. XVII-XVIII*) orquesta (*f.*).
ripopolamento *s.m.* repoblación (*f.*).
riportare A *v.tr.* **1** volver a llevar, reconducir **2** devolver, restituir **3** referir, traer **4** sufrir **5** citar **6** reproducir, copiar **7** (*fig.*) obtener, recibir **8** (*mat.*) llevar **9** (*comm.*) pasar a cuenta nueva **B** *v.intr.pron.* **1** remontarse **2** remitirse **3** someterse, conformarse **4** regresar, volver, retornar.
riposare A *v.intr.* **1** reposar, descansar **2** reposar, dormir **3** (*agr.*) estar en barbecho **4** (anche *fig.*) apoyarse, basarse, fundamentar **5** (*fig.*) confiar, depositar la confianza **6** reposar, asentarse, posar **B** *v.tr.* descansar **C** *v.intr.pron.* reposarse, descansar **D** *v.pron.* posarse de nuovo.
riposo *s.m.* **1** reposo, descanso, alivio **2** reposo, sueño **3** (*arch.*) (*mil.*) descanso **4** (*lett.*) paz (*f.*), quietud (*f.*), calma (*f.*) **5** (*mus.*) pausa (*f.*), silencio **6** letargo.
ripostiglio *s.m.* **1** (anche *fig.*) trastero **2** armario.
riprendere A *v.tr.* **1** retomar **2** coger, tomar **3** recoger **4** ir a recoger **5** (*fig.*) recobrar, recuperar **6** reconquistar **7**

retentar, volver a dar **8** reanudar **9** reponer, agregar **10** reprender, regañar **11** criticar **12** reproducir, fotografiar **13** (*cine.*) (*TV*) filmar, rodar **14** entrar, meter **B** *v.intr.pron.* **1** reponerse, restablecerse **2** rectificarse, corregirse **C** *v.intr.* recomenzar, volver a comenzar.

ripresa *s.f.* **1** reanudación **2** (*teatr.*) reposición **3** reactivación, repunte (*m.*) **4** (*cine.*) (*fot.*) (*TV*) toma, filmación **5** (*poes.*) estribillo (*m.*) **6** (*mus.*) retornelo (*m.*), vuelta **7** (*sport*) segundo tiempo (*m.*) **8** (*sport*) (pugilato) asalto (*m.*) **9** (*equit.*) lección **10** (*equit.*) (*dressage*) doma **11** (*cucito*) pinza **12** (*mar.*) represa.

riproduzione *s.f.* (anche *bio.* e *tip.*) reproducción.

riprovare A *v.tr.* **1** volver a probar **2** volver a experimentar **3** confirmar, probar, demostrar **B** *v.intr.pron.* intentar de nuovo.

ripugnante *agg.m.* e *f.* repugnante, repelente.

risalita *s.f.* **1** nueva subida **2** (*zool.*) retorno al norte.

risalto *s.m.* **1** resalto, contrasto **2** (*fig.*) realce, relieve, importancia (*f.*) **3** (*arch.*) resalto, saliente **4** (*tecn.*) (anche *alpinismo*) saliente, resalte.

risarcimento *s.m.* indemnización (*f.*), resarcimiento.

risata *s.f.* risotada, carcajada.

riscaldamento *s.m.* **1** calefacción (*f.*) **2** (*sport*) precalentamiento **3** (*pop.*) (*infiammazione*) leve inflamación (*f.*).

riscatto *s.m.* **1** rescate **2** (*giur.*) (anche *fig.*) redención (*f.*).

rischiare A *v.tr.* arriesgar, exponer **B** *v.intr.* correr peligro, peligrar **C** *v.impers.* amenazar.

rischio *s.m.* **1** riesgo, peligro **2** (*ass.*) (anche *banca*) riesgo.

riscossione *s.f.* **1** (*econ.*) recaudación, recaudo (*m.*) **2** (*bur.*) cobro (*m.*), cobranza.

risentimento *s.m.* **1** dolor: ~ *di schiena*, dolor de espalda **2** (*fig.*) resentimiento, resquemor **3** (*med.*) secuela (*f.*).

riservare *v.tr.* **1** reservar, destinar **2** reservar, hacer una reserva.

riso[1] **A** *s.m.* **1** risa (*f.*) **2** (*fig.*) sonrisa (*f.*), alegría (*f.*) **3** (*fig.*) (*lett.*) esplendor, brillo **4** (*lett.*) sonrisa (*f.*).

riso[2] *s.m.* (*bot.*) arroz.

risoluzione *s.f.* **1** resolución, solución **2** resolución, decisión **3** (*chim.*) (*giur.*) (*mus.*) resolución **4** (*mat.*) solución.

risolvere A *v.tr.* **1** resolver, solucionar **2** (*chim.*) (*med.*) (*mus.*) resolver **3** resolver, decidir **B** *v.intr.pron.* **1** (*fig.*) resolverse, reducirse, ir a parar **2** resolverse, decidirse.

risorgimento *s.m.* (anche *stor.*) resurgimiento.

risorsa *s.f.* **1** recurso (*m.*), medio (*m.*) **2** recurso (*m.*), bienes (*m.pl.*).

risparmio *s.m.* ahorro: ~ *di fatica*, ahorro de fatiga.

rispettabile *agg.m.* e *f.* **1** respetable **2** respetable, considerable, notable **3** (*scherz.*) grande.

rispettare *v.tr.* **1** respetar **2** respetar, observar, cumplir.

rispetto *s.m.* **1** respeto, consideración (*f.*) **2** respeto, cumplimiento, acatamiento **3** punto de vista, aspecto **4** (*raro*) relación (*f.*), atinencia (*f.*) **5** (*raro)* (*fig.*) motivo, causa (*f.*).

rispondere *v.intr.* **1** contestar, responder **2** (anche *canto*, *eco*) responder **3** (*fig.*) responder, corresponder **4** responder, obedecer **5** responder, reaccionar **6** dar/rendir cuentas, responder, ser responsable.

risposta *s.f.* **1** respuesta, contestación **2** (anche *tecn.*) respuesta, reacción **3** respuesta, dictamen (*m.*) **4** (*mus.*) respuesta **5** (*sport*) (*scherma*) parada.

rissa *s.f.* riña, gresca, camorra.

ristorante *s.m.* restaurante, restaurán.

ristretto *agg.* **1** encerrado estrecho **2** estricto, rígido, estrecho **3** estrecho, apretado **4** estrecho, angosto, reducido **5** reducido, contado, escaso **6** fuerte (*m.* e *f.*), concentrado **7** resumido, condensado **8** (fig.) estrecho, limitado.
ristrutturazione *s.f.* **1** reestructuración **2** (*edil.*) restauracción, remodelación, (*amer.*) refacción.
risultare *v.intr.* **1** resultar **2** parecer **3** resultar, demostrarse **4** salir, resultar.
risultato *s.m.* (anche *mat.*) resultado.
risuscitare **A** *v.tr.* **1** resuscitar **2** resuscitar, restaurar, restablecer **3** (*fig.*) reavivar, avivar **B** *v.intr.* resuscitar.
risveglio *s.m.* **1** (anche *fig.*) despertar **2** (*fig.*) renacimiento, florecimiento.
ritaglio *s.m.* **1** recorte **2** retazo, retal.
ritardare **A** *v.intr.* **1** tardar, demorarse **2** atrasarse, retrasarse **B** v.tr. **1** retardar, retrasar **2** demorar, parar, atrasar **3** retrasar, diferir aplazar.
ritardo *s.m.* **1** retraso, atraso **2** (*indugio*) demora (*f.*) **3** (*mus.*) retardo.
ritenere **A** *v.tr.* **1** contener, retener **2** (*fig.*) (*lett.*) reprimir, refrenar **3** retener, descontar **4** considerar, creer, juzgar **B** *v.pron.* **1** considerarse, tenerse por **2** (*lett.*) (*trattenersi*) retenerse, reprimirse.
ritirare **A** *v.tr.* **1** volver a tirar/arrojar/lanzar **2** retirar, apartar **3** retirar **4** (*fig.*) revocar, anular **5** (*fig.*) retirar, retractar **B** *v.intr.pron.* **1** encoger, encogerse **2** (*defluire*) desplayar, retirarse **C** *v.pron.* **1** retirarse, retroceder **2** recogerse, retirarse **3** retirarse, aislarse **4** (*bur.*) retirarse, jubilarse **5** retirarse, retractarse, desdecirse.
ritiro *s.m.* **1** retirada (*f.*) **2** (*bur.*) privación (*f.*) **3** retiro, refugio **4** (anche *sport*) abandono **5** (*met.*) contracción (*f.*).
ritmo *s.m.* **1** (anche *fig.*) ritmo **2** (*fig.*) ritmo, marcha (*f.*) **3** (*fig.*) sucesión armónica.
rito *s.m.* **1** (*rel.*) rito **2** (*rel.*) ceremonia (*f.*) **3** (*fig.*) rito, costumbre (*f.*).
ritocco *s.m.* **1** retoque, acabado **2** retoque, pasada (*f.*).
ritornare **A** *v.intr.* **1** volver, regresar, retornar, tornar **2** volver **3** repetirse **4** venir, volver **5** (*ricorrenza*) celebrarse, conmemorarse **6** volver a ser **7** (*raro*) redundar, resultar **B** *v.tr.* devolver, restituir.
ritorno *s.m.* **1** vuelta (*f.*), regreso, retorno **2** (*fig.*) reaparición (*f.*) **3** restitución (*f.*), devolución (*f.*) **4** (*econ.*) rédito, renta (*f.*) **5** (*mar.*) retorno.
ritratto *s.m.* **1** (anche *fig.*) retrato **2** (*fig.*) descripción (*f.*), cuadro.
ritrovare **A** *v.tr.* **1** (anche *fig.*) hallar, encontrar **2** (*fig.*) recuperar, recobrar **3** (*fig.*) hallar, descubrir **4** (*fig.*) reconocer **5** (*fig.*) (*fam.*) hallarse, encontrarse **B** *v.pron.* (*reciproco*) **1** encontrarse, reunirse **2** verse **C** *v.pron.* hallarse, encontrarse.
ritrovo *s.m.* **1** encuentro, cita (*f.*) **2** local.
riunione *s.f.* **1** reunión, unión **2** (anche *sport*) reunión.
riunire **A** *v.tr.* **1** reunir **2** reconciliar **3** reunir, juntar, recoger **B** *v.pron.* (*reciproco*) reunirse **C** *v.intr.pron.* reunirse.
riuscire *v.intr.* volver a salir **2** salir, desembocar, afluir **3** (anche *fig.*) llegar **4** salir, resultar **6** ser un éxito **7** lograr, conseguir **8** poder, lograr **9** dársele bien, tener aptitud.
riuscita *s.f.* **1** éxito (*m.*) **2** resultado (*m.*), logro (*m.*).
riuso *s.m.* **1** reutilización (*f.*) **2** (*edil.*) (*urbanistica*) rehabilitación (*f.*) de edificios.
riva *s.f.* **1** (anche *lett.*) ribera, orilla, margen (*m.* e *f.*) **2** (*mare*) costa, litoral (*m.*) **3** (*pendio*) ribazo (*m.*), cuesta.
rivale *agg.* e *s.m.* e *f.* rival, antagonista.

rivedere A *v.tr.* **1** volver a ver, rever **2** releer **3** repasar **4** rever, reexaminar **5** revisar, controlar **6** reajustar **B** *v.pron.* (*reciproco*) volver a verse/encontrarse.
rivelazione *s.f.* **1** (anche *rel.*) revelación **2** revelación, descubrimiento (*m.*) **3** (*elett.*) demodulación.
rivendicazione *s.f.* reivindicación.
rivendita *s.f.* **1** reventa **2** (*negozio*) tienda al por menor/al detalle.
rivestimento *s.m.* **1** revestimiento, recabrimiento **2** (*fig.*) desempeño, ejercicio **3** enchapado, chapeado **4** (*fodera*) fonda (*f.*), forro **5** (*mil.*) blindaje.
riviera *s.f.* **1** costa **2** (*equit.*) ría.
rivincita *s.f.* **1** (*gioco*) (*sport*) desquite (*m.*), desempate (*m.*) **2** revancha, desquite (*m.*) **3** (*fig.*) delantera.
rivista *s.f.* **1** revisión **2** (*mil.*) revista, inspección **3** (*giorn.*) revista, magacín (*m.*) **4** (*teatr.*) revista, variedad.
rivolgere A *v.tr.* **1** dirigir, encaminar **2** dar vueltas **3** (*fig.*) revolverse, bullir **4** dirigir, volver **5** dirigir **6** (*lett.*) volcar, tumbar **7** (*fig.*) (*lett.*) (*dissuadere*) disuadir **B** *v.pron.* **1** volverse, darse vuelta **2** (*fig.*) dedicarse **3** dirigirse, recurrir **C** *v.intr.pron.* (*astro.*) girar.
rivolta *s.f.* revuelta, insurrección, asonada.
rivoltella *s.f.* revólver (*m.*).
rivoluzione *s.f.* **1** (anche *astro.* e *mecc.*) revolución **2** (*fig.*) (*fam.*) revolución, confusión, caos (*m.inv.*).
roba *s.f.* **1** objeto (*m.*), cosa **2** bienes (*m.pl.*), haberes (*m.pl.*), pertenencias (*pl.*) **3** (*cibo*) comida **4** (*lavoro*) obra, trabajo (*m.*) **5** (*fig.*) asunto (*m.*), cosa, incumbencia **6** (*stoffa*) tela **7** (*indumenti*) ropa **8** (*comm.*) mercancía, artículo (*m.*) **9** (*gerg.*) droga.
robiola *s.f.* (*cuc.*) queso fresco y mantecoso.
robot *s.m.inv.* (*tecn.*) (anche *fig.*) robot (*sing.*).
robusto *agg.* **1** robusto, recio, vigoroso **2** robusto, resistente (*m.* e *f.*), fuerte (*m.* e *f.*) **3** (*grasso*) fornido, grueso **4** (*fig.*) valeroso, valiente (*m.* e *f.*) **5** (*fig.*) agudo, sutil (*m.* e *f.*).
rocca *s.f.* roca, peñón (*m.*).
roccia *s.f.* **1** (*geol.*) (anche *fig.*) roca **2** (*fam.*) (*sudiciume*) mugre, suciedad.
roditore *agg.* e *s.m.* (anche *fig.*) roedor.
rododendro *s.m.* (*bot.*) rododendro.
rogna *s.f.* **1** (*vet.*) roña, sarna **2** (*fig.*) (*fam.*) lata, rollo (*m.*) **3** (*fig.*) (*difetto*) tacha, defecto (*m.*).
rogo *s.m.* **1** hoguera (*f.*) **2** hoguera (*f.*), fogata (*f.*).
rollare A *v.tr.* **1** (*mar.*) enrollar los coyes **2** (*gerg.*) liar cigarrillo **B** *v.intr.* (*aer.*) (anche *mar.*) balancearse.
romagnolo *agg.* e *s.m.* habitante (*m.* e *f.*) de Romagna (Italia).
romanesco *agg.* romano.
romanico *agg.* e *s.m.* románico.
romano *agg.* e *s.m.* (anche *rel.*) romano.
romanticismo *s.m.* **1** (*lett.*) (anche *arte*) romanticismo **2** romanticismo, sentimentalismo.
romanzo A *agg.* (*ling.*) romance (*m.*e *f.*) **B** *s.m.* **1** (*ant.*) (*lett.*) libro de caballería, poema caballeresco **2** (anche *fig.*) novela (*f.*) **3** (*fig.*) mentira (*f.*), invención (*f.*) **4** (*fig.*) romance, idilio.
rombo *s.m.* **1** (*geom.*) rombo **2** (*zool.*) rodaballo.
romeno *agg.* e *s.m.* rumano.
rompere A *v.tr.* **1** romper, partir, quebrar **2** arrancar, desprender **3** fracturar, quebrar **4** hender, surcar **5** (anche *fig.*) romper, destrozar **6** (*fig.*) romper, interrumpir **7** (*fig.*) romper, violar, quebrantar **B** *v.intr.* **1** (*frangersi*) romper **2** romper, cortar **3** (*volg.*) joder, jorobar **4** romper, prorrumpir **5** desbordarse, salirse **C** *v.intr.pron.* **1** romperse, quebrarse **2**

romperse, agrietarse **3** (*sport*) lesionarse **4** (*fig.*) (*volg.*) cabrearse.
rompipalle *s.m.* e *f.inv.* (*volg.*) plomo (*m.sing.*), (*amer.*) hinchapelotas.
rondine *s.f.* (*zool.*) golondrina.
rosa A *agg.inv.* rosa, rosado (*m.sing.*) **B** *s.f.* **1** (*bot.*) rosal (*m.*), (*amer.*) rosa **2** (*bot.*) (*fiore*) rosa: *vaso di rose*, maceta de rosas **3** (*poes.*) rosa (*m.*) **4** (*fig.*) grupo (*m.*) **5** (*macchia sulla pelle*) rosa, chapa **6** (*aral.*) roseta **7** (*mus.*) oído (*m.*) **8** (*taglio di carne*) babilla **C** *s.m.inv.* rosa (*sing.*).
rosario *s.m.* **1** (*rel.*) rosario **2** (*fig.*) rosario, sarta (*f.*), serie (*f.*).
rosmarino *s.m.* (*bot.*) romero.
rosolia *s.f.* (*med.*) rubéola, rubeola.
rospo *s.m.* **1** (*zool.*) sapo **2** (*fig.*) (*pegg.*) (*persona ripugnante*) esperpento **3** (*fig.*) (*pegg.*) (*persona scontrosa*) hurón, persona huraña.
rossetto *s.m.* (*cosmesi*) **1** (*labbra*) lápiz labial, rojo/barra de labios, pintalabios (*inv.*) **2** (*gote*) arrebol.
rosso A *agg.* **1** rojo, colorado, (*amer.*) lacre (*m.* e *f.*) **2** (*vino*) tinto **3** rojo, de izquierdas **B** *s.m.* **1** rojo **2** (*chim.*) (*pol.*) rojo **3** (*persona*) pelirrojo **4** (*semaforo*) luz (*f.*) roja, rojo **5** (*vino*) vino tinto.
rotaia *s.f.* **1** rodada, carril (*m.*) **2** (*ferr.*) (*mecc.*) carril (*m.*), riel (*m.*), rail (*m.*).
rotazione *s.f.* **1** (anche *fig.*) rotación **2** (*sport*) (*salto in alto*) giro (*m.*).
rotolare A *v.tr.* hacer rodar **B** *v.intr.* **1** rodar **2** rodar, caerse rodando **C** *v.pron.* revolcarse.
rotonda *s.f.* **1** (*arch.*) rotonda, rotunda **2** (*piazza*) rotonda.
rotondo *agg.* **1** redondo **2** (*fig.*) rotundo, expresivo, lleno.
rotta[1] *s.f.* **1** (*ant.*) grieta, raja, rotura **2** rompimiento (*m.*), rotura **3** derrota, rota, fuga.
rotta[2] *s.f.* **1** (anche *aer.*) ruta **2** (*mar.*) rumbo (*m.*), singladura, derrotero (m.) **3** (*fig.*) rumbo (*m.*), ruta, marcha.
rottame *s.m.* **1** chatarra (*f.*), escoria (*f.*) **2** (*fig.*) guiñapo, piltrafa (*f.*), desecho.
rottura *s.f.* **1** rotura **2** rotura, ruptura, interrupción **3** ruptura, rompimiento (*m.*) **4** violación **5** (*mil.*) brecha, rotura **6** (*equit.*) paso del trote al galope **7** (*med.*) fractura **8** (tempo) empeoramiento (*m.*).
roulette *s.f.inv.* (*franc.*) (*gioco*) ruleta (*sing.*).
roulotte *s.f.inv.* (*franc.*) auto caravana (*sing.*).
round *s.m.inv.* (*angl.*) **1** (*sport*) asalto (*sing.*) **2** (*fig.*) round.
routine *s.f.inv.* (*franc.*) **1** (anche *inform.*) rutina (*sing.*) **2** (*pratica*) rutina (*sing.*), práctica (*sing.*).
rovere *s.m.* e *f.* (*bot.*) (anche *legno*) roble (*m.*).
rovesciare A *v.tr.* **1** verter, derramar **2** (*fig.*) achacar, echar **3** volver al revés, darle la vuelta **4** voltear, revolver **5** volcar **6** (*fig.*) derrocar, derribar **7** (*raro*) (*mil.*) arrasar, destruir **B** *v.intr.pron.* **1** volcarse **2** zozobrar **3** tumbarse, dejarse caer **4** derramarse, verterse **5** verterse **6** caer **7** (*fig.*) concurrir, afluir.
rovesciata *s.f.* (*sport*) (*calcio*) chilena.
rovescio *agg.* vuelto al revés.
rovescio *s.m.* **1** (anche *fig.*) revés **2** (*moneta*) reverso **3** (*pagina*, *foglio*) dorso **4** (*fig.*) revés, desgracia (*f.*), contratiempo **5** (*fig.*) lluvia (*f.*), chaparrón **6** (*sport*) (*tennis*) revés.
rovina *s.f.* **1** ruina, derrumbe (*m.*) **2** (anche *fig.*) ruina **3** (*fig.*) ruina, perdición **4** (*fig.*) ruina, decadencia **5** (*lett.*) ímpetu (*m.*), furia.
rovinare A *v.intr.* **1** derrumbarse, desplomarse **2** precipitarse, caer **B** *v.tr.* **1** abatir, demoler **2** arruinarse, estropear **3** (*fig.*) arruinar, perjudicar **C** *v.pron.* arruinarse.
rozzo *agg.* **1** en bruto (*avv.*) **2** áspero, rude **3** basto, tosco **4** (*fig.*) rudo, gro-

sero, zafio **5** (*fig.*) maleducado, malcriado.
rubare A *v.tr.* **1** robar, hurtar **2** (*fig.*) robar, arrebatar, quitar **3** (*fig.*) arrancar, sonsacar, sacar **4** (*fig.*) llevar **5** (*fig.*) soplar, quitar, birlar **6** atracar, asaltar **B** *v.pron.* (*reciproco*) acapararse, monopolizar.
rubinetto *s.m.* **1** (anche *fig.*) grifo **2** llave de paso.
rubino *agg.inv.* e *s.m.* rubí.
rublo *s.m.* (*moneta*) rublo.
rubrica *s.f.* **1** (*indirizzi*) agenda **2** (*telefono*) guía **3** (*giur.*) (*rel.*) rúbrica **4** (*giorn.*) sección, columna **5** rúbrica, epígrafe (*m.*), título (*m.*) **6** (*argilla rossa*) rúbrica, minio (*m.*).
rudere *s.m.* **1** (*fig.*) (*persona*) carroza (*m.* e *f.*) **2** ruina (*f.*).
ruffiano *s.m.* **1** rufián, chulo, (*amer.*) cabrón **2** (*leccapiedi*) pelotillero, lameculos (*m.* e *f.inv.*).
ruga *s.f.* arruga.
ruggine A *agg.inv.* e *s.m.inv.* rojizo (*m.*) **B** *s.f.* **1** herrumbre, orín (*m.*) **2** (*rig.*) rencor (*m.*), resentimiento (*m.*).
rugiada *s.f.* rocío.
rullino *s.m.* carrete, rollo.
rullo *s.m.* **1** redoble **2** (*oggetto*) rodillo, rollo, cilindro **3** (*gioco*) bolo **4** (*cine.*) (*fot.*) rollo, carrete.
rum *s.m.inv.* (*angl.*) (*liquore*) ron (*sing.*).
ruminanti *s.m.pl.* (*zool.*) rumiantes.
rumore *s.m.* **1** (anche *elett.*) (*med.*) ruido **2** (*fig.*) revuelo, escándalo, alboroto **3** (*lett.*) (*fama*) fama (*f.*).
ruolo *s.m.* **1** (*bur.*) (*giur.*) registro **2** (*mil.*) escalón **3** (*bur.*) plantilla (*f.*) **4** (anche *cine.* e *teatr.*) papel, rol **5** (*fig.*) cargo, función (*f.*).
ruota *s.f.* **1** (anche *arma da fuoco, supplizio*) rueda **2** torno (*m.*) **3** (*arrotino*) piedra amoladera **4** (*lotto*) urna **5** círculo (*m.*) **6** (*fig.*) rueda, sucesión.
ruotare A *v.intr.* **1** girar, dar vuelta **2** revolotear **B** *v.tr.* **1** volver, hacer girar **2** revolver.
rupe *s.f.* roca, peña.
ruscello *s.m.* arroyo.
ruspa *s.f.* excavadora.
russare *v.intr.* roncar.
russo *agg.* e *s.m.* ruso.
rustico A *agg.* **1** rústico, rural (*m.* e *f.*) **2** (*fig.*) huraño, arisco **3** (*fig.*) sencillo, simple (*m.* e *f.*) **B** *s.m.* **1** (*agr.*) casa (*f.*) de labor/labranza **2** (*edil.*) obra (*f.*) gruesa.
rutto *s.m.* eructo, regüeldo.
ruvido *agg.* **1** rudo, áspero **2** (*vino*) áspero **3** (*fig.*) rudo, brusco **4** (*fig.*) (*lett.*) en bruto (*avv.*), tosco.

S

s *s.f.inv.* **1** letra s **2** (*geog.*) (*abbr. di sud*) S.
s- *pref.* **1** (*significato contrario*) des-: *sfatto*, deshecho **2** (*valore privativo* o *peggiorativo*) des- **3** (*separazione, allontanamento*) des-, re- **4** (*valore privativo* o *detrattivo*) des- **5** (*funzione derivativa*) des-, de-.
sabato *s.m.* sabádo.
sabbia *s.f.* **1** arena **2** (*med.*) arenilla.
sabotaggio *s.m.* **1** (*giur.*) (*mil.*) sabotaje **2** (*fig.*) sabotaje, obstrucción (*f.*), oposición (*f.*).
sabotare *v.tr.* **1** sabotear **2** (anche *fig.*) sabotear, entorpecer, obstacular.
sacca *s.f.* **1** bolso (*m.*), bolsa, macuto (*m.*) **2** (*bisaccia*) talega **3** (*anat.*) saco (*m.*) **4** (*geog.*) recodo (*m.*), ensenada, cala: *le sacche del Ticino*, los recodos del Ticino **5** (*med.*) (*mil.*) (anche *fig.*) bolsa.
saccarina *s.f.* (*chim.*) sacarina.
saccheggio *s.m.* **1** saqueo, saco **2** (*fig.*) saqueo.
sacchetto *s.m.* bolsa (*f.*), bolsita (*f.*).
sacco *s.m.* **1** (anche *contenuto*) saco, costal **2** (*fig.*) (*fam.*) montón, cantidad (*f.*) **3** (*tess.*) arpillera (*f.*) **4** bolsa (*f.*), macuto **5** (*anat.*) (*scient.*) (anche *antica unità di misura per aridi*) saco **6** (*saio*) sayo, sayal, saco **7** (*sport*) (*pugilato*) saco de arena, pushing (*inv.*) **8** (*mus.*) (*fagotto*) tudel **9** (*pop.*) (*scherz.*) (*stomaco*) buche **10** (*gerg.*) (*banconota*) billete de mil liras.
sacerdote *s.m.* **1** (*rel.*) sacerdote, cura **2** (*fig.*) apóstol.
sacramento *s.m.* (*rel.*) **1** sacramento **2** eucaristía (*f.*).
sacrificare **A** *v.tr.* **1** (anche *rel.*) sacrificar, ofrendar **2** sacrificar, renunciar **3** desperdiciar, desaprovechar **B** *v.intr.* rendirse, sucumbir **C** *v.pron.* **1** sacrificarse, inmolarse **2** sacrificarse, hacer sacrificios.
sacrilegio *s.m.* **1** sacrilegio, profanación (*f.*) violación (*f.*) **2** (*fig.*) irreverencia (*f.*), insolencia (*f.*), falta (*f.*) de respeto.
sacro[1] *agg.* **1** (*rel.*) sacro, sagrado: *tempio ~*, templo sagrado **2** sagrado, intocable (*m.* e *f.*), inviolable (*m.* e *f.*) **3** consagrado, dedicado **4** solemne (*m.* e *f.*), majestuoso, imponente (*m.* e *f.*).
sacro[2] *agg.* e *s.m.* (*anat.*) sacro.
sadico *agg.* e *s.m.* sádico.
sadomaso *s.m.* e *f.inv.* (*abbr.*) (*psic.*) sadomaso.
safari *s.m.inv.* safari (*sing.*).
saggezza *s.f.* sabiduría.
saggio[1] **A** *agg.* **1** sabio **2** sabio, sensato, prudente (*m.* e *f.*) **B** *s.m.* sabio.
saggio[2] *s.m.* **1** prueba (*f.*), ensayo, verificación (*f.*) **2** muestra (*f.*) **3** prueba (*f.*), muestra (*f.*), demostración (*f.*) **4** (*econ.*) tipo, porcentaje **5** ensayo.
sagittario *s.m.* **1** (*zool.*) serpentario **2** (*astr.*) (*astrol.*) sagitario.
sagoma *s.f.* **1** perfil (*m.*), silueta **2** (*modello*) ságoma, escantillón (*m.*),

plantilla **3** (*sport*) (*tiro a segno*) blanco (*m.*) **4** (*fig.*) (*fam.*) (*persona*) saleroso (*m.*), ocurrente (*agg.m.* e *f.*).
sagra *s.f.* feria, fiesta popular, kermés.
sagrestia *s.f.* **1** (*rel.*) sacristía **2** (*raro*) (*banca*) cámara acorazada de un banco.
sala *s.f.* (anche *pubblico*) sala.
salamandra *s.f.* (*zool.*) salamandra.
salame *s.m.* **1** (*cuc.*) salchichón, (*amer.*) salame **2** (*fig.*) zopenco, tonto.
salario *s.m.* salario, sueldo: *aumento del ~*, aumento del sueldo.
salatino *s.m.* (*cuc.*) canapé, pincho.
salato A *agg.* **1** (*cuc.*) salado **2** (*fig.*) caro, costoso, (*amer.*) salado **3** (*fig.*) mordaz (*m.* e *f.*), agudo **4** (*raro*) (*fig.*) verde (*m.* e *f.*), picante (*m.* e *f.*), sucio **B** *s.m.* (*cuc.*) **1** lo salado **2** (*salume*) embutido.
saldare A *v.tr.* **1** unir, juntar **2** (*fig.*) enlazar, conectar **3** (*met.*) soldar **4** (*comm.*) saldar, pagar **5** (*fig.*) saldar, liquidar **6** (*med.*) cicatrizar **B** *v.intr.pron.* (*med.*) **1** cicatrizarse **2** soldarse
saldo A *agg.* **1** resistente (*m.* e *f.*), fuerte (*m.* e *f.*) **2** firme (*m.* e *f.*), estable (*m.* e *f.*) **3** (*fig.*) sólido, firme (*m.* e *f.*) **4** (*fig.*) duradero, sólido **5** (*fig.*) sólido, válido, irrefutable (*m.* e *f.*) **6** (*lett.*) compacto **7** (*lett.*) (*massiccio*) macizo, sólido, lleno **8** (*lett.*) (*con consistenza materiale*) concreto **B** *s.m.* **1** (*econ.*) saldo **2** (*comm.*) saldo, resto **3** (*somma*) saldo, pago, finiquito.
sale *s.m.* **1** (anche *chim.*) sal (*f.*) **2** (*agr.*) fertilizante **3** (*fig.*) sal (*f.*), agudeza (*f.*), chispa (*f.*) **4** (*poes.*) mar.
salice *s.m.* (*bot.*) sauce.
salire A *v.intr.* **1** subir(se) **2** (anche *fig.*) subir, ascender, elevarse **3** empinarse, subir **4** (*montare*) montar, subir **5** (*fig.*) alcanzar, ganar, conseguir **6** (*fig.*) subir, crecer, aumentar **B** *v.tr.* subir.
salita *s.f.* **1** subida, ascensión **2** (*ginnastica*) escalada, trepa **3** (*luogo*) pendiente, cuesta.
salma *s.f.* **1** restos (*m.pl.*) mortales, despojos (*m.pl.*), cadáver (*m.*) **2** (*poes.*) cuerpo (*m.*) humano **3** (*misura per aridi* e *liquidi*) medida de 70 a 300 litros **4** (*agr.*) (*misura di superficie*) medida de 1 a 4 hectáreas.
salmo *s.m.* (*rel.*) (anche *mus.*) salmo.
salmone A *agg.inv.* (*colore*) salmón **B** *s.m.* **1** (*zool.*) salmón **2** (*mar.*) (*zavorra*) lingote.
salone[1] *s.m.* salón, sala (*f.*).
salone[2] *s.m.* (*esposizione*) salón, feria (*f.*).
salotto *s.m.* **1** sala (*f.*), sala (*f.*) de estar, (*amer.*) living (*inv.*) **2** (*mobili*) tresillo, salón **3** (*riunione mondana*) tertulia (*f.*), salón.
salpare A *v.tr.* (*mar.*) **1** reflotar **2** levar **B** *v.intr.* **1** (*mar.*) zarpar **2** (*fig.*) (*scherz.*) irse, marcharse.
salsa[1] *s.f.* (*cuc.*) salsa.
salsa[2] *s.f.* (*geol.*) lodo (*m.*) burbujeante.
salsa[3] *s.f.* (*amer.*) (*mus.*) salsa.
salsiccia *s.f.* **1** (*cuc.*) salchicha, longaniza, chorizo (*m.*) **2** (*terrapieno*) salchicha.
saltare A *v.intr.* **1** saltar, brincar, botar **2** saltar, tirarse **3** saltar, volar **4** saltar, estallar, explotar **5** saltarse **6** subirse, montar **7** (*elett.*) fundirse **8** (anche *sport*) saltar **B** *v.tr.* **1** saltar, salvar, superar **2** (*fig.*) saltarse, omitir, (*fig.*) comerse **3** (*cuc.*) saltear, sofreír, dorar **4** (*zootec.*) saltar, cubrir.
salto *s.m.* **1** salto, brinco, bote **2** (*sport*) (*atletica leggera*) salto **3** (*sport*) (*sci*) salto (de trampolín) **4** (*fig.*) salto, escapada (*f.*), momento **5** (*fig.*) momento **6** (*dislivello*) salto, desnivel **7** (*fig.*) salto, avance, progreso **8** (*fig.*) salto, omisión (*f.*), interrupción (*f.*) **9** (*meteo.*) cambio brusco, salto, variación (*f.*) **10** (*fig.*) alza (*f.*), subida (*f.*) **11** (*mus.*) (*nota*) paso.

saltuario *agg.* esporádico, ocasional (*m.* e *f.*).
salume *s.m.* (*cuc.*) embutido.
salutare *agg.m.* e *f.* **1** saludable, sano (*m.*) **2** (*fig.*) saludable, provechoso (*m.*).
salutare A *v.tr.* **1** saludar, dar saludos, dar recuerdos **2** (*mil.*) (anche *fig.*) saludar **3** (*fig.*) (*accogliere*) recibir, acoger **4** (anche *lett.*) aclamar, proclamar, reconocer **B** *v.pron.* (*reciproco*) saludarse, despedirse.
salute A *inter.* **1** (*brindisi*) ¡salud! **2** (*starnuto*) ¡jesús!, (*amer.*) ¡salud! **3** (*saluto*) ¡hola! **4** (*meraviglia*) ¡caray!, ¡caracoles! **B** *s.f.* **1** salud **2** (*lett.*) salud, bienestar (*m.*), bien (*m.*) **3** (*rel.*) salud, salvación **4** (*lett.*) felicidad, bien (*m.*).
saluto *s.m.* **1** saludo **2** saludo, bienvenida (*f.*).
salvadoregno *agg.* e *s.m.* salvadoreño.
salvare A *v.tr.* **1** salvar, rescatar **2** proteger, cuidar, defender **3** (*inform.*) salvaguardar, salvar **4** (*pop.*) guardar, conservar **B** *v.pron.* **1** (anche *rel.*) salvarse **2** refugiarse, ponerse a salvo **3** estar a salvo, salvarse.
salvataggio *s.m.* **1** salvamento, rescate **2** (*fig.*) salvamento, saneamiento **3** (*inform.*) salvaguardia (*f.*) **4** (*sport*) (*calcio*) parada (*f.*).
salve *inter.* (*lett.*) (anche *fam.*) ¡hola!
salvezza *s.f.* (anche *fig.*) salvación.
salvia *s.f.* (*bot.*) salvia.
salvo A *agg.* **1** salvo, ileso **2** salvo, fuera de peligro (*m.* e *f.*) **3** (*rel.*) salvo **B** *prep.* salvo, excepto, fuera de **C** *s.m.* (*solo nella locuzione*) *mettersi a* ~, ponerse en salvo.
samba *s.m.* e *f.* (*danza*) samba (*f.*).
samurai *s.m.inv.* samurai (*sing.*).
sanare A *v.tr.* **1** (anche *fig.*) sanar, curar **2** (*fig.*) sanear, combatir, atacar **3** (*econ.*) sanear, equilibrar **4** (*bonificare*) sanear **B** *v.intr.pron.* (anche *fig.*) sanar, curar.
sandalo[1] *s.m.* (*bot.*) **1** (*albero*) sándalo **2** (*leguminosa*) sándalo rojo, narra (*f.*).
sandalo[2] *s.m.* (*calzature*) sandalia (*f.*).
sandwich A *agg.inv.* (*angl.*) (*solo nella locuzione*) *strutture* ~, estructura de emparedado **B** *s.m.inv* (*angl.*) sándwich (*sing.*), emparedado (*sing.*).
sangue A *agg.inv.* color sangre, rojo vivo **B** *s.m.* **1** (*anat.*) (anche *fig.*) sangre (*f.*) **2** (*fig.*) sangre (*f.*), linaje, familia (*f.*) **3** (*fig.*) sudor, sangre (*f.*).
sano A *agg.* **1** sano **2** salubre (*m.* e *f.*), saludable (*m.* e *f.*) **3** (*pop.*) (*intero*) todo, entero, completo **4** (*fig.*) sano, íntegro, recto **5** (*fig.*) sano, virtuoso, ejemplar (*m.* e *f.*) **B** *s.m.* sano.
santificare A *v.tr.* **1** santificar **2** (*rel.*) santificar, canonizar **3** (anche *rel.*) santificar, honrar **B** *v.pron.* hacerse santo.
santo A *agg.* **1** (*rel.*) (anche *giorno*, *effigie*, *luogo*) santo, san: *san Giuseppe*, san José **2** santo, sagrado, inviolable (*m.* e *f.*) **3** (*rel.*) santo **4** santo, pío, bendito **5** santo, recto **6** (*fig.*) (*fam.*) santo, provechoso, eficaz (*m.* e *f*) **7** (*fam.*) (*rafforzativo*) santo, dichoso, maldito, bendito **B** *s.m.* **1** (*rel.*) (anche *fig.*) santo **2** santo, imagen (*f.*) **3** (*fam.*) santo, onomástico.
santone *s.m.* **1** (*rel.*) santón **2** (*pegg.*) (*bigotto*) santón, santurrón **3** (*iron.*) santón, gurú.
sapere A *s.m.* (*solo sing.*) saber: *il ~ universale*, el saber universal **B** *v.tr.* **1** saber, conocer **2** saber, entender de, ser experto de **3** saber, enterarse de **4** saber, tener claro **5** saber, prever, sospechar **C** *v.intr.* **1** saber, tener sabor **2** oler, tener olor **3** (*fig.*) creer, parecer, tener la impresión.
sapienza *s.f.* **1** sabiduría, sapiencia **2** (*rel.*) (*Antico Testamento*) libro de la Sabiduría.
saponetta *s.f.* jabón (*m.*) de olor/tocador, pastilla de jabón.
sapore *s.m.* **1** (anche *fig.*) sabor, gusto **2** (*fig.*) tono **3** (*fig.*) color, colorido, vi-

da (*f.*) **4** (*pop.*) (*cuc.*) (*salsa di noci*) nogada (*f.*).
saracinesca *s.f.* **1** cierre (*m.*) metálico **2** (*fort.*) rastrillo (*m.*) **3** (*idr.*) compuerta, esclusa.
sarcasmo *s.m.* sarcasmo, mordacidad (*f.*).
sarcofago *s.m.* (*archeol.*) sarcófago.
sardina *s.f.* (*zool.*) sardina.
sardo *agg.* e *s.m.* sardo.
sarto *s.m.* **1** (*da uomo*) sastre **2** (*da donna*) estilista (*m.* e *f.*), modisto.
sasso *s.m.* **1** (*masso*) piedra (*f.*), roca (*f.*) **2** (*materia*) piedra (*f.*) **3** (*ciottolo*) piedra (*f.*), guijarro, canto **4** (*geog.*) peñasco, macizo montañoso **5** (*lett.*) lápida (*f.*) sepulcral.
sassofono *s.m.* (*mus.*) saxófono, saxofón, saxo.
Satana *s.m.inv.* Satán, Satanás, Lucifer.
satellite A *agg.inv.* satélite **B** *s.m.* **1** (*aer.*) (*anat.*) (*astro.*) (*bio.*) (*mecc.*) satélite **2** (*ant.*) (*lett.*) (*sgherro*) satélite **3** (*pegg.*) acólito, satélite, adlátere.
satira *s.f.* **1** (*lett.*) (*poes.*) sátira **2** sátira, diatriba, crítica.
saturno *s.m.* (*astro.*) (anche *astrol.*) saturno.
saturo *agg.* **1** (*chim.*) (*fis.*) saturado **2** (*fig.*) lleno, cargado.
saudita *agg.* e *s.m.* e *f.* saudita, saudí.
sauna *s.f.* sauna.
savana *s.f.* (*geog.*) sabana.
sax *s.m.inv* (*abbr.*) (*mus.*) saxo (*sing.*).
sazietà *s.f.inv.* **1** saciedad (*sing.*), hartura, (*sing.*) **2** (*fig.*) (*noia*) aburrimiento (*m.sing.*), cansancio (*m.sing.*).
sbadato *agg.* e *s.m.* descuidado, distraído.
sbadiglio *s.m.* bostezo.
sbagliare A *v.tr.* **1** errar, fallar, equivocar **2** equivocarse de, no acertar **3** equivocar, confundir **4** (*fam.*) engañarse, equivocarse **B** *v.intr.* **1** equivocarse, cometer un error **2** equivocarse, confundirse **3** ser culpable **4** equivocarse, fallar, errar **5** cometer un error, estar equivocado **6** actuar/portarse mal.
sbaglio *s.m.* **1** (*errore*) equivocación (*f.*) **2** (*disattenzione*) descuido, negligencia (*f.*) **3** (*colpa*) desliz, pecado.
sballo *s.m.* **1** (*sballatura*) desembalaje, desempacado **2** (*gerg.*) (*droga*) tripi, viaje, flipe, colocón **3** (*fig.*) alucine, disloque, desmadre.
sbalordire A *v.tr.* **1** asombrar, dejar pasmado/estupefacto, desconcertar **2** aturdir, marear, trastornar **B** *v.intr.* **1** (*raro*) (*restare tramortito*) quedarse aturdido **2** dejar pasmado **C** *v.intr.pron.* pasmarse.
sbalzo *s.m.* **1** bote, brinco, salto **2** tropezón **3** (*fig.*) oscilación (*f.*), cambio repentino **4** (*fig.*) avance, ascenso, progreso.
sbandata *s.f.* **1** (*auto*) derrape (*m.*) **2** (*mar.*) escora, bandazo (*m.*).
sbando *s.m.* desbandamiento.
sbarazzare A *v.tr.* **1** liberar **2** despejar, desembarazar **3** (*fig.*) librar, sacar de encima, sacudir **B** *v.pron.* (anche *fig.*) desembarazarse, deshacerse.
sbarbato *agg.* desbarbado, rasurado.
sbarco *s.m.* **1** (anche *mil.*) desembarco, desembarque **2** (*luogo*) desembarcadero.
sbarra *s.f.* **1** barrote (*m.*) **2** (*ferr.*) barrera **3** (*giur.*) barra, barandilla **4** (*bastone*, *spranga*) palo (*m.*) **5** (*mar.*) caña **6** (*edil.*) barra, viga **7** (*porta*) tranca **8** (*sport*) (*ginnastica*) barra fija **9** (*aral.*) (*sport*) (*sollevamento pesi*) barra.
sbarramento *s.m.* **1** acordonamiento, bloque, cordón **2** barrera (*f.*).
sbattere A *v.tr.* **1** sacudir **2** agitar, batir, mover **3** arrojar, echar, tirar **4** (*fig.*) arrojar, echar, expulsar **5** (*fig.*) dejar, poner, colocar **6** estrellar, arrojar **7** (*cuc.*) batir **8** (*giorn.*) publicar **9** (*volg.*) (*sesso*) follar, joder **10** (*fig.*)

(*fam.*) (*colorito*) sentar mal, quedar mal **B** *v.pron.* (*fam.*) bregar, currar **C** *v.intr.* **1** (*porta*, *finestra*) batir, golpetear **2** (*tenda*, *vela*) menearse.
sberla *s.f.* bofetada, torta, tortazo (*m.*), (*amer.*) cachetada.
sbiadire *v.intr.* **1** desteñirse, decolorarse **2** (*fig.*) desvanecerse.
sbieco *agg.* oblicuo, torcido, sesgado.
sbigottimento *s.m.* desconcierto, sobrecogimiento.
sbilanciamento *s.m.* desequilibrio.
sbirciare *v.tr.* **1** dar una ojeada, echar un vistazo **2** mirar de reojo, mirar con el rabillo del ojo **3** mirar de arriba abajo, examinar.
sbirro *s.m.* **1** (*stor.*) esbirro **2** (*pegg.*) polizonte, madero, policía, (*amer.*) cana.
sbizzarrire A *v.tr.* (*raro*) disciplinar **B** *v.intr.pron.* desahogarse, quitarse las ganas.
sbloccare A *v.tr.* **1** liberar **2** (*mecc.*) desbloquear, saltar **3** (*fig.*) desbloquear, resolver **4** (*fig.*) liberalizar, desregular, descongelar **B** *v.intr.* (*gioco*) (*biliardo*) irse por alto **C** *v.intr.pron.* **1** descongestionarse, desbloquearse **2** (*fig.*) restablecerse, recuperarse **3** (*fig.*) soltarse, desenvolverse.
sbocciare *v.intr.* **1** (*bot.*) abrirse, desabotonarse **2** (*fig.*) nacer, brotar, surgir.
sbocco *s.m.* **1** (*corso d' acqua*) desembocadura (*f.*) **2** baco (*f.*), salida (*f.*) **3** salida (*f.*), apertura (*f.*) **4** (*fuoriuscita*) flujo **5** (*econ.*) salida (*f.*), mercado, venta (*f.*) **6** (*fig.*) perspectiva (*f.*), porvenir.
sbornia *s.f.* **1** (*pop.*) borrachera, berza, mona, (*amer.*) pedo (*m.*) **2** (*fig.*) (*cotta*) chaladura, enamoramiento (*m.*).
sborsare *v.tr.* **1** desembolsar, abonar, pagar **2** desembolsar, sacar del bolsillo.
sbottonare A *v.tr.* desabotonar, desabrochar **B** *v.pron.* (*fig.*) (*fam.*) confiarse, abrirse, desabrocharse.
sbraitare *v.intr.* gritar, vocear.
sbranare A *v.tr.* **1** devorar, despedazar **2** (*fig.*) destrozar, desgarrar, lacerar **3** (*fig.*) aplastar, arrollar **B** *v.pron.* (*reciproco*) **1** (anche *fig.*) devorarse, despedazarse **2** (*fig.*) destruirse, aniquilarse **3** (*fig.*) comerse vivo, comerse unos a otros.
sbrigare A *v.tr.* **1** (anche *bur.*) despachar, tramitar, llevar a cabo **2** atender **B** *v.intr.pron.* **1** darse prisa, apresurarse **2** liberarse, sacudirse, quitarse de encima.
sbrogliare A *v.tr.* **1** desenredar, desenmarañar **2** (*mar.*) largar, saltar **3** (*fig.*) desembrollar, aclarar **4** desocupar, desembarazar, escombrar.
sbruffone *s.m.* (*pop.*) fanfarrón, fachendoso.
sbucare A *v.intr.* **1** salir, saltar fuera **2** salir, desembocar **3** salir, aparecer de repente **B** *v.tr.* (*caccia*) desanidar.
sbucciare A *v.tr.* **1** pelar **2** excoriarse, pelarse **B** *v.intr.pron.* (*zool.*) mudar de piel.
sbuffare *v.intr.* **1** jadear, resoplar, resollar **2** (anche *cavallo*) bufar.
scacciare *v.tr.* **1** echar, arrojar, expulsar **2** (*animali*) espantar, ahuyentar **3** (*fig.*) disipar **4** (*fig.*) desterrar, desechar.
scacco *s.m.* **1** (*gioco*) (*pezzo*) pieza (*f.*) de ajedrez **2** (*gioco*) (*mossa*) jaque **3** (*fig.*) (*insuccesso*) fracaso, derrota (*f.*), chasco **4** (*gioco*) (*quadrato della scacchiera*) escaque, casilla (*f.*) **5** (*quadretto*) cuadro.
scadente *agg.m.* e *f.* **1** ordinario (*m.*), de mala calidad, vulgar **2** mediocre, malo (*m.*).
scadenza *s.f.* **1** plazo (*m.*), término (*m.*) **2** compromiso (*m.*), obligación **3** caducidad.
scafo *s.m.* **1** (*aer.*) (*mar.*) casco **2** (*mil.*) (*carro armato*) cuerpo, casco.
scaglia *s.f.* **1** (anche *bot.* e *zool.*) escama **2** (*roccia*, *pietra*) esquirla.

scala *s.f.* **1** (anche *gioco*) escalera **2** (*anat.*) escala, rampa **3** (*sport*) (*alpinismo*) repisa **4** (*econ.*) (*fis.*) (*geog.*) (*mat.*) (*mus.*) (anche *fig.*) escala.
scalare A *agg.m.* e *f.* **1** escalonado (*m.*) **2** (*fis.*) (*mat.*) escalar **3** (*econ.*) (anche *fig.*) proporcional **B** *s.m.* (*fis.*) (*mat.*) **1** (*grandezza*) escalar, magnitud escalar **2** (*funzione*) función escalar **C** *v.tr.* **1** (anche *sport*) escalar **2** (*comm.*) deducir, descontar **3** degradar **4** (*capelli*) escalonar, escalar.
scaldabagno *s.m.* calentador de agua, (*amer.*) calefón.
scaldare A *v.tr.* **1** calentar **2** (*fig.*) calentar, enardecer **B** *v.pron.* (anche *sport*) calentarse, scaldarse **C** *v.intr.* **1** recalentarse, sufrir un calentón **2** calentar **D** *v.intr.pron.* **1** calentarse **2** (*fig.*) entusiasmarse, inflamarse **3** (*fig.*) acalorarse, enardecerse, calentarse **4** (*fig.*) sulfurarse, irritarse, (*amer.*) calentarse.
scalino *s.m.* **1** (*edil.*) (*sport*) (*alpinismo*) escalón, peldaño **2** (*fig.*) paso, grado.
scalogna *s.f.* mala suerte, mala pata.
scalogno *s.m.* (*bot.*) chalote.
scaloppina *s.f.* (*cuc.*) escalopín (*m.*).
scalpore *s.m.* sensación (*f.*), impacto, impresión (*f.*).
scaltro *agg.* **1** (*persona*) listo, espabilado, despabilado, avispado **2** astuto, hábil (*m.* e *f.*).
scalzo *agg.* **1** (anche *rel.*) descalzo **2** (*pegg.*) de baja ralea/extracción social.
scambiare A *v.tr.* **1** confundir, tomar por **2** cambiar, equivocar **3** cambiar, trocar, canjear **4** (*denaro*) cambiar, canjear **5** intercambiar, cambiar, cruzar **B** *v.pron.* (*reciproco*) intercambiarse, cruzarse.
scambio *s.m.* **1** sustitución (*f.*), cambio **2** intercambio, cambio **3** (*econ.*) intercambio, comercio **4** (*ferr.*) cambio, aguja (*f.*).
scamorza *s.f.* **1** (*cuc.*) queso (*m.*) fresco de vaca y cabra **2** (*fig.*) (*scherz.*) cero.
scampo[1] *s.m.* **1** salvación (*f.*) **2** escapatoria (*f.*), escape, salida (*f.*).
scampo[2] *s.m.* (*zool.*) cigala (*f.*).
scandalo *s.m.* **1** escándalo, indecencia (*f.*) **2** escándalo, affaire (*inv.*), polvareda (*f.*) **3** escándalo, revuelo, alboroto.
scandinavo *agg.* e *s.m.* escandinavo.
scandire *v.tr.* **1** (*poes.*) escandir **2** recalcar, silabear **3** (*TV*) barrer.
scannare *v.tr.* **1** (*animale*) degollar **2** (*persona*) asesinar, masacrar **3** (*fig.*) agobiar, agotar.
scanner *s.m.inv.* (*angl.*) (*tecn.*) scanner, escáner (*sing.*).
scansare A *v.tr.* **1** apartar, alejar **2** esquivar, evitar, rehuir **3** sortear, soslayar, eludir, evadir **B** *v.pron.* quitarse, apartarse.
scapolo *agg.* e *s.m.* soltero.
scappare *v.intr.* **1** escapar, huir **2** evadirse, fugarse **3** (anche *fig.*) correr, volar **4** (anche *fig.*) perder, escaparse **5** (*sport*) (*ciclismo*) efectuar una escapada/fuga **6** (*fig.*) escaparse **7** (*fig.*) salir.
scappatoia *s.f.* escapatoria, salida, regate (*m.*).
scarabeo *s.m.* **1** (*zool.*) escarabajo **2** (*amuleto*) escarabeo.
scarafaggio *s.m.* cucaracha (*f.*), corredera (*f.*).
scaramanzia *s.f.* conjuro (*m.*).
scaraventare A *v.tr.* **1** arrojar, tirar **2** tirar, derribar **3** (*fig.*) desplazar, relegar **B** *v.pron.* arrojarse, lanzarse, abalanzarse.
scarcerazione *s.f.* excarcelación, puesta en libertad.
scarica *s.f.* **1** (anche *elettr.* e *fisiol.*) descarga **2** (anche *fig.*) lluvia, sarta **3** (*arma da fuoco*) ráfaga.
scaricare A *v.tr.* **1** descargar **2** depositar, dejar **3** (*svuotare*) vaciar, des-

cargar **4** (*corso d'acqua*) descargar, desembocar, desaguar **5** (*fig.*) descargar, liberar **6** (*fig.*) descargar, desahogar, desfogar **7** (*fig.*) descargar, hacer recaer **8** descargar, propinar **9** descargar, disparar **10** (*fis.*) descargar **B** *v.pron.* **1** descargar, depositar la carga **2** (*fig.*) desahogarse, abrirse **3** (*fig.*) relajarse **C** *v.intr.* (*raro*) (*colore*) desteñir(se), decolorarse **D** *v.intr.pron.* **1** desembocar, desaguar **2** caer **3** descargarse, desatarse **4** (*fis.*) descargarse.

scarico **A** *agg.* **1** descargado **2** (*fig.*) libre (*m.* e *f.*) **3** (*orologio*) sin cuerda **B** *s.m.* **1** descargue, descarga (*f.*) **2** (*luogo*) vertedero, basurero, (*amer.*) basural **3** (*raro*) (*fig.*) descargo, justificación (*f.*) **4** (*tecn.*) escape **5** (*edil.*) desagüe, desaguadero **6** (*comm.*) descargo, salida (*f.*).

scarlattina *s.f.* (*med.*) escarlatina.

scarola *s.f.* (*bot.*) escarola.

scarpa *s.f.* **1** zapato (*m.*) **2** (*fig.*) (*fam.*) (*persona*) nulidad, cero (*m.*) a la izquierda **3** (*mecc.*) (*freno*) zapata **4** (*mecc.*) (*cuneo*) cuña, calzo (*m.*) **5** (*ferr.*) (*fermacarro*) tope (*m.*) **6** (*ferr.*) (*staffa*) estribo (*m.*).

scarso *agg.* **1** escaso, insuficiente (*m.* e *f.*) **2** escaso, poco, pobre (*m.* e *f.*) **3** escaso **4** (*indumento*) chico, estrecho.

scartare[1] **A** *v.intr.* **1** (*veicolo*) despistarse, desviarse **2** (*equit.*) espantarse, hacer un extraño **B** *v.tr.* (*sport*) regatear, hacer regate.

scartare[2] *v.tr.* desenvolver, desempaquetar.

scartare[3] *v.tr.* **1** (*gioco*) (*carte*) descartarse **2** descartar, desechar.

scarto *s.m.* **1** (*gioco*) (*carte*) descarte **2** (*comm.*) descarte **3** (*rifiuto*) desecho, residuo **4** (*fig.*) (*persona*) cero a la izquierda.

scasso *s.m.* **1** (*giur.*) fractura (*f.*), fuerza (*f.*) **2** (*agr.*) desfonde, desfondamiento **3** (*mar.*) carlinga (*f.*).

scatenare **A** *v.tr.* **1** (*fig.*) instigar, incitar, azuzar **2** (*raro*) (*catena*) desencadenar **B** *v.pron.* (*raro*) (*catena*) desencadenarse **C** *v.intr.pron.* (*fig.*) **1** rebelarse, sublevarse **2** (*infuriare*) desencadenarse, desatarse **3** acalorarse, exaltarse, excitarse.

scatola *s.f.* **1** caja **2** (*lattina*) lata.

scattare **A** *v.intr.* **1** saltar, botar, dispararse **2** (*auto*) acelerar **3** saltar, ponerse de pie de un salto **4** (*fig.*) saltar, dispararse, estallar **5** (*fig.*) partir, comenzar **B** *v.tr.* (*fot.*) sacar, disparar.

scavalcare **A** *v.tr.* **1** (*equit.*) desmontar, desarzonar **2** salvar, franquear **3** (*fig.*) suplantar, desbancar **B** *v.intr.* (*raro*) (*equit.*) desmontar, descabalgar.

scavare *v.tr.* **1** horadar, agujerear **2** excavar, cavar **3** ahuecar, vaciar **4** (*fig.*) averiguar, investigar **5** (anche *fig.*) desenterrar, sacar a la luz.

scavo *s.m.* **1** excavación (*f.*) **2** (*archeol.*) excavación (*f.*) arqueológica **3** (*abb.*) (*scalfo*) sisa (*f.*) **4** (*abb.*) (*scollo*) escote, escotadura (*f.*).

scazzo *s.m.* (*volg.*) **1** (*litigio*) pelea (*f.*), disputa (*f.*) **2** (*problema*) quebradero de cabeza, cabreo **3** (*rissa*) pelotera (*f.*), agarrada (*f.*).

scegliere *v.tr.* **1** elegir, escoger **2** elegir, seleccionar **3** optar, elegir, preferir.

sceicco *s.m.* jeque.

scelta *s.f.* **1** (anche *fil.*) elección **2** (*assortimento*) surtido (*m.*) **3** selección.

scemo **A** *agg.* **1** estúpido, tonto **2** insulso, soso **B** *s.m.* tonto, lelo, mentecato.

scena *s.f.* **1** (*teatr.*) escena **2** (*teatro greco*) proscenio (*m.*) **3** (*teatr.*) escenario (*m.*) **4** (*teatr.*) escenografía, decorado (*m.*) **5** (*teatr.*) (*attore*) escena, tablas (*pl.*) **6** (*panorama*) escena, espectáculo (*m.*), cuadro (*m.*) **7** (*fatto*) escena, hecho (*m.*).

scenata *s.f.* escena, escándalo (*m.*), número (*m.*).
scendere **A** *v.intr.* **1** (anche *fig.*) descender, bajar **2** bajar, apearse **3** alojarse, parar **4** (*fig.*) plegarse, inclinarse, ceder **5** (*fig.*) rebajarse, humillarse **6** (*fig.*) caer **7** (*fig.*) colgar, pender **8** (*borsa*) bajar, perder puntos **B** *v.tr.* **1** descender, bajar **2** (*pop.*) descolgar, bajar.
sceneggiatura *s.f.* (*cine.*) (*TV*) guión (*m.*).
scenografia *s.f.* (*teatr.*) **1** escenografía **2** (*elementi scenici*) decorado (*m.*).
scettico *agg.* e *s.m.* (anche *fil.*) escéptico.
scettro *s.m.* **1** cetro **2** trono **3** (*fig.*) primacía (*f.*), supremacía (*f.*) **4** (*fig.*) (*sport*) marca (*f.*), record.
scheda *s.f.* **1** (anche *edit.*) ficha **2** (*pol.*) papeleta **3** (*bur.*) (*inform.*) tarjeta **4** (*papirologia*) tira.
schedina *s.f.* (*totocalcio*) quiniela.
scheggia *s.f.* **1** astilla, esquirla **2** lasca.
scheletro *s.m.* **1** (*anat.*) (*bot.*) esqueleto **2** (*tecn.*) esqueleto, armazón **3** (*fig.*) bosquejo, plan, esquema.
schema *s.m.* **1** esquema, dibujo, diseño **2** esquema, bosquejo **3** canon, norma (*f.*), regla (*f.*) **4** (*fil.*) esquema.
scherma *s.f.* **1** esgrima **2** (*pugilato*) finta.
schermo *s.m.* **1** protección (*f.*), defensa (*f.*), escudo **2** pantalla (*f.*), filtro **3** (*cine.*) (*inform.*) (*TV*) pantalla (*f.*) **4** (*cine.*) cine, pantalla (*f.*).
scherzare **A** *v.intr.* **1** bromear **2** retozar, juguetear **3** (*lett.*) juguetear, revolver, mover **B** *v.tr.* (*pop.*) burlarse, mofarse.
scherzo *s.m.* **1** broma (*f.*) **2** (*antifrastico*) jugada (*f.*), faena (*f.*), mala pasada (*f.*) **3** (*fig.*) juego de niños **4** (*mus.*) (*poes.*) scherzo.
schiacciare *v.tr.* **1** (anche *fig.*) aplastar **2** arrollar, atropellar **3** empujar, apretar **4** pisar **5** pulsar **6** (*fig.*) deformar **7** (*fig.*) abrumar, aplastar **8** (*sport*) (*tennis*, *pallavolo*, *ping-pong*) matar.
schiaffo *s.m.* bofetada (*f.*), sopapo, (*amer.*) cachetada (*f.*).
schiarire **A** *v.tr.* **1** (anche *fig.*) aclarar **2** descolorar, decolorar **B** *v.intr.pron.* **1** aclararse, ponerse claro **2** desteñirse **3** despejarse, aclararse **C** *v.impers.* **1** escampar, clarear **2** aclarar, amanecer, clarear.
schiavo *agg.* e *s.m.* **1** esclavo **2** esclavo, prisionero (*s.*).
schiena *s.f.* **1** (*anat.*) espalda **2** (*raro*) (*geog.*) dorsal.
schieramento *s.m.* **1** (*mil.*) despliegue, formación (*f.*) **2** (*sport*) alineación (*f.*) **3** (*pol.*) coalición (*f.*).
schifio *s.m.* (*pop.*) (*solo nella locuzione*) *a* ~, mal.
schifo *s.m.* asco, repugnancia (*f.*).
schifoso *agg.* asqueroso, repugnante (*m.* e *f.*).
schiocco *s.m.* **1** chasquido, restallido **2** (*dita*) castañeta (*f.*).
schiuma *s.f.* **1** espuma **2** (*fig.*) hez, desecho (*m.*).
schivare *v.tr.* esquivar, evitar.
schizofrenia *s.f.* (*psic.*) esquizofrenia.
schizzinoso *agg.* delicado, difícil (*m.* e *f.*), descontentadizo.
schizzo *s.m.* **1** salpicadura (*f.*), chorrito, borrón, mancha (*f.*) **2** (*scritto*) esbozo, bosquejo **3** (*disegno*) croquis (*inv.*), bosquejo, esbozo **4** (*fig.*) resumen, síntesis (*f.inv.*).
sci *s.m.inv.* (*sport*) esquí (*sing.*).
scia *s.f.* **1** estela **2** estela, rastro (*m.*) **3** olor (*m.*), aroma (*m.*).
scià *s.m.inv.* sha, cha.
sciagura *s.f.* **1** desgracia, desastre (*m.*), accidente (*m.*) **2** (*fig.*) mala suerte.
scialle *s.m.* (*abb.*) chal, echarpe.
scialuppa *s.f.* (*mar.*) chalupa, lancha.
sciame *s.m.* **1** enjambre **2** (*fig.*) enjambre, muchedumbre (*f.*) **3** (*fis.*) haz (*f.*).

sciare *v.intr.* (*sport*) esquiar.
sciarpa *s.f.* **1** (*abb.*) bufanda **2** (*mil.*) fajín (*m.*), banda **3** (*med.*) (*arto ingessato*) cabestrillo (*m.*).
scientifico *agg.* científico.
scienza *s.f.* **1** ciencia, saber (*m.*), erudición **2** ciencia **3** (*raro*) conocimiento (*m.*), entendimiento (*m.*).
scisma *s.m.* (*rel.*) (anche *fig.*) cisma.
sciupare A *v.tr.* **1** estropear **2** desperdiciar, tirar **3** despediciar, malgastar **4** ajar, marchitar **B** *v.tr.pron.* arruinar **C** *v.intr.pron.* **1** estropearse, deteriorarse **2** consumirse **3** ajarse, marchitarse **4** (*fam.*) (*iron.*) hacer un esfuerzo.
scivolare *v.intr.* **1** deslizarse **2** resbalar **3** resbalarse, escurrirse, escabullirse **4** (*persona*) escabullirse **5** (*fig.*) (*slittare*) patinar, resbalar.
sclerosi *s.f.inv.* (*med.*) (anche *fig.*) esclerosis.
scocciare[1] **A** *v.tr.* **1** (*pop.*) quebrar, romper **2** (*fam.*) fastidiar, incordiar, dar la lata **B** *v.intr.pron.* (*fam.*) aburrirse.
scocciare[2] *v.tr.* poner el celo.
scodella *s.f.* **1** plato (*m.*) hondo/sopero **2** (*porzione*) plato (*m.*) **3** escudilla, tazón (*m.*) **4** cuenca, concavidad.
scoglio *s.m.* **1** (*geog.*) escollo **2** (*lett.*) (*rupe*) peñasco, risco **3** (*fig.*) escollo, obstáculo.
scoiattolo *s.m.* (*zool.*) ardilla (*f.*).
scolaro *s.m.* **1** escolar (*m.* e *f.*), alumno, colegial **2** discípulo.
scoliosi *s.f.inv.* (*med.*) escoliosis.
scollatura *s.f.* escote (*m.*), escotado (*m.*), escotadura.
scollegare *v.tr.* desconectar, desunir.
scolorire A *v.tr.* **1** desteñir, descolorar **2** (*fig.*) desvanecer **B** *v.intr.pron.* **1** desteñirse, descolorarse **2** palidecer, ponerse pálido.
scolpire *v.tr.* **1** (*legno*) labrar, tallar **2** (*marmo*, *pietra*) esculpir, tallar **3** grabar **4** (*fig.*) grabar, fijar.
scombussolare *v.tr.* **1** trastornar, alterar **2** desbaratar, trastornar, frustrar.
scommessa *s.f.* **1** apuesta **2** (*fig.*) desafío (*m.*), reto (*m.*).
scomodo *agg.* **1** (anche *fig.*) incómodo **2** incómodo, fastidioso, engorroso **3** (*fig.*) (*persona*) difícil (*m.* e *f.*).
scomparire *v.intr.* **1** desaparecer **2** (*fig.*) quedar mal **3** (*fig.*) no resaltar.
scomparsa *s.f.* **1** desaparición **2** (*eufemistisco*) muerte **3** (*giur.*) ausencia, desaparición.
scompartimento *s.m.* (anche *ferr.*) compartimento, compartimiento.
scompenso *s.m.* (anche *med.*) descompensación (*f.*).
scompiglio *s.m.* **1** desorden, desbarajuste **2** (*fig.*) confusión (*f.*), desconcierto **3** (*fig.*) agitación (*f.*), revuelo.
scomporre A *v.tr.* **1** desarmar, desmontar **2** (*tip.*) distribuir **3** (anche *mat.*) descomponer **4** descomponer, desarreglar **5** descomponer, alterar **B** *v.intr.pron.* descomponerse, alterarse.
scomunica *s.f.* **1** (*rel.*) excomunión **2** (*pol.*) expulsión.
sconcertante *agg.m.* e *f.* desconcertante, desconcertador (*m.*).
sconcio A *agg.* **1** contrahecho, deforme (*m.* e *f.*), feo **2** obsceno, indecente (*m.* e *f.*), escabroso **B** *s.m.* **1** vergüenza (*f.*), indecencia (*f.*) **2** asco, chapuza (*f.*).
sconfitta *s.f.* **1** (anche *sport*) derrota **2** (*batosta*) fracaso (*m.*), derrota.
sconforto *s.m.* desaliento, desánimo.
scongelare *v.tr.* descongelar.
sconnesso *agg.* **1** desconectado **2** (*fig.*) inconexo, incoherente (*m.* e *f.*).
sconosciuto A *agg.* desconocido **B** *s.m.* desconocido, extraño **sconsiderato** *agg.* incosciente (*m.* e *f.*).
sconsigliare *v.tr.* **1** disuadir, desaconsejar **2** desaconsejar.
scontare *v.tr.* **1** (*econ.*) descontar, abonar **2** (*comm.*) rebajar **3** pagar **4** expiar **5** prever, dar por descontado.
scontento A *agg.* descontento, insatisfecho **B** *s.m.* descontento, insatisfacción (*f.*).

sconto *s.m.* **1** (*giur.*) (anche *banca*) descuento **2** rebaja (*f.*), descuento.
scontrare A *v.tr.* (*raro*) encontrar, hallar **B** *v.intr.pron.* **1** chocar, estrellarse **2** (*raro*) tropezar, encontrarse **C** *v.pron.* (*reciproco*) **1** chocar **2** (*mil.*) enfrentarse **3** (*fig.*) discrepar, disentir.
scontrino *s.m.* (*comm.*) resguardo, recibo, ticket (*inv.*).
scontro *s.m.* **1** choque, colisión (*f.*) **2** enfrentamiento **3** (*mil.*) choque **4** (*sport*) (*scherma*) asalto, combate **5** (*tecn.*) (*chiave a cannello*) guarda (*f.*) **6** (*tecn.*) tope de retención, final de carrera **7** (*mar.*) lingüeta (*f.*) **8** (*fig.*) choque, discusión (*f.*).
sconveniente *agg.m.* e *f.* **1** indecoroso (*m.*), maleducado (*m.*), grosero (*m.*) **2** desventajoso (*m.*).
sconvolgere A *v.tr.* **1** asolar, devastar, arruinar **2** desordenar, revolver **3** (*fig.*) trastornar, alterar **4** (*fig.*) descomponer **B** *v.intr.pron.* (anche *fig.*) trastornarse, desquiciarse.
scoop *s.m.inv.* (*angl.*) (*giorn.*) exclusiva (*f.sing.*).
scoordinazione *s.f.* descoordinación.
scooter *s.m.inv.* (*angl.*) escúter (*sing.*).
scopa[1] *s.f.* escoba.
scopa[2] *s.f.* (*gioco*) (*carte*) escoba.
scopare *v.tr.* **1** barrer **2** (*volg.*) follar, echar un polvo, (*amer.*) coger.
scopo *s.m.* **1** finalidad (*f.*), objetivo **2** mira (*f.*) **3** objeto, razón (*f.*).
scoppiare *v.intr.* **1** reventar **2** estallar, explotar **3** (*fig.*) romper, echarse **4** (*fig.*) (anche *iperbolico*) morirse, reventar **5** (*fig.*) estallar, desatarse **6** (*sport*) tener una pájara, desfallecer **7** (*fig.*) estar atestado, estar abarrotado.
scoppio *s.m.* **1** reventón **2** estallido, explosión (*f.*), detonación (*f.*) **3** (*fig.*) ataque, acceso **4** (*fig.*) estallido.
scoprire A *v.tr.* **1** destapar **2** descubrir, mostrar **3** descubrir, inaugurar **4** (*fig.*) descubrir, manifestar **5** descubrir, hallar **6** descubrir, identificar **7** (*lett.*) divisar, vislumbrar **B** *v.pron.* **1** desabrigarse **2** (*fig.*) descubrirse, darse a conocer **3** descubrirse, salir al descubierto **4** (*sport*) (*pugilato*) descubrirse.
scoraggiare A *v.tr.* desalentar, desanimar, descorazonar **B** *v.intr.pron.* desmoralizarse, desalentarse, desanimarse.
scorciatoia *s.f.* (anche *fig.*) atajo (*m.*).
scorcio *s.m.* **1** (*pitt.*) escorzo **2** postrimerías (*f.pl.*), final **3** albores (*pl.*), comienzo **4** (*pop.*) (*candela*) cabo de vela.
scordare A *v.tr.* olvidar **B** *v.intr.pron.* olvidarse de, olvidar.
scoreggia *s.f.* (*volg.*) cuesco (*m.*), pedo (*m.*).
scorgere *v.tr.* **1** divisar, distinguir **2** vislumbrar, columbrar **3** (*fig.*) percatarse, advertir, darse cuenta.
scoria *s.f.* **1** (*met.*) (anche *fig.*) escoria, desecho (*m.*) **2** (*geol.*) escoria, lava esponjosa.
scorpione *s.m.* **1** (*zool.*) escorpión, alacrán **2** (*astro.*) (*ant.*) escorpión **3** (*astrol.*) escorpio (*m.* e *f.*).
scorrere A *v.intr.* **1** (anche *fig.*) correr, fluir **2** deslizarse **3** (*lacrime*) correr **4** (*traffico*) circular, fluir **5** (*fig.*) correr, pasar **B** *v.tr.* **1** hacer correrías, (*amer.*) incursionar **2** dar/echar un vistazo, dar/echar una ojeada **3** (*lett.*) traer a la memoria, recordar.
scorretto *agg.* **1** equivocado, incorrecto **2** (anche *persona*) grosero, maleducado **3** sucio.
scorso *agg.* (anche *lett.*) pasado.
scorta *s.f.* **1** escolta **2** (*mil.*) escolta, convoy (*m.*) **3** (*provvista*) provisión **4** (*denaro*) reserva.
scorte *s.f.pl.* **1** existencias **2** (*agr.*) capital (*m.sing.*).
scortese *agg.m.* e *f.* descortés, grosero (*m.*), maleducado (*m.*).

scossa *s.f.* **1** tumbo (*m.*), sacudida **2** (*terreno*) temblor (*m.*) **3** (*med.*) electrochoque (*m.*) **4** (*fig.*) golpe (*m.*), palo (*m.*), calambrazo (*m.*).

scostare A *v.tr.* **1** alejar, apartar, desarrimar **2** (*fig.*) rehuir, eludir, evitar **3** (*mar.*) desatracar **B** *v.intr.* (*raro*) estar distante **C** *v.intr.pron.* **1** apartarse, correrse **2** (*fig.*) apartarse, desviarse.

scotch *s.m.inv.* (*angl.*) **1** (*liquore*) güisqui (*sing.*) escocés **2** (*marchio registrato*) celo (*sing.*), cinta (*f.sing.*) adhesiva.

scout *agg.inv.*e *s.m.*e *f.inv.* (*angl.*) escultista (*sing.*).

scozzese A *agg.m.* e *f.* escocés **B** *s.m.* (*lingua*) escocés **C** *s.m.* e *f.* **1** escocés **2** (*fig.*) (*pegg.*) tacaño (*m.*), avaro (*m.*).

scritta *s.f.* **1** inscripción **2** (*graffito*) pintada **3** letrero (*m.*) **4** escritura, documento (*m.*).

scritto A *agg.* **1** escrito **2** (*fig.*) grabado, impreso **B** *s.m.* **1** escrito **2** escrito, obra (*f.*) **3** escritura (*f.*).

scrittura *s.f.* **1** (anche *rel.*) escriturar **2** letra, caligrafía **3** (anche *lett.*) escrito (*m.*) **4** (*giur.*) escritura, documento (*m.*) **5** (*cine.*) (*teatr.*) (*TV*) contrato (*m.*) **6** (*comm.*) asiento (*m.*), anotación.

scrivania *s.f.* escritorio (*m.*), buró (*m.*).

scrivere *v.tr.* **1** escribir **2** escribirse **3** escribir, anotar **4** redactar **5** escribir, componer **6** afirmar, sostener, decir **7** (*fig.*) grabarse **8** (*raro*) (*comm.*) asentar, registrar.

scrollare A *v.tr.* sacudir, zarandear, agitar **B** *v.intr.pron.* **1** sacudirse, moverse **2** (*fig.*) reaccionar.

scroscio *s.m.* **1** fragor, estruendo **2** (*med.*) crepitación (*f.*) ósea.

scroto *s.m.* (*anat.*) escroto.

scrupolo *s.m.* **1** (anche *antica misura di peso*) escrúpulo **2** escrúpulo, reparo, miramiento **3** escrupulosidad (*f.*).

scrutare *v.tr.* **1** escrutar, escudriñar, ojear **2** (*fig.*) escudriñar **3** (*raro*) (*scrutinare*) escrutar.

scrutinio *s.m.* **1** (*pol.*) escrutinio **2** (*istr.*) evaluación (*f.*).

scudetto *s.m.* **1** (*sport*) (*calcio*) título de liga **2** (*mil.*) distintivo **3** (*agr.*) empeltre, injerto de escudete.

scudo *s.m.* **1** (*aral.*) (*mil.*) (*zool.*) (anche *arma da fuoco*) escudo **2** (*rivestimento*) blindaje, escudo **3** (*fig.*) escudo, defensa (*f.*) **4** (*tecn.*) (*galleria sotterranea*) pantalla (*f.*), mampara (*f.*).

scultura *s.f.* **1** escultura **2** (*bio.*) grabadura, esculturación.

scuola A *agg.inv.* escuela **B** *s.f.* **1** (anche *fig.*) escuela **2** (*istituzione*) educación, enseñanza **3** (*attività*) clase **4** (*sede*) colegio (*m.*), escuela **5** (*fig.*) escarmiento (*m.*), enseñanza **6** enseñanza, método (*m.*) pedagógico.

scuotere A *v.tr.* **1** sacudir **2** (anche *fig.*) estremecer, sacudir **3** sacudir, quitar **4** (*fig.*) liberarse, quitarse de encima **5** (*fig.*) crispar, irritar **B** *v.intr.pron.* **1** estremecerse, sobresaltarse **2** (*fig.*) alterarse, turbarse.

scuro *agg.* **1** oscuro, obscuro **2** (*carnagione*) moreno **3** (*fig.*) ceñudo, torvo **4** (*fig.*) oscuro, confuso **5** (*fig.*) sombrío, duro, triste (*m.* e *f.*) **6** (*fig.*) (*lett.*) oscuro, humilde (*m.* e *f.*).

scusa *s.f.* **1** disculpa **2** excusa, justificación **3** excusa, pretexto (*m.*).

scusare A *v.tr.* **1** disculpar, justificar **2** (*formule di cortesia*) perdonar, disculpar **B** *v.pron.* disculparse, pedir disculpas, justificarse.

sdegnare A *v.tr.* **1** despreciar, desdeñar **2** (*lett.*) indignar, irritar **B** *v.intr.pron.* indignarse, irritarse.

sdraiare A *v.tr.* tender, acostar **B** *v.pron.* tenderse, tumbarse, acostarse.

se A *cong.* **1** (*subordinata*, *incidentale*, *dubitativa*, *disgiuntiva*) si **2** (*fam.*)

(*esclamativa, interrogativa*) si **3** (*eccettuativa*) sólo **4** (*causale*) si, dado que, ya que, puesto que **5** (*concessiva*) aunque, aun cuando **6** (*interrogativa, con ellissi del verbo*) si **7** (*dubitativa*) cuánto, cómo **8** (*avversativa*) si bien **B** *pron.m.* e *f.* (*personale*) se **C** *s.m.inv.* **1** pero (*sing.*), condición (*f.sing.*) **2** duda (*f.sing.*)
sé A *pron.m.* e *f.* (*personale*) **1** sí **2** (*rafforzato da stesso, medesimo*) sí mismo **3** (*oggetto*) a sí mismo **B** *s.m.* **1** fuero interno **2** (*psic.*) ego.
sebbene *cong.* **1** aunque, si bien, a pesar de que **2** (*con ellissi del verbo*) aunque.
seccare A *v.tr.* **1** secar **2** vaciar, desecar, desaguar **3** (*fig.*) agotar, secar **4** (*fig.*) fastidiar, incordiar, jorobar **B** *v.intr.* **1** secarse **2** secarse, agotarse **3** (*fig.*) resecarse **4** (*fig.*) aburrirse, cansarse, fastidiar.
secchio *s.m.* cubo, balde.
secco A *agg.* **1** seco **2** seco, arido **3** seco, agotado **4** seco, muerto **5** duro, seco **6** (*persona*) seco, enjuto, delgado **7** (*fig.*) tajante (*m.* e *f.*), seco, categórico **8** a (*fig.*) seco, inexpresivo **9** (*fig.*) seco, fuerte (*m.* e *f.*).
secolo *s.m.* **1** siglo **2** (*iperbolico*) siglos (*pl.*) **3** (*lett.*) vida (*f.*) mortal **4** mundo, siglo.
secondo A *agg.num.ord.* segundo **2** segundo, nuevo, otro **3** (*lett.*) favorable (*m.* e *f.*), propicio **B** *cong.* **1** como **2** según **C** *prep.* **1** a lo largo **2** (*fig.*) según, conforme, con arreglos **3** según **4** según, de acuerdo con, en consonancia con **5** (*dubitativo*) según, depende, según y como **D** *s.m.* **1** segundo, número dos **2** segundo **3** (*fis.*) (*geom.*) segundo **4** (*duello*) *padrino* **5** (*sport*) (*pugilato*) segundo, cuidador **6** (*mar.*) (*ufficiale*) segundo de abordo.
secrezione *s.f.* (*bio.*) (anche *fisiol. med.*) secreción.
sedano *s.m.* (*bot.*) apio.
sedativo A *agg.* sedativo, sedante (*m.* e *f.*) **B** *s.m.* (*farm.*) sedante.
sede *s.f.* **1** (*rel.*) sede, silla **2** sede **3** domicilio (*m.*), residencia **4** (*med.*) foco (*m.*), centro (*m.*) **5** (*mecc.*) asiento (*m.*) **6** lugar (*m.*), ocasión, momento (*m.*).
sedere *s.m.* **1** el sentarse **2** trasero, pompis (*inv.*), culo.
sedere A *v.intr.* **1** sentarse **2** reunirse, celebrar sesión **3** ocupar un escaño, ser miembro **4** (*lett.*) (*poes.*) encontrarse, hallarse, estar situado **B** *v.intr.pron.* sentarse.
sedia *s.f.* silla.
sedimento *s.m.* **1** sedimento, depósito, poso **2** (*geol.*) sedimento **3** (*fig.*) (*lett.*) huella (*f.*).
seduta *s.f.* **1** sesión, reunión, asamblea **2** (*pitt.*) estadía, sesión, pose **3** cita.
seduzione *s.f.* **1** seducción **2** tentación, atractivo (*m.*) **3** seducción, encanto (*m.*), hechizo (*m.*).
sega *s.f.* **1** (*tecn.*) sierra **2** (*agr.*) siega **3** (*pop.*) (*volg.*) (*masturbazione maschile*) paja **4** (*fig.*) (*pop.*) (*niente*) jota, hostia.
seggio *s.m.* **1** (*lett.*) sede (*f.*), silla (*f.*) **2** (*pol.*) escaño **3** (*fig.*) autoridad (*f.*).
segmento *s.m.* **1** (*bio.*) (*geom.*) (*mecc.*) (anche *fig.*) segmento **2** trozo, pedazo.
segnale *s.m.* **1** señal (*f.*) **2** (*libro*) marcalibros (*inv.*), separador.
segnare *v.tr.* **1** señalar, marcar **2** señalar, indicar, marcar **3** anotar, apuntar **4** registrar, asentar **5** (anche *fig.*) marcar.
segno *s.m.* **1** señal (*f.*), signo **2** (*astrol.*) (*ling.*) (*mat.*) (*med.*) signo **3** cicatriz (*f.*), marca (*f.*) **4** señal (*f.*), seña (*f.*) **5** huella (*f.*), marca (*f.*), rastro **6** señal (*f.*), marca (*f.*) **7** medida (*f.*), límite **8** extremo, punto **9** blanco **10** símbolo.

segregazione *s.f.* segregación.
segretario *s.m.* secretario.
segreto A *agg.* **1** secreto, oculto **2** (*fig.*) íntimo **3** reservado **B** *s.m.* **1** (anche *serratura*) secreto **2** secreto, receta (*f.*) **3** (*lett.*) lo recóndito, lo profundo.
seguire A *v.tr.* **1** (anche *fig.*) seguir **2** (*lett.*) seguir el rastro, perseguir **3** (*fig.*) acompañar **4** (*fig.*) seguir, profesar **5** seguir, atenerse **6** seguir, secundar **7** escuchar, prestar atención, atender **8** cuidar **9** estar al corriente/día, informarse **B** *v.tr./intr.* seguir, suceder **C** *v.intr.* **1** seguir, venir a continuación **2** derivar **3** (*lett.*) suceder, pasar **4** continuar, seguir.
sei A *agg.num.card.* seis **B** *s.m.* e *f.inv.* **1** seis **2** (*istr.*) suficiente.
seicento A *agg.num.card.* seiscientos (*m.*) **B** *s.m.inv.* **1** seisciento **2** (*secolo*) siglo XVII **C** *s.f.inv.* (*marchio registrato*) (*auto*) Fiat seiscientos (*m.*).
selezionare *v.tr.* seleccionar.
selezione *s.f.* **1** (anche *bio.*, *inform.*) selección **2** (*telecom.*) marcado (*m.*), (*amer.*) discado (*m.*).
selfservice *s.m.inv.* (*angl.*) autoservicio (*sing.*).
selva *s.f.* **1** selva **2** (*fig.*) montón (*m.*), multitud **3** (*lett.*) silva **5** (*raro*) (*poes.*) árbol (*m.*).
selvaggio A *agg.* **1** (*animale*) salvaje (*m.* e *f.*), selvático **2** (*pianta*) silvestre (*m.* e *f.*) **3** agreste (*m.* e *f.*), rústico **4** salvaje (*m.* e *f.*), primitivo **5** (*fig.*) bárbaro, fiero, cruel (*m.* e *f.*) **6** (*fig.*) furioso, violento, terrible (*m.* e *f.*) **7** (*fig.*) salvaje (*m.* e *f.*), incontrolado, irrefrenable (*m.* e *f.*) **B** *s.m.* (anche *fig.*) salvaje (*m.* e *f.*).
semaforo *s.m.* sermáforo.
se mai *cong.* en caso de que, caso que, si por casualidad, por si.
sembrare A *v.intr.* parecer **B** *v.impers.* parecer.
seme *s.m.* **1** (*bot.*) semilla (*f.*) **2** (*pop.*) pepita (*f.*), pipa (*f.*) **3** (*nocciolo*) cuesco **4** (*bio.*) semen, esperma **5** (*lett.*) descendencia (*f.*) **6** (*fig.*) sermen, semilla (*f.*) **7** (*gioco*) (*carte*) palo.
semestre *s.m.* semestre.
semi- *pref.* semi-.
seminare *v.tr.* **1** (*agr.*) sembrar, sementar **2** (*fig.*) desparramar, diseminar **3** (*fig.*) sembrar, fomentar **4** (*fam.*) (*sport*) dejar atrás, superar.
seminario *s.m.* (anche *rel.*) seminario.
semita *agg.* e *s.m.* e *f.* (*etn.*) semita.
semmai A *avv.* a lo sumo, si acaso **B** *cong.* en caso de que, si.
semplice *agg.m.* e *f.* **1** (anche *gramm.*) sencillo (*m.*), simple **2** sencillo (*m.*), fácil, simple **3** sencillo (*m.*), sobrio (*m.*) **4** (*persona*) sencillo (*m.*) **5** (*persona*) simple, ingenuo (*m.*), inocente **6** (*persona*) simplón (*m.*), tonto (*m.*), lerdo (*m.*) **7** simple, sólo (*avv*).
semplicità *s.f.inv.* **1** sencillez (*sing.*) **2** sencillez (*sing.*), sobriedad (*sing.*) **3** simpleza (*sing.*), ingenuidad (*sing.*).
semplificare A *v.tr.* simplificar **B** *v.intr.pron.* simplificarse.
sempre *avv.* **1** siempre **2** siempre, continuamente **3** (*rafforzativo*) cada vez **4** todavía, aun, (*amer.*) siempre **5** (*restrittivo*) siempre que, con tal que **6** (*concessivo*) siempre, sin embargo.
sempre che *loc.cong.* siempre que, siempre y cuando.
senape *s.f.* (*bot.*) (anche *cuc.*) mostaza.
senato *s.m.* **1** (*stor.*) (*antica Roma*) senado **2** (*pol.*) senado, cámara (*f.*) alta **3** (*fig.*) senado, reunión (*f.*), junta (*f.*).
senegalese *agg.* e *s.m.* e *f.* senegalés.
se no *avv.* (*fam.*) si no, de lo contrario.
seno *s.m.* **1** pecho **2** seno, pecho **3** (*eufemistico*) seno, vientre **4** (*fig.*) pe-

cho, corazón **5** (*lett.*) pliegue, seno **6** (*anat.*) (*geog.*) (anche *fig.*) seno.

se non che *cong.* **1** (*lett.*) excepto **2** (*avversativo*) pero, mas.

sensazione *s.f.* **1** sensación **2** (*fig.*) impresión.

sensibile *agg.m.* e *f.* **1** (anche *fot. tecn.*) sensible **2** perceptible, sensible **3** sensible considerale, notable **4** sensible, evidente, apreciable **5** (*fig.*) sensible.

senso *s.m.* **1** (anche *fisiol.*) sentido **2** sensación (*f.*) **3** sentimiento **4** asco, repugnancia (*f.*), aversión (*f.*) **5** significado, sentido **6** sentido, lógica (*f.*) **7** forma (*f.*), modo, manera (*f.*) **8** dirección (*f.*), sentido.

sensuale *agg.m.* e *f.* **1** sensual **2** sensual, voluptuoso (*m.*).

sentenza *s.f.* **1** (*giur.*) sentencia **2** (*raro*) (*lett.*) parecer (*m.*), opinión.

sentiero *s.m.* **1** senda (*f.*), sendero, vereda (*f.*) **2** (*fig.*) camino, senda (*f.*).

sentimento *s.m.* **1** conciencia (*f.*) **2** sentido **3** sentimiento **4** parecer, opinión (*f.*) **5** sensibilidad (*f.*) **6** pasión (*f.*), fervor **7** juicio, discernimiento.

sentire A *s.m.* (*solo sing.*) (*lett.*) sentimientos (*pl.*) **B** *v.tr.* **1** sentir, oír **2** escuchar **3** escuchar, atender **4** oír, saber, conocer **5** consultar **6** enterarse **7** preguntar **8** (*olfatto*) sentir **9** (*gusto*) saborear, paladear **10** probar **11** (*tatto*) palpar, tocar, sentir **12** sentir, tener **13** sentir, notar **14** resentirse **15** advertir, sentir, percibir, notar **16** sospechar, sentir, presentir **17** sentir, saber **18** sentir, emocionarse **19** (*raro*) sentir, pensar **C** *v.pron.* **1** sentirse, estar **2** apetecer, tener ganas.

senza A *cong.* sin **B** *prep.* sin.

separare A *v.tr.* **1** separar, apartar **2** distinguir, discernir **3** separar **4** (*raro*) separar, segregar, apartar **B** *v.pron.* (*reciproco*) separarse.

separazione *s.f.* (anche *giur.*) separación.

sepolcro *s.m.* **1** sepulcro, tumba (*f.*) **2** (*pop.*) (*rel.*) monumento.

seppellire A *v.tr.* **1** enterrar, sepultar **2** (*fig.*) (*scherz.*) enterrar **3** (*fig.*) esconder, ocultar **4** sepultar, cubrir, soterrar **5** (*fig.*) sepultar **B** *v.intr.pron.* (*fig.*) **1** enterrarse, aislarse **2** enfrascarse, concentrarse, sumergirse.

seppia A *agg.inv.* (*colore*) sepia **B** *s.f.* (*zool.*) jibia, sepia.

seppure *cong.* **1** aunque, aun cuando **2** si es que.

sequenza *s.f.* **1** secuencia, serie **2** (*cine.*) (*inform.*) (*ling.*) (*mat.*) secuencia **3** (*gioco*) (*poker*) serie, escalera.

sequestro *s.m.* **1** (*giur.*) embargo, secuestro **2** (*giur.*) secuestro, retiro de la circulación **3** (*rapimento*) secuestro, rapto.

sequoia *s.f.* (*bot.*) secuoya.

sera A *agg.inv.* vespertino (*m.sing.*) **B** *s.f.* **1** tarde **2** noche **3** (*fig.*) (*poes.*) (*vecchiaia*) vejez.

serbatoio *s.m.* **1** tanque, depósito **2** (*idr.*) cisterna (*f.*), aljibe, estanque, tanque **3** (*arma da fuoco*) recámara (*f.*).

serbo[1] *agg.* e *s.m.* serbio.

serbo[2] *s.m.* (*solo nella locuzione*) *avere/tenere in* ~, tener guardado.

serbocroato *agg.* e *s.m.* serbocroata (*m.* e *f.*).

sereno A *agg.* **1** sereno, despejado, claro **2** (*fig.*) sereno, tranquilo **3** (*fig.*) imparcial (*m.* e *f.*) **B** *s.m.* **1** buen tiempo, cielo despejado **2** sereno **3** (*poes.*) (*freddo notturno*) sereno, humedad (*f.*) nocturna **4** (*lett.*) (*cielo*) limpidez (*f.*) **5** (*fig.*) (*poes.*) (*sguardo*) fulgor.

sergente *s.m.* **1** (*mil.*) (anche *fig.*) sargento **2** (*falegnameria*) cárcel (*f.*).

serie *s.f.inv.* **1** serie (*sing.*), sucesión (*sing.*) **2** serie (*sing.*), colección (*sing.*) **3** (*mat.*) (*mus.*) (*stat.*) (*tecn.*) serie (*sing.*) **4** (*sport*) división (*sing.*).

serietà *s.f.inv.* **1** seriedad (*sing.*) **2** gravedad (*sing.*), seriedad (*sing.*).
serio *agg.* **1** (*persona*) serio, responsable (*m.* e *f.*) **2** serio, formal (*m.* e *f.*) **3** (*espessione*) serio, severo **4** serio, grave (*m.* e *f.*) **5** serio, sincero.
serpente *s.m.* (*zool.*) serpiente (*f.*) **2** (*conc.*) piel de serpiente **3** (*fig.*) mal bicho.
serra[1] *s.f.* (*agr.*) invernáculo (*m.*), invernadero (*m.*).
serra[2] *s.f.* (*geog.*) sierra, cordillera.
serratura *s.f.* cerradura.
server *s.m.inv.* (*angl.*) (*inform.*) servidor (*sing.*).
servire A *v.tr./intr.* **1** servir, estar sometido **2** trabajar, estar al servicio de **3** (*mil.*) servir **4** (*negozio*) atender, servir **5** tener como cliente **6** servir: ~ *da bere*, servir para beber **B** *v.tr.* **1** (anche *sport*) servir **2** (*lett.*) (*corteggiare*) servir, cortejar **C** *v.intr.* **1** (anche *sport*) servir **2** (*fam.*) necesitar, hacer falta **D** *v.intr.pron.* **1** usar **2** servirse, valerse **3** servirse **4** ser cliente.
servizio *s.m.* **1** (anche *bur.*) servicio **2** (*giorn.*) (*radio*) (*TV*) reportaje **3** (*fig.*) servicio, favor **4** (*pop.*) diligencia (*f.*) **5** (*necessità corporali*) necesidades (*f.pl.*) **6** servicio **7** (*aziende*) sección (*f.*), departamento **8** servicio, juego **9** (*sport*) (*tennis*, *pingpong*) servicio, saque.
servo *s.m.* **1** (anche *fig.*) siervo, esclavo **2** (*pegg.*) (*domestico*) criado, doméstico **3** (*rel.*) siervo **4** (*tecn.*) servo.
sesso *s.m.* sexo.
sesto[1] *agg.num.ord.* e *s.m.* sexto.
sesto[2] *s.m.* (*arch.*) (*arco*) cimbra (*f.*), curvatura (*f.*).
set *s.m.inv.* (*angl.*) **1** (*sport*) set, manga (*f.sing.*) **2** (*cine.*) plató (*sing.*) **3** (*cose*) juego (*sing.*).
seta *s.f.* (*tess.*) (anche *ftg.*) seda.
sete *s.f.* (anche *fig.*) sed.
setta *s.f.* (anche *società segreta*) secta.
settanta *agg.num.card.* e *s.m.inv.* setenta.
sette A *agg.num.card.* e *s.m.inv.* siete.
settecento A *agg.num.card.* setecientos (*m.*) **B** *s.m.inv.* **1** setecientos **2** (*secolo*) siglo XVIII.
settembre *s.m.* septiembre, setiembre.
settentrionale A *agg.* e *m.* e *f.* septentrional, del norte **B** *s.m.* e *f.* septentrional (*agg.*).
settimana *s.f.* **1** semana **2** (*gioco*) rayuela, infernácula (*m.*).
settimo *agg.num.ord.* e *s.m.* séptimo.
settore *s.m.* **1** (anche *fig.*) sector **2** (*sport*) área (*f.*).
severo *agg.* **1** severo, estricto, intransigente (*m.* e *f.*) **2** severo, riguroso, inflexible (*m.* e *f.*) **3** severo, grave (*m.* e *f.*), serio **4** austero, sobrio **5** serio, considerable (*m.* e *f.*).
sezione *s.f.* **1** (*med.*) sección, disección **2** (anche *mat.*, *mil.* e *tecn.*) sección **3** (*giur.*) sala, sección **4** (*azienda*) sucursal, filial.
sfacciato A *agg.* **1** descarado, atrevido **2** chillón, vistoso, llamativo.
sfamare A *v.tr.* **1** dar de comer **2** saciar **B** *v.pron.* saciarse.
sfasciare A *v.tr.* **1** romper, destrozar **2** (*fig.*) destruir, desunir **3** desmantelar, demoler **B** *v.intr.pron.* **1** romperse, hacerse añicos **2** (*fig.*) arruinarse, derrumbarse, desmoronarse **3** estrellarse, destrozarse **4** (*fig.*) (*persona*) engordar, ajamonarse.
sfavore *s.m.* desventaja (*f.*), daño, perjuicio.
sfavorevole *agg.m.* e *f.* **1** desfavorable, contrario (*m.*), adverso (*m.*), en contra **2** negativo (*m.*).
sfera *s.f.* **1** (*mat.*) (*rel.*) (anche *fig.*) esfera **2** esfera, bola **3** (*pop.*) (*orologio*) manecillas (*f.*).
sfida *s.f.* **1** (anche *fig.*) desafío (*m.*) reto (*m.*) **2** (*fig.*) provocación **3** (*sport*) (*pugilato*) encuentro (*m.*).

sfiducia *s.f.* desconfianza, recelo (*m.*).
sfiga *s.f.* (*volg.*) mala pata/suerte.
sfigurare A *v.tr.* desfigurar, deturpar **B** *v.intr.* hacer un mal papel, quedar mal.
sfilata *s.f.* **1** desfile (*m.*) **2** hilera, fila.
sfilza *s.f.* sarta, retahíla, rosario (*m.*).
sfinge *s.f.* (anche *fig.*) esfinge.
sfinire A *v.tr.* agotar, extenuar **B** *v.intr.pron.* agotarse, extenuarse.
sfizio *s.m.* (*pop.*) antojo, capricho.
sfogare A *v.tr.* desahogar, descargar, desfogar **B** *v.intr.* **1** salir **2** (*fig.*) desembocar **C** *v.intr.pron.* **1** desahogarse, franquearse, abrirse.
sfoglia *s.f.* **1** hoja, lámina **2** (*cuc.*) masa en hoja, hojaldre **3** (*pop.*) (*gran turco*) panca.
sfogliare *v.tr.* **1** hojear **2** (*raro*) (*tagliare le pagine*) cortar las páginas **C** *v.intr.pron.* exfoliarse.
sfogo *s.m.* **1** (*passaggio*) respiradero, aliviadero **2** salida (*f.*) **3** (*fig.*) desahogo, alivio **4** (*pop.*) pupa (*f.*), erupción (*f.*).
sfondare A *v.tr.* **1** desfondar **2** (*muro*) derribar, abatir **3** (*cardine*) forzar, descerrajar **4** (*mil.*) atravesar, romper **B** *v.intr.* (*fam.*) triunfar, imponerse **C** *v.intr.pron.* desfondarse.
sfondo *s.m.* **1** (*pitt.*) fondo, campo **2** (*teatr.*) telón de fondo **3** (anche *fig.*) marco **4** (*fig.*) inspiración (*f.*), tema.
sfortuna *s.f.* mala suerte, mala racha.
sforzo *s.m.* (anche *mecc.*) esfuerzo.
sfottere A *v.tr.* (*pop.*) **1** tomar el pelo, chotearse, embromar **2** (*infastidire*) jorobar, fastidiar **B** *v.pron.* (*reciproco*) tomarse el pelo.
sfratto *s.m.* (*giur.*) desahucio, desalojo.
sfrenato *agg.* (anche *fig.*) desenfrenado.
sfruttamento *s.m.* explotación (*f.*).
sfruttare *v.tr.* **1** (anche *fig.*) explotar **2** (*fig.*) aprovechar, sacar provecho.
sfuggire A *v.tr.* evitar, esquivar **B** *v.intr.* **1** huir, escapar **2** escapar, salir indemne **3** escurrirse, resbalar, deslizarse **4** (anche *fig.*) escaparse **5** pasársele, pasar inadvertido, no enterarse **6** olvidarse, pasarse **7** no recordar.
sfumatura *s.f.* **1** (anche *pitt.*) matiz (*m.*), gradación **2** (*lett.*) (*mus.*) matiz (*m.*), tono (*m.*) **3** (*fig.*) dejo (*m.*), acento (*m.*).
sgabuzzino *s.m.* trastero.
sganciare A *v.tr.* **1** desenganchar, desacoplar **2** desabrochar **3** (*fig.*) (*fam.*) soltar, aflojar la bolsa/el bolsillo **B** *v.intr.pron.* **1** desengancharse **2** (*mil.*) desconectarse **3** (*fig.*) (*fam.*) desengancharse **4** (*fig.*) (*fam.*) (*impegni*) liberarse, librarse.
sgombrare A *v.tr.* **1** despejar, desocupar **2** (*fig.*) liberar **3** limpiar, barrer, despejar **4** desalojar, despejar, desocupar **5** evacuar **6** mudarse **B** *v.intr.pron.* (*lett.*) despejarse.
sgonfio *agg.* **1** desinflado, deshinchado **2** (*med.*) desinflamado, deshinchado.
sgorbio *s.m.* **1** borrón **2** garabato, garrapato **3** mamarracho **4** (*fig.*) (*persona*) adefesio, mamarracho, esperpento.
sgozzare *v.tr.* **1** degollar **2** (*fig.*) (*usura*) desangrar.
sgradevole *agg.m.* e *f.* desagradable.
sgradito *agg.* desagradable (*m.* e *f.*).
sgridare *v.tr.* reprender, regañar.
sgualdrina *s.f.* (*pegg.*) furcia, ramera, puta, zorra.
sguardo *s.m.* **1** mirada (*f.*) **2** ojeada (*f.*), mirada (*f.*), vistazo **3** vista (*f.*) **4** (*lett.*) vista (*f.*), panorama.
shakerare *v.tr.* agitar/sacudir la coctelera.
shampoo *s.m.inv.* (*angl.*) champú (*sing.*).
shock *s.m.inv.* (*angl.*) (anche *med.*) choque (*sing.*).

shopping *s.m.inv.* (*angl.*) compras (*f.pl.*).
show *s.m.inv.* (*angl.*) (anche *TV*) espectáculo (*sing.*).
shuttle *s.m.inv.* (*angl.*) lanzadera (*f.sing.*) espacial, transbordador (*sing.*) espacial.
si A *pron.m.* e *f.* (*personale*) se **B** *s.m.inv.* (*mus.*) si.
sì A *avv.* sí **B** *cong.* (*lett.*) **1** a tal punto **2** de manera que, de modo que **3** (*non appena che*) en cuanto, tan pronto **C** *s.m.* (anche *votazione*) sí.
sia *cong.* **1** tanto... como **2** (*bien*)... o, (*sea*)... o.
siberiano *agg* e *s.m.* siberiano.
siccità *s.f.inv.* **1** sequía (*sing.*) **2** sequedad (*sing.*), aridez (*sing.*).
siccome A *avv.* (*lett.*) como **B** *cong.* **1** como, puesto que, dado que **2** (*lett.*) como, tal como **3** (*lett.*) como, en el modo en que **4** (*lett.*) (*appena*) en cuanto, tan pronto.
sicurezza *s.f.* **1** seguridad **2** (*fig.*) precaución **3** seguridad, firmeza, aplomo (*m.*) **4** seguridad, certeza **5** confianza, fiabilidad.
sicuro A *agg.* **1** seguro **2** seguro, firme (*m.* e *f.*) **3** preparado, listo **4** seguro, infalible (*m.* e *f.*) **5** (*persona*) seguro, fiel (*m.* e *f.*) **6** seguro, fiable (*m.* e *f.*) **B** *avv.* por supuesto, seguro **C** *s.m.* (*solo sing.*) **1** seguridad (*f.*), lo seguro **2** seguro.
siderurgia *s.f.* siderurgía.
siepe *s.f.* **1** seta (*m.*), cercado (*m.*) **2** (*fig.*) barrera **3** (*equit.*) valla.
siero *s.m.* (anche *anat.* e *med.*) suero.
sieronegativo *agg.* e *s.m.* (*med.*) seronegativo.
sieropositivo *agg.* e *s.m.* (*med.*) seropositivo.
sigaretta *s.f.* **1** cigarrillo (*m.*), pitillo (*m.*) **2** (*fig.*) corrette (*m.*).
sigaro *s.m.* puro, habano.
sigillo *s.m.* **1** sello, timbre **2** (*imballaggio*) precinto **3** (*giur.*) sello judicial **4** (*fig.*) sello.
sigla *s.f.* **1** sigla **2** (*firma*) rúbrica.
significato *s.m.* **1** significado, significación (*f.*), sentido **2** (*ling.*) significado **3** (*fig.*) significado, finalidad **4** (*fig.*) significación (*f.*), trascendencia (*f.*), valor.
signora *s.f.* señora.
signore *s.m.* **1** señor **2** (*padrone*) señor, amo, dueño **3** (*Dio*) Señor, Dios, Jesucristo.
silenzio *s.m.* **1** (anche *fig.*) silencio **2** silencio, reserva (*f.*).
silicone *s.m.* (*chim.*) silicona (*f.*).
sillaba *s.f.* (*ling.*) sílaba.
siluro *s.m.* **1** (*mil.*) torpedo **2** (*fig.*) boicot, intriga (*f.*).
simbolo *s.m.* (anche *chim.*) símbolo.
simile A *agg.m.* e *f.* **1** semejante, similar, parecido (*m.*) **2** semejante, tal **3** (*geom.*) semejante **B** *s.m.* semejante, prójimo (*m.*).
simmetria *s.f.* **1** (*geom.*) (anche *bio.*) simetría **2** (*fig.*) simetría, armonía.
simpatico A *agg.* **1** simpático **2** agradable (*m.* e *f.*) **B** *s.m.* simpático.
simultaneo *agg.* simultáneo, contemporáneo.
sinagoga *s.f.* **1** (*rel.*) (*tempio*, *congregazione*) sinagoga **2** pueblo (*m.*) hebreo, Israel (*m.*).
sincero *agg.* sincero, franco, verdadero.
sindacato *s.m.* **1** sindicato **2** (*econ.*) cartel, cártel.
sindaco *s.m.* **1** (*bur.*) alcalde, (*amer.*) intendente municipal **2** (*econ.*) censor.
sindone *s.f.* sudario (*m.*).
sindrome *s.f.* **1** (*med.*) síndrome (*m.*) **2** (*fig.*) síntoma (*m.*).
sinfonia *s.f.* **1** (*mus.*) sinfonía **2** (*fig.*) sinfonía, armonía **3** (*fig.*) (*fam.*), jaleo (*m.*), alboroto (*m.*) **4** (*fig.*) (*fam.*) tabarra, canción.
singhiozzo *s.m.* **1** hipo, singulto **2** sollozo, llanto.
singolare A *agg.m.* e *f.* **1** singular, peculiar, caratterístico (*m.*) **2** singular,

notable, extraordinario (*m.*) **3** extravagante, singular **4** (*lett.*) singular, individual **B** *s.m.* **1** (*gramm.*) singular **2** (*sport*) single (*inv.*).
singolo A *agg.* **1** cada (*inv.*), cada uno **2** individual (*m.* e *f.*), (*amer.*) single (*m.* e *f.*) **B** *s.m.* **1** individuo **2** (*telecom.*) símplex (*inv.*) **3** (*sport*) (*tennis*) single (*inv.*) **4** (*sport*) (*canottaggio*) skull individual.
sinistra *s.f.* **1** izquierda **2** (*mar.*) babor (*m.*) **3** (*pol.*) izquierda, izquierdas (*pl.*).
sinistro A *agg.* **1** izquierdo **2** (*fig.*) funesto, siniestro, desgraciado **3** (*fig.*) siniestro, amenazador, perverso **B** *s.m.* **1** siniestro, accidente **2** (*sport*) izquierdo.
sino *prep.* hasta.
sintesi *s.f.inv.* **1** (*bio.*) (*chim.*) (*fil.*) síntesis **2** síntesis, resumen (*m.sing.*), compendio (*m.sing.*).
sintomo *s.m.* **1** (*med.*) síntoma **2** (*fig.*) síntoma, indicio.
sintonia *s.f.* **1** (*fis.*) sintonía **2** (*fig.*) acuerdo (*m.*), armonía.
sipario *s.m.* (*teatr.*) telón: *abbassare il ~*, bajar el telón.
sirena[1] *s.f.* (*mit.*) sirena.
sirena[2] *s.f.* sirena.
siriaco *agg.* e *s.m.* (*stor.*) siriaco.
siriano *agg.* e *s.m.* sirio, siriaco.
siringa *s.f.* **1** (*mus.*) siringa **2** (*med.*) jeringa, jeringuilla **3** (*utensile di cucina*) manga.
sistema *s.m.* **1** sistema **2** (*anat.*) sistema, aparato **3** (*società*) sistema, régimen **4** sistema, teoría (*f.*) **5** (*fig.*) sistema, orden **6** (*fig.*) sistema, costumbre (*f.*), rutina (*f.*) **7** (*fig.*) (*fam.*) método, manera (*f.*).
sistemare A *v.tr.* **1** ordenar, arreglar **2** colocar, disponer **3** resolver, componer **4** instalar, scomodar **5** colocar **6** casar **7** (*fam.*) arreglar **8** (*raro*) sistematizar, organizar **B** *v.pron.* instalarse, acomodarse.
sito A *agg.* (*lett.*) situado, emplazado, (*amer.*) ubicado **B** *s.m.* (*lett.*) lugar, sitio.
situare A *v.tr.* **1** situar, emplazar, (*amer.*) ubicar **2** (*fig.*) situar **B** *v.intr.pron.* (anche *fig.*) situarse, colocarse, ponerse.
situazione *s.f.* **1** situación, estado (*m.*) **2** situación, coyuntura, circunstancia **3** (*fil.*) (*mil.*) situación **4** (*ling.*) contexto (*m.*) situacional.
slacciare A *v.tr.* **1** desatar, desanudar **2** desabrochar, desabotonar **B** *v.intr.pron.* desatarse, soltarse.
slancio *s.m.* **1** salto, impulso **2** (*sport*) (*sollevamento pesi*) envión **3** (*sport*) (*ginnastica*) salto **4** (*fig.*) arranque, impulso, arrebato **5** esbeltez (*f.*).
slavo *agg.* e *s.m.* eslavo.
sleale *agg.m.* e *f.* desleal, infiel, falso (*m.*).
slitta *s.f.* **1** trineo (*m.*) **2** (*mecc.*) corredera, cursor (*m.*) **3** (*cannone*) muñón (*m.*).
slogan *s.m.inv* (*angl.*) slogan, eslogan (*sing.*).
slovacco *agg.* e *s.m.* eslovaco.
sloveno *agg.* e *s.m.* esloveno.
smaltire *v.tr.* **1** digerir **2** (*fig.*) pasarse, terminarse **3** (*raro*) (*fig.*) aguantar, soportar **4** (*comm.*) agotar, vender, dar salida **5** (*acque*) desaguar, descargar **6** (*rifiuti*) eliminar **7** (*fig.*) despachar.
smalto *s.m.* (anche *anat.* e *aral.*) esmalte.
smania *s.f.* **1** inquietud, desasosiego (*m.*) **2** (*fig.*) afán (*m.*), ansias (*pl.*): *~ di andarsene*, el afán de irse.
smarrire A *v.tr.* extraviar, perder: *~ la patente*, perder el carnet de conducir **B** *v.intr.pron.* **1** extraviarse, perderse **2** (*fig.*) turbarse.
smentire A *v.tr.* **1** desmentir, negar **2** desenmascarar **3** retractar, desdecir **4** desmentir, desdecir, desmerecer **B** *v.pron.* desimentirse, desdecirse.

smeraldo *s.m.* (*min.*) (*poes.*) esmeralda (*f.*).
smettere A *v.tr.* **1** dejar, abandonar, interrumpir **2** (*indumenti*) desechar, arrinconar **3** (*abitudini, vizi*) quitarse de **B** *v.intr.* **1** dejar, parar, cesar **2** terminar, acabar.
smoderato *agg.* exagerado, descomedido, descontrolado.
smog *s.m.inv.* (*angl.*) smog, esmog.
smoking *s.m.inv.* (*angl.*) (*abb.*) smoking, esmoquin (*sing.*).
smontare A *v.tr.* **1** desarmar, desmontar **2** destruir, inutilizar **3** cortar, hacer bajar **4** (*fig.*) desanimar, desmoralizar **5** (*fig.*) refutar, rebatir, destruir **6** (*fam.*) dejar, apearse, bajar **B** *v.intr.* **1** bajarse, descender **2** (*mezzo di trasporto*) apearse, bajarse **3** (*cavallo*) desmontar, apearse **4** (*turno di lavoro*) salir, terminar **5** (*colore*) desteñirse, descolorirse **6** bajarse **C** *v.intr.pron.* desanimarse, desinflarse.
smorfia *s.f.* **1** mueca, visaje (*m.*), gesto (*m.*) **2** remilgo (*m.*), melindre (*m.*).
snack *s.m.inv* (*angl.*) **1** tentempié (*sing.*), tapa (*f.sing.*) **2** (*locale*) snack-bar, cafetería (*f.sing.*).
snello *agg.* **1** (anche *fig.*) ágil (*m.* e *f.*), suelto, ligero **2** esbelto, espigado **3** (*fig.*) sobrio, elegante (*m.* e *f.*).
snervante *agg.m.* e *f.* enervante, exasperante.
sniffare *v.tr.* (*gerg.*) (*droga*) esnifar.
snob *agg.inv.* e *s.m.* e *f.inv.* (*angl.*) snob, esnob.
snobbare *v.tr.* desdeñar, desairar.
snodo *s.m.* (*tecn.*) articulaci6n (*f.*).
snowboard *s.m.inv.* (*angl.*) (*sport*) snowboard.
sobbalzo *s.m.* salto, barquinazo.
sobborgo *s.m.* **1** (*quartiere periferico*) suburbio, arrabal **2** (*centro abitato*) colonia (*f.*).
sobrio *agg.* **1** sobrio, parco, frugal (*m.* e *f.*) **2** sobrio **3** (*fig.*) sobrio, austero, moderado **4** (*fig.*) sereno, calmo, controlado.
soccorso *s.m.* **1** socorro, auxilio **2** (*mil.*) socorro **3** (*sovvenzione*) subsidio, socorro, ayuda (*f.*) **4** (*lett.*) (*persona*) socorredor.
sociale A *agg.m.* e *f.* (anche *econ.*) social **B** *s.m.* lo social.
socialismo *s.m.* (*pol.*) socialismo.
società *s.f.inv.* **1** (anche *giur.* e *zool.*) sociedad (*sing.*) **2** (*associazione*) sociedad (*sing.*), asociación (*sing.*) **3** (*lett.*) compañía.
socio *s.m.* (anche *giur.*) **1** socio **2** (*associazione, circolo*) socio, miembro, afiliado.
sociologia *s.f.* sociología.
soddisfare A *v.tr./intr.* **1** satisfacer **2** satisfacer, realizar **3** complacer, satisfacer, contentar **4** satisfacer, gustar **5** satisfacer, reparar, desagraviar **6** satisfacer, expiar **7** satisfacer, corresponder **B** *v.intr.pron.* (*raro*) conformarse, satisfacerse.
soddisfazione *s.f.* **1** satisfacción, apagamiento (*m.*) **2** satisfacción, reparación, desagravio (*m.*) **3** satisfacción, pago (*m.*) **4** satisfacción, alegría **5** gusto (*m.*), gustazo (*m.*) **6** satisfacción, placer (*m.*).
sodio *s.m.* (*chim.*) sodio.
sodo A *agg.* **1** duro, compacto **2** firme (*m.* e *f.*), turgente (*m.* e *f.*) **3** pesado, duro, fuerte (*m.* e *f.*) **4** (*fig.*) sólido **5** (*fig.*) firme (*m.* e *f.*) **B** *avv.* duro, con firmeza **C** *s.m.* firme, terreno firme.
sodomia *s.f.* sodomía.
sofà *s.m.inv.* sofá (*sing.*).
sofferenza *s.f.* **1** sufrimiento (*m.*), dolor (*m.*), padecimiento (*m.*) **2** (*econ.*) demora.
soffermare A *v.tr.* fijar, detener **B** *v.intr.pron.* **1** detenerse, pararse **2** explayarse, extenderse.
soffio *s.m.* **1** soplido, soplo **2** (anche *med.*) soplo **3** (*fig.*) (*lett.*) inspiración (*f.*) **4** ronroneo.

soffitta *s.f.* **1** desván (*m.*), buhardilla, camaranchón (*m.*) **2** (*teatr.*) telar.
soffocare A *v.tr.* **1** sofocar **2** estrangular, aliagar **3** (*fig.*) sofocar, ahogar, dominar **4** (*fig.*) encubrir, echar tierra **5** (*lett.*) oprimir **B** *v.intr.pron.* sofocarse, ahogarse.
soffrire *v.tr.* **1** sufrir, padecer **2** pasar **3** tolerar, aguantar, resistir **4** sufrir, aguantar, soportar.
soffritto *s.m.* (*cuc.*) sofrito, refrito.
sofistica *s.f.* (*fil.*) sofística.
sofisticato *agg.* **1** sofisticado, afectado, amanerado **2** (*tecn.*) sofisticado, complejo **3** (*prodotto alimentare*) adulterado.
soft *agg.inv.* (*angl.*) suave (*m.* e *f. sing*).
soggettivo *agg.* **1** subjetivo, personal (*m.* e *f.*) **2** (*fil.*) (*gramm.*) (*psic.*) subjetivo.
soggetto A *agg.* **1** sometido, sujeto **2** sujeto, expuesto, susceptible (*m.* e *f.*) **3** expuesto **4** propenso, predispuesto **B** *s.m.* **1** tema, asunto, materia (*f.*) **2** (*cine.*) (*TV*) argumento, guión **3** (*mus.*) motivo, tema **4** (*fil.*) (*giur.*) (*gramm.*) (*med.*) sujeto **5** (*fam.*) sujeto, individuo **6** (*agr.*) patrón.
soggiorno *s.m.* **1** estancia (*f.*), estadía (*f.*), permanencia (*f.*) **2** (*arch.*) sala de estar, (*amer.*) living **3** (*lett.*) (*dimora*) morada (*f.*).
soglia *s.f.* **1** (*fis.*) (*geog.*) (anche *parte inferiore di porta*) umbral (*m.*) **2** (*fig.*) umbral (*m.*), puerta, entrada **3** (*fisiol.*) (*psic.*) limen (*m.*), umbral (*m.*) **4** (*fig.*) umbrales (*m.pl.*), principios (*m.pl.*).
sogliola *s.f.* (*zool.*) lenguado (*m.*).
sognare A *v.tr.* **1** soñar **2** (*fig.*) soñar, anhelar **3** (*fig.*) soñar, hacerse ilusiones **4** (*fig.*) imaginarse **B** *v.intr.* **1** soñar, tener sueños **2** (*fig.*) soñar, fantasear **C** *v.intr.pron.* soñar, ver en sueños.
sogno *s.m.* **1** (*psic.*) sueño **2** sueño, ilusión (*f.*) **3** sueño, aspiración (*f.*), ideal **4** recuerdo borroso **5** (*fig.*) sueño, maravilla (*f.*), preciosidad (*f.*).
soia *s.f.* (*bot.*) soja.
solaio A *s.m.* **1** (*edil.*) entramado, forjado, armazón **2** (*sottotetto*) sobrado, guardillón.
solco *s.m.* **1** (*agr.*) (*anat.*) surco **2** (*impronta*) surco, huella (*f.*) **3** (*incavo*) canal, ranura (*f.*), surco **3** (*fig.*) surco, arruga (*f.*) **4** (*fig.*) (*scia*) estela (*f.*).
soldato *s.m.* **1** (*mil.*) soldado, militar **2** (*fig.*) defensor, partidario, soldado **3** (*zool.*) (*formiche, termiti*) soldado.
soldi *s.m.pl.* dinero (*sing.*), pasta, (*amer.*) plata (*f.sing.*).
sole *s.m.* **1** (*astro.*) (*astrol.*) (anche *fig.*) sol **2** mediodía, sur **3** (*poes.*) día **4** (*poes.*) año **5** (*fig.*) ideal, meta (*f.*)
solenne *agg.m.* e *f.* **1** (*giur.*) (*rel.*) solemne **2** solemne, majestuoso (*m.*), imponente.
solidale *agg.m.* e *f.* (*giur.*) (*mecc.*) (anche *fig.*) solidario (*m.*), justo (*m.*).
solidarietà *s.f.inv.* (anche *giur.*) solidaridad (*sing.*).
solido A *agg.* **1** (anche *fig.*) sólido **2** (*geom.*) sólido, tridimensional (*m.* e *f.*) **3** sólido, estable (*m.* e *f.*), firme (*m.* e *f.*) **4** fuerte (*m.* e *f.*), vigoroso, sólido **5** (*fig.*) arraigado, enraizado **B** *s.m.* sólido.
solista *agg.* e *s.m.* e *f.* (*mus.*) (anche *danza*) solista.
solitamente *avv.* generalmente, habitualmente, casi siempre.
solitario A *agg.* **1** (*persona*) solitario **2** (*luogo*) solitario, desierto, deshabitado **3** (*bot.*) (*zool.*) solitario **B** *avv.* (*solo nella locuzione*) *in ~*, solo **C** *s.m.* **1** (*gioco*) (*carte*) solitario **2** solitario, brillante.
solito A *agg.* **1** (*abituale*) acostumbrado, habitual (*m* e *f.*), usual (*m.* e *f.*) **2** (*che si ripete*) mismo **3** (*persona*) de siempre **B** *s.m.* (*solo sing.*) lo habitual, lo usual, lo acostumbrado.

solitudine *s.f.* **1** soledad, apartamiento (*m.*) **2** (*luogo*) soledades (*pl.*).
sollecitare *v.tr.* **1** solecitar, exigir, pretender **2** apresurar, acelerar **3** pedir, solicitar **4** estimular, aguijonear **5** (*lett.*) inducir, incitar **6** (*mecc.*) solicitar, someter a esfuerzo **7** (*pratica, affare*) menear.
solletico *s.m.* **1** cosquillas (*f.pl.*) **2** (*fig.*) aguijón, acicate, estímulo.
sollevare A *v.tr.* **1** levantar, alzar **2** (*fig.*) elevar, dirigir **3** (*lett.*) elevar **4** (*fig.*) sacar, librar **5** (*fig.*) levantar **6** (*fig.*) eximir, liberar, dispensar **7** (*fig.*) aliviar, calmar **8** (*fig.*) confortar, animar, aliviar **9** (*fig.*) sublevar **B** *v.intr.pron.* **1** elevarse, alzarse **2** levantarse, incorporarse, erguirse.
sollievo *s.m.* **1** alivio **2** consuelo.
solo A *agg.* **1** (anche *mus.*) solo **2** solo, único **3** exclusivo, reservado **4** (*poes.*) solitario, desierto **B** *avv.* sólo, solamente **C** *cong.* pero **D** *s.m.* **1** único **2** (*mus.*) solista (*m.* e *f.sing.*).
soltanto A *avv.* **1** justo, precisamente **2** sólo, solamente **B** *cong.* pero.
soluzione *s.f.* **1** (anche *chim.*) solución, disolución **2** (anche *mat.*) solución **3** solución, remedio (*m.*), arreglo (*m.*) **4** (*decisione*) solución, acuerdo (*m.*), ajuste (*m.*).
somaro A *agg.* burro, borrico, ignorante (*m.* e *f.*) **B** *s.m.* **1** (*zool.*) asno, burro **2** (*fig.*) (*ignorante*) burro, borrico, ignorante (*m.* e *f.*).
somigliare A *v.tr./intr.* parecerse, semejarse, asemejarse **B** *v.tr.* (*lett.*) comparar, parangonar **C** *v.pron.* (*reciproco*) parecerse, semejarse.
somma *s.f.* **1** suma, resultado (*m.*) **2** (*mat.*) suma, adición **3** (*denaro*) suma, monta **4** volumen (*m.*), cuantía **5** esencia, substancia, meollo (*m.*) **6** (*farm.*) sumación **7** (*lett.*) suma.
sommario A *agg.* **1** sumario, breve (*m.* e *f.*) **B** *s.m.* **1** sumario, compendio, resumen **2** (*indice*) sumario, índice.
sommergere *v.tr.* **1** sumergir, inundar **2** hundir, sumir, abismar **3** (*fig.*) cubrir, llenar **4** (*fig.*) borrar, cancelar.
sommergibile A *agg.m.* e *f.* sumergible **B** *s.m.* (*mar.*) submarino.
sommesso *agg.* **1** sumiso, humilde (*m.* e *f.*) **2** sometido, subyugado **3** sumiso, quedo, bajo.
somministrare *v.tr.* **1** suministrar, proveer, administrar **2** (*rel.*) administrar **3** (*scherz.*) propinar, dar.
sommossa *s.f.* revuelta, motín (*m.*), asonada.
sonda A *agg.inv.* sonda **B** *s.f.* **1** (*fis.*) (*tecn.*) sonda, barrena **2** (*med.*) sonda, estilete (*m.*), tienta.
sondaggio *s.m.* **1** (*fis.*) (*med.*) (*tecn.*) sondeo **2** (*stat.*) (anche *fig.*) sondeo, sondaje, encuesta (*f.*).
sonnambulo *agg.* e *s.m.* e *f.* sonámbulo.
sonno *s.m.* **1** sueño **2** (*torpore*) sueño, sopor, modorra (*f.*) **3** (*fig.*) silencio, calma (*f.*) **4** (*poes.*) (*sogno*) sueño, ilusión (*f.*).
sonoro A *agg.* **1** (anche *ling.*) sonoro: *banda sonora*, banda sonora **2** sonoro, fuerte (*m.* e *f.*), claro: *rumore* ~, ruido fuerte **3** sonoro, ruidoso **4** (*fig.*) sonoro, grandilocuente (*m.* e *f.*) **B** *s.m.* (*cine.*) sonoro.
sopportare *v.tr.* **1** soportar, sostener, sustentar **2** (*fig.*) soportar, sostener: ~ *un dolore*, soportar un dolor **3** (*fig.*) soportar, tolerar, aguantar **4** (*fig.*) (*lett.*) (*permettere*) consentir.
sopprimere *v.tr.* **1** suprimir, abolir **2** suprimir, eliminar **3** liquidar, asesinar.
sopra A *agg.inv.* superior (*m.* e *f.sing.*), anterior (*m.* e *f.sing.*) **B** *avv.* **1** encima, arriba **2** (*iterativo*) arriba **3** arriba, en el piso superior **4** antes, precedentemente **5** más allá **C** *prep.* **1** (*contatto*) sobre, en, encima de **2** (*posizione*) sobre, arriba de, encima de **3** (*successione*) sobre **4** (*superio-*

rità, protezione, dominio) sobre, por encima de **5** (*vicinanza*) junto a, al lado de **6** (*a nord di*) al norte de **7** (*contro*) contra **8** (*dopo*) después, sobre **9** (*oltre*) sobre, arriba de **10** (*maggiore*) más de **11** (*riguardo a*) sobre, acerca de **12** (*preminenza, preferenza*) más que, por encima de **D** *s.m.inv.* parte (*f.sing.*) superior.
sopra- *pref.* **1** (*che sta sopra*) sobre- **2** (*grado, funzione*) super **3** (*valore superlativo*) extra-.
sopracciglio *s.m.* (*anat.*) ceja (*f.*).
sopraggiungere A *v.intr.* **1** llegar inesperadamente **2** descolgarse, dejarse caer **3** surgir, sobrevenir, presentarse **B** *v.tr.* (*raro*) **1** sobrevenir, venirse encima **2** alcanzar, pillar.
soprannaturale A *agg.m.* e *f.* **1** sobrenatural **2** (*fig.*) sobrenatural, extraordinario (*m.*) **B** *s.m.* (*solo sing.*) lo sobrenatural.
soprannome *s.m.* sobrenombre, apodo.
soprastare *v.intr.* **1** supervisar, vigilar **2** (*raro*) (*lett.*) (*sopraffare*) dominar.
soprattutto *avv.* **1** sobre todo, ante todo **2** sobre todo, especialmente, principalmente.
sopravvalutare *v.tr.* supervalorar, sobrestimar.
sopravvenire *v.intr.* **1** sobrevenir, llegar de improviso **2** sobrevenir, surgir.
sopravvento A *agg.inv.* expuesto (*m.sing.*) al viento **B** *avv.* (*mar.*) barlovento **C** *s.m.* (*solo sing.*) **1** (*mar.*) barlovento, sobreviento **2** (*fig.*) ventaja (*f.*), superioridad (*f.*).
sopravvivere *v.intr.* **1** sobrevivir **2** (*fig.*) vivir **3** (*fig.*) subsistir, perdurar, persistir.
soprelevare *v.tr.* sobrelevar, sobrealzar.
soprintendente *agg.* e *s.m.* e *f.* **1** superintendente, supervisor **2** (*bur.*) conservador, director.
sopruso *s.m.* abuso, atropello, arbitrariedad (*f.*).
sorbetto *s.m.* (*cuc.*) sorbete.
sorbire *v.tr.* **1** beber a sorbos **2** (*fig.*) soportar, aguantar.
sordo A *agg.* **1** (anche *ling.*) sordo **2** (*fig.*) sordo, insensible (*m.* e *f.*) **3** insonoro **4** sordo, apagado **5** (*fig.*) sordo, reprimido **B** *s.m.* (*med.*) sordo.
sorella A *agg.* hermana **B** *s.f.* (anche *fig.*) hermana **2** (*fig.*) hermandad, correspondencia **3** monja.
sorgente A *agg.m.* e *f.* naciente, surgente **B** *s.f.* **1** fuente, manantial (*m.*) **2** (*fis.*) fuente **3** (*fig.*) fuente, origen (*m.*).
sorgere A *s.m.* (*solo sing.*) salida (*f.*), nacimiento **B** *v.intr.* **1** (*lett.*) alzarse, levantarse **2** surgir, elevarse, levantarse **3** salir, nacer **4** (*acqua*) surgir, brotar, surtir **5** (*fig.*) surgir, aparecer, presentarse **6** (*fig.*) venir, acometer, asaltar **7** (*fig.*) (*lett.*) sobrevenir.
sorpassare *v.tr.* **1** superar, sobrepasar **2** (*veicolo*) adelantar **3** (*fig.*) superar, sobrepujar, aventajar.
sorprendere A *v.tr.* **1** sorprender, coger **2** sorprender, pillar, descubrir **3** sorprender, asombrar, extrañar **B** *v.intr.pron.* asombrarse, sorprenderse.
sorridere *v.intr.* **1** (anche *fig.*) sonreír **2** (*fig.*) reír, sonreír **3** (*fig.*) agradar, halagar.
sorriso *s.m.* **1** sonrisa (*f.*): *un ~ falso*, una falsa sonrisa **2** (*fig.*) sonrisa (*f.*), alegría (*f.*), gozo.
sorte *s.f.* **1** suerte, destino (*m.*) **2** suerte, condición **3** suerte, destino (*m.*), futuro (*m.*) **4** suerte, casualidad.
sorteggio *s.m.* sorteo.
sortilegio *s.m.* **1** (*magia*) sortilegio, hechizo **2** (*divinazione*) sortilegio, adivinación (*f.*).
sorvegliare *v.tr.* **1** vigilar **2** custodiar, vigilar **3** cuidar, velar.
sospendere *v.tr.* **1** colgar, suspender **2** (*chim.*) estar en suspensión **3** (*fig.*)

suspender, aplazar, postergar **4** (*fig.*) suspender **5** (*raro*) (*lett.*) (*tenere in aria*) suspender, izar.

sospensione *s.f.* **1** (anche *chim.*, *ling.* e *mecc.*) suspensión **2** suspensión, cesación **3** (*fig.*) (*incertezza*) incertidumbre, ansia.

sospettare A *v.tr.* **1** sospechar, suponer, creer **2** oler, infundir sospechas, hacer sospechar **3** sospechar, creer, imaginar **B** *v.intr.* **1** sospechar **2** desconfiar, recelar, sospechar.

sospetto[1] **A** *agg.* sospechoso **B** *s.m.* sospechoso.

sospetto[2] *s.m.* **1** sospecha (*f.*), recelo, desconfianza (*f.*) **2** sospecha (*f.*), presentimiento.

sospetto[3] *s.m.* (*fam.*) gota (*f.*), pizca (*f.*), poquito.

sospiro *s.m.* **1** suspiro **2** (*lett.*) (*cosa sospirata*) anhelo, deseo **3** (*lett.*) suspiro, soplo **4** (*cuc.*) pastelito recubierto de chocolate.

sosta *s.f.* **1** alto (*m.*), parada **2** alto (*m.*), descanso (*m.*), tregua.

sostantivo *s.m.* (*ling.*) sustantivo, substantivo.

sostanza *s.f.* **1** (anche *anat.*, *chim.* e *fil.*) sustancia **2** (*fig.*) sustancia, esencia, meollo (*m.*) **3** patrimonio (*m.*), capital (*m.*).

sostare *v.intr.* **1** detenerse, pararse **2** parar, alojarse, hospedarse **3** hacer un alto, hacer una pausa.

sostegno *s.m.* **1** sostén, apoyo, soporte **2** (*agr.*) rodrigón, estaca (*f.*) **3** (*fig.*) sostén, apoyo.

sostenere A *v.tr.* **1** sostener, sustentar, soportar **2** sostener, tener suspendido **3** (*fig.*) sostener, costear, sustentar **4** (*fig.*) mantener **5** (*fig.*) ayudar, proteger **6** (*fig.*) apoyar **7** (*fig.*) nutrir, alimentar, sustentar **8** (*fig.*) sostener, defender **9** (*fig.*) sostener, afirmar **10** (*fig.*) aguantar, tolerar, resistir **B** *v.pron.* **1** sostenerse, afirmarse, sujetarse **2** (*fig.*) sustentarse, sostenerse, mantenerse **C** *v.intr.pron.* **1** sostenerse **2** (*fig.*) convencer.

sostituire A *v.tr.* **1** sustituir, reemplazar **2** sustituir, cambiar **3** (*chim.*) sustituir **B** *v.pron.* reemplazar, sustituir, suplir.

sostituzione *s.f.* **1** sustitución, reemplazo (*m.*) **2** (*ling.*) (*mat.*) (*min.*) sustitución.

sotterraneo A *agg.* **1** subterráneo **2** (*fig.*) clandestino, escondido **B** *s.m.* subterráneo.

sottile *agg.m.* e *f.* **1** sutil, fino (*m.*) **2** esbelto (*m.*), delgado (*m.*) **3** (*fig.*) sutil, leve, ligero (*m.*) **4** (*fig.*) fino (*m.*), agudo (*m.*) **5** (*fig.*) agudo (*m.*), perspicaz, sutil **6** (*fig.*) velado (*m.*), encubierto (*m.*).

sottinteso A *agg.* implícito, tácito, obvio **B** *s.m.* alusión (*f.*), segunda (*f.*).

sotto A *agg.inv.* inferior (*sing.*) **B** *avv.* **1** debajo, abajo: *ci vediamo là ~*, nos vemos ahí abajo **2** en el piso de abajo **3** (*iterativo*) en el fondo **4** más adelante, más abajo **C** *prep.* **1** (*contatto*) bajo, abajo de, debajo **2** (*posizione*) bajo, debajo de **3** (*vicinanza*) a los pies de, cerca de **4** (*più in basso di, anche fig.*) bajo **5** (*a sud*) al sur de **6** (*minore*) inferior, menor **7** (*fig.*) (*periodo storico*) bajo, durante **8** (*modale*) bajo, con **9** (*da*) bajo, desde, de **10** (*a causa di*) por, a causa de, debido a **11** (*fig.*) (*modale*) so, bajo **12** (*valore temporale*) por, hacia, durante **D** *s.m.inv.* parte/cara inferior.

sottobanco *avv.* **1** (*brevi manu*) bajo cuerda **2** (*di nascosto*) por la trastienda.

sottolineare *v.tr.* **1** subrayar **2** (*fig.*) destacar, resaltar.

sottomesso *agg.* **1** sometido, subyugado **2** sumiso, dócil (*m.* e *f.*).

sottomettere A *v.tr.* **1** someter, subyugar, sujetar **2** someter, hacer sumiso/obediente **3** (*fig.*) subordi-

nar, posponer **4** someter, exponer **5** (*raro*) (*mettere sotto*) uncir **B** *v.intr.pron.* someterse.
sottopassaggio *s.m.* paso subterráneo, paso inferior.
sottoporre A *v.tr.* **1** someter, subyugar, sujetar **2** someter **3** (*fig.*) someter, presentar **B** *v.intr.pron.* someterse.
sottoscritto *agg.* e *s.m.* **1** infrascrito, abajo firmante, que suscribe **2** (*fam.*) (*scherz.*) menda (*m.* e *f.*), aquí presente, (*amer.*) infrascrito.
sottosopra A *agg.inv.* trastornado (*sing.*), aturdido (*sing.*) **B** *avv.* **1** de arriba abajo, al revés **2** (*fig.*) patas arriba **3** (*fig.*) muy nervioso (*agg.*) **C** *s.m.inv.* desorden (*sing.*), desbarajuste (*sing.*).
sottospecie *s.f.inv.* **1** (*bot.*) (*zool.*) subespecie (*sing.*) **2** (*pegg.*) remedo (*m.sing.*), imitación (*sing.*).
sottostare *v.intr.* (*fig.*) **1** estar subordinado, estar sometido **2** someterse, afrontar.
sottosuolo *s.m.* **1** (*geol.*) subsuelo **2** (*edil.*) entresuelo.
sottosviluppato *agg.* subdesarrollado.
sottoterra A *avv.* bajo tierra **B** *s.m.inv.* (*arch.*) sótano (*sing.*), subterráneo (*sing.*).
sottotitolo *s.m.* (*cine.*) (anche *edit.* e *giorn.*) subtítulo.
sottovalutare *v.tr.* subvalorar, subestimar, inestimar.
sottovoce *avv.* en voz baja.
sottozero *agg.inv.* e *avv.* bajo cero.
sottrarre A *v.tr.* **1** sustraer, apartar, quitar **2** salvar, librar **3** (*fig.*) sustraer, robar **4** (*mat.*) sustraer **B** *v.pron.* sustraerse, eludir, evadir.
sottrazione *s.f.* **1** sustracción, robo (*m.*) **2** (*mat.*) sustracción, resta.
sovietico *agg.* e *s.m.* soviético.
sovrabbondante *agg.m.* e *f.* superabundante.
sovraccarico *agg.* **1** sobrecargado, recargado **2** (*fig.*) recargado **3** (*fig.*) recargado, amazacotado.
sovraccarico *s.m.* **1** (anche *elett.*) sobrecarga (*f.*) **2** (*fig.*) carga (*m.*), peso.
sovrano A *agg.* **1** (anche *giur.*) soberano **2** supremo, alto, superior (*m.* e *f.*) **B** *s.m.* soberano, rey.
sovrapporre A *v.tr.* **1** sobreponer, superponer **2** (*fig.*) anteponer, superponer **B** *v.intr.pron.* **1** sobreponerse **2** sumarse, añadirse.
sovrapposizione *s.f.* (anche *ling.* e *mus.*) superposición.
sovrastante *agg.m.* e *f.* **1** sobresaliente, dominante **2** (*fig.*) inminente.
sovrumano *agg.* **1** sobrehumano **2** (*fig.*) sobrehumano, formidable (*m.* e *f.*), muy grande (*m.* e *f.*).
sovvenzione *s.f.* subvención, subsidio (*m.*).
sovversione *s.f.* subversión.
spaccare A *v.tr.* partir, quebrar, rajar **B** *v.intr.pron.* **1** partirse, henderse, rajarse **2** agrietarse, cortarse **3** romperse, quebrarse **4** rasgarse, desgarrarse.
spacciare A *v.tr.* **1** vender, liquidar **2** hacer circular, difundir **3** pasar, colar, meter **4** (*droga*) camellear, traficar **5** (*fam.*) desahuciar **6** (*uccidere*) liquidar, matar **7** (*raro*) despachar, concluir **B** *v.pron.* hacerse pasar por.
spaccio *s.m.* **1** venta (*f.*) **2** tienda (*f.*), comercio **3** (*mil.*) cantina (*f.*) **4** (*droga*) trapicheo.
spacco *s.m.* **1** grieta (*f.*), hendidura (*f.*) **2** rasgón, rasgadura (*f.*) **3** (*sartoria*) abertura (*f.*).
spada *s.f.* **1** (anche *sport*) espada **2** (*simbolo della giustizia*) balanza **3** (*raro*) (*forza militare*) milicia **4** (*raro*) (*fig.*) punzada, dolor (*m.*).
spaghetti *s.m.pl.* (*cuc.*) espaguetis (*inv.*).
spagnolo *agg.* e *s.m.* español.
spalla *s.f.* **1** (*anat.*) (anche *abb.* e *tip.*) hombro (*m.*) **2** (*zool.*) codillo (*m.*),

paletilla **3** (*geog.*) ladera **4** (*argine*) respaldón (*m.*), terraplén (*m.*) **5** (*arch.*) cepa, estribo (*m.*) **6** (*teatr.*) comparsa **7** (*mar.*) (*timone*) mecha.
spalmare A *v.tr.* **1** untar **2** untar, embadurnar **3** (*mar.*) despalmar **B** *v.pron.* untarse, embadurnarse.
spanna *s.f.* **1** (*mano*) palmo (*m.*), cuarta **2** (*misura*) palmo (*m.*) menor **3** (*fig.*) (*piccola quantità*) pizca.
spappolare A *v.tr.* machacar, aplastar **B** *v.intr.pron.* hacerse papilla, reducirse a pulpa.
sparare A *v.tr.* **1** disparar, descerrajar **2** (*fig.*) tirar, dar, pegar **3** (*fig.*) contar, marcar **4** (*fig.*) lanzar, poner de relieve **B** *v.intr.* **1** disparar, tirar **2** (*TV*) encandilar.
sparata *s.f.* **1** disparo (*m.*), tiro (*m.*) **2** (*fig.*) (*vanteria*) fachenda, farol (*m.*) **3** (*fig.*) (*scenata*) bronca.
sparatoria *s.f.* tiroteo (*m.*), (*amer.*) baleo (*m.*).
sparecchiare *v.tr.* **1** quitar/levantar la mesa **2** (*scherz.*) (*mangiare avidamente*) engullir, zampar.
spareggio *s.m.* **1** disparidad (*f.*) **2** (*comm.*) déficit **3** (*gioco*) (*sport*) desempate.
spargere A *v.tr.* **1** esparcir, diseminar **2** dispersar **3** verter, derramar, desparramar **4** irradiar, emanar **5** (*lett.*) salpicar, regar **6** (*fig.*) difundir, propagar **7** (*lett.*) (*elargire*) repartir **B** *v.intr.pron.* **1** dispersarse, desparramarse **2** (*fig.*) difundirse, propagarse.
spargimento *s.m.* esparcimiento, derramamiento.
spargisale *s.m.inv.* salero (*sing.*).
sparire *v.intr.* **1** desaparecer, ocultarse **2** desaparecer, esfumarse **3** desvanecerse, borrarse **4** (*fam.*) desaparecer, perderse **5** (*fig.*) volar, desaparecer **6** desaparecer, morir.
sparo *s.m.* **1** disparo **2** (*rumore*) disparo, tiro, balazo.
sparpagliare A *v.tr.* **1** desparramar, esparcir **2** dispersar, diseminar **B** *v.intr.pron.* dispersarse, desperdigarse.
spartito *s.m.* (*mus.*) **1** (*riduzione per canto* e *pianoforte*) arreglo **2** partitura (*f.*).
spasimante *agg.* e *s.m.* e *f.* (*scherz.*) pretendiente.
spasmo *s.f.* (*med.*) espasmo.
spassare A *v.tr.* (*raro*) entretener, divertir **B** *v.intr.pron.* divertirse, pasarlo bien.
spassionato *agg.* desapasionado, imparcial (*m.* e *f.*), objetivo.
spasso *s.m.* **1** distracción (*f.*), diversión (*f.*), pasatiempo **2** (*fig.*) (*persona*) divertido (*agg.*) **3** paseo, vuelta (*f.*).
spastico *agg.* e *s.m.* (*med.*) espástico.
spatola *s.f.* **1** (*edil.*) (*med.*) (*zool.*) (*pitt.*) espátula **2** (*sport*) (*sci*) pala **3** (*zool.*) pez (*m.*) espátula.
spaventare A *v.tr.* **1** asustar, espantar **2** preocupar, inquietar **B** *v.intr.pron.* asustarse, sobresaltarse.
spavento *s.m.* **1** susto **2** (*fam.*) horror, callo, adefesio.
spaziale *agg.m.* e *f.* espacial.
spazio *s.m.* **1** (*fil.*) (*mus.*) (*scient.*) (*tip.*) espacio, sitio **2** espacio, lugar **3** (*fig.*) oportunidad (*f.*), posibilidad (*f.*) **4** (*fig.*) ámbito **5** (*tempo*) espacio, lapso.
spazioso *agg.* espacioso, amplio, vasto.
spazzare *v.tr.* **1** (anche *fig.*) barrer, limpiar **2** barrer, arrastrar **3** (*fam.*) zamparse, volar **4** (*fig.*) eliminar, acabar con.
spazzatura A *agg.inv.* basura **B** *s.f.* **1** barredura, barrido (*m.*) **2** basura, inmundicia.
spazzino *s.m.* barrendero, basurero.
spazzola *s.f.* **1** cepillo (*m.*) **2** (*auto.*) (*elett.*) (*mus.*) escobilla.
spazzolino *s.m.* cepillo.

specchio *s.m.* **1** (anche *lig.*) espejo **2** (*fig.*) espejo, reflejo, retrato **3** (*fig.*) espejo, modelo, ejemplo **4** tabla (*f.*), cuadro **5** calendario, horario **6** (*sport*) (*pallacanestro*) tablero **7** (*mar.*) espejo de popa.
speciale A *s.m.inv.* (*angl.*) (*TV*) **1** (*varietà*) especial (*sing.*) **2** (*servizio*) reportaje (*sing.*) **B** *agg.m.* e *f.* **1** (anche *giur.*) especial **2** especial, singular, particular **3** fino (*m.*), selecto (*m.*), escogido (*m.*).
specialista *agg.* e *s.m.* e *f.* (anche *med.* e *sport*) especialista.
specialità *s.f.inv.* **1** especialidad (*sing.*), ramo (*m.sing.*), sector (*m.sing.*) **2** especialidad (*sing.*), producto (*m.sing.*) **3** (*sport*) especialidad (*sing.*), modalidad (*sing.*).
specializzazione *s.f.* (anche *bio*) especialización.
specie A *avv.* especialmente, en especial **B** *s.f.inv.* **1** (anche *bio.*) especie (*sing.*) **2** caso (*m.sing.*) **3** clase (*sing.*), tipo (*m.sing.*) **4** (*lett.*) especie (*sing.*), apariencia (*sing.*).
specifico *agg.* **1** (*bio.*) (*fis.*) (*med.*) específico **2** específico, particular (*m.* e *f.*), especial (*m.* e *f.*) **3** preciso, específico, concreto.
speculazione *s.f.* **1** (anche *econ.*) especulación **2** meditación, pensamiento (*m.*) **3** (*pol.*) jugada.
spedire *v.tr.* **1** expedir, enviar, remitir **2** (*comm.*) despachar, consignar, expedir **3** despachar, mandar, enviar.
spedizione *s.f.* **1** expedición, envío (*m.*), giro (*m.*) **2** transporte (*m.*), expedición **3** expedición, excursión.
spegnere A *v.tr.* **1** apagar **2** extinguir, apagar **3** saldar, extinguir, cerrar **4** (*fig.*) apagar, aplacar, extinguir **5** amortiguar **6** (*lett.*) (*uccidere*) matar, asesinar **B** *v.intr.pron.* **1** apagarse, extinguirse **2** apagarse **3** (*fig.*) enfriarse, entibiarse **4** (*fig.*) borrarse, cancelarse **5** morir, morirse.
spellare A *v.tr.* **1** desollar, despellejar **2** (*fam.*) excoriar, arañar **3** (*fam.*) pelar, desplumar, limpiar **B** *v.pron.* **1** mudar piel **2** excoriarse, arañarse.
spendere *v.tr.* **1** gastar **2** (*fig.*) emplear, dedicar **3** (*fig.*) desperdiciar, gastar, tirar **4** (*assoluto*) comprar.
spensierato *agg.* e *s.m.* despreocupado.
speranza *s.f.* **1** (anche *mat.* e *rel.*) esperanza **2** (*persona*) promesa.
sperare A *v.tr.* **1** esperar, tener esperanza **2** esperar, confiar **3** (*ant.*) (*attendere*) esperar, aguardar **B** *v.intr.* confiar en, esperar.
sperduto *agg.* **1** apartado, retirado, remoto **2** (*fig.*) despistado, rebotado.
spergiuro A *agg.* e *s.m.* perjuro, perjurador **B** *s.m.* (*giuramento falso*) perjurio.
spericolato *agg.* e *s.m.* temerario, osado, atrevido.
sperimentazione *s.f.* experimentación.
sperma *s.m.* (*fisiol.*) esperma.
spermatozoo *s.m.* (*bio.*) espermatozoo.
sperpero *s.m.* derroche, despilfarro.
spersonalizzare A *v.tr.* despersonalizar **B** *v.intr.pron.* despersonalizarse.
spesa *s.f.* **1** gasto (*m.*) **2** compra.
spesso[1] *agg.* **1** denso, espeso **2** espeso, tupido, denso **3** espeso, macizo, grueso.
spesso[2] *avv.* a menudo, frecuentemente.
spessore *s.m.* **1** espesor, grosor **2** (*fig.*) trascendencia (*f.*), alcance.
spettacolare *agg.m.* e *f.* **1** grandioso (*m.*), extraordinario (*m.*) **2** espectacular, aparatoso (*m.*).
spettacolo A *agg.inv.* sensacionalista (*m.* e *f.sing.*) **B** *s.m.* **1** espectáculo **2** sesión (*f.*), pase **3** escena (*f.*).
spettare *v.intr.* **1** corresponder, incumbir **2** corresponder, tocar.
spettatore *agg.* e *s.m.* **1** espectador **2** testigo (*m.* e *f.*).

spettro *s.m.* **1** espectro, fantasma, aparecido **2** (*fig.*) espectro, horror **3** (*farm.*) (*fis.*) espectro **4** (*zool.*) vampiro.
spezie *s.f.pl.* especias.
spezzare A *v.tr.* **1** partir, cortar **2** tronchar, romper, quebrar **3** quebrar **4** (*fig.*) dividir **B** *v.intr.pron.* **1** partirse **2** romperse.
spia *s.f.* **1** espía **2** informador, soplón, chivato (*m.*) **3** (*tecn.*) indicador (*m.*), piloto (*m.*) **4** (*fig.*) indicio (*m.*), síntoma (*m.*) **5** (*porta*) mirilla **6** (*edil.*) testigo (*m.*) **7** (*botte*) registro (*m.*)
spiaccicare A *v.tr.* despachurrar, aplastar **B** *v.intr.pron.* despachurrarse.
spiacente *agg.m.* e *f.* dolido (*m.*).
spiacere A *v.intr.* **1** sentir, lamentar **2** doler **B** *v.intr.pron.* resentirse, molestarse.
spiacevole *agg.m.* e *f.* **1** lamentable, deplorable **2** desagradable.
spiaggia *s.f.* playa.
spianata *s.f.* **1** allanamiento (*m.*) **2** explanada.
spiazzare *v.tr.* **1** (*sport*) regatear, fintar **2** (*fig.*) desplazar, trastornar, confundir.
spiazzo *s.m.* claro, calvero.
spiccare A *v.tr.* **1** arrancar, separar, desprender **2** (*giur.*) emitir **3** (*comm.*) librar, extender **B** *v.intr.* resaltar, campear, sobresalir **C** *v.intr.pron.* (*frutta*) abrirse/separarse del hueso.
spicchio *s.m.* **1** (*agrumi*) gajo **2** (*aglio*) diente **3** raja (*f.*), tajada (*f.*) **4** (*frutta*) raja (*f.*) **5** (*aral.*) brazo.
spicciare A *v.tr.* **1** despachar, expedir **2** servir, atender **3** (*raro*) cambiar **B** *v.intr.* (*raro*) brotar, salir **C** *v.intr.pron.* darse prisa, apresurarse.
spicciolo *agg.* e *s.m.* menudo, suelto, (*amer.*) sencillo (*s.*).
spiedini *s.m.* (*cuc.*) pinchos.
spiegare A *v.tr.* **1** desplegar, desdoblar, extender **2** (*fig.*) explicar, exponer **3** explicar, mostrar, enseñar **4** contar, relatar **5** (*pleonastico*) explicarse, entender **6** demostrar, manifestar **7** (*raro*) desplegar, desarrollar **8** (*mil.*) desplegar **B** *v.pron.* **1** explicarse, hacerse comprender **2** poner en claro, aclararse **C** *v.intr.pron.* **1** desplegarse, extenderse **2** explicarse, aclararse.
spiegazione *s.f.* explicación, exposición.
spiffero *s.m.* (*fam.*) corriente (*f.*), aire colado.
spiga *s.f.* (*bot.*) espiga.
spigliato *agg.* desenvuelto, desenfadado, espabilado.
spigolo *s.m.* **1** (*geom.*) (*min.*) arista (*f.*) **2** esquina (*f.*), canto, punta (*f.*) **3** (*fig.*) aspereza (*f.*).
spillo *s.m.* **1** alfiler **2** (*fig.*) nada (*f.*) **3** broche, alfiler, prendedor **4** (*stiletto per botte*) broca (*f.*), espetón **5** (*foro di botte*) piquera (*f.*) **6** (*arma da fuoco*) aguja de fogón **7** (*tecn.*) obturador, vástago.
spina *s.f.* **1** (*anat.*) (*archeol.*) (*bot.*) (*zool.*) espina **2** (*fig.*) espina, puntada, punzada **3** (*zool.*) (*insetto*) aguijón (*m.*) **4** (*elett.*) enchufe (*m.*), clavija **5** (*tecn.*) (*tornio*) espárrago (*m.*) **6** (*met.*) piquera **7** (*mar.*) armella.
spinacio *s.m.* (*bot.*) espinaca (*f.*).
spinello *s.m.* (*gerg.*) (*droga*) porro, porrito, canuto, cigarrito de la alegría.
spingere A *v.tr.* **1** empujar, impulsar **2** apretar, pulsar **3** (*fig.*) dirigir, fijar **4** (*fig.*) llevar, conducir **5** (*fig.*) empujar, estimular, incitar **6** (*assoluto*) empujar, dar empujones **B** *v.intr.* hacer presión **C** *v.intr.pron.* **1** avanzar, llegar **2** (*fig.*) llegar, ir.
spinta *s.f.* **1** empujón (*m.*), empellón (*m.*) **2** impulso (*m.*) **3** (*fig.*) estímulo **4** (*fig.*) empuje, enchufe, recomendación **5** (*fis.*) empuje (*m.*), presión.

spinto *agg.* **1** dispuesto, inclinado, proclive (*m.* e *f.*) **2** insistente (*m.* e *f.*), asiduo **3** extremista (*m.* e *f.*) **4** escabroso **5** verde (*m.* e *f.*), obsceno.
spione *s.m.* (*pegg.*) acusica (*m.* e *f.inv.*), acusón.
spiraglio *s.m.* **1** resquicio, intersticio, rendija (*f.*) **2** rayo, destello **3** (*fig.*) rayo.
spirale A *agg.m.* e *f.* espiral **B** *s.f.* **1** (anche *mat.* e *med.*) espiral **2** (*fig.*) espiral, escalada.
spirito[1] *s.m.* **1** (anche *rel.*) espíritu **2** alma (*f.*), espíritu **3** (*fantasma*) espíritu, ánima (*f.*) **4** aptitud (*f.*) **5** ánimo **6** agudeza (*f.*), inteligencia (*f.*) **7** humorismo, humor, sentido del humor **8** (*lett.*) (*stilnovo*) sentimiento, pasión (*f.*).
spirito[2] *s.m.* **1** (*chim.*) espíritu **2** alcohol etílico.
spiritoso A *agg.* **1** gracioso, ingenioso, aguto **2** (*iron.*) divertido, chistoso **B** *s.m.* (*pegg.*) chistoso, bromista (*m.* e *f.*).
splendere *v.intr.* **1** resplandecer, esplender **2** (*fig.*) brillar, resplandecer **3** (*raro*) (*fig.*) relucir, resplandecer, sobresalir.
splendido A *agg.* **1** resplandeciente (*m.* e *f.*), reluciente (*m.* e *f.*), esplendoroso **2** espléndido, magnífico, maravilloso **3** extraordinario, espléndido, formidable (*m.* e *f.*) **4** (*ant.*) espléndido, generoso, rumboso **5** (*ant.*) ilustre (*m.* e *f.*) **B** *s.m.* espléndido, dadivoso.
spogliare A *v.tr.* **1** desvestir, desnudar **2** (*fig.*) despojar, desnudar **3** (*fig.*) despojar **4** (*fig.*) expoliar, despojar **5** (*fig.*) desvalijar **6** (*fig.*) desplumar, pelar **7** clasificar **B** *v.pron.* **1** desvestirse, desnudarse **2** despojarse, quitarse **3** (*zool.*) mudar la piel **C** *v.intr.pron.* **1** (*fig.*) despojarse, desprenderse **2** (*fig.*) desnudarse, desprenderse, despojarse **3** desnudarse.
spogliarello *s.m.* estriptis (*inv.*).
spogliatoio *s.m.* vestuario, guardarropa.
spoglio A *agg.* **1** desnudo, despojado **2** (*fig.*) libre (*m.* e *f.*), despojado **B** *s.m.* **1** clasificación (*f.*) **2** lectura (*f.*) cuidadosa **3** (*giur.*) despojo **4** (*raro*) (*lett.*) (*privazione*) expoliación (*f.*), despejo.
spolverare A *v.tr.* **1** desempolvar **2** cepillar **3** (*fig.*) zamparse, barrer, devorar **4** (*fig.*) desvalijar, robar, limpiar **B** *v.pron.* (*raro*) desempolvarse, quitarse el polvo **C** *v.intr.* desempolvar.
sponda *s.f.* **1** ribera, orilla **2** (*lett.*) (*paese*, *regione*) pueblo (*m.*) **3** (*letto*) bordo (*m.*), orilla **4** (*carro*) larguero (*m.*), tablar (*m.*) **5** (*ponte*) parapeto (*m.*), pretil (*m.*) **6** (*biliardo*) banda, baranda **7** (*fig.*) (*pop.*) (*persona*) padrino (*m.*).
sponsor *s.m.inv.* (*angl.*) **1** (*sport*) (anche *spettacolo*) espónsor (*sing.*) **2** (*fig.*) protector (*sing.*), padrino (*sing.*).
spontaneo *agg.* **1** espontáneo, voluntario **2** espontáneo, instintivo, automático **3** natural (*m.* e *f.*) **4** espontáneo, silvestre (*m.* e *f.*), natural (*m.* e *f.*) **5** (*chim.*) (*fis.*) (*ling.*) espontáneo **6** (*persona*) espontáneo, franco, sincero.
spopolamento *s.m.* despoblación (*f.*), despueble.
spopolare A *v.tr.* despoblar **B** *v.intr.* (*fam.*) tener éxito, hacer/causar estragos **C** *v.intr.pron.* despoblarse.
sporadico *agg.* esporádico, aislado.
sporcare A *v.tr.* (anche *fig.*) ensuciar, manchar **B** *v.intr.pron.* **1** ensuciarse, embadurnarse **2** (*fig.*) ensuciarse, mancharse **3** (*fig.*) rebajarse, degradarse.
sporco A *agg.* **1** sucio, mugriento **2** manchado, sucio **3** (*fig.*) sucio, deshonesto **4** (*fig.*) sucio, obsceno, verde (*m.* e *f.*) **5** (*sport*) irregular (*m.* e *f.*) **B** *s.m.* (*solo sing.*) mugre (*f.*), suciedad (*f.*).

sporgere A *v.tr.pron.* asomar **B** *v.intr.* sobresalir, resaltar.
sport A *agg.inv.* deportivo (*m.sing.*) **B** *s.m.inv.* deporte (*sing.*).
sportello *s.m.* **1** ventanilla (*f.*), taquilla (*f.*) **2** (*edil.*) (*infisso*) postigo **3** puerta (*f.*), portezuela (*f.*) **4** (*porta*) portillo **5** (*banca*) filial (*f.*) **6** (*pitt.*) (*trittico*) hoja (*f.*).
sposa *s.f.* **1** novia **2** mujer, esposa **3** (*fig.*) compañera **4** (*pop.*) recién casada.
sposare A *v.tr.* **1** casarse **2** casar **3** (*fig.*) abrazar, adherirse **B** *v.intr.* (*pop.*) casarse **C** *v.pron.* (*reciproco*) casarse **D** *v.intr.pron.* **1** (*fig.*) combinar, armonizar, casar **2** (*fig.*) acompañar.
sposo *s.m.* **1** novio **2** marido.
spostamento *s.m.* **1** desplazamiento, corrimiento **2** aplazamiento, postergación (*f.*) **3** cambio **4** (*mar.*) desplazamiento.
spostare A *v.tr.* **1** desplazar, correr, cambiar de sitio **2** trasladar **3** aplazar, postergar, diferir **4** (*fig.*) perjudicar, descalabrar **5** (*mus.*) transportar **6** (*mar.*) desplazar **B** *v.pron.* **1** correrse, moverse **2** trasladarse **C** *v.intr.pron.* **1** trasladarse **2** desplazarse.
spot[1] *s.m.inv.* (*angl.*) **1** (*radio*) (*TV*) spot, espot, cuña (*f.sing.*), anuncio (*sing.*) **2** (*elett.*) punto luminoso.
spot[2] *s.m.inv.* (*angl.*) **1** (*cine.*) (*fot.*) proyector (*sing.*) **2** (*arredamento*) foco (*sing.*).
spray *agg.inv.* (*angl.*) spray, espray.
sprecare A *v.tr.* desperdiciar, malgastar, perder **B** *v.intr.pron.* **1** desperdiciarse, perderse **2** (*iron.*) dignarse, hacer el esfuerzo.
spreco *s.m.* **1** derroche, despilfarro, desperdicio **2** pérdida (*f.*).
spregio *s.m.* **1** desprecio, menosprecio **2** desprecio, desaire.
spremere A *v.tr.* **1** exprimir, estrujar **2** extraer, sacar **3** (*fig.*) estrujar, explotar, exprimir **B** *v.pron.* pensar, meditar.
sprofondare A *v.tr.* **1** arrojar, precipitar **2** hundir, sumergir **B** *v.intr.* **1** hundirse, irse a pique/fondo **2** derrumbarse, desplomarse, hundirse **3** atascarse, encenagarse **4** (*fig.*) abandonarse, dejarse caer, abismarse **C** *v.pron.* **1** arrellanarse, despatarrarse **2** (*fig.*) enfrascarse, sumirse, abstraerse.
sproposito *s.m.* **1** disparate, despropósito, dislate **2** falta (*f.*), error **3** barbaridad (*f.*), horror, enormidad (*f.*).
sprovveduto *agg.* **1** desprevenido, desapercibido **2** inculto, mal preparado.
sprovvisto *agg.* desprovisto, carente (*m.* e *f.*), falto.
spruzzare A *v.tr.* **1** rociar **2** salpicar **3** vaporizar **4** (*cuc.*) espolvorear **B** *v.intr.pron.* salpicarse, mancharse.
spudorato *agg.* **1** desvergonzado, descarado, impúdico **2** descarado.
spugna *s.f.* **1** (anche *zool.*) esponja **2** (*tess.*) rizo (*m.*) esponjoso.
spuma *s.f.* **1** espuma **2** (*bibita*) gaseosa **3** (*cuc.*) mousse (*inv.*).
spumante *s.m.* cava, vino espumoso.
spuntare A *v.tr.* **1** despuntar, quitar la punta, embotar **2** (*agr.*) desmochar **3** recortar, atusar **4** desprender **5** (*fig.*) superar, sortear **B** *v.intr.* **1** despuntar, brotar, reventar **2** salir, nacer **3** dibujarse, aparecer **4** aparecer **C** *v.intr.pron.* **1** despuntarse **2** (*fig.*) desvanecerse, desaparecer.
spuntino *s.m.* tentempié, pincho, piscolabis (*inv.*).
spunto *s.m.* **1** (*mus.*) (*teatr.*) entrada (*f.*) **2** motivo, ocasión (*f.*) **3** (*vino*) rabanillo, punta (*f.*).
sputo *s.m.* escupitajo, salivazo, (*amer.*) escupida (*f.*).
sputtanare A *v.tr.* (*volg.*) **1** jorobar, putear, joder **2** tirar **B** *v.intr.pron.* (*volg.*) quedar a la altura del betún.

squadra[1] *s.f.* (*geom.*) escuadra, cartabón (*m.*).
squadra[2] *s.f.* **1** brigada, cuadrilla **2** (anche *sport*) equipo (*m.*) **3** (*mil.*) (*esercito*) escuadra **4** (*mil.*) (*marina*, *aeronautica*) escuadrón (*m.*).
squagliare A *v.tr.* derretir, deshacer **B** *v.intr.pron.* **1** derretirse, deshacerse **2** (*fig.*) escabullirse, largarse.
squalifica *s.f.* descalificación.
squallido *agg.* **1** miserable (*m.* e *f.*) **2** desolado, triste (*m.* e *f.*) **3** gris (*m.* e *f.*), sombrío **4** sórdido **5** (*lett.*) macilento, demacrado, escuálido.
squalo *s.m.* (*zool.*) tiburón.
squarcio *s.m.* **1** rasgón **2** laceración (*f.*) **3** claro, abertura (*f.*) **4** (*fig.*) pasaje, trozo.
squilibrio *s.m.* (anche *fig.*) desequilibrio.
squillo A *agg.inv.* (*solo nella locuzione*) *ragazza* ~, prostituta **B** *s.f.inv.* chica de alterne, puta (*sing.*) **C** *s.m.* **1** timbrazo **2** (*rintocco*) repique **3** (*tromba*) toque.
squisito *agg.* **1** exquisito, delicioso **2** (*fig.*) exquisito, delicado, fino **3** (*fig.*) exquisito, refinado.
stabile A *agg.* **1** estable, firme, solido (*m.*) **2** (*fig.*) firme, constante, estable **3** (*fig.*) estable, invariable **4** (*fig.*) inalterable **5** (*chim.*) (*fis.*) estable **B** *s.f.* (*teatr.*) compañía teatral de repertorio **C** *s.m.* **1** inmueble, edificio, casa (*f.*) **2** (*teatr.*) teatro de repertorio.
stabilimento *s.m.* **1** (*ind.*) fábrica (*f.*), establecimiento, planta (*f.*) **2** fundación (*f.*), institución (*f.*) **3** (*fabbricato*) establecimiento.
stabilire A *v.tr.* **1** fijar **2** fundar, instituir **3** (*bur.*) (*comm.*) establecer, deliberar, fijar **4** decidir, determinar **5** proponerse **B** *v.pron.* establecerse, radicarse.
stabilità A *s.f.inv.* **1** estabilidad (*sing.*), firmeza (*sing.*) **2** estabilidad (*sing.*), permanencia (*sing.*) **3** (*aer.*) (*mar.*) estabilidad.
stabilizzare A *v.tr.* estabilizar **B** *v.intr.pron.* estabilizarse.
staccare A *v.tr.* **1** despegar, desprender **2** descolgar **3** (*elett.*) desconectar **4** alejar, apartar, desarrimar **5** extender **6** (*sport*) despegarse, dejar atrás, escapar **B** *v.intr.* resaltar, destacarse **C** *v.intr.pron.* **1** alejarse, apartarse **2** (*fig.*) separarse, alejarse **3** desprenderse, despegarse **4** (*aer.*) despegar.
stacco *s.m.* **1** separación (*f.*) **2** (*fig.*) espacio, intervalo, pausa (*f.*) **3** (*cine.*) desglose **4** (*TV*) intervalo **5** (*fig.*) contraste **6** (*sport*) (*atletica*) despegue, arranque.
stadio *s.m.* **1** (*archeol.*) (*sport*) (anche *antica misura di lunghezza*) estadio **2** (*fig.*) etapa (*f.*), estadio, fase (*f.*) **3** (*aer.*) piso, escalón.
stage *s.m.inv.* (*franc.*) formación (*f.sing.*), estancia (*f.sing.*).
stagione *s.f.* **1** estación **2** temporada, estación, época **3** (*sport*) (*teatr.*) temporada **4** (*fig.*) (anche *poes.*) tiempo (*m.*), momento (*m.*) **5** (*lett.*) edad.
stagno A *agg.* **1** hermético **2** (*pop.*) robusto **B** *s.m.* (*chim.*) estaño.
stagnola *s.f.* **1** papel (*m.*) aluminio/estaño **2** (*pop.*) lata, (*amer.*) tarro (*m.*).
stalagmite *s.f.* (*geol.*) estalagmita.
stalattite *s.f.* (*geol.*) estalactita.
stalinismo *s.m.* **1** (*pol.*) estalinismo **2** (*fig.*) despotismo, tiranía (*f.*).
stamattina *avv.* esta mañana, hoy por la mañana.
stambecco *s.m.* (*zool.*) cabra (*f.*) montés, íbice.
stampa *s.f.* **1** imprenta **2** imprenta, impresión **3** impreso (*m.*) **4** prensa **5** estampación **6** (*riproduzione*) grabado (*m.*), estampa **7** (*fot.*) tiraje (*m.*) **8** (*zootec.*) (*ferro di cavallo*) clavera **9** (*fig.*) índole, naturaleza **10** (*fig.*) (*pegg.*) calaña, ralea.

stampante *s.f.* (*inform.*) impresora.
stampare A *v.tr.* **1** estampar, imprimir **2** (*tip.*) imprimir, tirar **3** publicar, editar, dar a la prensa **4** escribir, publicar **5** (*plastica*) moldear, vaciar **6** (*met.*) (*tecn.*) moldear, embutir **7** (*fot.*) tirar, revelar **8** (*conc.*) estampar **9** acuñar **B** *v.intr.pron.* (*fig.*) grabarse, imprimirse.
stampatello *agg.* e *s.m.* letra (*s.f.*) de molde/imprenta.
stampo *s.m.* **1** (*arnese da cucina*) molde **2** (*met.*) troquel, matriz (*f.*) **3** (*conio*) cuño, troquel **4** (*punzone*) punzón **5** (*fig.*) escuela (*f.*), temple, carácter **6** (*fig.*) (*pegg.*) ralea (*f.*), calaña (*f.*), clase (*f.*) **7** (*caccia*) señuelo **8** (*bio.*) (*chim.*) replicón.
stancare A *v.tr.* **1** cansar, fatigar, agotar **2** debilitar, neutralizar **3** cansar, aburrir, hartar **B** *v.intr.pron.* **1** cansarse, fatigarse **2** aburrirse, cansarse.
stanchezza *s.f.* cansancio (*m.*), fatiga.
standard A *agg.inv.* (*angl.*) estándar (*sing.*), de serie **B** *s.m.inv.* (*angl.*) **1** (anche *tecn.*) estándar (*sing.*), patrón (*sing.*), modelo (*sing.*) **2** estándar (*sing.*), nivel (*sing.*) **3** (*bio.*) (*stat.*) estándar (*sing.*) **4** (*ling.*) lengua (*f.sing.*) normativa/estándar.
stanotte *avv.* **1** (*presente*) esta noche **2** (*passata*) anoche.
stanza *s.f.* **1** habitación, cuarto (*m.*), pieza **2** despacho (*m.*), oficina **3** (*poes.*) estancia, estrofa.
stanziare A *v.tr.* destinar, asignar, consignar **B** *v.intr.pron.* establecerse, asentarse.
stanzino *s.m.* **1** (*ripostiglio*) trastero **2** (*spogliatoio*) vestidor.
star *s.f.inv.* (*angl.*) **1** estrella (*sing.*) **2** (*mar.*) star.
stare *v.intr.* **1** estar, quedarse, permanecer **2** estar, hallarse **3** (*condizione fisica, psicologica, economica*) estar, encontrarse **4** (*indugiare*) tardar, demorarse **5** (*durare*) perdurar, durar, permanecer **6** estar de, trabajar **7** vivir, residir **8** mantenerse, estar **9** depender **10** corresponder, incumbir **11** estar, residir, consistir **12** caber **13** (*mat.*) estar **14** (*gioco*) (*carte*) entrar **15** atenerse, cumplir, respetar **16** someterse, respetar, estar a **17** quedar **18** estar, convivir **19** estar, estar de acuerdo **20** (*pop.*) estar, costar **21** (*poes.*) (*fermarsi*) detenerse, pararse **22** (*lett.*) (*stare fermo*) estar inmóvil, quedarse inmóvil.
starnuto *s.m.* estornudo.
stasera *avv.* esta noche.
stasi *s.f.inv.* **1** (*med.*) estasis **2** (*fig.*) estancamiento (*m.sing.*).
statica *s.f.* **1** (*fis.*) (*econ.*) estática **2** estabilidad.
statistica *s.f.* **1** estadística **2** estadística, censo (*m.*).
stato[1] *s.m.* **1** (anche *chim.*, *comm.*, *elett.*, *giur.* e *med.*) estado **2** estado, condición (*f.*) **3** condición (*f.*), posición (*f.*), clase (*f.*) **4** (*bur.*) estado, situación (*f.*).
stato[2] *s.m.* **1** estado, nación (*f.*), país **2** estado, territorio.
statua *s.f.* (anche *fig.*) estatua.
statunitense *agg.* e *s.m.* e *f.* estadunidense.
statura *s.f.* **1** estatura, talla **2** (*zool.*) alzada **3** (*fig.*) talla, alteza.
statuto *s.m.* **1** (*giur.*) estatuto **2** (*comm.*) estatutos (*pl.*), reglamento.
stavolta *avv.* (*fam.*) esta vez, por esta vez.
stazionario *agg.* **1** estacionario **2** (*zool.*) sedentario **3** (*fig.*) estacionario, invariable (*m.* e *f.*).
stazione *s.f.* **1** (anche *ferr.* e *rel.*) estación **2** parada **3** estación, localidad **4** (*bur.*) comisaría, cuartel (*m.*) **5** (*mil.*) (anche *carabinieri*) puesto (*m.*) **6** (*fisiol.*) posición, postura, estación.
stecchino *s.m.* mondadientes (*inv.*), escarbadientes (*inv.*).

stecco *s.m.* **1** (*ramoscello*) vara (*f.*), ramita (*f.*) **2** (*bastoncino*) palo **3** (*stuzzicadenti*) mondadientes (*inv.*) **4** (*falegnameria*) taco, tarugo **5** (*pop.*) (*zool.*) bacilo de Rossi.

stella *s.f.* **1** (*astro.*) (*mil.*) (anche *fig.*) estrella **2** (*fig.*) lucero (*m.*) **3** (*poes.*) amada **4** (*mar.*) (*barca da regata*) star (*inv.*) **5** estrella, lucero (*m.*), lunar (*m.*) **6** (*onorificenza*) cruz, condecoración **7** (*tip.*) asterisco (*m.*), estrella.

stendere A *v.tr.* **1** extender, estirar **2** tender, extender **3** extender, desplegar, desenvolver **4** extender, esparcir **5** tender, scostar **6** derribar, tumbar **7** matar **B** *v.pron.* tenderse, tumbarse **C** *v.intr.pron.* extenderse, alargar.

stento *s.m.* **1** privación (*f.*), penuria (*f.*) **2** pena (*f.*), esfuerzo, trabajo.

steppa *s.f.* (*geog.*) estepa.

stereo A *agg.inv.* (*abbr.*) estéreo **B** *s.m.* estéreo, cadena (*f.*) hi-fi.

stereotipo A *agg.* estereotipado **B** *s.m.* **1** (*psic.*) estereótipo **2** (*ling.*) cliché, frase hecha.

sterile *agg.m.* e *f.* **1** (anche *fig.*) estéril, improductivo (*m.*) **2** (*fig.*) estéril, vano (*m.*), infructuoso (*m.*) **3** (*med.*) estéril, aséptico (*m.*).

sterilizzare *v.tr.* (anche *med.* e *tecn.*) esterilizar.

sterlina *agg.* e *s.f.* (*moneta*) esterlina.

sterminio *s.m.* **1** exterminio, exterminación (*f.*) **2** (*fig.*) (*fam.*) infinidad (*f.*), montón.

sterzo *s.m.* **1** (*auto*) dirección (*f.*) **2** (*bicicletta*) eje.

stesso A *agg.* (*dimostrativo*) **1** mismo **2** mismo, igual (*m.* e *f.*) **3** (*in persona*) mismo, en persona **4** (*proprio*) propio **B** *pron.* (*dimostrativo*) mismo.

stile *s.m.* **1** (anche *lett.*, *mus.* e *sport*) estilo **2** estilo, elegancia (*f.*), distinción (*f.*) **3** (*pugnale*) estilete, estilo.

stilista *s.m.* e *f.* **1** (*lett.*) estilista **2** (moda) estilista, diseñador.

stima *s.f.* **1** estimación, aprecio (*m.*), consideración **2** (*comm.*) estimación, valoración, evaluación **3** (*econ.*) tasación **4** (*mar.*) estima.

stimare A *v.tr.* **1** estimar, apreciar **2** (*comm.*) estimar, valorar, tasar **3** (*fig.*) considerar, creer, juzgar **B** *v.pron.* **1** (*fig.*) considerarse **2** (*pop.*) (*vantarsi*) darse aires, engreírse.

stimolare *v.tr.* **1** (*fig.*) estimular, incitar, animar **2** estimular, abrir, despertar **3** (*ant.*) (*lett.*) (*pungere*) punzar, aguijonear, estimular.

stimolo *s.m.* **1** (*fig.*) estímulo, aliciente, incentivo **2** (*fig.*) punzada (*f.*), gusanillo **3** acometimiento, estímulo **4** (*fisiol.*) estímulo.

stipendio *s.m.* **1** sueldo, paga (*f.*), nomina (*f.*) **2** (*ant.*) (*mil.*) soldada (*f.*) **3** (*mercenario*) salario.

stirare A *v.tr.* **1** (*distendere*) estirar, alargar **2** planchar **3** (*tecn.*) (*vetro*) extender **B** *v.pron.* (*fam.*) estirarse, desperezarse.

stirpe *s.f.* **1** estirpe, origen (*m.*), descendencia **2** (*giur.*) estirpe.

stitico *agg.* estíptico.

stiva *s.f.* (*agr.*) esteva.

stivale *s.m.* bota (*f.*).

stock *s.m.inv.* (*angl.*) **1** (*comm.*) stock, surtido (*sing.*), existencias (*f.pl.*) **2** (*econ.*) disponibilidad (*f.sing.*).

stoffa *s.f.* **1** tela, (*amer.*) género (*m.*) **2** (*fig.*) (*fam.*) madera, pasta, disposición.

stoicismo *s.m.* (*fil.*) (anche *fig.*) estoicismo.

stomaco A *s.m.* **1** (*anat.*) estómago **2** (*fig.*) valor, coraje.

stonato *agg.* **1** (*mus.*) desentonado, desafinado **2** (*fig.*) desentonado **3** (*fig.*) inoportuno, a destiempo.

stop A *inter.* ¡alto! **B** *s.m.inv.* **1** (*auto*) luz (*f.sing.*) de parada/freno **2** stop, alto (*sing.*) **3** (*sport*) (*calcio*, *pugilato*) bloqueo (*sing.*) **4** (*telegramma*) stop.

storcere A *v.tr.* **1** torcer, doblar **2** (*raro*) (*fig.*) torcer **B** *v.pron.* retorcerse, contorcerse **C** *v.intr.pron.* doblarse, torcerse.

stordito A *agg.* **1** aturdido, aturullado **2** sin sentido, inconsciente (*m.* e *f.*) **3** (*sventato*) atolondrado, desconsiderado **B** *s.m.* inconsciente (*m.* e *f.*), irreflexivo, chiflado.

storia *s.f.* **1** (anche *pitt.*) historia **2** (*fam.*) (*relazione*) historia, ligue (*m.*), rollo (*m.*) **3** asunto (*m.*), historia **4** cuento (*m.*), relato (*m.*), narración **5** pretexto (*m.*), excusa, historia **6** objeción, reparo (*m.*), dificultad **7** historia, monserga.

storpio *agg.* e *s.m.* lisiado, tullido.

storto A *agg.* **1** torcido, inclinado, (*amer.*) chueco **2** (*fig.*) erróneo, equivocado, falso **3** (*fig.*) (*fam.*) malo, izquierdo, desfavorable (*m.* e *f.*) **B** *avv.* a través, de través.

stracciare A *v.tr.* **1** rasgar, desgarrar, romper **2** (*tess.*) (*seta*) carmenar **3** (*fig.*) (*pop.*) aplastar, arrollar, dar una paliza **B** *v.intr.pron.* (*pop.*) rasgarse, romperse.

straccio *s.m.* **1** bayeta (*f.*), trapo, paño **2** (*tess.*) (*seta*) cadarzo.

strada *s.f.* **1** (*urbana*) calle **2** (*extraurbana*) carretera, ruta **3** (anche *fig.*) camino (*m.*) **4** (*fig.*) camino (*m.*), senda **5** (*fig.*) calle, miseria **6** (*varco*) paso (*m.*) **7** (*fig.*) medio (*m.*), vía **8** (*solco*) surco (*m.*) **9** (*astro.*) órbita, camino (*m.*).

strage *s.f.* **1** matanza, masacre **2** estragos (*m.pl.*), destrozo (*m.*) **3** (*fig.*) escabechina, estrago (*m.*).

strangolare *v.tr.* **1** estrangular **2** (*iperbolico*) ahogar, estrangular **3** (*fig.*) asfixiar, ahogar.

straniero *agg* e *s.m.* **1** extranjero **2** (*fig.*) invasor, enemigo **3** (*lett.*) extraño, intruso.

strano *agg.* e *s.m.* **1** extraño, singular (*m.* e *f.*) **2** extraño, raro, insólito **3** extraño, extravagante (*m.* e *f.*).

straordinario A *agg.* **1** extraordinario, insólito **2** extraordinario, especial (*m.* e *f.*) **3** extraordinario, notable (*m.* e *f.*), excepcional (*m.* e *f.*) **B** *s.m.* **1** horas (*f.pl.*) extras **2** (*pagamento*) extra, extraordinario **3** (*lavoratore*) temporero, funcionario temporero.

strappare A *v.tr.* **1** arrancar, descuajar, desarraigar **2** arrancar, quitar **3** (*dente*) sacar, extraer **4** rasgar, romper, desgarrar **5** (*fig.*) arrancar, sonsacar **B** *v.intr.pron.* **1** romperse, desgarrarse, rasgarse **2** (*sport*) sufrir un desgarro.

straripare *v.intr.* **1** desbordarse, salirse de madre **2** (*fig.*) estar atestado/repleto/atiborrado.

strass *s.m.inv.* (*germ.*) (*moda*) estrás (*sing.*), cristal (*sing.*).

stratagemma *s.m.* estratagema (*f.*), artimaña (*f.*), astucia (*f.*).

strategia *s.f.* (*mil.*) **1** (anche *fig.*) estrategia **2** táctica.

strato *s.m.* **1** capa (*f.*) **2** (*archeol.*) (*geol.*) (*ling.*) (*meteo.*) (anche *fig.*) estrato, capa (*f.*).

stravagante A *agg.m.* e *f.* extravagante **B** *s.m.* e *f.* extravagante, estrafalario (*m.*).

stravolgere A *v.tr.* **1** volcar **2** torcer, desviar **3** (*fig.*) demudar, alterar, turbar **4** (*fig.*) tergiversar, torcer **B** *v.pron.* retorcerse, contorcerse.

strazio *s.m.* **1** (anche *fig.*) tortura (*f.*), tormento, suplicio **2** (*fig.*) (*scherz.*) rollo, lata (*f.*), paliza (*f.*).

strega *s.f.* **1** bruja, hechicera **2** (*fig.*) (*donna malvagia*) arpía, bruja **3** (*fig.*) callo (*m.*), cacatúa.

stremo *s.m.* límite, extremo.

strepitoso *agg.* **1** estrepitoso, estruendoso, fragoroso **2** (*fig.*) estrepitoso, espectacular (*m.* e *f.*).

stressare A *v.tr.* estresar, agobiar **B** *v.intr.pron.* estresarse.

stretto *agg.* **1** apretado, ajustado, estrecho **2** arrimado, cercano **3** (*fig.*)

unido **4** (*fig.*) íntimo, estrecho **5** (*fig.*) estrecho, cercano, próximo **6** forzado, constreñido, obligado **7** urgente (*m.* e *f.*), apremiante (*m.* e *f.*) **8** (*avaro*) tacaño, agarrado, miserable (*m.* e *f.*) **9** estrecho, angosto **10** (*fig.*) estricto, riguroso, exacto: *regole strette*, reglas esctrictas **11** (*dialetto*) puro **12** (*ling.*) cerrado.

stringere A *v.tr.* **1** apretar **2** estrechar, estrujar, apretar **3** (*lett.*) empuñar, ceñir **4** acorralar, arrinconar **5** (*raro*) obligar, compeler, forzar **6** estipular, celebrar **7** apretar, ajustar, estrechar **8** (*raro*) (*coagulare*) cuajar, coagular **9** (*stitichezza*) estreñir, causar estreñimiento **10** (*cucito*) estrechar, entrar **11** (*fig.*) resumir, abreviar **12** (*fig.*) (*velocizzare*) acelerar, apretar, avivar **B** *v.intr.* apremiar, apretar, urgir **C** *v.pron.* **1** arrimarse, pegarse **2** correrse, desplazarse.

striscia *s.f.* **1** tira **2** lista, banda **3** estela **4** (*fumetto*) cómic (*m.*), tebeo (*m.*) **5** (*aer.*) pista **6** (*geog.*) (*geom.*) franja.

strisciare A *v.tr.* **1** arrastrar **2** rozar **B** *v.intr.* **1** reptar, arrastrarse **2** rozar, raspar.

striscio *s.m.* **1** arrastre **2** (*med.*) frotis (*inv.*) **3** raya (*f.*).

striscione *s.m.* pancarta (*f.*).

strizza *s.f.* (*fam*) canguelo (*m.*), mieditis (*inv.*).

strofa *s.f.* (*poes.*) estrofa.

stronzo *s.m.* (*volg.*) **1** sorete **2** (*fig.*) cabrón **3** (*fig.*) (*scherz.*) capullo, (*amer.*) pendejo.

strozzare A *v.tr.* **1** (anche *fig.*) estrangular **2** ahogar, sofocar **B** *v.intr.pron.* **1** morir estrangulado **2** atragantarse, atorarse **3** estrechar **C** *v.pron.* estrangularse, ahorcarse.

strozzino *s.m.* usurero.

struggente *agg.m.* e *f.* **1** vehemente **2** (*tormentoso*) atormentador.

strumento *s.m.* **1** (anche *chim.* e *mus.*) instrumento **2** herramienta (*f.*), utensilio **3** (*fig.*) instrumento, medio.

struttura *s.f.* (anche *chim.*, *edil.*, *ling.* e *mat.*) estructura.

struzzo *s.m.* (*zool.*) avestruz.

stucco *s.m.* **1** mastique, emplaste **2** (*arch.*) estuco.

studente *s.m.* estudiante (*m.* e *f.*).

studiare A *v.tr.* **1** estudiar **2** estudiar, examinar **3** ingeniárselas **4** medir **B** *v.intr.pron.* (*lett.*) esforzarse, tratar **C** *v.pron.* observarse.

studio *s.m.* **1** (anche *cine.*, *lett.*, *mus.*, *pitt.* e *TV.*) estudio **2** estudio, investigación (*f.*) **3** proyecto **4** (*lett.*) empeño, diligencia (*f.*) **5** (*ufficio*) despacho, bufete **6** (*mobili*) mobiliario **7** (*laboratorio*) estudio, taller **8** (*medioevo*) universidad (*f.*).

studioso A *agg.* estudioso, aplicado **B** *s.m.* estudioso, erudito.

stufa *s.f.* **1** estufa **2** (*radiatore*) radiador (*m.*).

stupefacente[1] *agg.m.* e *f.* asombroso (*m.*), sorprendente, admirable.

stupefacente[2] *agg.m.* e *f.* e *s.m.* estupefaciente, narcótico.

stupefare A *v.tr.* asombrar, sorprender, admirar **B** *v.intr.pron.* (*raro*) asombrarse, pasmarse.

stupendo *agg.* estupendo, admirable (*m.* e *f.*).

stupido A *agg.* **1** estúpido, tonto **2** (*lett.*) estúpido, estupefacto **B** *s.m.* estúpido.

stupire A *v.tr.* sorprender, asombrar, maravillar **B** *v.intr.pron.* asombrarse, sorprenderse.

stupro *s.m.* estupro, violación (*f.*).

stuzzicare *v.tr.* **1** escarbar, hurgar **2** (*fig.*) provocar, buscar las cosquillas **3** (*fig.*) despertar.

su A *avv.* **1** arriba **2** (*iterativo*) poco a poco, lentamente **3** (*pleonastico in spagnolo non si traduce*) **4** (*esortazione*, *comando*, *sdegno*) arriba, vamos, venga **B** *prep.* **1** (*stato in luogo*) en, sobre **2** (*moto a luogo*) a **3** (*moto a luogo, contro*) contra, sobre **4** (*moto a luogo, verso*) sobre, a, hacia **5** (*argomento*) sobre, acerca de, de **6** (*tempo*) cerca de, alrededor de **7** (*tempo continuato, età, prezzo, misura*) alrededor de **8** (*raro*) (*dopo*) con **9** (*modo, maniera*) a, por **10** (*modale, strumentale*) en.

subacqueo A *agg.* subacuático **B** *s.m.* **1** (*sport*) submarinista (*m.* e *f.*) **2** (*sommozzatore*) hombre (*m.*) rana.

subconscio *s.m.* (*psic.*) subconsciencia (*f.*).

subdolo *agg.* solapado, falso, hipócrita (*m.* e *f.*).

subentrare *v.intr.* **1** suceder, sustituir **2** (*fig.*) suceder.

subire *v.tr.* **1** sufrir **2** someterse.

subito A *agg.* (*lett.*) **1** (*improvviso*) súbito, repentino, improviso **2** (*rapido*) rápido, veloz (*m.* e *f.*) **3** (*pronto*) pronto, dispuesto **B** *avv.* **1** inmediatamente, de inmediato, enseguida **2** rápidamente, en un momento **3** (*lett.*) (*all'improvviso*) de repente, súbitamente, de súbito **C** *cong.* (*solo nella locuzione*) ~ *che*: en cuanto, apenas, tan pronto como **D** *s.m.* (*solo nella locuzione*) *in un* ~: rápidamente, en un abrir y cerrar de ojos.

sublimazione *s.f.* (*psic.*) (anche *fig.*) sublimación.

sublime A *agg.m.* e *f.* **1** (*lett.*) sublime, muy alto (*m.*), muy elevado (*m.*) **2** (*fig.*) sublime, excelso (*m.*), eminente **B** *s.m.* (*solo sing.*) lo sublime.

subordinato A *agg.* **1** subordinado, sujeto **2** sumiso, obediente (*m.* e *f.*) **3** (*gramm.*) (*mat.*) subordinado **B** *s.m.* subordinado.

suburbano *agg.* suburbano.

succedere A *v.intr.* **1** suceder **2** suceder, entrar **3** suceder, seguir **4** suceder, ocurrir, acontecer **B** *v.intr.pron.* subseguirse.

successione *s.f.* (anche *giur.* e *mat.*) sucesión.

successivo *agg.* sucesivo, siguiente (*m.* e *f.*).

successo *s.m.* **1** éxito **2** victoria (*f.*).

succhiare *v.tr.* **1** chupar, succionar **2** chupar, absorber.

succo *s.m.* **1** jugo, zumo **2** (*anat.*) jugo **3** (*fig.*) jugo, esencia (*f.*).

succursale *s.f.* sucursal, filial: *la ~ della banca*, la sucursal del banco.

sudanese *agg.* e *s.m.* e *f.* sudanés.

sudare A *v.intr.* **1** sudar, transpirar **2** (*fig.*) sudar, trabajar mucho **B** *v.tr.* **1** rezumar, exudar, sudar **2** (*fig.*) sudar, ganar con esfuerzo.

suddito *s.m.* súddito.

suddividere *v.tr.* subdividir.

sudore *s.m.* **1** (*fisiol.*) sudor, transpiración (*f.*) **2** (*fig.*) sudor, fatiga (*f.*), esfuerzo.

sufficiente A *agg.m.* e *f.* **1** suficiente, bastante **2** suficiente, apto (*m.*), idóneo (*m.*) **3** (*scient.*) suficiente **4** (*istr.*) aprobado (*m.*), suficiente **5** (*raro*) suficiente, pedante **B** *s.m.* (*solo sing.*) lo suficiente, lo necesario.

suffisso *s.m.* (*ling.*) sufijo, afijo.

suffragio *s.m.* **1** (*pol.*) sufragio, voto **2** apoyo, ayuda (*f.*) **3** (*rel.*) sufragio.

suggerire *v.tr.* **1** sugerir **2** sugerir, evocar **3** recocomendar.

suggestione *s.f.* **1** (*psic.*) sugestión **2** (*raro*) instigación **3** (*fig.*) sugestión, fascinación.

sughero *s.m.* **1** (*bot.*) súber, corcho **2** (*tappo*) corcho, tapón de corcho **3** (*pesca*) corcho **4** (*bot.*) (*albero*) alcornoque.

sugo *s.m.* **1** jugo, zumo **2** (*cuc.*) jugo **3** (*cuc.*) salsa (*f.*) **4** (*fig.*) jugo, sustancia (*f.*), meollo **5** (*fig.*) gusto, placer, satisfacción (*f.*).

suicidio *s.m.* (anche *fig.*) suicidio.

suino A *agg.* porcino, de cerdo **B** *s.m.* (*zool.*) cerdo.

sul *prep.art.m.sing.* en el, sobre el.

sulla *prep.art.f.sing.* en la, sobre la.
sultano *s.m.* (anche *stor.*) sultán.
suo A *agg.* (*possessivo*) **1** su (*m.* e *f.*) **2** (*fam.*) (*abituale*) su (*m.* e *f.*), acostumbrado, habitual (*m.* e *f.*) **B** *pron.* (*possessivo*) **1** suyo **2** (*assoluto*) lo suyo, lo propio **3** (*forma di cortesia*) suyo, de Usted.
suocero *s.m.* suegro.
suola *s.f.* **1** suela **2** (*zool.*) palma, suela **3** (*tecn.*) suelo (*m.*) **4** (*mar.*) grado **5** (*mar.*) (*asse della suola*) paral (*m.*).
suolo *s.m.* **1** suelo **2** suelo, terreno **3** (*fig.*) (*lett.*) suelo, patria (*f.*) **4** (*poes.*) superficie (*f.*) **5** (*pop.*) capa (*f.*).
suonare A *v.tr.* **1** tocar, tañer **2** tocar, interpretar **3** tocar, dar **4** (*fig.*) cantarlas claras **5** (*fam.*) dar una paliza, golpear **6** (*fam.*) timar, estafar **B** *v.intr.* resonar, sonar.
suono *s.m.* **1** (*mus.*) (anche *fis.*) sonido **2** tono, significación (*f.*) **3** (*poes.*) (*voce*) palabra (*f.*) **4** (*poes.*) (*celebrità*) fama (*f.*).
suora *s.f.* **1** (*rel.*) monja **2** (*ant.*) (*poes.*) (*sorella*) hermana **3** (*fig.*) (*fam.*) (*scaldino*) rejuela.
super A *agg.inv.* e *s.f.inv.* súper **B** *s.m.inv.* (*raro*) máximo (*sing.*), máximum.
superare *v.tr.* **1** superar, sobrepasar **2** (*fig.*) superar, exceder, sobrepujar **3** cruzar, pasar, atravesar **4** (*automobile*) adelantarse.
superbo *agg.* **1** soberbio, altivo, orgulloso **2** orgulloso, satisfecho **3** magnifico, soberbio.
superficiale A *agg.m.* e *f.* (anche *fig.*) superficial **B** *s.m.* superficial, frívolo (*m.*).
superficie *s.f.* **1** (anche *geom.*, *giur.* e *mat.*) superficie **2** (*fig.*) superficie, apariencia, aspecto (*m.*).
superiore *agg.m.* e *f.* **1** (anche *stor.*) superior **2** superior, mayor **3** superior, mejor.
superstite *agg.* e *s.m.* e *f.* superviviente, supérstite.
superstizione *s.f.* superstición.
supplente *agg.* e *s.m.* e *f.* suplente, sustituto (*m.*).
supplicare *v.tr./intr.* (anche *rel.*) suplicar, rogar, implorar.
supplizio *s.m.* (anche *fig.*) suplicio.
supporre *v.tr.* suponer, imaginar, poner.
supporto *s.m.* (anche *fig.*) soporte.
supposizione *s.f.* suposición.
supposta *s.f.* (*farm.*) supositorio (*m.*) rectal.
supremo *agg.* (*lett.*) (anche *fig.*) supremo.
surf *s.m.inv.* (*angl.*) (*sport*) **1** surf, surfing **2** (*tavola*) tabla (*f.sing.*).
surgelare *v.tr.* sobrecongelar.
surrealista *agg.* e *s.m.* e *f.* (*arte*) surrealista.
suscitare *v.tr.* **1** (anche *fig.*) suscitar, provocar, levantar **2** (*fig.*) (*risvegliare*) despertar.
suspense *s.f.inv.* (*angl.*) suspense (*m.*), suspenso (*m.sing.*), tensión (*sing.*).
sussistere *v.intr.* **1** (*fil.*) existir **2** existir, haber.
sussultare *v.intr.* **1** sobresaltarse, alarmarse, asustarse **2** estremecerse, moverse.
sussurrare *v.tr.* **1** susurrar, bisbisar, (*f.*) musitar **2** murmurar, rumorear.
svago *s.m.* **1** distracción (*f.*), entretenimiento **2** distracción (*f.*), diversión (*f.*).
svaligiare *v.tr.* desvalijar, saquear, robar.
svalutazione *s.f.* (*econ.*) devaluación.
svampito *agg.* e *s.m.* despistado.
svanire *v.intr.* **1** (*odore*, *sapore*, *profumo*) desvanecerse, evaporarse **2** perderse, esfumarse, desvanecerse **3** (*fig.*) desvanecer, borrarse **4** (*fig.*) pasarse, disminuir.
svantaggioso *agg.* desventajoso.

svariati *agg.pl.* muchos, varios.
svedese *agg.* e *s.m.* e *f.* sueco (*m.*).
sveglia A *inter.* ¡despierta!, ¡a levantarse! **B** *s.f.* **1** despertar (*m.*) **2** (*orologio*) despertador (*m.*).
svegliare A *v.tr.* **1** despertar **2** (*fig.*) espabilar, avivar **3** (*fig.*) (*stimolare*) despertar, estimular **B** *v.intr.pron.* **1** (anche *fig.*) despertarse **2** (*fig.*) espabilarse, despabilarse, avivarse (*econ.*) **3** (*vento*) levantarse.
svelare A *v.tr.* **1** (*raro*) desvelar **2** (*fig.*) revelar, (*amer.*) develar **3** (*fig.*) descubrir, manifestar, mostrar **B** *v.pron.* (*fig.*) manifestarse, revelarse, descubrirse.
svelto *agg.* **1** rápido, veloz (*m.* e *f.*) **2** (*sottile*) delgado, esbelto **3** espabilado, despabilado, avispado.
svendere *v.tr.* malbaratar, malvender.
svendita *s.f.* (*comm.*) liquidación, rebaja.
svenire *v.intr.* desmayarse, perder el conocimiento.
sventagliare A *v.tr.* **1** abanicar **2** (*arma da fuoco*) disparar a ráfagas **3** (*disporre a ventaglio*) disponer en abanico **B** *v.pron.* abanicarse.
sventolare A *v.tr.* **1** agitar **2** (*bandiera, vela*) flamear, ondear **3** (*arieggiare*) orear, ventilar **B** *v.intr.* (*bandiera, vela*) flamear, ondear **C** *v.pron.* abanicarse.
sventura *s.f.* **1** desventura, mala suerte **2** desgracia, desdicha, adversidad.
svergognare *v.tr.* **1** avergonzar, abochornar **2** (*smascherare*) desenmascarar, descubrir.
svestire A *v.tr.* **1** desnudar, desvestir **2** quitar **B** *v.pron.* **1** desnudarse, desvestirse **2** (*fig.*) deponer, abandonar, dejar.
svezzamento *s.m.* (*bebè*) destete.
sviare A *v.tr.* **1** desviar **2** (*fig.*) distraer, descaminar **3** (*fig.*) descaminar, arruinar **B** *v.intr.pron.* **1** descaminarse **2** (*fig.*) descaminarse, arruinarse.
sviluppare A *v.tr.* **1** desarrollar, profundizar, detallar **2** desarrollar, incrementar, expandir **3** provocar, desencadenar **4** (*fot.*) revelar, procesar **5** (*mat.*) desarrollar **6** (*lett.*) desarrollar, desenrollar, extender **B** *v.intr.pron.* **1** crecer, desarrollarse **2** desencadenarse, difundirse **C** *v.pron.* (*lett.*) librarse.
sviluppo *s.m.* **1** desarrollo, crecimiento, progreso **2** (anche *bio.* e *mat.*) desarrollo **3** (*fot.*) revelado, procesado **4** (*mus.*) elaboración (*f.*), desenvolvimiento.
svista *s.f.* descuido (*m.*), desliz (*m.*).
svitare A *v.tr.* desatornillar, destornillar **B** *v.intr.pron.* desatornillarse, destornillarse.
svitato *agg.* (*fam.*) chiflado, tocado, (*amer.*) deschavetado.
svizzera *s.f.* (*cuc.*) hamburguesa.
svogliato *agg.* apático, desganado.
svolgere A *v.tr.* **1** desenvolver, extender **2** (*fig.*) desarrollar, desenvolver **3** (*fig.*) desempeñar, ejercer, realizar **4** (*raro*) disuadir, apartar **B** *v.intr.pron.* **1** desenvolverse, extenderse **2** (*fig.*) desarrollarse, realizarse **3** (*fig.*) desarrollarse, ocurrir, suceder **4** estar ambientado.
svolta *s.f.* **1** giro (*m.*), vuelta **2** (*fig.*) (anche *strada*) viraje (*m.*).
svuotare *v.tr.* **1** vaciar: *svuotate la piscina*, vaciad la piscina **2** (*fig.*) privar, quitar
swing *s.m.inv.* (*angl.*) (*mus.*) swing.

T

t *s.f.inv.* letra t.
tabaccheria *s.f.* estanco (*m.*).
tabacco *s.m.* (*bot.*) tabaco.
tabella *s.f.* tablilla, tablero (*m.*), cuadro (*m.*).
tabellina *s.f.* (*mat.*) tabla de multiplicar.
tabellone *s.m.* **1** tablero **2** (*affissione*) tablón do anuncios.
tabù *agg.* e *s.m.* tabú.
tacca *s.f.* **1** muesca, entalladura **2** (*tip.*) cran **3** (*sport*) (*alpinismo*) desfiladero (*m.*)
taccagno *agg.* e *s.m.* tacaño, avaro, roñoso.
tacchino *s.m.* (*zool.*) pavo.
tacco *s.m.* **1** (*calzature*) tacón **2** (*tip.*) alza.
tacere A *v.intr.* **1** callar, callarse **2** no contestar, no responder **B** *v.tr.* callar, omitir.
tachicardia *s.f.* taquicardia.
tachimetro *s.m.* taquímetro tacómetro.
taciturno *agg.* taciturno, callado, reservado.
tafano *s.m.* (*zool.*) tábano.
taglia *s.f.* **1** talla, estatura, complexión **2** (*abbigliamento*) talla, medida **3** (*ricompensa*) talla.
tagliando *s.m.* coupon.
tagliare A *v.tr.* **1** (anche *fig.*) cortar **2** (*dividere*) cortar, partir, dividir **3** (*accorciare*) cortar, reducir **4** (*sopprimere*) cortar, suprimir **5** (*attraversare*) cortar, cruzar, atravesar **6** (*sport*) eliminar **B** *v.intr.* cortar, acortar **C** *v.pron.* cortarse, herirse **D** *v.intr.pron.* abrirse, rajarse.
tagliatelle *s.f.* (*cuc.*) tallarines (*m.*).
taglio *s.m.* **1** corte **2** corte, herida (*f.*), incisión (*f.*) **3** (*preziosi*) talla (*f.*), tallado **4** corte, canto, lado **5** (*linea*) corte, línea (*f.*), estilo **6** (*fig.*) aire, cariz **7** (*mus.*) signo.
tailleur *s.m.inv.* traje (*sing.*) sastre/de chaqueta.
talco *s.m.* talco.
tale A *agg.m.* e *f.* (*dimostrativo*) **1** tal, semejante **2** (*in correlazione con che, da, quale*) cada, uno (*m.*) **3** tal, tanto (*m.*), tan grande **4** (*in correlazione con quale*) tal **B** *agg.m.* e *f.* (*indefinito*) cierto (*m.*), tal **C** *pron.* (*dimostrativo*) **1** persona (*f.*) **2** (*spreg.*) tío (*m.*), sujeto (*m*) **D** *pron.* (*indefinito*) un (*m.*) tal.
talento *s.m.* talento, inclinación (*f.*), disposición (*f.*).
talismano *s.m.* (anche *fig.*) talismán.
tallone *s.m.* (anche *anat.*) talón.
talmente *avv.* tan.
talora *avv.* algunas veces.
talpa *s.f. zool.* (anche *fig.*) topo (*m.*).
taluno *pron.* (*indefinito*) alguno.
talvolta *avv.* a veces, algunas veces.
tamburo *s.m.* **1** (*arch., inform., mar., mecc.* e *mus.*) tambor **2** (*edil.*) cimborio, cimborrio **3** (*orologio*) cilindro.

tampinare *v.tr.* (*fam.*) perseguir, seguir.
tamponamento *s.m.* **1** (*il tappare*) tapadura (*f.*) **2** (*auto.*) choque trasero **3** (*med.*) taponamiento.
tampone A *agg.inv.* parche **B** *s.m.* **1** (*med.*) tapón **2** (*anche assorbente interno*) tampón **3** (*francobolli*) tampón para sellos **4** (*auto.*) tope **5** (*mus.*) (*tamburo*) redoblante.
tana *s.f.* **1** (anche *fig.*) madriguera, cubil (*m.*), guarida **2** (*fig.*) (*tugurio*) pocilga, cuchitril (*m.*) **3** (*gioco*) casa.
tanga *s.m.inv.* (*abb.*) tanga (*sing.*).
tangente A *agg.m.* e *f.* (*mat.*) tangente **B** *s.f.* **1** tangente **2** (*corruzione*) cuota, porcentaie (*m.*).
tangentopoli *s.f.inv.* corrupción (*sing.*).
tangenziale A *agg.* (anche *fig.*) tangencial, parcial **B** *s.f.* carretera de circunvalación.
tango *s.m.* (*mus.*) tango.
tanica *s.f.* bidón (*m.*), tanque (*m.*).
tanto A *agg.* (*indefinito*) tanto, mucho **B** *avv.* **1** (*con i verbi*) tanto **2** (*con aggettivi*) tan **3** (*comparativo*) tan **4** (*solo, solamente*) sólo **C** *cong.* total **D** *pron.* (*indefinito*) **1** (*al pl.*) muchos **2** (*al sing.*) mucho **3** (*con valore neutro*) tanto **4** (*dimostrativo, con valore neutro*) eso, tanto.
tapiro *s.m.* (*zool.*) tapir.
tappa *s.f.* **1** alto (*m.*), parada **2** (anche *sport*) etapa **3** *fig.* etapa, fase, ciclo (*m.*), hito (*m.*).
tappare A *v.tr.* tapar, cerrar **B** *v.pron.* encerrarse.
tapparella *s.f.* (*fam.*) persiana enrollable.
tappeto *s.m.* **1** alfombra (*f.*) **2** (*sport*) (*pugilato, lotta*) lona (*f.*).
tappezzeria *s.f.* **1** (*stoffa*) tapicería **2** (*carta*) papel (*m.*) pintado **3** (*laboratorio*) tapicería
tappo *s.m.* (anche *fig.*) tapón.
tarantella *s.f.* (*mus.*) tarantela.
tarantola *s.f.* (*zool.*) tarántula.
tardare A *v.intr.* tardar, retrasarse **B** *v.tr.* demorar, retardar.
tardi *avv.* tarde.
tardo *agg.* tardo, lento, perezoso.
targa *s.f.* **1** placa, letrero (*m.*) **2** (*auto*) matrícula.
tariffa *s.f.* tarifa.
tarlo *s.m.* **1** (*zool.*) carcoma (*f.*), termes (*inv*), termita (*f.*) **2** (*fig.*) tormento, gusanillo.
tarma *s.f.* (*zool.*) polilla, taraza.
tarocco *s.m.* **1** (*gioco*) tarot **2** (*bot.*) naranja típica siciliana.
tartaro *agg.* e *s.m.* tártaro.
tartaruga *s.f.* **1** (*zool.*) (anche *fig.*) tortuga **2** carey (*m.*).
tartassare *v.tr.* (*fig.*) (*fam.*) moler, maltratar.
tartina *s.f.* (*cuc.*) canapé (*m.*).
tartufo *s.m.* (*bot.*) trufa (*f.*).
tasca (*s.f.*) bolsillo (*m.*).
tassa *s.f.* tasa.
tasso *s.m.* (*zool.*) **1** tejón **2** (*bot.*) tejo **3** (*livello*) tipo, tasa (*f.*) **4** (*banca*) interés.
tastiera *s.f.* (anche *mus.*) teclado (*m.*).
tasto *s.m.* (*pianoforte, computer*) tecla (*f.*).
tattica *s.f.* **1** (*mil., sport*) táctica **2** (*fig.*) tacto (*m.*), tino (*m.*), diplomacia.
tatto *s.m.* **1** (*anat.*) tacto **2** (*fig.*) tacto, tino, diplomacia, delicadeza (*f.*).
tatuaggio *s.m.* tatuaje.
taverna *s.f.* taberna, posada.
tavola *s.f.* **1** (*da pranzo*) mesa **2** (*mobile*) tabla **3** (*tabella*) tabla.
tavolo *s.m.* **1** mesa **2** (*ripiano*) tablero **3** (*da artigiano*) banco.
taxi *s.m.inv.* taxi (*sing.*).
tazza *s.f.* taza.
tbc *s.f.inv.* tuberculosis.
te *pron.* (*personale*) **1** (*compl.di termine*) te **2** (*con preposizione*) te, tú.
tè *s.m.* té.

teatro *s.m.* teatro.
tecnica *s.f.* técnica.
tecnologia *s.f.* tecnología.
tedesco *agg.* e *s.m.* alemán.
tegame *s.m.* sartén (*f.*), cazuela (*f.*).
teglia *s.f.* fuente, tartera.
tegola *s.f.* (*edil.*) teja.
tela *s.f.* **1** (*tess.*) tela, tejido (*m.*) **2** (*pitt.*) lienzo.
tele A *s.f.inv.* (*abbr., fam.*) tele **B** *pref.* tele-.
telecamera *s.f.* telecámara.
telecomando *s.m.* **1** telecomando, control remoto **2** (*televisore*) el telemando del televisor.
telecomunicazione *s.f.* telecomunicación.
telefonare *v intr./tr.* telefonear, llamar por teléfono.
telefono *s.m.* **1** teléfono **2** (*cellulare*) móvil, celular.
telegramma *s.m.* telegrama.
telepatia *s.f.* telepatía.
telescopio *s.m.* telescopio.
televisione *s.f.* **1** (*apparecchio*) televisión **2** (*fam.*) televisor (*m.*).
telo *s.m.* paño, tela (*f.*).
telone *s.m.* télon.
tema *s.m.* **1** (*argomento*) tema **2** (*scolastico*) composición (*f.*).
temere *v.tr.* temer, tener miedo.
tempera *s.f.* temple (*m.*), témpera.
temperato *agg.* **1** (*meteo.*) templado **2** (*moderato*) moderado, suave (*m.* e *f.*).
temperatura *s.f.* (anche *fig.*) temperatura.
temperino *s.m.* **1** (*coltello*) navaja (*f.*), cortaplumas (*inv.*) **2** (*matita*) sacapuntas (*inv.*), afilalápices (*inv.*).
tempesta *s.f.* **1** (*meteo*) (anche *fig.*) tempestad **2** (*pop.*) (*grandine*) granizada **3** (*fig.*) (*impeto*) vehemencia.
tempestivo *agg.* oportuno, apropiado.
tempia *s.f.* sien.
tempio *s.m.* templo.
tempo *s.m.* (anche *fig.*) tiempo.
temporale A *s.m.* tormenta (*f.*), tempestad (*f.*) **B** *agg.m.* e *f.* temporal.
temporaneo *agg.* temporal, provisional, temporáneo.
temporeggiare *v.intr.* ganar tiempo.
tenace *agg. m.* e *f.* tenaz, constante.
tenaglia *s.f.* tenaza.
tenda *s.f.* **1** cortina **2** (*da sole*) toldo (*m.*) **3** (*da campeggio*) tienda de campaña.
tendenza *s.f.* tendencia, propensión, inclinación.
tendere *v.tr.* tender, desdoblar, extender
tenebre (*s.f.pl.*) tinieblas, obscuridad (*sing.*).
tenente *s.m.* (*mil.*) teniente.
tenere A *v.tr.* **1** (anche *fig.*) tener, asir, coger **2** (*conservare*) conservar, mantener **3** (*contenere*) contener **4** (*occupare*) ocupar **5** (*una conferenza*) dictar, (*un discorso*) echar, pronunciar **B** *v.intr.* **1** (anche *fig.*) (*reggere*) resistir, aguantar **2** (*non trattenere*) salirse, derramarse **3** (*per una squadra*) estar a favor de **4** (*dare importanza*) dar importancia a, importar **C** *v.pron.* **1** sostenerse agarrarse **2** (*attenersi*) atenerse, respectar.
tenero A *agg.* **1** tierno, blando, mollar (*m.* e *f.*) **2** (*fig.*) afectuoso **B** *s.m.* **1** parte (*f.*) tierna **2** (*fig.*) punto débil.
tennis *s.m.* tenis.
tenore *s.m.* (anche *mus.*) tenor.
tensione *s.f.* **1** (anche *chim.*, *elett.*) tensión **2** (*fig.*) tensión, nerviosismo (*m.*) **3** (*fig.*) tensión, hostilidad, tirantez.
tentativo *s.m.* intento, tentativa (*f.*).
tentazione *s.f.* tentación.
tenuta *s.f.* **1** (*capacità*) capacidad, cabida **2** (*che si chiude bene*) cierre (*m.*) estanco, estanquidad **3** (*sport*) resistencia **4** (*possedimento*) finca, hacienda **5** (*abbigliamento*) uniforme (*m.*) **6** (*di auto*) (*tenuta di strada*) estabilidad.

teologia *s.f.* teología.
teorema *s.m.* (*fil., mat.*) teorema.
teoria *s.f.* **1** teoría **2** (*opinione*) idea, convicción, opinión.
teppista *s.m.* e *f.* gamberro (*m.*).
terapia *s.f.* (*med.*) terapia.
tergicristallo *s.m.* limpiaparabrisas (*inv*).
terme *s.f.pl.* termas.
termico *agg.* térmico.
terminare A *v.tr.* **1** terminar, acabar, completar **B** *v.intr.* terminar, acabar, tener término.
termine *s.m.* **1** (anche *fig.*) término, límite **2** (*parola*) término, palabra (*f.*) **3** (*condizioni*) condiciones (*pl.*) **4** (*scadenza*) plazo, límite **5** (*fine*) conclusión (*f.*).
termo- *pref.* termo-.
termometro *s.m.* termómetro
terno *s.m.* (anche *lotto*) terno.
terra *s.f.* **1** tierra **2** (*suolo*) suelo (*m.*).
terracotta *s.f.* terracotta.
terrazza *s.f.* **1** (*geog.*) terraza **2** (*arch.*) terrazo.
terremoto *s.m.* **1** terremoto, seísmo, temblor de tierra **2** (*fig.*) torbellino.
terreno A *agg.* terreno **B** *s.m.* terreno, extensión (*f.*).
terribile *agg.m.* e *f.* **1** terrible, aterrador, espantoso **2** (*iperbolico*) terrible, tremendo (*m.*), espantoso (*m.*) **3** (*fig.*) terrible, cruel, despiadado (*m.*).
territorio *s.m.* territorio.
terrore *s.m.* terror, miedo.
terrorismo *s.m.* terrorismo.
terzo A *agg.num.ord.* tercero, tercer **B** *s.m.* tercero.
teschio *s.m.* calavera (*f.*).
tesi *s.f.inv.* tesis.
teso *agg.* **1** tenso, tirante (*m.* e *f.*), estirado **2** (*mirato*) (*fig.*) encaminado, dirigido **3** (*nervoso*) nervoso, preocupado.
tesoro *s.m.* (anche *fig.*) tesoro.
tessera *s.f.* **1** (*documento*), carnet (*m.*), tarjeta **2** (*domino*) ficha **3** (*di mosaico*) tesela.
tessuto *s.m.* (anche *biol.*) tejido.
test *s.m.inv.* **1** test, prueba (*f.sing.*) **2** experimento (*sing.*).
testa *s.f.* **1** cabeza **2** (*fig.*) cabeza, mente, inteligencia.
testamento *s.m.* (*giur., rel.*) testamento.
testardo *agg.* e *s.m.* testarudo, terco, tozud.
testicolo *s.m.* (*anat.*) testículo.
testimone *s.m.* e *f.* **1** (anche *giur.*) testigo **2** (*sport*) testigo (*m.*).
testo *s.m.* **1** (*lett.*) texto **2** (*di canzone*) letra (*f.*).
tetano *s.m.* (*med.*) tétanos (*inv.*).
tetta *s.f.* (*fam.*) teta.
tetto *s.m.* **1** techo, tejado **2** (*fig.*) techo, hogar, morada (*f.*), casa (*f.*).
thailandese A *agg.m.* e *f.* tailandés **B** *s.m.* e *f.* tailandés.
ti A *pron.m.* e *f. sing.* te **B** *s.f.inv.* (*alfabeto*) te (*sing.*).
tibia *s.f.* (*anat.*) tibia
tic *s.m.* (anche *med.*) tic.
tiepido *agg.* tibio, templado.
tifo *s.m.* **1** (*med.*) tifus (*inv.*), tifo **2** (*fam.*) (*sport*) afición (*f.*).
tifoso *s.m.* (*sport*) hincha (*m.* e *f.*), aficionado.
tiglio *s.m.* (*bot.*) tilo.
tigre *s.f.* (*zool.*) (anche *fig.*) tigre (*m.*).
tilt *s.m.inv.* avería (*f.sing.*), bloqueo (*sing.*).
timbro *s.m.* **1** timbre, sello **2** (*ling., mus.*) timbre.
timido A *agg.* **1** (*carattere*) tímido, vergonzoso, cortado **2** (*atteggiamento*) vacilante (*m.* e *f.*), aficionado, inseguro **3** (*debole*) débil (*m.* e *f.*), aficionado **B** *s.m.* tímido.
timo *s.m.* **1** (*anat.*) timo **2** (*bot.*) tomillo.
timone *s.m.* **1** (*mar.*) timón, gobernalle **2** (*carro*) timón, lanza (*f.*) **3** (*fig.*) timón, dirección (*f.*).
timore *s.m.* **1** (*paura*) temor, miedo **2** (*soggezione*) vergüenza **3** (*preoccupazione*) aprensión (*f.*), preocupación (*f.*).

timpano *s.m.* **1** (*anat.*, *arch.*, *tip.*) tímpano **2** (*mus.*) timbal, atabal.
tingere A *v.tr.* **1** (*cambiar colore*) teñir **2** (*sporcare di colore*) ensuciar, manchar **3** (*lett.*) teñir, colorar, colorear **B** *v.pron.* maquillarse, pintarse **C** *v.intr.pron.* (anche *fig.*) teñirse, colorearse.
tinta *s.f.* **1** (*colore*) color (*m.*) **2** (*fig.*) tinte (*m.*), matiz (*m.*), tono (*m.*).
tintarella *s.f.* (*fam.*) bronceado (*m.*).
tipico *agg.* típico, característico.
tipo A *agg.inv.* modelo, medio **B** *s.m.* **1** (*modello*) tipo, modelo **2** (*genere*) tipo, clase (*f.*) **3** (*persona*) tipo, individuo.
tipografia *s.f.* tipografía, imprenta.
tipologia *s.f.* tipología.
tiranno A *agg.* **1** (*fig.*) tirano **2** despótico **B** *s.m.* **1** (*pol.*) tirano, déspota **2** (*fig.*) tirano.
tirare A *v.tr.* **1** (*tendere*) tirar, estirar **2** (*trainare*) tirar **3** (*fig.*) (*attirare l'attenzione*) atraer, llamar **4** (*lanciare*) tirar, lanzar, arrojar **5** correr **6** (*tirar fuori*) sacar, extraer **7** (*succhiare di bambino*) mamar, chupar **8** (*essere pagati*) (*pop.*) cobrar, percibir **9** (*arma da fuoco*) disparar, tirar **10** (*tracciare*) tirar, trazar **11** (*sport*) (*cicli-smo*) tirar **B** *v.intr.* **1** (anche *fig.*) (*portare a*) tirar **2** (*tendere*) tirar, parecerse **3** (*vento*) soplar, correr **4** (*abbigliamento*) apretar, oprimir **5** (*fig.*) (*riscuotere successo*) estar en expansión.
tirchio *agg.* e *s.m.* (*fam.*) tacaño, agarrado, roñoso.
tiro *s.m.* **1** (*di animali che trainano*) tiro **2** (*lancio*) tiro de una flecha **3** (*di arma*) tiro, disparo **4** (*sport*) tiro, lanzamiento **5** (*comportamento*) mala jugada (*f.*), mala pasada (*f.*), cabronada (*f.*) **6** (*fig.*) (*di sigaretta*) calada (*f.*), bocanada (*f.*) **7** (*droga*) esnifada (*f.*).
tirocinio *s.m.* práctica (*f.*), pasantía (*f.*), aprendizaje.
tiroide *s.f.* tiroides.
tirreno *agg.* e *s.m.* tirreno.
tisana *s.f.* tisana, infusión.
tisi *s.f.inv.* (*med.*) tisis.
titanio *s.m.* (*chim.*) titanio.
titolare A *agg.m.* e *f.* titular **B** *s.m.* **1** (*di un immobile*) propietario (*m.*), jefe **2** (*di un conto*) titular **3** (*di una ditta*) dueño.
titolo *s.m.* **1** (*di libro*) título **2** (*di giornale*) titular, título, **3** (*qualifica*) título, profesión (*f.*).
tivù *s.f.inv.* (*fam.*) tele (*sing.*).
tizio *s.m.* tío, fulano.
toast *s.m.inv* (*cuc.*) emparedado (*sing.*).
toccare A *v.tr.* **1** tocar, rozar **2** tocar, alcanzar **3** (*spostare*) tocar, mover, revolver **4** (*manomettere*) tocar, usar, consumir **5** (*fig.*) (*sentimenti*) afectar, tocar, conmover **B** *v.intr.* **1** (*accadere*) tocar, sufrir, experimentar **2** (*turno*) tocar, corresponder **3** (*essere costretti a*) tener que, tocar.
tocco *s.m.* (*il toccare*) (*anche fig.*) toque.
togliere A *v.tr.* **1** quitar, sacar **2** (*tirar via*) quitar, eliminar **3** (*un incarico*) destituir, despedir **B** *v.pron.* quitarse, apartarse.
toilette *s.f.inv.* **1** toilette, aseo, arreglo (*m.*) personal **2** (*bagno*) cuarto (*m.*) de baño **3** (*pubblico*) servicios.
tolleranza *s.f.* **1** tolerancia **2** (anche *mecc.*) tolerancia, margen (*m.*), aproximación.
tomba *s.f.* tumba, sepulcro (*m.*).
tombino *s.m.* **1** (*chiusino*) boca (*f.*) de alcantarilla **2** (*pozzetto*) alcantarilla (*f.*), sumidero.
tombola *s.f.* (*gioco*) lotería, bingo.
tondo *agg.* **1** redondo, circular **2** (*fig.*) (*esatto*) justo, exacto, preciso **3** (*tip.*) redondilla.
tonico A *agg.* (anche *med.*) tónico **B** *s.m.* (anche *farm.*) tónico.
tonnellata *s.f.* (*unità di misura*) tonelada.

tonno *s.m.* (*zool.*) atún.
tono A *s.m.* **1** (*fis.*, *med.*, *mus.*, *pitt.*) tono **2** (*voce*) tono, entonación (*f.*) **3** (*lett.*) (anche *fig.*) tono, carácter.
tonsilla *s.f.* (*anat.*) amígdala, tonsila.
tonto *agg.* e *s.m.* (*fam.*) tonto, bobo, lelo.
top *s.m.inv.* **1** (*abb.*) top **2** (*il massimo*) tope (*sing.*), vértice (*sing.*).
topazio *s.m.* (*min.*) topacio.
topo *s.m.* **1** (*zool.*) rata (*f.*), ratón **2** (*vetreria*) grujidor.
topo- *pref.* topo-.
topografia *s.f.* topografía.
toppa *s.f.* **1** (*abb.*) parche (*m.*), remiendo (*m.*) **2** (*fig.*) parche (*m.*), arreglo (*m.*) **3** (*di porta*) ojo (*m.*) de cerradura.
toppare A *v.intr.* (*gerg.*) (*sbagliare*) hacer una plancha **B** *v.tr.* (*gerg.*) bloquear, parar.
top secret *locuz.agg.inv.* alto secreto (*sing.*).
torace *s.m.* (*anat.*) tórax.
torbido A *agg.* **1** turbio, túrbido **2** (*fig.*) turbio, oscuro, deshonesto **B** *s.m.* algo obscuro/sucio.
torchio *s.m.* prensa (*f.*), trujal, lagar.
torcia *s.f.* antorcha.
tormenta *s.f.* ventisca.
tormentare A *v.tr.* torturar, atormentar **B** *v.pron.* atormentarse, afligirse.
tormento *s.m.* **1** tormento, tortura (*f.*) **2** (*fig.*) tormento, angustia (*f.*), aflicción (*f.*).
tornado *s.m.inv.* **1** (*meteo.*) tornado (*sing.*), huracán (*sing.*) **2** (*mar.*) catamarán (*sing.*) de regata.
tornare *v.intr.* **1** regresar, volver **2** (*andare ancora*) volver, ir de nuevo **3** (*accadere*) presentarse, surgir **4** (*risultare*) resultar, salir, volver de vacío.
torneo *s.m.* **1** (*stor.*) torneo, justa (*f.*) **2** (anche *sport*) torneo, competición (*f.*).
toro *s.m.* **1** (*zool.*) toro **2** (*astrol.*) tauro **3** (*gerg.*) (*persona*) alcista (*m.* e *f.*).
torre *s.f.* torre.
torrente *s.m.* (*geog.*) (anche *fig.*) torrente.
torsione *s.f.* torsión, contorsión.
torta *s.f.* **1** (*dolce*) tarta, pastel (*m.*) **2** (*salata*) pastel (*m.*).
torto A *agg.* torcido **B** *s.m.* **1** injusticia (*f.*), agravio, ofensa (*f.*) **2** (*errore*) culpa (*f.*), error.
tortora A *s.f.* (*zool.*) tórtola **B** *agg.inv.* (*solo nella locuzione*) *grigio ~,* color gris ceniciento.
tossico *agg.* e *s.m.* e *f.* tóxico.
tossire *v.intr.* toser.
tosto *agg.* duro, fuerte (*m.* e *f.*).
tot A *agg.* (*indefinito*) tanto, tal **B** *pron.* (*indefinito*) un tanto.
totale A *agg.m.* e *f.* total, completo (*m.*), general **B** *s.m.* total.
totalitario *agg.* totalitario.
totalitarismo *s.m.* totalitarismo.
totano *s.m.* (*zool.*) jibia (*f.*).
totem *s.m.inv.* tótem.
totocalcio *s.m.* (*marchio registrato*) (*gioco*) quiniela (*f.*).
tournée *s.f.inv.* tournée, gira (*sing.*).
tovaglia *s.f.* mantel (*m.*).
tovagliolo *s.m.* servilleta (*f.*).
tra *prep.* **1** (*stato in luogo*) entre **2** (*relazione*) entre **3** (*tempo*) dentro de **4** (*distanza*) a **5** (*moto attraverso luogo*) entro **6** (*attraverso*) a través **7** (*moto da luogo*) de, entre **8** (*partitivo*) entre **9** (*causa*) entre.
traccia *s.f.* **1** (*impronta*) huella, señal, rastro (*m.*) **2** (*indizio*) indicio (*m.*) **3** (*fig.*) vestigio (*m.*), resto (*m.*) **4** (*disegno*) traza, diseño (*m.*), trazado (*m.*) **5** (*di un discorso*) esbozo (*m.*), bosquejo (*m.*) **6** traza.
trachea *s.f.* (*anat.*) (anche *bot.*, *zool.*) tráquea.
tracollo *s.m.* **1** inclinación (*f.*) **2** (*fig.*) crac (*inv.*), crisis (*s.f.inv.*).
tradimento *s.m.* traición (*f.*).
tradire A *v.tr.* **1** traicionar **2** (*un ideale*) decepcionar, desilusionar **3** (*rivelare*) revelar.

traditore A *agg.* (anche *fig.*) traicionero, traidor **B** *s.m.* traidor.
tradizione *s.f.* tradición.
tradurre *v.tr.* **1** traducir, verter **2** (*portare, trasferire*) llevar, conducir.
traduzione *s.f.* **1** (*di lingue*) traducción, versión **2** (*trasferimento*) tránsito de los detenidos.
traffico *s.m.* **1** (*stradale*) tráfico, tránsito, circulación (*f.*) **2** (*di merci*) tráfico, comercio **3** (*telefonico*) tráfico, communicación (*f.*).
traforo *s.m.* **1** (*di montagna*) perforación (*f.*) **2** (*di galleria*) túnel **3** (*legno, cuoio, stoffa*) calado.
tragedia *s.f.* **1** (*teatr.*) tragedia **2** (*disgrazia*) tragedia, desgracia **3** (*iperbolico*) tragedia, contratiempo (*m.*).
traghetto *s.m.* transbordador, ferry.
tragico *agg.* trágico, dramático.
tragitto *s.m.* trayecto, camino.
traguardo *s.m.* **1** (*sport*) (anche *fig.*) meta (*f.*) **2** (*fig.*) objetivo.
traiettoria *s.f.* trayectoria.
traino *s.m.* **1** remolque, arrastre **2** (*veicolo*) remolque.
tralasciare *v.tr.* **1** (*interrompere*) dejar, interrumpir **2** (*omettere*) omitir, olvidar, saltarse.
tram *s.m.inv.* tranvía (*sing.*)
trama *s.f.* **1** (*tess.*) trama, textura **2** (*complotto*) trama, intriga, complot (*m.*) **3** (*di libro*) trama, argumento (*m.*).
tramandare *v.tr.* transmitir, legar.
tramare *v.tr.* **1** (*tess.*) tramar **2** (*macchinazione*) tramar, urdir, maquinar, conspirar.
tramezzino *s.m.* (*cuc.*) emparedado, sandwich.
tramezzo *s.m.* (*edil.*) tabique.
tramite *s.m.* **1** (*lett.*) sendero, paso **2** (*fig.*) (*per il tramite di*) vía (*f.*), medio.
tramontana *s.f.* tramontana.
tramonto *s.m.* **1** (*del sole*) ocaso, puesta (*f.*) **2** (*decadimento*) ocaso, decadencia (*f.*).
tramutazione *s.f.* transmutación, mutación.
trance *s.f.inv.* trance (*m.sing.*).
trancio *s.m.* **1** (*fetta*) trozo, tajada **2** (*di pesce*) rodaja (*f.*).
tranello *s.m.* trampa (*f.*), engaño.
tranne *prep.* excepto, salvo.
tranne che *cong.* a menos que, a no ser que.
tranquillante *agg.m.* e *f.* tranquilizante, calmante.
tranquillità *s.f.inv.* tranquilidad (*sing.*), quietud (*sing.*), calma (*sing.*).
tranquillizzare A *v.tr.* tranquilizar, calmar **2** *v.intr.pron.* tranquilizarse, calmarse.
transazione *s.f.* (anche *giur.*, *psic.*) transacción.
transessuale *agg.* e *s.m.* e *f.* transexual.
transito *s.m.* **1** transito, tráfico, circulación (*f.*) **2** (*aer.*, *astro.*, *ferr.*, *giur.*) tránsito.
trantran *s.m.* rutina (*f.sing.*), trajín diario.
trapano *s.m.* **1** (*tecn.*) taladro, barreno **2** (*chir.*) trépano.
trapassare A *v.tr.* **1** traspasar, atravesar **2** (*perforare*) perforar, barrenar **3** (*tempo*) transcurrir, pasar, correr **B** *v.intr.* **1** (*passare attraverso*) filtrarse, pasar a través **2** (*tempo*) transcurrir, pasar **3** (*raro*) expirar, morir.
trapelare *v.intr.* **1** filtrarse **2** (*fig.*) (*di informazione*) filtrarse, divulgarse **3** (*fig.*) traslucir, revelar.
trapezio *s.m.* (anche *ginnastica*) trapecio.
trapianto *s.m.* (*agr.*, *chir.*) trasplante.
trappola *s.f.* **1** trampa, lazo (*m.*), cepo (*m.*) **2** (*fig.*) trampa, encerrona, colada **3** (*fam.*) cacharro (*m.*), cafetera.
trarre *v.tr.* **1** (*portare*) llevar, tirar, arrastrar **2** (*fig.*) sacar, obtener, deducir.

trascinare A *v.tr.* **1** (anche *fig.*) arrastrar **2** (*fig.*) arrastrar, arrebatar, cautivar **B** *v.pron.* arrastrarse **C** *v.intr.pron.* (anche *fig.*) (*protrarsi nel tempo*) arrastrarse, prolongarse, durar.
trascorrere *v.tr.* **1** transcurrir, pasar **2** (*del tempo*) pasar, correr.
trascrizione *s.f.* transcripción.
trascurare A *v.tr.* **1** descuidar, desatender **2** (*non tener conto di*) olvidarse, pasar por alto **B** *v.pron.* descuidarse, dejarse.
trasferimento *s.m.* **1** traslado **2** (*econ.*) transferencia (*f.*).
trasfigurazione *s.f.* transfiguración, transformación.
trasformare A *v.tr./intr.* transformar, cambiar **B** *v.pron.* convertirse, transformarse.
trasfusione *s.f.* transfusión.
trasgredire *v.tr./intr.* transgredir, violar, infringir.
trasloco *s.m.* mudanza (*f.*), traslado.
trasmettere A *v.tr.* **1** transmitir **2** transmitir, difundir **3** (*malattia*) contagiar **4** (*mandare*) trasmittir, enviar **B** *v.intr.pron.* **1** transmitirse **2** difundirse, transmitirse.
trasmissione *s.f.* **1** (anche *auto., inform., mecc.*) transmisión **2** (*radio, TV*) programa (*m.*).
trasparente *agg.m.* e *f.* **1** transparente **2** (*fig.*) transparente, claro (*m.*), comprensible **3** (*sincero*) franco (*m.*), sincero (*m.*), limpio (*m.*).
traspirazione *s.f.* transpiración.
trasportare *v.tr.* **1** transportar, trasladar, levar **2** (*fig.*) embelesar, cautivar, extasiar.
trasporto *s.m.* **1** transporte **2** (*fig.*) arrebato, arranque, pronto **3** (*fig.*) entusiasmo, pasión (*f.*).
trasversale *agg.m.* e *f.* e *s.f.* transversal.
trattamento *s.m.* trato, tratamiento.
trattare A *v.tr.* **1** (*argomento*) tratar, desarrollar **2** (*clientela*) tratar, portarse **3** (*un affare*) tratar, manejar, gestionar **4** (*un materiale*) tratar, trabajar **5** (*med.*) tratar **6** (*fig.*) tachar, tildar **7** (*usare*) manejar, usar **B** *v.intr.* **1** (*argomentazione*) tratar, versar **2** (*comm.*) negociar, tratar **3** (*avere a che fare*) tratar **C** *v.pron.* tratarse, cuidarse.
trattativa *s.f.* negociación.
trattato *s.m.* tratado, acuerdo, pacto.
tratteggio *s.m.* plumeado.
trattenere A *v.tr.* **1** (*intrattenere*) retener, detener, entretener **2** (*tenere con sé*) retener, guardar **3** (*tenere a freno*) frenar, contener **4** (*di denaro*) retener, descontar, deducir **B** *v.pron.* contenerse, retenerse, reprimirse **C** *v.intr.pron.* (*fig.*) entretenerse.
tratto A *agg.* extraído, sacado **B** *s.m.* **1** trazo, rasgo, línea (*f.*) **2** (*segno*) raya **3** (*strada*) trecho, tramo **4** (*scritto*) pasaje, fragmento.
trattore *s.m.* (*agr.*) tractor.
trattoria *s.f.* (*locale*) mesón (*m.*), fonda.
trauma *s.m.* (anche *fig.*) trauma.
travaglio *s.m.* **1** (*lavoro duro*) afán, trabajo, fatiga (*f.*) **2** (*fig.*) (*fatica*) sufrimiento **3** (*tormento*) dolor, tormento.
trave *s.f.* **1** (*edil.*) viga **2** (*sport*) barra de equilibrio.
traversa *s.f.* **1** (*edil.*) traviesa, cuchillo (*m.*) **2** (*letto, serramenti*) travesaño (*m.*), larguero (*m.*) **3** (di strada) bocacalle, travesía.
traversata *s.f.* (*aer., mar., sport*) travesía.
travestimento *s.m.* disfraz.
travestito A *agg.* disfrazado **B** *s.m.* travesti, travestido.
travolgente *agg.m.* e *f.* **1** fuerte, impetuoso (*m.*), violento (*m.*) **2** (*fig.*) (*affascinante*) cautivador (*m.*), irresistible.
travolgere *v.tr.* **1** (anche *fig.*) arrollar, atropellar **2** (*fig.*) (*sentimenti*) arrebatar, arrastrar.
trazione *s.f.* (anche *mecc., med.*) tracción.

tre A *agg.num.card.* **1** tres **2** (*indeterminato*) poco **B** *s.m.* e *f.* tres.
treccia *s.f.* **1** trenza **2** (*di fili metallici*) trenzado **3** (*di cipolle*) una ristra.
trecento A *agg.num.card.* trescientos **B** *s.m.* **1** trescientos, siglo catorce **2** (*indeterminato*) cien, mil.
tredicesima *s.f.* paga extra.
tredicesimo *agg.num.ord.* e *s.m.* decimotercero.
tredici *agg.num.card.* trece.
tregua *s.f.* **1** tregua **2** (*fig.*) tregua, descanso (*m.*), pausa.
tremare *v.intr.* **1** (*di freddo, di paura*) temblar **2** (*di voce*) temblar, vibrar.
tremendo *agg.* tremendo, terrible (*m.* e *f.*).
tremila *agg.num.card.* tres mil.
treno *s.m.* (anche *fig.*) tren.
trenta *agg.num.card.* o *s.m.* **1** treinta **2** (*esame*) sobresaliente.
trentino *agg.* e *s.m.* tridentino.
trepidazione *s.f.* temor (*m.*), ansiedad, recelo (*m.*).
triangolo *s.m.* triángulo.
tribù *s.f.* (anche *fig.*) tribu.
tribuna *s.f.* **1** tribuna **2** (*arch.*) ábside (*m.*).
tribunale *s.m.* (anche *fig.*) tribunal.
tributo *s.m.* tributo.
tricheco *s.m.* (*zool.*) morsa (*f.*).
triciclo *s.m.* triciclo.
tricipite *agg.m.* e *f.* **1** (*lett.*) tricípite **2** (*anat.*) triceps.
tridimensionale *agg.m.* e *f.* tridimensional.
triglia *s.f.* (*zool.*) salmonete (*m.*), rubio (*m.*).
trigonometria *s.f.* trigonometría.
trilogia *s.f.* trilogía.
trimestre *s.m.* trimestre.
trincea *s.f.* trinchera.
trinità *s.f.inv.* trinidad (*sing.*).
trio *s.m.* trío, terceto.
trionfo *s.m.* triunfo, victoria (*f.*), éxito.
triplo A *agg.* triple (*m.* e *f.*), triplice (*m.* e *f.*) **B** *s.m.* triple, triplo.
trippa *s.f.* **1** (*cuc.*) callos (*m.pl.*), tripa **2** (*fig.*) (*scherz.*) panza.
tris *s.m.* (*gioco*) tríada (*f.sing.*).
tristezza *s.f.* tristeza, melancolía.
tritare *v.tr.* picar, moler.
trofeo *s.m.* trofeo, despojo, botín.
troia *s.f.* **1** (*zool.*) cerda **2** (*fig.*) (*volg.*) (*persona*) ramera, pelleja.
tromba *s.f.* **1** (*mus.*) (*strumento*) trompeta **2** (*chi suona la tromba*) trompetista **3** (*delle scale*) hueco de la escalera **4** (*mil.*) corneta **5** (*d'aria*) tromba **6** (*proboscide*) trompa.
trombata *s.f.* (*fig.*) (*scherz.*) **1** (*esame*) suspenso (*m.*) **2** (*insuccesso*) palo (*m.*) **3** (*volg.*) polvo (*m.*).
trombone *s.m.* **1** (*mus.*) (*anche chi suona*) trombón **2** (*fig.*) (*spreg.*) (*persona*) farolero, farandulero.
troncare *v.tr.* **1** tronchar, truncar **2** (*fig.*) cortar, romper **3** (*fig.*) tronchar.
tronco A *agg.* **1** truncado, trunco **2** (*interrotto*) (*fig.*) truncado, interrumpido, incompleto **B** *s.m.* **1** (*nella locuzione*) *in ~*, en el acto, sin previo aviso **2** (*anat., bot.*) tronco.
trono *s.m.* trono.
tropicale *agg.m.* e *f.* **1** (*luogo*) tropical **2** (*caldo*) tórrido (*m.*), ardiente.
tropico *s.m.* trópico.
troppo A *agg.* (*indefinito*) demasiado **B** *avv.* **1** (*con verbo*) demasiado, mucho **2** (*con altri avverbi*) tan, muy **C** *pron.* (*indefinito*) **1** (*al pl.*) muchos **2** demasiado, mucho.
trota *s.f.* trucha.
trotto *s.m.* trote.
troupe *s.f.inv.* troupe, equipo (*m.sing.*).
trousse *s.f.inv.* **1** (*astuccio*) estuche (*m.sing.*) **2** (*borsa da sera*) bolso de noche.
trovare A *v.tr.* **1** encontrar, hallar **2** (*scoprire*) descubrir **3** (*sembrare*) parecer **4** (*credere*) parecer, creer **B**

v.pron. **1** (*incontrarsi*) verse, encontrarse, reunirse **2** (*essere situato*) estar, encontrarse, hallarse.
trovata *s.f.* expediente (*m.*), salida, idea.
trovatello *s.m.* expósito.
truccare A *v.intr.* **1** (*falsificare*) trucar, falsificar, alterar **2** (*il viso*) maquillar, pintar **B** *v.pron.* caracterizarse, maquillarse, pintarse.
trucco *s.m.* **1** (*gioco*) trucos (*pl.*) **2** (*cosmesi*) maquillaje **3** (*del mago*) truco, artificio **4** (*imbroglio*) truco, ardid, treta (*f.*).
truffa *s.f.* estafa, fraude (*m.*), timo (*m.*).
truffare *v.tr.* (*imbrogliare*) estafar, timar, engañar, embrollar.
truppa *s.f.* **1** (*mil.*) tropa **2** (*fig.*) tropel (*m.*).
t-shirt *s.f.* camiseta.
tu *pron.m.* e *f.sing.* tú.
tubercolosi *s.f.* tuberculosis.
tubero *s.m.* (*bot.*) tubérculo.
tubo *s.m.* **1** tubo, caño, conducto **2** (*fig.*) (*pop.*) nada, jota, comino.
tucano *s.m.* tucán.
tuffo *s.m.* **1** zambullida (*f.*) **2** (*fig.*) vuelco, salto, palpitación (*f.*).
tufo *s.m.* toba (*f.*).
tulipano *s.m.* tulipán.
tulle *s.m.* (*tess.*) tul.
tumore *s.m.* tumor.
tumulto *s.m.* tumulto, agitación.
tundra *s.f.* tundra.
tungsteno *s.m.* tungsteno.
tunnel *s.m.* túnel (*sing.*), galería (*f. sing.*)
tuo A *agg.* (*possessivo*) **1** tu (*m.* e *f.*) **2** (*preceduto da articolo o dopo il nome*) tuyo **B** *pron.* (*possessivo*) tuyo.
tuono *s.m.* trueno (anche *fig.*).
tuorlo *s.m.* (*uovo*) yema.
turbamento *s.m.* turbación (*f.*).
turbante *s.m.* turbante.
turbare A *v.tr.* turbar, alterar, trastornar **B** *v.intr.pron.* turbarse, agitarse.
turbina *s.f.* turbina.
turbine *s.m.* **1** torbellino, remolino **2** (*fig.*) tropel.
turbo *agg.* turbo.
turbolento *agg.* (*persona*) turbulento, alborotador.
turchese *agg.* e *s.m.* turquesa (*f.*).
turismo *s.m.* turismo.
turno *s.m.* turno.
tuta *s.f.* **1** (*sport*) chandal **2** (*da lavoro*) mono **3** (*spaziale, subacquea*) escafandra.
tutela *s.f.* tutela, protección.
tutore *s.m.* tutor, defensor.
tuttalpiù *avv.* como mucho, a lo sumo.
tuttavia cong. (*avversativo*) sin embargo, no obstante, pero.
tutto A *agg.* (*indefinito*) **1** todo, entero **2** (*ogni*) todo, cualquier **B** *avv.* todo, completamente **C** *pron.* (*indefinito*) **1** (*ogni cosa*) todo **2** (*plur.*) todos.
tuttofare *agg.inv.* todo servicio.
tuttora *avv.* todavía, aún.
tutù *s.m.* (*danza*) tutú.

U

u *s.f.inv.* letra u (*sing.*).
ubbidire A *v.tr.intr.* **1** obedecer, acatar, respetar **2** (*fig.*) seguir **B** *v.intr.* **1** (*fig.*) responder, obedecer **2** resignarse, plegarse, someterse.
ubiquità *s.f.inv.* (anche *rel.*) ubicuidad (*sing.*).
ubriaco *agg.* e *s.m.* **1** borracho, achispado, bebido, ahumado **2** (*fig.*) embriagado, ebrio, eufórico.
uccello *s.m.* **1** (*zool.*) pájaro, ave (*f.*) **2** (*volg.*) pija (*f.*), picha (*f.*), polla (*f.*), pito.
uccidere A *v.tr.* **1** matar, eliminar **2** (*fig.*) matar, destruir, abrumar **3** (*fig.*) eliminar, extirpar, suprimir **B** *v.pron.* matarse, suicidarse **C** *v.intr.pron.* fallecer, expirar.
ucraino *agg.* e *s.m.* ucraniano, ucranio.
udente *agg.m.* e *f.* oyente.
udire *v.tr.* **1** oír **2** (anche *giur.*) oír **3** escuchar, atender **4** entender, comprender, percibir.
udito *s.m.* **1** (*anat.*) oído, oreja (*f.*) **2** (*med.*) audición (*f.*).
ufficiale[1] *agg.m.* e *f.* **1** (anche *sport*) oficial **2** autorizado (*m.*), legal **3** oficializado (*m.*), público (*m.*), divulgado (*m.*).
ufficiale[2] *s.m.* **1** (*mil.*) oficial, alférez **2** (*bur.*) funcionario.
ufficio *s.m.* **1** (*luogo*) oficina (*f.*), despacho, buró **2** (*bur.*) cargo **3** mediación (*f.*), gestión (*f.*), ministerio **4** oficio, recomendación (*f.*), diligencia (*f.*) **5** (*giur.*) función (*f.*) **6** (*rel.*) oficio **7** deber, obligación (*f.*), tarea (*f.*).
ufo *s.m.inv.* (*angl.*) ovni.
ugola *s.f.* **1** (*anat.*) úvula, campanilla **2** (*scherz.*) galillo (*m.*), gaznate (*m.*).
uguaglianza *s.f.* **1** igualdad, identidad, uniformidad **2** paridad, correspondencia **3** (*geom.* e *mat.*) igualdad, equivalencia.
uguale *agg.m.* e *f.* **1** igual **2** (*fig.*) homogéneo (*m.*), uniforme **3** (*fig.*) (*fam.*) clavado (*m.*).
ulcera *s.f.* (*med.*) úlcera, llaga.
ulteriore *agg.m.* e *f.* **1** ulterior **2** sucesivo (*m.*).
ultimatum *s.m.inv.* (*lat.*) ultimátum (*sing.*).
ultimo A *agg.* **1** último, postrero, postrimero **2** más **3** final (*m.* e *f.*), definitivo **4** (*fig.*) último, reciente (*m.* e *f.*), actual (*m.* e *f.*), del día **5** (*pegg.*) bajo, ínfimo **B** *s.m.* último.
ultra- (*pref.*) ultra-.
ululare *v.intr.* **1** (*zool.*) (*lupo*, *cane*) ulular, aullar, gañir **2** (*fig.*) ulular.
umanesimo *s.m.* (*lett.*) humanismo.
umanità *s.f.inv.* **1** (*fig.*) humanidad (*sing.*), sensibilidad (*sing.*), compasión (*sing.*) **2** (*fig.*) benevolencia (*sing.*), amabilidad (*sing.*) **3** humanidad (*sing.*), condición humana, naturaleza humana **4** humanidad (*sing.*), género humano.
umanitario *agg.* **1** humanitario, filantrópico **2** caritativo, bondadoso.

umano **A** *agg.* **1** (anche *fig.*) humano **2** bondadoso, comprensivo **3** (*fig.*) expresivo, humano, comunicativo **B** *s.m.* (solo *sing.*) lo humano.
umidità *s.f.inv.* (anche *meteo.*) humedad (*sing.*).
umido *agg.* **1** (anche *meteo*) húmedo **2** mojado.
umile *agg.m.* e *f.* **1** humilde **2** (anche *fig.*) modesto (*m.*), sencillo (*m.*) **3** (*fig.*) servil, mezquino (*m.*), bajo (*m.*) **4** sumiso (*m.*), recatado (*m.*), manso (*m.*) **5** respetuoso (*m.*), dócil.
umiliare **A** *v.tr.* **1** humillar, avergonzar **2** desairar, hollar **3** (*fig.*) reprimir **B** *v.pron.* **1** humillarse, empequeñecerse **2** prosternarse, someterse.
umiliazione *s.f.* **1** humillación, bochorno (*m.*) **2** afrenta.
umiltà *s.f.inv.* **1** modestia (*sing.*), sencillez (*sing.*), humildad (*sing.*) **2** respeto (*m.sing.*), deferencia (*sing.*), obsequio (*m.sing.*).
umore[1] *s.m.* **1** (*bio.*, *lett.* e *psic.*) humor **2** carácter, genio, temperamento **3** humor, talante, disposición de animo.
umore[2] *s.m.* (*lett.*) humor, humorismo.
umorismo *s.m.* **1** humorismo, humorada (*f.*), agudeza (*f.*) **2** (*lavoro*) humorismo, comicidad (*f.*).
un *art.indet.m.sing.* un.
una[1] *art.indet.f.sing.* una (*si apostrofa davanti a vocale*).
una[2] *s.f.* una.
unanimità *s.f.inv.* unanimidad (*sing.*).
uncino *s.m.* **1** garfio, gancho **2** (*sport*) (*boxe, pallacanestro*) gancho // *ad* ~, ganchudo.
under *agg.inv.* e *s.m.inv.* (*angl.*) (*sport*) sub.
undici *agg.num.card.* e *s.m.* e *f.inv.* (anche *sport*) once.
ungere *v.tr.* **1** pringar, engrasar **2** (*tecn.*) engrasar, lubricar **3** (*rel.*) ungir.
ungherese *agg.* e *s.m.* e *f.* húngaro (*m.*), magiar.
unghia *s.f.* **1** (anche *bot.* e *mar.*) uña **2** (*zool.*) (*felini*) garra, zarpa **3** (*zool.*) (*equini*) casco (*m.*), pezuña, úngula **4** (*scalpello*) uñeta **5** (*arch.*) enjuta.
unico[1] *agg.* **1** único, solo **2** único, extraordinario, singular (*m.* e *f.*), incomparable (*m.* e *f.*).
unico[2] *s.m.* único, solo.
unificare **A** *v.tr.* **1** unificar, unir, agrupar **2** (*tecn.*) uniformar, estandarizar **B** *v.pron.* (*reciproco*) unificarse.
uniformare **A** *v.tr.* **1** uniformar, igualar, nivelar **2** adecuar, proporcionar **B** *v.pron.* conformarse.
uniforme **A** *agg.m.* e *f.* **1** uniforme, igual **2** (*fis.* e *mat.*) uniforme, invariable **3** (*fig.*) uniforme, constante, regular **4** (*fig.*) monótono (*m.*), aburrido (*m.*) **B** *s.f.* uniforme (*m.*).
unilaterale *agg.m.* e *f.* **1** (anche *giur.*) unilateral **2** (*fig.*) parcial, personal.
unione *s.f.* **1** unión, cohesión, continuidad **2** (*fig.*) armonía, concordancia, identidad **3** (*tecn.*) ensamblamiento (*m.*), empalme (*m.*) **4** (*pol.*) alianza, confederación.
unire **A** *v.tr.* **1** unir, juntar, incorporar **2** (*fig.*) unir, atar, vincular **3** unir, conectar **B** *v.intr.pron.* **1** unirse **2** (*fig.*) hermanarse **C** *v.pron.* (*reciproco*) **1** unirse, juntarse **2** armonizar.
unisono *s.m.* **1** (*mus.*) unísono **2** (*fig.*) concordancia (*f.*), coincidencia (*f.*).
unità *s.f.inv.* **1** unidad (*sing.*) **2** (*fig.*) armonía (*sing.*), unión (*sing.*) **3** (*mil.*) división (*sing.*), unidad (*sing.*), patrulla (*sing.*) **4** (*med.*) unidad (*sing.*), sección (*sing.*).
universale **A** *agg.m.* e *f.* **1** universal **2** universal, mundial **3** total, general, común **B** *s.m.* universal.
università *s.f.inv.* (*istr.*) universidad (*sing.*).

universo *s.m.* **1** universo, cosmos (*inv.*) **2** naturaleza (*f.*), creación (*f.*) **3** (anche *fig.*) mundo, universo **4** (*fig.*) humanidad (*f.*), mundo.
univoco *agg.* unívoco.
uno[1] *agg.num.card.* un.
uno[2] *art.indet.m.sing.* un.
uno[3] *pron.* (*indefinito*) uno.
uno[4] *s.m.* uno.
unto *agg.* grasiento, pegajoso.
uomo *s.m.* **1** hombre **2** (*sesso maschile*) varón, macho.
uovo *s.m.* huevo.
uragano *s.m.* **1** (*meteo*) huracán, tifón, tornado **2** vendanal, ventarrón.
uranio *s.m.* (*chim.*) uranio.
urano *s.m.* (*astro.*) (anche *astrol.*) urano.
urbanistica *s.f.* (*arch.*) urbanística.
urbano *agg.* urbano, municipal (*m.* e *f.*).
urgente *agg.m.* e *f.* urgente, inaplazable, apremiante.
urlare A *v.intr.* **1** gritar, chillar, berrear, vocear **2** (*lupo, cane*) aullar, ladrar, ulular **B** *v.tr.* **1** gritar, soltar, chillar **2** cantar a toda voz.
urlo *s.m.* **1** grito **2** (*fig.*) clamor, fragor, estruendo **3** alarido, rugido, bramido.
urna *s.f.* **1** urna, cofre (*m.*), arqueta **2** (*pol.*) urna **3** tumba, sepultura.
urologia *s.f.* (*med.*) urología.
urrà *inter.* ¡hurra!, ¡viva!
urtare A *v tr.* **1** chocar, golpear, colisionar **2** (*fig.*) irritar, fastidiar, crispar **B** *v.intr.* **1** chocar, pegarse **2** (*fig.*) encontrar, toparse, tropezar **C** *v.pron.* (*reciproco*) **1** colisionar, chocar **2** (*fig.*) discrepar, oponerse.
urto *s.m.* **1** choque, impacto, golpe **2** (*auto.* e *fis.*) colisión (*f.*), choque **3** (*mil.*) choque, embestida (*f.*), arremetida (*f.*) **4** (*fig.*) desavenencia (*f.*), desacuerdo, discrepancia (*f.*).
uruguaiano *agg.* e *s.m.* uruguayo.
usanza *s.f.* **1** uso (*m.*), costumbre, práctica **2** moda, boga.
usare A *v.tr.* **1** usar, utilizar, emplear **2** aplicar, recurrir, servirse **3** estar acostumbrado, soler **B** *v.intr.* **1** valerse, servirse **2** estar de moda, llevarse **C** *v.impers.* estilarse, usarse, ser lo usual.
usato *agg.* **1** usado, viejo, gastado **2** de lance, de segunda mano **2** (*fig.*) acostumbrado, familiarizado, habituado.
uscire *v.intr.* **1** (anche *fig.*) salir **2** alejarse, separarse, rehuir **3** (*fig.*) destacarse, sobresalir, descollar **4** (*edit.*) publicarse **5** (*comm.*) lanzar, salir **6** (*fig.*) resultar, derivar, salir.
uscita *s.f.* **1** salida, paso (*m.*), boca **2** (*econ.*) gasto (*m.*), egreso (*m.*) **3** (*fig.*) ocurrencia, salida **4** (*fig.*) escapatoria, recurso (*m.*), salida.
usignolo *s.m.* (*zool.*) ruiseñor, roncal.
uso *s.m.* **1** uso, empleo, utilización (*f.*) **2** costumbre (*f.*), uso, usanza (*f.*) **3** (*fig.*) uso, facultad (*f.*), capacidad (*f.*).
ustione *s.f.* (*med.*) quemadura, ustión.
usuale *agg.m.* e *f.* usual, corriente, habitual.
usufruire *v.intr.* **1** (*giur.*) usufructuar **2** gozar, disfrutar, beneficiarse.
usura *s.f.* **1** (*tecn.*) desgaste (*m.*) **2** (*fig.*) deterioro (*m.*).
usurpazione *s.f.* usurpación, apropiación.
utensile[1] *agg.m.* e *f.* (*tecn.*) útil.
utensile[2] *s.m.* (*tecn.*) utensilio, herramienta (*f.*), útil.
utente *s.m.* e *f.* usuario (*m.*)
utero *s.m.* (*anat.*) útero, matriz (*f.*).
utile A *agg.m.* e *f.* **1** útil **2** ventajoso (*m.*), provechoso (*m.*), rentable **3** (*giur.*) hábil **B** *s.m.* **1** utilidad (*f.*), provecho **2** (*econ.*) ganancia (*f.*), beneficio.
utilità *s.f.inv.* **1** utilidad (*sing.*), conveniencia (*sing.*) **2** (*econ.*) utilidad (*sing.*), provecho (*m.sing.*) **3** ventaja (*sing.*), provecho (*m.sing.*).

utilitaria *s.f.* (*auto*) utilitario (*m.*).
utilizzare *v.tr.* utilizar, usar, emplear.
utilizzo *s.m.* utilización (*f.*).
utopia *s.f.* (*fil.*, anche *fig.*) utopía, utopia.
uva *s.f.* (*bot.*) uva.
uxoricidio *s.m.* (*giur.*) uxoricidio.

V

v *s.f.inv.* **1** letra v **2** (*abbr. di vedi, vedasi*) véase **3** (*abbr. di via*) calle **4** (*numero romano che corrisponde a 5*) V.

vacanza *s.f.* **1** (*ferie*) vacaciones (*pl.*) **2** asueto (*m.*) **3** (*bur.*) vacancia, vacación.

vacca *s.f.* **1** (*zool.*) (anche *carne*) vaca **2** (*fig.* e *spreg.*) (*prostituta*) puta.

vaccino *s.m.* (*med.*) vacuna (*f.*).

vacillare *v.intr.* **1** vacilar, oscilar, tambalearse **2** (*fig.*) vacilar, titubear **3** (*fig.*) peligrar, estar en peligro, correr riesgo.

vaffanculo *inter.* (*volg.*) vete a la porra/mierda, ¡vete a tomar por culo!

vagabondo A *agg.* **1** (anche *fig.*) vagabundo, errante (*m.* e *f.*), errático, errabundo **2** trotamundos (*m.* e *f.inv.*), vagamundo, bordonero **3** (*spreg.*) (*fannullone*) vago, holgazán, haragán, perezoso, gandúl **B** *s.m.* **1** vagabundo, merodeador, (*amer.*) linyera **2** (*fig.*) zascandil, haragán **3** (*fam.* e *scherz.*) trotacalles (*m.* e *f.inv.*), vagamundo.

vagare *v.intr.* **1** vagar, errar, vagabundear **2** vagar, deambular, caminar, andar.

vagina *s.f.* **1** (*anat.*) vagina **2** (*lett.*) (*guaina*) vaina.

vago A *agg.* **1** (*lett.*) vago, errante (*m.* e *f.*), errabundo **2** vago, impreciso **3** (*lett.*) (*desideroso*) anheloso, deseoso **4** (*fig.*) (*lett.*) gracioso, hermoso, atractivo **B** *s.m.* (solo *sing.*) **1** vaguedad (*f.*), ambigüedad (*f.*), imprecisión (*f.*) **2** (*anat.*) vago **3** (*raro*) (*lett.*) belleza (*f.*), gracia (*f.*).

vagone *s.m.* (*ferr.*) vagón.

vaiolo *s.m.* (*med.*) (anche *bot.*) viruela (*f.*).

valanga A *agg.inv.* (*solo nella locuzione*) *effetto* ~, efecto alud **B** *s.f.* **1** alud (*m.*), avalancha **2** (*fig.*) avalancha, multitud, montón (*m.*).

valere A *v.intr.* **1** valer **2** (*avere autorità, merito, pregio*) valer, contar **3** (*avere validità*) valer, tener validez, estar en vigencia **4** (*giovare, servire*) valer, servir, ser útil **5** (*fig.*) importar, dar igual **B** *v.intr./tr.* valer, costar.

valido *agg.* **1** (*giur.*) válido, valedero **2** eficaz (*m.* e *f.*), eficiente (*m.* e *f.*) **3** favorable (*m.* e *f.*), positivo.

valigia *s.f.* maleta, (*amer.*) valija.

valle *s.f.* (*geog.*) **1** (anche *fig.*) valle (*m.*) **2** pantano (*m.*), laguna, (*amer.*) bañado (*m.*).

valletta *s.f.* (*TV*) azafata.

valore *s.m.* **1** valor, valía (*f.*) **2** valentía (*f.*), coraje, valor, audacia (*f.*), ánimo **3** (*comm.*) precio, coste, valor **4** (*fig.*) valor, importancia (*f.*) **5** (*mat.* e *mus.*) valor **6** (*bur.* e *giur.*) valor, validez (*f.*), vigencia (*f.*).

valorizzare *v.tr.* (anche *fig.*) valorizar.

valutare *v.tr.* **1** (*comm.*) valorar, evaluar, cotizar, justipreciar **2** (*fig.*) considerar, estimar, apreciar **3** calcular, valuar **4** medir, comprobar.

valutazione *s.f.* **1** (*comm.*) evaluación, valoración, cálculo (*m.*) **2** (*comm.*) peritaje (*m.*), estimación, estima **3** (*istr.*) calificación, apreciación, evaluación.
valvola *s.f.* **1** (*anat., elett.* e *mecc.*) válvula **2** (*radio*) lámpara.
valzer *s.m.inv.* (*danza*) vals, (*amer.*) valse (*sing.*).
vampata *s.f.* **1** fogonazo (*m.*), llamarada, vaharada **2** (*rossore*) rubor (*m.*), bochorno (*m.*) **4** (*med.*) (*menopausa*) sofoco (*m.*).
vampiro *s.m.* (anche *fig.*) vampiro.
vandalo *s.m.* (anche *fig.*) vándalo.
vaneggiare *v.intr.* **1** desvariar, vanear, disparatar **2** (*lett.*) fantasear.
vanga *s.f.* (*agr.*) azada, zapapico (*m.*).
vangelo s.m. **1** (*rel.*) (anche *fig.*) evangelio **2** (*fig.*) credo, ideología (*f.*).
vaniglia *s.f.* (*bot.*) vainilla.
vanitoso *agg.* e *s.m.* vanidoso, soberbio, creído.
vano[1] *agg.* **1** (*fig.*) vano, insustancial (*m.* e *f.*) **2** (*fig.*) vano, fútil (*m.* e *f.*), baldío **3** (*fig.*) vanidoso, fatuo **4** incorpóreo, inmaterial (*m.* e *f.*).
vano[2] *s.m.* **1** hueco, espacio **2** (*arch.*) vano **3** (*arch.*) cuarto, estancia (*f.*), ambiente.
vantaggio *s.m.* **1** (anche *sport*) ventaja (*f.*) **2** (*comm.*) utilidad (*f.*), provecho **3** (*fig.*) beneficio, mejora (*f.*), mejoramiento **4** ventaja (*f.*), prerrogativa (*f.*) **5** (*tip.*) galera (*f.*) // *trarre* ~, sacar partido.
vantare A *v.tr.* **1** ensalzar, enaltecer, hacer alarde **2** preciarse, presumir, gloriarse **B** *v.intr.pron.* **1** alardear, jactarse, ufanarse, preciarse **2** creerse.
vapore *s.m.* (*chim.* e *fis.*) vapor.
vaporetto *s.m.* lancha (*f.*).
varco *s.m.* **1** paso, pasadizo, pasaje **2** (*geog.*) desfiladero, cañada (*f.*), garganta (*f.*).
varechina *s.f.* lejía.
variante *s.f.* variante.
variare A *v.tr.* **1** variar, dar variedad **2** diversificar, diferenciar, variar **B** *v.intr.* **1** variar, cambiar, transformarse **2** variar, diferir, ser diferente.
variazione *s.f.* (anche *mus.*) variación.
varicella *s.f.* (*med.*) varicela.
varietà[1] *s.f.inv.* **1** (anche *bio.* e *mat.*) variedad (*sing.*) **2** diferencia (*sing.*).
varietà[2] *s.f.inv.* (*teatr.*) varietés (*pl.*), revista (*f.sing.*).
vario *agg.* **1** (anche *fis.*) vario, variado **2** vario, diferente (*m.* e *f.*), distinto **3** vario, mucho.
vasca *s.f.* **1** tina, cuba, pila **2** (*lavaggio minerali*) pileta **3** (*piscina*) largo **4** (*fontana*) pila **5** (*per fotografo*) cubeta.
vaso *s.m.* **1** vasija (*f.*), jarrón **2** (*farmacia, barattolo*) frasco, tarro, pote **3** cantidad contenida en vasija o vaso **4** (*bagno*) inodoro **5** (*anat.*) vaso **6** (*mar.*) grada (*f.*).
vassoio *s.m.* bandeja (*f.*), batea (*f.*).
vasto *agg.* **1** vasto, amplio, extenso **2** vasto, grande (*m.* e *f.*), trascendente (*m.* e *f.*).
vaticano *agg.* e *s.m.* vaticano.
vecchiaia *s.f.* vejez, ancianidad.
vecchio A *agg.* **1** viejo **2** (*maggiore*) mayor (*m.* e *f.*) **3** añejo **4** (*usato*) viejo, usado, gastado, raído, desvencijado **5** (*fig.*) anticuado, pasado **6** (*fig.*) encallecido, avezado, empedernido **B** *s.m.* viejo, anciano.
vedere A *s.m.* **1** ver **2** (*aspetto*) ver, aspecto **B** *v.tr.* **1** ver **2** visitar, ver **3** ver, asistir, presenciar **4** encontrar, toparse **5** (*fig.*) ver, entender **6** intentar, tratar de **C** *v.pron.* **1** verse, mirarse **2** (*fig.*) sentirse, verse **3** (*reciproco*) quedar, citarse, verse.
vedovo *agg.* e *s.m.* viudo.
veduta *s.f.* **1** panorama (*m.*), vista **2** (*pitt.*) vista, veduta **3** (*fig.*) mira, mentalidad **4** (*giur.*). vistas (*pl.*).

vegetale *agg.m.* e *f.* e *s.m.* vegetal.
vegetariano *agg.* e *s.m.* vegetariano.
vegetazione *s.f.* vegetación.
veggente *agg.* e *s.m.* e *f.* (*lett.*) profeta (*m.*) **2** vidente.
veglia *s.f.* **1** vigilia **2** (*med.*) desvelo (*m.*) **3** (*mil.*) vela **4** (*manifestazione, festa*) velada.
veicolo *s.m.* **1** vehículo **2** (*scient.*) vehículo, transmisor.
vela *s.f.* **1** (*mar.*) vela, lino (*m.*) **2** (*mar.*) (*barca*) velero (*m.*) **3** (*sport*) vela **4** (*arch.*) enjuta.
veleno *s.m.* **1** veneno, tóxico **2** (*fig.*) veneno, rencor, odio, hiel (*f.*).
veliero *s.m.* (*mar.*) velero.
velluto *s.m.* **1** (*tess.*) terciopelo **2** (*tess.*) (*cotone*) velludillo.
velo *s.m.* **1** (anche *fig.* e *anat.*) velo, película **2** (*rel.*). toca (*f.*) **3** (*lett. e meteo.*) (anche *fig.*) capa (*f.*).
veloce *agg.m.* e *f.* **1** veloz, rápido (*m.*) **2** ágil, pronto (*m.*), enérgico (*m.*), dinámico (*m.*).
velocità *s.f.inv.* **1** (*fis.*) velocidad (*sing.*) **2** velocidad (*sing.*), rapidez (*sing.*), celeridad (*sing.*) **3** (*auto*) velocidad (*sing.*), marcha (*sing.*).
vena *s.f.* **1** (*anat.* e *geog.*) (anche *fig.*) vena **2** (*geol.*) vena, veta **3** (*legno*) veta **4** (*fig.*) vena, estado de ánimo.
venale *agg.m.* e *f.* **1** venal **2** (*fig.*) venal.
vendemmia *s.f.* (anche *fig.*) vendimia.
vendere A *v.tr.* **1** (anche *fig.*) vender **2** (*comm.*) vender, comerciar **B** *v.pron.* **1** venderse **2** (*volg.*) prostituirse **3** venderse por, dárselas de.
vendetta *s.f.* venganza.
vendita *s.f.* **1** venta **2** (*smercio*) venta, salida **3** (*negozio*) tienda.
venerazione *s.f.* veneración, adoración.
venerdì *s.m.inv.* viernes.
venere *s.f.* (*astro*, *astrol.* e *mit.*) (anche *fig.*) venus.
veneto *agg.* e *s.m.* véneto.
venezuelano *agg.* e *s.m.* venezolano.
venire A *s.m.* venir **B** *v.intr.* **1** venir **2** (*giungere*) llegar **3** proceder, venir **4** venir, salir **5** salir, venir **5** (*fam.*) (*costare*) costar, valer **7** (*mat.*) dar, resultar **8** (*volg.*) correrse **9** (*fam.*) tocar.
ventaglio *s.m.* **1** abanico, perico, ventalle **2** (*econ.*) (anche *fig.*) abanico, gama (*f.*), serie (*f.*).
venti *agg.num.card.* e *s.m.* e *f.inv.* veinte.
ventilatore *s.m.* **1** (*med.* e *tecn.*) ventilador **2** (*edil.*) respiradero **3** (*agr.*). aventador.
ventilazione *s.f.* **1** (*med.*) respiración, ventilación **2** (*edil.* e *tecn.*) ventilación **3** (*aerazione*) ventilación, aireación.
vento *s.m.* **1** viento, tremolina (*f.*) **2** (*corrente*) viento, aire.
ventre *s.m.* **1** (*anat.* e *fis.*) (anche *fig.*) **2** (*fam.*) barriga (*f.*), tripa (*f.*) **3** (*lett.*) matriz (*f.*), útero, vientre.
ventricolo *s.m.* (*anat.*) ventrículo.
venturo *agg.* próximo, que viene, venturo.
veranda *s.f.* (*arch.*) **1** (*galleria*) galería, (*amer.*) veranda **2** (*terrazzo*) montera.
verbo *s.m.* **1** (*gramm.*) verbo **2** (*fig.*) verbo, palabra (*f.*) **3** (*rel.*) Verbo.
verde A *agg.m.* e *f.* verde **B** *s.m.* **1** (anche *pol.*) verde **2** (*fig.*) verdor.
verdetto *s.m.* **1** (*giur.*) (anche *fig.*) veredicto, sentencia (*f.*) **2** (*sport*) fallo.
verdura *s.f.* **1** hortaliza, verdura **2** (*raro*) (*vegetazione*) verdor (*m.*), verdura.
vergine A *agg.m.* e *f.* virgen, casto (*m.*), inocente **2** (*fig.*) virgen **3** nuevo (*m.*) **B** *s.f.* (anche *rel.*) **1** virgen **2** (*astrol.*) virgo.
vergogna *s.f.* **1** vergüenza **2** timidez, apocamiento (*m.*), temor (*m.*) **3** rubor (*m.*), sonrojo (*m.*).

vergognarsi *v.pron.* **1** (*di/per*) avergonzarse **2** apocarse, encogerse, dar vergüenza, cortarse.
verifica *s.f.* verificación, comprobación, control (*m.*).
verità *s.f.inv.* verdad (*sing.*).
verme *s.m.* **1** (*zool.*) gusano, lombriz (*f.*) **2** (*fig.* e *fam.*) miserable (*m.* e *f.*), sabandija **3** (*fig.*) gusano, gusanillo.
vernice *s.f.* **1** barniz (*m.*), pintura **2** (*pelle*) charol (*m.*) **3** (*fig.*) barniz (*m.*), apariencia.
vero A *agg.* **1** verdadero, legítimo, auténtico **2** verdadero, efectivo, real (*m.* e *f.*) **3** (*fig.*) verdadero, sincero, auténtico **4** justo, exacto **5** cierto, indudable (*m.* e *f.*), incontrovertible (*m.* e *f.*) **B** *s.m.* **1** verdad (*f.*), lo verdadero **2** natural.
verosimile *agg.m.* e *f.* verosímil, posible, probable.
versamento *s.m.* **1** (anche *med.*) derrame, vertimiento **2** (*econ.*) depósito, ingreso, imposición (*f.*).
versante *s.m.* **1** (*geog.*) vertiente (*f.*), ladera (*f.*), cuesta (*f.*), declive **2** lado **3** (*fig.*) vertiente (*f.*), aspecto, ámbito.
versare A *v.tr.* **1** verter **2** (*spargere*) volcar, verter **3** (*fig.*) revelar, confiar **4** (*econ.*) depositar, imponer **5** pagar **6** (*fiume*) derramar, verter **B** *v.intr.* estar, hallarse.
versione *s.f.* **1** versión, traducción **2** versión, narración **3** (*modello*) tipo (*m.*), variante, modelo (*m.*) **4** (*cine*) versión.
verso[1] *prep.* **1** (*moto a luogo*, *tempo*) hacia, contra **2** (*nei pressi*) cerca de, por **3** (*circa*) alrededor, hacia **4** (*nei confronti di*) por, hacia **5** (*prossimo*) a, hacia.
verso[2] *s.m.* **1** (*poes.*) verso **2** (*poes.*) (*versetto*) versículo **3** (*animale*) voz (*f.*) **4** (*uccello*) canto **5** (*direzione*) dirección (*f.*), lado **6** (*fig.*) modo, manera (*f.*).
vertebra *s.f.* (*anat.*) vértebra.
verticale A *agg.m.* e *f.* vertical **B** *s.f.* (*geom.*) vertical.
vertice *s.m.* **1** (*geog.*) cumbre (*f.*), cima (*f.*), cúspide (*f.*) **2** (*geom.*) vértice, cúspide (*f.*) **3** (*riunione*) cumbre (*f.*), conferencia (*f.*), mitin **4** (*fig.*) vértice.
vertigine *s.f.* **1** (*med.*) vértigo (*m.*), mareo (*m.*) **2** (*psic.*) vértigo (*m.*) **3** (*vet.*) nebladura, modorra.
verza *s.f.* (*bot.*) berza, col.
vescica *s.f.* **1** (*anat.*) vesícula, vejiga **2** (*med.*) vesícula, ampolla, vejiga.
vescovo *s.m.* (*rel.*) obispo.
vespa[1] *s.f.* (*zool.*) avispa, (*amer.*) jicote (*m.*).
vespa[2] *s.f.* (*marchio registrato*) (*moto*) vespa.
vestire A *s.m.* indumentaria (*f.*), vestir **B** *v.tr.* **1** (anche *fig.*) vestir **2** (*indossare*) llevar **3** caer, vestir, sentar **C** *v.pron.* **1** vestirse **2** (*albero, prato*) vestirse, cubrirse.
vestito A *agg.* **1** vestido, trajeado **2** cubierto, revestido **B** *s.m.* vestido, traje, atuendo.
veto *s.m.* **1** (*giur.*) veto **2** prohibición (*f.*).
vetro *s.m.* **1** vidrio, cristal **2** (*auto*) ventanilla (*f.*) cristal **3** (*orologio*) cristal.
vetta *s.f.* **1** (anche *fig.*) cumbre, vértice (*m.*) **2** (*fig.*) ápice (*m.*), apogeo (*m.*), culminación.
vettore *agg.* e *s.m.* vector.
vettura *s.f.* **1** (*carrozza*) carruaje (*m.*), coche (*m.*) **2** (*auto*) automóvil (*m.*), coche (*m.*) **3** (*ferr.*) vagón (*m.*), coche (*m.*) **4** (*comm.*) transporte (*m.*), porte (*m.*)
via[1] *avv.* fuera.
via[2] *inter.* **1** (*suvvia*) ¡vamos! **2** ¡fuera!
via[3] *s.f.* **1** calle **2** paso (*m.*), camino (*m.*) **3** carretera, ruta **4** (anche *fig.* e *anat.*) vía **5** (*fig.*) manera, solución, salida **6** (*giur.*) trámite (*m.*).

via[4] *s.m.inv.* (*sport*) salida (*f.sing.*).
viaggiare *v.intr.* (*a/in*) **1** viajar **2** (*per*) ser viajante **3** viajar, desplazarse.
viaggio *s.m.* **1** viaje **2** gira (*f.*) **3** (*droga*) viaje, trip (*inv.*).
viale *s.m.* e *f.* **1** avenida (*f.*), bulevar **2** paseo.
vibrazione *s.f.* vibración.
vice- *pref.* vice-.
vicenda *s.f.* **1** vicisitud, sucesión de cosas **2** caso (*m.*), acontecimiento (*m.*), hecho (*m.*).
vicino **A** *agg.* **1** cercano, vecino **2** próximo **3** (*fig.*) parecido **B** *avv.* cerca **C** *prep.* cerca **D** *s.m.* vecino, convecino.
vicolo *s.m.* callejón, calleja (*f.*).
video *agg.inv.* e *s.m.inv.* (*TV*) (anche *inform.*) vídeo (*sing.*).
vietato *agg.* prohibido.
vigile[1] *agg.m.* e *f.* atento (*m.*), vigilante.
vigile[2] *s.m.* guardia urbano, guardia municipal (*m.* e *f.*), (*amer.*) vigilante (*m.* e *f.*).
vigilia *s.f.* **1** vela, vigilia **2** (*mil.* e *rel.*) vigilia.
vigliacco *agg.* e *s.m.* **1** cobarde (*m.* e *f.*) **2** ruín (*m.* e *f.*), vil (*m.* e *f.*), bellaco.
vigna *s.f.* (anche *fig.*) viña.
vigore *s.m.* **1** vigor, pujanza (*f.*) **2** (*fig.*) fuerza (*f.*), eficacia (*f.*), potencia (*f.*) **3** (*giur.*) vigor, vigencia (*f.*).
villa *s.f.* **1** villa, chalet (*m.*) **2** (*in città*) palacete (*m.*).
villaggio *s.m.* aldea (*f.*), villorrio, poblado, pueblo, toldería (*f.*).
villeggiatura *s.f.* veraneo (*m.*).
vincere **A** *v.tr.* **1** vencer, ganar, derrotar **2** ganar, tocar **3** vencer, superar, aventajar **4** (*fig.*) dominar, vencer, refrenar **5** (*fig.*) convencer, persuadir **B** *v.intr.* **1** vencer, triunfar, ganar **2** predominar, ganar **C** *v.pron.* dominarse, vencerse.
vincolo *s.m.* **1** (*fig.*) (*lett.*) vínculo, ligamen **2** (*giur.*) vínculo, sujeción (*f.*).
vino *s.m.* vino.
viola *agg.inv.* e *s.m.inv.* violeta (*sing.*), morado (*m.sing.*).
viola[1] *s.f.* (*bot.*) violeta, viola.
viola[2] *s.f.* (*mus.*) (*strumento, persona*) viola.
violazione *s.f.* violación.
violenza *s.f.* violencia, brutalidad.
violino *s.m.* **1** (*mus.*) (*strumento, persona*) violín **2** (*fig.*) chupamedias (*inv.*).
vipera *s.f.* (*zool.*) (anche *fig.*) víbora.
virgola *s.f.* (*gramm.*) coma.
virilità *s.f.inv.* (anche *fig.*) virilidad (*sing.*), hombría (*sing.*), fuerza (*sing.*).
virtù *s.f.inv.* virtud (*sing.*).
virtuale *agg.m.* e *f.* **1** virtual, posible, viable **2** (*fis.*) virtual.
viscido *agg.* **1** viscoso, glutinoso, mucilaginoso **2** (*fig.*) baboso, taimado, doble (*m.* e *f.*).
visione *s.f.* **1** (*fisiol.*) visión **2** (*fig.*) idea, concepto (*m.*), visión **3** (*rel.*) aparición, visión **4** (*cine.*) proyección.
visita *s.f.* **1** visita **2** (*med.*) reconocimiento (*m.*), visita **3** inspección, control (*m.*).
viso *s.m.* rostro, cara (*f.*).
visto *s.m.* **1** visado, visa (*f.*) **2** (*bur.*) conforme.
vita[1] *s.f.* **1** (*bio.*) (anche *fig.*) vida **2** (*fig.*) vigor (*m.*), fuerza, vida **3** biografía.
vita[2] *s.f.* cintura.
vitamina *s.f.* (*bio.*) vitamina.
vite[1] *s.f.* (*bot.*) vid.
vite[2] *s.f.* **1** (*mecc.*) tornillo (*m.*), rosca **2** (*sport*) (*tuffo*) tirabuzón (*m.*).
vitello *s.m.* **1** (*zool.*) magüeto, becerro, jato **2** (*carne*) ternera (*f.*) **3** (*pelle*) becerro, becerrillo.
vittima *s.f.* (anche *fig.*) víctima.
vittoria *s.f.* victoria, triunfo (*m.*).
vivace *agg.m.* e *f.* **1** alegre, avispado (*m.*) **2** (*fig.*) vivo (*m.*), llamativo (*m.*) **3** (*fig.*) movido (*m.*).

vivere A *s.m.* (solo *sing.*) vivir, vida (*f.*) **B** *v.intr.* **1** vivir, existir **2** (*fig.*) vivir, durar **3** vivir, portarse **C** *v.tr.* **1** vivir **2** (*fig.*) vivir, posar **3** (*fig.*) vivir, experimentar **4** (*fig.*) sentir, vivir.
vivisezione *s.f.* **1** vivisección **2** (*fig.*) análisis (*m.inv.*).
vizio *s.m.* **1** vicio **2** mala costumbre (*f.*), maña (*f.*), resabio **3** (*giur.*) vicio, falta (*f.*).
vocabolario *s.m.* **1** (*opera*) vocabulario, diccionario **2** vocabulario, léxico, lenguaje.
vocale A *agg.m.* e *f.* (*anat.*) (anche *mus.*) vocal.
vocazione *s.f.* **1** (*rel.*) vocación, llamada (*f.*) **2** (*fig.*) vocación, inclinación.
voce *s.f.* **1** (anche *gramm.* e *mus.*) voz **2** (*notizia*) noticia, voz, rumor (*m.*) **3** (*ling.*) palabra, voz, término (*m.*) **4** (*comm.*) asiento (*m.*), concepto (*m.*).
voglia *s.f.* **1** gana, ganas (*pl.*), deseo (*m.*) **2** antojo (*m.*), capricho (*m.*) **3** (*pop.*) lunar (*m.*), antojo (*m.*).
voi *pron.m.* e *f.pl.* (*personale*) **1** vosotros (*m.*) **2** (*comm.*) usted, ustedes.
volare A *v.intr.* **1** (anche *fig.*) volar **2** caer **3** (*droga*) viajar, tener un espid.
volentieri *avv.* **1** con mucho gusto, de buena gana **2** (*esclamativo*) por cierto, claro.
volere A *s.m.* voluntad (*f.*) **B** *v.tr.* **1** querer, desear **2** exigir, pretender, querer **3** (*volontà superiore*) querer **4** querer, permitir, consentir **5** querer, costar, valer **6** decidirse, querer **7** necesitar, hacer falta, **C** *v.pron.* quererse.
volgare *agg.m.* e *f.* **1** vulgar, popular **2** (*fig.*) común, corriente **3** (*fig.* e *spreg.*) vulgar, grosero (*m.*), hortera, chabacano (*m.*).
volo *s.m.* **1** (anche *fig.*) vuelo **2** (*fig.*) caída (*f.*), desplome, salto.
volontà *s.f.inv.* voluntad (*sing.*).
volontariato *s.m.* **1** (*mil.*) voluntariado **2** socorrismo.
volpe *s.f.* **1** (*zool.*) (*maschio*) zorro (*m.*), raposo (*m.*) **2** (*pelliccia*) abrigo de zorro **3** (*fig.*) (*persona*) zorro (*m.*).
volta[1] *s.f.* **1** vez **2** (*mar.*) guarne (*m.*), vuelta.
volta[2] *s.f.* (anche *arch.*) bóveda.
voltare A *v.tr.* **1** volver **2** (*moneta, foglio*) dar vuelta **B** *v.intr.* doblar **C** *v.pron.* volverse, volverse atrás, darse vuelta.
volto *s.m.* **1** (*lett.*) rostro, cara (*f.*), semblante **2** (*fig.*) aspecto **3** (*fig.*) naturaleza (*f.*), carácter.
volume *s.m.* **1** volumen **2** cantidad (*f.*), mole (*f.*) **3** volumen, bulto **4** volumen, tomo **5** (*fig.*) (*comm.*) volumen.
vomito *s.m.* vómito.
vongola *s.f.* (*zool.*) almeja, berberecho (*m.*).
vortice *s.m.* **1** vórtice, remolino, vértigo **2** (*fis.*) vórtice **3** (*fig.*) torbellino, vorágine (*f.*), vértigo **4** (*fig.*) (*forza*) ímpetu, fuerza (*f.*).
vostro A *agg.* (*possessivo*) **1** vuestro **2** (*comm.*) su **3** (*maiestatico*) su **B** *pron.* (*possessivo*) **1** vuestro **2** (*neutro*) lo vuestro.
votare A *v.tr.* **1** (*giur.*) votar, aprobar **2** (*rel.*) votar **B** *v.intr.* votar **C** *v.pron.* **1** votarse **2** dedicarse, entregarse, volcarse.
voto *s.m.* **1** (*giur.* e *rel.*) voto **2** (*rel.*) voto, exvoto, ofrenda (*f.*) **3** (*istr.*) calificación (*f.*), nota (*f.*).
vulcano *s.m.* (anche *fig.*) volcán.
vuoto A *agg.* **1** vacío **2** (*fig.*) vacío, vano, carente (*m.* e *f.*), falto **B** *s.m.* **1** vacío **2** hueco, cavidad (*f.*) **3** (*fig.*) falta (*f.*), carencia (*f.*).

W

w *s.f.inv.* letra w.
wagon-lit *s.m.inv.* (*franc.*) (*ferr.*) vagón cama.
walkie-talkie *s.m.inv.* (*angl.*) walkie-talkie.
walkman *s.m.inv.* (*angl.*) walkman, cascos (*pl.*).
water *s.m.inv* (abbr. di *water closet*) (*angl.*) aseo (*sing.*), servicio (*sing.*).
watt *s.m.inv.* (*fis.*) vatio (*sing.*), watt.
watusso *agg.* e *s.m.* (*etn.*) watusi (*m.* e *f.*), tutsi (*m.* e *f.*).
week-end *s.m.inv.* (*angl.*) fin de semana.
western *agg.inv.* e *s.m.inv.* (*angl.*) (*cine.*) western.
whisky *s.m.inv.* (*angl.*) whisky, güisqui (*sing.*).
windsurf *s.m.inv* (*angl.*) (*sport*) windsurf, tabla de vela.

X

x *s.f.inv.* **1** letra x **2** (*mat.*) (*incognita*) x **3** (*numero romano che corrisponde a 10*) x **4** (*bio.*) (*cromosoma*) x.
xeno- *pref.* xeno-.
xenofilia *s.f.* xenofilia.
xenofobia *s.f.* xenofobia.
xenofobo *agg.* e *s.m.* xenófobo.
xilofono *s.m.* (*mus.*) xilofón, xilofono, (*amer.*) marimba (*f.*).
xilografia *s.f.* (*tecn.*) xilografía.

Y

y *s.f.inv.* **1** letra y **2** (*mat.*) (*incognita*) y **3** (*bio.*) (*cromosoma*) y.
yacht *s.m.inv.* (*angl.*) (*mar.*) yate (*sing.*).
yak *s.m.inv.* (*zool.*) yak, yac.
yankee *agg.inv.* e *s.m.* e *f.inv.* (*angl.*) yanqui (*sing.*).
yard *s.f.inv.* (*angl.*) yarda (*sing.*).
yen *s.m.inv.* (*moneta*) yen (*sing.*).
yeti *s.m.inv.* yeti (*sing.*).
ye-ye *agg.inv.* e *s.m.inv.* (*danza*) yeyé.
yiddish *agg.inv.* e *s.m.* (*angl.*) yiddish.
yoga *s.m.inv.* yoga.
yogurt *s.m.inv.* (*cuc.*) yogur (*sing.*).
yorkshire-terrier *s.m.inv.* (*angl.*) (*zool.*) (*cane*) yorkshire.
yoyo *s.m.inv.* (*angl.*) (*gioco*) yoyó (*sing.*).
yucca *s.f.* (*bot.*) yuca.
yuppie *s.m.* e *f.inv.* (*angl.*) yuppie.

Z

z *s.f.inv.* **1** letra z **2** (*mat.*) (*incognita*) z.
zabaione *s.m.* (*cuc.*) sabayón.
zac *inter.* (*onom.*) ¡zas!
zaffata *s.f.* **1** (*odore*) vaharada, tufarada **2** (*spruzzo*) chorro (*m.*).
zaffatura *s.f.* **1** (*med.*) tapadura **2** (*enologia*) espiche (*m.*).
zafferano *s.m.* (*bot.*) (anche *spezia*) azafrán.
zaffiro *s.m.* zafiro, zafir.
zainetto *s.m.* mochila (*f.*).
zaino *s.m.* **1** mochila (*f.*), (*amer.*) maleta **2** (*mil.*) macuto.
zaire *s.m.inv.* (*moneta*) zaire (*sing.*).
zampa *s.f.* **1** (*zool.*) (anche *mobile*) pata, zanca, zarpa **2** (*uccelli*) zanca **3** (*zool.*) (*felini*) zarpa.
zampata *s.f.* **1** patada, puntapié (*m.*) **2** (*impronta*) mella, pisada **3** (*fig.*) huella, marca, rastro (*m.*).
zampettare *v.intr.* **1** (*animale*) brincar, saltar **2** (*fam.*) (*persona*) retozar, corretear, brincar.
zampetto *s.m.* (*cuc.*) mano de cerdo/ternera.
zampicare *v.intr.* tropezar.
zampillo *s.m.* surtidor, chorro.
zampino *s.m.* **1** (*fig.*) garra (*f.*), zarpa (*f.*) **2** (*cuc.*) mano de cerdo/ternera.
zampirone *s.m.* espiral matamosquitos.
zampogna *s.f.* **1** (*mus.*) gaita, caramillo (*m.*) **2** (*richiamo da caccia*) reclamo (*m.*).
zampone *s.m.* (*cuc.*) brazuelo de cerdo embutido.
zanna *s.f.* **1** (*zool.*) colmillo (*m.*), presa **2** (*pegg.*) (*persona*) diente (*m.*) **3** (*dentizione*) dentera **4** (*oreficeria*) pulidor de meso, bruñidor (*m.*).
zanzara *s.f.* (*zool.*) mosquito (*m.*) **2** (*fig.*) tábano (*m.*), tabarra.
zanzariera *s.f.* mosquitera, mosquitero (*m.*).
zappa *s.f.* **1** (*agr.*) azada, zapa, pala **2** (*mil.*) (*fosso*) trinchera.
zappare *v.tr.* (*agr.*) zapar, labrar.
zappata *s.f.* (*agr.*) azadaza, azadonazo (*m.*).
zappaterra *s.m.inv* **1** (*pegg.*) destribaterrones **2** (*fig.*) (*persona rozza*) ordinario (*sing.*), zafio (*sing.*).
zappatrice *s.f.* (*agr.*) (*macchina*) excavadora.
zapping *s.m.inv.* (*angl.*) (*TV*) zapping, zapeo (*sing.*).
zar *s.m.inv.* (*sto.*) zar (*sing.*).
zarina *s.f.* (*sto.*) zarina.
zarismo *s.m.* (*pol.*) zarismo.
zattera *s.f.* **1** balsa, armadía **2** plataforma/pontón flotante.
zavorra *s.f.* **1** (*aer.* e *mar.*) lastre (*m.*), enjunque (*m.*) **2** (*fig.*) (*pegg.*) (*cosa*) lastre (*m.*), estorbo (*m.*) **3** (*fig.*) (*pegg.*) (*persona*) pelma (*m.* e *f.*), plasta (*m.* e *f.*).
zazzera *s.f.* **1** melena, cabellera **2** (*pegg.*) marafía, grefia.
zebedei *s.m.pl.* (*pop.*) pelotas (*f.*), cojones.

zebra *s.f.* (*zool.*) cebra.
zebù *s.m.inv.* (*zool.*) cebú.
zecca[1] *s.f.* (*zool.*) garrapata.
zecca[2] *s.f.* (*moneta*) ceca.
zecchino *s.m.* cequí.
zelante *agg.m.* e *f.* **1** vigoroso (*m.*), acérrimo (*m.*) **2** aplicado (*m.*), esmerado (*m.*).
zelo *s.m.* **1** fervor, celo **2** esmero, dedicación (*f.*).
zen *agg.inv.* e *s.m.inv.* (*rel.*) zen.
zenit *s.m.inv.* **1** (*astro.*) cenit, zenit **2** (*fig.*) ápice (*sing.*).
zenzero *s.m.* (*bot.*) jengibre.
zeolitico *agg.* (*min.*) zeolítico.
zeppa *s.f.* **1** cuña, tarugo (*m.*) **2** (*fig.*) parche (*m.*): *mettere una ~*, poner un parche **3** (*scarpe*) plataforma.
zeppare *v.tr.* poner una cuña,
zeppelin *s.m.inv* (*germ.*) (*aer.*) zepelín (*sing.*).
zeppo *agg.* lleno, repleto, abarrotado // *pieno ~,* de bote en bote.
zeppola *s.f.* cuña.
zerbino *s.m.* felpudo, limpiabarros (*inv.*).
zero *agg.num.* e *s.m.* **1** cero **2** (*fig.*) cero, nada (*f.*).
zeta *s.f.inv.* (*alfabeto*) zeda (*sing.*).
zetacismo *s.m.* ceceo.
zia *s.f.* tía.
zibellino *s.m.* (*zool*) marta (*f.*) cebellina.
zibibbo *s.m.* (*bot.*) uva pasa, moscatel.
ziggurat *s.m.* e *f.inv.* (*archeol.*) zigurat.
zigomo *s.m.* (*anat.*) cigoma, pómulo.
zigote *s.m.* (*bio.*) cigoto, zigoto.
zigotico *agg.* (*bio.*) cigótico.
zigrinare *v.tr.* **1** curtir piel como zapa **2** (*moneta*) acordonar **3** (*tecn.*) granear.
zigrinatura *s.f.* **1** relieve (*m.*) **2** (*moneta*) cordoncillo (*m.*).
zigzag *s.m.inv.* zigzag (*sing.*) // *camminare a ~,* zigzaguear; *linea a ~,* línea quebrada.
zigzagare *v.intr.* zigzaguear.
zimbello *s.m.* **1** (*fig.* e *fam.*) hazmerreír, comidilla (*f.*) **2** (*caccia*) cimbel, cimillo **3** (*fig.*) coba (*f.*), zalamería (*f.*), halago.
zincaggio *s.m.* (*chim.*) cincado.
zincare *v.tr.* (*tecn.*) galvanizar con cinc.
zincato A *agg.* (*tecn.*) cincado, galvanizado **B** *s.m.* (*chim.*) cincado.
zincatore *s.m.* (*tecn.*) cinquero.
zincatura *s.f.* (*tecn.*) galvanizado con cinc.
zinco *s.m.* (*chim.*) cinc, zinc.
zingarata *s.f.* (*fam.*) gitanada.
zingaresca *s.f.* **1** (*lett.*) (*sec.* XVII) poesía lírica surgida en Toscana **2** (*mus.*) composición musical para violín.
zingaresco *agg.* gitanesco, gitano.
zingaro *s.m.* gitano // *fare vita da ~,* no tener asiento fijo.
zinna *s.f.* (*pop.*) teta.
zio *s.m.* tío.
zip *s.m.inv.* (*angl.*) (*abbr.*) cremallera (*f.*).
zirconato *s.m.* (*chim.*) circonato.
zircone *s.m.* (*min.*) circón, zircán.
zirconio *s.m.* (*chim.*) circonio.
zirlare *v.intr.* (*tordo*) silbar.
zirlo *s.m.* (*tordo*) silbido.
zitella *s.f.* soltera.
zitellaggio *s.m.* soltería (*f.*).
zitellone *s.m.* (*scherz.*) solterón.
zittire A *v.intr./tr.* sisear, abuchear **B** *v.intr. pron.* callarse.
zitto A *agg.* callado, silencioso **B** *inter.* chis, chitón.
zizzania *s.f.* (anche *fig.*) cizaña.
zoccola *s.f.* (*volg.*) zorra, puta, furcia.
zoccolaio *s.m.* fabricante de zuecos.
zoccolo *s.m.* **1** (*scarpe*) zueco, chanelo, haloza (*f.*) **2** (*zool.*) pezuña (*f.*) **3** (*monumento, statua, edificio*) zócalo **4** (*battiscopa*) zócalo, rodapié **5** (*geol.*) talud.
zodiacale *agg.m.* e *f.* zodiacal.
zodiaco *s.m.* zodiaco.
zolfanello *s.m.* fósforo.
zolfo *s.m.* (*chim.*) azufre.
zolla *s.f.* **1** terrón (*m.*) **2** (*geol.*) fosa, placa.

zolloso *agg.* terregoso.
zombi *s.m.* e *f.inv.* zombi, zombie.
zona *s.f.* **1** (anche *sport*) zona **2** (*geog.*) zona, territorio (*m.*).
zonzo *avv.* (*solo nella locuzione*) *andare a ~,* callejear, pajarear.
zoo *s.m.inv.* zoo (*sing.*), zoológico (*sing.*).
zoochimica *s.f.* zooquímica.
zoocoltura *s.f.* cría de animales domésticos.
zoofilia *s.f.* **1** zoofilia **2** (*psic.*) bestialismo (*m.*).
zoofilo *agg.* e *s.m.* zoófilo.
zoofito *s.m.* zoófito.
zoologia *s.f.* (*scient.*) zoología.
zoologico *agg.* zoológico.
zoologo *s.m.* (*scient.*) zoólogo.
zoom *s.m.inv.* (*angl.*) (*fot.*) zoom.
zoomorfo *agg.* zoomorfo.
zoomorfosi *s.f.inv.* (*bio.*) zoomorfosis.
zooparassita A *agg.m.f.* (*bio.*) zoopa.
zootecnia *s.f.* zootecnia.
zootecnico *agg.* e *s.m.* zootécnico.
zoppia *s.f.* (*med.*) cojera, renquera.
zoppicante *agg.m.* e *f.* cojo (*m.*), claudicante.
zoppicare *v.intr.* **1** cojear, claudicar **2** (*a*) (*mobile*) cojear, ladearse, inclinarse: *l'armadio zoppica a sinistra,* el armario se ladea a la izquierda **3** (*in*) (*fig.*) vacilar, cojear: *zoppica in inglese,* cojea en inglés.
zoppo A *agg.* **1** cojo, renco, zambo **2** (*fig.*) cojo // *ragionamento ~,* razón de pie de banco **B** *s.m.* cojo, claudicante (*m.* e *f.*), zambo.
zotichezza *s.f.* (*pegg.*) grosería.
zotico *agg.* zafio, grosero, tosco, palurdo.
zuavo *s.m.* (*mil.*) zuavo.
zucca *s.f.* **1** (*bot.*) (*frutto*) calabaza **2** (*bot.*) (*pianta*) calabacera, calabaza **3** (*fig.* e *fam.*) (*testa*) coco (*m.*), tarro (*m.*).
zuccata *s.f.* (*scherz.*) cabezada, cabezazo (*m.*).
zuccherare *v.tr.* azucarar.
zuccherato *agg.* **1** azucarado **2** (*fig.*) empalagoso, meloso, almibarado.
zucchero *s.m.* **1** azúcar **2** (*fig.*) dulzura (*f.*).
zucchina *s.f.* (*bot.*) calabacín (*m.*), (*amer.*) zapallito (*m.*).
zuccone *agg.* e *s.m.* cabezudo, testarudo.
zuffa *s.f.* **1** bronca, zipizape (*m.*), pelea **2** (*fig.*) polémica, disputa.
zufolo *s.m.* (*mus.*) caramillo, flautilla (*f.*).
zulù *agg.* e *s.m.* e *f.inv.* (*etn.*) zulú.
zuppa *s.f.* **1** (*cuc.*) sopa, moje (*m.*) **2** (*fig.*) mezela, confusión.
zuppiera *s.f.* sopera.
zuppo *agg.* empapado, mojado.
zuzzurellone *s.m.* bromista (*m.* e *f.*), juguetón.